Printed by BoD™ in Norderstedt, Germany

9 781643 544045

El-farouq.org

إِنَّا نَحْنُ نَزَّلْنَا ٱلذِّكْرَ وَإِنَّا لَهُۥ لَحَٰفِظُونَ

إِنَّهُۥ لَقُرْءَانٌ كَرِيمٌ فِى كِتَٰبٍ مَّكْنُونٍ لَّا يَمَسُّهُۥٓ إِلَّا ٱلْمُطَهَّرُونَ تَنزِيلٌ مِّن رَّبِّ ٱلْعَٰلَمِينَ

تشرف بالأمر بطباعة هذا المصحف الشريف
خادم الحرمين الشريفين الملك عبد الله بن عبد العزيز آل سعود
ملك المملكة العربية السعودية

مصحف المدينة النبوية

مجمع الملك فهد لطباعة المصحف الشريف

القرآن الكريم

سُورَةُ الفَاتِحَةِ

بِسۡمِ ٱللَّهِ ٱلرَّحۡمَٰنِ ٱلرَّحِيمِ ١
ٱلۡحَمۡدُ لِلَّهِ رَبِّ ٱلۡعَٰلَمِينَ ٢
ٱلرَّحۡمَٰنِ ٱلرَّحِيمِ ٣ مَٰلِكِ يَوۡمِ ٱلدِّينِ ٤
إِيَّاكَ نَعۡبُدُ وَإِيَّاكَ نَسۡتَعِينُ ٥ ٱهۡدِنَا
ٱلصِّرَٰطَ ٱلۡمُسۡتَقِيمَ ٦ صِرَٰطَ ٱلَّذِينَ أَنۡعَمۡتَ
عَلَيۡهِمۡ غَيۡرِ ٱلۡمَغۡضُوبِ عَلَيۡهِمۡ
وَلَا ٱلضَّآلِّينَ ٧

سُورَةُ البَقَرَةِ

بِسۡمِ ٱللَّهِ ٱلرَّحۡمَٰنِ ٱلرَّحِيمِ

الٓمٓ ١ ذَٰلِكَ ٱلۡكِتَٰبُ لَا رَيۡبَۛ فِيهِۛ هُدٗى
لِّلۡمُتَّقِينَ ٢ ٱلَّذِينَ يُؤۡمِنُونَ بِٱلۡغَيۡبِ وَيُقِيمُونَ ٱلصَّلَوٰةَ
وَمِمَّا رَزَقۡنَٰهُمۡ يُنفِقُونَ ٣ وَٱلَّذِينَ يُؤۡمِنُونَ بِمَآ أُنزِلَ
إِلَيۡكَ وَمَآ أُنزِلَ مِن قَبۡلِكَ وَبِٱلۡأٓخِرَةِ هُمۡ يُوقِنُونَ ٤
أُوْلَٰٓئِكَ عَلَىٰ هُدٗى مِّن رَّبِّهِمۡۖ وَأُوْلَٰٓئِكَ
هُمُ ٱلۡمُفۡلِحُونَ ٥

إِنَّ ٱلَّذِينَ كَفَرُوا۟ سَوَآءٌ عَلَيْهِمْ ءَأَنذَرْتَهُمْ أَمْ لَمْ تُنذِرْهُمْ
لَا يُؤْمِنُونَ ﴿٦﴾ خَتَمَ ٱللَّهُ عَلَىٰ قُلُوبِهِمْ وَعَلَىٰ سَمْعِهِمْ ۖ وَعَلَىٰٓ
أَبْصَٰرِهِمْ غِشَٰوَةٌ ۖ وَلَهُمْ عَذَابٌ عَظِيمٌ ﴿٧﴾ وَمِنَ ٱلنَّاسِ
مَن يَقُولُ ءَامَنَّا بِٱللَّهِ وَبِٱلْيَوْمِ ٱلْءَاخِرِ وَمَا هُم بِمُؤْمِنِينَ ﴿٨﴾
يُخَٰدِعُونَ ٱللَّهَ وَٱلَّذِينَ ءَامَنُوا۟ وَمَا يَخْدَعُونَ إِلَّآ أَنفُسَهُمْ
وَمَا يَشْعُرُونَ ﴿٩﴾ فِى قُلُوبِهِم مَّرَضٌ فَزَادَهُمُ ٱللَّهُ مَرَضًا ۖ
وَلَهُمْ عَذَابٌ أَلِيمٌۢ بِمَا كَانُوا۟ يَكْذِبُونَ ﴿١٠﴾ وَإِذَا قِيلَ لَهُمْ
لَا تُفْسِدُوا۟ فِى ٱلْأَرْضِ قَالُوٓا۟ إِنَّمَا نَحْنُ مُصْلِحُونَ ﴿١١﴾ أَلَآ إِنَّهُمْ
هُمُ ٱلْمُفْسِدُونَ وَلَٰكِن لَّا يَشْعُرُونَ ﴿١٢﴾ وَإِذَا قِيلَ لَهُمْ
ءَامِنُوا۟ كَمَآ ءَامَنَ ٱلنَّاسُ قَالُوٓا۟ أَنُؤْمِنُ كَمَآ ءَامَنَ ٱلسُّفَهَآءُ ۗ
أَلَآ إِنَّهُمْ هُمُ ٱلسُّفَهَآءُ وَلَٰكِن لَّا يَعْلَمُونَ ﴿١٣﴾ وَإِذَا لَقُوا۟
ٱلَّذِينَ ءَامَنُوا۟ قَالُوٓا۟ ءَامَنَّا وَإِذَا خَلَوْا۟ إِلَىٰ شَيَٰطِينِهِمْ قَالُوٓا۟ إِنَّا
مَعَكُمْ إِنَّمَا نَحْنُ مُسْتَهْزِءُونَ ﴿١٤﴾ ٱللَّهُ يَسْتَهْزِئُ بِهِمْ وَيَمُدُّهُمْ
فِى طُغْيَٰنِهِمْ يَعْمَهُونَ ﴿١٥﴾ أُو۟لَٰٓئِكَ ٱلَّذِينَ ٱشْتَرَوُا۟ ٱلضَّلَٰلَةَ
بِٱلْهُدَىٰ فَمَا رَبِحَت تِّجَٰرَتُهُمْ وَمَا كَانُوا۟ مُهْتَدِينَ ﴿١٦﴾

مَثَلُهُمْ كَمَثَلِ ٱلَّذِى ٱسْتَوْقَدَ نَارًا فَلَمَّآ أَضَآءَتْ مَا حَوْلَهُۥ
ذَهَبَ ٱللَّهُ بِنُورِهِمْ وَتَرَكَهُمْ فِى ظُلُمَٰتٍ لَّا يُبْصِرُونَ ﴿١٧﴾ صُمٌّۢ
بُكْمٌ عُمْىٌ فَهُمْ لَا يَرْجِعُونَ ﴿١٨﴾ أَوْ كَصَيِّبٍ مِّنَ ٱلسَّمَآءِ فِيهِ
ظُلُمَٰتٌ وَرَعْدٌ وَبَرْقٌ يَجْعَلُونَ أَصَٰبِعَهُمْ فِىٓ ءَاذَانِهِم مِّنَ
ٱلصَّوَٰعِقِ حَذَرَ ٱلْمَوْتِ ۚ وَٱللَّهُ مُحِيطٌۢ بِٱلْكَٰفِرِينَ ﴿١٩﴾ يَكَادُ ٱلْبَرْقُ
يَخْطَفُ أَبْصَٰرَهُمْ ۖ كُلَّمَآ أَضَآءَ لَهُم مَّشَوْا۟ فِيهِ وَإِذَآ أَظْلَمَ عَلَيْهِمْ
قَامُوا۟ ۚ وَلَوْ شَآءَ ٱللَّهُ لَذَهَبَ بِسَمْعِهِمْ وَأَبْصَٰرِهِمْ ۚ إِنَّ ٱللَّهَ عَلَىٰ
كُلِّ شَىْءٍ قَدِيرٌ ﴿٢٠﴾ يَٰٓأَيُّهَا ٱلنَّاسُ ٱعْبُدُوا۟ رَبَّكُمُ ٱلَّذِى
خَلَقَكُمْ وَٱلَّذِينَ مِن قَبْلِكُمْ لَعَلَّكُمْ تَتَّقُونَ ﴿٢١﴾ ٱلَّذِى جَعَلَ لَكُمُ
ٱلْأَرْضَ فِرَٰشًا وَٱلسَّمَآءَ بِنَآءً وَأَنزَلَ مِنَ ٱلسَّمَآءِ مَآءً فَأَخْرَجَ
بِهِۦ مِنَ ٱلثَّمَرَٰتِ رِزْقًا لَّكُمْ ۖ فَلَا تَجْعَلُوا۟ لِلَّهِ أَندَادًا وَأَنتُمْ
تَعْلَمُونَ ﴿٢٢﴾ وَإِن كُنتُمْ فِى رَيْبٍ مِّمَّا نَزَّلْنَا عَلَىٰ عَبْدِنَا فَأْتُوا۟
بِسُورَةٍ مِّن مِّثْلِهِۦ وَٱدْعُوا۟ شُهَدَآءَكُم مِّن دُونِ ٱللَّهِ إِن
كُنتُمْ صَٰدِقِينَ ﴿٢٣﴾ فَإِن لَّمْ تَفْعَلُوا۟ وَلَن تَفْعَلُوا۟ فَٱتَّقُوا۟ ٱلنَّارَ
ٱلَّتِى وَقُودُهَا ٱلنَّاسُ وَٱلْحِجَارَةُ ۖ أُعِدَّتْ لِلْكَٰفِرِينَ ﴿٢٤﴾

ربع الحزب ١

وَبَشِّرِ ٱلَّذِينَ ءَامَنُواْ وَعَمِلُواْ ٱلصَّٰلِحَٰتِ أَنَّ لَهُمۡ جَنَّٰتٖ
تَجۡرِي مِن تَحۡتِهَا ٱلۡأَنۡهَٰرُۖ كُلَّمَا رُزِقُواْ مِنۡهَا مِن ثَمَرَةٖ
رِّزۡقٗا قَالُواْ هَٰذَا ٱلَّذِي رُزِقۡنَا مِن قَبۡلُۖ وَأُتُواْ بِهِۦ مُتَشَٰبِهٗاۖ
وَلَهُمۡ فِيهَآ أَزۡوَٰجٞ مُّطَهَّرَةٞۖ وَهُمۡ فِيهَا خَٰلِدُونَ ٢٥ ۞إِنَّ
ٱللَّهَ لَا يَسۡتَحۡيِۦٓ أَن يَضۡرِبَ مَثَلٗا مَّا بَعُوضَةٗ فَمَا فَوۡقَهَاۚ فَأَمَّا
ٱلَّذِينَ ءَامَنُواْ فَيَعۡلَمُونَ أَنَّهُ ٱلۡحَقُّ مِن رَّبِّهِمۡۖ وَأَمَّا
ٱلَّذِينَ كَفَرُواْ فَيَقُولُونَ مَاذَآ أَرَادَ ٱللَّهُ بِهَٰذَا مَثَلٗاۘ
يُضِلُّ بِهِۦ كَثِيرٗا وَيَهۡدِي بِهِۦ كَثِيرٗاۚ وَمَا يُضِلُّ بِهِۦٓ
إِلَّا ٱلۡفَٰسِقِينَ ٢٦ ٱلَّذِينَ يَنقُضُونَ عَهۡدَ ٱللَّهِ مِنۢ بَعۡدِ
مِيثَٰقِهِۦ وَيَقۡطَعُونَ مَآ أَمَرَ ٱللَّهُ بِهِۦٓ أَن يُوصَلَ وَيُفۡسِدُونَ
فِي ٱلۡأَرۡضِۚ أُوْلَٰٓئِكَ هُمُ ٱلۡخَٰسِرُونَ ٢٧ كَيۡفَ
تَكۡفُرُونَ بِٱللَّهِ وَكُنتُمۡ أَمۡوَٰتٗا فَأَحۡيَٰكُمۡۖ ثُمَّ يُمِيتُكُمۡ
ثُمَّ يُحۡيِيكُمۡ ثُمَّ إِلَيۡهِ تُرۡجَعُونَ ٢٨ هُوَ ٱلَّذِي خَلَقَ
لَكُم مَّا فِي ٱلۡأَرۡضِ جَمِيعٗا ثُمَّ ٱسۡتَوَىٰٓ إِلَى ٱلسَّمَآءِ
فَسَوَّىٰهُنَّ سَبۡعَ سَمَٰوَٰتٖۚ وَهُوَ بِكُلِّ شَيۡءٍ عَلِيمٞ ٢٩

وَإِذۡ قَالَ رَبُّكَ لِلۡمَلَٰٓئِكَةِ إِنِّي جَاعِلٞ فِي ٱلۡأَرۡضِ خَلِيفَةٗۖ قَالُوٓاْ
أَتَجۡعَلُ فِيهَا مَن يُفۡسِدُ فِيهَا وَيَسۡفِكُ ٱلدِّمَآءَ وَنَحۡنُ نُسَبِّحُ
بِحَمۡدِكَ وَنُقَدِّسُ لَكَۖ قَالَ إِنِّيٓ أَعۡلَمُ مَا لَا تَعۡلَمُونَ ٣٠ وَعَلَّمَ
ءَادَمَ ٱلۡأَسۡمَآءَ كُلَّهَا ثُمَّ عَرَضَهُمۡ عَلَى ٱلۡمَلَٰٓئِكَةِ فَقَالَ
أَنۢبِـُٔونِي بِأَسۡمَآءِ هَٰٓؤُلَآءِ إِن كُنتُمۡ صَٰدِقِينَ ٣١ قَالُواْ سُبۡحَٰنَكَ
لَا عِلۡمَ لَنَآ إِلَّا مَا عَلَّمۡتَنَآۖ إِنَّكَ أَنتَ ٱلۡعَلِيمُ ٱلۡحَكِيمُ ٣٢ قَالَ يَٰٓـَٔادَمُ
أَنۢبِئۡهُم بِأَسۡمَآئِهِمۡۖ فَلَمَّآ أَنۢبَأَهُم بِأَسۡمَآئِهِمۡ قَالَ أَلَمۡ أَقُل
لَّكُمۡ إِنِّيٓ أَعۡلَمُ غَيۡبَ ٱلسَّمَٰوَٰتِ وَٱلۡأَرۡضِ وَأَعۡلَمُ مَا تُبۡدُونَ
وَمَا كُنتُمۡ تَكۡتُمُونَ ٣٣ وَإِذۡ قُلۡنَا لِلۡمَلَٰٓئِكَةِ ٱسۡجُدُواْ لِأٓدَمَ
فَسَجَدُوٓاْ إِلَّآ إِبۡلِيسَ أَبَىٰ وَٱسۡتَكۡبَرَ وَكَانَ مِنَ ٱلۡكَٰفِرِينَ ٣٤ وَقُلۡنَا
يَٰٓـَٔادَمُ ٱسۡكُنۡ أَنتَ وَزَوۡجُكَ ٱلۡجَنَّةَ وَكُلَا مِنۡهَا رَغَدًا حَيۡثُ
شِئۡتُمَا وَلَا تَقۡرَبَا هَٰذِهِ ٱلشَّجَرَةَ فَتَكُونَا مِنَ ٱلظَّٰلِمِينَ ٣٥ فَأَزَلَّهُمَا
ٱلشَّيۡطَٰنُ عَنۡهَا فَأَخۡرَجَهُمَا مِمَّا كَانَا فِيهِۖ وَقُلۡنَا ٱهۡبِطُواْ بَعۡضُكُمۡ
لِبَعۡضٍ عَدُوّٞۖ وَلَكُمۡ فِي ٱلۡأَرۡضِ مُسۡتَقَرّٞ وَمَتَٰعٌ إِلَىٰ حِينٖ ٣٦ فَتَلَقَّىٰٓ
ءَادَمُ مِن رَّبِّهِۦ كَلِمَٰتٖ فَتَابَ عَلَيۡهِۚ إِنَّهُۥ هُوَ ٱلتَّوَّابُ ٱلرَّحِيمُ ٣٧

قُلْنَا ٱهْبِطُوا۟ مِنْهَا جَمِيعًا ۖ فَإِمَّا يَأْتِيَنَّكُم مِّنِّى هُدًى فَمَن تَبِعَ
هُدَاىَ فَلَا خَوْفٌ عَلَيْهِمْ وَلَا هُمْ يَحْزَنُونَ ٣٨ وَٱلَّذِينَ كَفَرُوا۟
وَكَذَّبُوا۟ بِـَٔايَٰتِنَآ أُو۟لَٰٓئِكَ أَصْحَٰبُ ٱلنَّارِ ۖ هُمْ فِيهَا خَٰلِدُونَ ٣٩
يَٰبَنِىٓ إِسْرَٰٓءِيلَ ٱذْكُرُوا۟ نِعْمَتِىَ ٱلَّتِىٓ أَنْعَمْتُ عَلَيْكُمْ وَأَوْفُوا۟ بِعَهْدِىٓ
أُوفِ بِعَهْدِكُمْ وَإِيَّٰىَ فَٱرْهَبُونِ ٤٠ وَءَامِنُوا۟ بِمَآ أَنزَلْتُ مُصَدِّقًا
لِّمَا مَعَكُمْ وَلَا تَكُونُوٓا۟ أَوَّلَ كَافِرٍۭ بِهِۦ ۖ وَلَا تَشْتَرُوا۟ بِـَٔايَٰتِى
ثَمَنًا قَلِيلًا وَإِيَّٰىَ فَٱتَّقُونِ ٤١ وَلَا تَلْبِسُوا۟ ٱلْحَقَّ بِٱلْبَٰطِلِ وَتَكْتُمُوا۟
ٱلْحَقَّ وَأَنتُمْ تَعْلَمُونَ ٤٢ وَأَقِيمُوا۟ ٱلصَّلَوٰةَ وَءَاتُوا۟ ٱلزَّكَوٰةَ
وَٱرْكَعُوا۟ مَعَ ٱلرَّٰكِعِينَ ٤٣ ۞ أَتَأْمُرُونَ ٱلنَّاسَ بِٱلْبِرِّ نصف الحزب ١
وَتَنسَوْنَ أَنفُسَكُمْ وَأَنتُمْ تَتْلُونَ ٱلْكِتَٰبَ ۚ أَفَلَا تَعْقِلُونَ ٤٤
وَٱسْتَعِينُوا۟ بِٱلصَّبْرِ وَٱلصَّلَوٰةِ ۚ وَإِنَّهَا لَكَبِيرَةٌ إِلَّا عَلَى ٱلْخَٰشِعِينَ
٤٥ ٱلَّذِينَ يَظُنُّونَ أَنَّهُم مُّلَٰقُوا۟ رَبِّهِمْ وَأَنَّهُمْ إِلَيْهِ رَٰجِعُونَ ٤٦
يَٰبَنِىٓ إِسْرَٰٓءِيلَ ٱذْكُرُوا۟ نِعْمَتِىَ ٱلَّتِىٓ أَنْعَمْتُ عَلَيْكُمْ وَأَنِّى فَضَّلْتُكُمْ
عَلَى ٱلْعَٰلَمِينَ ٤٧ وَٱتَّقُوا۟ يَوْمًا لَّا تَجْزِى نَفْسٌ عَن نَّفْسٍ شَيْـًٔا
وَلَا يُقْبَلُ مِنْهَا شَفَٰعَةٌ وَلَا يُؤْخَذُ مِنْهَا عَدْلٌ وَلَا هُمْ يُنصَرُونَ ٤٨

وَإِذْ نَجَّيْنَٰكُم مِّنْ ءَالِ فِرْعَوْنَ يَسُومُونَكُمْ سُوٓءَ ٱلْعَذَابِ
يُذَبِّحُونَ أَبْنَآءَكُمْ وَيَسْتَحْيُونَ نِسَآءَكُمْ ۚ وَفِى ذَٰلِكُم بَلَآءٌ
مِّن رَّبِّكُمْ عَظِيمٌ ﴿٤٩﴾ وَإِذْ فَرَقْنَا بِكُمُ ٱلْبَحْرَ فَأَنجَيْنَٰكُمْ
وَأَغْرَقْنَآ ءَالَ فِرْعَوْنَ وَأَنتُمْ تَنظُرُونَ ﴿٥٠﴾ وَإِذْ وَٰعَدْنَا مُوسَىٰٓ
أَرْبَعِينَ لَيْلَةً ثُمَّ ٱتَّخَذْتُمُ ٱلْعِجْلَ مِنۢ بَعْدِهِۦ وَأَنتُمْ ظَٰلِمُونَ
﴿٥١﴾ ثُمَّ عَفَوْنَا عَنكُم مِّنۢ بَعْدِ ذَٰلِكَ لَعَلَّكُمْ تَشْكُرُونَ ﴿٥٢﴾
وَإِذْ ءَاتَيْنَا مُوسَى ٱلْكِتَٰبَ وَٱلْفُرْقَانَ لَعَلَّكُمْ تَهْتَدُونَ ﴿٥٣﴾
وَإِذْ قَالَ مُوسَىٰ لِقَوْمِهِۦ يَٰقَوْمِ إِنَّكُمْ ظَلَمْتُمْ أَنفُسَكُم بِٱتِّخَاذِكُمُ
ٱلْعِجْلَ فَتُوبُوٓا۟ إِلَىٰ بَارِئِكُمْ فَٱقْتُلُوٓا۟ أَنفُسَكُمْ ذَٰلِكُمْ
خَيْرٌ لَّكُمْ عِندَ بَارِئِكُمْ فَتَابَ عَلَيْكُمْ ۚ إِنَّهُۥ هُوَ ٱلتَّوَّابُ
ٱلرَّحِيمُ ﴿٥٤﴾ وَإِذْ قُلْتُمْ يَٰمُوسَىٰ لَن نُّؤْمِنَ لَكَ حَتَّىٰ نَرَى ٱللَّهَ
جَهْرَةً فَأَخَذَتْكُمُ ٱلصَّٰعِقَةُ وَأَنتُمْ تَنظُرُونَ ﴿٥٥﴾ ثُمَّ بَعَثْنَٰكُم
مِّنۢ بَعْدِ مَوْتِكُمْ لَعَلَّكُمْ تَشْكُرُونَ ﴿٥٦﴾ وَظَلَّلْنَا عَلَيْكُمُ
ٱلْغَمَامَ وَأَنزَلْنَا عَلَيْكُمُ ٱلْمَنَّ وَٱلسَّلْوَىٰ ۖ كُلُوا۟ مِن طَيِّبَٰتِ
مَا رَزَقْنَٰكُمْ ۚ وَمَا ظَلَمُونَا وَلَٰكِن كَانُوٓا۟ أَنفُسَهُمْ يَظْلِمُونَ ﴿٥٧﴾

وَإِذْ قُلْنَا ٱدْخُلُوا۟ هَٰذِهِ ٱلْقَرْيَةَ فَكُلُوا۟ مِنْهَا حَيْثُ شِئْتُمْ
رَغَدًا وَٱدْخُلُوا۟ ٱلْبَابَ سُجَّدًا وَقُولُوا۟ حِطَّةٌ نَّغْفِرْ لَكُمْ
خَطَٰيَٰكُمْ ۚ وَسَنَزِيدُ ٱلْمُحْسِنِينَ ﴿٥٨﴾ فَبَدَّلَ ٱلَّذِينَ
ظَلَمُوا۟ قَوْلًا غَيْرَ ٱلَّذِى قِيلَ لَهُمْ فَأَنزَلْنَا عَلَى ٱلَّذِينَ ظَلَمُوا۟
رِجْزًا مِّنَ ٱلسَّمَآءِ بِمَا كَانُوا۟ يَفْسُقُونَ ﴿٥٩﴾ ۞ وَإِذِ ٱسْتَسْقَىٰ ثلاثة أرباع الحزب ١
مُوسَىٰ لِقَوْمِهِۦ فَقُلْنَا ٱضْرِب بِّعَصَاكَ ٱلْحَجَرَ ۖ فَٱنفَجَرَتْ
مِنْهُ ٱثْنَتَا عَشْرَةَ عَيْنًا ۖ قَدْ عَلِمَ كُلُّ أُنَاسٍ مَّشْرَبَهُمْ ۖ كُلُوا۟
وَٱشْرَبُوا۟ مِن رِّزْقِ ٱللَّهِ وَلَا تَعْثَوْا۟ فِى ٱلْأَرْضِ مُفْسِدِينَ ﴿٦٠﴾
وَإِذْ قُلْتُمْ يَٰمُوسَىٰ لَن نَّصْبِرَ عَلَىٰ طَعَامٍ وَٰحِدٍ فَٱدْعُ لَنَا
رَبَّكَ يُخْرِجْ لَنَا مِمَّا تُنۢبِتُ ٱلْأَرْضُ مِنۢ بَقْلِهَا وَقِثَّآئِهَا
وَفُومِهَا وَعَدَسِهَا وَبَصَلِهَا ۖ قَالَ أَتَسْتَبْدِلُونَ ٱلَّذِى هُوَ
أَدْنَىٰ بِٱلَّذِى هُوَ خَيْرٌ ۚ ٱهْبِطُوا۟ مِصْرًا فَإِنَّ لَكُم مَّا سَأَلْتُمْ ۗ
وَضُرِبَتْ عَلَيْهِمُ ٱلذِّلَّةُ وَٱلْمَسْكَنَةُ وَبَآءُو بِغَضَبٍ مِّنَ
ٱللَّهِ ۗ ذَٰلِكَ بِأَنَّهُمْ كَانُوا۟ يَكْفُرُونَ بِـَٔايَٰتِ ٱللَّهِ وَيَقْتُلُونَ
ٱلنَّبِيِّۦنَ بِغَيْرِ ٱلْحَقِّ ۗ ذَٰلِكَ بِمَا عَصَوا۟ وَّكَانُوا۟ يَعْتَدُونَ ﴿٦١﴾

إِنَّ ٱلَّذِينَ ءَامَنُواْ وَٱلَّذِينَ هَادُواْ وَٱلنَّصَٰرَىٰ وَٱلصَّٰبِـِٔينَ مَنْ
ءَامَنَ بِٱللَّهِ وَٱلْيَوْمِ ٱلْءَاخِرِ وَعَمِلَ صَٰلِحًا فَلَهُمْ أَجْرُهُمْ عِندَ
رَبِّهِمْ وَلَا خَوْفٌ عَلَيْهِمْ وَلَا هُمْ يَحْزَنُونَ ﴿٦٢﴾ وَإِذْ أَخَذْنَا
مِيثَٰقَكُمْ وَرَفَعْنَا فَوْقَكُمُ ٱلطُّورَ خُذُواْ مَآ ءَاتَيْنَٰكُم
بِقُوَّةٍ وَٱذْكُرُواْ مَا فِيهِ لَعَلَّكُمْ تَتَّقُونَ ﴿٦٣﴾ ثُمَّ تَوَلَّيْتُم
مِّنۢ بَعْدِ ذَٰلِكَ فَلَوْلَا فَضْلُ ٱللَّهِ عَلَيْكُمْ وَرَحْمَتُهُۥ لَكُنتُم مِّنَ
ٱلْخَٰسِرِينَ ﴿٦٤﴾ وَلَقَدْ عَلِمْتُمُ ٱلَّذِينَ ٱعْتَدَوْاْ مِنكُمْ فِى ٱلسَّبْتِ
فَقُلْنَا لَهُمْ كُونُواْ قِرَدَةً خَٰسِـِٔينَ ﴿٦٥﴾ فَجَعَلْنَٰهَا نَكَٰلًا لِّمَا
بَيْنَ يَدَيْهَا وَمَا خَلْفَهَا وَمَوْعِظَةً لِّلْمُتَّقِينَ ﴿٦٦﴾ وَإِذْ قَالَ
مُوسَىٰ لِقَوْمِهِۦٓ إِنَّ ٱللَّهَ يَأْمُرُكُمْ أَن تَذْبَحُواْ بَقَرَةً قَالُوٓاْ
أَتَتَّخِذُنَا هُزُوًا قَالَ أَعُوذُ بِٱللَّهِ أَنْ أَكُونَ مِنَ ٱلْجَٰهِلِينَ
﴿٦٧﴾ قَالُواْ ٱدْعُ لَنَا رَبَّكَ يُبَيِّن لَّنَا مَا هِىَ قَالَ إِنَّهُۥ يَقُولُ إِنَّهَا
بَقَرَةٌ لَّا فَارِضٌ وَلَا بِكْرٌ عَوَانٌۢ بَيْنَ ذَٰلِكَ فَٱفْعَلُواْ مَا
تُؤْمَرُونَ ﴿٦٨﴾ قَالُواْ ٱدْعُ لَنَا رَبَّكَ يُبَيِّن لَّنَا مَا لَوْنُهَا قَالَ إِنَّهُۥ
يَقُولُ إِنَّهَا بَقَرَةٌ صَفْرَآءُ فَاقِعٌ لَّوْنُهَا تَسُرُّ ٱلنَّٰظِرِينَ ﴿٦٩﴾

قَالُوا۟ ٱدْعُ لَنَا رَبَّكَ يُبَيِّن لَّنَا مَا هِىَ إِنَّ ٱلْبَقَرَ تَشَٰبَهَ عَلَيْنَا وَإِنَّآ
إِن شَآءَ ٱللَّهُ لَمُهْتَدُونَ ﴿٧٠﴾ قَالَ إِنَّهُۥ يَقُولُ إِنَّهَا بَقَرَةٌ لَّا ذَلُولٌ
تُثِيرُ ٱلْأَرْضَ وَلَا تَسْقِى ٱلْحَرْثَ مُسَلَّمَةٌ لَّا شِيَةَ فِيهَا ۚ قَالُوا۟
ٱلْـَٰٔنَ جِئْتَ بِٱلْحَقِّ ۚ فَذَبَحُوهَا وَمَا كَادُوا۟ يَفْعَلُونَ ﴿٧١﴾ وَإِذْ
قَتَلْتُمْ نَفْسًا فَٱدَّٰرَْٰٔتُمْ فِيهَا ۖ وَٱللَّهُ مُخْرِجٌ مَّا كُنتُمْ تَكْتُمُونَ
﴿٧٢﴾ فَقُلْنَا ٱضْرِبُوهُ بِبَعْضِهَا ۚ كَذَٰلِكَ يُحْىِ ٱللَّهُ ٱلْمَوْتَىٰ وَيُرِيكُمْ
ءَايَٰتِهِۦ لَعَلَّكُمْ تَعْقِلُونَ ﴿٧٣﴾ ثُمَّ قَسَتْ قُلُوبُكُم مِّنۢ بَعْدِ ذَٰلِكَ
فَهِىَ كَٱلْحِجَارَةِ أَوْ أَشَدُّ قَسْوَةً ۚ وَإِنَّ مِنَ ٱلْحِجَارَةِ لَمَا يَتَفَجَّرُ
مِنْهُ ٱلْأَنْهَٰرُ ۚ وَإِنَّ مِنْهَا لَمَا يَشَّقَّقُ فَيَخْرُجُ مِنْهُ ٱلْمَآءُ ۚ وَإِنَّ
مِنْهَا لَمَا يَهْبِطُ مِنْ خَشْيَةِ ٱللَّهِ ۗ وَمَا ٱللَّهُ بِغَٰفِلٍ عَمَّا تَعْمَلُونَ
﴿٧٤﴾ ۞ أَفَتَطْمَعُونَ أَن يُؤْمِنُوا۟ لَكُمْ وَقَدْ كَانَ فَرِيقٌ مِّنْهُمْ
يَسْمَعُونَ كَلَٰمَ ٱللَّهِ ثُمَّ يُحَرِّفُونَهُۥ مِنۢ بَعْدِ مَا عَقَلُوهُ وَهُمْ
يَعْلَمُونَ ﴿٧٥﴾ وَإِذَا لَقُوا۟ ٱلَّذِينَ ءَامَنُوا۟ قَالُوٓا۟ ءَامَنَّا وَإِذَا
خَلَا بَعْضُهُمْ إِلَىٰ بَعْضٍ قَالُوٓا۟ أَتُحَدِّثُونَهُم بِمَا فَتَحَ ٱللَّهُ
عَلَيْكُمْ لِيُحَآجُّوكُم بِهِۦ عِندَ رَبِّكُمْ ۚ أَفَلَا تَعْقِلُونَ ﴿٧٦﴾

الحِزْبُ ٢

أَوَلَا يَعۡلَمُونَ أَنَّ ٱللَّهَ يَعۡلَمُ مَا يُسِرُّونَ وَمَا يُعۡلِنُونَ ٧٧
وَمِنۡهُمۡ أُمِّيُّونَ لَا يَعۡلَمُونَ ٱلۡكِتَٰبَ إِلَّآ أَمَانِيَّ وَإِنۡ هُمۡ
إِلَّا يَظُنُّونَ ٧٨ فَوَيۡلٞ لِّلَّذِينَ يَكۡتُبُونَ ٱلۡكِتَٰبَ بِأَيۡدِيهِمۡ
ثُمَّ يَقُولُونَ هَٰذَا مِنۡ عِندِ ٱللَّهِ لِيَشۡتَرُواْ بِهِۦ ثَمَنٗا قَلِيلٗاۖ
فَوَيۡلٞ لَّهُم مِّمَّا كَتَبَتۡ أَيۡدِيهِمۡ وَوَيۡلٞ لَّهُم مِّمَّا يَكۡسِبُونَ
٧٩ وَقَالُواْ لَن تَمَسَّنَا ٱلنَّارُ إِلَّآ أَيَّامٗا مَّعۡدُودَةٗۚ قُلۡ
أَتَّخَذۡتُمۡ عِندَ ٱللَّهِ عَهۡدٗا فَلَن يُخۡلِفَ ٱللَّهُ عَهۡدَهُۥٓۖ أَمۡ
تَقُولُونَ عَلَى ٱللَّهِ مَا لَا تَعۡلَمُونَ ٨٠ بَلَىٰۚ مَن كَسَبَ سَيِّئَةٗ
وَأَحَٰطَتۡ بِهِۦ خَطِيٓـَٔتُهُۥ فَأُوْلَٰٓئِكَ أَصۡحَٰبُ ٱلنَّارِۖ هُمۡ
فِيهَا خَٰلِدُونَ ٨١ وَٱلَّذِينَ ءَامَنُواْ وَعَمِلُواْ ٱلصَّٰلِحَٰتِ
أُوْلَٰٓئِكَ أَصۡحَٰبُ ٱلۡجَنَّةِۖ هُمۡ فِيهَا خَٰلِدُونَ ٨٢ وَإِذۡ أَخَذۡنَا
مِيثَٰقَ بَنِيٓ إِسۡرَٰٓءِيلَ لَا تَعۡبُدُونَ إِلَّا ٱللَّهَ وَبِٱلۡوَٰلِدَيۡنِ
إِحۡسَانٗا وَذِي ٱلۡقُرۡبَىٰ وَٱلۡيَتَٰمَىٰ وَٱلۡمَسَٰكِينِ وَقُولُواْ
لِلنَّاسِ حُسۡنٗا وَأَقِيمُواْ ٱلصَّلَوٰةَ وَءَاتُواْ ٱلزَّكَوٰةَ ثُمَّ
تَوَلَّيۡتُمۡ إِلَّا قَلِيلٗا مِّنكُمۡ وَأَنتُم مُّعۡرِضُونَ ٨٣

وَإِذْ أَخَذْنَا مِيثَٰقَكُمْ لَا تَسْفِكُونَ دِمَآءَكُمْ وَلَا تُخْرِجُونَ
أَنفُسَكُم مِّن دِيَٰرِكُمْ ثُمَّ أَقْرَرْتُمْ وَأَنتُمْ تَشْهَدُونَ ٨٤
ثُمَّ أَنتُمْ هَٰٓؤُلَآءِ تَقْتُلُونَ أَنفُسَكُمْ وَتُخْرِجُونَ فَرِيقًا
مِّنكُم مِّن دِيَٰرِهِمْ تَظَٰهَرُونَ عَلَيْهِم بِٱلْإِثْمِ وَٱلْعُدْوَٰنِ
وَإِن يَأْتُوكُمْ أُسَٰرَىٰ تُفَٰدُوهُمْ وَهُوَ مُحَرَّمٌ عَلَيْكُمْ
إِخْرَاجُهُمْ ۚ أَفَتُؤْمِنُونَ بِبَعْضِ ٱلْكِتَٰبِ وَتَكْفُرُونَ بِبَعْضٍ ۚ
فَمَا جَزَآءُ مَن يَفْعَلُ ذَٰلِكَ مِنكُمْ إِلَّا خِزْىٌ فِى ٱلْحَيَوٰةِ
ٱلدُّنْيَا ۖ وَيَوْمَ ٱلْقِيَٰمَةِ يُرَدُّونَ إِلَىٰٓ أَشَدِّ ٱلْعَذَابِ ۗ وَمَا ٱللَّهُ
بِغَٰفِلٍ عَمَّا تَعْمَلُونَ ٨٥ أُو۟لَٰٓئِكَ ٱلَّذِينَ ٱشْتَرَوُا۟ ٱلْحَيَوٰةَ
ٱلدُّنْيَا بِٱلْءَاخِرَةِ ۖ فَلَا يُخَفَّفُ عَنْهُمُ ٱلْعَذَابُ وَلَا هُمْ يُنصَرُونَ
٨٦ وَلَقَدْ ءَاتَيْنَا مُوسَى ٱلْكِتَٰبَ وَقَفَّيْنَا مِنۢ بَعْدِهِۦ
بِٱلرُّسُلِ ۖ وَءَاتَيْنَا عِيسَى ٱبْنَ مَرْيَمَ ٱلْبَيِّنَٰتِ وَأَيَّدْنَٰهُ بِرُوحِ
ٱلْقُدُسِ ۗ أَفَكُلَّمَا جَآءَكُمْ رَسُولٌۢ بِمَا لَا تَهْوَىٰٓ أَنفُسُكُمُ
ٱسْتَكْبَرْتُمْ فَفَرِيقًا كَذَّبْتُمْ وَفَرِيقًا تَقْتُلُونَ ٨٧ وَقَالُوا۟ قُلُوبُنَا
غُلْفٌۢ ۚ بَل لَّعَنَهُمُ ٱللَّهُ بِكُفْرِهِمْ فَقَلِيلًا مَّا يُؤْمِنُونَ ٨٨

وَلَمَّا جَآءَهُمۡ كِتَٰبٞ مِّنۡ عِندِ ٱللَّهِ مُصَدِّقٞ لِّمَا مَعَهُمۡ
وَكَانُواْ مِن قَبۡلُ يَسۡتَفۡتِحُونَ عَلَى ٱلَّذِينَ كَفَرُواْ فَلَمَّا
جَآءَهُم مَّا عَرَفُواْ كَفَرُواْ بِهِۦۚ فَلَعۡنَةُ ٱللَّهِ عَلَى ٱلۡكَٰفِرِينَ
٨٩ بِئۡسَمَا ٱشۡتَرَوۡاْ بِهِۦٓ أَنفُسَهُمۡ أَن يَكۡفُرُواْ بِمَآ أَنزَلَ ٱللَّهُ
بَغۡيًا أَن يُنَزِّلَ ٱللَّهُ مِن فَضۡلِهِۦ عَلَىٰ مَن يَشَآءُ مِنۡ عِبَادِهِۦۖ
فَبَآءُو بِغَضَبٍ عَلَىٰ غَضَبٖۚ وَلِلۡكَٰفِرِينَ عَذَابٞ مُّهِينٞ
٩٠ وَإِذَا قِيلَ لَهُمۡ ءَامِنُواْ بِمَآ أَنزَلَ ٱللَّهُ قَالُواْ نُؤۡمِنُ بِمَآ أُنزِلَ
عَلَيۡنَا وَيَكۡفُرُونَ بِمَا وَرَآءَهُۥ وَهُوَ ٱلۡحَقُّ مُصَدِّقٗا لِّمَا
مَعَهُمۡۗ قُلۡ فَلِمَ تَقۡتُلُونَ أَنۢبِيَآءَ ٱللَّهِ مِن قَبۡلُ إِن كُنتُم
مُّؤۡمِنِينَ ٩١ ۞وَلَقَدۡ جَآءَكُم مُّوسَىٰ بِٱلۡبَيِّنَٰتِ ثُمَّ
ٱتَّخَذۡتُمُ ٱلۡعِجۡلَ مِنۢ بَعۡدِهِۦ وَأَنتُمۡ ظَٰلِمُونَ ٩٢ وَإِذۡ
أَخَذۡنَا مِيثَٰقَكُمۡ وَرَفَعۡنَا فَوۡقَكُمُ ٱلطُّورَ خُذُواْ
مَآ ءَاتَيۡنَٰكُم بِقُوَّةٖ وَٱسۡمَعُواْۖ قَالُواْ سَمِعۡنَا وَعَصَيۡنَا
وَأُشۡرِبُواْ فِي قُلُوبِهِمُ ٱلۡعِجۡلَ بِكُفۡرِهِمۡۚ قُلۡ بِئۡسَمَا
يَأۡمُرُكُم بِهِۦٓ إِيمَٰنُكُمۡ إِن كُنتُم مُّؤۡمِنِينَ ٩٣

ربع الحزب ٢

قُلۡ إِن كَانَتۡ لَكُمُ ٱلدَّارُ ٱلۡأٓخِرَةُ عِندَ ٱللَّهِ خَالِصَةٗ مِّن
دُونِ ٱلنَّاسِ فَتَمَنَّوُاْ ٱلۡمَوۡتَ إِن كُنتُمۡ صَٰدِقِينَ ٩٤ وَلَن
يَتَمَنَّوۡهُ أَبَدَۢا بِمَا قَدَّمَتۡ أَيۡدِيهِمۡۚ وَٱللَّهُ عَلِيمُۢ بِٱلظَّٰلِمِينَ
٩٥ وَلَتَجِدَنَّهُمۡ أَحۡرَصَ ٱلنَّاسِ عَلَىٰ حَيَوٰةٖ وَمِنَ ٱلَّذِينَ أَشۡرَكُواْۚ
يَوَدُّ أَحَدُهُمۡ لَوۡ يُعَمَّرُ أَلۡفَ سَنَةٖ وَمَا هُوَ بِمُزَحۡزِحِهِۦ مِنَ
ٱلۡعَذَابِ أَن يُعَمَّرَۗ وَٱللَّهُ بَصِيرُۢ بِمَا يَعۡمَلُونَ ٩٦ قُلۡ مَن
كَانَ عَدُوّٗا لِّجِبۡرِيلَ فَإِنَّهُۥ نَزَّلَهُۥ عَلَىٰ قَلۡبِكَ بِإِذۡنِ
ٱللَّهِ مُصَدِّقٗا لِّمَا بَيۡنَ يَدَيۡهِ وَهُدٗى وَبُشۡرَىٰ لِلۡمُؤۡمِنِينَ
٩٧ مَن كَانَ عَدُوّٗا لِّلَّهِ وَمَلَٰٓئِكَتِهِۦ وَرُسُلِهِۦ وَجِبۡرِيلَ
وَمِيكَىٰلَ فَإِنَّ ٱللَّهَ عَدُوّٞ لِّلۡكَٰفِرِينَ ٩٨ وَلَقَدۡ أَنزَلۡنَآ
إِلَيۡكَ ءَايَٰتِۭ بَيِّنَٰتٖۖ وَمَا يَكۡفُرُ بِهَآ إِلَّا ٱلۡفَٰسِقُونَ ٩٩
أَوَكُلَّمَا عَٰهَدُواْ عَهۡدٗا نَّبَذَهُۥ فَرِيقٞ مِّنۡهُمۚ بَلۡ أَكۡثَرُهُمۡ
لَا يُؤۡمِنُونَ ١٠٠ وَلَمَّا جَآءَهُمۡ رَسُولٞ مِّنۡ عِندِ ٱللَّهِ مُصَدِّقٞ
لِّمَا مَعَهُمۡ نَبَذَ فَرِيقٞ مِّنَ ٱلَّذِينَ أُوتُواْ ٱلۡكِتَٰبَ
كِتَٰبَ ٱللَّهِ وَرَآءَ ظُهُورِهِمۡ كَأَنَّهُمۡ لَا يَعۡلَمُونَ ١٠١

وَٱتَّبَعُوا۟ مَا تَتْلُوا۟ ٱلشَّيَٰطِينُ عَلَىٰ مُلْكِ سُلَيْمَٰنَ ۖ وَمَا كَفَرَ
سُلَيْمَٰنُ وَلَٰكِنَّ ٱلشَّيَٰطِينَ كَفَرُوا۟ يُعَلِّمُونَ ٱلنَّاسَ
ٱلسِّحْرَ وَمَآ أُنزِلَ عَلَى ٱلْمَلَكَيْنِ بِبَابِلَ هَٰرُوتَ وَمَٰرُوتَ ۚ
وَمَا يُعَلِّمَانِ مِنْ أَحَدٍ حَتَّىٰ يَقُولَآ إِنَّمَا نَحْنُ فِتْنَةٌ فَلَا
تَكْفُرْ ۖ فَيَتَعَلَّمُونَ مِنْهُمَا مَا يُفَرِّقُونَ بِهِۦ بَيْنَ ٱلْمَرْءِ
وَزَوْجِهِۦ ۚ وَمَا هُم بِضَآرِّينَ بِهِۦ مِنْ أَحَدٍ إِلَّا بِإِذْنِ ٱللَّهِ ۚ
وَيَتَعَلَّمُونَ مَا يَضُرُّهُمْ وَلَا يَنفَعُهُمْ ۚ وَلَقَدْ عَلِمُوا۟ لَمَنِ
ٱشْتَرَىٰهُ مَا لَهُۥ فِى ٱلْءَاخِرَةِ مِنْ خَلَٰقٍ ۚ وَلَبِئْسَ مَا شَرَوْا۟ بِهِۦٓ
أَنفُسَهُمْ ۚ لَوْ كَانُوا۟ يَعْلَمُونَ ١٠٢ وَلَوْ أَنَّهُمْ ءَامَنُوا۟ وَٱتَّقَوْا۟
لَمَثُوبَةٌ مِّنْ عِندِ ٱللَّهِ خَيْرٌ ۖ لَّوْ كَانُوا۟ يَعْلَمُونَ ١٠٣
يَٰٓأَيُّهَا ٱلَّذِينَ ءَامَنُوا۟ لَا تَقُولُوا۟ رَٰعِنَا وَقُولُوا۟ ٱنظُرْنَا
وَٱسْمَعُوا۟ ۗ وَلِلْكَٰفِرِينَ عَذَابٌ أَلِيمٌ ١٠٤ مَّا يَوَدُّ
ٱلَّذِينَ كَفَرُوا۟ مِنْ أَهْلِ ٱلْكِتَٰبِ وَلَا ٱلْمُشْرِكِينَ
أَن يُنَزَّلَ عَلَيْكُم مِّنْ خَيْرٍ مِّن رَّبِّكُمْ ۗ وَٱللَّهُ يَخْتَصُّ
بِرَحْمَتِهِۦ مَن يَشَآءُ ۚ وَٱللَّهُ ذُو ٱلْفَضْلِ ٱلْعَظِيمِ ١٠٥

۞ مَا نَنسَخۡ مِنۡ ءَايَةٍ أَوۡ نُنسِهَا نَأۡتِ بِخَيۡرٖ مِّنۡهَآ أَوۡ مِثۡلِهَآۗ
أَلَمۡ تَعۡلَمۡ أَنَّ ٱللَّهَ عَلَىٰ كُلِّ شَيۡءٖ قَدِيرٌ ١٠٦ أَلَمۡ تَعۡلَمۡ أَنَّ
ٱللَّهَ لَهُۥ مُلۡكُ ٱلسَّمَٰوَٰتِ وَٱلۡأَرۡضِۗ وَمَا لَكُم مِّن دُونِ
ٱللَّهِ مِن وَلِيّٖ وَلَا نَصِيرٍ ١٠٧ أَمۡ تُرِيدُونَ أَن تَسۡـَٔلُواْ رَسُولَكُمۡ
كَمَا سُئِلَ مُوسَىٰ مِن قَبۡلُۗ وَمَن يَتَبَدَّلِ ٱلۡكُفۡرَ بِٱلۡإِيمَٰنِ
فَقَدۡ ضَلَّ سَوَآءَ ٱلسَّبِيلِ ١٠٨ وَدَّ كَثِيرٞ مِّنۡ أَهۡلِ ٱلۡكِتَٰبِ
لَوۡ يَرُدُّونَكُم مِّنۢ بَعۡدِ إِيمَٰنِكُمۡ كُفَّارًا حَسَدٗا
مِّنۡ عِندِ أَنفُسِهِم مِّنۢ بَعۡدِ مَا تَبَيَّنَ لَهُمُ ٱلۡحَقُّۖ فَٱعۡفُواْ
وَٱصۡفَحُواْ حَتَّىٰ يَأۡتِيَ ٱللَّهُ بِأَمۡرِهِۦٓۗ إِنَّ ٱللَّهَ عَلَىٰ كُلِّ شَيۡءٖ
قَدِيرٞ ١٠٩ وَأَقِيمُواْ ٱلصَّلَوٰةَ وَءَاتُواْ ٱلزَّكَوٰةَۚ وَمَا تُقَدِّمُواْ
لِأَنفُسِكُم مِّنۡ خَيۡرٖ تَجِدُوهُ عِندَ ٱللَّهِۗ إِنَّ ٱللَّهَ بِمَا تَعۡمَلُونَ
بَصِيرٞ ١١٠ وَقَالُواْ لَن يَدۡخُلَ ٱلۡجَنَّةَ إِلَّا مَن كَانَ هُودًا
أَوۡ نَصَٰرَىٰۗ تِلۡكَ أَمَانِيُّهُمۡۗ قُلۡ هَاتُواْ بُرۡهَٰنَكُمۡ إِن كُنتُمۡ
صَٰدِقِينَ ١١١ بَلَىٰۚ مَنۡ أَسۡلَمَ وَجۡهَهُۥ لِلَّهِ وَهُوَ مُحۡسِنٞ فَلَهُۥٓ
أَجۡرُهُۥ عِندَ رَبِّهِۦ وَلَا خَوۡفٌ عَلَيۡهِمۡ وَلَا هُمۡ يَحۡزَنُونَ ١١٢

وَقَالَتِ ٱلۡيَهُودُ لَيۡسَتِ ٱلنَّصَٰرَىٰ عَلَىٰ شَيۡءٖ وَقَالَتِ ٱلنَّصَٰرَىٰ
لَيۡسَتِ ٱلۡيَهُودُ عَلَىٰ شَيۡءٖ وَهُمۡ يَتۡلُونَ ٱلۡكِتَٰبَۗ كَذَٰلِكَ
قَالَ ٱلَّذِينَ لَا يَعۡلَمُونَ مِثۡلَ قَوۡلِهِمۡۚ فَٱللَّهُ يَحۡكُمُ بَيۡنَهُمۡ
يَوۡمَ ٱلۡقِيَٰمَةِ فِيمَا كَانُواْ فِيهِ يَخۡتَلِفُونَ ١١٣ وَمَنۡ أَظۡلَمُ مِمَّن
مَّنَعَ مَسَٰجِدَ ٱللَّهِ أَن يُذۡكَرَ فِيهَا ٱسۡمُهُۥ وَسَعَىٰ فِي خَرَابِهَآۚ
أُوْلَٰٓئِكَ مَا كَانَ لَهُمۡ أَن يَدۡخُلُوهَآ إِلَّا خَآئِفِينَۚ لَهُمۡ فِي
ٱلدُّنۡيَا خِزۡيٞ وَلَهُمۡ فِي ٱلۡأٓخِرَةِ عَذَابٌ عَظِيمٞ ١١٤ وَلِلَّهِ ٱلۡمَشۡرِقُ
وَٱلۡمَغۡرِبُۚ فَأَيۡنَمَا تُوَلُّواْ فَثَمَّ وَجۡهُ ٱللَّهِۚ إِنَّ ٱللَّهَ وَٰسِعٌ عَلِيمٞ ١١٥
وَقَالُواْ ٱتَّخَذَ ٱللَّهُ وَلَدٗاۗ سُبۡحَٰنَهُۥۖ بَل لَّهُۥ مَا فِي ٱلسَّمَٰوَٰتِ
وَٱلۡأَرۡضِۖ كُلّٞ لَّهُۥ قَٰنِتُونَ ١١٦ بَدِيعُ ٱلسَّمَٰوَٰتِ وَٱلۡأَرۡضِۖ
وَإِذَا قَضَىٰٓ أَمۡرٗا فَإِنَّمَا يَقُولُ لَهُۥ كُن فَيَكُونُ ١١٧ وَقَالَ
ٱلَّذِينَ لَا يَعۡلَمُونَ لَوۡلَا يُكَلِّمُنَا ٱللَّهُ أَوۡ تَأۡتِينَآ ءَايَةٞۗ
كَذَٰلِكَ قَالَ ٱلَّذِينَ مِن قَبۡلِهِم مِّثۡلَ قَوۡلِهِمۡۘ تَشَٰبَهَتۡ
قُلُوبُهُمۡۗ قَدۡ بَيَّنَّا ٱلۡأٓيَٰتِ لِقَوۡمٖ يُوقِنُونَ ١١٨ إِنَّآ أَرۡسَلۡنَٰكَ
بِٱلۡحَقِّ بَشِيرٗا وَنَذِيرٗاۖ وَلَا تُسۡـَٔلُ عَنۡ أَصۡحَٰبِ ٱلۡجَحِيمِ ١١٩

وَلَن تَرۡضَىٰ عَنكَ ٱلۡيَهُودُ وَلَا ٱلنَّصَٰرَىٰ حَتَّىٰ تَتَّبِعَ مِلَّتَهُمۡۗ قُلۡ
إِنَّ هُدَى ٱللَّهِ هُوَ ٱلۡهُدَىٰۗ وَلَئِنِ ٱتَّبَعۡتَ أَهۡوَآءَهُم بَعۡدَ ٱلَّذِي
جَآءَكَ مِنَ ٱلۡعِلۡمِ مَا لَكَ مِنَ ٱللَّهِ مِن وَلِيّٖ وَلَا نَصِيرٍ ١٢٠ ٱلَّذِينَ
ءَاتَيۡنَٰهُمُ ٱلۡكِتَٰبَ يَتۡلُونَهُۥ حَقَّ تِلَاوَتِهِۦٓ أُوْلَٰٓئِكَ يُؤۡمِنُونَ بِهِۦۗ وَمَن
يَكۡفُرۡ بِهِۦ فَأُوْلَٰٓئِكَ هُمُ ٱلۡخَٰسِرُونَ ١٢١ يَٰبَنِيٓ إِسۡرَٰٓءِيلَ ٱذۡكُرُواْ نِعۡمَتِيَ
ٱلَّتِيٓ أَنۡعَمۡتُ عَلَيۡكُمۡ وَأَنِّي فَضَّلۡتُكُمۡ عَلَى ٱلۡعَٰلَمِينَ ١٢٢ وَٱتَّقُواْ يَوۡمٗا
لَّا تَجۡزِي نَفۡسٌ عَن نَّفۡسٖ شَيۡـٔٗا وَلَا يُقۡبَلُ مِنۡهَا عَدۡلٞ وَلَا تَنفَعُهَا
شَفَٰعَةٞ وَلَا هُمۡ يُنصَرُونَ ١٢٣ ۞ وَإِذِ ٱبۡتَلَىٰٓ إِبۡرَٰهِـۧمَ رَبُّهُۥ بِكَلِمَٰتٖ
فَأَتَمَّهُنَّۖ قَالَ إِنِّي جَاعِلُكَ لِلنَّاسِ إِمَامٗاۖ قَالَ وَمِن ذُرِّيَّتِيۖ قَالَ
لَا يَنَالُ عَهۡدِي ٱلظَّٰلِمِينَ ١٢٤ وَإِذۡ جَعَلۡنَا ٱلۡبَيۡتَ مَثَابَةٗ لِّلنَّاسِ
وَأَمۡنٗا وَٱتَّخِذُواْ مِن مَّقَامِ إِبۡرَٰهِـۧمَ مُصَلّٗىۖ وَعَهِدۡنَآ إِلَىٰٓ إِبۡرَٰهِـۧمَ
وَإِسۡمَٰعِيلَ أَن طَهِّرَا بَيۡتِيَ لِلطَّآئِفِينَ وَٱلۡعَٰكِفِينَ وَٱلرُّكَّعِ ٱلسُّجُودِ
١٢٥ وَإِذۡ قَالَ إِبۡرَٰهِـۧمُ رَبِّ ٱجۡعَلۡ هَٰذَا بَلَدًا ءَامِنٗا وَٱرۡزُقۡ أَهۡلَهُۥ
مِنَ ٱلثَّمَرَٰتِ مَنۡ ءَامَنَ مِنۡهُم بِٱللَّهِ وَٱلۡيَوۡمِ ٱلۡأٓخِرِۚ قَالَ وَمَن كَفَرَ
فَأُمَتِّعُهُۥ قَلِيلٗا ثُمَّ أَضۡطَرُّهُۥٓ إِلَىٰ عَذَابِ ٱلنَّارِۖ وَبِئۡسَ ٱلۡمَصِيرُ ١٢٦

ثلاثة أرباع الحزب ١

وَإِذۡ يَرۡفَعُ إِبۡرَٰهِـۧمُ ٱلۡقَوَاعِدَ مِنَ ٱلۡبَيۡتِ وَإِسۡمَٰعِيلُ رَبَّنَا تَقَبَّلۡ
مِنَّآۖ إِنَّكَ أَنتَ ٱلسَّمِيعُ ٱلۡعَلِيمُ ١٢٧ رَبَّنَا وَٱجۡعَلۡنَا مُسۡلِمَيۡنِ
لَكَ وَمِن ذُرِّيَّتِنَآ أُمَّةٗ مُّسۡلِمَةٗ لَّكَ وَأَرِنَا مَنَاسِكَنَا وَتُبۡ عَلَيۡنَآۖ
إِنَّكَ أَنتَ ٱلتَّوَّابُ ٱلرَّحِيمُ ١٢٨ رَبَّنَا وَٱبۡعَثۡ فِيهِمۡ رَسُولٗا مِّنۡهُمۡ
يَتۡلُواْ عَلَيۡهِمۡ ءَايَٰتِكَ وَيُعَلِّمُهُمُ ٱلۡكِتَٰبَ وَٱلۡحِكۡمَةَ
وَيُزَكِّيهِمۡۖ إِنَّكَ أَنتَ ٱلۡعَزِيزُ ٱلۡحَكِيمُ ١٢٩ وَمَن يَرۡغَبُ عَن مِّلَّةِ
إِبۡرَٰهِـۧمَ إِلَّا مَن سَفِهَ نَفۡسَهُۥۚ وَلَقَدِ ٱصۡطَفَيۡنَٰهُ فِي ٱلدُّنۡيَاۖ
وَإِنَّهُۥ فِي ٱلۡأٓخِرَةِ لَمِنَ ٱلصَّٰلِحِينَ ١٣٠ إِذۡ قَالَ لَهُۥ رَبُّهُۥٓ أَسۡلِمۡۖ
قَالَ أَسۡلَمۡتُ لِرَبِّ ٱلۡعَٰلَمِينَ ١٣١ وَوَصَّىٰ بِهَآ إِبۡرَٰهِـۧمُ بَنِيهِ
وَيَعۡقُوبُ يَٰبَنِيَّ إِنَّ ٱللَّهَ ٱصۡطَفَىٰ لَكُمُ ٱلدِّينَ فَلَا تَمُوتُنَّ
إِلَّا وَأَنتُم مُّسۡلِمُونَ ١٣٢ أَمۡ كُنتُمۡ شُهَدَآءَ إِذۡ حَضَرَ يَعۡقُوبَ
ٱلۡمَوۡتُ إِذۡ قَالَ لِبَنِيهِ مَا تَعۡبُدُونَ مِنۢ بَعۡدِيۖ قَالُواْ نَعۡبُدُ
إِلَٰهَكَ وَإِلَٰهَ ءَابَآئِكَ إِبۡرَٰهِـۧمَ وَإِسۡمَٰعِيلَ وَإِسۡحَٰقَ إِلَٰهٗا
وَٰحِدٗا وَنَحۡنُ لَهُۥ مُسۡلِمُونَ ١٣٣ تِلۡكَ أُمَّةٞ قَدۡ خَلَتۡۖ لَهَا مَا كَسَبَتۡ
وَلَكُم مَّا كَسَبۡتُمۡۖ وَلَا تُسۡـَٔلُونَ عَمَّا كَانُواْ يَعۡمَلُونَ ١٣٤

وَقَالُوا۟ كُونُوا۟ هُودًا أَوْ نَصَٰرَىٰ تَهْتَدُوا۟ ۗ قُلْ بَلْ مِلَّةَ إِبْرَٰهِـۧمَ
حَنِيفًا ۖ وَمَا كَانَ مِنَ ٱلْمُشْرِكِينَ ﴿١٣٥﴾ قُولُوٓا۟ ءَامَنَّا بِٱللَّهِ وَمَآ
أُنزِلَ إِلَيْنَا وَمَآ أُنزِلَ إِلَىٰٓ إِبْرَٰهِـۧمَ وَإِسْمَٰعِيلَ وَإِسْحَٰقَ وَيَعْقُوبَ
وَٱلْأَسْبَاطِ وَمَآ أُوتِىَ مُوسَىٰ وَعِيسَىٰ وَمَآ أُوتِىَ ٱلنَّبِيُّونَ مِن
رَّبِّهِمْ لَا نُفَرِّقُ بَيْنَ أَحَدٍ مِّنْهُمْ وَنَحْنُ لَهُۥ مُسْلِمُونَ ﴿١٣٦﴾
فَإِنْ ءَامَنُوا۟ بِمِثْلِ مَآ ءَامَنتُم بِهِۦ فَقَدِ ٱهْتَدَوا۟ ۖ وَّإِن تَوَلَّوْا۟
فَإِنَّمَا هُمْ فِى شِقَاقٍ ۖ فَسَيَكْفِيكَهُمُ ٱللَّهُ ۚ وَهُوَ ٱلسَّمِيعُ ٱلْعَلِيمُ
﴿١٣٧﴾ صِبْغَةَ ٱللَّهِ ۖ وَمَنْ أَحْسَنُ مِنَ ٱللَّهِ صِبْغَةً ۖ وَنَحْنُ لَهُۥ
عَٰبِدُونَ ﴿١٣٨﴾ قُلْ أَتُحَآجُّونَنَا فِى ٱللَّهِ وَهُوَ رَبُّنَا وَرَبُّكُمْ
وَلَنَآ أَعْمَٰلُنَا وَلَكُمْ أَعْمَٰلُكُمْ وَنَحْنُ لَهُۥ مُخْلِصُونَ ﴿١٣٩﴾
أَمْ تَقُولُونَ إِنَّ إِبْرَٰهِـۧمَ وَإِسْمَٰعِيلَ وَإِسْحَٰقَ وَيَعْقُوبَ
وَٱلْأَسْبَاطَ كَانُوا۟ هُودًا أَوْ نَصَٰرَىٰ ۗ قُلْ ءَأَنتُمْ أَعْلَمُ أَمِ
ٱللَّهُ ۗ وَمَنْ أَظْلَمُ مِمَّن كَتَمَ شَهَٰدَةً عِندَهُۥ مِنَ ٱللَّهِ ۗ وَمَا ٱللَّهُ
بِغَٰفِلٍ عَمَّا تَعْمَلُونَ ﴿١٤٠﴾ تِلْكَ أُمَّةٌ قَدْ خَلَتْ ۖ لَهَا مَا كَسَبَتْ
وَلَكُم مَّا كَسَبْتُمْ ۖ وَلَا تُسْـَٔلُونَ عَمَّا كَانُوا۟ يَعْمَلُونَ ﴿١٤١﴾

۞ سَيَقُولُ ٱلسُّفَهَآءُ مِنَ ٱلنَّاسِ مَا وَلَّىٰهُمْ عَن قِبْلَتِهِمُ ٱلَّتِي كَانُواْ
عَلَيْهَاۚ قُل لِّلَّهِ ٱلْمَشْرِقُ وَٱلْمَغْرِبُۚ يَهْدِي مَن يَشَآءُ إِلَىٰ صِرَٰطٖ
مُّسْتَقِيمٖ ١٤٢ وَكَذَٰلِكَ جَعَلْنَٰكُمْ أُمَّةٗ وَسَطٗا لِّتَكُونُواْ
شُهَدَآءَ عَلَى ٱلنَّاسِ وَيَكُونَ ٱلرَّسُولُ عَلَيْكُمْ شَهِيدٗاۗ وَمَا
جَعَلْنَا ٱلْقِبْلَةَ ٱلَّتِي كُنتَ عَلَيْهَآ إِلَّا لِنَعْلَمَ مَن يَتَّبِعُ ٱلرَّسُولَ
مِمَّن يَنقَلِبُ عَلَىٰ عَقِبَيْهِۚ وَإِن كَانَتْ لَكَبِيرَةً إِلَّا عَلَى ٱلَّذِينَ
هَدَى ٱللَّهُۗ وَمَا كَانَ ٱللَّهُ لِيُضِيعَ إِيمَٰنَكُمْۚ إِنَّ ٱللَّهَ
بِٱلنَّاسِ لَرَءُوفٞ رَّحِيمٞ ١٤٣ قَدْ نَرَىٰ تَقَلُّبَ وَجْهِكَ فِي ٱلسَّمَآءِۖ
فَلَنُوَلِّيَنَّكَ قِبْلَةٗ تَرْضَىٰهَاۚ فَوَلِّ وَجْهَكَ شَطْرَ ٱلْمَسْجِدِ
ٱلْحَرَامِۚ وَحَيْثُ مَا كُنتُمْ فَوَلُّواْ وُجُوهَكُمْ شَطْرَهُۥۗ وَإِنَّ
ٱلَّذِينَ أُوتُواْ ٱلْكِتَٰبَ لَيَعْلَمُونَ أَنَّهُ ٱلْحَقُّ مِن رَّبِّهِمْۗ وَمَا ٱللَّهُ
بِغَٰفِلٍ عَمَّا يَعْمَلُونَ ١٤٤ وَلَئِنْ أَتَيْتَ ٱلَّذِينَ أُوتُواْ ٱلْكِتَٰبَ
بِكُلِّ ءَايَةٖ مَّا تَبِعُواْ قِبْلَتَكَۚ وَمَآ أَنتَ بِتَابِعٖ قِبْلَتَهُمْۚ
وَمَا بَعْضُهُم بِتَابِعٖ قِبْلَةَ بَعْضٖۚ وَلَئِنِ ٱتَّبَعْتَ أَهْوَآءَهُم مِّنۢ
بَعْدِ مَا جَآءَكَ مِنَ ٱلْعِلْمِ إِنَّكَ إِذٗا لَّمِنَ ٱلظَّٰلِمِينَ ١٤٥

ٱلَّذِينَ ءَاتَيۡنَٰهُمُ ٱلۡكِتَٰبَ يَعۡرِفُونَهُۥ كَمَا يَعۡرِفُونَ أَبۡنَآءَهُمۡۖ
وَإِنَّ فَرِيقٗا مِّنۡهُمۡ لَيَكۡتُمُونَ ٱلۡحَقَّ وَهُمۡ يَعۡلَمُونَ ١٤٦ ٱلۡحَقُّ
مِن رَّبِّكَ فَلَا تَكُونَنَّ مِنَ ٱلۡمُمۡتَرِينَ ١٤٧ وَلِكُلّٖ وِجۡهَةٌ
هُوَ مُوَلِّيهَاۖ فَٱسۡتَبِقُواْ ٱلۡخَيۡرَٰتِۚ أَيۡنَ مَا تَكُونُواْ يَأۡتِ بِكُمُ ٱللَّهُ
جَمِيعًاۚ إِنَّ ٱللَّهَ عَلَىٰ كُلِّ شَيۡءٖ قَدِيرٞ ١٤٨ وَمِنۡ حَيۡثُ خَرَجۡتَ
فَوَلِّ وَجۡهَكَ شَطۡرَ ٱلۡمَسۡجِدِ ٱلۡحَرَامِۖ وَإِنَّهُۥ لَلۡحَقُّ مِن رَّبِّكَۗ
وَمَا ٱللَّهُ بِغَٰفِلٍ عَمَّا تَعۡمَلُونَ ١٤٩ وَمِنۡ حَيۡثُ خَرَجۡتَ فَوَلِّ
وَجۡهَكَ شَطۡرَ ٱلۡمَسۡجِدِ ٱلۡحَرَامِۚ وَحَيۡثُ مَا كُنتُمۡ فَوَلُّواْ
وُجُوهَكُمۡ شَطۡرَهُۥ لِئَلَّا يَكُونَ لِلنَّاسِ عَلَيۡكُمۡ حُجَّةٌ إِلَّا ٱلَّذِينَ
ظَلَمُواْ مِنۡهُمۡ فَلَا تَخۡشَوۡهُمۡ وَٱخۡشَوۡنِي وَلِأُتِمَّ نِعۡمَتِي عَلَيۡكُمۡ
وَلَعَلَّكُمۡ تَهۡتَدُونَ ١٥٠ كَمَآ أَرۡسَلۡنَا فِيكُمۡ رَسُولٗا مِّنكُمۡ يَتۡلُواْ
عَلَيۡكُمۡ ءَايَٰتِنَا وَيُزَكِّيكُمۡ وَيُعَلِّمُكُمُ ٱلۡكِتَٰبَ وَٱلۡحِكۡمَةَ
وَيُعَلِّمُكُم مَّا لَمۡ تَكُونُواْ تَعۡلَمُونَ ١٥١ فَٱذۡكُرُونِيٓ أَذۡكُرۡكُمۡ
وَٱشۡكُرُواْ لِي وَلَا تَكۡفُرُونِ ١٥٢ يَٰٓأَيُّهَا ٱلَّذِينَ ءَامَنُواْ
ٱسۡتَعِينُواْ بِٱلصَّبۡرِ وَٱلصَّلَوٰةِۚ إِنَّ ٱللَّهَ مَعَ ٱلصَّٰبِرِينَ ١٥٣

وَلَا تَقُولُواْ لِمَن يُقۡتَلُ فِي سَبِيلِ ٱللَّهِ أَمۡوَٰتُۢۚ بَلۡ أَحۡيَآءٞ وَلَٰكِن
لَّا تَشۡعُرُونَ ١٥٤ وَلَنَبۡلُوَنَّكُم بِشَيۡءٖ مِّنَ ٱلۡخَوۡفِ وَٱلۡجُوعِ
وَنَقۡصٖ مِّنَ ٱلۡأَمۡوَٰلِ وَٱلۡأَنفُسِ وَٱلثَّمَرَٰتِۗ وَبَشِّرِ ٱلصَّٰبِرِينَ ١٥٥
ٱلَّذِينَ إِذَآ أَصَٰبَتۡهُم مُّصِيبَةٞ قَالُوٓاْ إِنَّا لِلَّهِ وَإِنَّآ إِلَيۡهِ رَٰجِعُونَ
١٥٦ أُوْلَٰٓئِكَ عَلَيۡهِمۡ صَلَوَٰتٞ مِّن رَّبِّهِمۡ وَرَحۡمَةٞۖ وَأُوْلَٰٓئِكَ
هُمُ ٱلۡمُهۡتَدُونَ ١٥٧ ۞ إِنَّ ٱلصَّفَا وَٱلۡمَرۡوَةَ مِن شَعَآئِرِ ٱللَّهِۖ
فَمَنۡ حَجَّ ٱلۡبَيۡتَ أَوِ ٱعۡتَمَرَ فَلَا جُنَاحَ عَلَيۡهِ أَن يَطَّوَّفَ بِهِمَاۚ
وَمَن تَطَوَّعَ خَيۡرٗا فَإِنَّ ٱللَّهَ شَاكِرٌ عَلِيمٌ ١٥٨ إِنَّ ٱلَّذِينَ
يَكۡتُمُونَ مَآ أَنزَلۡنَا مِنَ ٱلۡبَيِّنَٰتِ وَٱلۡهُدَىٰ مِنۢ بَعۡدِ مَا بَيَّنَّٰهُ
لِلنَّاسِ فِي ٱلۡكِتَٰبِ أُوْلَٰٓئِكَ يَلۡعَنُهُمُ ٱللَّهُ وَيَلۡعَنُهُمُ ٱللَّٰعِنُونَ
١٥٩ إِلَّا ٱلَّذِينَ تَابُواْ وَأَصۡلَحُواْ وَبَيَّنُواْ فَأُوْلَٰٓئِكَ أَتُوبُ عَلَيۡهِمۡ
وَأَنَا ٱلتَّوَّابُ ٱلرَّحِيمُ ١٦٠ إِنَّ ٱلَّذِينَ كَفَرُواْ وَمَاتُواْ وَهُمۡ
كُفَّارٌ أُوْلَٰٓئِكَ عَلَيۡهِمۡ لَعۡنَةُ ٱللَّهِ وَٱلۡمَلَٰٓئِكَةِ وَٱلنَّاسِ أَجۡمَعِينَ
١٦١ خَٰلِدِينَ فِيهَا لَا يُخَفَّفُ عَنۡهُمُ ٱلۡعَذَابُ وَلَا هُمۡ يُنظَرُونَ ١٦٢
وَإِلَٰهُكُمۡ إِلَٰهٞ وَٰحِدٞۖ لَّآ إِلَٰهَ إِلَّا هُوَ ٱلرَّحۡمَٰنُ ٱلرَّحِيمُ ١٦٣

ربع الحزب ٣

إِنَّ فِي خَلۡقِ ٱلسَّمَٰوَٰتِ وَٱلۡأَرۡضِ وَٱخۡتِلَٰفِ ٱلَّيۡلِ وَٱلنَّهَارِ
وَٱلۡفُلۡكِ ٱلَّتِي تَجۡرِي فِي ٱلۡبَحۡرِ بِمَا يَنفَعُ ٱلنَّاسَ وَمَآ أَنزَلَ ٱللَّهُ
مِنَ ٱلسَّمَآءِ مِن مَّآءٖ فَأَحۡيَا بِهِ ٱلۡأَرۡضَ بَعۡدَ مَوۡتِهَا وَبَثَّ فِيهَا
مِن كُلِّ دَآبَّةٖ وَتَصۡرِيفِ ٱلرِّيَٰحِ وَٱلسَّحَابِ ٱلۡمُسَخَّرِ بَيۡنَ
ٱلسَّمَآءِ وَٱلۡأَرۡضِ لَأٓيَٰتٖ لِّقَوۡمٖ يَعۡقِلُونَ ١٦٤ وَمِنَ ٱلنَّاسِ
مَن يَتَّخِذُ مِن دُونِ ٱللَّهِ أَندَادٗا يُحِبُّونَهُمۡ كَحُبِّ ٱللَّهِۖ وَٱلَّذِينَ
ءَامَنُوٓاْ أَشَدُّ حُبّٗا لِّلَّهِۗ وَلَوۡ يَرَى ٱلَّذِينَ ظَلَمُوٓاْ إِذۡ يَرَوۡنَ
ٱلۡعَذَابَ أَنَّ ٱلۡقُوَّةَ لِلَّهِ جَمِيعٗا وَأَنَّ ٱللَّهَ شَدِيدُ ٱلۡعَذَابِ ١٦٥
إِذۡ تَبَرَّأَ ٱلَّذِينَ ٱتُّبِعُواْ مِنَ ٱلَّذِينَ ٱتَّبَعُواْ وَرَأَوُاْ ٱلۡعَذَابَ
وَتَقَطَّعَتۡ بِهِمُ ٱلۡأَسۡبَابُ ١٦٦ وَقَالَ ٱلَّذِينَ ٱتَّبَعُواْ لَوۡ أَنَّ
لَنَا كَرَّةٗ فَنَتَبَرَّأَ مِنۡهُمۡ كَمَا تَبَرَّءُواْ مِنَّاۗ كَذَٰلِكَ يُرِيهِمُ ٱللَّهُ
أَعۡمَٰلَهُمۡ حَسَرَٰتٍ عَلَيۡهِمۡۖ وَمَا هُم بِخَٰرِجِينَ مِنَ ٱلنَّارِ ١٦٧
يَٰٓأَيُّهَا ٱلنَّاسُ كُلُواْ مِمَّا فِي ٱلۡأَرۡضِ حَلَٰلٗا طَيِّبٗا وَلَا تَتَّبِعُواْ
خُطُوَٰتِ ٱلشَّيۡطَٰنِۚ إِنَّهُۥ لَكُمۡ عَدُوّٞ مُّبِينٌ ١٦٨ إِنَّمَا يَأۡمُرُكُم
بِٱلسُّوٓءِ وَٱلۡفَحۡشَآءِ وَأَن تَقُولُواْ عَلَى ٱللَّهِ مَا لَا تَعۡلَمُونَ ١٦٩

وَإِذَا قِيلَ لَهُمُ ٱتَّبِعُوا۟ مَآ أَنزَلَ ٱللَّهُ قَالُوا۟ بَلْ نَتَّبِعُ مَآ أَلْفَيْنَا
عَلَيْهِ ءَابَآءَنَآ ۗ أَوَلَوْ كَانَ ءَابَآؤُهُمْ لَا يَعْقِلُونَ شَيْـًٔا وَلَا
يَهْتَدُونَ ﴿١٧٠﴾ وَمَثَلُ ٱلَّذِينَ كَفَرُوا۟ كَمَثَلِ ٱلَّذِى يَنْعِقُ
بِمَا لَا يَسْمَعُ إِلَّا دُعَآءً وَنِدَآءً ۚ صُمٌّۢ بُكْمٌ عُمْىٌ فَهُمْ لَا يَعْقِلُونَ
﴿١٧١﴾ يَـٰٓأَيُّهَا ٱلَّذِينَ ءَامَنُوا۟ كُلُوا۟ مِن طَيِّبَـٰتِ مَا رَزَقْنَـٰكُمْ
وَٱشْكُرُوا۟ لِلَّهِ إِن كُنتُمْ إِيَّاهُ تَعْبُدُونَ ﴿١٧٢﴾ إِنَّمَا حَرَّمَ
عَلَيْكُمُ ٱلْمَيْتَةَ وَٱلدَّمَ وَلَحْمَ ٱلْخِنزِيرِ وَمَآ أُهِلَّ بِهِۦ لِغَيْرِ
ٱللَّهِ ۖ فَمَنِ ٱضْطُرَّ غَيْرَ بَاغٍ وَلَا عَادٍ فَلَآ إِثْمَ عَلَيْهِ ۚ إِنَّ ٱللَّهَ
غَفُورٌ رَّحِيمٌ ﴿١٧٣﴾ إِنَّ ٱلَّذِينَ يَكْتُمُونَ مَآ أَنزَلَ ٱللَّهُ مِنَ
ٱلْكِتَـٰبِ وَيَشْتَرُونَ بِهِۦ ثَمَنًا قَلِيلًا ۙ أُو۟لَـٰٓئِكَ مَا يَأْكُلُونَ
فِى بُطُونِهِمْ إِلَّا ٱلنَّارَ وَلَا يُكَلِّمُهُمُ ٱللَّهُ يَوْمَ ٱلْقِيَـٰمَةِ
وَلَا يُزَكِّيهِمْ وَلَهُمْ عَذَابٌ أَلِيمٌ ﴿١٧٤﴾ أُو۟لَـٰٓئِكَ ٱلَّذِينَ
ٱشْتَرَوُا۟ ٱلضَّلَـٰلَةَ بِٱلْهُدَىٰ وَٱلْعَذَابَ بِٱلْمَغْفِرَةِ ۚ فَمَآ
أَصْبَرَهُمْ عَلَى ٱلنَّارِ ﴿١٧٥﴾ ذَٰلِكَ بِأَنَّ ٱللَّهَ نَزَّلَ ٱلْكِتَـٰبَ بِٱلْحَقِّ ۗ
وَإِنَّ ٱلَّذِينَ ٱخْتَلَفُوا۟ فِى ٱلْكِتَـٰبِ لَفِى شِقَاقٍ بَعِيدٍ ﴿١٧٦﴾

۞ لَّيْسَ ٱلْبِرَّ أَن تُوَلُّوا۟ وُجُوهَكُمْ قِبَلَ ٱلْمَشْرِقِ وَٱلْمَغْرِبِ
وَلَٰكِنَّ ٱلْبِرَّ مَنْ ءَامَنَ بِٱللَّهِ وَٱلْيَوْمِ ٱلْءَاخِرِ وَٱلْمَلَٰٓئِكَةِ
وَٱلْكِتَٰبِ وَٱلنَّبِيِّـۧنَ وَءَاتَى ٱلْمَالَ عَلَىٰ حُبِّهِۦ ذَوِى ٱلْقُرْبَىٰ وَٱلْيَتَٰمَىٰ
وَٱلْمَسَٰكِينَ وَٱبْنَ ٱلسَّبِيلِ وَٱلسَّآئِلِينَ وَفِى ٱلرِّقَابِ وَأَقَامَ
ٱلصَّلَوٰةَ وَءَاتَى ٱلزَّكَوٰةَ وَٱلْمُوفُونَ بِعَهْدِهِمْ إِذَا عَٰهَدُوا۟ ۖ
وَٱلصَّٰبِرِينَ فِى ٱلْبَأْسَآءِ وَٱلضَّرَّآءِ وَحِينَ ٱلْبَأْسِ ۗ أُو۟لَٰٓئِكَ ٱلَّذِينَ
صَدَقُوا۟ ۖ وَأُو۟لَٰٓئِكَ هُمُ ٱلْمُتَّقُونَ ﴿١٧٧﴾ يَٰٓأَيُّهَا ٱلَّذِينَ ءَامَنُوا۟ كُتِبَ
عَلَيْكُمُ ٱلْقِصَاصُ فِى ٱلْقَتْلَى ۖ ٱلْحُرُّ بِٱلْحُرِّ وَٱلْعَبْدُ بِٱلْعَبْدِ وَٱلْأُنثَىٰ
بِٱلْأُنثَىٰ ۚ فَمَنْ عُفِىَ لَهُۥ مِنْ أَخِيهِ شَىْءٌ فَٱتِّبَاعٌۢ بِٱلْمَعْرُوفِ وَأَدَآءٌ
إِلَيْهِ بِإِحْسَٰنٍ ۗ ذَٰلِكَ تَخْفِيفٌ مِّن رَّبِّكُمْ وَرَحْمَةٌ ۗ فَمَنِ ٱعْتَدَىٰ
بَعْدَ ذَٰلِكَ فَلَهُۥ عَذَابٌ أَلِيمٌ ﴿١٧٨﴾ وَلَكُمْ فِى ٱلْقِصَاصِ حَيَوٰةٌ يَٰٓأُو۟لِى
ٱلْأَلْبَٰبِ لَعَلَّكُمْ تَتَّقُونَ ﴿١٧٩﴾ كُتِبَ عَلَيْكُمْ إِذَا حَضَرَ
أَحَدَكُمُ ٱلْمَوْتُ إِن تَرَكَ خَيْرًا ٱلْوَصِيَّةُ لِلْوَٰلِدَيْنِ وَٱلْأَقْرَبِينَ
بِٱلْمَعْرُوفِ ۖ حَقًّا عَلَى ٱلْمُتَّقِينَ ﴿١٨٠﴾ فَمَنۢ بَدَّلَهُۥ بَعْدَمَا سَمِعَهُۥ
فَإِنَّمَآ إِثْمُهُۥ عَلَى ٱلَّذِينَ يُبَدِّلُونَهُۥٓ ۚ إِنَّ ٱللَّهَ سَمِيعٌ عَلِيمٌ ﴿١٨١﴾

فَمَنْ خَافَ مِن مُّوصٍ جَنَفًا أَوْ إِثْمًا فَأَصْلَحَ بَيْنَهُمْ فَلَآ إِثْمَ
عَلَيْهِ ۚ إِنَّ ٱللَّهَ غَفُورٌ رَّحِيمٌ ﴿١٨٢﴾ يَٰٓأَيُّهَا ٱلَّذِينَ ءَامَنُوا۟ كُتِبَ
عَلَيْكُمُ ٱلصِّيَامُ كَمَا كُتِبَ عَلَى ٱلَّذِينَ مِن قَبْلِكُمْ
لَعَلَّكُمْ تَتَّقُونَ ﴿١٨٣﴾ أَيَّامًا مَّعْدُودَٰتٍ ۚ فَمَن كَانَ
مِنكُم مَّرِيضًا أَوْ عَلَىٰ سَفَرٍ فَعِدَّةٌ مِّنْ أَيَّامٍ أُخَرَ ۚ وَعَلَى
ٱلَّذِينَ يُطِيقُونَهُۥ فِدْيَةٌ طَعَامُ مِسْكِينٍ ۖ فَمَن تَطَوَّعَ خَيْرًا
فَهُوَ خَيْرٌ لَّهُۥ ۚ وَأَن تَصُومُوا۟ خَيْرٌ لَّكُمْ ۖ إِن كُنتُمْ تَعْلَمُونَ
﴿١٨٤﴾ شَهْرُ رَمَضَانَ ٱلَّذِىٓ أُنزِلَ فِيهِ ٱلْقُرْءَانُ هُدًى لِّلنَّاسِ
وَبَيِّنَٰتٍ مِّنَ ٱلْهُدَىٰ وَٱلْفُرْقَانِ ۚ فَمَن شَهِدَ مِنكُمُ
ٱلشَّهْرَ فَلْيَصُمْهُ ۖ وَمَن كَانَ مَرِيضًا أَوْ عَلَىٰ سَفَرٍ فَعِدَّةٌ
مِّنْ أَيَّامٍ أُخَرَ ۗ يُرِيدُ ٱللَّهُ بِكُمُ ٱلْيُسْرَ وَلَا يُرِيدُ بِكُمُ
ٱلْعُسْرَ وَلِتُكْمِلُوا۟ ٱلْعِدَّةَ وَلِتُكَبِّرُوا۟ ٱللَّهَ عَلَىٰ مَا
هَدَىٰكُمْ وَلَعَلَّكُمْ تَشْكُرُونَ ﴿١٨٥﴾ وَإِذَا سَأَلَكَ
عِبَادِى عَنِّى فَإِنِّى قَرِيبٌ ۖ أُجِيبُ دَعْوَةَ ٱلدَّاعِ إِذَا دَعَانِ ۖ
فَلْيَسْتَجِيبُوا۟ لِى وَلْيُؤْمِنُوا۟ بِى لَعَلَّهُمْ يَرْشُدُونَ ﴿١٨٦﴾

أُحِلَّ لَكُمۡ لَيۡلَةَ ٱلصِّيَامِ ٱلرَّفَثُ إِلَىٰ نِسَآئِكُمۡۚ هُنَّ
لِبَاسٞ لَّكُمۡ وَأَنتُمۡ لِبَاسٞ لَّهُنَّۗ عَلِمَ ٱللَّهُ أَنَّكُمۡ كُنتُمۡ
تَخۡتَانُونَ أَنفُسَكُمۡ فَتَابَ عَلَيۡكُمۡ وَعَفَا عَنكُمۡۖ فَٱلۡـَٰٔنَ
بَٰشِرُوهُنَّ وَٱبۡتَغُواْ مَا كَتَبَ ٱللَّهُ لَكُمۡۚ وَكُلُواْ وَٱشۡرَبُواْ
حَتَّىٰ يَتَبَيَّنَ لَكُمُ ٱلۡخَيۡطُ ٱلۡأَبۡيَضُ مِنَ ٱلۡخَيۡطِ ٱلۡأَسۡوَدِ مِنَ
ٱلۡفَجۡرِۖ ثُمَّ أَتِمُّواْ ٱلصِّيَامَ إِلَى ٱلَّيۡلِۚ وَلَا تُبَٰشِرُوهُنَّ وَأَنتُمۡ
عَٰكِفُونَ فِي ٱلۡمَسَٰجِدِۗ تِلۡكَ حُدُودُ ٱللَّهِ فَلَا تَقۡرَبُوهَاۗ كَذَٰلِكَ
يُبَيِّنُ ٱللَّهُ ءَايَٰتِهِۦ لِلنَّاسِ لَعَلَّهُمۡ يَتَّقُونَ ١٨٧ وَلَا تَأۡكُلُوٓاْ
أَمۡوَٰلَكُم بَيۡنَكُم بِٱلۡبَٰطِلِ وَتُدۡلُواْ بِهَآ إِلَى ٱلۡحُكَّامِ
لِتَأۡكُلُواْ فَرِيقٗا مِّنۡ أَمۡوَٰلِ ٱلنَّاسِ بِٱلۡإِثۡمِ وَأَنتُمۡ تَعۡلَمُونَ
١٨٨ ۞ يَسۡـَٔلُونَكَ عَنِ ٱلۡأَهِلَّةِۖ قُلۡ هِيَ مَوَٰقِيتُ لِلنَّاسِ وَٱلۡحَجِّۗ
ثلاثة أرباع الحزب ٣
وَلَيۡسَ ٱلۡبِرُّ بِأَن تَأۡتُواْ ٱلۡبُيُوتَ مِن ظُهُورِهَا وَلَٰكِنَّ ٱلۡبِرَّ
مَنِ ٱتَّقَىٰۗ وَأۡتُواْ ٱلۡبُيُوتَ مِنۡ أَبۡوَٰبِهَاۚ وَٱتَّقُواْ ٱللَّهَ
لَعَلَّكُمۡ تُفۡلِحُونَ ١٨٩ وَقَٰتِلُواْ فِي سَبِيلِ ٱللَّهِ ٱلَّذِينَ
يُقَٰتِلُونَكُمۡ وَلَا تَعۡتَدُوٓاْۚ إِنَّ ٱللَّهَ لَا يُحِبُّ ٱلۡمُعۡتَدِينَ ١٩٠

وَٱقۡتُلُوهُمۡ حَيۡثُ ثَقِفۡتُمُوهُمۡ وَأَخۡرِجُوهُم مِّنۡ حَيۡثُ أَخۡرَجُوكُمۡۚ وَٱلۡفِتۡنَةُ
أَشَدُّ مِنَ ٱلۡقَتۡلِۚ وَلَا تُقَٰتِلُوهُمۡ عِندَ ٱلۡمَسۡجِدِ ٱلۡحَرَامِ حَتَّىٰ يُقَٰتِلُوكُمۡ
فِيهِۖ فَإِن قَٰتَلُوكُمۡ فَٱقۡتُلُوهُمۡۗ كَذَٰلِكَ جَزَآءُ ٱلۡكَٰفِرِينَ ١٩١ فَإِنِ ٱنتَهَوۡاْ
فَإِنَّ ٱللَّهَ غَفُورٞ رَّحِيمٞ ١٩٢ وَقَٰتِلُوهُمۡ حَتَّىٰ لَا تَكُونَ فِتۡنَةٞ وَيَكُونَ
ٱلدِّينُ لِلَّهِۖ فَإِنِ ٱنتَهَوۡاْ فَلَا عُدۡوَٰنَ إِلَّا عَلَى ٱلظَّٰلِمِينَ ١٩٣ ٱلشَّهۡرُ ٱلۡحَرَامُ
بِٱلشَّهۡرِ ٱلۡحَرَامِ وَٱلۡحُرُمَٰتُ قِصَاصٞۚ فَمَنِ ٱعۡتَدَىٰ عَلَيۡكُمۡ فَٱعۡتَدُواْ
عَلَيۡهِ بِمِثۡلِ مَا ٱعۡتَدَىٰ عَلَيۡكُمۡۚ وَٱتَّقُواْ ٱللَّهَ وَٱعۡلَمُوٓاْ أَنَّ ٱللَّهَ مَعَ
ٱلۡمُتَّقِينَ ١٩٤ وَأَنفِقُواْ فِي سَبِيلِ ٱللَّهِ وَلَا تُلۡقُواْ بِأَيۡدِيكُمۡ إِلَى ٱلتَّهۡلُكَةِ
وَأَحۡسِنُوٓاْۚ إِنَّ ٱللَّهَ يُحِبُّ ٱلۡمُحۡسِنِينَ ١٩٥ وَأَتِمُّواْ ٱلۡحَجَّ وَٱلۡعُمۡرَةَ لِلَّهِۚ
فَإِنۡ أُحۡصِرۡتُمۡ فَمَا ٱسۡتَيۡسَرَ مِنَ ٱلۡهَدۡيِۖ وَلَا تَحۡلِقُواْ رُءُوسَكُمۡ حَتَّىٰ يَبۡلُغَ
ٱلۡهَدۡيُ مَحِلَّهُۥۚ فَمَن كَانَ مِنكُم مَّرِيضًا أَوۡ بِهِۦٓ أَذٗى مِّن رَّأۡسِهِۦ فَفِدۡيَةٞ
مِّن صِيَامٍ أَوۡ صَدَقَةٍ أَوۡ نُسُكٖۚ فَإِذَآ أَمِنتُمۡ فَمَن تَمَتَّعَ بِٱلۡعُمۡرَةِ إِلَى ٱلۡحَجِّ
فَمَا ٱسۡتَيۡسَرَ مِنَ ٱلۡهَدۡيِۚ فَمَن لَّمۡ يَجِدۡ فَصِيَامُ ثَلَٰثَةِ أَيَّامٖ فِي ٱلۡحَجِّ
وَسَبۡعَةٍ إِذَا رَجَعۡتُمۡۗ تِلۡكَ عَشَرَةٞ كَامِلَةٞۗ ذَٰلِكَ لِمَن لَّمۡ يَكُنۡ أَهۡلُهُۥ حَاضِرِي
ٱلۡمَسۡجِدِ ٱلۡحَرَامِۚ وَٱتَّقُواْ ٱللَّهَ وَٱعۡلَمُوٓاْ أَنَّ ٱللَّهَ شَدِيدُ ٱلۡعِقَابِ ١٩٦

ٱلْحَجُّ أَشْهُرٌ مَّعْلُومَٰتٌ ۚ فَمَن فَرَضَ فِيهِنَّ ٱلْحَجَّ فَلَا
رَفَثَ وَلَا فُسُوقَ وَلَا جِدَالَ فِى ٱلْحَجِّ ۗ وَمَا تَفْعَلُوا۟ مِنْ
خَيْرٍ يَعْلَمْهُ ٱللَّهُ ۗ وَتَزَوَّدُوا۟ فَإِنَّ خَيْرَ ٱلزَّادِ ٱلتَّقْوَىٰ ۚ
وَٱتَّقُونِ يَٰٓأُو۟لِى ٱلْأَلْبَٰبِ ١٩٧ لَيْسَ عَلَيْكُمْ جُنَاحٌ
أَن تَبْتَغُوا۟ فَضْلًا مِّن رَّبِّكُمْ ۚ فَإِذَآ أَفَضْتُم مِّنْ
عَرَفَٰتٍ فَٱذْكُرُوا۟ ٱللَّهَ عِندَ ٱلْمَشْعَرِ ٱلْحَرَامِ ۖ
وَٱذْكُرُوهُ كَمَا هَدَىٰكُمْ وَإِن كُنتُم مِّن قَبْلِهِۦ
لَمِنَ ٱلضَّآلِّينَ ١٩٨ ثُمَّ أَفِيضُوا۟ مِنْ حَيْثُ أَفَاضَ
ٱلنَّاسُ وَٱسْتَغْفِرُوا۟ ٱللَّهَ ۚ إِنَّ ٱللَّهَ غَفُورٌ رَّحِيمٌ ١٩٩
فَإِذَا قَضَيْتُم مَّنَٰسِكَكُمْ فَٱذْكُرُوا۟ ٱللَّهَ كَذِكْرِكُمْ
ءَابَآءَكُمْ أَوْ أَشَدَّ ذِكْرًا ۗ فَمِنَ ٱلنَّاسِ مَن يَقُولُ
رَبَّنَآ ءَاتِنَا فِى ٱلدُّنْيَا وَمَا لَهُۥ فِى ٱلْءَاخِرَةِ مِنْ خَلَٰقٍ
٢٠٠ وَمِنْهُم مَّن يَقُولُ رَبَّنَآ ءَاتِنَا فِى ٱلدُّنْيَا حَسَنَةً
وَفِى ٱلْءَاخِرَةِ حَسَنَةً وَقِنَا عَذَابَ ٱلنَّارِ ٢٠١ أُو۟لَٰٓئِكَ
لَهُمْ نَصِيبٌ مِّمَّا كَسَبُوا۟ ۚ وَٱللَّهُ سَرِيعُ ٱلْحِسَابِ ٢٠٢

۞ وَٱذْكُرُوا۟ ٱللَّهَ فِىٓ أَيَّامٍ مَّعْدُودَٰتٍ ۚ فَمَن تَعَجَّلَ فِى
يَوْمَيْنِ فَلَآ إِثْمَ عَلَيْهِ وَمَن تَأَخَّرَ فَلَآ إِثْمَ عَلَيْهِ ۚ لِمَنِ
ٱتَّقَىٰ ۗ وَٱتَّقُوا۟ ٱللَّهَ وَٱعْلَمُوٓا۟ أَنَّكُمْ إِلَيْهِ تُحْشَرُونَ
٢٠٣ وَمِنَ ٱلنَّاسِ مَن يُعْجِبُكَ قَوْلُهُۥ فِى ٱلْحَيَوٰةِ ٱلدُّنْيَا
وَيُشْهِدُ ٱللَّهَ عَلَىٰ مَا فِى قَلْبِهِۦ وَهُوَ أَلَدُّ ٱلْخِصَامِ ٢٠٤
وَإِذَا تَوَلَّىٰ سَعَىٰ فِى ٱلْأَرْضِ لِيُفْسِدَ فِيهَا وَيُهْلِكَ ٱلْحَرْثَ
وَٱلنَّسْلَ ۗ وَٱللَّهُ لَا يُحِبُّ ٱلْفَسَادَ ٢٠٥ وَإِذَا قِيلَ لَهُ ٱتَّقِ ٱللَّهَ
أَخَذَتْهُ ٱلْعِزَّةُ بِٱلْإِثْمِ ۚ فَحَسْبُهُۥ جَهَنَّمُ ۚ وَلَبِئْسَ
ٱلْمِهَادُ ٢٠٦ وَمِنَ ٱلنَّاسِ مَن يَشْرِى نَفْسَهُ ٱبْتِغَآءَ
مَرْضَاتِ ٱللَّهِ ۗ وَٱللَّهُ رَءُوفٌۢ بِٱلْعِبَادِ ٢٠٧ يَٰٓأَيُّهَا ٱلَّذِينَ
ءَامَنُوا۟ ٱدْخُلُوا۟ فِى ٱلسِّلْمِ كَآفَّةً وَلَا تَتَّبِعُوا۟ خُطُوَٰتِ
ٱلشَّيْطَٰنِ ۚ إِنَّهُۥ لَكُمْ عَدُوٌّ مُّبِينٌ ٢٠٨ فَإِن زَلَلْتُم مِّنۢ بَعْدِ
مَا جَآءَتْكُمُ ٱلْبَيِّنَٰتُ فَٱعْلَمُوٓا۟ أَنَّ ٱللَّهَ عَزِيزٌ حَكِيمٌ
٢٠٩ هَلْ يَنظُرُونَ إِلَّآ أَن يَأْتِيَهُمُ ٱللَّهُ فِى ظُلَلٍ مِّنَ ٱلْغَمَامِ
وَٱلْمَلَٰٓئِكَةُ وَقُضِىَ ٱلْأَمْرُ ۚ وَإِلَى ٱللَّهِ تُرْجَعُ ٱلْأُمُورُ ٢١٠

سَلْ بَنِيٓ إِسْرَٰٓءِيلَ كَمْ ءَاتَيْنَٰهُم مِّنْ ءَايَةٍۭ بَيِّنَةٍۗ وَمَن يُبَدِّلْ نِعْمَةَ
ٱللَّهِ مِنۢ بَعْدِ مَا جَآءَتْهُ فَإِنَّ ٱللَّهَ شَدِيدُ ٱلْعِقَابِ ﴿٢١١﴾ زُيِّنَ
لِلَّذِينَ كَفَرُوا۟ ٱلْحَيَوٰةُ ٱلدُّنْيَا وَيَسْخَرُونَ مِنَ ٱلَّذِينَ ءَامَنُوا۟ۘ وَٱلَّذِينَ
ٱتَّقَوْا۟ فَوْقَهُمْ يَوْمَ ٱلْقِيَٰمَةِۗ وَٱللَّهُ يَرْزُقُ مَن يَشَآءُ بِغَيْرِ حِسَابٍ
﴿٢١٢﴾ كَانَ ٱلنَّاسُ أُمَّةً وَٰحِدَةً فَبَعَثَ ٱللَّهُ ٱلنَّبِيِّـۧنَ مُبَشِّرِينَ
وَمُنذِرِينَ وَأَنزَلَ مَعَهُمُ ٱلْكِتَٰبَ بِٱلْحَقِّ لِيَحْكُمَ بَيْنَ ٱلنَّاسِ
فِيمَا ٱخْتَلَفُوا۟ فِيهِۚ وَمَا ٱخْتَلَفَ فِيهِ إِلَّا ٱلَّذِينَ أُوتُوهُ مِنۢ بَعْدِ
مَا جَآءَتْهُمُ ٱلْبَيِّنَٰتُ بَغْيًۢا بَيْنَهُمْۖ فَهَدَى ٱللَّهُ ٱلَّذِينَ ءَامَنُوا۟
لِمَا ٱخْتَلَفُوا۟ فِيهِ مِنَ ٱلْحَقِّ بِإِذْنِهِۦۗ وَٱللَّهُ يَهْدِى مَن يَشَآءُ
إِلَىٰ صِرَٰطٍ مُّسْتَقِيمٍ ﴿٢١٣﴾ أَمْ حَسِبْتُمْ أَن تَدْخُلُوا۟ ٱلْجَنَّةَ وَلَمَّا
يَأْتِكُم مَّثَلُ ٱلَّذِينَ خَلَوْا۟ مِن قَبْلِكُمۖ مَّسَّتْهُمُ ٱلْبَأْسَآءُ وَٱلضَّرَّآءُ
وَزُلْزِلُوا۟ حَتَّىٰ يَقُولَ ٱلرَّسُولُ وَٱلَّذِينَ ءَامَنُوا۟ مَعَهُۥ مَتَىٰ نَصْرُ
ٱللَّهِۗ أَلَآ إِنَّ نَصْرَ ٱللَّهِ قَرِيبٌ ﴿٢١٤﴾ يَسْـَٔلُونَكَ مَاذَا يُنفِقُونَۖ قُلْ
مَآ أَنفَقْتُم مِّنْ خَيْرٍ فَلِلْوَٰلِدَيْنِ وَٱلْأَقْرَبِينَ وَٱلْيَتَٰمَىٰ وَٱلْمَسَٰكِينِ
وَٱبْنِ ٱلسَّبِيلِۗ وَمَا تَفْعَلُوا۟ مِنْ خَيْرٍ فَإِنَّ ٱللَّهَ بِهِۦ عَلِيمٌ ﴿٢١٥﴾

كُتِبَ عَلَيۡكُمُ ٱلۡقِتَالُ وَهُوَ كُرۡهٞ لَّكُمۡۖ وَعَسَىٰٓ أَن تَكۡرَهُواْ
شَيۡـٔٗا وَهُوَ خَيۡرٞ لَّكُمۡۖ وَعَسَىٰٓ أَن تُحِبُّواْ شَيۡـٔٗا وَهُوَ شَرّٞ
لَّكُمۡۚ وَٱللَّهُ يَعۡلَمُ وَأَنتُمۡ لَا تَعۡلَمُونَ ٢١٦ يَسۡـَٔلُونَكَ عَنِ ٱلشَّهۡرِ
ٱلۡحَرَامِ قِتَالٖ فِيهِۖ قُلۡ قِتَالٞ فِيهِ كَبِيرٞۚ وَصَدٌّ عَن سَبِيلِ
ٱللَّهِ وَكُفۡرُۢ بِهِۦ وَٱلۡمَسۡجِدِ ٱلۡحَرَامِ وَإِخۡرَاجُ أَهۡلِهِۦ مِنۡهُ
أَكۡبَرُ عِندَ ٱللَّهِۚ وَٱلۡفِتۡنَةُ أَكۡبَرُ مِنَ ٱلۡقَتۡلِۗ وَلَا يَزَالُونَ
يُقَٰتِلُونَكُمۡ حَتَّىٰ يَرُدُّوكُمۡ عَن دِينِكُمۡ إِنِ ٱسۡتَطَٰعُواْۚ وَمَن
يَرۡتَدِدۡ مِنكُمۡ عَن دِينِهِۦ فَيَمُتۡ وَهُوَ كَافِرٞ فَأُوْلَٰٓئِكَ
حَبِطَتۡ أَعۡمَٰلُهُمۡ فِي ٱلدُّنۡيَا وَٱلۡأٓخِرَةِۖ وَأُوْلَٰٓئِكَ أَصۡحَٰبُ
ٱلنَّارِۖ هُمۡ فِيهَا خَٰلِدُونَ ٢١٧ إِنَّ ٱلَّذِينَ ءَامَنُواْ وَٱلَّذِينَ
هَاجَرُواْ وَجَٰهَدُواْ فِي سَبِيلِ ٱللَّهِ أُوْلَٰٓئِكَ يَرۡجُونَ رَحۡمَتَ
ٱللَّهِۚ وَٱللَّهُ غَفُورٞ رَّحِيمٞ ٢١٨ ۞ يَسۡـَٔلُونَكَ عَنِ ٱلۡخَمۡرِ وَٱلۡمَيۡسِرِۖ
قُلۡ فِيهِمَآ إِثۡمٞ كَبِيرٞ وَمَنَٰفِعُ لِلنَّاسِ وَإِثۡمُهُمَآ أَكۡبَرُ
مِن نَّفۡعِهِمَاۗ وَيَسۡـَٔلُونَكَ مَاذَا يُنفِقُونَۖ قُلِ ٱلۡعَفۡوَۗ كَذَٰلِكَ
يُبَيِّنُ ٱللَّهُ لَكُمُ ٱلۡأٓيَٰتِ لَعَلَّكُمۡ تَتَفَكَّرُونَ ٢١٩

ربع الحزب ٤

فِي ٱلدُّنۡيَا وَٱلۡأٓخِرَةِۗ وَيَسۡـَٔلُونَكَ عَنِ ٱلۡيَتَٰمَىٰۖ قُلۡ إِصۡلَاحٞ لَّهُمۡ
خَيۡرٞۖ وَإِن تُخَالِطُوهُمۡ فَإِخۡوَٰنُكُمۡۚ وَٱللَّهُ يَعۡلَمُ ٱلۡمُفۡسِدَ مِنَ
ٱلۡمُصۡلِحِۚ وَلَوۡ شَآءَ ٱللَّهُ لَأَعۡنَتَكُمۡۚ إِنَّ ٱللَّهَ عَزِيزٌ حَكِيمٞ
﴿٢٢٠﴾ وَلَا تَنكِحُواْ ٱلۡمُشۡرِكَٰتِ حَتَّىٰ يُؤۡمِنَّۚ وَلَأَمَةٞ مُّؤۡمِنَةٌ
خَيۡرٞ مِّن مُّشۡرِكَةٖ وَلَوۡ أَعۡجَبَتۡكُمۡۗ وَلَا تُنكِحُواْ ٱلۡمُشۡرِكِينَ
حَتَّىٰ يُؤۡمِنُواْۚ وَلَعَبۡدٞ مُّؤۡمِنٌ خَيۡرٞ مِّن مُّشۡرِكٖ وَلَوۡ أَعۡجَبَكُمۡۗ
أُوْلَٰٓئِكَ يَدۡعُونَ إِلَى ٱلنَّارِۖ وَٱللَّهُ يَدۡعُوٓاْ إِلَى ٱلۡجَنَّةِ وَٱلۡمَغۡفِرَةِ
بِإِذۡنِهِۦۖ وَيُبَيِّنُ ءَايَٰتِهِۦ لِلنَّاسِ لَعَلَّهُمۡ يَتَذَكَّرُونَ ﴿٢٢١﴾
وَيَسۡـَٔلُونَكَ عَنِ ٱلۡمَحِيضِۖ قُلۡ هُوَ أَذٗى فَٱعۡتَزِلُواْ ٱلنِّسَآءَ فِي
ٱلۡمَحِيضِ وَلَا تَقۡرَبُوهُنَّ حَتَّىٰ يَطۡهُرۡنَۖ فَإِذَا تَطَهَّرۡنَ فَأۡتُوهُنَّ
مِنۡ حَيۡثُ أَمَرَكُمُ ٱللَّهُۚ إِنَّ ٱللَّهَ يُحِبُّ ٱلتَّوَّٰبِينَ وَيُحِبُّ ٱلۡمُتَطَهِّرِينَ
﴿٢٢٢﴾ نِسَآؤُكُمۡ حَرۡثٞ لَّكُمۡ فَأۡتُواْ حَرۡثَكُمۡ أَنَّىٰ شِئۡتُمۡۖ وَقَدِّمُواْ
لِأَنفُسِكُمۡۚ وَٱتَّقُواْ ٱللَّهَ وَٱعۡلَمُوٓاْ أَنَّكُم مُّلَٰقُوهُۗ وَبَشِّرِ
ٱلۡمُؤۡمِنِينَ ﴿٢٢٣﴾ وَلَا تَجۡعَلُواْ ٱللَّهَ عُرۡضَةٗ لِّأَيۡمَٰنِكُمۡ أَن تَبَرُّواْ
وَتَتَّقُواْ وَتُصۡلِحُواْ بَيۡنَ ٱلنَّاسِۚ وَٱللَّهُ سَمِيعٌ عَلِيمٞ ﴿٢٢٤﴾

لَّا يُؤَاخِذُكُمُ ٱللَّهُ بِٱللَّغْوِ فِىٓ أَيْمَٰنِكُمْ وَلَٰكِن يُؤَاخِذُكُم بِمَا كَسَبَتْ
قُلُوبُكُمْ ۗ وَٱللَّهُ غَفُورٌ حَلِيمٌ ﴿٢٢٥﴾ لِّلَّذِينَ يُؤْلُونَ مِن نِّسَآئِهِمْ تَرَبُّصُ
أَرْبَعَةِ أَشْهُرٍ ۖ فَإِن فَآءُو فَإِنَّ ٱللَّهَ غَفُورٌ رَّحِيمٌ ﴿٢٢٦﴾ وَإِنْ عَزَمُوا۟
ٱلطَّلَٰقَ فَإِنَّ ٱللَّهَ سَمِيعٌ عَلِيمٌ ﴿٢٢٧﴾ وَٱلْمُطَلَّقَٰتُ يَتَرَبَّصْنَ بِأَنفُسِهِنَّ
ثَلَٰثَةَ قُرُوٓءٍ ۚ وَلَا يَحِلُّ لَهُنَّ أَن يَكْتُمْنَ مَا خَلَقَ ٱللَّهُ فِىٓ أَرْحَامِهِنَّ
إِن كُنَّ يُؤْمِنَّ بِٱللَّهِ وَٱلْيَوْمِ ٱلْءَاخِرِ ۚ وَبُعُولَتُهُنَّ أَحَقُّ بِرَدِّهِنَّ فِى
ذَٰلِكَ إِنْ أَرَادُوٓا۟ إِصْلَٰحًا ۚ وَلَهُنَّ مِثْلُ ٱلَّذِى عَلَيْهِنَّ بِٱلْمَعْرُوفِ ۚ
وَلِلرِّجَالِ عَلَيْهِنَّ دَرَجَةٌ ۗ وَٱللَّهُ عَزِيزٌ حَكِيمٌ ﴿٢٢٨﴾ ٱلطَّلَٰقُ مَرَّتَانِ ۖ
فَإِمْسَاكٌۢ بِمَعْرُوفٍ أَوْ تَسْرِيحٌۢ بِإِحْسَٰنٍ ۗ وَلَا يَحِلُّ لَكُمْ أَن تَأْخُذُوا۟
مِمَّآ ءَاتَيْتُمُوهُنَّ شَيْـًٔا إِلَّآ أَن يَخَافَآ أَلَّا يُقِيمَا حُدُودَ ٱللَّهِ ۖ
فَإِنْ خِفْتُمْ أَلَّا يُقِيمَا حُدُودَ ٱللَّهِ فَلَا جُنَاحَ عَلَيْهِمَا فِيمَا ٱفْتَدَتْ
بِهِۦ ۗ تِلْكَ حُدُودُ ٱللَّهِ فَلَا تَعْتَدُوهَا ۚ وَمَن يَتَعَدَّ حُدُودَ ٱللَّهِ فَأُو۟لَٰٓئِكَ
هُمُ ٱلظَّٰلِمُونَ ﴿٢٢٩﴾ فَإِن طَلَّقَهَا فَلَا تَحِلُّ لَهُۥ مِنۢ بَعْدُ حَتَّىٰ تَنكِحَ زَوْجًا
غَيْرَهُۥ ۗ فَإِن طَلَّقَهَا فَلَا جُنَاحَ عَلَيْهِمَآ أَن يَتَرَاجَعَآ إِن ظَنَّآ أَن
يُقِيمَا حُدُودَ ٱللَّهِ ۗ وَتِلْكَ حُدُودُ ٱللَّهِ يُبَيِّنُهَا لِقَوْمٍ يَعْلَمُونَ ﴿٢٣٠﴾

وَإِذَا طَلَّقۡتُمُ ٱلنِّسَآءَ فَبَلَغۡنَ أَجَلَهُنَّ فَأَمۡسِكُوهُنَّ بِمَعۡرُوفٍ
أَوۡ سَرِّحُوهُنَّ بِمَعۡرُوفٖۚ وَلَا تُمۡسِكُوهُنَّ ضِرَارٗا لِّتَعۡتَدُواْۚ وَمَن
يَفۡعَلۡ ذَٰلِكَ فَقَدۡ ظَلَمَ نَفۡسَهُۥۚ وَلَا تَتَّخِذُوٓاْ ءَايَٰتِ ٱللَّهِ هُزُوٗاۚ
وَٱذۡكُرُواْ نِعۡمَتَ ٱللَّهِ عَلَيۡكُمۡ وَمَآ أَنزَلَ عَلَيۡكُم مِّنَ ٱلۡكِتَٰبِ وَٱلۡحِكۡمَةِ
يَعِظُكُم بِهِۦۚ وَٱتَّقُواْ ٱللَّهَ وَٱعۡلَمُوٓاْ أَنَّ ٱللَّهَ بِكُلِّ شَيۡءٍ عَلِيمٞ ٢٣١ وَإِذَا
طَلَّقۡتُمُ ٱلنِّسَآءَ فَبَلَغۡنَ أَجَلَهُنَّ فَلَا تَعۡضُلُوهُنَّ أَن يَنكِحۡنَ
أَزۡوَٰجَهُنَّ إِذَا تَرَٰضَوۡاْ بَيۡنَهُم بِٱلۡمَعۡرُوفِۗ ذَٰلِكَ يُوعَظُ بِهِۦ مَن كَانَ
مِنكُمۡ يُؤۡمِنُ بِٱللَّهِ وَٱلۡيَوۡمِ ٱلۡأٓخِرِۗ ذَٰلِكُمۡ أَزۡكَىٰ لَكُمۡ وَأَطۡهَرُۚ وَٱللَّهُ
يَعۡلَمُ وَأَنتُمۡ لَا تَعۡلَمُونَ ٢٣٢ ۞ وَٱلۡوَٰلِدَٰتُ يُرۡضِعۡنَ أَوۡلَٰدَهُنَّ حَوۡلَيۡنِ
نصف الحزب ٤
كَامِلَيۡنِۖ لِمَنۡ أَرَادَ أَن يُتِمَّ ٱلرَّضَاعَةَۚ وَعَلَى ٱلۡمَوۡلُودِ لَهُۥ رِزۡقُهُنَّ
وَكِسۡوَتُهُنَّ بِٱلۡمَعۡرُوفِۚ لَا تُكَلَّفُ نَفۡسٌ إِلَّا وُسۡعَهَاۚ لَا تُضَآرَّ
وَٰلِدَةُۢ بِوَلَدِهَا وَلَا مَوۡلُودٞ لَّهُۥ بِوَلَدِهِۦۚ وَعَلَى ٱلۡوَارِثِ مِثۡلُ ذَٰلِكَۗ فَإِنۡ
أَرَادَا فِصَالًا عَن تَرَاضٖ مِّنۡهُمَا وَتَشَاوُرٖ فَلَا جُنَاحَ عَلَيۡهِمَاۗ وَإِنۡ
أَرَدتُّمۡ أَن تَسۡتَرۡضِعُوٓاْ أَوۡلَٰدَكُمۡ فَلَا جُنَاحَ عَلَيۡكُمۡ إِذَا سَلَّمۡتُم مَّآ
ءَاتَيۡتُم بِٱلۡمَعۡرُوفِۗ وَٱتَّقُواْ ٱللَّهَ وَٱعۡلَمُوٓاْ أَنَّ ٱللَّهَ بِمَا تَعۡمَلُونَ بَصِيرٞ ٢٣٣

وَٱلَّذِينَ يُتَوَفَّوْنَ مِنكُمْ وَيَذَرُونَ أَزْوَٰجًا يَتَرَبَّصْنَ بِأَنفُسِهِنَّ
أَرْبَعَةَ أَشْهُرٍ وَعَشْرًا ۖ فَإِذَا بَلَغْنَ أَجَلَهُنَّ فَلَا جُنَاحَ عَلَيْكُمْ
فِيمَا فَعَلْنَ فِىٓ أَنفُسِهِنَّ بِٱلْمَعْرُوفِ ۗ وَٱللَّهُ بِمَا تَعْمَلُونَ خَبِيرٌ
﴿٢٣٤﴾ وَلَا جُنَاحَ عَلَيْكُمْ فِيمَا عَرَّضْتُم بِهِۦ مِنْ خِطْبَةِ ٱلنِّسَآءِ
أَوْ أَكْنَنتُمْ فِىٓ أَنفُسِكُمْ ۚ عَلِمَ ٱللَّهُ أَنَّكُمْ سَتَذْكُرُونَهُنَّ
وَلَٰكِن لَّا تُوَاعِدُوهُنَّ سِرًّا إِلَّآ أَن تَقُولُوا۟ قَوْلًا مَّعْرُوفًا ۚ
وَلَا تَعْزِمُوا۟ عُقْدَةَ ٱلنِّكَاحِ حَتَّىٰ يَبْلُغَ ٱلْكِتَٰبُ أَجَلَهُۥ ۚ
وَٱعْلَمُوٓا۟ أَنَّ ٱللَّهَ يَعْلَمُ مَا فِىٓ أَنفُسِكُمْ فَٱحْذَرُوهُ ۚ وَٱعْلَمُوٓا۟
أَنَّ ٱللَّهَ غَفُورٌ حَلِيمٌ ﴿٢٣٥﴾ لَّا جُنَاحَ عَلَيْكُمْ إِن طَلَّقْتُمُ ٱلنِّسَآءَ
مَا لَمْ تَمَسُّوهُنَّ أَوْ تَفْرِضُوا۟ لَهُنَّ فَرِيضَةً ۚ وَمَتِّعُوهُنَّ عَلَى
ٱلْمُوسِعِ قَدَرُهُۥ وَعَلَى ٱلْمُقْتِرِ قَدَرُهُۥ مَتَٰعًۢا بِٱلْمَعْرُوفِ ۖ حَقًّا عَلَى
ٱلْمُحْسِنِينَ ﴿٢٣٦﴾ وَإِن طَلَّقْتُمُوهُنَّ مِن قَبْلِ أَن تَمَسُّوهُنَّ وَقَدْ
فَرَضْتُمْ لَهُنَّ فَرِيضَةً فَنِصْفُ مَا فَرَضْتُمْ إِلَّآ أَن يَعْفُونَ
أَوْ يَعْفُوَا۟ ٱلَّذِى بِيَدِهِۦ عُقْدَةُ ٱلنِّكَاحِ ۚ وَأَن تَعْفُوٓا۟ أَقْرَبُ لِلتَّقْوَىٰ ۚ
وَلَا تَنسَوُا۟ ٱلْفَضْلَ بَيْنَكُمْ ۚ إِنَّ ٱللَّهَ بِمَا تَعْمَلُونَ بَصِيرٌ ﴿٢٣٧﴾

حَٰفِظُواْ عَلَى ٱلصَّلَوَٰتِ وَٱلصَّلَوٰةِ ٱلۡوُسۡطَىٰ وَقُومُواْ لِلَّهِ
قَٰنِتِينَ ﴿٢٣٨﴾ فَإِنۡ خِفۡتُمۡ فَرِجَالًا أَوۡ رُكۡبَانٗاۖ فَإِذَآ أَمِنتُمۡ
فَٱذۡكُرُواْ ٱللَّهَ كَمَا عَلَّمَكُم مَّا لَمۡ تَكُونُواْ تَعۡلَمُونَ
﴿٢٣٩﴾ وَٱلَّذِينَ يُتَوَفَّوۡنَ مِنكُمۡ وَيَذَرُونَ أَزۡوَٰجٗا
وَصِيَّةٗ لِّأَزۡوَٰجِهِم مَّتَٰعًا إِلَى ٱلۡحَوۡلِ غَيۡرَ إِخۡرَاجٖۚ فَإِنۡ
خَرَجۡنَ فَلَا جُنَاحَ عَلَيۡكُمۡ فِي مَا فَعَلۡنَ فِيٓ أَنفُسِهِنَّ
مِن مَّعۡرُوفٖۗ وَٱللَّهُ عَزِيزٌ حَكِيمٞ ﴿٢٤٠﴾ وَلِلۡمُطَلَّقَٰتِ مَتَٰعُۢ
بِٱلۡمَعۡرُوفِۖ حَقًّا عَلَى ٱلۡمُتَّقِينَ ﴿٢٤١﴾ كَذَٰلِكَ يُبَيِّنُ
ٱللَّهُ لَكُمۡ ءَايَٰتِهِۦ لَعَلَّكُمۡ تَعۡقِلُونَ ﴿٢٤٢﴾ ۞ أَلَمۡ تَرَ
إِلَى ٱلَّذِينَ خَرَجُواْ مِن دِيَٰرِهِمۡ وَهُمۡ أُلُوفٌ حَذَرَ ٱلۡمَوۡتِ
فَقَالَ لَهُمُ ٱللَّهُ مُوتُواْ ثُمَّ أَحۡيَٰهُمۡۚ إِنَّ ٱللَّهَ لَذُو فَضۡلٍ
عَلَى ٱلنَّاسِ وَلَٰكِنَّ أَكۡثَرَ ٱلنَّاسِ لَا يَشۡكُرُونَ ﴿٢٤٣﴾
وَقَٰتِلُواْ فِي سَبِيلِ ٱللَّهِ وَٱعۡلَمُوٓاْ أَنَّ ٱللَّهَ سَمِيعٌ عَلِيمٞ ﴿٢٤٤﴾ مَّن
ذَا ٱلَّذِي يُقۡرِضُ ٱللَّهَ قَرۡضًا حَسَنٗا فَيُضَٰعِفَهُۥ لَهُۥٓ أَضۡعَافٗا
كَثِيرَةٗۚ وَٱللَّهُ يَقۡبِضُ وَيَبۡصُۜطُ وَإِلَيۡهِ تُرۡجَعُونَ ﴿٢٤٥﴾

ثلاثة أرباع الحزب ٤

أَلَمۡ تَرَ إِلَى ٱلۡمَلَإِ مِنۢ بَنِيٓ إِسۡرَٰٓءِيلَ مِنۢ بَعۡدِ مُوسَىٰٓ إِذۡ
قَالُواْ لِنَبِيّٖ لَّهُمُ ٱبۡعَثۡ لَنَا مَلِكٗا نُّقَٰتِلۡ فِي سَبِيلِ ٱللَّهِۖ
قَالَ هَلۡ عَسَيۡتُمۡ إِن كُتِبَ عَلَيۡكُمُ ٱلۡقِتَالُ أَلَّا تُقَٰتِلُواْۖ
قَالُواْ وَمَا لَنَآ أَلَّا نُقَٰتِلَ فِي سَبِيلِ ٱللَّهِ وَقَدۡ أُخۡرِجۡنَا
مِن دِيَٰرِنَا وَأَبۡنَآئِنَاۖ فَلَمَّا كُتِبَ عَلَيۡهِمُ ٱلۡقِتَالُ تَوَلَّوۡاْ
إِلَّا قَلِيلٗا مِّنۡهُمۡۚ وَٱللَّهُ عَلِيمُۢ بِٱلظَّٰلِمِينَ ٢٤٦ وَقَالَ لَهُمۡ
نَبِيُّهُمۡ إِنَّ ٱللَّهَ قَدۡ بَعَثَ لَكُمۡ طَالُوتَ مَلِكٗاۚ
قَالُوٓاْ أَنَّىٰ يَكُونُ لَهُ ٱلۡمُلۡكُ عَلَيۡنَا وَنَحۡنُ أَحَقُّ
بِٱلۡمُلۡكِ مِنۡهُ وَلَمۡ يُؤۡتَ سَعَةٗ مِّنَ ٱلۡمَالِۚ قَالَ إِنَّ ٱللَّهَ
ٱصۡطَفَىٰهُ عَلَيۡكُمۡ وَزَادَهُۥ بَسۡطَةٗ فِي ٱلۡعِلۡمِ وَٱلۡجِسۡمِۖ
وَٱللَّهُ يُؤۡتِي مُلۡكَهُۥ مَن يَشَآءُۚ وَٱللَّهُ وَٰسِعٌ عَلِيمٞ ٢٤٧
وَقَالَ لَهُمۡ نَبِيُّهُمۡ إِنَّ ءَايَةَ مُلۡكِهِۦٓ أَن يَأۡتِيَكُمُ
ٱلتَّابُوتُ فِيهِ سَكِينَةٞ مِّن رَّبِّكُمۡ وَبَقِيَّةٞ مِّمَّا
تَرَكَ ءَالُ مُوسَىٰ وَءَالُ هَٰرُونَ تَحۡمِلُهُ ٱلۡمَلَٰٓئِكَةُۚ
إِنَّ فِي ذَٰلِكَ لَأٓيَةٗ لَّكُمۡ إِن كُنتُم مُّؤۡمِنِينَ ٢٤٨

فَلَمَّا فَصَلَ طَالُوتُ بِٱلْجُنُودِ قَالَ إِنَّ ٱللَّهَ مُبْتَلِيكُم
بِنَهَرٍ فَمَن شَرِبَ مِنْهُ فَلَيْسَ مِنِّى وَمَن لَّمْ يَطْعَمْهُ
فَإِنَّهُۥ مِنِّىٓ إِلَّا مَنِ ٱغْتَرَفَ غُرْفَةًۢ بِيَدِهِۦ ۚ فَشَرِبُوا۟ مِنْهُ
إِلَّا قَلِيلًا مِّنْهُمْ ۚ فَلَمَّا جَاوَزَهُۥ هُوَ وَٱلَّذِينَ ءَامَنُوا۟
مَعَهُۥ قَالُوا۟ لَا طَاقَةَ لَنَا ٱلْيَوْمَ بِجَالُوتَ وَجُنُودِهِۦ ۚ
قَالَ ٱلَّذِينَ يَظُنُّونَ أَنَّهُم مُّلَٰقُوا۟ ٱللَّهِ كَم مِّن فِئَةٍ
قَلِيلَةٍ غَلَبَتْ فِئَةً كَثِيرَةًۢ بِإِذْنِ ٱللَّهِ ۗ وَٱللَّهُ مَعَ
ٱلصَّٰبِرِينَ ﴿٢٤٩﴾ وَلَمَّا بَرَزُوا۟ لِجَالُوتَ وَجُنُودِهِۦ قَالُوا۟
رَبَّنَآ أَفْرِغْ عَلَيْنَا صَبْرًا وَثَبِّتْ أَقْدَامَنَا وَٱنصُرْنَا
عَلَى ٱلْقَوْمِ ٱلْكَٰفِرِينَ ﴿٢٥٠﴾ فَهَزَمُوهُم بِإِذْنِ ٱللَّهِ
وَقَتَلَ دَاوُۥدُ جَالُوتَ وَءَاتَىٰهُ ٱللَّهُ ٱلْمُلْكَ
وَٱلْحِكْمَةَ وَعَلَّمَهُۥ مِمَّا يَشَآءُ ۗ وَلَوْلَا دَفْعُ ٱللَّهِ ٱلنَّاسَ
بَعْضَهُم بِبَعْضٍ لَّفَسَدَتِ ٱلْأَرْضُ وَلَٰكِنَّ ٱللَّهَ ذُو
فَضْلٍ عَلَى ٱلْعَٰلَمِينَ ﴿٢٥١﴾ تِلْكَ ءَايَٰتُ ٱللَّهِ نَتْلُوهَا
عَلَيْكَ بِٱلْحَقِّ ۚ وَإِنَّكَ لَمِنَ ٱلْمُرْسَلِينَ ﴿٢٥٢﴾

۞ تِلْكَ ٱلرُّسُلُ فَضَّلْنَا بَعْضَهُمْ عَلَىٰ بَعْضٍ مِّنْهُم مَّن كَلَّمَ ٱللَّهُ ۖ
وَرَفَعَ بَعْضَهُمْ دَرَجَٰتٍ ۚ وَءَاتَيْنَا عِيسَى ٱبْنَ مَرْيَمَ ٱلْبَيِّنَٰتِ
وَأَيَّدْنَٰهُ بِرُوحِ ٱلْقُدُسِ ۗ وَلَوْ شَآءَ ٱللَّهُ مَا ٱقْتَتَلَ ٱلَّذِينَ مِنۢ
بَعْدِهِم مِّنۢ بَعْدِ مَا جَآءَتْهُمُ ٱلْبَيِّنَٰتُ وَلَٰكِنِ ٱخْتَلَفُوا۟
فَمِنْهُم مَّنْ ءَامَنَ وَمِنْهُم مَّن كَفَرَ ۚ وَلَوْ شَآءَ ٱللَّهُ مَا ٱقْتَتَلُوا۟
وَلَٰكِنَّ ٱللَّهَ يَفْعَلُ مَا يُرِيدُ ﴿٢٥٣﴾ يَٰٓأَيُّهَا ٱلَّذِينَ ءَامَنُوٓا۟ أَنفِقُوا۟
مِمَّا رَزَقْنَٰكُم مِّن قَبْلِ أَن يَأْتِىَ يَوْمٌ لَّا بَيْعٌ فِيهِ وَلَا خُلَّةٌ وَلَا
شَفَٰعَةٌ ۗ وَٱلْكَٰفِرُونَ هُمُ ٱلظَّٰلِمُونَ ﴿٢٥٤﴾ ٱللَّهُ لَآ إِلَٰهَ إِلَّا هُوَ
ٱلْحَىُّ ٱلْقَيُّومُ ۚ لَا تَأْخُذُهُۥ سِنَةٌ وَلَا نَوْمٌ ۚ لَّهُۥ مَا فِى ٱلسَّمَٰوَٰتِ
وَمَا فِى ٱلْأَرْضِ ۗ مَن ذَا ٱلَّذِى يَشْفَعُ عِندَهُۥٓ إِلَّا بِإِذْنِهِۦ ۚ يَعْلَمُ
مَا بَيْنَ أَيْدِيهِمْ وَمَا خَلْفَهُمْ ۖ وَلَا يُحِيطُونَ بِشَىْءٍ مِّنْ عِلْمِهِۦٓ إِلَّا
بِمَا شَآءَ ۚ وَسِعَ كُرْسِيُّهُ ٱلسَّمَٰوَٰتِ وَٱلْأَرْضَ ۖ وَلَا يَـُٔودُهُۥ حِفْظُهُمَا ۚ
وَهُوَ ٱلْعَلِىُّ ٱلْعَظِيمُ ﴿٢٥٥﴾ لَآ إِكْرَاهَ فِى ٱلدِّينِ ۖ قَد تَّبَيَّنَ ٱلرُّشْدُ مِنَ
ٱلْغَىِّ ۚ فَمَن يَكْفُرْ بِٱلطَّٰغُوتِ وَيُؤْمِنۢ بِٱللَّهِ فَقَدِ ٱسْتَمْسَكَ
بِٱلْعُرْوَةِ ٱلْوُثْقَىٰ لَا ٱنفِصَامَ لَهَا ۗ وَٱللَّهُ سَمِيعٌ عَلِيمٌ ﴿٢٥٦﴾

ٱللَّهُ وَلِيُّ ٱلَّذِينَ ءَامَنُواْ يُخۡرِجُهُم مِّنَ ٱلظُّلُمَٰتِ إِلَى ٱلنُّورِۖ
وَٱلَّذِينَ كَفَرُوٓاْ أَوۡلِيَآؤُهُمُ ٱلطَّٰغُوتُ يُخۡرِجُونَهُم مِّنَ
ٱلنُّورِ إِلَى ٱلظُّلُمَٰتِۗ أُوْلَٰٓئِكَ أَصۡحَٰبُ ٱلنَّارِۖ هُمۡ فِيهَا
خَٰلِدُونَ ٢٥٧ أَلَمۡ تَرَ إِلَى ٱلَّذِي حَآجَّ إِبۡرَٰهِـۧمَ فِي رَبِّهِۦٓ
أَنۡ ءَاتَىٰهُ ٱللَّهُ ٱلۡمُلۡكَ إِذۡ قَالَ إِبۡرَٰهِـۧمُ رَبِّيَ ٱلَّذِي يُحۡيِۦ
وَيُمِيتُ قَالَ أَنَا۠ أُحۡيِۦ وَأُمِيتُۖ قَالَ إِبۡرَٰهِـۧمُ فَإِنَّ ٱللَّهَ يَأۡتِي
بِٱلشَّمۡسِ مِنَ ٱلۡمَشۡرِقِ فَأۡتِ بِهَا مِنَ ٱلۡمَغۡرِبِ فَبُهِتَ ٱلَّذِي
كَفَرَۗ وَٱللَّهُ لَا يَهۡدِي ٱلۡقَوۡمَ ٱلظَّٰلِمِينَ ٢٥٨ أَوۡ كَٱلَّذِي
مَرَّ عَلَىٰ قَرۡيَةٖ وَهِيَ خَاوِيَةٌ عَلَىٰ عُرُوشِهَا قَالَ أَنَّىٰ يُحۡيِۦ
هَٰذِهِ ٱللَّهُ بَعۡدَ مَوۡتِهَاۖ فَأَمَاتَهُ ٱللَّهُ مِاْئَةَ عَامٖ ثُمَّ بَعَثَهُۥۖ
قَالَ كَمۡ لَبِثۡتَۖ قَالَ لَبِثۡتُ يَوۡمًا أَوۡ بَعۡضَ يَوۡمٖۖ قَالَ بَل
لَّبِثۡتَ مِاْئَةَ عَامٖ فَٱنظُرۡ إِلَىٰ طَعَامِكَ وَشَرَابِكَ لَمۡ يَتَسَنَّهۡۖ
وَٱنظُرۡ إِلَىٰ حِمَارِكَ وَلِنَجۡعَلَكَ ءَايَةٗ لِّلنَّاسِۖ وَٱنظُرۡ إِلَى
ٱلۡعِظَامِ كَيۡفَ نُنشِزُهَا ثُمَّ نَكۡسُوهَا لَحۡمٗاۚ فَلَمَّا
تَبَيَّنَ لَهُۥ قَالَ أَعۡلَمُ أَنَّ ٱللَّهَ عَلَىٰ كُلِّ شَيۡءٖ قَدِيرٞ ٢٥٩

وَإِذۡ قَالَ إِبۡرَٰهِـۧمُ رَبِّ أَرِنِي كَيۡفَ تُحۡيِ ٱلۡمَوۡتَىٰۖ قَالَ أَوَلَمۡ
تُؤۡمِنۖ قَالَ بَلَىٰ وَلَٰكِن لِّيَطۡمَئِنَّ قَلۡبِيۖ قَالَ فَخُذۡ أَرۡبَعَةٗ مِّنَ
ٱلطَّيۡرِ فَصُرۡهُنَّ إِلَيۡكَ ثُمَّ ٱجۡعَلۡ عَلَىٰ كُلِّ جَبَلٖ مِّنۡهُنَّ جُزۡءٗا
ثُمَّ ٱدۡعُهُنَّ يَأۡتِينَكَ سَعۡيٗاۚ وَٱعۡلَمۡ أَنَّ ٱللَّهَ عَزِيزٌ حَكِيمٞ
٢٦٠ مَّثَلُ ٱلَّذِينَ يُنفِقُونَ أَمۡوَٰلَهُمۡ فِي سَبِيلِ ٱللَّهِ كَمَثَلِ حَبَّةٍ
أَنۢبَتَتۡ سَبۡعَ سَنَابِلَ فِي كُلِّ سُنۢبُلَةٖ مِّاْئَةُ حَبَّةٖۗ وَٱللَّهُ
يُضَٰعِفُ لِمَن يَشَآءُۚ وَٱللَّهُ وَٰسِعٌ عَلِيمٌ ٢٦١ ٱلَّذِينَ يُنفِقُونَ
أَمۡوَٰلَهُمۡ فِي سَبِيلِ ٱللَّهِ ثُمَّ لَا يُتۡبِعُونَ مَآ أَنفَقُواْ مَنّٗا وَلَآ
أَذٗى لَّهُمۡ أَجۡرُهُمۡ عِندَ رَبِّهِمۡ وَلَا خَوۡفٌ عَلَيۡهِمۡ وَلَا هُمۡ
يَحۡزَنُونَ ٢٦٢ ۞ قَوۡلٞ مَّعۡرُوفٞ وَمَغۡفِرَةٌ خَيۡرٞ مِّن صَدَقَةٖ
يَتۡبَعُهَآ أَذٗىۗ وَٱللَّهُ غَنِيٌّ حَلِيمٞ ٢٦٣ يَٰٓأَيُّهَا ٱلَّذِينَ ءَامَنُواْ
لَا تُبۡطِلُواْ صَدَقَٰتِكُم بِٱلۡمَنِّ وَٱلۡأَذَىٰ كَٱلَّذِي يُنفِقُ مَالَهُۥ
رِئَآءَ ٱلنَّاسِ وَلَا يُؤۡمِنُ بِٱللَّهِ وَٱلۡيَوۡمِ ٱلۡأٓخِرِۖ فَمَثَلُهُۥ كَمَثَلِ
صَفۡوَانٍ عَلَيۡهِ تُرَابٞ فَأَصَابَهُۥ وَابِلٞ فَتَرَكَهُۥ صَلۡدٗاۖ لَّا يَقۡدِرُونَ
عَلَىٰ شَيۡءٖ مِّمَّا كَسَبُواْۗ وَٱللَّهُ لَا يَهۡدِي ٱلۡقَوۡمَ ٱلۡكَٰفِرِينَ ٢٦٤

ربع الحزب ٥

وَمَثَلُ ٱلَّذِينَ يُنفِقُونَ أَمْوَٰلَهُمُ ٱبْتِغَآءَ مَرْضَاتِ ٱللَّهِ
وَتَثْبِيتًا مِّنْ أَنفُسِهِمْ كَمَثَلِ جَنَّةٍۭ بِرَبْوَةٍ أَصَابَهَا وَابِلٌ
فَـَٔاتَتْ أُكُلَهَا ضِعْفَيْنِ فَإِن لَّمْ يُصِبْهَا وَابِلٌ فَطَلٌّ
وَٱللَّهُ بِمَا تَعْمَلُونَ بَصِيرٌ ﴿٢٦٥﴾ أَيَوَدُّ أَحَدُكُمْ أَن تَكُونَ لَهُۥ
جَنَّةٌ مِّن نَّخِيلٍ وَأَعْنَابٍ تَجْرِى مِن تَحْتِهَا ٱلْأَنْهَٰرُ لَهُۥ
فِيهَا مِن كُلِّ ٱلثَّمَرَٰتِ وَأَصَابَهُ ٱلْكِبَرُ وَلَهُۥ ذُرِّيَّةٌ
ضُعَفَآءُ فَأَصَابَهَآ إِعْصَارٌ فِيهِ نَارٌ فَٱحْتَرَقَتْ ۗ كَذَٰلِكَ
يُبَيِّنُ ٱللَّهُ لَكُمُ ٱلْءَايَٰتِ لَعَلَّكُمْ تَتَفَكَّرُونَ ﴿٢٦٦﴾ يَٰٓأَيُّهَا
ٱلَّذِينَ ءَامَنُوٓا۟ أَنفِقُوا۟ مِن طَيِّبَٰتِ مَا كَسَبْتُمْ وَمِمَّآ أَخْرَجْنَا
لَكُم مِّنَ ٱلْأَرْضِ ۖ وَلَا تَيَمَّمُوا۟ ٱلْخَبِيثَ مِنْهُ تُنفِقُونَ
وَلَسْتُم بِـَٔاخِذِيهِ إِلَّآ أَن تُغْمِضُوا۟ فِيهِ ۚ وَٱعْلَمُوٓا۟ أَنَّ ٱللَّهَ غَنِىٌّ
حَمِيدٌ ﴿٢٦٧﴾ ٱلشَّيْطَٰنُ يَعِدُكُمُ ٱلْفَقْرَ وَيَأْمُرُكُم بِٱلْفَحْشَآءِ ۖ
وَٱللَّهُ يَعِدُكُم مَّغْفِرَةً مِّنْهُ وَفَضْلًا ۗ وَٱللَّهُ وَٰسِعٌ عَلِيمٌ
﴿٢٦٨﴾ يُؤْتِى ٱلْحِكْمَةَ مَن يَشَآءُ ۚ وَمَن يُؤْتَ ٱلْحِكْمَةَ فَقَدْ
أُوتِىَ خَيْرًا كَثِيرًا ۗ وَمَا يَذَّكَّرُ إِلَّآ أُو۟لُوا۟ ٱلْأَلْبَٰبِ ﴿٢٦٩﴾

وَمَآ أَنفَقۡتُم مِّن نَّفَقَةٍ أَوۡ نَذَرۡتُم مِّن نَّذۡرٖ فَإِنَّ ٱللَّهَ
يَعۡلَمُهُۥۗ وَمَا لِلظَّٰلِمِينَ مِنۡ أَنصَارٍ ٢٧٠ إِن تُبۡدُواْ
ٱلصَّدَقَٰتِ فَنِعِمَّا هِيَۖ وَإِن تُخۡفُوهَا وَتُؤۡتُوهَا
ٱلۡفُقَرَآءَ فَهُوَ خَيۡرٞ لَّكُمۡۚ وَيُكَفِّرُ عَنكُم مِّن
سَيِّـَٔاتِكُمۡۗ وَٱللَّهُ بِمَا تَعۡمَلُونَ خَبِيرٞ ٢٧١ ۞ لَّيۡسَ
عَلَيۡكَ هُدَىٰهُمۡ وَلَٰكِنَّ ٱللَّهَ يَهۡدِي مَن يَشَآءُۗ وَمَا
تُنفِقُواْ مِنۡ خَيۡرٖ فَلِأَنفُسِكُمۡۚ وَمَا تُنفِقُونَ إِلَّا
ٱبۡتِغَآءَ وَجۡهِ ٱللَّهِۚ وَمَا تُنفِقُواْ مِنۡ خَيۡرٖ يُوَفَّ إِلَيۡكُمۡ
وَأَنتُمۡ لَا تُظۡلَمُونَ ٢٧٢ لِلۡفُقَرَآءِ ٱلَّذِينَ أُحۡصِرُواْ
فِي سَبِيلِ ٱللَّهِ لَا يَسۡتَطِيعُونَ ضَرۡبٗا فِي ٱلۡأَرۡضِ
يَحۡسَبُهُمُ ٱلۡجَاهِلُ أَغۡنِيَآءَ مِنَ ٱلتَّعَفُّفِ تَعۡرِفُهُم
بِسِيمَٰهُمۡ لَا يَسۡـَٔلُونَ ٱلنَّاسَ إِلۡحَافٗاۗ وَمَا تُنفِقُواْ مِنۡ
خَيۡرٖ فَإِنَّ ٱللَّهَ بِهِۦ عَلِيمٌ ٢٧٣ ٱلَّذِينَ يُنفِقُونَ أَمۡوَٰلَهُم
بِٱلَّيۡلِ وَٱلنَّهَارِ سِرّٗا وَعَلَانِيَةٗ فَلَهُمۡ أَجۡرُهُمۡ عِندَ
رَبِّهِمۡ وَلَا خَوۡفٌ عَلَيۡهِمۡ وَلَا هُمۡ يَحۡزَنُونَ ٢٧٤

نصف الحزب ٥

ٱلَّذِينَ يَأۡكُلُونَ ٱلرِّبَوٰاْ لَا يَقُومُونَ إِلَّا كَمَا يَقُومُ ٱلَّذِي
يَتَخَبَّطُهُ ٱلشَّيۡطَٰنُ مِنَ ٱلۡمَسِّۚ ذَٰلِكَ بِأَنَّهُمۡ قَالُوٓاْ إِنَّمَا ٱلۡبَيۡعُ
مِثۡلُ ٱلرِّبَوٰاْۗ وَأَحَلَّ ٱللَّهُ ٱلۡبَيۡعَ وَحَرَّمَ ٱلرِّبَوٰاْۚ فَمَن جَآءَهُۥ
مَوۡعِظَةٞ مِّن رَّبِّهِۦ فَٱنتَهَىٰ فَلَهُۥ مَا سَلَفَ وَأَمۡرُهُۥٓ إِلَى ٱللَّهِۖ وَمَنۡ
عَادَ فَأُوْلَٰٓئِكَ أَصۡحَٰبُ ٱلنَّارِۖ هُمۡ فِيهَا خَٰلِدُونَ ٢٧٥ يَمۡحَقُ
ٱللَّهُ ٱلرِّبَوٰاْ وَيُرۡبِي ٱلصَّدَقَٰتِۗ وَٱللَّهُ لَا يُحِبُّ كُلَّ كَفَّارٍ أَثِيمٍ
٢٧٦ إِنَّ ٱلَّذِينَ ءَامَنُواْ وَعَمِلُواْ ٱلصَّٰلِحَٰتِ وَأَقَامُواْ ٱلصَّلَوٰةَ
وَءَاتَوُاْ ٱلزَّكَوٰةَ لَهُمۡ أَجۡرُهُمۡ عِندَ رَبِّهِمۡ وَلَا خَوۡفٌ عَلَيۡهِمۡ
وَلَا هُمۡ يَحۡزَنُونَ ٢٧٧ يَٰٓأَيُّهَا ٱلَّذِينَ ءَامَنُواْ ٱتَّقُواْ ٱللَّهَ
وَذَرُواْ مَا بَقِيَ مِنَ ٱلرِّبَوٰٓاْ إِن كُنتُم مُّؤۡمِنِينَ ٢٧٨ فَإِن لَّمۡ تَفۡعَلُواْ
فَأۡذَنُواْ بِحَرۡبٖ مِّنَ ٱللَّهِ وَرَسُولِهِۦۖ وَإِن تُبۡتُمۡ فَلَكُمۡ رُءُوسُ
أَمۡوَٰلِكُمۡ لَا تَظۡلِمُونَ وَلَا تُظۡلَمُونَ ٢٧٩ وَإِن كَانَ
ذُو عُسۡرَةٖ فَنَظِرَةٌ إِلَىٰ مَيۡسَرَةٖۚ وَأَن تَصَدَّقُواْ خَيۡرٞ لَّكُمۡ
إِن كُنتُمۡ تَعۡلَمُونَ ٢٨٠ وَٱتَّقُواْ يَوۡمٗا تُرۡجَعُونَ فِيهِ إِلَى
ٱللَّهِۖ ثُمَّ تُوَفَّىٰ كُلُّ نَفۡسٖ مَّا كَسَبَتۡ وَهُمۡ لَا يُظۡلَمُونَ ٢٨١

يَٰٓأَيُّهَا ٱلَّذِينَ ءَامَنُوٓاْ إِذَا تَدَايَنتُم بِدَيۡنٍ إِلَىٰٓ أَجَلٖ مُّسَمّٗى
فَٱكۡتُبُوهُۚ وَلۡيَكۡتُب بَّيۡنَكُمۡ كَاتِبُۢ بِٱلۡعَدۡلِۚ وَلَا يَأۡبَ
كَاتِبٌ أَن يَكۡتُبَ كَمَا عَلَّمَهُ ٱللَّهُۚ فَلۡيَكۡتُبۡ وَلۡيُمۡلِلِ
ٱلَّذِي عَلَيۡهِ ٱلۡحَقُّ وَلۡيَتَّقِ ٱللَّهَ رَبَّهُۥ وَلَا يَبۡخَسۡ مِنۡهُ شَيۡـٔٗاۚ
فَإِن كَانَ ٱلَّذِي عَلَيۡهِ ٱلۡحَقُّ سَفِيهًا أَوۡ ضَعِيفًا أَوۡ لَا يَسۡتَطِيعُ
أَن يُمِلَّ هُوَ فَلۡيُمۡلِلۡ وَلِيُّهُۥ بِٱلۡعَدۡلِۚ وَٱسۡتَشۡهِدُواْ شَهِيدَيۡنِ
مِن رِّجَالِكُمۡۖ فَإِن لَّمۡ يَكُونَا رَجُلَيۡنِ فَرَجُلٞ وَٱمۡرَأَتَانِ
مِمَّن تَرۡضَوۡنَ مِنَ ٱلشُّهَدَآءِ أَن تَضِلَّ إِحۡدَىٰهُمَا فَتُذَكِّرَ
إِحۡدَىٰهُمَا ٱلۡأُخۡرَىٰۚ وَلَا يَأۡبَ ٱلشُّهَدَآءُ إِذَا مَا دُعُواْۚ وَلَا تَسۡـَٔمُوٓاْ
أَن تَكۡتُبُوهُ صَغِيرًا أَوۡ كَبِيرًا إِلَىٰٓ أَجَلِهِۦۚ ذَٰلِكُمۡ أَقۡسَطُ
عِندَ ٱللَّهِ وَأَقۡوَمُ لِلشَّهَٰدَةِ وَأَدۡنَىٰٓ أَلَّا تَرۡتَابُوٓاْ إِلَّآ أَن تَكُونَ
تِجَٰرَةً حَاضِرَةٗ تُدِيرُونَهَا بَيۡنَكُمۡ فَلَيۡسَ عَلَيۡكُمۡ جُنَاحٌ
أَلَّا تَكۡتُبُوهَاۗ وَأَشۡهِدُوٓاْ إِذَا تَبَايَعۡتُمۡۚ وَلَا يُضَآرَّ كَاتِبٞ
وَلَا شَهِيدٞۚ وَإِن تَفۡعَلُواْ فَإِنَّهُۥ فُسُوقُۢ بِكُمۡۗ وَٱتَّقُواْ
ٱللَّهَۖ وَيُعَلِّمُكُمُ ٱللَّهُۗ وَٱللَّهُ بِكُلِّ شَيۡءٍ عَلِيمٞ ٢٨٢

۞ وَإِن كُنتُمْ عَلَىٰ سَفَرٍ وَلَمْ تَجِدُوا۟ كَاتِبًا فَرِهَـٰنٌ مَّقْبُوضَةٌ ۖ
فَإِنْ أَمِنَ بَعْضُكُم بَعْضًا فَلْيُؤَدِّ ٱلَّذِى ٱؤْتُمِنَ أَمَـٰنَتَهُۥ وَلْيَتَّقِ
ٱللَّهَ رَبَّهُۥ ۗ وَلَا تَكْتُمُوا۟ ٱلشَّهَـٰدَةَ ۚ وَمَن يَكْتُمْهَا فَإِنَّهُۥٓ
ءَاثِمٌ قَلْبُهُۥ ۗ وَٱللَّهُ بِمَا تَعْمَلُونَ عَلِيمٌ ﴿٢٨٣﴾ لِّلَّهِ مَا فِى ٱلسَّمَـٰوَٰتِ
وَمَا فِى ٱلْأَرْضِ ۗ وَإِن تُبْدُوا۟ مَا فِىٓ أَنفُسِكُمْ أَوْ تُخْفُوهُ
يُحَاسِبْكُم بِهِ ٱللَّهُ ۖ فَيَغْفِرُ لِمَن يَشَآءُ وَيُعَذِّبُ مَن يَشَآءُ ۗ
وَٱللَّهُ عَلَىٰ كُلِّ شَىْءٍ قَدِيرٌ ﴿٢٨٤﴾ ءَامَنَ ٱلرَّسُولُ بِمَآ أُنزِلَ إِلَيْهِ
مِن رَّبِّهِۦ وَٱلْمُؤْمِنُونَ ۚ كُلٌّ ءَامَنَ بِٱللَّهِ وَمَلَـٰٓئِكَتِهِۦ
وَكُتُبِهِۦ وَرُسُلِهِۦ لَا نُفَرِّقُ بَيْنَ أَحَدٍ مِّن رُّسُلِهِۦ ۚ وَقَالُوا۟
سَمِعْنَا وَأَطَعْنَا ۖ غُفْرَانَكَ رَبَّنَا وَإِلَيْكَ ٱلْمَصِيرُ ﴿٢٨٥﴾ لَا يُكَلِّفُ
ٱللَّهُ نَفْسًا إِلَّا وُسْعَهَا ۚ لَهَا مَا كَسَبَتْ وَعَلَيْهَا مَا ٱكْتَسَبَتْ ۗ
رَبَّنَا لَا تُؤَاخِذْنَآ إِن نَّسِينَآ أَوْ أَخْطَأْنَا ۚ رَبَّنَا وَلَا تَحْمِلْ
عَلَيْنَآ إِصْرًا كَمَا حَمَلْتَهُۥ عَلَى ٱلَّذِينَ مِن قَبْلِنَا ۚ رَبَّنَا
وَلَا تُحَمِّلْنَا مَا لَا طَاقَةَ لَنَا بِهِۦ ۖ وَٱعْفُ عَنَّا وَٱغْفِرْ لَنَا
وَٱرْحَمْنَآ ۚ أَنتَ مَوْلَىٰنَا فَٱنصُرْنَا عَلَى ٱلْقَوْمِ ٱلْكَـٰفِرِينَ ﴿٢٨٦﴾

سُورَةُ آلِ عِمۡرَانَ

بِسۡمِ ٱللَّهِ ٱلرَّحۡمَٰنِ ٱلرَّحِيمِ

الٓمٓ ١ ٱللَّهُ لَآ إِلَٰهَ إِلَّا هُوَ ٱلۡحَيُّ ٱلۡقَيُّومُ ٢ نَزَّلَ عَلَيۡكَ ٱلۡكِتَٰبَ
بِٱلۡحَقِّ مُصَدِّقٗا لِّمَا بَيۡنَ يَدَيۡهِ وَأَنزَلَ ٱلتَّوۡرَىٰةَ وَٱلۡإِنجِيلَ ٣ مِن
قَبۡلُ هُدٗى لِّلنَّاسِ وَأَنزَلَ ٱلۡفُرۡقَانَۗ إِنَّ ٱلَّذِينَ كَفَرُواْ بِـَٔايَٰتِ ٱللَّهِ
لَهُمۡ عَذَابٞ شَدِيدٞۗ وَٱللَّهُ عَزِيزٞ ذُو ٱنتِقَامٍ ٤ إِنَّ ٱللَّهَ لَا يَخۡفَىٰ
عَلَيۡهِ شَيۡءٞ فِي ٱلۡأَرۡضِ وَلَا فِي ٱلسَّمَآءِ ٥ هُوَ ٱلَّذِي يُصَوِّرُكُمۡ
فِي ٱلۡأَرۡحَامِ كَيۡفَ يَشَآءُۚ لَآ إِلَٰهَ إِلَّا هُوَ ٱلۡعَزِيزُ ٱلۡحَكِيمُ ٦ هُوَ
ٱلَّذِيٓ أَنزَلَ عَلَيۡكَ ٱلۡكِتَٰبَ مِنۡهُ ءَايَٰتٞ مُّحۡكَمَٰتٌ هُنَّ أُمُّ
ٱلۡكِتَٰبِ وَأُخَرُ مُتَشَٰبِهَٰتٞۖ فَأَمَّا ٱلَّذِينَ فِي قُلُوبِهِمۡ زَيۡغٞ فَيَتَّبِعُونَ
مَا تَشَٰبَهَ مِنۡهُ ٱبۡتِغَآءَ ٱلۡفِتۡنَةِ وَٱبۡتِغَآءَ تَأۡوِيلِهِۦۖ وَمَا يَعۡلَمُ تَأۡوِيلَهُۥٓ
إِلَّا ٱللَّهُۗ وَٱلرَّٰسِخُونَ فِي ٱلۡعِلۡمِ يَقُولُونَ ءَامَنَّا بِهِۦ كُلّٞ مِّنۡ عِندِ
رَبِّنَاۗ وَمَا يَذَّكَّرُ إِلَّآ أُوْلُواْ ٱلۡأَلۡبَٰبِ ٧ رَبَّنَا لَا تُزِغۡ قُلُوبَنَا بَعۡدَ
إِذۡ هَدَيۡتَنَا وَهَبۡ لَنَا مِن لَّدُنكَ رَحۡمَةًۚ إِنَّكَ أَنتَ ٱلۡوَهَّابُ ٨ رَبَّنَآ
إِنَّكَ جَامِعُ ٱلنَّاسِ لِيَوۡمٖ لَّا رَيۡبَ فِيهِۚ إِنَّ ٱللَّهَ لَا يُخۡلِفُ ٱلۡمِيعَادَ ٩

إِنَّ ٱلَّذِينَ كَفَرُواْ لَن تُغۡنِيَ عَنۡهُمۡ أَمۡوَٰلُهُمۡ وَلَآ أَوۡلَٰدُهُم
مِّنَ ٱللَّهِ شَيۡـٔٗاۖ وَأُوْلَٰٓئِكَ هُمۡ وَقُودُ ٱلنَّارِ ١٠ كَدَأۡبِ ءَالِ
فِرۡعَوۡنَ وَٱلَّذِينَ مِن قَبۡلِهِمۡۚ كَذَّبُواْ بِـَٔايَٰتِنَا فَأَخَذَهُمُ ٱللَّهُ
بِذُنُوبِهِمۡۗ وَٱللَّهُ شَدِيدُ ٱلۡعِقَابِ ١١ قُل لِّلَّذِينَ كَفَرُواْ
سَتُغۡلَبُونَ وَتُحۡشَرُونَ إِلَىٰ جَهَنَّمَۖ وَبِئۡسَ ٱلۡمِهَادُ ١٢
قَدۡ كَانَ لَكُمۡ ءَايَةٞ فِي فِئَتَيۡنِ ٱلۡتَقَتَاۖ فِئَةٞ تُقَٰتِلُ فِي
سَبِيلِ ٱللَّهِ وَأُخۡرَىٰ كَافِرَةٞ يَرَوۡنَهُم مِّثۡلَيۡهِمۡ رَأۡيَ
ٱلۡعَيۡنِۚ وَٱللَّهُ يُؤَيِّدُ بِنَصۡرِهِۦ مَن يَشَآءُۚ إِنَّ فِي ذَٰلِكَ
لَعِبۡرَةٗ لِّأُوْلِي ٱلۡأَبۡصَٰرِ ١٣ زُيِّنَ لِلنَّاسِ حُبُّ ٱلشَّهَوَٰتِ
مِنَ ٱلنِّسَآءِ وَٱلۡبَنِينَ وَٱلۡقَنَٰطِيرِ ٱلۡمُقَنطَرَةِ مِنَ ٱلذَّهَبِ
وَٱلۡفِضَّةِ وَٱلۡخَيۡلِ ٱلۡمُسَوَّمَةِ وَٱلۡأَنۡعَٰمِ وَٱلۡحَرۡثِۗ ذَٰلِكَ
مَتَٰعُ ٱلۡحَيَوٰةِ ٱلدُّنۡيَاۖ وَٱللَّهُ عِندَهُۥ حُسۡنُ ٱلۡمَـَٔابِ ١٤ ۞ قُلۡ
أَؤُنَبِّئُكُم بِخَيۡرٖ مِّن ذَٰلِكُمۡۖ لِلَّذِينَ ٱتَّقَوۡاْ عِندَ رَبِّهِمۡ
جَنَّٰتٞ تَجۡرِي مِن تَحۡتِهَا ٱلۡأَنۡهَٰرُ خَٰلِدِينَ فِيهَا وَأَزۡوَٰجٞ
مُّطَهَّرَةٞ وَرِضۡوَٰنٞ مِّنَ ٱللَّهِۗ وَٱللَّهُ بَصِيرُۢ بِٱلۡعِبَادِ ١٥

الحِزْبُ ٦

ٱلَّذِينَ يَقُولُونَ رَبَّنَآ إِنَّنَآ ءَامَنَّا فَٱغۡفِرۡ لَنَا ذُنُوبَنَا
وَقِنَا عَذَابَ ٱلنَّارِ ١٦ ٱلصَّٰبِرِينَ وَٱلصَّٰدِقِينَ وَٱلۡقَٰنِتِينَ
وَٱلۡمُنفِقِينَ وَٱلۡمُسۡتَغۡفِرِينَ بِٱلۡأَسۡحَارِ ١٧ شَهِدَ ٱللَّهُ
أَنَّهُۥ لَآ إِلَٰهَ إِلَّا هُوَ وَٱلۡمَلَٰٓئِكَةُ وَأُوْلُواْ ٱلۡعِلۡمِ قَآئِمَۢا
بِٱلۡقِسۡطِۚ لَآ إِلَٰهَ إِلَّا هُوَ ٱلۡعَزِيزُ ٱلۡحَكِيمُ ١٨ إِنَّ ٱلدِّينَ
عِندَ ٱللَّهِ ٱلۡإِسۡلَٰمُۗ وَمَا ٱخۡتَلَفَ ٱلَّذِينَ أُوتُواْ ٱلۡكِتَٰبَ
إِلَّا مِنۢ بَعۡدِ مَا جَآءَهُمُ ٱلۡعِلۡمُ بَغۡيَۢا بَيۡنَهُمۡۗ وَمَن يَكۡفُرۡ
بِـَٔايَٰتِ ٱللَّهِ فَإِنَّ ٱللَّهَ سَرِيعُ ٱلۡحِسَابِ ١٩ فَإِنۡ حَآجُّوكَ
فَقُلۡ أَسۡلَمۡتُ وَجۡهِيَ لِلَّهِ وَمَنِ ٱتَّبَعَنِۗ وَقُل لِّلَّذِينَ أُوتُواْ
ٱلۡكِتَٰبَ وَٱلۡأُمِّيِّـۧنَ ءَأَسۡلَمۡتُمۡۚ فَإِنۡ أَسۡلَمُواْ فَقَدِ ٱهۡتَدَواْۖ
وَّإِن تَوَلَّوۡاْ فَإِنَّمَا عَلَيۡكَ ٱلۡبَلَٰغُۗ وَٱللَّهُ بَصِيرُۢ بِٱلۡعِبَادِ ٢٠
إِنَّ ٱلَّذِينَ يَكۡفُرُونَ بِـَٔايَٰتِ ٱللَّهِ وَيَقۡتُلُونَ ٱلنَّبِيِّـۧنَ
بِغَيۡرِ حَقّٖ وَيَقۡتُلُونَ ٱلَّذِينَ يَأۡمُرُونَ بِٱلۡقِسۡطِ مِنَ
ٱلنَّاسِ فَبَشِّرۡهُم بِعَذَابٍ أَلِيمٍ ٢١ أُوْلَٰٓئِكَ ٱلَّذِينَ حَبِطَتۡ
أَعۡمَٰلُهُمۡ فِي ٱلدُّنۡيَا وَٱلۡأٓخِرَةِ وَمَا لَهُم مِّن نَّٰصِرِينَ ٢٢

أَلَمْ تَرَ إِلَى ٱلَّذِينَ أُوتُوا۟ نَصِيبًا مِّنَ ٱلْكِتَٰبِ يُدْعَوْنَ إِلَىٰ كِتَٰبِ
ٱللَّهِ لِيَحْكُمَ بَيْنَهُمْ ثُمَّ يَتَوَلَّىٰ فَرِيقٌ مِّنْهُمْ وَهُم مُّعْرِضُونَ ﴿٢٣﴾
ذَٰلِكَ بِأَنَّهُمْ قَالُوا۟ لَن تَمَسَّنَا ٱلنَّارُ إِلَّآ أَيَّامًا مَّعْدُودَٰتٍ ۖ
وَغَرَّهُمْ فِى دِينِهِم مَّا كَانُوا۟ يَفْتَرُونَ ﴿٢٤﴾ فَكَيْفَ إِذَا جَمَعْنَٰهُمْ
لِيَوْمٍ لَّا رَيْبَ فِيهِ وَوُفِّيَتْ كُلُّ نَفْسٍ مَّا كَسَبَتْ وَهُمْ
لَا يُظْلَمُونَ ﴿٢٥﴾ قُلِ ٱللَّهُمَّ مَٰلِكَ ٱلْمُلْكِ تُؤْتِى ٱلْمُلْكَ مَن
تَشَآءُ وَتَنزِعُ ٱلْمُلْكَ مِمَّن تَشَآءُ وَتُعِزُّ مَن تَشَآءُ وَتُذِلُّ مَن
تَشَآءُ ۖ بِيَدِكَ ٱلْخَيْرُ ۖ إِنَّكَ عَلَىٰ كُلِّ شَىْءٍ قَدِيرٌ ﴿٢٦﴾ تُولِجُ ٱلَّيْلَ
فِى ٱلنَّهَارِ وَتُولِجُ ٱلنَّهَارَ فِى ٱلَّيْلِ ۖ وَتُخْرِجُ ٱلْحَىَّ مِنَ ٱلْمَيِّتِ
وَتُخْرِجُ ٱلْمَيِّتَ مِنَ ٱلْحَىِّ ۖ وَتَرْزُقُ مَن تَشَآءُ بِغَيْرِ حِسَابٍ ﴿٢٧﴾
لَّا يَتَّخِذِ ٱلْمُؤْمِنُونَ ٱلْكَٰفِرِينَ أَوْلِيَآءَ مِن دُونِ ٱلْمُؤْمِنِينَ ۖ
وَمَن يَفْعَلْ ذَٰلِكَ فَلَيْسَ مِنَ ٱللَّهِ فِى شَىْءٍ إِلَّآ أَن تَتَّقُوا۟ مِنْهُمْ
تُقَىٰةً ۗ وَيُحَذِّرُكُمُ ٱللَّهُ نَفْسَهُۥ ۗ وَإِلَى ٱللَّهِ ٱلْمَصِيرُ ﴿٢٨﴾ قُلْ
إِن تُخْفُوا۟ مَا فِى صُدُورِكُمْ أَوْ تُبْدُوهُ يَعْلَمْهُ ٱللَّهُ ۗ وَيَعْلَمُ
مَا فِى ٱلسَّمَٰوَٰتِ وَمَا فِى ٱلْأَرْضِ ۗ وَٱللَّهُ عَلَىٰ كُلِّ شَىْءٍ قَدِيرٌ ﴿٢٩﴾

يَوۡمَ تَجِدُ كُلُّ نَفۡسٖ مَّا عَمِلَتۡ مِنۡ خَيۡرٖ مُّحۡضَرٗا وَمَا عَمِلَتۡ
مِن سُوٓءٖ تَوَدُّ لَوۡ أَنَّ بَيۡنَهَا وَبَيۡنَهُۥٓ أَمَدَۢا بَعِيدٗاۗ وَيُحَذِّرُكُمُ ٱللَّهُ
نَفۡسَهُۥۗ وَٱللَّهُ رَءُوفُۢ بِٱلۡعِبَادِ ٣٠ قُلۡ إِن كُنتُمۡ تُحِبُّونَ ٱللَّهَ
فَٱتَّبِعُونِي يُحۡبِبۡكُمُ ٱللَّهُ وَيَغۡفِرۡ لَكُمۡ ذُنُوبَكُمۡۚ وَٱللَّهُ غَفُورٞ
رَّحِيمٞ ٣١ قُلۡ أَطِيعُواْ ٱللَّهَ وَٱلرَّسُولَۖ فَإِن تَوَلَّوۡاْ فَإِنَّ ٱللَّهَ لَا يُحِبُّ
ربع الحزب ٦ ٱلۡكَٰفِرِينَ ٣٢ ۞ إِنَّ ٱللَّهَ ٱصۡطَفَىٰٓ ءَادَمَ وَنُوحٗا وَءَالَ إِبۡرَٰهِيمَ
وَءَالَ عِمۡرَٰنَ عَلَى ٱلۡعَٰلَمِينَ ٣٣ ذُرِّيَّةَۢ بَعۡضُهَا مِنۢ بَعۡضٖۗ وَٱللَّهُ
سَمِيعٌ عَلِيمٌ ٣٤ إِذۡ قَالَتِ ٱمۡرَأَتُ عِمۡرَٰنَ رَبِّ إِنِّي نَذَرۡتُ لَكَ
مَا فِي بَطۡنِي مُحَرَّرٗا فَتَقَبَّلۡ مِنِّيٓۖ إِنَّكَ أَنتَ ٱلسَّمِيعُ ٱلۡعَلِيمُ ٣٥
فَلَمَّا وَضَعَتۡهَا قَالَتۡ رَبِّ إِنِّي وَضَعۡتُهَآ أُنثَىٰ وَٱللَّهُ أَعۡلَمُ بِمَا وَضَعَتۡ
وَلَيۡسَ ٱلذَّكَرُ كَٱلۡأُنثَىٰۖ وَإِنِّي سَمَّيۡتُهَا مَرۡيَمَ وَإِنِّيٓ أُعِيذُهَا بِكَ
وَذُرِّيَّتَهَا مِنَ ٱلشَّيۡطَٰنِ ٱلرَّجِيمِ ٣٦ فَتَقَبَّلَهَا رَبُّهَا بِقَبُولٍ
حَسَنٖ وَأَنۢبَتَهَا نَبَاتًا حَسَنٗا وَكَفَّلَهَا زَكَرِيَّاۖ كُلَّمَا دَخَلَ عَلَيۡهَا
زَكَرِيَّا ٱلۡمِحۡرَابَ وَجَدَ عِندَهَا رِزۡقٗاۖ قَالَ يَٰمَرۡيَمُ أَنَّىٰ لَكِ هَٰذَاۖ
قَالَتۡ هُوَ مِنۡ عِندِ ٱللَّهِۖ إِنَّ ٱللَّهَ يَرۡزُقُ مَن يَشَآءُ بِغَيۡرِ حِسَابٍ ٣٧

هُنَالِكَ دَعَا زَكَرِيَّا رَبَّهُۥۖ قَالَ رَبِّ هَبۡ لِي مِن لَّدُنكَ ذُرِّيَّةٗ
طَيِّبَةًۖ إِنَّكَ سَمِيعُ ٱلدُّعَآءِ ٣٨ فَنَادَتۡهُ ٱلۡمَلَٰٓئِكَةُ وَهُوَ قَآئِمٞ
يُصَلِّي فِي ٱلۡمِحۡرَابِ أَنَّ ٱللَّهَ يُبَشِّرُكَ بِيَحۡيَىٰ مُصَدِّقَۢا بِكَلِمَةٖ
مِّنَ ٱللَّهِ وَسَيِّدٗا وَحَصُورٗا وَنَبِيّٗا مِّنَ ٱلصَّٰلِحِينَ ٣٩ قَالَ رَبِّ
أَنَّىٰ يَكُونُ لِي غُلَٰمٞ وَقَدۡ بَلَغَنِيَ ٱلۡكِبَرُ وَٱمۡرَأَتِي عَاقِرٞۖ قَالَ
كَذَٰلِكَ ٱللَّهُ يَفۡعَلُ مَا يَشَآءُ ٤٠ قَالَ رَبِّ ٱجۡعَل لِّيٓ ءَايَةٗۖ
قَالَ ءَايَتُكَ أَلَّا تُكَلِّمَ ٱلنَّاسَ ثَلَٰثَةَ أَيَّامٍ إِلَّا رَمۡزٗاۗ وَٱذۡكُر
رَّبَّكَ كَثِيرٗا وَسَبِّحۡ بِٱلۡعَشِيِّ وَٱلۡإِبۡكَٰرِ ٤١ وَإِذۡ قَالَتِ
ٱلۡمَلَٰٓئِكَةُ يَٰمَرۡيَمُ إِنَّ ٱللَّهَ ٱصۡطَفَىٰكِ وَطَهَّرَكِ وَٱصۡطَفَىٰكِ
عَلَىٰ نِسَآءِ ٱلۡعَٰلَمِينَ ٤٢ يَٰمَرۡيَمُ ٱقۡنُتِي لِرَبِّكِ وَٱسۡجُدِي
وَٱرۡكَعِي مَعَ ٱلرَّٰكِعِينَ ٤٣ ذَٰلِكَ مِنۡ أَنۢبَآءِ ٱلۡغَيۡبِ نُوحِيهِ إِلَيۡكَۚ
وَمَا كُنتَ لَدَيۡهِمۡ إِذۡ يُلۡقُونَ أَقۡلَٰمَهُمۡ أَيُّهُمۡ يَكۡفُلُ مَرۡيَمَ
وَمَا كُنتَ لَدَيۡهِمۡ إِذۡ يَخۡتَصِمُونَ ٤٤ إِذۡ قَالَتِ ٱلۡمَلَٰٓئِكَةُ
يَٰمَرۡيَمُ إِنَّ ٱللَّهَ يُبَشِّرُكِ بِكَلِمَةٖ مِّنۡهُ ٱسۡمُهُ ٱلۡمَسِيحُ عِيسَى
ٱبۡنُ مَرۡيَمَ وَجِيهٗا فِي ٱلدُّنۡيَا وَٱلۡأٓخِرَةِ وَمِنَ ٱلۡمُقَرَّبِينَ ٤٥

وَيُكَلِّمُ ٱلنَّاسَ فِي ٱلۡمَهۡدِ وَكَهۡلٗا وَمِنَ ٱلصَّٰلِحِينَ ٤٦
قَالَتۡ رَبِّ أَنَّىٰ يَكُونُ لِي وَلَدٞ وَلَمۡ يَمۡسَسۡنِي بَشَرٞۖ قَالَ كَذَٰلِكِ
ٱللَّهُ يَخۡلُقُ مَا يَشَآءُۚ إِذَا قَضَىٰٓ أَمۡرٗا فَإِنَّمَا يَقُولُ لَهُۥ كُن فَيَكُونُ
٤٧ وَيُعَلِّمُهُ ٱلۡكِتَٰبَ وَٱلۡحِكۡمَةَ وَٱلتَّوۡرَىٰةَ وَٱلۡإِنجِيلَ
٤٨ وَرَسُولًا إِلَىٰ بَنِيٓ إِسۡرَٰٓءِيلَ أَنِّي قَدۡ جِئۡتُكُم بِـَٔايَةٖ مِّن
رَّبِّكُمۡ أَنِّيٓ أَخۡلُقُ لَكُم مِّنَ ٱلطِّينِ كَهَيۡـَٔةِ ٱلطَّيۡرِ فَأَنفُخُ
فِيهِ فَيَكُونُ طَيۡرَۢا بِإِذۡنِ ٱللَّهِۖ وَأُبۡرِئُ ٱلۡأَكۡمَهَ وَٱلۡأَبۡرَصَ
وَأُحۡيِ ٱلۡمَوۡتَىٰ بِإِذۡنِ ٱللَّهِۖ وَأُنَبِّئُكُم بِمَا تَأۡكُلُونَ وَمَا تَدَّخِرُونَ
فِي بُيُوتِكُمۡۚ إِنَّ فِي ذَٰلِكَ لَأٓيَةٗ لَّكُمۡ إِن كُنتُم مُّؤۡمِنِينَ ٤٩
وَمُصَدِّقٗا لِّمَا بَيۡنَ يَدَيَّ مِنَ ٱلتَّوۡرَىٰةِ وَلِأُحِلَّ لَكُم
بَعۡضَ ٱلَّذِي حُرِّمَ عَلَيۡكُمۡۚ وَجِئۡتُكُم بِـَٔايَةٖ مِّن رَّبِّكُمۡ
فَٱتَّقُواْ ٱللَّهَ وَأَطِيعُونِ ٥٠ إِنَّ ٱللَّهَ رَبِّي وَرَبُّكُمۡ فَٱعۡبُدُوهُۚ
هَٰذَا صِرَٰطٞ مُّسۡتَقِيمٞ ٥١ ۞ فَلَمَّآ أَحَسَّ عِيسَىٰ مِنۡهُمُ
ٱلۡكُفۡرَ قَالَ مَنۡ أَنصَارِيٓ إِلَى ٱللَّهِۖ قَالَ ٱلۡحَوَارِيُّونَ نَحۡنُ
أَنصَارُ ٱللَّهِ ءَامَنَّا بِٱللَّهِ وَٱشۡهَدۡ بِأَنَّا مُسۡلِمُونَ ٥٢

نصف الحزب ٦

رَبَّنَآ ءَامَنَّا بِمَآ أَنزَلۡتَ وَٱتَّبَعۡنَا ٱلرَّسُولَ فَٱكۡتُبۡنَا مَعَ
ٱلشَّٰهِدِينَ ٥٣ وَمَكَرُواْ وَمَكَرَ ٱللَّهُۖ وَٱللَّهُ خَيۡرُ ٱلۡمَٰكِرِينَ
٥٤ إِذۡ قَالَ ٱللَّهُ يَٰعِيسَىٰٓ إِنِّي مُتَوَفِّيكَ وَرَافِعُكَ إِلَيَّ وَمُطَهِّرُكَ
مِنَ ٱلَّذِينَ كَفَرُواْ وَجَاعِلُ ٱلَّذِينَ ٱتَّبَعُوكَ فَوۡقَ ٱلَّذِينَ
كَفَرُوٓاْ إِلَىٰ يَوۡمِ ٱلۡقِيَٰمَةِۖ ثُمَّ إِلَيَّ مَرۡجِعُكُمۡ فَأَحۡكُمُ
بَيۡنَكُمۡ فِيمَا كُنتُمۡ فِيهِ تَخۡتَلِفُونَ ٥٥ فَأَمَّا ٱلَّذِينَ كَفَرُواْ
فَأُعَذِّبُهُمۡ عَذَابٗا شَدِيدٗا فِي ٱلدُّنۡيَا وَٱلۡأٓخِرَةِ وَمَا لَهُم
مِّن نَّٰصِرِينَ ٥٦ وَأَمَّا ٱلَّذِينَ ءَامَنُواْ وَعَمِلُواْ ٱلصَّٰلِحَٰتِ
فَيُوَفِّيهِمۡ أُجُورَهُمۡۗ وَٱللَّهُ لَا يُحِبُّ ٱلظَّٰلِمِينَ ٥٧ ذَٰلِكَ نَتۡلُوهُ
عَلَيۡكَ مِنَ ٱلۡأٓيَٰتِ وَٱلذِّكۡرِ ٱلۡحَكِيمِ ٥٨ إِنَّ مَثَلَ
عِيسَىٰ عِندَ ٱللَّهِ كَمَثَلِ ءَادَمَۖ خَلَقَهُۥ مِن تُرَابٖ ثُمَّ قَالَ لَهُۥ
كُن فَيَكُونُ ٥٩ ٱلۡحَقُّ مِن رَّبِّكَ فَلَا تَكُن مِّنَ ٱلۡمُمۡتَرِينَ
٦٠ فَمَنۡ حَآجَّكَ فِيهِ مِنۢ بَعۡدِ مَا جَآءَكَ مِنَ ٱلۡعِلۡمِ فَقُلۡ تَعَالَوۡاْ
نَدۡعُ أَبۡنَآءَنَا وَأَبۡنَآءَكُمۡ وَنِسَآءَنَا وَنِسَآءَكُمۡ وَأَنفُسَنَا
وَأَنفُسَكُمۡ ثُمَّ نَبۡتَهِلۡ فَنَجۡعَل لَّعۡنَتَ ٱللَّهِ عَلَى ٱلۡكَٰذِبِينَ ٦١

إِنَّ هَٰذَا لَهُوَ ٱلْقَصَصُ ٱلْحَقُّ ۚ وَمَا مِنْ إِلَٰهٍ إِلَّا ٱللَّهُ ۚ وَإِنَّ ٱللَّهَ لَهُوَ
ٱلْعَزِيزُ ٱلْحَكِيمُ ﴿٦٢﴾ فَإِن تَوَلَّوْا۟ فَإِنَّ ٱللَّهَ عَلِيمٌۢ بِٱلْمُفْسِدِينَ
﴿٦٣﴾ قُلْ يَٰٓأَهْلَ ٱلْكِتَٰبِ تَعَالَوْا۟ إِلَىٰ كَلِمَةٍ سَوَآءٍۭ بَيْنَنَا
وَبَيْنَكُمْ أَلَّا نَعْبُدَ إِلَّا ٱللَّهَ وَلَا نُشْرِكَ بِهِۦ شَيْـًٔا وَلَا يَتَّخِذَ
بَعْضُنَا بَعْضًا أَرْبَابًا مِّن دُونِ ٱللَّهِ ۚ فَإِن تَوَلَّوْا۟ فَقُولُوا۟ ٱشْهَدُوا۟
بِأَنَّا مُسْلِمُونَ ﴿٦٤﴾ يَٰٓأَهْلَ ٱلْكِتَٰبِ لِمَ تُحَآجُّونَ فِىٓ إِبْرَٰهِيمَ
وَمَآ أُنزِلَتِ ٱلتَّوْرَىٰةُ وَٱلْإِنجِيلُ إِلَّا مِنۢ بَعْدِهِۦٓ ۚ أَفَلَا تَعْقِلُونَ
﴿٦٥﴾ هَٰٓأَنتُمْ هَٰٓؤُلَآءِ حَٰجَجْتُمْ فِيمَا لَكُم بِهِۦ عِلْمٌ فَلِمَ
تُحَآجُّونَ فِيمَا لَيْسَ لَكُم بِهِۦ عِلْمٌ ۚ وَٱللَّهُ يَعْلَمُ وَأَنتُمْ
لَا تَعْلَمُونَ ﴿٦٦﴾ مَا كَانَ إِبْرَٰهِيمُ يَهُودِيًّا وَلَا نَصْرَانِيًّا
وَلَٰكِن كَانَ حَنِيفًا مُّسْلِمًا وَمَا كَانَ مِنَ ٱلْمُشْرِكِينَ ﴿٦٧﴾
إِنَّ أَوْلَى ٱلنَّاسِ بِإِبْرَٰهِيمَ لَلَّذِينَ ٱتَّبَعُوهُ وَهَٰذَا ٱلنَّبِىُّ وَٱلَّذِينَ
ءَامَنُوا۟ ۗ وَٱللَّهُ وَلِىُّ ٱلْمُؤْمِنِينَ ﴿٦٨﴾ وَدَّت طَّآئِفَةٌ مِّنْ أَهْلِ ٱلْكِتَٰبِ
لَوْ يُضِلُّونَكُمْ وَمَا يُضِلُّونَ إِلَّآ أَنفُسَهُمْ وَمَا يَشْعُرُونَ ﴿٦٩﴾ يَٰٓأَهْلَ
ٱلْكِتَٰبِ لِمَ تَكْفُرُونَ بِـَٔايَٰتِ ٱللَّهِ وَأَنتُمْ تَشْهَدُونَ ﴿٧٠﴾

يَٰٓأَهۡلَ ٱلۡكِتَٰبِ لِمَ تَلۡبِسُونَ ٱلۡحَقَّ بِٱلۡبَٰطِلِ وَتَكۡتُمُونَ ٱلۡحَقَّ
وَأَنتُمۡ تَعۡلَمُونَ ٧١ وَقَالَت طَّآئِفَةٞ مِّنۡ أَهۡلِ ٱلۡكِتَٰبِ ءَامِنُواْ
بِٱلَّذِيٓ أُنزِلَ عَلَى ٱلَّذِينَ ءَامَنُواْ وَجۡهَ ٱلنَّهَارِ وَٱكۡفُرُوٓاْ ءَاخِرَهُۥ
لَعَلَّهُمۡ يَرۡجِعُونَ ٧٢ وَلَا تُؤۡمِنُوٓاْ إِلَّا لِمَن تَبِعَ دِينَكُمۡ قُلۡ إِنَّ
ٱلۡهُدَىٰ هُدَى ٱللَّهِ أَن يُؤۡتَىٰٓ أَحَدٞ مِّثۡلَ مَآ أُوتِيتُمۡ أَوۡ يُحَآجُّوكُمۡ
عِندَ رَبِّكُمۡۗ قُلۡ إِنَّ ٱلۡفَضۡلَ بِيَدِ ٱللَّهِ يُؤۡتِيهِ مَن يَشَآءُۗ وَٱللَّهُ
وَٰسِعٌ عَلِيمٞ ٧٣ يَخۡتَصُّ بِرَحۡمَتِهِۦ مَن يَشَآءُۗ وَٱللَّهُ ذُو ٱلۡفَضۡلِ
ٱلۡعَظِيمِ ٧٤ ۞ وَمِنۡ أَهۡلِ ٱلۡكِتَٰبِ مَنۡ إِن تَأۡمَنۡهُ بِقِنطَارٖ ثلاثة أرباع الحزب ٦
يُؤَدِّهِۦٓ إِلَيۡكَ وَمِنۡهُم مَّنۡ إِن تَأۡمَنۡهُ بِدِينَارٖ لَّا يُؤَدِّهِۦٓ إِلَيۡكَ
إِلَّا مَا دُمۡتَ عَلَيۡهِ قَآئِمٗاۗ ذَٰلِكَ بِأَنَّهُمۡ قَالُواْ لَيۡسَ عَلَيۡنَا فِي
ٱلۡأُمِّيِّـۧنَ سَبِيلٞ وَيَقُولُونَ عَلَى ٱللَّهِ ٱلۡكَذِبَ وَهُمۡ يَعۡلَمُونَ
٧٥ بَلَىٰۚ مَنۡ أَوۡفَىٰ بِعَهۡدِهِۦ وَٱتَّقَىٰ فَإِنَّ ٱللَّهَ يُحِبُّ ٱلۡمُتَّقِينَ
٧٦ إِنَّ ٱلَّذِينَ يَشۡتَرُونَ بِعَهۡدِ ٱللَّهِ وَأَيۡمَٰنِهِمۡ ثَمَنٗا قَلِيلًا
أُوْلَٰٓئِكَ لَا خَلَٰقَ لَهُمۡ فِي ٱلۡأٓخِرَةِ وَلَا يُكَلِّمُهُمُ ٱللَّهُ وَلَا يَنظُرُ
إِلَيۡهِمۡ يَوۡمَ ٱلۡقِيَٰمَةِ وَلَا يُزَكِّيهِمۡ وَلَهُمۡ عَذَابٌ أَلِيمٞ ٧٧

وَإِنَّ مِنْهُمْ لَفَرِيقًا يَلْوُۥنَ أَلْسِنَتَهُم بِٱلْكِتَٰبِ لِتَحْسَبُوهُ
مِنَ ٱلْكِتَٰبِ وَمَا هُوَ مِنَ ٱلْكِتَٰبِ وَيَقُولُونَ هُوَ مِنْ
عِندِ ٱللَّهِ وَمَا هُوَ مِنْ عِندِ ٱللَّهِ وَيَقُولُونَ عَلَى ٱللَّهِ ٱلْكَذِبَ
وَهُمْ يَعْلَمُونَ ﴿٧٨﴾ مَا كَانَ لِبَشَرٍ أَن يُؤْتِيَهُ ٱللَّهُ ٱلْكِتَٰبَ
وَٱلْحُكْمَ وَٱلنُّبُوَّةَ ثُمَّ يَقُولَ لِلنَّاسِ كُونُوا۟ عِبَادًا لِّى مِن
دُونِ ٱللَّهِ وَلَٰكِن كُونُوا۟ رَبَّٰنِيِّـۧنَ بِمَا كُنتُمْ تُعَلِّمُونَ
ٱلْكِتَٰبَ وَبِمَا كُنتُمْ تَدْرُسُونَ ﴿٧٩﴾ وَلَا يَأْمُرَكُمْ أَن
تَتَّخِذُوا۟ ٱلْمَلَٰٓئِكَةَ وَٱلنَّبِيِّـۧنَ أَرْبَابًا ۗ أَيَأْمُرُكُم بِٱلْكُفْرِ بَعْدَ
إِذْ أَنتُم مُّسْلِمُونَ ﴿٨٠﴾ وَإِذْ أَخَذَ ٱللَّهُ مِيثَٰقَ ٱلنَّبِيِّـۧنَ لَمَآ ءَاتَيْتُكُم
مِّن كِتَٰبٍ وَحِكْمَةٍ ثُمَّ جَآءَكُمْ رَسُولٌ مُّصَدِّقٌ لِّمَا
مَعَكُمْ لَتُؤْمِنُنَّ بِهِۦ وَلَتَنصُرُنَّهُۥ ۚ قَالَ ءَأَقْرَرْتُمْ وَأَخَذْتُمْ
عَلَىٰ ذَٰلِكُمْ إِصْرِى ۖ قَالُوٓا۟ أَقْرَرْنَا ۚ قَالَ فَٱشْهَدُوا۟ وَأَنَا۠ مَعَكُم
مِّنَ ٱلشَّٰهِدِينَ ﴿٨١﴾ فَمَن تَوَلَّىٰ بَعْدَ ذَٰلِكَ فَأُو۟لَٰٓئِكَ هُمُ
ٱلْفَٰسِقُونَ ﴿٨٢﴾ أَفَغَيْرَ دِينِ ٱللَّهِ يَبْغُونَ وَلَهُۥٓ أَسْلَمَ مَن فِى
ٱلسَّمَٰوَٰتِ وَٱلْأَرْضِ طَوْعًا وَكَرْهًا وَإِلَيْهِ يُرْجَعُونَ ﴿٨٣﴾

قُلْ ءَامَنَّا بِٱللَّهِ وَمَآ أُنزِلَ عَلَيْنَا وَمَآ أُنزِلَ عَلَىٰٓ إِبْرَٰهِيمَ
وَإِسْمَٰعِيلَ وَإِسْحَٰقَ وَيَعْقُوبَ وَٱلْأَسْبَاطِ وَمَآ أُوتِىَ مُوسَىٰ
وَعِيسَىٰ وَٱلنَّبِيُّونَ مِن رَّبِّهِمْ لَا نُفَرِّقُ بَيْنَ أَحَدٍ مِّنْهُمْ
وَنَحْنُ لَهُۥ مُسْلِمُونَ ﴿٨٤﴾ وَمَن يَبْتَغِ غَيْرَ ٱلْإِسْلَٰمِ دِينًا فَلَن
يُقْبَلَ مِنْهُ وَهُوَ فِى ٱلْءَاخِرَةِ مِنَ ٱلْخَٰسِرِينَ ﴿٨٥﴾ كَيْفَ
يَهْدِى ٱللَّهُ قَوْمًا كَفَرُوا۟ بَعْدَ إِيمَٰنِهِمْ وَشَهِدُوٓا۟ أَنَّ
ٱلرَّسُولَ حَقٌّ وَجَآءَهُمُ ٱلْبَيِّنَٰتُ ۚ وَٱللَّهُ لَا يَهْدِى ٱلْقَوْمَ
ٱلظَّٰلِمِينَ ﴿٨٦﴾ أُو۟لَٰٓئِكَ جَزَآؤُهُمْ أَنَّ عَلَيْهِمْ لَعْنَةَ ٱللَّهِ
وَٱلْمَلَٰٓئِكَةِ وَٱلنَّاسِ أَجْمَعِينَ ﴿٨٧﴾ خَٰلِدِينَ فِيهَا لَا يُخَفَّفُ
عَنْهُمُ ٱلْعَذَابُ وَلَا هُمْ يُنظَرُونَ ﴿٨٨﴾ إِلَّا ٱلَّذِينَ تَابُوا۟ مِنۢ
بَعْدِ ذَٰلِكَ وَأَصْلَحُوا۟ فَإِنَّ ٱللَّهَ غَفُورٌ رَّحِيمٌ ﴿٨٩﴾ إِنَّ ٱلَّذِينَ
كَفَرُوا۟ بَعْدَ إِيمَٰنِهِمْ ثُمَّ ٱزْدَادُوا۟ كُفْرًا لَّن تُقْبَلَ تَوْبَتُهُمْ
وَأُو۟لَٰٓئِكَ هُمُ ٱلضَّآلُّونَ ﴿٩٠﴾ إِنَّ ٱلَّذِينَ كَفَرُوا۟ وَمَاتُوا۟ وَهُمْ
كُفَّارٌ فَلَن يُقْبَلَ مِنْ أَحَدِهِم مِّلْءُ ٱلْأَرْضِ ذَهَبًا وَلَوِ
ٱفْتَدَىٰ بِهِۦٓ ۗ أُو۟لَٰٓئِكَ لَهُمْ عَذَابٌ أَلِيمٌ وَمَا لَهُم مِّن نَّٰصِرِينَ ﴿٩١﴾

لَن تَنَالُوا۟ ٱلْبِرَّ حَتَّىٰ تُنفِقُوا۟ مِمَّا تُحِبُّونَ ۚ وَمَا تُنفِقُوا۟ مِن شَىْءٍ
فَإِنَّ ٱللَّهَ بِهِۦ عَلِيمٌ ﴿٩٢﴾ ۞ كُلُّ ٱلطَّعَامِ كَانَ حِلًّا لِّبَنِىٓ
إِسْرَٰٓءِيلَ إِلَّا مَا حَرَّمَ إِسْرَٰٓءِيلُ عَلَىٰ نَفْسِهِۦ مِن قَبْلِ أَن تُنَزَّلَ
ٱلتَّوْرَىٰةُ ۗ قُلْ فَأْتُوا۟ بِٱلتَّوْرَىٰةِ فَٱتْلُوهَآ إِن كُنتُمْ صَٰدِقِينَ
﴿٩٣﴾ فَمَنِ ٱفْتَرَىٰ عَلَى ٱللَّهِ ٱلْكَذِبَ مِنۢ بَعْدِ ذَٰلِكَ فَأُو۟لَٰٓئِكَ
هُمُ ٱلظَّٰلِمُونَ ﴿٩٤﴾ قُلْ صَدَقَ ٱللَّهُ ۗ فَٱتَّبِعُوا۟ مِلَّةَ إِبْرَٰهِيمَ حَنِيفًا ۖ
وَمَا كَانَ مِنَ ٱلْمُشْرِكِينَ ﴿٩٥﴾ إِنَّ أَوَّلَ بَيْتٍ وُضِعَ لِلنَّاسِ لَلَّذِى
بِبَكَّةَ مُبَارَكًا وَهُدًى لِّلْعَٰلَمِينَ ﴿٩٦﴾ فِيهِ ءَايَٰتٌۢ بَيِّنَٰتٌ مَّقَامُ
إِبْرَٰهِيمَ ۖ وَمَن دَخَلَهُۥ كَانَ ءَامِنًا ۗ وَلِلَّهِ عَلَى ٱلنَّاسِ حِجُّ ٱلْبَيْتِ
مَنِ ٱسْتَطَاعَ إِلَيْهِ سَبِيلًا ۚ وَمَن كَفَرَ فَإِنَّ ٱللَّهَ غَنِىٌّ عَنِ ٱلْعَٰلَمِينَ
﴿٩٧﴾ قُلْ يَٰٓأَهْلَ ٱلْكِتَٰبِ لِمَ تَكْفُرُونَ بِـَٔايَٰتِ ٱللَّهِ وَٱللَّهُ شَهِيدٌ
عَلَىٰ مَا تَعْمَلُونَ ﴿٩٨﴾ قُلْ يَٰٓأَهْلَ ٱلْكِتَٰبِ لِمَ تَصُدُّونَ عَن
سَبِيلِ ٱللَّهِ مَنْ ءَامَنَ تَبْغُونَهَا عِوَجًا وَأَنتُمْ شُهَدَآءُ ۗ وَمَا ٱللَّهُ
بِغَٰفِلٍ عَمَّا تَعْمَلُونَ ﴿٩٩﴾ يَٰٓأَيُّهَا ٱلَّذِينَ ءَامَنُوٓا۟ إِن تُطِيعُوا۟ فَرِيقًا
مِّنَ ٱلَّذِينَ أُوتُوا۟ ٱلْكِتَٰبَ يَرُدُّوكُم بَعْدَ إِيمَٰنِكُمْ كَٰفِرِينَ ﴿١٠٠﴾

وَكَيْفَ تَكْفُرُونَ وَأَنتُمْ تُتْلَىٰ عَلَيْكُمْ ءَايَٰتُ ٱللَّهِ وَفِيكُمْ
رَسُولُهُۥ ۗ وَمَن يَعْتَصِم بِٱللَّهِ فَقَدْ هُدِىَ إِلَىٰ صِرَٰطٍ مُّسْتَقِيمٍ ﴿١٠١﴾
يَٰٓأَيُّهَا ٱلَّذِينَ ءَامَنُوا۟ ٱتَّقُوا۟ ٱللَّهَ حَقَّ تُقَاتِهِۦ وَلَا تَمُوتُنَّ إِلَّا وَأَنتُم
مُّسْلِمُونَ ﴿١٠٢﴾ وَٱعْتَصِمُوا۟ بِحَبْلِ ٱللَّهِ جَمِيعًا وَلَا تَفَرَّقُوا۟ ۚ وَٱذْكُرُوا۟
نِعْمَتَ ٱللَّهِ عَلَيْكُمْ إِذْ كُنتُمْ أَعْدَآءً فَأَلَّفَ بَيْنَ قُلُوبِكُمْ
فَأَصْبَحْتُم بِنِعْمَتِهِۦٓ إِخْوَٰنًا وَكُنتُمْ عَلَىٰ شَفَا حُفْرَةٍ مِّنَ
ٱلنَّارِ فَأَنقَذَكُم مِّنْهَا ۗ كَذَٰلِكَ يُبَيِّنُ ٱللَّهُ لَكُمْ ءَايَٰتِهِۦ لَعَلَّكُمْ
تَهْتَدُونَ ﴿١٠٣﴾ وَلْتَكُن مِّنكُمْ أُمَّةٌ يَدْعُونَ إِلَى ٱلْخَيْرِ وَيَأْمُرُونَ
بِٱلْمَعْرُوفِ وَيَنْهَوْنَ عَنِ ٱلْمُنكَرِ ۚ وَأُو۟لَٰٓئِكَ هُمُ ٱلْمُفْلِحُونَ ﴿١٠٤﴾
وَلَا تَكُونُوا۟ كَٱلَّذِينَ تَفَرَّقُوا۟ وَٱخْتَلَفُوا۟ مِنۢ بَعْدِ مَا جَآءَهُمُ ٱلْبَيِّنَٰتُ ۚ
وَأُو۟لَٰٓئِكَ لَهُمْ عَذَابٌ عَظِيمٌ ﴿١٠٥﴾ يَوْمَ تَبْيَضُّ وُجُوهٌ وَتَسْوَدُّ
وُجُوهٌ ۚ فَأَمَّا ٱلَّذِينَ ٱسْوَدَّتْ وُجُوهُهُمْ أَكَفَرْتُم بَعْدَ إِيمَٰنِكُمْ
فَذُوقُوا۟ ٱلْعَذَابَ بِمَا كُنتُمْ تَكْفُرُونَ ﴿١٠٦﴾ وَأَمَّا ٱلَّذِينَ ٱبْيَضَّتْ
وُجُوهُهُمْ فَفِى رَحْمَةِ ٱللَّهِ ۖ هُمْ فِيهَا خَٰلِدُونَ ﴿١٠٧﴾ تِلْكَ ءَايَٰتُ
ٱللَّهِ نَتْلُوهَا عَلَيْكَ بِٱلْحَقِّ ۗ وَمَا ٱللَّهُ يُرِيدُ ظُلْمًا لِّلْعَٰلَمِينَ ﴿١٠٨﴾

وَلِلَّهِ مَا فِي ٱلسَّمَٰوَٰتِ وَمَا فِي ٱلۡأَرۡضِۚ وَإِلَى ٱللَّهِ تُرۡجَعُ ٱلۡأُمُورُ
١٠٩ كُنتُمۡ خَيۡرَ أُمَّةٍ أُخۡرِجَتۡ لِلنَّاسِ تَأۡمُرُونَ بِٱلۡمَعۡرُوفِ
وَتَنۡهَوۡنَ عَنِ ٱلۡمُنكَرِ وَتُؤۡمِنُونَ بِٱللَّهِۗ وَلَوۡ ءَامَنَ أَهۡلُ
ٱلۡكِتَٰبِ لَكَانَ خَيۡرٗا لَّهُمۚ مِّنۡهُمُ ٱلۡمُؤۡمِنُونَ وَأَكۡثَرُهُمُ
ٱلۡفَٰسِقُونَ ١١٠ لَن يَضُرُّوكُمۡ إِلَّآ أَذٗىۖ وَإِن يُقَٰتِلُوكُمۡ
يُوَلُّوكُمُ ٱلۡأَدۡبَارَ ثُمَّ لَا يُنصَرُونَ ١١١ ضُرِبَتۡ عَلَيۡهِمُ
ٱلذِّلَّةُ أَيۡنَ مَا ثُقِفُوٓاْ إِلَّا بِحَبۡلٖ مِّنَ ٱللَّهِ وَحَبۡلٖ مِّنَ ٱلنَّاسِ
وَبَآءُو بِغَضَبٖ مِّنَ ٱللَّهِ وَضُرِبَتۡ عَلَيۡهِمُ ٱلۡمَسۡكَنَةُۚ ذَٰلِكَ
بِأَنَّهُمۡ كَانُواْ يَكۡفُرُونَ بِـَٔايَٰتِ ٱللَّهِ وَيَقۡتُلُونَ ٱلۡأَنۢبِيَآءَ
بِغَيۡرِ حَقّٖۚ ذَٰلِكَ بِمَا عَصَواْ وَّكَانُواْ يَعۡتَدُونَ ١١٢ ۞ لَيۡسُواْ
سَوَآءٗۗ مِّنۡ أَهۡلِ ٱلۡكِتَٰبِ أُمَّةٞ قَآئِمَةٞ يَتۡلُونَ ءَايَٰتِ ٱللَّهِ
ءَانَآءَ ٱلَّيۡلِ وَهُمۡ يَسۡجُدُونَ ١١٣ يُؤۡمِنُونَ بِٱللَّهِ وَٱلۡيَوۡمِ
ٱلۡأٓخِرِ وَيَأۡمُرُونَ بِٱلۡمَعۡرُوفِ وَيَنۡهَوۡنَ عَنِ ٱلۡمُنكَرِ
وَيُسَٰرِعُونَ فِي ٱلۡخَيۡرَٰتِۖ وَأُوْلَٰٓئِكَ مِنَ ٱلصَّٰلِحِينَ ١١٤ وَمَا
يَفۡعَلُواْ مِنۡ خَيۡرٖ فَلَن يُكۡفَرُوهُۗ وَٱللَّهُ عَلِيمُۢ بِٱلۡمُتَّقِينَ ١١٥

ربع الحزب ٧

إِنَّ ٱلَّذِينَ كَفَرُواْ لَن تُغۡنِيَ عَنۡهُمۡ أَمۡوَٰلُهُمۡ وَلَآ أَوۡلَٰدُهُم مِّنَ
ٱللَّهِ شَيۡـٔٗاۖ وَأُوْلَٰٓئِكَ أَصۡحَٰبُ ٱلنَّارِۖ هُمۡ فِيهَا خَٰلِدُونَ ١١٦
مَثَلُ مَا يُنفِقُونَ فِي هَٰذِهِ ٱلۡحَيَوٰةِ ٱلدُّنۡيَا كَمَثَلِ رِيحٖ فِيهَا
صِرٌّ أَصَابَتۡ حَرۡثَ قَوۡمٖ ظَلَمُوٓاْ أَنفُسَهُمۡ فَأَهۡلَكَتۡهُۚ وَمَا
ظَلَمَهُمُ ٱللَّهُ وَلَٰكِنۡ أَنفُسَهُمۡ يَظۡلِمُونَ ١١٧ يَٰٓأَيُّهَا ٱلَّذِينَ
ءَامَنُواْ لَا تَتَّخِذُواْ بِطَانَةٗ مِّن دُونِكُمۡ لَا يَأۡلُونَكُمۡ خَبَالٗا
وَدُّواْ مَا عَنِتُّمۡ قَدۡ بَدَتِ ٱلۡبَغۡضَآءُ مِنۡ أَفۡوَٰهِهِمۡ وَمَا تُخۡفِي
صُدُورُهُمۡ أَكۡبَرُۚ قَدۡ بَيَّنَّا لَكُمُ ٱلۡأٓيَٰتِۖ إِن كُنتُمۡ تَعۡقِلُونَ
١١٨ هَٰٓأَنتُمۡ أُوْلَآءِ تُحِبُّونَهُمۡ وَلَا يُحِبُّونَكُمۡ وَتُؤۡمِنُونَ بِٱلۡكِتَٰبِ
كُلِّهِۦ وَإِذَا لَقُوكُمۡ قَالُوٓاْ ءَامَنَّا وَإِذَا خَلَوۡاْ عَضُّواْ عَلَيۡكُمُ
ٱلۡأَنَامِلَ مِنَ ٱلۡغَيۡظِۚ قُلۡ مُوتُواْ بِغَيۡظِكُمۡۗ إِنَّ ٱللَّهَ عَلِيمُۢ بِذَاتِ
ٱلصُّدُورِ ١١٩ إِن تَمۡسَسۡكُمۡ حَسَنَةٞ تَسُؤۡهُمۡ وَإِن تُصِبۡكُمۡ
سَيِّئَةٞ يَفۡرَحُواْ بِهَاۖ وَإِن تَصۡبِرُواْ وَتَتَّقُواْ لَا يَضُرُّكُمۡ كَيۡدُهُمۡ
شَيۡـًٔاۗ إِنَّ ٱللَّهَ بِمَا يَعۡمَلُونَ مُحِيطٞ ١٢٠ وَإِذۡ غَدَوۡتَ مِنۡ أَهۡلِكَ
تُبَوِّئُ ٱلۡمُؤۡمِنِينَ مَقَٰعِدَ لِلۡقِتَالِۗ وَٱللَّهُ سَمِيعٌ عَلِيمٌ ١٢١

إِذۡ هَمَّت طَّآئِفَتَانِ مِنكُمۡ أَن تَفۡشَلَا وَٱللَّهُ وَلِيُّهُمَاۗ وَعَلَى ٱللَّهِ
فَلۡيَتَوَكَّلِ ٱلۡمُؤۡمِنُونَ ١٢٢ وَلَقَدۡ نَصَرَكُمُ ٱللَّهُ بِبَدۡرٖ وَأَنتُمۡ أَذِلَّةٞۖ
فَٱتَّقُواْ ٱللَّهَ لَعَلَّكُمۡ تَشۡكُرُونَ ١٢٣ إِذۡ تَقُولُ لِلۡمُؤۡمِنِينَ
أَلَن يَكۡفِيَكُمۡ أَن يُمِدَّكُمۡ رَبُّكُم بِثَلَٰثَةِ ءَالَٰفٖ مِّنَ ٱلۡمَلَٰٓئِكَةِ
مُنزَلِينَ ١٢٤ بَلَىٰٓۚ إِن تَصۡبِرُواْ وَتَتَّقُواْ وَيَأۡتُوكُم مِّن فَوۡرِهِمۡ
هَٰذَا يُمۡدِدۡكُمۡ رَبُّكُم بِخَمۡسَةِ ءَالَٰفٖ مِّنَ ٱلۡمَلَٰٓئِكَةِ مُسَوِّمِينَ
١٢٥ وَمَا جَعَلَهُ ٱللَّهُ إِلَّا بُشۡرَىٰ لَكُمۡ وَلِتَطۡمَئِنَّ قُلُوبُكُم بِهِۦۗ
وَمَا ٱلنَّصۡرُ إِلَّا مِنۡ عِندِ ٱللَّهِ ٱلۡعَزِيزِ ٱلۡحَكِيمِ ١٢٦ لِيَقۡطَعَ طَرَفٗا
مِّنَ ٱلَّذِينَ كَفَرُوٓاْ أَوۡ يَكۡبِتَهُمۡ فَيَنقَلِبُواْ خَآئِبِينَ ١٢٧
لَيۡسَ لَكَ مِنَ ٱلۡأَمۡرِ شَيۡءٌ أَوۡ يَتُوبَ عَلَيۡهِمۡ أَوۡ يُعَذِّبَهُمۡ فَإِنَّهُمۡ
ظَٰلِمُونَ ١٢٨ وَلِلَّهِ مَا فِي ٱلسَّمَٰوَٰتِ وَمَا فِي ٱلۡأَرۡضِۚ يَغۡفِرُ لِمَن
يَشَآءُ وَيُعَذِّبُ مَن يَشَآءُۚ وَٱللَّهُ غَفُورٞ رَّحِيمٞ ١٢٩ يَٰٓأَيُّهَا
ٱلَّذِينَ ءَامَنُواْ لَا تَأۡكُلُواْ ٱلرِّبَوٰٓاْ أَضۡعَٰفٗا مُّضَٰعَفَةٗۖ
وَٱتَّقُواْ ٱللَّهَ لَعَلَّكُمۡ تُفۡلِحُونَ ١٣٠ وَٱتَّقُواْ ٱلنَّارَ ٱلَّتِيٓ أُعِدَّتۡ
لِلۡكَٰفِرِينَ ١٣١ وَأَطِيعُواْ ٱللَّهَ وَٱلرَّسُولَ لَعَلَّكُمۡ تُرۡحَمُونَ ١٣٢

نصف الحزب ٧

۞ وَسَارِعُوٓا۟ إِلَىٰ مَغْفِرَةٍ مِّن رَّبِّكُمْ وَجَنَّةٍ عَرْضُهَا
ٱلسَّمَٰوَٰتُ وَٱلْأَرْضُ أُعِدَّتْ لِلْمُتَّقِينَ ﴿١٣٣﴾ ٱلَّذِينَ يُنفِقُونَ
فِى ٱلسَّرَّآءِ وَٱلضَّرَّآءِ وَٱلْكَٰظِمِينَ ٱلْغَيْظَ وَٱلْعَافِينَ
عَنِ ٱلنَّاسِ ۗ وَٱللَّهُ يُحِبُّ ٱلْمُحْسِنِينَ ﴿١٣٤﴾ وَٱلَّذِينَ إِذَا فَعَلُوا۟
فَٰحِشَةً أَوْ ظَلَمُوٓا۟ أَنفُسَهُمْ ذَكَرُوا۟ ٱللَّهَ فَٱسْتَغْفَرُوا۟
لِذُنُوبِهِمْ وَمَن يَغْفِرُ ٱلذُّنُوبَ إِلَّا ٱللَّهُ وَلَمْ يُصِرُّوا۟ عَلَىٰ مَا
فَعَلُوا۟ وَهُمْ يَعْلَمُونَ ﴿١٣٥﴾ أُو۟لَٰٓئِكَ جَزَآؤُهُم مَّغْفِرَةٌ مِّن
رَّبِّهِمْ وَجَنَّٰتٌ تَجْرِى مِن تَحْتِهَا ٱلْأَنْهَٰرُ خَٰلِدِينَ فِيهَا ۚ وَنِعْمَ
أَجْرُ ٱلْعَٰمِلِينَ ﴿١٣٦﴾ قَدْ خَلَتْ مِن قَبْلِكُمْ سُنَنٌ فَسِيرُوا۟
فِى ٱلْأَرْضِ فَٱنظُرُوا۟ كَيْفَ كَانَ عَٰقِبَةُ ٱلْمُكَذِّبِينَ
﴿١٣٧﴾ هَٰذَا بَيَانٌ لِّلنَّاسِ وَهُدًى وَمَوْعِظَةٌ لِّلْمُتَّقِينَ ﴿١٣٨﴾
وَلَا تَهِنُوا۟ وَلَا تَحْزَنُوا۟ وَأَنتُمُ ٱلْأَعْلَوْنَ إِن كُنتُم مُّؤْمِنِينَ
﴿١٣٩﴾ إِن يَمْسَسْكُمْ قَرْحٌ فَقَدْ مَسَّ ٱلْقَوْمَ قَرْحٌ مِّثْلُهُۥ ۚ وَتِلْكَ
ٱلْأَيَّامُ نُدَاوِلُهَا بَيْنَ ٱلنَّاسِ وَلِيَعْلَمَ ٱللَّهُ ٱلَّذِينَ ءَامَنُوا۟
وَيَتَّخِذَ مِنكُمْ شُهَدَآءَ ۗ وَٱللَّهُ لَا يُحِبُّ ٱلظَّٰلِمِينَ ﴿١٤٠﴾

وَلِيُمَحِّصَ ٱللَّهُ ٱلَّذِينَ ءَامَنُوا۟ وَيَمْحَقَ ٱلْكَٰفِرِينَ ﴿١٤١﴾ أَمْ
حَسِبْتُمْ أَن تَدْخُلُوا۟ ٱلْجَنَّةَ وَلَمَّا يَعْلَمِ ٱللَّهُ ٱلَّذِينَ جَٰهَدُوا۟
مِنكُمْ وَيَعْلَمَ ٱلصَّٰبِرِينَ ﴿١٤٢﴾ وَلَقَدْ كُنتُمْ تَمَنَّوْنَ ٱلْمَوْتَ مِن
قَبْلِ أَن تَلْقَوْهُ فَقَدْ رَأَيْتُمُوهُ وَأَنتُمْ تَنظُرُونَ ﴿١٤٣﴾ وَمَا مُحَمَّدٌ
إِلَّا رَسُولٌ قَدْ خَلَتْ مِن قَبْلِهِ ٱلرُّسُلُ ۚ أَفَإِي۟ن مَّاتَ أَوْ قُتِلَ
ٱنقَلَبْتُمْ عَلَىٰٓ أَعْقَٰبِكُمْ ۚ وَمَن يَنقَلِبْ عَلَىٰ عَقِبَيْهِ فَلَن يَضُرَّ
ٱللَّهَ شَيْـًٔا ۗ وَسَيَجْزِى ٱللَّهُ ٱلشَّٰكِرِينَ ﴿١٤٤﴾ وَمَا كَانَ
لِنَفْسٍ أَن تَمُوتَ إِلَّا بِإِذْنِ ٱللَّهِ كِتَٰبًا مُّؤَجَّلًا ۗ وَمَن يُرِدْ
ثَوَابَ ٱلدُّنْيَا نُؤْتِهِۦ مِنْهَا وَمَن يُرِدْ ثَوَابَ ٱلْءَاخِرَةِ نُؤْتِهِۦ مِنْهَا ۚ
وَسَنَجْزِى ٱلشَّٰكِرِينَ ﴿١٤٥﴾ وَكَأَيِّن مِّن نَّبِىٍّ قَٰتَلَ مَعَهُۥ
رِبِّيُّونَ كَثِيرٌ فَمَا وَهَنُوا۟ لِمَآ أَصَابَهُمْ فِى سَبِيلِ ٱللَّهِ وَمَا ضَعُفُوا۟
وَمَا ٱسْتَكَانُوا۟ ۗ وَٱللَّهُ يُحِبُّ ٱلصَّٰبِرِينَ ﴿١٤٦﴾ وَمَا كَانَ قَوْلَهُمْ إِلَّآ أَن
قَالُوا۟ رَبَّنَا ٱغْفِرْ لَنَا ذُنُوبَنَا وَإِسْرَافَنَا فِىٓ أَمْرِنَا وَثَبِّتْ أَقْدَامَنَا
وَٱنصُرْنَا عَلَى ٱلْقَوْمِ ٱلْكَٰفِرِينَ ﴿١٤٧﴾ فَـَٔاتَىٰهُمُ ٱللَّهُ ثَوَابَ
ٱلدُّنْيَا وَحُسْنَ ثَوَابِ ٱلْءَاخِرَةِ ۗ وَٱللَّهُ يُحِبُّ ٱلْمُحْسِنِينَ ﴿١٤٨﴾

يَٰٓأَيُّهَا ٱلَّذِينَ ءَامَنُوٓاْ إِن تُطِيعُواْ ٱلَّذِينَ كَفَرُواْ
يَرُدُّوكُمۡ عَلَىٰٓ أَعۡقَٰبِكُمۡ فَتَنقَلِبُواْ خَٰسِرِينَ
١٤٩ بَلِ ٱللَّهُ مَوۡلَىٰكُمۡۖ وَهُوَ خَيۡرُ ٱلنَّٰصِرِينَ ١٥٠ سَنُلۡقِي
فِي قُلُوبِ ٱلَّذِينَ كَفَرُواْ ٱلرُّعۡبَ بِمَآ أَشۡرَكُواْ بِٱللَّهِ
مَا لَمۡ يُنَزِّلۡ بِهِۦ سُلۡطَٰنٗاۖ وَمَأۡوَىٰهُمُ ٱلنَّارُۖ وَبِئۡسَ
مَثۡوَى ٱلظَّٰلِمِينَ ١٥١ وَلَقَدۡ صَدَقَكُمُ ٱللَّهُ
وَعۡدَهُۥٓ إِذۡ تَحُسُّونَهُم بِإِذۡنِهِۦۖ حَتَّىٰٓ إِذَا فَشِلۡتُمۡ
وَتَنَٰزَعۡتُمۡ فِي ٱلۡأَمۡرِ وَعَصَيۡتُم مِّنۢ بَعۡدِ مَآ أَرَىٰكُم
مَّا تُحِبُّونَۚ مِنكُم مَّن يُرِيدُ ٱلدُّنۡيَا وَمِنكُم مَّن
يُرِيدُ ٱلۡأٓخِرَةَۚ ثُمَّ صَرَفَكُمۡ عَنۡهُمۡ لِيَبۡتَلِيَكُمۡۖ
وَلَقَدۡ عَفَا عَنكُمۡۗ وَٱللَّهُ ذُو فَضۡلٍ عَلَى ٱلۡمُؤۡمِنِينَ
١٥٢ ۞ إِذۡ تُصۡعِدُونَ وَلَا تَلۡوُۥنَ عَلَىٰٓ أَحَدٖ
وَٱلرَّسُولُ يَدۡعُوكُمۡ فِيٓ أُخۡرَىٰكُمۡ فَأَثَٰبَكُمۡ
غَمَّۢا بِغَمّٖ لِّكَيۡلَا تَحۡزَنُواْ عَلَىٰ مَا فَاتَكُمۡ وَلَا
مَآ أَصَٰبَكُمۡۗ وَٱللَّهُ خَبِيرُۢ بِمَا تَعۡمَلُونَ ١٥٣

ثلاثة أرباع الحزب ٧

ثُمَّ أَنزَلَ عَلَيۡكُم مِّنۢ بَعۡدِ ٱلۡغَمِّ أَمَنَةٗ نُّعَاسٗا يَغۡشَىٰ طَآئِفَةٗ
مِّنكُمۡۖ وَطَآئِفَةٞ قَدۡ أَهَمَّتۡهُمۡ أَنفُسُهُمۡ يَظُنُّونَ بِٱللَّهِ غَيۡرَ
ٱلۡحَقِّ ظَنَّ ٱلۡجَٰهِلِيَّةِۖ يَقُولُونَ هَل لَّنَا مِنَ ٱلۡأَمۡرِ مِن شَيۡءٖۗ
قُلۡ إِنَّ ٱلۡأَمۡرَ كُلَّهُۥ لِلَّهِۗ يُخۡفُونَ فِيٓ أَنفُسِهِم مَّا لَا يُبۡدُونَ لَكَۖ
يَقُولُونَ لَوۡ كَانَ لَنَا مِنَ ٱلۡأَمۡرِ شَيۡءٞ مَّا قُتِلۡنَا هَٰهُنَاۗ قُل لَّوۡ كُنتُمۡ
فِي بُيُوتِكُمۡ لَبَرَزَ ٱلَّذِينَ كُتِبَ عَلَيۡهِمُ ٱلۡقَتۡلُ إِلَىٰ مَضَاجِعِهِمۡۖ
وَلِيَبۡتَلِيَ ٱللَّهُ مَا فِي صُدُورِكُمۡ وَلِيُمَحِّصَ مَا فِي قُلُوبِكُمۡۚ
وَٱللَّهُ عَلِيمُۢ بِذَاتِ ٱلصُّدُورِ ١٥٤ إِنَّ ٱلَّذِينَ تَوَلَّوۡاْ مِنكُمۡ
يَوۡمَ ٱلۡتَقَى ٱلۡجَمۡعَانِ إِنَّمَا ٱسۡتَزَلَّهُمُ ٱلشَّيۡطَٰنُ بِبَعۡضِ
مَا كَسَبُواْۖ وَلَقَدۡ عَفَا ٱللَّهُ عَنۡهُمۡۗ إِنَّ ٱللَّهَ غَفُورٌ حَلِيمٞ ١٥٥ يَٰٓأَيُّهَا
ٱلَّذِينَ ءَامَنُواْ لَا تَكُونُواْ كَٱلَّذِينَ كَفَرُواْ وَقَالُواْ لِإِخۡوَٰنِهِمۡ إِذَا
ضَرَبُواْ فِي ٱلۡأَرۡضِ أَوۡ كَانُواْ غُزّٗى لَّوۡ كَانُواْ عِندَنَا مَا مَاتُواْ
وَمَا قُتِلُواْ لِيَجۡعَلَ ٱللَّهُ ذَٰلِكَ حَسۡرَةٗ فِي قُلُوبِهِمۡۗ وَٱللَّهُ يُحۡيِۦ
وَيُمِيتُۗ وَٱللَّهُ بِمَا تَعۡمَلُونَ بَصِيرٞ ١٥٦ وَلَئِن قُتِلۡتُمۡ فِي سَبِيلِ
ٱللَّهِ أَوۡ مُتُّمۡ لَمَغۡفِرَةٞ مِّنَ ٱللَّهِ وَرَحۡمَةٌ خَيۡرٞ مِّمَّا يَجۡمَعُونَ ١٥٧

وَلَئِن مُّتُّمْ أَوْ قُتِلْتُمْ لَإِلَى ٱللَّهِ تُحْشَرُونَ ﴿١٥٨﴾ فَبِمَا رَحْمَةٍ مِّنَ ٱللَّهِ
لِنتَ لَهُمْ ۖ وَلَوْ كُنتَ فَظًّا غَلِيظَ ٱلْقَلْبِ لَٱنفَضُّوا۟ مِنْ حَوْلِكَ ۖ
فَٱعْفُ عَنْهُمْ وَٱسْتَغْفِرْ لَهُمْ وَشَاوِرْهُمْ فِى ٱلْأَمْرِ ۖ فَإِذَا عَزَمْتَ
فَتَوَكَّلْ عَلَى ٱللَّهِ ۚ إِنَّ ٱللَّهَ يُحِبُّ ٱلْمُتَوَكِّلِينَ ﴿١٥٩﴾ إِن يَنصُرْكُمُ ٱللَّهُ
فَلَا غَالِبَ لَكُمْ ۖ وَإِن يَخْذُلْكُمْ فَمَن ذَا ٱلَّذِى يَنصُرُكُم مِّنۢ
بَعْدِهِۦ ۗ وَعَلَى ٱللَّهِ فَلْيَتَوَكَّلِ ٱلْمُؤْمِنُونَ ﴿١٦٠﴾ وَمَا كَانَ لِنَبِىٍّ أَن
يَغُلَّ ۚ وَمَن يَغْلُلْ يَأْتِ بِمَا غَلَّ يَوْمَ ٱلْقِيَٰمَةِ ۚ ثُمَّ تُوَفَّىٰ كُلُّ
نَفْسٍ مَّا كَسَبَتْ وَهُمْ لَا يُظْلَمُونَ ﴿١٦١﴾ أَفَمَنِ ٱتَّبَعَ رِضْوَٰنَ
ٱللَّهِ كَمَنۢ بَآءَ بِسَخَطٍ مِّنَ ٱللَّهِ وَمَأْوَىٰهُ جَهَنَّمُ ۚ وَبِئْسَ ٱلْمَصِيرُ
﴿١٦٢﴾ هُمْ دَرَجَٰتٌ عِندَ ٱللَّهِ ۗ وَٱللَّهُ بَصِيرٌۢ بِمَا يَعْمَلُونَ ﴿١٦٣﴾ لَقَدْ
مَنَّ ٱللَّهُ عَلَى ٱلْمُؤْمِنِينَ إِذْ بَعَثَ فِيهِمْ رَسُولًا مِّنْ أَنفُسِهِمْ
يَتْلُوا۟ عَلَيْهِمْ ءَايَٰتِهِۦ وَيُزَكِّيهِمْ وَيُعَلِّمُهُمُ ٱلْكِتَٰبَ
وَٱلْحِكْمَةَ وَإِن كَانُوا۟ مِن قَبْلُ لَفِى ضَلَٰلٍ مُّبِينٍ ﴿١٦٤﴾ أَوَلَمَّآ
أَصَٰبَتْكُم مُّصِيبَةٌ قَدْ أَصَبْتُم مِّثْلَيْهَا قُلْتُمْ أَنَّىٰ هَٰذَا ۖ
قُلْ هُوَ مِنْ عِندِ أَنفُسِكُمْ ۗ إِنَّ ٱللَّهَ عَلَىٰ كُلِّ شَىْءٍ قَدِيرٌ ﴿١٦٥﴾

الحزب ٨

وَمَآ أَصَٰبَكُمۡ يَوۡمَ ٱلۡتَقَى ٱلۡجَمۡعَانِ فَبِإِذۡنِ ٱللَّهِ وَلِيَعۡلَمَ ٱلۡمُؤۡمِنِينَ
١٦٦ وَلِيَعۡلَمَ ٱلَّذِينَ نَافَقُواْۚ وَقِيلَ لَهُمۡ تَعَالَوۡاْ قَٰتِلُواْ فِي سَبِيلِ ٱللَّهِ
أَوِ ٱدۡفَعُواْۖ قَالُواْ لَوۡ نَعۡلَمُ قِتَالٗا لَّٱتَّبَعۡنَٰكُمۡۗ هُمۡ لِلۡكُفۡرِ يَوۡمَئِذٍ
أَقۡرَبُ مِنۡهُمۡ لِلۡإِيمَٰنِۚ يَقُولُونَ بِأَفۡوَٰهِهِم مَّا لَيۡسَ فِي قُلُوبِهِمۡۚ
وَٱللَّهُ أَعۡلَمُ بِمَا يَكۡتُمُونَ ١٦٧ ٱلَّذِينَ قَالُواْ لِإِخۡوَٰنِهِمۡ وَقَعَدُواْ
لَوۡ أَطَاعُونَا مَا قُتِلُواْۗ قُلۡ فَٱدۡرَءُواْ عَنۡ أَنفُسِكُمُ ٱلۡمَوۡتَ إِن
كُنتُمۡ صَٰدِقِينَ ١٦٨ وَلَا تَحۡسَبَنَّ ٱلَّذِينَ قُتِلُواْ فِي سَبِيلِ ٱللَّهِ
أَمۡوَٰتَۢاۚ بَلۡ أَحۡيَآءٌ عِندَ رَبِّهِمۡ يُرۡزَقُونَ ١٦٩ فَرِحِينَ بِمَآ ءَاتَىٰهُمُ
ٱللَّهُ مِن فَضۡلِهِۦ وَيَسۡتَبۡشِرُونَ بِٱلَّذِينَ لَمۡ يَلۡحَقُواْ بِهِم
مِّنۡ خَلۡفِهِمۡ أَلَّا خَوۡفٌ عَلَيۡهِمۡ وَلَا هُمۡ يَحۡزَنُونَ ١٧٠ ۞ يَسۡتَبۡشِرُونَ
بِنِعۡمَةٖ مِّنَ ٱللَّهِ وَفَضۡلٖ وَأَنَّ ٱللَّهَ لَا يُضِيعُ أَجۡرَ
ٱلۡمُؤۡمِنِينَ ١٧١ ٱلَّذِينَ ٱسۡتَجَابُواْ لِلَّهِ وَٱلرَّسُولِ مِنۢ بَعۡدِ مَآ أَصَابَهُمُ
ٱلۡقَرۡحُۚ لِلَّذِينَ أَحۡسَنُواْ مِنۡهُمۡ وَٱتَّقَوۡاْ أَجۡرٌ عَظِيمٌ ١٧٢
ٱلَّذِينَ قَالَ لَهُمُ ٱلنَّاسُ إِنَّ ٱلنَّاسَ قَدۡ جَمَعُواْ لَكُمۡ فَٱخۡشَوۡهُمۡ
فَزَادَهُمۡ إِيمَٰنٗا وَقَالُواْ حَسۡبُنَا ٱللَّهُ وَنِعۡمَ ٱلۡوَكِيلُ ١٧٣

فَٱنقَلَبُوا۟ بِنِعْمَةٍ مِّنَ ٱللَّهِ وَفَضْلٍ لَّمْ يَمْسَسْهُمْ سُوٓءٌ وَٱتَّبَعُوا۟
رِضْوَٰنَ ٱللَّهِ ۗ وَٱللَّهُ ذُو فَضْلٍ عَظِيمٍ ﴿١٧٤﴾ إِنَّمَا ذَٰلِكُمُ ٱلشَّيْطَٰنُ
يُخَوِّفُ أَوْلِيَآءَهُۥ فَلَا تَخَافُوهُمْ وَخَافُونِ إِن كُنتُم مُّؤْمِنِينَ ﴿١٧٥﴾
وَلَا يَحْزُنكَ ٱلَّذِينَ يُسَٰرِعُونَ فِى ٱلْكُفْرِ ۚ إِنَّهُمْ لَن يَضُرُّوا۟ ٱللَّهَ
شَيْـًٔا ۗ يُرِيدُ ٱللَّهُ أَلَّا يَجْعَلَ لَهُمْ حَظًّا فِى ٱلْـَٔاخِرَةِ ۖ وَلَهُمْ عَذَابٌ
عَظِيمٌ ﴿١٧٦﴾ إِنَّ ٱلَّذِينَ ٱشْتَرَوُا۟ ٱلْكُفْرَ بِٱلْإِيمَٰنِ لَن يَضُرُّوا۟ ٱللَّهَ
شَيْـًٔا ۖ وَلَهُمْ عَذَابٌ أَلِيمٌ ﴿١٧٧﴾ وَلَا يَحْسَبَنَّ ٱلَّذِينَ كَفَرُوٓا۟ أَنَّمَا
نُمْلِى لَهُمْ خَيْرٌ لِّأَنفُسِهِمْ ۚ إِنَّمَا نُمْلِى لَهُمْ لِيَزْدَادُوٓا۟ إِثْمًا ۖ وَلَهُمْ
عَذَابٌ مُّهِينٌ ﴿١٧٨﴾ مَّا كَانَ ٱللَّهُ لِيَذَرَ ٱلْمُؤْمِنِينَ عَلَىٰ مَآ أَنتُمْ
عَلَيْهِ حَتَّىٰ يَمِيزَ ٱلْخَبِيثَ مِنَ ٱلطَّيِّبِ ۗ وَمَا كَانَ ٱللَّهُ لِيُطْلِعَكُمْ
عَلَى ٱلْغَيْبِ وَلَٰكِنَّ ٱللَّهَ يَجْتَبِى مِن رُّسُلِهِۦ مَن يَشَآءُ ۖ فَـَٔامِنُوا۟ بِٱللَّهِ
وَرُسُلِهِۦ ۚ وَإِن تُؤْمِنُوا۟ وَتَتَّقُوا۟ فَلَكُمْ أَجْرٌ عَظِيمٌ ﴿١٧٩﴾ وَلَا يَحْسَبَنَّ
ٱلَّذِينَ يَبْخَلُونَ بِمَآ ءَاتَىٰهُمُ ٱللَّهُ مِن فَضْلِهِۦ هُوَ خَيْرًا لَّهُم ۖ
بَلْ هُوَ شَرٌّ لَّهُمْ ۖ سَيُطَوَّقُونَ مَا بَخِلُوا۟ بِهِۦ يَوْمَ ٱلْقِيَٰمَةِ ۗ وَلِلَّهِ
مِيرَٰثُ ٱلسَّمَٰوَٰتِ وَٱلْأَرْضِ ۗ وَٱللَّهُ بِمَا تَعْمَلُونَ خَبِيرٌ ﴿١٨٠﴾

لَّقَدْ سَمِعَ ٱللَّهُ قَوْلَ ٱلَّذِينَ قَالُوٓا۟ إِنَّ ٱللَّهَ فَقِيرٌ وَنَحْنُ أَغْنِيَآءُ
سَنَكْتُبُ مَا قَالُوا۟ وَقَتْلَهُمُ ٱلْأَنۢبِيَآءَ بِغَيْرِ حَقٍّ وَنَقُولُ
ذُوقُوا۟ عَذَابَ ٱلْحَرِيقِ ﴿١٨١﴾ ذَٰلِكَ بِمَا قَدَّمَتْ أَيْدِيكُمْ
وَأَنَّ ٱللَّهَ لَيْسَ بِظَلَّٰمٍ لِّلْعَبِيدِ ﴿١٨٢﴾ ٱلَّذِينَ قَالُوٓا۟ إِنَّ ٱللَّهَ
عَهِدَ إِلَيْنَآ أَلَّا نُؤْمِنَ لِرَسُولٍ حَتَّىٰ يَأْتِيَنَا بِقُرْبَانٍ
تَأْكُلُهُ ٱلنَّارُ ۗ قُلْ قَدْ جَآءَكُمْ رُسُلٌ مِّن قَبْلِى بِٱلْبَيِّنَٰتِ
وَبِٱلَّذِى قُلْتُمْ فَلِمَ قَتَلْتُمُوهُمْ إِن كُنتُمْ صَٰدِقِينَ
﴿١٨٣﴾ فَإِن كَذَّبُوكَ فَقَدْ كُذِّبَ رُسُلٌ مِّن قَبْلِكَ جَآءُو
بِٱلْبَيِّنَٰتِ وَٱلزُّبُرِ وَٱلْكِتَٰبِ ٱلْمُنِيرِ ﴿١٨٤﴾ كُلُّ نَفْسٍ
ذَآئِقَةُ ٱلْمَوْتِ ۗ وَإِنَّمَا تُوَفَّوْنَ أُجُورَكُمْ يَوْمَ ٱلْقِيَٰمَةِ ۖ
فَمَن زُحْزِحَ عَنِ ٱلنَّارِ وَأُدْخِلَ ٱلْجَنَّةَ فَقَدْ فَازَ ۗ وَمَا
ٱلْحَيَوٰةُ ٱلدُّنْيَآ إِلَّا مَتَٰعُ ٱلْغُرُورِ ﴿١٨٥﴾ ۞ لَتُبْلَوُنَّ فِىٓ
أَمْوَٰلِكُمْ وَأَنفُسِكُمْ وَلَتَسْمَعُنَّ مِنَ ٱلَّذِينَ أُوتُوا۟
ٱلْكِتَٰبَ مِن قَبْلِكُمْ وَمِنَ ٱلَّذِينَ أَشْرَكُوٓا۟ أَذًى كَثِيرًا ۚ
وَإِن تَصْبِرُوا۟ وَتَتَّقُوا۟ فَإِنَّ ذَٰلِكَ مِنْ عَزْمِ ٱلْأُمُورِ ﴿١٨٦﴾

ربع الحزب ٨

وَإِذۡ أَخَذَ ٱللَّهُ مِيثَٰقَ ٱلَّذِينَ أُوتُواْ ٱلۡكِتَٰبَ لَتُبَيِّنُنَّهُۥ لِلنَّاسِ
وَلَا تَكۡتُمُونَهُۥ فَنَبَذُوهُ وَرَآءَ ظُهُورِهِمۡ وَٱشۡتَرَوۡاْ بِهِۦ ثَمَنٗا
قَلِيلٗاۖ فَبِئۡسَ مَا يَشۡتَرُونَ ١٨٧ لَا تَحۡسَبَنَّ ٱلَّذِينَ يَفۡرَحُونَ بِمَآ
أَتَواْ وَّيُحِبُّونَ أَن يُحۡمَدُواْ بِمَا لَمۡ يَفۡعَلُواْ فَلَا تَحۡسَبَنَّهُم
بِمَفَازَةٖ مِّنَ ٱلۡعَذَابِۖ وَلَهُمۡ عَذَابٌ أَلِيمٞ ١٨٨ وَلِلَّهِ مُلۡكُ
ٱلسَّمَٰوَٰتِ وَٱلۡأَرۡضِۗ وَٱللَّهُ عَلَىٰ كُلِّ شَيۡءٖ قَدِيرٌ ١٨٩ إِنَّ فِي
خَلۡقِ ٱلسَّمَٰوَٰتِ وَٱلۡأَرۡضِ وَٱخۡتِلَٰفِ ٱلَّيۡلِ وَٱلنَّهَارِ لَأٓيَٰتٖ
لِّأُوْلِي ٱلۡأَلۡبَٰبِ ١٩٠ ٱلَّذِينَ يَذۡكُرُونَ ٱللَّهَ قِيَٰمٗا وَقُعُودٗا
وَعَلَىٰ جُنُوبِهِمۡ وَيَتَفَكَّرُونَ فِي خَلۡقِ ٱلسَّمَٰوَٰتِ وَٱلۡأَرۡضِ
رَبَّنَا مَا خَلَقۡتَ هَٰذَا بَٰطِلٗا سُبۡحَٰنَكَ فَقِنَا عَذَابَ ٱلنَّارِ ١٩١
رَبَّنَآ إِنَّكَ مَن تُدۡخِلِ ٱلنَّارَ فَقَدۡ أَخۡزَيۡتَهُۥۖ وَمَا لِلظَّٰلِمِينَ مِنۡ
أَنصَارٖ ١٩٢ رَّبَّنَآ إِنَّنَا سَمِعۡنَا مُنَادِيٗا يُنَادِي لِلۡإِيمَٰنِ أَنۡ
ءَامِنُواْ بِرَبِّكُمۡ فَـَٔامَنَّاۚ رَبَّنَا فَٱغۡفِرۡ لَنَا ذُنُوبَنَا وَكَفِّرۡ عَنَّا
سَيِّـَٔاتِنَا وَتَوَفَّنَا مَعَ ٱلۡأَبۡرَارِ ١٩٣ رَبَّنَا وَءَاتِنَا مَا وَعَدتَّنَا عَلَىٰ
رُسُلِكَ وَلَا تُخۡزِنَا يَوۡمَ ٱلۡقِيَٰمَةِۗ إِنَّكَ لَا تُخۡلِفُ ٱلۡمِيعَادَ ١٩٤

فَٱسۡتَجَابَ لَهُمۡ رَبُّهُمۡ أَنِّي لَآ أُضِيعُ عَمَلَ عَٰمِلٖ مِّنكُم مِّن
ذَكَرٍ أَوۡ أُنثَىٰۖ بَعۡضُكُم مِّنۢ بَعۡضٖۖ فَٱلَّذِينَ هَاجَرُواْ وَأُخۡرِجُواْ
مِن دِيَٰرِهِمۡ وَأُوذُواْ فِي سَبِيلِي وَقَٰتَلُواْ وَقُتِلُواْ لَأُكَفِّرَنَّ
عَنۡهُمۡ سَيِّـَٔاتِهِمۡ وَلَأُدۡخِلَنَّهُمۡ جَنَّٰتٖ تَجۡرِي مِن تَحۡتِهَا
ٱلۡأَنۡهَٰرُ ثَوَابٗا مِّنۡ عِندِ ٱللَّهِۚ وَٱللَّهُ عِندَهُۥ حُسۡنُ ٱلثَّوَابِ ١٩٥
لَا يَغُرَّنَّكَ تَقَلُّبُ ٱلَّذِينَ كَفَرُواْ فِي ٱلۡبِلَٰدِ ١٩٦ مَتَٰعٞ قَلِيلٞ
ثُمَّ مَأۡوَىٰهُمۡ جَهَنَّمُۖ وَبِئۡسَ ٱلۡمِهَادُ ١٩٧ لَٰكِنِ ٱلَّذِينَ ٱتَّقَوۡاْ
رَبَّهُمۡ لَهُمۡ جَنَّٰتٞ تَجۡرِي مِن تَحۡتِهَا ٱلۡأَنۡهَٰرُ خَٰلِدِينَ فِيهَا
نُزُلٗا مِّنۡ عِندِ ٱللَّهِۗ وَمَا عِندَ ٱللَّهِ خَيۡرٞ لِّلۡأَبۡرَارِ ١٩٨ وَإِنَّ مِنۡ
أَهۡلِ ٱلۡكِتَٰبِ لَمَن يُؤۡمِنُ بِٱللَّهِ وَمَآ أُنزِلَ إِلَيۡكُمۡ
وَمَآ أُنزِلَ إِلَيۡهِمۡ خَٰشِعِينَ لِلَّهِ لَا يَشۡتَرُونَ بِـَٔايَٰتِ ٱللَّهِ
ثَمَنٗا قَلِيلًاۚ أُوْلَٰٓئِكَ لَهُمۡ أَجۡرُهُمۡ عِندَ رَبِّهِمۡۗ إِنَّ ٱللَّهَ
سَرِيعُ ٱلۡحِسَابِ ١٩٩ يَٰٓأَيُّهَا ٱلَّذِينَ ءَامَنُواْ ٱصۡبِرُواْ
وَصَابِرُواْ وَرَابِطُواْ وَٱتَّقُواْ ٱللَّهَ لَعَلَّكُمۡ تُفۡلِحُونَ ٢٠٠

سُورَةُ النِّسَاءِ

نصف الحزب ٨

بِسْمِ ٱللَّهِ ٱلرَّحْمَٰنِ ٱلرَّحِيمِ

يَٰٓأَيُّهَا ٱلنَّاسُ ٱتَّقُوا۟ رَبَّكُمُ ٱلَّذِى خَلَقَكُم مِّن نَّفْسٍ وَٰحِدَةٍ وَخَلَقَ مِنْهَا
زَوْجَهَا وَبَثَّ مِنْهُمَا رِجَالًا كَثِيرًا وَنِسَآءً ۚ وَٱتَّقُوا۟ ٱللَّهَ ٱلَّذِى تَسَآءَلُونَ
بِهِۦ وَٱلْأَرْحَامَ ۚ إِنَّ ٱللَّهَ كَانَ عَلَيْكُمْ رَقِيبًا ﴿١﴾ وَءَاتُوا۟ ٱلْيَتَٰمَىٰٓ أَمْوَٰلَهُمْ ۖ
وَلَا تَتَبَدَّلُوا۟ ٱلْخَبِيثَ بِٱلطَّيِّبِ ۖ وَلَا تَأْكُلُوٓا۟ أَمْوَٰلَهُمْ إِلَىٰٓ أَمْوَٰلِكُمْ ۚ إِنَّهُۥ
كَانَ حُوبًا كَبِيرًا ﴿٢﴾ وَإِنْ خِفْتُمْ أَلَّا تُقْسِطُوا۟ فِى ٱلْيَتَٰمَىٰ فَٱنكِحُوا۟
مَا طَابَ لَكُم مِّنَ ٱلنِّسَآءِ مَثْنَىٰ وَثُلَٰثَ وَرُبَٰعَ ۖ فَإِنْ خِفْتُمْ أَلَّا تَعْدِلُوا۟
فَوَٰحِدَةً أَوْ مَا مَلَكَتْ أَيْمَٰنُكُمْ ۚ ذَٰلِكَ أَدْنَىٰٓ أَلَّا تَعُولُوا۟ ﴿٣﴾ وَءَاتُوا۟
ٱلنِّسَآءَ صَدُقَٰتِهِنَّ نِحْلَةً ۚ فَإِن طِبْنَ لَكُمْ عَن شَىْءٍ مِّنْهُ نَفْسًا فَكُلُوهُ
هَنِيٓـًٔا مَّرِيٓـًٔا ﴿٤﴾ وَلَا تُؤْتُوا۟ ٱلسُّفَهَآءَ أَمْوَٰلَكُمُ ٱلَّتِى جَعَلَ ٱللَّهُ لَكُمْ
قِيَٰمًا وَٱرْزُقُوهُمْ فِيهَا وَٱكْسُوهُمْ وَقُولُوا۟ لَهُمْ قَوْلًا مَّعْرُوفًا ﴿٥﴾ وَٱبْتَلُوا۟
ٱلْيَتَٰمَىٰ حَتَّىٰٓ إِذَا بَلَغُوا۟ ٱلنِّكَاحَ فَإِنْ ءَانَسْتُم مِّنْهُمْ رُشْدًا فَٱدْفَعُوٓا۟
إِلَيْهِمْ أَمْوَٰلَهُمْ ۖ وَلَا تَأْكُلُوهَآ إِسْرَافًا وَبِدَارًا أَن يَكْبَرُوا۟ ۚ وَمَن كَانَ
غَنِيًّا فَلْيَسْتَعْفِفْ ۖ وَمَن كَانَ فَقِيرًا فَلْيَأْكُلْ بِٱلْمَعْرُوفِ ۚ فَإِذَا
دَفَعْتُمْ إِلَيْهِمْ أَمْوَٰلَهُمْ فَأَشْهِدُوا۟ عَلَيْهِمْ ۚ وَكَفَىٰ بِٱللَّهِ حَسِيبًا ﴿٦﴾

لِّلرِّجَالِ نَصِيبٌ مِّمَّا تَرَكَ ٱلْوَٰلِدَانِ وَٱلْأَقْرَبُونَ وَلِلنِّسَآءِ نَصِيبٌ
مِّمَّا تَرَكَ ٱلْوَٰلِدَانِ وَٱلْأَقْرَبُونَ مِمَّا قَلَّ مِنْهُ أَوْ كَثُرَ ۚ نَصِيبًا
مَّفْرُوضًا ﴿٧﴾ وَإِذَا حَضَرَ ٱلْقِسْمَةَ أُو۟لُوا۟ ٱلْقُرْبَىٰ وَٱلْيَتَٰمَىٰ
وَٱلْمَسَٰكِينُ فَٱرْزُقُوهُم مِّنْهُ وَقُولُوا۟ لَهُمْ قَوْلًا مَّعْرُوفًا
﴿٨﴾ وَلْيَخْشَ ٱلَّذِينَ لَوْ تَرَكُوا۟ مِنْ خَلْفِهِمْ ذُرِّيَّةً ضِعَٰفًا
خَافُوا۟ عَلَيْهِمْ فَلْيَتَّقُوا۟ ٱللَّهَ وَلْيَقُولُوا۟ قَوْلًا سَدِيدًا ﴿٩﴾ إِنَّ
ٱلَّذِينَ يَأْكُلُونَ أَمْوَٰلَ ٱلْيَتَٰمَىٰ ظُلْمًا إِنَّمَا يَأْكُلُونَ فِى
بُطُونِهِمْ نَارًا ۖ وَسَيَصْلَوْنَ سَعِيرًا ﴿١٠﴾ يُوصِيكُمُ ٱللَّهُ فِىٓ
أَوْلَٰدِكُمْ ۖ لِلذَّكَرِ مِثْلُ حَظِّ ٱلْأُنثَيَيْنِ ۚ فَإِن كُنَّ نِسَآءً
فَوْقَ ٱثْنَتَيْنِ فَلَهُنَّ ثُلُثَا مَا تَرَكَ ۖ وَإِن كَانَتْ وَٰحِدَةً فَلَهَا
ٱلنِّصْفُ ۚ وَلِأَبَوَيْهِ لِكُلِّ وَٰحِدٍ مِّنْهُمَا ٱلسُّدُسُ مِمَّا تَرَكَ إِن
كَانَ لَهُۥ وَلَدٌ ۚ فَإِن لَّمْ يَكُن لَّهُۥ وَلَدٌ وَوَرِثَهُۥٓ أَبَوَاهُ فَلِأُمِّهِ ٱلثُّلُثُ ۚ فَإِن
كَانَ لَهُۥٓ إِخْوَةٌ فَلِأُمِّهِ ٱلسُّدُسُ ۚ مِنۢ بَعْدِ وَصِيَّةٍ يُوصِى بِهَآ
أَوْ دَيْنٍ ۗ ءَابَآؤُكُمْ وَأَبْنَآؤُكُمْ لَا تَدْرُونَ أَيُّهُمْ أَقْرَبُ لَكُمْ
نَفْعًا ۚ فَرِيضَةً مِّنَ ٱللَّهِ ۗ إِنَّ ٱللَّهَ كَانَ عَلِيمًا حَكِيمًا ﴿١١﴾

ثلاثة أرباع الحِزْب ٨

۞ وَلَكُمْ نِصْفُ مَا تَرَكَ أَزْوَٰجُكُمْ إِن لَّمْ يَكُن
لَّهُنَّ وَلَدٌ ۚ فَإِن كَانَ لَهُنَّ وَلَدٌ فَلَكُمُ ٱلرُّبُعُ مِمَّا
تَرَكْنَ ۚ مِنۢ بَعْدِ وَصِيَّةٍ يُوصِينَ بِهَآ أَوْ دَيْنٍ ۚ
وَلَهُنَّ ٱلرُّبُعُ مِمَّا تَرَكْتُمْ إِن لَّمْ يَكُن لَّكُمْ وَلَدٌ ۚ
فَإِن كَانَ لَكُمْ وَلَدٌ فَلَهُنَّ ٱلثُّمُنُ مِمَّا تَرَكْتُم ۚ
مِّنۢ بَعْدِ وَصِيَّةٍ تُوصُونَ بِهَآ أَوْ دَيْنٍ ۗ وَإِن كَانَ
رَجُلٌ يُورَثُ كَلَٰلَةً أَوِ ٱمْرَأَةٌ وَلَهُۥٓ أَخٌ أَوْ أُخْتٌ فَلِكُلِّ
وَٰحِدٍ مِّنْهُمَا ٱلسُّدُسُ ۚ فَإِن كَانُوٓا۟ أَكْثَرَ مِن ذَٰلِكَ
فَهُمْ شُرَكَآءُ فِى ٱلثُّلُثِ ۚ مِنۢ بَعْدِ وَصِيَّةٍ يُوصَىٰ
بِهَآ أَوْ دَيْنٍ غَيْرَ مُضَآرٍّ ۚ وَصِيَّةً مِّنَ ٱللَّهِ ۗ وَٱللَّهُ
عَلِيمٌ حَلِيمٌ ﴿١٢﴾ تِلْكَ حُدُودُ ٱللَّهِ ۚ وَمَن يُطِعِ ٱللَّهَ
وَرَسُولَهُۥ يُدْخِلْهُ جَنَّٰتٍ تَجْرِى مِن تَحْتِهَا
ٱلْأَنْهَٰرُ خَٰلِدِينَ فِيهَا ۚ وَذَٰلِكَ ٱلْفَوْزُ ٱلْعَظِيمُ
﴿١٣﴾ وَمَن يَعْصِ ٱللَّهَ وَرَسُولَهُۥ وَيَتَعَدَّ حُدُودَهُۥ
يُدْخِلْهُ نَارًا خَٰلِدًا فِيهَا وَلَهُۥ عَذَابٌ مُّهِينٌ ﴿١٤﴾

وَٱلَّٰتِي يَأۡتِينَ ٱلۡفَٰحِشَةَ مِن نِّسَآئِكُمۡ فَٱسۡتَشۡهِدُواْ عَلَيۡهِنَّ
أَرۡبَعَةٗ مِّنكُمۡۖ فَإِن شَهِدُواْ فَأَمۡسِكُوهُنَّ فِي ٱلۡبُيُوتِ
حَتَّىٰ يَتَوَفَّىٰهُنَّ ٱلۡمَوۡتُ أَوۡ يَجۡعَلَ ٱللَّهُ لَهُنَّ سَبِيلٗا ١٥
وَٱلَّذَانِ يَأۡتِيَٰنِهَا مِنكُمۡ فَـَٔاذُوهُمَاۖ فَإِن تَابَا وَأَصۡلَحَا
فَأَعۡرِضُواْ عَنۡهُمَآۗ إِنَّ ٱللَّهَ كَانَ تَوَّابٗا رَّحِيمًا ١٦
إِنَّمَا ٱلتَّوۡبَةُ عَلَى ٱللَّهِ لِلَّذِينَ يَعۡمَلُونَ ٱلسُّوٓءَ بِجَهَٰلَةٖ
ثُمَّ يَتُوبُونَ مِن قَرِيبٖ فَأُوْلَٰٓئِكَ يَتُوبُ ٱللَّهُ عَلَيۡهِمۡۗ
وَكَانَ ٱللَّهُ عَلِيمًا حَكِيمٗا ١٧ وَلَيۡسَتِ ٱلتَّوۡبَةُ لِلَّذِينَ
يَعۡمَلُونَ ٱلسَّيِّـَٔاتِ حَتَّىٰٓ إِذَا حَضَرَ أَحَدَهُمُ ٱلۡمَوۡتُ
قَالَ إِنِّي تُبۡتُ ٱلۡـَٰٔنَ وَلَا ٱلَّذِينَ يَمُوتُونَ وَهُمۡ كُفَّارٌۚ
أُوْلَٰٓئِكَ أَعۡتَدۡنَا لَهُمۡ عَذَابًا أَلِيمٗا ١٨ يَٰٓأَيُّهَا ٱلَّذِينَ
ءَامَنُواْ لَا يَحِلُّ لَكُمۡ أَن تَرِثُواْ ٱلنِّسَآءَ كَرۡهٗاۖ وَلَا تَعۡضُلُوهُنَّ
لِتَذۡهَبُواْ بِبَعۡضِ مَآ ءَاتَيۡتُمُوهُنَّ إِلَّآ أَن يَأۡتِينَ بِفَٰحِشَةٖ
مُّبَيِّنَةٖۚ وَعَاشِرُوهُنَّ بِٱلۡمَعۡرُوفِۚ فَإِن كَرِهۡتُمُوهُنَّ فَعَسَىٰٓ
أَن تَكۡرَهُواْ شَيۡـٔٗا وَيَجۡعَلَ ٱللَّهُ فِيهِ خَيۡرٗا كَثِيرٗا ١٩

وَإِنۡ أَرَدتُّمُ ٱسۡتِبۡدَالَ زَوۡجٖ مَّكَانَ زَوۡجٖ وَءَاتَيۡتُمۡ
إِحۡدَىٰهُنَّ قِنطَارٗا فَلَا تَأۡخُذُواْ مِنۡهُ شَيۡـًٔاۚ أَتَأۡخُذُونَهُۥ
بُهۡتَٰنٗا وَإِثۡمٗا مُّبِينٗا ٢٠ وَكَيۡفَ تَأۡخُذُونَهُۥ وَقَدۡ أَفۡضَىٰ
بَعۡضُكُمۡ إِلَىٰ بَعۡضٖ وَأَخَذۡنَ مِنكُم مِّيثَٰقًا غَلِيظٗا
٢١ وَلَا تَنكِحُواْ مَا نَكَحَ ءَابَآؤُكُم مِّنَ ٱلنِّسَآءِ
إِلَّا مَا قَدۡ سَلَفَۚ إِنَّهُۥ كَانَ فَٰحِشَةٗ وَمَقۡتٗا وَسَآءَ
سَبِيلًا ٢٢ حُرِّمَتۡ عَلَيۡكُمۡ أُمَّهَٰتُكُمۡ وَبَنَاتُكُمۡ
وَأَخَوَٰتُكُمۡ وَعَمَّٰتُكُمۡ وَخَٰلَٰتُكُمۡ وَبَنَاتُ
ٱلۡأَخِ وَبَنَاتُ ٱلۡأُخۡتِ وَأُمَّهَٰتُكُمُ ٱلَّٰتِيٓ أَرۡضَعۡنَكُمۡ
وَأَخَوَٰتُكُم مِّنَ ٱلرَّضَٰعَةِ وَأُمَّهَٰتُ نِسَآئِكُمۡ
وَرَبَٰٓئِبُكُمُ ٱلَّٰتِي فِي حُجُورِكُم مِّن نِّسَآئِكُمُ
ٱلَّٰتِي دَخَلۡتُم بِهِنَّ فَإِن لَّمۡ تَكُونُواْ دَخَلۡتُم بِهِنَّ فَلَا
جُنَاحَ عَلَيۡكُمۡ وَحَلَٰٓئِلُ أَبۡنَآئِكُمُ ٱلَّذِينَ مِنۡ
أَصۡلَٰبِكُمۡ وَأَن تَجۡمَعُواْ بَيۡنَ ٱلۡأُخۡتَيۡنِ إِلَّا
مَا قَدۡ سَلَفَۗ إِنَّ ٱللَّهَ كَانَ غَفُورٗا رَّحِيمٗا ٢٣

۞ وَٱلۡمُحۡصَنَٰتُ مِنَ ٱلنِّسَآءِ إِلَّا مَا مَلَكَتۡ أَيۡمَٰنُكُمۡۖ
كِتَٰبَ ٱللَّهِ عَلَيۡكُمۡۚ وَأُحِلَّ لَكُم مَّا وَرَآءَ ذَٰلِكُمۡ أَن تَبۡتَغُواْ
بِأَمۡوَٰلِكُم مُّحۡصِنِينَ غَيۡرَ مُسَٰفِحِينَۚ فَمَا ٱسۡتَمۡتَعۡتُم بِهِۦ
مِنۡهُنَّ فَـَٔاتُوهُنَّ أُجُورَهُنَّ فَرِيضَةٗۚ وَلَا جُنَاحَ عَلَيۡكُمۡ فِيمَا
تَرَٰضَيۡتُم بِهِۦ مِنۢ بَعۡدِ ٱلۡفَرِيضَةِۚ إِنَّ ٱللَّهَ كَانَ عَلِيمًا
حَكِيمٗا ٢٤ وَمَن لَّمۡ يَسۡتَطِعۡ مِنكُمۡ طَوۡلًا أَن يَنكِحَ
ٱلۡمُحۡصَنَٰتِ ٱلۡمُؤۡمِنَٰتِ فَمِن مَّا مَلَكَتۡ أَيۡمَٰنُكُم مِّن
فَتَيَٰتِكُمُ ٱلۡمُؤۡمِنَٰتِۚ وَٱللَّهُ أَعۡلَمُ بِإِيمَٰنِكُمۚ بَعۡضُكُم
مِّنۢ بَعۡضٖۚ فَٱنكِحُوهُنَّ بِإِذۡنِ أَهۡلِهِنَّ وَءَاتُوهُنَّ أُجُورَهُنَّ
بِٱلۡمَعۡرُوفِ مُحۡصَنَٰتٍ غَيۡرَ مُسَٰفِحَٰتٖ وَلَا مُتَّخِذَٰتِ
أَخۡدَانٖۚ فَإِذَآ أُحۡصِنَّ فَإِنۡ أَتَيۡنَ بِفَٰحِشَةٖ فَعَلَيۡهِنَّ نِصۡفُ
مَا عَلَى ٱلۡمُحۡصَنَٰتِ مِنَ ٱلۡعَذَابِۚ ذَٰلِكَ لِمَنۡ خَشِيَ ٱلۡعَنَتَ
مِنكُمۡۚ وَأَن تَصۡبِرُواْ خَيۡرٞ لَّكُمۡۗ وَٱللَّهُ غَفُورٞ رَّحِيمٞ
٢٥ يُرِيدُ ٱللَّهُ لِيُبَيِّنَ لَكُمۡ وَيَهۡدِيَكُمۡ سُنَنَ ٱلَّذِينَ
مِن قَبۡلِكُمۡ وَيَتُوبَ عَلَيۡكُمۡۗ وَٱللَّهُ عَلِيمٌ حَكِيمٞ ٢٦

وَٱللَّهُ يُرِيدُ أَن يَتُوبَ عَلَيۡكُمۡ وَيُرِيدُ ٱلَّذِينَ يَتَّبِعُونَ
ٱلشَّهَوَٰتِ أَن تَمِيلُواْ مَيۡلًا عَظِيمٗا ٢٧ يُرِيدُ ٱللَّهُ أَن يُخَفِّفَ
عَنكُمۡۚ وَخُلِقَ ٱلۡإِنسَٰنُ ضَعِيفٗا ٢٨ يَٰٓأَيُّهَا ٱلَّذِينَ ءَامَنُواْ
لَا تَأۡكُلُوٓاْ أَمۡوَٰلَكُم بَيۡنَكُم بِٱلۡبَٰطِلِ إِلَّآ أَن تَكُونَ
تِجَٰرَةً عَن تَرَاضٖ مِّنكُمۡۚ وَلَا تَقۡتُلُوٓاْ أَنفُسَكُمۡۚ إِنَّ
ٱللَّهَ كَانَ بِكُمۡ رَحِيمٗا ٢٩ وَمَن يَفۡعَلۡ ذَٰلِكَ عُدۡوَٰنٗا
وَظُلۡمٗا فَسَوۡفَ نُصۡلِيهِ نَارٗاۚ وَكَانَ ذَٰلِكَ عَلَى ٱللَّهِ
يَسِيرًا ٣٠ إِن تَجۡتَنِبُواْ كَبَآئِرَ مَا تُنۡهَوۡنَ عَنۡهُ نُكَفِّرۡ
عَنكُمۡ سَيِّـَٔاتِكُمۡ وَنُدۡخِلۡكُم مُّدۡخَلٗا كَرِيمٗا ٣١
وَلَا تَتَمَنَّوۡاْ مَا فَضَّلَ ٱللَّهُ بِهِۦ بَعۡضَكُمۡ عَلَىٰ بَعۡضٖۚ لِّلرِّجَالِ
نَصِيبٞ مِّمَّا ٱكۡتَسَبُواْۖ وَلِلنِّسَآءِ نَصِيبٞ مِّمَّا ٱكۡتَسَبۡنَۚ
وَسۡـَٔلُواْ ٱللَّهَ مِن فَضۡلِهِۦٓۚ إِنَّ ٱللَّهَ كَانَ بِكُلِّ شَيۡءٍ
عَلِيمٗا ٣٢ وَلِكُلّٖ جَعَلۡنَا مَوَٰلِيَ مِمَّا تَرَكَ ٱلۡوَٰلِدَانِ
وَٱلۡأَقۡرَبُونَۚ وَٱلَّذِينَ عَقَدَتۡ أَيۡمَٰنُكُمۡ فَـَٔاتُوهُمۡ
نَصِيبَهُمۡۚ إِنَّ ٱللَّهَ كَانَ عَلَىٰ كُلِّ شَيۡءٖ شَهِيدًا ٣٣

ٱلرِّجَالُ قَوَّٰمُونَ عَلَى ٱلنِّسَآءِ بِمَا فَضَّلَ ٱللَّهُ بَعْضَهُمْ عَلَىٰ
بَعْضٍ وَبِمَآ أَنفَقُوا۟ مِنْ أَمْوَٰلِهِمْ ۚ فَٱلصَّٰلِحَٰتُ قَٰنِتَٰتٌ
حَٰفِظَٰتٌ لِّلْغَيْبِ بِمَا حَفِظَ ٱللَّهُ ۚ وَٱلَّٰتِى تَخَافُونَ
نُشُوزَهُنَّ فَعِظُوهُنَّ وَٱهْجُرُوهُنَّ فِى ٱلْمَضَاجِعِ
وَٱضْرِبُوهُنَّ ۖ فَإِنْ أَطَعْنَكُمْ فَلَا تَبْغُوا۟ عَلَيْهِنَّ سَبِيلًا ۗ
إِنَّ ٱللَّهَ كَانَ عَلِيًّا كَبِيرًا ﴿٣٤﴾ وَإِنْ خِفْتُمْ شِقَاقَ بَيْنِهِمَا
فَٱبْعَثُوا۟ حَكَمًا مِّنْ أَهْلِهِۦ وَحَكَمًا مِّنْ أَهْلِهَآ إِن
يُرِيدَآ إِصْلَٰحًا يُوَفِّقِ ٱللَّهُ بَيْنَهُمَآ ۗ إِنَّ ٱللَّهَ كَانَ عَلِيمًا
خَبِيرًا ﴿٣٥﴾ ۞ وَٱعْبُدُوا۟ ٱللَّهَ وَلَا تُشْرِكُوا۟ بِهِۦ شَيْـًٔا ۖ
وَبِٱلْوَٰلِدَيْنِ إِحْسَٰنًا وَبِذِى ٱلْقُرْبَىٰ وَٱلْيَتَٰمَىٰ وَٱلْمَسَٰكِينِ
وَٱلْجَارِ ذِى ٱلْقُرْبَىٰ وَٱلْجَارِ ٱلْجُنُبِ وَٱلصَّاحِبِ بِٱلْجَنۢبِ
وَٱبْنِ ٱلسَّبِيلِ وَمَا مَلَكَتْ أَيْمَٰنُكُمْ ۗ إِنَّ ٱللَّهَ
لَا يُحِبُّ مَن كَانَ مُخْتَالًا فَخُورًا ﴿٣٦﴾ ٱلَّذِينَ يَبْخَلُونَ
وَيَأْمُرُونَ ٱلنَّاسَ بِٱلْبُخْلِ وَيَكْتُمُونَ مَآ ءَاتَىٰهُمُ
ٱللَّهُ مِن فَضْلِهِۦ ۗ وَأَعْتَدْنَا لِلْكَٰفِرِينَ عَذَابًا مُّهِينًا ﴿٣٧﴾

ربع الحزب ٩

وَٱلَّذِينَ يُنفِقُونَ أَمۡوَٰلَهُمۡ رِئَآءَ ٱلنَّاسِ وَلَا يُؤۡمِنُونَ بِٱللَّهِ
وَلَا بِٱلۡيَوۡمِ ٱلۡأٓخِرِۗ وَمَن يَكُنِ ٱلشَّيۡطَٰنُ لَهُۥ قَرِينٗا فَسَآءَ
قَرِينٗا ٣٨ وَمَاذَا عَلَيۡهِمۡ لَوۡ ءَامَنُواْ بِٱللَّهِ وَٱلۡيَوۡمِ ٱلۡأٓخِرِ وَأَنفَقُواْ
مِمَّا رَزَقَهُمُ ٱللَّهُۚ وَكَانَ ٱللَّهُ بِهِمۡ عَلِيمًا ٣٩ إِنَّ ٱللَّهَ لَا يَظۡلِمُ
مِثۡقَالَ ذَرَّةٖۖ وَإِن تَكُ حَسَنَةٗ يُضَٰعِفۡهَا وَيُؤۡتِ مِن لَّدُنۡهُ
أَجۡرًا عَظِيمٗا ٤٠ فَكَيۡفَ إِذَا جِئۡنَا مِن كُلِّ أُمَّةِۭ بِشَهِيدٖ
وَجِئۡنَا بِكَ عَلَىٰ هَٰٓؤُلَآءِ شَهِيدٗا ٤١ يَوۡمَئِذٖ يَوَدُّ ٱلَّذِينَ
كَفَرُواْ وَعَصَوُاْ ٱلرَّسُولَ لَوۡ تُسَوَّىٰ بِهِمُ ٱلۡأَرۡضُ وَلَا يَكۡتُمُونَ
ٱللَّهَ حَدِيثٗا ٤٢ يَٰٓأَيُّهَا ٱلَّذِينَ ءَامَنُواْ لَا تَقۡرَبُواْ ٱلصَّلَوٰةَ وَأَنتُمۡ
سُكَٰرَىٰ حَتَّىٰ تَعۡلَمُواْ مَا تَقُولُونَ وَلَا جُنُبًا إِلَّا عَابِرِي
سَبِيلٍ حَتَّىٰ تَغۡتَسِلُواْۚ وَإِن كُنتُم مَّرۡضَىٰٓ أَوۡ عَلَىٰ سَفَرٍ أَوۡ جَآءَ
أَحَدٞ مِّنكُم مِّنَ ٱلۡغَآئِطِ أَوۡ لَٰمَسۡتُمُ ٱلنِّسَآءَ فَلَمۡ تَجِدُواْ مَآءٗ
فَتَيَمَّمُواْ صَعِيدٗا طَيِّبٗا فَٱمۡسَحُواْ بِوُجُوهِكُمۡ وَأَيۡدِيكُمۡۗ
إِنَّ ٱللَّهَ كَانَ عَفُوًّا غَفُورًا ٤٣ أَلَمۡ تَرَ إِلَى ٱلَّذِينَ أُوتُواْ نَصِيبٗا مِّنَ
ٱلۡكِتَٰبِ يَشۡتَرُونَ ٱلضَّلَٰلَةَ وَيُرِيدُونَ أَن تَضِلُّواْ ٱلسَّبِيلَ ٤٤

وَٱللَّهُ أَعۡلَمُ بِأَعۡدَآئِكُمۡۚ وَكَفَىٰ بِٱللَّهِ وَلِيّٗا وَكَفَىٰ بِٱللَّهِ نَصِيرٗا ٤٥
مِّنَ ٱلَّذِينَ هَادُواْ يُحَرِّفُونَ ٱلۡكَلِمَ عَن مَّوَاضِعِهِۦ وَيَقُولُونَ
سَمِعۡنَا وَعَصَيۡنَا وَٱسۡمَعۡ غَيۡرَ مُسۡمَعٖ وَرَٰعِنَا لَيَّۢا بِأَلۡسِنَتِهِمۡ
وَطَعۡنٗا فِي ٱلدِّينِۚ وَلَوۡ أَنَّهُمۡ قَالُواْ سَمِعۡنَا وَأَطَعۡنَا وَٱسۡمَعۡ وَٱنظُرۡنَا
لَكَانَ خَيۡرٗا لَّهُمۡ وَأَقۡوَمَ وَلَٰكِن لَّعَنَهُمُ ٱللَّهُ بِكُفۡرِهِمۡ فَلَا يُؤۡمِنُونَ
إِلَّا قَلِيلٗا ٤٦ يَٰٓأَيُّهَا ٱلَّذِينَ أُوتُواْ ٱلۡكِتَٰبَ ءَامِنُواْ بِمَا نَزَّلۡنَا
مُصَدِّقٗا لِّمَا مَعَكُم مِّن قَبۡلِ أَن نَّطۡمِسَ وُجُوهٗا فَنَرُدَّهَا
عَلَىٰٓ أَدۡبَارِهَآ أَوۡ نَلۡعَنَهُمۡ كَمَا لَعَنَّآ أَصۡحَٰبَ ٱلسَّبۡتِۚ وَكَانَ أَمۡرُ
ٱللَّهِ مَفۡعُولًا ٤٧ إِنَّ ٱللَّهَ لَا يَغۡفِرُ أَن يُشۡرَكَ بِهِۦ وَيَغۡفِرُ مَا دُونَ
ذَٰلِكَ لِمَن يَشَآءُۚ وَمَن يُشۡرِكۡ بِٱللَّهِ فَقَدِ ٱفۡتَرَىٰٓ إِثۡمًا عَظِيمًا
٤٨ أَلَمۡ تَرَ إِلَى ٱلَّذِينَ يُزَكُّونَ أَنفُسَهُمۚ بَلِ ٱللَّهُ يُزَكِّي مَن يَشَآءُ
وَلَا يُظۡلَمُونَ فَتِيلًا ٤٩ ٱنظُرۡ كَيۡفَ يَفۡتَرُونَ عَلَى ٱللَّهِ ٱلۡكَذِبَۖ
وَكَفَىٰ بِهِۦٓ إِثۡمٗا مُّبِينًا ٥٠ أَلَمۡ تَرَ إِلَى ٱلَّذِينَ أُوتُواْ نَصِيبٗا
مِّنَ ٱلۡكِتَٰبِ يُؤۡمِنُونَ بِٱلۡجِبۡتِ وَٱلطَّٰغُوتِ وَيَقُولُونَ
لِلَّذِينَ كَفَرُواْ هَٰٓؤُلَآءِ أَهۡدَىٰ مِنَ ٱلَّذِينَ ءَامَنُواْ سَبِيلًا ٥١

أُو۟لَٰٓئِكَ ٱلَّذِينَ لَعَنَهُمُ ٱللَّهُ ۖ وَمَن يَلْعَنِ ٱللَّهُ فَلَن تَجِدَ لَهُۥ نَصِيرًا ﴿٥٢﴾
أَمْ لَهُمْ نَصِيبٌ مِّنَ ٱلْمُلْكِ فَإِذًا لَّا يُؤْتُونَ ٱلنَّاسَ نَقِيرًا ﴿٥٣﴾ أَمْ
يَحْسُدُونَ ٱلنَّاسَ عَلَىٰ مَآ ءَاتَىٰهُمُ ٱللَّهُ مِن فَضْلِهِۦ ۖ فَقَدْ ءَاتَيْنَآ
ءَالَ إِبْرَٰهِيمَ ٱلْكِتَٰبَ وَٱلْحِكْمَةَ وَءَاتَيْنَٰهُم مُّلْكًا عَظِيمًا ﴿٥٤﴾
فَمِنْهُم مَّنْ ءَامَنَ بِهِۦ وَمِنْهُم مَّن صَدَّ عَنْهُ ۚ وَكَفَىٰ بِجَهَنَّمَ سَعِيرًا ﴿٥٥﴾
إِنَّ ٱلَّذِينَ كَفَرُوا۟ بِـَٔايَٰتِنَا سَوْفَ نُصْلِيهِمْ نَارًا كُلَّمَا نَضِجَتْ
جُلُودُهُم بَدَّلْنَٰهُمْ جُلُودًا غَيْرَهَا لِيَذُوقُوا۟ ٱلْعَذَابَ ۗ إِنَّ ٱللَّهَ كَانَ
عَزِيزًا حَكِيمًا ﴿٥٦﴾ وَٱلَّذِينَ ءَامَنُوا۟ وَعَمِلُوا۟ ٱلصَّٰلِحَٰتِ سَنُدْخِلُهُمْ
جَنَّٰتٍ تَجْرِى مِن تَحْتِهَا ٱلْأَنْهَٰرُ خَٰلِدِينَ فِيهَآ أَبَدًا ۖ لَّهُمْ فِيهَآ
أَزْوَٰجٌ مُّطَهَّرَةٌ ۖ وَنُدْخِلُهُمْ ظِلًّا ظَلِيلًا ﴿٥٧﴾ ۞ إِنَّ ٱللَّهَ يَأْمُرُكُمْ
أَن تُؤَدُّوا۟ ٱلْأَمَٰنَٰتِ إِلَىٰٓ أَهْلِهَا وَإِذَا حَكَمْتُم بَيْنَ ٱلنَّاسِ أَن
تَحْكُمُوا۟ بِٱلْعَدْلِ ۚ إِنَّ ٱللَّهَ نِعِمَّا يَعِظُكُم بِهِۦٓ ۗ إِنَّ ٱللَّهَ كَانَ سَمِيعًۢا
بَصِيرًا ﴿٥٨﴾ يَٰٓأَيُّهَا ٱلَّذِينَ ءَامَنُوٓا۟ أَطِيعُوا۟ ٱللَّهَ وَأَطِيعُوا۟ ٱلرَّسُولَ وَأُو۟لِى
ٱلْأَمْرِ مِنكُمْ ۖ فَإِن تَنَٰزَعْتُمْ فِى شَىْءٍ فَرُدُّوهُ إِلَى ٱللَّهِ وَٱلرَّسُولِ إِن كُنتُمْ
تُؤْمِنُونَ بِٱللَّهِ وَٱلْيَوْمِ ٱلْءَاخِرِ ۚ ذَٰلِكَ خَيْرٌ وَأَحْسَنُ تَأْوِيلًا ﴿٥٩﴾

نصف الحزب ٩

أَلَمۡ تَرَ إِلَى ٱلَّذِينَ يَزۡعُمُونَ أَنَّهُمۡ ءَامَنُواْ بِمَآ أُنزِلَ إِلَيۡكَ
وَمَآ أُنزِلَ مِن قَبۡلِكَ يُرِيدُونَ أَن يَتَحَاكَمُوٓاْ إِلَى ٱلطَّٰغُوتِ
وَقَدۡ أُمِرُوٓاْ أَن يَكۡفُرُواْ بِهِۦۖ وَيُرِيدُ ٱلشَّيۡطَٰنُ أَن يُضِلَّهُمۡ
ضَلَٰلَۢا بَعِيدٗا ٦٠ وَإِذَا قِيلَ لَهُمۡ تَعَالَوۡاْ إِلَىٰ مَآ أَنزَلَ
ٱللَّهُ وَإِلَى ٱلرَّسُولِ رَأَيۡتَ ٱلۡمُنَٰفِقِينَ يَصُدُّونَ عَنكَ
صُدُودٗا ٦١ فَكَيۡفَ إِذَآ أَصَٰبَتۡهُم مُّصِيبَةُۢ بِمَا
قَدَّمَتۡ أَيۡدِيهِمۡ ثُمَّ جَآءُوكَ يَحۡلِفُونَ بِٱللَّهِ إِنۡ أَرَدۡنَآ إِلَّآ
إِحۡسَٰنٗا وَتَوۡفِيقًا ٦٢ أُوْلَٰٓئِكَ ٱلَّذِينَ يَعۡلَمُ ٱللَّهُ مَا
فِي قُلُوبِهِمۡ فَأَعۡرِضۡ عَنۡهُمۡ وَعِظۡهُمۡ وَقُل لَّهُمۡ فِيٓ
أَنفُسِهِمۡ قَوۡلَۢا بَلِيغٗا ٦٣ وَمَآ أَرۡسَلۡنَا مِن رَّسُولٍ إِلَّا
لِيُطَاعَ بِإِذۡنِ ٱللَّهِۚ وَلَوۡ أَنَّهُمۡ إِذ ظَّلَمُوٓاْ أَنفُسَهُمۡ
جَآءُوكَ فَٱسۡتَغۡفَرُواْ ٱللَّهَ وَٱسۡتَغۡفَرَ لَهُمُ ٱلرَّسُولُ
لَوَجَدُواْ ٱللَّهَ تَوَّابٗا رَّحِيمٗا ٦٤ فَلَا وَرَبِّكَ لَا يُؤۡمِنُونَ
حَتَّىٰ يُحَكِّمُوكَ فِيمَا شَجَرَ بَيۡنَهُمۡ ثُمَّ لَا يَجِدُواْ فِيٓ
أَنفُسِهِمۡ حَرَجٗا مِّمَّا قَضَيۡتَ وَيُسَلِّمُواْ تَسۡلِيمٗا ٦٥

وَلَوۡ أَنَّا كَتَبۡنَا عَلَيۡهِمۡ أَنِ ٱقۡتُلُوٓاْ أَنفُسَكُمۡ أَوِ ٱخۡرُجُواْ مِن
دِيَٰرِكُم مَّا فَعَلُوهُ إِلَّا قَلِيلٞ مِّنۡهُمۡۖ وَلَوۡ أَنَّهُمۡ فَعَلُواْ مَا يُوعَظُونَ
بِهِۦ لَكَانَ خَيۡرٗا لَّهُمۡ وَأَشَدَّ تَثۡبِيتٗا ٦٦ وَإِذٗا لَّأٓتَيۡنَٰهُم
مِّن لَّدُنَّآ أَجۡرًا عَظِيمٗا ٦٧ وَلَهَدَيۡنَٰهُمۡ صِرَٰطٗا مُّسۡتَقِيمٗا
٦٨ وَمَن يُطِعِ ٱللَّهَ وَٱلرَّسُولَ فَأُوْلَٰٓئِكَ مَعَ ٱلَّذِينَ أَنۡعَمَ ٱللَّهُ
عَلَيۡهِم مِّنَ ٱلنَّبِيِّـۧنَ وَٱلصِّدِّيقِينَ وَٱلشُّهَدَآءِ وَٱلصَّٰلِحِينَۚ
وَحَسُنَ أُوْلَٰٓئِكَ رَفِيقٗا ٦٩ ذَٰلِكَ ٱلۡفَضۡلُ مِنَ ٱللَّهِۚ وَكَفَىٰ
بِٱللَّهِ عَلِيمٗا ٧٠ يَٰٓأَيُّهَا ٱلَّذِينَ ءَامَنُواْ خُذُواْ حِذۡرَكُمۡ
فَٱنفِرُواْ ثُبَاتٍ أَوِ ٱنفِرُواْ جَمِيعٗا ٧١ وَإِنَّ مِنكُمۡ لَمَن لَّيُبَطِّئَنَّ
فَإِنۡ أَصَٰبَتۡكُم مُّصِيبَةٞ قَالَ قَدۡ أَنۡعَمَ ٱللَّهُ عَلَيَّ إِذۡ لَمۡ أَكُن
مَّعَهُمۡ شَهِيدٗا ٧٢ وَلَئِنۡ أَصَٰبَكُمۡ فَضۡلٞ مِّنَ ٱللَّهِ لَيَقُولَنَّ كَأَن
لَّمۡ تَكُنۢ بَيۡنَكُمۡ وَبَيۡنَهُۥ مَوَدَّةٞ يَٰلَيۡتَنِي كُنتُ مَعَهُمۡ
فَأَفُوزَ فَوۡزًا عَظِيمٗا ٧٣ ۞ فَلۡيُقَٰتِلۡ فِي سَبِيلِ ٱللَّهِ ٱلَّذِينَ ثلاثة أرباع الحزب ٩
يَشۡرُونَ ٱلۡحَيَوٰةَ ٱلدُّنۡيَا بِٱلۡأٓخِرَةِۚ وَمَن يُقَٰتِلۡ فِي سَبِيلِ
ٱللَّهِ فَيُقۡتَلۡ أَوۡ يَغۡلِبۡ فَسَوۡفَ نُؤۡتِيهِ أَجۡرًا عَظِيمٗا ٧٤

وَمَا لَكُمْ لَا تُقَٰتِلُونَ فِى سَبِيلِ ٱللَّهِ وَٱلْمُسْتَضْعَفِينَ مِنَ ٱلرِّجَالِ
وَٱلنِّسَآءِ وَٱلْوِلْدَٰنِ ٱلَّذِينَ يَقُولُونَ رَبَّنَآ أَخْرِجْنَا مِنْ هَٰذِهِ ٱلْقَرْيَةِ
ٱلظَّالِمِ أَهْلُهَا وَٱجْعَل لَّنَا مِن لَّدُنكَ وَلِيًّا وَٱجْعَل لَّنَا مِن لَّدُنكَ نَصِيرًا
﴿٧٥﴾ ٱلَّذِينَ ءَامَنُوا۟ يُقَٰتِلُونَ فِى سَبِيلِ ٱللَّهِ ۖ وَٱلَّذِينَ كَفَرُوا۟ يُقَٰتِلُونَ فِى
سَبِيلِ ٱلطَّٰغُوتِ فَقَٰتِلُوٓا۟ أَوْلِيَآءَ ٱلشَّيْطَٰنِ ۖ إِنَّ كَيْدَ ٱلشَّيْطَٰنِ
كَانَ ضَعِيفًا ﴿٧٦﴾ أَلَمْ تَرَ إِلَى ٱلَّذِينَ قِيلَ لَهُمْ كُفُّوٓا۟ أَيْدِيَكُمْ وَأَقِيمُوا۟
ٱلصَّلَوٰةَ وَءَاتُوا۟ ٱلزَّكَوٰةَ فَلَمَّا كُتِبَ عَلَيْهِمُ ٱلْقِتَالُ إِذَا فَرِيقٌ مِّنْهُمْ
يَخْشَوْنَ ٱلنَّاسَ كَخَشْيَةِ ٱللَّهِ أَوْ أَشَدَّ خَشْيَةً ۚ وَقَالُوا۟ رَبَّنَا لِمَ كَتَبْتَ
عَلَيْنَا ٱلْقِتَالَ لَوْلَآ أَخَّرْتَنَآ إِلَىٰٓ أَجَلٍ قَرِيبٍ ۗ قُلْ مَتَٰعُ ٱلدُّنْيَا قَلِيلٌ
وَٱلْءَاخِرَةُ خَيْرٌ لِّمَنِ ٱتَّقَىٰ وَلَا تُظْلَمُونَ فَتِيلًا ﴿٧٧﴾ أَيْنَمَا تَكُونُوا۟
يُدْرِككُّمُ ٱلْمَوْتُ وَلَوْ كُنتُمْ فِى بُرُوجٍ مُّشَيَّدَةٍ ۗ وَإِن تُصِبْهُمْ حَسَنَةٌ
يَقُولُوا۟ هَٰذِهِۦ مِنْ عِندِ ٱللَّهِ ۖ وَإِن تُصِبْهُمْ سَيِّئَةٌ يَقُولُوا۟ هَٰذِهِۦ مِنْ
عِندِكَ ۚ قُلْ كُلٌّ مِّنْ عِندِ ٱللَّهِ ۖ فَمَالِ هَٰٓؤُلَآءِ ٱلْقَوْمِ لَا يَكَادُونَ يَفْقَهُونَ
حَدِيثًا ﴿٧٨﴾ مَّآ أَصَابَكَ مِنْ حَسَنَةٍ فَمِنَ ٱللَّهِ ۖ وَمَآ أَصَابَكَ مِن سَيِّئَةٍ
فَمِن نَّفْسِكَ ۚ وَأَرْسَلْنَٰكَ لِلنَّاسِ رَسُولًا ۚ وَكَفَىٰ بِٱللَّهِ شَهِيدًا ﴿٧٩﴾

مَّن يُطِعِ ٱلرَّسُولَ فَقَدْ أَطَاعَ ٱللَّهَ ۖ وَمَن تَوَلَّىٰ فَمَآ أَرْسَلْنَٰكَ
عَلَيْهِمْ حَفِيظًا ﴿٨٠﴾ وَيَقُولُونَ طَاعَةٌ فَإِذَا بَرَزُوا۟ مِنْ عِندِكَ
بَيَّتَ طَآئِفَةٌ مِّنْهُمْ غَيْرَ ٱلَّذِى تَقُولُ ۖ وَٱللَّهُ يَكْتُبُ مَا يُبَيِّتُونَ ۖ
فَأَعْرِضْ عَنْهُمْ وَتَوَكَّلْ عَلَى ٱللَّهِ ۚ وَكَفَىٰ بِٱللَّهِ وَكِيلًا
﴿٨١﴾ أَفَلَا يَتَدَبَّرُونَ ٱلْقُرْءَانَ ۚ وَلَوْ كَانَ مِنْ عِندِ غَيْرِ ٱللَّهِ
لَوَجَدُوا۟ فِيهِ ٱخْتِلَٰفًا كَثِيرًا ﴿٨٢﴾ وَإِذَا جَآءَهُمْ أَمْرٌ مِّنَ ٱلْأَمْنِ
أَوِ ٱلْخَوْفِ أَذَاعُوا۟ بِهِۦ ۖ وَلَوْ رَدُّوهُ إِلَى ٱلرَّسُولِ وَإِلَىٰٓ أُو۟لِى ٱلْأَمْرِ
مِنْهُمْ لَعَلِمَهُ ٱلَّذِينَ يَسْتَنۢبِطُونَهُۥ مِنْهُمْ ۗ وَلَوْلَا فَضْلُ ٱللَّهِ
عَلَيْكُمْ وَرَحْمَتُهُۥ لَٱتَّبَعْتُمُ ٱلشَّيْطَٰنَ إِلَّا قَلِيلًا ﴿٨٣﴾
فَقَٰتِلْ فِى سَبِيلِ ٱللَّهِ لَا تُكَلَّفُ إِلَّا نَفْسَكَ ۚ وَحَرِّضِ ٱلْمُؤْمِنِينَ ۖ
عَسَى ٱللَّهُ أَن يَكُفَّ بَأْسَ ٱلَّذِينَ كَفَرُوا۟ ۚ وَٱللَّهُ أَشَدُّ بَأْسًا
وَأَشَدُّ تَنكِيلًا ﴿٨٤﴾ مَّن يَشْفَعْ شَفَٰعَةً حَسَنَةً يَكُن لَّهُۥ
نَصِيبٌ مِّنْهَا ۖ وَمَن يَشْفَعْ شَفَٰعَةً سَيِّئَةً يَكُن لَّهُۥ كِفْلٌ مِّنْهَا ۗ
وَكَانَ ٱللَّهُ عَلَىٰ كُلِّ شَىْءٍ مُّقِيتًا ﴿٨٥﴾ وَإِذَا حُيِّيتُم بِتَحِيَّةٍ فَحَيُّوا۟
بِأَحْسَنَ مِنْهَآ أَوْ رُدُّوهَآ ۗ إِنَّ ٱللَّهَ كَانَ عَلَىٰ كُلِّ شَىْءٍ حَسِيبًا ﴿٨٦﴾

الحزب ١٠

ٱللَّهُ لَآ إِلَٰهَ إِلَّا هُوَ ۚ لَيَجْمَعَنَّكُمْ إِلَىٰ يَوْمِ ٱلْقِيَٰمَةِ لَا رَيْبَ فِيهِ ۗ
وَمَنْ أَصْدَقُ مِنَ ٱللَّهِ حَدِيثًا ٨٧ ۞ فَمَا لَكُمْ فِى ٱلْمُنَٰفِقِينَ
فِئَتَيْنِ وَٱللَّهُ أَرْكَسَهُم بِمَا كَسَبُوٓا۟ ۚ أَتُرِيدُونَ أَن تَهْدُوا۟ مَنْ
أَضَلَّ ٱللَّهُ ۖ وَمَن يُضْلِلِ ٱللَّهُ فَلَن تَجِدَ لَهُۥ سَبِيلًا ٨٨ وَدُّوا۟ لَوْ تَكْفُرُونَ
كَمَا كَفَرُوا۟ فَتَكُونُونَ سَوَآءً ۖ فَلَا تَتَّخِذُوا۟ مِنْهُمْ أَوْلِيَآءَ حَتَّىٰ
يُهَاجِرُوا۟ فِى سَبِيلِ ٱللَّهِ ۚ فَإِن تَوَلَّوْا۟ فَخُذُوهُمْ وَٱقْتُلُوهُمْ حَيْثُ
وَجَدتُّمُوهُمْ ۖ وَلَا تَتَّخِذُوا۟ مِنْهُمْ وَلِيًّا وَلَا نَصِيرًا ٨٩ إِلَّا ٱلَّذِينَ
يَصِلُونَ إِلَىٰ قَوْمٍۭ بَيْنَكُمْ وَبَيْنَهُم مِّيثَٰقٌ أَوْ جَآءُوكُمْ حَصِرَتْ
صُدُورُهُمْ أَن يُقَٰتِلُوكُمْ أَوْ يُقَٰتِلُوا۟ قَوْمَهُمْ ۚ وَلَوْ شَآءَ ٱللَّهُ
لَسَلَّطَهُمْ عَلَيْكُمْ فَلَقَٰتَلُوكُمْ ۚ فَإِنِ ٱعْتَزَلُوكُمْ فَلَمْ يُقَٰتِلُوكُمْ
وَأَلْقَوْا۟ إِلَيْكُمُ ٱلسَّلَمَ فَمَا جَعَلَ ٱللَّهُ لَكُمْ عَلَيْهِمْ سَبِيلًا ٩٠
سَتَجِدُونَ ءَاخَرِينَ يُرِيدُونَ أَن يَأْمَنُوكُمْ وَيَأْمَنُوا۟ قَوْمَهُمْ كُلَّ
مَا رُدُّوٓا۟ إِلَى ٱلْفِتْنَةِ أُرْكِسُوا۟ فِيهَا ۚ فَإِن لَّمْ يَعْتَزِلُوكُمْ وَيُلْقُوٓا۟
إِلَيْكُمُ ٱلسَّلَمَ وَيَكُفُّوٓا۟ أَيْدِيَهُمْ فَخُذُوهُمْ وَٱقْتُلُوهُمْ حَيْثُ
ثَقِفْتُمُوهُمْ ۚ وَأُو۟لَٰٓئِكُمْ جَعَلْنَا لَكُمْ عَلَيْهِمْ سُلْطَٰنًا مُّبِينًا ٩١

وَمَا كَانَ لِمُؤْمِنٍ أَن يَقْتُلَ مُؤْمِنًا إِلَّا خَطَـًٔا ۚ وَمَن قَتَلَ
مُؤْمِنًا خَطَـًٔا فَتَحْرِيرُ رَقَبَةٍ مُّؤْمِنَةٍ وَدِيَةٌ مُّسَلَّمَةٌ
إِلَىٰٓ أَهْلِهِۦٓ إِلَّآ أَن يَصَّدَّقُوا۟ ۚ فَإِن كَانَ مِن قَوْمٍ عَدُوٍّ
لَّكُمْ وَهُوَ مُؤْمِنٌ فَتَحْرِيرُ رَقَبَةٍ مُّؤْمِنَةٍ ۖ وَإِن كَانَ
مِن قَوْمٍۭ بَيْنَكُمْ وَبَيْنَهُم مِّيثَـٰقٌ فَدِيَةٌ مُّسَلَّمَةٌ إِلَىٰٓ
أَهْلِهِۦ وَتَحْرِيرُ رَقَبَةٍ مُّؤْمِنَةٍ ۖ فَمَن لَّمْ يَجِدْ فَصِيَامُ
شَهْرَيْنِ مُتَتَابِعَيْنِ تَوْبَةً مِّنَ ٱللَّهِ ۗ وَكَانَ ٱللَّهُ
عَلِيمًا حَكِيمًا ﴿٩٢﴾ وَمَن يَقْتُلْ مُؤْمِنًا مُّتَعَمِّدًا
فَجَزَآؤُهُۥ جَهَنَّمُ خَـٰلِدًا فِيهَا وَغَضِبَ ٱللَّهُ عَلَيْهِ
وَلَعَنَهُۥ وَأَعَدَّ لَهُۥ عَذَابًا عَظِيمًا ﴿٩٣﴾ يَـٰٓأَيُّهَا ٱلَّذِينَ
ءَامَنُوٓا۟ إِذَا ضَرَبْتُمْ فِى سَبِيلِ ٱللَّهِ فَتَبَيَّنُوا۟ وَلَا تَقُولُوا۟
لِمَنْ أَلْقَىٰٓ إِلَيْكُمُ ٱلسَّلَـٰمَ لَسْتَ مُؤْمِنًا تَبْتَغُونَ
عَرَضَ ٱلْحَيَوٰةِ ٱلدُّنْيَا فَعِندَ ٱللَّهِ مَغَانِمُ كَثِيرَةٌ ۚ
كَذَٰلِكَ كُنتُم مِّن قَبْلُ فَمَنَّ ٱللَّهُ عَلَيْكُمْ
فَتَبَيَّنُوٓا۟ ۚ إِنَّ ٱللَّهَ كَانَ بِمَا تَعْمَلُونَ خَبِيرًا ﴿٩٤﴾

لَّا يَسْتَوِي ٱلْقَٰعِدُونَ مِنَ ٱلْمُؤْمِنِينَ غَيْرُ أُوْلِي ٱلضَّرَرِ وَٱلْمُجَٰهِدُونَ
فِي سَبِيلِ ٱللَّهِ بِأَمْوَٰلِهِمْ وَأَنفُسِهِمْۚ فَضَّلَ ٱللَّهُ ٱلْمُجَٰهِدِينَ بِأَمْوَٰلِهِمْ
وَأَنفُسِهِمْ عَلَى ٱلْقَٰعِدِينَ دَرَجَةٗۚ وَكُلّٗا وَعَدَ ٱللَّهُ ٱلْحُسْنَىٰۚ وَفَضَّلَ ٱللَّهُ
ٱلْمُجَٰهِدِينَ عَلَى ٱلْقَٰعِدِينَ أَجْرًا عَظِيمٗا ٩٥ دَرَجَٰتٖ مِّنْهُ وَمَغْفِرَةٗ
وَرَحْمَةٗۚ وَكَانَ ٱللَّهُ غَفُورٗا رَّحِيمًا ٩٦ إِنَّ ٱلَّذِينَ تَوَفَّىٰهُمُ ٱلْمَلَٰٓئِكَةُ
ظَالِمِيٓ أَنفُسِهِمْ قَالُواْ فِيمَ كُنتُمْۖ قَالُواْ كُنَّا مُسْتَضْعَفِينَ فِي ٱلْأَرْضِۚ
قَالُوٓاْ أَلَمْ تَكُنْ أَرْضُ ٱللَّهِ وَٰسِعَةٗ فَتُهَاجِرُواْ فِيهَاۚ فَأُوْلَٰٓئِكَ مَأْوَىٰهُمْ
جَهَنَّمُۖ وَسَآءَتْ مَصِيرًا ٩٧ إِلَّا ٱلْمُسْتَضْعَفِينَ مِنَ ٱلرِّجَالِ
وَٱلنِّسَآءِ وَٱلْوِلْدَٰنِ لَا يَسْتَطِيعُونَ حِيلَةٗ وَلَا يَهْتَدُونَ سَبِيلٗا ٩٨
فَأُوْلَٰٓئِكَ عَسَى ٱللَّهُ أَن يَعْفُوَ عَنْهُمْۚ وَكَانَ ٱللَّهُ عَفُوًّا غَفُورٗا ٩٩ ۞ وَمَن
يُهَاجِرْ فِي سَبِيلِ ٱللَّهِ يَجِدْ فِي ٱلْأَرْضِ مُرَٰغَمٗا كَثِيرٗا وَسَعَةٗۚ وَمَن
يَخْرُجْ مِنۢ بَيْتِهِۦ مُهَاجِرًا إِلَى ٱللَّهِ وَرَسُولِهِۦ ثُمَّ يُدْرِكْهُ ٱلْمَوْتُ فَقَدْ
وَقَعَ أَجْرُهُۥ عَلَى ٱللَّهِۗ وَكَانَ ٱللَّهُ غَفُورٗا رَّحِيمٗا ١٠٠ وَإِذَا ضَرَبْتُمْ فِي
ٱلْأَرْضِ فَلَيْسَ عَلَيْكُمْ جُنَاحٌ أَن تَقْصُرُواْ مِنَ ٱلصَّلَوٰةِ إِنْ خِفْتُمْ
أَن يَفْتِنَكُمُ ٱلَّذِينَ كَفَرُوٓاْۚ إِنَّ ٱلْكَٰفِرِينَ كَانُواْ لَكُمْ عَدُوّٗا مُّبِينٗا ١٠١

ربع الحزب ١٠

وَإِذَا كُنتَ فِيهِمۡ فَأَقَمۡتَ لَهُمُ ٱلصَّلَوٰةَ فَلۡتَقُمۡ طَآئِفَةٞ
مِّنۡهُم مَّعَكَ وَلۡيَأۡخُذُوٓاْ أَسۡلِحَتَهُمۡۖ فَإِذَا سَجَدُواْ فَلۡيَكُونُواْ
مِن وَرَآئِكُمۡ وَلۡتَأۡتِ طَآئِفَةٌ أُخۡرَىٰ لَمۡ يُصَلُّواْ فَلۡيُصَلُّواْ
مَعَكَ وَلۡيَأۡخُذُواْ حِذۡرَهُمۡ وَأَسۡلِحَتَهُمۡۗ وَدَّ ٱلَّذِينَ
كَفَرُواْ لَوۡ تَغۡفُلُونَ عَنۡ أَسۡلِحَتِكُمۡ وَأَمۡتِعَتِكُمۡ فَيَمِيلُونَ
عَلَيۡكُم مَّيۡلَةٗ وَٰحِدَةٗۚ وَلَا جُنَاحَ عَلَيۡكُمۡ إِن كَانَ بِكُمۡ
أَذٗى مِّن مَّطَرٍ أَوۡ كُنتُم مَّرۡضَىٰٓ أَن تَضَعُوٓاْ أَسۡلِحَتَكُمۡۖ
وَخُذُواْ حِذۡرَكُمۡۗ إِنَّ ٱللَّهَ أَعَدَّ لِلۡكَٰفِرِينَ عَذَابٗا مُّهِينٗا ١٠٢
فَإِذَا قَضَيۡتُمُ ٱلصَّلَوٰةَ فَٱذۡكُرُواْ ٱللَّهَ قِيَٰمٗا وَقُعُودٗا وَعَلَىٰ
جُنُوبِكُمۡۚ فَإِذَا ٱطۡمَأۡنَنتُمۡ فَأَقِيمُواْ ٱلصَّلَوٰةَۚ إِنَّ ٱلصَّلَوٰةَ
كَانَتۡ عَلَى ٱلۡمُؤۡمِنِينَ كِتَٰبٗا مَّوۡقُوتٗا ١٠٣ وَلَا تَهِنُواْ فِي
ٱبۡتِغَآءِ ٱلۡقَوۡمِۖ إِن تَكُونُواْ تَأۡلَمُونَ فَإِنَّهُمۡ يَأۡلَمُونَ كَمَا
تَأۡلَمُونَۖ وَتَرۡجُونَ مِنَ ٱللَّهِ مَا لَا يَرۡجُونَۗ وَكَانَ ٱللَّهُ
عَلِيمًا حَكِيمًا ١٠٤ إِنَّآ أَنزَلۡنَآ إِلَيۡكَ ٱلۡكِتَٰبَ بِٱلۡحَقِّ لِتَحۡكُمَ
بَيۡنَ ٱلنَّاسِ بِمَآ أَرَىٰكَ ٱللَّهُۚ وَلَا تَكُن لِّلۡخَآئِنِينَ خَصِيمٗا ١٠٥

وَٱسْتَغْفِرِ ٱللَّهَ إِنَّ ٱللَّهَ كَانَ غَفُورًا رَّحِيمًا ﴿١٠٦﴾ وَلَا تُجَٰدِلْ
عَنِ ٱلَّذِينَ يَخْتَانُونَ أَنفُسَهُمْ إِنَّ ٱللَّهَ لَا يُحِبُّ مَن كَانَ
خَوَّانًا أَثِيمًا ﴿١٠٧﴾ يَسْتَخْفُونَ مِنَ ٱلنَّاسِ وَلَا يَسْتَخْفُونَ
مِنَ ٱللَّهِ وَهُوَ مَعَهُمْ إِذْ يُبَيِّتُونَ مَا لَا يَرْضَىٰ مِنَ ٱلْقَوْلِ
وَكَانَ ٱللَّهُ بِمَا يَعْمَلُونَ مُحِيطًا ﴿١٠٨﴾ هَٰٓأَنتُمْ هَٰٓؤُلَآءِ
جَٰدَلْتُمْ عَنْهُمْ فِى ٱلْحَيَوٰةِ ٱلدُّنْيَا فَمَن يُجَٰدِلُ ٱللَّهَ عَنْهُمْ
يَوْمَ ٱلْقِيَٰمَةِ أَم مَّن يَكُونُ عَلَيْهِمْ وَكِيلًا ﴿١٠٩﴾ وَمَن يَعْمَلْ
سُوٓءًا أَوْ يَظْلِمْ نَفْسَهُۥ ثُمَّ يَسْتَغْفِرِ ٱللَّهَ يَجِدِ ٱللَّهَ غَفُورًا
رَّحِيمًا ﴿١١٠﴾ وَمَن يَكْسِبْ إِثْمًا فَإِنَّمَا يَكْسِبُهُۥ عَلَىٰ نَفْسِهِۦ
وَكَانَ ٱللَّهُ عَلِيمًا حَكِيمًا ﴿١١١﴾ وَمَن يَكْسِبْ خَطِيٓـَٔةً
أَوْ إِثْمًا ثُمَّ يَرْمِ بِهِۦ بَرِيٓـًٔا فَقَدِ ٱحْتَمَلَ بُهْتَٰنًا وَإِثْمًا مُّبِينًا
﴿١١٢﴾ وَلَوْلَا فَضْلُ ٱللَّهِ عَلَيْكَ وَرَحْمَتُهُۥ لَهَمَّت طَّآئِفَةٌ مِّنْهُمْ
أَن يُضِلُّوكَ وَمَا يُضِلُّونَ إِلَّآ أَنفُسَهُمْ وَمَا يَضُرُّونَكَ
مِن شَىْءٍ وَأَنزَلَ ٱللَّهُ عَلَيْكَ ٱلْكِتَٰبَ وَٱلْحِكْمَةَ وَعَلَّمَكَ
مَا لَمْ تَكُن تَعْلَمُ وَكَانَ فَضْلُ ٱللَّهِ عَلَيْكَ عَظِيمًا ﴿١١٣﴾

نصف الحزب ١٠

۞ لَّا خَيْرَ فِي كَثِيرٖ مِّن نَّجْوَىٰهُمْ إِلَّا مَنْ أَمَرَ بِصَدَقَةٍ
أَوْ مَعْرُوفٍ أَوْ إِصْلَٰحِۭ بَيْنَ ٱلنَّاسِۚ وَمَن يَفْعَلْ ذَٰلِكَ
ٱبْتِغَآءَ مَرْضَاتِ ٱللَّهِ فَسَوْفَ نُؤْتِيهِ أَجْرًا عَظِيمٗا ١١٤ وَمَن
يُشَاقِقِ ٱلرَّسُولَ مِنۢ بَعْدِ مَا تَبَيَّنَ لَهُ ٱلْهُدَىٰ وَيَتَّبِعْ غَيْرَ
سَبِيلِ ٱلْمُؤْمِنِينَ نُوَلِّهِۦ مَا تَوَلَّىٰ وَنُصْلِهِۦ جَهَنَّمَۖ وَسَآءَتْ
مَصِيرًا ١١٥ إِنَّ ٱللَّهَ لَا يَغْفِرُ أَن يُشْرَكَ بِهِۦ وَيَغْفِرُ مَا دُونَ
ذَٰلِكَ لِمَن يَشَآءُۚ وَمَن يُشْرِكْ بِٱللَّهِ فَقَدْ ضَلَّ ضَلَٰلَۢا
بَعِيدًا ١١٦ إِن يَدْعُونَ مِن دُونِهِۦٓ إِلَّآ إِنَٰثٗا وَإِن يَدْعُونَ
إِلَّا شَيْطَٰنٗا مَّرِيدٗا ١١٧ لَّعَنَهُ ٱللَّهُۘ وَقَالَ لَأَتَّخِذَنَّ مِنْ
عِبَادِكَ نَصِيبٗا مَّفْرُوضٗا ١١٨ وَلَأُضِلَّنَّهُمْ وَلَأُمَنِّيَنَّهُمْ
وَلَأٓمُرَنَّهُمْ فَلَيُبَتِّكُنَّ ءَاذَانَ ٱلْأَنْعَٰمِ وَلَأٓمُرَنَّهُمْ
فَلَيُغَيِّرُنَّ خَلْقَ ٱللَّهِۚ وَمَن يَتَّخِذِ ٱلشَّيْطَٰنَ وَلِيّٗا مِّن
دُونِ ٱللَّهِ فَقَدْ خَسِرَ خُسْرَانٗا مُّبِينٗا ١١٩ يَعِدُهُمْ
وَيُمَنِّيهِمْۖ وَمَا يَعِدُهُمُ ٱلشَّيْطَٰنُ إِلَّا غُرُورًا ١٢٠ أُوْلَٰٓئِكَ
مَأْوَىٰهُمْ جَهَنَّمُ وَلَا يَجِدُونَ عَنْهَا مَحِيصٗا ١٢١

وَٱلَّذِينَ ءَامَنُواْ وَعَمِلُواْ ٱلصَّٰلِحَٰتِ سَنُدۡخِلُهُمۡ جَنَّٰتٖ
تَجۡرِي مِن تَحۡتِهَا ٱلۡأَنۡهَٰرُ خَٰلِدِينَ فِيهَآ أَبَدٗاۖ وَعۡدَ ٱللَّهِ
حَقّٗاۚ وَمَنۡ أَصۡدَقُ مِنَ ٱللَّهِ قِيلٗا ١٢٢ لَّيۡسَ بِأَمَانِيِّكُمۡ
وَلَآ أَمَانِيِّ أَهۡلِ ٱلۡكِتَٰبِۗ مَن يَعۡمَلۡ سُوٓءٗا يُجۡزَ بِهِۦ
وَلَا يَجِدۡ لَهُۥ مِن دُونِ ٱللَّهِ وَلِيّٗا وَلَا نَصِيرٗا ١٢٣ وَمَن
يَعۡمَلۡ مِنَ ٱلصَّٰلِحَٰتِ مِن ذَكَرٍ أَوۡ أُنثَىٰ وَهُوَ مُؤۡمِنٞ
فَأُوْلَٰٓئِكَ يَدۡخُلُونَ ٱلۡجَنَّةَ وَلَا يُظۡلَمُونَ نَقِيرٗا ١٢٤ وَمَنۡ
أَحۡسَنُ دِينٗا مِّمَّنۡ أَسۡلَمَ وَجۡهَهُۥ لِلَّهِ وَهُوَ مُحۡسِنٞ وَٱتَّبَعَ
مِلَّةَ إِبۡرَٰهِيمَ حَنِيفٗاۗ وَٱتَّخَذَ ٱللَّهُ إِبۡرَٰهِيمَ خَلِيلٗا ١٢٥ وَلِلَّهِ
مَا فِي ٱلسَّمَٰوَٰتِ وَمَا فِي ٱلۡأَرۡضِۚ وَكَانَ ٱللَّهُ بِكُلِّ شَيۡءٖ
مُّحِيطٗا ١٢٦ وَيَسۡتَفۡتُونَكَ فِي ٱلنِّسَآءِۖ قُلِ ٱللَّهُ يُفۡتِيكُمۡ
فِيهِنَّ وَمَا يُتۡلَىٰ عَلَيۡكُمۡ فِي ٱلۡكِتَٰبِ فِي يَتَٰمَى ٱلنِّسَآءِ
ٱلَّٰتِي لَا تُؤۡتُونَهُنَّ مَا كُتِبَ لَهُنَّ وَتَرۡغَبُونَ أَن تَنكِحُوهُنَّ
وَٱلۡمُسۡتَضۡعَفِينَ مِنَ ٱلۡوِلۡدَٰنِ وَأَن تَقُومُواْ لِلۡيَتَٰمَىٰ بِٱلۡقِسۡطِۚ
وَمَا تَفۡعَلُواْ مِنۡ خَيۡرٖ فَإِنَّ ٱللَّهَ كَانَ بِهِۦ عَلِيمٗا ١٢٧

وَإِنِ ٱمۡرَأَةٌ خَافَتۡ مِنۢ بَعۡلِهَا نُشُوزًا أَوۡ إِعۡرَاضٗا فَلَا جُنَاحَ
عَلَيۡهِمَآ أَن يُصۡلِحَا بَيۡنَهُمَا صُلۡحٗاۚ وَٱلصُّلۡحُ خَيۡرٞۗ
وَأُحۡضِرَتِ ٱلۡأَنفُسُ ٱلشُّحَّۚ وَإِن تُحۡسِنُواْ وَتَتَّقُواْ فَإِنَّ ٱللَّهَ
كَانَ بِمَا تَعۡمَلُونَ خَبِيرٗا ١٢٨ وَلَن تَسۡتَطِيعُوٓاْ أَن تَعۡدِلُواْ
بَيۡنَ ٱلنِّسَآءِ وَلَوۡ حَرَصۡتُمۡۖ فَلَا تَمِيلُواْ كُلَّ ٱلۡمَيۡلِ فَتَذَرُوهَا
كَٱلۡمُعَلَّقَةِۚ وَإِن تُصۡلِحُواْ وَتَتَّقُواْ فَإِنَّ ٱللَّهَ كَانَ
غَفُورٗا رَّحِيمٗا ١٢٩ وَإِن يَتَفَرَّقَا يُغۡنِ ٱللَّهُ كُلّٗا مِّن سَعَتِهِۦۚ
وَكَانَ ٱللَّهُ وَٰسِعًا حَكِيمٗا ١٣٠ وَلِلَّهِ مَا فِي ٱلسَّمَٰوَٰتِ
وَمَا فِي ٱلۡأَرۡضِۗ وَلَقَدۡ وَصَّيۡنَا ٱلَّذِينَ أُوتُواْ ٱلۡكِتَٰبَ مِن
قَبۡلِكُمۡ وَإِيَّاكُمۡ أَنِ ٱتَّقُواْ ٱللَّهَۚ وَإِن تَكۡفُرُواْ فَإِنَّ لِلَّهِ
مَا فِي ٱلسَّمَٰوَٰتِ وَمَا فِي ٱلۡأَرۡضِۚ وَكَانَ ٱللَّهُ غَنِيًّا حَمِيدٗا
١٣١ وَلِلَّهِ مَا فِي ٱلسَّمَٰوَٰتِ وَمَا فِي ٱلۡأَرۡضِۚ وَكَفَىٰ بِٱللَّهِ وَكِيلًا
١٣٢ إِن يَشَأۡ يُذۡهِبۡكُمۡ أَيُّهَا ٱلنَّاسُ وَيَأۡتِ بِـَٔاخَرِينَۚ وَكَانَ
ٱللَّهُ عَلَىٰ ذَٰلِكَ قَدِيرٗا ١٣٣ مَّن كَانَ يُرِيدُ ثَوَابَ ٱلدُّنۡيَا فَعِندَ ٱللَّهِ
ثَوَابُ ٱلدُّنۡيَا وَٱلۡأٓخِرَةِۚ وَكَانَ ٱللَّهُ سَمِيعَۢا بَصِيرٗا ١٣٤

ثلاثة أرباع الحزب ١٠

۞ يَٰٓأَيُّهَا ٱلَّذِينَ ءَامَنُوا۟ كُونُوا۟ قَوَّٰمِينَ بِٱلْقِسْطِ شُهَدَآءَ لِلَّهِ وَلَوْ
عَلَىٰٓ أَنفُسِكُمْ أَوِ ٱلْوَٰلِدَيْنِ وَٱلْأَقْرَبِينَ ۚ إِن يَكُنْ غَنِيًّا أَوْ فَقِيرًا
فَٱللَّهُ أَوْلَىٰ بِهِمَا ۖ فَلَا تَتَّبِعُوا۟ ٱلْهَوَىٰٓ أَن تَعْدِلُوا۟ ۚ وَإِن تَلْوُۥٓا۟
أَوْ تُعْرِضُوا۟ فَإِنَّ ٱللَّهَ كَانَ بِمَا تَعْمَلُونَ خَبِيرًا ١٣٥ يَٰٓأَيُّهَا
ٱلَّذِينَ ءَامَنُوٓا۟ ءَامِنُوا۟ بِٱللَّهِ وَرَسُولِهِۦ وَٱلْكِتَٰبِ ٱلَّذِى نَزَّلَ
عَلَىٰ رَسُولِهِۦ وَٱلْكِتَٰبِ ٱلَّذِىٓ أَنزَلَ مِن قَبْلُ ۚ وَمَن يَكْفُرْ
بِٱللَّهِ وَمَلَٰٓئِكَتِهِۦ وَكُتُبِهِۦ وَرُسُلِهِۦ وَٱلْيَوْمِ ٱلْءَاخِرِ فَقَدْ ضَلَّ
ضَلَٰلًۢا بَعِيدًا ١٣٦ إِنَّ ٱلَّذِينَ ءَامَنُوا۟ ثُمَّ كَفَرُوا۟ ثُمَّ ءَامَنُوا۟ ثُمَّ
كَفَرُوا۟ ثُمَّ ٱزْدَادُوا۟ كُفْرًا لَّمْ يَكُنِ ٱللَّهُ لِيَغْفِرَ لَهُمْ وَلَا لِيَهْدِيَهُمْ
سَبِيلًۢا ١٣٧ بَشِّرِ ٱلْمُنَٰفِقِينَ بِأَنَّ لَهُمْ عَذَابًا أَلِيمًا ١٣٨ ٱلَّذِينَ
يَتَّخِذُونَ ٱلْكَٰفِرِينَ أَوْلِيَآءَ مِن دُونِ ٱلْمُؤْمِنِينَ ۚ أَيَبْتَغُونَ
عِندَهُمُ ٱلْعِزَّةَ فَإِنَّ ٱلْعِزَّةَ لِلَّهِ جَمِيعًا ١٣٩ وَقَدْ نَزَّلَ عَلَيْكُمْ فِى
ٱلْكِتَٰبِ أَنْ إِذَا سَمِعْتُمْ ءَايَٰتِ ٱللَّهِ يُكْفَرُ بِهَا وَيُسْتَهْزَأُ بِهَا فَلَا
تَقْعُدُوا۟ مَعَهُمْ حَتَّىٰ يَخُوضُوا۟ فِى حَدِيثٍ غَيْرِهِۦٓ ۚ إِنَّكُمْ إِذًا مِّثْلُهُمْ ۗ
إِنَّ ٱللَّهَ جَامِعُ ٱلْمُنَٰفِقِينَ وَٱلْكَٰفِرِينَ فِى جَهَنَّمَ جَمِيعًا ١٤٠

ٱلَّذِينَ يَتَرَبَّصُونَ بِكُمۡ فَإِن كَانَ لَكُمۡ فَتۡحٞ مِّنَ ٱللَّهِ قَالُوٓاْ
أَلَمۡ نَكُن مَّعَكُمۡ وَإِن كَانَ لِلۡكَٰفِرِينَ نَصِيبٞ قَالُوٓاْ
أَلَمۡ نَسۡتَحۡوِذۡ عَلَيۡكُمۡ وَنَمۡنَعۡكُم مِّنَ ٱلۡمُؤۡمِنِينَۚ فَٱللَّهُ يَحۡكُمُ
بَيۡنَكُمۡ يَوۡمَ ٱلۡقِيَٰمَةِۗ وَلَن يَجۡعَلَ ٱللَّهُ لِلۡكَٰفِرِينَ عَلَى ٱلۡمُؤۡمِنِينَ
سَبِيلًا ١٤١ إِنَّ ٱلۡمُنَٰفِقِينَ يُخَٰدِعُونَ ٱللَّهَ وَهُوَ خَٰدِعُهُمۡ وَإِذَا
قَامُوٓاْ إِلَى ٱلصَّلَوٰةِ قَامُواْ كُسَالَىٰ يُرَآءُونَ ٱلنَّاسَ وَلَا يَذۡكُرُونَ
ٱللَّهَ إِلَّا قَلِيلٗا ١٤٢ مُّذَبۡذَبِينَ بَيۡنَ ذَٰلِكَ لَآ إِلَىٰ هَٰٓؤُلَآءِ وَلَآ إِلَىٰ
هَٰٓؤُلَآءِۚ وَمَن يُضۡلِلِ ٱللَّهُ فَلَن تَجِدَ لَهُۥ سَبِيلٗا ١٤٣ يَٰٓأَيُّهَا ٱلَّذِينَ
ءَامَنُواْ لَا تَتَّخِذُواْ ٱلۡكَٰفِرِينَ أَوۡلِيَآءَ مِن دُونِ ٱلۡمُؤۡمِنِينَۚ
أَتُرِيدُونَ أَن تَجۡعَلُواْ لِلَّهِ عَلَيۡكُمۡ سُلۡطَٰنٗا مُّبِينًا ١٤٤ إِنَّ
ٱلۡمُنَٰفِقِينَ فِي ٱلدَّرۡكِ ٱلۡأَسۡفَلِ مِنَ ٱلنَّارِ وَلَن تَجِدَ لَهُمۡ نَصِيرًا
١٤٥ إِلَّا ٱلَّذِينَ تَابُواْ وَأَصۡلَحُواْ وَٱعۡتَصَمُواْ بِٱللَّهِ وَأَخۡلَصُواْ
دِينَهُمۡ لِلَّهِ فَأُوْلَٰٓئِكَ مَعَ ٱلۡمُؤۡمِنِينَۖ وَسَوۡفَ يُؤۡتِ ٱللَّهُ
ٱلۡمُؤۡمِنِينَ أَجۡرًا عَظِيمٗا ١٤٦ مَّا يَفۡعَلُ ٱللَّهُ بِعَذَابِكُمۡ
إِن شَكَرۡتُمۡ وَءَامَنتُمۡۚ وَكَانَ ٱللَّهُ شَاكِرًا عَلِيمٗا ١٤٧

۞ لَّا يُحِبُّ ٱللَّهُ ٱلْجَهْرَ بِٱلسُّوٓءِ مِنَ ٱلْقَوْلِ إِلَّا مَن ظُلِمَ ۚ وَكَانَ
ٱللَّهُ سَمِيعًا عَلِيمًا ﴿١٤٨﴾ إِن تُبْدُوا۟ خَيْرًا أَوْ تُخْفُوهُ أَوْ تَعْفُوا۟ عَن
سُوٓءٍ فَإِنَّ ٱللَّهَ كَانَ عَفُوًّا قَدِيرًا ﴿١٤٩﴾ إِنَّ ٱلَّذِينَ يَكْفُرُونَ
بِٱللَّهِ وَرُسُلِهِۦ وَيُرِيدُونَ أَن يُفَرِّقُوا۟ بَيْنَ ٱللَّهِ وَرُسُلِهِۦ وَيَقُولُونَ
نُؤْمِنُ بِبَعْضٍ وَنَكْفُرُ بِبَعْضٍ وَيُرِيدُونَ أَن يَتَّخِذُوا۟
بَيْنَ ذَٰلِكَ سَبِيلًا ﴿١٥٠﴾ أُو۟لَٰٓئِكَ هُمُ ٱلْكَٰفِرُونَ حَقًّا ۚ وَأَعْتَدْنَا
لِلْكَٰفِرِينَ عَذَابًا مُّهِينًا ﴿١٥١﴾ وَٱلَّذِينَ ءَامَنُوا۟ بِٱللَّهِ وَرُسُلِهِۦ
وَلَمْ يُفَرِّقُوا۟ بَيْنَ أَحَدٍ مِّنْهُمْ أُو۟لَٰٓئِكَ سَوْفَ يُؤْتِيهِمْ
أُجُورَهُمْ ۗ وَكَانَ ٱللَّهُ غَفُورًا رَّحِيمًا ﴿١٥٢﴾ يَسْـَٔلُكَ أَهْلُ ٱلْكِتَٰبِ
أَن تُنَزِّلَ عَلَيْهِمْ كِتَٰبًا مِّنَ ٱلسَّمَآءِ ۚ فَقَدْ سَأَلُوا۟ مُوسَىٰٓ أَكْبَرَ
مِن ذَٰلِكَ فَقَالُوٓا۟ أَرِنَا ٱللَّهَ جَهْرَةً فَأَخَذَتْهُمُ ٱلصَّٰعِقَةُ بِظُلْمِهِمْ ۚ
ثُمَّ ٱتَّخَذُوا۟ ٱلْعِجْلَ مِنۢ بَعْدِ مَا جَآءَتْهُمُ ٱلْبَيِّنَٰتُ فَعَفَوْنَا
عَن ذَٰلِكَ ۚ وَءَاتَيْنَا مُوسَىٰ سُلْطَٰنًا مُّبِينًا ﴿١٥٣﴾ وَرَفَعْنَا فَوْقَهُمُ
ٱلطُّورَ بِمِيثَٰقِهِمْ وَقُلْنَا لَهُمُ ٱدْخُلُوا۟ ٱلْبَابَ سُجَّدًا وَقُلْنَا
لَهُمْ لَا تَعْدُوا۟ فِى ٱلسَّبْتِ وَأَخَذْنَا مِنْهُم مِّيثَٰقًا غَلِيظًا ﴿١٥٤﴾

فَبِمَا نَقۡضِهِم مِّيثَٰقَهُمۡ وَكُفۡرِهِم بِـَٔايَٰتِ ٱللَّهِ وَقَتۡلِهِمُ ٱلۡأَنۢبِيَآءَ
بِغَيۡرِ حَقّٖ وَقَوۡلِهِمۡ قُلُوبُنَا غُلۡفُۢۚ بَلۡ طَبَعَ ٱللَّهُ عَلَيۡهَا بِكُفۡرِهِمۡ
فَلَا يُؤۡمِنُونَ إِلَّا قَلِيلٗا ١٥٥ وَبِكُفۡرِهِمۡ وَقَوۡلِهِمۡ عَلَىٰ مَرۡيَمَ بُهۡتَٰنًا
عَظِيمٗا ١٥٦ وَقَوۡلِهِمۡ إِنَّا قَتَلۡنَا ٱلۡمَسِيحَ عِيسَى ٱبۡنَ مَرۡيَمَ رَسُولَ
ٱللَّهِ وَمَا قَتَلُوهُ وَمَا صَلَبُوهُ وَلَٰكِن شُبِّهَ لَهُمۡۚ وَإِنَّ ٱلَّذِينَ
ٱخۡتَلَفُواْ فِيهِ لَفِي شَكّٖ مِّنۡهُۚ مَا لَهُم بِهِۦ مِنۡ عِلۡمٍ إِلَّا ٱتِّبَاعَ ٱلظَّنِّۚ
وَمَا قَتَلُوهُ يَقِينَۢا ١٥٧ بَل رَّفَعَهُ ٱللَّهُ إِلَيۡهِۚ وَكَانَ ٱللَّهُ عَزِيزًا حَكِيمٗا
١٥٨ وَإِن مِّنۡ أَهۡلِ ٱلۡكِتَٰبِ إِلَّا لَيُؤۡمِنَنَّ بِهِۦ قَبۡلَ مَوۡتِهِۦۖ وَيَوۡمَ
ٱلۡقِيَٰمَةِ يَكُونُ عَلَيۡهِمۡ شَهِيدٗا ١٥٩ فَبِظُلۡمٖ مِّنَ ٱلَّذِينَ هَادُواْ
حَرَّمۡنَا عَلَيۡهِمۡ طَيِّبَٰتٍ أُحِلَّتۡ لَهُمۡ وَبِصَدِّهِمۡ عَن سَبِيلِ ٱللَّهِ
كَثِيرٗا ١٦٠ وَأَخۡذِهِمُ ٱلرِّبَوٰاْ وَقَدۡ نُهُواْ عَنۡهُ وَأَكۡلِهِمۡ أَمۡوَٰلَ
ٱلنَّاسِ بِٱلۡبَٰطِلِۚ وَأَعۡتَدۡنَا لِلۡكَٰفِرِينَ مِنۡهُمۡ عَذَابًا أَلِيمٗا ١٦١ لَّٰكِنِ
ٱلرَّٰسِخُونَ فِي ٱلۡعِلۡمِ مِنۡهُمۡ وَٱلۡمُؤۡمِنُونَ يُؤۡمِنُونَ بِمَآ أُنزِلَ إِلَيۡكَ
وَمَآ أُنزِلَ مِن قَبۡلِكَۚ وَٱلۡمُقِيمِينَ ٱلصَّلَوٰةَۚ وَٱلۡمُؤۡتُونَ ٱلزَّكَوٰةَ
وَٱلۡمُؤۡمِنُونَ بِٱللَّهِ وَٱلۡيَوۡمِ ٱلۡأٓخِرِ أُوْلَٰٓئِكَ سَنُؤۡتِيهِمۡ أَجۡرًا عَظِيمًا ١٦٢

ربع الحزب ١١

۞ إِنَّآ أَوۡحَيۡنَآ إِلَيۡكَ كَمَآ أَوۡحَيۡنَآ إِلَىٰ نُوحٖ وَٱلنَّبِيِّـۧنَ مِنۢ بَعۡدِهِۦۚ
وَأَوۡحَيۡنَآ إِلَىٰٓ إِبۡرَٰهِيمَ وَإِسۡمَٰعِيلَ وَإِسۡحَٰقَ وَيَعۡقُوبَ
وَٱلۡأَسۡبَاطِ وَعِيسَىٰ وَأَيُّوبَ وَيُونُسَ وَهَٰرُونَ وَسُلَيۡمَٰنَۚ
وَءَاتَيۡنَا دَاوُۥدَ زَبُورٗا ١٦٣ وَرُسُلٗا قَدۡ قَصَصۡنَٰهُمۡ عَلَيۡكَ
مِن قَبۡلُ وَرُسُلٗا لَّمۡ نَقۡصُصۡهُمۡ عَلَيۡكَۚ وَكَلَّمَ ٱللَّهُ مُوسَىٰ
تَكۡلِيمٗا ١٦٤ رُّسُلٗا مُّبَشِّرِينَ وَمُنذِرِينَ لِئَلَّا يَكُونَ
لِلنَّاسِ عَلَى ٱللَّهِ حُجَّةُۢ بَعۡدَ ٱلرُّسُلِۚ وَكَانَ ٱللَّهُ عَزِيزًا حَكِيمٗا
١٦٥ لَّٰكِنِ ٱللَّهُ يَشۡهَدُ بِمَآ أَنزَلَ إِلَيۡكَۖ أَنزَلَهُۥ بِعِلۡمِهِۦۖ وَٱلۡمَلَٰٓئِكَةُ
يَشۡهَدُونَۚ وَكَفَىٰ بِٱللَّهِ شَهِيدًا ١٦٦ إِنَّ ٱلَّذِينَ كَفَرُواْ
وَصَدُّواْ عَن سَبِيلِ ٱللَّهِ قَدۡ ضَلُّواْ ضَلَٰلَۢا بَعِيدًا ١٦٧ إِنَّ ٱلَّذِينَ
كَفَرُواْ وَظَلَمُواْ لَمۡ يَكُنِ ٱللَّهُ لِيَغۡفِرَ لَهُمۡ وَلَا لِيَهۡدِيَهُمۡ
طَرِيقًا ١٦٨ إِلَّا طَرِيقَ جَهَنَّمَ خَٰلِدِينَ فِيهَآ أَبَدٗاۚ وَكَانَ
ذَٰلِكَ عَلَى ٱللَّهِ يَسِيرٗا ١٦٩ يَٰٓأَيُّهَا ٱلنَّاسُ قَدۡ جَآءَكُمُ ٱلرَّسُولُ بِٱلۡحَقِّ
مِن رَّبِّكُمۡ فَـَٔامِنُواْ خَيۡرٗا لَّكُمۡۚ وَإِن تَكۡفُرُواْ فَإِنَّ لِلَّهِ
مَا فِي ٱلسَّمَٰوَٰتِ وَٱلۡأَرۡضِۚ وَكَانَ ٱللَّهُ عَلِيمًا حَكِيمٗا ١٧٠

يَٰٓأَهۡلَ ٱلۡكِتَٰبِ لَا تَغۡلُواْ فِي دِينِكُمۡ وَلَا تَقُولُواْ عَلَى
ٱللَّهِ إِلَّا ٱلۡحَقَّۚ إِنَّمَا ٱلۡمَسِيحُ عِيسَى ٱبۡنُ مَرۡيَمَ رَسُولُ ٱللَّهِ
وَكَلِمَتُهُۥٓ أَلۡقَىٰهَآ إِلَىٰ مَرۡيَمَ وَرُوحٞ مِّنۡهُۖ فَـَٔامِنُواْ بِٱللَّهِ
وَرُسُلِهِۦۖ وَلَا تَقُولُواْ ثَلَٰثَةٌۚ ٱنتَهُواْ خَيۡرٗا لَّكُمۡۚ إِنَّمَا ٱللَّهُ
إِلَٰهٞ وَٰحِدٞۖ سُبۡحَٰنَهُۥٓ أَن يَكُونَ لَهُۥ وَلَدٞۘ لَّهُۥ مَا فِي ٱلسَّمَٰوَٰتِ
وَمَا فِي ٱلۡأَرۡضِۗ وَكَفَىٰ بِٱللَّهِ وَكِيلٗا ١٧١ لَّن يَسۡتَنكِفَ
ٱلۡمَسِيحُ أَن يَكُونَ عَبۡدٗا لِّلَّهِ وَلَا ٱلۡمَلَٰٓئِكَةُ ٱلۡمُقَرَّبُونَۚ
وَمَن يَسۡتَنكِفۡ عَنۡ عِبَادَتِهِۦ وَيَسۡتَكۡبِرۡ فَسَيَحۡشُرُهُمۡ
إِلَيۡهِ جَمِيعٗا ١٧٢ فَأَمَّا ٱلَّذِينَ ءَامَنُواْ وَعَمِلُواْ ٱلصَّٰلِحَٰتِ
فَيُوَفِّيهِمۡ أُجُورَهُمۡ وَيَزِيدُهُم مِّن فَضۡلِهِۦۖ وَأَمَّا ٱلَّذِينَ
ٱسۡتَنكَفُواْ وَٱسۡتَكۡبَرُواْ فَيُعَذِّبُهُمۡ عَذَابًا أَلِيمٗا وَلَا
يَجِدُونَ لَهُم مِّن دُونِ ٱللَّهِ وَلِيّٗا وَلَا نَصِيرٗا ١٧٣ يَٰٓأَيُّهَا ٱلنَّاسُ
قَدۡ جَآءَكُم بُرۡهَٰنٞ مِّن رَّبِّكُمۡ وَأَنزَلۡنَآ إِلَيۡكُمۡ نُورٗا مُّبِينٗا
١٧٤ فَأَمَّا ٱلَّذِينَ ءَامَنُواْ بِٱللَّهِ وَٱعۡتَصَمُواْ بِهِۦ فَسَيُدۡخِلُهُمۡ فِي
رَحۡمَةٖ مِّنۡهُ وَفَضۡلٖ وَيَهۡدِيهِمۡ إِلَيۡهِ صِرَٰطٗا مُّسۡتَقِيمٗا ١٧٥

يَسۡتَفۡتُونَكَ قُلِ ٱللَّهُ يُفۡتِيكُمۡ فِي ٱلۡكَلَٰلَةِۚ إِنِ ٱمۡرُؤٌاْ هَلَكَ
لَيۡسَ لَهُۥ وَلَدٞ وَلَهُۥٓ أُخۡتٞ فَلَهَا نِصۡفُ مَا تَرَكَۚ وَهُوَ يَرِثُهَآ إِن
لَّمۡ يَكُن لَّهَا وَلَدٞۚ فَإِن كَانَتَا ٱثۡنَتَيۡنِ فَلَهُمَا ٱلثُّلُثَانِ مِمَّا تَرَكَۚ
وَإِن كَانُوٓاْ إِخۡوَةٗ رِّجَالٗا وَنِسَآءٗ فَلِلذَّكَرِ مِثۡلُ حَظِّ ٱلۡأُنثَيَيۡنِۗ
يُبَيِّنُ ٱللَّهُ لَكُمۡ أَن تَضِلُّواْۗ وَٱللَّهُ بِكُلِّ شَيۡءٍ عَلِيمُۢ ١٧٦

سُورَةُ المَائِدَةِ

بِسۡمِ ٱللَّهِ ٱلرَّحۡمَٰنِ ٱلرَّحِيمِ

نصف الحزب ١١

يَٰٓأَيُّهَا ٱلَّذِينَ ءَامَنُوٓاْ أَوۡفُواْ بِٱلۡعُقُودِۚ أُحِلَّتۡ لَكُم بَهِيمَةُ ٱلۡأَنۡعَٰمِ
إِلَّا مَا يُتۡلَىٰ عَلَيۡكُمۡ غَيۡرَ مُحِلِّي ٱلصَّيۡدِ وَأَنتُمۡ حُرُمٌۗ إِنَّ ٱللَّهَ
يَحۡكُمُ مَا يُرِيدُ ١ يَٰٓأَيُّهَا ٱلَّذِينَ ءَامَنُواْ لَا تُحِلُّواْ شَعَٰٓئِرَ ٱللَّهِ
وَلَا ٱلشَّهۡرَ ٱلۡحَرَامَ وَلَا ٱلۡهَدۡيَ وَلَا ٱلۡقَلَٰٓئِدَ وَلَآ ءَآمِّينَ ٱلۡبَيۡتَ
ٱلۡحَرَامَ يَبۡتَغُونَ فَضۡلٗا مِّن رَّبِّهِمۡ وَرِضۡوَٰنٗاۚ وَإِذَا حَلَلۡتُمۡ فَٱصۡطَادُواْۚ
وَلَا يَجۡرِمَنَّكُمۡ شَنَـَٔانُ قَوۡمٍ أَن صَدُّوكُمۡ عَنِ ٱلۡمَسۡجِدِ ٱلۡحَرَامِ أَن
تَعۡتَدُواْۘ وَتَعَاوَنُواْ عَلَى ٱلۡبِرِّ وَٱلتَّقۡوَىٰۖ وَلَا تَعَاوَنُواْ عَلَى ٱلۡإِثۡمِ
وَٱلۡعُدۡوَٰنِۚ وَٱتَّقُواْ ٱللَّهَۖ إِنَّ ٱللَّهَ شَدِيدُ ٱلۡعِقَابِ ٢

حُرِّمَتۡ عَلَيۡكُمُ ٱلۡمَيۡتَةُ وَٱلدَّمُ وَلَحۡمُ ٱلۡخِنزِيرِ وَمَآ أُهِلَّ لِغَيۡرِ ٱللَّهِ بِهِۦ
وَٱلۡمُنۡخَنِقَةُ وَٱلۡمَوۡقُوذَةُ وَٱلۡمُتَرَدِّيَةُ وَٱلنَّطِيحَةُ وَمَآ أَكَلَ
ٱلسَّبُعُ إِلَّا مَا ذَكَّيۡتُمۡ وَمَا ذُبِحَ عَلَى ٱلنُّصُبِ وَأَن تَسۡتَقۡسِمُواْ
بِٱلۡأَزۡلَٰمِۚ ذَٰلِكُمۡ فِسۡقٌۗ ٱلۡيَوۡمَ يَئِسَ ٱلَّذِينَ كَفَرُواْ مِن دِينِكُمۡ فَلَا
تَخۡشَوۡهُمۡ وَٱخۡشَوۡنِۚ ٱلۡيَوۡمَ أَكۡمَلۡتُ لَكُمۡ دِينَكُمۡ وَأَتۡمَمۡتُ عَلَيۡكُمۡ
نِعۡمَتِي وَرَضِيتُ لَكُمُ ٱلۡإِسۡلَٰمَ دِينٗاۚ فَمَنِ ٱضۡطُرَّ فِي مَخۡمَصَةٍ
غَيۡرَ مُتَجَانِفٖ لِّإِثۡمٖ فَإِنَّ ٱللَّهَ غَفُورٞ رَّحِيمٞ ٣ يَسۡـَٔلُونَكَ مَاذَآ
أُحِلَّ لَهُمۡۖ قُلۡ أُحِلَّ لَكُمُ ٱلطَّيِّبَٰتُ وَمَا عَلَّمۡتُم مِّنَ ٱلۡجَوَارِحِ
مُكَلِّبِينَ تُعَلِّمُونَهُنَّ مِمَّا عَلَّمَكُمُ ٱللَّهُۖ فَكُلُواْ مِمَّآ أَمۡسَكۡنَ عَلَيۡكُمۡ
وَٱذۡكُرُواْ ٱسۡمَ ٱللَّهِ عَلَيۡهِۖ وَٱتَّقُواْ ٱللَّهَۚ إِنَّ ٱللَّهَ سَرِيعُ ٱلۡحِسَابِ ٤
ٱلۡيَوۡمَ أُحِلَّ لَكُمُ ٱلطَّيِّبَٰتُۖ وَطَعَامُ ٱلَّذِينَ أُوتُواْ ٱلۡكِتَٰبَ حِلّٞ لَّكُمۡ
وَطَعَامُكُمۡ حِلّٞ لَّهُمۡۖ وَٱلۡمُحۡصَنَٰتُ مِنَ ٱلۡمُؤۡمِنَٰتِ وَٱلۡمُحۡصَنَٰتُ
مِنَ ٱلَّذِينَ أُوتُواْ ٱلۡكِتَٰبَ مِن قَبۡلِكُمۡ إِذَآ ءَاتَيۡتُمُوهُنَّ أُجُورَهُنَّ
مُحۡصِنِينَ غَيۡرَ مُسَٰفِحِينَ وَلَا مُتَّخِذِيٓ أَخۡدَانٖۗ وَمَن يَكۡفُرۡ
بِٱلۡإِيمَٰنِ فَقَدۡ حَبِطَ عَمَلُهُۥ وَهُوَ فِي ٱلۡأٓخِرَةِ مِنَ ٱلۡخَٰسِرِينَ ٥

يَٰٓأَيُّهَا ٱلَّذِينَ ءَامَنُوٓاْ إِذَا قُمۡتُمۡ إِلَى ٱلصَّلَوٰةِ فَٱغۡسِلُواْ
وُجُوهَكُمۡ وَأَيۡدِيَكُمۡ إِلَى ٱلۡمَرَافِقِ وَٱمۡسَحُواْ بِرُءُوسِكُمۡ
وَأَرۡجُلَكُمۡ إِلَى ٱلۡكَعۡبَيۡنِۚ وَإِن كُنتُمۡ جُنُبٗا فَٱطَّهَّرُواْۚ
وَإِن كُنتُم مَّرۡضَىٰٓ أَوۡ عَلَىٰ سَفَرٍ أَوۡ جَآءَ أَحَدٞ مِّنكُم مِّنَ
ٱلۡغَآئِطِ أَوۡ لَٰمَسۡتُمُ ٱلنِّسَآءَ فَلَمۡ تَجِدُواْ مَآءٗ فَتَيَمَّمُواْ صَعِيدٗا
طَيِّبٗا فَٱمۡسَحُواْ بِوُجُوهِكُمۡ وَأَيۡدِيكُم مِّنۡهُۚ مَا يُرِيدُ ٱللَّهُ
لِيَجۡعَلَ عَلَيۡكُم مِّنۡ حَرَجٖ وَلَٰكِن يُرِيدُ لِيُطَهِّرَكُمۡ
وَلِيُتِمَّ نِعۡمَتَهُۥ عَلَيۡكُمۡ لَعَلَّكُمۡ تَشۡكُرُونَ ٦
وَٱذۡكُرُواْ نِعۡمَةَ ٱللَّهِ عَلَيۡكُمۡ وَمِيثَٰقَهُ ٱلَّذِي وَاثَقَكُم
بِهِۦٓ إِذۡ قُلۡتُمۡ سَمِعۡنَا وَأَطَعۡنَاۖ وَٱتَّقُواْ ٱللَّهَۚ إِنَّ ٱللَّهَ عَلِيمُۢ
بِذَاتِ ٱلصُّدُورِ ٧ يَٰٓأَيُّهَا ٱلَّذِينَ ءَامَنُواْ كُونُواْ قَوَّٰمِينَ
لِلَّهِ شُهَدَآءَ بِٱلۡقِسۡطِۖ وَلَا يَجۡرِمَنَّكُمۡ شَنَـَٔانُ قَوۡمٍ عَلَىٰٓ
أَلَّا تَعۡدِلُواْۚ ٱعۡدِلُواْ هُوَ أَقۡرَبُ لِلتَّقۡوَىٰۖ وَٱتَّقُواْ ٱللَّهَۚ إِنَّ
ٱللَّهَ خَبِيرُۢ بِمَا تَعۡمَلُونَ ٨ وَعَدَ ٱللَّهُ ٱلَّذِينَ ءَامَنُواْ
وَعَمِلُواْ ٱلصَّٰلِحَٰتِ لَهُم مَّغۡفِرَةٞ وَأَجۡرٌ عَظِيمٞ ٩

وَٱلَّذِينَ كَفَرُواْ وَكَذَّبُواْ بِـَٔايَٰتِنَآ أُوْلَٰٓئِكَ أَصۡحَٰبُ
ٱلۡجَحِيمِ ﴿١٠﴾ يَٰٓأَيُّهَا ٱلَّذِينَ ءَامَنُواْ ٱذۡكُرُواْ نِعۡمَتَ
ٱللَّهِ عَلَيۡكُمۡ إِذۡ هَمَّ قَوۡمٌ أَن يَبۡسُطُوٓاْ إِلَيۡكُمۡ أَيۡدِيَهُمۡ
فَكَفَّ أَيۡدِيَهُمۡ عَنكُمۡۖ وَٱتَّقُواْ ٱللَّهَۚ وَعَلَى ٱللَّهِ فَلۡيَتَوَكَّلِ
ٱلۡمُؤۡمِنُونَ ﴿١١﴾ ۞وَلَقَدۡ أَخَذَ ٱللَّهُ مِيثَٰقَ بَنِيٓ إِسۡرَٰٓءِيلَ (ثلاثة أرباع الحزب ١١)
وَبَعَثۡنَا مِنۡهُمُ ٱثۡنَيۡ عَشَرَ نَقِيبٗاۖ وَقَالَ ٱللَّهُ إِنِّي
مَعَكُمۡۖ لَئِنۡ أَقَمۡتُمُ ٱلصَّلَوٰةَ وَءَاتَيۡتُمُ ٱلزَّكَوٰةَ
وَءَامَنتُم بِرُسُلِي وَعَزَّرۡتُمُوهُمۡ وَأَقۡرَضۡتُمُ ٱللَّهَ قَرۡضًا
حَسَنٗا لَّأُكَفِّرَنَّ عَنكُمۡ سَيِّـَٔاتِكُمۡ وَلَأُدۡخِلَنَّكُمۡ
جَنَّٰتٖ تَجۡرِي مِن تَحۡتِهَا ٱلۡأَنۡهَٰرُۚ فَمَن كَفَرَ بَعۡدَ ذَٰلِكَ
مِنكُمۡ فَقَدۡ ضَلَّ سَوَآءَ ٱلسَّبِيلِ ﴿١٢﴾ فَبِمَا نَقۡضِهِم
مِّيثَٰقَهُمۡ لَعَنَّٰهُمۡ وَجَعَلۡنَا قُلُوبَهُمۡ قَٰسِيَةٗۖ يُحَرِّفُونَ
ٱلۡكَلِمَ عَن مَّوَاضِعِهِۦ وَنَسُواْ حَظّٗا مِّمَّا ذُكِّرُواْ
بِهِۦۚ وَلَا تَزَالُ تَطَّلِعُ عَلَىٰ خَآئِنَةٖ مِّنۡهُمۡ إِلَّا قَلِيلٗا مِّنۡهُمۡۖ
فَٱعۡفُ عَنۡهُمۡ وَٱصۡفَحۡۚ إِنَّ ٱللَّهَ يُحِبُّ ٱلۡمُحۡسِنِينَ ﴿١٣﴾

وَمِنَ ٱلَّذِينَ قَالُوٓاْ إِنَّا نَصَٰرَىٰٓ أَخَذۡنَا مِيثَٰقَهُمۡ فَنَسُواْ
حَظّٗا مِّمَّا ذُكِّرُواْ بِهِۦ فَأَغۡرَيۡنَا بَيۡنَهُمُ ٱلۡعَدَاوَةَ
وَٱلۡبَغۡضَآءَ إِلَىٰ يَوۡمِ ٱلۡقِيَٰمَةِۚ وَسَوۡفَ يُنَبِّئُهُمُ ٱللَّهُ
بِمَا كَانُواْ يَصۡنَعُونَ ١٤ يَٰٓأَهۡلَ ٱلۡكِتَٰبِ قَدۡ
جَآءَكُمۡ رَسُولُنَا يُبَيِّنُ لَكُمۡ كَثِيرٗا مِّمَّا
كُنتُمۡ تُخۡفُونَ مِنَ ٱلۡكِتَٰبِ وَيَعۡفُواْ عَن كَثِيرٖۚ
قَدۡ جَآءَكُم مِّنَ ٱللَّهِ نُورٞ وَكِتَٰبٞ مُّبِينٞ ١٥
يَهۡدِي بِهِ ٱللَّهُ مَنِ ٱتَّبَعَ رِضۡوَٰنَهُۥ سُبُلَ ٱلسَّلَٰمِ
وَيُخۡرِجُهُم مِّنَ ٱلظُّلُمَٰتِ إِلَى ٱلنُّورِ بِإِذۡنِهِۦ
وَيَهۡدِيهِمۡ إِلَىٰ صِرَٰطٖ مُّسۡتَقِيمٖ ١٦ لَّقَدۡ كَفَرَ
ٱلَّذِينَ قَالُوٓاْ إِنَّ ٱللَّهَ هُوَ ٱلۡمَسِيحُ ٱبۡنُ مَرۡيَمَۚ
قُلۡ فَمَن يَمۡلِكُ مِنَ ٱللَّهِ شَيۡـًٔا إِنۡ أَرَادَ أَن يُهۡلِكَ
ٱلۡمَسِيحَ ٱبۡنَ مَرۡيَمَ وَأُمَّهُۥ وَمَن فِي ٱلۡأَرۡضِ
جَمِيعٗاۗ وَلِلَّهِ مُلۡكُ ٱلسَّمَٰوَٰتِ وَٱلۡأَرۡضِ وَمَا بَيۡنَهُمَاۚ
يَخۡلُقُ مَا يَشَآءُۚ وَٱللَّهُ عَلَىٰ كُلِّ شَيۡءٖ قَدِيرٞ ١٧

وَقَالَتِ ٱلۡيَهُودُ وَٱلنَّصَٰرَىٰ نَحۡنُ أَبۡنَٰٓؤُاْ ٱللَّهِ وَأَحِبَّٰٓؤُهُۥۚ قُلۡ
فَلِمَ يُعَذِّبُكُم بِذُنُوبِكُمۖ بَلۡ أَنتُم بَشَرٞ مِّمَّنۡ خَلَقَۚ يَغۡفِرُ لِمَن
يَشَآءُ وَيُعَذِّبُ مَن يَشَآءُۚ وَلِلَّهِ مُلۡكُ ٱلسَّمَٰوَٰتِ وَٱلۡأَرۡضِ
وَمَا بَيۡنَهُمَاۖ وَإِلَيۡهِ ٱلۡمَصِيرُ ١٨ يَٰٓأَهۡلَ ٱلۡكِتَٰبِ قَدۡ جَآءَكُمۡ
رَسُولُنَا يُبَيِّنُ لَكُمۡ عَلَىٰ فَتۡرَةٖ مِّنَ ٱلرُّسُلِ أَن تَقُولُواْ مَا جَآءَنَا
مِنۢ بَشِيرٖ وَلَا نَذِيرٖۖ فَقَدۡ جَآءَكُم بَشِيرٞ وَنَذِيرٞۗ وَٱللَّهُ عَلَىٰ كُلِّ
شَيۡءٖ قَدِيرٞ ١٩ وَإِذۡ قَالَ مُوسَىٰ لِقَوۡمِهِۦ يَٰقَوۡمِ ٱذۡكُرُواْ
نِعۡمَةَ ٱللَّهِ عَلَيۡكُمۡ إِذۡ جَعَلَ فِيكُمۡ أَنۢبِيَآءَ وَجَعَلَكُم مُّلُوكٗا
وَءَاتَىٰكُم مَّا لَمۡ يُؤۡتِ أَحَدٗا مِّنَ ٱلۡعَٰلَمِينَ ٢٠ يَٰقَوۡمِ ٱدۡخُلُواْ
ٱلۡأَرۡضَ ٱلۡمُقَدَّسَةَ ٱلَّتِي كَتَبَ ٱللَّهُ لَكُمۡ وَلَا تَرۡتَدُّواْ
عَلَىٰٓ أَدۡبَارِكُمۡ فَتَنقَلِبُواْ خَٰسِرِينَ ٢١ قَالُواْ يَٰمُوسَىٰٓ إِنَّ
فِيهَا قَوۡمٗا جَبَّارِينَ وَإِنَّا لَن نَّدۡخُلَهَا حَتَّىٰ يَخۡرُجُواْ مِنۡهَا فَإِن
يَخۡرُجُواْ مِنۡهَا فَإِنَّا دَٰخِلُونَ ٢٢ قَالَ رَجُلَانِ مِنَ ٱلَّذِينَ يَخَافُونَ
أَنۡعَمَ ٱللَّهُ عَلَيۡهِمَا ٱدۡخُلُواْ عَلَيۡهِمُ ٱلۡبَابَ فَإِذَا دَخَلۡتُمُوهُ فَإِنَّكُمۡ
غَٰلِبُونَۚ وَعَلَى ٱللَّهِ فَتَوَكَّلُوٓاْ إِن كُنتُم مُّؤۡمِنِينَ ٢٣

قَالُواْ يَٰمُوسَىٰٓ إِنَّا لَن نَّدۡخُلَهَآ أَبَدٗا مَّا دَامُواْ فِيهَا فَٱذۡهَبۡ
أَنتَ وَرَبُّكَ فَقَٰتِلَآ إِنَّا هَٰهُنَا قَٰعِدُونَ ٢٤ قَالَ رَبِّ إِنِّي
لَآ أَمۡلِكُ إِلَّا نَفۡسِي وَأَخِيۖ فَٱفۡرُقۡ بَيۡنَنَا وَبَيۡنَ ٱلۡقَوۡمِ
ٱلۡفَٰسِقِينَ ٢٥ قَالَ فَإِنَّهَا مُحَرَّمَةٌ عَلَيۡهِمۡۛ أَرۡبَعِينَ سَنَةٗۛ
يَتِيهُونَ فِي ٱلۡأَرۡضِۚ فَلَا تَأۡسَ عَلَى ٱلۡقَوۡمِ ٱلۡفَٰسِقِينَ
٢٦ ۞وَٱتۡلُ عَلَيۡهِمۡ نَبَأَ ٱبۡنَيۡ ءَادَمَ بِٱلۡحَقِّ إِذۡ قَرَّبَا قُرۡبَانٗا فَتُقُبِّلَ
مِنۡ أَحَدِهِمَا وَلَمۡ يُتَقَبَّلۡ مِنَ ٱلۡأٓخَرِ قَالَ لَأَقۡتُلَنَّكَۖ
قَالَ إِنَّمَا يَتَقَبَّلُ ٱللَّهُ مِنَ ٱلۡمُتَّقِينَ ٢٧ لَئِنۢ بَسَطتَ إِلَيَّ يَدَكَ
لِتَقۡتُلَنِي مَآ أَنَا۠ بِبَاسِطٖ يَدِيَ إِلَيۡكَ لِأَقۡتُلَكَۖ إِنِّيٓ أَخَافُ ٱللَّهَ
رَبَّ ٱلۡعَٰلَمِينَ ٢٨ إِنِّيٓ أُرِيدُ أَن تَبُوٓأَ بِإِثۡمِي وَإِثۡمِكَ فَتَكُونَ
مِنۡ أَصۡحَٰبِ ٱلنَّارِۚ وَذَٰلِكَ جَزَٰٓؤُاْ ٱلظَّٰلِمِينَ ٢٩ فَطَوَّعَتۡ
لَهُۥ نَفۡسُهُۥ قَتۡلَ أَخِيهِ فَقَتَلَهُۥ فَأَصۡبَحَ مِنَ ٱلۡخَٰسِرِينَ ٣٠
فَبَعَثَ ٱللَّهُ غُرَابٗا يَبۡحَثُ فِي ٱلۡأَرۡضِ لِيُرِيَهُۥ كَيۡفَ يُوَٰرِي
سَوۡءَةَ أَخِيهِۚ قَالَ يَٰوَيۡلَتَىٰٓ أَعَجَزۡتُ أَنۡ أَكُونَ مِثۡلَ هَٰذَا
ٱلۡغُرَابِ فَأُوَٰرِيَ سَوۡءَةَ أَخِيۖ فَأَصۡبَحَ مِنَ ٱلنَّٰدِمِينَ ٣١

الحِزْبُ ١٢

مِنۡ أَجۡلِ ذَٰلِكَ كَتَبۡنَا عَلَىٰ بَنِيٓ إِسۡرَٰٓءِيلَ أَنَّهُۥ مَن قَتَلَ
نَفۡسَۢا بِغَيۡرِ نَفۡسٍ أَوۡ فَسَادٖ فِي ٱلۡأَرۡضِ فَكَأَنَّمَا قَتَلَ
ٱلنَّاسَ جَمِيعٗا وَمَنۡ أَحۡيَاهَا فَكَأَنَّمَآ أَحۡيَا ٱلنَّاسَ
جَمِيعٗاۚ وَلَقَدۡ جَآءَتۡهُمۡ رُسُلُنَا بِٱلۡبَيِّنَٰتِ ثُمَّ إِنَّ كَثِيرٗا
مِّنۡهُم بَعۡدَ ذَٰلِكَ فِي ٱلۡأَرۡضِ لَمُسۡرِفُونَ ٣٢ إِنَّمَا
جَزَٰٓؤُاْ ٱلَّذِينَ يُحَارِبُونَ ٱللَّهَ وَرَسُولَهُۥ وَيَسۡعَوۡنَ فِي
ٱلۡأَرۡضِ فَسَادًا أَن يُقَتَّلُوٓاْ أَوۡ يُصَلَّبُوٓاْ أَوۡ تُقَطَّعَ أَيۡدِيهِمۡ
وَأَرۡجُلُهُم مِّنۡ خِلَٰفٍ أَوۡ يُنفَوۡاْ مِنَ ٱلۡأَرۡضِۚ ذَٰلِكَ
لَهُمۡ خِزۡيٞ فِي ٱلدُّنۡيَاۖ وَلَهُمۡ فِي ٱلۡأٓخِرَةِ عَذَابٌ عَظِيمٌ
٣٣ إِلَّا ٱلَّذِينَ تَابُواْ مِن قَبۡلِ أَن تَقۡدِرُواْ عَلَيۡهِمۡۖ فَٱعۡلَمُوٓاْ
أَنَّ ٱللَّهَ غَفُورٞ رَّحِيمٞ ٣٤ يَٰٓأَيُّهَا ٱلَّذِينَ ءَامَنُواْ ٱتَّقُواْ
ٱللَّهَ وَٱبۡتَغُوٓاْ إِلَيۡهِ ٱلۡوَسِيلَةَ وَجَٰهِدُواْ فِي سَبِيلِهِۦ
لَعَلَّكُمۡ تُفۡلِحُونَ ٣٥ إِنَّ ٱلَّذِينَ كَفَرُواْ لَوۡ أَنَّ لَهُم
مَّا فِي ٱلۡأَرۡضِ جَمِيعٗا وَمِثۡلَهُۥ مَعَهُۥ لِيَفۡتَدُواْ بِهِۦ مِنۡ
عَذَابِ يَوۡمِ ٱلۡقِيَٰمَةِ مَا تُقُبِّلَ مِنۡهُمۡۖ وَلَهُمۡ عَذَابٌ أَلِيمٞ ٣٦

يُرِيدُونَ أَن يَخۡرُجُواْ مِنَ ٱلنَّارِ وَمَا هُم بِخَٰرِجِينَ مِنۡهَاۖ
وَلَهُمۡ عَذَابٞ مُّقِيمٞ ٣٧ وَٱلسَّارِقُ وَٱلسَّارِقَةُ فَٱقۡطَعُوٓاْ
أَيۡدِيَهُمَا جَزَآءَۢ بِمَا كَسَبَا نَكَٰلٗا مِّنَ ٱللَّهِۗ وَٱللَّهُ عَزِيزٌ
حَكِيمٞ ٣٨ فَمَن تَابَ مِنۢ بَعۡدِ ظُلۡمِهِۦ وَأَصۡلَحَ فَإِنَّ ٱللَّهَ
يَتُوبُ عَلَيۡهِۚ إِنَّ ٱللَّهَ غَفُورٞ رَّحِيمٌ ٣٩ أَلَمۡ تَعۡلَمۡ أَنَّ ٱللَّهَ
لَهُۥ مُلۡكُ ٱلسَّمَٰوَٰتِ وَٱلۡأَرۡضِ يُعَذِّبُ مَن يَشَآءُ وَيَغۡفِرُ
لِمَن يَشَآءُۗ وَٱللَّهُ عَلَىٰ كُلِّ شَيۡءٖ قَدِيرٞ ٤٠ ۞ يَٰٓأَيُّهَا
ٱلرَّسُولُ لَا يَحۡزُنكَ ٱلَّذِينَ يُسَٰرِعُونَ فِي ٱلۡكُفۡرِ مِنَ
ٱلَّذِينَ قَالُوٓاْ ءَامَنَّا بِأَفۡوَٰهِهِمۡ وَلَمۡ تُؤۡمِن قُلُوبُهُمۡۛ وَمِنَ
ٱلَّذِينَ هَادُواْۛ سَمَّٰعُونَ لِلۡكَذِبِ سَمَّٰعُونَ لِقَوۡمٍ
ءَاخَرِينَ لَمۡ يَأۡتُوكَۖ يُحَرِّفُونَ ٱلۡكَلِمَ مِنۢ بَعۡدِ مَوَاضِعِهِۦۖ
يَقُولُونَ إِنۡ أُوتِيتُمۡ هَٰذَا فَخُذُوهُ وَإِن لَّمۡ تُؤۡتَوۡهُ
فَٱحۡذَرُواْۚ وَمَن يُرِدِ ٱللَّهُ فِتۡنَتَهُۥ فَلَن تَمۡلِكَ لَهُۥ مِنَ ٱللَّهِ
شَيۡـًٔاۚ أُوْلَٰٓئِكَ ٱلَّذِينَ لَمۡ يُرِدِ ٱللَّهُ أَن يُطَهِّرَ قُلُوبَهُمۡۚ لَهُمۡ
فِي ٱلدُّنۡيَا خِزۡيٞۖ وَلَهُمۡ فِي ٱلۡأٓخِرَةِ عَذَابٌ عَظِيمٞ ٤١

سَمَّٰعُونَ لِلۡكَذِبِ أَكَّٰلُونَ لِلسُّحۡتِۚ فَإِن جَآءُوكَ
فَٱحۡكُم بَيۡنَهُمۡ أَوۡ أَعۡرِضۡ عَنۡهُمۡۖ وَإِن تُعۡرِضۡ عَنۡهُمۡ فَلَن
يَضُرُّوكَ شَيۡـٔٗاۖ وَإِنۡ حَكَمۡتَ فَٱحۡكُم بَيۡنَهُم بِٱلۡقِسۡطِۚ
إِنَّ ٱللَّهَ يُحِبُّ ٱلۡمُقۡسِطِينَ ٤٢ وَكَيۡفَ يُحَكِّمُونَكَ
وَعِندَهُمُ ٱلتَّوۡرَىٰةُ فِيهَا حُكۡمُ ٱللَّهِ ثُمَّ يَتَوَلَّوۡنَ مِنۢ بَعۡدِ
ذَٰلِكَۚ وَمَآ أُوْلَٰٓئِكَ بِٱلۡمُؤۡمِنِينَ ٤٣ إِنَّآ أَنزَلۡنَا ٱلتَّوۡرَىٰةَ
فِيهَا هُدٗى وَنُورٞۚ يَحۡكُمُ بِهَا ٱلنَّبِيُّونَ ٱلَّذِينَ أَسۡلَمُواْ
لِلَّذِينَ هَادُواْ وَٱلرَّبَّٰنِيُّونَ وَٱلۡأَحۡبَارُ بِمَا ٱسۡتُحۡفِظُواْ مِن
كِتَٰبِ ٱللَّهِ وَكَانُواْ عَلَيۡهِ شُهَدَآءَۚ فَلَا تَخۡشَوُاْ ٱلنَّاسَ
وَٱخۡشَوۡنِ وَلَا تَشۡتَرُواْ بِـَٔايَٰتِي ثَمَنٗا قَلِيلٗاۚ وَمَن لَّمۡ يَحۡكُم
بِمَآ أَنزَلَ ٱللَّهُ فَأُوْلَٰٓئِكَ هُمُ ٱلۡكَٰفِرُونَ ٤٤ وَكَتَبۡنَا
عَلَيۡهِمۡ فِيهَآ أَنَّ ٱلنَّفۡسَ بِٱلنَّفۡسِ وَٱلۡعَيۡنَ بِٱلۡعَيۡنِ وَٱلۡأَنفَ
بِٱلۡأَنفِ وَٱلۡأُذُنَ بِٱلۡأُذُنِ وَٱلسِّنَّ بِٱلسِّنِّ وَٱلۡجُرُوحَ
قِصَاصٞۚ فَمَن تَصَدَّقَ بِهِۦ فَهُوَ كَفَّارَةٞ لَّهُۥۚ وَمَن
لَّمۡ يَحۡكُم بِمَآ أَنزَلَ ٱللَّهُ فَأُوْلَٰٓئِكَ هُمُ ٱلظَّٰلِمُونَ ٤٥

وَقَفَّيۡنَا عَلَىٰٓ ءَاثَٰرِهِم بِعِيسَى ٱبۡنِ مَرۡيَمَ مُصَدِّقٗا لِّمَا بَيۡنَ يَدَيۡهِ
مِنَ ٱلتَّوۡرَىٰةِۖ وَءَاتَيۡنَٰهُ ٱلۡإِنجِيلَ فِيهِ هُدٗى وَنُورٞ وَمُصَدِّقٗا
لِّمَا بَيۡنَ يَدَيۡهِ مِنَ ٱلتَّوۡرَىٰةِ وَهُدٗى وَمَوۡعِظَةٗ لِّلۡمُتَّقِينَ ٤٦
وَلۡيَحۡكُمۡ أَهۡلُ ٱلۡإِنجِيلِ بِمَآ أَنزَلَ ٱللَّهُ فِيهِۚ وَمَن لَّمۡ يَحۡكُم
بِمَآ أَنزَلَ ٱللَّهُ فَأُوْلَٰٓئِكَ هُمُ ٱلۡفَٰسِقُونَ ٤٧ وَأَنزَلۡنَآ إِلَيۡكَ
ٱلۡكِتَٰبَ بِٱلۡحَقِّ مُصَدِّقٗا لِّمَا بَيۡنَ يَدَيۡهِ مِنَ ٱلۡكِتَٰبِ
وَمُهَيۡمِنًا عَلَيۡهِۖ فَٱحۡكُم بَيۡنَهُم بِمَآ أَنزَلَ ٱللَّهُۖ وَلَا تَتَّبِعۡ أَهۡوَآءَهُمۡ
عَمَّا جَآءَكَ مِنَ ٱلۡحَقِّۚ لِكُلّٖ جَعَلۡنَا مِنكُمۡ شِرۡعَةٗ وَمِنۡهَاجٗاۚ
وَلَوۡ شَآءَ ٱللَّهُ لَجَعَلَكُمۡ أُمَّةٗ وَٰحِدَةٗ وَلَٰكِن لِّيَبۡلُوَكُمۡ
فِي مَآ ءَاتَىٰكُمۡۖ فَٱسۡتَبِقُواْ ٱلۡخَيۡرَٰتِۚ إِلَى ٱللَّهِ مَرۡجِعُكُمۡ جَمِيعٗا
فَيُنَبِّئُكُم بِمَا كُنتُمۡ فِيهِ تَخۡتَلِفُونَ ٤٨ وَأَنِ ٱحۡكُم بَيۡنَهُم
بِمَآ أَنزَلَ ٱللَّهُ وَلَا تَتَّبِعۡ أَهۡوَآءَهُمۡ وَٱحۡذَرۡهُمۡ أَن يَفۡتِنُوكَ عَنۢ
بَعۡضِ مَآ أَنزَلَ ٱللَّهُ إِلَيۡكَۖ فَإِن تَوَلَّوۡاْ فَٱعۡلَمۡ أَنَّمَا يُرِيدُ ٱللَّهُ أَن يُصِيبَهُم
بِبَعۡضِ ذُنُوبِهِمۡۗ وَإِنَّ كَثِيرٗا مِّنَ ٱلنَّاسِ لَفَٰسِقُونَ ٤٩ أَفَحُكۡمَ
ٱلۡجَٰهِلِيَّةِ يَبۡغُونَۚ وَمَنۡ أَحۡسَنُ مِنَ ٱللَّهِ حُكۡمٗا لِّقَوۡمٖ يُوقِنُونَ ٥٠

۞ يَٰٓأَيُّهَا ٱلَّذِينَ ءَامَنُواْ لَا تَتَّخِذُواْ ٱلۡيَهُودَ وَٱلنَّصَٰرَىٰٓ أَوۡلِيَآءَۘ بَعۡضُهُمۡ
أَوۡلِيَآءُ بَعۡضٖۚ وَمَن يَتَوَلَّهُم مِّنكُمۡ فَإِنَّهُۥ مِنۡهُمۡۗ إِنَّ ٱللَّهَ لَا يَهۡدِي ٱلۡقَوۡمَ
ٱلظَّٰلِمِينَ ٥١ فَتَرَى ٱلَّذِينَ فِي قُلُوبِهِم مَّرَضٞ يُسَٰرِعُونَ فِيهِمۡ يَقُولُونَ
نَخۡشَىٰٓ أَن تُصِيبَنَا دَآئِرَةٞۚ فَعَسَى ٱللَّهُ أَن يَأۡتِيَ بِٱلۡفَتۡحِ أَوۡ أَمۡرٖ مِّنۡ عِندِهِۦ
فَيُصۡبِحُواْ عَلَىٰ مَآ أَسَرُّواْ فِيٓ أَنفُسِهِمۡ نَٰدِمِينَ ٥٢ وَيَقُولُ ٱلَّذِينَ ءَامَنُوٓاْ
أَهَٰٓؤُلَآءِ ٱلَّذِينَ أَقۡسَمُواْ بِٱللَّهِ جَهۡدَ أَيۡمَٰنِهِمۡ إِنَّهُمۡ لَمَعَكُمۡۚ حَبِطَتۡ
أَعۡمَٰلُهُمۡ فَأَصۡبَحُواْ خَٰسِرِينَ ٥٣ يَٰٓأَيُّهَا ٱلَّذِينَ ءَامَنُواْ مَن يَرۡتَدَّ
مِنكُمۡ عَن دِينِهِۦ فَسَوۡفَ يَأۡتِي ٱللَّهُ بِقَوۡمٖ يُحِبُّهُمۡ وَيُحِبُّونَهُۥٓ أَذِلَّةٍ
عَلَى ٱلۡمُؤۡمِنِينَ أَعِزَّةٍ عَلَى ٱلۡكَٰفِرِينَ يُجَٰهِدُونَ فِي سَبِيلِ ٱللَّهِ وَلَا
يَخَافُونَ لَوۡمَةَ لَآئِمٖۚ ذَٰلِكَ فَضۡلُ ٱللَّهِ يُؤۡتِيهِ مَن يَشَآءُۚ وَٱللَّهُ وَٰسِعٌ
عَلِيمٌ ٥٤ إِنَّمَا وَلِيُّكُمُ ٱللَّهُ وَرَسُولُهُۥ وَٱلَّذِينَ ءَامَنُواْ ٱلَّذِينَ يُقِيمُونَ
ٱلصَّلَوٰةَ وَيُؤۡتُونَ ٱلزَّكَوٰةَ وَهُمۡ رَٰكِعُونَ ٥٥ وَمَن يَتَوَلَّ ٱللَّهَ وَرَسُولَهُۥ
وَٱلَّذِينَ ءَامَنُواْ فَإِنَّ حِزۡبَ ٱللَّهِ هُمُ ٱلۡغَٰلِبُونَ ٥٦ يَٰٓأَيُّهَا ٱلَّذِينَ ءَامَنُواْ
لَا تَتَّخِذُواْ ٱلَّذِينَ ٱتَّخَذُواْ دِينَكُمۡ هُزُوٗا وَلَعِبٗا مِّنَ ٱلَّذِينَ أُوتُواْ
ٱلۡكِتَٰبَ مِن قَبۡلِكُمۡ وَٱلۡكُفَّارَ أَوۡلِيَآءَۚ وَٱتَّقُواْ ٱللَّهَ إِن كُنتُم مُّؤۡمِنِينَ ٥٧

وَإِذَا نَادَيْتُمْ إِلَى ٱلصَّلَوٰةِ ٱتَّخَذُوهَا هُزُوًا وَلَعِبًا ۚ ذَٰلِكَ بِأَنَّهُمْ قَوْمٌ
لَّا يَعْقِلُونَ ﴿٥٨﴾ قُلْ يَٰٓأَهْلَ ٱلْكِتَٰبِ هَلْ تَنقِمُونَ مِنَّآ إِلَّآ أَنْ ءَامَنَّا
بِٱللَّهِ وَمَآ أُنزِلَ إِلَيْنَا وَمَآ أُنزِلَ مِن قَبْلُ وَأَنَّ أَكْثَرَكُمْ فَٰسِقُونَ ﴿٥٩﴾
قُلْ هَلْ أُنَبِّئُكُم بِشَرٍّ مِّن ذَٰلِكَ مَثُوبَةً عِندَ ٱللَّهِ ۚ مَن لَّعَنَهُ ٱللَّهُ وَغَضِبَ
عَلَيْهِ وَجَعَلَ مِنْهُمُ ٱلْقِرَدَةَ وَٱلْخَنَازِيرَ وَعَبَدَ ٱلطَّٰغُوتَ ۚ أُو۟لَٰٓئِكَ شَرٌّ
مَّكَانًا وَأَضَلُّ عَن سَوَآءِ ٱلسَّبِيلِ ﴿٦٠﴾ وَإِذَا جَآءُوكُمْ قَالُوٓا۟ ءَامَنَّا وَقَد
دَّخَلُوا۟ بِٱلْكُفْرِ وَهُمْ قَدْ خَرَجُوا۟ بِهِۦ ۚ وَٱللَّهُ أَعْلَمُ بِمَا كَانُوا۟ يَكْتُمُونَ
﴿٦١﴾ وَتَرَىٰ كَثِيرًا مِّنْهُمْ يُسَٰرِعُونَ فِى ٱلْإِثْمِ وَٱلْعُدْوَٰنِ وَأَكْلِهِمُ
ٱلسُّحْتَ ۚ لَبِئْسَ مَا كَانُوا۟ يَعْمَلُونَ ﴿٦٢﴾ لَوْلَا يَنْهَىٰهُمُ ٱلرَّبَّٰنِيُّونَ
وَٱلْأَحْبَارُ عَن قَوْلِهِمُ ٱلْإِثْمَ وَأَكْلِهِمُ ٱلسُّحْتَ ۚ لَبِئْسَ مَا كَانُوا۟
يَصْنَعُونَ ﴿٦٣﴾ وَقَالَتِ ٱلْيَهُودُ يَدُ ٱللَّهِ مَغْلُولَةٌ ۚ غُلَّتْ أَيْدِيهِمْ وَلُعِنُوا۟
بِمَا قَالُوا۟ ۘ بَلْ يَدَاهُ مَبْسُوطَتَانِ يُنفِقُ كَيْفَ يَشَآءُ ۚ وَلَيَزِيدَنَّ كَثِيرًا
مِّنْهُم مَّآ أُنزِلَ إِلَيْكَ مِن رَّبِّكَ طُغْيَٰنًا وَكُفْرًا ۚ وَأَلْقَيْنَا بَيْنَهُمُ ٱلْعَدَٰوَةَ
وَٱلْبَغْضَآءَ إِلَىٰ يَوْمِ ٱلْقِيَٰمَةِ ۚ كُلَّمَآ أَوْقَدُوا۟ نَارًا لِّلْحَرْبِ أَطْفَأَهَا
ٱللَّهُ ۚ وَيَسْعَوْنَ فِى ٱلْأَرْضِ فَسَادًا ۚ وَٱللَّهُ لَا يُحِبُّ ٱلْمُفْسِدِينَ ﴿٦٤﴾

وَلَوۡ أَنَّ أَهۡلَ ٱلۡكِتَٰبِ ءَامَنُواْ وَٱتَّقَوۡاْ لَكَفَّرۡنَا عَنۡهُمۡ
سَيِّـَٔاتِهِمۡ وَلَأَدۡخَلۡنَٰهُمۡ جَنَّٰتِ ٱلنَّعِيمِ ٦٥ وَلَوۡ أَنَّهُمۡ أَقَامُواْ
ٱلتَّوۡرَىٰةَ وَٱلۡإِنجِيلَ وَمَآ أُنزِلَ إِلَيۡهِم مِّن رَّبِّهِمۡ لَأَكَلُواْ
مِن فَوۡقِهِمۡ وَمِن تَحۡتِ أَرۡجُلِهِمۚ مِّنۡهُمۡ أُمَّةٞ مُّقۡتَصِدَةٞۖ
وَكَثِيرٞ مِّنۡهُمۡ سَآءَ مَا يَعۡمَلُونَ ٦٦ ۞يَٰٓأَيُّهَا ٱلرَّسُولُ ثلاثة أرباع الحزب ١٢
بَلِّغۡ مَآ أُنزِلَ إِلَيۡكَ مِن رَّبِّكَۖ وَإِن لَّمۡ تَفۡعَلۡ فَمَا بَلَّغۡتَ
رِسَالَتَهُۥۚ وَٱللَّهُ يَعۡصِمُكَ مِنَ ٱلنَّاسِۗ إِنَّ ٱللَّهَ لَا يَهۡدِي ٱلۡقَوۡمَ
ٱلۡكَٰفِرِينَ ٦٧ قُلۡ يَٰٓأَهۡلَ ٱلۡكِتَٰبِ لَسۡتُمۡ عَلَىٰ شَيۡءٍ حَتَّىٰ
تُقِيمُواْ ٱلتَّوۡرَىٰةَ وَٱلۡإِنجِيلَ وَمَآ أُنزِلَ إِلَيۡكُم مِّن رَّبِّكُمۡۗ
وَلَيَزِيدَنَّ كَثِيرٗا مِّنۡهُم مَّآ أُنزِلَ إِلَيۡكَ مِن رَّبِّكَ طُغۡيَٰنٗا وَكُفۡرٗاۖ
فَلَا تَأۡسَ عَلَى ٱلۡقَوۡمِ ٱلۡكَٰفِرِينَ ٦٨ إِنَّ ٱلَّذِينَ ءَامَنُواْ وَٱلَّذِينَ
هَادُواْ وَٱلصَّٰبِـُٔونَ وَٱلنَّصَٰرَىٰ مَنۡ ءَامَنَ بِٱللَّهِ وَٱلۡيَوۡمِ ٱلۡأٓخِرِ
وَعَمِلَ صَٰلِحٗا فَلَا خَوۡفٌ عَلَيۡهِمۡ وَلَا هُمۡ يَحۡزَنُونَ ٦٩ لَقَدۡ أَخَذۡنَا
مِيثَٰقَ بَنِيٓ إِسۡرَٰٓءِيلَ وَأَرۡسَلۡنَآ إِلَيۡهِمۡ رُسُلٗاۖ كُلَّمَا جَآءَهُمۡ رَسُولُۢ
بِمَا لَا تَهۡوَىٰٓ أَنفُسُهُمۡ فَرِيقٗا كَذَّبُواْ وَفَرِيقٗا يَقۡتُلُونَ ٧٠

وَحَسِبُوٓاْ أَلَّا تَكُونَ فِتۡنَةٞ فَعَمُواْ وَصَمُّواْ ثُمَّ تَابَ ٱللَّهُ عَلَيۡهِمۡ ثُمَّ
عَمُواْ وَصَمُّواْ كَثِيرٞ مِّنۡهُمۡۚ وَٱللَّهُ بَصِيرُۢ بِمَا يَعۡمَلُونَ ٧١
لَقَدۡ كَفَرَ ٱلَّذِينَ قَالُوٓاْ إِنَّ ٱللَّهَ هُوَ ٱلۡمَسِيحُ ٱبۡنُ مَرۡيَمَۖ وَقَالَ ٱلۡمَسِيحُ
يَٰبَنِيٓ إِسۡرَٰٓءِيلَ ٱعۡبُدُواْ ٱللَّهَ رَبِّي وَرَبَّكُمۡۖ إِنَّهُۥ مَن يُشۡرِكۡ
بِٱللَّهِ فَقَدۡ حَرَّمَ ٱللَّهُ عَلَيۡهِ ٱلۡجَنَّةَ وَمَأۡوَىٰهُ ٱلنَّارُۖ وَمَا
لِلظَّٰلِمِينَ مِنۡ أَنصَارٖ ٧٢ لَّقَدۡ كَفَرَ ٱلَّذِينَ قَالُوٓاْ إِنَّ ٱللَّهَ
ثَالِثُ ثَلَٰثَةٖۘ وَمَا مِنۡ إِلَٰهٍ إِلَّآ إِلَٰهٞ وَٰحِدٞۚ وَإِن لَّمۡ يَنتَهُواْ
عَمَّا يَقُولُونَ لَيَمَسَّنَّ ٱلَّذِينَ كَفَرُواْ مِنۡهُمۡ عَذَابٌ أَلِيمٌ ٧٣
أَفَلَا يَتُوبُونَ إِلَى ٱللَّهِ وَيَسۡتَغۡفِرُونَهُۥۚ وَٱللَّهُ غَفُورٞ رَّحِيمٞ ٧٤
مَّا ٱلۡمَسِيحُ ٱبۡنُ مَرۡيَمَ إِلَّا رَسُولٞ قَدۡ خَلَتۡ مِن قَبۡلِهِ ٱلرُّسُلُ وَأُمُّهُۥ
صِدِّيقَةٞۖ كَانَا يَأۡكُلَانِ ٱلطَّعَامَۗ ٱنظُرۡ كَيۡفَ نُبَيِّنُ لَهُمُ ٱلۡأٓيَٰتِ
ثُمَّ ٱنظُرۡ أَنَّىٰ يُؤۡفَكُونَ ٧٥ قُلۡ أَتَعۡبُدُونَ مِن دُونِ ٱللَّهِ مَا لَا
يَمۡلِكُ لَكُمۡ ضَرّٗا وَلَا نَفۡعٗاۚ وَٱللَّهُ هُوَ ٱلسَّمِيعُ ٱلۡعَلِيمُ ٧٦ قُلۡ
يَٰٓأَهۡلَ ٱلۡكِتَٰبِ لَا تَغۡلُواْ فِي دِينِكُمۡ غَيۡرَ ٱلۡحَقِّ وَلَا تَتَّبِعُوٓاْ أَهۡوَآءَ
قَوۡمٖ قَدۡ ضَلُّواْ مِن قَبۡلُ وَأَضَلُّواْ كَثِيرٗا وَضَلُّواْ عَن سَوَآءِ ٱلسَّبِيلِ ٧٧

لُعِنَ ٱلَّذِينَ كَفَرُوا۟ مِنۢ بَنِىٓ إِسْرَٰٓءِيلَ عَلَىٰ لِسَانِ
دَاوُۥدَ وَعِيسَى ٱبْنِ مَرْيَمَ ۚ ذَٰلِكَ بِمَا عَصَوا۟ وَّكَانُوا۟
يَعْتَدُونَ ﴿٧٨﴾ كَانُوا۟ لَا يَتَنَاهَوْنَ عَن مُّنكَرٍ فَعَلُوهُ ۚ
لَبِئْسَ مَا كَانُوا۟ يَفْعَلُونَ ﴿٧٩﴾ تَرَىٰ كَثِيرًا مِّنْهُمْ
يَتَوَلَّوْنَ ٱلَّذِينَ كَفَرُوا۟ ۚ لَبِئْسَ مَا قَدَّمَتْ لَهُمْ
أَنفُسُهُمْ أَن سَخِطَ ٱللَّهُ عَلَيْهِمْ وَفِى ٱلْعَذَابِ هُمْ
خَٰلِدُونَ ﴿٨٠﴾ وَلَوْ كَانُوا۟ يُؤْمِنُونَ بِٱللَّهِ وَٱلنَّبِىِّ وَمَآ
أُنزِلَ إِلَيْهِ مَا ٱتَّخَذُوهُمْ أَوْلِيَآءَ وَلَٰكِنَّ كَثِيرًا
مِّنْهُمْ فَٰسِقُونَ ﴿٨١﴾ ۞ لَتَجِدَنَّ أَشَدَّ ٱلنَّاسِ عَدَٰوَةً
لِّلَّذِينَ ءَامَنُوا۟ ٱلْيَهُودَ وَٱلَّذِينَ أَشْرَكُوا۟ ۖ وَلَتَجِدَنَّ
أَقْرَبَهُم مَّوَدَّةً لِّلَّذِينَ ءَامَنُوا۟ ٱلَّذِينَ قَالُوٓا۟ إِنَّا نَصَٰرَىٰ ۚ
ذَٰلِكَ بِأَنَّ مِنْهُمْ قِسِّيسِينَ وَرُهْبَانًا وَأَنَّهُمْ
لَا يَسْتَكْبِرُونَ ﴿٨٢﴾ وَإِذَا سَمِعُوا۟ مَآ أُنزِلَ إِلَى
ٱلرَّسُولِ تَرَىٰٓ أَعْيُنَهُمْ تَفِيضُ مِنَ ٱلدَّمْعِ مِمَّا عَرَفُوا۟
مِنَ ٱلْحَقِّ ۖ يَقُولُونَ رَبَّنَآ ءَامَنَّا فَٱكْتُبْنَا مَعَ ٱلشَّٰهِدِينَ ﴿٨٣﴾

وَمَا لَنَا لَا نُؤْمِنُ بِٱللَّهِ وَمَا جَآءَنَا مِنَ ٱلْحَقِّ وَنَطْمَعُ أَن يُدْخِلَنَا
رَبُّنَا مَعَ ٱلْقَوْمِ ٱلصَّـٰلِحِينَ ﴿٨٤﴾ فَأَثَـٰبَهُمُ ٱللَّهُ بِمَا قَالُوا۟ جَنَّـٰتٍ
تَجْرِى مِن تَحْتِهَا ٱلْأَنْهَـٰرُ خَـٰلِدِينَ فِيهَا ۚ وَذَٰلِكَ جَزَآءُ
ٱلْمُحْسِنِينَ ﴿٨٥﴾ وَٱلَّذِينَ كَفَرُوا۟ وَكَذَّبُوا۟ بِـَٔايَـٰتِنَآ أُو۟لَـٰٓئِكَ
أَصْحَـٰبُ ٱلْجَحِيمِ ﴿٨٦﴾ يَـٰٓأَيُّهَا ٱلَّذِينَ ءَامَنُوا۟ لَا تُحَرِّمُوا۟
طَيِّبَـٰتِ مَآ أَحَلَّ ٱللَّهُ لَكُمْ وَلَا تَعْتَدُوٓا۟ ۚ إِنَّ ٱللَّهَ لَا يُحِبُّ
ٱلْمُعْتَدِينَ ﴿٨٧﴾ وَكُلُوا۟ مِمَّا رَزَقَكُمُ ٱللَّهُ حَلَـٰلًا طَيِّبًا ۚ
وَٱتَّقُوا۟ ٱللَّهَ ٱلَّذِىٓ أَنتُم بِهِۦ مُؤْمِنُونَ ﴿٨٨﴾ لَا يُؤَاخِذُكُمُ ٱللَّهُ
بِٱللَّغْوِ فِىٓ أَيْمَـٰنِكُمْ وَلَـٰكِن يُؤَاخِذُكُم بِمَا عَقَّدتُّمُ ٱلْأَيْمَـٰنَ ۖ
فَكَفَّـٰرَتُهُۥٓ إِطْعَامُ عَشَرَةِ مَسَـٰكِينَ مِنْ أَوْسَطِ مَا تُطْعِمُونَ
أَهْلِيكُمْ أَوْ كِسْوَتُهُمْ أَوْ تَحْرِيرُ رَقَبَةٍ ۖ فَمَن لَّمْ يَجِدْ فَصِيَامُ
ثَلَـٰثَةِ أَيَّامٍ ۚ ذَٰلِكَ كَفَّـٰرَةُ أَيْمَـٰنِكُمْ إِذَا حَلَفْتُمْ ۚ وَٱحْفَظُوٓا۟
أَيْمَـٰنَكُمْ ۚ كَذَٰلِكَ يُبَيِّنُ ٱللَّهُ لَكُمْ ءَايَـٰتِهِۦ لَعَلَّكُمْ تَشْكُرُونَ ﴿٨٩﴾
يَـٰٓأَيُّهَا ٱلَّذِينَ ءَامَنُوٓا۟ إِنَّمَا ٱلْخَمْرُ وَٱلْمَيْسِرُ وَٱلْأَنصَابُ وَٱلْأَزْلَـٰمُ
رِجْسٌ مِّنْ عَمَلِ ٱلشَّيْطَـٰنِ فَٱجْتَنِبُوهُ لَعَلَّكُمْ تُفْلِحُونَ ﴿٩٠﴾

إِنَّمَا يُرِيدُ ٱلشَّيۡطَٰنُ أَن يُوقِعَ بَيۡنَكُمُ ٱلۡعَدَٰوَةَ وَٱلۡبَغۡضَآءَ
فِي ٱلۡخَمۡرِ وَٱلۡمَيۡسِرِ وَيَصُدَّكُمۡ عَن ذِكۡرِ ٱللَّهِ وَعَنِ
ٱلصَّلَوٰةِۖ فَهَلۡ أَنتُم مُّنتَهُونَ ٩١ وَأَطِيعُواْ ٱللَّهَ وَأَطِيعُواْ
ٱلرَّسُولَ وَٱحۡذَرُواْۚ فَإِن تَوَلَّيۡتُمۡ فَٱعۡلَمُوٓاْ أَنَّمَا عَلَىٰ رَسُولِنَا
ٱلۡبَلَٰغُ ٱلۡمُبِينُ ٩٢ لَيۡسَ عَلَى ٱلَّذِينَ ءَامَنُواْ وَعَمِلُواْ ٱلصَّٰلِحَٰتِ
جُنَاحٞ فِيمَا طَعِمُوٓاْ إِذَا مَا ٱتَّقَواْ وَّءَامَنُواْ وَعَمِلُواْ ٱلصَّٰلِحَٰتِ
ثُمَّ ٱتَّقَواْ وَّءَامَنُواْ ثُمَّ ٱتَّقَواْ وَّأَحۡسَنُواْۚ وَٱللَّهُ يُحِبُّ
ٱلۡمُحۡسِنِينَ ٩٣ يَٰٓأَيُّهَا ٱلَّذِينَ ءَامَنُواْ لَيَبۡلُوَنَّكُمُ ٱللَّهُ بِشَيۡءٖ
مِّنَ ٱلصَّيۡدِ تَنَالُهُۥٓ أَيۡدِيكُمۡ وَرِمَاحُكُمۡ لِيَعۡلَمَ ٱللَّهُ مَن يَخَافُهُۥ
بِٱلۡغَيۡبِۚ فَمَنِ ٱعۡتَدَىٰ بَعۡدَ ذَٰلِكَ فَلَهُۥ عَذَابٌ أَلِيمٞ ٩٤ يَٰٓأَيُّهَا
ٱلَّذِينَ ءَامَنُواْ لَا تَقۡتُلُواْ ٱلصَّيۡدَ وَأَنتُمۡ حُرُمٞۚ وَمَن قَتَلَهُۥ
مِنكُم مُّتَعَمِّدٗا فَجَزَآءٞ مِّثۡلُ مَا قَتَلَ مِنَ ٱلنَّعَمِ يَحۡكُمُ بِهِۦ ذَوَا
عَدۡلٖ مِّنكُمۡ هَدۡيَۢا بَٰلِغَ ٱلۡكَعۡبَةِ أَوۡ كَفَّٰرَةٞ طَعَامُ مَسَٰكِينَ
أَوۡ عَدۡلُ ذَٰلِكَ صِيَامٗا لِّيَذُوقَ وَبَالَ أَمۡرِهِۦۗ عَفَا ٱللَّهُ عَمَّا
سَلَفَۚ وَمَنۡ عَادَ فَيَنتَقِمُ ٱللَّهُ مِنۡهُۚ وَٱللَّهُ عَزِيزٞ ذُو ٱنتِقَامٍ ٩٥

ربع الحزب ١٣

أُحِلَّ لَكُمْ صَيْدُ ٱلْبَحْرِ وَطَعَامُهُۥ مَتَٰعًا لَّكُمْ وَلِلسَّيَّارَةِ ۖ
وَحُرِّمَ عَلَيْكُمْ صَيْدُ ٱلْبَرِّ مَا دُمْتُمْ حُرُمًا ۗ وَٱتَّقُوا۟ ٱللَّهَ ٱلَّذِىٓ
إِلَيْهِ تُحْشَرُونَ ﴿٩٦﴾ ۞ جَعَلَ ٱللَّهُ ٱلْكَعْبَةَ ٱلْبَيْتَ ٱلْحَرَامَ
قِيَٰمًا لِّلنَّاسِ وَٱلشَّهْرَ ٱلْحَرَامَ وَٱلْهَدْىَ وَٱلْقَلَٰٓئِدَ ۚ ذَٰلِكَ لِتَعْلَمُوٓا۟
أَنَّ ٱللَّهَ يَعْلَمُ مَا فِى ٱلسَّمَٰوَٰتِ وَمَا فِى ٱلْأَرْضِ وَأَنَّ ٱللَّهَ بِكُلِّ
شَىْءٍ عَلِيمٌ ﴿٩٧﴾ ٱعْلَمُوٓا۟ أَنَّ ٱللَّهَ شَدِيدُ ٱلْعِقَابِ وَأَنَّ ٱللَّهَ
غَفُورٌ رَّحِيمٌ ﴿٩٨﴾ مَّا عَلَى ٱلرَّسُولِ إِلَّا ٱلْبَلَٰغُ ۗ وَٱللَّهُ يَعْلَمُ مَا
تُبْدُونَ وَمَا تَكْتُمُونَ ﴿٩٩﴾ قُل لَّا يَسْتَوِى ٱلْخَبِيثُ وَٱلطَّيِّبُ
وَلَوْ أَعْجَبَكَ كَثْرَةُ ٱلْخَبِيثِ ۚ فَٱتَّقُوا۟ ٱللَّهَ يَٰٓأُو۟لِى ٱلْأَلْبَٰبِ
لَعَلَّكُمْ تُفْلِحُونَ ﴿١٠٠﴾ يَٰٓأَيُّهَا ٱلَّذِينَ ءَامَنُوا۟ لَا تَسْـَٔلُوا۟ عَنْ
أَشْيَآءَ إِن تُبْدَ لَكُمْ تَسُؤْكُمْ وَإِن تَسْـَٔلُوا۟ عَنْهَا حِينَ يُنَزَّلُ
ٱلْقُرْءَانُ تُبْدَ لَكُمْ عَفَا ٱللَّهُ عَنْهَا ۗ وَٱللَّهُ غَفُورٌ حَلِيمٌ ﴿١٠١﴾
قَدْ سَأَلَهَا قَوْمٌ مِّن قَبْلِكُمْ ثُمَّ أَصْبَحُوا۟ بِهَا كَٰفِرِينَ ﴿١٠٢﴾ مَا جَعَلَ
ٱللَّهُ مِنۢ بَحِيرَةٍ وَلَا سَآئِبَةٍ وَلَا وَصِيلَةٍ وَلَا حَامٍ ۙ وَلَٰكِنَّ ٱلَّذِينَ
كَفَرُوا۟ يَفْتَرُونَ عَلَى ٱللَّهِ ٱلْكَذِبَ ۖ وَأَكْثَرُهُمْ لَا يَعْقِلُونَ ﴿١٠٣﴾

وَإِذَا قِيلَ لَهُمۡ تَعَالَوۡاْ إِلَىٰ مَآ أَنزَلَ ٱللَّهُ وَإِلَى ٱلرَّسُولِ قَالُواْ حَسۡبُنَا
مَا وَجَدۡنَا عَلَيۡهِ ءَابَآءَنَآۚ أَوَلَوۡ كَانَ ءَابَآؤُهُمۡ لَا يَعۡلَمُونَ
شَيۡـٔٗا وَلَا يَهۡتَدُونَ ١٠٤ يَٰٓأَيُّهَا ٱلَّذِينَ ءَامَنُواْ عَلَيۡكُمۡ أَنفُسَكُمۡۖ
لَا يَضُرُّكُم مَّن ضَلَّ إِذَا ٱهۡتَدَيۡتُمۡۚ إِلَى ٱللَّهِ مَرۡجِعُكُمۡ جَمِيعٗا
فَيُنَبِّئُكُم بِمَا كُنتُمۡ تَعۡمَلُونَ ١٠٥ يَٰٓأَيُّهَا ٱلَّذِينَ ءَامَنُواْ شَهَٰدَةُ
بَيۡنِكُمۡ إِذَا حَضَرَ أَحَدَكُمُ ٱلۡمَوۡتُ حِينَ ٱلۡوَصِيَّةِ ٱثۡنَانِ ذَوَا
عَدۡلٖ مِّنكُمۡ أَوۡ ءَاخَرَانِ مِنۡ غَيۡرِكُمۡ إِنۡ أَنتُمۡ ضَرَبۡتُمۡ فِي ٱلۡأَرۡضِ
فَأَصَٰبَتۡكُم مُّصِيبَةُ ٱلۡمَوۡتِۚ تَحۡبِسُونَهُمَا مِنۢ بَعۡدِ ٱلصَّلَوٰةِ
فَيُقۡسِمَانِ بِٱللَّهِ إِنِ ٱرۡتَبۡتُمۡ لَا نَشۡتَرِي بِهِۦ ثَمَنٗا وَلَوۡ كَانَ ذَا
قُرۡبَىٰ وَلَا نَكۡتُمُ شَهَٰدَةَ ٱللَّهِ إِنَّآ إِذٗا لَّمِنَ ٱلۡأٓثِمِينَ ١٠٦ فَإِنۡ عُثِرَ
عَلَىٰٓ أَنَّهُمَا ٱسۡتَحَقَّآ إِثۡمٗا فَـَٔاخَرَانِ يَقُومَانِ مَقَامَهُمَا مِنَ ٱلَّذِينَ
ٱسۡتَحَقَّ عَلَيۡهِمُ ٱلۡأَوۡلَيَٰنِ فَيُقۡسِمَانِ بِٱللَّهِ لَشَهَٰدَتُنَآ أَحَقُّ مِن
شَهَٰدَتِهِمَا وَمَا ٱعۡتَدَيۡنَآ إِنَّآ إِذٗا لَّمِنَ ٱلظَّٰلِمِينَ ١٠٧ ذَٰلِكَ أَدۡنَىٰٓ
أَن يَأۡتُواْ بِٱلشَّهَٰدَةِ عَلَىٰ وَجۡهِهَآ أَوۡ يَخَافُوٓاْ أَن تُرَدَّ أَيۡمَٰنُۢ بَعۡدَ
أَيۡمَٰنِهِمۡۗ وَٱتَّقُواْ ٱللَّهَ وَٱسۡمَعُواْۗ وَٱللَّهُ لَا يَهۡدِي ٱلۡقَوۡمَ ٱلۡفَٰسِقِينَ ١٠٨

نصف الحزب ١٣

۞ يَوۡمَ يَجۡمَعُ ٱللَّهُ ٱلرُّسُلَ فَيَقُولُ مَاذَآ أُجِبۡتُمۡۖ قَالُواْ لَا عِلۡمَ لَنَآۖ
إِنَّكَ أَنتَ عَلَّٰمُ ٱلۡغُيُوبِ ١٠٩ إِذۡ قَالَ ٱللَّهُ يَٰعِيسَى ٱبۡنَ مَرۡيَمَ
ٱذۡكُرۡ نِعۡمَتِي عَلَيۡكَ وَعَلَىٰ وَٰلِدَتِكَ إِذۡ أَيَّدتُّكَ بِرُوحِ
ٱلۡقُدُسِ تُكَلِّمُ ٱلنَّاسَ فِي ٱلۡمَهۡدِ وَكَهۡلٗاۖ وَإِذۡ عَلَّمۡتُكَ
ٱلۡكِتَٰبَ وَٱلۡحِكۡمَةَ وَٱلتَّوۡرَىٰةَ وَٱلۡإِنجِيلَۖ وَإِذۡ تَخۡلُقُ
مِنَ ٱلطِّينِ كَهَيۡـَٔةِ ٱلطَّيۡرِ بِإِذۡنِي فَتَنفُخُ فِيهَا فَتَكُونُ
طَيۡرَۢا بِإِذۡنِيۖ وَتُبۡرِئُ ٱلۡأَكۡمَهَ وَٱلۡأَبۡرَصَ بِإِذۡنِيۖ وَإِذۡ تُخۡرِجُ
ٱلۡمَوۡتَىٰ بِإِذۡنِيۖ وَإِذۡ كَفَفۡتُ بَنِيٓ إِسۡرَٰٓءِيلَ عَنكَ إِذۡ
جِئۡتَهُم بِٱلۡبَيِّنَٰتِ فَقَالَ ٱلَّذِينَ كَفَرُواْ مِنۡهُمۡ إِنۡ هَٰذَآ
إِلَّا سِحۡرٞ مُّبِينٞ ١١٠ وَإِذۡ أَوۡحَيۡتُ إِلَى ٱلۡحَوَارِيِّـۧنَ أَنۡ ءَامِنُواْ
بِي وَبِرَسُولِي قَالُوٓاْ ءَامَنَّا وَٱشۡهَدۡ بِأَنَّنَا مُسۡلِمُونَ ١١١
إِذۡ قَالَ ٱلۡحَوَارِيُّونَ يَٰعِيسَى ٱبۡنَ مَرۡيَمَ هَلۡ يَسۡتَطِيعُ رَبُّكَ
أَن يُنَزِّلَ عَلَيۡنَا مَآئِدَةٗ مِّنَ ٱلسَّمَآءِۖ قَالَ ٱتَّقُواْ ٱللَّهَ إِن كُنتُم
مُّؤۡمِنِينَ ١١٢ قَالُواْ نُرِيدُ أَن نَّأۡكُلَ مِنۡهَا وَتَطۡمَئِنَّ قُلُوبُنَا
وَنَعۡلَمَ أَن قَدۡ صَدَقۡتَنَا وَنَكُونَ عَلَيۡهَا مِنَ ٱلشَّٰهِدِينَ ١١٣

قَالَ عِيسَى ٱبۡنُ مَرۡيَمَ ٱللَّهُمَّ رَبَّنَآ أَنزِلۡ عَلَيۡنَا مَآئِدَةٗ مِّنَ ٱلسَّمَآءِ
تَكُونُ لَنَا عِيدٗا لِّأَوَّلِنَا وَءَاخِرِنَا وَءَايَةٗ مِّنكَۖ وَٱرۡزُقۡنَا وَأَنتَ
خَيۡرُ ٱلرَّٰزِقِينَ ١١٤ قَالَ ٱللَّهُ إِنِّي مُنَزِّلُهَا عَلَيۡكُمۡۖ فَمَن يَكۡفُرۡ بَعۡدُ
مِنكُمۡ فَإِنِّيٓ أُعَذِّبُهُۥ عَذَابٗا لَّآ أُعَذِّبُهُۥٓ أَحَدٗا مِّنَ ٱلۡعَٰلَمِينَ ١١٥
وَإِذۡ قَالَ ٱللَّهُ يَٰعِيسَى ٱبۡنَ مَرۡيَمَ ءَأَنتَ قُلۡتَ لِلنَّاسِ ٱتَّخِذُونِي
وَأُمِّيَ إِلَٰهَيۡنِ مِن دُونِ ٱللَّهِۖ قَالَ سُبۡحَٰنَكَ مَا يَكُونُ لِيٓ أَنۡ أَقُولَ
مَا لَيۡسَ لِي بِحَقٍّۚ إِن كُنتُ قُلۡتُهُۥ فَقَدۡ عَلِمۡتَهُۥۚ تَعۡلَمُ مَا فِي نَفۡسِي
وَلَآ أَعۡلَمُ مَا فِي نَفۡسِكَۚ إِنَّكَ أَنتَ عَلَّٰمُ ٱلۡغُيُوبِ ١١٦ مَا قُلۡتُ لَهُمۡ
إِلَّا مَآ أَمَرۡتَنِي بِهِۦٓ أَنِ ٱعۡبُدُواْ ٱللَّهَ رَبِّي وَرَبَّكُمۡۚ وَكُنتُ عَلَيۡهِمۡ
شَهِيدٗا مَّا دُمۡتُ فِيهِمۡۖ فَلَمَّا تَوَفَّيۡتَنِي كُنتَ أَنتَ ٱلرَّقِيبَ عَلَيۡهِمۡۚ
وَأَنتَ عَلَىٰ كُلِّ شَيۡءٖ شَهِيدٌ ١١٧ إِن تُعَذِّبۡهُمۡ فَإِنَّهُمۡ عِبَادُكَۖ وَإِن
تَغۡفِرۡ لَهُمۡ فَإِنَّكَ أَنتَ ٱلۡعَزِيزُ ٱلۡحَكِيمُ ١١٨ قَالَ ٱللَّهُ هَٰذَا يَوۡمُ يَنفَعُ
ٱلصَّٰدِقِينَ صِدۡقُهُمۡۚ لَهُمۡ جَنَّٰتٞ تَجۡرِي مِن تَحۡتِهَا ٱلۡأَنۡهَٰرُ خَٰلِدِينَ
فِيهَآ أَبَدٗاۖ رَّضِيَ ٱللَّهُ عَنۡهُمۡ وَرَضُواْ عَنۡهُۚ ذَٰلِكَ ٱلۡفَوۡزُ ٱلۡعَظِيمُ ١١٩ لِلَّهِ
مُلۡكُ ٱلسَّمَٰوَٰتِ وَٱلۡأَرۡضِ وَمَا فِيهِنَّۚ وَهُوَ عَلَىٰ كُلِّ شَيۡءٖ قَدِيرُۢ ١٢٠

سُورَةُ الأَنۡعَامِ

بِسۡمِ ٱللَّهِ ٱلرَّحۡمَٰنِ ٱلرَّحِيمِ

ٱلۡحَمۡدُ لِلَّهِ ٱلَّذِي خَلَقَ ٱلسَّمَٰوَٰتِ وَٱلۡأَرۡضَ وَجَعَلَ ٱلظُّلُمَٰتِ
وَٱلنُّورَۖ ثُمَّ ٱلَّذِينَ كَفَرُواْ بِرَبِّهِمۡ يَعۡدِلُونَ ١ هُوَ ٱلَّذِي
خَلَقَكُم مِّن طِينٖ ثُمَّ قَضَىٰٓ أَجَلٗاۖ وَأَجَلٞ مُّسَمًّى عِندَهُۥۖ ثُمَّ أَنتُمۡ
تَمۡتَرُونَ ٢ وَهُوَ ٱللَّهُ فِي ٱلسَّمَٰوَٰتِ وَفِي ٱلۡأَرۡضِ يَعۡلَمُ سِرَّكُمۡ
وَجَهۡرَكُمۡ وَيَعۡلَمُ مَا تَكۡسِبُونَ ٣ وَمَا تَأۡتِيهِم مِّنۡ ءَايَةٖ مِّنۡ
ءَايَٰتِ رَبِّهِمۡ إِلَّا كَانُواْ عَنۡهَا مُعۡرِضِينَ ٤ فَقَدۡ كَذَّبُواْ بِٱلۡحَقِّ
لَمَّا جَآءَهُمۡ فَسَوۡفَ يَأۡتِيهِمۡ أَنۢبَٰٓؤُاْ مَا كَانُواْ بِهِۦ يَسۡتَهۡزِءُونَ ٥
أَلَمۡ يَرَوۡاْ كَمۡ أَهۡلَكۡنَا مِن قَبۡلِهِم مِّن قَرۡنٖ مَّكَّنَّٰهُمۡ فِي ٱلۡأَرۡضِ
مَا لَمۡ نُمَكِّن لَّكُمۡ وَأَرۡسَلۡنَا ٱلسَّمَآءَ عَلَيۡهِم مِّدۡرَارٗا وَجَعَلۡنَا ٱلۡأَنۡهَٰرَ
تَجۡرِي مِن تَحۡتِهِمۡ فَأَهۡلَكۡنَٰهُم بِذُنُوبِهِمۡ وَأَنشَأۡنَا مِنۢ بَعۡدِهِمۡ قَرۡنًا
ءَاخَرِينَ ٦ وَلَوۡ نَزَّلۡنَا عَلَيۡكَ كِتَٰبٗا فِي قِرۡطَاسٖ فَلَمَسُوهُ بِأَيۡدِيهِمۡ
لَقَالَ ٱلَّذِينَ كَفَرُوٓاْ إِنۡ هَٰذَآ إِلَّا سِحۡرٞ مُّبِينٞ ٧ وَقَالُواْ لَوۡلَآ أُنزِلَ
عَلَيۡهِ مَلَكٞۖ وَلَوۡ أَنزَلۡنَا مَلَكٗا لَّقُضِيَ ٱلۡأَمۡرُ ثُمَّ لَا يُنظَرُونَ ٨

وَلَوۡ جَعَلۡنَٰهُ مَلَكٗا لَّجَعَلۡنَٰهُ رَجُلٗا وَلَلَبَسۡنَا عَلَيۡهِم مَّا
يَلۡبِسُونَ ٩ وَلَقَدِ ٱسۡتُهۡزِئَ بِرُسُلٖ مِّن قَبۡلِكَ فَحَاقَ بِٱلَّذِينَ
سَخِرُواْ مِنۡهُم مَّا كَانُواْ بِهِۦ يَسۡتَهۡزِءُونَ ١٠ قُلۡ سِيرُواْ
فِي ٱلۡأَرۡضِ ثُمَّ ٱنظُرُواْ كَيۡفَ كَانَ عَٰقِبَةُ ٱلۡمُكَذِّبِينَ
١١ قُل لِّمَن مَّا فِي ٱلسَّمَٰوَٰتِ وَٱلۡأَرۡضِۖ قُل لِّلَّهِۚ كَتَبَ عَلَىٰ
نَفۡسِهِ ٱلرَّحۡمَةَۚ لَيَجۡمَعَنَّكُمۡ إِلَىٰ يَوۡمِ ٱلۡقِيَٰمَةِ لَا رَيۡبَ
فِيهِۚ ٱلَّذِينَ خَسِرُوٓاْ أَنفُسَهُمۡ فَهُمۡ لَا يُؤۡمِنُونَ ١٢ ۞وَلَهُۥ
مَا سَكَنَ فِي ٱلَّيۡلِ وَٱلنَّهَارِۚ وَهُوَ ٱلسَّمِيعُ ٱلۡعَلِيمُ ١٣ قُلۡ
أَغَيۡرَ ٱللَّهِ أَتَّخِذُ وَلِيّٗا فَاطِرِ ٱلسَّمَٰوَٰتِ وَٱلۡأَرۡضِ وَهُوَ
يُطۡعِمُ وَلَا يُطۡعَمُۗ قُلۡ إِنِّيٓ أُمِرۡتُ أَنۡ أَكُونَ أَوَّلَ مَنۡ أَسۡلَمَۖ
وَلَا تَكُونَنَّ مِنَ ٱلۡمُشۡرِكِينَ ١٤ قُلۡ إِنِّيٓ أَخَافُ إِنۡ عَصَيۡتُ
رَبِّي عَذَابَ يَوۡمٍ عَظِيمٖ ١٥ مَّن يُصۡرَفۡ عَنۡهُ يَوۡمَئِذٖ فَقَدۡ رَحِمَهُۥۚ
وَذَٰلِكَ ٱلۡفَوۡزُ ٱلۡمُبِينُ ١٦ وَإِن يَمۡسَسۡكَ ٱللَّهُ بِضُرّٖ فَلَا كَاشِفَ
لَهُۥٓ إِلَّا هُوَۖ وَإِن يَمۡسَسۡكَ بِخَيۡرٖ فَهُوَ عَلَىٰ كُلِّ شَيۡءٖ قَدِيرٞ
١٧ وَهُوَ ٱلۡقَاهِرُ فَوۡقَ عِبَادِهِۦۚ وَهُوَ ٱلۡحَكِيمُ ٱلۡخَبِيرُ ١٨

ثلاثة أرباع الحزب ١٣

قُلْ أَيُّ شَيْءٍ أَكْبَرُ شَهَٰدَةً ۖ قُلِ ٱللَّهُ ۖ شَهِيدٌۢ بَيْنِى وَبَيْنَكُمْ ۚ وَأُوحِىَ إِلَىَّ هَٰذَا
ٱلْقُرْءَانُ لِأُنذِرَكُم بِهِۦ وَمَنۢ بَلَغَ ۚ أَئِنَّكُمْ لَتَشْهَدُونَ أَنَّ مَعَ ٱللَّهِ ءَالِهَةً
أُخْرَىٰ ۚ قُل لَّآ أَشْهَدُ ۚ قُلْ إِنَّمَا هُوَ إِلَٰهٌ وَٰحِدٌ وَإِنَّنِى بَرِىٓءٌ مِّمَّا تُشْرِكُونَ
﴿١٩﴾ ٱلَّذِينَ ءَاتَيْنَٰهُمُ ٱلْكِتَٰبَ يَعْرِفُونَهُۥ كَمَا يَعْرِفُونَ أَبْنَآءَهُمُ ۘ ٱلَّذِينَ
خَسِرُوٓا۟ أَنفُسَهُمْ فَهُمْ لَا يُؤْمِنُونَ ﴿٢٠﴾ وَمَنْ أَظْلَمُ مِمَّنِ ٱفْتَرَىٰ عَلَى
ٱللَّهِ كَذِبًا أَوْ كَذَّبَ بِـَٔايَٰتِهِۦٓ ۗ إِنَّهُۥ لَا يُفْلِحُ ٱلظَّٰلِمُونَ ﴿٢١﴾ وَيَوْمَ نَحْشُرُهُمْ
جَمِيعًا ثُمَّ نَقُولُ لِلَّذِينَ أَشْرَكُوٓا۟ أَيْنَ شُرَكَآؤُكُمُ ٱلَّذِينَ كُنتُمْ تَزْعُمُونَ ﴿٢٢﴾
ثُمَّ لَمْ تَكُن فِتْنَتُهُمْ إِلَّآ أَن قَالُوا۟ وَٱللَّهِ رَبِّنَا مَا كُنَّا مُشْرِكِينَ ﴿٢٣﴾
ٱنظُرْ كَيْفَ كَذَبُوا۟ عَلَىٰٓ أَنفُسِهِمْ ۚ وَضَلَّ عَنْهُم مَّا كَانُوا۟ يَفْتَرُونَ ﴿٢٤﴾
وَمِنْهُم مَّن يَسْتَمِعُ إِلَيْكَ ۖ وَجَعَلْنَا عَلَىٰ قُلُوبِهِمْ أَكِنَّةً أَن يَفْقَهُوهُ
وَفِىٓ ءَاذَانِهِمْ وَقْرًا ۚ وَإِن يَرَوْا۟ كُلَّ ءَايَةٍ لَّا يُؤْمِنُوا۟ بِهَا ۚ حَتَّىٰٓ إِذَا
جَآءُوكَ يُجَٰدِلُونَكَ يَقُولُ ٱلَّذِينَ كَفَرُوٓا۟ إِنْ هَٰذَآ إِلَّآ أَسَٰطِيرُ
ٱلْأَوَّلِينَ ﴿٢٥﴾ وَهُمْ يَنْهَوْنَ عَنْهُ وَيَنْـَٔوْنَ عَنْهُ ۖ وَإِن يُهْلِكُونَ إِلَّآ
أَنفُسَهُمْ وَمَا يَشْعُرُونَ ﴿٢٦﴾ وَلَوْ تَرَىٰٓ إِذْ وُقِفُوا۟ عَلَى ٱلنَّارِ فَقَالُوا۟
يَٰلَيْتَنَا نُرَدُّ وَلَا نُكَذِّبَ بِـَٔايَٰتِ رَبِّنَا وَنَكُونَ مِنَ ٱلْمُؤْمِنِينَ ﴿٢٧﴾

بَلْ بَدَا لَهُم مَّا كَانُوا۟ يُخْفُونَ مِن قَبْلُ ۖ وَلَوْ رُدُّوا۟ لَعَادُوا۟ لِمَا نُهُوا۟ عَنْهُ
وَإِنَّهُمْ لَكَـٰذِبُونَ ﴿٢٨﴾ وَقَالُوٓا۟ إِنْ هِىَ إِلَّا حَيَاتُنَا ٱلدُّنْيَا وَمَا نَحْنُ
بِمَبْعُوثِينَ ﴿٢٩﴾ وَلَوْ تَرَىٰٓ إِذْ وُقِفُوا۟ عَلَىٰ رَبِّهِمْ ۚ قَالَ أَلَيْسَ هَـٰذَا
بِٱلْحَقِّ ۚ قَالُوا۟ بَلَىٰ وَرَبِّنَا ۚ قَالَ فَذُوقُوا۟ ٱلْعَذَابَ بِمَا كُنتُمْ تَكْفُرُونَ
﴿٣٠﴾ قَدْ خَسِرَ ٱلَّذِينَ كَذَّبُوا۟ بِلِقَآءِ ٱللَّهِ ۖ حَتَّىٰٓ إِذَا جَآءَتْهُمُ ٱلسَّاعَةُ
بَغْتَةً قَالُوا۟ يَـٰحَسْرَتَنَا عَلَىٰ مَا فَرَّطْنَا فِيهَا وَهُمْ يَحْمِلُونَ أَوْزَارَهُمْ
عَلَىٰ ظُهُورِهِمْ ۚ أَلَا سَآءَ مَا يَزِرُونَ ﴿٣١﴾ وَمَا ٱلْحَيَوٰةُ ٱلدُّنْيَآ
إِلَّا لَعِبٌ وَلَهْوٌ ۖ وَلَلدَّارُ ٱلْـَٔاخِرَةُ خَيْرٌ لِّلَّذِينَ يَتَّقُونَ ۗ أَفَلَا تَعْقِلُونَ
﴿٣٢﴾ قَدْ نَعْلَمُ إِنَّهُۥ لَيَحْزُنُكَ ٱلَّذِى يَقُولُونَ ۖ فَإِنَّهُمْ لَا يُكَذِّبُونَكَ
وَلَـٰكِنَّ ٱلظَّـٰلِمِينَ بِـَٔايَـٰتِ ٱللَّهِ يَجْحَدُونَ ﴿٣٣﴾ وَلَقَدْ كُذِّبَتْ
رُسُلٌ مِّن قَبْلِكَ فَصَبَرُوا۟ عَلَىٰ مَا كُذِّبُوا۟ وَأُوذُوا۟ حَتَّىٰٓ أَتَىٰهُمْ
نَصْرُنَا ۚ وَلَا مُبَدِّلَ لِكَلِمَـٰتِ ٱللَّهِ ۚ وَلَقَدْ جَآءَكَ مِن نَّبَإِى۟ ٱلْمُرْسَلِينَ
﴿٣٤﴾ وَإِن كَانَ كَبُرَ عَلَيْكَ إِعْرَاضُهُمْ فَإِنِ ٱسْتَطَعْتَ أَن تَبْتَغِىَ
نَفَقًا فِى ٱلْأَرْضِ أَوْ سُلَّمًا فِى ٱلسَّمَآءِ فَتَأْتِيَهُم بِـَٔايَةٍ ۚ وَلَوْ شَآءَ
ٱللَّهُ لَجَمَعَهُمْ عَلَى ٱلْهُدَىٰ ۚ فَلَا تَكُونَنَّ مِنَ ٱلْجَـٰهِلِينَ ﴿٣٥﴾

۞ إِنَّمَا يَسْتَجِيبُ ٱلَّذِينَ يَسْمَعُونَ وَٱلْمَوْتَىٰ يَبْعَثُهُمُ ٱللَّهُ ثُمَّ إِلَيْهِ
يُرْجَعُونَ ﴿٣٦﴾ وَقَالُوا۟ لَوْلَا نُزِّلَ عَلَيْهِ ءَايَةٌ مِّن رَّبِّهِۦ ۚ قُلْ إِنَّ ٱللَّهَ
قَادِرٌ عَلَىٰٓ أَن يُنَزِّلَ ءَايَةً وَلَـٰكِنَّ أَكْثَرَهُمْ لَا يَعْلَمُونَ ﴿٣٧﴾ وَمَا
مِن دَآبَّةٍ فِى ٱلْأَرْضِ وَلَا طَـٰٓئِرٍ يَطِيرُ بِجَنَاحَيْهِ إِلَّآ أُمَمٌ أَمْثَالُكُم ۚ
مَّا فَرَّطْنَا فِى ٱلْكِتَـٰبِ مِن شَىْءٍ ۚ ثُمَّ إِلَىٰ رَبِّهِمْ يُحْشَرُونَ ﴿٣٨﴾
وَٱلَّذِينَ كَذَّبُوا۟ بِـَٔايَـٰتِنَا صُمٌّ وَبُكْمٌ فِى ٱلظُّلُمَـٰتِ ۗ مَن يَشَإِ
ٱللَّهُ يُضْلِلْهُ وَمَن يَشَأْ يَجْعَلْهُ عَلَىٰ صِرَٰطٍ مُّسْتَقِيمٍ ﴿٣٩﴾ قُلْ
أَرَءَيْتَكُمْ إِنْ أَتَىٰكُمْ عَذَابُ ٱللَّهِ أَوْ أَتَتْكُمُ ٱلسَّاعَةُ أَغَيْرَ ٱللَّهِ
تَدْعُونَ إِن كُنتُمْ صَـٰدِقِينَ ﴿٤٠﴾ بَلْ إِيَّاهُ تَدْعُونَ فَيَكْشِفُ
مَا تَدْعُونَ إِلَيْهِ إِن شَآءَ وَتَنسَوْنَ مَا تُشْرِكُونَ ﴿٤١﴾ وَلَقَدْ أَرْسَلْنَآ
إِلَىٰٓ أُمَمٍ مِّن قَبْلِكَ فَأَخَذْنَـٰهُم بِٱلْبَأْسَآءِ وَٱلضَّرَّآءِ لَعَلَّهُمْ
يَتَضَرَّعُونَ ﴿٤٢﴾ فَلَوْلَآ إِذْ جَآءَهُم بَأْسُنَا تَضَرَّعُوا۟ وَلَـٰكِن قَسَتْ
قُلُوبُهُمْ وَزَيَّنَ لَهُمُ ٱلشَّيْطَـٰنُ مَا كَانُوا۟ يَعْمَلُونَ ﴿٤٣﴾ فَلَمَّا
نَسُوا۟ مَا ذُكِّرُوا۟ بِهِۦ فَتَحْنَا عَلَيْهِمْ أَبْوَٰبَ كُلِّ شَىْءٍ حَتَّىٰٓ
إِذَا فَرِحُوا۟ بِمَآ أُوتُوٓا۟ أَخَذْنَـٰهُم بَغْتَةً فَإِذَا هُم مُّبْلِسُونَ ﴿٤٤﴾

فَقُطِعَ دَابِرُ ٱلۡقَوۡمِ ٱلَّذِينَ ظَلَمُواْۚ وَٱلۡحَمۡدُ لِلَّهِ رَبِّ ٱلۡعَٰلَمِينَ ٤٥
قُلۡ أَرَءَيۡتُمۡ إِنۡ أَخَذَ ٱللَّهُ سَمۡعَكُمۡ وَأَبۡصَٰرَكُمۡ وَخَتَمَ عَلَىٰ قُلُوبِكُم
مَّنۡ إِلَٰهٌ غَيۡرُ ٱللَّهِ يَأۡتِيكُم بِهِۗ ٱنظُرۡ كَيۡفَ نُصَرِّفُ ٱلۡأٓيَٰتِ
ثُمَّ هُمۡ يَصۡدِفُونَ ٤٦ قُلۡ أَرَءَيۡتَكُمۡ إِنۡ أَتَىٰكُمۡ عَذَابُ ٱللَّهِ
بَغۡتَةً أَوۡ جَهۡرَةً هَلۡ يُهۡلَكُ إِلَّا ٱلۡقَوۡمُ ٱلظَّٰلِمُونَ ٤٧ وَمَا
نُرۡسِلُ ٱلۡمُرۡسَلِينَ إِلَّا مُبَشِّرِينَ وَمُنذِرِينَۖ فَمَنۡ ءَامَنَ وَأَصۡلَحَ
فَلَا خَوۡفٌ عَلَيۡهِمۡ وَلَا هُمۡ يَحۡزَنُونَ ٤٨ وَٱلَّذِينَ كَذَّبُواْ بِـَٔايَٰتِنَا
يَمَسُّهُمُ ٱلۡعَذَابُ بِمَا كَانُواْ يَفۡسُقُونَ ٤٩ قُل لَّآ أَقُولُ لَكُمۡ
عِندِي خَزَآئِنُ ٱللَّهِ وَلَآ أَعۡلَمُ ٱلۡغَيۡبَ وَلَآ أَقُولُ لَكُمۡ إِنِّي مَلَكٌۖ
إِنۡ أَتَّبِعُ إِلَّا مَا يُوحَىٰٓ إِلَيَّۚ قُلۡ هَلۡ يَسۡتَوِي ٱلۡأَعۡمَىٰ وَٱلۡبَصِيرُۚ
أَفَلَا تَتَفَكَّرُونَ ٥٠ وَأَنذِرۡ بِهِ ٱلَّذِينَ يَخَافُونَ أَن يُحۡشَرُوٓاْ إِلَىٰ
رَبِّهِمۡ لَيۡسَ لَهُم مِّن دُونِهِۦ وَلِيّٞ وَلَا شَفِيعٞ لَّعَلَّهُمۡ يَتَّقُونَ
٥١ وَلَا تَطۡرُدِ ٱلَّذِينَ يَدۡعُونَ رَبَّهُم بِٱلۡغَدَوٰةِ وَٱلۡعَشِيِّ يُرِيدُونَ
وَجۡهَهُۥۖ مَا عَلَيۡكَ مِنۡ حِسَابِهِم مِّن شَيۡءٖ وَمَا مِنۡ حِسَابِكَ
عَلَيۡهِم مِّن شَيۡءٖ فَتَطۡرُدَهُمۡ فَتَكُونَ مِنَ ٱلظَّٰلِمِينَ ٥٢

وَكَذَٰلِكَ فَتَنَّا بَعۡضَهُم بِبَعۡضٖ لِّيَقُولُوٓاْ أَهَٰٓؤُلَآءِ مَنَّ ٱللَّهُ
عَلَيۡهِم مِّنۢ بَيۡنِنَآۗ أَلَيۡسَ ٱللَّهُ بِأَعۡلَمَ بِٱلشَّٰكِرِينَ ٥٣ وَإِذَا
جَآءَكَ ٱلَّذِينَ يُؤۡمِنُونَ بِـَٔايَٰتِنَا فَقُلۡ سَلَٰمٌ عَلَيۡكُمۡۖ كَتَبَ
رَبُّكُمۡ عَلَىٰ نَفۡسِهِ ٱلرَّحۡمَةَ أَنَّهُۥ مَنۡ عَمِلَ مِنكُمۡ سُوٓءَۢا
بِجَهَٰلَةٖ ثُمَّ تَابَ مِنۢ بَعۡدِهِۦ وَأَصۡلَحَ فَأَنَّهُۥ غَفُورٞ رَّحِيمٞ ٥٤
وَكَذَٰلِكَ نُفَصِّلُ ٱلۡأٓيَٰتِ وَلِتَسۡتَبِينَ سَبِيلُ ٱلۡمُجۡرِمِينَ
٥٥ قُلۡ إِنِّي نُهِيتُ أَنۡ أَعۡبُدَ ٱلَّذِينَ تَدۡعُونَ مِن دُونِ ٱللَّهِۚ قُل
لَّآ أَتَّبِعُ أَهۡوَآءَكُمۡ قَدۡ ضَلَلۡتُ إِذٗا وَمَآ أَنَا۠ مِنَ ٱلۡمُهۡتَدِينَ
٥٦ قُلۡ إِنِّي عَلَىٰ بَيِّنَةٖ مِّن رَّبِّي وَكَذَّبۡتُم بِهِۦۚ مَا عِندِي مَا
تَسۡتَعۡجِلُونَ بِهِۦٓۚ إِنِ ٱلۡحُكۡمُ إِلَّا لِلَّهِۖ يَقُصُّ ٱلۡحَقَّۖ وَهُوَ
خَيۡرُ ٱلۡفَٰصِلِينَ ٥٧ قُل لَّوۡ أَنَّ عِندِي مَا تَسۡتَعۡجِلُونَ بِهِۦ لَقُضِيَ
ٱلۡأَمۡرُ بَيۡنِي وَبَيۡنَكُمۡۗ وَٱللَّهُ أَعۡلَمُ بِٱلظَّٰلِمِينَ ٥٨ ۞ وَعِندَهُۥ
مَفَاتِحُ ٱلۡغَيۡبِ لَا يَعۡلَمُهَآ إِلَّا هُوَۚ وَيَعۡلَمُ مَا فِي ٱلۡبَرِّ
وَٱلۡبَحۡرِۚ وَمَا تَسۡقُطُ مِن وَرَقَةٍ إِلَّا يَعۡلَمُهَا وَلَا حَبَّةٖ فِي ظُلُمَٰتِ
ٱلۡأَرۡضِ وَلَا رَطۡبٖ وَلَا يَابِسٍ إِلَّا فِي كِتَٰبٖ مُّبِينٖ ٥٩

ربع الحزب ١٤

وَهُوَ ٱلَّذِى يَتَوَفَّىٰكُم بِٱلَّيْلِ وَيَعْلَمُ مَا جَرَحْتُم بِٱلنَّهَارِ ثُمَّ
يَبْعَثُكُمْ فِيهِ لِيُقْضَىٰٓ أَجَلٌ مُّسَمًّى ۖ ثُمَّ إِلَيْهِ مَرْجِعُكُمْ ثُمَّ
يُنَبِّئُكُم بِمَا كُنتُمْ تَعْمَلُونَ ﴿٦٠﴾ وَهُوَ ٱلْقَاهِرُ فَوْقَ عِبَادِهِۦ ۖ
وَيُرْسِلُ عَلَيْكُمْ حَفَظَةً حَتَّىٰٓ إِذَا جَآءَ أَحَدَكُمُ ٱلْمَوْتُ تَوَفَّتْهُ
رُسُلُنَا وَهُمْ لَا يُفَرِّطُونَ ﴿٦١﴾ ثُمَّ رُدُّوٓا۟ إِلَى ٱللَّهِ مَوْلَىٰهُمُ ٱلْحَقِّ ۚ
أَلَا لَهُ ٱلْحُكْمُ وَهُوَ أَسْرَعُ ٱلْحَـٰسِبِينَ ﴿٦٢﴾ قُلْ مَن يُنَجِّيكُم مِّن
ظُلُمَـٰتِ ٱلْبَرِّ وَٱلْبَحْرِ تَدْعُونَهُۥ تَضَرُّعًا وَخُفْيَةً لَّئِنْ أَنجَىٰنَا مِنْ
هَـٰذِهِۦ لَنَكُونَنَّ مِنَ ٱلشَّـٰكِرِينَ ﴿٦٣﴾ قُلِ ٱللَّهُ يُنَجِّيكُم مِّنْهَا وَمِن كُلِّ كَرْبٍ
ثُمَّ أَنتُمْ تُشْرِكُونَ ﴿٦٤﴾ قُلْ هُوَ ٱلْقَادِرُ عَلَىٰٓ أَن يَبْعَثَ عَلَيْكُمْ عَذَابًا مِّن
فَوْقِكُمْ أَوْ مِن تَحْتِ أَرْجُلِكُمْ أَوْ يَلْبِسَكُمْ شِيَعًا وَيُذِيقَ بَعْضَكُم
بَأْسَ بَعْضٍ ۗ ٱنظُرْ كَيْفَ نُصَرِّفُ ٱلْـَٔايَـٰتِ لَعَلَّهُمْ يَفْقَهُونَ ﴿٦٥﴾ وَكَذَّبَ
بِهِۦ قَوْمُكَ وَهُوَ ٱلْحَقُّ ۚ قُل لَّسْتُ عَلَيْكُم بِوَكِيلٍ ﴿٦٦﴾ لِّكُلِّ نَبَإٍ
مُّسْتَقَرٌّ ۚ وَسَوْفَ تَعْلَمُونَ ﴿٦٧﴾ وَإِذَا رَأَيْتَ ٱلَّذِينَ يَخُوضُونَ فِىٓ ءَايَـٰتِنَا
فَأَعْرِضْ عَنْهُمْ حَتَّىٰ يَخُوضُوا۟ فِى حَدِيثٍ غَيْرِهِۦ ۚ وَإِمَّا يُنسِيَنَّكَ
ٱلشَّيْطَـٰنُ فَلَا تَقْعُدْ بَعْدَ ٱلذِّكْرَىٰ مَعَ ٱلْقَوْمِ ٱلظَّـٰلِمِينَ ﴿٦٨﴾

وَمَا عَلَى ٱلَّذِينَ يَتَّقُونَ مِنۡ حِسَابِهِم مِّن شَيۡءٖ وَلَٰكِن
ذِكۡرَىٰ لَعَلَّهُمۡ يَتَّقُونَ ﴿٦٩﴾ وَذَرِ ٱلَّذِينَ ٱتَّخَذُواْ دِينَهُمۡ
لَعِبٗا وَلَهۡوٗا وَغَرَّتۡهُمُ ٱلۡحَيَوٰةُ ٱلدُّنۡيَاۚ وَذَكِّرۡ بِهِۦٓ أَن
تُبۡسَلَ نَفۡسُۢ بِمَا كَسَبَتۡ لَيۡسَ لَهَا مِن دُونِ ٱللَّهِ وَلِيّٞ
وَلَا شَفِيعٞ وَإِن تَعۡدِلۡ كُلَّ عَدۡلٖ لَّا يُؤۡخَذۡ مِنۡهَآۗ أُوْلَٰٓئِكَ
ٱلَّذِينَ أُبۡسِلُواْ بِمَا كَسَبُواْۖ لَهُمۡ شَرَابٞ مِّنۡ حَمِيمٖ
وَعَذَابٌ أَلِيمُۢ بِمَا كَانُواْ يَكۡفُرُونَ ﴿٧٠﴾ قُلۡ أَنَدۡعُواْ مِن دُونِ
ٱللَّهِ مَا لَا يَنفَعُنَا وَلَا يَضُرُّنَا وَنُرَدُّ عَلَىٰٓ أَعۡقَابِنَا بَعۡدَ إِذۡ
هَدَىٰنَا ٱللَّهُ كَٱلَّذِي ٱسۡتَهۡوَتۡهُ ٱلشَّيَٰطِينُ فِي ٱلۡأَرۡضِ
حَيۡرَانَ لَهُۥٓ أَصۡحَٰبٞ يَدۡعُونَهُۥٓ إِلَى ٱلۡهُدَى ٱئۡتِنَاۗ قُلۡ إِنَّ
هُدَى ٱللَّهِ هُوَ ٱلۡهُدَىٰۖ وَأُمِرۡنَا لِنُسۡلِمَ لِرَبِّ ٱلۡعَٰلَمِينَ ﴿٧١﴾ وَأَنۡ
أَقِيمُواْ ٱلصَّلَوٰةَ وَٱتَّقُوهُۚ وَهُوَ ٱلَّذِيٓ إِلَيۡهِ تُحۡشَرُونَ ﴿٧٢﴾ وَهُوَ
ٱلَّذِي خَلَقَ ٱلسَّمَٰوَٰتِ وَٱلۡأَرۡضَ بِٱلۡحَقِّۖ وَيَوۡمَ يَقُولُ كُن
فَيَكُونُۚ قَوۡلُهُ ٱلۡحَقُّۚ وَلَهُ ٱلۡمُلۡكُ يَوۡمَ يُنفَخُ فِي ٱلصُّورِۚ
عَٰلِمُ ٱلۡغَيۡبِ وَٱلشَّهَٰدَةِۚ وَهُوَ ٱلۡحَكِيمُ ٱلۡخَبِيرُ ﴿٧٣﴾

نصف الحزب ١٤

۞ وَإِذۡ قَالَ إِبۡرَٰهِيمُ لِأَبِيهِ ءَازَرَ أَتَتَّخِذُ أَصۡنَامًا ءَالِهَةً إِنِّيٓ
أَرَىٰكَ وَقَوۡمَكَ فِي ضَلَٰلٖ مُّبِينٖ ٧٤ وَكَذَٰلِكَ نُرِيٓ إِبۡرَٰهِيمَ
مَلَكُوتَ ٱلسَّمَٰوَٰتِ وَٱلۡأَرۡضِ وَلِيَكُونَ مِنَ ٱلۡمُوقِنِينَ
٧٥ فَلَمَّا جَنَّ عَلَيۡهِ ٱلَّيۡلُ رَءَا كَوۡكَبٗاۖ قَالَ هَٰذَا رَبِّيۖ فَلَمَّآ أَفَلَ
قَالَ لَآ أُحِبُّ ٱلۡأٓفِلِينَ ٧٦ فَلَمَّا رَءَا ٱلۡقَمَرَ بَازِغٗا قَالَ هَٰذَا
رَبِّيۖ فَلَمَّآ أَفَلَ قَالَ لَئِن لَّمۡ يَهۡدِنِي رَبِّي لَأَكُونَنَّ مِنَ ٱلۡقَوۡمِ
ٱلضَّآلِّينَ ٧٧ فَلَمَّا رَءَا ٱلشَّمۡسَ بَازِغَةٗ قَالَ هَٰذَا رَبِّي هَٰذَآ
أَكۡبَرُۖ فَلَمَّآ أَفَلَتۡ قَالَ يَٰقَوۡمِ إِنِّي بَرِيٓءٞ مِّمَّا تُشۡرِكُونَ
٧٨ إِنِّي وَجَّهۡتُ وَجۡهِيَ لِلَّذِي فَطَرَ ٱلسَّمَٰوَٰتِ وَٱلۡأَرۡضَ
حَنِيفٗاۖ وَمَآ أَنَا۠ مِنَ ٱلۡمُشۡرِكِينَ ٧٩ وَحَآجَّهُۥ قَوۡمُهُۥۚ قَالَ
أَتُحَٰٓجُّوٓنِّي فِي ٱللَّهِ وَقَدۡ هَدَىٰنِۚ وَلَآ أَخَافُ مَا تُشۡرِكُونَ بِهِۦٓ
إِلَّآ أَن يَشَآءَ رَبِّي شَيۡـٔٗاۚ وَسِعَ رَبِّي كُلَّ شَيۡءٍ عِلۡمًاۚ أَفَلَا
تَتَذَكَّرُونَ ٨٠ وَكَيۡفَ أَخَافُ مَآ أَشۡرَكۡتُمۡ وَلَا تَخَافُونَ
أَنَّكُمۡ أَشۡرَكۡتُم بِٱللَّهِ مَا لَمۡ يُنَزِّلۡ بِهِۦ عَلَيۡكُمۡ سُلۡطَٰنٗاۚ
فَأَيُّ ٱلۡفَرِيقَيۡنِ أَحَقُّ بِٱلۡأَمۡنِۖ إِن كُنتُمۡ تَعۡلَمُونَ ٨١

ٱلَّذِينَ ءَامَنُواْ وَلَمۡ يَلۡبِسُوٓاْ إِيمَٰنَهُم بِظُلۡمٍ أُوْلَٰٓئِكَ لَهُمُ ٱلۡأَمۡنُ
وَهُم مُّهۡتَدُونَ ٨٢ وَتِلۡكَ حُجَّتُنَآ ءَاتَيۡنَٰهَآ إِبۡرَٰهِيمَ عَلَىٰ
قَوۡمِهِۦۚ نَرۡفَعُ دَرَجَٰتٖ مَّن نَّشَآءُۗ إِنَّ رَبَّكَ حَكِيمٌ عَلِيمٞ ٨٣
وَوَهَبۡنَا لَهُۥٓ إِسۡحَٰقَ وَيَعۡقُوبَۚ كُلًّا هَدَيۡنَاۚ وَنُوحًا هَدَيۡنَا
مِن قَبۡلُۖ وَمِن ذُرِّيَّتِهِۦ دَاوُۥدَ وَسُلَيۡمَٰنَ وَأَيُّوبَ وَيُوسُفَ
وَمُوسَىٰ وَهَٰرُونَۚ وَكَذَٰلِكَ نَجۡزِي ٱلۡمُحۡسِنِينَ ٨٤
وَزَكَرِيَّا وَيَحۡيَىٰ وَعِيسَىٰ وَإِلۡيَاسَۖ كُلّٞ مِّنَ ٱلصَّٰلِحِينَ
٨٥ وَإِسۡمَٰعِيلَ وَٱلۡيَسَعَ وَيُونُسَ وَلُوطٗاۚ وَكُلّٗا فَضَّلۡنَا عَلَى
ٱلۡعَٰلَمِينَ ٨٦ وَمِنۡ ءَابَآئِهِمۡ وَذُرِّيَّٰتِهِمۡ وَإِخۡوَٰنِهِمۡۖ وَٱجۡتَبَيۡنَٰهُمۡ
وَهَدَيۡنَٰهُمۡ إِلَىٰ صِرَٰطٖ مُّسۡتَقِيمٖ ٨٧ ذَٰلِكَ هُدَى ٱللَّهِ يَهۡدِي
بِهِۦ مَن يَشَآءُ مِنۡ عِبَادِهِۦۚ وَلَوۡ أَشۡرَكُواْ لَحَبِطَ عَنۡهُم مَّا كَانُواْ
يَعۡمَلُونَ ٨٨ أُوْلَٰٓئِكَ ٱلَّذِينَ ءَاتَيۡنَٰهُمُ ٱلۡكِتَٰبَ وَٱلۡحُكۡمَ
وَٱلنُّبُوَّةَۚ فَإِن يَكۡفُرۡ بِهَا هَٰٓؤُلَآءِ فَقَدۡ وَكَّلۡنَا بِهَا قَوۡمٗا لَّيۡسُواْ
بِهَا بِكَٰفِرِينَ ٨٩ أُوْلَٰٓئِكَ ٱلَّذِينَ هَدَى ٱللَّهُۖ فَبِهُدَىٰهُمُ ٱقۡتَدِهۡۗ
قُل لَّآ أَسۡـَٔلُكُمۡ عَلَيۡهِ أَجۡرًاۖ إِنۡ هُوَ إِلَّا ذِكۡرَىٰ لِلۡعَٰلَمِينَ ٩٠

وَمَا قَدَرُواْ ٱللَّهَ حَقَّ قَدۡرِهِۦٓ إِذۡ قَالُواْ مَآ أَنزَلَ ٱللَّهُ عَلَىٰ بَشَرٖ مِّن شَيۡءٖۗ
قُلۡ مَنۡ أَنزَلَ ٱلۡكِتَٰبَ ٱلَّذِي جَآءَ بِهِۦ مُوسَىٰ نُورٗا وَهُدٗى
لِّلنَّاسِۖ تَجۡعَلُونَهُۥ قَرَاطِيسَ تُبۡدُونَهَا وَتُخۡفُونَ كَثِيرٗاۖ وَعُلِّمۡتُم
مَّا لَمۡ تَعۡلَمُوٓاْ أَنتُمۡ وَلَآ ءَابَآؤُكُمۡۖ قُلِ ٱللَّهُۖ ثُمَّ ذَرۡهُمۡ فِي خَوۡضِهِمۡ
يَلۡعَبُونَ ٩١ وَهَٰذَا كِتَٰبٌ أَنزَلۡنَٰهُ مُبَارَكٞ مُّصَدِّقُ ٱلَّذِي بَيۡنَ
يَدَيۡهِ وَلِتُنذِرَ أُمَّ ٱلۡقُرَىٰ وَمَنۡ حَوۡلَهَاۚ وَٱلَّذِينَ يُؤۡمِنُونَ بِٱلۡأٓخِرَةِ
يُؤۡمِنُونَ بِهِۦۖ وَهُمۡ عَلَىٰ صَلَاتِهِمۡ يُحَافِظُونَ ٩٢ وَمَنۡ أَظۡلَمُ مِمَّنِ
ٱفۡتَرَىٰ عَلَى ٱللَّهِ كَذِبًا أَوۡ قَالَ أُوحِيَ إِلَيَّ وَلَمۡ يُوحَ إِلَيۡهِ شَيۡءٞ
وَمَن قَالَ سَأُنزِلُ مِثۡلَ مَآ أَنزَلَ ٱللَّهُۗ وَلَوۡ تَرَىٰٓ إِذِ ٱلظَّٰلِمُونَ فِي
غَمَرَٰتِ ٱلۡمَوۡتِ وَٱلۡمَلَٰٓئِكَةُ بَاسِطُوٓاْ أَيۡدِيهِمۡ أَخۡرِجُوٓاْ أَنفُسَكُمُۖ
ٱلۡيَوۡمَ تُجۡزَوۡنَ عَذَابَ ٱلۡهُونِ بِمَا كُنتُمۡ تَقُولُونَ عَلَى ٱللَّهِ غَيۡرَ
ٱلۡحَقِّ وَكُنتُمۡ عَنۡ ءَايَٰتِهِۦ تَسۡتَكۡبِرُونَ ٩٣ وَلَقَدۡ جِئۡتُمُونَا
فُرَٰدَىٰ كَمَا خَلَقۡنَٰكُمۡ أَوَّلَ مَرَّةٖ وَتَرَكۡتُم مَّا خَوَّلۡنَٰكُمۡ وَرَآءَ
ظُهُورِكُمۡۖ وَمَا نَرَىٰ مَعَكُمۡ شُفَعَآءَكُمُ ٱلَّذِينَ زَعَمۡتُمۡ أَنَّهُمۡ فِيكُمۡ
شُرَكَٰٓؤُاْۚ لَقَد تَّقَطَّعَ بَيۡنَكُمۡ وَضَلَّ عَنكُم مَّا كُنتُمۡ تَزۡعُمُونَ ٩٤

۞ إِنَّ ٱللَّهَ فَالِقُ ٱلۡحَبِّ وَٱلنَّوَىٰۖ يُخۡرِجُ ٱلۡحَيَّ مِنَ ٱلۡمَيِّتِ وَمُخۡرِجُ
ٱلۡمَيِّتِ مِنَ ٱلۡحَيِّۚ ذَٰلِكُمُ ٱللَّهُۖ فَأَنَّىٰ تُؤۡفَكُونَ ٩٥ فَالِقُ ٱلۡإِصۡبَاحِ
وَجَعَلَ ٱلَّيۡلَ سَكَنٗا وَٱلشَّمۡسَ وَٱلۡقَمَرَ حُسۡبَانٗاۚ ذَٰلِكَ تَقۡدِيرُ
ٱلۡعَزِيزِ ٱلۡعَلِيمِ ٩٦ وَهُوَ ٱلَّذِي جَعَلَ لَكُمُ ٱلنُّجُومَ لِتَهۡتَدُواْ
بِهَا فِي ظُلُمَٰتِ ٱلۡبَرِّ وَٱلۡبَحۡرِۗ قَدۡ فَصَّلۡنَا ٱلۡأٓيَٰتِ لِقَوۡمٖ يَعۡلَمُونَ
٩٧ وَهُوَ ٱلَّذِيٓ أَنشَأَكُم مِّن نَّفۡسٖ وَٰحِدَةٖ فَمُسۡتَقَرّٞ وَمُسۡتَوۡدَعٞۗ
قَدۡ فَصَّلۡنَا ٱلۡأٓيَٰتِ لِقَوۡمٖ يَفۡقَهُونَ ٩٨ وَهُوَ ٱلَّذِيٓ أَنزَلَ مِنَ
ٱلسَّمَآءِ مَآءٗ فَأَخۡرَجۡنَا بِهِۦ نَبَاتَ كُلِّ شَيۡءٖ فَأَخۡرَجۡنَا مِنۡهُ
خَضِرٗا نُّخۡرِجُ مِنۡهُ حَبّٗا مُّتَرَاكِبٗا وَمِنَ ٱلنَّخۡلِ مِن طَلۡعِهَا قِنۡوَانٞ
دَانِيَةٞ وَجَنَّٰتٖ مِّنۡ أَعۡنَابٖ وَٱلزَّيۡتُونَ وَٱلرُّمَّانَ مُشۡتَبِهٗا وَغَيۡرَ
مُتَشَٰبِهٍۗ ٱنظُرُوٓاْ إِلَىٰ ثَمَرِهِۦٓ إِذَآ أَثۡمَرَ وَيَنۡعِهِۦٓۚ إِنَّ فِي ذَٰلِكُمۡ
لَأٓيَٰتٖ لِّقَوۡمٖ يُؤۡمِنُونَ ٩٩ وَجَعَلُواْ لِلَّهِ شُرَكَآءَ ٱلۡجِنَّ وَخَلَقَهُمۡۖ
وَخَرَقُواْ لَهُۥ بَنِينَ وَبَنَٰتِۭ بِغَيۡرِ عِلۡمٖۚ سُبۡحَٰنَهُۥ وَتَعَٰلَىٰ عَمَّا يَصِفُونَ
١٠٠ بَدِيعُ ٱلسَّمَٰوَٰتِ وَٱلۡأَرۡضِۖ أَنَّىٰ يَكُونُ لَهُۥ وَلَدٞ وَلَمۡ تَكُن لَّهُۥ
صَٰحِبَةٞۖ وَخَلَقَ كُلَّ شَيۡءٖۖ وَهُوَ بِكُلِّ شَيۡءٍ عَلِيمٞ ١٠١

ذَٰلِكُمُ ٱللَّهُ رَبُّكُمْۖ لَآ إِلَٰهَ إِلَّا هُوَۖ خَٰلِقُ كُلِّ شَيْءٖ فَٱعْبُدُوهُۚ
وَهُوَ عَلَىٰ كُلِّ شَيْءٖ وَكِيلٞ ١٠٢ لَّا تُدْرِكُهُ ٱلْأَبْصَٰرُ وَهُوَ
يُدْرِكُ ٱلْأَبْصَٰرَۖ وَهُوَ ٱللَّطِيفُ ٱلْخَبِيرُ ١٠٣ قَدْ جَآءَكُم
بَصَآئِرُ مِن رَّبِّكُمْۖ فَمَنْ أَبْصَرَ فَلِنَفْسِهِۦۖ وَمَنْ عَمِيَ فَعَلَيْهَاۚ
وَمَآ أَنَا۠ عَلَيْكُم بِحَفِيظٖ ١٠٤ وَكَذَٰلِكَ نُصَرِّفُ ٱلْأٓيَٰتِ
وَلِيَقُولُواْ دَرَسْتَ وَلِنُبَيِّنَهُۥ لِقَوْمٖ يَعْلَمُونَ ١٠٥ ٱتَّبِعْ
مَآ أُوحِيَ إِلَيْكَ مِن رَّبِّكَۖ لَآ إِلَٰهَ إِلَّا هُوَۖ وَأَعْرِضْ عَنِ ٱلْمُشْرِكِينَ
١٠٦ وَلَوْ شَآءَ ٱللَّهُ مَآ أَشْرَكُواْۗ وَمَا جَعَلْنَٰكَ عَلَيْهِمْ حَفِيظٗاۖ
وَمَآ أَنتَ عَلَيْهِم بِوَكِيلٖ ١٠٧ وَلَا تَسُبُّواْ ٱلَّذِينَ يَدْعُونَ
مِن دُونِ ٱللَّهِ فَيَسُبُّواْ ٱللَّهَ عَدْوَۢا بِغَيْرِ عِلْمٖۗ كَذَٰلِكَ زَيَّنَّا لِكُلِّ أُمَّةٍ
عَمَلَهُمْ ثُمَّ إِلَىٰ رَبِّهِم مَّرْجِعُهُمْ فَيُنَبِّئُهُم بِمَا كَانُواْ يَعْمَلُونَ
١٠٨ وَأَقْسَمُواْ بِٱللَّهِ جَهْدَ أَيْمَٰنِهِمْ لَئِن جَآءَتْهُمْ ءَايَةٞ لَّيُؤْمِنُنَّ
بِهَاۚ قُلْ إِنَّمَا ٱلْأٓيَٰتُ عِندَ ٱللَّهِۖ وَمَا يُشْعِرُكُمْ أَنَّهَآ إِذَا جَآءَتْ
لَا يُؤْمِنُونَ ١٠٩ وَنُقَلِّبُ أَفْـِٔدَتَهُمْ وَأَبْصَٰرَهُمْ كَمَا لَمْ
يُؤْمِنُواْ بِهِۦٓ أَوَّلَ مَرَّةٖ وَنَذَرُهُمْ فِي طُغْيَٰنِهِمْ يَعْمَهُونَ ١١٠

۞ وَلَوْ أَنَّنَا نَزَّلْنَآ إِلَيْهِمُ ٱلْمَلَٰٓئِكَةَ وَكَلَّمَهُمُ ٱلْمَوْتَىٰ وَحَشَرْنَا
عَلَيْهِمْ كُلَّ شَىْءٍ قُبُلًا مَّا كَانُوا۟ لِيُؤْمِنُوٓا۟ إِلَّآ أَن يَشَآءَ ٱللَّهُ
وَلَٰكِنَّ أَكْثَرَهُمْ يَجْهَلُونَ ﴿١١١﴾ وَكَذَٰلِكَ جَعَلْنَا لِكُلِّ نَبِىٍّ
عَدُوًّا شَيَٰطِينَ ٱلْإِنسِ وَٱلْجِنِّ يُوحِى بَعْضُهُمْ إِلَىٰ بَعْضٍ
زُخْرُفَ ٱلْقَوْلِ غُرُورًا ۚ وَلَوْ شَآءَ رَبُّكَ مَا فَعَلُوهُ ۖ فَذَرْهُمْ وَمَا
يَفْتَرُونَ ﴿١١٢﴾ وَلِتَصْغَىٰٓ إِلَيْهِ أَفْـِٔدَةُ ٱلَّذِينَ لَا يُؤْمِنُونَ بِٱلْءَاخِرَةِ
وَلِيَرْضَوْهُ وَلِيَقْتَرِفُوا۟ مَا هُم مُّقْتَرِفُونَ ﴿١١٣﴾ أَفَغَيْرَ ٱللَّهِ أَبْتَغِى
حَكَمًا وَهُوَ ٱلَّذِىٓ أَنزَلَ إِلَيْكُمُ ٱلْكِتَٰبَ مُفَصَّلًا ۚ
وَٱلَّذِينَ ءَاتَيْنَٰهُمُ ٱلْكِتَٰبَ يَعْلَمُونَ أَنَّهُۥ مُنَزَّلٌ مِّن رَّبِّكَ
بِٱلْحَقِّ ۖ فَلَا تَكُونَنَّ مِنَ ٱلْمُمْتَرِينَ ﴿١١٤﴾ وَتَمَّتْ كَلِمَتُ رَبِّكَ
صِدْقًا وَعَدْلًا ۚ لَّا مُبَدِّلَ لِكَلِمَٰتِهِۦ ۚ وَهُوَ ٱلسَّمِيعُ ٱلْعَلِيمُ
﴿١١٥﴾ وَإِن تُطِعْ أَكْثَرَ مَن فِى ٱلْأَرْضِ يُضِلُّوكَ عَن سَبِيلِ ٱللَّهِ ۚ إِن
يَتَّبِعُونَ إِلَّا ٱلظَّنَّ وَإِنْ هُمْ إِلَّا يَخْرُصُونَ ﴿١١٦﴾ إِنَّ رَبَّكَ هُوَ
أَعْلَمُ مَن يَضِلُّ عَن سَبِيلِهِۦ ۖ وَهُوَ أَعْلَمُ بِٱلْمُهْتَدِينَ ﴿١١٧﴾ فَكُلُوا۟
مِمَّا ذُكِرَ ٱسْمُ ٱللَّهِ عَلَيْهِ إِن كُنتُم بِـَٔايَٰتِهِۦ مُؤْمِنِينَ ﴿١١٨﴾

وَمَا لَكُمْ أَلَّا تَأْكُلُوا۟ مِمَّا ذُكِرَ ٱسْمُ ٱللَّهِ عَلَيْهِ وَقَدْ فَصَّلَ
لَكُم مَّا حَرَّمَ عَلَيْكُمْ إِلَّا مَا ٱضْطُرِرْتُمْ إِلَيْهِ ۗ وَإِنَّ كَثِيرًا
لَّيُضِلُّونَ بِأَهْوَآئِهِم بِغَيْرِ عِلْمٍ ۗ إِنَّ رَبَّكَ هُوَ أَعْلَمُ بِٱلْمُعْتَدِينَ
﴿١١٩﴾ وَذَرُوا۟ ظَٰهِرَ ٱلْإِثْمِ وَبَاطِنَهُۥٓ ۚ إِنَّ ٱلَّذِينَ يَكْسِبُونَ ٱلْإِثْمَ
سَيُجْزَوْنَ بِمَا كَانُوا۟ يَقْتَرِفُونَ ﴿١٢٠﴾ وَلَا تَأْكُلُوا۟ مِمَّا لَمْ
يُذْكَرِ ٱسْمُ ٱللَّهِ عَلَيْهِ وَإِنَّهُۥ لَفِسْقٌ ۗ وَإِنَّ ٱلشَّيَٰطِينَ لَيُوحُونَ
إِلَىٰٓ أَوْلِيَآئِهِمْ لِيُجَٰدِلُوكُمْ ۖ وَإِنْ أَطَعْتُمُوهُمْ إِنَّكُمْ لَمُشْرِكُونَ
﴿١٢١﴾ أَوَمَن كَانَ مَيْتًا فَأَحْيَيْنَٰهُ وَجَعَلْنَا لَهُۥ نُورًا يَمْشِى بِهِۦ
فِى ٱلنَّاسِ كَمَن مَّثَلُهُۥ فِى ٱلظُّلُمَٰتِ لَيْسَ بِخَارِجٍ مِّنْهَا ۚ كَذَٰلِكَ
زُيِّنَ لِلْكَٰفِرِينَ مَا كَانُوا۟ يَعْمَلُونَ ﴿١٢٢﴾ وَكَذَٰلِكَ جَعَلْنَا
فِى كُلِّ قَرْيَةٍ أَكَٰبِرَ مُجْرِمِيهَا لِيَمْكُرُوا۟ فِيهَا ۖ وَمَا
يَمْكُرُونَ إِلَّا بِأَنفُسِهِمْ وَمَا يَشْعُرُونَ ﴿١٢٣﴾ وَإِذَا جَآءَتْهُمْ
ءَايَةٌ قَالُوا۟ لَن نُّؤْمِنَ حَتَّىٰ نُؤْتَىٰ مِثْلَ مَآ أُوتِىَ رُسُلُ ٱللَّهِ ۘ ٱللَّهُ
أَعْلَمُ حَيْثُ يَجْعَلُ رِسَالَتَهُۥ ۗ سَيُصِيبُ ٱلَّذِينَ أَجْرَمُوا۟ صَغَارٌ
عِندَ ٱللَّهِ وَعَذَابٌ شَدِيدٌۢ بِمَا كَانُوا۟ يَمْكُرُونَ ﴿١٢٤﴾

فَمَن يُرِدِ ٱللَّهُ أَن يَهۡدِيَهُۥ يَشۡرَحۡ صَدۡرَهُۥ لِلۡإِسۡلَٰمِۖ وَمَن
يُرِدۡ أَن يُضِلَّهُۥ يَجۡعَلۡ صَدۡرَهُۥ ضَيِّقًا حَرَجٗا كَأَنَّمَا
يَصَّعَّدُ فِي ٱلسَّمَآءِۚ كَذَٰلِكَ يَجۡعَلُ ٱللَّهُ ٱلرِّجۡسَ عَلَى ٱلَّذِينَ
لَا يُؤۡمِنُونَ ١٢٥ وَهَٰذَا صِرَٰطُ رَبِّكَ مُسۡتَقِيمٗاۗ قَدۡ فَصَّلۡنَا
ٱلۡأٓيَٰتِ لِقَوۡمٖ يَذَّكَّرُونَ ١٢٦ ۞ لَهُمۡ دَارُ ٱلسَّلَٰمِ عِندَ
رَبِّهِمۡۖ وَهُوَ وَلِيُّهُم بِمَا كَانُواْ يَعۡمَلُونَ ١٢٧ وَيَوۡمَ يَحۡشُرُهُمۡ
جَمِيعٗا يَٰمَعۡشَرَ ٱلۡجِنِّ قَدِ ٱسۡتَكۡثَرۡتُم مِّنَ ٱلۡإِنسِۖ وَقَالَ
أَوۡلِيَآؤُهُم مِّنَ ٱلۡإِنسِ رَبَّنَا ٱسۡتَمۡتَعَ بَعۡضُنَا بِبَعۡضٖ وَبَلَغۡنَآ
أَجَلَنَا ٱلَّذِيٓ أَجَّلۡتَ لَنَاۚ قَالَ ٱلنَّارُ مَثۡوَىٰكُمۡ خَٰلِدِينَ فِيهَآ
إِلَّا مَا شَآءَ ٱللَّهُۗ إِنَّ رَبَّكَ حَكِيمٌ عَلِيمٞ ١٢٨ وَكَذَٰلِكَ نُوَلِّي
بَعۡضَ ٱلظَّٰلِمِينَ بَعۡضَۢا بِمَا كَانُواْ يَكۡسِبُونَ ١٢٩
يَٰمَعۡشَرَ ٱلۡجِنِّ وَٱلۡإِنسِ أَلَمۡ يَأۡتِكُمۡ رُسُلٞ مِّنكُمۡ
يَقُصُّونَ عَلَيۡكُمۡ ءَايَٰتِي وَيُنذِرُونَكُمۡ لِقَآءَ يَوۡمِكُمۡ
هَٰذَاۚ قَالُواْ شَهِدۡنَا عَلَىٰٓ أَنفُسِنَاۖ وَغَرَّتۡهُمُ ٱلۡحَيَوٰةُ ٱلدُّنۡيَا
وَشَهِدُواْ عَلَىٰٓ أَنفُسِهِمۡ أَنَّهُمۡ كَانُواْ كَٰفِرِينَ ١٣٠

ربع الحزب ١٥

ذَٰلِكَ أَن لَّمْ يَكُن رَّبُّكَ مُهْلِكَ ٱلْقُرَىٰ بِظُلْمٍ وَأَهْلُهَا
غَٰفِلُونَ ١٣١ وَلِكُلٍّ دَرَجَٰتٌ مِّمَّا عَمِلُوا۟ ۚ وَمَا رَبُّكَ
بِغَٰفِلٍ عَمَّا يَعْمَلُونَ ١٣٢ وَرَبُّكَ ٱلْغَنِىُّ ذُو ٱلرَّحْمَةِ ۚ
إِن يَشَأْ يُذْهِبْكُمْ وَيَسْتَخْلِفْ مِنۢ بَعْدِكُم مَّا
يَشَآءُ كَمَآ أَنشَأَكُم مِّن ذُرِّيَّةِ قَوْمٍ ءَاخَرِينَ ١٣٣
إِنَّ مَا تُوعَدُونَ لَءَاتٍ ۖ وَمَآ أَنتُم بِمُعْجِزِينَ ١٣٤ قُلْ يَٰقَوْمِ
ٱعْمَلُوا۟ عَلَىٰ مَكَانَتِكُمْ إِنِّى عَامِلٌ ۖ فَسَوْفَ تَعْلَمُونَ
مَن تَكُونُ لَهُۥ عَٰقِبَةُ ٱلدَّارِ ۗ إِنَّهُۥ لَا يُفْلِحُ ٱلظَّٰلِمُونَ ١٣٥
وَجَعَلُوا۟ لِلَّهِ مِمَّا ذَرَأَ مِنَ ٱلْحَرْثِ وَٱلْأَنْعَٰمِ نَصِيبًا
فَقَالُوا۟ هَٰذَا لِلَّهِ بِزَعْمِهِمْ وَهَٰذَا لِشُرَكَآئِنَا ۖ فَمَا كَانَ
لِشُرَكَآئِهِمْ فَلَا يَصِلُ إِلَى ٱللَّهِ ۖ وَمَا كَانَ لِلَّهِ فَهُوَ
يَصِلُ إِلَىٰ شُرَكَآئِهِمْ ۗ سَآءَ مَا يَحْكُمُونَ ١٣٦ وَكَذَٰلِكَ
زَيَّنَ لِكَثِيرٍ مِّنَ ٱلْمُشْرِكِينَ قَتْلَ أَوْلَٰدِهِمْ
شُرَكَآؤُهُمْ لِيُرْدُوهُمْ وَلِيَلْبِسُوا۟ عَلَيْهِمْ دِينَهُمْ ۖ
وَلَوْ شَآءَ ٱللَّهُ مَا فَعَلُوهُ ۖ فَذَرْهُمْ وَمَا يَفْتَرُونَ ١٣٧

وَقَالُوا۟ هَٰذِهِۦٓ أَنْعَٰمٌ وَحَرْثٌ حِجْرٌ لَّا يَطْعَمُهَآ إِلَّا مَن نَّشَآءُ
بِزَعْمِهِمْ وَأَنْعَٰمٌ حُرِّمَتْ ظُهُورُهَا وَأَنْعَٰمٌ لَّا يَذْكُرُونَ
ٱسْمَ ٱللَّهِ عَلَيْهَا ٱفْتِرَآءً عَلَيْهِ ۚ سَيَجْزِيهِم بِمَا كَانُوا۟
يَفْتَرُونَ ﴿١٣٨﴾ وَقَالُوا۟ مَا فِى بُطُونِ هَٰذِهِ ٱلْأَنْعَٰمِ خَالِصَةٌ
لِّذُكُورِنَا وَمُحَرَّمٌ عَلَىٰٓ أَزْوَٰجِنَا ۖ وَإِن يَكُن مَّيْتَةً
فَهُمْ فِيهِ شُرَكَآءُ ۚ سَيَجْزِيهِمْ وَصْفَهُمْ ۚ إِنَّهُۥ حَكِيمٌ
عَلِيمٌ ﴿١٣٩﴾ قَدْ خَسِرَ ٱلَّذِينَ قَتَلُوٓا۟ أَوْلَٰدَهُمْ سَفَهًۢا بِغَيْرِ
عِلْمٍ وَحَرَّمُوا۟ مَا رَزَقَهُمُ ٱللَّهُ ٱفْتِرَآءً عَلَى ٱللَّهِ ۚ قَدْ ضَلُّوا۟
وَمَا كَانُوا۟ مُهْتَدِينَ ﴿١٤٠﴾ ۞ وَهُوَ ٱلَّذِىٓ أَنشَأَ جَنَّٰتٍ
مَّعْرُوشَٰتٍ وَغَيْرَ مَعْرُوشَٰتٍ وَٱلنَّخْلَ وَٱلزَّرْعَ مُخْتَلِفًا
أُكُلُهُۥ وَٱلزَّيْتُونَ وَٱلرُّمَّانَ مُتَشَٰبِهًا وَغَيْرَ مُتَشَٰبِهٍ ۚ
كُلُوا۟ مِن ثَمَرِهِۦٓ إِذَآ أَثْمَرَ وَءَاتُوا۟ حَقَّهُۥ يَوْمَ حَصَادِهِۦ ۖ
وَلَا تُسْرِفُوٓا۟ ۚ إِنَّهُۥ لَا يُحِبُّ ٱلْمُسْرِفِينَ ﴿١٤١﴾ وَمِنَ ٱلْأَنْعَٰمِ
حَمُولَةً وَفَرْشًا ۚ كُلُوا۟ مِمَّا رَزَقَكُمُ ٱللَّهُ وَلَا تَتَّبِعُوا۟
خُطُوَٰتِ ٱلشَّيْطَٰنِ ۚ إِنَّهُۥ لَكُمْ عَدُوٌّ مُّبِينٌ ﴿١٤٢﴾

نصف الحزب ١٥

ثَمَٰنِيَةَ أَزۡوَٰجٖۖ مِّنَ ٱلضَّأۡنِ ٱثۡنَيۡنِ وَمِنَ ٱلۡمَعۡزِ ٱثۡنَيۡنِۗ
قُلۡ ءَآلذَّكَرَيۡنِ حَرَّمَ أَمِ ٱلۡأُنثَيَيۡنِ أَمَّا ٱشۡتَمَلَتۡ عَلَيۡهِ
أَرۡحَامُ ٱلۡأُنثَيَيۡنِۖ نَبِّـُٔونِي بِعِلۡمٍ إِن كُنتُمۡ صَٰدِقِينَ ١٤٣
وَمِنَ ٱلۡإِبِلِ ٱثۡنَيۡنِ وَمِنَ ٱلۡبَقَرِ ٱثۡنَيۡنِۗ قُلۡ ءَآلذَّكَرَيۡنِ
حَرَّمَ أَمِ ٱلۡأُنثَيَيۡنِ أَمَّا ٱشۡتَمَلَتۡ عَلَيۡهِ أَرۡحَامُ ٱلۡأُنثَيَيۡنِۖ
أَمۡ كُنتُمۡ شُهَدَآءَ إِذۡ وَصَّىٰكُمُ ٱللَّهُ بِهَٰذَاۚ فَمَنۡ
أَظۡلَمُ مِمَّنِ ٱفۡتَرَىٰ عَلَى ٱللَّهِ كَذِبٗا لِّيُضِلَّ ٱلنَّاسَ بِغَيۡرِ
عِلۡمٍۚ إِنَّ ٱللَّهَ لَا يَهۡدِي ٱلۡقَوۡمَ ٱلظَّٰلِمِينَ ١٤٤ قُل لَّآ أَجِدُ
فِي مَآ أُوحِيَ إِلَيَّ مُحَرَّمًا عَلَىٰ طَاعِمٖ يَطۡعَمُهُۥٓ إِلَّآ أَن يَكُونَ
مَيۡتَةً أَوۡ دَمٗا مَّسۡفُوحًا أَوۡ لَحۡمَ خِنزِيرٖ فَإِنَّهُۥ رِجۡسٌ أَوۡ
فِسۡقًا أُهِلَّ لِغَيۡرِ ٱللَّهِ بِهِۦۚ فَمَنِ ٱضۡطُرَّ غَيۡرَ بَاغٖ وَلَا عَادٖ
فَإِنَّ رَبَّكَ غَفُورٞ رَّحِيمٞ ١٤٥ وَعَلَى ٱلَّذِينَ هَادُواْ حَرَّمۡنَا
كُلَّ ذِي ظُفُرٖۖ وَمِنَ ٱلۡبَقَرِ وَٱلۡغَنَمِ حَرَّمۡنَا عَلَيۡهِمۡ
شُحُومَهُمَآ إِلَّا مَا حَمَلَتۡ ظُهُورُهُمَآ أَوِ ٱلۡحَوَايَآ أَوۡ مَا ٱخۡتَلَطَ
بِعَظۡمٖۚ ذَٰلِكَ جَزَيۡنَٰهُم بِبَغۡيِهِمۡۖ وَإِنَّا لَصَٰدِقُونَ ١٤٦

فَإِن كَذَّبُوكَ فَقُل رَّبُّكُمْ ذُو رَحْمَةٍ وَٰسِعَةٍ وَلَا يُرَدُّ
بَأْسُهُۥ عَنِ ٱلْقَوْمِ ٱلْمُجْرِمِينَ ١٤٧ سَيَقُولُ ٱلَّذِينَ أَشْرَكُوا۟
لَوْ شَآءَ ٱللَّهُ مَآ أَشْرَكْنَا وَلَآ ءَابَآؤُنَا وَلَا حَرَّمْنَا مِن شَىْءٍ ۚ
كَذَٰلِكَ كَذَّبَ ٱلَّذِينَ مِن قَبْلِهِمْ حَتَّىٰ ذَاقُوا۟ بَأْسَنَا ۗ
قُلْ هَلْ عِندَكُم مِّنْ عِلْمٍ فَتُخْرِجُوهُ لَنَآ ۖ إِن تَتَّبِعُونَ إِلَّا
ٱلظَّنَّ وَإِنْ أَنتُمْ إِلَّا تَخْرُصُونَ ١٤٨ قُلْ فَلِلَّهِ ٱلْحُجَّةُ ٱلْبَٰلِغَةُ ۖ
فَلَوْ شَآءَ لَهَدَىٰكُمْ أَجْمَعِينَ ١٤٩ قُلْ هَلُمَّ شُهَدَآءَكُمُ
ٱلَّذِينَ يَشْهَدُونَ أَنَّ ٱللَّهَ حَرَّمَ هَٰذَا ۖ فَإِن شَهِدُوا۟ فَلَا تَشْهَدْ
مَعَهُمْ ۚ وَلَا تَتَّبِعْ أَهْوَآءَ ٱلَّذِينَ كَذَّبُوا۟ بِـَٔايَٰتِنَا وَٱلَّذِينَ
لَا يُؤْمِنُونَ بِٱلْءَاخِرَةِ وَهُم بِرَبِّهِمْ يَعْدِلُونَ ١٥٠ ۞ قُلْ
تَعَالَوْا۟ أَتْلُ مَا حَرَّمَ رَبُّكُمْ عَلَيْكُمْ ۖ أَلَّا تُشْرِكُوا۟
بِهِۦ شَيْـًٔا ۖ وَبِٱلْوَٰلِدَيْنِ إِحْسَٰنًا ۖ وَلَا تَقْتُلُوٓا۟ أَوْلَٰدَكُم
مِّنْ إِمْلَٰقٍ ۖ نَّحْنُ نَرْزُقُكُمْ وَإِيَّاهُمْ ۖ وَلَا تَقْرَبُوا۟ ٱلْفَوَٰحِشَ
مَا ظَهَرَ مِنْهَا وَمَا بَطَنَ ۖ وَلَا تَقْتُلُوا۟ ٱلنَّفْسَ ٱلَّتِى حَرَّمَ ٱللَّهُ
إِلَّا بِٱلْحَقِّ ۚ ذَٰلِكُمْ وَصَّىٰكُم بِهِۦ لَعَلَّكُمْ تَعْقِلُونَ ١٥١

ثلاثة أرباع الحزب ١٥

وَلَا تَقۡرَبُواْ مَالَ ٱلۡيَتِيمِ إِلَّا بِٱلَّتِي هِيَ أَحۡسَنُ حَتَّىٰ يَبۡلُغَ أَشُدَّهُۥۚ
وَأَوۡفُواْ ٱلۡكَيۡلَ وَٱلۡمِيزَانَ بِٱلۡقِسۡطِۖ لَا نُكَلِّفُ نَفۡسًا إِلَّا
وُسۡعَهَاۖ وَإِذَا قُلۡتُمۡ فَٱعۡدِلُواْ وَلَوۡ كَانَ ذَا قُرۡبَىٰۖ وَبِعَهۡدِ
ٱللَّهِ أَوۡفُواْۚ ذَٰلِكُمۡ وَصَّىٰكُم بِهِۦ لَعَلَّكُمۡ تَذَكَّرُونَ ١٥٢
وَأَنَّ هَٰذَا صِرَٰطِي مُسۡتَقِيمٗا فَٱتَّبِعُوهُۖ وَلَا تَتَّبِعُواْ ٱلسُّبُلَ
فَتَفَرَّقَ بِكُمۡ عَن سَبِيلِهِۦۚ ذَٰلِكُمۡ وَصَّىٰكُم بِهِۦ لَعَلَّكُمۡ
تَتَّقُونَ ١٥٣ ثُمَّ ءَاتَيۡنَا مُوسَى ٱلۡكِتَٰبَ تَمَامًا عَلَى ٱلَّذِيٓ
أَحۡسَنَ وَتَفۡصِيلٗا لِّكُلِّ شَيۡءٖ وَهُدٗى وَرَحۡمَةٗ لَّعَلَّهُم بِلِقَآءِ
رَبِّهِمۡ يُؤۡمِنُونَ ١٥٤ وَهَٰذَا كِتَٰبٌ أَنزَلۡنَٰهُ مُبَارَكٞ فَٱتَّبِعُوهُ
وَٱتَّقُواْ لَعَلَّكُمۡ تُرۡحَمُونَ ١٥٥ أَن تَقُولُوٓاْ إِنَّمَآ أُنزِلَ ٱلۡكِتَٰبُ
عَلَىٰ طَآئِفَتَيۡنِ مِن قَبۡلِنَا وَإِن كُنَّا عَن دِرَاسَتِهِمۡ لَغَٰفِلِينَ
١٥٦ أَوۡ تَقُولُواْ لَوۡ أَنَّآ أُنزِلَ عَلَيۡنَا ٱلۡكِتَٰبُ لَكُنَّآ أَهۡدَىٰ
مِنۡهُمۡۚ فَقَدۡ جَآءَكُم بَيِّنَةٞ مِّن رَّبِّكُمۡ وَهُدٗى وَرَحۡمَةٞۚ
فَمَنۡ أَظۡلَمُ مِمَّن كَذَّبَ بِـَٔايَٰتِ ٱللَّهِ وَصَدَفَ عَنۡهَاۗ سَنَجۡزِي ٱلَّذِينَ
يَصۡدِفُونَ عَنۡ ءَايَٰتِنَا سُوٓءَ ٱلۡعَذَابِ بِمَا كَانُواْ يَصۡدِفُونَ ١٥٧

هَلْ يَنظُرُونَ إِلَّآ أَن تَأْتِيَهُمُ ٱلْمَلَٰٓئِكَةُ أَوْ يَأْتِىَ رَبُّكَ أَوْ يَأْتِىَ بَعْضُ
ءَايَٰتِ رَبِّكَ ۗ يَوْمَ يَأْتِى بَعْضُ ءَايَٰتِ رَبِّكَ لَا يَنفَعُ نَفْسًا إِيمَٰنُهَا
لَمْ تَكُنْ ءَامَنَتْ مِن قَبْلُ أَوْ كَسَبَتْ فِىٓ إِيمَٰنِهَا خَيْرًا ۗ قُلِ ٱنتَظِرُوٓا۟
إِنَّا مُنتَظِرُونَ ﴿١٥٨﴾ إِنَّ ٱلَّذِينَ فَرَّقُوا۟ دِينَهُمْ وَكَانُوا۟ شِيَعًا لَّسْتَ
مِنْهُمْ فِى شَىْءٍ ۚ إِنَّمَآ أَمْرُهُمْ إِلَى ٱللَّهِ ثُمَّ يُنَبِّئُهُم بِمَا كَانُوا۟ يَفْعَلُونَ
﴿١٥٩﴾ مَن جَآءَ بِٱلْحَسَنَةِ فَلَهُۥ عَشْرُ أَمْثَالِهَا ۖ وَمَن جَآءَ بِٱلسَّيِّئَةِ
فَلَا يُجْزَىٰٓ إِلَّا مِثْلَهَا وَهُمْ لَا يُظْلَمُونَ ﴿١٦٠﴾ قُلْ إِنَّنِى هَدَىٰنِى رَبِّىٓ
إِلَىٰ صِرَٰطٍ مُّسْتَقِيمٍ دِينًا قِيَمًا مِّلَّةَ إِبْرَٰهِيمَ حَنِيفًا ۚ وَمَا كَانَ
مِنَ ٱلْمُشْرِكِينَ ﴿١٦١﴾ قُلْ إِنَّ صَلَاتِى وَنُسُكِى وَمَحْيَاىَ وَمَمَاتِى لِلَّهِ
رَبِّ ٱلْعَٰلَمِينَ ﴿١٦٢﴾ لَا شَرِيكَ لَهُۥ ۖ وَبِذَٰلِكَ أُمِرْتُ وَأَنَا۠ أَوَّلُ ٱلْمُسْلِمِينَ
﴿١٦٣﴾ قُلْ أَغَيْرَ ٱللَّهِ أَبْغِى رَبًّا وَهُوَ رَبُّ كُلِّ شَىْءٍ ۚ وَلَا تَكْسِبُ كُلُّ
نَفْسٍ إِلَّا عَلَيْهَا ۚ وَلَا تَزِرُ وَازِرَةٌ وِزْرَ أُخْرَىٰ ۚ ثُمَّ إِلَىٰ رَبِّكُم
مَّرْجِعُكُمْ فَيُنَبِّئُكُم بِمَا كُنتُمْ فِيهِ تَخْتَلِفُونَ ﴿١٦٤﴾ وَهُوَ ٱلَّذِى جَعَلَكُمْ
خَلَٰٓئِفَ ٱلْأَرْضِ وَرَفَعَ بَعْضَكُمْ فَوْقَ بَعْضٍ دَرَجَٰتٍ لِّيَبْلُوَكُمْ فِى
مَآ ءَاتَىٰكُمْ ۗ إِنَّ رَبَّكَ سَرِيعُ ٱلْعِقَابِ وَإِنَّهُۥ لَغَفُورٌ رَّحِيمٌۢ ﴿١٦٥﴾

الحزب ١٦

سُورَةُ الأَعۡرَافِ

بِسۡمِ ٱللَّهِ ٱلرَّحۡمَٰنِ ٱلرَّحِيمِ

الٓمٓصٓ ١ كِتَٰبٌ أُنزِلَ إِلَيۡكَ فَلَا يَكُن فِي صَدۡرِكَ حَرَجٞ مِّنۡهُ
لِتُنذِرَ بِهِۦ وَذِكۡرَىٰ لِلۡمُؤۡمِنِينَ ٢ ٱتَّبِعُواْ مَآ أُنزِلَ إِلَيۡكُم
مِّن رَّبِّكُمۡ وَلَا تَتَّبِعُواْ مِن دُونِهِۦٓ أَوۡلِيَآءَۗ قَلِيلٗا مَّا تَذَكَّرُونَ
٣ وَكَم مِّن قَرۡيَةٍ أَهۡلَكۡنَٰهَا فَجَآءَهَا بَأۡسُنَا بَيَٰتًا أَوۡ هُمۡ
قَآئِلُونَ ٤ فَمَا كَانَ دَعۡوَىٰهُمۡ إِذۡ جَآءَهُم بَأۡسُنَآ إِلَّآ أَن قَالُوٓاْ
إِنَّا كُنَّا ظَٰلِمِينَ ٥ فَلَنَسۡـَٔلَنَّ ٱلَّذِينَ أُرۡسِلَ إِلَيۡهِمۡ وَلَنَسۡـَٔلَنَّ
ٱلۡمُرۡسَلِينَ ٦ فَلَنَقُصَّنَّ عَلَيۡهِم بِعِلۡمٖۖ وَمَا كُنَّا غَآئِبِينَ ٧
وَٱلۡوَزۡنُ يَوۡمَئِذٍ ٱلۡحَقُّۚ فَمَن ثَقُلَتۡ مَوَٰزِينُهُۥ فَأُوْلَٰٓئِكَ هُمُ
ٱلۡمُفۡلِحُونَ ٨ وَمَنۡ خَفَّتۡ مَوَٰزِينُهُۥ فَأُوْلَٰٓئِكَ ٱلَّذِينَ خَسِرُوٓاْ
أَنفُسَهُم بِمَا كَانُواْ بِـَٔايَٰتِنَا يَظۡلِمُونَ ٩ وَلَقَدۡ مَكَّنَّٰكُمۡ
فِي ٱلۡأَرۡضِ وَجَعَلۡنَا لَكُمۡ فِيهَا مَعَٰيِشَۗ قَلِيلٗا مَّا تَشۡكُرُونَ
١٠ وَلَقَدۡ خَلَقۡنَٰكُمۡ ثُمَّ صَوَّرۡنَٰكُمۡ ثُمَّ قُلۡنَا لِلۡمَلَٰٓئِكَةِ
ٱسۡجُدُواْ لِأٓدَمَ فَسَجَدُوٓاْ إِلَّآ إِبۡلِيسَ لَمۡ يَكُن مِّنَ ٱلسَّٰجِدِينَ ١١

قَالَ مَا مَنَعَكَ أَلَّا تَسۡجُدَ إِذۡ أَمَرۡتُكَۖ قَالَ أَنَا۠ خَيۡرٞ مِّنۡهُ خَلَقۡتَنِي مِن نَّارٖ
وَخَلَقۡتَهُۥ مِن طِينٖ ١٢ قَالَ فَٱهۡبِطۡ مِنۡهَا فَمَا يَكُونُ لَكَ أَن تَتَكَبَّرَ
فِيهَا فَٱخۡرُجۡ إِنَّكَ مِنَ ٱلصَّٰغِرِينَ ١٣ قَالَ أَنظِرۡنِيٓ إِلَىٰ يَوۡمِ يُبۡعَثُونَ
١٤ قَالَ إِنَّكَ مِنَ ٱلۡمُنظَرِينَ ١٥ قَالَ فَبِمَآ أَغۡوَيۡتَنِي لَأَقۡعُدَنَّ لَهُمۡ
صِرَٰطَكَ ٱلۡمُسۡتَقِيمَ ١٦ ثُمَّ لَأٓتِيَنَّهُم مِّنۢ بَيۡنِ أَيۡدِيهِمۡ وَمِنۡ خَلۡفِهِمۡ
وَعَنۡ أَيۡمَٰنِهِمۡ وَعَن شَمَآئِلِهِمۡۖ وَلَا تَجِدُ أَكۡثَرَهُمۡ شَٰكِرِينَ ١٧ قَالَ
ٱخۡرُجۡ مِنۡهَا مَذۡءُومٗا مَّدۡحُورٗاۖ لَّمَن تَبِعَكَ مِنۡهُمۡ لَأَمۡلَأَنَّ جَهَنَّمَ مِنكُمۡ
أَجۡمَعِينَ ١٨ وَيَٰٓـَٔادَمُ ٱسۡكُنۡ أَنتَ وَزَوۡجُكَ ٱلۡجَنَّةَ فَكُلَا مِنۡ حَيۡثُ
شِئۡتُمَا وَلَا تَقۡرَبَا هَٰذِهِ ٱلشَّجَرَةَ فَتَكُونَا مِنَ ٱلظَّٰلِمِينَ ١٩ فَوَسۡوَسَ
لَهُمَا ٱلشَّيۡطَٰنُ لِيُبۡدِيَ لَهُمَا مَا وُۥرِيَ عَنۡهُمَا مِن سَوۡءَٰتِهِمَا وَقَالَ
مَا نَهَىٰكُمَا رَبُّكُمَا عَنۡ هَٰذِهِ ٱلشَّجَرَةِ إِلَّآ أَن تَكُونَا مَلَكَيۡنِ
أَوۡ تَكُونَا مِنَ ٱلۡخَٰلِدِينَ ٢٠ وَقَاسَمَهُمَآ إِنِّي لَكُمَا لَمِنَ ٱلنَّٰصِحِينَ ٢١
فَدَلَّىٰهُمَا بِغُرُورٖۚ فَلَمَّا ذَاقَا ٱلشَّجَرَةَ بَدَتۡ لَهُمَا سَوۡءَٰتُهُمَا وَطَفِقَا
يَخۡصِفَانِ عَلَيۡهِمَا مِن وَرَقِ ٱلۡجَنَّةِۖ وَنَادَىٰهُمَا رَبُّهُمَآ أَلَمۡ أَنۡهَكُمَا عَن
تِلۡكُمَا ٱلشَّجَرَةِ وَأَقُل لَّكُمَآ إِنَّ ٱلشَّيۡطَٰنَ لَكُمَا عَدُوّٞ مُّبِينٞ ٢٢

قَالَا رَبَّنَا ظَلَمْنَآ أَنفُسَنَا وَإِن لَّمْ تَغْفِرْ لَنَا وَتَرْحَمْنَا لَنَكُونَنَّ
مِنَ ٱلْخَٰسِرِينَ ﴿٢٣﴾ قَالَ ٱهْبِطُوا۟ بَعْضُكُمْ لِبَعْضٍ عَدُوٌّ ۖ وَلَكُمْ
فِى ٱلْأَرْضِ مُسْتَقَرٌّ وَمَتَٰعٌ إِلَىٰ حِينٍ ﴿٢٤﴾ قَالَ فِيهَا تَحْيَوْنَ وَفِيهَا
تَمُوتُونَ وَمِنْهَا تُخْرَجُونَ ﴿٢٥﴾ يَٰبَنِىٓ ءَادَمَ قَدْ أَنزَلْنَا عَلَيْكُمْ
لِبَاسًا يُوَٰرِى سَوْءَٰتِكُمْ وَرِيشًا ۖ وَلِبَاسُ ٱلتَّقْوَىٰ ذَٰلِكَ خَيْرٌ ۚ
ذَٰلِكَ مِنْ ءَايَٰتِ ٱللَّهِ لَعَلَّهُمْ يَذَّكَّرُونَ ﴿٢٦﴾ يَٰبَنِىٓ ءَادَمَ لَا يَفْتِنَنَّكُمُ
ٱلشَّيْطَٰنُ كَمَآ أَخْرَجَ أَبَوَيْكُم مِّنَ ٱلْجَنَّةِ يَنزِعُ عَنْهُمَا
لِبَاسَهُمَا لِيُرِيَهُمَا سَوْءَٰتِهِمَآ ۗ إِنَّهُۥ يَرَىٰكُمْ هُوَ وَقَبِيلُهُۥ مِنْ
حَيْثُ لَا تَرَوْنَهُمْ ۗ إِنَّا جَعَلْنَا ٱلشَّيَٰطِينَ أَوْلِيَآءَ لِلَّذِينَ لَا يُؤْمِنُونَ
﴿٢٧﴾ وَإِذَا فَعَلُوا۟ فَٰحِشَةً قَالُوا۟ وَجَدْنَا عَلَيْهَآ ءَابَآءَنَا وَٱللَّهُ أَمَرَنَا
بِهَا ۗ قُلْ إِنَّ ٱللَّهَ لَا يَأْمُرُ بِٱلْفَحْشَآءِ ۖ أَتَقُولُونَ عَلَى ٱللَّهِ مَا لَا تَعْلَمُونَ
﴿٢٨﴾ قُلْ أَمَرَ رَبِّى بِٱلْقِسْطِ ۖ وَأَقِيمُوا۟ وُجُوهَكُمْ عِندَ كُلِّ مَسْجِدٍ
وَٱدْعُوهُ مُخْلِصِينَ لَهُ ٱلدِّينَ ۚ كَمَا بَدَأَكُمْ تَعُودُونَ ﴿٢٩﴾
فَرِيقًا هَدَىٰ وَفَرِيقًا حَقَّ عَلَيْهِمُ ٱلضَّلَٰلَةُ ۗ إِنَّهُمُ ٱتَّخَذُوا۟
ٱلشَّيَٰطِينَ أَوْلِيَآءَ مِن دُونِ ٱللَّهِ وَيَحْسَبُونَ أَنَّهُم مُّهْتَدُونَ ﴿٣٠﴾

ربع الحزب ١٦

۞ يَٰبَنِيٓ ءَادَمَ خُذُواْ زِينَتَكُمۡ عِندَ كُلِّ مَسۡجِدٖ وَكُلُواْ وَٱشۡرَبُواْ
وَلَا تُسۡرِفُوٓاْۚ إِنَّهُۥ لَا يُحِبُّ ٱلۡمُسۡرِفِينَ ٣١ قُلۡ مَنۡ حَرَّمَ زِينَةَ ٱللَّهِ
ٱلَّتِيٓ أَخۡرَجَ لِعِبَادِهِۦ وَٱلطَّيِّبَٰتِ مِنَ ٱلرِّزۡقِۚ قُلۡ هِيَ لِلَّذِينَ ءَامَنُواْ
فِي ٱلۡحَيَوٰةِ ٱلدُّنۡيَا خَالِصَةٗ يَوۡمَ ٱلۡقِيَٰمَةِۗ كَذَٰلِكَ نُفَصِّلُ ٱلۡأٓيَٰتِ
لِقَوۡمٖ يَعۡلَمُونَ ٣٢ قُلۡ إِنَّمَا حَرَّمَ رَبِّيَ ٱلۡفَوَٰحِشَ مَا ظَهَرَ مِنۡهَا وَمَا
بَطَنَ وَٱلۡإِثۡمَ وَٱلۡبَغۡيَ بِغَيۡرِ ٱلۡحَقِّ وَأَن تُشۡرِكُواْ بِٱللَّهِ مَا لَمۡ يُنَزِّلۡ
بِهِۦ سُلۡطَٰنٗا وَأَن تَقُولُواْ عَلَى ٱللَّهِ مَا لَا تَعۡلَمُونَ ٣٣ وَلِكُلِّ أُمَّةٍ
أَجَلٞۖ فَإِذَا جَآءَ أَجَلُهُمۡ لَا يَسۡتَـٔۡخِرُونَ سَاعَةٗ وَلَا يَسۡتَقۡدِمُونَ
٣٤ يَٰبَنِيٓ ءَادَمَ إِمَّا يَأۡتِيَنَّكُمۡ رُسُلٞ مِّنكُمۡ يَقُصُّونَ عَلَيۡكُمۡ ءَايَٰتِي فَمَنِ
ٱتَّقَىٰ وَأَصۡلَحَ فَلَا خَوۡفٌ عَلَيۡهِمۡ وَلَا هُمۡ يَحۡزَنُونَ ٣٥ وَٱلَّذِينَ كَذَّبُواْ
بِـَٔايَٰتِنَا وَٱسۡتَكۡبَرُواْ عَنۡهَآ أُوْلَٰٓئِكَ أَصۡحَٰبُ ٱلنَّارِۖ هُمۡ فِيهَا
خَٰلِدُونَ ٣٦ فَمَنۡ أَظۡلَمُ مِمَّنِ ٱفۡتَرَىٰ عَلَى ٱللَّهِ كَذِبًا أَوۡ كَذَّبَ
بِـَٔايَٰتِهِۦٓۚ أُوْلَٰٓئِكَ يَنَالُهُمۡ نَصِيبُهُم مِّنَ ٱلۡكِتَٰبِۖ حَتَّىٰٓ إِذَا جَآءَتۡهُمۡ
رُسُلُنَا يَتَوَفَّوۡنَهُمۡ قَالُوٓاْ أَيۡنَ مَا كُنتُمۡ تَدۡعُونَ مِن دُونِ ٱللَّهِۖ
قَالُواْ ضَلُّواْ عَنَّا وَشَهِدُواْ عَلَىٰٓ أَنفُسِهِمۡ أَنَّهُمۡ كَانُواْ كَٰفِرِينَ ٣٧

قَالَ ٱدۡخُلُواْ فِيٓ أُمَمٖ قَدۡ خَلَتۡ مِن قَبۡلِكُم مِّنَ ٱلۡجِنِّ وَٱلۡإِنسِ
فِي ٱلنَّارِۖ كُلَّمَا دَخَلَتۡ أُمَّةٞ لَّعَنَتۡ أُخۡتَهَاۖ حَتَّىٰٓ إِذَا ٱدَّارَكُواْ
فِيهَا جَمِيعٗا قَالَتۡ أُخۡرَىٰهُمۡ لِأُولَىٰهُمۡ رَبَّنَا هَٰٓؤُلَآءِ أَضَلُّونَا فَـَٔاتِهِمۡ
عَذَابٗا ضِعۡفٗا مِّنَ ٱلنَّارِۖ قَالَ لِكُلّٖ ضِعۡفٞ وَلَٰكِن لَّا تَعۡلَمُونَ
٣٨ وَقَالَتۡ أُولَىٰهُمۡ لِأُخۡرَىٰهُمۡ فَمَا كَانَ لَكُمۡ عَلَيۡنَا مِن فَضۡلٖ
فَذُوقُواْ ٱلۡعَذَابَ بِمَا كُنتُمۡ تَكۡسِبُونَ ٣٩ إِنَّ ٱلَّذِينَ
كَذَّبُواْ بِـَٔايَٰتِنَا وَٱسۡتَكۡبَرُواْ عَنۡهَا لَا تُفَتَّحُ لَهُمۡ أَبۡوَٰبُ ٱلسَّمَآءِ
وَلَا يَدۡخُلُونَ ٱلۡجَنَّةَ حَتَّىٰ يَلِجَ ٱلۡجَمَلُ فِي سَمِّ ٱلۡخِيَاطِۚ وَكَذَٰلِكَ
نَجۡزِي ٱلۡمُجۡرِمِينَ ٤٠ لَهُم مِّن جَهَنَّمَ مِهَادٞ وَمِن فَوۡقِهِمۡ غَوَاشٖۚ
وَكَذَٰلِكَ نَجۡزِي ٱلظَّٰلِمِينَ ٤١ وَٱلَّذِينَ ءَامَنُواْ وَعَمِلُواْ ٱلصَّٰلِحَٰتِ
لَا نُكَلِّفُ نَفۡسًا إِلَّا وُسۡعَهَآ أُوْلَٰٓئِكَ أَصۡحَٰبُ ٱلۡجَنَّةِۖ هُمۡ
فِيهَا خَٰلِدُونَ ٤٢ وَنَزَعۡنَا مَا فِي صُدُورِهِم مِّنۡ غِلّٖ تَجۡرِي
مِن تَحۡتِهِمُ ٱلۡأَنۡهَٰرُۖ وَقَالُواْ ٱلۡحَمۡدُ لِلَّهِ ٱلَّذِي هَدَىٰنَا لِهَٰذَا وَمَا كُنَّا
لِنَهۡتَدِيَ لَوۡلَآ أَنۡ هَدَىٰنَا ٱللَّهُۖ لَقَدۡ جَآءَتۡ رُسُلُ رَبِّنَا بِٱلۡحَقِّۖ
وَنُودُوٓاْ أَن تِلۡكُمُ ٱلۡجَنَّةُ أُورِثۡتُمُوهَا بِمَا كُنتُمۡ تَعۡمَلُونَ ٤٣

وَنَادَىٰٓ أَصۡحَٰبُ ٱلۡجَنَّةِ أَصۡحَٰبَ ٱلنَّارِ أَن قَدۡ وَجَدۡنَا مَا وَعَدَنَا
رَبُّنَا حَقّٗا فَهَلۡ وَجَدتُّم مَّا وَعَدَ رَبُّكُمۡ حَقّٗاۖ قَالُواْ نَعَمۡۚ فَأَذَّنَ
مُؤَذِّنُۢ بَيۡنَهُمۡ أَن لَّعۡنَةُ ٱللَّهِ عَلَى ٱلظَّٰلِمِينَ ٤٤ ٱلَّذِينَ يَصُدُّونَ عَن
سَبِيلِ ٱللَّهِ وَيَبۡغُونَهَا عِوَجٗا وَهُم بِٱلۡأٓخِرَةِ كَٰفِرُونَ ٤٥ وَبَيۡنَهُمَا
حِجَابٞۚ وَعَلَى ٱلۡأَعۡرَافِ رِجَالٞ يَعۡرِفُونَ كُلَّۢا بِسِيمَىٰهُمۡۚ وَنَادَوۡاْ
أَصۡحَٰبَ ٱلۡجَنَّةِ أَن سَلَٰمٌ عَلَيۡكُمۡۚ لَمۡ يَدۡخُلُوهَا وَهُمۡ يَطۡمَعُونَ ٤٦
نصف الحزب ١٦ ۞ وَإِذَا صُرِفَتۡ أَبۡصَٰرُهُمۡ تِلۡقَآءَ أَصۡحَٰبِ ٱلنَّارِ قَالُواْ رَبَّنَا لَا تَجۡعَلۡنَا
مَعَ ٱلۡقَوۡمِ ٱلظَّٰلِمِينَ ٤٧ وَنَادَىٰٓ أَصۡحَٰبُ ٱلۡأَعۡرَافِ رِجَالٗا يَعۡرِفُونَهُم
بِسِيمَىٰهُمۡ قَالُواْ مَآ أَغۡنَىٰ عَنكُمۡ جَمۡعُكُمۡ وَمَا كُنتُمۡ تَسۡتَكۡبِرُونَ ٤٨
أَهَٰٓؤُلَآءِ ٱلَّذِينَ أَقۡسَمۡتُمۡ لَا يَنَالُهُمُ ٱللَّهُ بِرَحۡمَةٍۚ ٱدۡخُلُواْ ٱلۡجَنَّةَ
لَا خَوۡفٌ عَلَيۡكُمۡ وَلَآ أَنتُمۡ تَحۡزَنُونَ ٤٩ وَنَادَىٰٓ أَصۡحَٰبُ ٱلنَّارِ أَصۡحَٰبَ
ٱلۡجَنَّةِ أَنۡ أَفِيضُواْ عَلَيۡنَا مِنَ ٱلۡمَآءِ أَوۡ مِمَّا رَزَقَكُمُ ٱللَّهُۚ قَالُوٓاْ
إِنَّ ٱللَّهَ حَرَّمَهُمَا عَلَى ٱلۡكَٰفِرِينَ ٥٠ ٱلَّذِينَ ٱتَّخَذُواْ دِينَهُمۡ لَهۡوٗا
وَلَعِبٗا وَغَرَّتۡهُمُ ٱلۡحَيَوٰةُ ٱلدُّنۡيَاۚ فَٱلۡيَوۡمَ نَنسَىٰهُمۡ كَمَا نَسُواْ
لِقَآءَ يَوۡمِهِمۡ هَٰذَا وَمَا كَانُواْ بِـَٔايَٰتِنَا يَجۡحَدُونَ ٥١

وَلَقَدْ جِئْنَٰهُم بِكِتَٰبٍ فَصَّلْنَٰهُ عَلَىٰ عِلْمٍ هُدًى وَرَحْمَةً
لِّقَوْمٍ يُؤْمِنُونَ ﴿٥٢﴾ هَلْ يَنظُرُونَ إِلَّا تَأْوِيلَهُۥ ۚ يَوْمَ يَأْتِى تَأْوِيلُهُۥ
يَقُولُ ٱلَّذِينَ نَسُوهُ مِن قَبْلُ قَدْ جَآءَتْ رُسُلُ رَبِّنَا بِٱلْحَقِّ
فَهَل لَّنَا مِن شُفَعَآءَ فَيَشْفَعُوا۟ لَنَآ أَوْ نُرَدُّ فَنَعْمَلَ غَيْرَ ٱلَّذِى
كُنَّا نَعْمَلُ ۚ قَدْ خَسِرُوٓا۟ أَنفُسَهُمْ وَضَلَّ عَنْهُم مَّا كَانُوا۟
يَفْتَرُونَ ﴿٥٣﴾ إِنَّ رَبَّكُمُ ٱللَّهُ ٱلَّذِى خَلَقَ ٱلسَّمَٰوَٰتِ وَٱلْأَرْضَ
فِى سِتَّةِ أَيَّامٍ ثُمَّ ٱسْتَوَىٰ عَلَى ٱلْعَرْشِ ۖ يُغْشِى ٱلَّيْلَ ٱلنَّهَارَ
يَطْلُبُهُۥ حَثِيثًا وَٱلشَّمْسَ وَٱلْقَمَرَ وَٱلنُّجُومَ مُسَخَّرَٰتٍۭ
بِأَمْرِهِۦٓ ۗ أَلَا لَهُ ٱلْخَلْقُ وَٱلْأَمْرُ ۗ تَبَارَكَ ٱللَّهُ رَبُّ ٱلْعَٰلَمِينَ ﴿٥٤﴾
ٱدْعُوا۟ رَبَّكُمْ تَضَرُّعًا وَخُفْيَةً ۚ إِنَّهُۥ لَا يُحِبُّ ٱلْمُعْتَدِينَ ﴿٥٥﴾
وَلَا تُفْسِدُوا۟ فِى ٱلْأَرْضِ بَعْدَ إِصْلَٰحِهَا وَٱدْعُوهُ خَوْفًا وَطَمَعًا ۚ
إِنَّ رَحْمَتَ ٱللَّهِ قَرِيبٌ مِّنَ ٱلْمُحْسِنِينَ ﴿٥٦﴾ وَهُوَ ٱلَّذِى يُرْسِلُ
ٱلرِّيَٰحَ بُشْرًۢا بَيْنَ يَدَىْ رَحْمَتِهِۦ ۖ حَتَّىٰٓ إِذَآ أَقَلَّتْ سَحَابًا ثِقَالًا
سُقْنَٰهُ لِبَلَدٍ مَّيِّتٍ فَأَنزَلْنَا بِهِ ٱلْمَآءَ فَأَخْرَجْنَا بِهِۦ مِن كُلِّ
ٱلثَّمَرَٰتِ ۚ كَذَٰلِكَ نُخْرِجُ ٱلْمَوْتَىٰ لَعَلَّكُمْ تَذَكَّرُونَ ﴿٥٧﴾

والبلد الطيب يخرج نباته بإذن ربه والذي خبث لا يخرج
إلا نكدا كذلك نصرف الآيات لقوم يشكرون ٥٨
لقد أرسلنا نوحا إلى قومه فقال يا قوم اعبدوا الله ما لكم
من إله غيره إني أخاف عليكم عذاب يوم عظيم ٥٩
قال الملأ من قومه إنا لنراك في ضلال مبين ٦٠ قال يا قوم
ليس بي ضلالة ولكني رسول من رب العالمين ٦١
أبلغكم رسالات ربي وأنصح لكم وأعلم من الله
ما لا تعلمون ٦٢ أوعجبتم أن جاءكم ذكر من ربكم
على رجل منكم لينذركم ولتتقوا ولعلكم ترحمون
٦٣ فكذبوه فأنجيناه والذين معه في الفلك وأغرقنا الذين
كذبوا بآياتنا إنهم كانوا قوما عمين ٦٤ ۞ وإلى
عاد أخاهم هودا قال يا قوم اعبدوا الله ما لكم من إله
غيره أفلا تتقون ٦٥ قال الملأ الذين كفروا من قومه
إنا لنراك في سفاهة وإنا لنظنك من الكاذبين ٦٦
قال يا قوم ليس بي سفاهة ولكني رسول من رب العالمين ٦٧

ثلاثة أرباع الحزب ١٦

أُبَلِّغُكُمْ رِسَٰلَٰتِ رَبِّى وَأَنَا۠ لَكُمْ نَاصِحٌ أَمِينٌ ﴿٦٨﴾ أَوَعَجِبْتُمْ أَن
جَآءَكُمْ ذِكْرٌ مِّن رَّبِّكُمْ عَلَىٰ رَجُلٍ مِّنكُمْ لِيُنذِرَكُمْۚ
وَٱذْكُرُوٓا۟ إِذْ جَعَلَكُمْ خُلَفَآءَ مِنۢ بَعْدِ قَوْمِ نُوحٍ وَزَادَكُمْ
فِى ٱلْخَلْقِ بَصْۜطَةًۖ فَٱذْكُرُوٓا۟ ءَالَآءَ ٱللَّهِ لَعَلَّكُمْ تُفْلِحُونَ
﴿٦٩﴾ قَالُوٓا۟ أَجِئْتَنَا لِنَعْبُدَ ٱللَّهَ وَحْدَهُۥ وَنَذَرَ مَا كَانَ يَعْبُدُ
ءَابَآؤُنَا فَأْتِنَا بِمَا تَعِدُنَآ إِن كُنتَ مِنَ ٱلصَّٰدِقِينَ ﴿٧٠﴾
قَالَ قَدْ وَقَعَ عَلَيْكُم مِّن رَّبِّكُمْ رِجْسٌ وَغَضَبٌۖ
أَتُجَٰدِلُونَنِى فِىٓ أَسْمَآءٍ سَمَّيْتُمُوهَآ أَنتُمْ وَءَابَآؤُكُم
مَّا نَزَّلَ ٱللَّهُ بِهَا مِن سُلْطَٰنٍۚ فَٱنتَظِرُوٓا۟ إِنِّى مَعَكُم مِّنَ
ٱلْمُنتَظِرِينَ ﴿٧١﴾ فَأَنجَيْنَٰهُ وَٱلَّذِينَ مَعَهُۥ بِرَحْمَةٍ مِّنَّا
وَقَطَعْنَا دَابِرَ ٱلَّذِينَ كَذَّبُوا۟ بِـَٔايَٰتِنَاۖ وَمَا كَانُوا۟ مُؤْمِنِينَ
﴿٧٢﴾ وَإِلَىٰ ثَمُودَ أَخَاهُمْ صَٰلِحًاۗ قَالَ يَٰقَوْمِ ٱعْبُدُوا۟ ٱللَّهَ
مَا لَكُم مِّنْ إِلَٰهٍ غَيْرُهُۥۖ قَدْ جَآءَتْكُم بَيِّنَةٌ مِّن رَّبِّكُمْۖ
هَٰذِهِۦ نَاقَةُ ٱللَّهِ لَكُمْ ءَايَةًۖ فَذَرُوهَا تَأْكُلْ فِىٓ أَرْضِ
ٱللَّهِۖ وَلَا تَمَسُّوهَا بِسُوٓءٍ فَيَأْخُذَكُمْ عَذَابٌ أَلِيمٌ ﴿٧٣﴾

وَٱذۡكُرُوٓاْ إِذۡ جَعَلَكُمۡ خُلَفَآءَ مِنۢ بَعۡدِ عَادٖ وَبَوَّأَكُمۡ
فِي ٱلۡأَرۡضِ تَتَّخِذُونَ مِن سُهُولِهَا قُصُورٗا وَتَنۡحِتُونَ
ٱلۡجِبَالَ بُيُوتٗاۖ فَٱذۡكُرُوٓاْ ءَالَآءَ ٱللَّهِ وَلَا تَعۡثَوۡاْ فِي
ٱلۡأَرۡضِ مُفۡسِدِينَ ٧٤ قَالَ ٱلۡمَلَأُ ٱلَّذِينَ ٱسۡتَكۡبَرُواْ مِن
قَوۡمِهِۦ لِلَّذِينَ ٱسۡتُضۡعِفُواْ لِمَنۡ ءَامَنَ مِنۡهُمۡ أَتَعۡلَمُونَ
أَنَّ صَٰلِحٗا مُّرۡسَلٞ مِّن رَّبِّهِۦۚ قَالُوٓاْ إِنَّا بِمَآ أُرۡسِلَ بِهِۦ
مُؤۡمِنُونَ ٧٥ قَالَ ٱلَّذِينَ ٱسۡتَكۡبَرُوٓاْ إِنَّا بِٱلَّذِيٓ
ءَامَنتُم بِهِۦ كَٰفِرُونَ ٧٦ فَعَقَرُواْ ٱلنَّاقَةَ وَعَتَوۡاْ عَنۡ
أَمۡرِ رَبِّهِمۡ وَقَالُواْ يَٰصَٰلِحُ ٱئۡتِنَا بِمَا تَعِدُنَآ إِن كُنتَ
مِنَ ٱلۡمُرۡسَلِينَ ٧٧ فَأَخَذَتۡهُمُ ٱلرَّجۡفَةُ فَأَصۡبَحُواْ فِي دَارِهِمۡ
جَٰثِمِينَ ٧٨ فَتَوَلَّىٰ عَنۡهُمۡ وَقَالَ يَٰقَوۡمِ لَقَدۡ أَبۡلَغۡتُكُمۡ
رِسَالَةَ رَبِّي وَنَصَحۡتُ لَكُمۡ وَلَٰكِن لَّا تُحِبُّونَ ٱلنَّٰصِحِينَ
٧٩ وَلُوطًا إِذۡ قَالَ لِقَوۡمِهِۦٓ أَتَأۡتُونَ ٱلۡفَٰحِشَةَ مَا سَبَقَكُم
بِهَا مِنۡ أَحَدٖ مِّنَ ٱلۡعَٰلَمِينَ ٨٠ إِنَّكُمۡ لَتَأۡتُونَ ٱلرِّجَالَ
شَهۡوَةٗ مِّن دُونِ ٱلنِّسَآءِۚ بَلۡ أَنتُمۡ قَوۡمٞ مُّسۡرِفُونَ ٨١

وَمَا كَانَ جَوَابَ قَوۡمِهِۦٓ إِلَّآ أَن قَالُوٓاْ أَخۡرِجُوهُم مِّن
قَرۡيَتِكُمۡۖ إِنَّهُمۡ أُنَاسٞ يَتَطَهَّرُونَ ٨٢ فَأَنجَيۡنَٰهُ
وَأَهۡلَهُۥٓ إِلَّا ٱمۡرَأَتَهُۥ كَانَتۡ مِنَ ٱلۡغَٰبِرِينَ ٨٣ وَأَمۡطَرۡنَا
عَلَيۡهِم مَّطَرٗاۖ فَٱنظُرۡ كَيۡفَ كَانَ عَٰقِبَةُ ٱلۡمُجۡرِمِينَ
٨٤ وَإِلَىٰ مَدۡيَنَ أَخَاهُمۡ شُعَيۡبٗاۚ قَالَ يَٰقَوۡمِ ٱعۡبُدُواْ ٱللَّهَ
مَا لَكُم مِّنۡ إِلَٰهٍ غَيۡرُهُۥۖ قَدۡ جَآءَتۡكُم بَيِّنَةٞ مِّن رَّبِّكُمۡۖ
فَأَوۡفُواْ ٱلۡكَيۡلَ وَٱلۡمِيزَانَ وَلَا تَبۡخَسُواْ ٱلنَّاسَ
أَشۡيَآءَهُمۡ وَلَا تُفۡسِدُواْ فِي ٱلۡأَرۡضِ بَعۡدَ إِصۡلَٰحِهَاۚ
ذَٰلِكُمۡ خَيۡرٞ لَّكُمۡ إِن كُنتُم مُّؤۡمِنِينَ ٨٥ وَلَا
تَقۡعُدُواْ بِكُلِّ صِرَٰطٖ تُوعِدُونَ وَتَصُدُّونَ عَن
سَبِيلِ ٱللَّهِ مَنۡ ءَامَنَ بِهِۦ وَتَبۡغُونَهَا عِوَجٗاۚ وَٱذۡكُرُوٓاْ
إِذۡ كُنتُمۡ قَلِيلٗا فَكَثَّرَكُمۡۖ وَٱنظُرُواْ كَيۡفَ كَانَ
عَٰقِبَةُ ٱلۡمُفۡسِدِينَ ٨٦ وَإِن كَانَ طَآئِفَةٞ مِّنكُمۡ
ءَامَنُواْ بِٱلَّذِيٓ أُرۡسِلۡتُ بِهِۦ وَطَآئِفَةٞ لَّمۡ يُؤۡمِنُواْ فَٱصۡبِرُواْ
حَتَّىٰ يَحۡكُمَ ٱللَّهُ بَيۡنَنَاۚ وَهُوَ خَيۡرُ ٱلۡحَٰكِمِينَ ٨٧

۞ قَالَ ٱلۡمَلَأُ ٱلَّذِينَ ٱسۡتَكۡبَرُواْ مِن قَوۡمِهِۦ لَنُخۡرِجَنَّكَ يَٰشُعَيۡبُ
وَٱلَّذِينَ ءَامَنُواْ مَعَكَ مِن قَرۡيَتِنَآ أَوۡ لَتَعُودُنَّ فِي مِلَّتِنَاۚ قَالَ أَوَلَوۡ
كُنَّا كَٰرِهِينَ ٨٨ قَدِ ٱفۡتَرَيۡنَا عَلَى ٱللَّهِ كَذِبًا إِنۡ عُدۡنَا فِي مِلَّتِكُم بَعۡدَ
إِذۡ نَجَّىٰنَا ٱللَّهُ مِنۡهَاۚ وَمَا يَكُونُ لَنَآ أَن نَّعُودَ فِيهَآ إِلَّآ أَن يَشَآءَ
ٱللَّهُ رَبُّنَاۚ وَسِعَ رَبُّنَا كُلَّ شَيۡءٍ عِلۡمًاۚ عَلَى ٱللَّهِ تَوَكَّلۡنَاۚ رَبَّنَا ٱفۡتَحۡ
بَيۡنَنَا وَبَيۡنَ قَوۡمِنَا بِٱلۡحَقِّ وَأَنتَ خَيۡرُ ٱلۡفَٰتِحِينَ ٨٩ وَقَالَ ٱلۡمَلَأُ
ٱلَّذِينَ كَفَرُواْ مِن قَوۡمِهِۦ لَئِنِ ٱتَّبَعۡتُمۡ شُعَيۡبًا إِنَّكُمۡ إِذٗا لَّخَٰسِرُونَ
٩٠ فَأَخَذَتۡهُمُ ٱلرَّجۡفَةُ فَأَصۡبَحُواْ فِي دَارِهِمۡ جَٰثِمِينَ ٩١ ٱلَّذِينَ
كَذَّبُواْ شُعَيۡبٗا كَأَن لَّمۡ يَغۡنَوۡاْ فِيهَاۚ ٱلَّذِينَ كَذَّبُواْ شُعَيۡبٗا كَانُواْ
هُمُ ٱلۡخَٰسِرِينَ ٩٢ فَتَوَلَّىٰ عَنۡهُمۡ وَقَالَ يَٰقَوۡمِ لَقَدۡ أَبۡلَغۡتُكُمۡ
رِسَٰلَٰتِ رَبِّي وَنَصَحۡتُ لَكُمۡۖ فَكَيۡفَ ءَاسَىٰ عَلَىٰ قَوۡمٖ
كَٰفِرِينَ ٩٣ وَمَآ أَرۡسَلۡنَا فِي قَرۡيَةٖ مِّن نَّبِيٍّ إِلَّآ أَخَذۡنَآ أَهۡلَهَا
بِٱلۡبَأۡسَآءِ وَٱلضَّرَّآءِ لَعَلَّهُمۡ يَضَّرَّعُونَ ٩٤ ثُمَّ بَدَّلۡنَا
مَكَانَ ٱلسَّيِّئَةِ ٱلۡحَسَنَةَ حَتَّىٰ عَفَواْ وَّقَالُواْ قَدۡ مَسَّ ءَابَآءَنَا
ٱلضَّرَّآءُ وَٱلسَّرَّآءُ فَأَخَذۡنَٰهُم بَغۡتَةٗ وَهُمۡ لَا يَشۡعُرُونَ ٩٥

وَلَوْ أَنَّ أَهْلَ ٱلْقُرَىٰٓ ءَامَنُوا۟ وَٱتَّقَوْا۟ لَفَتَحْنَا عَلَيْهِم بَرَكَٰتٍ
مِّنَ ٱلسَّمَآءِ وَٱلْأَرْضِ وَلَٰكِن كَذَّبُوا۟ فَأَخَذْنَٰهُم بِمَا كَانُوا۟
يَكْسِبُونَ ﴿٩٦﴾ أَفَأَمِنَ أَهْلُ ٱلْقُرَىٰٓ أَن يَأْتِيَهُم بَأْسُنَا
بَيَٰتًا وَهُمْ نَآئِمُونَ ﴿٩٧﴾ أَوَأَمِنَ أَهْلُ ٱلْقُرَىٰٓ أَن يَأْتِيَهُم
بَأْسُنَا ضُحًى وَهُمْ يَلْعَبُونَ ﴿٩٨﴾ أَفَأَمِنُوا۟ مَكْرَ ٱللَّهِ ۚ
فَلَا يَأْمَنُ مَكْرَ ٱللَّهِ إِلَّا ٱلْقَوْمُ ٱلْخَٰسِرُونَ ﴿٩٩﴾ أَوَلَمْ يَهْدِ
لِلَّذِينَ يَرِثُونَ ٱلْأَرْضَ مِنۢ بَعْدِ أَهْلِهَآ أَن لَّوْ نَشَآءُ
أَصَبْنَٰهُم بِذُنُوبِهِمْ ۚ وَنَطْبَعُ عَلَىٰ قُلُوبِهِمْ فَهُمْ لَا يَسْمَعُونَ
﴿١٠٠﴾ تِلْكَ ٱلْقُرَىٰ نَقُصُّ عَلَيْكَ مِنْ أَنۢبَآئِهَا ۚ وَلَقَدْ جَآءَتْهُمْ
رُسُلُهُم بِٱلْبَيِّنَٰتِ فَمَا كَانُوا۟ لِيُؤْمِنُوا۟ بِمَا كَذَّبُوا۟ مِن
قَبْلُ ۚ كَذَٰلِكَ يَطْبَعُ ٱللَّهُ عَلَىٰ قُلُوبِ ٱلْكَٰفِرِينَ ﴿١٠١﴾ وَمَا وَجَدْنَا
لِأَكْثَرِهِم مِّنْ عَهْدٍ ۖ وَإِن وَجَدْنَآ أَكْثَرَهُمْ لَفَٰسِقِينَ ﴿١٠٢﴾
ثُمَّ بَعَثْنَا مِنۢ بَعْدِهِم مُّوسَىٰ بِـَٔايَٰتِنَآ إِلَىٰ فِرْعَوْنَ وَمَلَإِي۟هِۦ
فَظَلَمُوا۟ بِهَا ۖ فَٱنظُرْ كَيْفَ كَانَ عَٰقِبَةُ ٱلْمُفْسِدِينَ ﴿١٠٣﴾
وَقَالَ مُوسَىٰ يَٰفِرْعَوْنُ إِنِّى رَسُولٌ مِّن رَّبِّ ٱلْعَٰلَمِينَ ﴿١٠٤﴾

حَقِيقٌ عَلَىٰٓ أَن لَّآ أَقُولَ عَلَى ٱللَّهِ إِلَّا ٱلْحَقَّ ۚ قَدْ جِئْتُكُم بِبَيِّنَةٍ
مِّن رَّبِّكُمْ فَأَرْسِلْ مَعِىَ بَنِىٓ إِسْرَٰٓءِيلَ ﴿١٠٥﴾ قَالَ إِن كُنتَ
جِئْتَ بِـَٔايَةٍ فَأْتِ بِهَآ إِن كُنتَ مِنَ ٱلصَّٰدِقِينَ ﴿١٠٦﴾ فَأَلْقَىٰ
عَصَاهُ فَإِذَا هِىَ ثُعْبَانٌ مُّبِينٌ ﴿١٠٧﴾ وَنَزَعَ يَدَهُۥ فَإِذَا هِىَ بَيْضَآءُ
لِلنَّٰظِرِينَ ﴿١٠٨﴾ قَالَ ٱلْمَلَأُ مِن قَوْمِ فِرْعَوْنَ إِنَّ هَٰذَا لَسَٰحِرٌ
عَلِيمٌ ﴿١٠٩﴾ يُرِيدُ أَن يُخْرِجَكُم مِّنْ أَرْضِكُمْ ۖ فَمَاذَا تَأْمُرُونَ
﴿١١٠﴾ قَالُوٓا۟ أَرْجِهْ وَأَخَاهُ وَأَرْسِلْ فِى ٱلْمَدَآئِنِ حَٰشِرِينَ ﴿١١١﴾ يَأْتُوكَ
بِكُلِّ سَٰحِرٍ عَلِيمٍ ﴿١١٢﴾ وَجَآءَ ٱلسَّحَرَةُ فِرْعَوْنَ قَالُوٓا۟ إِنَّ
لَنَا لَأَجْرًا إِن كُنَّا نَحْنُ ٱلْغَٰلِبِينَ ﴿١١٣﴾ قَالَ نَعَمْ وَإِنَّكُمْ
لَمِنَ ٱلْمُقَرَّبِينَ ﴿١١٤﴾ قَالُوا۟ يَٰمُوسَىٰٓ إِمَّآ أَن تُلْقِىَ وَإِمَّآ أَن
نَّكُونَ نَحْنُ ٱلْمُلْقِينَ ﴿١١٥﴾ قَالَ أَلْقُوا۟ ۖ فَلَمَّآ أَلْقَوْا۟ سَحَرُوٓا۟
أَعْيُنَ ٱلنَّاسِ وَٱسْتَرْهَبُوهُمْ وَجَآءُو بِسِحْرٍ عَظِيمٍ ﴿١١٦﴾
ربع الحزب ١٧ ۞ وَأَوْحَيْنَآ إِلَىٰ مُوسَىٰٓ أَنْ أَلْقِ عَصَاكَ ۖ فَإِذَا هِىَ تَلْقَفُ مَا يَأْفِكُونَ
﴿١١٧﴾ فَوَقَعَ ٱلْحَقُّ وَبَطَلَ مَا كَانُوا۟ يَعْمَلُونَ ﴿١١٨﴾ فَغُلِبُوا۟
هُنَالِكَ وَٱنقَلَبُوا۟ صَٰغِرِينَ ﴿١١٩﴾ وَأُلْقِىَ ٱلسَّحَرَةُ سَٰجِدِينَ ﴿١٢٠﴾

قَالُوٓاْ ءَامَنَّا بِرَبِّ ٱلۡعَٰلَمِينَ ١٢١ رَبِّ مُوسَىٰ وَهَٰرُونَ ١٢٢ قَالَ
فِرۡعَوۡنُ ءَامَنتُم بِهِۦ قَبۡلَ أَنۡ ءَاذَنَ لَكُمۡۖ إِنَّ هَٰذَا لَمَكۡرٞ
مَّكَرۡتُمُوهُ فِي ٱلۡمَدِينَةِ لِتُخۡرِجُواْ مِنۡهَآ أَهۡلَهَاۖ فَسَوۡفَ تَعۡلَمُونَ
١٢٣ لَأُقَطِّعَنَّ أَيۡدِيَكُمۡ وَأَرۡجُلَكُم مِّنۡ خِلَٰفٖ ثُمَّ لَأُصَلِّبَنَّكُمۡ
أَجۡمَعِينَ ١٢٤ قَالُوٓاْ إِنَّآ إِلَىٰ رَبِّنَا مُنقَلِبُونَ ١٢٥ وَمَا تَنقِمُ مِنَّآ
إِلَّآ أَنۡ ءَامَنَّا بِـَٔايَٰتِ رَبِّنَا لَمَّا جَآءَتۡنَاۚ رَبَّنَآ أَفۡرِغۡ عَلَيۡنَا صَبۡرٗا
وَتَوَفَّنَا مُسۡلِمِينَ ١٢٦ وَقَالَ ٱلۡمَلَأُ مِن قَوۡمِ فِرۡعَوۡنَ أَتَذَرُ مُوسَىٰ
وَقَوۡمَهُۥ لِيُفۡسِدُواْ فِي ٱلۡأَرۡضِ وَيَذَرَكَ وَءَالِهَتَكَۚ قَالَ سَنُقَتِّلُ
أَبۡنَآءَهُمۡ وَنَسۡتَحۡيِۦ نِسَآءَهُمۡ وَإِنَّا فَوۡقَهُمۡ قَٰهِرُونَ ١٢٧
قَالَ مُوسَىٰ لِقَوۡمِهِ ٱسۡتَعِينُواْ بِٱللَّهِ وَٱصۡبِرُوٓاْۖ إِنَّ ٱلۡأَرۡضَ
لِلَّهِ يُورِثُهَا مَن يَشَآءُ مِنۡ عِبَادِهِۦۖ وَٱلۡعَٰقِبَةُ لِلۡمُتَّقِينَ ١٢٨
قَالُوٓاْ أُوذِينَا مِن قَبۡلِ أَن تَأۡتِيَنَا وَمِنۢ بَعۡدِ مَا جِئۡتَنَاۚ قَالَ
عَسَىٰ رَبُّكُمۡ أَن يُهۡلِكَ عَدُوَّكُمۡ وَيَسۡتَخۡلِفَكُمۡ فِي ٱلۡأَرۡضِ
فَيَنظُرَ كَيۡفَ تَعۡمَلُونَ ١٢٩ وَلَقَدۡ أَخَذۡنَآ ءَالَ فِرۡعَوۡنَ
بِٱلسِّنِينَ وَنَقۡصٖ مِّنَ ٱلثَّمَرَٰتِ لَعَلَّهُمۡ يَذَّكَّرُونَ ١٣٠

فَإِذَا جَآءَتۡهُمُ ٱلۡحَسَنَةُ قَالُواْ لَنَا هَٰذِهِۦۖ وَإِن تُصِبۡهُمۡ سَيِّئَةٞ
يَطَّيَّرُواْ بِمُوسَىٰ وَمَن مَّعَهُۥٓۗ أَلَآ إِنَّمَا طَٰٓئِرُهُمۡ عِندَ ٱللَّهِ
وَلَٰكِنَّ أَكۡثَرَهُمۡ لَا يَعۡلَمُونَ ١٣١ وَقَالُواْ مَهۡمَا تَأۡتِنَا بِهِۦ
مِنۡ ءَايَةٖ لِّتَسۡحَرَنَا بِهَا فَمَا نَحۡنُ لَكَ بِمُؤۡمِنِينَ ١٣٢ فَأَرۡسَلۡنَا
عَلَيۡهِمُ ٱلطُّوفَانَ وَٱلۡجَرَادَ وَٱلۡقُمَّلَ وَٱلضَّفَادِعَ وَٱلدَّمَ
ءَايَٰتٖ مُّفَصَّلَٰتٖ فَٱسۡتَكۡبَرُواْ وَكَانُواْ قَوۡمٗا مُّجۡرِمِينَ
١٣٣ وَلَمَّا وَقَعَ عَلَيۡهِمُ ٱلرِّجۡزُ قَالُواْ يَٰمُوسَى ٱدۡعُ لَنَا رَبَّكَ بِمَا
عَهِدَ عِندَكَۖ لَئِن كَشَفۡتَ عَنَّا ٱلرِّجۡزَ لَنُؤۡمِنَنَّ لَكَ
وَلَنُرۡسِلَنَّ مَعَكَ بَنِيٓ إِسۡرَٰٓءِيلَ ١٣٤ فَلَمَّا كَشَفۡنَا عَنۡهُمُ
ٱلرِّجۡزَ إِلَىٰٓ أَجَلٍ هُم بَٰلِغُوهُ إِذَا هُمۡ يَنكُثُونَ ١٣٥ فَٱنتَقَمۡنَا
مِنۡهُمۡ فَأَغۡرَقۡنَٰهُمۡ فِي ٱلۡيَمِّ بِأَنَّهُمۡ كَذَّبُواْ بِـَٔايَٰتِنَا وَكَانُواْ عَنۡهَا
غَٰفِلِينَ ١٣٦ وَأَوۡرَثۡنَا ٱلۡقَوۡمَ ٱلَّذِينَ كَانُواْ يُسۡتَضۡعَفُونَ
مَشَٰرِقَ ٱلۡأَرۡضِ وَمَغَٰرِبَهَا ٱلَّتِي بَٰرَكۡنَا فِيهَاۖ وَتَمَّتۡ كَلِمَتُ
رَبِّكَ ٱلۡحُسۡنَىٰ عَلَىٰ بَنِيٓ إِسۡرَٰٓءِيلَ بِمَا صَبَرُواْۖ وَدَمَّرۡنَا
مَا كَانَ يَصۡنَعُ فِرۡعَوۡنُ وَقَوۡمُهُۥ وَمَا كَانُواْ يَعۡرِشُونَ ١٣٧

وَجَٰوَزۡنَا بِبَنِيٓ إِسۡرَٰٓءِيلَ ٱلۡبَحۡرَ فَأَتَوۡاْ عَلَىٰ قَوۡمٖ يَعۡكُفُونَ
عَلَىٰٓ أَصۡنَامٖ لَّهُمۡۚ قَالُواْ يَٰمُوسَى ٱجۡعَل لَّنَآ إِلَٰهٗا كَمَا
لَهُمۡ ءَالِهَةٞۚ قَالَ إِنَّكُمۡ قَوۡمٞ تَجۡهَلُونَ ١٣٨ إِنَّ هَٰٓؤُلَآءِ مُتَبَّرٞ
مَّا هُمۡ فِيهِ وَبَٰطِلٞ مَّا كَانُواْ يَعۡمَلُونَ ١٣٩ قَالَ أَغَيۡرَ ٱللَّهِ
أَبۡغِيكُمۡ إِلَٰهٗا وَهُوَ فَضَّلَكُمۡ عَلَى ٱلۡعَٰلَمِينَ ١٤٠ وَإِذۡ أَنجَيۡنَٰكُم
مِّنۡ ءَالِ فِرۡعَوۡنَ يَسُومُونَكُمۡ سُوٓءَ ٱلۡعَذَابِ يُقَتِّلُونَ
أَبۡنَآءَكُمۡ وَيَسۡتَحۡيُونَ نِسَآءَكُمۡۚ وَفِي ذَٰلِكُم بَلَآءٞ
مِّن رَّبِّكُمۡ عَظِيمٞ ١٤١ ۞ وَوَٰعَدۡنَا مُوسَىٰ ثَلَٰثِينَ لَيۡلَةٗ
وَأَتۡمَمۡنَٰهَا بِعَشۡرٖ فَتَمَّ مِيقَٰتُ رَبِّهِۦٓ أَرۡبَعِينَ لَيۡلَةٗۚ وَقَالَ
مُوسَىٰ لِأَخِيهِ هَٰرُونَ ٱخۡلُفۡنِي فِي قَوۡمِي وَأَصۡلِحۡ وَلَا تَتَّبِعۡ
سَبِيلَ ٱلۡمُفۡسِدِينَ ١٤٢ وَلَمَّا جَآءَ مُوسَىٰ لِمِيقَٰتِنَا وَكَلَّمَهُۥ
رَبُّهُۥ قَالَ رَبِّ أَرِنِيٓ أَنظُرۡ إِلَيۡكَۚ قَالَ لَن تَرَىٰنِي وَلَٰكِنِ
ٱنظُرۡ إِلَى ٱلۡجَبَلِ فَإِنِ ٱسۡتَقَرَّ مَكَانَهُۥ فَسَوۡفَ تَرَىٰنِيۚ فَلَمَّا
تَجَلَّىٰ رَبُّهُۥ لِلۡجَبَلِ جَعَلَهُۥ دَكّٗا وَخَرَّ مُوسَىٰ صَعِقٗاۚ فَلَمَّآ
أَفَاقَ قَالَ سُبۡحَٰنَكَ تُبۡتُ إِلَيۡكَ وَأَنَا۠ أَوَّلُ ٱلۡمُؤۡمِنِينَ ١٤٣

نصف الحزب ١٧

قَالَ يَٰمُوسَىٰٓ إِنِّي ٱصۡطَفَيۡتُكَ عَلَى ٱلنَّاسِ بِرِسَٰلَٰتِي وَبِكَلَٰمِي
فَخُذۡ مَآ ءَاتَيۡتُكَ وَكُن مِّنَ ٱلشَّٰكِرِينَ ١٤٤ وَكَتَبۡنَا
لَهُۥ فِي ٱلۡأَلۡوَاحِ مِن كُلِّ شَيۡءٖ مَّوۡعِظَةٗ وَتَفۡصِيلٗا لِّكُلِّ
شَيۡءٖ فَخُذۡهَا بِقُوَّةٖ وَأۡمُرۡ قَوۡمَكَ يَأۡخُذُواْ بِأَحۡسَنِهَاۚ سَأُوْرِيكُمۡ
دَارَ ٱلۡفَٰسِقِينَ ١٤٥ سَأَصۡرِفُ عَنۡ ءَايَٰتِيَ ٱلَّذِينَ يَتَكَبَّرُونَ
فِي ٱلۡأَرۡضِ بِغَيۡرِ ٱلۡحَقِّ وَإِن يَرَوۡاْ كُلَّ ءَايَةٖ لَّا يُؤۡمِنُواْ بِهَا
وَإِن يَرَوۡاْ سَبِيلَ ٱلرُّشۡدِ لَا يَتَّخِذُوهُ سَبِيلٗا وَإِن يَرَوۡاْ سَبِيلَ
ٱلۡغَيِّ يَتَّخِذُوهُ سَبِيلٗاۚ ذَٰلِكَ بِأَنَّهُمۡ كَذَّبُواْ بِـَٔايَٰتِنَا
وَكَانُواْ عَنۡهَا غَٰفِلِينَ ١٤٦ وَٱلَّذِينَ كَذَّبُواْ بِـَٔايَٰتِنَا
وَلِقَآءِ ٱلۡأٓخِرَةِ حَبِطَتۡ أَعۡمَٰلُهُمۡۚ هَلۡ يُجۡزَوۡنَ إِلَّا مَا كَانُواْ
يَعۡمَلُونَ ١٤٧ وَٱتَّخَذَ قَوۡمُ مُوسَىٰ مِنۢ بَعۡدِهِۦ مِنۡ حُلِيِّهِمۡ
عِجۡلٗا جَسَدٗا لَّهُۥ خُوَارٌۚ أَلَمۡ يَرَوۡاْ أَنَّهُۥ لَا يُكَلِّمُهُمۡ
وَلَا يَهۡدِيهِمۡ سَبِيلًاۘ ٱتَّخَذُوهُ وَكَانُواْ ظَٰلِمِينَ ١٤٨
وَلَمَّا سُقِطَ فِيٓ أَيۡدِيهِمۡ وَرَأَوۡاْ أَنَّهُمۡ قَدۡ ضَلُّواْ قَالُواْ لَئِن
لَّمۡ يَرۡحَمۡنَا رَبُّنَا وَيَغۡفِرۡ لَنَا لَنَكُونَنَّ مِنَ ٱلۡخَٰسِرِينَ ١٤٩

وَلَمَّا رَجَعَ مُوسَىٰٓ إِلَىٰ قَوۡمِهِۦ غَضۡبَٰنَ أَسِفٗا قَالَ بِئۡسَمَا خَلَفۡتُمُونِي
مِنۢ بَعۡدِيٓۖ أَعَجِلۡتُمۡ أَمۡرَ رَبِّكُمۡۖ وَأَلۡقَى ٱلۡأَلۡوَاحَ وَأَخَذَ بِرَأۡسِ
أَخِيهِ يَجُرُّهُۥٓ إِلَيۡهِۚ قَالَ ٱبۡنَ أُمَّ إِنَّ ٱلۡقَوۡمَ ٱسۡتَضۡعَفُونِي وَكَادُواْ
يَقۡتُلُونَنِي فَلَا تُشۡمِتۡ بِيَ ٱلۡأَعۡدَآءَ وَلَا تَجۡعَلۡنِي مَعَ ٱلۡقَوۡمِ
ٱلظَّٰلِمِينَ ١٥٠ قَالَ رَبِّ ٱغۡفِرۡ لِي وَلِأَخِي وَأَدۡخِلۡنَا فِي رَحۡمَتِكَۖ
وَأَنتَ أَرۡحَمُ ٱلرَّٰحِمِينَ ١٥١ إِنَّ ٱلَّذِينَ ٱتَّخَذُواْ ٱلۡعِجۡلَ سَيَنَالُهُمۡ
غَضَبٞ مِّن رَّبِّهِمۡ وَذِلَّةٞ فِي ٱلۡحَيَوٰةِ ٱلدُّنۡيَاۚ وَكَذَٰلِكَ نَجۡزِي
ٱلۡمُفۡتَرِينَ ١٥٢ وَٱلَّذِينَ عَمِلُواْ ٱلسَّيِّـَٔاتِ ثُمَّ تَابُواْ مِنۢ
بَعۡدِهَا وَءَامَنُوٓاْ إِنَّ رَبَّكَ مِنۢ بَعۡدِهَا لَغَفُورٞ رَّحِيمٞ ١٥٣
وَلَمَّا سَكَتَ عَن مُّوسَى ٱلۡغَضَبُ أَخَذَ ٱلۡأَلۡوَاحَۖ وَفِي نُسۡخَتِهَا
هُدٗى وَرَحۡمَةٞ لِّلَّذِينَ هُمۡ لِرَبِّهِمۡ يَرۡهَبُونَ ١٥٤ وَٱخۡتَارَ مُوسَىٰ
قَوۡمَهُۥ سَبۡعِينَ رَجُلٗا لِّمِيقَٰتِنَاۖ فَلَمَّآ أَخَذَتۡهُمُ ٱلرَّجۡفَةُ قَالَ
رَبِّ لَوۡ شِئۡتَ أَهۡلَكۡتَهُم مِّن قَبۡلُ وَإِيَّٰيَۖ أَتُهۡلِكُنَا بِمَا فَعَلَ
ٱلسُّفَهَآءُ مِنَّآۖ إِنۡ هِيَ إِلَّا فِتۡنَتُكَ تُضِلُّ بِهَا مَن تَشَآءُ وَتَهۡدِي
مَن تَشَآءُۖ أَنتَ وَلِيُّنَا فَٱغۡفِرۡ لَنَا وَٱرۡحَمۡنَاۖ وَأَنتَ خَيۡرُ ٱلۡغَٰفِرِينَ ١٥٥

۞ وَٱكۡتُبۡ لَنَا فِي هَٰذِهِ ٱلدُّنۡيَا حَسَنَةٗ وَفِي ٱلۡأٓخِرَةِ
إِنَّا هُدۡنَآ إِلَيۡكَۚ قَالَ عَذَابِيٓ أُصِيبُ بِهِۦ مَنۡ أَشَآءُۖ وَرَحۡمَتِي
وَسِعَتۡ كُلَّ شَيۡءٖۚ فَسَأَكۡتُبُهَا لِلَّذِينَ يَتَّقُونَ وَيُؤۡتُونَ
ٱلزَّكَوٰةَ وَٱلَّذِينَ هُم بِـَٔايَٰتِنَا يُؤۡمِنُونَ ١٥٦ ٱلَّذِينَ يَتَّبِعُونَ
ٱلرَّسُولَ ٱلنَّبِيَّ ٱلۡأُمِّيَّ ٱلَّذِي يَجِدُونَهُۥ مَكۡتُوبًا عِندَهُمۡ
فِي ٱلتَّوۡرَىٰةِ وَٱلۡإِنجِيلِ يَأۡمُرُهُم بِٱلۡمَعۡرُوفِ وَيَنۡهَىٰهُمۡ
عَنِ ٱلۡمُنكَرِ وَيُحِلُّ لَهُمُ ٱلطَّيِّبَٰتِ وَيُحَرِّمُ عَلَيۡهِمُ
ٱلۡخَبَٰٓئِثَ وَيَضَعُ عَنۡهُمۡ إِصۡرَهُمۡ وَٱلۡأَغۡلَٰلَ ٱلَّتِي كَانَتۡ
عَلَيۡهِمۡۚ فَٱلَّذِينَ ءَامَنُواْ بِهِۦ وَعَزَّرُوهُ وَنَصَرُوهُ وَٱتَّبَعُواْ
ٱلنُّورَ ٱلَّذِيٓ أُنزِلَ مَعَهُۥٓ أُوْلَٰٓئِكَ هُمُ ٱلۡمُفۡلِحُونَ ١٥٧
قُلۡ يَٰٓأَيُّهَا ٱلنَّاسُ إِنِّي رَسُولُ ٱللَّهِ إِلَيۡكُمۡ جَمِيعًا ٱلَّذِي
لَهُۥ مُلۡكُ ٱلسَّمَٰوَٰتِ وَٱلۡأَرۡضِۖ لَآ إِلَٰهَ إِلَّا هُوَ يُحۡيِۦ وَيُمِيتُۖ
فَـَٔامِنُواْ بِٱللَّهِ وَرَسُولِهِ ٱلنَّبِيِّ ٱلۡأُمِّيِّ ٱلَّذِي يُؤۡمِنُ بِٱللَّهِ
وَكَلِمَٰتِهِۦ وَٱتَّبِعُوهُ لَعَلَّكُمۡ تَهۡتَدُونَ ١٥٨ وَمِن
قَوۡمِ مُوسَىٰٓ أُمَّةٞ يَهۡدُونَ بِٱلۡحَقِّ وَبِهِۦ يَعۡدِلُونَ ١٥٩

وَقَطَّعْنَٰهُمُ ٱثْنَتَىْ عَشْرَةَ أَسْبَاطًا أُمَمًا ۚ وَأَوْحَيْنَآ إِلَىٰ
مُوسَىٰٓ إِذِ ٱسْتَسْقَىٰهُ قَوْمُهُۥٓ أَنِ ٱضْرِب بِّعَصَاكَ ٱلْحَجَرَ ۖ
فَٱنۢبَجَسَتْ مِنْهُ ٱثْنَتَا عَشْرَةَ عَيْنًا ۖ قَدْ عَلِمَ كُلُّ أُنَاسٍ
مَّشْرَبَهُمْ ۚ وَظَلَّلْنَا عَلَيْهِمُ ٱلْغَمَٰمَ وَأَنزَلْنَا عَلَيْهِمُ
ٱلْمَنَّ وَٱلسَّلْوَىٰ ۖ كُلُوا۟ مِن طَيِّبَٰتِ مَا رَزَقْنَٰكُمْ ۚ وَمَا
ظَلَمُونَا وَلَٰكِن كَانُوٓا۟ أَنفُسَهُمْ يَظْلِمُونَ ١٦٠
وَإِذْ قِيلَ لَهُمُ ٱسْكُنُوا۟ هَٰذِهِ ٱلْقَرْيَةَ وَكُلُوا۟ مِنْهَا
حَيْثُ شِئْتُمْ وَقُولُوا۟ حِطَّةٌ وَٱدْخُلُوا۟ ٱلْبَابَ سُجَّدًا
نَّغْفِرْ لَكُمْ خَطِيٓـَٰٔتِكُمْ ۚ سَنَزِيدُ ٱلْمُحْسِنِينَ
١٦١ فَبَدَّلَ ٱلَّذِينَ ظَلَمُوا۟ مِنْهُمْ قَوْلًا غَيْرَ ٱلَّذِى قِيلَ
لَهُمْ فَأَرْسَلْنَا عَلَيْهِمْ رِجْزًا مِّنَ ٱلسَّمَآءِ بِمَا كَانُوا۟
يَظْلِمُونَ ١٦٢ وَسْـَٔلْهُمْ عَنِ ٱلْقَرْيَةِ ٱلَّتِى كَانَتْ
حَاضِرَةَ ٱلْبَحْرِ إِذْ يَعْدُونَ فِى ٱلسَّبْتِ إِذْ تَأْتِيهِمْ
حِيتَانُهُمْ يَوْمَ سَبْتِهِمْ شُرَّعًا وَيَوْمَ لَا يَسْبِتُونَ ۙ لَا تَأْتِيهِمْ ۚ
كَذَٰلِكَ نَبْلُوهُم بِمَا كَانُوا۟ يَفْسُقُونَ ١٦٣

وَإِذۡ قَالَتۡ أُمَّةٞ مِّنۡهُمۡ لِمَ تَعِظُونَ قَوۡمًا ٱللَّهُ مُهۡلِكُهُمۡ أَوۡ مُعَذِّبُهُمۡ
عَذَابٗا شَدِيدٗاۖ قَالُواْ مَعۡذِرَةً إِلَىٰ رَبِّكُمۡ وَلَعَلَّهُمۡ يَتَّقُونَ ١٦٤
فَلَمَّا نَسُواْ مَا ذُكِّرُواْ بِهِۦٓ أَنجَيۡنَا ٱلَّذِينَ يَنۡهَوۡنَ عَنِ ٱلسُّوٓءِ
وَأَخَذۡنَا ٱلَّذِينَ ظَلَمُواْ بِعَذَابِۭ بَـِٔيسِۭ بِمَا كَانُواْ يَفۡسُقُونَ ١٦٥
فَلَمَّا عَتَوۡاْ عَن مَّا نُهُواْ عَنۡهُ قُلۡنَا لَهُمۡ كُونُواْ قِرَدَةً خَٰسِـِٔينَ ١٦٦
وَإِذۡ تَأَذَّنَ رَبُّكَ لَيَبۡعَثَنَّ عَلَيۡهِمۡ إِلَىٰ يَوۡمِ ٱلۡقِيَٰمَةِ مَن يَسُومُهُمۡ
سُوٓءَ ٱلۡعَذَابِۗ إِنَّ رَبَّكَ لَسَرِيعُ ٱلۡعِقَابِ وَإِنَّهُۥ لَغَفُورٞ رَّحِيمٞ
١٦٧ وَقَطَّعۡنَٰهُمۡ فِي ٱلۡأَرۡضِ أُمَمٗاۖ مِّنۡهُمُ ٱلصَّٰلِحُونَ وَمِنۡهُمۡ
دُونَ ذَٰلِكَۖ وَبَلَوۡنَٰهُم بِٱلۡحَسَنَٰتِ وَٱلسَّيِّـَٔاتِ لَعَلَّهُمۡ
يَرۡجِعُونَ ١٦٨ فَخَلَفَ مِنۢ بَعۡدِهِمۡ خَلۡفٞ وَرِثُواْ ٱلۡكِتَٰبَ
يَأۡخُذُونَ عَرَضَ هَٰذَا ٱلۡأَدۡنَىٰ وَيَقُولُونَ سَيُغۡفَرُ لَنَا وَإِن
يَأۡتِهِمۡ عَرَضٞ مِّثۡلُهُۥ يَأۡخُذُوهُۚ أَلَمۡ يُؤۡخَذۡ عَلَيۡهِم مِّيثَٰقُ ٱلۡكِتَٰبِ
أَن لَّا يَقُولُواْ عَلَى ٱللَّهِ إِلَّا ٱلۡحَقَّ وَدَرَسُواْ مَا فِيهِۗ وَٱلدَّارُ ٱلۡأٓخِرَةُ
خَيۡرٞ لِّلَّذِينَ يَتَّقُونَۚ أَفَلَا تَعۡقِلُونَ ١٦٩ وَٱلَّذِينَ يُمَسِّكُونَ
بِٱلۡكِتَٰبِ وَأَقَامُواْ ٱلصَّلَوٰةَ إِنَّا لَا نُضِيعُ أَجۡرَ ٱلۡمُصۡلِحِينَ ١٧٠

الحِزۡبُ ١٨

۞ وَإِذۡ نَتَقۡنَا ٱلۡجَبَلَ فَوۡقَهُمۡ كَأَنَّهُۥ ظُلَّةٞ وَظَنُّوٓاْ أَنَّهُۥ وَاقِعُۢ بِهِمۡ
خُذُواْ مَآ ءَاتَيۡنَٰكُم بِقُوَّةٖ وَٱذۡكُرُواْ مَا فِيهِ لَعَلَّكُمۡ تَتَّقُونَ ١٧١
وَإِذۡ أَخَذَ رَبُّكَ مِنۢ بَنِيٓ ءَادَمَ مِن ظُهُورِهِمۡ ذُرِّيَّتَهُمۡ وَأَشۡهَدَهُمۡ
عَلَىٰٓ أَنفُسِهِمۡ أَلَسۡتُ بِرَبِّكُمۡۖ قَالُواْ بَلَىٰ شَهِدۡنَآۚ أَن تَقُولُواْ يَوۡمَ
ٱلۡقِيَٰمَةِ إِنَّا كُنَّا عَنۡ هَٰذَا غَٰفِلِينَ ١٧٢ أَوۡ تَقُولُوٓاْ إِنَّمَآ أَشۡرَكَ
ءَابَآؤُنَا مِن قَبۡلُ وَكُنَّا ذُرِّيَّةٗ مِّنۢ بَعۡدِهِمۡۖ أَفَتُهۡلِكُنَا
بِمَا فَعَلَ ٱلۡمُبۡطِلُونَ ١٧٣ وَكَذَٰلِكَ نُفَصِّلُ ٱلۡأٓيَٰتِ وَلَعَلَّهُمۡ
يَرۡجِعُونَ ١٧٤ وَٱتۡلُ عَلَيۡهِمۡ نَبَأَ ٱلَّذِيٓ ءَاتَيۡنَٰهُ ءَايَٰتِنَا فَٱنسَلَخَ
مِنۡهَا فَأَتۡبَعَهُ ٱلشَّيۡطَٰنُ فَكَانَ مِنَ ٱلۡغَاوِينَ ١٧٥ وَلَوۡ شِئۡنَا
لَرَفَعۡنَٰهُ بِهَا وَلَٰكِنَّهُۥٓ أَخۡلَدَ إِلَى ٱلۡأَرۡضِ وَٱتَّبَعَ هَوَىٰهُۚ فَمَثَلُهُۥ
كَمَثَلِ ٱلۡكَلۡبِ إِن تَحۡمِلۡ عَلَيۡهِ يَلۡهَثۡ أَوۡ تَتۡرُكۡهُ
يَلۡهَثۚ ذَّٰلِكَ مَثَلُ ٱلۡقَوۡمِ ٱلَّذِينَ كَذَّبُواْ بِـَٔايَٰتِنَاۚ فَٱقۡصُصِ
ٱلۡقَصَصَ لَعَلَّهُمۡ يَتَفَكَّرُونَ ١٧٦ سَآءَ مَثَلًا ٱلۡقَوۡمُ ٱلَّذِينَ
كَذَّبُواْ بِـَٔايَٰتِنَا وَأَنفُسَهُمۡ كَانُواْ يَظۡلِمُونَ ١٧٧ مَن يَهۡدِ ٱللَّهُ
فَهُوَ ٱلۡمُهۡتَدِيۖ وَمَن يُضۡلِلۡ فَأُوْلَٰٓئِكَ هُمُ ٱلۡخَٰسِرُونَ ١٧٨

وَلَقَدۡ ذَرَأۡنَا لِجَهَنَّمَ كَثِيرٗا مِّنَ ٱلۡجِنِّ وَٱلۡإِنسِۖ لَهُمۡ قُلُوبٞ لَّا يَفۡقَهُونَ
بِهَا وَلَهُمۡ أَعۡيُنٞ لَّا يُبۡصِرُونَ بِهَا وَلَهُمۡ ءَاذَانٞ لَّا يَسۡمَعُونَ بِهَآۚ
أُوْلَٰٓئِكَ كَٱلۡأَنۡعَٰمِ بَلۡ هُمۡ أَضَلُّۚ أُوْلَٰٓئِكَ هُمُ ٱلۡغَٰفِلُونَ ١٧٩ وَلِلَّهِ
ٱلۡأَسۡمَآءُ ٱلۡحُسۡنَىٰ فَٱدۡعُوهُ بِهَاۖ وَذَرُواْ ٱلَّذِينَ يُلۡحِدُونَ فِيٓ أَسۡمَٰٓئِهِۦۚ
سَيُجۡزَوۡنَ مَا كَانُواْ يَعۡمَلُونَ ١٨٠ وَمِمَّنۡ خَلَقۡنَآ أُمَّةٞ يَهۡدُونَ بِٱلۡحَقِّ
وَبِهِۦ يَعۡدِلُونَ ١٨١ وَٱلَّذِينَ كَذَّبُواْ بِـَٔايَٰتِنَا سَنَسۡتَدۡرِجُهُم
مِّنۡ حَيۡثُ لَا يَعۡلَمُونَ ١٨٢ وَأُمۡلِي لَهُمۡۚ إِنَّ كَيۡدِي مَتِينٌ ١٨٣ أَوَلَمۡ
يَتَفَكَّرُواْۗ مَا بِصَاحِبِهِم مِّن جِنَّةٍۚ إِنۡ هُوَ إِلَّا نَذِيرٞ مُّبِينٌ ١٨٤
أَوَلَمۡ يَنظُرُواْ فِي مَلَكُوتِ ٱلسَّمَٰوَٰتِ وَٱلۡأَرۡضِ وَمَا خَلَقَ ٱللَّهُ
مِن شَيۡءٖ وَأَنۡ عَسَىٰٓ أَن يَكُونَ قَدِ ٱقۡتَرَبَ أَجَلُهُمۡۖ فَبِأَيِّ حَدِيثِۭ
بَعۡدَهُۥ يُؤۡمِنُونَ ١٨٥ مَن يُضۡلِلِ ٱللَّهُ فَلَا هَادِيَ لَهُۥۚ وَيَذَرُهُمۡ
فِي طُغۡيَٰنِهِمۡ يَعۡمَهُونَ ١٨٦ يَسۡـَٔلُونَكَ عَنِ ٱلسَّاعَةِ أَيَّانَ مُرۡسَىٰهَاۖ
قُلۡ إِنَّمَا عِلۡمُهَا عِندَ رَبِّيۖ لَا يُجَلِّيهَا لِوَقۡتِهَآ إِلَّا هُوَۚ ثَقُلَتۡ فِي
ٱلسَّمَٰوَٰتِ وَٱلۡأَرۡضِۚ لَا تَأۡتِيكُمۡ إِلَّا بَغۡتَةٗۗ يَسۡـَٔلُونَكَ كَأَنَّكَ حَفِيٌّ عَنۡهَاۖ
قُلۡ إِنَّمَا عِلۡمُهَا عِندَ ٱللَّهِ وَلَٰكِنَّ أَكۡثَرَ ٱلنَّاسِ لَا يَعۡلَمُونَ ١٨٧

قُل لَّآ أَمۡلِكُ لِنَفۡسِي نَفۡعٗا وَلَا ضَرًّا إِلَّا مَا شَآءَ ٱللَّهُۚ وَلَوۡ كُنتُ
أَعۡلَمُ ٱلۡغَيۡبَ لَٱسۡتَكۡثَرۡتُ مِنَ ٱلۡخَيۡرِ وَمَا مَسَّنِيَ ٱلسُّوٓءُۚ
إِنۡ أَنَا۠ إِلَّا نَذِيرٞ وَبَشِيرٞ لِّقَوۡمٖ يُؤۡمِنُونَ ١٨٨ ۞ هُوَ ٱلَّذِي خَلَقَكُم ربع الحزب ١٨
مِّن نَّفۡسٖ وَٰحِدَةٖ وَجَعَلَ مِنۡهَا زَوۡجَهَا لِيَسۡكُنَ إِلَيۡهَاۖ فَلَمَّا
تَغَشَّىٰهَا حَمَلَتۡ حَمۡلًا خَفِيفٗا فَمَرَّتۡ بِهِۦۖ فَلَمَّآ أَثۡقَلَت دَّعَوَا
ٱللَّهَ رَبَّهُمَا لَئِنۡ ءَاتَيۡتَنَا صَٰلِحٗا لَّنَكُونَنَّ مِنَ ٱلشَّٰكِرِينَ ١٨٩
فَلَمَّآ ءَاتَىٰهُمَا صَٰلِحٗا جَعَلَا لَهُۥ شُرَكَآءَ فِيمَآ ءَاتَىٰهُمَاۚ فَتَعَٰلَى
ٱللَّهُ عَمَّا يُشۡرِكُونَ ١٩٠ أَيُشۡرِكُونَ مَا لَا يَخۡلُقُ شَيۡـٔٗا وَهُمۡ يُخۡلَقُونَ
١٩١ وَلَا يَسۡتَطِيعُونَ لَهُمۡ نَصۡرٗا وَلَآ أَنفُسَهُمۡ يَنصُرُونَ ١٩٢
وَإِن تَدۡعُوهُمۡ إِلَى ٱلۡهُدَىٰ لَا يَتَّبِعُوكُمۡۚ سَوَآءٌ عَلَيۡكُمۡ أَدَعَوۡتُمُوهُمۡ
أَمۡ أَنتُمۡ صَٰمِتُونَ ١٩٣ إِنَّ ٱلَّذِينَ تَدۡعُونَ مِن دُونِ ٱللَّهِ عِبَادٌ
أَمۡثَالُكُمۡۖ فَٱدۡعُوهُمۡ فَلۡيَسۡتَجِيبُواْ لَكُمۡ إِن كُنتُمۡ
صَٰدِقِينَ ١٩٤ أَلَهُمۡ أَرۡجُلٞ يَمۡشُونَ بِهَآۖ أَمۡ لَهُمۡ أَيۡدٖ يَبۡطِشُونَ
بِهَآۖ أَمۡ لَهُمۡ أَعۡيُنٞ يُبۡصِرُونَ بِهَآۖ أَمۡ لَهُمۡ ءَاذَانٞ يَسۡمَعُونَ
بِهَاۗ قُلِ ٱدۡعُواْ شُرَكَآءَكُمۡ ثُمَّ كِيدُونِ فَلَا تُنظِرُونِ ١٩٥

إِنَّ وَلِـِّۧيَ ٱللَّهُ ٱلَّذِي نَزَّلَ ٱلۡكِتَٰبَۖ وَهُوَ يَتَوَلَّى ٱلصَّٰلِحِينَ
١٩٦ وَٱلَّذِينَ تَدۡعُونَ مِن دُونِهِۦ لَا يَسۡتَطِيعُونَ نَصۡرَكُمۡ
وَلَآ أَنفُسَهُمۡ يَنصُرُونَ ١٩٧ وَإِن تَدۡعُوهُمۡ إِلَى ٱلۡهُدَىٰ لَا يَسۡمَعُواْۖ
وَتَرَىٰهُمۡ يَنظُرُونَ إِلَيۡكَ وَهُمۡ لَا يُبۡصِرُونَ ١٩٨ خُذِ ٱلۡعَفۡوَ
وَأۡمُرۡ بِٱلۡعُرۡفِ وَأَعۡرِضۡ عَنِ ٱلۡجَٰهِلِينَ ١٩٩ وَإِمَّا يَنزَغَنَّكَ
مِنَ ٱلشَّيۡطَٰنِ نَزۡغٞ فَٱسۡتَعِذۡ بِٱللَّهِۚ إِنَّهُۥ سَمِيعٌ عَلِيمٌ ٢٠٠ إِنَّ
ٱلَّذِينَ ٱتَّقَوۡاْ إِذَا مَسَّهُمۡ طَٰٓئِفٞ مِّنَ ٱلشَّيۡطَٰنِ تَذَكَّرُواْ
فَإِذَا هُم مُّبۡصِرُونَ ٢٠١ وَإِخۡوَٰنُهُمۡ يَمُدُّونَهُمۡ فِي ٱلۡغَيِّ ثُمَّ
لَا يُقۡصِرُونَ ٢٠٢ وَإِذَا لَمۡ تَأۡتِهِم بِـَٔايَةٖ قَالُواْ لَوۡلَا ٱجۡتَبَيۡتَهَاۚ
قُلۡ إِنَّمَآ أَتَّبِعُ مَا يُوحَىٰٓ إِلَيَّ مِن رَّبِّيۚ هَٰذَا بَصَآئِرُ مِن رَّبِّكُمۡ
وَهُدٗى وَرَحۡمَةٞ لِّقَوۡمٖ يُؤۡمِنُونَ ٢٠٣ وَإِذَا قُرِئَ ٱلۡقُرۡءَانُ
فَٱسۡتَمِعُواْ لَهُۥ وَأَنصِتُواْ لَعَلَّكُمۡ تُرۡحَمُونَ ٢٠٤ وَٱذۡكُر رَّبَّكَ
فِي نَفۡسِكَ تَضَرُّعٗا وَخِيفَةٗ وَدُونَ ٱلۡجَهۡرِ مِنَ ٱلۡقَوۡلِ بِٱلۡغُدُوِّ
وَٱلۡأٓصَالِ وَلَا تَكُن مِّنَ ٱلۡغَٰفِلِينَ ٢٠٥ إِنَّ ٱلَّذِينَ عِندَ رَبِّكَ
لَا يَسۡتَكۡبِرُونَ عَنۡ عِبَادَتِهِۦ وَيُسَبِّحُونَهُۥ وَلَهُۥ يَسۡجُدُونَ ۩ ٢٠٦ سجدة

نصف الحزب ١٨

سُورَةُ الأَنفَالِ

بِسْمِ ٱللَّهِ ٱلرَّحْمَٰنِ ٱلرَّحِيمِ

يَسْـَٔلُونَكَ عَنِ ٱلْأَنفَالِ ۖ قُلِ ٱلْأَنفَالُ لِلَّهِ وَٱلرَّسُولِ ۖ فَٱتَّقُوا۟ ٱللَّهَ
وَأَصْلِحُوا۟ ذَاتَ بَيْنِكُمْ ۖ وَأَطِيعُوا۟ ٱللَّهَ وَرَسُولَهُۥٓ إِن كُنتُم
مُّؤْمِنِينَ ﴿١﴾ إِنَّمَا ٱلْمُؤْمِنُونَ ٱلَّذِينَ إِذَا ذُكِرَ ٱللَّهُ وَجِلَتْ
قُلُوبُهُمْ وَإِذَا تُلِيَتْ عَلَيْهِمْ ءَايَٰتُهُۥ زَادَتْهُمْ إِيمَٰنًا وَعَلَىٰ رَبِّهِمْ
يَتَوَكَّلُونَ ﴿٢﴾ ٱلَّذِينَ يُقِيمُونَ ٱلصَّلَوٰةَ وَمِمَّا رَزَقْنَٰهُمْ
يُنفِقُونَ ﴿٣﴾ أُو۟لَٰٓئِكَ هُمُ ٱلْمُؤْمِنُونَ حَقًّا ۚ لَّهُمْ دَرَجَٰتٌ عِندَ
رَبِّهِمْ وَمَغْفِرَةٌ وَرِزْقٌ كَرِيمٌ ﴿٤﴾ كَمَآ أَخْرَجَكَ رَبُّكَ
مِنۢ بَيْتِكَ بِٱلْحَقِّ وَإِنَّ فَرِيقًا مِّنَ ٱلْمُؤْمِنِينَ لَكَٰرِهُونَ ﴿٥﴾
يُجَٰدِلُونَكَ فِى ٱلْحَقِّ بَعْدَمَا تَبَيَّنَ كَأَنَّمَا يُسَاقُونَ إِلَى ٱلْمَوْتِ
وَهُمْ يَنظُرُونَ ﴿٦﴾ وَإِذْ يَعِدُكُمُ ٱللَّهُ إِحْدَى ٱلطَّآئِفَتَيْنِ أَنَّهَا
لَكُمْ وَتَوَدُّونَ أَنَّ غَيْرَ ذَاتِ ٱلشَّوْكَةِ تَكُونُ لَكُمْ وَيُرِيدُ
ٱللَّهُ أَن يُحِقَّ ٱلْحَقَّ بِكَلِمَٰتِهِۦ وَيَقْطَعَ دَابِرَ ٱلْكَٰفِرِينَ ﴿٧﴾
لِيُحِقَّ ٱلْحَقَّ وَيُبْطِلَ ٱلْبَٰطِلَ وَلَوْ كَرِهَ ٱلْمُجْرِمُونَ ﴿٨﴾

إِذۡ تَسۡتَغِيثُونَ رَبَّكُمۡ فَٱسۡتَجَابَ لَكُمۡ أَنِّي مُمِدُّكُم بِأَلۡفٖ
مِّنَ ٱلۡمَلَٰٓئِكَةِ مُرۡدِفِينَ ٩ وَمَا جَعَلَهُ ٱللَّهُ إِلَّا بُشۡرَىٰ
وَلِتَطۡمَئِنَّ بِهِۦ قُلُوبُكُمۡۚ وَمَا ٱلنَّصۡرُ إِلَّا مِنۡ عِندِ ٱللَّهِۚ إِنَّ ٱللَّهَ
عَزِيزٌ حَكِيمٌ ١٠ إِذۡ يُغَشِّيكُمُ ٱلنُّعَاسَ أَمَنَةٗ مِّنۡهُ وَيُنَزِّلُ
عَلَيۡكُم مِّنَ ٱلسَّمَآءِ مَآءٗ لِّيُطَهِّرَكُم بِهِۦ وَيُذۡهِبَ عَنكُمۡ
رِجۡزَ ٱلشَّيۡطَٰنِ وَلِيَرۡبِطَ عَلَىٰ قُلُوبِكُمۡ وَيُثَبِّتَ بِهِ ٱلۡأَقۡدَامَ
١١ إِذۡ يُوحِي رَبُّكَ إِلَى ٱلۡمَلَٰٓئِكَةِ أَنِّي مَعَكُمۡ فَثَبِّتُواْ ٱلَّذِينَ
ءَامَنُواْۚ سَأُلۡقِي فِي قُلُوبِ ٱلَّذِينَ كَفَرُواْ ٱلرُّعۡبَ فَٱضۡرِبُواْ
فَوۡقَ ٱلۡأَعۡنَاقِ وَٱضۡرِبُواْ مِنۡهُمۡ كُلَّ بَنَانٖ ١٢ ذَٰلِكَ بِأَنَّهُمۡ
شَآقُّواْ ٱللَّهَ وَرَسُولَهُۥۚ وَمَن يُشَاقِقِ ٱللَّهَ وَرَسُولَهُۥ فَإِنَّ ٱللَّهَ
شَدِيدُ ٱلۡعِقَابِ ١٣ ذَٰلِكُمۡ فَذُوقُوهُ وَأَنَّ لِلۡكَٰفِرِينَ
عَذَابَ ٱلنَّارِ ١٤ يَٰٓأَيُّهَا ٱلَّذِينَ ءَامَنُوٓاْ إِذَا لَقِيتُمُ ٱلَّذِينَ
كَفَرُواْ زَحۡفٗا فَلَا تُوَلُّوهُمُ ٱلۡأَدۡبَارَ ١٥ وَمَن يُوَلِّهِمۡ يَوۡمَئِذٖ
دُبُرَهُۥٓ إِلَّا مُتَحَرِّفٗا لِّقِتَالٍ أَوۡ مُتَحَيِّزًا إِلَىٰ فِئَةٖ فَقَدۡ بَآءَ
بِغَضَبٖ مِّنَ ٱللَّهِ وَمَأۡوَىٰهُ جَهَنَّمُۖ وَبِئۡسَ ٱلۡمَصِيرُ ١٦

فَلَمۡ تَقۡتُلُوهُمۡ وَلَٰكِنَّ ٱللَّهَ قَتَلَهُمۡۚ وَمَا رَمَيۡتَ إِذۡ رَمَيۡتَ
وَلَٰكِنَّ ٱللَّهَ رَمَىٰ وَلِيُبۡلِيَ ٱلۡمُؤۡمِنِينَ مِنۡهُ بَلَآءً حَسَنًاۚ
إِنَّ ٱللَّهَ سَمِيعٌ عَلِيمٞ ١٧ ذَٰلِكُمۡ وَأَنَّ ٱللَّهَ مُوهِنُ كَيۡدِ
ٱلۡكَٰفِرِينَ ١٨ إِن تَسۡتَفۡتِحُواْ فَقَدۡ جَآءَكُمُ ٱلۡفَتۡحُۖ وَإِن
تَنتَهُواْ فَهُوَ خَيۡرٞ لَّكُمۡۖ وَإِن تَعُودُواْ نَعُدۡ وَلَن تُغۡنِيَ عَنكُمۡ
فِئَتُكُمۡ شَيۡـٔٗا وَلَوۡ كَثُرَتۡ وَأَنَّ ٱللَّهَ مَعَ ٱلۡمُؤۡمِنِينَ ١٩
يَٰٓأَيُّهَا ٱلَّذِينَ ءَامَنُوٓاْ أَطِيعُواْ ٱللَّهَ وَرَسُولَهُۥ وَلَا تَوَلَّوۡاْ عَنۡهُ
وَأَنتُمۡ تَسۡمَعُونَ ٢٠ وَلَا تَكُونُواْ كَٱلَّذِينَ قَالُواْ سَمِعۡنَا وَهُمۡ
لَا يَسۡمَعُونَ ٢١ ۞ إِنَّ شَرَّ ٱلدَّوَآبِّ عِندَ ٱللَّهِ ٱلصُّمُّ ٱلۡبُكۡمُ
ٱلَّذِينَ لَا يَعۡقِلُونَ ٢٢ وَلَوۡ عَلِمَ ٱللَّهُ فِيهِمۡ خَيۡرٗا لَّأَسۡمَعَهُمۡۖ
وَلَوۡ أَسۡمَعَهُمۡ لَتَوَلَّواْ وَّهُم مُّعۡرِضُونَ ٢٣ يَٰٓأَيُّهَا ٱلَّذِينَ
ءَامَنُواْ ٱسۡتَجِيبُواْ لِلَّهِ وَلِلرَّسُولِ إِذَا دَعَاكُمۡ لِمَا يُحۡيِيكُمۡۖ
وَٱعۡلَمُوٓاْ أَنَّ ٱللَّهَ يَحُولُ بَيۡنَ ٱلۡمَرۡءِ وَقَلۡبِهِۦ وَأَنَّهُۥٓ إِلَيۡهِ
تُحۡشَرُونَ ٢٤ وَٱتَّقُواْ فِتۡنَةٗ لَّا تُصِيبَنَّ ٱلَّذِينَ ظَلَمُواْ
مِنكُمۡ خَآصَّةٗۖ وَٱعۡلَمُوٓاْ أَنَّ ٱللَّهَ شَدِيدُ ٱلۡعِقَابِ ٢٥

ثلاثة أرباع الحزب ١٨

وَٱذۡكُرُوٓاْ إِذۡ أَنتُمۡ قَلِيلٞ مُّسۡتَضۡعَفُونَ فِي ٱلۡأَرۡضِ تَخَافُونَ
أَن يَتَخَطَّفَكُمُ ٱلنَّاسُ فَـَٔاوَىٰكُمۡ وَأَيَّدَكُم بِنَصۡرِهِۦ وَرَزَقَكُم
مِّنَ ٱلطَّيِّبَٰتِ لَعَلَّكُمۡ تَشۡكُرُونَ ٢٦ يَٰٓأَيُّهَا ٱلَّذِينَ ءَامَنُواْ
لَا تَخُونُواْ ٱللَّهَ وَٱلرَّسُولَ وَتَخُونُوٓاْ أَمَٰنَٰتِكُمۡ وَأَنتُمۡ تَعۡلَمُونَ
٢٧ وَٱعۡلَمُوٓاْ أَنَّمَآ أَمۡوَٰلُكُمۡ وَأَوۡلَٰدُكُمۡ فِتۡنَةٞ وَأَنَّ ٱللَّهَ
عِندَهُۥٓ أَجۡرٌ عَظِيمٞ ٢٨ يَٰٓأَيُّهَا ٱلَّذِينَ ءَامَنُوٓاْ إِن تَتَّقُواْ
ٱللَّهَ يَجۡعَل لَّكُمۡ فُرۡقَانٗا وَيُكَفِّرۡ عَنكُمۡ سَيِّـَٔاتِكُمۡ
وَيَغۡفِرۡ لَكُمۡۗ وَٱللَّهُ ذُو ٱلۡفَضۡلِ ٱلۡعَظِيمِ ٢٩ وَإِذۡ يَمۡكُرُ بِكَ
ٱلَّذِينَ كَفَرُواْ لِيُثۡبِتُوكَ أَوۡ يَقۡتُلُوكَ أَوۡ يُخۡرِجُوكَۚ وَيَمۡكُرُونَ
وَيَمۡكُرُ ٱللَّهُۖ وَٱللَّهُ خَيۡرُ ٱلۡمَٰكِرِينَ ٣٠ وَإِذَا تُتۡلَىٰ عَلَيۡهِمۡ
ءَايَٰتُنَا قَالُواْ قَدۡ سَمِعۡنَا لَوۡ نَشَآءُ لَقُلۡنَا مِثۡلَ هَٰذَآ إِنۡ هَٰذَآ
إِلَّآ أَسَٰطِيرُ ٱلۡأَوَّلِينَ ٣١ وَإِذۡ قَالُواْ ٱللَّهُمَّ إِن كَانَ هَٰذَا
هُوَ ٱلۡحَقَّ مِنۡ عِندِكَ فَأَمۡطِرۡ عَلَيۡنَا حِجَارَةٗ مِّنَ ٱلسَّمَآءِ
أَوِ ٱئۡتِنَا بِعَذَابٍ أَلِيمٖ ٣٢ وَمَا كَانَ ٱللَّهُ لِيُعَذِّبَهُمۡ وَأَنتَ
فِيهِمۡۚ وَمَا كَانَ ٱللَّهُ مُعَذِّبَهُمۡ وَهُمۡ يَسۡتَغۡفِرُونَ ٣٣

وَمَا لَهُمۡ أَلَّا يُعَذِّبَهُمُ ٱللَّهُ وَهُمۡ يَصُدُّونَ عَنِ ٱلۡمَسۡجِدِ
ٱلۡحَرَامِ وَمَا كَانُوٓاْ أَوۡلِيَآءَهُۥٓۚ إِنۡ أَوۡلِيَآؤُهُۥٓ إِلَّا ٱلۡمُتَّقُونَ
وَلَٰكِنَّ أَكۡثَرَهُمۡ لَا يَعۡلَمُونَ ٣٤ وَمَا كَانَ صَلَاتُهُمۡ
عِندَ ٱلۡبَيۡتِ إِلَّا مُكَآءٗ وَتَصۡدِيَةٗۚ فَذُوقُواْ ٱلۡعَذَابَ
بِمَا كُنتُمۡ تَكۡفُرُونَ ٣٥ إِنَّ ٱلَّذِينَ كَفَرُواْ يُنفِقُونَ
أَمۡوَٰلَهُمۡ لِيَصُدُّواْ عَن سَبِيلِ ٱللَّهِۚ فَسَيُنفِقُونَهَا ثُمَّ تَكُونُ
عَلَيۡهِمۡ حَسۡرَةٗ ثُمَّ يُغۡلَبُونَۗ وَٱلَّذِينَ كَفَرُوٓاْ إِلَىٰ جَهَنَّمَ
يُحۡشَرُونَ ٣٦ لِيَمِيزَ ٱللَّهُ ٱلۡخَبِيثَ مِنَ ٱلطَّيِّبِ وَيَجۡعَلَ
ٱلۡخَبِيثَ بَعۡضَهُۥ عَلَىٰ بَعۡضٖ فَيَرۡكُمَهُۥ جَمِيعٗا فَيَجۡعَلَهُۥ
فِي جَهَنَّمَۚ أُوْلَٰٓئِكَ هُمُ ٱلۡخَٰسِرُونَ ٣٧ قُل لِّلَّذِينَ
كَفَرُوٓاْ إِن يَنتَهُواْ يُغۡفَرۡ لَهُم مَّا قَدۡ سَلَفَ وَإِن يَعُودُواْ
فَقَدۡ مَضَتۡ سُنَّتُ ٱلۡأَوَّلِينَ ٣٨ وَقَٰتِلُوهُمۡ حَتَّىٰ
لَا تَكُونَ فِتۡنَةٞ وَيَكُونَ ٱلدِّينُ كُلُّهُۥ لِلَّهِۚ فَإِنِ
ٱنتَهَوۡاْ فَإِنَّ ٱللَّهَ بِمَا يَعۡمَلُونَ بَصِيرٞ ٣٩ وَإِن تَوَلَّوۡاْ
فَٱعۡلَمُوٓاْ أَنَّ ٱللَّهَ مَوۡلَىٰكُمۡۚ نِعۡمَ ٱلۡمَوۡلَىٰ وَنِعۡمَ ٱلنَّصِيرُ ٤٠

۞ وَٱعۡلَمُوٓاْ أَنَّمَا غَنِمۡتُم مِّن شَيۡءٖ فَأَنَّ لِلَّهِ خُمُسَهُۥ وَلِلرَّسُولِ
وَلِذِي ٱلۡقُرۡبَىٰ وَٱلۡيَتَٰمَىٰ وَٱلۡمَسَٰكِينِ وَٱبۡنِ ٱلسَّبِيلِ إِن
كُنتُمۡ ءَامَنتُم بِٱللَّهِ وَمَآ أَنزَلۡنَا عَلَىٰ عَبۡدِنَا يَوۡمَ ٱلۡفُرۡقَانِ
يَوۡمَ ٱلۡتَقَى ٱلۡجَمۡعَانِۗ وَٱللَّهُ عَلَىٰ كُلِّ شَيۡءٖ قَدِيرٌ ٤١ إِذۡ
أَنتُم بِٱلۡعُدۡوَةِ ٱلدُّنۡيَا وَهُم بِٱلۡعُدۡوَةِ ٱلۡقُصۡوَىٰ وَٱلرَّكۡبُ
أَسۡفَلَ مِنكُمۡۚ وَلَوۡ تَوَاعَدتُّمۡ لَٱخۡتَلَفۡتُمۡ فِي ٱلۡمِيعَٰدِ
وَلَٰكِن لِّيَقۡضِيَ ٱللَّهُ أَمۡرٗا كَانَ مَفۡعُولٗا لِّيَهۡلِكَ مَنۡ
هَلَكَ عَنۢ بَيِّنَةٖ وَيَحۡيَىٰ مَنۡ حَيَّ عَنۢ بَيِّنَةٖۗ وَإِنَّ ٱللَّهَ
لَسَمِيعٌ عَلِيمٌ ٤٢ إِذۡ يُرِيكَهُمُ ٱللَّهُ فِي مَنَامِكَ قَلِيلٗاۖ
وَلَوۡ أَرَىٰكَهُمۡ كَثِيرٗا لَّفَشِلۡتُمۡ وَلَتَنَٰزَعۡتُمۡ فِي ٱلۡأَمۡرِ
وَلَٰكِنَّ ٱللَّهَ سَلَّمَۚ إِنَّهُۥ عَلِيمُۢ بِذَاتِ ٱلصُّدُورِ ٤٣ وَإِذۡ
يُرِيكُمُوهُمۡ إِذِ ٱلۡتَقَيۡتُمۡ فِيٓ أَعۡيُنِكُمۡ قَلِيلٗا وَيُقَلِّلُكُمۡ
فِيٓ أَعۡيُنِهِمۡ لِيَقۡضِيَ ٱللَّهُ أَمۡرٗا كَانَ مَفۡعُولٗاۗ وَإِلَى ٱللَّهِ
تُرۡجَعُ ٱلۡأُمُورُ ٤٤ يَٰٓأَيُّهَا ٱلَّذِينَ ءَامَنُوٓاْ إِذَا لَقِيتُمۡ فِئَةٗ
فَٱثۡبُتُواْ وَٱذۡكُرُواْ ٱللَّهَ كَثِيرٗا لَّعَلَّكُمۡ تُفۡلِحُونَ ٤٥

وَأَطِيعُوا۟ ٱللَّهَ وَرَسُولَهُۥ وَلَا تَنَٰزَعُوا۟ فَتَفْشَلُوا۟ وَتَذْهَبَ
رِيحُكُمْ ۖ وَٱصْبِرُوٓا۟ ۚ إِنَّ ٱللَّهَ مَعَ ٱلصَّٰبِرِينَ ﴿٤٦﴾ وَلَا تَكُونُوا۟
كَٱلَّذِينَ خَرَجُوا۟ مِن دِيَٰرِهِم بَطَرًا وَرِئَآءَ ٱلنَّاسِ وَيَصُدُّونَ
عَن سَبِيلِ ٱللَّهِ ۚ وَٱللَّهُ بِمَا يَعْمَلُونَ مُحِيطٌ ﴿٤٧﴾ وَإِذْ زَيَّنَ
لَهُمُ ٱلشَّيْطَٰنُ أَعْمَٰلَهُمْ وَقَالَ لَا غَالِبَ لَكُمُ ٱلْيَوْمَ مِنَ
ٱلنَّاسِ وَإِنِّى جَارٌ لَّكُمْ ۖ فَلَمَّا تَرَآءَتِ ٱلْفِئَتَانِ نَكَصَ
عَلَىٰ عَقِبَيْهِ وَقَالَ إِنِّى بَرِىٓءٌ مِّنكُمْ إِنِّىٓ أَرَىٰ مَا لَا
تَرَوْنَ إِنِّىٓ أَخَافُ ٱللَّهَ ۚ وَٱللَّهُ شَدِيدُ ٱلْعِقَابِ ﴿٤٨﴾ إِذْ يَقُولُ
ٱلْمُنَٰفِقُونَ وَٱلَّذِينَ فِى قُلُوبِهِم مَّرَضٌ غَرَّ هَٰٓؤُلَآءِ دِينُهُمْ ۗ
وَمَن يَتَوَكَّلْ عَلَى ٱللَّهِ فَإِنَّ ٱللَّهَ عَزِيزٌ حَكِيمٌ ﴿٤٩﴾ وَلَوْ
تَرَىٰٓ إِذْ يَتَوَفَّى ٱلَّذِينَ كَفَرُوا۟ ۙ ٱلْمَلَٰٓئِكَةُ يَضْرِبُونَ
وُجُوهَهُمْ وَأَدْبَٰرَهُمْ وَذُوقُوا۟ عَذَابَ ٱلْحَرِيقِ ﴿٥٠﴾ ذَٰلِكَ
بِمَا قَدَّمَتْ أَيْدِيكُمْ وَأَنَّ ٱللَّهَ لَيْسَ بِظَلَّٰمٍ لِّلْعَبِيدِ ﴿٥١﴾
كَدَأْبِ ءَالِ فِرْعَوْنَ ۙ وَٱلَّذِينَ مِن قَبْلِهِمْ ۚ كَفَرُوا۟ بِـَٔايَٰتِ ٱللَّهِ
فَأَخَذَهُمُ ٱللَّهُ بِذُنُوبِهِمْ ۗ إِنَّ ٱللَّهَ قَوِىٌّ شَدِيدُ ٱلْعِقَابِ ﴿٥٢﴾

ذَٰلِكَ بِأَنَّ ٱللَّهَ لَمۡ يَكُ مُغَيِّرٗا نِّعۡمَةً أَنۡعَمَهَا عَلَىٰ قَوۡمٍ حَتَّىٰ
يُغَيِّرُواْ مَا بِأَنفُسِهِمۡ وَأَنَّ ٱللَّهَ سَمِيعٌ عَلِيمٞ ٥٣ كَدَأۡبِ ءَالِ
فِرۡعَوۡنَ وَٱلَّذِينَ مِن قَبۡلِهِمۡۚ كَذَّبُواْ بِـَٔايَٰتِ رَبِّهِمۡ فَأَهۡلَكۡنَٰهُم
بِذُنُوبِهِمۡ وَأَغۡرَقۡنَآ ءَالَ فِرۡعَوۡنَۚ وَكُلّٞ كَانُواْ ظَٰلِمِينَ ٥٤
إِنَّ شَرَّ ٱلدَّوَآبِّ عِندَ ٱللَّهِ ٱلَّذِينَ كَفَرُواْ فَهُمۡ لَا يُؤۡمِنُونَ
٥٥ ٱلَّذِينَ عَٰهَدتَّ مِنۡهُمۡ ثُمَّ يَنقُضُونَ عَهۡدَهُمۡ فِي كُلِّ
مَرَّةٖ وَهُمۡ لَا يَتَّقُونَ ٥٦ فَإِمَّا تَثۡقَفَنَّهُمۡ فِي ٱلۡحَرۡبِ فَشَرِّدۡ بِهِم
مَّنۡ خَلۡفَهُمۡ لَعَلَّهُمۡ يَذَّكَّرُونَ ٥٧ وَإِمَّا تَخَافَنَّ مِن قَوۡمٍ
خِيَانَةٗ فَٱنۢبِذۡ إِلَيۡهِمۡ عَلَىٰ سَوَآءٍۚ إِنَّ ٱللَّهَ لَا يُحِبُّ ٱلۡخَآئِنِينَ
٥٨ وَلَا يَحۡسَبَنَّ ٱلَّذِينَ كَفَرُواْ سَبَقُوٓاْۚ إِنَّهُمۡ لَا يُعۡجِزُونَ
٥٩ وَأَعِدُّواْ لَهُم مَّا ٱسۡتَطَعۡتُم مِّن قُوَّةٖ وَمِن رِّبَاطِ ٱلۡخَيۡلِ
تُرۡهِبُونَ بِهِۦ عَدُوَّ ٱللَّهِ وَعَدُوَّكُمۡ وَءَاخَرِينَ مِن دُونِهِمۡ
لَا تَعۡلَمُونَهُمُ ٱللَّهُ يَعۡلَمُهُمۡۚ وَمَا تُنفِقُواْ مِن شَيۡءٖ فِي سَبِيلِ
ربع الحزب ١٩
ٱللَّهِ يُوَفَّ إِلَيۡكُمۡ وَأَنتُمۡ لَا تُظۡلَمُونَ ٦٠ ۞ وَإِن جَنَحُواْ لِلسَّلۡمِ
فَٱجۡنَحۡ لَهَا وَتَوَكَّلۡ عَلَى ٱللَّهِۚ إِنَّهُۥ هُوَ ٱلسَّمِيعُ ٱلۡعَلِيمُ ٦١

وَإِن يُرِيدُوٓاْ أَن يَخۡدَعُوكَ فَإِنَّ حَسۡبَكَ ٱللَّهُۚ هُوَ ٱلَّذِيٓ أَيَّدَكَ
بِنَصۡرِهِۦ وَبِٱلۡمُؤۡمِنِينَ ٦٢ وَأَلَّفَ بَيۡنَ قُلُوبِهِمۡۚ لَوۡ أَنفَقۡتَ
مَا فِي ٱلۡأَرۡضِ جَمِيعٗا مَّآ أَلَّفۡتَ بَيۡنَ قُلُوبِهِمۡ وَلَٰكِنَّ ٱللَّهَ
أَلَّفَ بَيۡنَهُمۡۚ إِنَّهُۥ عَزِيزٌ حَكِيمٞ ٦٣ يَٰٓأَيُّهَا ٱلنَّبِيُّ حَسۡبُكَ
ٱللَّهُ وَمَنِ ٱتَّبَعَكَ مِنَ ٱلۡمُؤۡمِنِينَ ٦٤ يَٰٓأَيُّهَا ٱلنَّبِيُّ حَرِّضِ
ٱلۡمُؤۡمِنِينَ عَلَى ٱلۡقِتَالِۚ إِن يَكُن مِّنكُمۡ عِشۡرُونَ صَٰبِرُونَ
يَغۡلِبُواْ مِاْئَتَيۡنِۚ وَإِن يَكُن مِّنكُم مِّاْئَةٞ يَغۡلِبُوٓاْ أَلۡفٗا مِّنَ
ٱلَّذِينَ كَفَرُواْ بِأَنَّهُمۡ قَوۡمٞ لَّا يَفۡقَهُونَ ٦٥ ٱلۡـَٰٔنَ خَفَّفَ
ٱللَّهُ عَنكُمۡ وَعَلِمَ أَنَّ فِيكُمۡ ضَعۡفٗاۚ فَإِن يَكُن مِّنكُم مِّاْئَةٞ
صَابِرَةٞ يَغۡلِبُواْ مِاْئَتَيۡنِۚ وَإِن يَكُن مِّنكُمۡ أَلۡفٞ يَغۡلِبُوٓاْ
أَلۡفَيۡنِ بِإِذۡنِ ٱللَّهِۗ وَٱللَّهُ مَعَ ٱلصَّٰبِرِينَ ٦٦ مَا كَانَ لِنَبِيٍّ
أَن يَكُونَ لَهُۥٓ أَسۡرَىٰ حَتَّىٰ يُثۡخِنَ فِي ٱلۡأَرۡضِۚ تُرِيدُونَ عَرَضَ
ٱلدُّنۡيَا وَٱللَّهُ يُرِيدُ ٱلۡأٓخِرَةَۗ وَٱللَّهُ عَزِيزٌ حَكِيمٞ ٦٧ لَّوۡلَا كِتَٰبٞ
مِّنَ ٱللَّهِ سَبَقَ لَمَسَّكُمۡ فِيمَآ أَخَذۡتُمۡ عَذَابٌ عَظِيمٞ ٦٨ فَكُلُواْ
مِمَّا غَنِمۡتُمۡ حَلَٰلٗا طَيِّبٗاۚ وَٱتَّقُواْ ٱللَّهَۚ إِنَّ ٱللَّهَ غَفُورٞ رَّحِيمٞ ٦٩

يَٰٓأَيُّهَا ٱلنَّبِيُّ قُل لِّمَن فِيٓ أَيۡدِيكُم مِّنَ ٱلۡأَسۡرَىٰٓ إِن يَعۡلَمِ ٱللَّهُ
فِي قُلُوبِكُمۡ خَيۡرٗا يُؤۡتِكُمۡ خَيۡرٗا مِّمَّآ أُخِذَ مِنكُمۡ وَيَغۡفِرۡ لَكُمۡۚ
وَٱللَّهُ غَفُورٞ رَّحِيمٞ ٧٠ وَإِن يُرِيدُواْ خِيَانَتَكَ فَقَدۡ خَانُواْ ٱللَّهَ
مِن قَبۡلُ فَأَمۡكَنَ مِنۡهُمۡۗ وَٱللَّهُ عَلِيمٌ حَكِيمٌ ٧١ إِنَّ ٱلَّذِينَ
ءَامَنُواْ وَهَاجَرُواْ وَجَٰهَدُواْ بِأَمۡوَٰلِهِمۡ وَأَنفُسِهِمۡ فِي سَبِيلِ
ٱللَّهِ وَٱلَّذِينَ ءَاوَواْ وَّنَصَرُوٓاْ أُوْلَٰٓئِكَ بَعۡضُهُمۡ أَوۡلِيَآءُ بَعۡضٖۚ وَٱلَّذِينَ
ءَامَنُواْ وَلَمۡ يُهَاجِرُواْ مَا لَكُم مِّن وَلَٰيَتِهِم مِّن شَيۡءٍ حَتَّىٰ يُهَاجِرُواْۚ
وَإِنِ ٱسۡتَنصَرُوكُمۡ فِي ٱلدِّينِ فَعَلَيۡكُمُ ٱلنَّصۡرُ إِلَّا عَلَىٰ قَوۡمِۭ
بَيۡنَكُمۡ وَبَيۡنَهُم مِّيثَٰقٞۗ وَٱللَّهُ بِمَا تَعۡمَلُونَ بَصِيرٞ ٧٢ وَٱلَّذِينَ
كَفَرُواْ بَعۡضُهُمۡ أَوۡلِيَآءُ بَعۡضٍۚ إِلَّا تَفۡعَلُوهُ تَكُن فِتۡنَةٞ فِي
ٱلۡأَرۡضِ وَفَسَادٞ كَبِيرٞ ٧٣ وَٱلَّذِينَ ءَامَنُواْ وَهَاجَرُواْ وَجَٰهَدُواْ
فِي سَبِيلِ ٱللَّهِ وَٱلَّذِينَ ءَاوَواْ وَّنَصَرُوٓاْ أُوْلَٰٓئِكَ هُمُ ٱلۡمُؤۡمِنُونَ
حَقّٗاۚ لَّهُم مَّغۡفِرَةٞ وَرِزۡقٞ كَرِيمٞ ٧٤ وَٱلَّذِينَ ءَامَنُواْ مِنۢ بَعۡدُ
وَهَاجَرُواْ وَجَٰهَدُواْ مَعَكُمۡ فَأُوْلَٰٓئِكَ مِنكُمۡۚ وَأُوْلُواْ ٱلۡأَرۡحَامِ
بَعۡضُهُمۡ أَوۡلَىٰ بِبَعۡضٖ فِي كِتَٰبِ ٱللَّهِۚ إِنَّ ٱللَّهَ بِكُلِّ شَيۡءٍ عَلِيمُۢ ٧٥

نصف الحزب ١٩

سُورَةُ التَّوْبَةِ

بَرَآءَةٌ مِّنَ ٱللَّهِ وَرَسُولِهِۦٓ إِلَى ٱلَّذِينَ عَٰهَدتُّم مِّنَ ٱلْمُشْرِكِينَ ١
فَسِيحُوا۟ فِى ٱلْأَرْضِ أَرْبَعَةَ أَشْهُرٍ وَٱعْلَمُوٓا۟ أَنَّكُمْ غَيْرُ مُعْجِزِى
ٱللَّهِ ۙ وَأَنَّ ٱللَّهَ مُخْزِى ٱلْكَٰفِرِينَ ٢ وَأَذَٰنٌ مِّنَ ٱللَّهِ وَرَسُولِهِۦٓ
إِلَى ٱلنَّاسِ يَوْمَ ٱلْحَجِّ ٱلْأَكْبَرِ أَنَّ ٱللَّهَ بَرِىٓءٌ مِّنَ ٱلْمُشْرِكِينَ ۙ
وَرَسُولُهُۥ ۚ فَإِن تُبْتُمْ فَهُوَ خَيْرٌ لَّكُمْ ۖ وَإِن تَوَلَّيْتُمْ فَٱعْلَمُوٓا۟
أَنَّكُمْ غَيْرُ مُعْجِزِى ٱللَّهِ ۗ وَبَشِّرِ ٱلَّذِينَ كَفَرُوا۟ بِعَذَابٍ أَلِيمٍ
٣ إِلَّا ٱلَّذِينَ عَٰهَدتُّم مِّنَ ٱلْمُشْرِكِينَ ثُمَّ لَمْ يَنقُصُوكُمْ شَيْـًٔا
وَلَمْ يُظَٰهِرُوا۟ عَلَيْكُمْ أَحَدًا فَأَتِمُّوٓا۟ إِلَيْهِمْ عَهْدَهُمْ إِلَىٰ مُدَّتِهِمْ ۚ
إِنَّ ٱللَّهَ يُحِبُّ ٱلْمُتَّقِينَ ٤ فَإِذَا ٱنسَلَخَ ٱلْأَشْهُرُ ٱلْحُرُمُ
فَٱقْتُلُوا۟ ٱلْمُشْرِكِينَ حَيْثُ وَجَدتُّمُوهُمْ وَخُذُوهُمْ وَٱحْصُرُوهُمْ
وَٱقْعُدُوا۟ لَهُمْ كُلَّ مَرْصَدٍ ۚ فَإِن تَابُوا۟ وَأَقَامُوا۟ ٱلصَّلَوٰةَ وَءَاتَوُا۟
ٱلزَّكَوٰةَ فَخَلُّوا۟ سَبِيلَهُمْ ۚ إِنَّ ٱللَّهَ غَفُورٌ رَّحِيمٌ ٥ وَإِنْ أَحَدٌ
مِّنَ ٱلْمُشْرِكِينَ ٱسْتَجَارَكَ فَأَجِرْهُ حَتَّىٰ يَسْمَعَ كَلَٰمَ
ٱللَّهِ ثُمَّ أَبْلِغْهُ مَأْمَنَهُۥ ۚ ذَٰلِكَ بِأَنَّهُمْ قَوْمٌ لَّا يَعْلَمُونَ ٦

كَيۡفَ يَكُونُ لِلۡمُشۡرِكِينَ عَهۡدٌ عِندَ ٱللَّهِ وَعِندَ رَسُولِهِۦٓ
إِلَّا ٱلَّذِينَ عَٰهَدتُّمۡ عِندَ ٱلۡمَسۡجِدِ ٱلۡحَرَامِۖ فَمَا ٱسۡتَقَٰمُواْ
لَكُمۡ فَٱسۡتَقِيمُواْ لَهُمۡۚ إِنَّ ٱللَّهَ يُحِبُّ ٱلۡمُتَّقِينَ ٧
كَيۡفَ وَإِن يَظۡهَرُواْ عَلَيۡكُمۡ لَا يَرۡقُبُواْ فِيكُمۡ إِلّٗا وَلَا
ذِمَّةٗۚ يُرۡضُونَكُم بِأَفۡوَٰهِهِمۡ وَتَأۡبَىٰ قُلُوبُهُمۡ وَأَكۡثَرُهُمۡ
فَٰسِقُونَ ٨ ٱشۡتَرَوۡاْ بِـَٔايَٰتِ ٱللَّهِ ثَمَنٗا قَلِيلٗا فَصَدُّواْ عَن
سَبِيلِهِۦٓۚ إِنَّهُمۡ سَآءَ مَا كَانُواْ يَعۡمَلُونَ ٩ لَا يَرۡقُبُونَ
فِي مُؤۡمِنٍ إِلّٗا وَلَا ذِمَّةٗۚ وَأُوْلَٰٓئِكَ هُمُ ٱلۡمُعۡتَدُونَ ١٠ فَإِن
تَابُواْ وَأَقَامُواْ ٱلصَّلَوٰةَ وَءَاتَوُاْ ٱلزَّكَوٰةَ فَإِخۡوَٰنُكُمۡ فِي
ٱلدِّينِۗ وَنُفَصِّلُ ٱلۡأٓيَٰتِ لِقَوۡمٖ يَعۡلَمُونَ ١١ وَإِن
نَّكَثُوٓاْ أَيۡمَٰنَهُم مِّنۢ بَعۡدِ عَهۡدِهِمۡ وَطَعَنُواْ فِي دِينِكُمۡ
فَقَٰتِلُوٓاْ أَئِمَّةَ ٱلۡكُفۡرِ إِنَّهُمۡ لَآ أَيۡمَٰنَ لَهُمۡ لَعَلَّهُمۡ
يَنتَهُونَ ١٢ أَلَا تُقَٰتِلُونَ قَوۡمٗا نَّكَثُوٓاْ أَيۡمَٰنَهُمۡ
وَهَمُّواْ بِإِخۡرَاجِ ٱلرَّسُولِ وَهُم بَدَءُوكُمۡ أَوَّلَ مَرَّةٍۚ
أَتَخۡشَوۡنَهُمۡۚ فَٱللَّهُ أَحَقُّ أَن تَخۡشَوۡهُ إِن كُنتُم مُّؤۡمِنِينَ ١٣

قَٰتِلُوهُمۡ يُعَذِّبۡهُمُ ٱللَّهُ بِأَيۡدِيكُمۡ وَيُخۡزِهِمۡ وَيَنصُرۡكُمۡ
عَلَيۡهِمۡ وَيَشۡفِ صُدُورَ قَوۡمٖ مُّؤۡمِنِينَ ١٤ وَيُذۡهِبۡ غَيۡظَ
قُلُوبِهِمۡۗ وَيَتُوبُ ٱللَّهُ عَلَىٰ مَن يَشَآءُۗ وَٱللَّهُ عَلِيمٌ حَكِيمٌ ١٥
أَمۡ حَسِبۡتُمۡ أَن تُتۡرَكُواْ وَلَمَّا يَعۡلَمِ ٱللَّهُ ٱلَّذِينَ جَٰهَدُواْ مِنكُمۡ
وَلَمۡ يَتَّخِذُواْ مِن دُونِ ٱللَّهِ وَلَا رَسُولِهِۦ وَلَا ٱلۡمُؤۡمِنِينَ وَلِيجَةٗۚ
وَٱللَّهُ خَبِيرُۢ بِمَا تَعۡمَلُونَ ١٦ مَا كَانَ لِلۡمُشۡرِكِينَ أَن يَعۡمُرُواْ مَسَٰجِدَ
ٱللَّهِ شَٰهِدِينَ عَلَىٰٓ أَنفُسِهِم بِٱلۡكُفۡرِۚ أُوْلَٰٓئِكَ حَبِطَتۡ
أَعۡمَٰلُهُمۡ وَفِي ٱلنَّارِ هُمۡ خَٰلِدُونَ ١٧ إِنَّمَا يَعۡمُرُ مَسَٰجِدَ
ٱللَّهِ مَنۡ ءَامَنَ بِٱللَّهِ وَٱلۡيَوۡمِ ٱلۡأٓخِرِ وَأَقَامَ ٱلصَّلَوٰةَ وَءَاتَى
ٱلزَّكَوٰةَ وَلَمۡ يَخۡشَ إِلَّا ٱللَّهَۖ فَعَسَىٰٓ أُوْلَٰٓئِكَ أَن يَكُونُواْ مِنَ
ٱلۡمُهۡتَدِينَ ١٨ ۞أَجَعَلۡتُمۡ سِقَايَةَ ٱلۡحَآجِّ وَعِمَارَةَ ٱلۡمَسۡجِدِ
ٱلۡحَرَامِ كَمَنۡ ءَامَنَ بِٱللَّهِ وَٱلۡيَوۡمِ ٱلۡأٓخِرِ وَجَٰهَدَ فِي سَبِيلِ
ٱللَّهِۚ لَا يَسۡتَوُۥنَ عِندَ ٱللَّهِۗ وَٱللَّهُ لَا يَهۡدِي ٱلۡقَوۡمَ ٱلظَّٰلِمِينَ
١٩ ٱلَّذِينَ ءَامَنُواْ وَهَاجَرُواْ وَجَٰهَدُواْ فِي سَبِيلِ ٱللَّهِ بِأَمۡوَٰلِهِمۡ
وَأَنفُسِهِمۡ أَعۡظَمُ دَرَجَةً عِندَ ٱللَّهِۚ وَأُوْلَٰٓئِكَ هُمُ ٱلۡفَآئِزُونَ ٢٠

ثلاثة أرباع الحزب ١٩

يُبَشِّرُهُمْ رَبُّهُم بِرَحْمَةٍ مِّنْهُ وَرِضْوَٰنٍ وَجَنَّٰتٍ لَّهُمْ فِيهَا
نَعِيمٌ مُّقِيمٌ ﴿٢١﴾ خَٰلِدِينَ فِيهَآ أَبَدًا ۚ إِنَّ ٱللَّهَ عِندَهُۥٓ أَجْرٌ
عَظِيمٌ ﴿٢٢﴾ يَٰٓأَيُّهَا ٱلَّذِينَ ءَامَنُوا۟ لَا تَتَّخِذُوٓا۟ ءَابَآءَكُمْ
وَإِخْوَٰنَكُمْ أَوْلِيَآءَ إِنِ ٱسْتَحَبُّوا۟ ٱلْكُفْرَ عَلَى ٱلْإِيمَٰنِ ۚ
وَمَن يَتَوَلَّهُم مِّنكُمْ فَأُو۟لَٰٓئِكَ هُمُ ٱلظَّٰلِمُونَ ﴿٢٣﴾ قُلْ إِن
كَانَ ءَابَآؤُكُمْ وَأَبْنَآؤُكُمْ وَإِخْوَٰنُكُمْ وَأَزْوَٰجُكُمْ
وَعَشِيرَتُكُمْ وَأَمْوَٰلٌ ٱقْتَرَفْتُمُوهَا وَتِجَٰرَةٌ تَخْشَوْنَ
كَسَادَهَا وَمَسَٰكِنُ تَرْضَوْنَهَآ أَحَبَّ إِلَيْكُم مِّنَ ٱللَّهِ
وَرَسُولِهِۦ وَجِهَادٍ فِى سَبِيلِهِۦ فَتَرَبَّصُوا۟ حَتَّىٰ يَأْتِىَ ٱللَّهُ
بِأَمْرِهِۦ ۗ وَٱللَّهُ لَا يَهْدِى ٱلْقَوْمَ ٱلْفَٰسِقِينَ ﴿٢٤﴾ لَقَدْ نَصَرَكُمُ
ٱللَّهُ فِى مَوَاطِنَ كَثِيرَةٍ ۙ وَيَوْمَ حُنَيْنٍ ۙ إِذْ أَعْجَبَتْكُمْ
كَثْرَتُكُمْ فَلَمْ تُغْنِ عَنكُمْ شَيْـًٔا وَضَاقَتْ عَلَيْكُمُ
ٱلْأَرْضُ بِمَا رَحُبَتْ ثُمَّ وَلَّيْتُم مُّدْبِرِينَ ﴿٢٥﴾ ثُمَّ أَنزَلَ ٱللَّهُ
سَكِينَتَهُۥ عَلَىٰ رَسُولِهِۦ وَعَلَى ٱلْمُؤْمِنِينَ وَأَنزَلَ جُنُودًا
لَّمْ تَرَوْهَا وَعَذَّبَ ٱلَّذِينَ كَفَرُوا۟ ۚ وَذَٰلِكَ جَزَآءُ ٱلْكَٰفِرِينَ ﴿٢٦﴾

ثُمَّ يَتُوبُ ٱللَّهُ مِنۢ بَعۡدِ ذَٰلِكَ عَلَىٰ مَن يَشَآءُۗ وَٱللَّهُ
غَفُورٞ رَّحِيمٞ ٢٧ يَٰٓأَيُّهَا ٱلَّذِينَ ءَامَنُوٓاْ إِنَّمَا ٱلۡمُشۡرِكُونَ
نَجَسٞ فَلَا يَقۡرَبُواْ ٱلۡمَسۡجِدَ ٱلۡحَرَامَ بَعۡدَ عَامِهِمۡ هَٰذَاۚ
وَإِنۡ خِفۡتُمۡ عَيۡلَةٗ فَسَوۡفَ يُغۡنِيكُمُ ٱللَّهُ مِن فَضۡلِهِۦٓ
إِن شَآءَۚ إِنَّ ٱللَّهَ عَلِيمٌ حَكِيمٞ ٢٨ قَٰتِلُواْ ٱلَّذِينَ
لَا يُؤۡمِنُونَ بِٱللَّهِ وَلَا بِٱلۡيَوۡمِ ٱلۡأٓخِرِ وَلَا يُحَرِّمُونَ
مَا حَرَّمَ ٱللَّهُ وَرَسُولُهُۥ وَلَا يَدِينُونَ دِينَ ٱلۡحَقِّ مِنَ
ٱلَّذِينَ أُوتُواْ ٱلۡكِتَٰبَ حَتَّىٰ يُعۡطُواْ ٱلۡجِزۡيَةَ عَن يَدٖ
وَهُمۡ صَٰغِرُونَ ٢٩ وَقَالَتِ ٱلۡيَهُودُ عُزَيۡرٌ ٱبۡنُ ٱللَّهِ
وَقَالَتِ ٱلنَّصَٰرَى ٱلۡمَسِيحُ ٱبۡنُ ٱللَّهِۖ ذَٰلِكَ قَوۡلُهُم
بِأَفۡوَٰهِهِمۡۖ يُضَٰهِـُٔونَ قَوۡلَ ٱلَّذِينَ كَفَرُواْ مِن قَبۡلُۚ
قَٰتَلَهُمُ ٱللَّهُۖ أَنَّىٰ يُؤۡفَكُونَ ٣٠ ٱتَّخَذُوٓاْ أَحۡبَارَهُمۡ
وَرُهۡبَٰنَهُمۡ أَرۡبَابٗا مِّن دُونِ ٱللَّهِ وَٱلۡمَسِيحَ ٱبۡنَ
مَرۡيَمَ وَمَآ أُمِرُوٓاْ إِلَّا لِيَعۡبُدُوٓاْ إِلَٰهٗا وَٰحِدٗاۖ
لَّآ إِلَٰهَ إِلَّا هُوَۚ سُبۡحَٰنَهُۥ عَمَّا يُشۡرِكُونَ ٣١

يُرِيدُونَ أَن يُطْفِـُٔوا۟ نُورَ ٱللَّهِ بِأَفْوَٰهِهِمْ وَيَأْبَى ٱللَّهُ إِلَّآ أَن
يُتِمَّ نُورَهُۥ وَلَوْ كَرِهَ ٱلْكَـٰفِرُونَ ﴿٣٢﴾ هُوَ ٱلَّذِىٓ أَرْسَلَ
رَسُولَهُۥ بِٱلْهُدَىٰ وَدِينِ ٱلْحَقِّ لِيُظْهِرَهُۥ عَلَى ٱلدِّينِ
الحزب ٢٠ كُلِّهِۦ وَلَوْ كَرِهَ ٱلْمُشْرِكُونَ ﴿٣٣﴾ ۞ يَـٰٓأَيُّهَا ٱلَّذِينَ
ءَامَنُوٓا۟ إِنَّ كَثِيرًا مِّنَ ٱلْأَحْبَارِ وَٱلرُّهْبَانِ لَيَأْكُلُونَ
أَمْوَٰلَ ٱلنَّاسِ بِٱلْبَـٰطِلِ وَيَصُدُّونَ عَن سَبِيلِ ٱللَّهِ ۗ وَٱلَّذِينَ
يَكْنِزُونَ ٱلذَّهَبَ وَٱلْفِضَّةَ وَلَا يُنفِقُونَهَا فِى
سَبِيلِ ٱللَّهِ فَبَشِّرْهُم بِعَذَابٍ أَلِيمٍ ﴿٣٤﴾ يَوْمَ يُحْمَىٰ عَلَيْهَا
فِى نَارِ جَهَنَّمَ فَتُكْوَىٰ بِهَا جِبَاهُهُمْ وَجُنُوبُهُمْ
وَظُهُورُهُمْ ۖ هَـٰذَا مَا كَنَزْتُمْ لِأَنفُسِكُمْ فَذُوقُوا۟ مَا كُنتُمْ
تَكْنِزُونَ ﴿٣٥﴾ إِنَّ عِدَّةَ ٱلشُّهُورِ عِندَ ٱللَّهِ ٱثْنَا عَشَرَ
شَهْرًا فِى كِتَـٰبِ ٱللَّهِ يَوْمَ خَلَقَ ٱلسَّمَـٰوَٰتِ وَٱلْأَرْضَ مِنْهَآ
أَرْبَعَةٌ حُرُمٌ ۚ ذَٰلِكَ ٱلدِّينُ ٱلْقَيِّمُ ۚ فَلَا تَظْلِمُوا۟ فِيهِنَّ
أَنفُسَكُمْ ۚ وَقَـٰتِلُوا۟ ٱلْمُشْرِكِينَ كَآفَّةً كَمَا
يُقَـٰتِلُونَكُمْ كَآفَّةً ۚ وَٱعْلَمُوٓا۟ أَنَّ ٱللَّهَ مَعَ ٱلْمُتَّقِينَ ﴿٣٦﴾

إِنَّمَا ٱلنَّسِيٓءُ زِيَادَةٞ فِي ٱلۡكُفۡرِۖ يُضَلُّ بِهِ ٱلَّذِينَ
كَفَرُواْ يُحِلُّونَهُۥ عَامٗا وَيُحَرِّمُونَهُۥ عَامٗا لِّيُوَاطِـُٔواْ
عِدَّةَ مَا حَرَّمَ ٱللَّهُ فَيُحِلُّواْ مَا حَرَّمَ ٱللَّهُۚ زُيِّنَ لَهُمۡ
سُوٓءُ أَعۡمَٰلِهِمۡۗ وَٱللَّهُ لَا يَهۡدِي ٱلۡقَوۡمَ ٱلۡكَٰفِرِينَ
٣٧ يَٰٓأَيُّهَا ٱلَّذِينَ ءَامَنُواْ مَا لَكُمۡ إِذَا قِيلَ لَكُمُ
ٱنفِرُواْ فِي سَبِيلِ ٱللَّهِ ٱثَّاقَلۡتُمۡ إِلَى ٱلۡأَرۡضِۚ أَرَضِيتُم
بِٱلۡحَيَوٰةِ ٱلدُّنۡيَا مِنَ ٱلۡأٓخِرَةِۚ فَمَا مَتَٰعُ ٱلۡحَيَوٰةِ
ٱلدُّنۡيَا فِي ٱلۡأٓخِرَةِ إِلَّا قَلِيلٌ ٣٨ إِلَّا تَنفِرُواْ يُعَذِّبۡكُمۡ
عَذَابًا أَلِيمٗا وَيَسۡتَبۡدِلۡ قَوۡمًا غَيۡرَكُمۡ وَلَا تَضُرُّوهُ
شَيۡـٔٗاۗ وَٱللَّهُ عَلَىٰ كُلِّ شَيۡءٖ قَدِيرٌ ٣٩ إِلَّا تَنصُرُوهُ
فَقَدۡ نَصَرَهُ ٱللَّهُ إِذۡ أَخۡرَجَهُ ٱلَّذِينَ كَفَرُواْ ثَانِيَ ٱثۡنَيۡنِ
إِذۡ هُمَا فِي ٱلۡغَارِ إِذۡ يَقُولُ لِصَٰحِبِهِۦ لَا تَحۡزَنۡ إِنَّ ٱللَّهَ
مَعَنَاۖ فَأَنزَلَ ٱللَّهُ سَكِينَتَهُۥ عَلَيۡهِ وَأَيَّدَهُۥ بِجُنُودٖ
لَّمۡ تَرَوۡهَا وَجَعَلَ كَلِمَةَ ٱلَّذِينَ كَفَرُواْ ٱلسُّفۡلَىٰۗ
وَكَلِمَةُ ٱللَّهِ هِيَ ٱلۡعُلۡيَاۗ وَٱللَّهُ عَزِيزٌ حَكِيمٌ ٤٠

ٱنفِرُواْ خِفَافٗا وَثِقَالٗا وَجَٰهِدُواْ بِأَمۡوَٰلِكُمۡ وَأَنفُسِكُمۡ
فِي سَبِيلِ ٱللَّهِۚ ذَٰلِكُمۡ خَيۡرٞ لَّكُمۡ إِن كُنتُمۡ تَعۡلَمُونَ
٤١ لَوۡ كَانَ عَرَضٗا قَرِيبٗا وَسَفَرٗا قَاصِدٗا لَّٱتَّبَعُوكَ
وَلَٰكِنۢ بَعُدَتۡ عَلَيۡهِمُ ٱلشُّقَّةُۚ وَسَيَحۡلِفُونَ بِٱللَّهِ
لَوِ ٱسۡتَطَعۡنَا لَخَرَجۡنَا مَعَكُمۡ يُهۡلِكُونَ أَنفُسَهُمۡ وَٱللَّهُ
يَعۡلَمُ إِنَّهُمۡ لَكَٰذِبُونَ ٤٢ عَفَا ٱللَّهُ عَنكَ لِمَ أَذِنتَ لَهُمۡ
حَتَّىٰ يَتَبَيَّنَ لَكَ ٱلَّذِينَ صَدَقُواْ وَتَعۡلَمَ ٱلۡكَٰذِبِينَ
٤٣ لَا يَسۡتَـٔۡذِنُكَ ٱلَّذِينَ يُؤۡمِنُونَ بِٱللَّهِ وَٱلۡيَوۡمِ ٱلۡأٓخِرِ أَن
يُجَٰهِدُواْ بِأَمۡوَٰلِهِمۡ وَأَنفُسِهِمۡۗ وَٱللَّهُ عَلِيمُۢ بِٱلۡمُتَّقِينَ ٤٤
إِنَّمَا يَسۡتَـٔۡذِنُكَ ٱلَّذِينَ لَا يُؤۡمِنُونَ بِٱللَّهِ وَٱلۡيَوۡمِ ٱلۡأٓخِرِ
وَٱرۡتَابَتۡ قُلُوبُهُمۡ فَهُمۡ فِي رَيۡبِهِمۡ يَتَرَدَّدُونَ ٤٥ ۞ وَلَوۡ
أَرَادُواْ ٱلۡخُرُوجَ لَأَعَدُّواْ لَهُۥ عُدَّةٗ وَلَٰكِن كَرِهَ ٱللَّهُ ٱنۢبِعَاثَهُمۡ
فَثَبَّطَهُمۡ وَقِيلَ ٱقۡعُدُواْ مَعَ ٱلۡقَٰعِدِينَ ٤٦ لَوۡ خَرَجُواْ فِيكُم
مَّا زَادُوكُمۡ إِلَّا خَبَالٗا وَلَأَوۡضَعُواْ خِلَٰلَكُمۡ يَبۡغُونَكُمُ
ٱلۡفِتۡنَةَ وَفِيكُمۡ سَمَّٰعُونَ لَهُمۡۗ وَٱللَّهُ عَلِيمُۢ بِٱلظَّٰلِمِينَ ٤٧

ربع الحزب ٢٠

لَقَدِ ٱبۡتَغَوُاْ ٱلۡفِتۡنَةَ مِن قَبۡلُ وَقَلَّبُواْ لَكَ ٱلۡأُمُورَ حَتَّىٰ
جَآءَ ٱلۡحَقُّ وَظَهَرَ أَمۡرُ ٱللَّهِ وَهُمۡ كَٰرِهُونَ ﴿٤٨﴾ وَمِنۡهُم
مَّن يَقُولُ ٱئۡذَن لِّي وَلَا تَفۡتِنِّيٓۚ أَلَا فِي ٱلۡفِتۡنَةِ سَقَطُواْۗ وَإِنَّ
جَهَنَّمَ لَمُحِيطَةُۢ بِٱلۡكَٰفِرِينَ ﴿٤٩﴾ إِن تُصِبۡكَ
حَسَنَةٞ تَسُؤۡهُمۡۖ وَإِن تُصِبۡكَ مُصِيبَةٞ يَقُولُواْ قَدۡ
أَخَذۡنَآ أَمۡرَنَا مِن قَبۡلُ وَيَتَوَلَّواْ وَّهُمۡ فَرِحُونَ ﴿٥٠﴾ قُل
لَّن يُصِيبَنَآ إِلَّا مَا كَتَبَ ٱللَّهُ لَنَا هُوَ مَوۡلَىٰنَاۚ وَعَلَى
ٱللَّهِ فَلۡيَتَوَكَّلِ ٱلۡمُؤۡمِنُونَ ﴿٥١﴾ قُلۡ هَلۡ تَرَبَّصُونَ بِنَآ إِلَّآ
إِحۡدَى ٱلۡحُسۡنَيَيۡنِۖ وَنَحۡنُ نَتَرَبَّصُ بِكُمۡ أَن يُصِيبَكُمُ ٱللَّهُ
بِعَذَابٖ مِّنۡ عِندِهِۦٓ أَوۡ بِأَيۡدِينَاۖ فَتَرَبَّصُوٓاْ إِنَّا مَعَكُم
مُّتَرَبِّصُونَ ﴿٥٢﴾ قُلۡ أَنفِقُواْ طَوۡعًا أَوۡ كَرۡهٗا لَّن يُتَقَبَّلَ
مِنكُمۡ إِنَّكُمۡ كُنتُمۡ قَوۡمٗا فَٰسِقِينَ ﴿٥٣﴾ وَمَا
مَنَعَهُمۡ أَن تُقۡبَلَ مِنۡهُمۡ نَفَقَٰتُهُمۡ إِلَّآ أَنَّهُمۡ كَفَرُواْ
بِٱللَّهِ وَبِرَسُولِهِۦ وَلَا يَأۡتُونَ ٱلصَّلَوٰةَ إِلَّا وَهُمۡ
كُسَالَىٰ وَلَا يُنفِقُونَ إِلَّا وَهُمۡ كَٰرِهُونَ ﴿٥٤﴾

فَلَا تُعۡجِبۡكَ أَمۡوَٰلُهُمۡ وَلَآ أَوۡلَٰدُهُمۡۚ إِنَّمَا يُرِيدُ ٱللَّهُ لِيُعَذِّبَهُم
بِهَا فِي ٱلۡحَيَوٰةِ ٱلدُّنۡيَا وَتَزۡهَقَ أَنفُسُهُمۡ وَهُمۡ كَٰفِرُونَ
٥٥ وَيَحۡلِفُونَ بِٱللَّهِ إِنَّهُمۡ لَمِنكُمۡ وَمَا هُم مِّنكُمۡ وَلَٰكِنَّهُمۡ
قَوۡمٞ يَفۡرَقُونَ ٥٦ لَوۡ يَجِدُونَ مَلۡجَـًٔا أَوۡ مَغَٰرَٰتٍ أَوۡ مُدَّخَلٗا
لَّوَلَّوۡاْ إِلَيۡهِ وَهُمۡ يَجۡمَحُونَ ٥٧ وَمِنۡهُم مَّن يَلۡمِزُكَ فِي
ٱلصَّدَقَٰتِ فَإِنۡ أُعۡطُواْ مِنۡهَا رَضُواْ وَإِن لَّمۡ يُعۡطَوۡاْ مِنۡهَآ إِذَا
هُمۡ يَسۡخَطُونَ ٥٨ وَلَوۡ أَنَّهُمۡ رَضُواْ مَآ ءَاتَىٰهُمُ ٱللَّهُ وَرَسُولُهُۥ
وَقَالُواْ حَسۡبُنَا ٱللَّهُ سَيُؤۡتِينَا ٱللَّهُ مِن فَضۡلِهِۦ وَرَسُولُهُۥٓ
إِنَّآ إِلَى ٱللَّهِ رَٰغِبُونَ ٥٩ ۞ إِنَّمَا ٱلصَّدَقَٰتُ لِلۡفُقَرَآءِ وَٱلۡمَسَٰكِينِ
وَٱلۡعَٰمِلِينَ عَلَيۡهَا وَٱلۡمُؤَلَّفَةِ قُلُوبُهُمۡ وَفِي ٱلرِّقَابِ
وَٱلۡغَٰرِمِينَ وَفِي سَبِيلِ ٱللَّهِ وَٱبۡنِ ٱلسَّبِيلِۖ فَرِيضَةٗ
مِّنَ ٱللَّهِۗ وَٱللَّهُ عَلِيمٌ حَكِيمٞ ٦٠ وَمِنۡهُمُ ٱلَّذِينَ يُؤۡذُونَ
ٱلنَّبِيَّ وَيَقُولُونَ هُوَ أُذُنٞۚ قُلۡ أُذُنُ خَيۡرٖ لَّكُمۡ يُؤۡمِنُ
بِٱللَّهِ وَيُؤۡمِنُ لِلۡمُؤۡمِنِينَ وَرَحۡمَةٞ لِّلَّذِينَ ءَامَنُواْ
مِنكُمۡۚ وَٱلَّذِينَ يُؤۡذُونَ رَسُولَ ٱللَّهِ لَهُمۡ عَذَابٌ أَلِيمٞ ٦١

نصف الحزب ٢٠

يَحۡلِفُونَ بِٱللَّهِ لَكُمۡ لِيُرۡضُوكُمۡ وَٱللَّهُ وَرَسُولُهُۥٓ أَحَقُّ
أَن يُرۡضُوهُ إِن كَانُواْ مُؤۡمِنِينَ ٦٢ أَلَمۡ يَعۡلَمُوٓاْ أَنَّهُۥ مَن
يُحَادِدِ ٱللَّهَ وَرَسُولَهُۥ فَأَنَّ لَهُۥ نَارَ جَهَنَّمَ خَٰلِدٗا فِيهَاۚ
ذَٰلِكَ ٱلۡخِزۡيُ ٱلۡعَظِيمُ ٦٣ يَحۡذَرُ ٱلۡمُنَٰفِقُونَ أَن
تُنَزَّلَ عَلَيۡهِمۡ سُورَةٞ تُنَبِّئُهُم بِمَا فِي قُلُوبِهِمۡۚ قُلِ ٱسۡتَهۡزِءُوٓاْ
إِنَّ ٱللَّهَ مُخۡرِجٞ مَّا تَحۡذَرُونَ ٦٤ وَلَئِن سَأَلۡتَهُمۡ
لَيَقُولُنَّ إِنَّمَا كُنَّا نَخُوضُ وَنَلۡعَبُۚ قُلۡ أَبِٱللَّهِ وَءَايَٰتِهِۦ
وَرَسُولِهِۦ كُنتُمۡ تَسۡتَهۡزِءُونَ ٦٥ لَا تَعۡتَذِرُواْ قَدۡ كَفَرۡتُم
بَعۡدَ إِيمَٰنِكُمۡۚ إِن نَّعۡفُ عَن طَآئِفَةٖ مِّنكُمۡ نُعَذِّبۡ طَآئِفَةَۢ
بِأَنَّهُمۡ كَانُواْ مُجۡرِمِينَ ٦٦ ٱلۡمُنَٰفِقُونَ وَٱلۡمُنَٰفِقَٰتُ
بَعۡضُهُم مِّنۢ بَعۡضٖۚ يَأۡمُرُونَ بِٱلۡمُنكَرِ وَيَنۡهَوۡنَ
عَنِ ٱلۡمَعۡرُوفِ وَيَقۡبِضُونَ أَيۡدِيَهُمۡۚ نَسُواْ ٱللَّهَ فَنَسِيَهُمۡۚ
إِنَّ ٱلۡمُنَٰفِقِينَ هُمُ ٱلۡفَٰسِقُونَ ٦٧ وَعَدَ ٱللَّهُ ٱلۡمُنَٰفِقِينَ
وَٱلۡمُنَٰفِقَٰتِ وَٱلۡكُفَّارَ نَارَ جَهَنَّمَ خَٰلِدِينَ فِيهَاۚ هِيَ
حَسۡبُهُمۡۚ وَلَعَنَهُمُ ٱللَّهُۖ وَلَهُمۡ عَذَابٞ مُّقِيمٞ ٦٨

كَٱلَّذِينَ مِن قَبۡلِكُمۡ كَانُوٓاْ أَشَدَّ مِنكُمۡ قُوَّةٗ وَأَكۡثَرَ أَمۡوَٰلٗا
وَأَوۡلَٰدٗا فَٱسۡتَمۡتَعُواْ بِخَلَٰقِهِمۡ فَٱسۡتَمۡتَعۡتُم بِخَلَٰقِكُمۡ
كَمَا ٱسۡتَمۡتَعَ ٱلَّذِينَ مِن قَبۡلِكُم بِخَلَٰقِهِمۡ وَخُضۡتُمۡ
كَٱلَّذِي خَاضُوٓاْۚ أُوْلَٰٓئِكَ حَبِطَتۡ أَعۡمَٰلُهُمۡ فِي ٱلدُّنۡيَا
وَٱلۡأٓخِرَةِۖ وَأُوْلَٰٓئِكَ هُمُ ٱلۡخَٰسِرُونَ ٦٩ أَلَمۡ يَأۡتِهِمۡ
نَبَأُ ٱلَّذِينَ مِن قَبۡلِهِمۡ قَوۡمِ نُوحٖ وَعَادٖ وَثَمُودَ وَقَوۡمِ
إِبۡرَٰهِيمَ وَأَصۡحَٰبِ مَدۡيَنَ وَٱلۡمُؤۡتَفِكَٰتِۚ أَتَتۡهُمۡ رُسُلُهُم
بِٱلۡبَيِّنَٰتِۖ فَمَا كَانَ ٱللَّهُ لِيَظۡلِمَهُمۡ وَلَٰكِن كَانُوٓاْ
أَنفُسَهُمۡ يَظۡلِمُونَ ٧٠ وَٱلۡمُؤۡمِنُونَ وَٱلۡمُؤۡمِنَٰتُ بَعۡضُهُمۡ
أَوۡلِيَآءُ بَعۡضٖۚ يَأۡمُرُونَ بِٱلۡمَعۡرُوفِ وَيَنۡهَوۡنَ عَنِ ٱلۡمُنكَرِ
وَيُقِيمُونَ ٱلصَّلَوٰةَ وَيُؤۡتُونَ ٱلزَّكَوٰةَ وَيُطِيعُونَ ٱللَّهَ
وَرَسُولَهُۥٓۚ أُوْلَٰٓئِكَ سَيَرۡحَمُهُمُ ٱللَّهُۗ إِنَّ ٱللَّهَ عَزِيزٌ حَكِيمٞ
٧١ وَعَدَ ٱللَّهُ ٱلۡمُؤۡمِنِينَ وَٱلۡمُؤۡمِنَٰتِ جَنَّٰتٖ تَجۡرِي مِن تَحۡتِهَا
ٱلۡأَنۡهَٰرُ خَٰلِدِينَ فِيهَا وَمَسَٰكِنَ طَيِّبَةٗ فِي جَنَّٰتِ عَدۡنٖۚ
وَرِضۡوَٰنٞ مِّنَ ٱللَّهِ أَكۡبَرُۚ ذَٰلِكَ هُوَ ٱلۡفَوۡزُ ٱلۡعَظِيمُ ٧٢

يَٰٓأَيُّهَا ٱلنَّبِيُّ جَٰهِدِ ٱلۡكُفَّارَ وَٱلۡمُنَٰفِقِينَ وَٱغۡلُظۡ عَلَيۡهِمۡۚ
وَمَأۡوَىٰهُمۡ جَهَنَّمُۖ وَبِئۡسَ ٱلۡمَصِيرُ ٧٣ يَحۡلِفُونَ بِٱللَّهِ مَا قَالُواْ
وَلَقَدۡ قَالُواْ كَلِمَةَ ٱلۡكُفۡرِ وَكَفَرُواْ بَعۡدَ إِسۡلَٰمِهِمۡ وَهَمُّواْ
بِمَا لَمۡ يَنَالُواْۚ وَمَا نَقَمُوٓاْ إِلَّآ أَنۡ أَغۡنَىٰهُمُ ٱللَّهُ وَرَسُولُهُۥ
مِن فَضۡلِهِۦۚ فَإِن يَتُوبُواْ يَكُ خَيۡرٗا لَّهُمۡۖ وَإِن يَتَوَلَّوۡاْ يُعَذِّبۡهُمُ
ٱللَّهُ عَذَابًا أَلِيمٗا فِي ٱلدُّنۡيَا وَٱلۡأٓخِرَةِۚ وَمَا لَهُمۡ فِي ٱلۡأَرۡضِ
مِن وَلِيّٖ وَلَا نَصِيرٖ ٧٤ ۞ وَمِنۡهُم مَّنۡ عَٰهَدَ ٱللَّهَ لَئِنۡ ءَاتَىٰنَا
مِن فَضۡلِهِۦ لَنَصَّدَّقَنَّ وَلَنَكُونَنَّ مِنَ ٱلصَّٰلِحِينَ
٧٥ فَلَمَّآ ءَاتَىٰهُم مِّن فَضۡلِهِۦ بَخِلُواْ بِهِۦ وَتَوَلَّواْ وَّهُم
مُّعۡرِضُونَ ٧٦ فَأَعۡقَبَهُمۡ نِفَاقٗا فِي قُلُوبِهِمۡ إِلَىٰ يَوۡمِ يَلۡقَوۡنَهُۥ
بِمَآ أَخۡلَفُواْ ٱللَّهَ مَا وَعَدُوهُ وَبِمَا كَانُواْ يَكۡذِبُونَ ٧٧
أَلَمۡ يَعۡلَمُوٓاْ أَنَّ ٱللَّهَ يَعۡلَمُ سِرَّهُمۡ وَنَجۡوَىٰهُمۡ وَأَنَّ ٱللَّهَ
عَلَّٰمُ ٱلۡغُيُوبِ ٧٨ ٱلَّذِينَ يَلۡمِزُونَ ٱلۡمُطَّوِّعِينَ مِنَ
ٱلۡمُؤۡمِنِينَ فِي ٱلصَّدَقَٰتِ وَٱلَّذِينَ لَا يَجِدُونَ إِلَّا جُهۡدَهُمۡ
فَيَسۡخَرُونَ مِنۡهُمۡ سَخِرَ ٱللَّهُ مِنۡهُمۡ وَلَهُمۡ عَذَابٌ أَلِيمٌ ٧٩

ثلاثة أرباع الحزب ٢٠

ٱسْتَغْفِرْ لَهُمْ أَوْ لَا تَسْتَغْفِرْ لَهُمْ إِن تَسْتَغْفِرْ لَهُمْ سَبْعِينَ مَرَّةً
فَلَن يَغْفِرَ ٱللَّهُ لَهُمْ ۚ ذَٰلِكَ بِأَنَّهُمْ كَفَرُوا۟ بِٱللَّهِ وَرَسُولِهِۦ ۗ
وَٱللَّهُ لَا يَهْدِى ٱلْقَوْمَ ٱلْفَٰسِقِينَ ﴿٨٠﴾ فَرِحَ ٱلْمُخَلَّفُونَ بِمَقْعَدِهِمْ
خِلَٰفَ رَسُولِ ٱللَّهِ وَكَرِهُوٓا۟ أَن يُجَٰهِدُوا۟ بِأَمْوَٰلِهِمْ وَأَنفُسِهِمْ
فِى سَبِيلِ ٱللَّهِ وَقَالُوا۟ لَا تَنفِرُوا۟ فِى ٱلْحَرِّ ۗ قُلْ نَارُ جَهَنَّمَ أَشَدُّ حَرًّا ۚ
لَّوْ كَانُوا۟ يَفْقَهُونَ ﴿٨١﴾ فَلْيَضْحَكُوا۟ قَلِيلًا وَلْيَبْكُوا۟ كَثِيرًا جَزَآءًۢ
بِمَا كَانُوا۟ يَكْسِبُونَ ﴿٨٢﴾ فَإِن رَّجَعَكَ ٱللَّهُ إِلَىٰ طَآئِفَةٍ
مِّنْهُمْ فَٱسْتَـْٔذَنُوكَ لِلْخُرُوجِ فَقُل لَّن تَخْرُجُوا۟ مَعِىَ أَبَدًا وَلَن
تُقَٰتِلُوا۟ مَعِىَ عَدُوًّا ۖ إِنَّكُمْ رَضِيتُم بِٱلْقُعُودِ أَوَّلَ مَرَّةٍ فَٱقْعُدُوا۟
مَعَ ٱلْخَٰلِفِينَ ﴿٨٣﴾ وَلَا تُصَلِّ عَلَىٰٓ أَحَدٍ مِّنْهُم مَّاتَ أَبَدًا وَلَا تَقُمْ
عَلَىٰ قَبْرِهِۦٓ ۖ إِنَّهُمْ كَفَرُوا۟ بِٱللَّهِ وَرَسُولِهِۦ وَمَاتُوا۟ وَهُمْ فَٰسِقُونَ
﴿٨٤﴾ وَلَا تُعْجِبْكَ أَمْوَٰلُهُمْ وَأَوْلَٰدُهُمْ ۚ إِنَّمَا يُرِيدُ ٱللَّهُ أَن يُعَذِّبَهُم
بِهَا فِى ٱلدُّنْيَا وَتَزْهَقَ أَنفُسُهُمْ وَهُمْ كَٰفِرُونَ ﴿٨٥﴾ وَإِذَآ
أُنزِلَتْ سُورَةٌ أَنْ ءَامِنُوا۟ بِٱللَّهِ وَجَٰهِدُوا۟ مَعَ رَسُولِهِ ٱسْتَـْٔذَنَكَ
أُو۟لُوا۟ ٱلطَّوْلِ مِنْهُمْ وَقَالُوا۟ ذَرْنَا نَكُن مَّعَ ٱلْقَٰعِدِينَ ﴿٨٦﴾

رَضُوا۟ بِأَن يَكُونُوا۟ مَعَ ٱلْخَوَالِفِ وَطُبِعَ عَلَىٰ قُلُوبِهِمْ فَهُمْ
لَا يَفْقَهُونَ ﴿٨٧﴾ لَٰكِنِ ٱلرَّسُولُ وَٱلَّذِينَ ءَامَنُوا۟ مَعَهُۥ
جَٰهَدُوا۟ بِأَمْوَٰلِهِمْ وَأَنفُسِهِمْ ۚ وَأُو۟لَٰٓئِكَ لَهُمُ ٱلْخَيْرَٰتُ ۖ
وَأُو۟لَٰٓئِكَ هُمُ ٱلْمُفْلِحُونَ ﴿٨٨﴾ أَعَدَّ ٱللَّهُ لَهُمْ جَنَّٰتٍ تَجْرِى
مِن تَحْتِهَا ٱلْأَنْهَٰرُ خَٰلِدِينَ فِيهَا ۚ ذَٰلِكَ ٱلْفَوْزُ ٱلْعَظِيمُ ﴿٨٩﴾
وَجَآءَ ٱلْمُعَذِّرُونَ مِنَ ٱلْأَعْرَابِ لِيُؤْذَنَ لَهُمْ وَقَعَدَ ٱلَّذِينَ
كَذَبُوا۟ ٱللَّهَ وَرَسُولَهُۥ ۚ سَيُصِيبُ ٱلَّذِينَ كَفَرُوا۟ مِنْهُمْ عَذَابٌ
أَلِيمٌ ﴿٩٠﴾ لَّيْسَ عَلَى ٱلضُّعَفَآءِ وَلَا عَلَى ٱلْمَرْضَىٰ وَلَا عَلَى ٱلَّذِينَ
لَا يَجِدُونَ مَا يُنفِقُونَ حَرَجٌ إِذَا نَصَحُوا۟ لِلَّهِ وَرَسُولِهِۦ ۚ
مَا عَلَى ٱلْمُحْسِنِينَ مِن سَبِيلٍ ۚ وَٱللَّهُ غَفُورٌ رَّحِيمٌ ﴿٩١﴾
وَلَا عَلَى ٱلَّذِينَ إِذَا مَآ أَتَوْكَ لِتَحْمِلَهُمْ قُلْتَ لَآ أَجِدُ
مَآ أَحْمِلُكُمْ عَلَيْهِ تَوَلَّوا۟ وَّأَعْيُنُهُمْ تَفِيضُ مِنَ ٱلدَّمْعِ
حَزَنًا أَلَّا يَجِدُوا۟ مَا يُنفِقُونَ ﴿٩٢﴾ ۞ إِنَّمَا ٱلسَّبِيلُ عَلَى
ٱلَّذِينَ يَسْتَـْٔذِنُونَكَ وَهُمْ أَغْنِيَآءُ ۚ رَضُوا۟ بِأَن يَكُونُوا۟
مَعَ ٱلْخَوَالِفِ وَطَبَعَ ٱللَّهُ عَلَىٰ قُلُوبِهِمْ فَهُمْ لَا يَعْلَمُونَ ﴿٩٣﴾

الجزء ١١
الحزب ٢١

يَعۡتَذِرُونَ إِلَيۡكُمۡ إِذَا رَجَعۡتُمۡ إِلَيۡهِمۡۚ قُل لَّا تَعۡتَذِرُواْ
لَن نُّؤۡمِنَ لَكُمۡ قَدۡ نَبَّأَنَا ٱللَّهُ مِنۡ أَخۡبَارِكُمۡۚ وَسَيَرَى
ٱللَّهُ عَمَلَكُمۡ وَرَسُولُهُۥ ثُمَّ تُرَدُّونَ إِلَىٰ عَٰلِمِ ٱلۡغَيۡبِ وَٱلشَّهَٰدَةِ
فَيُنَبِّئُكُم بِمَا كُنتُمۡ تَعۡمَلُونَ ٩٤ سَيَحۡلِفُونَ بِٱللَّهِ
لَكُمۡ إِذَا ٱنقَلَبۡتُمۡ إِلَيۡهِمۡ لِتُعۡرِضُواْ عَنۡهُمۡۖ فَأَعۡرِضُواْ
عَنۡهُمۡۖ إِنَّهُمۡ رِجۡسٞۖ وَمَأۡوَىٰهُمۡ جَهَنَّمُ جَزَآءَۢ بِمَا كَانُواْ
يَكۡسِبُونَ ٩٥ يَحۡلِفُونَ لَكُمۡ لِتَرۡضَوۡاْ عَنۡهُمۡۖ فَإِن
تَرۡضَوۡاْ عَنۡهُمۡ فَإِنَّ ٱللَّهَ لَا يَرۡضَىٰ عَنِ ٱلۡقَوۡمِ ٱلۡفَٰسِقِينَ
٩٦ ٱلۡأَعۡرَابُ أَشَدُّ كُفۡرٗا وَنِفَاقٗا وَأَجۡدَرُ أَلَّا يَعۡلَمُواْ حُدُودَ
مَآ أَنزَلَ ٱللَّهُ عَلَىٰ رَسُولِهِۦۗ وَٱللَّهُ عَلِيمٌ حَكِيمٞ ٩٧ وَمِنَ
ٱلۡأَعۡرَابِ مَن يَتَّخِذُ مَا يُنفِقُ مَغۡرَمٗا وَيَتَرَبَّصُ بِكُمُ
ٱلدَّوَآئِرَۚ عَلَيۡهِمۡ دَآئِرَةُ ٱلسَّوۡءِۗ وَٱللَّهُ سَمِيعٌ عَلِيمٞ ٩٨ وَمِنَ
ٱلۡأَعۡرَابِ مَن يُؤۡمِنُ بِٱللَّهِ وَٱلۡيَوۡمِ ٱلۡأٓخِرِ وَيَتَّخِذُ مَا يُنفِقُ
قُرُبَٰتٍ عِندَ ٱللَّهِ وَصَلَوَٰتِ ٱلرَّسُولِۚ أَلَآ إِنَّهَا قُرۡبَةٞ لَّهُمۡۚ
سَيُدۡخِلُهُمُ ٱللَّهُ فِي رَحۡمَتِهِۦٓۚ إِنَّ ٱللَّهَ غَفُورٞ رَّحِيمٞ ٩٩

وَٱلسَّٰبِقُونَ ٱلْأَوَّلُونَ مِنَ ٱلْمُهَٰجِرِينَ وَٱلْأَنصَارِ وَٱلَّذِينَ
ٱتَّبَعُوهُم بِإِحْسَٰنٍ رَّضِىَ ٱللَّهُ عَنْهُمْ وَرَضُوا۟ عَنْهُ وَأَعَدَّ
لَهُمْ جَنَّٰتٍ تَجْرِى تَحْتَهَا ٱلْأَنْهَٰرُ خَٰلِدِينَ فِيهَآ أَبَدًا ۚ
ذَٰلِكَ ٱلْفَوْزُ ٱلْعَظِيمُ ١٠٠ وَمِمَّنْ حَوْلَكُم مِّنَ ٱلْأَعْرَابِ
مُنَٰفِقُونَ ۖ وَمِنْ أَهْلِ ٱلْمَدِينَةِ ۖ مَرَدُوا۟ عَلَى ٱلنِّفَاقِ لَا تَعْلَمُهُمْ ۖ
نَحْنُ نَعْلَمُهُمْ ۚ سَنُعَذِّبُهُم مَّرَّتَيْنِ ثُمَّ يُرَدُّونَ إِلَىٰ عَذَابٍ
عَظِيمٍ ١٠١ وَءَاخَرُونَ ٱعْتَرَفُوا۟ بِذُنُوبِهِمْ خَلَطُوا۟ عَمَلًا صَٰلِحًا
وَءَاخَرَ سَيِّئًا عَسَى ٱللَّهُ أَن يَتُوبَ عَلَيْهِمْ ۚ إِنَّ ٱللَّهَ غَفُورٌ رَّحِيمٌ
١٠٢ خُذْ مِنْ أَمْوَٰلِهِمْ صَدَقَةً تُطَهِّرُهُمْ وَتُزَكِّيهِم بِهَا وَصَلِّ عَلَيْهِمْ ۖ
إِنَّ صَلَوٰتَكَ سَكَنٌ لَّهُمْ ۗ وَٱللَّهُ سَمِيعٌ عَلِيمٌ ١٠٣ أَلَمْ يَعْلَمُوٓا۟ أَنَّ
ٱللَّهَ هُوَ يَقْبَلُ ٱلتَّوْبَةَ عَنْ عِبَادِهِۦ وَيَأْخُذُ ٱلصَّدَقَٰتِ وَأَنَّ
ٱللَّهَ هُوَ ٱلتَّوَّابُ ٱلرَّحِيمُ ١٠٤ وَقُلِ ٱعْمَلُوا۟ فَسَيَرَى ٱللَّهُ عَمَلَكُمْ
وَرَسُولُهُۥ وَٱلْمُؤْمِنُونَ ۖ وَسَتُرَدُّونَ إِلَىٰ عَٰلِمِ ٱلْغَيْبِ وَٱلشَّهَٰدَةِ
فَيُنَبِّئُكُم بِمَا كُنتُمْ تَعْمَلُونَ ١٠٥ وَءَاخَرُونَ مُرْجَوْنَ لِأَمْرِ ٱللَّهِ
إِمَّا يُعَذِّبُهُمْ وَإِمَّا يَتُوبُ عَلَيْهِمْ ۗ وَٱللَّهُ عَلِيمٌ حَكِيمٌ ١٠٦

وَالَّذِينَ اتَّخَذُوا مَسْجِدًا ضِرَارًا وَكُفْرًا وَتَفْرِيقًا بَيْنَ
الْمُؤْمِنِينَ وَإِرْصَادًا لِمَنْ حَارَبَ اللَّهَ وَرَسُولَهُ مِن قَبْلُ
وَلَيَحْلِفُنَّ إِنْ أَرَدْنَا إِلَّا الْحُسْنَىٰ وَاللَّهُ يَشْهَدُ إِنَّهُمْ
لَكَاذِبُونَ ﴿١٠٧﴾ لَا تَقُمْ فِيهِ أَبَدًا لَمَسْجِدٌ أُسِّسَ عَلَى التَّقْوَىٰ
مِنْ أَوَّلِ يَوْمٍ أَحَقُّ أَن تَقُومَ فِيهِ فِيهِ رِجَالٌ يُحِبُّونَ أَن
يَتَطَهَّرُوا وَاللَّهُ يُحِبُّ الْمُطَّهِّرِينَ ﴿١٠٨﴾ أَفَمَنْ أَسَّسَ بُنْيَانَهُ
عَلَىٰ تَقْوَىٰ مِنَ اللَّهِ وَرِضْوَانٍ خَيْرٌ أَم مَّنْ أَسَّسَ بُنْيَانَهُ
عَلَىٰ شَفَا جُرُفٍ هَارٍ فَانْهَارَ بِهِ فِي نَارِ جَهَنَّمَ وَاللَّهُ لَا يَهْدِي
الْقَوْمَ الظَّالِمِينَ ﴿١٠٩﴾ لَا يَزَالُ بُنْيَانُهُمُ الَّذِي بَنَوْا رِيبَةً
فِي قُلُوبِهِمْ إِلَّا أَن تَقَطَّعَ قُلُوبُهُمْ وَاللَّهُ عَلِيمٌ حَكِيمٌ
ربع الحزب ٢١
﴿١١٠﴾ ۞ إِنَّ اللَّهَ اشْتَرَىٰ مِنَ الْمُؤْمِنِينَ أَنفُسَهُمْ وَأَمْوَالَهُم
بِأَنَّ لَهُمُ الْجَنَّةَ يُقَاتِلُونَ فِي سَبِيلِ اللَّهِ فَيَقْتُلُونَ
وَيُقْتَلُونَ وَعْدًا عَلَيْهِ حَقًّا فِي التَّوْرَاةِ وَالْإِنجِيلِ
وَالْقُرْآنِ وَمَنْ أَوْفَىٰ بِعَهْدِهِ مِنَ اللَّهِ فَاسْتَبْشِرُوا
بِبَيْعِكُمُ الَّذِي بَايَعْتُم بِهِ وَذَٰلِكَ هُوَ الْفَوْزُ الْعَظِيمُ ﴿١١١﴾

ٱلتَّٰٓئِبُونَ ٱلۡعَٰبِدُونَ ٱلۡحَٰمِدُونَ ٱلسَّٰٓئِحُونَ
ٱلرَّٰكِعُونَ ٱلسَّٰجِدُونَ ٱلۡأٓمِرُونَ بِٱلۡمَعۡرُوفِ
وَٱلنَّاهُونَ عَنِ ٱلۡمُنكَرِ وَٱلۡحَٰفِظُونَ لِحُدُودِ ٱللَّهِۗ
وَبَشِّرِ ٱلۡمُؤۡمِنِينَ ١١٢ مَا كَانَ لِلنَّبِيِّ وَٱلَّذِينَ ءَامَنُوٓاْ
أَن يَسۡتَغۡفِرُواْ لِلۡمُشۡرِكِينَ وَلَوۡ كَانُوٓاْ أُوْلِي قُرۡبَىٰ
مِنۢ بَعۡدِ مَا تَبَيَّنَ لَهُمۡ أَنَّهُمۡ أَصۡحَٰبُ ٱلۡجَحِيمِ ١١٣ وَمَا
كَانَ ٱسۡتِغۡفَارُ إِبۡرَٰهِيمَ لِأَبِيهِ إِلَّا عَن مَّوۡعِدَةٖ وَعَدَهَآ
إِيَّاهُ فَلَمَّا تَبَيَّنَ لَهُۥٓ أَنَّهُۥ عَدُوّٞ لِّلَّهِ تَبَرَّأَ مِنۡهُۚ إِنَّ إِبۡرَٰهِيمَ
لَأَوَّٰهٌ حَلِيمٞ ١١٤ وَمَا كَانَ ٱللَّهُ لِيُضِلَّ قَوۡمَۢا بَعۡدَ إِذۡ
هَدَىٰهُمۡ حَتَّىٰ يُبَيِّنَ لَهُم مَّا يَتَّقُونَۚ إِنَّ ٱللَّهَ بِكُلِّ شَيۡءٍ
عَلِيمٌ ١١٥ إِنَّ ٱللَّهَ لَهُۥ مُلۡكُ ٱلسَّمَٰوَٰتِ وَٱلۡأَرۡضِۖ يُحۡيِۦ
وَيُمِيتُۚ وَمَا لَكُم مِّن دُونِ ٱللَّهِ مِن وَلِيّٖ وَلَا نَصِيرٖ ١١٦
لَّقَد تَّابَ ٱللَّهُ عَلَى ٱلنَّبِيِّ وَٱلۡمُهَٰجِرِينَ وَٱلۡأَنصَارِ ٱلَّذِينَ
ٱتَّبَعُوهُ فِي سَاعَةِ ٱلۡعُسۡرَةِ مِنۢ بَعۡدِ مَا كَادَ يَزِيغُ قُلُوبُ
فَرِيقٖ مِّنۡهُمۡ ثُمَّ تَابَ عَلَيۡهِمۡۚ إِنَّهُۥ بِهِمۡ رَءُوفٞ رَّحِيمٞ ١١٧

وَعَلَى ٱلثَّلَٰثَةِ ٱلَّذِينَ خُلِّفُواْ حَتَّىٰٓ إِذَا ضَاقَتۡ عَلَيۡهِمُ ٱلۡأَرۡضُ
بِمَا رَحُبَتۡ وَضَاقَتۡ عَلَيۡهِمۡ أَنفُسُهُمۡ وَظَنُّوٓاْ أَن لَّا مَلۡجَأَ
مِنَ ٱللَّهِ إِلَّآ إِلَيۡهِ ثُمَّ تَابَ عَلَيۡهِمۡ لِيَتُوبُوٓاْۚ إِنَّ ٱللَّهَ هُوَ ٱلتَّوَّابُ
ٱلرَّحِيمُ ١١٨ يَٰٓأَيُّهَا ٱلَّذِينَ ءَامَنُواْ ٱتَّقُواْ ٱللَّهَ وَكُونُواْ مَعَ
ٱلصَّٰدِقِينَ ١١٩ مَا كَانَ لِأَهۡلِ ٱلۡمَدِينَةِ وَمَنۡ حَوۡلَهُم
مِّنَ ٱلۡأَعۡرَابِ أَن يَتَخَلَّفُواْ عَن رَّسُولِ ٱللَّهِ وَلَا يَرۡغَبُواْ
بِأَنفُسِهِمۡ عَن نَّفۡسِهِۦۚ ذَٰلِكَ بِأَنَّهُمۡ لَا يُصِيبُهُمۡ ظَمَأٞ
وَلَا نَصَبٞ وَلَا مَخۡمَصَةٞ فِي سَبِيلِ ٱللَّهِ وَلَا يَطَـُٔونَ مَوۡطِئٗا
يَغِيظُ ٱلۡكُفَّارَ وَلَا يَنَالُونَ مِنۡ عَدُوّٖ نَّيۡلًا إِلَّا كُتِبَ
لَهُم بِهِۦ عَمَلٞ صَٰلِحٌۚ إِنَّ ٱللَّهَ لَا يُضِيعُ أَجۡرَ ٱلۡمُحۡسِنِينَ
١٢٠ وَلَا يُنفِقُونَ نَفَقَةٗ صَغِيرَةٗ وَلَا كَبِيرَةٗ وَلَا يَقۡطَعُونَ
وَادِيًا إِلَّا كُتِبَ لَهُمۡ لِيَجۡزِيَهُمُ ٱللَّهُ أَحۡسَنَ مَا كَانُواْ
يَعۡمَلُونَ ١٢١ ۞ وَمَا كَانَ ٱلۡمُؤۡمِنُونَ لِيَنفِرُواْ كَآفَّةٗۚ
فَلَوۡلَا نَفَرَ مِن كُلِّ فِرۡقَةٖ مِّنۡهُمۡ طَآئِفَةٞ لِّيَتَفَقَّهُواْ فِي ٱلدِّينِ
وَلِيُنذِرُواْ قَوۡمَهُمۡ إِذَا رَجَعُوٓاْ إِلَيۡهِمۡ لَعَلَّهُمۡ يَحۡذَرُونَ ١٢٢

نصف الحزب ٢١

يَٰٓأَيُّهَا ٱلَّذِينَ ءَامَنُواْ قَٰتِلُواْ ٱلَّذِينَ يَلُونَكُم مِّنَ ٱلۡكُفَّارِ
وَلۡيَجِدُواْ فِيكُمۡ غِلۡظَةٗۚ وَٱعۡلَمُوٓاْ أَنَّ ٱللَّهَ مَعَ ٱلۡمُتَّقِينَ
١٢٣ وَإِذَا مَآ أُنزِلَتۡ سُورَةٞ فَمِنۡهُم مَّن يَقُولُ أَيُّكُمۡ زَادَتۡهُ
هَٰذِهِۦٓ إِيمَٰنٗاۚ فَأَمَّا ٱلَّذِينَ ءَامَنُواْ فَزَادَتۡهُمۡ إِيمَٰنٗا وَهُمۡ
يَسۡتَبۡشِرُونَ ١٢٤ وَأَمَّا ٱلَّذِينَ فِي قُلُوبِهِم مَّرَضٞ فَزَادَتۡهُمۡ
رِجۡسًا إِلَىٰ رِجۡسِهِمۡ وَمَاتُواْ وَهُمۡ كَٰفِرُونَ ١٢٥ أَوَلَا
يَرَوۡنَ أَنَّهُمۡ يُفۡتَنُونَ فِي كُلِّ عَامٖ مَّرَّةً أَوۡ مَرَّتَيۡنِ
ثُمَّ لَا يَتُوبُونَ وَلَا هُمۡ يَذَّكَّرُونَ ١٢٦ وَإِذَا مَآ
أُنزِلَتۡ سُورَةٞ نَّظَرَ بَعۡضُهُمۡ إِلَىٰ بَعۡضٍ هَلۡ يَرَىٰكُم
مِّنۡ أَحَدٖ ثُمَّ ٱنصَرَفُواْۚ صَرَفَ ٱللَّهُ قُلُوبَهُم بِأَنَّهُمۡ قَوۡمٞ
لَّا يَفۡقَهُونَ ١٢٧ لَقَدۡ جَآءَكُمۡ رَسُولٞ مِّنۡ أَنفُسِكُمۡ
عَزِيزٌ عَلَيۡهِ مَا عَنِتُّمۡ حَرِيصٌ عَلَيۡكُم بِٱلۡمُؤۡمِنِينَ
رَءُوفٞ رَّحِيمٞ ١٢٨ فَإِن تَوَلَّوۡاْ فَقُلۡ حَسۡبِيَ ٱللَّهُ لَآ إِلَٰهَ
إِلَّا هُوَۖ عَلَيۡهِ تَوَكَّلۡتُۖ وَهُوَ رَبُّ ٱلۡعَرۡشِ ٱلۡعَظِيمِ ١٢٩

سُورَةُ يُونُسَ

بِسۡمِ ٱللَّهِ ٱلرَّحۡمَٰنِ ٱلرَّحِيمِ

الٓرۚ تِلۡكَ ءَايَٰتُ ٱلۡكِتَٰبِ ٱلۡحَكِيمِ ١ أَكَانَ لِلنَّاسِ عَجَبًا
أَنۡ أَوۡحَيۡنَآ إِلَىٰ رَجُلٖ مِّنۡهُمۡ أَنۡ أَنذِرِ ٱلنَّاسَ وَبَشِّرِ ٱلَّذِينَ
ءَامَنُوٓاْ أَنَّ لَهُمۡ قَدَمَ صِدۡقٍ عِندَ رَبِّهِمۡۗ قَالَ ٱلۡكَٰفِرُونَ
إِنَّ هَٰذَا لَسَٰحِرٞ مُّبِينٌ ٢ إِنَّ رَبَّكُمُ ٱللَّهُ ٱلَّذِي خَلَقَ ٱلسَّمَٰوَٰتِ
وَٱلۡأَرۡضَ فِي سِتَّةِ أَيَّامٖ ثُمَّ ٱسۡتَوَىٰ عَلَى ٱلۡعَرۡشِۖ يُدَبِّرُ ٱلۡأَمۡرَۖ
مَا مِن شَفِيعٍ إِلَّا مِنۢ بَعۡدِ إِذۡنِهِۦۚ ذَٰلِكُمُ ٱللَّهُ رَبُّكُمۡ فَٱعۡبُدُوهُۚ
أَفَلَا تَذَكَّرُونَ ٣ إِلَيۡهِ مَرۡجِعُكُمۡ جَمِيعٗاۖ وَعۡدَ ٱللَّهِ حَقًّاۚ إِنَّهُۥ
يَبۡدَؤُاْ ٱلۡخَلۡقَ ثُمَّ يُعِيدُهُۥ لِيَجۡزِيَ ٱلَّذِينَ ءَامَنُواْ وَعَمِلُواْ
ٱلصَّٰلِحَٰتِ بِٱلۡقِسۡطِۚ وَٱلَّذِينَ كَفَرُواْ لَهُمۡ شَرَابٞ مِّنۡ حَمِيمٖ
وَعَذَابٌ أَلِيمُۢ بِمَا كَانُواْ يَكۡفُرُونَ ٤ هُوَ ٱلَّذِي جَعَلَ ٱلشَّمۡسَ
ضِيَآءٗ وَٱلۡقَمَرَ نُورٗا وَقَدَّرَهُۥ مَنَازِلَ لِتَعۡلَمُواْ عَدَدَ ٱلسِّنِينَ
وَٱلۡحِسَابَۚ مَا خَلَقَ ٱللَّهُ ذَٰلِكَ إِلَّا بِٱلۡحَقِّۚ يُفَصِّلُ ٱلۡأٓيَٰتِ
لِقَوۡمٖ يَعۡلَمُونَ ٥ إِنَّ فِي ٱخۡتِلَٰفِ ٱلَّيۡلِ وَٱلنَّهَارِ وَمَا خَلَقَ
ٱللَّهُ فِي ٱلسَّمَٰوَٰتِ وَٱلۡأَرۡضِ لَأٓيَٰتٖ لِّقَوۡمٖ يَتَّقُونَ ٦

إِنَّ ٱلَّذِينَ لَا يَرۡجُونَ لِقَآءَنَا وَرَضُواْ بِٱلۡحَيَوٰةِ ٱلدُّنۡيَا وَٱطۡمَأَنُّواْ
بِهَا وَٱلَّذِينَ هُمۡ عَنۡ ءَايَٰتِنَا غَٰفِلُونَ ٧ أُوْلَٰٓئِكَ مَأۡوَىٰهُمُ
ٱلنَّارُ بِمَا كَانُواْ يَكۡسِبُونَ ٨ إِنَّ ٱلَّذِينَ ءَامَنُواْ وَعَمِلُواْ
ٱلصَّٰلِحَٰتِ يَهۡدِيهِمۡ رَبُّهُم بِإِيمَٰنِهِمۡۖ تَجۡرِي مِن تَحۡتِهِمُ
ٱلۡأَنۡهَٰرُ فِي جَنَّٰتِ ٱلنَّعِيمِ ٩ دَعۡوَىٰهُمۡ فِيهَا سُبۡحَٰنَكَ
ٱللَّهُمَّ وَتَحِيَّتُهُمۡ فِيهَا سَلَٰمٞۚ وَءَاخِرُ دَعۡوَىٰهُمۡ أَنِ ٱلۡحَمۡدُ
لِلَّهِ رَبِّ ٱلۡعَٰلَمِينَ ١٠ ۞ وَلَوۡ يُعَجِّلُ ٱللَّهُ لِلنَّاسِ ٱلشَّرَّ ثلاثة أرباع الحزب ٢١
ٱسۡتِعۡجَالَهُم بِٱلۡخَيۡرِ لَقُضِيَ إِلَيۡهِمۡ أَجَلُهُمۡۖ فَنَذَرُ ٱلَّذِينَ
لَا يَرۡجُونَ لِقَآءَنَا فِي طُغۡيَٰنِهِمۡ يَعۡمَهُونَ ١١ وَإِذَا مَسَّ ٱلۡإِنسَٰنَ
ٱلضُّرُّ دَعَانَا لِجَنۢبِهِۦٓ أَوۡ قَاعِدًا أَوۡ قَآئِمٗا فَلَمَّا كَشَفۡنَا
عَنۡهُ ضُرَّهُۥ مَرَّ كَأَن لَّمۡ يَدۡعُنَآ إِلَىٰ ضُرّٖ مَّسَّهُۥۚ كَذَٰلِكَ زُيِّنَ
لِلۡمُسۡرِفِينَ مَا كَانُواْ يَعۡمَلُونَ ١٢ وَلَقَدۡ أَهۡلَكۡنَا ٱلۡقُرُونَ
مِن قَبۡلِكُمۡ لَمَّا ظَلَمُواْ وَجَآءَتۡهُمۡ رُسُلُهُم بِٱلۡبَيِّنَٰتِ وَمَا كَانُواْ
لِيُؤۡمِنُواْۚ كَذَٰلِكَ نَجۡزِي ٱلۡقَوۡمَ ٱلۡمُجۡرِمِينَ ١٣ ثُمَّ جَعَلۡنَٰكُمۡ
خَلَٰٓئِفَ فِي ٱلۡأَرۡضِ مِنۢ بَعۡدِهِمۡ لِنَنظُرَ كَيۡفَ تَعۡمَلُونَ ١٤

وَإِذَا تُتۡلَىٰ عَلَيۡهِمۡ ءَايَاتُنَا بَيِّنَٰتٖ قَالَ ٱلَّذِينَ لَا يَرۡجُونَ
لِقَآءَنَا ٱئۡتِ بِقُرۡءَانٍ غَيۡرِ هَٰذَآ أَوۡ بَدِّلۡهُۚ قُلۡ مَا يَكُونُ
لِيٓ أَنۡ أُبَدِّلَهُۥ مِن تِلۡقَآيِٕ نَفۡسِيٓۖ إِنۡ أَتَّبِعُ إِلَّا مَا يُوحَىٰٓ إِلَيَّۖ
إِنِّيٓ أَخَافُ إِنۡ عَصَيۡتُ رَبِّي عَذَابَ يَوۡمٍ عَظِيمٖ ١٥ قُل
لَّوۡ شَآءَ ٱللَّهُ مَا تَلَوۡتُهُۥ عَلَيۡكُمۡ وَلَآ أَدۡرَىٰكُم بِهِۦۖ
فَقَدۡ لَبِثۡتُ فِيكُمۡ عُمُرٗا مِّن قَبۡلِهِۦٓۚ أَفَلَا تَعۡقِلُونَ ١٦
فَمَنۡ أَظۡلَمُ مِمَّنِ ٱفۡتَرَىٰ عَلَى ٱللَّهِ كَذِبًا أَوۡ كَذَّبَ بِـَٔايَٰتِهِۦٓۚ
إِنَّهُۥ لَا يُفۡلِحُ ٱلۡمُجۡرِمُونَ ١٧ وَيَعۡبُدُونَ مِن دُونِ ٱللَّهِ
مَا لَا يَضُرُّهُمۡ وَلَا يَنفَعُهُمۡ وَيَقُولُونَ هَٰٓؤُلَآءِ شُفَعَٰٓؤُنَا
عِندَ ٱللَّهِۚ قُلۡ أَتُنَبِّـُٔونَ ٱللَّهَ بِمَا لَا يَعۡلَمُ فِي ٱلسَّمَٰوَٰتِ وَلَا
فِي ٱلۡأَرۡضِۚ سُبۡحَٰنَهُۥ وَتَعَٰلَىٰ عَمَّا يُشۡرِكُونَ ١٨ وَمَا
كَانَ ٱلنَّاسُ إِلَّآ أُمَّةٗ وَٰحِدَةٗ فَٱخۡتَلَفُواْۚ وَلَوۡلَا كَلِمَةٞ
سَبَقَتۡ مِن رَّبِّكَ لَقُضِيَ بَيۡنَهُمۡ فِيمَا فِيهِ يَخۡتَلِفُونَ
١٩ وَيَقُولُونَ لَوۡلَآ أُنزِلَ عَلَيۡهِ ءَايَةٞ مِّن رَّبِّهِۦۖ فَقُلۡ إِنَّمَا
ٱلۡغَيۡبُ لِلَّهِ فَٱنتَظِرُوٓاْ إِنِّي مَعَكُم مِّنَ ٱلۡمُنتَظِرِينَ ٢٠

وَإِذَآ أَذَقۡنَا ٱلنَّاسَ رَحۡمَةٗ مِّنۢ بَعۡدِ ضَرَّآءَ مَسَّتۡهُمۡ إِذَا لَهُم مَّكۡرٞ
فِيٓ ءَايَاتِنَاۚ قُلِ ٱللَّهُ أَسۡرَعُ مَكۡرًاۚ إِنَّ رُسُلَنَا يَكۡتُبُونَ مَا تَمۡكُرُونَ
٢١ هُوَ ٱلَّذِي يُسَيِّرُكُمۡ فِي ٱلۡبَرِّ وَٱلۡبَحۡرِۖ حَتَّىٰٓ إِذَا كُنتُمۡ فِي ٱلۡفُلۡكِ
وَجَرَيۡنَ بِهِم بِرِيحٖ طَيِّبَةٖ وَفَرِحُواْ بِهَا جَآءَتۡهَا رِيحٌ عَاصِفٞ
وَجَآءَهُمُ ٱلۡمَوۡجُ مِن كُلِّ مَكَانٖ وَظَنُّوٓاْ أَنَّهُمۡ أُحِيطَ بِهِمۡ
دَعَوُاْ ٱللَّهَ مُخۡلِصِينَ لَهُ ٱلدِّينَ لَئِنۡ أَنجَيۡتَنَا مِنۡ هَٰذِهِۦ لَنَكُونَنَّ
مِنَ ٱلشَّٰكِرِينَ ٢٢ فَلَمَّآ أَنجَىٰهُمۡ إِذَا هُمۡ يَبۡغُونَ فِي ٱلۡأَرۡضِ بِغَيۡرِ
ٱلۡحَقِّۗ يَٰٓأَيُّهَا ٱلنَّاسُ إِنَّمَا بَغۡيُكُمۡ عَلَىٰٓ أَنفُسِكُمۖ مَّتَٰعَ ٱلۡحَيَوٰةِ
ٱلدُّنۡيَاۖ ثُمَّ إِلَيۡنَا مَرۡجِعُكُمۡ فَنُنَبِّئُكُم بِمَا كُنتُمۡ تَعۡمَلُونَ ٢٣
إِنَّمَا مَثَلُ ٱلۡحَيَوٰةِ ٱلدُّنۡيَا كَمَآءٍ أَنزَلۡنَٰهُ مِنَ ٱلسَّمَآءِ فَٱخۡتَلَطَ
بِهِۦ نَبَاتُ ٱلۡأَرۡضِ مِمَّا يَأۡكُلُ ٱلنَّاسُ وَٱلۡأَنۡعَٰمُ حَتَّىٰٓ إِذَآ
أَخَذَتِ ٱلۡأَرۡضُ زُخۡرُفَهَا وَٱزَّيَّنَتۡ وَظَنَّ أَهۡلُهَآ أَنَّهُمۡ قَٰدِرُونَ
عَلَيۡهَآ أَتَىٰهَآ أَمۡرُنَا لَيۡلًا أَوۡ نَهَارٗا فَجَعَلۡنَٰهَا حَصِيدٗا كَأَن لَّمۡ تَغۡنَ
بِٱلۡأَمۡسِۚ كَذَٰلِكَ نُفَصِّلُ ٱلۡأٓيَٰتِ لِقَوۡمٖ يَتَفَكَّرُونَ ٢٤ وَٱللَّهُ يَدۡعُوٓاْ
إِلَىٰ دَارِ ٱلسَّلَٰمِ وَيَهۡدِي مَن يَشَآءُ إِلَىٰ صِرَٰطٖ مُّسۡتَقِيمٖ ٢٥

الحزب ٢٢

۞ لِّلَّذِينَ أَحۡسَنُواْ ٱلۡحُسۡنَىٰ وَزِيَادَةٞۖ وَلَا يَرۡهَقُ وُجُوهَهُمۡ قَتَرٞ
وَلَا ذِلَّةٌۚ أُوْلَٰٓئِكَ أَصۡحَٰبُ ٱلۡجَنَّةِۖ هُمۡ فِيهَا خَٰلِدُونَ ٢٦ وَٱلَّذِينَ
كَسَبُواْ ٱلسَّيِّـَٔاتِ جَزَآءُ سَيِّئَةِۭ بِمِثۡلِهَا وَتَرۡهَقُهُمۡ ذِلَّةٞۖ مَّا لَهُم
مِّنَ ٱللَّهِ مِنۡ عَاصِمٖۖ كَأَنَّمَآ أُغۡشِيَتۡ وُجُوهُهُمۡ قِطَعٗا مِّنَ ٱلَّيۡلِ
مُظۡلِمًاۚ أُوْلَٰٓئِكَ أَصۡحَٰبُ ٱلنَّارِۖ هُمۡ فِيهَا خَٰلِدُونَ ٢٧ وَيَوۡمَ نَحۡشُرُهُمۡ
جَمِيعٗا ثُمَّ نَقُولُ لِلَّذِينَ أَشۡرَكُواْ مَكَانَكُمۡ أَنتُمۡ وَشُرَكَآؤُكُمۡۚ فَزَيَّلۡنَا
بَيۡنَهُمۡۖ وَقَالَ شُرَكَآؤُهُم مَّا كُنتُمۡ إِيَّانَا تَعۡبُدُونَ ٢٨ فَكَفَىٰ بِٱللَّهِ
شَهِيدَۢا بَيۡنَنَا وَبَيۡنَكُمۡ إِن كُنَّا عَنۡ عِبَادَتِكُمۡ لَغَٰفِلِينَ ٢٩
هُنَالِكَ تَبۡلُواْ كُلُّ نَفۡسٖ مَّآ أَسۡلَفَتۡۚ وَرُدُّوٓاْ إِلَى ٱللَّهِ مَوۡلَىٰهُمُ
ٱلۡحَقِّۖ وَضَلَّ عَنۡهُم مَّا كَانُواْ يَفۡتَرُونَ ٣٠ قُلۡ مَن يَرۡزُقُكُم مِّنَ
ٱلسَّمَآءِ وَٱلۡأَرۡضِ أَمَّن يَمۡلِكُ ٱلسَّمۡعَ وَٱلۡأَبۡصَٰرَ وَمَن يُخۡرِجُ
ٱلۡحَيَّ مِنَ ٱلۡمَيِّتِ وَيُخۡرِجُ ٱلۡمَيِّتَ مِنَ ٱلۡحَيِّ وَمَن يُدَبِّرُ ٱلۡأَمۡرَۚ
فَسَيَقُولُونَ ٱللَّهُۚ فَقُلۡ أَفَلَا تَتَّقُونَ ٣١ فَذَٰلِكُمُ ٱللَّهُ رَبُّكُمُ
ٱلۡحَقُّۖ فَمَاذَا بَعۡدَ ٱلۡحَقِّ إِلَّا ٱلضَّلَٰلُۖ فَأَنَّىٰ تُصۡرَفُونَ ٣٢ كَذَٰلِكَ
حَقَّتۡ كَلِمَتُ رَبِّكَ عَلَى ٱلَّذِينَ فَسَقُوٓاْ أَنَّهُمۡ لَا يُؤۡمِنُونَ ٣٣

قُلۡ هَلۡ مِن شُرَكَآئِكُم مَّن يَبۡدَؤُاْ ٱلۡخَلۡقَ ثُمَّ يُعِيدُهُۥۚ قُلِ ٱللَّهُ يَبۡدَؤُاْ
ٱلۡخَلۡقَ ثُمَّ يُعِيدُهُۥۖ فَأَنَّىٰ تُؤۡفَكُونَ (٣٤) قُلۡ هَلۡ مِن شُرَكَآئِكُم مَّن يَهۡدِيٓ
إِلَى ٱلۡحَقِّۚ قُلِ ٱللَّهُ يَهۡدِي لِلۡحَقِّۗ أَفَمَن يَهۡدِيٓ إِلَى ٱلۡحَقِّ أَحَقُّ أَن
يُتَّبَعَ أَمَّن لَّا يَهِدِّيٓ إِلَّآ أَن يُهۡدَىٰۖ فَمَا لَكُمۡ كَيۡفَ تَحۡكُمُونَ (٣٥)
وَمَا يَتَّبِعُ أَكۡثَرُهُمۡ إِلَّا ظَنًّاۚ إِنَّ ٱلظَّنَّ لَا يُغۡنِي مِنَ ٱلۡحَقِّ شَيۡـًٔاۚ
إِنَّ ٱللَّهَ عَلِيمُۢ بِمَا يَفۡعَلُونَ (٣٦) وَمَا كَانَ هَٰذَا ٱلۡقُرۡءَانُ أَن يُفۡتَرَىٰ
مِن دُونِ ٱللَّهِ وَلَٰكِن تَصۡدِيقَ ٱلَّذِي بَيۡنَ يَدَيۡهِ وَتَفۡصِيلَ ٱلۡكِتَٰبِ
لَا رَيۡبَ فِيهِ مِن رَّبِّ ٱلۡعَٰلَمِينَ (٣٧) أَمۡ يَقُولُونَ ٱفۡتَرَىٰهُۖ قُلۡ فَأۡتُواْ
بِسُورَةٖ مِّثۡلِهِۦ وَٱدۡعُواْ مَنِ ٱسۡتَطَعۡتُم مِّن دُونِ ٱللَّهِ إِن كُنتُمۡ صَٰدِقِينَ
(٣٨) بَلۡ كَذَّبُواْ بِمَا لَمۡ يُحِيطُواْ بِعِلۡمِهِۦ وَلَمَّا يَأۡتِهِمۡ تَأۡوِيلُهُۥۚ كَذَٰلِكَ
كَذَّبَ ٱلَّذِينَ مِن قَبۡلِهِمۡۖ فَٱنظُرۡ كَيۡفَ كَانَ عَٰقِبَةُ ٱلظَّٰلِمِينَ (٣٩)
وَمِنۡهُم مَّن يُؤۡمِنُ بِهِۦ وَمِنۡهُم مَّن لَّا يُؤۡمِنُ بِهِۦۚ وَرَبُّكَ أَعۡلَمُ
بِٱلۡمُفۡسِدِينَ (٤٠) وَإِن كَذَّبُوكَ فَقُل لِّي عَمَلِي وَلَكُمۡ عَمَلُكُمۡۖ أَنتُم
بَرِيٓـُٔونَ مِمَّآ أَعۡمَلُ وَأَنَا۠ بَرِيٓءٞ مِّمَّا تَعۡمَلُونَ (٤١) وَمِنۡهُم مَّن
يَسۡتَمِعُونَ إِلَيۡكَۚ أَفَأَنتَ تُسۡمِعُ ٱلصُّمَّ وَلَوۡ كَانُواْ لَا يَعۡقِلُونَ (٤٢)

وَمِنْهُم مَّن يَنظُرُ إِلَيْكَ ۚ أَفَأَنتَ تَهْدِى ٱلْعُمْىَ وَلَوْ كَانُوا۟ لَا يُبْصِرُونَ
﴿٤٣﴾ إِنَّ ٱللَّهَ لَا يَظْلِمُ ٱلنَّاسَ شَيْـًٔا وَلَـٰكِنَّ ٱلنَّاسَ أَنفُسَهُمْ
يَظْلِمُونَ ﴿٤٤﴾ وَيَوْمَ يَحْشُرُهُمْ كَأَن لَّمْ يَلْبَثُوٓا۟ إِلَّا سَاعَةً مِّنَ ٱلنَّهَارِ
يَتَعَارَفُونَ بَيْنَهُمْ ۚ قَدْ خَسِرَ ٱلَّذِينَ كَذَّبُوا۟ بِلِقَآءِ ٱللَّهِ وَمَا كَانُوا۟
مُهْتَدِينَ ﴿٤٥﴾ وَإِمَّا نُرِيَنَّكَ بَعْضَ ٱلَّذِى نَعِدُهُمْ أَوْ نَتَوَفَّيَنَّكَ
فَإِلَيْنَا مَرْجِعُهُمْ ثُمَّ ٱللَّهُ شَهِيدٌ عَلَىٰ مَا يَفْعَلُونَ ﴿٤٦﴾ وَلِكُلِّ
أُمَّةٍ رَّسُولٌ ۖ فَإِذَا جَآءَ رَسُولُهُمْ قُضِىَ بَيْنَهُم بِٱلْقِسْطِ وَهُمْ
لَا يُظْلَمُونَ ﴿٤٧﴾ وَيَقُولُونَ مَتَىٰ هَـٰذَا ٱلْوَعْدُ إِن كُنتُمْ صَـٰدِقِينَ
﴿٤٨﴾ قُل لَّآ أَمْلِكُ لِنَفْسِى ضَرًّا وَلَا نَفْعًا إِلَّا مَا شَآءَ ٱللَّهُ ۗ لِكُلِّ أُمَّةٍ
أَجَلٌ ۚ إِذَا جَآءَ أَجَلُهُمْ فَلَا يَسْتَـْٔخِرُونَ سَاعَةً ۖ وَلَا يَسْتَقْدِمُونَ ﴿٤٩﴾
قُلْ أَرَءَيْتُمْ إِنْ أَتَىٰكُمْ عَذَابُهُۥ بَيَـٰتًا أَوْ نَهَارًا مَّاذَا يَسْتَعْجِلُ مِنْهُ
ٱلْمُجْرِمُونَ ﴿٥٠﴾ أَثُمَّ إِذَا مَا وَقَعَ ءَامَنتُم بِهِۦٓ ۚ ءَآلْـَٔـٰنَ وَقَدْ كُنتُم بِهِۦ
تَسْتَعْجِلُونَ ﴿٥١﴾ ثُمَّ قِيلَ لِلَّذِينَ ظَلَمُوا۟ ذُوقُوا۟ عَذَابَ ٱلْخُلْدِ
هَلْ تُجْزَوْنَ إِلَّا بِمَا كُنتُمْ تَكْسِبُونَ ﴿٥٢﴾ ۞ وَيَسْتَنۢبِـُٔونَكَ
أَحَقٌّ هُوَ ۖ قُلْ إِى وَرَبِّىٓ إِنَّهُۥ لَحَقٌّ ۖ وَمَآ أَنتُم بِمُعْجِزِينَ ﴿٥٣﴾

ربع الحزب ٢٢

وَلَوۡ أَنَّ لِكُلِّ نَفۡسٖ ظَلَمَتۡ مَا فِي ٱلۡأَرۡضِ لَٱفۡتَدَتۡ بِهِۦۗ وَأَسَرُّواْ
ٱلنَّدَامَةَ لَمَّا رَأَوُاْ ٱلۡعَذَابَۖ وَقُضِيَ بَيۡنَهُم بِٱلۡقِسۡطِ وَهُمۡ
لَا يُظۡلَمُونَ ٥٤ أَلَآ إِنَّ لِلَّهِ مَا فِي ٱلسَّمَٰوَٰتِ وَٱلۡأَرۡضِۗ أَلَآ إِنَّ
وَعۡدَ ٱللَّهِ حَقّٞ وَلَٰكِنَّ أَكۡثَرَهُمۡ لَا يَعۡلَمُونَ ٥٥ هُوَ يُحۡيِۦ وَيُمِيتُ
وَإِلَيۡهِ تُرۡجَعُونَ ٥٦ يَٰٓأَيُّهَا ٱلنَّاسُ قَدۡ جَآءَتۡكُم مَّوۡعِظَةٞ
مِّن رَّبِّكُمۡ وَشِفَآءٞ لِّمَا فِي ٱلصُّدُورِ وَهُدٗى وَرَحۡمَةٞ لِّلۡمُؤۡمِنِينَ
٥٧ قُلۡ بِفَضۡلِ ٱللَّهِ وَبِرَحۡمَتِهِۦ فَبِذَٰلِكَ فَلۡيَفۡرَحُواْ هُوَ خَيۡرٞ مِّمَّا
يَجۡمَعُونَ ٥٨ قُلۡ أَرَءَيۡتُم مَّآ أَنزَلَ ٱللَّهُ لَكُم مِّن رِّزۡقٖ
فَجَعَلۡتُم مِّنۡهُ حَرَامٗا وَحَلَٰلٗا قُلۡ ءَآللَّهُ أَذِنَ لَكُمۡۖ أَمۡ عَلَى
ٱللَّهِ تَفۡتَرُونَ ٥٩ وَمَا ظَنُّ ٱلَّذِينَ يَفۡتَرُونَ عَلَى ٱللَّهِ ٱلۡكَذِبَ
يَوۡمَ ٱلۡقِيَٰمَةِۗ إِنَّ ٱللَّهَ لَذُو فَضۡلٍ عَلَى ٱلنَّاسِ وَلَٰكِنَّ أَكۡثَرَهُمۡ
لَا يَشۡكُرُونَ ٦٠ وَمَا تَكُونُ فِي شَأۡنٖ وَمَا تَتۡلُواْ مِنۡهُ مِن قُرۡءَانٖ
وَلَا تَعۡمَلُونَ مِنۡ عَمَلٍ إِلَّا كُنَّا عَلَيۡكُمۡ شُهُودًا إِذۡ تُفِيضُونَ
فِيهِۚ وَمَا يَعۡزُبُ عَن رَّبِّكَ مِن مِّثۡقَالِ ذَرَّةٖ فِي ٱلۡأَرۡضِ وَلَا فِي
ٱلسَّمَآءِ وَلَآ أَصۡغَرَ مِن ذَٰلِكَ وَلَآ أَكۡبَرَ إِلَّا فِي كِتَٰبٖ مُّبِينٍ ٦١

أَلَآ إِنَّ أَوۡلِيَآءَ ٱللَّهِ لَا خَوۡفٌ عَلَيۡهِمۡ وَلَا هُمۡ يَحۡزَنُونَ ٦٢
ٱلَّذِينَ ءَامَنُواْ وَكَانُواْ يَتَّقُونَ ٦٣ لَهُمُ ٱلۡبُشۡرَىٰ
فِي ٱلۡحَيَوٰةِ ٱلدُّنۡيَا وَفِي ٱلۡأٓخِرَةِۚ لَا تَبۡدِيلَ لِكَلِمَٰتِ
ٱللَّهِۚ ذَٰلِكَ هُوَ ٱلۡفَوۡزُ ٱلۡعَظِيمُ ٦٤ وَلَا يَحۡزُنكَ قَوۡلُهُمۡۘ إِنَّ
ٱلۡعِزَّةَ لِلَّهِ جَمِيعًاۚ هُوَ ٱلسَّمِيعُ ٱلۡعَلِيمُ ٦٥ أَلَآ إِنَّ لِلَّهِ
مَن فِي ٱلسَّمَٰوَٰتِ وَمَن فِي ٱلۡأَرۡضِۗ وَمَا يَتَّبِعُ ٱلَّذِينَ
يَدۡعُونَ مِن دُونِ ٱللَّهِ شُرَكَآءَۚ إِن يَتَّبِعُونَ إِلَّا ٱلظَّنَّ
وَإِنۡ هُمۡ إِلَّا يَخۡرُصُونَ ٦٦ هُوَ ٱلَّذِي جَعَلَ لَكُمُ
ٱلَّيۡلَ لِتَسۡكُنُواْ فِيهِ وَٱلنَّهَارَ مُبۡصِرًاۚ إِنَّ فِي ذَٰلِكَ
لَأٓيَٰتٖ لِّقَوۡمٖ يَسۡمَعُونَ ٦٧ قَالُواْ ٱتَّخَذَ ٱللَّهُ وَلَدٗاۗ
سُبۡحَٰنَهُۥۖ هُوَ ٱلۡغَنِيُّۖ لَهُۥ مَا فِي ٱلسَّمَٰوَٰتِ وَمَا فِي ٱلۡأَرۡضِۚ
إِنۡ عِندَكُم مِّن سُلۡطَٰنِۭ بِهَٰذَآۚ أَتَقُولُونَ عَلَى ٱللَّهِ
مَا لَا تَعۡلَمُونَ ٦٨ قُلۡ إِنَّ ٱلَّذِينَ يَفۡتَرُونَ عَلَى ٱللَّهِ ٱلۡكَذِبَ
لَا يُفۡلِحُونَ ٦٩ مَتَٰعٞ فِي ٱلدُّنۡيَا ثُمَّ إِلَيۡنَا مَرۡجِعُهُمۡ ثُمَّ
نُذِيقُهُمُ ٱلۡعَذَابَ ٱلشَّدِيدَ بِمَا كَانُواْ يَكۡفُرُونَ ٧٠

۞ وَٱتۡلُ عَلَيۡهِمۡ نَبَأَ نُوحٍ إِذۡ قَالَ لِقَوۡمِهِۦ يَٰقَوۡمِ إِن كَانَ كَبُرَ
عَلَيۡكُم مَّقَامِي وَتَذۡكِيرِي بِـَٔايَٰتِ ٱللَّهِ فَعَلَى ٱللَّهِ تَوَكَّلۡتُ
فَأَجۡمِعُوٓاْ أَمۡرَكُمۡ وَشُرَكَآءَكُمۡ ثُمَّ لَا يَكُنۡ أَمۡرُكُمۡ عَلَيۡكُمۡ غُمَّةٗ ثُمَّ
ٱقۡضُوٓاْ إِلَيَّ وَلَا تُنظِرُونِ ٧١ فَإِن تَوَلَّيۡتُمۡ فَمَا سَأَلۡتُكُم مِّنۡ أَجۡرٍۖ
إِنۡ أَجۡرِيَ إِلَّا عَلَى ٱللَّهِۖ وَأُمِرۡتُ أَنۡ أَكُونَ مِنَ ٱلۡمُسۡلِمِينَ ٧٢
فَكَذَّبُوهُ فَنَجَّيۡنَٰهُ وَمَن مَّعَهُۥ فِي ٱلۡفُلۡكِ وَجَعَلۡنَٰهُمۡ خَلَٰٓئِفَ
وَأَغۡرَقۡنَا ٱلَّذِينَ كَذَّبُواْ بِـَٔايَٰتِنَاۖ فَٱنظُرۡ كَيۡفَ كَانَ عَٰقِبَةُ ٱلۡمُنذَرِينَ
٧٣ ثُمَّ بَعَثۡنَا مِنۢ بَعۡدِهِۦ رُسُلًا إِلَىٰ قَوۡمِهِمۡ فَجَآءُوهُم بِٱلۡبَيِّنَٰتِ
فَمَا كَانُواْ لِيُؤۡمِنُواْ بِمَا كَذَّبُواْ بِهِۦ مِن قَبۡلُۚ كَذَٰلِكَ نَطۡبَعُ عَلَىٰ قُلُوبِ
ٱلۡمُعۡتَدِينَ ٧٤ ثُمَّ بَعَثۡنَا مِنۢ بَعۡدِهِم مُّوسَىٰ وَهَٰرُونَ إِلَىٰ فِرۡعَوۡنَ
وَمَلَإِيْهِۦ بِـَٔايَٰتِنَا فَٱسۡتَكۡبَرُواْ وَكَانُواْ قَوۡمٗا مُّجۡرِمِينَ ٧٥
فَلَمَّا جَآءَهُمُ ٱلۡحَقُّ مِنۡ عِندِنَا قَالُوٓاْ إِنَّ هَٰذَا لَسِحۡرٞ مُّبِينٞ ٧٦
قَالَ مُوسَىٰٓ أَتَقُولُونَ لِلۡحَقِّ لَمَّا جَآءَكُمۡۖ أَسِحۡرٌ هَٰذَا وَلَا يُفۡلِحُ
ٱلسَّٰحِرُونَ ٧٧ قَالُوٓاْ أَجِئۡتَنَا لِتَلۡفِتَنَا عَمَّا وَجَدۡنَا عَلَيۡهِ ءَابَآءَنَا
وَتَكُونَ لَكُمَا ٱلۡكِبۡرِيَآءُ فِي ٱلۡأَرۡضِ وَمَا نَحۡنُ لَكُمَا بِمُؤۡمِنِينَ ٧٨

وَقَالَ فِرْعَوْنُ ٱئْتُونِى بِكُلِّ سَٰحِرٍ عَلِيمٍ ﴿٧٩﴾ فَلَمَّا جَآءَ ٱلسَّحَرَةُ
قَالَ لَهُم مُّوسَىٰٓ أَلْقُوا۟ مَآ أَنتُم مُّلْقُونَ ﴿٨٠﴾ فَلَمَّآ أَلْقَوْا۟ قَالَ
مُوسَىٰ مَا جِئْتُم بِهِ ٱلسِّحْرُ ۖ إِنَّ ٱللَّهَ سَيُبْطِلُهُۥٓ ۖ إِنَّ ٱللَّهَ لَا يُصْلِحُ
عَمَلَ ٱلْمُفْسِدِينَ ﴿٨١﴾ وَيُحِقُّ ٱللَّهُ ٱلْحَقَّ بِكَلِمَٰتِهِۦ وَلَوْ كَرِهَ
ٱلْمُجْرِمُونَ ﴿٨٢﴾ فَمَآ ءَامَنَ لِمُوسَىٰٓ إِلَّا ذُرِّيَّةٌ مِّن قَوْمِهِۦ عَلَىٰ
خَوْفٍ مِّن فِرْعَوْنَ وَمَلَإِي۟هِمْ أَن يَفْتِنَهُمْ ۚ وَإِنَّ فِرْعَوْنَ لَعَالٍ
فِى ٱلْأَرْضِ وَإِنَّهُۥ لَمِنَ ٱلْمُسْرِفِينَ ﴿٨٣﴾ وَقَالَ مُوسَىٰ يَٰقَوْمِ إِن
كُنتُمْ ءَامَنتُم بِٱللَّهِ فَعَلَيْهِ تَوَكَّلُوٓا۟ إِن كُنتُم مُّسْلِمِينَ ﴿٨٤﴾
فَقَالُوا۟ عَلَى ٱللَّهِ تَوَكَّلْنَا رَبَّنَا لَا تَجْعَلْنَا فِتْنَةً لِّلْقَوْمِ ٱلظَّٰلِمِينَ
﴿٨٥﴾ وَنَجِّنَا بِرَحْمَتِكَ مِنَ ٱلْقَوْمِ ٱلْكَٰفِرِينَ ﴿٨٦﴾ وَأَوْحَيْنَآ إِلَىٰ مُوسَىٰ
وَأَخِيهِ أَن تَبَوَّءَا لِقَوْمِكُمَا بِمِصْرَ بُيُوتًا وَٱجْعَلُوا۟ بُيُوتَكُمْ
قِبْلَةً وَأَقِيمُوا۟ ٱلصَّلَوٰةَ ۗ وَبَشِّرِ ٱلْمُؤْمِنِينَ ﴿٨٧﴾ وَقَالَ مُوسَىٰ
رَبَّنَآ إِنَّكَ ءَاتَيْتَ فِرْعَوْنَ وَمَلَأَهُۥ زِينَةً وَأَمْوَٰلًا فِى ٱلْحَيَوٰةِ
ٱلدُّنْيَا رَبَّنَا لِيُضِلُّوا۟ عَن سَبِيلِكَ ۖ رَبَّنَا ٱطْمِسْ عَلَىٰٓ أَمْوَٰلِهِمْ
وَٱشْدُدْ عَلَىٰ قُلُوبِهِمْ فَلَا يُؤْمِنُوا۟ حَتَّىٰ يَرَوُا۟ ٱلْعَذَابَ ٱلْأَلِيمَ ﴿٨٨﴾

ثلاثة أرباع الحزب ٢٢

قَالَ قَدۡ أُجِيبَت دَّعۡوَتُكُمَا فَٱسۡتَقِيمَا وَلَا تَتَّبِعَآنِّ سَبِيلَ
ٱلَّذِينَ لَا يَعۡلَمُونَ ﴿٨٩﴾ ۞ وَجَٰوَزۡنَا بِبَنِيٓ إِسۡرَٰٓءِيلَ ٱلۡبَحۡرَ فَأَتۡبَعَهُمۡ
فِرۡعَوۡنُ وَجُنُودُهُۥ بَغۡيٗا وَعَدۡوًاۖ حَتَّىٰٓ إِذَآ أَدۡرَكَهُ ٱلۡغَرَقُ
قَالَ ءَامَنتُ أَنَّهُۥ لَآ إِلَٰهَ إِلَّا ٱلَّذِيٓ ءَامَنَتۡ بِهِۦ بَنُوٓاْ إِسۡرَٰٓءِيلَ
وَأَنَا۠ مِنَ ٱلۡمُسۡلِمِينَ ﴿٩٠﴾ ءَآلۡـَٰٔنَ وَقَدۡ عَصَيۡتَ قَبۡلُ وَكُنتَ
مِنَ ٱلۡمُفۡسِدِينَ ﴿٩١﴾ فَٱلۡيَوۡمَ نُنَجِّيكَ بِبَدَنِكَ لِتَكُونَ لِمَنۡ
خَلۡفَكَ ءَايَةٗۚ وَإِنَّ كَثِيرٗا مِّنَ ٱلنَّاسِ عَنۡ ءَايَٰتِنَا لَغَٰفِلُونَ
﴿٩٢﴾ وَلَقَدۡ بَوَّأۡنَا بَنِيٓ إِسۡرَٰٓءِيلَ مُبَوَّأَ صِدۡقٖ وَرَزَقۡنَٰهُم مِّنَ
ٱلطَّيِّبَٰتِ فَمَا ٱخۡتَلَفُواْ حَتَّىٰ جَآءَهُمُ ٱلۡعِلۡمُۚ إِنَّ رَبَّكَ يَقۡضِي
بَيۡنَهُمۡ يَوۡمَ ٱلۡقِيَٰمَةِ فِيمَا كَانُواْ فِيهِ يَخۡتَلِفُونَ ﴿٩٣﴾ فَإِن كُنتَ فِي شَكّٖ
مِّمَّآ أَنزَلۡنَآ إِلَيۡكَ فَسۡـَٔلِ ٱلَّذِينَ يَقۡرَءُونَ ٱلۡكِتَٰبَ مِن
قَبۡلِكَۚ لَقَدۡ جَآءَكَ ٱلۡحَقُّ مِن رَّبِّكَ فَلَا تَكُونَنَّ مِنَ ٱلۡمُمۡتَرِينَ ﴿٩٤﴾
وَلَا تَكُونَنَّ مِنَ ٱلَّذِينَ كَذَّبُواْ بِـَٔايَٰتِ ٱللَّهِ فَتَكُونَ مِنَ ٱلۡخَٰسِرِينَ
﴿٩٥﴾ إِنَّ ٱلَّذِينَ حَقَّتۡ عَلَيۡهِمۡ كَلِمَتُ رَبِّكَ لَا يُؤۡمِنُونَ ﴿٩٦﴾
وَلَوۡ جَآءَتۡهُمۡ كُلُّ ءَايَةٍ حَتَّىٰ يَرَوُاْ ٱلۡعَذَابَ ٱلۡأَلِيمَ ﴿٩٧﴾

فَلَوۡلَا كَانَتۡ قَرۡيَةٌ ءَامَنَتۡ فَنَفَعَهَآ إِيمَٰنُهَآ إِلَّا قَوۡمَ يُونُسَ
لَمَّآ ءَامَنُواْ كَشَفۡنَا عَنۡهُمۡ عَذَابَ ٱلۡخِزۡيِ فِي ٱلۡحَيَوٰةِ ٱلدُّنۡيَا
وَمَتَّعۡنَٰهُمۡ إِلَىٰ حِينٖ ٩٨ وَلَوۡ شَآءَ رَبُّكَ لَأٓمَنَ مَن فِي ٱلۡأَرۡضِ
كُلُّهُمۡ جَمِيعًاۚ أَفَأَنتَ تُكۡرِهُ ٱلنَّاسَ حَتَّىٰ يَكُونُواْ مُؤۡمِنِينَ
٩٩ وَمَا كَانَ لِنَفۡسٍ أَن تُؤۡمِنَ إِلَّا بِإِذۡنِ ٱللَّهِۚ وَيَجۡعَلُ ٱلرِّجۡسَ
عَلَى ٱلَّذِينَ لَا يَعۡقِلُونَ ١٠٠ قُلِ ٱنظُرُواْ مَاذَا فِي ٱلسَّمَٰوَٰتِ
وَٱلۡأَرۡضِۚ وَمَا تُغۡنِي ٱلۡأٓيَٰتُ وَٱلنُّذُرُ عَن قَوۡمٖ لَّا يُؤۡمِنُونَ
١٠١ فَهَلۡ يَنتَظِرُونَ إِلَّا مِثۡلَ أَيَّامِ ٱلَّذِينَ خَلَوۡاْ مِن قَبۡلِهِمۡۚ
قُلۡ فَٱنتَظِرُوٓاْ إِنِّي مَعَكُم مِّنَ ٱلۡمُنتَظِرِينَ ١٠٢ ثُمَّ نُنَجِّي
رُسُلَنَا وَٱلَّذِينَ ءَامَنُواْۚ كَذَٰلِكَ حَقًّا عَلَيۡنَا نُنجِ ٱلۡمُؤۡمِنِينَ ١٠٣
قُلۡ يَٰٓأَيُّهَا ٱلنَّاسُ إِن كُنتُمۡ فِي شَكّٖ مِّن دِينِي فَلَآ أَعۡبُدُ ٱلَّذِينَ
تَعۡبُدُونَ مِن دُونِ ٱللَّهِ وَلَٰكِنۡ أَعۡبُدُ ٱللَّهَ ٱلَّذِي يَتَوَفَّىٰكُمۡۖ وَأُمِرۡتُ
أَنۡ أَكُونَ مِنَ ٱلۡمُؤۡمِنِينَ ١٠٤ وَأَنۡ أَقِمۡ وَجۡهَكَ لِلدِّينِ حَنِيفٗا
وَلَا تَكُونَنَّ مِنَ ٱلۡمُشۡرِكِينَ ١٠٥ وَلَا تَدۡعُ مِن دُونِ ٱللَّهِ مَا لَا
يَنفَعُكَ وَلَا يَضُرُّكَۖ فَإِن فَعَلۡتَ فَإِنَّكَ إِذٗا مِّنَ ٱلظَّٰلِمِينَ ١٠٦

وَإِن يَمْسَسْكَ ٱللَّهُ بِضُرٍّ فَلَا كَاشِفَ لَهُۥٓ إِلَّا هُوَ ۖ وَإِن يُرِدْكَ
بِخَيْرٍ فَلَا رَآدَّ لِفَضْلِهِۦ ۚ يُصِيبُ بِهِۦ مَن يَشَآءُ مِنْ عِبَادِهِۦ ۚ
وَهُوَ ٱلْغَفُورُ ٱلرَّحِيمُ ﴿١٠٧﴾ قُلْ يَٰٓأَيُّهَا ٱلنَّاسُ قَدْ جَآءَكُمُ ٱلْحَقُّ
مِن رَّبِّكُمْ ۖ فَمَنِ ٱهْتَدَىٰ فَإِنَّمَا يَهْتَدِى لِنَفْسِهِۦ ۖ وَمَن ضَلَّ
فَإِنَّمَا يَضِلُّ عَلَيْهَا ۖ وَمَآ أَنَا۠ عَلَيْكُم بِوَكِيلٍ ﴿١٠٨﴾ وَٱتَّبِعْ مَا يُوحَىٰٓ
إِلَيْكَ وَٱصْبِرْ حَتَّىٰ يَحْكُمَ ٱللَّهُ ۚ وَهُوَ خَيْرُ ٱلْحَٰكِمِينَ ﴿١٠٩﴾

سُورَةُ هُودٍ

بِسْمِ ٱللَّهِ ٱلرَّحْمَٰنِ ٱلرَّحِيمِ

الٓر ۚ كِتَٰبٌ أُحْكِمَتْ ءَايَٰتُهُۥ ثُمَّ فُصِّلَتْ مِن لَّدُنْ حَكِيمٍ خَبِيرٍ ﴿١﴾
أَلَّا تَعْبُدُوٓا۟ إِلَّا ٱللَّهَ ۚ إِنَّنِى لَكُم مِّنْهُ نَذِيرٌ وَبَشِيرٌ ﴿٢﴾ وَأَنِ ٱسْتَغْفِرُوا۟
رَبَّكُمْ ثُمَّ تُوبُوٓا۟ إِلَيْهِ يُمَتِّعْكُم مَّتَٰعًا حَسَنًا إِلَىٰٓ أَجَلٍ مُّسَمًّى وَيُؤْتِ
كُلَّ ذِى فَضْلٍ فَضْلَهُۥ ۖ وَإِن تَوَلَّوْا۟ فَإِنِّىٓ أَخَافُ عَلَيْكُمْ عَذَابَ يَوْمٍ
كَبِيرٍ ﴿٣﴾ إِلَى ٱللَّهِ مَرْجِعُكُمْ ۖ وَهُوَ عَلَىٰ كُلِّ شَىْءٍ قَدِيرٌ ﴿٤﴾ أَلَآ إِنَّهُمْ
يَثْنُونَ صُدُورَهُمْ لِيَسْتَخْفُوا۟ مِنْهُ ۚ أَلَا حِينَ يَسْتَغْشُونَ ثِيَابَهُمْ
يَعْلَمُ مَا يُسِرُّونَ وَمَا يُعْلِنُونَ ۚ إِنَّهُۥ عَلِيمٌۢ بِذَاتِ ٱلصُّدُورِ ﴿٥﴾

۞ وَمَا مِن دَآبَّةٖ فِي ٱلۡأَرۡضِ إِلَّا عَلَى ٱللَّهِ رِزۡقُهَا وَيَعۡلَمُ
مُسۡتَقَرَّهَا وَمُسۡتَوۡدَعَهَاۚ كُلّٞ فِي كِتَٰبٖ مُّبِينٖ ٦ وَهُوَ
ٱلَّذِي خَلَقَ ٱلسَّمَٰوَٰتِ وَٱلۡأَرۡضَ فِي سِتَّةِ أَيَّامٖ وَكَانَ
عَرۡشُهُۥ عَلَى ٱلۡمَآءِ لِيَبۡلُوَكُمۡ أَيُّكُمۡ أَحۡسَنُ عَمَلٗاۗ وَلَئِن
قُلۡتَ إِنَّكُم مَّبۡعُوثُونَ مِنۢ بَعۡدِ ٱلۡمَوۡتِ لَيَقُولَنَّ ٱلَّذِينَ كَفَرُوٓاْ
إِنۡ هَٰذَآ إِلَّا سِحۡرٞ مُّبِينٞ ٧ وَلَئِنۡ أَخَّرۡنَا عَنۡهُمُ ٱلۡعَذَابَ إِلَىٰٓ
أُمَّةٖ مَّعۡدُودَةٖ لَّيَقُولُنَّ مَا يَحۡبِسُهُۥٓۗ أَلَا يَوۡمَ يَأۡتِيهِمۡ لَيۡسَ
مَصۡرُوفًا عَنۡهُمۡ وَحَاقَ بِهِم مَّا كَانُواْ بِهِۦ يَسۡتَهۡزِءُونَ
٨ وَلَئِنۡ أَذَقۡنَا ٱلۡإِنسَٰنَ مِنَّا رَحۡمَةٗ ثُمَّ نَزَعۡنَٰهَا مِنۡهُ إِنَّهُۥ
لَيَـُٔوسٞ كَفُورٞ ٩ وَلَئِنۡ أَذَقۡنَٰهُ نَعۡمَآءَ بَعۡدَ ضَرَّآءَ
مَسَّتۡهُ لَيَقُولَنَّ ذَهَبَ ٱلسَّيِّـَٔاتُ عَنِّيٓۚ إِنَّهُۥ لَفَرِحٞ فَخُورٌ
١٠ إِلَّا ٱلَّذِينَ صَبَرُواْ وَعَمِلُواْ ٱلصَّٰلِحَٰتِ أُوْلَٰٓئِكَ لَهُم
مَّغۡفِرَةٞ وَأَجۡرٞ كَبِيرٞ ١١ فَلَعَلَّكَ تَارِكُۢ بَعۡضَ مَا يُوحَىٰٓ إِلَيۡكَ
وَضَآئِقُۢ بِهِۦ صَدۡرُكَ أَن يَقُولُواْ لَوۡلَآ أُنزِلَ عَلَيۡهِ كَنزٌ أَوۡ جَآءَ
مَعَهُۥ مَلَكٌۚ إِنَّمَآ أَنتَ نَذِيرٞۚ وَٱللَّهُ عَلَىٰ كُلِّ شَيۡءٖ وَكِيلٌ ١٢

أَمۡ يَقُولُونَ ٱفۡتَرَىٰهُۖ قُلۡ فَأۡتُواْ بِعَشۡرِ سُوَرٖ مِّثۡلِهِۦ مُفۡتَرَيَٰتٖ
وَٱدۡعُواْ مَنِ ٱسۡتَطَعۡتُم مِّن دُونِ ٱللَّهِ إِن كُنتُمۡ صَٰدِقِينَ ١٣
فَإِلَّمۡ يَسۡتَجِيبُواْ لَكُمۡ فَٱعۡلَمُوٓاْ أَنَّمَآ أُنزِلَ بِعِلۡمِ ٱللَّهِ وَأَن
لَّآ إِلَٰهَ إِلَّا هُوَۖ فَهَلۡ أَنتُم مُّسۡلِمُونَ ١٤ مَن كَانَ يُرِيدُ ٱلۡحَيَوٰةَ
ٱلدُّنۡيَا وَزِينَتَهَا نُوَفِّ إِلَيۡهِمۡ أَعۡمَٰلَهُمۡ فِيهَا وَهُمۡ فِيهَا
لَا يُبۡخَسُونَ ١٥ أُوْلَٰٓئِكَ ٱلَّذِينَ لَيۡسَ لَهُمۡ فِي ٱلۡأٓخِرَةِ إِلَّا
ٱلنَّارُۖ وَحَبِطَ مَا صَنَعُواْ فِيهَا وَبَٰطِلٞ مَّا كَانُواْ يَعۡمَلُونَ ١٦
أَفَمَن كَانَ عَلَىٰ بَيِّنَةٖ مِّن رَّبِّهِۦ وَيَتۡلُوهُ شَاهِدٞ مِّنۡهُ وَمِن قَبۡلِهِۦ
كِتَٰبُ مُوسَىٰٓ إِمَامٗا وَرَحۡمَةًۚ أُوْلَٰٓئِكَ يُؤۡمِنُونَ بِهِۦۚ وَمَن يَكۡفُرۡ
بِهِۦ مِنَ ٱلۡأَحۡزَابِ فَٱلنَّارُ مَوۡعِدُهُۥۚ فَلَا تَكُ فِي مِرۡيَةٖ مِّنۡهُۚ إِنَّهُ
ٱلۡحَقُّ مِن رَّبِّكَ وَلَٰكِنَّ أَكۡثَرَ ٱلنَّاسِ لَا يُؤۡمِنُونَ ١٧ وَمَنۡ
أَظۡلَمُ مِمَّنِ ٱفۡتَرَىٰ عَلَى ٱللَّهِ كَذِبًاۚ أُوْلَٰٓئِكَ يُعۡرَضُونَ عَلَىٰ
رَبِّهِمۡ وَيَقُولُ ٱلۡأَشۡهَٰدُ هَٰٓؤُلَآءِ ٱلَّذِينَ كَذَبُواْ عَلَىٰ رَبِّهِمۡۚ
أَلَا لَعۡنَةُ ٱللَّهِ عَلَى ٱلظَّٰلِمِينَ ١٨ ٱلَّذِينَ يَصُدُّونَ عَن سَبِيلِ
ٱللَّهِ وَيَبۡغُونَهَا عِوَجٗا وَهُم بِٱلۡأٓخِرَةِ هُمۡ كَٰفِرُونَ ١٩

أُوْلَٰٓئِكَ لَمْ يَكُونُواْ مُعْجِزِينَ فِي ٱلْأَرْضِ وَمَا كَانَ لَهُم مِّن دُونِ
ٱللَّهِ مِنْ أَوْلِيَآءَۘ يُضَٰعَفُ لَهُمُ ٱلْعَذَابُۚ مَا كَانُواْ يَسْتَطِيعُونَ
ٱلسَّمْعَ وَمَا كَانُواْ يُبْصِرُونَ ٢٠ أُوْلَٰٓئِكَ ٱلَّذِينَ خَسِرُوٓاْ
أَنفُسَهُمْ وَضَلَّ عَنْهُم مَّا كَانُواْ يَفْتَرُونَ ٢١ لَا جَرَمَ أَنَّهُمْ
فِي ٱلْأٓخِرَةِ هُمُ ٱلْأَخْسَرُونَ ٢٢ إِنَّ ٱلَّذِينَ ءَامَنُواْ وَعَمِلُواْ
ٱلصَّٰلِحَٰتِ وَأَخْبَتُوٓاْ إِلَىٰ رَبِّهِمْ أُوْلَٰٓئِكَ أَصْحَٰبُ ٱلْجَنَّةِۖ
هُمْ فِيهَا خَٰلِدُونَ ٢٣ ۞ مَثَلُ ٱلْفَرِيقَيْنِ كَٱلْأَعْمَىٰ وَٱلْأَصَمِّ
وَٱلْبَصِيرِ وَٱلسَّمِيعِۚ هَلْ يَسْتَوِيَانِ مَثَلًاۚ أَفَلَا تَذَكَّرُونَ
٢٤ وَلَقَدْ أَرْسَلْنَا نُوحًا إِلَىٰ قَوْمِهِۦٓ إِنِّي لَكُمْ نَذِيرٌ مُّبِينٌ ٢٥
أَن لَّا تَعْبُدُوٓاْ إِلَّا ٱللَّهَۖ إِنِّيٓ أَخَافُ عَلَيْكُمْ عَذَابَ يَوْمٍ أَلِيمٍ ٢٦
فَقَالَ ٱلْمَلَأُ ٱلَّذِينَ كَفَرُواْ مِن قَوْمِهِۦ مَا نَرَىٰكَ إِلَّا بَشَرًا مِّثْلَنَا
وَمَا نَرَىٰكَ ٱتَّبَعَكَ إِلَّا ٱلَّذِينَ هُمْ أَرَاذِلُنَا بَادِيَ ٱلرَّأْيِ
وَمَا نَرَىٰ لَكُمْ عَلَيْنَا مِن فَضْلِۭ بَلْ نَظُنُّكُمْ كَٰذِبِينَ ٢٧
قَالَ يَٰقَوْمِ أَرَءَيْتُمْ إِن كُنتُ عَلَىٰ بَيِّنَةٖ مِّن رَّبِّي وَءَاتَىٰنِي رَحْمَةٗ مِّنْ
عِندِهِۦ فَعُمِّيَتْ عَلَيْكُمْ أَنُلْزِمُكُمُوهَا وَأَنتُمْ لَهَا كَٰرِهُونَ ٢٨

ربع الحزب ٢٣

وَيَٰقَوۡمِ لَآ أَسۡـَٔلُكُمۡ عَلَيۡهِ مَالًاۖ إِنۡ أَجۡرِيَ إِلَّا عَلَى ٱللَّهِۚ وَمَآ أَنَا۠
بِطَارِدِ ٱلَّذِينَ ءَامَنُوٓاْۚ إِنَّهُم مُّلَٰقُواْ رَبِّهِمۡ وَلَٰكِنِّيٓ أَرَىٰكُمۡ قَوۡمٗا
تَجۡهَلُونَ ٢٩ وَيَٰقَوۡمِ مَن يَنصُرُنِي مِنَ ٱللَّهِ إِن طَرَدتُّهُمۡۚ أَفَلَا
تَذَكَّرُونَ ٣٠ وَلَآ أَقُولُ لَكُمۡ عِندِي خَزَآئِنُ ٱللَّهِ وَلَآ
أَعۡلَمُ ٱلۡغَيۡبَ وَلَآ أَقُولُ إِنِّي مَلَكٞ وَلَآ أَقُولُ لِلَّذِينَ تَزۡدَرِيٓ
أَعۡيُنُكُمۡ لَن يُؤۡتِيَهُمُ ٱللَّهُ خَيۡرًاۖ ٱللَّهُ أَعۡلَمُ بِمَا فِيٓ أَنفُسِهِمۡ إِنِّيٓ
إِذٗا لَّمِنَ ٱلظَّٰلِمِينَ ٣١ قَالُواْ يَٰنُوحُ قَدۡ جَٰدَلۡتَنَا فَأَكۡثَرۡتَ جِدَٰلَنَا
فَأۡتِنَا بِمَا تَعِدُنَآ إِن كُنتَ مِنَ ٱلصَّٰدِقِينَ ٣٢ قَالَ إِنَّمَا
يَأۡتِيكُم بِهِ ٱللَّهُ إِن شَآءَ وَمَآ أَنتُم بِمُعۡجِزِينَ ٣٣ وَلَا يَنفَعُكُمۡ
نُصۡحِيٓ إِنۡ أَرَدتُّ أَنۡ أَنصَحَ لَكُمۡ إِن كَانَ ٱللَّهُ يُرِيدُ أَن
يُغۡوِيَكُمۡۚ هُوَ رَبُّكُمۡ وَإِلَيۡهِ تُرۡجَعُونَ ٣٤ أَمۡ يَقُولُونَ ٱفۡتَرَىٰهُۖ
قُلۡ إِنِ ٱفۡتَرَيۡتُهُۥ فَعَلَيَّ إِجۡرَامِي وَأَنَا۠ بَرِيٓءٞ مِّمَّا تُجۡرِمُونَ
٣٥ وَأُوحِيَ إِلَىٰ نُوحٍ أَنَّهُۥ لَن يُؤۡمِنَ مِن قَوۡمِكَ إِلَّا مَن قَدۡ ءَامَنَ
فَلَا تَبۡتَئِسۡ بِمَا كَانُواْ يَفۡعَلُونَ ٣٦ وَٱصۡنَعِ ٱلۡفُلۡكَ بِأَعۡيُنِنَا
وَوَحۡيِنَا وَلَا تُخَٰطِبۡنِي فِي ٱلَّذِينَ ظَلَمُوٓاْ إِنَّهُم مُّغۡرَقُونَ ٣٧

وَيَصْنَعُ ٱلْفُلْكَ وَكُلَّمَا مَرَّ عَلَيْهِ مَلَأٌ مِّن قَوْمِهِۦ سَخِرُوا۟ مِنْهُ ۚ
قَالَ إِن تَسْخَرُوا۟ مِنَّا فَإِنَّا نَسْخَرُ مِنكُمْ كَمَا تَسْخَرُونَ
﴿٣٨﴾ فَسَوْفَ تَعْلَمُونَ مَن يَأْتِيهِ عَذَابٌ يُخْزِيهِ وَيَحِلُّ عَلَيْهِ عَذَابٌ
مُّقِيمٌ ﴿٣٩﴾ حَتَّىٰٓ إِذَا جَآءَ أَمْرُنَا وَفَارَ ٱلتَّنُّورُ قُلْنَا ٱحْمِلْ فِيهَا
مِن كُلٍّ زَوْجَيْنِ ٱثْنَيْنِ وَأَهْلَكَ إِلَّا مَن سَبَقَ عَلَيْهِ ٱلْقَوْلُ
وَمَنْ ءَامَنَ ۚ وَمَآ ءَامَنَ مَعَهُۥٓ إِلَّا قَلِيلٌ ﴿٤٠﴾ ۞ وَقَالَ ٱرْكَبُوا۟
فِيهَا بِسْمِ ٱللَّهِ مَجْر۪ىٰهَا وَمُرْسَىٰهَآ ۚ إِنَّ رَبِّى لَغَفُورٌ رَّحِيمٌ
﴿٤١﴾ وَهِىَ تَجْرِى بِهِمْ فِى مَوْجٍ كَٱلْجِبَالِ وَنَادَىٰ نُوحٌ ٱبْنَهُۥ
وَكَانَ فِى مَعْزِلٍ يَٰبُنَىَّ ٱرْكَب مَّعَنَا وَلَا تَكُن مَّعَ ٱلْكَٰفِرِينَ ﴿٤٢﴾
قَالَ سَـَٔاوِىٓ إِلَىٰ جَبَلٍ يَعْصِمُنِى مِنَ ٱلْمَآءِ ۚ قَالَ لَا عَاصِمَ ٱلْيَوْمَ
مِنْ أَمْرِ ٱللَّهِ إِلَّا مَن رَّحِمَ ۚ وَحَالَ بَيْنَهُمَا ٱلْمَوْجُ فَكَانَ مِنَ
ٱلْمُغْرَقِينَ ﴿٤٣﴾ وَقِيلَ يَٰٓأَرْضُ ٱبْلَعِى مَآءَكِ وَيَٰسَمَآءُ أَقْلِعِى
وَغِيضَ ٱلْمَآءُ وَقُضِىَ ٱلْأَمْرُ وَٱسْتَوَتْ عَلَى ٱلْجُودِىِّ ۖ وَقِيلَ
بُعْدًا لِّلْقَوْمِ ٱلظَّٰلِمِينَ ﴿٤٤﴾ وَنَادَىٰ نُوحٌ رَّبَّهُۥ فَقَالَ رَبِّ إِنَّ ٱبْنِى
مِنْ أَهْلِى وَإِنَّ وَعْدَكَ ٱلْحَقُّ وَأَنتَ أَحْكَمُ ٱلْحَٰكِمِينَ ﴿٤٥﴾

نصف الحزب ٢٣

قَالَ يَٰنُوحُ إِنَّهُۥ لَيۡسَ مِنۡ أَهۡلِكَۖ إِنَّهُۥ عَمَلٌ غَيۡرُ صَٰلِحٖۖ فَلَا تَسۡـَٔلۡنِ
مَا لَيۡسَ لَكَ بِهِۦ عِلۡمٌۖ إِنِّيٓ أَعِظُكَ أَن تَكُونَ مِنَ ٱلۡجَٰهِلِينَ
(٤٦) قَالَ رَبِّ إِنِّيٓ أَعُوذُ بِكَ أَنۡ أَسۡـَٔلَكَ مَا لَيۡسَ لِي بِهِۦ عِلۡمٞۖ وَإِلَّا
تَغۡفِرۡ لِي وَتَرۡحَمۡنِيٓ أَكُن مِّنَ ٱلۡخَٰسِرِينَ (٤٧) قِيلَ يَٰنُوحُ
ٱهۡبِطۡ بِسَلَٰمٖ مِّنَّا وَبَرَكَٰتٍ عَلَيۡكَ وَعَلَىٰٓ أُمَمٖ مِّمَّن مَّعَكَۚ
وَأُمَمٞ سَنُمَتِّعُهُمۡ ثُمَّ يَمَسُّهُم مِّنَّا عَذَابٌ أَلِيمٞ (٤٨) تِلۡكَ
مِنۡ أَنۢبَآءِ ٱلۡغَيۡبِ نُوحِيهَآ إِلَيۡكَۖ مَا كُنتَ تَعۡلَمُهَآ أَنتَ
وَلَا قَوۡمُكَ مِن قَبۡلِ هَٰذَاۖ فَٱصۡبِرۡۖ إِنَّ ٱلۡعَٰقِبَةَ لِلۡمُتَّقِينَ (٤٩)
وَإِلَىٰ عَادٍ أَخَاهُمۡ هُودٗاۚ قَالَ يَٰقَوۡمِ ٱعۡبُدُواْ ٱللَّهَ مَا لَكُم مِّنۡ
إِلَٰهٍ غَيۡرُهُۥٓۖ إِنۡ أَنتُمۡ إِلَّا مُفۡتَرُونَ (٥٠) يَٰقَوۡمِ لَآ أَسۡـَٔلُكُمۡ عَلَيۡهِ
أَجۡرًاۖ إِنۡ أَجۡرِيَ إِلَّا عَلَى ٱلَّذِي فَطَرَنِيٓۚ أَفَلَا تَعۡقِلُونَ (٥١)
وَيَٰقَوۡمِ ٱسۡتَغۡفِرُواْ رَبَّكُمۡ ثُمَّ تُوبُوٓاْ إِلَيۡهِ يُرۡسِلِ ٱلسَّمَآءَ
عَلَيۡكُم مِّدۡرَارٗا وَيَزِدۡكُمۡ قُوَّةً إِلَىٰ قُوَّتِكُمۡ وَلَا تَتَوَلَّوۡاْ
مُجۡرِمِينَ (٥٢) قَالُواْ يَٰهُودُ مَا جِئۡتَنَا بِبَيِّنَةٖ وَمَا نَحۡنُ
بِتَارِكِيٓ ءَالِهَتِنَا عَن قَوۡلِكَ وَمَا نَحۡنُ لَكَ بِمُؤۡمِنِينَ (٥٣)

إِن نَّقُولُ إِلَّا ٱعْتَرَىٰكَ بَعْضُ ءَالِهَتِنَا بِسُوٓءٍ ۗ قَالَ إِنِّىٓ أُشْهِدُ ٱللَّهَ
وَٱشْهَدُوٓا۟ أَنِّى بَرِىٓءٌ مِّمَّا تُشْرِكُونَ ﴿٥٤﴾ مِن دُونِهِۦ ۖ فَكِيدُونِى
جَمِيعًا ثُمَّ لَا تُنظِرُونِ ﴿٥٥﴾ إِنِّى تَوَكَّلْتُ عَلَى ٱللَّهِ رَبِّى وَرَبِّكُم ۚ
مَّا مِن دَآبَّةٍ إِلَّا هُوَ ءَاخِذٌۢ بِنَاصِيَتِهَآ ۚ إِنَّ رَبِّى عَلَىٰ صِرَٰطٍ مُّسْتَقِيمٍ
﴿٥٦﴾ فَإِن تَوَلَّوْا۟ فَقَدْ أَبْلَغْتُكُم مَّآ أُرْسِلْتُ بِهِۦٓ إِلَيْكُمْ ۚ وَيَسْتَخْلِفُ
رَبِّى قَوْمًا غَيْرَكُمْ وَلَا تَضُرُّونَهُۥ شَيْـًٔا ۚ إِنَّ رَبِّى عَلَىٰ كُلِّ شَىْءٍ حَفِيظٌ
﴿٥٧﴾ وَلَمَّا جَآءَ أَمْرُنَا نَجَّيْنَا هُودًا وَٱلَّذِينَ ءَامَنُوا۟ مَعَهُۥ بِرَحْمَةٍ مِّنَّا
وَنَجَّيْنَٰهُم مِّنْ عَذَابٍ غَلِيظٍ ﴿٥٨﴾ وَتِلْكَ عَادٌ ۖ جَحَدُوا۟ بِـَٔايَٰتِ
رَبِّهِمْ وَعَصَوْا۟ رُسُلَهُۥ وَٱتَّبَعُوٓا۟ أَمْرَ كُلِّ جَبَّارٍ عَنِيدٍ ﴿٥٩﴾ وَأُتْبِعُوا۟ فِى
هَٰذِهِ ٱلدُّنْيَا لَعْنَةً وَيَوْمَ ٱلْقِيَٰمَةِ ۗ أَلَآ إِنَّ عَادًا كَفَرُوا۟ رَبَّهُمْ ۗ أَلَا
بُعْدًا لِّعَادٍ قَوْمِ هُودٍ ﴿٦٠﴾ ۞ وَإِلَىٰ ثَمُودَ أَخَاهُمْ صَٰلِحًا ۚ قَالَ يَٰقَوْمِ
ٱعْبُدُوا۟ ٱللَّهَ مَا لَكُم مِّنْ إِلَٰهٍ غَيْرُهُۥ ۖ هُوَ أَنشَأَكُم مِّنَ ٱلْأَرْضِ
وَٱسْتَعْمَرَكُمْ فِيهَا فَٱسْتَغْفِرُوهُ ثُمَّ تُوبُوٓا۟ إِلَيْهِ ۚ إِنَّ رَبِّى قَرِيبٌ مُّجِيبٌ
﴿٦١﴾ قَالُوا۟ يَٰصَٰلِحُ قَدْ كُنتَ فِينَا مَرْجُوًّا قَبْلَ هَٰذَآ ۖ أَتَنْهَىٰنَآ أَن نَّعْبُدَ
مَا يَعْبُدُ ءَابَآؤُنَا وَإِنَّنَا لَفِى شَكٍّ مِّمَّا تَدْعُونَآ إِلَيْهِ مُرِيبٍ ﴿٦٢﴾

ثلاثة أرباع الحزب ٢٣

قَالَ يَٰقَوۡمِ أَرَءَيۡتُمۡ إِن كُنتُ عَلَىٰ بَيِّنَةٖ مِّن رَّبِّي وَءَاتَىٰنِي
مِنۡهُ رَحۡمَةٗ فَمَن يَنصُرُنِي مِنَ ٱللَّهِ إِنۡ عَصَيۡتُهُۥۖ فَمَا تَزِيدُونَنِي
غَيۡرَ تَخۡسِيرٖ ٦٣ وَيَٰقَوۡمِ هَٰذِهِۦ نَاقَةُ ٱللَّهِ لَكُمۡ ءَايَةٗۖ
فَذَرُوهَا تَأۡكُلۡ فِيٓ أَرۡضِ ٱللَّهِۖ وَلَا تَمَسُّوهَا بِسُوٓءٖ فَيَأۡخُذَكُمۡ
عَذَابٞ قَرِيبٞ ٦٤ فَعَقَرُوهَا فَقَالَ تَمَتَّعُواْ فِي دَارِكُمۡ
ثَلَٰثَةَ أَيَّامٖۖ ذَٰلِكَ وَعۡدٌ غَيۡرُ مَكۡذُوبٖ ٦٥ فَلَمَّا جَآءَ أَمۡرُنَا
نَجَّيۡنَا صَٰلِحٗا وَٱلَّذِينَ ءَامَنُواْ مَعَهُۥ بِرَحۡمَةٖ مِّنَّا وَمِنۡ
خِزۡيِ يَوۡمِئِذٍۚ إِنَّ رَبَّكَ هُوَ ٱلۡقَوِيُّ ٱلۡعَزِيزُ ٦٦ وَأَخَذَ ٱلَّذِينَ
ظَلَمُواْ ٱلصَّيۡحَةُ فَأَصۡبَحُواْ فِي دِيَٰرِهِمۡ جَٰثِمِينَ ٦٧
كَأَن لَّمۡ يَغۡنَوۡاْ فِيهَآۗ أَلَآ إِنَّ ثَمُودَاْ كَفَرُواْ رَبَّهُمۡۗ أَلَا
بُعۡدٗا لِّثَمُودَ ٦٨ وَلَقَدۡ جَآءَتۡ رُسُلُنَآ إِبۡرَٰهِيمَ بِٱلۡبُشۡرَىٰ قَالُواْ
سَلَٰمٗاۖ قَالَ سَلَٰمٞۖ فَمَا لَبِثَ أَن جَآءَ بِعِجۡلٍ حَنِيذٖ ٦٩ فَلَمَّا رَءَآ
أَيۡدِيَهُمۡ لَا تَصِلُ إِلَيۡهِ نَكِرَهُمۡ وَأَوۡجَسَ مِنۡهُمۡ خِيفَةٗۚ
قَالُواْ لَا تَخَفۡ إِنَّآ أُرۡسِلۡنَآ إِلَىٰ قَوۡمِ لُوطٖ ٧٠ وَٱمۡرَأَتُهُۥ قَآئِمَةٞ
فَضَحِكَتۡ فَبَشَّرۡنَٰهَا بِإِسۡحَٰقَ وَمِن وَرَآءِ إِسۡحَٰقَ يَعۡقُوبَ ٧١

قَالَتۡ يَٰوَيۡلَتَىٰٓ ءَأَلِدُ وَأَنَا۠ عَجُوزٞ وَهَٰذَا بَعۡلِي شَيۡخًاۖ إِنَّ هَٰذَا
لَشَيۡءٌ عَجِيبٞ ٧٢ قَالُوٓاْ أَتَعۡجَبِينَ مِنۡ أَمۡرِ ٱللَّهِۖ رَحۡمَتُ ٱللَّهِ
وَبَرَكَٰتُهُۥ عَلَيۡكُمۡ أَهۡلَ ٱلۡبَيۡتِۚ إِنَّهُۥ حَمِيدٞ مَّجِيدٞ ٧٣ فَلَمَّا ذَهَبَ
عَنۡ إِبۡرَٰهِيمَ ٱلرَّوۡعُ وَجَآءَتۡهُ ٱلۡبُشۡرَىٰ يُجَٰدِلُنَا فِي قَوۡمِ لُوطٍ ٧٤
إِنَّ إِبۡرَٰهِيمَ لَحَلِيمٌ أَوَّٰهٞ مُّنِيبٞ ٧٥ يَٰٓإِبۡرَٰهِيمُ أَعۡرِضۡ عَنۡ هَٰذَآۖ إِنَّهُۥ
قَدۡ جَآءَ أَمۡرُ رَبِّكَۖ وَإِنَّهُمۡ ءَاتِيهِمۡ عَذَابٌ غَيۡرُ مَرۡدُودٖ ٧٦ وَلَمَّا
جَآءَتۡ رُسُلُنَا لُوطٗا سِيٓءَ بِهِمۡ وَضَاقَ بِهِمۡ ذَرۡعٗا وَقَالَ هَٰذَا
يَوۡمٌ عَصِيبٞ ٧٧ وَجَآءَهُۥ قَوۡمُهُۥ يُهۡرَعُونَ إِلَيۡهِ وَمِن قَبۡلُ كَانُواْ
يَعۡمَلُونَ ٱلسَّيِّـَٔاتِۚ قَالَ يَٰقَوۡمِ هَٰٓؤُلَآءِ بَنَاتِي هُنَّ أَطۡهَرُ لَكُمۡۖ
فَٱتَّقُواْ ٱللَّهَ وَلَا تُخۡزُونِ فِي ضَيۡفِيٓۖ أَلَيۡسَ مِنكُمۡ رَجُلٞ رَّشِيدٞ ٧٨
قَالُواْ لَقَدۡ عَلِمۡتَ مَا لَنَا فِي بَنَاتِكَ مِنۡ حَقّٖ وَإِنَّكَ لَتَعۡلَمُ مَا نُرِيدُ
٧٩ قَالَ لَوۡ أَنَّ لِي بِكُمۡ قُوَّةً أَوۡ ءَاوِيٓ إِلَىٰ رُكۡنٖ شَدِيدٖ ٨٠ قَالُواْ
يَٰلُوطُ إِنَّا رُسُلُ رَبِّكَ لَن يَصِلُوٓاْ إِلَيۡكَۖ فَأَسۡرِ بِأَهۡلِكَ بِقِطۡعٖ
مِّنَ ٱلَّيۡلِ وَلَا يَلۡتَفِتۡ مِنكُمۡ أَحَدٌ إِلَّا ٱمۡرَأَتَكَۖ إِنَّهُۥ مُصِيبُهَا
مَآ أَصَابَهُمۡۚ إِنَّ مَوۡعِدَهُمُ ٱلصُّبۡحُۚ أَلَيۡسَ ٱلصُّبۡحُ بِقَرِيبٖ ٨١

الحِزۡبُ ٢٤

فَلَمَّا جَآءَ أَمۡرُنَا جَعَلۡنَا عَٰلِيَهَا سَافِلَهَا وَأَمۡطَرۡنَا عَلَيۡهَا
حِجَارَةٗ مِّن سِجِّيلٖ مَّنضُودٖ ٨٢ مُّسَوَّمَةً عِندَ رَبِّكَۖ
وَمَا هِيَ مِنَ ٱلظَّٰلِمِينَ بِبَعِيدٖ ٨٣ ۞ وَإِلَىٰ مَدۡيَنَ أَخَاهُمۡ
شُعَيۡبٗاۚ قَالَ يَٰقَوۡمِ ٱعۡبُدُواْ ٱللَّهَ مَا لَكُم مِّنۡ إِلَٰهٍ غَيۡرُهُۥۖ
وَلَا تَنقُصُواْ ٱلۡمِكۡيَالَ وَٱلۡمِيزَانَۖ إِنِّيٓ أَرَىٰكُم بِخَيۡرٖ
وَإِنِّيٓ أَخَافُ عَلَيۡكُمۡ عَذَابَ يَوۡمٖ مُّحِيطٖ ٨٤ وَيَٰقَوۡمِ
أَوۡفُواْ ٱلۡمِكۡيَالَ وَٱلۡمِيزَانَ بِٱلۡقِسۡطِۖ وَلَا تَبۡخَسُواْ ٱلنَّاسَ
أَشۡيَآءَهُمۡ وَلَا تَعۡثَوۡاْ فِي ٱلۡأَرۡضِ مُفۡسِدِينَ ٨٥ بَقِيَّتُ
ٱللَّهِ خَيۡرٞ لَّكُمۡ إِن كُنتُم مُّؤۡمِنِينَۚ وَمَآ أَنَا۠ عَلَيۡكُم
بِحَفِيظٖ ٨٦ قَالُواْ يَٰشُعَيۡبُ أَصَلَوٰتُكَ تَأۡمُرُكَ أَن نَّتۡرُكَ
مَا يَعۡبُدُ ءَابَآؤُنَآ أَوۡ أَن نَّفۡعَلَ فِيٓ أَمۡوَٰلِنَا مَا نَشَٰٓؤُاْۖ إِنَّكَ
لَأَنتَ ٱلۡحَلِيمُ ٱلرَّشِيدُ ٨٧ قَالَ يَٰقَوۡمِ أَرَءَيۡتُمۡ إِن كُنتُ
عَلَىٰ بَيِّنَةٖ مِّن رَّبِّي وَرَزَقَنِي مِنۡهُ رِزۡقًا حَسَنٗاۚ وَمَآ أُرِيدُ أَنۡ
أُخَالِفَكُمۡ إِلَىٰ مَآ أَنۡهَىٰكُمۡ عَنۡهُۚ إِنۡ أُرِيدُ إِلَّا ٱلۡإِصۡلَٰحَ
مَا ٱسۡتَطَعۡتُۚ وَمَا تَوۡفِيقِيٓ إِلَّا بِٱللَّهِۚ عَلَيۡهِ تَوَكَّلۡتُ وَإِلَيۡهِ أُنِيبُ ٨٨

وَيَٰقَوۡمِ لَا يَجۡرِمَنَّكُمۡ شِقَاقِيٓ أَن يُصِيبَكُم مِّثۡلُ مَآ أَصَابَ
قَوۡمَ نُوحٍ أَوۡ قَوۡمَ هُودٍ أَوۡ قَوۡمَ صَٰلِحٖۚ وَمَا قَوۡمُ لُوطٖ مِّنكُم
بِبَعِيدٖ ٨٩ وَٱسۡتَغۡفِرُواْ رَبَّكُمۡ ثُمَّ تُوبُوٓاْ إِلَيۡهِۚ إِنَّ رَبِّي
رَحِيمٞ وَدُودٞ ٩٠ قَالُواْ يَٰشُعَيۡبُ مَا نَفۡقَهُ كَثِيرٗا مِّمَّا تَقُولُ
وَإِنَّا لَنَرَىٰكَ فِينَا ضَعِيفٗاۖ وَلَوۡلَا رَهۡطُكَ لَرَجَمۡنَٰكَۖ وَمَآ أَنتَ
عَلَيۡنَا بِعَزِيزٖ ٩١ قَالَ يَٰقَوۡمِ أَرَهۡطِيٓ أَعَزُّ عَلَيۡكُم مِّنَ ٱللَّهِ
وَٱتَّخَذۡتُمُوهُ وَرَآءَكُمۡ ظِهۡرِيًّاۖ إِنَّ رَبِّي بِمَا تَعۡمَلُونَ
مُحِيطٞ ٩٢ وَيَٰقَوۡمِ ٱعۡمَلُواْ عَلَىٰ مَكَانَتِكُمۡ إِنِّي عَٰمِلٞۖ
سَوۡفَ تَعۡلَمُونَ مَن يَأۡتِيهِ عَذَابٞ يُخۡزِيهِ وَمَنۡ هُوَ كَٰذِبٞۖ
وَٱرۡتَقِبُوٓاْ إِنِّي مَعَكُمۡ رَقِيبٞ ٩٣ وَلَمَّا جَآءَ أَمۡرُنَا نَجَّيۡنَا
شُعَيۡبٗا وَٱلَّذِينَ ءَامَنُواْ مَعَهُۥ بِرَحۡمَةٖ مِّنَّا وَأَخَذَتِ
ٱلَّذِينَ ظَلَمُواْ ٱلصَّيۡحَةُ فَأَصۡبَحُواْ فِي دِيَٰرِهِمۡ جَٰثِمِينَ ٩٤
كَأَن لَّمۡ يَغۡنَوۡاْ فِيهَآۗ أَلَا بُعۡدٗا لِّمَدۡيَنَ كَمَا بَعِدَتۡ ثَمُودُ ٩٥
وَلَقَدۡ أَرۡسَلۡنَا مُوسَىٰ بِـَٔايَٰتِنَا وَسُلۡطَٰنٖ مُّبِينٍ ٩٦ إِلَىٰ فِرۡعَوۡنَ
وَمَلَإِيْهِۦ فَٱتَّبَعُوٓاْ أَمۡرَ فِرۡعَوۡنَۖ وَمَآ أَمۡرُ فِرۡعَوۡنَ بِرَشِيدٖ ٩٧

يَقۡدُمُ قَوۡمَهُۥ يَوۡمَ ٱلۡقِيَٰمَةِ فَأَوۡرَدَهُمُ ٱلنَّارَۖ وَبِئۡسَ ٱلۡوِرۡدُ
ٱلۡمَوۡرُودُ ٩٨ وَأُتۡبِعُواْ فِي هَٰذِهِۦ لَعۡنَةٗ وَيَوۡمَ ٱلۡقِيَٰمَةِۚ بِئۡسَ
ٱلرِّفۡدُ ٱلۡمَرۡفُودُ ٩٩ ذَٰلِكَ مِنۡ أَنۢبَآءِ ٱلۡقُرَىٰ نَقُصُّهُۥ عَلَيۡكَۖ
مِنۡهَا قَآئِمٞ وَحَصِيدٞ ١٠٠ وَمَا ظَلَمۡنَٰهُمۡ وَلَٰكِن ظَلَمُوٓاْ
أَنفُسَهُمۡۖ فَمَآ أَغۡنَتۡ عَنۡهُمۡ ءَالِهَتُهُمُ ٱلَّتِي يَدۡعُونَ مِن دُونِ
ٱللَّهِ مِن شَيۡءٖ لَّمَّا جَآءَ أَمۡرُ رَبِّكَۖ وَمَا زَادُوهُمۡ غَيۡرَ تَتۡبِيبٖ ١٠١
وَكَذَٰلِكَ أَخۡذُ رَبِّكَ إِذَآ أَخَذَ ٱلۡقُرَىٰ وَهِيَ ظَٰلِمَةٌۚ إِنَّ أَخۡذَهُۥٓ
أَلِيمٞ شَدِيدٌ ١٠٢ إِنَّ فِي ذَٰلِكَ لَأٓيَةٗ لِّمَنۡ خَافَ عَذَابَ ٱلۡأٓخِرَةِۚ
ذَٰلِكَ يَوۡمٞ مَّجۡمُوعٞ لَّهُ ٱلنَّاسُ وَذَٰلِكَ يَوۡمٞ مَّشۡهُودٞ ١٠٣
وَمَا نُؤَخِّرُهُۥٓ إِلَّا لِأَجَلٖ مَّعۡدُودٖ ١٠٤ يَوۡمَ يَأۡتِ لَا تَكَلَّمُ نَفۡسٌ
إِلَّا بِإِذۡنِهِۦۚ فَمِنۡهُمۡ شَقِيّٞ وَسَعِيدٞ ١٠٥ فَأَمَّا ٱلَّذِينَ شَقُواْ فَفِي
ٱلنَّارِ لَهُمۡ فِيهَا زَفِيرٞ وَشَهِيقٌ ١٠٦ خَٰلِدِينَ فِيهَا مَا دَامَتِ ٱلسَّمَٰوَٰتُ
وَٱلۡأَرۡضُ إِلَّا مَا شَآءَ رَبُّكَۚ إِنَّ رَبَّكَ فَعَّالٞ لِّمَا يُرِيدُ ١٠٧
۞ وَأَمَّا ٱلَّذِينَ سُعِدُواْ فَفِي ٱلۡجَنَّةِ خَٰلِدِينَ فِيهَا مَا دَامَتِ
ٱلسَّمَٰوَٰتُ وَٱلۡأَرۡضُ إِلَّا مَا شَآءَ رَبُّكَۖ عَطَآءً غَيۡرَ مَجۡذُوذٖ ١٠٨

ربع الحزب ٢٤

فَلَا تَكُ فِي مِرْيَةٖ مِّمَّا يَعْبُدُ هَٰٓؤُلَآءِۚ مَا يَعْبُدُونَ إِلَّا كَمَا يَعْبُدُ
ءَابَآؤُهُم مِّن قَبْلُۚ وَإِنَّا لَمُوَفُّوهُمْ نَصِيبَهُمْ غَيْرَ مَنقُوصٖ
١٠٩ وَلَقَدْ ءَاتَيْنَا مُوسَى ٱلْكِتَٰبَ فَٱخْتُلِفَ فِيهِۚ وَلَوْلَا كَلِمَةٞ
سَبَقَتْ مِن رَّبِّكَ لَقُضِيَ بَيْنَهُمْۚ وَإِنَّهُمْ لَفِي شَكّٖ مِّنْهُ مُرِيبٖ
١١٠ وَإِنَّ كُلّٗا لَّمَّا لَيُوَفِّيَنَّهُمْ رَبُّكَ أَعْمَٰلَهُمْۚ إِنَّهُۥ بِمَا يَعْمَلُونَ
خَبِيرٞ ١١١ فَٱسْتَقِمْ كَمَآ أُمِرْتَ وَمَن تَابَ مَعَكَ وَلَا تَطْغَوْاْۚ
إِنَّهُۥ بِمَا تَعْمَلُونَ بَصِيرٞ ١١٢ وَلَا تَرْكَنُوٓاْ إِلَى ٱلَّذِينَ ظَلَمُواْ
فَتَمَسَّكُمُ ٱلنَّارُ وَمَا لَكُم مِّن دُونِ ٱللَّهِ مِنْ أَوْلِيَآءَ ثُمَّ
لَا تُنصَرُونَ ١١٣ وَأَقِمِ ٱلصَّلَوٰةَ طَرَفَيِ ٱلنَّهَارِ وَزُلَفٗا مِّنَ
ٱلَّيْلِۚ إِنَّ ٱلْحَسَنَٰتِ يُذْهِبْنَ ٱلسَّيِّـَٔاتِۚ ذَٰلِكَ ذِكْرَىٰ
لِلذَّٰكِرِينَ ١١٤ وَٱصْبِرْ فَإِنَّ ٱللَّهَ لَا يُضِيعُ أَجْرَ ٱلْمُحْسِنِينَ
١١٥ فَلَوْلَا كَانَ مِنَ ٱلْقُرُونِ مِن قَبْلِكُمْ أُوْلُواْ بَقِيَّةٖ يَنْهَوْنَ
عَنِ ٱلْفَسَادِ فِي ٱلْأَرْضِ إِلَّا قَلِيلٗا مِّمَّنْ أَنجَيْنَا مِنْهُمْۗ وَٱتَّبَعَ
ٱلَّذِينَ ظَلَمُواْ مَآ أُتْرِفُواْ فِيهِ وَكَانُواْ مُجْرِمِينَ ١١٦ وَمَا
كَانَ رَبُّكَ لِيُهْلِكَ ٱلْقُرَىٰ بِظُلْمٖ وَأَهْلُهَا مُصْلِحُونَ ١١٧

وَلَوۡ شَآءَ رَبُّكَ لَجَعَلَ ٱلنَّاسَ أُمَّةٗ وَٰحِدَةٗۖ وَلَا يَزَالُونَ مُخۡتَلِفِينَ
١١٨ إِلَّا مَن رَّحِمَ رَبُّكَۚ وَلِذَٰلِكَ خَلَقَهُمۡۗ وَتَمَّتۡ كَلِمَةُ رَبِّكَ
لَأَمۡلَأَنَّ جَهَنَّمَ مِنَ ٱلۡجِنَّةِ وَٱلنَّاسِ أَجۡمَعِينَ ١١٩ وَكُلّٗا نَّقُصُّ
عَلَيۡكَ مِنۡ أَنۢبَآءِ ٱلرُّسُلِ مَا نُثَبِّتُ بِهِۦ فُؤَادَكَۚ وَجَآءَكَ فِي هَٰذِهِ
ٱلۡحَقُّ وَمَوۡعِظَةٞ وَذِكۡرَىٰ لِلۡمُؤۡمِنِينَ ١٢٠ وَقُل لِّلَّذِينَ لَا يُؤۡمِنُونَ
ٱعۡمَلُواْ عَلَىٰ مَكَانَتِكُمۡ إِنَّا عَٰمِلُونَ ١٢١ وَٱنتَظِرُوٓاْ إِنَّا مُنتَظِرُونَ
١٢٢ وَلِلَّهِ غَيۡبُ ٱلسَّمَٰوَٰتِ وَٱلۡأَرۡضِ وَإِلَيۡهِ يُرۡجَعُ ٱلۡأَمۡرُ كُلُّهُۥ
فَٱعۡبُدۡهُ وَتَوَكَّلۡ عَلَيۡهِۚ وَمَا رَبُّكَ بِغَٰفِلٍ عَمَّا تَعۡمَلُونَ ١٢٣

سُورَةُ يُوسُفَ

بِسۡمِ ٱللَّهِ ٱلرَّحۡمَٰنِ ٱلرَّحِيمِ

الٓرۚ تِلۡكَ ءَايَٰتُ ٱلۡكِتَٰبِ ٱلۡمُبِينِ ١ إِنَّآ أَنزَلۡنَٰهُ قُرۡءَٰنًا
عَرَبِيّٗا لَّعَلَّكُمۡ تَعۡقِلُونَ ٢ نَحۡنُ نَقُصُّ عَلَيۡكَ أَحۡسَنَ
ٱلۡقَصَصِ بِمَآ أَوۡحَيۡنَآ إِلَيۡكَ هَٰذَا ٱلۡقُرۡءَانَ وَإِن كُنتَ مِن قَبۡلِهِۦ
لَمِنَ ٱلۡغَٰفِلِينَ ٣ إِذۡ قَالَ يُوسُفُ لِأَبِيهِ يَٰٓأَبَتِ إِنِّي رَأَيۡتُ
أَحَدَ عَشَرَ كَوۡكَبٗا وَٱلشَّمۡسَ وَٱلۡقَمَرَ رَأَيۡتُهُمۡ لِي سَٰجِدِينَ ٤

قَالَ يَٰبُنَيَّ لَا تَقۡصُصۡ رُءۡيَاكَ عَلَىٰٓ إِخۡوَتِكَ فَيَكِيدُواْ لَكَ كَيۡدًاۖ
إِنَّ ٱلشَّيۡطَٰنَ لِلۡإِنسَٰنِ عَدُوّٞ مُّبِينٞ ٥ وَكَذَٰلِكَ يَجۡتَبِيكَ
رَبُّكَ وَيُعَلِّمُكَ مِن تَأۡوِيلِ ٱلۡأَحَادِيثِ وَيُتِمُّ نِعۡمَتَهُۥ عَلَيۡكَ
وَعَلَىٰٓ ءَالِ يَعۡقُوبَ كَمَآ أَتَمَّهَا عَلَىٰٓ أَبَوَيۡكَ مِن قَبۡلُ إِبۡرَٰهِيمَ
وَإِسۡحَٰقَۚ إِنَّ رَبَّكَ عَلِيمٌ حَكِيمٞ ٦ ۞ لَّقَدۡ كَانَ فِي يُوسُفَ
وَإِخۡوَتِهِۦٓ ءَايَٰتٞ لِّلسَّآئِلِينَ ٧ إِذۡ قَالُواْ لَيُوسُفُ وَأَخُوهُ أَحَبُّ
إِلَىٰٓ أَبِينَا مِنَّا وَنَحۡنُ عُصۡبَةٌ إِنَّ أَبَانَا لَفِي ضَلَٰلٖ مُّبِينٍ ٨
ٱقۡتُلُواْ يُوسُفَ أَوِ ٱطۡرَحُوهُ أَرۡضٗا يَخۡلُ لَكُمۡ وَجۡهُ أَبِيكُمۡ
وَتَكُونُواْ مِنۢ بَعۡدِهِۦ قَوۡمٗا صَٰلِحِينَ ٩ قَالَ قَآئِلٞ مِّنۡهُمۡ
لَا تَقۡتُلُواْ يُوسُفَ وَأَلۡقُوهُ فِي غَيَٰبَتِ ٱلۡجُبِّ يَلۡتَقِطۡهُ بَعۡضُ
ٱلسَّيَّارَةِ إِن كُنتُمۡ فَٰعِلِينَ ١٠ قَالُواْ يَٰٓأَبَانَا مَا لَكَ لَا تَأۡمَ۫نَّا عَلَىٰ
يُوسُفَ وَإِنَّا لَهُۥ لَنَٰصِحُونَ ١١ أَرۡسِلۡهُ مَعَنَا غَدٗا يَرۡتَعۡ وَيَلۡعَبۡ
وَإِنَّا لَهُۥ لَحَٰفِظُونَ ١٢ قَالَ إِنِّي لَيَحۡزُنُنِيٓ أَن تَذۡهَبُواْ بِهِۦ وَأَخَافُ
أَن يَأۡكُلَهُ ٱلذِّئۡبُ وَأَنتُمۡ عَنۡهُ غَٰفِلُونَ ١٣ قَالُواْ لَئِنۡ
أَكَلَهُ ٱلذِّئۡبُ وَنَحۡنُ عُصۡبَةٌ إِنَّآ إِذٗا لَّخَٰسِرُونَ ١٤

نصف الحزب ٢٤

فَلَمَّا ذَهَبُواْ بِهِۦ وَأَجۡمَعُوٓاْ أَن يَجۡعَلُوهُ فِي غَيَٰبَتِ ٱلۡجُبِّۚ وَأَوۡحَيۡنَآ
إِلَيۡهِ لَتُنَبِّئَنَّهُم بِأَمۡرِهِمۡ هَٰذَا وَهُمۡ لَا يَشۡعُرُونَ ١٥ وَجَآءُوٓ
أَبَاهُمۡ عِشَآءٗ يَبۡكُونَ ١٦ قَالُواْ يَٰٓأَبَانَآ إِنَّا ذَهَبۡنَا نَسۡتَبِقُ
وَتَرَكۡنَا يُوسُفَ عِندَ مَتَٰعِنَا فَأَكَلَهُ ٱلذِّئۡبُۖ وَمَآ أَنتَ
بِمُؤۡمِنٖ لَّنَا وَلَوۡ كُنَّا صَٰدِقِينَ ١٧ وَجَآءُو عَلَىٰ قَمِيصِهِۦ
بِدَمٖ كَذِبٖۚ قَالَ بَلۡ سَوَّلَتۡ لَكُمۡ أَنفُسُكُمۡ أَمۡرٗاۖ فَصَبۡرٞ جَمِيلٞۖ
وَٱللَّهُ ٱلۡمُسۡتَعَانُ عَلَىٰ مَا تَصِفُونَ ١٨ وَجَآءَتۡ سَيَّارَةٞ
فَأَرۡسَلُواْ وَارِدَهُمۡ فَأَدۡلَىٰ دَلۡوَهُۥۖ قَالَ يَٰبُشۡرَىٰ هَٰذَا غُلَٰمٞۚ وَأَسَرُّوهُ
بِضَٰعَةٗۚ وَٱللَّهُ عَلِيمُۢ بِمَا يَعۡمَلُونَ ١٩ وَشَرَوۡهُ بِثَمَنِۭ بَخۡسٖ
دَرَٰهِمَ مَعۡدُودَةٖ وَكَانُواْ فِيهِ مِنَ ٱلزَّٰهِدِينَ ٢٠ وَقَالَ
ٱلَّذِي ٱشۡتَرَىٰهُ مِن مِّصۡرَ لِٱمۡرَأَتِهِۦٓ أَكۡرِمِي مَثۡوَىٰهُ عَسَىٰٓ
أَن يَنفَعَنَآ أَوۡ نَتَّخِذَهُۥ وَلَدٗاۚ وَكَذَٰلِكَ مَكَّنَّا لِيُوسُفَ فِي
ٱلۡأَرۡضِ وَلِنُعَلِّمَهُۥ مِن تَأۡوِيلِ ٱلۡأَحَادِيثِۚ وَٱللَّهُ غَالِبٌ عَلَىٰٓ
أَمۡرِهِۦ وَلَٰكِنَّ أَكۡثَرَ ٱلنَّاسِ لَا يَعۡلَمُونَ ٢١ وَلَمَّا بَلَغَ أَشُدَّهُۥٓ
ءَاتَيۡنَٰهُ حُكۡمٗا وَعِلۡمٗاۚ وَكَذَٰلِكَ نَجۡزِي ٱلۡمُحۡسِنِينَ ٢٢

وَرَٰوَدَتۡهُ ٱلَّتِي هُوَ فِي بَيۡتِهَا عَن نَّفۡسِهِۦ وَغَلَّقَتِ ٱلۡأَبۡوَٰبَ
وَقَالَتۡ هَيۡتَ لَكَۚ قَالَ مَعَاذَ ٱللَّهِۖ إِنَّهُۥ رَبِّيٓ أَحۡسَنَ مَثۡوَايَۖ
إِنَّهُۥ لَا يُفۡلِحُ ٱلظَّٰلِمُونَ ٢٣ وَلَقَدۡ هَمَّتۡ بِهِۦۖ وَهَمَّ بِهَا
لَوۡلَآ أَن رَّءَا بُرۡهَٰنَ رَبِّهِۦۚ كَذَٰلِكَ لِنَصۡرِفَ عَنۡهُ ٱلسُّوٓءَ
وَٱلۡفَحۡشَآءَۚ إِنَّهُۥ مِنۡ عِبَادِنَا ٱلۡمُخۡلَصِينَ ٢٤ وَٱسۡتَبَقَا
ٱلۡبَابَ وَقَدَّتۡ قَمِيصَهُۥ مِن دُبُرٖ وَأَلۡفَيَا سَيِّدَهَا لَدَا ٱلۡبَابِۚ
قَالَتۡ مَا جَزَآءُ مَنۡ أَرَادَ بِأَهۡلِكَ سُوٓءًا إِلَّآ أَن يُسۡجَنَ أَوۡ عَذَابٌ
أَلِيمٞ ٢٥ قَالَ هِيَ رَٰوَدَتۡنِي عَن نَّفۡسِيۚ وَشَهِدَ شَاهِدٞ مِّنۡ
أَهۡلِهَآ إِن كَانَ قَمِيصُهُۥ قُدَّ مِن قُبُلٖ فَصَدَقَتۡ وَهُوَ مِنَ
ٱلۡكَٰذِبِينَ ٢٦ وَإِن كَانَ قَمِيصُهُۥ قُدَّ مِن دُبُرٖ فَكَذَبَتۡ وَهُوَ
مِنَ ٱلصَّٰدِقِينَ ٢٧ فَلَمَّا رَءَا قَمِيصَهُۥ قُدَّ مِن دُبُرٖ قَالَ إِنَّهُۥ
مِن كَيۡدِكُنَّۖ إِنَّ كَيۡدَكُنَّ عَظِيمٞ ٢٨ يُوسُفُ أَعۡرِضۡ عَنۡ
هَٰذَاۚ وَٱسۡتَغۡفِرِي لِذَنۢبِكِۖ إِنَّكِ كُنتِ مِنَ ٱلۡخَاطِـِٔينَ
٢٩ ۞ وَقَالَ نِسۡوَةٞ فِي ٱلۡمَدِينَةِ ٱمۡرَأَتُ ٱلۡعَزِيزِ تُرَٰوِدُ فَتَىٰهَا
عَن نَّفۡسِهِۦۖ قَدۡ شَغَفَهَا حُبًّاۖ إِنَّا لَنَرَىٰهَا فِي ضَلَٰلٖ مُّبِينٖ ٣٠

ثلاثة أرباع الحزب ٢٤

فَلَمَّا سَمِعَتۡ بِمَكۡرِهِنَّ أَرۡسَلَتۡ إِلَيۡهِنَّ وَأَعۡتَدَتۡ لَهُنَّ مُتَّكَـٔٗا
وَءَاتَتۡ كُلَّ وَٰحِدَةٖ مِّنۡهُنَّ سِكِّينٗا وَقَالَتِ ٱخۡرُجۡ عَلَيۡهِنَّۖ فَلَمَّا رَأَيۡنَهُۥٓ
أَكۡبَرۡنَهُۥ وَقَطَّعۡنَ أَيۡدِيَهُنَّ وَقُلۡنَ حَٰشَ لِلَّهِ مَا هَٰذَا بَشَرًا إِنۡ هَٰذَآ
إِلَّا مَلَكٞ كَرِيمٞ ٣١ قَالَتۡ فَذَٰلِكُنَّ ٱلَّذِي لُمۡتُنَّنِي فِيهِۖ وَلَقَدۡ رَٰوَدتُّهُۥ
عَن نَّفۡسِهِۦ فَٱسۡتَعۡصَمَۖ وَلَئِن لَّمۡ يَفۡعَلۡ مَآ ءَامُرُهُۥ لَيُسۡجَنَنَّ
وَلَيَكُونٗا مِّنَ ٱلصَّٰغِرِينَ ٣٢ قَالَ رَبِّ ٱلسِّجۡنُ أَحَبُّ إِلَيَّ مِمَّا يَدۡعُونَنِيٓ
إِلَيۡهِۖ وَإِلَّا تَصۡرِفۡ عَنِّي كَيۡدَهُنَّ أَصۡبُ إِلَيۡهِنَّ وَأَكُن مِّنَ ٱلۡجَٰهِلِينَ
٣٣ فَٱسۡتَجَابَ لَهُۥ رَبُّهُۥ فَصَرَفَ عَنۡهُ كَيۡدَهُنَّۚ إِنَّهُۥ هُوَ ٱلسَّمِيعُ
ٱلۡعَلِيمُ ٣٤ ثُمَّ بَدَا لَهُم مِّنۢ بَعۡدِ مَا رَأَوُاْ ٱلۡأٓيَٰتِ لَيَسۡجُنُنَّهُۥ
حَتَّىٰ حِينٖ ٣٥ وَدَخَلَ مَعَهُ ٱلسِّجۡنَ فَتَيَانِۖ قَالَ أَحَدُهُمَآ إِنِّيٓ
أَرَىٰنِيٓ أَعۡصِرُ خَمۡرٗاۖ وَقَالَ ٱلۡأٓخَرُ إِنِّيٓ أَرَىٰنِيٓ أَحۡمِلُ فَوۡقَ رَأۡسِي
خُبۡزٗا تَأۡكُلُ ٱلطَّيۡرُ مِنۡهُۖ نَبِّئۡنَا بِتَأۡوِيلِهِۦٓۖ إِنَّا نَرَىٰكَ مِنَ
ٱلۡمُحۡسِنِينَ ٣٦ قَالَ لَا يَأۡتِيكُمَا طَعَامٞ تُرۡزَقَانِهِۦٓ إِلَّا نَبَّأۡتُكُمَا
بِتَأۡوِيلِهِۦ قَبۡلَ أَن يَأۡتِيَكُمَاۚ ذَٰلِكُمَا مِمَّا عَلَّمَنِي رَبِّيٓۚ إِنِّي تَرَكۡتُ
مِلَّةَ قَوۡمٖ لَّا يُؤۡمِنُونَ بِٱللَّهِ وَهُم بِٱلۡأٓخِرَةِ هُمۡ كَٰفِرُونَ ٣٧

وَٱتَّبَعۡتُ مِلَّةَ ءَابَآءِيٓ إِبۡرَٰهِيمَ وَإِسۡحَٰقَ وَيَعۡقُوبَۚ مَا كَانَ
لَنَآ أَن نُّشۡرِكَ بِٱللَّهِ مِن شَيۡءٖۚ ذَٰلِكَ مِن فَضۡلِ ٱللَّهِ عَلَيۡنَا وَعَلَى
ٱلنَّاسِ وَلَٰكِنَّ أَكۡثَرَ ٱلنَّاسِ لَا يَشۡكُرُونَ ٣٨ يَٰصَٰحِبَيِ
ٱلسِّجۡنِ ءَأَرۡبَابٞ مُّتَفَرِّقُونَ خَيۡرٌ أَمِ ٱللَّهُ ٱلۡوَٰحِدُ ٱلۡقَهَّارُ
٣٩ مَا تَعۡبُدُونَ مِن دُونِهِۦٓ إِلَّآ أَسۡمَآءٗ سَمَّيۡتُمُوهَآ أَنتُمۡ
وَءَابَآؤُكُم مَّآ أَنزَلَ ٱللَّهُ بِهَا مِن سُلۡطَٰنٍۚ إِنِ ٱلۡحُكۡمُ إِلَّا لِلَّهِ
أَمَرَ أَلَّا تَعۡبُدُوٓاْ إِلَّآ إِيَّاهُۚ ذَٰلِكَ ٱلدِّينُ ٱلۡقَيِّمُ وَلَٰكِنَّ أَكۡثَرَ
ٱلنَّاسِ لَا يَعۡلَمُونَ ٤٠ يَٰصَٰحِبَيِ ٱلسِّجۡنِ أَمَّآ أَحَدُكُمَا
فَيَسۡقِي رَبَّهُۥ خَمۡرٗاۖ وَأَمَّا ٱلۡأٓخَرُ فَيُصۡلَبُ فَتَأۡكُلُ ٱلطَّيۡرُ
مِن رَّأۡسِهِۦۚ قُضِيَ ٱلۡأَمۡرُ ٱلَّذِي فِيهِ تَسۡتَفۡتِيَانِ ٤١ وَقَالَ
لِلَّذِي ظَنَّ أَنَّهُۥ نَاجٖ مِّنۡهُمَا ٱذۡكُرۡنِي عِندَ رَبِّكَ فَأَنسَىٰهُ
ٱلشَّيۡطَٰنُ ذِكۡرَ رَبِّهِۦ فَلَبِثَ فِي ٱلسِّجۡنِ بِضۡعَ سِنِينَ
٤٢ وَقَالَ ٱلۡمَلِكُ إِنِّيٓ أَرَىٰ سَبۡعَ بَقَرَٰتٖ سِمَانٖ يَأۡكُلُهُنَّ
سَبۡعٌ عِجَافٞ وَسَبۡعَ سُنۢبُلَٰتٍ خُضۡرٖ وَأُخَرَ يَابِسَٰتٖۖ يَٰٓأَيُّهَا
ٱلۡمَلَأُ أَفۡتُونِي فِي رُءۡيَٰيَ إِن كُنتُمۡ لِلرُّءۡيَا تَعۡبُرُونَ ٤٣

قَالُوٓاْ أَضۡغَٰثُ أَحۡلَٰمٖۖ وَمَا نَحۡنُ بِتَأۡوِيلِ ٱلۡأَحۡلَٰمِ بِعَٰلِمِينَ ٤٤
وَقَالَ ٱلَّذِي نَجَا مِنۡهُمَا وَٱدَّكَرَ بَعۡدَ أُمَّةٍ أَنَا۠ أُنَبِّئُكُم بِتَأۡوِيلِهِۦ
فَأَرۡسِلُونِ ٤٥ يُوسُفُ أَيُّهَا ٱلصِّدِّيقُ أَفۡتِنَا فِي سَبۡعِ بَقَرَٰتٖ
سِمَانٖ يَأۡكُلُهُنَّ سَبۡعٌ عِجَافٞ وَسَبۡعِ سُنۢبُلَٰتٍ خُضۡرٖ
وَأُخَرَ يَابِسَٰتٖ لَّعَلِّيٓ أَرۡجِعُ إِلَى ٱلنَّاسِ لَعَلَّهُمۡ يَعۡلَمُونَ ٤٦ قَالَ
تَزۡرَعُونَ سَبۡعَ سِنِينَ دَأَبٗا فَمَا حَصَدتُّمۡ فَذَرُوهُ فِي سُنۢبُلِهِۦٓ إِلَّا
قَلِيلٗا مِّمَّا تَأۡكُلُونَ ٤٧ ثُمَّ يَأۡتِي مِنۢ بَعۡدِ ذَٰلِكَ سَبۡعٞ شِدَادٞ يَأۡكُلۡنَ
مَا قَدَّمۡتُمۡ لَهُنَّ إِلَّا قَلِيلٗا مِّمَّا تُحۡصِنُونَ ٤٨ ثُمَّ يَأۡتِي مِنۢ بَعۡدِ ذَٰلِكَ
عَامٞ فِيهِ يُغَاثُ ٱلنَّاسُ وَفِيهِ يَعۡصِرُونَ ٤٩ وَقَالَ ٱلۡمَلِكُ ٱئۡتُونِي
بِهِۦۖ فَلَمَّا جَآءَهُ ٱلرَّسُولُ قَالَ ٱرۡجِعۡ إِلَىٰ رَبِّكَ فَسۡـَٔلۡهُ مَا بَالُ
ٱلنِّسۡوَةِ ٱلَّٰتِي قَطَّعۡنَ أَيۡدِيَهُنَّۚ إِنَّ رَبِّي بِكَيۡدِهِنَّ عَلِيمٞ ٥٠
قَالَ مَا خَطۡبُكُنَّ إِذۡ رَٰوَدتُّنَّ يُوسُفَ عَن نَّفۡسِهِۦۚ قُلۡنَ حَٰشَ
لِلَّهِ مَا عَلِمۡنَا عَلَيۡهِ مِن سُوٓءٖۚ قَالَتِ ٱمۡرَأَتُ ٱلۡعَزِيزِ ٱلۡـَٰٔنَ حَصۡحَصَ
ٱلۡحَقُّ أَنَا۠ رَٰوَدتُّهُۥ عَن نَّفۡسِهِۦ وَإِنَّهُۥ لَمِنَ ٱلصَّٰدِقِينَ ٥١ ذَٰلِكَ
لِيَعۡلَمَ أَنِّي لَمۡ أَخُنۡهُ بِٱلۡغَيۡبِ وَأَنَّ ٱللَّهَ لَا يَهۡدِي كَيۡدَ ٱلۡخَآئِنِينَ ٥٢

۞ وَمَآ أُبَرِّئُ نَفۡسِيٓۚ إِنَّ ٱلنَّفۡسَ لَأَمَّارَةُۢ بِٱلسُّوٓءِ إِلَّا مَا رَحِمَ رَبِّيٓۚ
إِنَّ رَبِّي غَفُورٞ رَّحِيمٞ ﴿٥٣﴾ وَقَالَ ٱلۡمَلِكُ ٱئۡتُونِي بِهِۦٓ أَسۡتَخۡلِصۡهُ
لِنَفۡسِيۖ فَلَمَّا كَلَّمَهُۥ قَالَ إِنَّكَ ٱلۡيَوۡمَ لَدَيۡنَا مَكِينٌ أَمِينٞ ﴿٥٤﴾
قَالَ ٱجۡعَلۡنِي عَلَىٰ خَزَآئِنِ ٱلۡأَرۡضِۖ إِنِّي حَفِيظٌ عَلِيمٞ ﴿٥٥﴾ وَكَذَٰلِكَ
مَكَّنَّا لِيُوسُفَ فِي ٱلۡأَرۡضِ يَتَبَوَّأُ مِنۡهَا حَيۡثُ يَشَآءُۚ نُصِيبُ
بِرَحۡمَتِنَا مَن نَّشَآءُۖ وَلَا نُضِيعُ أَجۡرَ ٱلۡمُحۡسِنِينَ ﴿٥٦﴾ وَلَأَجۡرُ
ٱلۡأٓخِرَةِ خَيۡرٞ لِّلَّذِينَ ءَامَنُواْ وَكَانُواْ يَتَّقُونَ ﴿٥٧﴾ وَجَآءَ
إِخۡوَةُ يُوسُفَ فَدَخَلُواْ عَلَيۡهِ فَعَرَفَهُمۡ وَهُمۡ لَهُۥ مُنكِرُونَ
﴿٥٨﴾ وَلَمَّا جَهَّزَهُم بِجَهَازِهِمۡ قَالَ ٱئۡتُونِي بِأَخٖ لَّكُم مِّنۡ أَبِيكُمۡۚ أَلَا
تَرَوۡنَ أَنِّيٓ أُوفِي ٱلۡكَيۡلَ وَأَنَا۠ خَيۡرُ ٱلۡمُنزِلِينَ ﴿٥٩﴾ فَإِن لَّمۡ تَأۡتُونِي
بِهِۦ فَلَا كَيۡلَ لَكُمۡ عِندِي وَلَا تَقۡرَبُونِ ﴿٦٠﴾ قَالُواْ سَنُرَٰوِدُ عَنۡهُ أَبَاهُ
وَإِنَّا لَفَٰعِلُونَ ﴿٦١﴾ وَقَالَ لِفِتۡيَٰنِهِ ٱجۡعَلُواْ بِضَٰعَتَهُمۡ فِي رِحَالِهِمۡ
لَعَلَّهُمۡ يَعۡرِفُونَهَآ إِذَا ٱنقَلَبُوٓاْ إِلَىٰٓ أَهۡلِهِمۡ لَعَلَّهُمۡ يَرۡجِعُونَ
﴿٦٢﴾ فَلَمَّا رَجَعُوٓاْ إِلَىٰٓ أَبِيهِمۡ قَالُواْ يَٰٓأَبَانَا مُنِعَ مِنَّا ٱلۡكَيۡلُ
فَأَرۡسِلۡ مَعَنَآ أَخَانَا نَكۡتَلۡ وَإِنَّا لَهُۥ لَحَٰفِظُونَ ﴿٦٣﴾

قَالَ هَلْ ءَامَنُكُمْ عَلَيْهِ إِلَّا كَمَآ أَمِنتُكُمْ عَلَىٰٓ أَخِيهِ مِن
قَبْلُ فَٱللَّهُ خَيْرٌ حَٰفِظًا وَهُوَ أَرْحَمُ ٱلرَّٰحِمِينَ ﴿٦٤﴾ وَلَمَّا فَتَحُوا۟
مَتَٰعَهُمْ وَجَدُوا۟ بِضَٰعَتَهُمْ رُدَّتْ إِلَيْهِمْ قَالُوا۟ يَٰٓأَبَانَا
مَا نَبْغِى هَٰذِهِۦ بِضَٰعَتُنَا رُدَّتْ إِلَيْنَا وَنَمِيرُ أَهْلَنَا وَنَحْفَظُ
أَخَانَا وَنَزْدَادُ كَيْلَ بَعِيرٍ ذَٰلِكَ كَيْلٌ يَسِيرٌ ﴿٦٥﴾ قَالَ
لَنْ أُرْسِلَهُۥ مَعَكُمْ حَتَّىٰ تُؤْتُونِ مَوْثِقًا مِّنَ ٱللَّهِ لَتَأْتُنَّنِى
بِهِۦٓ إِلَّآ أَن يُحَاطَ بِكُمْ فَلَمَّآ ءَاتَوْهُ مَوْثِقَهُمْ قَالَ ٱللَّهُ عَلَىٰ مَا
نَقُولُ وَكِيلٌ ﴿٦٦﴾ وَقَالَ يَٰبَنِىَّ لَا تَدْخُلُوا۟ مِنۢ بَابٍ وَٰحِدٍ
وَٱدْخُلُوا۟ مِنْ أَبْوَٰبٍ مُّتَفَرِّقَةٍ وَمَآ أُغْنِى عَنكُم مِّنَ ٱللَّهِ مِن
شَىْءٍ إِنِ ٱلْحُكْمُ إِلَّا لِلَّهِ عَلَيْهِ تَوَكَّلْتُ وَعَلَيْهِ فَلْيَتَوَكَّلِ
ٱلْمُتَوَكِّلُونَ ﴿٦٧﴾ وَلَمَّا دَخَلُوا۟ مِنْ حَيْثُ أَمَرَهُمْ أَبُوهُم مَّا كَانَ
يُغْنِى عَنْهُم مِّنَ ٱللَّهِ مِن شَىْءٍ إِلَّا حَاجَةً فِى نَفْسِ يَعْقُوبَ
قَضَىٰهَا وَإِنَّهُۥ لَذُو عِلْمٍ لِّمَا عَلَّمْنَٰهُ وَلَٰكِنَّ أَكْثَرَ ٱلنَّاسِ
لَا يَعْلَمُونَ ﴿٦٨﴾ وَلَمَّا دَخَلُوا۟ عَلَىٰ يُوسُفَ ءَاوَىٰٓ إِلَيْهِ أَخَاهُ
قَالَ إِنِّىٓ أَنَا۠ أَخُوكَ فَلَا تَبْتَئِسْ بِمَا كَانُوا۟ يَعْمَلُونَ ﴿٦٩﴾

فَلَمَّا جَهَّزَهُم بِجَهَازِهِمْ جَعَلَ ٱلسِّقَايَةَ فِى رَحْلِ أَخِيهِ
ثُمَّ أَذَّنَ مُؤَذِّنٌ أَيَّتُهَا ٱلْعِيرُ إِنَّكُمْ لَسَٰرِقُونَ ﴿٧٠﴾ قَالُوا۟
وَأَقْبَلُوا۟ عَلَيْهِم مَّاذَا تَفْقِدُونَ ﴿٧١﴾ قَالُوا۟ نَفْقِدُ صُوَاعَ ٱلْمَلِكِ
وَلِمَن جَآءَ بِهِۦ حِمْلُ بَعِيرٍ وَأَنَا۠ بِهِۦ زَعِيمٌ ﴿٧٢﴾ قَالُوا۟ تَٱللَّهِ
لَقَدْ عَلِمْتُم مَّا جِئْنَا لِنُفْسِدَ فِى ٱلْأَرْضِ وَمَا كُنَّا سَٰرِقِينَ
﴿٧٣﴾ قَالُوا۟ فَمَا جَزَٰٓؤُهُۥٓ إِن كُنتُمْ كَٰذِبِينَ ﴿٧٤﴾ قَالُوا۟ جَزَٰٓؤُهُۥ
مَن وُجِدَ فِى رَحْلِهِۦ فَهُوَ جَزَٰٓؤُهُۥ ۚ كَذَٰلِكَ نَجْزِى ٱلظَّٰلِمِينَ
﴿٧٥﴾ فَبَدَأَ بِأَوْعِيَتِهِمْ قَبْلَ وِعَآءِ أَخِيهِ ثُمَّ ٱسْتَخْرَجَهَا مِن
وِعَآءِ أَخِيهِ ۚ كَذَٰلِكَ كِدْنَا لِيُوسُفَ ۖ مَا كَانَ لِيَأْخُذَ أَخَاهُ
فِى دِينِ ٱلْمَلِكِ إِلَّآ أَن يَشَآءَ ٱللَّهُ ۚ نَرْفَعُ دَرَجَٰتٍ مَّن نَّشَآءُ ۗ
ربع الحزب ٢٥ وَفَوْقَ كُلِّ ذِى عِلْمٍ عَلِيمٌ ﴿٧٦﴾ ۞ قَالُوٓا۟ إِن يَسْرِقْ
فَقَدْ سَرَقَ أَخٌ لَّهُۥ مِن قَبْلُ ۚ فَأَسَرَّهَا يُوسُفُ فِى نَفْسِهِۦ
وَلَمْ يُبْدِهَا لَهُمْ ۚ قَالَ أَنتُمْ شَرٌّ مَّكَانًا ۖ وَٱللَّهُ أَعْلَمُ بِمَا
تَصِفُونَ ﴿٧٧﴾ قَالُوا۟ يَٰٓأَيُّهَا ٱلْعَزِيزُ إِنَّ لَهُۥٓ أَبًا شَيْخًا كَبِيرًا
فَخُذْ أَحَدَنَا مَكَانَهُۥٓ ۖ إِنَّا نَرَىٰكَ مِنَ ٱلْمُحْسِنِينَ ﴿٧٨﴾

قَالَ مَعَاذَ ٱللَّهِ أَن نَّأۡخُذَ إِلَّا مَن وَجَدۡنَا مَتَٰعَنَا عِندَهُۥٓ إِنَّآ
إِذٗا لَّظَٰلِمُونَ ﴿٧٩﴾ فَلَمَّا ٱسۡتَيۡـَٔسُواْ مِنۡهُ خَلَصُواْ نَجِيّٗاۖ
قَالَ كَبِيرُهُمۡ أَلَمۡ تَعۡلَمُوٓاْ أَنَّ أَبَاكُمۡ قَدۡ أَخَذَ عَلَيۡكُم
مَّوۡثِقٗا مِّنَ ٱللَّهِ وَمِن قَبۡلُ مَا فَرَّطتُمۡ فِي يُوسُفَۖ فَلَنۡ أَبۡرَحَ
ٱلۡأَرۡضَ حَتَّىٰ يَأۡذَنَ لِيٓ أَبِيٓ أَوۡ يَحۡكُمَ ٱللَّهُ لِيۖ وَهُوَ خَيۡرُ ٱلۡحَٰكِمِينَ
﴿٨٠﴾ ٱرۡجِعُوٓاْ إِلَىٰٓ أَبِيكُمۡ فَقُولُواْ يَٰٓأَبَانَآ إِنَّ ٱبۡنَكَ سَرَقَ
وَمَا شَهِدۡنَآ إِلَّا بِمَا عَلِمۡنَا وَمَا كُنَّا لِلۡغَيۡبِ حَٰفِظِينَ
﴿٨١﴾ وَسۡـَٔلِ ٱلۡقَرۡيَةَ ٱلَّتِي كُنَّا فِيهَا وَٱلۡعِيرَ ٱلَّتِيٓ أَقۡبَلۡنَا فِيهَاۖ
وَإِنَّا لَصَٰدِقُونَ ﴿٨٢﴾ قَالَ بَلۡ سَوَّلَتۡ لَكُمۡ أَنفُسُكُمۡ أَمۡرٗاۖ
فَصَبۡرٞ جَمِيلٌۖ عَسَى ٱللَّهُ أَن يَأۡتِيَنِي بِهِمۡ جَمِيعًاۚ إِنَّهُۥ هُوَ
ٱلۡعَلِيمُ ٱلۡحَكِيمُ ﴿٨٣﴾ وَتَوَلَّىٰ عَنۡهُمۡ وَقَالَ يَٰٓأَسَفَىٰ عَلَىٰ
يُوسُفَ وَٱبۡيَضَّتۡ عَيۡنَاهُ مِنَ ٱلۡحُزۡنِ فَهُوَ كَظِيمٞ
﴿٨٤﴾ قَالُواْ تَٱللَّهِ تَفۡتَؤُاْ تَذۡكُرُ يُوسُفَ حَتَّىٰ تَكُونَ حَرَضًا
أَوۡ تَكُونَ مِنَ ٱلۡهَٰلِكِينَ ﴿٨٥﴾ قَالَ إِنَّمَآ أَشۡكُواْ بَثِّي
وَحُزۡنِيٓ إِلَى ٱللَّهِ وَأَعۡلَمُ مِنَ ٱللَّهِ مَا لَا تَعۡلَمُونَ ﴿٨٦﴾

يَٰبَنِيَّ ٱذۡهَبُواْ فَتَحَسَّسُواْ مِن يُوسُفَ وَأَخِيهِ وَلَا تَاْيۡـَٔسُواْ
مِن رَّوۡحِ ٱللَّهِۖ إِنَّهُۥ لَا يَاْيۡـَٔسُ مِن رَّوۡحِ ٱللَّهِ إِلَّا ٱلۡقَوۡمُ
ٱلۡكَٰفِرُونَ ٨٧ فَلَمَّا دَخَلُواْ عَلَيۡهِ قَالُواْ يَٰٓأَيُّهَا ٱلۡعَزِيزُ
مَسَّنَا وَأَهۡلَنَا ٱلضُّرُّ وَجِئۡنَا بِبِضَٰعَةٖ مُّزۡجَىٰةٖ فَأَوۡفِ لَنَا
ٱلۡكَيۡلَ وَتَصَدَّقۡ عَلَيۡنَآۖ إِنَّ ٱللَّهَ يَجۡزِي ٱلۡمُتَصَدِّقِينَ
٨٨ قَالَ هَلۡ عَلِمۡتُم مَّا فَعَلۡتُم بِيُوسُفَ وَأَخِيهِ إِذۡ أَنتُمۡ
جَٰهِلُونَ ٨٩ قَالُوٓاْ أَءِنَّكَ لَأَنتَ يُوسُفُۖ قَالَ أَنَا۠ يُوسُفُ
وَهَٰذَآ أَخِيۖ قَدۡ مَنَّ ٱللَّهُ عَلَيۡنَآۖ إِنَّهُۥ مَن يَتَّقِ وَيَصۡبِرۡ فَإِنَّ
ٱللَّهَ لَا يُضِيعُ أَجۡرَ ٱلۡمُحۡسِنِينَ ٩٠ قَالُواْ تَٱللَّهِ لَقَدۡ
ءَاثَرَكَ ٱللَّهُ عَلَيۡنَا وَإِن كُنَّا لَخَٰطِـِٔينَ ٩١ قَالَ لَا تَثۡرِيبَ
عَلَيۡكُمُ ٱلۡيَوۡمَۖ يَغۡفِرُ ٱللَّهُ لَكُمۡۖ وَهُوَ أَرۡحَمُ ٱلرَّٰحِمِينَ
٩٢ ٱذۡهَبُواْ بِقَمِيصِي هَٰذَا فَأَلۡقُوهُ عَلَىٰ وَجۡهِ أَبِي يَأۡتِ
بَصِيرٗا وَأۡتُونِي بِأَهۡلِكُمۡ أَجۡمَعِينَ ٩٣ وَلَمَّا فَصَلَتِ
ٱلۡعِيرُ قَالَ أَبُوهُمۡ إِنِّي لَأَجِدُ رِيحَ يُوسُفَۖ لَوۡلَآ أَن
تُفَنِّدُونِ ٩٤ قَالُواْ تَٱللَّهِ إِنَّكَ لَفِي ضَلَٰلِكَ ٱلۡقَدِيمِ ٩٥

فَلَمَّآ أَن جَآءَ ٱلۡبَشِيرُ أَلۡقَىٰهُ عَلَىٰ وَجۡهِهِۦ فَٱرۡتَدَّ بَصِيرٗاۖ قَالَ
أَلَمۡ أَقُل لَّكُمۡ إِنِّيٓ أَعۡلَمُ مِنَ ٱللَّهِ مَا لَا تَعۡلَمُونَ ٩٦ قَالُواْ
يَٰٓأَبَانَا ٱسۡتَغۡفِرۡ لَنَا ذُنُوبَنَآ إِنَّا كُنَّا خَٰطِـِٔينَ ٩٧ قَالَ سَوۡفَ
أَسۡتَغۡفِرُ لَكُمۡ رَبِّيٓۖ إِنَّهُۥ هُوَ ٱلۡغَفُورُ ٱلرَّحِيمُ ٩٨ فَلَمَّا
دَخَلُواْ عَلَىٰ يُوسُفَ ءَاوَىٰٓ إِلَيۡهِ أَبَوَيۡهِ وَقَالَ ٱدۡخُلُواْ مِصۡرَ
إِن شَآءَ ٱللَّهُ ءَامِنِينَ ٩٩ وَرَفَعَ أَبَوَيۡهِ عَلَى ٱلۡعَرۡشِ وَخَرُّواْ
لَهُۥ سُجَّدٗاۖ وَقَالَ يَٰٓأَبَتِ هَٰذَا تَأۡوِيلُ رُءۡيَٰيَ مِن قَبۡلُ قَدۡ جَعَلَهَا
رَبِّي حَقّٗاۖ وَقَدۡ أَحۡسَنَ بِيٓ إِذۡ أَخۡرَجَنِي مِنَ ٱلسِّجۡنِ وَجَآءَ بِكُم
مِّنَ ٱلۡبَدۡوِ مِنۢ بَعۡدِ أَن نَّزَغَ ٱلشَّيۡطَٰنُ بَيۡنِي وَبَيۡنَ إِخۡوَتِيٓۚ إِنَّ
رَبِّي لَطِيفٞ لِّمَا يَشَآءُۚ إِنَّهُۥ هُوَ ٱلۡعَلِيمُ ٱلۡحَكِيمُ ١٠٠ ۞ رَبِّ نصف الحزب ٢٥
قَدۡ ءَاتَيۡتَنِي مِنَ ٱلۡمُلۡكِ وَعَلَّمۡتَنِي مِن تَأۡوِيلِ ٱلۡأَحَادِيثِۚ
فَاطِرَ ٱلسَّمَٰوَٰتِ وَٱلۡأَرۡضِ أَنتَ وَلِيِّۦ فِي ٱلدُّنۡيَا وَٱلۡأٓخِرَةِۖ
تَوَفَّنِي مُسۡلِمٗا وَأَلۡحِقۡنِي بِٱلصَّٰلِحِينَ ١٠١ ذَٰلِكَ مِنۡ أَنۢبَآءِ
ٱلۡغَيۡبِ نُوحِيهِ إِلَيۡكَۖ وَمَا كُنتَ لَدَيۡهِمۡ إِذۡ أَجۡمَعُوٓاْ أَمۡرَهُمۡ
وَهُمۡ يَمۡكُرُونَ ١٠٢ وَمَآ أَكۡثَرُ ٱلنَّاسِ وَلَوۡ حَرَصۡتَ بِمُؤۡمِنِينَ ١٠٣

وَمَا تَسْـَٔلُهُمْ عَلَيْهِ مِنْ أَجْرٍ ۚ إِنْ هُوَ إِلَّا ذِكْرٌ لِّلْعَٰلَمِينَ
﴿١٠٤﴾ وَكَأَيِّن مِّنْ ءَايَةٍ فِى ٱلسَّمَٰوَٰتِ وَٱلْأَرْضِ يَمُرُّونَ عَلَيْهَا
وَهُمْ عَنْهَا مُعْرِضُونَ ﴿١٠٥﴾ وَمَا يُؤْمِنُ أَكْثَرُهُم بِٱللَّهِ إِلَّا
وَهُم مُّشْرِكُونَ ﴿١٠٦﴾ أَفَأَمِنُوٓا۟ أَن تَأْتِيَهُمْ غَٰشِيَةٌ مِّنْ عَذَابِ
ٱللَّهِ أَوْ تَأْتِيَهُمُ ٱلسَّاعَةُ بَغْتَةً وَهُمْ لَا يَشْعُرُونَ ﴿١٠٧﴾ قُلْ
هَٰذِهِۦ سَبِيلِىٓ أَدْعُوٓا۟ إِلَى ٱللَّهِ ۚ عَلَىٰ بَصِيرَةٍ أَنَا۠ وَمَنِ ٱتَّبَعَنِى ۖ
وَسُبْحَٰنَ ٱللَّهِ وَمَآ أَنَا۠ مِنَ ٱلْمُشْرِكِينَ ﴿١٠٨﴾ وَمَآ أَرْسَلْنَا مِن
قَبْلِكَ إِلَّا رِجَالًا نُّوحِىٓ إِلَيْهِم مِّنْ أَهْلِ ٱلْقُرَىٰٓ ۗ أَفَلَمْ يَسِيرُوا۟
فِى ٱلْأَرْضِ فَيَنظُرُوا۟ كَيْفَ كَانَ عَٰقِبَةُ ٱلَّذِينَ مِن
قَبْلِهِمْ ۗ وَلَدَارُ ٱلْءَاخِرَةِ خَيْرٌ لِّلَّذِينَ ٱتَّقَوْا۟ ۚ أَفَلَا تَعْقِلُونَ ﴿١٠٩﴾
حَتَّىٰٓ إِذَا ٱسْتَيْـَٔسَ ٱلرُّسُلُ وَظَنُّوٓا۟ أَنَّهُمْ قَدْ كُذِبُوا۟
جَآءَهُمْ نَصْرُنَا فَنُجِّىَ مَن نَّشَآءُ ۖ وَلَا يُرَدُّ بَأْسُنَا عَنِ ٱلْقَوْمِ
ٱلْمُجْرِمِينَ ﴿١١٠﴾ لَقَدْ كَانَ فِى قَصَصِهِمْ عِبْرَةٌ لِّأُو۟لِى ٱلْأَلْبَٰبِ ۗ
مَا كَانَ حَدِيثًا يُفْتَرَىٰ وَلَٰكِن تَصْدِيقَ ٱلَّذِى بَيْنَ يَدَيْهِ
وَتَفْصِيلَ كُلِّ شَىْءٍ وَهُدًى وَرَحْمَةً لِّقَوْمٍ يُؤْمِنُونَ ﴿١١١﴾

سُورَةُ الرَّعۡدِ

بِسۡمِ ٱللَّهِ ٱلرَّحۡمَٰنِ ٱلرَّحِيمِ

الٓمٓرۚ تِلۡكَ ءَايَٰتُ ٱلۡكِتَٰبِۗ وَٱلَّذِيٓ أُنزِلَ إِلَيۡكَ مِن رَّبِّكَ ٱلۡحَقُّ
وَلَٰكِنَّ أَكۡثَرَ ٱلنَّاسِ لَا يُؤۡمِنُونَ ١ ٱللَّهُ ٱلَّذِي رَفَعَ ٱلسَّمَٰوَٰتِ
بِغَيۡرِ عَمَدٖ تَرَوۡنَهَاۖ ثُمَّ ٱسۡتَوَىٰ عَلَى ٱلۡعَرۡشِۖ وَسَخَّرَ ٱلشَّمۡسَ وَٱلۡقَمَرَۖ
كُلّٞ يَجۡرِي لِأَجَلٖ مُّسَمّٗىۚ يُدَبِّرُ ٱلۡأَمۡرَ يُفَصِّلُ ٱلۡأٓيَٰتِ لَعَلَّكُم
بِلِقَآءِ رَبِّكُمۡ تُوقِنُونَ ٢ وَهُوَ ٱلَّذِي مَدَّ ٱلۡأَرۡضَ وَجَعَلَ فِيهَا رَوَٰسِيَ
وَأَنۡهَٰرٗاۖ وَمِن كُلِّ ٱلثَّمَرَٰتِ جَعَلَ فِيهَا زَوۡجَيۡنِ ٱثۡنَيۡنِۖ يُغۡشِي ٱلَّيۡلَ
ٱلنَّهَارَۚ إِنَّ فِي ذَٰلِكَ لَأٓيَٰتٖ لِّقَوۡمٖ يَتَفَكَّرُونَ ٣ وَفِي ٱلۡأَرۡضِ
قِطَعٞ مُّتَجَٰوِرَٰتٞ وَجَنَّٰتٞ مِّنۡ أَعۡنَٰبٖ وَزَرۡعٞ وَنَخِيلٞ صِنۡوَانٞ
وَغَيۡرُ صِنۡوَانٖ يُسۡقَىٰ بِمَآءٖ وَٰحِدٖ وَنُفَضِّلُ بَعۡضَهَا عَلَىٰ بَعۡضٖ
فِي ٱلۡأُكُلِۚ إِنَّ فِي ذَٰلِكَ لَأٓيَٰتٖ لِّقَوۡمٖ يَعۡقِلُونَ ٤ ۞ وَإِن تَعۡجَبۡ
فَعَجَبٞ قَوۡلُهُمۡ أَءِذَا كُنَّا تُرَٰبًا أَءِنَّا لَفِي خَلۡقٖ جَدِيدٍۗ
أُوْلَٰٓئِكَ ٱلَّذِينَ كَفَرُواْ بِرَبِّهِمۡۖ وَأُوْلَٰٓئِكَ ٱلۡأَغۡلَٰلُ فِيٓ
أَعۡنَاقِهِمۡۖ وَأُوْلَٰٓئِكَ أَصۡحَٰبُ ٱلنَّارِۖ هُمۡ فِيهَا خَٰلِدُونَ ٥

ثلاثة أرباع الحزب ٢٥

وَيَسۡتَعۡجِلُونَكَ بِٱلسَّيِّئَةِ قَبۡلَ ٱلۡحَسَنَةِ وَقَدۡ خَلَتۡ مِن
قَبۡلِهِمُ ٱلۡمَثُلَٰتُۗ وَإِنَّ رَبَّكَ لَذُو مَغۡفِرَةٖ لِّلنَّاسِ عَلَىٰ ظُلۡمِهِمۡۖ
وَإِنَّ رَبَّكَ لَشَدِيدُ ٱلۡعِقَابِ ٦ وَيَقُولُ ٱلَّذِينَ كَفَرُواْ لَوۡلَآ
أُنزِلَ عَلَيۡهِ ءَايَةٞ مِّن رَّبِّهِۦٓۗ إِنَّمَآ أَنتَ مُنذِرٞۖ وَلِكُلِّ قَوۡمٍ
هَادٍ ٧ ٱللَّهُ يَعۡلَمُ مَا تَحۡمِلُ كُلُّ أُنثَىٰ وَمَا تَغِيضُ ٱلۡأَرۡحَامُ
وَمَا تَزۡدَادُۖ وَكُلُّ شَيۡءٍ عِندَهُۥ بِمِقۡدَارٍ ٨ عَٰلِمُ ٱلۡغَيۡبِ
وَٱلشَّهَٰدَةِ ٱلۡكَبِيرُ ٱلۡمُتَعَالِ ٩ سَوَآءٞ مِّنكُم مَّنۡ
أَسَرَّ ٱلۡقَوۡلَ وَمَن جَهَرَ بِهِۦ وَمَنۡ هُوَ مُسۡتَخۡفِۭ بِٱلَّيۡلِ وَسَارِبُۢ
بِٱلنَّهَارِ ١٠ لَهُۥ مُعَقِّبَٰتٞ مِّنۢ بَيۡنِ يَدَيۡهِ وَمِنۡ خَلۡفِهِۦ
يَحۡفَظُونَهُۥ مِنۡ أَمۡرِ ٱللَّهِۗ إِنَّ ٱللَّهَ لَا يُغَيِّرُ مَا بِقَوۡمٍ حَتَّىٰ يُغَيِّرُواْ
مَا بِأَنفُسِهِمۡۗ وَإِذَآ أَرَادَ ٱللَّهُ بِقَوۡمٖ سُوٓءٗا فَلَا مَرَدَّ لَهُۥۚ وَمَا
لَهُم مِّن دُونِهِۦ مِن وَالٍ ١١ هُوَ ٱلَّذِي يُرِيكُمُ ٱلۡبَرۡقَ خَوۡفٗا
وَطَمَعٗا وَيُنشِئُ ٱلسَّحَابَ ٱلثِّقَالَ ١٢ وَيُسَبِّحُ ٱلرَّعۡدُ بِحَمۡدِهِۦ
وَٱلۡمَلَٰٓئِكَةُ مِنۡ خِيفَتِهِۦ وَيُرۡسِلُ ٱلصَّوَٰعِقَ فَيُصِيبُ بِهَا
مَن يَشَآءُ وَهُمۡ يُجَٰدِلُونَ فِي ٱللَّهِ وَهُوَ شَدِيدُ ٱلۡمِحَالِ ١٣

لَهُۥ دَعْوَةُ ٱلْحَقِّ ۖ وَٱلَّذِينَ يَدْعُونَ مِن دُونِهِۦ لَا يَسْتَجِيبُونَ لَهُم بِشَىْءٍ إِلَّا
كَبَٰسِطِ كَفَّيْهِ إِلَى ٱلْمَآءِ لِيَبْلُغَ فَاهُ وَمَا هُوَ بِبَٰلِغِهِۦ ۚ وَمَا دُعَآءُ ٱلْكَٰفِرِينَ
إِلَّا فِى ضَلَٰلٍ ﴿١٤﴾ وَلِلَّهِ يَسْجُدُ مَن فِى ٱلسَّمَٰوَٰتِ وَٱلْأَرْضِ طَوْعًا
وَكَرْهًا وَظِلَٰلُهُم بِٱلْغُدُوِّ وَٱلْءَاصَالِ ۩ ﴿١٥﴾ قُلْ مَن رَّبُّ ٱلسَّمَٰوَٰتِ
وَٱلْأَرْضِ قُلِ ٱللَّهُ ۚ قُلْ أَفَٱتَّخَذْتُم مِّن دُونِهِۦٓ أَوْلِيَآءَ لَا يَمْلِكُونَ
لِأَنفُسِهِمْ نَفْعًا وَلَا ضَرًّا ۚ قُلْ هَلْ يَسْتَوِى ٱلْأَعْمَىٰ وَٱلْبَصِيرُ أَمْ هَلْ
تَسْتَوِى ٱلظُّلُمَٰتُ وَٱلنُّورُ ۗ أَمْ جَعَلُوا۟ لِلَّهِ شُرَكَآءَ خَلَقُوا۟ كَخَلْقِهِۦ فَتَشَٰبَهَ
ٱلْخَلْقُ عَلَيْهِمْ ۚ قُلِ ٱللَّهُ خَٰلِقُ كُلِّ شَىْءٍ وَهُوَ ٱلْوَٰحِدُ ٱلْقَهَّٰرُ ﴿١٦﴾ أَنزَلَ
مِنَ ٱلسَّمَآءِ مَآءً فَسَالَتْ أَوْدِيَةٌۢ بِقَدَرِهَا فَٱحْتَمَلَ ٱلسَّيْلُ زَبَدًا رَّابِيًا ۖ
وَمِمَّا يُوقِدُونَ عَلَيْهِ فِى ٱلنَّارِ ٱبْتِغَآءَ حِلْيَةٍ أَوْ مَتَٰعٍ زَبَدٌ مِّثْلُهُۥ ۚ
كَذَٰلِكَ يَضْرِبُ ٱللَّهُ ٱلْحَقَّ وَٱلْبَٰطِلَ ۚ فَأَمَّا ٱلزَّبَدُ فَيَذْهَبُ جُفَآءً ۖ
وَأَمَّا مَا يَنفَعُ ٱلنَّاسَ فَيَمْكُثُ فِى ٱلْأَرْضِ ۚ كَذَٰلِكَ يَضْرِبُ ٱللَّهُ
ٱلْأَمْثَالَ ﴿١٧﴾ لِلَّذِينَ ٱسْتَجَابُوا۟ لِرَبِّهِمُ ٱلْحُسْنَىٰ ۚ وَٱلَّذِينَ لَمْ يَسْتَجِيبُوا۟
لَهُۥ لَوْ أَنَّ لَهُم مَّا فِى ٱلْأَرْضِ جَمِيعًا وَمِثْلَهُۥ مَعَهُۥ لَٱفْتَدَوْا۟ بِهِۦٓ ۚ
أُو۟لَٰٓئِكَ لَهُمْ سُوٓءُ ٱلْحِسَابِ وَمَأْوَىٰهُمْ جَهَنَّمُ ۖ وَبِئْسَ ٱلْمِهَادُ ﴿١٨﴾

سجدة

الحزب ٢٦

۞ أَفَمَن يَعۡلَمُ أَنَّمَآ أُنزِلَ إِلَيۡكَ مِن رَّبِّكَ ٱلۡحَقُّ كَمَنۡ هُوَ أَعۡمَىٰٓۚ إِنَّمَا يَتَذَكَّرُ
أُوْلُواْ ٱلۡأَلۡبَٰبِ ١٩ ٱلَّذِينَ يُوفُونَ بِعَهۡدِ ٱللَّهِ وَلَا يَنقُضُونَ ٱلۡمِيثَٰقَ
٢٠ وَٱلَّذِينَ يَصِلُونَ مَآ أَمَرَ ٱللَّهُ بِهِۦٓ أَن يُوصَلَ وَيَخۡشَوۡنَ رَبَّهُمۡ
وَيَخَافُونَ سُوٓءَ ٱلۡحِسَابِ ٢١ وَٱلَّذِينَ صَبَرُواْ ٱبۡتِغَآءَ وَجۡهِ رَبِّهِمۡ
وَأَقَامُواْ ٱلصَّلَوٰةَ وَأَنفَقُواْ مِمَّا رَزَقۡنَٰهُمۡ سِرّٗا وَعَلَانِيَةٗ وَيَدۡرَءُونَ
بِٱلۡحَسَنَةِ ٱلسَّيِّئَةَ أُوْلَٰٓئِكَ لَهُمۡ عُقۡبَى ٱلدَّارِ ٢٢ جَنَّٰتُ عَدۡنٖ يَدۡخُلُونَهَا
وَمَن صَلَحَ مِنۡ ءَابَآئِهِمۡ وَأَزۡوَٰجِهِمۡ وَذُرِّيَّٰتِهِمۡۖ وَٱلۡمَلَٰٓئِكَةُ يَدۡخُلُونَ
عَلَيۡهِم مِّن كُلِّ بَابٖ ٢٣ سَلَٰمٌ عَلَيۡكُم بِمَا صَبَرۡتُمۡۚ فَنِعۡمَ عُقۡبَى ٱلدَّارِ ٢٤
وَٱلَّذِينَ يَنقُضُونَ عَهۡدَ ٱللَّهِ مِنۢ بَعۡدِ مِيثَٰقِهِۦ وَيَقۡطَعُونَ
مَآ أَمَرَ ٱللَّهُ بِهِۦٓ أَن يُوصَلَ وَيُفۡسِدُونَ فِي ٱلۡأَرۡضِ أُوْلَٰٓئِكَ لَهُمُ
ٱللَّعۡنَةُ وَلَهُمۡ سُوٓءُ ٱلدَّارِ ٢٥ ٱللَّهُ يَبۡسُطُ ٱلرِّزۡقَ لِمَن يَشَآءُ
وَيَقۡدِرُۚ وَفَرِحُواْ بِٱلۡحَيَوٰةِ ٱلدُّنۡيَا وَمَا ٱلۡحَيَوٰةُ ٱلدُّنۡيَا فِي ٱلۡأٓخِرَةِ إِلَّا
مَتَٰعٞ ٢٦ وَيَقُولُ ٱلَّذِينَ كَفَرُواْ لَوۡلَآ أُنزِلَ عَلَيۡهِ ءَايَةٞ مِّن رَّبِّهِۦۚ قُلۡ
إِنَّ ٱللَّهَ يُضِلُّ مَن يَشَآءُ وَيَهۡدِيٓ إِلَيۡهِ مَنۡ أَنَابَ ٢٧ ٱلَّذِينَ ءَامَنُواْ
وَتَطۡمَئِنُّ قُلُوبُهُم بِذِكۡرِ ٱللَّهِۗ أَلَا بِذِكۡرِ ٱللَّهِ تَطۡمَئِنُّ ٱلۡقُلُوبُ ٢٨

ٱلَّذِينَ ءَامَنُوا۟ وَعَمِلُوا۟ ٱلصَّٰلِحَٰتِ طُوبَىٰ لَهُمْ وَحُسْنُ مَـَٔابٍ ٢٩
كَذَٰلِكَ أَرْسَلْنَٰكَ فِىٓ أُمَّةٍ قَدْ خَلَتْ مِن قَبْلِهَآ أُمَمٌ لِّتَتْلُوَا۟
عَلَيْهِمُ ٱلَّذِىٓ أَوْحَيْنَآ إِلَيْكَ وَهُمْ يَكْفُرُونَ بِٱلرَّحْمَٰنِ ۚ قُلْ هُوَ رَبِّى
لَآ إِلَٰهَ إِلَّا هُوَ عَلَيْهِ تَوَكَّلْتُ وَإِلَيْهِ مَتَابِ ٣٠ وَلَوْ أَنَّ قُرْءَانًا
سُيِّرَتْ بِهِ ٱلْجِبَالُ أَوْ قُطِّعَتْ بِهِ ٱلْأَرْضُ أَوْ كُلِّمَ بِهِ ٱلْمَوْتَىٰ ۗ
بَل لِّلَّهِ ٱلْأَمْرُ جَمِيعًا ۗ أَفَلَمْ يَا۟يْـَٔسِ ٱلَّذِينَ ءَامَنُوٓا۟ أَن لَّوْ يَشَآءُ
ٱللَّهُ لَهَدَى ٱلنَّاسَ جَمِيعًا ۗ وَلَا يَزَالُ ٱلَّذِينَ كَفَرُوا۟ تُصِيبُهُم
بِمَا صَنَعُوا۟ قَارِعَةٌ أَوْ تَحُلُّ قَرِيبًا مِّن دَارِهِمْ حَتَّىٰ يَأْتِىَ وَعْدُ
ٱللَّهِ ۚ إِنَّ ٱللَّهَ لَا يُخْلِفُ ٱلْمِيعَادَ ٣١ وَلَقَدِ ٱسْتُهْزِئَ بِرُسُلٍ مِّن
قَبْلِكَ فَأَمْلَيْتُ لِلَّذِينَ كَفَرُوا۟ ثُمَّ أَخَذْتُهُمْ ۖ فَكَيْفَ كَانَ
عِقَابِ ٣٢ أَفَمَنْ هُوَ قَآئِمٌ عَلَىٰ كُلِّ نَفْسٍۭ بِمَا كَسَبَتْ ۗ وَجَعَلُوا۟
لِلَّهِ شُرَكَآءَ قُلْ سَمُّوهُمْ ۚ أَمْ تُنَبِّـُٔونَهُۥ بِمَا لَا يَعْلَمُ فِى ٱلْأَرْضِ أَم
بِظَٰهِرٍ مِّنَ ٱلْقَوْلِ ۗ بَلْ زُيِّنَ لِلَّذِينَ كَفَرُوا۟ مَكْرُهُمْ وَصُدُّوا۟ عَنِ
ٱلسَّبِيلِ ۗ وَمَن يُضْلِلِ ٱللَّهُ فَمَا لَهُۥ مِنْ هَادٍ ٣٣ لَّهُمْ عَذَابٌ فِى ٱلْحَيَوٰةِ
ٱلدُّنْيَا ۖ وَلَعَذَابُ ٱلْءَاخِرَةِ أَشَقُّ ۖ وَمَا لَهُم مِّنَ ٱللَّهِ مِن وَاقٍ ٣٤

ربع الحزب ٢٦

۞ مَّثَلُ ٱلْجَنَّةِ ٱلَّتِى وُعِدَ ٱلْمُتَّقُونَ ۖ تَجْرِى مِن تَحْتِهَا ٱلْأَنْهَٰرُ ۖ
أُكُلُهَا دَآئِمٌ وَظِلُّهَا ۚ تِلْكَ عُقْبَى ٱلَّذِينَ ٱتَّقَوا۟ ۖ وَّعُقْبَى
ٱلْكَٰفِرِينَ ٱلنَّارُ ﴿٣٥﴾ وَٱلَّذِينَ ءَاتَيْنَٰهُمُ ٱلْكِتَٰبَ يَفْرَحُونَ
بِمَآ أُنزِلَ إِلَيْكَ ۖ وَمِنَ ٱلْأَحْزَابِ مَن يُنكِرُ بَعْضَهُۥ ۚ قُلْ إِنَّمَآ
أُمِرْتُ أَنْ أَعْبُدَ ٱللَّهَ وَلَآ أُشْرِكَ بِهِۦٓ ۚ إِلَيْهِ أَدْعُوا۟ وَإِلَيْهِ مَـَٔابِ
﴿٣٦﴾ وَكَذَٰلِكَ أَنزَلْنَٰهُ حُكْمًا عَرَبِيًّا ۚ وَلَئِنِ ٱتَّبَعْتَ أَهْوَآءَهُم بَعْدَ
مَا جَآءَكَ مِنَ ٱلْعِلْمِ مَا لَكَ مِنَ ٱللَّهِ مِن وَلِىٍّ وَلَا وَاقٍ ﴿٣٧﴾ وَلَقَدْ
أَرْسَلْنَا رُسُلًا مِّن قَبْلِكَ وَجَعَلْنَا لَهُمْ أَزْوَٰجًا وَذُرِّيَّةً ۚ وَمَا كَانَ
لِرَسُولٍ أَن يَأْتِىَ بِـَٔايَةٍ إِلَّا بِإِذْنِ ٱللَّهِ ۗ لِكُلِّ أَجَلٍ كِتَابٌ ﴿٣٨﴾
يَمْحُوا۟ ٱللَّهُ مَا يَشَآءُ وَيُثْبِتُ ۖ وَعِندَهُۥٓ أُمُّ ٱلْكِتَٰبِ ﴿٣٩﴾ وَإِن مَّا
نُرِيَنَّكَ بَعْضَ ٱلَّذِى نَعِدُهُمْ أَوْ نَتَوَفَّيَنَّكَ فَإِنَّمَا عَلَيْكَ ٱلْبَلَٰغُ
وَعَلَيْنَا ٱلْحِسَابُ ﴿٤٠﴾ أَوَلَمْ يَرَوْا۟ أَنَّا نَأْتِى ٱلْأَرْضَ نَنقُصُهَا
مِنْ أَطْرَافِهَا ۚ وَٱللَّهُ يَحْكُمُ لَا مُعَقِّبَ لِحُكْمِهِۦ ۚ وَهُوَ سَرِيعُ
ٱلْحِسَابِ ﴿٤١﴾ وَقَدْ مَكَرَ ٱلَّذِينَ مِن قَبْلِهِمْ فَلِلَّهِ ٱلْمَكْرُ جَمِيعًا ۖ
يَعْلَمُ مَا تَكْسِبُ كُلُّ نَفْسٍ ۗ وَسَيَعْلَمُ ٱلْكُفَّٰرُ لِمَنْ عُقْبَى ٱلدَّارِ ﴿٤٢﴾

وَيَقُولُ ٱلَّذِينَ كَفَرُوا۟ لَسْتَ مُرْسَلًا ۚ قُلْ كَفَىٰ بِٱللَّهِ شَهِيدًۢا
بَيْنِى وَبَيْنَكُمْ وَمَنْ عِندَهُۥ عِلْمُ ٱلْكِتَٰبِ ﴿٤٣﴾

سُورَةُ إِبْرَاهِيمَ

بِسْمِ ٱللَّهِ ٱلرَّحْمَٰنِ ٱلرَّحِيمِ

الٓر ۚ كِتَٰبٌ أَنزَلْنَٰهُ إِلَيْكَ لِتُخْرِجَ ٱلنَّاسَ مِنَ ٱلظُّلُمَٰتِ
إِلَى ٱلنُّورِ بِإِذْنِ رَبِّهِمْ إِلَىٰ صِرَٰطِ ٱلْعَزِيزِ ٱلْحَمِيدِ ﴿١﴾
ٱللَّهِ ٱلَّذِى لَهُۥ مَا فِى ٱلسَّمَٰوَٰتِ وَمَا فِى ٱلْأَرْضِ ۗ وَوَيْلٌ
لِّلْكَٰفِرِينَ مِنْ عَذَابٍ شَدِيدٍ ﴿٢﴾ ٱلَّذِينَ يَسْتَحِبُّونَ
ٱلْحَيَوٰةَ ٱلدُّنْيَا عَلَى ٱلْءَاخِرَةِ وَيَصُدُّونَ عَن سَبِيلِ
ٱللَّهِ وَيَبْغُونَهَا عِوَجًا ۚ أُو۟لَٰٓئِكَ فِى ضَلَٰلٍۭ بَعِيدٍ ﴿٣﴾ وَمَآ
أَرْسَلْنَا مِن رَّسُولٍ إِلَّا بِلِسَانِ قَوْمِهِۦ لِيُبَيِّنَ لَهُمْ ۖ
فَيُضِلُّ ٱللَّهُ مَن يَشَآءُ وَيَهْدِى مَن يَشَآءُ ۚ وَهُوَ ٱلْعَزِيزُ
ٱلْحَكِيمُ ﴿٤﴾ وَلَقَدْ أَرْسَلْنَا مُوسَىٰ بِـَٔايَٰتِنَآ أَنْ أَخْرِجْ
قَوْمَكَ مِنَ ٱلظُّلُمَٰتِ إِلَى ٱلنُّورِ وَذَكِّرْهُم بِأَيَّىٰمِ
ٱللَّهِ ۚ إِنَّ فِى ذَٰلِكَ لَءَايَٰتٍ لِّكُلِّ صَبَّارٍ شَكُورٍ ﴿٥﴾

وَإِذۡ قَالَ مُوسَىٰ لِقَوۡمِهِ ٱذۡكُرُواْ نِعۡمَةَ ٱللَّهِ عَلَيۡكُمۡ
إِذۡ أَنجَىٰكُم مِّنۡ ءَالِ فِرۡعَوۡنَ يَسُومُونَكُمۡ سُوٓءَ ٱلۡعَذَابِ
وَيُذَبِّحُونَ أَبۡنَآءَكُمۡ وَيَسۡتَحۡيُونَ نِسَآءَكُمۡۚ وَفِي
ذَٰلِكُم بَلَآءٞ مِّن رَّبِّكُمۡ عَظِيمٞ ٦ وَإِذۡ تَأَذَّنَ رَبُّكُمۡ
لَئِن شَكَرۡتُمۡ لَأَزِيدَنَّكُمۡۖ وَلَئِن كَفَرۡتُمۡ إِنَّ عَذَابِي
لَشَدِيدٞ ٧ وَقَالَ مُوسَىٰٓ إِن تَكۡفُرُوٓاْ أَنتُمۡ وَمَن فِي
ٱلۡأَرۡضِ جَمِيعٗا فَإِنَّ ٱللَّهَ لَغَنِيٌّ حَمِيدٌ ٨ أَلَمۡ يَأۡتِكُمۡ نَبَؤُاْ
ٱلَّذِينَ مِن قَبۡلِكُمۡ قَوۡمِ نُوحٖ وَعَادٖ وَثَمُودَ وَٱلَّذِينَ
مِنۢ بَعۡدِهِمۡ لَا يَعۡلَمُهُمۡ إِلَّا ٱللَّهُۚ جَآءَتۡهُمۡ رُسُلُهُم
بِٱلۡبَيِّنَٰتِ فَرَدُّوٓاْ أَيۡدِيَهُمۡ فِيٓ أَفۡوَٰهِهِمۡ وَقَالُوٓاْ إِنَّا كَفَرۡنَا
بِمَآ أُرۡسِلۡتُم بِهِۦ وَإِنَّا لَفِي شَكّٖ مِّمَّا تَدۡعُونَنَآ إِلَيۡهِ مُرِيبٖ ٩
نصف الحزب ٢٦ ۞ قَالَتۡ رُسُلُهُمۡ أَفِي ٱللَّهِ شَكّٞ فَاطِرِ ٱلسَّمَٰوَٰتِ وَٱلۡأَرۡضِۖ
يَدۡعُوكُمۡ لِيَغۡفِرَ لَكُم مِّن ذُنُوبِكُمۡ وَيُؤَخِّرَكُمۡ إِلَىٰٓ أَجَلٖ
مُّسَمّٗىۚ قَالُوٓاْ إِنۡ أَنتُمۡ إِلَّا بَشَرٞ مِّثۡلُنَا تُرِيدُونَ أَن تَصُدُّونَا
عَمَّا كَانَ يَعۡبُدُ ءَابَآؤُنَا فَأۡتُونَا بِسُلۡطَٰنٖ مُّبِينٖ ١٠

قَالَتۡ لَهُمۡ رُسُلُهُمۡ إِن نَّحۡنُ إِلَّا بَشَرٞ مِّثۡلُكُمۡ وَلَٰكِنَّ ٱللَّهَ
يَمُنُّ عَلَىٰ مَن يَشَآءُ مِنۡ عِبَادِهِۦۖ وَمَا كَانَ لَنَآ أَن نَّأۡتِيَكُم
بِسُلۡطَٰنٍ إِلَّا بِإِذۡنِ ٱللَّهِۚ وَعَلَى ٱللَّهِ فَلۡيَتَوَكَّلِ ٱلۡمُؤۡمِنُونَ
١١ وَمَا لَنَآ أَلَّا نَتَوَكَّلَ عَلَى ٱللَّهِ وَقَدۡ هَدَىٰنَا سُبُلَنَاۚ وَلَنَصۡبِرَنَّ
عَلَىٰ مَآ ءَاذَيۡتُمُونَاۚ وَعَلَى ٱللَّهِ فَلۡيَتَوَكَّلِ ٱلۡمُتَوَكِّلُونَ
١٢ وَقَالَ ٱلَّذِينَ كَفَرُواْ لِرُسُلِهِمۡ لَنُخۡرِجَنَّكُم مِّنۡ أَرۡضِنَآ
أَوۡ لَتَعُودُنَّ فِي مِلَّتِنَاۖ فَأَوۡحَىٰٓ إِلَيۡهِمۡ رَبُّهُمۡ لَنُهۡلِكَنَّ
ٱلظَّٰلِمِينَ ١٣ وَلَنُسۡكِنَنَّكُمُ ٱلۡأَرۡضَ مِنۢ بَعۡدِهِمۡۚ
ذَٰلِكَ لِمَنۡ خَافَ مَقَامِي وَخَافَ وَعِيدِ ١٤ وَٱسۡتَفۡتَحُواْ
وَخَابَ كُلُّ جَبَّارٍ عَنِيدٖ ١٥ مِّن وَرَآئِهِۦ جَهَنَّمُ وَيُسۡقَىٰ
مِن مَّآءٖ صَدِيدٖ ١٦ يَتَجَرَّعُهُۥ وَلَا يَكَادُ يُسِيغُهُۥ وَيَأۡتِيهِ
ٱلۡمَوۡتُ مِن كُلِّ مَكَانٖ وَمَا هُوَ بِمَيِّتٖۖ وَمِن وَرَآئِهِۦ
عَذَابٌ غَلِيظٞ ١٧ مَّثَلُ ٱلَّذِينَ كَفَرُواْ بِرَبِّهِمۡۖ أَعۡمَٰلُهُمۡ
كَرَمَادٍ ٱشۡتَدَّتۡ بِهِ ٱلرِّيحُ فِي يَوۡمٍ عَاصِفٖۖ لَّا يَقۡدِرُونَ
مِمَّا كَسَبُواْ عَلَىٰ شَيۡءٖۚ ذَٰلِكَ هُوَ ٱلضَّلَٰلُ ٱلۡبَعِيدُ ١٨

أَلَمْ تَرَ أَنَّ ٱللَّهَ خَلَقَ ٱلسَّمَٰوَٰتِ وَٱلْأَرْضَ بِٱلْحَقِّ ۚ إِن يَشَأْ
يُذْهِبْكُمْ وَيَأْتِ بِخَلْقٍ جَدِيدٍ ﴿١٩﴾ وَمَا ذَٰلِكَ عَلَى ٱللَّهِ بِعَزِيزٍ
﴿٢٠﴾ وَبَرَزُوا۟ لِلَّهِ جَمِيعًا فَقَالَ ٱلضُّعَفَٰٓؤُا۟ لِلَّذِينَ ٱسْتَكْبَرُوٓا۟
إِنَّا كُنَّا لَكُمْ تَبَعًا فَهَلْ أَنتُم مُّغْنُونَ عَنَّا مِنْ عَذَابِ ٱللَّهِ
مِن شَىْءٍ ۚ قَالُوا۟ لَوْ هَدَىٰنَا ٱللَّهُ لَهَدَيْنَٰكُمْ ۖ سَوَآءٌ عَلَيْنَآ
أَجَزِعْنَآ أَمْ صَبَرْنَا مَا لَنَا مِن مَّحِيصٍ ﴿٢١﴾ وَقَالَ ٱلشَّيْطَٰنُ لَمَّا
قُضِىَ ٱلْأَمْرُ إِنَّ ٱللَّهَ وَعَدَكُمْ وَعْدَ ٱلْحَقِّ وَوَعَدتُّكُمْ
فَأَخْلَفْتُكُمْ ۖ وَمَا كَانَ لِىَ عَلَيْكُم مِّن سُلْطَٰنٍ إِلَّآ
أَن دَعَوْتُكُمْ فَٱسْتَجَبْتُمْ لِى ۖ فَلَا تَلُومُونِى وَلُومُوٓا۟ أَنفُسَكُم ۖ
مَّآ أَنَا۠ بِمُصْرِخِكُمْ وَمَآ أَنتُم بِمُصْرِخِىَّ ۖ إِنِّى كَفَرْتُ
بِمَآ أَشْرَكْتُمُونِ مِن قَبْلُ ۗ إِنَّ ٱلظَّٰلِمِينَ لَهُمْ عَذَابٌ
أَلِيمٌ ﴿٢٢﴾ وَأُدْخِلَ ٱلَّذِينَ ءَامَنُوا۟ وَعَمِلُوا۟ ٱلصَّٰلِحَٰتِ جَنَّٰتٍ
تَجْرِى مِن تَحْتِهَا ٱلْأَنْهَٰرُ خَٰلِدِينَ فِيهَا بِإِذْنِ رَبِّهِمْ ۖ تَحِيَّتُهُمْ
فِيهَا سَلَٰمٌ ﴿٢٣﴾ أَلَمْ تَرَ كَيْفَ ضَرَبَ ٱللَّهُ مَثَلًا كَلِمَةً طَيِّبَةً
كَشَجَرَةٍ طَيِّبَةٍ أَصْلُهَا ثَابِتٌ وَفَرْعُهَا فِى ٱلسَّمَآءِ ﴿٢٤﴾

تُؤْتِىٓ أُكُلَهَا كُلَّ حِينٍۭ بِإِذْنِ رَبِّهَاۗ وَيَضْرِبُ ٱللَّهُ ٱلْأَمْثَالَ
لِلنَّاسِ لَعَلَّهُمْ يَتَذَكَّرُونَ ٢٥ وَمَثَلُ كَلِمَةٍ خَبِيثَةٍ
كَشَجَرَةٍ خَبِيثَةٍ ٱجْتُثَّتْ مِن فَوْقِ ٱلْأَرْضِ مَا لَهَا مِن
قَرَارٍ ٢٦ يُثَبِّتُ ٱللَّهُ ٱلَّذِينَ ءَامَنُوا۟ بِٱلْقَوْلِ ٱلثَّابِتِ فِى ٱلْحَيَوٰةِ
ٱلدُّنْيَا وَفِى ٱلْـَٔاخِرَةِۖ وَيُضِلُّ ٱللَّهُ ٱلظَّـٰلِمِينَۚ وَيَفْعَلُ ٱللَّهُ
مَا يَشَآءُ ٢٧ ۞ أَلَمْ تَرَ إِلَى ٱلَّذِينَ بَدَّلُوا۟ نِعْمَتَ ٱللَّهِ كُفْرًا
وَأَحَلُّوا۟ قَوْمَهُمْ دَارَ ٱلْبَوَارِ ٢٨ جَهَنَّمَ يَصْلَوْنَهَاۖ وَبِئْسَ
ٱلْقَرَارُ ٢٩ وَجَعَلُوا۟ لِلَّهِ أَندَادًا لِّيُضِلُّوا۟ عَن سَبِيلِهِۦۗ قُلْ
تَمَتَّعُوا۟ فَإِنَّ مَصِيرَكُمْ إِلَى ٱلنَّارِ ٣٠ قُل لِّعِبَادِىَ ٱلَّذِينَ
ءَامَنُوا۟ يُقِيمُوا۟ ٱلصَّلَوٰةَ وَيُنفِقُوا۟ مِمَّا رَزَقْنَـٰهُمْ سِرًّا وَعَلَانِيَةً
مِّن قَبْلِ أَن يَأْتِىَ يَوْمٌ لَّا بَيْعٌ فِيهِ وَلَا خِلَـٰلٌ ٣١ ٱللَّهُ ٱلَّذِى
خَلَقَ ٱلسَّمَـٰوَٰتِ وَٱلْأَرْضَ وَأَنزَلَ مِنَ ٱلسَّمَآءِ مَآءً فَأَخْرَجَ
بِهِۦ مِنَ ٱلثَّمَرَٰتِ رِزْقًا لَّكُمْۖ وَسَخَّرَ لَكُمُ ٱلْفُلْكَ لِتَجْرِىَ
فِى ٱلْبَحْرِ بِأَمْرِهِۦۖ وَسَخَّرَ لَكُمُ ٱلْأَنْهَـٰرَ ٣٢ وَسَخَّرَ لَكُمُ
ٱلشَّمْسَ وَٱلْقَمَرَ دَآئِبَيْنِۖ وَسَخَّرَ لَكُمُ ٱلَّيْلَ وَٱلنَّهَارَ ٣٣

ثلاثة أرباع الحزب ٢٦

وَءَاتَىٰكُم مِّن كُلِّ مَا سَأَلْتُمُوهُ وَإِن تَعُدُّوا۟ نِعْمَتَ ٱللَّهِ
لَا تُحْصُوهَآ ۗ إِنَّ ٱلْإِنسَٰنَ لَظَلُومٌ كَفَّارٌ ﴿٣٤﴾ وَإِذْ قَالَ إِبْرَٰهِيمُ
رَبِّ ٱجْعَلْ هَٰذَا ٱلْبَلَدَ ءَامِنًا وَٱجْنُبْنِى وَبَنِىَّ أَن نَّعْبُدَ
ٱلْأَصْنَامَ ﴿٣٥﴾ رَبِّ إِنَّهُنَّ أَضْلَلْنَ كَثِيرًا مِّنَ ٱلنَّاسِ ۖ فَمَن
تَبِعَنِى فَإِنَّهُۥ مِنِّى ۖ وَمَنْ عَصَانِى فَإِنَّكَ غَفُورٌ رَّحِيمٌ ﴿٣٦﴾ رَّبَّنَآ
إِنِّىٓ أَسْكَنتُ مِن ذُرِّيَّتِى بِوَادٍ غَيْرِ ذِى زَرْعٍ عِندَ بَيْتِكَ
ٱلْمُحَرَّمِ رَبَّنَا لِيُقِيمُوا۟ ٱلصَّلَوٰةَ فَٱجْعَلْ أَفْـِٔدَةً مِّنَ ٱلنَّاسِ
تَهْوِىٓ إِلَيْهِمْ وَٱرْزُقْهُم مِّنَ ٱلثَّمَرَٰتِ لَعَلَّهُمْ يَشْكُرُونَ
﴿٣٧﴾ رَبَّنَآ إِنَّكَ تَعْلَمُ مَا نُخْفِى وَمَا نُعْلِنُ ۗ وَمَا يَخْفَىٰ عَلَى ٱللَّهِ
مِن شَىْءٍ فِى ٱلْأَرْضِ وَلَا فِى ٱلسَّمَآءِ ﴿٣٨﴾ ٱلْحَمْدُ لِلَّهِ ٱلَّذِى
وَهَبَ لِى عَلَى ٱلْكِبَرِ إِسْمَٰعِيلَ وَإِسْحَٰقَ ۚ إِنَّ رَبِّى لَسَمِيعُ
ٱلدُّعَآءِ ﴿٣٩﴾ رَبِّ ٱجْعَلْنِى مُقِيمَ ٱلصَّلَوٰةِ وَمِن ذُرِّيَّتِى ۚ رَبَّنَا
وَتَقَبَّلْ دُعَآءِ ﴿٤٠﴾ رَبَّنَا ٱغْفِرْ لِى وَلِوَٰلِدَىَّ وَلِلْمُؤْمِنِينَ
يَوْمَ يَقُومُ ٱلْحِسَابُ ﴿٤١﴾ وَلَا تَحْسَبَنَّ ٱللَّهَ غَٰفِلًا عَمَّا يَعْمَلُ
ٱلظَّٰلِمُونَ ۚ إِنَّمَا يُؤَخِّرُهُمْ لِيَوْمٍ تَشْخَصُ فِيهِ ٱلْأَبْصَٰرُ ﴿٤٢﴾

مُهۡطِعِينَ مُقۡنِعِي رُءُوسِهِمۡ لَا يَرۡتَدُّ إِلَيۡهِمۡ طَرۡفُهُمۡۖ
وَأَفۡـِٔدَتُهُمۡ هَوَآءٞ ٤٣ وَأَنذِرِ ٱلنَّاسَ يَوۡمَ يَأۡتِيهِمُ ٱلۡعَذَابُ
فَيَقُولُ ٱلَّذِينَ ظَلَمُواْ رَبَّنَآ أَخِّرۡنَآ إِلَىٰٓ أَجَلٖ قَرِيبٖ نُّجِبۡ
دَعۡوَتَكَ وَنَتَّبِعِ ٱلرُّسُلَۗ أَوَلَمۡ تَكُونُوٓاْ أَقۡسَمۡتُم مِّن قَبۡلُ
مَا لَكُم مِّن زَوَالٖ ٤٤ وَسَكَنتُمۡ فِي مَسَٰكِنِ ٱلَّذِينَ ظَلَمُوٓاْ
أَنفُسَهُمۡ وَتَبَيَّنَ لَكُمۡ كَيۡفَ فَعَلۡنَا بِهِمۡ وَضَرَبۡنَا لَكُمُ
ٱلۡأَمۡثَالَ ٤٥ وَقَدۡ مَكَرُواْ مَكۡرَهُمۡ وَعِندَ ٱللَّهِ مَكۡرُهُمۡ
وَإِن كَانَ مَكۡرُهُمۡ لِتَزُولَ مِنۡهُ ٱلۡجِبَالُ ٤٦ فَلَا
تَحۡسَبَنَّ ٱللَّهَ مُخۡلِفَ وَعۡدِهِۦ رُسُلَهُۥٓۚ إِنَّ ٱللَّهَ عَزِيزٞ
ذُو ٱنتِقَامٖ ٤٧ يَوۡمَ تُبَدَّلُ ٱلۡأَرۡضُ غَيۡرَ ٱلۡأَرۡضِ وَٱلسَّمَٰوَٰتُۖ
وَبَرَزُواْ لِلَّهِ ٱلۡوَٰحِدِ ٱلۡقَهَّارِ ٤٨ وَتَرَى ٱلۡمُجۡرِمِينَ يَوۡمَئِذٖ
مُّقَرَّنِينَ فِي ٱلۡأَصۡفَادِ ٤٩ سَرَابِيلُهُم مِّن قَطِرَانٖ وَتَغۡشَىٰ
وُجُوهَهُمُ ٱلنَّارُ ٥٠ لِيَجۡزِيَ ٱللَّهُ كُلَّ نَفۡسٖ مَّا كَسَبَتۡۚ
إِنَّ ٱللَّهَ سَرِيعُ ٱلۡحِسَابِ ٥١ هَٰذَا بَلَٰغٞ لِّلنَّاسِ وَلِيُنذَرُواْ بِهِۦ
وَلِيَعۡلَمُوٓاْ أَنَّمَا هُوَ إِلَٰهٞ وَٰحِدٞ وَلِيَذَّكَّرَ أُوْلُواْ ٱلۡأَلۡبَٰبِ ٥٢

سُورَةُ الحِجْرِ

بِسْمِ ٱللَّهِ ٱلرَّحْمَٰنِ ٱلرَّحِيمِ

الٓرۚ تِلْكَ ءَايَٰتُ ٱلْكِتَٰبِ وَقُرْءَانٍ مُّبِينٍ ١ رُّبَمَا يَوَدُّ
ٱلَّذِينَ كَفَرُوا۟ لَوْ كَانُوا۟ مُسْلِمِينَ ٢ ذَرْهُمْ يَأْكُلُوا۟
وَيَتَمَتَّعُوا۟ وَيُلْهِهِمُ ٱلْأَمَلُۖ فَسَوْفَ يَعْلَمُونَ ٣ وَمَآ أَهْلَكْنَا
مِن قَرْيَةٍ إِلَّا وَلَهَا كِتَابٌ مَّعْلُومٌ ٤ مَّا تَسْبِقُ مِنْ أُمَّةٍ
أَجَلَهَا وَمَا يَسْتَـْٔخِرُونَ ٥ وَقَالُوا۟ يَٰٓأَيُّهَا ٱلَّذِى نُزِّلَ عَلَيْهِ
ٱلذِّكْرُ إِنَّكَ لَمَجْنُونٌ ٦ لَّوْ مَا تَأْتِينَا بِٱلْمَلَٰٓئِكَةِ إِن كُنتَ
مِنَ ٱلصَّٰدِقِينَ ٧ مَا نُنَزِّلُ ٱلْمَلَٰٓئِكَةَ إِلَّا بِٱلْحَقِّ وَمَا كَانُوٓا۟
إِذًا مُّنظَرِينَ ٨ إِنَّا نَحْنُ نَزَّلْنَا ٱلذِّكْرَ وَإِنَّا لَهُۥ لَحَٰفِظُونَ ٩
وَلَقَدْ أَرْسَلْنَا مِن قَبْلِكَ فِى شِيَعِ ٱلْأَوَّلِينَ ١٠ وَمَا يَأْتِيهِم
مِّن رَّسُولٍ إِلَّا كَانُوا۟ بِهِۦ يَسْتَهْزِءُونَ ١١ كَذَٰلِكَ نَسْلُكُهُۥ
فِى قُلُوبِ ٱلْمُجْرِمِينَ ١٢ لَا يُؤْمِنُونَ بِهِۦۖ وَقَدْ خَلَتْ سُنَّةُ ٱلْأَوَّلِينَ
١٣ وَلَوْ فَتَحْنَا عَلَيْهِم بَابًا مِّنَ ٱلسَّمَآءِ فَظَلُّوا۟ فِيهِ يَعْرُجُونَ ١٤
لَقَالُوٓا۟ إِنَّمَا سُكِّرَتْ أَبْصَٰرُنَا بَلْ نَحْنُ قَوْمٌ مَّسْحُورُونَ ١٥

وَلَقَدْ جَعَلْنَا فِي ٱلسَّمَآءِ بُرُوجٗا وَزَيَّنَّٰهَا لِلنَّٰظِرِينَ ١٦
وَحَفِظْنَٰهَا مِن كُلِّ شَيْطَٰنٖ رَّجِيمٍ ١٧ إِلَّا مَنِ ٱسْتَرَقَ ٱلسَّمْعَ
فَأَتْبَعَهُۥ شِهَابٞ مُّبِينٞ ١٨ وَٱلْأَرْضَ مَدَدْنَٰهَا وَأَلْقَيْنَا فِيهَا
رَوَٰسِيَ وَأَنۢبَتْنَا فِيهَا مِن كُلِّ شَيْءٖ مَّوْزُونٖ ١٩ وَجَعَلْنَا لَكُمْ
فِيهَا مَعَٰيِشَ وَمَن لَّسْتُمْ لَهُۥ بِرَٰزِقِينَ ٢٠ وَإِن مِّن شَيْءٍ إِلَّا
عِندَنَا خَزَآئِنُهُۥ وَمَا نُنَزِّلُهُۥٓ إِلَّا بِقَدَرٖ مَّعْلُومٖ ٢١ وَأَرْسَلْنَا
ٱلرِّيَٰحَ لَوَٰقِحَ فَأَنزَلْنَا مِنَ ٱلسَّمَآءِ مَآءٗ فَأَسْقَيْنَٰكُمُوهُ وَمَآ أَنتُمْ
لَهُۥ بِخَٰزِنِينَ ٢٢ وَإِنَّا لَنَحْنُ نُحْيِۦ وَنُمِيتُ وَنَحْنُ ٱلْوَٰرِثُونَ ٢٣
وَلَقَدْ عَلِمْنَا ٱلْمُسْتَقْدِمِينَ مِنكُمْ وَلَقَدْ عَلِمْنَا ٱلْمُسْتَـْٔخِرِينَ
٢٤ وَإِنَّ رَبَّكَ هُوَ يَحْشُرُهُمْۚ إِنَّهُۥ حَكِيمٌ عَلِيمٞ ٢٥ وَلَقَدْ خَلَقْنَا
ٱلْإِنسَٰنَ مِن صَلْصَٰلٖ مِّنْ حَمَإٖ مَّسْنُونٖ ٢٦ وَٱلْجَآنَّ خَلَقْنَٰهُ مِن
قَبْلُ مِن نَّارِ ٱلسَّمُومِ ٢٧ وَإِذْ قَالَ رَبُّكَ لِلْمَلَٰٓئِكَةِ إِنِّي خَٰلِقُۢ بَشَرٗا
مِّن صَلْصَٰلٖ مِّنْ حَمَإٖ مَّسْنُونٖ ٢٨ فَإِذَا سَوَّيْتُهُۥ وَنَفَخْتُ فِيهِ
مِن رُّوحِي فَقَعُواْ لَهُۥ سَٰجِدِينَ ٢٩ فَسَجَدَ ٱلْمَلَٰٓئِكَةُ كُلُّهُمْ
أَجْمَعُونَ ٣٠ إِلَّآ إِبْلِيسَ أَبَىٰٓ أَن يَكُونَ مَعَ ٱلسَّٰجِدِينَ ٣١

قَالَ يَٰٓإِبۡلِيسُ مَا لَكَ أَلَّا تَكُونَ مَعَ ٱلسَّٰجِدِينَ ٣٢ قَالَ لَمۡ أَكُن
لِّأَسۡجُدَ لِبَشَرٍ خَلَقۡتَهُۥ مِن صَلۡصَٰلٖ مِّنۡ حَمَإٖ مَّسۡنُونٖ ٣٣
قَالَ فَٱخۡرُجۡ مِنۡهَا فَإِنَّكَ رَجِيمٞ ٣٤ وَإِنَّ عَلَيۡكَ ٱللَّعۡنَةَ إِلَىٰ يَوۡمِ
ٱلدِّينِ ٣٥ قَالَ رَبِّ فَأَنظِرۡنِيٓ إِلَىٰ يَوۡمِ يُبۡعَثُونَ ٣٦ قَالَ فَإِنَّكَ
مِنَ ٱلۡمُنظَرِينَ ٣٧ إِلَىٰ يَوۡمِ ٱلۡوَقۡتِ ٱلۡمَعۡلُومِ ٣٨ قَالَ رَبِّ بِمَآ
أَغۡوَيۡتَنِي لَأُزَيِّنَنَّ لَهُمۡ فِي ٱلۡأَرۡضِ وَلَأُغۡوِيَنَّهُمۡ أَجۡمَعِينَ
٣٩ إِلَّا عِبَادَكَ مِنۡهُمُ ٱلۡمُخۡلَصِينَ ٤٠ قَالَ هَٰذَا صِرَٰطٌ عَلَيَّ
مُسۡتَقِيمٌ ٤١ إِنَّ عِبَادِي لَيۡسَ لَكَ عَلَيۡهِمۡ سُلۡطَٰنٌ إِلَّا مَنِ
ٱتَّبَعَكَ مِنَ ٱلۡغَاوِينَ ٤٢ وَإِنَّ جَهَنَّمَ لَمَوۡعِدُهُمۡ أَجۡمَعِينَ ٤٣
لَهَا سَبۡعَةُ أَبۡوَٰبٖ لِّكُلِّ بَابٖ مِّنۡهُمۡ جُزۡءٞ مَّقۡسُومٌ ٤٤ إِنَّ
ٱلۡمُتَّقِينَ فِي جَنَّٰتٖ وَعُيُونٍ ٤٥ ٱدۡخُلُوهَا بِسَلَٰمٍ ءَامِنِينَ ٤٦
وَنَزَعۡنَا مَا فِي صُدُورِهِم مِّنۡ غِلٍّ إِخۡوَٰنًا عَلَىٰ سُرُرٖ مُّتَقَٰبِلِينَ
٤٧ لَا يَمَسُّهُمۡ فِيهَا نَصَبٞ وَمَا هُم مِّنۡهَا بِمُخۡرَجِينَ ٤٨
ربع الحزب ٢٧ ۞ نَبِّئۡ عِبَادِيٓ أَنِّيٓ أَنَا ٱلۡغَفُورُ ٱلرَّحِيمُ ٤٩ وَأَنَّ عَذَابِي
هُوَ ٱلۡعَذَابُ ٱلۡأَلِيمُ ٥٠ وَنَبِّئۡهُمۡ عَن ضَيۡفِ إِبۡرَٰهِيمَ ٥١

إِذۡ دَخَلُواْ عَلَيۡهِ فَقَالُواْ سَلَٰمٗا قَالَ إِنَّا مِنكُمۡ وَجِلُونَ ٥٢ قَالُواْ
لَا تَوۡجَلۡ إِنَّا نُبَشِّرُكَ بِغُلَٰمٍ عَلِيمٖ ٥٣ قَالَ أَبَشَّرۡتُمُونِي عَلَىٰٓ أَن
مَّسَّنِيَ ٱلۡكِبَرُ فَبِمَ تُبَشِّرُونَ ٥٤ قَالُواْ بَشَّرۡنَٰكَ بِٱلۡحَقِّ
فَلَا تَكُن مِّنَ ٱلۡقَٰنِطِينَ ٥٥ قَالَ وَمَن يَقۡنَطُ مِن رَّحۡمَةِ
رَبِّهِۦٓ إِلَّا ٱلضَّآلُّونَ ٥٦ قَالَ فَمَا خَطۡبُكُمۡ أَيُّهَا ٱلۡمُرۡسَلُونَ
٥٧ قَالُوٓاْ إِنَّآ أُرۡسِلۡنَآ إِلَىٰ قَوۡمٖ مُّجۡرِمِينَ ٥٨ إِلَّآ ءَالَ لُوطٍ
إِنَّا لَمُنَجُّوهُمۡ أَجۡمَعِينَ ٥٩ إِلَّا ٱمۡرَأَتَهُۥ قَدَّرۡنَآ إِنَّهَا لَمِنَ
ٱلۡغَٰبِرِينَ ٦٠ فَلَمَّا جَآءَ ءَالَ لُوطٍ ٱلۡمُرۡسَلُونَ ٦١ قَالَ
إِنَّكُمۡ قَوۡمٞ مُّنكَرُونَ ٦٢ قَالُواْ بَلۡ جِئۡنَٰكَ بِمَا كَانُواْ فِيهِ
يَمۡتَرُونَ ٦٣ وَأَتَيۡنَٰكَ بِٱلۡحَقِّ وَإِنَّا لَصَٰدِقُونَ ٦٤ فَأَسۡرِ
بِأَهۡلِكَ بِقِطۡعٖ مِّنَ ٱلَّيۡلِ وَٱتَّبِعۡ أَدۡبَٰرَهُمۡ وَلَا يَلۡتَفِتۡ مِنكُمۡ أَحَدٞ
وَٱمۡضُواْ حَيۡثُ تُؤۡمَرُونَ ٦٥ وَقَضَيۡنَآ إِلَيۡهِ ذَٰلِكَ ٱلۡأَمۡرَ أَنَّ
دَابِرَ هَٰٓؤُلَآءِ مَقۡطُوعٞ مُّصۡبِحِينَ ٦٦ وَجَآءَ أَهۡلُ ٱلۡمَدِينَةِ
يَسۡتَبۡشِرُونَ ٦٧ قَالَ إِنَّ هَٰٓؤُلَآءِ ضَيۡفِي فَلَا تَفۡضَحُونِ ٦٨
وَٱتَّقُواْ ٱللَّهَ وَلَا تُخۡزُونِ ٦٩ قَالُوٓاْ أَوَلَمۡ نَنۡهَكَ عَنِ ٱلۡعَٰلَمِينَ ٧٠

قَالَ هَٰٓؤُلَآءِ بَنَاتِىٓ إِن كُنتُمْ فَٰعِلِينَ ٧١ لَعَمْرُكَ إِنَّهُمْ لَفِى سَكْرَتِهِمْ
يَعْمَهُونَ ٧٢ فَأَخَذَتْهُمُ ٱلصَّيْحَةُ مُشْرِقِينَ ٧٣ فَجَعَلْنَا عَٰلِيَهَا
سَافِلَهَا وَأَمْطَرْنَا عَلَيْهِمْ حِجَارَةً مِّن سِجِّيلٍ ٧٤ إِنَّ فِى ذَٰلِكَ
لَءَايَٰتٍ لِّلْمُتَوَسِّمِينَ ٧٥ وَإِنَّهَا لَبِسَبِيلٍ مُّقِيمٍ ٧٦ إِنَّ فِى ذَٰلِكَ
لَءَايَةً لِّلْمُؤْمِنِينَ ٧٧ وَإِن كَانَ أَصْحَٰبُ ٱلْأَيْكَةِ لَظَٰلِمِينَ ٧٨
فَٱنتَقَمْنَا مِنْهُمْ وَإِنَّهُمَا لَبِإِمَامٍ مُّبِينٍ ٧٩ وَلَقَدْ كَذَّبَ أَصْحَٰبُ
ٱلْحِجْرِ ٱلْمُرْسَلِينَ ٨٠ وَءَاتَيْنَٰهُمْ ءَايَٰتِنَا فَكَانُوا۟ عَنْهَا مُعْرِضِينَ
٨١ وَكَانُوا۟ يَنْحِتُونَ مِنَ ٱلْجِبَالِ بُيُوتًا ءَامِنِينَ ٨٢ فَأَخَذَتْهُمُ
ٱلصَّيْحَةُ مُصْبِحِينَ ٨٣ فَمَآ أَغْنَىٰ عَنْهُم مَّا كَانُوا۟ يَكْسِبُونَ ٨٤
وَمَا خَلَقْنَا ٱلسَّمَٰوَٰتِ وَٱلْأَرْضَ وَمَا بَيْنَهُمَآ إِلَّا بِٱلْحَقِّ ۗ وَإِنَّ
ٱلسَّاعَةَ لَءَاتِيَةٌ ۖ فَٱصْفَحِ ٱلصَّفْحَ ٱلْجَمِيلَ ٨٥ إِنَّ رَبَّكَ هُوَ
ٱلْخَلَّٰقُ ٱلْعَلِيمُ ٨٦ وَلَقَدْ ءَاتَيْنَٰكَ سَبْعًا مِّنَ ٱلْمَثَانِى
وَٱلْقُرْءَانَ ٱلْعَظِيمَ ٨٧ لَا تَمُدَّنَّ عَيْنَيْكَ إِلَىٰ مَا مَتَّعْنَا بِهِۦٓ أَزْوَٰجًا
مِّنْهُمْ وَلَا تَحْزَنْ عَلَيْهِمْ وَٱخْفِضْ جَنَاحَكَ لِلْمُؤْمِنِينَ ٨٨ وَقُلْ
إِنِّىٓ أَنَا ٱلنَّذِيرُ ٱلْمُبِينُ ٨٩ كَمَآ أَنزَلْنَا عَلَى ٱلْمُقْتَسِمِينَ ٩٠

ٱلَّذِينَ جَعَلُوا۟ ٱلْقُرْءَانَ عِضِينَ ﴿٩١﴾ فَوَرَبِّكَ لَنَسْـَٔلَنَّهُمْ
أَجْمَعِينَ ﴿٩٢﴾ عَمَّا كَانُوا۟ يَعْمَلُونَ ﴿٩٣﴾ فَٱصْدَعْ بِمَا تُؤْمَرُ وَأَعْرِضْ
عَنِ ٱلْمُشْرِكِينَ ﴿٩٤﴾ إِنَّا كَفَيْنَٰكَ ٱلْمُسْتَهْزِءِينَ ﴿٩٥﴾ ٱلَّذِينَ
يَجْعَلُونَ مَعَ ٱللَّهِ إِلَٰهًا ءَاخَرَ ۚ فَسَوْفَ يَعْلَمُونَ ﴿٩٦﴾ وَلَقَدْ نَعْلَمُ
أَنَّكَ يَضِيقُ صَدْرُكَ بِمَا يَقُولُونَ ﴿٩٧﴾ فَسَبِّحْ بِحَمْدِ رَبِّكَ وَكُن
مِّنَ ٱلسَّٰجِدِينَ ﴿٩٨﴾ وَٱعْبُدْ رَبَّكَ حَتَّىٰ يَأْتِيَكَ ٱلْيَقِينُ ﴿٩٩﴾

سُورَةُ النَّحْلِ

بِسْمِ ٱللَّهِ ٱلرَّحْمَٰنِ ٱلرَّحِيمِ

نصف الحزب ٢٧

أَتَىٰٓ أَمْرُ ٱللَّهِ فَلَا تَسْتَعْجِلُوهُ ۚ سُبْحَٰنَهُۥ وَتَعَٰلَىٰ عَمَّا يُشْرِكُونَ
﴿١﴾ يُنَزِّلُ ٱلْمَلَٰٓئِكَةَ بِٱلرُّوحِ مِنْ أَمْرِهِۦ عَلَىٰ مَن يَشَآءُ مِنْ
عِبَادِهِۦٓ أَنْ أَنذِرُوٓا۟ أَنَّهُۥ لَآ إِلَٰهَ إِلَّآ أَنَا۠ فَٱتَّقُونِ ﴿٢﴾ خَلَقَ
ٱلسَّمَٰوَٰتِ وَٱلْأَرْضَ بِٱلْحَقِّ ۚ تَعَٰلَىٰ عَمَّا يُشْرِكُونَ ﴿٣﴾ خَلَقَ
ٱلْإِنسَٰنَ مِن نُّطْفَةٍ فَإِذَا هُوَ خَصِيمٌ مُّبِينٌ ﴿٤﴾ وَٱلْأَنْعَٰمَ
خَلَقَهَا ۗ لَكُمْ فِيهَا دِفْءٌ وَمَنَٰفِعُ وَمِنْهَا تَأْكُلُونَ
﴿٥﴾ وَلَكُمْ فِيهَا جَمَالٌ حِينَ تُرِيحُونَ وَحِينَ تَسْرَحُونَ ﴿٦﴾

وَتَحْمِلُ أَثْقَالَكُمْ إِلَىٰ بَلَدٍ لَّمْ تَكُونُوا۟ بَـٰلِغِيهِ إِلَّا بِشِقِّ
ٱلْأَنفُسِ ۚ إِنَّ رَبَّكُمْ لَرَءُوفٌ رَّحِيمٌ ﴿٧﴾ وَٱلْخَيْلَ وَٱلْبِغَالَ
وَٱلْحَمِيرَ لِتَرْكَبُوهَا وَزِينَةً ۚ وَيَخْلُقُ مَا لَا تَعْلَمُونَ ﴿٨﴾
وَعَلَى ٱللَّهِ قَصْدُ ٱلسَّبِيلِ وَمِنْهَا جَآئِرٌ ۚ وَلَوْ شَآءَ لَهَدَىٰكُمْ
أَجْمَعِينَ ﴿٩﴾ هُوَ ٱلَّذِىٓ أَنزَلَ مِنَ ٱلسَّمَآءِ مَآءً ۖ لَّكُم
مِّنْهُ شَرَابٌ وَمِنْهُ شَجَرٌ فِيهِ تُسِيمُونَ ﴿١٠﴾ يُنۢبِتُ لَكُم
بِهِ ٱلزَّرْعَ وَٱلزَّيْتُونَ وَٱلنَّخِيلَ وَٱلْأَعْنَـٰبَ وَمِن كُلِّ
ٱلثَّمَرَٰتِ ۗ إِنَّ فِى ذَٰلِكَ لَـَٔايَةً لِّقَوْمٍ يَتَفَكَّرُونَ
﴿١١﴾ وَسَخَّرَ لَكُمُ ٱلَّيْلَ وَٱلنَّهَارَ وَٱلشَّمْسَ وَٱلْقَمَرَ ۖ
وَٱلنُّجُومُ مُسَخَّرَٰتٌۢ بِأَمْرِهِۦٓ ۗ إِنَّ فِى ذَٰلِكَ لَـَٔايَـٰتٍ لِّقَوْمٍ
يَعْقِلُونَ ﴿١٢﴾ وَمَا ذَرَأَ لَكُمْ فِى ٱلْأَرْضِ مُخْتَلِفًا
أَلْوَٰنُهُۥٓ ۗ إِنَّ فِى ذَٰلِكَ لَـَٔايَةً لِّقَوْمٍ يَذَّكَّرُونَ ﴿١٣﴾
وَهُوَ ٱلَّذِى سَخَّرَ ٱلْبَحْرَ لِتَأْكُلُوا۟ مِنْهُ لَحْمًا طَرِيًّا
وَتَسْتَخْرِجُوا۟ مِنْهُ حِلْيَةً تَلْبَسُونَهَا ۖ وَتَرَى ٱلْفُلْكَ مَوَاخِرَ
فِيهِ وَلِتَبْتَغُوا۟ مِن فَضْلِهِۦ وَلَعَلَّكُمْ تَشْكُرُونَ ﴿١٤﴾

وَأَلۡقَىٰ فِي ٱلۡأَرۡضِ رَوَٰسِيَ أَن تَمِيدَ بِكُمۡ وَأَنۡهَٰرٗا وَسُبُلٗا
لَّعَلَّكُمۡ تَهۡتَدُونَ ١٥ وَعَلَٰمَٰتٖۚ وَبِٱلنَّجۡمِ هُمۡ يَهۡتَدُونَ
١٦ أَفَمَن يَخۡلُقُ كَمَن لَّا يَخۡلُقُۚ أَفَلَا تَذَكَّرُونَ ١٧ وَإِن
تَعُدُّواْ نِعۡمَةَ ٱللَّهِ لَا تُحۡصُوهَآۗ إِنَّ ٱللَّهَ لَغَفُورٞ رَّحِيمٞ ١٨
وَٱللَّهُ يَعۡلَمُ مَا تُسِرُّونَ وَمَا تُعۡلِنُونَ ١٩ وَٱلَّذِينَ يَدۡعُونَ
مِن دُونِ ٱللَّهِ لَا يَخۡلُقُونَ شَيۡـٔٗا وَهُمۡ يُخۡلَقُونَ ٢٠ أَمۡوَٰتٌ
غَيۡرُ أَحۡيَآءٖۖ وَمَا يَشۡعُرُونَ أَيَّانَ يُبۡعَثُونَ ٢١ إِلَٰهُكُمۡ إِلَٰهٞ
وَٰحِدٞۚ فَٱلَّذِينَ لَا يُؤۡمِنُونَ بِٱلۡأٓخِرَةِ قُلُوبُهُم مُّنكِرَةٞ وَهُم
مُّسۡتَكۡبِرُونَ ٢٢ لَا جَرَمَ أَنَّ ٱللَّهَ يَعۡلَمُ مَا يُسِرُّونَ وَمَا
يُعۡلِنُونَۚ إِنَّهُۥ لَا يُحِبُّ ٱلۡمُسۡتَكۡبِرِينَ ٢٣ وَإِذَا قِيلَ لَهُم
مَّاذَآ أَنزَلَ رَبُّكُمۡ قَالُوٓاْ أَسَٰطِيرُ ٱلۡأَوَّلِينَ ٢٤ لِيَحۡمِلُوٓاْ
أَوۡزَارَهُمۡ كَامِلَةٗ يَوۡمَ ٱلۡقِيَٰمَةِ وَمِنۡ أَوۡزَارِ ٱلَّذِينَ يُضِلُّونَهُم
بِغَيۡرِ عِلۡمٍۗ أَلَا سَآءَ مَا يَزِرُونَ ٢٥ قَدۡ مَكَرَ ٱلَّذِينَ مِن قَبۡلِهِمۡ
فَأَتَى ٱللَّهُ بُنۡيَٰنَهُم مِّنَ ٱلۡقَوَاعِدِ فَخَرَّ عَلَيۡهِمُ ٱلسَّقۡفُ
مِن فَوۡقِهِمۡ وَأَتَىٰهُمُ ٱلۡعَذَابُ مِنۡ حَيۡثُ لَا يَشۡعُرُونَ ٢٦

ثُمَّ يَوْمَ ٱلْقِيَٰمَةِ يُخْزِيهِمْ وَيَقُولُ أَيْنَ شُرَكَآءِىَ ٱلَّذِينَ
كُنتُمْ تُشَٰٓقُّونَ فِيهِمْ ۚ قَالَ ٱلَّذِينَ أُوتُوا۟ ٱلْعِلْمَ إِنَّ ٱلْخِزْىَ
ٱلْيَوْمَ وَٱلسُّوٓءَ عَلَى ٱلْكَٰفِرِينَ ﴿٢٧﴾ ٱلَّذِينَ تَتَوَفَّىٰهُمُ ٱلْمَلَٰٓئِكَةُ
ظَالِمِىٓ أَنفُسِهِمْ ۖ فَأَلْقَوُا۟ ٱلسَّلَمَ مَا كُنَّا نَعْمَلُ مِن سُوٓءٍۭ ۚ بَلَىٰٓ
إِنَّ ٱللَّهَ عَلِيمٌۢ بِمَا كُنتُمْ تَعْمَلُونَ ﴿٢٨﴾ فَٱدْخُلُوٓا۟ أَبْوَٰبَ جَهَنَّمَ
خَٰلِدِينَ فِيهَا ۖ فَلَبِئْسَ مَثْوَى ٱلْمُتَكَبِّرِينَ ﴿٢٩﴾ ۞ وَقِيلَ
لِلَّذِينَ ٱتَّقَوْا۟ مَاذَآ أَنزَلَ رَبُّكُمْ ۚ قَالُوا۟ خَيْرًا ۗ لِّلَّذِينَ أَحْسَنُوا۟ فِى
هَٰذِهِ ٱلدُّنْيَا حَسَنَةٌ ۚ وَلَدَارُ ٱلْءَاخِرَةِ خَيْرٌ ۚ وَلَنِعْمَ دَارُ ٱلْمُتَّقِينَ
﴿٣٠﴾ جَنَّٰتُ عَدْنٍ يَدْخُلُونَهَا تَجْرِى مِن تَحْتِهَا ٱلْأَنْهَٰرُ ۖ
لَهُمْ فِيهَا مَا يَشَآءُونَ ۚ كَذَٰلِكَ يَجْزِى ٱللَّهُ ٱلْمُتَّقِينَ ﴿٣١﴾
ٱلَّذِينَ تَتَوَفَّىٰهُمُ ٱلْمَلَٰٓئِكَةُ طَيِّبِينَ ۙ يَقُولُونَ سَلَٰمٌ عَلَيْكُمُ
ٱدْخُلُوا۟ ٱلْجَنَّةَ بِمَا كُنتُمْ تَعْمَلُونَ ﴿٣٢﴾ هَلْ يَنظُرُونَ إِلَّآ أَن
تَأْتِيَهُمُ ٱلْمَلَٰٓئِكَةُ أَوْ يَأْتِىَ أَمْرُ رَبِّكَ ۚ كَذَٰلِكَ فَعَلَ ٱلَّذِينَ مِن
قَبْلِهِمْ ۚ وَمَا ظَلَمَهُمُ ٱللَّهُ وَلَٰكِن كَانُوٓا۟ أَنفُسَهُمْ يَظْلِمُونَ ﴿٣٣﴾
فَأَصَابَهُمْ سَيِّـَٔاتُ مَا عَمِلُوا۟ وَحَاقَ بِهِم مَّا كَانُوا۟ بِهِۦ يَسْتَهْزِءُونَ ﴿٣٤﴾

ثلاثة أرباع الحزب ٢٧

وَقَالَ ٱلَّذِينَ أَشۡرَكُواْ لَوۡ شَآءَ ٱللَّهُ مَا عَبَدۡنَا مِن دُونِهِۦ مِن
شَيۡءٖ نَّحۡنُ وَلَآ ءَابَآؤُنَا وَلَا حَرَّمۡنَا مِن دُونِهِۦ مِن شَيۡءٖۚ كَذَٰلِكَ
فَعَلَ ٱلَّذِينَ مِن قَبۡلِهِمۡۚ فَهَلۡ عَلَى ٱلرُّسُلِ إِلَّا ٱلۡبَلَٰغُ ٱلۡمُبِينُ
٣٥ وَلَقَدۡ بَعَثۡنَا فِي كُلِّ أُمَّةٖ رَّسُولًا أَنِ ٱعۡبُدُواْ ٱللَّهَ
وَٱجۡتَنِبُواْ ٱلطَّٰغُوتَۖ فَمِنۡهُم مَّنۡ هَدَى ٱللَّهُ وَمِنۡهُم مَّنۡ
حَقَّتۡ عَلَيۡهِ ٱلضَّلَٰلَةُۚ فَسِيرُواْ فِي ٱلۡأَرۡضِ فَٱنظُرُواْ كَيۡفَ
كَانَ عَٰقِبَةُ ٱلۡمُكَذِّبِينَ ٣٦ إِن تَحۡرِصۡ عَلَىٰ هُدَىٰهُمۡ
فَإِنَّ ٱللَّهَ لَا يَهۡدِي مَن يُضِلُّۖ وَمَا لَهُم مِّن نَّٰصِرِينَ ٣٧
وَأَقۡسَمُواْ بِٱللَّهِ جَهۡدَ أَيۡمَٰنِهِمۡ لَا يَبۡعَثُ ٱللَّهُ مَن يَمُوتُۚ بَلَىٰ
وَعۡدًا عَلَيۡهِ حَقّٗا وَلَٰكِنَّ أَكۡثَرَ ٱلنَّاسِ لَا يَعۡلَمُونَ ٣٨
لِيُبَيِّنَ لَهُمُ ٱلَّذِي يَخۡتَلِفُونَ فِيهِ وَلِيَعۡلَمَ ٱلَّذِينَ كَفَرُوٓاْ
أَنَّهُمۡ كَانُواْ كَٰذِبِينَ ٣٩ إِنَّمَا قَوۡلُنَا لِشَيۡءٍ إِذَآ أَرَدۡنَٰهُ أَن نَّقُولَ
لَهُۥ كُن فَيَكُونُ ٤٠ وَٱلَّذِينَ هَاجَرُواْ فِي ٱللَّهِ مِنۢ بَعۡدِ مَا ظُلِمُواْ
لَنُبَوِّئَنَّهُمۡ فِي ٱلدُّنۡيَا حَسَنَةٗۖ وَلَأَجۡرُ ٱلۡأٓخِرَةِ أَكۡبَرُۚ لَوۡ كَانُواْ
يَعۡلَمُونَ ٤١ ٱلَّذِينَ صَبَرُواْ وَعَلَىٰ رَبِّهِمۡ يَتَوَكَّلُونَ ٤٢

وَمَآ أَرۡسَلۡنَا مِن قَبۡلِكَ إِلَّا رِجَالٗا نُّوحِيٓ إِلَيۡهِمۡۖ فَسۡـَٔلُوٓاْ أَهۡلَ
ٱلذِّكۡرِ إِن كُنتُمۡ لَا تَعۡلَمُونَ ٤٣ بِٱلۡبَيِّنَٰتِ وَٱلزُّبُرِۗ وَأَنزَلۡنَآ إِلَيۡكَ
ٱلذِّكۡرَ لِتُبَيِّنَ لِلنَّاسِ مَا نُزِّلَ إِلَيۡهِمۡ وَلَعَلَّهُمۡ يَتَفَكَّرُونَ ٤٤
أَفَأَمِنَ ٱلَّذِينَ مَكَرُواْ ٱلسَّيِّـَٔاتِ أَن يَخۡسِفَ ٱللَّهُ بِهِمُ ٱلۡأَرۡضَ
أَوۡ يَأۡتِيَهُمُ ٱلۡعَذَابُ مِنۡ حَيۡثُ لَا يَشۡعُرُونَ ٤٥ أَوۡ يَأۡخُذَهُمۡ
فِي تَقَلُّبِهِمۡ فَمَا هُم بِمُعۡجِزِينَ ٤٦ أَوۡ يَأۡخُذَهُمۡ عَلَىٰ تَخَوُّفٖ فَإِنَّ
رَبَّكُمۡ لَرَءُوفٞ رَّحِيمٌ ٤٧ أَوَلَمۡ يَرَوۡاْ إِلَىٰ مَا خَلَقَ ٱللَّهُ مِن شَيۡءٖ
يَتَفَيَّؤُاْ ظِلَٰلُهُۥ عَنِ ٱلۡيَمِينِ وَٱلشَّمَآئِلِ سُجَّدٗا لِّلَّهِ وَهُمۡ دَٰخِرُونَ
٤٨ وَلِلَّهِ يَسۡجُدُ مَا فِي ٱلسَّمَٰوَٰتِ وَمَا فِي ٱلۡأَرۡضِ مِن دَآبَّةٖ
وَٱلۡمَلَٰٓئِكَةُ وَهُمۡ لَا يَسۡتَكۡبِرُونَ ٤٩ يَخَافُونَ رَبَّهُم مِّن فَوۡقِهِمۡ
وَيَفۡعَلُونَ مَا يُؤۡمَرُونَ ۩ ٥٠ ۞ وَقَالَ ٱللَّهُ لَا تَتَّخِذُوٓاْ إِلَٰهَيۡنِ
ٱثۡنَيۡنِۖ إِنَّمَا هُوَ إِلَٰهٞ وَٰحِدٞ فَإِيَّٰيَ فَٱرۡهَبُونِ ٥١ وَلَهُۥ مَا فِي ٱلسَّمَٰوَٰتِ
وَٱلۡأَرۡضِ وَلَهُ ٱلدِّينُ وَاصِبًاۚ أَفَغَيۡرَ ٱللَّهِ تَتَّقُونَ ٥٢ وَمَا بِكُم مِّن
نِّعۡمَةٖ فَمِنَ ٱللَّهِۖ ثُمَّ إِذَا مَسَّكُمُ ٱلضُّرُّ فَإِلَيۡهِ تَجۡـَٔرُونَ ٥٣ ثُمَّ إِذَا
كَشَفَ ٱلضُّرَّ عَنكُمۡ إِذَا فَرِيقٞ مِّنكُم بِرَبِّهِمۡ يُشۡرِكُونَ ٥٤

سجدة
الحزب ٢٨

لِيَكۡفُرُواْ بِمَآ ءَاتَيۡنَٰهُمۡۚ فَتَمَتَّعُواْ فَسَوۡفَ تَعۡلَمُونَ ٥٥ وَيَجۡعَلُونَ
لِمَا لَا يَعۡلَمُونَ نَصِيبٗا مِّمَّا رَزَقۡنَٰهُمۡۗ تَٱللَّهِ لَتُسۡـَٔلُنَّ عَمَّا كُنتُمۡ
تَفۡتَرُونَ ٥٦ وَيَجۡعَلُونَ لِلَّهِ ٱلۡبَنَٰتِ سُبۡحَٰنَهُۥ وَلَهُم مَّا يَشۡتَهُونَ
٥٧ وَإِذَا بُشِّرَ أَحَدُهُم بِٱلۡأُنثَىٰ ظَلَّ وَجۡهُهُۥ مُسۡوَدّٗا وَهُوَ كَظِيمٞ ٥٨
يَتَوَٰرَىٰ مِنَ ٱلۡقَوۡمِ مِن سُوٓءِ مَا بُشِّرَ بِهِۦٓۚ أَيُمۡسِكُهُۥ عَلَىٰ هُونٍ
أَمۡ يَدُسُّهُۥ فِي ٱلتُّرَابِۗ أَلَا سَآءَ مَا يَحۡكُمُونَ ٥٩ لِلَّذِينَ لَا يُؤۡمِنُونَ
بِٱلۡأٓخِرَةِ مَثَلُ ٱلسَّوۡءِۖ وَلِلَّهِ ٱلۡمَثَلُ ٱلۡأَعۡلَىٰۚ وَهُوَ ٱلۡعَزِيزُ ٱلۡحَكِيمُ
٦٠ وَلَوۡ يُؤَاخِذُ ٱللَّهُ ٱلنَّاسَ بِظُلۡمِهِم مَّا تَرَكَ عَلَيۡهَا مِن دَآبَّةٖ
وَلَٰكِن يُؤَخِّرُهُمۡ إِلَىٰٓ أَجَلٖ مُّسَمّٗىۖ فَإِذَا جَآءَ أَجَلُهُمۡ لَا يَسۡتَـٔۡخِرُونَ
سَاعَةٗ وَلَا يَسۡتَقۡدِمُونَ ٦١ وَيَجۡعَلُونَ لِلَّهِ مَا يَكۡرَهُونَۚ وَتَصِفُ
أَلۡسِنَتُهُمُ ٱلۡكَذِبَ أَنَّ لَهُمُ ٱلۡحُسۡنَىٰۚ لَا جَرَمَ أَنَّ لَهُمُ ٱلنَّارَ
وَأَنَّهُم مُّفۡرَطُونَ ٦٢ تَٱللَّهِ لَقَدۡ أَرۡسَلۡنَآ إِلَىٰٓ أُمَمٖ مِّن قَبۡلِكَ
فَزَيَّنَ لَهُمُ ٱلشَّيۡطَٰنُ أَعۡمَٰلَهُمۡ فَهُوَ وَلِيُّهُمُ ٱلۡيَوۡمَ وَلَهُمۡ
عَذَابٌ أَلِيمٞ ٦٣ وَمَآ أَنزَلۡنَا عَلَيۡكَ ٱلۡكِتَٰبَ إِلَّا لِتُبَيِّنَ لَهُمُ
ٱلَّذِي ٱخۡتَلَفُواْ فِيهِ وَهُدٗى وَرَحۡمَةٗ لِّقَوۡمٖ يُؤۡمِنُونَ ٦٤

وَٱللَّهُ أَنزَلَ مِنَ ٱلسَّمَآءِ مَآءً فَأَحْيَا بِهِ ٱلْأَرْضَ بَعْدَ مَوْتِهَآ ۚ إِنَّ فِى
ذَٰلِكَ لَءَايَةً لِّقَوْمٍ يَسْمَعُونَ ﴿٦٥﴾ وَإِنَّ لَكُمْ فِى ٱلْأَنْعَٰمِ لَعِبْرَةً ۖ نُّسْقِيكُم
مِّمَّا فِى بُطُونِهِۦ مِنۢ بَيْنِ فَرْثٍ وَدَمٍ لَّبَنًا خَالِصًا سَآئِغًا لِّلشَّٰرِبِينَ
﴿٦٦﴾ وَمِن ثَمَرَٰتِ ٱلنَّخِيلِ وَٱلْأَعْنَٰبِ تَتَّخِذُونَ مِنْهُ سَكَرًا وَرِزْقًا
حَسَنًا ۗ إِنَّ فِى ذَٰلِكَ لَءَايَةً لِّقَوْمٍ يَعْقِلُونَ ﴿٦٧﴾ وَأَوْحَىٰ رَبُّكَ إِلَى ٱلنَّحْلِ
أَنِ ٱتَّخِذِى مِنَ ٱلْجِبَالِ بُيُوتًا وَمِنَ ٱلشَّجَرِ وَمِمَّا يَعْرِشُونَ ﴿٦٨﴾ ثُمَّ
كُلِى مِن كُلِّ ٱلثَّمَرَٰتِ فَٱسْلُكِى سُبُلَ رَبِّكِ ذُلُلًا ۚ يَخْرُجُ مِنۢ بُطُونِهَا
شَرَابٌ مُّخْتَلِفٌ أَلْوَٰنُهُۥ فِيهِ شِفَآءٌ لِّلنَّاسِ ۗ إِنَّ فِى ذَٰلِكَ لَءَايَةً لِّقَوْمٍ
يَتَفَكَّرُونَ ﴿٦٩﴾ وَٱللَّهُ خَلَقَكُمْ ثُمَّ يَتَوَفَّىٰكُمْ ۚ وَمِنكُم مَّن يُرَدُّ إِلَىٰٓ
أَرْذَلِ ٱلْعُمُرِ لِكَىْ لَا يَعْلَمَ بَعْدَ عِلْمٍ شَيْـًٔا ۚ إِنَّ ٱللَّهَ عَلِيمٌ قَدِيرٌ ﴿٧٠﴾
وَٱللَّهُ فَضَّلَ بَعْضَكُمْ عَلَىٰ بَعْضٍ فِى ٱلرِّزْقِ ۚ فَمَا ٱلَّذِينَ فُضِّلُوا۟
بِرَآدِّى رِزْقِهِمْ عَلَىٰ مَا مَلَكَتْ أَيْمَٰنُهُمْ فَهُمْ فِيهِ سَوَآءٌ ۚ أَفَبِنِعْمَةِ
ٱللَّهِ يَجْحَدُونَ ﴿٧١﴾ وَٱللَّهُ جَعَلَ لَكُم مِّنْ أَنفُسِكُمْ أَزْوَٰجًا
وَجَعَلَ لَكُم مِّنْ أَزْوَٰجِكُم بَنِينَ وَحَفَدَةً وَرَزَقَكُم مِّنَ
ٱلطَّيِّبَٰتِ ۚ أَفَبِٱلْبَٰطِلِ يُؤْمِنُونَ وَبِنِعْمَتِ ٱللَّهِ هُمْ يَكْفُرُونَ ﴿٧٢﴾

ربع الحزب ٢٨

وَيَعۡبُدُونَ مِن دُونِ ٱللَّهِ مَا لَا يَمۡلِكُ لَهُمۡ رِزۡقٗا مِّنَ ٱلسَّمَٰوَٰتِ
وَٱلۡأَرۡضِ شَيۡـٔٗا وَلَا يَسۡتَطِيعُونَ ٧٣ فَلَا تَضۡرِبُواْ لِلَّهِ ٱلۡأَمۡثَالَۚ
إِنَّ ٱللَّهَ يَعۡلَمُ وَأَنتُمۡ لَا تَعۡلَمُونَ ٧٤ ۞ ضَرَبَ ٱللَّهُ مَثَلًا عَبۡدٗا
مَّمۡلُوكٗا لَّا يَقۡدِرُ عَلَىٰ شَيۡءٖ وَمَن رَّزَقۡنَٰهُ مِنَّا رِزۡقًا حَسَنٗا
فَهُوَ يُنفِقُ مِنۡهُ سِرّٗا وَجَهۡرًاۖ هَلۡ يَسۡتَوُۥنَۚ ٱلۡحَمۡدُ لِلَّهِۚ
بَلۡ أَكۡثَرُهُمۡ لَا يَعۡلَمُونَ ٧٥ وَضَرَبَ ٱللَّهُ مَثَلٗا رَّجُلَيۡنِ
أَحَدُهُمَآ أَبۡكَمُ لَا يَقۡدِرُ عَلَىٰ شَيۡءٖ وَهُوَ كَلٌّ عَلَىٰ مَوۡلَىٰهُ
أَيۡنَمَا يُوَجِّههُّ لَا يَأۡتِ بِخَيۡرٍ هَلۡ يَسۡتَوِي هُوَ وَمَن يَأۡمُرُ
بِٱلۡعَدۡلِ وَهُوَ عَلَىٰ صِرَٰطٖ مُّسۡتَقِيمٖ ٧٦ وَلِلَّهِ غَيۡبُ
ٱلسَّمَٰوَٰتِ وَٱلۡأَرۡضِۚ وَمَآ أَمۡرُ ٱلسَّاعَةِ إِلَّا كَلَمۡحِ
ٱلۡبَصَرِ أَوۡ هُوَ أَقۡرَبُۚ إِنَّ ٱللَّهَ عَلَىٰ كُلِّ شَيۡءٖ قَدِيرٞ ٧٧
وَٱللَّهُ أَخۡرَجَكُم مِّنۢ بُطُونِ أُمَّهَٰتِكُمۡ لَا تَعۡلَمُونَ شَيۡـٔٗا
وَجَعَلَ لَكُمُ ٱلسَّمۡعَ وَٱلۡأَبۡصَٰرَ وَٱلۡأَفۡـِٔدَةَ لَعَلَّكُمۡ
تَشۡكُرُونَ ٧٨ أَلَمۡ يَرَوۡاْ إِلَى ٱلطَّيۡرِ مُسَخَّرَٰتٖ فِي جَوِّ ٱلسَّمَآءِ
مَا يُمۡسِكُهُنَّ إِلَّا ٱللَّهُۚ إِنَّ فِي ذَٰلِكَ لَأٓيَٰتٖ لِّقَوۡمٖ يُؤۡمِنُونَ ٧٩

وَٱللَّهُ جَعَلَ لَكُم مِّنۢ بُيُوتِكُمۡ سَكَنٗا وَجَعَلَ لَكُم مِّن جُلُودِ
ٱلۡأَنۡعَٰمِ بُيُوتٗا تَسۡتَخِفُّونَهَا يَوۡمَ ظَعۡنِكُمۡ وَيَوۡمَ إِقَامَتِكُمۡ
وَمِنۡ أَصۡوَافِهَا وَأَوۡبَارِهَا وَأَشۡعَارِهَآ أَثَٰثٗا وَمَتَٰعًا إِلَىٰ حِينٖ
٨٠ وَٱللَّهُ جَعَلَ لَكُم مِّمَّا خَلَقَ ظِلَٰلٗا وَجَعَلَ لَكُم مِّنَ
ٱلۡجِبَالِ أَكۡنَٰنٗا وَجَعَلَ لَكُمۡ سَرَٰبِيلَ تَقِيكُمُ
ٱلۡحَرَّ وَسَرَٰبِيلَ تَقِيكُم بَأۡسَكُمۡۚ كَذَٰلِكَ يُتِمُّ نِعۡمَتَهُۥ
عَلَيۡكُمۡ لَعَلَّكُمۡ تُسۡلِمُونَ ٨١ فَإِن تَوَلَّوۡاْ فَإِنَّمَا عَلَيۡكَ
ٱلۡبَلَٰغُ ٱلۡمُبِينُ ٨٢ يَعۡرِفُونَ نِعۡمَتَ ٱللَّهِ ثُمَّ يُنكِرُونَهَا
وَأَكۡثَرُهُمُ ٱلۡكَٰفِرُونَ ٨٣ وَيَوۡمَ نَبۡعَثُ مِن كُلِّ أُمَّةٖ
شَهِيدٗا ثُمَّ لَا يُؤۡذَنُ لِلَّذِينَ كَفَرُواْ وَلَا هُمۡ يُسۡتَعۡتَبُونَ
٨٤ وَإِذَا رَءَا ٱلَّذِينَ ظَلَمُواْ ٱلۡعَذَابَ فَلَا يُخَفَّفُ عَنۡهُمۡ وَلَا هُمۡ
يُنظَرُونَ ٨٥ وَإِذَا رَءَا ٱلَّذِينَ أَشۡرَكُواْ شُرَكَآءَهُمۡ قَالُواْ
رَبَّنَا هَٰٓؤُلَآءِ شُرَكَآؤُنَا ٱلَّذِينَ كُنَّا نَدۡعُواْ مِن دُونِكَۖ
فَأَلۡقَوۡاْ إِلَيۡهِمُ ٱلۡقَوۡلَ إِنَّكُمۡ لَكَٰذِبُونَ ٨٦ وَأَلۡقَوۡاْ إِلَى
ٱللَّهِ يَوۡمَئِذٍ ٱلسَّلَمَۖ وَضَلَّ عَنۡهُم مَّا كَانُواْ يَفۡتَرُونَ ٨٧

ٱلَّذِينَ كَفَرُواْ وَصَدُّواْ عَن سَبِيلِ ٱللَّهِ زِدۡنَٰهُمۡ عَذَابٗا
فَوۡقَ ٱلۡعَذَابِ بِمَا كَانُواْ يُفۡسِدُونَ ٨٨ وَيَوۡمَ نَبۡعَثُ فِي
كُلِّ أُمَّةٖ شَهِيدًا عَلَيۡهِم مِّنۡ أَنفُسِهِمۡۖ وَجِئۡنَا بِكَ
شَهِيدًا عَلَىٰ هَٰٓؤُلَآءِۚ وَنَزَّلۡنَا عَلَيۡكَ ٱلۡكِتَٰبَ تِبۡيَٰنٗا لِّكُلِّ
شَيۡءٖ وَهُدٗى وَرَحۡمَةٗ وَبُشۡرَىٰ لِلۡمُسۡلِمِينَ ٨٩ ۞ إِنَّ ٱللَّهَ
يَأۡمُرُ بِٱلۡعَدۡلِ وَٱلۡإِحۡسَٰنِ وَإِيتَآيِٕ ذِي ٱلۡقُرۡبَىٰ وَيَنۡهَىٰ عَنِ
ٱلۡفَحۡشَآءِ وَٱلۡمُنكَرِ وَٱلۡبَغۡيِۚ يَعِظُكُمۡ لَعَلَّكُمۡ تَذَكَّرُونَ
٩٠ وَأَوۡفُواْ بِعَهۡدِ ٱللَّهِ إِذَا عَٰهَدتُّمۡ وَلَا تَنقُضُواْ ٱلۡأَيۡمَٰنَ
بَعۡدَ تَوۡكِيدِهَا وَقَدۡ جَعَلۡتُمُ ٱللَّهَ عَلَيۡكُمۡ كَفِيلًاۚ إِنَّ
ٱللَّهَ يَعۡلَمُ مَا تَفۡعَلُونَ ٩١ وَلَا تَكُونُواْ كَٱلَّتِي نَقَضَتۡ
غَزۡلَهَا مِنۢ بَعۡدِ قُوَّةٍ أَنكَٰثٗا تَتَّخِذُونَ أَيۡمَٰنَكُمۡ دَخَلَۢا
بَيۡنَكُمۡ أَن تَكُونَ أُمَّةٌ هِيَ أَرۡبَىٰ مِنۡ أُمَّةٍۚ إِنَّمَا يَبۡلُوكُمُ ٱللَّهُ
بِهِۦۚ وَلَيُبَيِّنَنَّ لَكُمۡ يَوۡمَ ٱلۡقِيَٰمَةِ مَا كُنتُمۡ فِيهِ تَخۡتَلِفُونَ
٩٢ وَلَوۡ شَآءَ ٱللَّهُ لَجَعَلَكُمۡ أُمَّةٗ وَٰحِدَةٗ وَلَٰكِن يُضِلُّ مَن
يَشَآءُ وَيَهۡدِي مَن يَشَآءُۚ وَلَتُسۡـَٔلُنَّ عَمَّا كُنتُمۡ تَعۡمَلُونَ ٩٣

نصف الحزب ٢٨

وَلَا تَتَّخِذُوٓاْ أَيۡمَٰنَكُمۡ دَخَلَۢا بَيۡنَكُمۡ فَتَزِلَّ قَدَمُۢ بَعۡدَ
ثُبُوتِهَا وَتَذُوقُواْ ٱلسُّوٓءَ بِمَا صَدَدتُّمۡ عَن سَبِيلِ ٱللَّهِ وَلَكُمۡ
عَذَابٌ عَظِيمٞ ﴿٩٤﴾ وَلَا تَشۡتَرُواْ بِعَهۡدِ ٱللَّهِ ثَمَنٗا قَلِيلًاۚ إِنَّمَا
عِندَ ٱللَّهِ هُوَ خَيۡرٞ لَّكُمۡ إِن كُنتُمۡ تَعۡلَمُونَ ﴿٩٥﴾ مَا عِندَكُمۡ
يَنفَدُ وَمَا عِندَ ٱللَّهِ بَاقٖۗ وَلَنَجۡزِيَنَّ ٱلَّذِينَ صَبَرُوٓاْ أَجۡرَهُم
بِأَحۡسَنِ مَا كَانُواْ يَعۡمَلُونَ ﴿٩٦﴾ مَنۡ عَمِلَ صَٰلِحٗا
مِّن ذَكَرٍ أَوۡ أُنثَىٰ وَهُوَ مُؤۡمِنٞ فَلَنُحۡيِيَنَّهُۥ حَيَوٰةٗ طَيِّبَةٗۖ
وَلَنَجۡزِيَنَّهُمۡ أَجۡرَهُم بِأَحۡسَنِ مَا كَانُواْ يَعۡمَلُونَ ﴿٩٧﴾
فَإِذَا قَرَأۡتَ ٱلۡقُرۡءَانَ فَٱسۡتَعِذۡ بِٱللَّهِ مِنَ ٱلشَّيۡطَٰنِ ٱلرَّجِيمِ
﴿٩٨﴾ إِنَّهُۥ لَيۡسَ لَهُۥ سُلۡطَٰنٌ عَلَى ٱلَّذِينَ ءَامَنُواْ وَعَلَىٰ رَبِّهِمۡ
يَتَوَكَّلُونَ ﴿٩٩﴾ إِنَّمَا سُلۡطَٰنُهُۥ عَلَى ٱلَّذِينَ يَتَوَلَّوۡنَهُۥ وَٱلَّذِينَ
هُم بِهِۦ مُشۡرِكُونَ ﴿١٠٠﴾ وَإِذَا بَدَّلۡنَآ ءَايَةٗ مَّكَانَ ءَايَةٖ
وَٱللَّهُ أَعۡلَمُ بِمَا يُنَزِّلُ قَالُوٓاْ إِنَّمَآ أَنتَ مُفۡتَرِۭۚ بَلۡ أَكۡثَرُهُمۡ
لَا يَعۡلَمُونَ ﴿١٠١﴾ قُلۡ نَزَّلَهُۥ رُوحُ ٱلۡقُدُسِ مِن رَّبِّكَ بِٱلۡحَقِّ
لِيُثَبِّتَ ٱلَّذِينَ ءَامَنُواْ وَهُدٗى وَبُشۡرَىٰ لِلۡمُسۡلِمِينَ ﴿١٠٢﴾

وَلَقَدْ نَعْلَمُ أَنَّهُمْ يَقُولُونَ إِنَّمَا يُعَلِّمُهُۥ بَشَرٌ ۗ لِّسَانُ
ٱلَّذِى يُلْحِدُونَ إِلَيْهِ أَعْجَمِىٌّ وَهَٰذَا لِسَانٌ عَرَبِىٌّ مُّبِينٌ
١٠٣ إِنَّ ٱلَّذِينَ لَا يُؤْمِنُونَ بِـَٔايَٰتِ ٱللَّهِ لَا يَهْدِيهِمُ ٱللَّهُ
وَلَهُمْ عَذَابٌ أَلِيمٌ ١٠٤ إِنَّمَا يَفْتَرِى ٱلْكَذِبَ ٱلَّذِينَ
لَا يُؤْمِنُونَ بِـَٔايَٰتِ ٱللَّهِ ۖ وَأُو۟لَٰٓئِكَ هُمُ ٱلْكَٰذِبُونَ ١٠٥
مَن كَفَرَ بِٱللَّهِ مِنۢ بَعْدِ إِيمَٰنِهِۦٓ إِلَّا مَنْ أُكْرِهَ وَقَلْبُهُۥ
مُطْمَئِنٌّۢ بِٱلْإِيمَٰنِ وَلَٰكِن مَّن شَرَحَ بِٱلْكُفْرِ
صَدْرًا فَعَلَيْهِمْ غَضَبٌ مِّنَ ٱللَّهِ وَلَهُمْ عَذَابٌ عَظِيمٌ
١٠٦ ذَٰلِكَ بِأَنَّهُمُ ٱسْتَحَبُّوا۟ ٱلْحَيَوٰةَ ٱلدُّنْيَا عَلَى
ٱلْءَاخِرَةِ وَأَنَّ ٱللَّهَ لَا يَهْدِى ٱلْقَوْمَ ٱلْكَٰفِرِينَ
١٠٧ أُو۟لَٰٓئِكَ ٱلَّذِينَ طَبَعَ ٱللَّهُ عَلَىٰ قُلُوبِهِمْ وَسَمْعِهِمْ
وَأَبْصَٰرِهِمْ ۖ وَأُو۟لَٰٓئِكَ هُمُ ٱلْغَٰفِلُونَ ١٠٨ لَا جَرَمَ
أَنَّهُمْ فِى ٱلْءَاخِرَةِ هُمُ ٱلْخَٰسِرُونَ ١٠٩ ثُمَّ إِنَّ رَبَّكَ
لِلَّذِينَ هَاجَرُوا۟ مِنۢ بَعْدِ مَا فُتِنُوا۟ ثُمَّ جَٰهَدُوا۟
وَصَبَرُوٓا۟ إِنَّ رَبَّكَ مِنۢ بَعْدِهَا لَغَفُورٌ رَّحِيمٌ ١١٠

ثلاثة أرباع الحزب ٢٨

۞ يَوْمَ تَأْتِي كُلُّ نَفْسٍ تُجَٰدِلُ عَن نَّفْسِهَا وَتُوَفَّىٰ كُلُّ
نَفْسٍ مَّا عَمِلَتْ وَهُمْ لَا يُظْلَمُونَ ﴿١١١﴾ وَضَرَبَ ٱللَّهُ مَثَلًا
قَرْيَةً كَانَتْ ءَامِنَةً مُّطْمَئِنَّةً يَأْتِيهَا رِزْقُهَا رَغَدًا مِّن
كُلِّ مَكَانٍ فَكَفَرَتْ بِأَنْعُمِ ٱللَّهِ فَأَذَٰقَهَا ٱللَّهُ لِبَاسَ
ٱلْجُوعِ وَٱلْخَوْفِ بِمَا كَانُوا۟ يَصْنَعُونَ ﴿١١٢﴾ وَلَقَدْ جَآءَهُمْ
رَسُولٌ مِّنْهُمْ فَكَذَّبُوهُ فَأَخَذَهُمُ ٱلْعَذَابُ وَهُمْ ظَٰلِمُونَ
﴿١١٣﴾ فَكُلُوا۟ مِمَّا رَزَقَكُمُ ٱللَّهُ حَلَٰلًا طَيِّبًا وَٱشْكُرُوا۟
نِعْمَتَ ٱللَّهِ إِن كُنتُمْ إِيَّاهُ تَعْبُدُونَ ﴿١١٤﴾ إِنَّمَا حَرَّمَ
عَلَيْكُمُ ٱلْمَيْتَةَ وَٱلدَّمَ وَلَحْمَ ٱلْخِنزِيرِ وَمَآ أُهِلَّ لِغَيْرِ
ٱللَّهِ بِهِۦ ۖ فَمَنِ ٱضْطُرَّ غَيْرَ بَاغٍ وَلَا عَادٍ فَإِنَّ ٱللَّهَ غَفُورٌ
رَّحِيمٌ ﴿١١٥﴾ وَلَا تَقُولُوا۟ لِمَا تَصِفُ أَلْسِنَتُكُمُ ٱلْكَذِبَ
هَٰذَا حَلَٰلٌ وَهَٰذَا حَرَامٌ لِّتَفْتَرُوا۟ عَلَى ٱللَّهِ ٱلْكَذِبَ ۚ إِنَّ
ٱلَّذِينَ يَفْتَرُونَ عَلَى ٱللَّهِ ٱلْكَذِبَ لَا يُفْلِحُونَ ﴿١١٦﴾ مَتَٰعٌ قَلِيلٌ
وَلَهُمْ عَذَابٌ أَلِيمٌ ﴿١١٧﴾ وَعَلَى ٱلَّذِينَ هَادُوا۟ حَرَّمْنَا مَا قَصَصْنَا عَلَيْكَ
مِن قَبْلُ ۖ وَمَا ظَلَمْنَٰهُمْ وَلَٰكِن كَانُوٓا۟ أَنفُسَهُمْ يَظْلِمُونَ ﴿١١٨﴾

ثُمَّ إِنَّ رَبَّكَ لِلَّذِينَ عَمِلُواْ ٱلسُّوٓءَ بِجَهَٰلَةٖ ثُمَّ تَابُواْ مِنۢ بَعۡدِ
ذَٰلِكَ وَأَصۡلَحُوٓاْ إِنَّ رَبَّكَ مِنۢ بَعۡدِهَا لَغَفُورٞ رَّحِيمٌ ١١٩ إِنَّ
إِبۡرَٰهِيمَ كَانَ أُمَّةٗ قَانِتٗا لِّلَّهِ حَنِيفٗا وَلَمۡ يَكُ مِنَ ٱلۡمُشۡرِكِينَ
١٢٠ شَاكِرٗا لِّأَنۡعُمِهِۚ ٱجۡتَبَىٰهُ وَهَدَىٰهُ إِلَىٰ صِرَٰطٖ مُّسۡتَقِيمٖ
١٢١ وَءَاتَيۡنَٰهُ فِي ٱلدُّنۡيَا حَسَنَةٗۖ وَإِنَّهُۥ فِي ٱلۡأٓخِرَةِ لَمِنَ ٱلصَّٰلِحِينَ
١٢٢ ثُمَّ أَوۡحَيۡنَآ إِلَيۡكَ أَنِ ٱتَّبِعۡ مِلَّةَ إِبۡرَٰهِيمَ حَنِيفٗاۖ وَمَا كَانَ
مِنَ ٱلۡمُشۡرِكِينَ ١٢٣ إِنَّمَا جُعِلَ ٱلسَّبۡتُ عَلَى ٱلَّذِينَ ٱخۡتَلَفُواْ
فِيهِۚ وَإِنَّ رَبَّكَ لَيَحۡكُمُ بَيۡنَهُمۡ يَوۡمَ ٱلۡقِيَٰمَةِ فِيمَا
كَانُواْ فِيهِ يَخۡتَلِفُونَ ١٢٤ ٱدۡعُ إِلَىٰ سَبِيلِ رَبِّكَ بِٱلۡحِكۡمَةِ
وَٱلۡمَوۡعِظَةِ ٱلۡحَسَنَةِۖ وَجَٰدِلۡهُم بِٱلَّتِي هِيَ أَحۡسَنُۚ إِنَّ
رَبَّكَ هُوَ أَعۡلَمُ بِمَن ضَلَّ عَن سَبِيلِهِۦ وَهُوَ أَعۡلَمُ بِٱلۡمُهۡتَدِينَ
١٢٥ وَإِنۡ عَاقَبۡتُمۡ فَعَاقِبُواْ بِمِثۡلِ مَا عُوقِبۡتُم بِهِۦۖ وَلَئِن
صَبَرۡتُمۡ لَهُوَ خَيۡرٞ لِّلصَّٰبِرِينَ ١٢٦ وَٱصۡبِرۡ وَمَا صَبۡرُكَ
إِلَّا بِٱللَّهِۚ وَلَا تَحۡزَنۡ عَلَيۡهِمۡ وَلَا تَكُ فِي ضَيۡقٖ مِّمَّا يَمۡكُرُونَ
١٢٧ إِنَّ ٱللَّهَ مَعَ ٱلَّذِينَ ٱتَّقَواْ وَّٱلَّذِينَ هُم مُّحۡسِنُونَ ١٢٨

سُورَةُ الإِسۡرَاءِ

بِسۡمِ ٱللَّهِ ٱلرَّحۡمَٰنِ ٱلرَّحِيمِ

سُبۡحَٰنَ ٱلَّذِيٓ أَسۡرَىٰ بِعَبۡدِهِۦ لَيۡلٗا مِّنَ ٱلۡمَسۡجِدِ ٱلۡحَرَامِ إِلَى
ٱلۡمَسۡجِدِ ٱلۡأَقۡصَا ٱلَّذِي بَٰرَكۡنَا حَوۡلَهُۥ لِنُرِيَهُۥ مِنۡ ءَايَٰتِنَآۚ إِنَّهُۥ
هُوَ ٱلسَّمِيعُ ٱلۡبَصِيرُ ١ وَءَاتَيۡنَا مُوسَى ٱلۡكِتَٰبَ وَجَعَلۡنَٰهُ
هُدٗى لِّبَنِيٓ إِسۡرَٰٓءِيلَ أَلَّا تَتَّخِذُواْ مِن دُونِي وَكِيلٗا ٢
ذُرِّيَّةَ مَنۡ حَمَلۡنَا مَعَ نُوحٍۚ إِنَّهُۥ كَانَ عَبۡدٗا شَكُورٗا ٣
وَقَضَيۡنَآ إِلَىٰ بَنِيٓ إِسۡرَٰٓءِيلَ فِي ٱلۡكِتَٰبِ لَتُفۡسِدُنَّ فِي ٱلۡأَرۡضِ
مَرَّتَيۡنِ وَلَتَعۡلُنَّ عُلُوّٗا كَبِيرٗا ٤ فَإِذَا جَآءَ وَعۡدُ أُولَىٰهُمَا
بَعَثۡنَا عَلَيۡكُمۡ عِبَادٗا لَّنَآ أُوْلِي بَأۡسٖ شَدِيدٖ فَجَاسُواْ خِلَٰلَ
ٱلدِّيَارِۚ وَكَانَ وَعۡدٗا مَّفۡعُولٗا ٥ ثُمَّ رَدَدۡنَا لَكُمُ ٱلۡكَرَّةَ
عَلَيۡهِمۡ وَأَمۡدَدۡنَٰكُم بِأَمۡوَٰلٖ وَبَنِينَ وَجَعَلۡنَٰكُمۡ أَكۡثَرَ نَفِيرًا
٦ إِنۡ أَحۡسَنتُمۡ أَحۡسَنتُمۡ لِأَنفُسِكُمۡۖ وَإِنۡ أَسَأۡتُمۡ فَلَهَاۚ فَإِذَا
جَآءَ وَعۡدُ ٱلۡأٓخِرَةِ لِيَسُـُٔواْ وُجُوهَكُمۡ وَلِيَدۡخُلُواْ ٱلۡمَسۡجِدَ
كَمَا دَخَلُوهُ أَوَّلَ مَرَّةٖ وَلِيُتَبِّرُواْ مَا عَلَوۡاْ تَتۡبِيرًا ٧

عَسَىٰ رَبُّكُمْ أَن يَرْحَمَكُمْ ۚ وَإِنْ عُدتُّمْ عُدْنَا ۘ وَجَعَلْنَا جَهَنَّمَ لِلْكَٰفِرِينَ
حَصِيرًا ﴿٨﴾ إِنَّ هَٰذَا ٱلْقُرْءَانَ يَهْدِى لِلَّتِى هِىَ أَقْوَمُ وَيُبَشِّرُ
ٱلْمُؤْمِنِينَ ٱلَّذِينَ يَعْمَلُونَ ٱلصَّٰلِحَٰتِ أَنَّ لَهُمْ أَجْرًا كَبِيرًا ﴿٩﴾
وَأَنَّ ٱلَّذِينَ لَا يُؤْمِنُونَ بِٱلْءَاخِرَةِ أَعْتَدْنَا لَهُمْ عَذَابًا أَلِيمًا ﴿١٠﴾
وَيَدْعُ ٱلْإِنسَٰنُ بِٱلشَّرِّ دُعَآءَهُۥ بِٱلْخَيْرِ ۖ وَكَانَ ٱلْإِنسَٰنُ عَجُولًا ﴿١١﴾
وَجَعَلْنَا ٱلَّيْلَ وَٱلنَّهَارَ ءَايَتَيْنِ ۖ فَمَحَوْنَآ ءَايَةَ ٱلَّيْلِ وَجَعَلْنَآ ءَايَةَ
ٱلنَّهَارِ مُبْصِرَةً لِّتَبْتَغُوا۟ فَضْلًا مِّن رَّبِّكُمْ وَلِتَعْلَمُوا۟ عَدَدَ
ٱلسِّنِينَ وَٱلْحِسَابَ ۚ وَكُلَّ شَىْءٍ فَصَّلْنَٰهُ تَفْصِيلًا ﴿١٢﴾ وَكُلَّ
إِنسَٰنٍ أَلْزَمْنَٰهُ طَٰٓئِرَهُۥ فِى عُنُقِهِۦ ۖ وَنُخْرِجُ لَهُۥ يَوْمَ ٱلْقِيَٰمَةِ كِتَٰبًا
يَلْقَىٰهُ مَنشُورًا ﴿١٣﴾ ٱقْرَأْ كِتَٰبَكَ كَفَىٰ بِنَفْسِكَ ٱلْيَوْمَ عَلَيْكَ حَسِيبًا
﴿١٤﴾ مَّنِ ٱهْتَدَىٰ فَإِنَّمَا يَهْتَدِى لِنَفْسِهِۦ ۖ وَمَن ضَلَّ فَإِنَّمَا يَضِلُّ
عَلَيْهَا ۚ وَلَا تَزِرُ وَازِرَةٌ وِزْرَ أُخْرَىٰ ۗ وَمَا كُنَّا مُعَذِّبِينَ حَتَّىٰ نَبْعَثَ
رَسُولًا ﴿١٥﴾ وَإِذَآ أَرَدْنَآ أَن نُّهْلِكَ قَرْيَةً أَمَرْنَا مُتْرَفِيهَا فَفَسَقُوا۟ فِيهَا
فَحَقَّ عَلَيْهَا ٱلْقَوْلُ فَدَمَّرْنَٰهَا تَدْمِيرًا ﴿١٦﴾ وَكَمْ أَهْلَكْنَا مِنَ ٱلْقُرُونِ
مِنۢ بَعْدِ نُوحٍ ۗ وَكَفَىٰ بِرَبِّكَ بِذُنُوبِ عِبَادِهِۦ خَبِيرًۢا بَصِيرًا ﴿١٧﴾

ربع الحزب ٢٩

مَّن كَانَ يُرِيدُ ٱلۡعَاجِلَةَ عَجَّلۡنَا لَهُۥ فِيهَا مَا نَشَآءُ لِمَن نُّرِيدُ ثُمَّ
جَعَلۡنَا لَهُۥ جَهَنَّمَ يَصۡلَىٰهَا مَذۡمُومٗا مَّدۡحُورٗا ١٨ وَمَنۡ أَرَادَ
ٱلۡأٓخِرَةَ وَسَعَىٰ لَهَا سَعۡيَهَا وَهُوَ مُؤۡمِنٞ فَأُوْلَٰٓئِكَ كَانَ
سَعۡيُهُم مَّشۡكُورٗا ١٩ كُلّٗا نُّمِدُّ هَٰٓؤُلَآءِ وَهَٰٓؤُلَآءِ مِنۡ
عَطَآءِ رَبِّكَۚ وَمَا كَانَ عَطَآءُ رَبِّكَ مَحۡظُورًا ٢٠ ٱنظُرۡ كَيۡفَ
فَضَّلۡنَا بَعۡضَهُمۡ عَلَىٰ بَعۡضٖۚ وَلَلۡأٓخِرَةُ أَكۡبَرُ دَرَجَٰتٖ وَأَكۡبَرُ
تَفۡضِيلٗا ٢١ لَّا تَجۡعَلۡ مَعَ ٱللَّهِ إِلَٰهًا ءَاخَرَ فَتَقۡعُدَ مَذۡمُومٗا مَّخۡذُولٗا
٢٢ ۞ وَقَضَىٰ رَبُّكَ أَلَّا تَعۡبُدُوٓاْ إِلَّآ إِيَّاهُ وَبِٱلۡوَٰلِدَيۡنِ إِحۡسَٰنًاۚ إِمَّا
يَبۡلُغَنَّ عِندَكَ ٱلۡكِبَرَ أَحَدُهُمَآ أَوۡ كِلَاهُمَا فَلَا تَقُل لَّهُمَآ
أُفّٖ وَلَا تَنۡهَرۡهُمَا وَقُل لَّهُمَا قَوۡلٗا كَرِيمٗا ٢٣ وَٱخۡفِضۡ لَهُمَا
جَنَاحَ ٱلذُّلِّ مِنَ ٱلرَّحۡمَةِ وَقُل رَّبِّ ٱرۡحَمۡهُمَا كَمَا رَبَّيَانِي
صَغِيرٗا ٢٤ رَّبُّكُمۡ أَعۡلَمُ بِمَا فِي نُفُوسِكُمۡۚ إِن تَكُونُواْ صَٰلِحِينَ
فَإِنَّهُۥ كَانَ لِلۡأَوَّٰبِينَ غَفُورٗا ٢٥ وَءَاتِ ذَا ٱلۡقُرۡبَىٰ حَقَّهُۥ
وَٱلۡمِسۡكِينَ وَٱبۡنَ ٱلسَّبِيلِ وَلَا تُبَذِّرۡ تَبۡذِيرًا ٢٦ إِنَّ ٱلۡمُبَذِّرِينَ
كَانُوٓاْ إِخۡوَٰنَ ٱلشَّيَٰطِينِۖ وَكَانَ ٱلشَّيۡطَٰنُ لِرَبِّهِۦ كَفُورٗا ٢٧

وَإِمَّا تُعۡرِضَنَّ عَنۡهُمُ ٱبۡتِغَآءَ رَحۡمَةٖ مِّن رَّبِّكَ تَرۡجُوهَا فَقُل لَّهُمۡ قَوۡلٗا
مَّيۡسُورٗا ٢٨ وَلَا تَجۡعَلۡ يَدَكَ مَغۡلُولَةً إِلَىٰ عُنُقِكَ وَلَا تَبۡسُطۡهَا
كُلَّ ٱلۡبَسۡطِ فَتَقۡعُدَ مَلُومٗا مَّحۡسُورًا ٢٩ إِنَّ رَبَّكَ يَبۡسُطُ ٱلرِّزۡقَ
لِمَن يَشَآءُ وَيَقۡدِرُۚ إِنَّهُۥ كَانَ بِعِبَادِهِۦ خَبِيرَۢا بَصِيرٗا ٣٠ وَلَا تَقۡتُلُوٓاْ
أَوۡلَٰدَكُمۡ خَشۡيَةَ إِمۡلَٰقٖۖ نَّحۡنُ نَرۡزُقُهُمۡ وَإِيَّاكُمۡۚ إِنَّ قَتۡلَهُمۡ كَانَ
خِطۡـٔٗا كَبِيرٗا ٣١ وَلَا تَقۡرَبُواْ ٱلزِّنَىٰٓۖ إِنَّهُۥ كَانَ فَٰحِشَةٗ وَسَآءَ
سَبِيلٗا ٣٢ وَلَا تَقۡتُلُواْ ٱلنَّفۡسَ ٱلَّتِي حَرَّمَ ٱللَّهُ إِلَّا بِٱلۡحَقِّۗ
وَمَن قُتِلَ مَظۡلُومٗا فَقَدۡ جَعَلۡنَا لِوَلِيِّهِۦ سُلۡطَٰنٗا فَلَا يُسۡرِف فِّي
ٱلۡقَتۡلِۖ إِنَّهُۥ كَانَ مَنصُورٗا ٣٣ وَلَا تَقۡرَبُواْ مَالَ ٱلۡيَتِيمِ إِلَّا بِٱلَّتِي
هِيَ أَحۡسَنُ حَتَّىٰ يَبۡلُغَ أَشُدَّهُۥۚ وَأَوۡفُواْ بِٱلۡعَهۡدِۖ إِنَّ ٱلۡعَهۡدَ كَانَ
مَسۡـُٔولٗا ٣٤ وَأَوۡفُواْ ٱلۡكَيۡلَ إِذَا كِلۡتُمۡ وَزِنُواْ بِٱلۡقِسۡطَاسِ ٱلۡمُسۡتَقِيمِۚ
ذَٰلِكَ خَيۡرٞ وَأَحۡسَنُ تَأۡوِيلٗا ٣٥ وَلَا تَقۡفُ مَا لَيۡسَ لَكَ بِهِۦ عِلۡمٌۚ إِنَّ
ٱلسَّمۡعَ وَٱلۡبَصَرَ وَٱلۡفُؤَادَ كُلُّ أُوْلَٰٓئِكَ كَانَ عَنۡهُ مَسۡـُٔولٗا ٣٦
وَلَا تَمۡشِ فِي ٱلۡأَرۡضِ مَرَحًاۖ إِنَّكَ لَن تَخۡرِقَ ٱلۡأَرۡضَ وَلَن تَبۡلُغَ
ٱلۡجِبَالَ طُولٗا ٣٧ كُلُّ ذَٰلِكَ كَانَ سَيِّئُهُۥ عِندَ رَبِّكَ مَكۡرُوهٗا ٣٨

ذَٰلِكَ مِمَّآ أَوۡحَىٰٓ إِلَيۡكَ رَبُّكَ مِنَ ٱلۡحِكۡمَةِۗ وَلَا تَجۡعَلۡ مَعَ ٱللَّهِ إِلَٰهًا
ءَاخَرَ فَتُلۡقَىٰ فِي جَهَنَّمَ مَلُومٗا مَّدۡحُورًا ٣٩ أَفَأَصۡفَىٰكُمۡ رَبُّكُم
بِٱلۡبَنِينَ وَٱتَّخَذَ مِنَ ٱلۡمَلَٰٓئِكَةِ إِنَٰثًاۚ إِنَّكُمۡ لَتَقُولُونَ قَوۡلًا عَظِيمٗا ٤٠
وَلَقَدۡ صَرَّفۡنَا فِي هَٰذَا ٱلۡقُرۡءَانِ لِيَذَّكَّرُواْ وَمَا يَزِيدُهُمۡ إِلَّا نُفُورٗا ٤١
قُل لَّوۡ كَانَ مَعَهُۥٓ ءَالِهَةٞ كَمَا يَقُولُونَ إِذٗا لَّٱبۡتَغَوۡاْ إِلَىٰ ذِي ٱلۡعَرۡشِ سَبِيلٗا
٤٢ سُبۡحَٰنَهُۥ وَتَعَٰلَىٰ عَمَّا يَقُولُونَ عُلُوّٗا كَبِيرٗا ٤٣ تُسَبِّحُ لَهُ ٱلسَّمَٰوَٰتُ
ٱلسَّبۡعُ وَٱلۡأَرۡضُ وَمَن فِيهِنَّۚ وَإِن مِّن شَيۡءٍ إِلَّا يُسَبِّحُ بِحَمۡدِهِۦ وَلَٰكِن
لَّا تَفۡقَهُونَ تَسۡبِيحَهُمۡۚ إِنَّهُۥ كَانَ حَلِيمًا غَفُورٗا ٤٤ وَإِذَا قَرَأۡتَ
ٱلۡقُرۡءَانَ جَعَلۡنَا بَيۡنَكَ وَبَيۡنَ ٱلَّذِينَ لَا يُؤۡمِنُونَ بِٱلۡأٓخِرَةِ حِجَابٗا
مَّسۡتُورٗا ٤٥ وَجَعَلۡنَا عَلَىٰ قُلُوبِهِمۡ أَكِنَّةً أَن يَفۡقَهُوهُ وَفِيٓ ءَاذَانِهِمۡ
وَقۡرٗاۚ وَإِذَا ذَكَرۡتَ رَبَّكَ فِي ٱلۡقُرۡءَانِ وَحۡدَهُۥ وَلَّوۡاْ عَلَىٰٓ أَدۡبَٰرِهِمۡ نُفُورٗا ٤٦
نَّحۡنُ أَعۡلَمُ بِمَا يَسۡتَمِعُونَ بِهِۦٓ إِذۡ يَسۡتَمِعُونَ إِلَيۡكَ وَإِذۡ هُمۡ نَجۡوَىٰٓ
إِذۡ يَقُولُ ٱلظَّٰلِمُونَ إِن تَتَّبِعُونَ إِلَّا رَجُلٗا مَّسۡحُورًا ٤٧ ٱنظُرۡ
كَيۡفَ ضَرَبُواْ لَكَ ٱلۡأَمۡثَالَ فَضَلُّواْ فَلَا يَسۡتَطِيعُونَ سَبِيلٗا ٤٨
وَقَالُوٓاْ أَءِذَا كُنَّا عِظَٰمٗا وَرُفَٰتًا أَءِنَّا لَمَبۡعُوثُونَ خَلۡقٗا جَدِيدٗا ٤٩

ربع الحزب ٢٩

۞ قُلۡ كُونُواْ حِجَارَةً أَوۡ حَدِيدًا ٥٠ أَوۡ خَلۡقٗا مِّمَّا يَكۡبُرُ فِي
صُدُورِكُمۡۚ فَسَيَقُولُونَ مَن يُعِيدُنَاۖ قُلِ ٱلَّذِي فَطَرَكُمۡ أَوَّلَ مَرَّةٖۚ
فَسَيُنۡغِضُونَ إِلَيۡكَ رُءُوسَهُمۡ وَيَقُولُونَ مَتَىٰ هُوَۖ قُلۡ عَسَىٰٓ أَن
يَكُونَ قَرِيبٗا ٥١ يَوۡمَ يَدۡعُوكُمۡ فَتَسۡتَجِيبُونَ بِحَمۡدِهِۦ وَتَظُنُّونَ
إِن لَّبِثۡتُمۡ إِلَّا قَلِيلٗا ٥٢ وَقُل لِّعِبَادِي يَقُولُواْ ٱلَّتِي هِيَ أَحۡسَنُۚ
إِنَّ ٱلشَّيۡطَٰنَ يَنزَغُ بَيۡنَهُمۡۚ إِنَّ ٱلشَّيۡطَٰنَ كَانَ لِلۡإِنسَٰنِ عَدُوّٗا
مُّبِينٗا ٥٣ رَّبُّكُمۡ أَعۡلَمُ بِكُمۡۖ إِن يَشَأۡ يَرۡحَمۡكُمۡ أَوۡ إِن يَشَأۡ
يُعَذِّبۡكُمۡۚ وَمَآ أَرۡسَلۡنَٰكَ عَلَيۡهِمۡ وَكِيلٗا ٥٤ وَرَبُّكَ أَعۡلَمُ
بِمَن فِي ٱلسَّمَٰوَٰتِ وَٱلۡأَرۡضِۗ وَلَقَدۡ فَضَّلۡنَا بَعۡضَ ٱلنَّبِيِّـۧنَ عَلَىٰ
بَعۡضٖۖ وَءَاتَيۡنَا دَاوُۥدَ زَبُورٗا ٥٥ قُلِ ٱدۡعُواْ ٱلَّذِينَ زَعَمۡتُم مِّن
دُونِهِۦ فَلَا يَمۡلِكُونَ كَشۡفَ ٱلضُّرِّ عَنكُمۡ وَلَا تَحۡوِيلًا ٥٦ أُوْلَٰٓئِكَ
ٱلَّذِينَ يَدۡعُونَ يَبۡتَغُونَ إِلَىٰ رَبِّهِمُ ٱلۡوَسِيلَةَ أَيُّهُمۡ أَقۡرَبُ
وَيَرۡجُونَ رَحۡمَتَهُۥ وَيَخَافُونَ عَذَابَهُۥٓۚ إِنَّ عَذَابَ رَبِّكَ كَانَ
مَحۡذُورٗا ٥٧ وَإِن مِّن قَرۡيَةٍ إِلَّا نَحۡنُ مُهۡلِكُوهَا قَبۡلَ يَوۡمِ ٱلۡقِيَٰمَةِ
أَوۡ مُعَذِّبُوهَا عَذَابٗا شَدِيدٗاۚ كَانَ ذَٰلِكَ فِي ٱلۡكِتَٰبِ مَسۡطُورٗا ٥٨

وَمَا مَنَعَنَآ أَن نُّرۡسِلَ بِٱلۡأٓيَٰتِ إِلَّآ أَن كَذَّبَ بِهَا ٱلۡأَوَّلُونَۚ
وَءَاتَيۡنَا ثَمُودَ ٱلنَّاقَةَ مُبۡصِرَةٗ فَظَلَمُواْ بِهَاۚ وَمَا نُرۡسِلُ بِٱلۡأٓيَٰتِ
إِلَّا تَخۡوِيفٗا ﴿٥٩﴾ وَإِذۡ قُلۡنَا لَكَ إِنَّ رَبَّكَ أَحَاطَ بِٱلنَّاسِۚ وَمَا جَعَلۡنَا
ٱلرُّءۡيَا ٱلَّتِيٓ أَرَيۡنَٰكَ إِلَّا فِتۡنَةٗ لِّلنَّاسِ وَٱلشَّجَرَةَ ٱلۡمَلۡعُونَةَ
فِي ٱلۡقُرۡءَانِۚ وَنُخَوِّفُهُمۡ فَمَا يَزِيدُهُمۡ إِلَّا طُغۡيَٰنٗا كَبِيرٗا ﴿٦٠﴾
وَإِذۡ قُلۡنَا لِلۡمَلَٰٓئِكَةِ ٱسۡجُدُواْ لِأٓدَمَ فَسَجَدُوٓاْ إِلَّآ إِبۡلِيسَ
قَالَ ءَأَسۡجُدُ لِمَنۡ خَلَقۡتَ طِينٗا ﴿٦١﴾ قَالَ أَرَءَيۡتَكَ هَٰذَا ٱلَّذِي
كَرَّمۡتَ عَلَيَّ لَئِنۡ أَخَّرۡتَنِ إِلَىٰ يَوۡمِ ٱلۡقِيَٰمَةِ لَأَحۡتَنِكَنَّ
ذُرِّيَّتَهُۥٓ إِلَّا قَلِيلٗا ﴿٦٢﴾ قَالَ ٱذۡهَبۡ فَمَن تَبِعَكَ مِنۡهُمۡ فَإِنَّ
جَهَنَّمَ جَزَآؤُكُمۡ جَزَآءٗ مَّوۡفُورٗا ﴿٦٣﴾ وَٱسۡتَفۡزِزۡ مَنِ ٱسۡتَطَعۡتَ
مِنۡهُم بِصَوۡتِكَ وَأَجۡلِبۡ عَلَيۡهِم بِخَيۡلِكَ وَرَجِلِكَ وَشَارِكۡهُمۡ
فِي ٱلۡأَمۡوَٰلِ وَٱلۡأَوۡلَٰدِ وَعِدۡهُمۡۚ وَمَا يَعِدُهُمُ ٱلشَّيۡطَٰنُ إِلَّا
غُرُورًا ﴿٦٤﴾ إِنَّ عِبَادِي لَيۡسَ لَكَ عَلَيۡهِمۡ سُلۡطَٰنٞۚ وَكَفَىٰ
بِرَبِّكَ وَكِيلٗا ﴿٦٥﴾ رَّبُّكُمُ ٱلَّذِي يُزۡجِي لَكُمُ ٱلۡفُلۡكَ فِي
ٱلۡبَحۡرِ لِتَبۡتَغُواْ مِن فَضۡلِهِۦٓۚ إِنَّهُۥ كَانَ بِكُمۡ رَحِيمٗا ﴿٦٦﴾

وَإِذَا مَسَّكُمُ ٱلضُّرُّ فِى ٱلْبَحْرِ ضَلَّ مَن تَدْعُونَ إِلَّآ إِيَّاهُ ۖ فَلَمَّا
نَجَّىٰكُمْ إِلَى ٱلْبَرِّ أَعْرَضْتُمْ ۚ وَكَانَ ٱلْإِنسَٰنُ كَفُورًا ﴿٦٧﴾ أَفَأَمِنتُمْ
أَن يَخْسِفَ بِكُمْ جَانِبَ ٱلْبَرِّ أَوْ يُرْسِلَ عَلَيْكُمْ حَاصِبًا ثُمَّ
لَا تَجِدُوا۟ لَكُمْ وَكِيلًا ﴿٦٨﴾ أَمْ أَمِنتُمْ أَن يُعِيدَكُمْ فِيهِ تَارَةً
أُخْرَىٰ فَيُرْسِلَ عَلَيْكُمْ قَاصِفًا مِّنَ ٱلرِّيحِ فَيُغْرِقَكُم بِمَا كَفَرْتُمْ
ثُمَّ لَا تَجِدُوا۟ لَكُمْ عَلَيْنَا بِهِۦ تَبِيعًا ﴿٦٩﴾ ۞ وَلَقَدْ كَرَّمْنَا بَنِىٓ
ءَادَمَ وَحَمَلْنَٰهُمْ فِى ٱلْبَرِّ وَٱلْبَحْرِ وَرَزَقْنَٰهُم مِّنَ ٱلطَّيِّبَٰتِ
وَفَضَّلْنَٰهُمْ عَلَىٰ كَثِيرٍ مِّمَّنْ خَلَقْنَا تَفْضِيلًا ﴿٧٠﴾ يَوْمَ نَدْعُوا۟
كُلَّ أُنَاسٍۭ بِإِمَٰمِهِمْ ۖ فَمَنْ أُوتِىَ كِتَٰبَهُۥ بِيَمِينِهِۦ فَأُو۟لَٰٓئِكَ
يَقْرَءُونَ كِتَٰبَهُمْ وَلَا يُظْلَمُونَ فَتِيلًا ﴿٧١﴾ وَمَن كَانَ
فِى هَٰذِهِۦٓ أَعْمَىٰ فَهُوَ فِى ٱلْءَاخِرَةِ أَعْمَىٰ وَأَضَلُّ سَبِيلًا ﴿٧٢﴾ وَإِن
كَادُوا۟ لَيَفْتِنُونَكَ عَنِ ٱلَّذِىٓ أَوْحَيْنَآ إِلَيْكَ لِتَفْتَرِىَ
عَلَيْنَا غَيْرَهُۥ ۖ وَإِذًا لَّٱتَّخَذُوكَ خَلِيلًا ﴿٧٣﴾ وَلَوْلَآ أَن ثَبَّتْنَٰكَ
لَقَدْ كِدتَّ تَرْكَنُ إِلَيْهِمْ شَيْـًٔا قَلِيلًا ﴿٧٤﴾ إِذًا لَّأَذَقْنَٰكَ ضِعْفَ
ٱلْحَيَوٰةِ وَضِعْفَ ٱلْمَمَاتِ ثُمَّ لَا تَجِدُ لَكَ عَلَيْنَا نَصِيرًا ﴿٧٥﴾

ثلاثة أرباع الحزب
٢٩

وَإِن كَادُوا۟ لَيَسْتَفِزُّونَكَ مِنَ ٱلْأَرْضِ لِيُخْرِجُوكَ مِنْهَا ۖ
وَإِذًا لَّا يَلْبَثُونَ خِلَٰفَكَ إِلَّا قَلِيلًا ﴿٧٦﴾ سُنَّةَ مَن قَدْ أَرْسَلْنَا
قَبْلَكَ مِن رُّسُلِنَا ۖ وَلَا تَجِدُ لِسُنَّتِنَا تَحْوِيلًا ﴿٧٧﴾ أَقِمِ
ٱلصَّلَوٰةَ لِدُلُوكِ ٱلشَّمْسِ إِلَىٰ غَسَقِ ٱلَّيْلِ وَقُرْءَانَ ٱلْفَجْرِ ۖ
إِنَّ قُرْءَانَ ٱلْفَجْرِ كَانَ مَشْهُودًا ﴿٧٨﴾ وَمِنَ ٱلَّيْلِ فَتَهَجَّدْ
بِهِۦ نَافِلَةً لَّكَ عَسَىٰٓ أَن يَبْعَثَكَ رَبُّكَ مَقَامًا مَّحْمُودًا ﴿٧٩﴾
وَقُل رَّبِّ أَدْخِلْنِى مُدْخَلَ صِدْقٍ وَأَخْرِجْنِى مُخْرَجَ صِدْقٍ
وَٱجْعَل لِّى مِن لَّدُنكَ سُلْطَٰنًا نَّصِيرًا ﴿٨٠﴾ وَقُلْ جَآءَ ٱلْحَقُّ وَزَهَقَ
ٱلْبَٰطِلُ ۚ إِنَّ ٱلْبَٰطِلَ كَانَ زَهُوقًا ﴿٨١﴾ وَنُنَزِّلُ مِنَ ٱلْقُرْءَانِ مَا هُوَ
شِفَآءٌ وَرَحْمَةٌ لِّلْمُؤْمِنِينَ ۙ وَلَا يَزِيدُ ٱلظَّٰلِمِينَ إِلَّا خَسَارًا ﴿٨٢﴾
وَإِذَآ أَنْعَمْنَا عَلَى ٱلْإِنسَٰنِ أَعْرَضَ وَنَـَٔا بِجَانِبِهِۦ ۖ وَإِذَا مَسَّهُ
ٱلشَّرُّ كَانَ يَـُٔوسًا ﴿٨٣﴾ قُلْ كُلٌّ يَعْمَلُ عَلَىٰ شَاكِلَتِهِۦ فَرَبُّكُمْ أَعْلَمُ
بِمَنْ هُوَ أَهْدَىٰ سَبِيلًا ﴿٨٤﴾ وَيَسْـَٔلُونَكَ عَنِ ٱلرُّوحِ ۖ قُلِ ٱلرُّوحُ مِنْ
أَمْرِ رَبِّى وَمَآ أُوتِيتُم مِّنَ ٱلْعِلْمِ إِلَّا قَلِيلًا ﴿٨٥﴾ وَلَئِن شِئْنَا لَنَذْهَبَنَّ
بِٱلَّذِىٓ أَوْحَيْنَآ إِلَيْكَ ثُمَّ لَا تَجِدُ لَكَ بِهِۦ عَلَيْنَا وَكِيلًا ﴿٨٦﴾

إِلَّا رَحۡمَةٗ مِّن رَّبِّكَۚ إِنَّ فَضۡلَهُۥ كَانَ عَلَيۡكَ كَبِيرٗا ٨٧ قُل
لَّئِنِ ٱجۡتَمَعَتِ ٱلۡإِنسُ وَٱلۡجِنُّ عَلَىٰٓ أَن يَأۡتُواْ بِمِثۡلِ هَٰذَا ٱلۡقُرۡءَانِ
لَا يَأۡتُونَ بِمِثۡلِهِۦ وَلَوۡ كَانَ بَعۡضُهُمۡ لِبَعۡضٖ ظَهِيرٗا ٨٨
وَلَقَدۡ صَرَّفۡنَا لِلنَّاسِ فِي هَٰذَا ٱلۡقُرۡءَانِ مِن كُلِّ مَثَلٖ فَأَبَىٰٓ أَكۡثَرُ
ٱلنَّاسِ إِلَّا كُفُورٗا ٨٩ وَقَالُواْ لَن نُّؤۡمِنَ لَكَ حَتَّىٰ تَفۡجُرَ
لَنَا مِنَ ٱلۡأَرۡضِ يَنۢبُوعًا ٩٠ أَوۡ تَكُونَ لَكَ جَنَّةٞ مِّن نَّخِيلٖ
وَعِنَبٖ فَتُفَجِّرَ ٱلۡأَنۡهَٰرَ خِلَٰلَهَا تَفۡجِيرًا ٩١ أَوۡ تُسۡقِطَ ٱلسَّمَآءَ
كَمَا زَعَمۡتَ عَلَيۡنَا كِسَفًا أَوۡ تَأۡتِيَ بِٱللَّهِ وَٱلۡمَلَٰٓئِكَةِ
قَبِيلًا ٩٢ أَوۡ يَكُونَ لَكَ بَيۡتٞ مِّن زُخۡرُفٍ أَوۡ تَرۡقَىٰ فِي ٱلسَّمَآءِ
وَلَن نُّؤۡمِنَ لِرُقِيِّكَ حَتَّىٰ تُنَزِّلَ عَلَيۡنَا كِتَٰبٗا نَّقۡرَؤُهُۥۗ قُلۡ
سُبۡحَانَ رَبِّي هَلۡ كُنتُ إِلَّا بَشَرٗا رَّسُولٗا ٩٣ وَمَا مَنَعَ ٱلنَّاسَ
أَن يُؤۡمِنُوٓاْ إِذۡ جَآءَهُمُ ٱلۡهُدَىٰٓ إِلَّآ أَن قَالُوٓاْ أَبَعَثَ ٱللَّهُ بَشَرٗا
رَّسُولٗا ٩٤ قُل لَّوۡ كَانَ فِي ٱلۡأَرۡضِ مَلَٰٓئِكَةٞ يَمۡشُونَ مُطۡمَئِنِّينَ
لَنَزَّلۡنَا عَلَيۡهِم مِّنَ ٱلسَّمَآءِ مَلَكٗا رَّسُولٗا ٩٥ قُلۡ كَفَىٰ بِٱللَّهِ
شَهِيدَۢا بَيۡنِي وَبَيۡنَكُمۡۚ إِنَّهُۥ كَانَ بِعِبَادِهِۦ خَبِيرَۢا بَصِيرٗا ٩٦

الحزب ٣٠

وَمَن يَهۡدِ ٱللَّهُ فَهُوَ ٱلۡمُهۡتَدِۖ وَمَن يُضۡلِلۡ فَلَن تَجِدَ لَهُمۡ أَوۡلِيَآءَ
مِن دُونِهِۦۖ وَنَحۡشُرُهُمۡ يَوۡمَ ٱلۡقِيَٰمَةِ عَلَىٰ وُجُوهِهِمۡ عُمۡيٗا وَبُكۡمٗا
وَصُمّٗاۖ مَّأۡوَىٰهُمۡ جَهَنَّمُۖ كُلَّمَا خَبَتۡ زِدۡنَٰهُمۡ سَعِيرٗا ٩٧
ذَٰلِكَ جَزَآؤُهُم بِأَنَّهُمۡ كَفَرُواْ بِـَٔايَٰتِنَا وَقَالُوٓاْ أَءِذَا كُنَّا عِظَٰمٗا
وَرُفَٰتًا أَءِنَّا لَمَبۡعُوثُونَ خَلۡقٗا جَدِيدًا ٩٨ ۞ أَوَلَمۡ يَرَوۡاْ أَنَّ ٱللَّهَ
ٱلَّذِي خَلَقَ ٱلسَّمَٰوَٰتِ وَٱلۡأَرۡضَ قَادِرٌ عَلَىٰٓ أَن يَخۡلُقَ مِثۡلَهُمۡ
وَجَعَلَ لَهُمۡ أَجَلٗا لَّا رَيۡبَ فِيهِ فَأَبَى ٱلظَّٰلِمُونَ إِلَّا كُفُورٗا ٩٩
قُل لَّوۡ أَنتُمۡ تَمۡلِكُونَ خَزَآئِنَ رَحۡمَةِ رَبِّيٓ إِذٗا لَّأَمۡسَكۡتُمۡ خَشۡيَةَ
ٱلۡإِنفَاقِۚ وَكَانَ ٱلۡإِنسَٰنُ قَتُورٗا ١٠٠ وَلَقَدۡ ءَاتَيۡنَا مُوسَىٰ تِسۡعَ
ءَايَٰتِۭ بَيِّنَٰتٖۖ فَسۡـَٔلۡ بَنِيٓ إِسۡرَٰٓءِيلَ إِذۡ جَآءَهُمۡ فَقَالَ لَهُۥ فِرۡعَوۡنُ
إِنِّي لَأَظُنُّكَ يَٰمُوسَىٰ مَسۡحُورٗا ١٠١ قَالَ لَقَدۡ عَلِمۡتَ مَآ أَنزَلَ
هَٰٓؤُلَآءِ إِلَّا رَبُّ ٱلسَّمَٰوَٰتِ وَٱلۡأَرۡضِ بَصَآئِرَ وَإِنِّي لَأَظُنُّكَ
يَٰفِرۡعَوۡنُ مَثۡبُورٗا ١٠٢ فَأَرَادَ أَن يَسۡتَفِزَّهُم مِّنَ ٱلۡأَرۡضِ
فَأَغۡرَقۡنَٰهُ وَمَن مَّعَهُۥ جَمِيعٗا ١٠٣ وَقُلۡنَا مِنۢ بَعۡدِهِۦ لِبَنِيٓ إِسۡرَٰٓءِيلَ
ٱسۡكُنُواْ ٱلۡأَرۡضَ فَإِذَا جَآءَ وَعۡدُ ٱلۡأٓخِرَةِ جِئۡنَا بِكُمۡ لَفِيفٗا ١٠٤

وَبِالْحَقِّ أَنزَلْنَٰهُ وَبِالْحَقِّ نَزَلَ ۗ وَمَآ أَرْسَلْنَٰكَ إِلَّا مُبَشِّرًا وَنَذِيرًا ﴿١٠٥﴾
وَقُرْءَانًا فَرَقْنَٰهُ لِتَقْرَأَهُۥ عَلَى ٱلنَّاسِ عَلَىٰ مُكْثٍ وَنَزَّلْنَٰهُ تَنزِيلًا ﴿١٠٦﴾
قُلْ ءَامِنُوا۟ بِهِۦٓ أَوْ لَا تُؤْمِنُوٓا۟ ۚ إِنَّ ٱلَّذِينَ أُوتُوا۟ ٱلْعِلْمَ مِن قَبْلِهِۦٓ إِذَا يُتْلَىٰ
عَلَيْهِمْ يَخِرُّونَ لِلْأَذْقَانِ سُجَّدًا ﴿١٠٧﴾ وَيَقُولُونَ سُبْحَٰنَ رَبِّنَآ إِن كَانَ
وَعْدُ رَبِّنَا لَمَفْعُولًا ﴿١٠٨﴾ وَيَخِرُّونَ لِلْأَذْقَانِ يَبْكُونَ وَيَزِيدُهُمْ
خُشُوعًا ۩ ﴿١٠٩﴾ قُلِ ٱدْعُوا۟ ٱللَّهَ أَوِ ٱدْعُوا۟ ٱلرَّحْمَٰنَ ۖ أَيًّا مَّا تَدْعُوا۟ فَلَهُ
ٱلْأَسْمَآءُ ٱلْحُسْنَىٰ ۚ وَلَا تَجْهَرْ بِصَلَاتِكَ وَلَا تُخَافِتْ بِهَا وَٱبْتَغِ
بَيْنَ ذَٰلِكَ سَبِيلًا ﴿١١٠﴾ وَقُلِ ٱلْحَمْدُ لِلَّهِ ٱلَّذِى لَمْ يَتَّخِذْ وَلَدًا وَلَمْ يَكُن
لَّهُۥ شَرِيكٌ فِى ٱلْمُلْكِ وَلَمْ يَكُن لَّهُۥ وَلِىٌّ مِّنَ ٱلذُّلِّ ۖ وَكَبِّرْهُ تَكْبِيرًۢا ﴿١١١﴾

سجدة

سُورَةُ الكَهْفِ

بِسْمِ ٱللَّهِ ٱلرَّحْمَٰنِ ٱلرَّحِيمِ

ٱلْحَمْدُ لِلَّهِ ٱلَّذِىٓ أَنزَلَ عَلَىٰ عَبْدِهِ ٱلْكِتَٰبَ وَلَمْ يَجْعَل لَّهُۥ عِوَجَا ۜ
﴿١﴾ قَيِّمًا لِّيُنذِرَ بَأْسًا شَدِيدًا مِّن لَّدُنْهُ وَيُبَشِّرَ ٱلْمُؤْمِنِينَ
ٱلَّذِينَ يَعْمَلُونَ ٱلصَّٰلِحَٰتِ أَنَّ لَهُمْ أَجْرًا حَسَنًا ﴿٢﴾
مَّٰكِثِينَ فِيهِ أَبَدًا ﴿٣﴾ وَيُنذِرَ ٱلَّذِينَ قَالُوا۟ ٱتَّخَذَ ٱللَّهُ وَلَدًا ﴿٤﴾

سكتة لطيفة عن ألف عوجا

مَّا لَهُم بِهِۦ مِنْ عِلْمٍ وَلَا لِـَٔابَآئِهِمْۚ كَبُرَتْ كَلِمَةً تَخْرُجُ مِنْ
أَفْوَٰهِهِمْۚ إِن يَقُولُونَ إِلَّا كَذِبًا ٥ فَلَعَلَّكَ بَٰخِعٌ نَّفْسَكَ
عَلَىٰٓ ءَاثَٰرِهِمْ إِن لَّمْ يُؤْمِنُوا۟ بِهَٰذَا ٱلْحَدِيثِ أَسَفًا ٦ إِنَّا
جَعَلْنَا مَا عَلَى ٱلْأَرْضِ زِينَةً لَّهَا لِنَبْلُوَهُمْ أَيُّهُمْ أَحْسَنُ عَمَلًا
٧ وَإِنَّا لَجَٰعِلُونَ مَا عَلَيْهَا صَعِيدًا جُرُزًا ٨ أَمْ حَسِبْتَ
أَنَّ أَصْحَٰبَ ٱلْكَهْفِ وَٱلرَّقِيمِ كَانُوا۟ مِنْ ءَايَٰتِنَا عَجَبًا ٩
إِذْ أَوَى ٱلْفِتْيَةُ إِلَى ٱلْكَهْفِ فَقَالُوا۟ رَبَّنَآ ءَاتِنَا مِن لَّدُنكَ
رَحْمَةً وَهَيِّئْ لَنَا مِنْ أَمْرِنَا رَشَدًا ١٠ فَضَرَبْنَا عَلَىٰٓ ءَاذَانِهِمْ
فِى ٱلْكَهْفِ سِنِينَ عَدَدًا ١١ ثُمَّ بَعَثْنَٰهُمْ لِنَعْلَمَ أَىُّ
ٱلْحِزْبَيْنِ أَحْصَىٰ لِمَا لَبِثُوٓا۟ أَمَدًا ١٢ نَّحْنُ نَقُصُّ عَلَيْكَ نَبَأَهُم
بِٱلْحَقِّۚ إِنَّهُمْ فِتْيَةٌ ءَامَنُوا۟ بِرَبِّهِمْ وَزِدْنَٰهُمْ هُدًى ١٣
وَرَبَطْنَا عَلَىٰ قُلُوبِهِمْ إِذْ قَامُوا۟ فَقَالُوا۟ رَبُّنَا رَبُّ ٱلسَّمَٰوَٰتِ
وَٱلْأَرْضِ لَن نَّدْعُوَا۟ مِن دُونِهِۦٓ إِلَٰهًاۖ لَّقَدْ قُلْنَآ إِذًا شَطَطًا ١٤
هَٰٓؤُلَآءِ قَوْمُنَا ٱتَّخَذُوا۟ مِن دُونِهِۦٓ ءَالِهَةًۖ لَّوْلَا يَأْتُونَ عَلَيْهِم
بِسُلْطَٰنٍۭ بَيِّنٍۖ فَمَنْ أَظْلَمُ مِمَّنِ ٱفْتَرَىٰ عَلَى ٱللَّهِ كَذِبًا ١٥

وَإِذِ ٱعْتَزَلْتُمُوهُمْ وَمَا يَعْبُدُونَ إِلَّا ٱللَّهَ فَأْوُۥٓا۟ إِلَى ٱلْكَهْفِ
يَنشُرْ لَكُمْ رَبُّكُم مِّن رَّحْمَتِهِۦ وَيُهَيِّئْ لَكُم مِّنْ أَمْرِكُم مِّرْفَقًا
﴿١٦﴾ ۞ وَتَرَى ٱلشَّمْسَ إِذَا طَلَعَت تَّزَٰوَرُ عَن كَهْفِهِمْ ذَاتَ
ٱلْيَمِينِ وَإِذَا غَرَبَت تَّقْرِضُهُمْ ذَاتَ ٱلشِّمَالِ وَهُمْ فِى فَجْوَةٍ
مِّنْهُ ۚ ذَٰلِكَ مِنْ ءَايَٰتِ ٱللَّهِ ۗ مَن يَهْدِ ٱللَّهُ فَهُوَ ٱلْمُهْتَدِ ۖ وَمَن
يُضْلِلْ فَلَن تَجِدَ لَهُۥ وَلِيًّا مُّرْشِدًا ﴿١٧﴾ وَتَحْسَبُهُمْ أَيْقَاظًا
وَهُمْ رُقُودٌ ۚ وَنُقَلِّبُهُمْ ذَاتَ ٱلْيَمِينِ وَذَاتَ ٱلشِّمَالِ ۖ وَكَلْبُهُم
بَٰسِطٌ ذِرَاعَيْهِ بِٱلْوَصِيدِ ۚ لَوِ ٱطَّلَعْتَ عَلَيْهِمْ لَوَلَّيْتَ مِنْهُمْ
فِرَارًا وَلَمُلِئْتَ مِنْهُمْ رُعْبًا ﴿١٨﴾ وَكَذَٰلِكَ بَعَثْنَٰهُمْ
لِيَتَسَآءَلُوا۟ بَيْنَهُمْ ۚ قَالَ قَآئِلٌ مِّنْهُمْ كَمْ لَبِثْتُمْ ۖ قَالُوا۟ لَبِثْنَا
يَوْمًا أَوْ بَعْضَ يَوْمٍ ۚ قَالُوا۟ رَبُّكُمْ أَعْلَمُ بِمَا لَبِثْتُمْ فَٱبْعَثُوٓا۟
أَحَدَكُم بِوَرِقِكُمْ هَٰذِهِۦٓ إِلَى ٱلْمَدِينَةِ فَلْيَنظُرْ أَيُّهَآ أَزْكَىٰ
طَعَامًا فَلْيَأْتِكُم بِرِزْقٍ مِّنْهُ وَلْيَتَلَطَّفْ وَلَا يُشْعِرَنَّ
بِكُمْ أَحَدًا ﴿١٩﴾ إِنَّهُمْ إِن يَظْهَرُوا۟ عَلَيْكُمْ يَرْجُمُوكُمْ
أَوْ يُعِيدُوكُمْ فِى مِلَّتِهِمْ وَلَن تُفْلِحُوٓا۟ إِذًا أَبَدًا ﴿٢٠﴾

ربع الحزب ٣٠

وَكَذَٰلِكَ أَعۡثَرۡنَا عَلَيۡهِمۡ لِيَعۡلَمُوٓاْ أَنَّ وَعۡدَ ٱللَّهِ حَقّٞ وَأَنَّ
ٱلسَّاعَةَ لَا رَيۡبَ فِيهَآ إِذۡ يَتَنَٰزَعُونَ بَيۡنَهُمۡ أَمۡرَهُمۡۖ فَقَالُواْ
ٱبۡنُواْ عَلَيۡهِم بُنۡيَٰنٗاۖ رَّبُّهُمۡ أَعۡلَمُ بِهِمۡۚ قَالَ ٱلَّذِينَ غَلَبُواْ عَلَىٰٓ
أَمۡرِهِمۡ لَنَتَّخِذَنَّ عَلَيۡهِم مَّسۡجِدٗا ﴿٢١﴾ سَيَقُولُونَ ثَلَٰثَةٞ
رَّابِعُهُمۡ كَلۡبُهُمۡ وَيَقُولُونَ خَمۡسَةٞ سَادِسُهُمۡ كَلۡبُهُمۡ
رَجۡمَۢا بِٱلۡغَيۡبِۖ وَيَقُولُونَ سَبۡعَةٞ وَثَامِنُهُمۡ كَلۡبُهُمۡۚ قُل رَّبِّيٓ
أَعۡلَمُ بِعِدَّتِهِم مَّا يَعۡلَمُهُمۡ إِلَّا قَلِيلٞۗ فَلَا تُمَارِ فِيهِمۡ إِلَّا مِرَآءٗ
ظَٰهِرٗا وَلَا تَسۡتَفۡتِ فِيهِم مِّنۡهُمۡ أَحَدٗا ﴿٢٢﴾ وَلَا تَقُولَنَّ لِشَاْيۡءٍ
إِنِّي فَاعِلٞ ذَٰلِكَ غَدًا ﴿٢٣﴾ إِلَّآ أَن يَشَآءَ ٱللَّهُۚ وَٱذۡكُر رَّبَّكَ
إِذَا نَسِيتَ وَقُلۡ عَسَىٰٓ أَن يَهۡدِيَنِ رَبِّي لِأَقۡرَبَ مِنۡ هَٰذَا رَشَدٗا
﴿٢٤﴾ وَلَبِثُواْ فِي كَهۡفِهِمۡ ثَلَٰثَ مِاْئَةٖ سِنِينَ وَٱزۡدَادُواْ تِسۡعٗا
﴿٢٥﴾ قُلِ ٱللَّهُ أَعۡلَمُ بِمَا لَبِثُواْۖ لَهُۥ غَيۡبُ ٱلسَّمَٰوَٰتِ وَٱلۡأَرۡضِۖ
أَبۡصِرۡ بِهِۦ وَأَسۡمِعۡۚ مَا لَهُم مِّن دُونِهِۦ مِن وَلِيّٖ وَلَا يُشۡرِكُ
فِي حُكۡمِهِۦٓ أَحَدٗا ﴿٢٦﴾ وَٱتۡلُ مَآ أُوحِيَ إِلَيۡكَ مِن كِتَابِ
رَبِّكَۖ لَا مُبَدِّلَ لِكَلِمَٰتِهِۦ وَلَن تَجِدَ مِن دُونِهِۦ مُلۡتَحَدٗا ﴿٢٧﴾

وَٱصۡبِرۡ نَفۡسَكَ مَعَ ٱلَّذِينَ يَدۡعُونَ رَبَّهُم بِٱلۡغَدَوٰةِ وَٱلۡعَشِيِّ
يُرِيدُونَ وَجۡهَهُۥۖ وَلَا تَعۡدُ عَيۡنَاكَ عَنۡهُمۡ تُرِيدُ زِينَةَ ٱلۡحَيَوٰةِ
ٱلدُّنۡيَاۖ وَلَا تُطِعۡ مَنۡ أَغۡفَلۡنَا قَلۡبَهُۥ عَن ذِكۡرِنَا وَٱتَّبَعَ هَوَىٰهُ وَكَانَ
أَمۡرُهُۥ فُرُطٗا ٢٨ وَقُلِ ٱلۡحَقُّ مِن رَّبِّكُمۡۖ فَمَن شَآءَ فَلۡيُؤۡمِن وَمَن
شَآءَ فَلۡيَكۡفُرۡۚ إِنَّآ أَعۡتَدۡنَا لِلظَّٰلِمِينَ نَارًا أَحَاطَ بِهِمۡ سُرَادِقُهَاۚ
وَإِن يَسۡتَغِيثُواْ يُغَاثُواْ بِمَآءٖ كَٱلۡمُهۡلِ يَشۡوِي ٱلۡوُجُوهَۚ بِئۡسَ
ٱلشَّرَابُ وَسَآءَتۡ مُرۡتَفَقًا ٢٩ إِنَّ ٱلَّذِينَ ءَامَنُواْ وَعَمِلُواْ
ٱلصَّٰلِحَٰتِ إِنَّا لَا نُضِيعُ أَجۡرَ مَنۡ أَحۡسَنَ عَمَلًا ٣٠ أُوْلَٰٓئِكَ
لَهُمۡ جَنَّٰتُ عَدۡنٖ تَجۡرِي مِن تَحۡتِهِمُ ٱلۡأَنۡهَٰرُ يُحَلَّوۡنَ فِيهَا مِنۡ أَسَاوِرَ
مِن ذَهَبٖ وَيَلۡبَسُونَ ثِيَابًا خُضۡرٗا مِّن سُندُسٖ وَإِسۡتَبۡرَقٖ مُّتَّكِـِٔينَ
فِيهَا عَلَى ٱلۡأَرَآئِكِۚ نِعۡمَ ٱلثَّوَابُ وَحَسُنَتۡ مُرۡتَفَقٗا ٣١ ۞ وَٱضۡرِبۡ
لَهُم مَّثَلٗا رَّجُلَيۡنِ جَعَلۡنَا لِأَحَدِهِمَا جَنَّتَيۡنِ مِنۡ أَعۡنَٰبٖ وَحَفَفۡنَٰهُمَا
بِنَخۡلٖ وَجَعَلۡنَا بَيۡنَهُمَا زَرۡعٗا ٣٢ كِلۡتَا ٱلۡجَنَّتَيۡنِ ءَاتَتۡ أُكُلَهَا وَلَمۡ
تَظۡلِم مِّنۡهُ شَيۡـٔٗاۚ وَفَجَّرۡنَا خِلَٰلَهُمَا نَهَرٗا ٣٣ وَكَانَ لَهُۥ ثَمَرٞ فَقَالَ
لِصَٰحِبِهِۦ وَهُوَ يُحَاوِرُهُۥٓ أَنَا۠ أَكۡثَرُ مِنكَ مَالٗا وَأَعَزُّ نَفَرٗا ٣٤

نصف الحزب ٣٠

وَدَخَلَ جَنَّتَهُۥ وَهُوَ ظَالِمٞ لِّنَفۡسِهِۦ قَالَ مَآ أَظُنُّ أَن تَبِيدَ هَٰذِهِۦٓ
أَبَدٗا ٣٥ وَمَآ أَظُنُّ ٱلسَّاعَةَ قَآئِمَةٗ وَلَئِن رُّدِدتُّ إِلَىٰ رَبِّي لَأَجِدَنَّ
خَيۡرٗا مِّنۡهَا مُنقَلَبٗا ٣٦ قَالَ لَهُۥ صَاحِبُهُۥ وَهُوَ يُحَاوِرُهُۥٓ أَكَفَرۡتَ
بِٱلَّذِي خَلَقَكَ مِن تُرَابٖ ثُمَّ مِن نُّطۡفَةٖ ثُمَّ سَوَّىٰكَ رَجُلٗا ٣٧
لَّٰكِنَّا۠ هُوَ ٱللَّهُ رَبِّي وَلَآ أُشۡرِكُ بِرَبِّيٓ أَحَدٗا ٣٨ وَلَوۡلَآ إِذۡ دَخَلۡتَ
جَنَّتَكَ قُلۡتَ مَا شَآءَ ٱللَّهُ لَا قُوَّةَ إِلَّا بِٱللَّهِۚ إِن تَرَنِ أَنَا۠ أَقَلَّ مِنكَ
مَالٗا وَوَلَدٗا ٣٩ فَعَسَىٰ رَبِّيٓ أَن يُؤۡتِيَنِ خَيۡرٗا مِّن جَنَّتِكَ وَيُرۡسِلَ
عَلَيۡهَا حُسۡبَانٗا مِّنَ ٱلسَّمَآءِ فَتُصۡبِحَ صَعِيدٗا زَلَقًا ٤٠ أَوۡ يُصۡبِحَ
مَآؤُهَا غَوۡرٗا فَلَن تَسۡتَطِيعَ لَهُۥ طَلَبٗا ٤١ وَأُحِيطَ بِثَمَرِهِۦ
فَأَصۡبَحَ يُقَلِّبُ كَفَّيۡهِ عَلَىٰ مَآ أَنفَقَ فِيهَا وَهِيَ خَاوِيَةٌ عَلَىٰ
عُرُوشِهَا وَيَقُولُ يَٰلَيۡتَنِي لَمۡ أُشۡرِكۡ بِرَبِّيٓ أَحَدٗا ٤٢ وَلَمۡ تَكُن لَّهُۥ
فِئَةٞ يَنصُرُونَهُۥ مِن دُونِ ٱللَّهِ وَمَا كَانَ مُنتَصِرًا ٤٣ هُنَالِكَ ٱلۡوَلَٰيَةُ
لِلَّهِ ٱلۡحَقِّۚ هُوَ خَيۡرٞ ثَوَابٗا وَخَيۡرٌ عُقۡبٗا ٤٤ وَٱضۡرِبۡ لَهُم مَّثَلَ ٱلۡحَيَوٰةِ
ٱلدُّنۡيَا كَمَآءٍ أَنزَلۡنَٰهُ مِنَ ٱلسَّمَآءِ فَٱخۡتَلَطَ بِهِۦ نَبَاتُ ٱلۡأَرۡضِ
فَأَصۡبَحَ هَشِيمٗا تَذۡرُوهُ ٱلرِّيَٰحُۗ وَكَانَ ٱللَّهُ عَلَىٰ كُلِّ شَيۡءٖ مُّقۡتَدِرًا ٤٥

ٱلْمَالُ وَٱلْبَنُونَ زِينَةُ ٱلْحَيَوٰةِ ٱلدُّنْيَا ۖ وَٱلْبَٰقِيَٰتُ ٱلصَّٰلِحَٰتُ
خَيْرٌ عِندَ رَبِّكَ ثَوَابًا وَخَيْرٌ أَمَلًا ﴿٤٦﴾ وَيَوْمَ نُسَيِّرُ ٱلْجِبَالَ وَتَرَى
ٱلْأَرْضَ بَارِزَةً وَحَشَرْنَٰهُمْ فَلَمْ نُغَادِرْ مِنْهُمْ أَحَدًا ﴿٤٧﴾ وَعُرِضُوا۟
عَلَىٰ رَبِّكَ صَفًّا لَّقَدْ جِئْتُمُونَا كَمَا خَلَقْنَٰكُمْ أَوَّلَ مَرَّةٍۭ ۚ بَلْ زَعَمْتُمْ
أَلَّن نَّجْعَلَ لَكُم مَّوْعِدًا ﴿٤٨﴾ وَوُضِعَ ٱلْكِتَٰبُ فَتَرَى ٱلْمُجْرِمِينَ
مُشْفِقِينَ مِمَّا فِيهِ وَيَقُولُونَ يَٰوَيْلَتَنَا مَالِ هَٰذَا ٱلْكِتَٰبِ
لَا يُغَادِرُ صَغِيرَةً وَلَا كَبِيرَةً إِلَّآ أَحْصَىٰهَا ۚ وَوَجَدُوا۟ مَا عَمِلُوا۟
حَاضِرًا ۗ وَلَا يَظْلِمُ رَبُّكَ أَحَدًا ﴿٤٩﴾ وَإِذْ قُلْنَا لِلْمَلَٰٓئِكَةِ ٱسْجُدُوا۟
لِءَادَمَ فَسَجَدُوٓا۟ إِلَّآ إِبْلِيسَ كَانَ مِنَ ٱلْجِنِّ فَفَسَقَ عَنْ أَمْرِ رَبِّهِۦٓ ۗ
أَفَتَتَّخِذُونَهُۥ وَذُرِّيَّتَهُۥٓ أَوْلِيَآءَ مِن دُونِى وَهُمْ لَكُمْ عَدُوٌّۢ ۚ
بِئْسَ لِلظَّٰلِمِينَ بَدَلًا ﴿٥٠﴾ ۞ مَّآ أَشْهَدتُّهُمْ خَلْقَ ٱلسَّمَٰوَٰتِ
وَٱلْأَرْضِ وَلَا خَلْقَ أَنفُسِهِمْ وَمَا كُنتُ مُتَّخِذَ ٱلْمُضِلِّينَ عَضُدًا
﴿٥١﴾ وَيَوْمَ يَقُولُ نَادُوا۟ شُرَكَآءِىَ ٱلَّذِينَ زَعَمْتُمْ فَدَعَوْهُمْ
فَلَمْ يَسْتَجِيبُوا۟ لَهُمْ وَجَعَلْنَا بَيْنَهُم مَّوْبِقًا ﴿٥٢﴾ وَرَءَا ٱلْمُجْرِمُونَ
ٱلنَّارَ فَظَنُّوٓا۟ أَنَّهُم مُّوَاقِعُوهَا وَلَمْ يَجِدُوا۟ عَنْهَا مَصْرِفًا ﴿٥٣﴾

ثلاثة أرباع
الحزب
٣٠

وَلَقَدْ صَرَّفْنَا فِى هَٰذَا ٱلْقُرْءَانِ لِلنَّاسِ مِن كُلِّ مَثَلٍۚ وَكَانَ
ٱلْإِنسَٰنُ أَكْثَرَ شَىْءٍ جَدَلًا ﴿٥٤﴾ وَمَا مَنَعَ ٱلنَّاسَ أَن يُؤْمِنُوٓاْ
إِذْ جَآءَهُمُ ٱلْهُدَىٰ وَيَسْتَغْفِرُواْ رَبَّهُمْ إِلَّآ أَن تَأْتِيَهُمْ سُنَّةُ
ٱلْأَوَّلِينَ أَوْ يَأْتِيَهُمُ ٱلْعَذَابُ قُبُلًا ﴿٥٥﴾ وَمَا نُرْسِلُ ٱلْمُرْسَلِينَ
إِلَّا مُبَشِّرِينَ وَمُنذِرِينَۚ وَيُجَٰدِلُ ٱلَّذِينَ كَفَرُواْ بِٱلْبَٰطِلِ
لِيُدْحِضُواْ بِهِ ٱلْحَقَّۖ وَٱتَّخَذُوٓاْ ءَايَٰتِى وَمَآ أُنذِرُواْ هُزُوًا ﴿٥٦﴾
وَمَنْ أَظْلَمُ مِمَّن ذُكِّرَ بِـَٔايَٰتِ رَبِّهِۦ فَأَعْرَضَ عَنْهَا وَنَسِىَ
مَا قَدَّمَتْ يَدَاهُۚ إِنَّا جَعَلْنَا عَلَىٰ قُلُوبِهِمْ أَكِنَّةً أَن يَفْقَهُوهُ
وَفِىٓ ءَاذَانِهِمْ وَقْرًاۖ وَإِن تَدْعُهُمْ إِلَى ٱلْهُدَىٰ فَلَن يَهْتَدُوٓاْ إِذًا
أَبَدًا ﴿٥٧﴾ وَرَبُّكَ ٱلْغَفُورُ ذُو ٱلرَّحْمَةِۖ لَوْ يُؤَاخِذُهُم بِمَا كَسَبُواْ
لَعَجَّلَ لَهُمُ ٱلْعَذَابَۚ بَل لَّهُم مَّوْعِدٌ لَّن يَجِدُواْ مِن دُونِهِۦ
مَوْئِلًا ﴿٥٨﴾ وَتِلْكَ ٱلْقُرَىٰٓ أَهْلَكْنَٰهُمْ لَمَّا ظَلَمُواْ وَجَعَلْنَا
لِمَهْلِكِهِم مَّوْعِدًا ﴿٥٩﴾ وَإِذْ قَالَ مُوسَىٰ لِفَتَىٰهُ لَآ أَبْرَحُ حَتَّىٰٓ
أَبْلُغَ مَجْمَعَ ٱلْبَحْرَيْنِ أَوْ أَمْضِىَ حُقُبًا ﴿٦٠﴾ فَلَمَّا بَلَغَا مَجْمَعَ
بَيْنِهِمَا نَسِيَا حُوتَهُمَا فَٱتَّخَذَ سَبِيلَهُۥ فِى ٱلْبَحْرِ سَرَبًا ﴿٦١﴾

فَلَمَّا جَاوَزَا قَالَ لِفَتَىٰهُ ءَاتِنَا غَدَآءَنَا لَقَدْ لَقِينَا مِن سَفَرِنَا
هَٰذَا نَصَبًا ﴿٦٢﴾ قَالَ أَرَءَيْتَ إِذْ أَوَيْنَآ إِلَى ٱلصَّخْرَةِ فَإِنِّى نَسِيتُ
ٱلْحُوتَ وَمَآ أَنسَىٰنِيهُ إِلَّا ٱلشَّيْطَٰنُ أَنْ أَذْكُرَهُۥ ۚ وَٱتَّخَذَ سَبِيلَهُۥ
فِى ٱلْبَحْرِ عَجَبًا ﴿٦٣﴾ قَالَ ذَٰلِكَ مَا كُنَّا نَبْغِ ۚ فَٱرْتَدَّا عَلَىٰٓ ءَاثَارِهِمَا
قَصَصًا ﴿٦٤﴾ فَوَجَدَا عَبْدًا مِّنْ عِبَادِنَآ ءَاتَيْنَٰهُ رَحْمَةً مِّنْ عِندِنَا
وَعَلَّمْنَٰهُ مِن لَّدُنَّا عِلْمًا ﴿٦٥﴾ قَالَ لَهُۥ مُوسَىٰ هَلْ أَتَّبِعُكَ عَلَىٰٓ أَن
تُعَلِّمَنِ مِمَّا عُلِّمْتَ رُشْدًا ﴿٦٦﴾ قَالَ إِنَّكَ لَن تَسْتَطِيعَ مَعِىَ
صَبْرًا ﴿٦٧﴾ وَكَيْفَ تَصْبِرُ عَلَىٰ مَا لَمْ تُحِطْ بِهِۦ خُبْرًا ﴿٦٨﴾ قَالَ
سَتَجِدُنِىٓ إِن شَآءَ ٱللَّهُ صَابِرًا وَلَآ أَعْصِى لَكَ أَمْرًا ﴿٦٩﴾ قَالَ
فَإِنِ ٱتَّبَعْتَنِى فَلَا تَسْـَٔلْنِى عَن شَىْءٍ حَتَّىٰٓ أُحْدِثَ لَكَ مِنْهُ ذِكْرًا
﴿٧٠﴾ فَٱنطَلَقَا حَتَّىٰٓ إِذَا رَكِبَا فِى ٱلسَّفِينَةِ خَرَقَهَا ۖ قَالَ أَخَرَقْتَهَا
لِتُغْرِقَ أَهْلَهَا لَقَدْ جِئْتَ شَيْـًٔا إِمْرًا ﴿٧١﴾ قَالَ أَلَمْ أَقُلْ إِنَّكَ
لَن تَسْتَطِيعَ مَعِىَ صَبْرًا ﴿٧٢﴾ قَالَ لَا تُؤَاخِذْنِى بِمَا نَسِيتُ وَلَا
تُرْهِقْنِى مِنْ أَمْرِى عُسْرًا ﴿٧٣﴾ فَٱنطَلَقَا حَتَّىٰٓ إِذَا لَقِيَا غُلَٰمًا فَقَتَلَهُۥ
قَالَ أَقَتَلْتَ نَفْسًا زَكِيَّةًۢ بِغَيْرِ نَفْسٍ لَّقَدْ جِئْتَ شَيْـًٔا نُّكْرًا ﴿٧٤﴾

۞ قَالَ أَلَمۡ أَقُل لَّكَ إِنَّكَ لَن تَسۡتَطِيعَ مَعِيَ صَبۡرٗا ٧٥ قَالَ إِن
سَأَلۡتُكَ عَن شَيۡءِۭ بَعۡدَهَا فَلَا تُصَٰحِبۡنِيۖ قَدۡ بَلَغۡتَ مِن لَّدُنِّي عُذۡرٗا
٧٦ فَٱنطَلَقَا حَتَّىٰٓ إِذَآ أَتَيَآ أَهۡلَ قَرۡيَةٍ ٱسۡتَطۡعَمَآ أَهۡلَهَا فَأَبَوۡاْ
أَن يُضَيِّفُوهُمَا فَوَجَدَا فِيهَا جِدَارٗا يُرِيدُ أَن يَنقَضَّ فَأَقَامَهُۥۖ
قَالَ لَوۡ شِئۡتَ لَتَّخَذۡتَ عَلَيۡهِ أَجۡرٗا ٧٧ قَالَ هَٰذَا فِرَاقُ بَيۡنِي
وَبَيۡنِكَۚ سَأُنَبِّئُكَ بِتَأۡوِيلِ مَا لَمۡ تَسۡتَطِع عَّلَيۡهِ صَبۡرًا ٧٨ أَمَّا
ٱلسَّفِينَةُ فَكَانَتۡ لِمَسَٰكِينَ يَعۡمَلُونَ فِي ٱلۡبَحۡرِ فَأَرَدتُّ أَنۡ
أَعِيبَهَا وَكَانَ وَرَآءَهُم مَّلِكٞ يَأۡخُذُ كُلَّ سَفِينَةٍ غَصۡبٗا ٧٩ وَأَمَّا
ٱلۡغُلَٰمُ فَكَانَ أَبَوَاهُ مُؤۡمِنَيۡنِ فَخَشِينَآ أَن يُرۡهِقَهُمَا طُغۡيَٰنٗا
وَكُفۡرٗا ٨٠ فَأَرَدۡنَآ أَن يُبۡدِلَهُمَا رَبُّهُمَا خَيۡرٗا مِّنۡهُ زَكَوٰةٗ وَأَقۡرَبَ
رُحۡمٗا ٨١ وَأَمَّا ٱلۡجِدَارُ فَكَانَ لِغُلَٰمَيۡنِ يَتِيمَيۡنِ فِي ٱلۡمَدِينَةِ
وَكَانَ تَحۡتَهُۥ كَنزٞ لَّهُمَا وَكَانَ أَبُوهُمَا صَٰلِحٗا فَأَرَادَ رَبُّكَ أَن
يَبۡلُغَآ أَشُدَّهُمَا وَيَسۡتَخۡرِجَا كَنزَهُمَا رَحۡمَةٗ مِّن رَّبِّكَۚ
وَمَا فَعَلۡتُهُۥ عَنۡ أَمۡرِيۚ ذَٰلِكَ تَأۡوِيلُ مَا لَمۡ تَسۡطِع عَّلَيۡهِ صَبۡرٗا ٨٢
وَيَسۡـَٔلُونَكَ عَن ذِي ٱلۡقَرۡنَيۡنِۖ قُلۡ سَأَتۡلُواْ عَلَيۡكُم مِّنۡهُ ذِكۡرًا ٨٣

إِنَّا مَكَّنَّا لَهُۥ فِى ٱلْأَرْضِ وَءَاتَيْنَٰهُ مِن كُلِّ شَىْءٍ سَبَبًا ﴿٨٤﴾ فَأَتْبَعَ سَبَبًا
﴿٨٥﴾ حَتَّىٰٓ إِذَا بَلَغَ مَغْرِبَ ٱلشَّمْسِ وَجَدَهَا تَغْرُبُ فِى عَيْنٍ حَمِئَةٍ
وَوَجَدَ عِندَهَا قَوْمًا ۗ قُلْنَا يَٰذَا ٱلْقَرْنَيْنِ إِمَّآ أَن تُعَذِّبَ وَإِمَّآ أَن تَتَّخِذَ
فِيهِمْ حُسْنًا ﴿٨٦﴾ قَالَ أَمَّا مَن ظَلَمَ فَسَوْفَ نُعَذِّبُهُۥ ثُمَّ يُرَدُّ إِلَىٰ رَبِّهِۦ
فَيُعَذِّبُهُۥ عَذَابًا نُّكْرًا ﴿٨٧﴾ وَأَمَّا مَنْ ءَامَنَ وَعَمِلَ صَٰلِحًا فَلَهُۥ جَزَآءً
ٱلْحُسْنَىٰ ۖ وَسَنَقُولُ لَهُۥ مِنْ أَمْرِنَا يُسْرًا ﴿٨٨﴾ ثُمَّ أَتْبَعَ سَبَبًا ﴿٨٩﴾ حَتَّىٰٓ
إِذَا بَلَغَ مَطْلِعَ ٱلشَّمْسِ وَجَدَهَا تَطْلُعُ عَلَىٰ قَوْمٍ لَّمْ نَجْعَل لَّهُم مِّن
دُونِهَا سِتْرًا ﴿٩٠﴾ كَذَٰلِكَ ۖ وَقَدْ أَحَطْنَا بِمَا لَدَيْهِ خُبْرًا ﴿٩١﴾ ثُمَّ
أَتْبَعَ سَبَبًا ﴿٩٢﴾ حَتَّىٰٓ إِذَا بَلَغَ بَيْنَ ٱلسَّدَّيْنِ وَجَدَ مِن دُونِهِمَا قَوْمًا
لَّا يَكَادُونَ يَفْقَهُونَ قَوْلًا ﴿٩٣﴾ قَالُوا۟ يَٰذَا ٱلْقَرْنَيْنِ إِنَّ يَأْجُوجَ
وَمَأْجُوجَ مُفْسِدُونَ فِى ٱلْأَرْضِ فَهَلْ نَجْعَلُ لَكَ خَرْجًا عَلَىٰٓ أَن
تَجْعَلَ بَيْنَنَا وَبَيْنَهُمْ سَدًّا ﴿٩٤﴾ قَالَ مَا مَكَّنِّى فِيهِ رَبِّى خَيْرٌ فَأَعِينُونِى
بِقُوَّةٍ أَجْعَلْ بَيْنَكُمْ وَبَيْنَهُمْ رَدْمًا ﴿٩٥﴾ ءَاتُونِى زُبَرَ ٱلْحَدِيدِ ۖ حَتَّىٰٓ إِذَا سَاوَىٰ
بَيْنَ ٱلصَّدَفَيْنِ قَالَ ٱنفُخُوا۟ ۖ حَتَّىٰٓ إِذَا جَعَلَهُۥ نَارًا قَالَ ءَاتُونِىٓ أُفْرِغْ عَلَيْهِ
قِطْرًا ﴿٩٦﴾ فَمَا ٱسْطَٰعُوٓا۟ أَن يَظْهَرُوهُ وَمَا ٱسْتَطَٰعُوا۟ لَهُۥ نَقْبًا ﴿٩٧﴾

قَالَ هَٰذَا رَحْمَةٌ مِّن رَّبِّي ۖ فَإِذَا جَآءَ وَعْدُ رَبِّي جَعَلَهُۥ دَكَّآءَ ۖ وَكَانَ وَعْدُ رَبِّي
حَقًّا ﴿٩٨﴾ ۞ وَتَرَكْنَا بَعْضَهُمْ يَوْمَئِذٍ يَمُوجُ فِي بَعْضٍ ۖ وَنُفِخَ فِي ٱلصُّورِ
فَجَمَعْنَٰهُمْ جَمْعًا ﴿٩٩﴾ وَعَرَضْنَا جَهَنَّمَ يَوْمَئِذٍ لِّلْكَٰفِرِينَ عَرْضًا ﴿١٠٠﴾
ٱلَّذِينَ كَانَتْ أَعْيُنُهُمْ فِي غِطَآءٍ عَن ذِكْرِي وَكَانُوا۟ لَا يَسْتَطِيعُونَ سَمْعًا
﴿١٠١﴾ أَفَحَسِبَ ٱلَّذِينَ كَفَرُوٓا۟ أَن يَتَّخِذُوا۟ عِبَادِي مِن دُونِيٓ أَوْلِيَآءَ ۚ إِنَّآ
أَعْتَدْنَا جَهَنَّمَ لِلْكَٰفِرِينَ نُزُلًا ﴿١٠٢﴾ قُلْ هَلْ نُنَبِّئُكُم بِٱلْأَخْسَرِينَ أَعْمَٰلًا
﴿١٠٣﴾ ٱلَّذِينَ ضَلَّ سَعْيُهُمْ فِي ٱلْحَيَوٰةِ ٱلدُّنْيَا وَهُمْ يَحْسَبُونَ أَنَّهُمْ يُحْسِنُونَ
صُنْعًا ﴿١٠٤﴾ أُو۟لَٰٓئِكَ ٱلَّذِينَ كَفَرُوا۟ بِـَٔايَٰتِ رَبِّهِمْ وَلِقَآئِهِۦ فَحَبِطَتْ
أَعْمَٰلُهُمْ فَلَا نُقِيمُ لَهُمْ يَوْمَ ٱلْقِيَٰمَةِ وَزْنًا ﴿١٠٥﴾ ذَٰلِكَ جَزَآؤُهُمْ جَهَنَّمُ
بِمَا كَفَرُوا۟ وَٱتَّخَذُوٓا۟ ءَايَٰتِي وَرُسُلِي هُزُوًا ﴿١٠٦﴾ إِنَّ ٱلَّذِينَ ءَامَنُوا۟ وَعَمِلُوا۟
ٱلصَّٰلِحَٰتِ كَانَتْ لَهُمْ جَنَّٰتُ ٱلْفِرْدَوْسِ نُزُلًا ﴿١٠٧﴾ خَٰلِدِينَ فِيهَا
لَا يَبْغُونَ عَنْهَا حِوَلًا ﴿١٠٨﴾ قُل لَّوْ كَانَ ٱلْبَحْرُ مِدَادًا لِّكَلِمَٰتِ رَبِّي لَنَفِدَ
ٱلْبَحْرُ قَبْلَ أَن تَنفَدَ كَلِمَٰتُ رَبِّي وَلَوْ جِئْنَا بِمِثْلِهِۦ مَدَدًا ﴿١٠٩﴾ قُلْ إِنَّمَآ
أَنَا۠ بَشَرٌ مِّثْلُكُمْ يُوحَىٰٓ إِلَيَّ أَنَّمَآ إِلَٰهُكُمْ إِلَٰهٌ وَٰحِدٌ ۖ فَمَن كَانَ يَرْجُوا۟
لِقَآءَ رَبِّهِۦ فَلْيَعْمَلْ عَمَلًا صَٰلِحًا وَلَا يُشْرِكْ بِعِبَادَةِ رَبِّهِۦٓ أَحَدًۢا ﴿١١٠﴾

ربع الحزب ٣١

سُورَةُ مَرۡيَمَ

بِسۡمِ ٱللَّهِ ٱلرَّحۡمَٰنِ ٱلرَّحِيمِ

كٓهيعٓصٓ ﴿١﴾ ذِكۡرُ رَحۡمَتِ رَبِّكَ عَبۡدَهُۥ زَكَرِيَّآ ﴿٢﴾ إِذۡ
نَادَىٰ رَبَّهُۥ نِدَآءً خَفِيّٗا ﴿٣﴾ قَالَ رَبِّ إِنِّي وَهَنَ ٱلۡعَظۡمُ مِنِّي
وَٱشۡتَعَلَ ٱلرَّأۡسُ شَيۡبٗا وَلَمۡ أَكُنۢ بِدُعَآئِكَ رَبِّ شَقِيّٗا
﴿٤﴾ وَإِنِّي خِفۡتُ ٱلۡمَوَٰلِيَ مِن وَرَآءِي وَكَانَتِ ٱمۡرَأَتِي
عَاقِرٗا فَهَبۡ لِي مِن لَّدُنكَ وَلِيّٗا ﴿٥﴾ يَرِثُنِي وَيَرِثُ مِنۡ
ءَالِ يَعۡقُوبَۖ وَٱجۡعَلۡهُ رَبِّ رَضِيّٗا ﴿٦﴾ يَٰزَكَرِيَّآ إِنَّا
نُبَشِّرُكَ بِغُلَٰمٍ ٱسۡمُهُۥ يَحۡيَىٰ لَمۡ نَجۡعَل لَّهُۥ مِن قَبۡلُ سَمِيّٗا
﴿٧﴾ قَالَ رَبِّ أَنَّىٰ يَكُونُ لِي غُلَٰمٞ وَكَانَتِ ٱمۡرَأَتِي عَاقِرٗا
وَقَدۡ بَلَغۡتُ مِنَ ٱلۡكِبَرِ عِتِيّٗا ﴿٨﴾ قَالَ كَذَٰلِكَ قَالَ
رَبُّكَ هُوَ عَلَيَّ هَيِّنٞ وَقَدۡ خَلَقۡتُكَ مِن قَبۡلُ وَلَمۡ تَكُ
شَيۡـٔٗا ﴿٩﴾ قَالَ رَبِّ ٱجۡعَل لِّيٓ ءَايَةٗۖ قَالَ ءَايَتُكَ أَلَّا
تُكَلِّمَ ٱلنَّاسَ ثَلَٰثَ لَيَالٖ سَوِيّٗا ﴿١٠﴾ فَخَرَجَ عَلَىٰ قَوۡمِهِۦ مِنَ
ٱلۡمِحۡرَابِ فَأَوۡحَىٰٓ إِلَيۡهِمۡ أَن سَبِّحُواْ بُكۡرَةٗ وَعَشِيّٗا ﴿١١﴾

يَٰيَحۡيَىٰ خُذِ ٱلۡكِتَٰبَ بِقُوَّةٖۖ وَءَاتَيۡنَٰهُ ٱلۡحُكۡمَ صَبِيّٗا ١٢
وَحَنَانٗا مِّن لَّدُنَّا وَزَكَوٰةٗۖ وَكَانَ تَقِيّٗا ١٣ وَبَرَّۢا بِوَٰلِدَيۡهِ وَلَمۡ
يَكُن جَبَّارًا عَصِيّٗا ١٤ وَسَلَٰمٌ عَلَيۡهِ يَوۡمَ وُلِدَ وَيَوۡمَ يَمُوتُ
وَيَوۡمَ يُبۡعَثُ حَيّٗا ١٥ وَٱذۡكُرۡ فِي ٱلۡكِتَٰبِ مَرۡيَمَ إِذِ ٱنتَبَذَتۡ
مِنۡ أَهۡلِهَا مَكَانٗا شَرۡقِيّٗا ١٦ فَٱتَّخَذَتۡ مِن دُونِهِمۡ حِجَابٗا
فَأَرۡسَلۡنَآ إِلَيۡهَا رُوحَنَا فَتَمَثَّلَ لَهَا بَشَرٗا سَوِيّٗا ١٧ قَالَتۡ إِنِّيٓ
أَعُوذُ بِٱلرَّحۡمَٰنِ مِنكَ إِن كُنتَ تَقِيّٗا ١٨ قَالَ إِنَّمَآ أَنَا۠ رَسُولُ
رَبِّكِ لِأَهَبَ لَكِ غُلَٰمٗا زَكِيّٗا ١٩ قَالَتۡ أَنَّىٰ يَكُونُ لِي
غُلَٰمٞ وَلَمۡ يَمۡسَسۡنِي بَشَرٞ وَلَمۡ أَكُ بَغِيّٗا ٢٠ قَالَ كَذَٰلِكِ
قَالَ رَبُّكِ هُوَ عَلَيَّ هَيِّنٞۖ وَلِنَجۡعَلَهُۥٓ ءَايَةٗ لِّلنَّاسِ وَرَحۡمَةٗ
مِّنَّاۚ وَكَانَ أَمۡرٗا مَّقۡضِيّٗا ٢١ ۞ فَحَمَلَتۡهُ فَٱنتَبَذَتۡ بِهِۦ
مَكَانٗا قَصِيّٗا ٢٢ فَأَجَآءَهَا ٱلۡمَخَاضُ إِلَىٰ جِذۡعِ ٱلنَّخۡلَةِ
قَالَتۡ يَٰلَيۡتَنِي مِتُّ قَبۡلَ هَٰذَا وَكُنتُ نَسۡيٗا مَّنسِيّٗا ٢٣
فَنَادَىٰهَا مِن تَحۡتِهَآ أَلَّا تَحۡزَنِي قَدۡ جَعَلَ رَبُّكِ تَحۡتَكِ سَرِيّٗا ٢٤
وَهُزِّيٓ إِلَيۡكِ بِجِذۡعِ ٱلنَّخۡلَةِ تُسَٰقِطۡ عَلَيۡكِ رُطَبٗا جَنِيّٗا ٢٥

نصف الحزب ٣١

فَكُلِي وَٱشۡرَبِي وَقَرِّي عَيۡنٗاۖ فَإِمَّا تَرَيِنَّ مِنَ ٱلۡبَشَرِ أَحَدٗا فَقُولِيٓ
إِنِّي نَذَرۡتُ لِلرَّحۡمَٰنِ صَوۡمٗا فَلَنۡ أُكَلِّمَ ٱلۡيَوۡمَ إِنسِيّٗا ٢٦ فَأَتَتۡ
بِهِۦ قَوۡمَهَا تَحۡمِلُهُۥۖ قَالُواْ يَٰمَرۡيَمُ لَقَدۡ جِئۡتِ شَيۡـٔٗا فَرِيّٗا ٢٧
يَٰٓأُخۡتَ هَٰرُونَ مَا كَانَ أَبُوكِ ٱمۡرَأَ سَوۡءٖ وَمَا كَانَتۡ
أُمُّكِ بَغِيّٗا ٢٨ فَأَشَارَتۡ إِلَيۡهِۖ قَالُواْ كَيۡفَ نُكَلِّمُ مَن كَانَ فِي
ٱلۡمَهۡدِ صَبِيّٗا ٢٩ قَالَ إِنِّي عَبۡدُ ٱللَّهِ ءَاتَىٰنِيَ ٱلۡكِتَٰبَ وَجَعَلَنِي
نَبِيّٗا ٣٠ وَجَعَلَنِي مُبَارَكًا أَيۡنَ مَا كُنتُ وَأَوۡصَٰنِي بِٱلصَّلَوٰةِ
وَٱلزَّكَوٰةِ مَا دُمۡتُ حَيّٗا ٣١ وَبَرَّۢا بِوَٰلِدَتِي وَلَمۡ يَجۡعَلۡنِي
جَبَّارٗا شَقِيّٗا ٣٢ وَٱلسَّلَٰمُ عَلَيَّ يَوۡمَ وُلِدتُّ وَيَوۡمَ أَمُوتُ
وَيَوۡمَ أُبۡعَثُ حَيّٗا ٣٣ ذَٰلِكَ عِيسَى ٱبۡنُ مَرۡيَمَۖ قَوۡلَ ٱلۡحَقِّ
ٱلَّذِي فِيهِ يَمۡتَرُونَ ٣٤ مَا كَانَ لِلَّهِ أَن يَتَّخِذَ مِن وَلَدٖۖ سُبۡحَٰنَهُۥٓۚ
إِذَا قَضَىٰٓ أَمۡرٗا فَإِنَّمَا يَقُولُ لَهُۥ كُن فَيَكُونُ ٣٥ وَإِنَّ ٱللَّهَ رَبِّي وَرَبُّكُمۡ
فَٱعۡبُدُوهُۚ هَٰذَا صِرَٰطٞ مُّسۡتَقِيمٞ ٣٦ فَٱخۡتَلَفَ ٱلۡأَحۡزَابُ مِنۢ
بَيۡنِهِمۡۖ فَوَيۡلٞ لِّلَّذِينَ كَفَرُواْ مِن مَّشۡهَدِ يَوۡمٍ عَظِيمٍ ٣٧ أَسۡمِعۡ بِهِمۡ
وَأَبۡصِرۡ يَوۡمَ يَأۡتُونَنَاۖ لَٰكِنِ ٱلظَّٰلِمُونَ ٱلۡيَوۡمَ فِي ضَلَٰلٖ مُّبِينٖ ٣٨

وَأَنذِرْهُمْ يَوْمَ ٱلْحَسْرَةِ إِذْ قُضِىَ ٱلْأَمْرُ وَهُمْ فِى غَفْلَةٍ وَهُمْ لَا يُؤْمِنُونَ
﴿٣٩﴾ إِنَّا نَحْنُ نَرِثُ ٱلْأَرْضَ وَمَنْ عَلَيْهَا وَإِلَيْنَا يُرْجَعُونَ ﴿٤٠﴾ وَٱذْكُرْ
فِى ٱلْكِتَٰبِ إِبْرَٰهِيمَ ۚ إِنَّهُۥ كَانَ صِدِّيقًا نَّبِيًّا ﴿٤١﴾ إِذْ قَالَ لِأَبِيهِ يَٰٓأَبَتِ
لِمَ تَعْبُدُ مَا لَا يَسْمَعُ وَلَا يُبْصِرُ وَلَا يُغْنِى عَنكَ شَيْـًٔا ﴿٤٢﴾ يَٰٓأَبَتِ
إِنِّى قَدْ جَآءَنِى مِنَ ٱلْعِلْمِ مَا لَمْ يَأْتِكَ فَٱتَّبِعْنِىٓ أَهْدِكَ صِرَٰطًا
سَوِيًّا ﴿٤٣﴾ يَٰٓأَبَتِ لَا تَعْبُدِ ٱلشَّيْطَٰنَ ۖ إِنَّ ٱلشَّيْطَٰنَ كَانَ لِلرَّحْمَٰنِ
عَصِيًّا ﴿٤٤﴾ يَٰٓأَبَتِ إِنِّىٓ أَخَافُ أَن يَمَسَّكَ عَذَابٌ مِّنَ ٱلرَّحْمَٰنِ
فَتَكُونَ لِلشَّيْطَٰنِ وَلِيًّا ﴿٤٥﴾ قَالَ أَرَاغِبٌ أَنتَ عَنْ ءَالِهَتِى
يَٰٓإِبْرَٰهِيمُ ۖ لَئِن لَّمْ تَنتَهِ لَأَرْجُمَنَّكَ ۖ وَٱهْجُرْنِى مَلِيًّا ﴿٤٦﴾ قَالَ
سَلَٰمٌ عَلَيْكَ ۖ سَأَسْتَغْفِرُ لَكَ رَبِّىٓ ۖ إِنَّهُۥ كَانَ بِى حَفِيًّا ﴿٤٧﴾
وَأَعْتَزِلُكُمْ وَمَا تَدْعُونَ مِن دُونِ ٱللَّهِ وَأَدْعُوا۟ رَبِّى عَسَىٰٓ أَلَّآ
أَكُونَ بِدُعَآءِ رَبِّى شَقِيًّا ﴿٤٨﴾ فَلَمَّا ٱعْتَزَلَهُمْ وَمَا يَعْبُدُونَ مِن
دُونِ ٱللَّهِ وَهَبْنَا لَهُۥٓ إِسْحَٰقَ وَيَعْقُوبَ ۖ وَكُلًّا جَعَلْنَا نَبِيًّا ﴿٤٩﴾
وَوَهَبْنَا لَهُم مِّن رَّحْمَتِنَا وَجَعَلْنَا لَهُمْ لِسَانَ صِدْقٍ عَلِيًّا ﴿٥٠﴾
وَٱذْكُرْ فِى ٱلْكِتَٰبِ مُوسَىٰٓ ۚ إِنَّهُۥ كَانَ مُخْلَصًا وَكَانَ رَسُولًا نَّبِيًّا ﴿٥١﴾

وَنَٰدَيۡنَٰهُ مِن جَانِبِ ٱلطُّورِ ٱلۡأَيۡمَنِ وَقَرَّبۡنَٰهُ نَجِيّٗا ﴿٥٢﴾ وَوَهَبۡنَا لَهُۥ مِن
رَّحۡمَتِنَآ أَخَاهُ هَٰرُونَ نَبِيّٗا ﴿٥٣﴾ وَٱذۡكُرۡ فِي ٱلۡكِتَٰبِ إِسۡمَٰعِيلَۚ إِنَّهُۥ كَانَ
صَادِقَ ٱلۡوَعۡدِ وَكَانَ رَسُولٗا نَّبِيّٗا ﴿٥٤﴾ وَكَانَ يَأۡمُرُ أَهۡلَهُۥ بِٱلصَّلَوٰةِ
وَٱلزَّكَوٰةِ وَكَانَ عِندَ رَبِّهِۦ مَرۡضِيّٗا ﴿٥٥﴾ وَٱذۡكُرۡ فِي ٱلۡكِتَٰبِ إِدۡرِيسَۚ إِنَّهُۥ
كَانَ صِدِّيقٗا نَّبِيّٗا ﴿٥٦﴾ وَرَفَعۡنَٰهُ مَكَانًا عَلِيًّا ﴿٥٧﴾ أُوْلَٰٓئِكَ ٱلَّذِينَ أَنۡعَمَ
ٱللَّهُ عَلَيۡهِم مِّنَ ٱلنَّبِيِّـۧنَ مِن ذُرِّيَّةِ ءَادَمَ وَمِمَّنۡ حَمَلۡنَا مَعَ نُوحٖ وَمِن
ذُرِّيَّةِ إِبۡرَٰهِيمَ وَإِسۡرَٰٓءِيلَ وَمِمَّنۡ هَدَيۡنَا وَٱجۡتَبَيۡنَآۚ إِذَا تُتۡلَىٰ عَلَيۡهِمۡ
ءَايَٰتُ ٱلرَّحۡمَٰنِ خَرُّواْۤ سُجَّدٗا وَبُكِيّٗا۩ ﴿٥٨﴾ ۞فَخَلَفَ مِنۢ بَعۡدِهِمۡ
خَلۡفٌ أَضَاعُواْ ٱلصَّلَوٰةَ وَٱتَّبَعُواْ ٱلشَّهَوَٰتِۖ فَسَوۡفَ يَلۡقَوۡنَ غَيًّا
﴿٥٩﴾ إِلَّا مَن تَابَ وَءَامَنَ وَعَمِلَ صَٰلِحٗا فَأُوْلَٰٓئِكَ يَدۡخُلُونَ ٱلۡجَنَّةَ
وَلَا يُظۡلَمُونَ شَيۡـٔٗا ﴿٦٠﴾ جَنَّٰتِ عَدۡنٍ ٱلَّتِي وَعَدَ ٱلرَّحۡمَٰنُ عِبَادَهُۥ
بِٱلۡغَيۡبِۚ إِنَّهُۥ كَانَ وَعۡدُهُۥ مَأۡتِيّٗا ﴿٦١﴾ لَّا يَسۡمَعُونَ فِيهَا لَغۡوًا إِلَّا
سَلَٰمٗاۖ وَلَهُمۡ رِزۡقُهُمۡ فِيهَا بُكۡرَةٗ وَعَشِيّٗا ﴿٦٢﴾ تِلۡكَ ٱلۡجَنَّةُ ٱلَّتِي
نُورِثُ مِنۡ عِبَادِنَا مَن كَانَ تَقِيّٗا ﴿٦٣﴾ وَمَا نَتَنَزَّلُ إِلَّا بِأَمۡرِ رَبِّكَۖ لَهُۥ
مَا بَيۡنَ أَيۡدِينَا وَمَا خَلۡفَنَا وَمَا بَيۡنَ ذَٰلِكَۚ وَمَا كَانَ رَبُّكَ نَسِيّٗا ﴿٦٤﴾

سجدة
ثلاثة أرباع
الحزب
٣١

رَّبُّ ٱلسَّمَٰوَٰتِ وَٱلْأَرْضِ وَمَا بَيْنَهُمَا فَٱعْبُدْهُ وَٱصْطَبِرْ لِعِبَٰدَتِهِۦ ۚ
هَلْ تَعْلَمُ لَهُۥ سَمِيًّا ٦٥ وَيَقُولُ ٱلْإِنسَٰنُ أَءِذَا مَا مِتُّ لَسَوْفَ
أُخْرَجُ حَيًّا ٦٦ أَوَلَا يَذْكُرُ ٱلْإِنسَٰنُ أَنَّا خَلَقْنَٰهُ مِن قَبْلُ
وَلَمْ يَكُ شَيْـًٔا ٦٧ فَوَرَبِّكَ لَنَحْشُرَنَّهُمْ وَٱلشَّيَٰطِينَ ثُمَّ
لَنُحْضِرَنَّهُمْ حَوْلَ جَهَنَّمَ جِثِيًّا ٦٨ ثُمَّ لَنَنزِعَنَّ مِن كُلِّ
شِيعَةٍ أَيُّهُمْ أَشَدُّ عَلَى ٱلرَّحْمَٰنِ عِتِيًّا ٦٩ ثُمَّ لَنَحْنُ أَعْلَمُ بِٱلَّذِينَ
هُمْ أَوْلَىٰ بِهَا صِلِيًّا ٧٠ وَإِن مِّنكُمْ إِلَّا وَارِدُهَا ۚ كَانَ عَلَىٰ رَبِّكَ
حَتْمًا مَّقْضِيًّا ٧١ ثُمَّ نُنَجِّى ٱلَّذِينَ ٱتَّقَوا۟ وَّنَذَرُ ٱلظَّٰلِمِينَ
فِيهَا جِثِيًّا ٧٢ وَإِذَا تُتْلَىٰ عَلَيْهِمْ ءَايَٰتُنَا بَيِّنَٰتٍ قَالَ ٱلَّذِينَ كَفَرُوا۟
لِلَّذِينَ ءَامَنُوٓا۟ أَىُّ ٱلْفَرِيقَيْنِ خَيْرٌ مَّقَامًا وَأَحْسَنُ نَدِيًّا ٧٣
وَكَمْ أَهْلَكْنَا قَبْلَهُم مِّن قَرْنٍ هُمْ أَحْسَنُ أَثَٰثًا وَرِءْيًا ٧٤
قُلْ مَن كَانَ فِى ٱلضَّلَٰلَةِ فَلْيَمْدُدْ لَهُ ٱلرَّحْمَٰنُ مَدًّا ۚ حَتَّىٰٓ إِذَا رَأَوْا۟
مَا يُوعَدُونَ إِمَّا ٱلْعَذَابَ وَإِمَّا ٱلسَّاعَةَ فَسَيَعْلَمُونَ مَنْ هُوَ شَرٌّ
مَّكَانًا وَأَضْعَفُ جُندًا ٧٥ وَيَزِيدُ ٱللَّهُ ٱلَّذِينَ ٱهْتَدَوْا۟ هُدًى ۗ
وَٱلْبَٰقِيَٰتُ ٱلصَّٰلِحَٰتُ خَيْرٌ عِندَ رَبِّكَ ثَوَابًا وَخَيْرٌ مَّرَدًّا ٧٦

أَفَرَءَيْتَ ٱلَّذِى كَفَرَ بِـَٔايَٰتِنَا وَقَالَ لَأُوتَيَنَّ مَالًا وَوَلَدًا
٧٧ أَطَّلَعَ ٱلْغَيْبَ أَمِ ٱتَّخَذَ عِندَ ٱلرَّحْمَٰنِ عَهْدًا ٧٨ كَلَّا
سَنَكْتُبُ مَا يَقُولُ وَنَمُدُّ لَهُۥ مِنَ ٱلْعَذَابِ مَدًّا ٧٩ وَنَرِثُهُۥ
مَا يَقُولُ وَيَأْتِينَا فَرْدًا ٨٠ وَٱتَّخَذُوا۟ مِن دُونِ ٱللَّهِ ءَالِهَةً
لِّيَكُونُوا۟ لَهُمْ عِزًّا ٨١ كَلَّا سَيَكْفُرُونَ بِعِبَادَتِهِمْ وَيَكُونُونَ
عَلَيْهِمْ ضِدًّا ٨٢ أَلَمْ تَرَ أَنَّآ أَرْسَلْنَا ٱلشَّيَٰطِينَ عَلَى ٱلْكَٰفِرِينَ
تَؤُزُّهُمْ أَزًّا ٨٣ فَلَا تَعْجَلْ عَلَيْهِمْ ۖ إِنَّمَا نَعُدُّ لَهُمْ عَدًّا ٨٤
يَوْمَ نَحْشُرُ ٱلْمُتَّقِينَ إِلَى ٱلرَّحْمَٰنِ وَفْدًا ٨٥ وَنَسُوقُ ٱلْمُجْرِمِينَ
إِلَىٰ جَهَنَّمَ وِرْدًا ٨٦ لَّا يَمْلِكُونَ ٱلشَّفَٰعَةَ إِلَّا مَنِ ٱتَّخَذَ عِندَ
ٱلرَّحْمَٰنِ عَهْدًا ٨٧ وَقَالُوا۟ ٱتَّخَذَ ٱلرَّحْمَٰنُ وَلَدًا ٨٨ لَّقَدْ
جِئْتُمْ شَيْـًٔا إِدًّا ٨٩ تَكَادُ ٱلسَّمَٰوَٰتُ يَتَفَطَّرْنَ مِنْهُ
وَتَنشَقُّ ٱلْأَرْضُ وَتَخِرُّ ٱلْجِبَالُ هَدًّا ٩٠ أَن دَعَوْا۟ لِلرَّحْمَٰنِ وَلَدًا
٩١ وَمَا يَنۢبَغِى لِلرَّحْمَٰنِ أَن يَتَّخِذَ وَلَدًا ٩٢ إِن كُلُّ مَن فِى
ٱلسَّمَٰوَٰتِ وَٱلْأَرْضِ إِلَّآ ءَاتِى ٱلرَّحْمَٰنِ عَبْدًا ٩٣ لَّقَدْ أَحْصَىٰهُمْ
وَعَدَّهُمْ عَدًّا ٩٤ وَكُلُّهُمْ ءَاتِيهِ يَوْمَ ٱلْقِيَٰمَةِ فَرْدًا ٩٥

إِنَّ ٱلَّذِينَ ءَامَنُواْ وَعَمِلُواْ ٱلصَّٰلِحَٰتِ سَيَجۡعَلُ لَهُمُ
ٱلرَّحۡمَٰنُ وُدّٗا ٩٦ فَإِنَّمَا يَسَّرۡنَٰهُ بِلِسَانِكَ لِتُبَشِّرَ بِهِ
ٱلۡمُتَّقِينَ وَتُنذِرَ بِهِۦ قَوۡمٗا لُّدّٗا ٩٧ وَكَمۡ أَهۡلَكۡنَا قَبۡلَهُم
مِّن قَرۡنٍ هَلۡ تُحِسُّ مِنۡهُم مِّنۡ أَحَدٍ أَوۡ تَسۡمَعُ لَهُمۡ رِكۡزَۢا ٩٨

سُورَةُ طه

بِسۡمِ ٱللَّهِ ٱلرَّحۡمَٰنِ ٱلرَّحِيمِ

طه ١ مَآ أَنزَلۡنَا عَلَيۡكَ ٱلۡقُرۡءَانَ لِتَشۡقَىٰٓ ٢ إِلَّا تَذۡكِرَةٗ
لِّمَن يَخۡشَىٰ ٣ تَنزِيلٗا مِّمَّنۡ خَلَقَ ٱلۡأَرۡضَ وَٱلسَّمَٰوَٰتِ ٱلۡعُلَى ٤
ٱلرَّحۡمَٰنُ عَلَى ٱلۡعَرۡشِ ٱسۡتَوَىٰ ٥ لَهُۥ مَا فِي ٱلسَّمَٰوَٰتِ وَمَا فِي
ٱلۡأَرۡضِ وَمَا بَيۡنَهُمَا وَمَا تَحۡتَ ٱلثَّرَىٰ ٦ وَإِن تَجۡهَرۡ بِٱلۡقَوۡلِ
فَإِنَّهُۥ يَعۡلَمُ ٱلسِّرَّ وَأَخۡفَى ٧ ٱللَّهُ لَآ إِلَٰهَ إِلَّا هُوَۖ لَهُ ٱلۡأَسۡمَآءُ
ٱلۡحُسۡنَىٰ ٨ وَهَلۡ أَتَىٰكَ حَدِيثُ مُوسَىٰٓ ٩ إِذۡ رَءَا نَارٗا
فَقَالَ لِأَهۡلِهِ ٱمۡكُثُوٓاْ إِنِّيٓ ءَانَسۡتُ نَارٗا لَّعَلِّيٓ ءَاتِيكُم مِّنۡهَا بِقَبَسٍ
أَوۡ أَجِدُ عَلَى ٱلنَّارِ هُدٗى ١٠ فَلَمَّآ أَتَىٰهَا نُودِيَ يَٰمُوسَىٰٓ ١١ إِنِّيٓ
أَنَا۠ رَبُّكَ فَٱخۡلَعۡ نَعۡلَيۡكَ إِنَّكَ بِٱلۡوَادِ ٱلۡمُقَدَّسِ طُوٗى ١٢

الحزب ٣٢

وَأَنَا ٱخۡتَرۡتُكَ فَٱسۡتَمِعۡ لِمَا يُوحَىٰٓ ١٣ إِنَّنِيٓ أَنَا ٱللَّهُ لَآ إِلَٰهَ إِلَّآ أَنَا۠
فَٱعۡبُدۡنِي وَأَقِمِ ٱلصَّلَوٰةَ لِذِكۡرِيٓ ١٤ إِنَّ ٱلسَّاعَةَ ءَاتِيَةٌ
أَكَادُ أُخۡفِيهَا لِتُجۡزَىٰ كُلُّ نَفۡسِۭ بِمَا تَسۡعَىٰ ١٥ فَلَا يَصُدَّنَّكَ
عَنۡهَا مَن لَّا يُؤۡمِنُ بِهَا وَٱتَّبَعَ هَوَىٰهُ فَتَرۡدَىٰ ١٦ وَمَا تِلۡكَ
بِيَمِينِكَ يَٰمُوسَىٰ ١٧ قَالَ هِيَ عَصَايَ أَتَوَكَّؤُاْ عَلَيۡهَا
وَأَهُشُّ بِهَا عَلَىٰ غَنَمِي وَلِيَ فِيهَا مَـَٔارِبُ أُخۡرَىٰ ١٨ قَالَ أَلۡقِهَا
يَٰمُوسَىٰ ١٩ فَأَلۡقَىٰهَا فَإِذَا هِيَ حَيَّةٞ تَسۡعَىٰ ٢٠ قَالَ خُذۡهَا
وَلَا تَخَفۡۖ سَنُعِيدُهَا سِيرَتَهَا ٱلۡأُولَىٰ ٢١ وَٱضۡمُمۡ يَدَكَ
إِلَىٰ جَنَاحِكَ تَخۡرُجۡ بَيۡضَآءَ مِنۡ غَيۡرِ سُوٓءٍ ءَايَةً أُخۡرَىٰ ٢٢ لِنُرِيَكَ
مِنۡ ءَايَٰتِنَا ٱلۡكُبۡرَى ٢٣ ٱذۡهَبۡ إِلَىٰ فِرۡعَوۡنَ إِنَّهُۥ طَغَىٰ ٢٤ قَالَ
رَبِّ ٱشۡرَحۡ لِي صَدۡرِي ٢٥ وَيَسِّرۡ لِيٓ أَمۡرِي ٢٦ وَٱحۡلُلۡ عُقۡدَةٗ مِّن
لِّسَانِي ٢٧ يَفۡقَهُواْ قَوۡلِي ٢٨ وَٱجۡعَل لِّي وَزِيرٗا مِّنۡ أَهۡلِي ٢٩ هَٰرُونَ
أَخِي ٣٠ ٱشۡدُدۡ بِهِۦٓ أَزۡرِي ٣١ وَأَشۡرِكۡهُ فِيٓ أَمۡرِي ٣٢ كَيۡ نُسَبِّحَكَ
كَثِيرٗا ٣٣ وَنَذۡكُرَكَ كَثِيرًا ٣٤ إِنَّكَ كُنتَ بِنَا بَصِيرٗا ٣٥ قَالَ قَدۡ
أُوتِيتَ سُؤۡلَكَ يَٰمُوسَىٰ ٣٦ وَلَقَدۡ مَنَنَّا عَلَيۡكَ مَرَّةً أُخۡرَىٰٓ ٣٧

إِذْ أَوْحَيْنَآ إِلَىٰٓ أُمِّكَ مَا يُوحَىٰٓ ﴿٣٨﴾ أَنِ ٱقْذِفِيهِ فِى ٱلتَّابُوتِ فَٱقْذِفِيهِ
فِى ٱلْيَمِّ فَلْيُلْقِهِ ٱلْيَمُّ بِٱلسَّاحِلِ يَأْخُذْهُ عَدُوٌّ لِّى وَعَدُوٌّ لَّهُۥ ۚ وَأَلْقَيْتُ
عَلَيْكَ مَحَبَّةً مِّنِّى وَلِتُصْنَعَ عَلَىٰ عَيْنِىٓ ﴿٣٩﴾ إِذْ تَمْشِىٓ أُخْتُكَ فَتَقُولُ
هَلْ أَدُلُّكُمْ عَلَىٰ مَن يَكْفُلُهُۥ ۖ فَرَجَعْنَٰكَ إِلَىٰٓ أُمِّكَ كَىْ تَقَرَّ عَيْنُهَا
وَلَا تَحْزَنَ ۚ وَقَتَلْتَ نَفْسًا فَنَجَّيْنَٰكَ مِنَ ٱلْغَمِّ وَفَتَنَّٰكَ فُتُونًا ۚ
فَلَبِثْتَ سِنِينَ فِىٓ أَهْلِ مَدْيَنَ ثُمَّ جِئْتَ عَلَىٰ قَدَرٍ يَٰمُوسَىٰ ﴿٤٠﴾
وَٱصْطَنَعْتُكَ لِنَفْسِى ﴿٤١﴾ ٱذْهَبْ أَنتَ وَأَخُوكَ بِـَٔايَٰتِى وَلَا
تَنِيَا فِى ذِكْرِى ﴿٤٢﴾ ٱذْهَبَآ إِلَىٰ فِرْعَوْنَ إِنَّهُۥ طَغَىٰ ﴿٤٣﴾ فَقُولَا لَهُۥ قَوْلًا
لَّيِّنًا لَّعَلَّهُۥ يَتَذَكَّرُ أَوْ يَخْشَىٰ ﴿٤٤﴾ قَالَا رَبَّنَآ إِنَّنَا نَخَافُ أَن يَفْرُطَ
عَلَيْنَآ أَوْ أَن يَطْغَىٰ ﴿٤٥﴾ قَالَ لَا تَخَافَآ ۖ إِنَّنِى مَعَكُمَآ أَسْمَعُ وَأَرَىٰ
﴿٤٦﴾ فَأْتِيَاهُ فَقُولَآ إِنَّا رَسُولَا رَبِّكَ فَأَرْسِلْ مَعَنَا بَنِىٓ إِسْرَٰٓءِيلَ
وَلَا تُعَذِّبْهُمْ ۖ قَدْ جِئْنَٰكَ بِـَٔايَةٍ مِّن رَّبِّكَ ۖ وَٱلسَّلَٰمُ عَلَىٰ مَنِ ٱتَّبَعَ
ٱلْهُدَىٰٓ ﴿٤٧﴾ إِنَّا قَدْ أُوحِىَ إِلَيْنَآ أَنَّ ٱلْعَذَابَ عَلَىٰ مَن كَذَّبَ
وَتَوَلَّىٰ ﴿٤٨﴾ قَالَ فَمَن رَّبُّكُمَا يَٰمُوسَىٰ ﴿٤٩﴾ قَالَ رَبُّنَا ٱلَّذِىٓ أَعْطَىٰ
كُلَّ شَىْءٍ خَلْقَهُۥ ثُمَّ هَدَىٰ ﴿٥٠﴾ قَالَ فَمَا بَالُ ٱلْقُرُونِ ٱلْأُولَىٰ ﴿٥١﴾

قَالَ عِلْمُهَا عِندَ رَبِّي فِي كِتَٰبٍ ۖ لَّا يَضِلُّ رَبِّي وَلَا يَنسَى ٥٢ ٱلَّذِي
جَعَلَ لَكُمُ ٱلْأَرْضَ مَهْدًا وَسَلَكَ لَكُمْ فِيهَا سُبُلًا وَأَنزَلَ مِنَ
ٱلسَّمَآءِ مَآءً فَأَخْرَجْنَا بِهِۦٓ أَزْوَٰجًا مِّن نَّبَاتٍ شَتَّىٰ ٥٣ كُلُوا۟
وَٱرْعَوْا۟ أَنْعَٰمَكُمْ ۗ إِنَّ فِي ذَٰلِكَ لَءَايَٰتٍ لِّأُو۟لِي ٱلنُّهَىٰ ٥٤ ۞ مِنْهَا ربع الحزب ٣٢
خَلَقْنَٰكُمْ وَفِيهَا نُعِيدُكُمْ وَمِنْهَا نُخْرِجُكُمْ تَارَةً أُخْرَىٰ ٥٥ وَلَقَدْ
أَرَيْنَٰهُ ءَايَٰتِنَا كُلَّهَا فَكَذَّبَ وَأَبَىٰ ٥٦ قَالَ أَجِئْتَنَا لِتُخْرِجَنَا
مِنْ أَرْضِنَا بِسِحْرِكَ يَٰمُوسَىٰ ٥٧ فَلَنَأْتِيَنَّكَ بِسِحْرٍ مِّثْلِهِۦ
فَٱجْعَلْ بَيْنَنَا وَبَيْنَكَ مَوْعِدًا لَّا نُخْلِفُهُۥ نَحْنُ وَلَآ أَنتَ مَكَانًا
سُوًى ٥٨ قَالَ مَوْعِدُكُمْ يَوْمُ ٱلزِّينَةِ وَأَن يُحْشَرَ ٱلنَّاسُ ضُحًى
٥٩ فَتَوَلَّىٰ فِرْعَوْنُ فَجَمَعَ كَيْدَهُۥ ثُمَّ أَتَىٰ ٦٠ قَالَ لَهُم
مُّوسَىٰ وَيْلَكُمْ لَا تَفْتَرُوا۟ عَلَى ٱللَّهِ كَذِبًا فَيُسْحِتَكُم بِعَذَابٍ ۖ
وَقَدْ خَابَ مَنِ ٱفْتَرَىٰ ٦١ فَتَنَٰزَعُوٓا۟ أَمْرَهُم بَيْنَهُمْ وَأَسَرُّوا۟
ٱلنَّجْوَىٰ ٦٢ قَالُوٓا۟ إِنْ هَٰذَٰنِ لَسَٰحِرَٰنِ يُرِيدَانِ أَن يُخْرِجَاكُم
مِّنْ أَرْضِكُم بِسِحْرِهِمَا وَيَذْهَبَا بِطَرِيقَتِكُمُ ٱلْمُثْلَىٰ ٦٣
فَأَجْمِعُوا۟ كَيْدَكُمْ ثُمَّ ٱئْتُوا۟ صَفًّا ۚ وَقَدْ أَفْلَحَ ٱلْيَوْمَ مَنِ ٱسْتَعْلَىٰ ٦٤

قَالُوا۟ يَٰمُوسَىٰٓ إِمَّآ أَن تُلْقِىَ وَإِمَّآ أَن نَّكُونَ أَوَّلَ مَنْ أَلْقَىٰ ٦٥ قَالَ بَلْ

أَلْقُوا۟ ۖ فَإِذَا حِبَالُهُمْ وَعِصِيُّهُمْ يُخَيَّلُ إِلَيْهِ مِن سِحْرِهِمْ أَنَّهَا

تَسْعَىٰ ٦٦ فَأَوْجَسَ فِى نَفْسِهِۦ خِيفَةً مُّوسَىٰ ٦٧ قُلْنَا لَا تَخَفْ إِنَّكَ

أَنتَ ٱلْأَعْلَىٰ ٦٨ وَأَلْقِ مَا فِى يَمِينِكَ تَلْقَفْ مَا صَنَعُوٓا۟ ۖ إِنَّمَا صَنَعُوا۟

كَيْدُ سَٰحِرٍ ۖ وَلَا يُفْلِحُ ٱلسَّاحِرُ حَيْثُ أَتَىٰ ٦٩ فَأُلْقِىَ ٱلسَّحَرَةُ سُجَّدًا

قَالُوٓا۟ ءَامَنَّا بِرَبِّ هَٰرُونَ وَمُوسَىٰ ٧٠ قَالَ ءَامَنتُمْ لَهُۥ قَبْلَ أَنْ ءَاذَنَ

لَكُمْ ۖ إِنَّهُۥ لَكَبِيرُكُمُ ٱلَّذِى عَلَّمَكُمُ ٱلسِّحْرَ ۖ فَلَأُقَطِّعَنَّ أَيْدِيَكُمْ

وَأَرْجُلَكُم مِّنْ خِلَٰفٍ وَلَأُصَلِّبَنَّكُمْ فِى جُذُوعِ ٱلنَّخْلِ وَلَتَعْلَمُنَّ

أَيُّنَآ أَشَدُّ عَذَابًا وَأَبْقَىٰ ٧١ قَالُوا۟ لَن نُّؤْثِرَكَ عَلَىٰ مَا جَآءَنَا مِنَ

ٱلْبَيِّنَٰتِ وَٱلَّذِى فَطَرَنَا ۖ فَٱقْضِ مَآ أَنتَ قَاضٍ ۖ إِنَّمَا تَقْضِى هَٰذِهِ

ٱلْحَيَوٰةَ ٱلدُّنْيَآ ٧٢ إِنَّآ ءَامَنَّا بِرَبِّنَا لِيَغْفِرَ لَنَا خَطَٰيَٰنَا وَمَآ أَكْرَهْتَنَا

عَلَيْهِ مِنَ ٱلسِّحْرِ ۗ وَٱللَّهُ خَيْرٌ وَأَبْقَىٰٓ ٧٣ إِنَّهُۥ مَن يَأْتِ رَبَّهُۥ مُجْرِمًا

فَإِنَّ لَهُۥ جَهَنَّمَ لَا يَمُوتُ فِيهَا وَلَا يَحْيَىٰ ٧٤ وَمَن يَأْتِهِۦ مُؤْمِنًا قَدْ

عَمِلَ ٱلصَّٰلِحَٰتِ فَأُو۟لَٰٓئِكَ لَهُمُ ٱلدَّرَجَٰتُ ٱلْعُلَىٰ ٧٥ جَنَّٰتُ عَدْنٍ

تَجْرِى مِن تَحْتِهَا ٱلْأَنْهَٰرُ خَٰلِدِينَ فِيهَا ۚ وَذَٰلِكَ جَزَآءُ مَن تَزَكَّىٰ ٧٦

وَلَقَدۡ أَوۡحَيۡنَآ إِلَىٰ مُوسَىٰٓ أَنۡ أَسۡرِ بِعِبَادِي فَٱضۡرِبۡ لَهُمۡ طَرِيقٗا
فِي ٱلۡبَحۡرِ يَبَسٗا لَّا تَخَٰفُ دَرَكٗا وَلَا تَخۡشَىٰ ٧٧ فَأَتۡبَعَهُمۡ فِرۡعَوۡنُ
بِجُنُودِهِۦ فَغَشِيَهُم مِّنَ ٱلۡيَمِّ مَا غَشِيَهُمۡ ٧٨ وَأَضَلَّ فِرۡعَوۡنُ قَوۡمَهُۥ
وَمَا هَدَىٰ ٧٩ يَٰبَنِيٓ إِسۡرَٰٓءِيلَ قَدۡ أَنجَيۡنَٰكُم مِّنۡ عَدُوِّكُمۡ وَوَٰعَدۡنَٰكُمۡ
جَانِبَ ٱلطُّورِ ٱلۡأَيۡمَنَ وَنَزَّلۡنَا عَلَيۡكُمُ ٱلۡمَنَّ وَٱلسَّلۡوَىٰ ٨٠ كُلُواْ مِن
طَيِّبَٰتِ مَا رَزَقۡنَٰكُمۡ وَلَا تَطۡغَوۡاْ فِيهِ فَيَحِلَّ عَلَيۡكُمۡ غَضَبِيۖ
وَمَن يَحۡلِلۡ عَلَيۡهِ غَضَبِي فَقَدۡ هَوَىٰ ٨١ وَإِنِّي لَغَفَّارٞ لِّمَن تَابَ
وَءَامَنَ وَعَمِلَ صَٰلِحٗا ثُمَّ ٱهۡتَدَىٰ ٨٢ ۞ وَمَآ أَعۡجَلَكَ عَن نصف الحزب ٣٢
قَوۡمِكَ يَٰمُوسَىٰ ٨٣ قَالَ هُمۡ أُوْلَآءِ عَلَىٰٓ أَثَرِي وَعَجِلۡتُ إِلَيۡكَ
رَبِّ لِتَرۡضَىٰ ٨٤ قَالَ فَإِنَّا قَدۡ فَتَنَّا قَوۡمَكَ مِنۢ بَعۡدِكَ وَأَضَلَّهُمُ
ٱلسَّامِرِيُّ ٨٥ فَرَجَعَ مُوسَىٰٓ إِلَىٰ قَوۡمِهِۦ غَضۡبَٰنَ أَسِفٗاۚ قَالَ
يَٰقَوۡمِ أَلَمۡ يَعِدۡكُمۡ رَبُّكُمۡ وَعۡدًا حَسَنًاۚ أَفَطَالَ عَلَيۡكُمُ ٱلۡعَهۡدُ
أَمۡ أَرَدتُّمۡ أَن يَحِلَّ عَلَيۡكُمۡ غَضَبٞ مِّن رَّبِّكُمۡ فَأَخۡلَفۡتُم
مَّوۡعِدِي ٨٦ قَالُواْ مَآ أَخۡلَفۡنَا مَوۡعِدَكَ بِمَلۡكِنَا وَلَٰكِنَّا حُمِّلۡنَآ
أَوۡزَارٗا مِّن زِينَةِ ٱلۡقَوۡمِ فَقَذَفۡنَٰهَا فَكَذَٰلِكَ أَلۡقَى ٱلسَّامِرِيُّ ٨٧

فَأَخْرَجَ لَهُمْ عِجْلًا جَسَدًا لَّهُۥ خُوَارٌ فَقَالُوا۟ هَٰذَآ إِلَٰهُكُمْ
وَإِلَٰهُ مُوسَىٰ فَنَسِىَ ﴿٨٨﴾ أَفَلَا يَرَوْنَ أَلَّا يَرْجِعُ إِلَيْهِمْ قَوْلًا
وَلَا يَمْلِكُ لَهُمْ ضَرًّا وَلَا نَفْعًا ﴿٨٩﴾ وَلَقَدْ قَالَ لَهُمْ هَٰرُونُ
مِن قَبْلُ يَٰقَوْمِ إِنَّمَا فُتِنتُم بِهِۦ ۖ وَإِنَّ رَبَّكُمُ ٱلرَّحْمَٰنُ فَٱتَّبِعُونِى
وَأَطِيعُوٓا۟ أَمْرِى ﴿٩٠﴾ قَالُوا۟ لَن نَّبْرَحَ عَلَيْهِ عَٰكِفِينَ حَتَّىٰ يَرْجِعَ
إِلَيْنَا مُوسَىٰ ﴿٩١﴾ قَالَ يَٰهَٰرُونُ مَا مَنَعَكَ إِذْ رَأَيْتَهُمْ ضَلُّوٓا۟ ﴿٩٢﴾
أَلَّا تَتَّبِعَنِ ۖ أَفَعَصَيْتَ أَمْرِى ﴿٩٣﴾ قَالَ يَبْنَؤُمَّ لَا تَأْخُذْ بِلِحْيَتِى
وَلَا بِرَأْسِىٓ ۖ إِنِّى خَشِيتُ أَن تَقُولَ فَرَّقْتَ بَيْنَ بَنِىٓ إِسْرَٰٓءِيلَ
وَلَمْ تَرْقُبْ قَوْلِى ﴿٩٤﴾ قَالَ فَمَا خَطْبُكَ يَٰسَٰمِرِىُّ ﴿٩٥﴾ قَالَ
بَصُرْتُ بِمَا لَمْ يَبْصُرُوا۟ بِهِۦ فَقَبَضْتُ قَبْضَةً مِّنْ أَثَرِ
ٱلرَّسُولِ فَنَبَذْتُهَا وَكَذَٰلِكَ سَوَّلَتْ لِى نَفْسِى ﴿٩٦﴾ قَالَ
فَٱذْهَبْ فَإِنَّ لَكَ فِى ٱلْحَيَوٰةِ أَن تَقُولَ لَا مِسَاسَ ۖ وَإِنَّ لَكَ
مَوْعِدًا لَّن تُخْلَفَهُۥ ۖ وَٱنظُرْ إِلَىٰٓ إِلَٰهِكَ ٱلَّذِى ظَلْتَ عَلَيْهِ
عَاكِفًا ۖ لَّنُحَرِّقَنَّهُۥ ثُمَّ لَنَنسِفَنَّهُۥ فِى ٱلْيَمِّ نَسْفًا ﴿٩٧﴾ إِنَّمَآ
إِلَٰهُكُمُ ٱللَّهُ ٱلَّذِى لَآ إِلَٰهَ إِلَّا هُوَ ۚ وَسِعَ كُلَّ شَىْءٍ عِلْمًا ﴿٩٨﴾

كَذَٰلِكَ نَقُصُّ عَلَيۡكَ مِنۡ أَنۢبَآءِ مَا قَدۡ سَبَقَۚ وَقَدۡ ءَاتَيۡنَٰكَ مِن لَّدُنَّا
ذِكۡرٗا ٩٩ مَّنۡ أَعۡرَضَ عَنۡهُ فَإِنَّهُۥ يَحۡمِلُ يَوۡمَ ٱلۡقِيَٰمَةِ وِزۡرًا
١٠٠ خَٰلِدِينَ فِيهِۖ وَسَآءَ لَهُمۡ يَوۡمَ ٱلۡقِيَٰمَةِ حِمۡلٗا ١٠١ يَوۡمَ يُنفَخُ
فِي ٱلصُّورِۚ وَنَحۡشُرُ ٱلۡمُجۡرِمِينَ يَوۡمَئِذٖ زُرۡقٗا ١٠٢ يَتَخَٰفَتُونَ
بَيۡنَهُمۡ إِن لَّبِثۡتُمۡ إِلَّا عَشۡرٗا ١٠٣ نَّحۡنُ أَعۡلَمُ بِمَا يَقُولُونَ إِذۡ يَقُولُ
أَمۡثَلُهُمۡ طَرِيقَةً إِن لَّبِثۡتُمۡ إِلَّا يَوۡمٗا ١٠٤ وَيَسۡـَٔلُونَكَ عَنِ ٱلۡجِبَالِ
فَقُلۡ يَنسِفُهَا رَبِّي نَسۡفٗا ١٠٥ فَيَذَرُهَا قَاعٗا صَفۡصَفٗا ١٠٦
لَّا تَرَىٰ فِيهَا عِوَجٗا وَلَآ أَمۡتٗا ١٠٧ يَوۡمَئِذٖ يَتَّبِعُونَ ٱلدَّاعِيَ
لَا عِوَجَ لَهُۥۖ وَخَشَعَتِ ٱلۡأَصۡوَاتُ لِلرَّحۡمَٰنِ فَلَا تَسۡمَعُ إِلَّا هَمۡسٗا
١٠٨ يَوۡمَئِذٖ لَّا تَنفَعُ ٱلشَّفَٰعَةُ إِلَّا مَنۡ أَذِنَ لَهُ ٱلرَّحۡمَٰنُ وَرَضِيَ لَهُۥ
قَوۡلٗا ١٠٩ يَعۡلَمُ مَا بَيۡنَ أَيۡدِيهِمۡ وَمَا خَلۡفَهُمۡ وَلَا يُحِيطُونَ بِهِۦ
عِلۡمٗا ١١٠ ۞ وَعَنَتِ ٱلۡوُجُوهُ لِلۡحَيِّ ٱلۡقَيُّومِۖ وَقَدۡ خَابَ مَنۡ حَمَلَ
ظُلۡمٗا ١١١ وَمَن يَعۡمَلۡ مِنَ ٱلصَّٰلِحَٰتِ وَهُوَ مُؤۡمِنٞ فَلَا يَخَافُ
ظُلۡمٗا وَلَا هَضۡمٗا ١١٢ وَكَذَٰلِكَ أَنزَلۡنَٰهُ قُرۡءَانًا عَرَبِيّٗا وَصَرَّفۡنَا
فِيهِ مِنَ ٱلۡوَعِيدِ لَعَلَّهُمۡ يَتَّقُونَ أَوۡ يُحۡدِثُ لَهُمۡ ذِكۡرٗا ١١٣

ثلاثة أرباع الحزب ٣٢

فَتَعَٰلَى ٱللَّهُ ٱلۡمَلِكُ ٱلۡحَقُّۗ وَلَا تَعۡجَلۡ بِٱلۡقُرۡءَانِ مِن قَبۡلِ أَن
يُقۡضَىٰٓ إِلَيۡكَ وَحۡيُهُۥۖ وَقُل رَّبِّ زِدۡنِي عِلۡمٗا ١١٤ وَلَقَدۡ عَهِدۡنَآ
إِلَىٰٓ ءَادَمَ مِن قَبۡلُ فَنَسِيَ وَلَمۡ نَجِدۡ لَهُۥ عَزۡمٗا ١١٥ وَإِذۡ قُلۡنَا
لِلۡمَلَٰٓئِكَةِ ٱسۡجُدُواْ لِأٓدَمَ فَسَجَدُوٓاْ إِلَّآ إِبۡلِيسَ أَبَىٰ ١١٦
فَقُلۡنَا يَٰٓـَٔادَمُ إِنَّ هَٰذَا عَدُوّٞ لَّكَ وَلِزَوۡجِكَ فَلَا يُخۡرِجَنَّكُمَا
مِنَ ٱلۡجَنَّةِ فَتَشۡقَىٰٓ ١١٧ إِنَّ لَكَ أَلَّا تَجُوعَ فِيهَا وَلَا تَعۡرَىٰ
١١٨ وَأَنَّكَ لَا تَظۡمَؤُاْ فِيهَا وَلَا تَضۡحَىٰ ١١٩ فَوَسۡوَسَ إِلَيۡهِ
ٱلشَّيۡطَٰنُ قَالَ يَٰٓـَٔادَمُ هَلۡ أَدُلُّكَ عَلَىٰ شَجَرَةِ ٱلۡخُلۡدِ وَمُلۡكٖ
لَّا يَبۡلَىٰ ١٢٠ فَأَكَلَا مِنۡهَا فَبَدَتۡ لَهُمَا سَوۡءَٰتُهُمَا وَطَفِقَا
يَخۡصِفَانِ عَلَيۡهِمَا مِن وَرَقِ ٱلۡجَنَّةِۚ وَعَصَىٰٓ ءَادَمُ رَبَّهُۥ فَغَوَىٰ
١٢١ ثُمَّ ٱجۡتَبَٰهُ رَبُّهُۥ فَتَابَ عَلَيۡهِ وَهَدَىٰ ١٢٢ قَالَ ٱهۡبِطَا مِنۡهَا
جَمِيعَۢاۖ بَعۡضُكُمۡ لِبَعۡضٍ عَدُوّٞۖ فَإِمَّا يَأۡتِيَنَّكُم مِّنِّي هُدٗى
فَمَنِ ٱتَّبَعَ هُدَايَ فَلَا يَضِلُّ وَلَا يَشۡقَىٰ ١٢٣ وَمَنۡ أَعۡرَضَ
عَن ذِكۡرِي فَإِنَّ لَهُۥ مَعِيشَةٗ ضَنكٗا وَنَحۡشُرُهُۥ يَوۡمَ ٱلۡقِيَٰمَةِ
أَعۡمَىٰ ١٢٤ قَالَ رَبِّ لِمَ حَشَرۡتَنِيٓ أَعۡمَىٰ وَقَدۡ كُنتُ بَصِيرٗا ١٢٥

قَالَ كَذَٰلِكَ أَتَتۡكَ ءَايَٰتُنَا فَنَسِيتَهَاۖ وَكَذَٰلِكَ ٱلۡيَوۡمَ تُنسَىٰ ١٢٦
وَكَذَٰلِكَ نَجۡزِي مَنۡ أَسۡرَفَ وَلَمۡ يُؤۡمِنۢ بِـَٔايَٰتِ رَبِّهِۦۚ وَلَعَذَابُ ٱلۡأٓخِرَةِ
أَشَدُّ وَأَبۡقَىٰٓ ١٢٧ أَفَلَمۡ يَهۡدِ لَهُمۡ كَمۡ أَهۡلَكۡنَا قَبۡلَهُم مِّنَ ٱلۡقُرُونِ
يَمۡشُونَ فِي مَسَٰكِنِهِمۡۚ إِنَّ فِي ذَٰلِكَ لَأٓيَٰتٖ لِّأُوْلِي ٱلنُّهَىٰ ١٢٨
وَلَوۡلَا كَلِمَةٞ سَبَقَتۡ مِن رَّبِّكَ لَكَانَ لِزَامٗا وَأَجَلٞ مُّسَمّٗى ١٢٩
فَٱصۡبِرۡ عَلَىٰ مَا يَقُولُونَ وَسَبِّحۡ بِحَمۡدِ رَبِّكَ قَبۡلَ طُلُوعِ ٱلشَّمۡسِ
وَقَبۡلَ غُرُوبِهَاۖ وَمِنۡ ءَانَآيِٕ ٱلَّيۡلِ فَسَبِّحۡ وَأَطۡرَافَ ٱلنَّهَارِ لَعَلَّكَ
تَرۡضَىٰ ١٣٠ وَلَا تَمُدَّنَّ عَيۡنَيۡكَ إِلَىٰ مَا مَتَّعۡنَا بِهِۦٓ أَزۡوَٰجٗا مِّنۡهُمۡ زَهۡرَةَ
ٱلۡحَيَوٰةِ ٱلدُّنۡيَا لِنَفۡتِنَهُمۡ فِيهِۚ وَرِزۡقُ رَبِّكَ خَيۡرٞ وَأَبۡقَىٰ ١٣١ وَأۡمُرۡ أَهۡلَكَ
بِٱلصَّلَوٰةِ وَٱصۡطَبِرۡ عَلَيۡهَاۖ لَا نَسۡـَٔلُكَ رِزۡقٗاۖ نَّحۡنُ نَرۡزُقُكَۗ وَٱلۡعَٰقِبَةُ
لِلتَّقۡوَىٰ ١٣٢ وَقَالُواْ لَوۡلَا يَأۡتِينَا بِـَٔايَةٖ مِّن رَّبِّهِۦٓۚ أَوَلَمۡ تَأۡتِهِم
بَيِّنَةُ مَا فِي ٱلصُّحُفِ ٱلۡأُولَىٰ ١٣٣ وَلَوۡ أَنَّآ أَهۡلَكۡنَٰهُم بِعَذَابٖ
مِّن قَبۡلِهِۦ لَقَالُواْ رَبَّنَا لَوۡلَآ أَرۡسَلۡتَ إِلَيۡنَا رَسُولٗا فَنَتَّبِعَ
ءَايَٰتِكَ مِن قَبۡلِ أَن نَّذِلَّ وَنَخۡزَىٰ ١٣٤ قُلۡ كُلّٞ مُّتَرَبِّصٞ فَتَرَبَّصُواْۖ
فَسَتَعۡلَمُونَ مَنۡ أَصۡحَٰبُ ٱلصِّرَٰطِ ٱلسَّوِيِّ وَمَنِ ٱهۡتَدَىٰ ١٣٥

الجزء ١٧
الحزب ٣٣

سُورَةُ الأَنبِيَاءِ

بِسْمِ اللَّهِ الرَّحْمَٰنِ الرَّحِيمِ

ٱقۡتَرَبَ لِلنَّاسِ حِسَابُهُمۡ وَهُمۡ فِي غَفۡلَةٖ مُّعۡرِضُونَ ١
مَا يَأۡتِيهِم مِّن ذِكۡرٖ مِّن رَّبِّهِم مُّحۡدَثٍ إِلَّا ٱسۡتَمَعُوهُ وَهُمۡ
يَلۡعَبُونَ ٢ لَاهِيَةٗ قُلُوبُهُمۡۗ وَأَسَرُّواْ ٱلنَّجۡوَى ٱلَّذِينَ
ظَلَمُواْ هَلۡ هَٰذَآ إِلَّا بَشَرٞ مِّثۡلُكُمۡۖ أَفَتَأۡتُونَ ٱلسِّحۡرَ وَأَنتُمۡ
تُبۡصِرُونَ ٣ قَالَ رَبِّي يَعۡلَمُ ٱلۡقَوۡلَ فِي ٱلسَّمَآءِ وَٱلۡأَرۡضِۖ
وَهُوَ ٱلسَّمِيعُ ٱلۡعَلِيمُ ٤ بَلۡ قَالُوٓاْ أَضۡغَٰثُ أَحۡلَٰمِۭ بَلِ
ٱفۡتَرَىٰهُ بَلۡ هُوَ شَاعِرٞ فَلۡيَأۡتِنَا بِـَٔايَةٖ كَمَآ أُرۡسِلَ ٱلۡأَوَّلُونَ
٥ مَآ ءَامَنَتۡ قَبۡلَهُم مِّن قَرۡيَةٍ أَهۡلَكۡنَٰهَآۖ أَفَهُمۡ يُؤۡمِنُونَ
٦ وَمَآ أَرۡسَلۡنَا قَبۡلَكَ إِلَّا رِجَالٗا نُّوحِيٓ إِلَيۡهِمۡۖ فَسۡـَٔلُوٓاْ أَهۡلَ
ٱلذِّكۡرِ إِن كُنتُمۡ لَا تَعۡلَمُونَ ٧ وَمَا جَعَلۡنَٰهُمۡ جَسَدٗا
لَّا يَأۡكُلُونَ ٱلطَّعَامَ وَمَا كَانُواْ خَٰلِدِينَ ٨ ثُمَّ صَدَقۡنَٰهُمُ
ٱلۡوَعۡدَ فَأَنجَيۡنَٰهُمۡ وَمَن نَّشَآءُ وَأَهۡلَكۡنَا ٱلۡمُسۡرِفِينَ ٩
لَقَدۡ أَنزَلۡنَآ إِلَيۡكُمۡ كِتَٰبٗا فِيهِ ذِكۡرُكُمۡۚ أَفَلَا تَعۡقِلُونَ ١٠

وَكَمْ قَصَمْنَا مِن قَرْيَةٍ كَانَتْ ظَالِمَةً وَأَنشَأْنَا بَعْدَهَا قَوْمًا
ءَاخَرِينَ ﴿١١﴾ فَلَمَّآ أَحَسُّوا۟ بَأْسَنَآ إِذَا هُم مِّنْهَا يَرْكُضُونَ ﴿١٢﴾
لَا تَرْكُضُوا۟ وَٱرْجِعُوٓا۟ إِلَىٰ مَآ أُتْرِفْتُمْ فِيهِ وَمَسَـٰكِنِكُمْ لَعَلَّكُمْ
تُسْـَٔلُونَ ﴿١٣﴾ قَالُوا۟ يَـٰوَيْلَنَآ إِنَّا كُنَّا ظَـٰلِمِينَ ﴿١٤﴾ فَمَا زَالَت تِّلْكَ
دَعْوَىٰهُمْ حَتَّىٰ جَعَلْنَـٰهُمْ حَصِيدًا خَـٰمِدِينَ ﴿١٥﴾ وَمَا خَلَقْنَا
ٱلسَّمَآءَ وَٱلْأَرْضَ وَمَا بَيْنَهُمَا لَـٰعِبِينَ ﴿١٦﴾ لَوْ أَرَدْنَآ أَن نَّتَّخِذَ
لَهْوًا لَّٱتَّخَذْنَـٰهُ مِن لَّدُنَّآ إِن كُنَّا فَـٰعِلِينَ ﴿١٧﴾ بَلْ نَقْذِفُ بِٱلْحَقِّ
عَلَى ٱلْبَـٰطِلِ فَيَدْمَغُهُۥ فَإِذَا هُوَ زَاهِقٌ ۚ وَلَكُمُ ٱلْوَيْلُ مِمَّا تَصِفُونَ
﴿١٨﴾ وَلَهُۥ مَن فِى ٱلسَّمَـٰوَٰتِ وَٱلْأَرْضِ ۚ وَمَنْ عِندَهُۥ لَا يَسْتَكْبِرُونَ
عَنْ عِبَادَتِهِۦ وَلَا يَسْتَحْسِرُونَ ﴿١٩﴾ يُسَبِّحُونَ ٱلَّيْلَ وَٱلنَّهَارَ
لَا يَفْتُرُونَ ﴿٢٠﴾ أَمِ ٱتَّخَذُوٓا۟ ءَالِهَةً مِّنَ ٱلْأَرْضِ هُمْ يُنشِرُونَ ﴿٢١﴾
لَوْ كَانَ فِيهِمَآ ءَالِهَةٌ إِلَّا ٱللَّهُ لَفَسَدَتَا ۚ فَسُبْحَـٰنَ ٱللَّهِ رَبِّ ٱلْعَرْشِ
عَمَّا يَصِفُونَ ﴿٢٢﴾ لَا يُسْـَٔلُ عَمَّا يَفْعَلُ وَهُمْ يُسْـَٔلُونَ ﴿٢٣﴾ أَمِ ٱتَّخَذُوا۟
مِن دُونِهِۦٓ ءَالِهَةً ۖ قُلْ هَاتُوا۟ بُرْهَـٰنَكُمْ ۖ هَـٰذَا ذِكْرُ مَن مَّعِىَ وَذِكْرُ
مَن قَبْلِى ۗ بَلْ أَكْثَرُهُمْ لَا يَعْلَمُونَ ٱلْحَقَّ ۖ فَهُم مُّعْرِضُونَ ﴿٢٤﴾

وَمَآ أَرۡسَلۡنَا مِن قَبۡلِكَ مِن رَّسُولٍ إِلَّا نُوحِيٓ إِلَيۡهِ أَنَّهُۥ لَآ إِلَٰهَ
إِلَّآ أَنَا۠ فَٱعۡبُدُونِ ٢٥ وَقَالُواْ ٱتَّخَذَ ٱلرَّحۡمَٰنُ وَلَدٗاۗ سُبۡحَٰنَهُۥۚ
بَلۡ عِبَادٞ مُّكۡرَمُونَ ٢٦ لَا يَسۡبِقُونَهُۥ بِٱلۡقَوۡلِ وَهُم
بِأَمۡرِهِۦ يَعۡمَلُونَ ٢٧ يَعۡلَمُ مَا بَيۡنَ أَيۡدِيهِمۡ وَمَا خَلۡفَهُمۡ
وَلَا يَشۡفَعُونَ إِلَّا لِمَنِ ٱرۡتَضَىٰ وَهُم مِّنۡ خَشۡيَتِهِۦ مُشۡفِقُونَ
٢٨ ۞ وَمَن يَقُلۡ مِنۡهُمۡ إِنِّيٓ إِلَٰهٞ مِّن دُونِهِۦ فَذَٰلِكَ نَجۡزِيهِ
جَهَنَّمَۚ كَذَٰلِكَ نَجۡزِي ٱلظَّٰلِمِينَ ٢٩ أَوَلَمۡ يَرَ ٱلَّذِينَ كَفَرُوٓاْ
أَنَّ ٱلسَّمَٰوَٰتِ وَٱلۡأَرۡضَ كَانَتَا رَتۡقٗا فَفَتَقۡنَٰهُمَاۖ وَجَعَلۡنَا
مِنَ ٱلۡمَآءِ كُلَّ شَيۡءٍ حَيٍّۚ أَفَلَا يُؤۡمِنُونَ ٣٠ وَجَعَلۡنَا فِي ٱلۡأَرۡضِ
رَوَٰسِيَ أَن تَمِيدَ بِهِمۡ وَجَعَلۡنَا فِيهَا فِجَاجٗا سُبُلٗا لَّعَلَّهُمۡ
يَهۡتَدُونَ ٣١ وَجَعَلۡنَا ٱلسَّمَآءَ سَقۡفٗا مَّحۡفُوظٗاۖ وَهُمۡ عَنۡ
ءَايَٰتِهَا مُعۡرِضُونَ ٣٢ وَهُوَ ٱلَّذِي خَلَقَ ٱلَّيۡلَ وَٱلنَّهَارَ وَٱلشَّمۡسَ
وَٱلۡقَمَرَۖ كُلّٞ فِي فَلَكٖ يَسۡبَحُونَ ٣٣ وَمَا جَعَلۡنَا لِبَشَرٖ مِّن قَبۡلِكَ
ٱلۡخُلۡدَۖ أَفَإِيْن مِّتَّ فَهُمُ ٱلۡخَٰلِدُونَ ٣٤ كُلُّ نَفۡسٖ ذَآئِقَةُ
ٱلۡمَوۡتِۗ وَنَبۡلُوكُم بِٱلشَّرِّ وَٱلۡخَيۡرِ فِتۡنَةٗۖ وَإِلَيۡنَا تُرۡجَعُونَ ٣٥

ربع الحزب
٣٣

وَإِذَا رَءَاكَ ٱلَّذِينَ كَفَرُوٓاْ إِن يَتَّخِذُونَكَ إِلَّا هُزُوًا أَهَٰذَا
ٱلَّذِي يَذۡكُرُ ءَالِهَتَكُمۡ وَهُم بِذِكۡرِ ٱلرَّحۡمَٰنِ هُمۡ
كَٰفِرُونَ ٣٦ خُلِقَ ٱلۡإِنسَٰنُ مِنۡ عَجَلٖۚ سَأُوْرِيكُمۡ
ءَايَٰتِي فَلَا تَسۡتَعۡجِلُونِ ٣٧ وَيَقُولُونَ مَتَىٰ هَٰذَا ٱلۡوَعۡدُ
إِن كُنتُمۡ صَٰدِقِينَ ٣٨ لَوۡ يَعۡلَمُ ٱلَّذِينَ كَفَرُواْ حِينَ
لَا يَكُفُّونَ عَن وُجُوهِهِمُ ٱلنَّارَ وَلَا عَن ظُهُورِهِمۡ وَلَا
هُمۡ يُنصَرُونَ ٣٩ بَلۡ تَأۡتِيهِم بَغۡتَةٗ فَتَبۡهَتُهُمۡ فَلَا
يَسۡتَطِيعُونَ رَدَّهَا وَلَا هُمۡ يُنظَرُونَ ٤٠ وَلَقَدِ ٱسۡتُهۡزِئَ
بِرُسُلٖ مِّن قَبۡلِكَ فَحَاقَ بِٱلَّذِينَ سَخِرُواْ مِنۡهُم مَّا كَانُواْ
بِهِۦ يَسۡتَهۡزِءُونَ ٤١ قُلۡ مَن يَكۡلَؤُكُم بِٱلَّيۡلِ وَٱلنَّهَارِ
مِنَ ٱلرَّحۡمَٰنِۚ بَلۡ هُمۡ عَن ذِكۡرِ رَبِّهِم مُّعۡرِضُونَ ٤٢
أَمۡ لَهُمۡ ءَالِهَةٞ تَمۡنَعُهُم مِّن دُونِنَاۚ لَا يَسۡتَطِيعُونَ نَصۡرَ
أَنفُسِهِمۡ وَلَا هُم مِّنَّا يُصۡحَبُونَ ٤٣ بَلۡ مَتَّعۡنَا هَٰٓؤُلَآءِ
وَءَابَآءَهُمۡ حَتَّىٰ طَالَ عَلَيۡهِمُ ٱلۡعُمُرُۗ أَفَلَا يَرَوۡنَ أَنَّا نَأۡتِي
ٱلۡأَرۡضَ نَنقُصُهَا مِنۡ أَطۡرَافِهَآۚ أَفَهُمُ ٱلۡغَٰلِبُونَ ٤٤

قُلْ إِنَّمَآ أُنذِرُكُم بِٱلْوَحْىِ ۚ وَلَا يَسْمَعُ ٱلصُّمُّ ٱلدُّعَآءَ إِذَا
مَا يُنذَرُونَ ٤٥ وَلَئِن مَّسَّتْهُمْ نَفْحَةٌ مِّنْ عَذَابِ رَبِّكَ
لَيَقُولُنَّ يَٰوَيْلَنَآ إِنَّا كُنَّا ظَٰلِمِينَ ٤٦ وَنَضَعُ ٱلْمَوَٰزِينَ
ٱلْقِسْطَ لِيَوْمِ ٱلْقِيَٰمَةِ فَلَا تُظْلَمُ نَفْسٌ شَيْـًٔا ۖ وَإِن كَانَ
مِثْقَالَ حَبَّةٍ مِّنْ خَرْدَلٍ أَتَيْنَا بِهَا ۗ وَكَفَىٰ بِنَا حَٰسِبِينَ ٤٧
وَلَقَدْ ءَاتَيْنَا مُوسَىٰ وَهَٰرُونَ ٱلْفُرْقَانَ وَضِيَآءً وَذِكْرًا
لِّلْمُتَّقِينَ ٤٨ ٱلَّذِينَ يَخْشَوْنَ رَبَّهُم بِٱلْغَيْبِ وَهُم مِّنَ ٱلسَّاعَةِ
مُشْفِقُونَ ٤٩ وَهَٰذَا ذِكْرٌ مُّبَارَكٌ أَنزَلْنَٰهُ ۚ أَفَأَنتُمْ لَهُۥ
مُنكِرُونَ ٥٠ ۞ وَلَقَدْ ءَاتَيْنَآ إِبْرَٰهِيمَ رُشْدَهُۥ مِن قَبْلُ وَكُنَّا
بِهِۦ عَٰلِمِينَ ٥١ إِذْ قَالَ لِأَبِيهِ وَقَوْمِهِۦ مَا هَٰذِهِ ٱلتَّمَاثِيلُ ٱلَّتِىٓ
أَنتُمْ لَهَا عَٰكِفُونَ ٥٢ قَالُوا۟ وَجَدْنَآ ءَابَآءَنَا لَهَا عَٰبِدِينَ ٥٣ قَالَ
لَقَدْ كُنتُمْ أَنتُمْ وَءَابَآؤُكُمْ فِى ضَلَٰلٍ مُّبِينٍ ٥٤ قَالُوٓا۟ أَجِئْتَنَا
بِٱلْحَقِّ أَمْ أَنتَ مِنَ ٱللَّٰعِبِينَ ٥٥ قَالَ بَل رَّبُّكُمْ رَبُّ ٱلسَّمَٰوَٰتِ
وَٱلْأَرْضِ ٱلَّذِى فَطَرَهُنَّ وَأَنَا۠ عَلَىٰ ذَٰلِكُم مِّنَ ٱلشَّٰهِدِينَ ٥٦
وَتَٱللَّهِ لَأَكِيدَنَّ أَصْنَٰمَكُم بَعْدَ أَن تُوَلُّوا۟ مُدْبِرِينَ ٥٧

نصف الحزب ٣٣

فَجَعَلَهُمْ جُذَٰذًا إِلَّا كَبِيرًا لَّهُمْ لَعَلَّهُمْ إِلَيْهِ يَرْجِعُونَ
٥٨ قَالُوا۟ مَن فَعَلَ هَٰذَا بِـَٔالِهَتِنَآ إِنَّهُۥ لَمِنَ ٱلظَّٰلِمِينَ ٥٩
قَالُوا۟ سَمِعْنَا فَتًى يَذْكُرُهُمْ يُقَالُ لَهُۥٓ إِبْرَٰهِيمُ ٦٠ قَالُوا۟ فَأْتُوا۟
بِهِۦ عَلَىٰٓ أَعْيُنِ ٱلنَّاسِ لَعَلَّهُمْ يَشْهَدُونَ ٦١ قَالُوٓا۟ ءَأَنتَ
فَعَلْتَ هَٰذَا بِـَٔالِهَتِنَا يَٰٓإِبْرَٰهِيمُ ٦٢ قَالَ بَلْ فَعَلَهُۥ كَبِيرُهُمْ
هَٰذَا فَسْـَٔلُوهُمْ إِن كَانُوا۟ يَنطِقُونَ ٦٣ فَرَجَعُوٓا۟ إِلَىٰٓ
أَنفُسِهِمْ فَقَالُوٓا۟ إِنَّكُمْ أَنتُمُ ٱلظَّٰلِمُونَ ٦٤ ثُمَّ نُكِسُوا۟
عَلَىٰ رُءُوسِهِمْ لَقَدْ عَلِمْتَ مَا هَٰٓؤُلَآءِ يَنطِقُونَ ٦٥ قَالَ
أَفَتَعْبُدُونَ مِن دُونِ ٱللَّهِ مَا لَا يَنفَعُكُمْ شَيْـًٔا وَلَا
يَضُرُّكُمْ ٦٦ أُفٍّ لَّكُمْ وَلِمَا تَعْبُدُونَ مِن دُونِ ٱللَّهِ ۚ
أَفَلَا تَعْقِلُونَ ٦٧ قَالُوا۟ حَرِّقُوهُ وَٱنصُرُوٓا۟ ءَالِهَتَكُمْ إِن كُنتُمْ
فَٰعِلِينَ ٦٨ قُلْنَا يَٰنَارُ كُونِى بَرْدًا وَسَلَٰمًا عَلَىٰٓ إِبْرَٰهِيمَ
٦٩ وَأَرَادُوا۟ بِهِۦ كَيْدًا فَجَعَلْنَٰهُمُ ٱلْأَخْسَرِينَ ٧٠ وَنَجَّيْنَٰهُ
وَلُوطًا إِلَى ٱلْأَرْضِ ٱلَّتِى بَٰرَكْنَا فِيهَا لِلْعَٰلَمِينَ ٧١ وَوَهَبْنَا
لَهُۥٓ إِسْحَٰقَ وَيَعْقُوبَ نَافِلَةً ۖ وَكُلًّا جَعَلْنَا صَٰلِحِينَ ٧٢

وَجَعَلْنَٰهُمْ أَئِمَّةً يَهْدُونَ بِأَمْرِنَا وَأَوْحَيْنَآ إِلَيْهِمْ فِعْلَ
ٱلْخَيْرَٰتِ وَإِقَامَ ٱلصَّلَوٰةِ وَإِيتَآءَ ٱلزَّكَوٰةِ ۖ وَكَانُوا۟ لَنَا
عَٰبِدِينَ ٧٣ وَلُوطًا ءَاتَيْنَٰهُ حُكْمًا وَعِلْمًا وَنَجَّيْنَٰهُ مِنَ
ٱلْقَرْيَةِ ٱلَّتِى كَانَت تَّعْمَلُ ٱلْخَبَٰٓئِثَ ۗ إِنَّهُمْ كَانُوا۟ قَوْمَ سَوْءٍ
فَٰسِقِينَ ٧٤ وَأَدْخَلْنَٰهُ فِى رَحْمَتِنَآ ۖ إِنَّهُۥ مِنَ ٱلصَّٰلِحِينَ
٧٥ وَنُوحًا إِذْ نَادَىٰ مِن قَبْلُ فَٱسْتَجَبْنَا لَهُۥ فَنَجَّيْنَٰهُ
وَأَهْلَهُۥ مِنَ ٱلْكَرْبِ ٱلْعَظِيمِ ٧٦ وَنَصَرْنَٰهُ مِنَ ٱلْقَوْمِ
ٱلَّذِينَ كَذَّبُوا۟ بِـَٔايَٰتِنَآ ۚ إِنَّهُمْ كَانُوا۟ قَوْمَ سَوْءٍ فَأَغْرَقْنَٰهُمْ
أَجْمَعِينَ ٧٧ وَدَاوُۥدَ وَسُلَيْمَٰنَ إِذْ يَحْكُمَانِ فِى ٱلْحَرْثِ
إِذْ نَفَشَتْ فِيهِ غَنَمُ ٱلْقَوْمِ وَكُنَّا لِحُكْمِهِمْ شَٰهِدِينَ ٧٨
فَفَهَّمْنَٰهَا سُلَيْمَٰنَ ۚ وَكُلًّا ءَاتَيْنَا حُكْمًا وَعِلْمًا ۚ وَسَخَّرْنَا
مَعَ دَاوُۥدَ ٱلْجِبَالَ يُسَبِّحْنَ وَٱلطَّيْرَ ۚ وَكُنَّا فَٰعِلِينَ ٧٩
وَعَلَّمْنَٰهُ صَنْعَةَ لَبُوسٍ لَّكُمْ لِتُحْصِنَكُم مِّنۢ بَأْسِكُمْ ۖ
فَهَلْ أَنتُمْ شَٰكِرُونَ ٨٠ وَلِسُلَيْمَٰنَ ٱلرِّيحَ عَاصِفَةً تَجْرِى بِأَمْرِهِۦٓ
إِلَى ٱلْأَرْضِ ٱلَّتِى بَٰرَكْنَا فِيهَا ۚ وَكُنَّا بِكُلِّ شَىْءٍ عَٰلِمِينَ ٨١

ثلاثة أرباع الحزب ٣٣

وَمِنَ ٱلشَّيَٰطِينِ مَن يَغُوصُونَ لَهُۥ وَيَعۡمَلُونَ عَمَلٗا دُونَ
ذَٰلِكَۖ وَكُنَّا لَهُمۡ حَٰفِظِينَ ٨٢ ۞ وَأَيُّوبَ إِذۡ نَادَىٰ
رَبَّهُۥٓ أَنِّي مَسَّنِيَ ٱلضُّرُّ وَأَنتَ أَرۡحَمُ ٱلرَّٰحِمِينَ ٨٣
فَٱسۡتَجَبۡنَا لَهُۥ فَكَشَفۡنَا مَا بِهِۦ مِن ضُرّٖۖ وَءَاتَيۡنَٰهُ أَهۡلَهُۥ
وَمِثۡلَهُم مَّعَهُمۡ رَحۡمَةٗ مِّنۡ عِندِنَا وَذِكۡرَىٰ لِلۡعَٰبِدِينَ
٨٤ وَإِسۡمَٰعِيلَ وَإِدۡرِيسَ وَذَا ٱلۡكِفۡلِۖ كُلّٞ مِّنَ ٱلصَّٰبِرِينَ
٨٥ وَأَدۡخَلۡنَٰهُمۡ فِي رَحۡمَتِنَآۖ إِنَّهُم مِّنَ ٱلصَّٰلِحِينَ ٨٦
وَذَا ٱلنُّونِ إِذ ذَّهَبَ مُغَٰضِبٗا فَظَنَّ أَن لَّن نَّقۡدِرَ عَلَيۡهِ
فَنَادَىٰ فِي ٱلظُّلُمَٰتِ أَن لَّآ إِلَٰهَ إِلَّآ أَنتَ سُبۡحَٰنَكَ إِنِّي
كُنتُ مِنَ ٱلظَّٰلِمِينَ ٨٧ فَٱسۡتَجَبۡنَا لَهُۥ وَنَجَّيۡنَٰهُ
مِنَ ٱلۡغَمِّۚ وَكَذَٰلِكَ نُـۨجِي ٱلۡمُؤۡمِنِينَ ٨٨ وَزَكَرِيَّآ
إِذۡ نَادَىٰ رَبَّهُۥ رَبِّ لَا تَذَرۡنِي فَرۡدٗا وَأَنتَ خَيۡرُ ٱلۡوَٰرِثِينَ
٨٩ فَٱسۡتَجَبۡنَا لَهُۥ وَوَهَبۡنَا لَهُۥ يَحۡيَىٰ وَأَصۡلَحۡنَا
لَهُۥ زَوۡجَهُۥٓۚ إِنَّهُمۡ كَانُواْ يُسَٰرِعُونَ فِي ٱلۡخَيۡرَٰتِ
وَيَدۡعُونَنَا رَغَبٗا وَرَهَبٗاۖ وَكَانُواْ لَنَا خَٰشِعِينَ ٩٠

وَٱلَّتِيٓ أَحۡصَنَتۡ فَرۡجَهَا فَنَفَخۡنَا فِيهَا مِن رُّوحِنَا
وَجَعَلۡنَٰهَا وَٱبۡنَهَآ ءَايَةٗ لِّلۡعَٰلَمِينَ ٩١ إِنَّ هَٰذِهِۦٓ
أُمَّتُكُمۡ أُمَّةٗ وَٰحِدَةٗ وَأَنَا۠ رَبُّكُمۡ فَٱعۡبُدُونِ ٩٢
وَتَقَطَّعُوٓاْ أَمۡرَهُم بَيۡنَهُمۡۖ كُلٌّ إِلَيۡنَا رَٰجِعُونَ ٩٣
فَمَن يَعۡمَلۡ مِنَ ٱلصَّٰلِحَٰتِ وَهُوَ مُؤۡمِنٞ فَلَا كُفۡرَانَ
لِسَعۡيِهِۦ وَإِنَّا لَهُۥ كَٰتِبُونَ ٩٤ وَحَرَٰمٌ عَلَىٰ قَرۡيَةٍ
أَهۡلَكۡنَٰهَآ أَنَّهُمۡ لَا يَرۡجِعُونَ ٩٥ حَتَّىٰٓ إِذَا فُتِحَتۡ
يَأۡجُوجُ وَمَأۡجُوجُ وَهُم مِّن كُلِّ حَدَبٖ يَنسِلُونَ ٩٦
وَٱقۡتَرَبَ ٱلۡوَعۡدُ ٱلۡحَقُّ فَإِذَا هِيَ شَٰخِصَةٌ أَبۡصَٰرُ ٱلَّذِينَ
كَفَرُواْ يَٰوَيۡلَنَا قَدۡ كُنَّا فِي غَفۡلَةٖ مِّنۡ هَٰذَا بَلۡ كُنَّا
ظَٰلِمِينَ ٩٧ إِنَّكُمۡ وَمَا تَعۡبُدُونَ مِن دُونِ ٱللَّهِ
حَصَبُ جَهَنَّمَ أَنتُمۡ لَهَا وَٰرِدُونَ ٩٨ لَوۡ كَانَ
هَٰٓؤُلَآءِ ءَالِهَةٗ مَّا وَرَدُوهَاۖ وَكُلّٞ فِيهَا خَٰلِدُونَ ٩٩
لَهُمۡ فِيهَا زَفِيرٞ وَهُمۡ فِيهَا لَا يَسۡمَعُونَ ١٠٠ إِنَّ ٱلَّذِينَ
سَبَقَتۡ لَهُم مِّنَّا ٱلۡحُسۡنَىٰٓ أُوْلَٰٓئِكَ عَنۡهَا مُبۡعَدُونَ ١٠١

لَا يَسۡمَعُونَ حَسِيسَهَاۖ وَهُمۡ فِي مَا ٱشۡتَهَتۡ أَنفُسُهُمۡ
خَٰلِدُونَ ١٠٢ لَا يَحۡزُنُهُمُ ٱلۡفَزَعُ ٱلۡأَكۡبَرُ وَتَتَلَقَّىٰهُمُ
ٱلۡمَلَٰٓئِكَةُ هَٰذَا يَوۡمُكُمُ ٱلَّذِي كُنتُمۡ تُوعَدُونَ ١٠٣
يَوۡمَ نَطۡوِي ٱلسَّمَآءَ كَطَيِّ ٱلسِّجِلِّ لِلۡكُتُبِۚ كَمَا بَدَأۡنَآ
أَوَّلَ خَلۡقٖ نُّعِيدُهُۥۚ وَعۡدًا عَلَيۡنَآۚ إِنَّا كُنَّا فَٰعِلِينَ ١٠٤ وَلَقَدۡ
كَتَبۡنَا فِي ٱلزَّبُورِ مِنۢ بَعۡدِ ٱلذِّكۡرِ أَنَّ ٱلۡأَرۡضَ يَرِثُهَا
عِبَادِيَ ٱلصَّٰلِحُونَ ١٠٥ إِنَّ فِي هَٰذَا لَبَلَٰغٗا لِّقَوۡمٍ
عَٰبِدِينَ ١٠٦ وَمَآ أَرۡسَلۡنَٰكَ إِلَّا رَحۡمَةٗ لِّلۡعَٰلَمِينَ
١٠٧ قُلۡ إِنَّمَا يُوحَىٰٓ إِلَيَّ أَنَّمَآ إِلَٰهُكُمۡ إِلَٰهٞ وَٰحِدٞۖ فَهَلۡ
أَنتُم مُّسۡلِمُونَ ١٠٨ فَإِن تَوَلَّوۡاْ فَقُلۡ ءَاذَنتُكُمۡ عَلَىٰ سَوَآءٖۖ
وَإِنۡ أَدۡرِيٓ أَقَرِيبٌ أَم بَعِيدٞ مَّا تُوعَدُونَ ١٠٩ إِنَّهُۥ يَعۡلَمُ
ٱلۡجَهۡرَ مِنَ ٱلۡقَوۡلِ وَيَعۡلَمُ مَا تَكۡتُمُونَ ١١٠ وَإِنۡ أَدۡرِي
لَعَلَّهُۥ فِتۡنَةٞ لَّكُمۡ وَمَتَٰعٌ إِلَىٰ حِينٖ ١١١ قَٰلَ رَبِّ ٱحۡكُم
بِٱلۡحَقِّۗ وَرَبُّنَا ٱلرَّحۡمَٰنُ ٱلۡمُسۡتَعَانُ عَلَىٰ مَا تَصِفُونَ ١١٢

سُورَةُ الحَجِّ

الحزب ٣٤

بِسۡمِ ٱللَّهِ ٱلرَّحۡمَٰنِ ٱلرَّحِيمِ

يَٰٓأَيُّهَا ٱلنَّاسُ ٱتَّقُواْ رَبَّكُمۡۚ إِنَّ زَلۡزَلَةَ ٱلسَّاعَةِ شَيۡءٌ عَظِيمٞ
١ يَوۡمَ تَرَوۡنَهَا تَذۡهَلُ كُلُّ مُرۡضِعَةٍ عَمَّآ أَرۡضَعَتۡ وَتَضَعُ
كُلُّ ذَاتِ حَمۡلٍ حَمۡلَهَا وَتَرَى ٱلنَّاسَ سُكَٰرَىٰ وَمَا هُم
بِسُكَٰرَىٰ وَلَٰكِنَّ عَذَابَ ٱللَّهِ شَدِيدٞ ٢ وَمِنَ ٱلنَّاسِ مَن
يُجَٰدِلُ فِي ٱللَّهِ بِغَيۡرِ عِلۡمٖ وَيَتَّبِعُ كُلَّ شَيۡطَٰنٖ مَّرِيدٖ ٣
كُتِبَ عَلَيۡهِ أَنَّهُۥ مَن تَوَلَّاهُ فَأَنَّهُۥ يُضِلُّهُۥ وَيَهۡدِيهِ
إِلَىٰ عَذَابِ ٱلسَّعِيرِ ٤ يَٰٓأَيُّهَا ٱلنَّاسُ إِن كُنتُمۡ فِي رَيۡبٖ
مِّنَ ٱلۡبَعۡثِ فَإِنَّا خَلَقۡنَٰكُم مِّن تُرَابٖ ثُمَّ مِن نُّطۡفَةٖ
ثُمَّ مِنۡ عَلَقَةٖ ثُمَّ مِن مُّضۡغَةٖ مُّخَلَّقَةٖ وَغَيۡرِ مُخَلَّقَةٖ لِّنُبَيِّنَ
لَكُمۡۚ وَنُقِرُّ فِي ٱلۡأَرۡحَامِ مَا نَشَآءُ إِلَىٰٓ أَجَلٖ مُّسَمّٗى ثُمَّ
نُخۡرِجُكُمۡ طِفۡلٗا ثُمَّ لِتَبۡلُغُوٓاْ أَشُدَّكُمۡۖ وَمِنكُم مَّن يُتَوَفَّىٰ
وَمِنكُم مَّن يُرَدُّ إِلَىٰٓ أَرۡذَلِ ٱلۡعُمُرِ لِكَيۡلَا يَعۡلَمَ مِنۢ
بَعۡدِ عِلۡمٖ شَيۡـٔٗاۚ وَتَرَى ٱلۡأَرۡضَ هَامِدَةٗ فَإِذَآ أَنزَلۡنَا عَلَيۡهَا
ٱلۡمَآءَ ٱهۡتَزَّتۡ وَرَبَتۡ وَأَنۢبَتَتۡ مِن كُلِّ زَوۡجِۭ بَهِيجٖ ٥

ذَٰلِكَ بِأَنَّ ٱللَّهَ هُوَ ٱلۡحَقُّ وَأَنَّهُۥ يُحۡيِ ٱلۡمَوۡتَىٰ وَأَنَّهُۥ عَلَىٰ كُلِّ شَيۡءٖ
قَدِيرٞ ٦ وَأَنَّ ٱلسَّاعَةَ ءَاتِيَةٞ لَّا رَيۡبَ فِيهَا وَأَنَّ ٱللَّهَ يَبۡعَثُ مَن فِي
ٱلۡقُبُورِ ٧ وَمِنَ ٱلنَّاسِ مَن يُجَٰدِلُ فِي ٱللَّهِ بِغَيۡرِ عِلۡمٖ وَلَا هُدٗى
وَلَا كِتَٰبٖ مُّنِيرٖ ٨ ثَانِيَ عِطۡفِهِۦ لِيُضِلَّ عَن سَبِيلِ ٱللَّهِۖ لَهُۥ فِي
ٱلدُّنۡيَا خِزۡيٞۖ وَنُذِيقُهُۥ يَوۡمَ ٱلۡقِيَٰمَةِ عَذَابَ ٱلۡحَرِيقِ ٩ ذَٰلِكَ
بِمَا قَدَّمَتۡ يَدَاكَ وَأَنَّ ٱللَّهَ لَيۡسَ بِظَلَّٰمٖ لِّلۡعَبِيدِ ١٠ وَمِنَ ٱلنَّاسِ
مَن يَعۡبُدُ ٱللَّهَ عَلَىٰ حَرۡفٖۖ فَإِنۡ أَصَابَهُۥ خَيۡرٌ ٱطۡمَأَنَّ بِهِۦۖ وَإِنۡ
أَصَابَتۡهُ فِتۡنَةٌ ٱنقَلَبَ عَلَىٰ وَجۡهِهِۦ خَسِرَ ٱلدُّنۡيَا وَٱلۡأٓخِرَةَۚ ذَٰلِكَ
هُوَ ٱلۡخُسۡرَانُ ٱلۡمُبِينُ ١١ يَدۡعُواْ مِن دُونِ ٱللَّهِ مَا لَا يَضُرُّهُۥ
وَمَا لَا يَنفَعُهُۥۚ ذَٰلِكَ هُوَ ٱلضَّلَٰلُ ٱلۡبَعِيدُ ١٢ يَدۡعُواْ لَمَن
ضَرُّهُۥٓ أَقۡرَبُ مِن نَّفۡعِهِۦۚ لَبِئۡسَ ٱلۡمَوۡلَىٰ وَلَبِئۡسَ ٱلۡعَشِيرُ ١٣
إِنَّ ٱللَّهَ يُدۡخِلُ ٱلَّذِينَ ءَامَنُواْ وَعَمِلُواْ ٱلصَّٰلِحَٰتِ جَنَّٰتٖ
تَجۡرِي مِن تَحۡتِهَا ٱلۡأَنۡهَٰرُۚ إِنَّ ٱللَّهَ يَفۡعَلُ مَا يُرِيدُ ١٤ مَن كَانَ
يَظُنُّ أَن لَّن يَنصُرَهُ ٱللَّهُ فِي ٱلدُّنۡيَا وَٱلۡأٓخِرَةِ فَلۡيَمۡدُدۡ بِسَبَبٍ إِلَى
ٱلسَّمَآءِ ثُمَّ لۡيَقۡطَعۡ فَلۡيَنظُرۡ هَلۡ يُذۡهِبَنَّ كَيۡدُهُۥ مَا يَغِيظُ ١٥

وَكَذَٰلِكَ أَنزَلۡنَٰهُ ءَايَٰتِۭ بَيِّنَٰتٖ وَأَنَّ ٱللَّهَ يَهۡدِي مَن يُرِيدُ
١٦ إِنَّ ٱلَّذِينَ ءَامَنُواْ وَٱلَّذِينَ هَادُواْ وَٱلصَّٰبِـِٔينَ وَٱلنَّصَٰرَىٰ
وَٱلۡمَجُوسَ وَٱلَّذِينَ أَشۡرَكُوٓاْ إِنَّ ٱللَّهَ يَفۡصِلُ بَيۡنَهُمۡ يَوۡمَ
ٱلۡقِيَٰمَةِۚ إِنَّ ٱللَّهَ عَلَىٰ كُلِّ شَيۡءٖ شَهِيدٌ ١٧ أَلَمۡ تَرَ أَنَّ ٱللَّهَ
يَسۡجُدُۤ لَهُۥ مَن فِي ٱلسَّمَٰوَٰتِ وَمَن فِي ٱلۡأَرۡضِ وَٱلشَّمۡسُ
وَٱلۡقَمَرُ وَٱلنُّجُومُ وَٱلۡجِبَالُ وَٱلشَّجَرُ وَٱلدَّوَآبُّ وَكَثِيرٞ مِّنَ
ٱلنَّاسِۖ وَكَثِيرٌ حَقَّ عَلَيۡهِ ٱلۡعَذَابُۗ وَمَن يُهِنِ ٱللَّهُ فَمَا لَهُۥ مِن
مُّكۡرِمٍۚ إِنَّ ٱللَّهَ يَفۡعَلُ مَا يَشَآءُ۩ ١٨ ۞ هَٰذَانِ خَصۡمَانِ
ٱخۡتَصَمُواْ فِي رَبِّهِمۡۖ فَٱلَّذِينَ كَفَرُواْ قُطِّعَتۡ لَهُمۡ ثِيَابٞ
مِّن نَّارٖ يُصَبُّ مِن فَوۡقِ رُءُوسِهِمُ ٱلۡحَمِيمُ ١٩ يُصۡهَرُ بِهِۦ
مَا فِي بُطُونِهِمۡ وَٱلۡجُلُودُ ٢٠ وَلَهُم مَّقَٰمِعُ مِنۡ حَدِيدٖ ٢١ كُلَّمَآ
أَرَادُوٓاْ أَن يَخۡرُجُواْ مِنۡهَا مِنۡ غَمٍّ أُعِيدُواْ فِيهَا وَذُوقُواْ عَذَابَ
ٱلۡحَرِيقِ ٢٢ إِنَّ ٱللَّهَ يُدۡخِلُ ٱلَّذِينَ ءَامَنُواْ وَعَمِلُواْ ٱلصَّٰلِحَٰتِ
جَنَّٰتٖ تَجۡرِي مِن تَحۡتِهَا ٱلۡأَنۡهَٰرُ يُحَلَّوۡنَ فِيهَا مِنۡ
أَسَاوِرَ مِن ذَهَبٖ وَلُؤۡلُؤٗاۖ وَلِبَاسُهُمۡ فِيهَا حَرِيرٞ ٢٣

سجدة
ربع الحزب ٣٤

وَهُدُوٓاْ إِلَى ٱلطَّيِّبِ مِنَ ٱلۡقَوۡلِ وَهُدُوٓاْ إِلَىٰ صِرَٰطِ ٱلۡحَمِيدِ
٢٤ إِنَّ ٱلَّذِينَ كَفَرُواْ وَيَصُدُّونَ عَن سَبِيلِ ٱللَّهِ وَٱلۡمَسۡجِدِ
ٱلۡحَرَامِ ٱلَّذِي جَعَلۡنَٰهُ لِلنَّاسِ سَوَآءً ٱلۡعَٰكِفُ فِيهِ وَٱلۡبَادِۚ
وَمَن يُرِدۡ فِيهِ بِإِلۡحَادِۭ بِظُلۡمٖ نُّذِقۡهُ مِنۡ عَذَابٍ أَلِيمٖ
٢٥ وَإِذۡ بَوَّأۡنَا لِإِبۡرَٰهِيمَ مَكَانَ ٱلۡبَيۡتِ أَن لَّا تُشۡرِكۡ
بِي شَيۡـٔٗا وَطَهِّرۡ بَيۡتِيَ لِلطَّآئِفِينَ وَٱلۡقَآئِمِينَ وَٱلرُّكَّعِ
ٱلسُّجُودِ ٢٦ وَأَذِّن فِي ٱلنَّاسِ بِٱلۡحَجِّ يَأۡتُوكَ رِجَالٗا وَعَلَىٰ
كُلِّ ضَامِرٖ يَأۡتِينَ مِن كُلِّ فَجٍّ عَمِيقٖ ٢٧ لِّيَشۡهَدُواْ
مَنَٰفِعَ لَهُمۡ وَيَذۡكُرُواْ ٱسۡمَ ٱللَّهِ فِيٓ أَيَّامٖ مَّعۡلُومَٰتٍ
عَلَىٰ مَا رَزَقَهُم مِّنۢ بَهِيمَةِ ٱلۡأَنۡعَٰمِۖ فَكُلُواْ مِنۡهَا
وَأَطۡعِمُواْ ٱلۡبَآئِسَ ٱلۡفَقِيرَ ٢٨ ثُمَّ لۡيَقۡضُواْ تَفَثَهُمۡ
وَلۡيُوفُواْ نُذُورَهُمۡ وَلۡيَطَّوَّفُواْ بِٱلۡبَيۡتِ ٱلۡعَتِيقِ ٢٩
ذَٰلِكَۖ وَمَن يُعَظِّمۡ حُرُمَٰتِ ٱللَّهِ فَهُوَ خَيۡرٞ لَّهُۥ عِندَ
رَبِّهِۦۗ وَأُحِلَّتۡ لَكُمُ ٱلۡأَنۡعَٰمُ إِلَّا مَا يُتۡلَىٰ عَلَيۡكُمۡۖ
فَٱجۡتَنِبُواْ ٱلرِّجۡسَ مِنَ ٱلۡأَوۡثَٰنِ وَٱجۡتَنِبُواْ قَوۡلَ ٱلزُّورِ ٣٠

حُنَفَآءَ لِلَّهِ غَيۡرَ مُشۡرِكِينَ بِهِۦۚ وَمَن يُشۡرِكۡ بِٱللَّهِ فَكَأَنَّمَا خَرَّ مِنَ
ٱلسَّمَآءِ فَتَخۡطَفُهُ ٱلطَّيۡرُ أَوۡ تَهۡوِي بِهِ ٱلرِّيحُ فِي مَكَانٖ سَحِيقٖ
٣١ ذَٰلِكَۖ وَمَن يُعَظِّمۡ شَعَٰٓئِرَ ٱللَّهِ فَإِنَّهَا مِن تَقۡوَى ٱلۡقُلُوبِ ٣٢
لَكُمۡ فِيهَا مَنَٰفِعُ إِلَىٰٓ أَجَلٖ مُّسَمّٗى ثُمَّ مَحِلُّهَآ إِلَى ٱلۡبَيۡتِ ٱلۡعَتِيقِ
٣٣ وَلِكُلِّ أُمَّةٖ جَعَلۡنَا مَنسَكٗا لِّيَذۡكُرُواْ ٱسۡمَ ٱللَّهِ عَلَىٰ
مَا رَزَقَهُم مِّنۢ بَهِيمَةِ ٱلۡأَنۡعَٰمِۗ فَإِلَٰهُكُمۡ إِلَٰهٞ وَٰحِدٞ فَلَهُۥٓ
أَسۡلِمُواْۗ وَبَشِّرِ ٱلۡمُخۡبِتِينَ ٣٤ ٱلَّذِينَ إِذَا ذُكِرَ ٱللَّهُ وَجِلَتۡ
قُلُوبُهُمۡ وَٱلصَّٰبِرِينَ عَلَىٰ مَآ أَصَابَهُمۡ وَٱلۡمُقِيمِي ٱلصَّلَوٰةِ
وَمِمَّا رَزَقۡنَٰهُمۡ يُنفِقُونَ ٣٥ وَٱلۡبُدۡنَ جَعَلۡنَٰهَا لَكُم مِّن شَعَٰٓئِرِ
ٱللَّهِ لَكُمۡ فِيهَا خَيۡرٞۖ فَٱذۡكُرُواْ ٱسۡمَ ٱللَّهِ عَلَيۡهَا صَوَآفَّۖ فَإِذَا وَجَبَتۡ
جُنُوبُهَا فَكُلُواْ مِنۡهَا وَأَطۡعِمُواْ ٱلۡقَانِعَ وَٱلۡمُعۡتَرَّۚ كَذَٰلِكَ سَخَّرۡنَٰهَا
لَكُمۡ لَعَلَّكُمۡ تَشۡكُرُونَ ٣٦ لَن يَنَالَ ٱللَّهَ لُحُومُهَا وَلَا دِمَآؤُهَا
وَلَٰكِن يَنَالُهُ ٱلتَّقۡوَىٰ مِنكُمۡۚ كَذَٰلِكَ سَخَّرَهَا لَكُمۡ لِتُكَبِّرُواْ
ٱللَّهَ عَلَىٰ مَا هَدَىٰكُمۡۗ وَبَشِّرِ ٱلۡمُحۡسِنِينَ ٣٧ ۞إِنَّ ٱللَّهَ يُدَٰفِعُ
عَنِ ٱلَّذِينَ ءَامَنُوٓاْۗ إِنَّ ٱللَّهَ لَا يُحِبُّ كُلَّ خَوَّانٖ كَفُورٍ ٣٨

نصف الحزب ٣٤

أُذِنَ لِلَّذِينَ يُقَٰتَلُونَ بِأَنَّهُمۡ ظُلِمُواْۚ وَإِنَّ ٱللَّهَ عَلَىٰ نَصۡرِهِمۡ لَقَدِيرٌ
﴿٣٩﴾ ٱلَّذِينَ أُخۡرِجُواْ مِن دِيَٰرِهِم بِغَيۡرِ حَقٍّ إِلَّآ أَن يَقُولُواْ
رَبُّنَا ٱللَّهُۗ وَلَوۡلَا دَفۡعُ ٱللَّهِ ٱلنَّاسَ بَعۡضَهُم بِبَعۡضٖ لَّهُدِّمَتۡ
صَوَٰمِعُ وَبِيَعٞ وَصَلَوَٰتٞ وَمَسَٰجِدُ يُذۡكَرُ فِيهَا ٱسۡمُ ٱللَّهِ
كَثِيرٗاۗ وَلَيَنصُرَنَّ ٱللَّهُ مَن يَنصُرُهُۥٓۚ إِنَّ ٱللَّهَ لَقَوِيٌّ
عَزِيزٌ ﴿٤٠﴾ ٱلَّذِينَ إِن مَّكَّنَّٰهُمۡ فِي ٱلۡأَرۡضِ أَقَامُواْ ٱلصَّلَوٰةَ
وَءَاتَوُاْ ٱلزَّكَوٰةَ وَأَمَرُواْ بِٱلۡمَعۡرُوفِ وَنَهَوۡاْ عَنِ ٱلۡمُنكَرِۗ
وَلِلَّهِ عَٰقِبَةُ ٱلۡأُمُورِ ﴿٤١﴾ وَإِن يُكَذِّبُوكَ فَقَدۡ كَذَّبَتۡ
قَبۡلَهُمۡ قَوۡمُ نُوحٖ وَعَادٞ وَثَمُودُ ﴿٤٢﴾ وَقَوۡمُ إِبۡرَٰهِيمَ وَقَوۡمُ
لُوطٖ ﴿٤٣﴾ وَأَصۡحَٰبُ مَدۡيَنَۖ وَكُذِّبَ مُوسَىٰۖ فَأَمۡلَيۡتُ لِلۡكَٰفِرِينَ
ثُمَّ أَخَذۡتُهُمۡۖ فَكَيۡفَ كَانَ نَكِيرِ ﴿٤٤﴾ فَكَأَيِّن مِّن قَرۡيَةٍ
أَهۡلَكۡنَٰهَا وَهِيَ ظَالِمَةٞ فَهِيَ خَاوِيَةٌ عَلَىٰ عُرُوشِهَا وَبِئۡرٖ
مُّعَطَّلَةٖ وَقَصۡرٖ مَّشِيدٍ ﴿٤٥﴾ أَفَلَمۡ يَسِيرُواْ فِي ٱلۡأَرۡضِ فَتَكُونَ
لَهُمۡ قُلُوبٞ يَعۡقِلُونَ بِهَآ أَوۡ ءَاذَانٞ يَسۡمَعُونَ بِهَاۖ فَإِنَّهَا
لَا تَعۡمَى ٱلۡأَبۡصَٰرُ وَلَٰكِن تَعۡمَى ٱلۡقُلُوبُ ٱلَّتِي فِي ٱلصُّدُورِ ﴿٤٦﴾

وَيَسۡتَعۡجِلُونَكَ بِٱلۡعَذَابِ وَلَن يُخۡلِفَ ٱللَّهُ وَعۡدَهُۥۚ وَإِنَّ يَوۡمًا
عِندَ رَبِّكَ كَأَلۡفِ سَنَةٖ مِّمَّا تَعُدُّونَ ٤٧ وَكَأَيِّن مِّن
قَرۡيَةٍ أَمۡلَيۡتُ لَهَا وَهِيَ ظَالِمَةٞ ثُمَّ أَخَذۡتُهَا وَإِلَيَّ ٱلۡمَصِيرُ
٤٨ قُلۡ يَٰٓأَيُّهَا ٱلنَّاسُ إِنَّمَآ أَنَا۠ لَكُمۡ نَذِيرٞ مُّبِينٞ ٤٩ فَٱلَّذِينَ
ءَامَنُواْ وَعَمِلُواْ ٱلصَّٰلِحَٰتِ لَهُم مَّغۡفِرَةٞ وَرِزۡقٞ كَرِيمٞ ٥٠
وَٱلَّذِينَ سَعَوۡاْ فِيٓ ءَايَٰتِنَا مُعَٰجِزِينَ أُوْلَٰٓئِكَ أَصۡحَٰبُ
ٱلۡجَحِيمِ ٥١ وَمَآ أَرۡسَلۡنَا مِن قَبۡلِكَ مِن رَّسُولٖ وَلَا نَبِيٍّ إِلَّآ
إِذَا تَمَنَّىٰٓ أَلۡقَى ٱلشَّيۡطَٰنُ فِيٓ أُمۡنِيَّتِهِۦ فَيَنسَخُ ٱللَّهُ مَا يُلۡقِي
ٱلشَّيۡطَٰنُ ثُمَّ يُحۡكِمُ ٱللَّهُ ءَايَٰتِهِۦۗ وَٱللَّهُ عَلِيمٌ حَكِيمٞ ٥٢ لِّيَجۡعَلَ
مَا يُلۡقِي ٱلشَّيۡطَٰنُ فِتۡنَةٗ لِّلَّذِينَ فِي قُلُوبِهِم مَّرَضٞ وَٱلۡقَاسِيَةِ
قُلُوبُهُمۡۗ وَإِنَّ ٱلظَّٰلِمِينَ لَفِي شِقَاقِۭ بَعِيدٖ ٥٣ وَلِيَعۡلَمَ
ٱلَّذِينَ أُوتُواْ ٱلۡعِلۡمَ أَنَّهُ ٱلۡحَقُّ مِن رَّبِّكَ فَيُؤۡمِنُواْ بِهِۦ
فَتُخۡبِتَ لَهُۥ قُلُوبُهُمۡۗ وَإِنَّ ٱللَّهَ لَهَادِ ٱلَّذِينَ ءَامَنُوٓاْ إِلَىٰ صِرَٰطٖ
مُّسۡتَقِيمٖ ٥٤ وَلَا يَزَالُ ٱلَّذِينَ كَفَرُواْ فِي مِرۡيَةٖ مِّنۡهُ حَتَّىٰ
تَأۡتِيَهُمُ ٱلسَّاعَةُ بَغۡتَةً أَوۡ يَأۡتِيَهُمۡ عَذَابُ يَوۡمٍ عَقِيمٍ ٥٥

ٱلْمُلْكُ يَوْمَئِذٍ لِّلَّهِ يَحْكُمُ بَيْنَهُمْ ۚ فَٱلَّذِينَ ءَامَنُوا۟
وَعَمِلُوا۟ ٱلصَّٰلِحَٰتِ فِى جَنَّٰتِ ٱلنَّعِيمِ ﴿٥٦﴾ وَٱلَّذِينَ
كَفَرُوا۟ وَكَذَّبُوا۟ بِـَٔايَٰتِنَا فَأُو۟لَٰٓئِكَ لَهُمْ عَذَابٌ
مُّهِينٌ ﴿٥٧﴾ وَٱلَّذِينَ هَاجَرُوا۟ فِى سَبِيلِ ٱللَّهِ ثُمَّ قُتِلُوٓا۟
أَوْ مَاتُوا۟ لَيَرْزُقَنَّهُمُ ٱللَّهُ رِزْقًا حَسَنًا ۚ وَإِنَّ ٱللَّهَ لَهُوَ
خَيْرُ ٱلرَّٰزِقِينَ ﴿٥٨﴾ لَيُدْخِلَنَّهُم مُّدْخَلًا يَرْضَوْنَهُۥ ۗ
وَإِنَّ ٱللَّهَ لَعَلِيمٌ حَلِيمٌ ﴿٥٩﴾ ۞ ذَٰلِكَ ۖ وَمَنْ عَاقَبَ بِمِثْلِ
مَا عُوقِبَ بِهِۦ ثُمَّ بُغِىَ عَلَيْهِ لَيَنصُرَنَّهُ ٱللَّهُ ۗ إِنَّ ٱللَّهَ
لَعَفُوٌّ غَفُورٌ ﴿٦٠﴾ ذَٰلِكَ بِأَنَّ ٱللَّهَ يُولِجُ ٱلَّيْلَ فِى
ٱلنَّهَارِ وَيُولِجُ ٱلنَّهَارَ فِى ٱلَّيْلِ وَأَنَّ ٱللَّهَ سَمِيعٌۢ
بَصِيرٌ ﴿٦١﴾ ذَٰلِكَ بِأَنَّ ٱللَّهَ هُوَ ٱلْحَقُّ وَأَنَّ مَا يَدْعُونَ
مِن دُونِهِۦ هُوَ ٱلْبَٰطِلُ وَأَنَّ ٱللَّهَ هُوَ ٱلْعَلِىُّ ٱلْكَبِيرُ ﴿٦٢﴾
أَلَمْ تَرَ أَنَّ ٱللَّهَ أَنزَلَ مِنَ ٱلسَّمَآءِ مَآءً فَتُصْبِحُ ٱلْأَرْضُ
مُخْضَرَّةً ۗ إِنَّ ٱللَّهَ لَطِيفٌ خَبِيرٌ ﴿٦٣﴾ لَّهُۥ مَا فِى ٱلسَّمَٰوَٰتِ
وَمَا فِى ٱلْأَرْضِ ۗ وَإِنَّ ٱللَّهَ لَهُوَ ٱلْغَنِىُّ ٱلْحَمِيدُ ﴿٦٤﴾

ثلاثة أرباع الحزب ٣٤

أَلَمۡ تَرَ أَنَّ ٱللَّهَ سَخَّرَ لَكُم مَّا فِي ٱلۡأَرۡضِ وَٱلۡفُلۡكَ تَجۡرِي
فِي ٱلۡبَحۡرِ بِأَمۡرِهِۦ وَيُمۡسِكُ ٱلسَّمَآءَ أَن تَقَعَ عَلَى ٱلۡأَرۡضِ إِلَّا
بِإِذۡنِهِۦٓۚ إِنَّ ٱللَّهَ بِٱلنَّاسِ لَرَءُوفٞ رَّحِيمٞ ٦٥ وَهُوَ ٱلَّذِيٓ
أَحۡيَاكُمۡ ثُمَّ يُمِيتُكُمۡ ثُمَّ يُحۡيِيكُمۡۗ إِنَّ ٱلۡإِنسَٰنَ لَكَفُورٞ ٦٦
لِّكُلِّ أُمَّةٖ جَعَلۡنَا مَنسَكًا هُمۡ نَاسِكُوهُۖ فَلَا يُنَٰزِعُنَّكَ
فِي ٱلۡأَمۡرِۚ وَٱدۡعُ إِلَىٰ رَبِّكَۖ إِنَّكَ لَعَلَىٰ هُدٗى مُّسۡتَقِيمٖ ٦٧
وَإِن جَٰدَلُوكَ فَقُلِ ٱللَّهُ أَعۡلَمُ بِمَا تَعۡمَلُونَ ٦٨ ٱللَّهُ يَحۡكُمُ
بَيۡنَكُمۡ يَوۡمَ ٱلۡقِيَٰمَةِ فِيمَا كُنتُمۡ فِيهِ تَخۡتَلِفُونَ ٦٩
أَلَمۡ تَعۡلَمۡ أَنَّ ٱللَّهَ يَعۡلَمُ مَا فِي ٱلسَّمَآءِ وَٱلۡأَرۡضِۚ إِنَّ
ذَٰلِكَ فِي كِتَٰبٍۚ إِنَّ ذَٰلِكَ عَلَى ٱللَّهِ يَسِيرٞ ٧٠ وَيَعۡبُدُونَ
مِن دُونِ ٱللَّهِ مَا لَمۡ يُنَزِّلۡ بِهِۦ سُلۡطَٰنٗا وَمَا لَيۡسَ لَهُم بِهِۦ
عِلۡمٞۗ وَمَا لِلظَّٰلِمِينَ مِن نَّصِيرٖ ٧١ وَإِذَا تُتۡلَىٰ عَلَيۡهِمۡ ءَايَٰتُنَا
بَيِّنَٰتٖ تَعۡرِفُ فِي وُجُوهِ ٱلَّذِينَ كَفَرُواْ ٱلۡمُنكَرَۖ يَكَادُونَ
يَسۡطُونَ بِٱلَّذِينَ يَتۡلُونَ عَلَيۡهِمۡ ءَايَٰتِنَاۗ قُلۡ أَفَأُنَبِّئُكُم بِشَرّٖ مِّن
ذَٰلِكُمُۚ ٱلنَّارُ وَعَدَهَا ٱللَّهُ ٱلَّذِينَ كَفَرُواْۖ وَبِئۡسَ ٱلۡمَصِيرُ ٧٢

يَٰٓأَيُّهَا ٱلنَّاسُ ضُرِبَ مَثَلٞ فَٱسۡتَمِعُواْ لَهُۥٓۚ إِنَّ ٱلَّذِينَ
تَدۡعُونَ مِن دُونِ ٱللَّهِ لَن يَخۡلُقُواْ ذُبَابٗا وَلَوِ ٱجۡتَمَعُواْ لَهُۥۖ
وَإِن يَسۡلُبۡهُمُ ٱلذُّبَابُ شَيۡـٔٗا لَّا يَسۡتَنقِذُوهُ مِنۡهُۚ ضَعُفَ
ٱلطَّالِبُ وَٱلۡمَطۡلُوبُ ٧٣ مَا قَدَرُواْ ٱللَّهَ حَقَّ قَدۡرِهِۦٓۚ إِنَّ ٱللَّهَ
لَقَوِيٌّ عَزِيزٌ ٧٤ ٱللَّهُ يَصۡطَفِي مِنَ ٱلۡمَلَٰٓئِكَةِ رُسُلٗا
وَمِنَ ٱلنَّاسِۚ إِنَّ ٱللَّهَ سَمِيعُۢ بَصِيرٞ ٧٥ يَعۡلَمُ مَا بَيۡنَ
أَيۡدِيهِمۡ وَمَا خَلۡفَهُمۡۚ وَإِلَى ٱللَّهِ تُرۡجَعُ ٱلۡأُمُورُ ٧٦ يَٰٓأَيُّهَا
ٱلَّذِينَ ءَامَنُواْ ٱرۡكَعُواْ وَٱسۡجُدُواْۤ وَٱعۡبُدُواْ رَبَّكُمۡ
وَٱفۡعَلُواْ ٱلۡخَيۡرَ لَعَلَّكُمۡ تُفۡلِحُونَ۩ ٧٧ وَجَٰهِدُواْ فِي سَجۡدَة
ٱللَّهِ حَقَّ جِهَادِهِۦۚ هُوَ ٱجۡتَبَىٰكُمۡ وَمَا جَعَلَ عَلَيۡكُمۡ
فِي ٱلدِّينِ مِنۡ حَرَجٖۚ مِّلَّةَ أَبِيكُمۡ إِبۡرَٰهِيمَۚ هُوَ سَمَّىٰكُمُ
ٱلۡمُسۡلِمِينَ مِن قَبۡلُ وَفِي هَٰذَا لِيَكُونَ ٱلرَّسُولُ شَهِيدًا عَلَيۡكُمۡ
وَتَكُونُواْ شُهَدَآءَ عَلَى ٱلنَّاسِۚ فَأَقِيمُواْ ٱلصَّلَوٰةَ وَءَاتُواْ ٱلزَّكَوٰةَ
وَٱعۡتَصِمُواْ بِٱللَّهِ هُوَ مَوۡلَىٰكُمۡۖ فَنِعۡمَ ٱلۡمَوۡلَىٰ وَنِعۡمَ ٱلنَّصِيرُ ٧٨

سُورَةُ المُؤۡمِنُونَ

الجزء ١٨
الحزب ٣٥

بِسْمِ ٱللَّهِ ٱلرَّحْمَٰنِ ٱلرَّحِيمِ

قَدْ أَفْلَحَ ٱلْمُؤْمِنُونَ ١ ٱلَّذِينَ هُمْ فِي صَلَاتِهِمْ خَٰشِعُونَ
٢ وَٱلَّذِينَ هُمْ عَنِ ٱللَّغْوِ مُعْرِضُونَ ٣ وَٱلَّذِينَ هُمْ لِلزَّكَوٰةِ
فَٰعِلُونَ ٤ وَٱلَّذِينَ هُمْ لِفُرُوجِهِمْ حَٰفِظُونَ ٥ إِلَّا عَلَىٰٓ
أَزْوَٰجِهِمْ أَوْ مَا مَلَكَتْ أَيْمَٰنُهُمْ فَإِنَّهُمْ غَيْرُ مَلُومِينَ ٦ فَمَنِ
ٱبْتَغَىٰ وَرَآءَ ذَٰلِكَ فَأُو۟لَٰٓئِكَ هُمُ ٱلْعَادُونَ ٧ وَٱلَّذِينَ هُمْ
لِأَمَٰنَٰتِهِمْ وَعَهْدِهِمْ رَٰعُونَ ٨ وَٱلَّذِينَ هُمْ عَلَىٰ صَلَوَٰتِهِمْ
يُحَافِظُونَ ٩ أُو۟لَٰٓئِكَ هُمُ ٱلْوَٰرِثُونَ ١٠ ٱلَّذِينَ يَرِثُونَ
ٱلْفِرْدَوْسَ هُمْ فِيهَا خَٰلِدُونَ ١١ وَلَقَدْ خَلَقْنَا ٱلْإِنسَٰنَ مِن
سُلَٰلَةٍ مِّن طِينٍ ١٢ ثُمَّ جَعَلْنَٰهُ نُطْفَةً فِي قَرَارٍ مَّكِينٍ ١٣
ثُمَّ خَلَقْنَا ٱلنُّطْفَةَ عَلَقَةً فَخَلَقْنَا ٱلْعَلَقَةَ مُضْغَةً فَخَلَقْنَا
ٱلْمُضْغَةَ عِظَٰمًا فَكَسَوْنَا ٱلْعِظَٰمَ لَحْمًا ثُمَّ أَنشَأْنَٰهُ خَلْقًا
ءَاخَرَ فَتَبَارَكَ ٱللَّهُ أَحْسَنُ ٱلْخَٰلِقِينَ ١٤ ثُمَّ إِنَّكُم بَعْدَ ذَٰلِكَ
لَمَيِّتُونَ ١٥ ثُمَّ إِنَّكُمْ يَوْمَ ٱلْقِيَٰمَةِ تُبْعَثُونَ ١٦ وَلَقَدْ
خَلَقْنَا فَوْقَكُمْ سَبْعَ طَرَآئِقَ وَمَا كُنَّا عَنِ ٱلْخَلْقِ غَٰفِلِينَ ١٧

وَأَنزَلْنَا مِنَ ٱلسَّمَآءِ مَآءًۢ بِقَدَرٍ فَأَسْكَنَّٰهُ فِى ٱلْأَرْضِ ۖ وَإِنَّا عَلَىٰ
ذَهَابٍۭ بِهِۦ لَقَٰدِرُونَ ١٨ فَأَنشَأْنَا لَكُم بِهِۦ جَنَّٰتٍ مِّن نَّخِيلٍ
وَأَعْنَٰبٍ لَّكُمْ فِيهَا فَوَٰكِهُ كَثِيرَةٌ وَمِنْهَا تَأْكُلُونَ ١٩ وَشَجَرَةً
تَخْرُجُ مِن طُورِ سَيْنَآءَ تَنۢبُتُ بِٱلدُّهْنِ وَصِبْغٍ لِّلْءَاكِلِينَ ٢٠
وَإِنَّ لَكُمْ فِى ٱلْأَنْعَٰمِ لَعِبْرَةً ۖ نُّسْقِيكُم مِّمَّا فِى بُطُونِهَا وَلَكُمْ فِيهَا
مَنَٰفِعُ كَثِيرَةٌ وَمِنْهَا تَأْكُلُونَ ٢١ وَعَلَيْهَا وَعَلَى ٱلْفُلْكِ تُحْمَلُونَ
٢٢ وَلَقَدْ أَرْسَلْنَا نُوحًا إِلَىٰ قَوْمِهِۦ فَقَالَ يَٰقَوْمِ ٱعْبُدُوا۟ ٱللَّهَ
مَا لَكُم مِّنْ إِلَٰهٍ غَيْرُهُۥٓ ۚ أَفَلَا تَتَّقُونَ ٢٣ فَقَالَ ٱلْمَلَؤُا۟ ٱلَّذِينَ
كَفَرُوا۟ مِن قَوْمِهِۦ مَا هَٰذَآ إِلَّا بَشَرٌ مِّثْلُكُمْ يُرِيدُ أَن يَتَفَضَّلَ عَلَيْكُمْ
وَلَوْ شَآءَ ٱللَّهُ لَأَنزَلَ مَلَٰٓئِكَةً مَّا سَمِعْنَا بِهَٰذَا فِىٓ ءَابَآئِنَا
ٱلْأَوَّلِينَ ٢٤ إِنْ هُوَ إِلَّا رَجُلٌۢ بِهِۦ جِنَّةٌ فَتَرَبَّصُوا۟ بِهِۦ حَتَّىٰ حِينٍ
٢٥ قَالَ رَبِّ ٱنصُرْنِى بِمَا كَذَّبُونِ ٢٦ فَأَوْحَيْنَآ إِلَيْهِ أَنِ ٱصْنَعِ
ٱلْفُلْكَ بِأَعْيُنِنَا وَوَحْيِنَا فَإِذَا جَآءَ أَمْرُنَا وَفَارَ ٱلتَّنُّورُ ۙ فَٱسْلُكْ
فِيهَا مِن كُلٍّ زَوْجَيْنِ ٱثْنَيْنِ وَأَهْلَكَ إِلَّا مَن سَبَقَ عَلَيْهِ
ٱلْقَوْلُ مِنْهُمْ ۖ وَلَا تُخَٰطِبْنِى فِى ٱلَّذِينَ ظَلَمُوٓا۟ ۖ إِنَّهُم مُّغْرَقُونَ ٢٧

فَإِذَا ٱسْتَوَيْتَ أَنتَ وَمَن مَّعَكَ عَلَى ٱلْفُلْكِ فَقُلِ ٱلْحَمْدُ لِلَّهِ ٱلَّذِى
نَجَّىٰنَا مِنَ ٱلْقَوْمِ ٱلظَّٰلِمِينَ ﴿٢٨﴾ وَقُل رَّبِّ أَنزِلْنِى مُنزَلًا مُّبَارَكًا وَأَنتَ
خَيْرُ ٱلْمُنزِلِينَ ﴿٢٩﴾ إِنَّ فِى ذَٰلِكَ لَءَايَٰتٍ وَإِن كُنَّا لَمُبْتَلِينَ ﴿٣٠﴾ ثُمَّ أَنشَأْنَا
مِنۢ بَعْدِهِمْ قَرْنًا ءَاخَرِينَ ﴿٣١﴾ فَأَرْسَلْنَا فِيهِمْ رَسُولًا مِّنْهُمْ أَنِ ٱعْبُدُوا۟
ٱللَّهَ مَا لَكُم مِّنْ إِلَٰهٍ غَيْرُهُۥٓ ۖ أَفَلَا تَتَّقُونَ ﴿٣٢﴾ وَقَالَ ٱلْمَلَأُ مِن قَوْمِهِ
ٱلَّذِينَ كَفَرُوا۟ وَكَذَّبُوا۟ بِلِقَآءِ ٱلْءَاخِرَةِ وَأَتْرَفْنَٰهُمْ فِى ٱلْحَيَوٰةِ ٱلدُّنْيَا
مَا هَٰذَآ إِلَّا بَشَرٌ مِّثْلُكُمْ يَأْكُلُ مِمَّا تَأْكُلُونَ مِنْهُ وَيَشْرَبُ
مِمَّا تَشْرَبُونَ ﴿٣٣﴾ وَلَئِنْ أَطَعْتُم بَشَرًا مِّثْلَكُمْ إِنَّكُمْ إِذًا لَّخَٰسِرُونَ
﴿٣٤﴾ أَيَعِدُكُمْ أَنَّكُمْ إِذَا مِتُّمْ وَكُنتُمْ تُرَابًا وَعِظَٰمًا أَنَّكُم مُّخْرَجُونَ
﴿٣٥﴾ ۞ هَيْهَاتَ هَيْهَاتَ لِمَا تُوعَدُونَ ﴿٣٦﴾ إِنْ هِىَ إِلَّا حَيَاتُنَا
ٱلدُّنْيَا نَمُوتُ وَنَحْيَا وَمَا نَحْنُ بِمَبْعُوثِينَ ﴿٣٧﴾ إِنْ هُوَ إِلَّا
رَجُلٌ ٱفْتَرَىٰ عَلَى ٱللَّهِ كَذِبًا وَمَا نَحْنُ لَهُۥ بِمُؤْمِنِينَ ﴿٣٨﴾ قَالَ رَبِّ
ٱنصُرْنِى بِمَا كَذَّبُونِ ﴿٣٩﴾ قَالَ عَمَّا قَلِيلٍ لَّيُصْبِحُنَّ نَٰدِمِينَ ﴿٤٠﴾
فَأَخَذَتْهُمُ ٱلصَّيْحَةُ بِٱلْحَقِّ فَجَعَلْنَٰهُمْ غُثَآءً ۚ فَبُعْدًا لِّلْقَوْمِ
ٱلظَّٰلِمِينَ ﴿٤١﴾ ثُمَّ أَنشَأْنَا مِنۢ بَعْدِهِمْ قُرُونًا ءَاخَرِينَ ﴿٤٢﴾

ربع الحزب ٣٥

مَا تَسۡبِقُ مِنۡ أُمَّةٍ أَجَلَهَا وَمَا يَسۡتَـٔۡخِرُونَ ٤٣ ثُمَّ أَرۡسَلۡنَا رُسُلَنَا
تَتۡرَاۖ كُلَّ مَا جَآءَ أُمَّةٗ رَّسُولُهَا كَذَّبُوهُۖ فَأَتۡبَعۡنَا بَعۡضَهُم بَعۡضٗا
وَجَعَلۡنَٰهُمۡ أَحَادِيثَۚ فَبُعۡدٗا لِّقَوۡمٖ لَّا يُؤۡمِنُونَ ٤٤ ثُمَّ أَرۡسَلۡنَا مُوسَىٰ
وَأَخَاهُ هَٰرُونَ بِـَٔايَٰتِنَا وَسُلۡطَٰنٖ مُّبِينٍ ٤٥ إِلَىٰ فِرۡعَوۡنَ وَمَلَإِيْهِۦ
فَٱسۡتَكۡبَرُواْ وَكَانُواْ قَوۡمًا عَالِينَ ٤٦ فَقَالُوٓاْ أَنُؤۡمِنُ لِبَشَرَيۡنِ مِثۡلِنَا
وَقَوۡمُهُمَا لَنَا عَٰبِدُونَ ٤٧ فَكَذَّبُوهُمَا فَكَانُواْ مِنَ ٱلۡمُهۡلَكِينَ
٤٨ وَلَقَدۡ ءَاتَيۡنَا مُوسَى ٱلۡكِتَٰبَ لَعَلَّهُمۡ يَهۡتَدُونَ ٤٩ وَجَعَلۡنَا
ٱبۡنَ مَرۡيَمَ وَأُمَّهُۥٓ ءَايَةٗ وَءَاوَيۡنَٰهُمَآ إِلَىٰ رَبۡوَةٖ ذَاتِ قَرَارٖ وَمَعِينٖ
٥٠ يَٰٓأَيُّهَا ٱلرُّسُلُ كُلُواْ مِنَ ٱلطَّيِّبَٰتِ وَٱعۡمَلُواْ صَٰلِحًاۖ إِنِّي بِمَا
تَعۡمَلُونَ عَلِيمٞ ٥١ وَإِنَّ هَٰذِهِۦٓ أُمَّتُكُمۡ أُمَّةٗ وَٰحِدَةٗ وَأَنَا۠ رَبُّكُمۡ
فَٱتَّقُونِ ٥٢ فَتَقَطَّعُوٓاْ أَمۡرَهُم بَيۡنَهُمۡ زُبُرٗاۖ كُلُّ حِزۡبِۭ بِمَا لَدَيۡهِمۡ
فَرِحُونَ ٥٣ فَذَرۡهُمۡ فِي غَمۡرَتِهِمۡ حَتَّىٰ حِينٍ ٥٤ أَيَحۡسَبُونَ أَنَّمَا نُمِدُّهُم
بِهِۦ مِن مَّالٖ وَبَنِينَ ٥٥ نُسَارِعُ لَهُمۡ فِي ٱلۡخَيۡرَٰتِۚ بَل لَّا يَشۡعُرُونَ
٥٦ إِنَّ ٱلَّذِينَ هُم مِّنۡ خَشۡيَةِ رَبِّهِم مُّشۡفِقُونَ ٥٧ وَٱلَّذِينَ هُم
بِـَٔايَٰتِ رَبِّهِمۡ يُؤۡمِنُونَ ٥٨ وَٱلَّذِينَ هُم بِرَبِّهِمۡ لَا يُشۡرِكُونَ ٥٩

وَٱلَّذِينَ يُؤْتُونَ مَآ ءَاتَوا۟ وَّقُلُوبُهُمْ وَجِلَةٌ أَنَّهُمْ إِلَىٰ رَبِّهِمْ رَٰجِعُونَ ٦٠
أُو۟لَٰٓئِكَ يُسَٰرِعُونَ فِى ٱلْخَيْرَٰتِ وَهُمْ لَهَا سَٰبِقُونَ ٦١ وَلَا نُكَلِّفُ
نَفْسًا إِلَّا وُسْعَهَا ۖ وَلَدَيْنَا كِتَٰبٌ يَنطِقُ بِٱلْحَقِّ ۚ وَهُمْ لَا يُظْلَمُونَ
٦٢ بَلْ قُلُوبُهُمْ فِى غَمْرَةٍ مِّنْ هَٰذَا وَلَهُمْ أَعْمَٰلٌ مِّن دُونِ ذَٰلِكَ
هُمْ لَهَا عَٰمِلُونَ ٦٣ حَتَّىٰٓ إِذَآ أَخَذْنَا مُتْرَفِيهِم بِٱلْعَذَابِ إِذَا هُمْ
يَجْـَٔرُونَ ٦٤ لَا تَجْـَٔرُوا۟ ٱلْيَوْمَ ۖ إِنَّكُم مِّنَّا لَا تُنصَرُونَ ٦٥ قَدْ كَانَتْ
ءَايَٰتِى تُتْلَىٰ عَلَيْكُمْ فَكُنتُمْ عَلَىٰٓ أَعْقَٰبِكُمْ تَنكِصُونَ ٦٦
مُسْتَكْبِرِينَ بِهِۦ سَٰمِرًا تَهْجُرُونَ ٦٧ أَفَلَمْ يَدَّبَّرُوا۟ ٱلْقَوْلَ أَمْ
جَآءَهُم مَّا لَمْ يَأْتِ ءَابَآءَهُمُ ٱلْأَوَّلِينَ ٦٨ أَمْ لَمْ يَعْرِفُوا۟ رَسُولَهُمْ
فَهُمْ لَهُۥ مُنكِرُونَ ٦٩ أَمْ يَقُولُونَ بِهِۦ جِنَّةٌۢ ۚ بَلْ جَآءَهُم بِٱلْحَقِّ
وَأَكْثَرُهُمْ لِلْحَقِّ كَٰرِهُونَ ٧٠ وَلَوِ ٱتَّبَعَ ٱلْحَقُّ أَهْوَآءَهُمْ لَفَسَدَتِ
ٱلسَّمَٰوَٰتُ وَٱلْأَرْضُ وَمَن فِيهِنَّ ۚ بَلْ أَتَيْنَٰهُم بِذِكْرِهِمْ فَهُمْ
عَن ذِكْرِهِم مُّعْرِضُونَ ٧١ أَمْ تَسْـَٔلُهُمْ خَرْجًا فَخَرَاجُ رَبِّكَ خَيْرٌ ۖ
وَهُوَ خَيْرُ ٱلرَّٰزِقِينَ ٧٢ وَإِنَّكَ لَتَدْعُوهُمْ إِلَىٰ صِرَٰطٍ مُّسْتَقِيمٍ ٧٣
وَإِنَّ ٱلَّذِينَ لَا يُؤْمِنُونَ بِٱلْءَاخِرَةِ عَنِ ٱلصِّرَٰطِ لَنَٰكِبُونَ ٧٤

۞ وَلَوْ رَحِمْنَٰهُمْ وَكَشَفْنَا مَا بِهِم مِّن ضُرٍّ لَّلَجُّوا۟ فِى طُغْيَٰنِهِمْ
يَعْمَهُونَ ٧٥ وَلَقَدْ أَخَذْنَٰهُم بِٱلْعَذَابِ فَمَا ٱسْتَكَانُوا۟ لِرَبِّهِمْ
وَمَا يَتَضَرَّعُونَ ٧٦ حَتَّىٰٓ إِذَا فَتَحْنَا عَلَيْهِم بَابًا ذَا عَذَابٍ شَدِيدٍ
إِذَا هُمْ فِيهِ مُبْلِسُونَ ٧٧ وَهُوَ ٱلَّذِىٓ أَنشَأَ لَكُمُ ٱلسَّمْعَ وَٱلْأَبْصَٰرَ
وَٱلْأَفْـِٔدَةَ ۚ قَلِيلًا مَّا تَشْكُرُونَ ٧٨ وَهُوَ ٱلَّذِى ذَرَأَكُمْ فِى ٱلْأَرْضِ
وَإِلَيْهِ تُحْشَرُونَ ٧٩ وَهُوَ ٱلَّذِى يُحْىِۦ وَيُمِيتُ وَلَهُ ٱخْتِلَٰفُ
ٱلَّيْلِ وَٱلنَّهَارِ ۚ أَفَلَا تَعْقِلُونَ ٨٠ بَلْ قَالُوا۟ مِثْلَ مَا قَالَ
ٱلْأَوَّلُونَ ٨١ قَالُوٓا۟ أَءِذَا مِتْنَا وَكُنَّا تُرَابًا وَعِظَٰمًا أَءِنَّا
لَمَبْعُوثُونَ ٨٢ لَقَدْ وُعِدْنَا نَحْنُ وَءَابَآؤُنَا هَٰذَا مِن قَبْلُ
إِنْ هَٰذَآ إِلَّآ أَسَٰطِيرُ ٱلْأَوَّلِينَ ٨٣ قُل لِّمَنِ ٱلْأَرْضُ وَمَن
فِيهَآ إِن كُنتُمْ تَعْلَمُونَ ٨٤ سَيَقُولُونَ لِلَّهِ ۚ قُلْ أَفَلَا
تَذَكَّرُونَ ٨٥ قُلْ مَن رَّبُّ ٱلسَّمَٰوَٰتِ ٱلسَّبْعِ وَرَبُّ ٱلْعَرْشِ
ٱلْعَظِيمِ ٨٦ سَيَقُولُونَ لِلَّهِ ۚ قُلْ أَفَلَا تَتَّقُونَ ٨٧ قُلْ مَنۢ
بِيَدِهِۦ مَلَكُوتُ كُلِّ شَىْءٍ وَهُوَ يُجِيرُ وَلَا يُجَارُ عَلَيْهِ إِن
كُنتُمْ تَعْلَمُونَ ٨٨ سَيَقُولُونَ لِلَّهِ ۚ قُلْ فَأَنَّىٰ تُسْحَرُونَ ٨٩

بَلْ أَتَيْنَٰهُم بِٱلْحَقِّ وَإِنَّهُمْ لَكَٰذِبُونَ ﴿٩٠﴾ مَا ٱتَّخَذَ ٱللَّهُ مِن
وَلَدٍ وَمَا كَانَ مَعَهُۥ مِنْ إِلَٰهٍ ۚ إِذًا لَّذَهَبَ كُلُّ إِلَٰهٍۭ بِمَا خَلَقَ
وَلَعَلَا بَعْضُهُمْ عَلَىٰ بَعْضٍ ۚ سُبْحَٰنَ ٱللَّهِ عَمَّا يَصِفُونَ ﴿٩١﴾
عَٰلِمِ ٱلْغَيْبِ وَٱلشَّهَٰدَةِ فَتَعَٰلَىٰ عَمَّا يُشْرِكُونَ ﴿٩٢﴾ قُل رَّبِّ
إِمَّا تُرِيَنِّى مَا يُوعَدُونَ ﴿٩٣﴾ رَبِّ فَلَا تَجْعَلْنِى فِى ٱلْقَوْمِ ٱلظَّٰلِمِينَ
﴿٩٤﴾ وَإِنَّا عَلَىٰٓ أَن نُّرِيَكَ مَا نَعِدُهُمْ لَقَٰدِرُونَ ﴿٩٥﴾ ٱدْفَعْ بِٱلَّتِى
هِىَ أَحْسَنُ ٱلسَّيِّئَةَ ۚ نَحْنُ أَعْلَمُ بِمَا يَصِفُونَ ﴿٩٦﴾ وَقُل رَّبِّ
أَعُوذُ بِكَ مِنْ هَمَزَٰتِ ٱلشَّيَٰطِينِ ﴿٩٧﴾ وَأَعُوذُ بِكَ رَبِّ أَن
يَحْضُرُونِ ﴿٩٨﴾ حَتَّىٰٓ إِذَا جَآءَ أَحَدَهُمُ ٱلْمَوْتُ قَالَ رَبِّ
ٱرْجِعُونِ ﴿٩٩﴾ لَعَلِّىٓ أَعْمَلُ صَٰلِحًا فِيمَا تَرَكْتُ ۚ كَلَّآ ۚ إِنَّهَا
كَلِمَةٌ هُوَ قَآئِلُهَا ۖ وَمِن وَرَآئِهِم بَرْزَخٌ إِلَىٰ يَوْمِ يُبْعَثُونَ ﴿١٠٠﴾
فَإِذَا نُفِخَ فِى ٱلصُّورِ فَلَآ أَنسَابَ بَيْنَهُمْ يَوْمَئِذٍ وَلَا يَتَسَآءَلُونَ
﴿١٠١﴾ فَمَن ثَقُلَتْ مَوَٰزِينُهُۥ فَأُو۟لَٰٓئِكَ هُمُ ٱلْمُفْلِحُونَ ﴿١٠٢﴾ وَمَنْ
خَفَّتْ مَوَٰزِينُهُۥ فَأُو۟لَٰٓئِكَ ٱلَّذِينَ خَسِرُوٓا۟ أَنفُسَهُمْ فِى جَهَنَّمَ
خَٰلِدُونَ ﴿١٠٣﴾ تَلْفَحُ وُجُوهَهُمُ ٱلنَّارُ وَهُمْ فِيهَا كَٰلِحُونَ ﴿١٠٤﴾

أَلَمۡ تَكُنۡ ءَايَٰتِي تُتۡلَىٰ عَلَيۡكُمۡ فَكُنتُم بِهَا تُكَذِّبُونَ ١٠٥ قَالُواْ
رَبَّنَا غَلَبَتۡ عَلَيۡنَا شِقۡوَتُنَا وَكُنَّا قَوۡمٗا ضَآلِّينَ ١٠٦ رَبَّنَآ
أَخۡرِجۡنَا مِنۡهَا فَإِنۡ عُدۡنَا فَإِنَّا ظَٰلِمُونَ ١٠٧ قَالَ ٱخۡسَـُٔواْ فِيهَا
وَلَا تُكَلِّمُونِ ١٠٨ إِنَّهُۥ كَانَ فَرِيقٞ مِّنۡ عِبَادِي يَقُولُونَ رَبَّنَآ ءَامَنَّا
فَٱغۡفِرۡ لَنَا وَٱرۡحَمۡنَا وَأَنتَ خَيۡرُ ٱلرَّٰحِمِينَ ١٠٩ فَٱتَّخَذۡتُمُوهُمۡ
سِخۡرِيًّا حَتَّىٰٓ أَنسَوۡكُمۡ ذِكۡرِي وَكُنتُم مِّنۡهُمۡ تَضۡحَكُونَ ١١٠
إِنِّي جَزَيۡتُهُمُ ٱلۡيَوۡمَ بِمَا صَبَرُوٓاْ أَنَّهُمۡ هُمُ ٱلۡفَآئِزُونَ ١١١ قَٰلَ
كَمۡ لَبِثۡتُمۡ فِي ٱلۡأَرۡضِ عَدَدَ سِنِينَ ١١٢ قَالُواْ لَبِثۡنَا يَوۡمًا أَوۡ بَعۡضَ
يَوۡمٖ فَسۡـَٔلِ ٱلۡعَآدِّينَ ١١٣ قَٰلَ إِن لَّبِثۡتُمۡ إِلَّا قَلِيلٗاۖ لَّوۡ أَنَّكُمۡ
كُنتُمۡ تَعۡلَمُونَ ١١٤ أَفَحَسِبۡتُمۡ أَنَّمَا خَلَقۡنَٰكُمۡ عَبَثٗا وَأَنَّكُمۡ
إِلَيۡنَا لَا تُرۡجَعُونَ ١١٥ فَتَعَٰلَى ٱللَّهُ ٱلۡمَلِكُ ٱلۡحَقُّۖ لَآ إِلَٰهَ إِلَّا
هُوَ رَبُّ ٱلۡعَرۡشِ ٱلۡكَرِيمِ ١١٦ وَمَن يَدۡعُ مَعَ ٱللَّهِ إِلَٰهًا
ءَاخَرَ لَا بُرۡهَٰنَ لَهُۥ بِهِۦ فَإِنَّمَا حِسَابُهُۥ عِندَ رَبِّهِۦٓۚ إِنَّهُۥ لَا يُفۡلِحُ
ٱلۡكَٰفِرُونَ ١١٧ وَقُل رَّبِّ ٱغۡفِرۡ وَٱرۡحَمۡ وَأَنتَ خَيۡرُ ٱلرَّٰحِمِينَ ١١٨

سُورَةُ النُّورِ

ثلاثة أرباع الحزب ٣٥

بِسۡمِ ٱللَّهِ ٱلرَّحۡمَٰنِ ٱلرَّحِيمِ

سُورَةٌ أَنزَلۡنَٰهَا وَفَرَضۡنَٰهَا وَأَنزَلۡنَا فِيهَآ ءَايَٰتِۭ بَيِّنَٰتٖ لَّعَلَّكُمۡ تَذَكَّرُونَ
١ ٱلزَّانِيَةُ وَٱلزَّانِي فَٱجۡلِدُواْ كُلَّ وَٰحِدٖ مِّنۡهُمَا مِاْئَةَ جَلۡدَةٖۖ وَلَا تَأۡخُذۡكُم
بِهِمَا رَأۡفَةٞ فِي دِينِ ٱللَّهِ إِن كُنتُمۡ تُؤۡمِنُونَ بِٱللَّهِ وَٱلۡيَوۡمِ ٱلۡأٓخِرِۖ وَلۡيَشۡهَدۡ
عَذَابَهُمَا طَآئِفَةٞ مِّنَ ٱلۡمُؤۡمِنِينَ ٢ ٱلزَّانِي لَا يَنكِحُ إِلَّا زَانِيَةً أَوۡ مُشۡرِكَةٗ
وَٱلزَّانِيَةُ لَا يَنكِحُهَآ إِلَّا زَانٍ أَوۡ مُشۡرِكٞۚ وَحُرِّمَ ذَٰلِكَ عَلَى ٱلۡمُؤۡمِنِينَ
٣ وَٱلَّذِينَ يَرۡمُونَ ٱلۡمُحۡصَنَٰتِ ثُمَّ لَمۡ يَأۡتُواْ بِأَرۡبَعَةِ شُهَدَآءَ
فَٱجۡلِدُوهُمۡ ثَمَٰنِينَ جَلۡدَةٗ وَلَا تَقۡبَلُواْ لَهُمۡ شَهَٰدَةً أَبَدٗاۚ وَأُوْلَٰٓئِكَ
هُمُ ٱلۡفَٰسِقُونَ ٤ إِلَّا ٱلَّذِينَ تَابُواْ مِنۢ بَعۡدِ ذَٰلِكَ وَأَصۡلَحُواْ فَإِنَّ
ٱللَّهَ غَفُورٞ رَّحِيمٞ ٥ وَٱلَّذِينَ يَرۡمُونَ أَزۡوَٰجَهُمۡ وَلَمۡ يَكُن لَّهُمۡ
شُهَدَآءُ إِلَّآ أَنفُسُهُمۡ فَشَهَٰدَةُ أَحَدِهِمۡ أَرۡبَعُ شَهَٰدَٰتِۭ بِٱللَّهِ إِنَّهُۥ لَمِنَ
ٱلصَّٰدِقِينَ ٦ وَٱلۡخَٰمِسَةُ أَنَّ لَعۡنَتَ ٱللَّهِ عَلَيۡهِ إِن كَانَ مِنَ ٱلۡكَٰذِبِينَ
٧ وَيَدۡرَؤُاْ عَنۡهَا ٱلۡعَذَابَ أَن تَشۡهَدَ أَرۡبَعَ شَهَٰدَٰتِۭ بِٱللَّهِ إِنَّهُۥ لَمِنَ
ٱلۡكَٰذِبِينَ ٨ وَٱلۡخَٰمِسَةَ أَنَّ غَضَبَ ٱللَّهِ عَلَيۡهَآ إِن كَانَ مِنَ ٱلصَّٰدِقِينَ
٩ وَلَوۡلَا فَضۡلُ ٱللَّهِ عَلَيۡكُمۡ وَرَحۡمَتُهُۥ وَأَنَّ ٱللَّهَ تَوَّابٌ حَكِيمٌ ١٠

إِنَّ ٱلَّذِينَ جَآءُو بِٱلۡإِفۡكِ عُصۡبَةٞ مِّنكُمۡۚ لَا تَحۡسَبُوهُ شَرّٗا لَّكُمۖ بَلۡ
هُوَ خَيۡرٞ لَّكُمۡۚ لِكُلِّ ٱمۡرِيٕٖ مِّنۡهُم مَّا ٱكۡتَسَبَ مِنَ ٱلۡإِثۡمِۚ وَٱلَّذِي تَوَلَّىٰ
كِبۡرَهُۥ مِنۡهُمۡ لَهُۥ عَذَابٌ عَظِيمٞ ١١ لَّوۡلَآ إِذۡ سَمِعۡتُمُوهُ ظَنَّ ٱلۡمُؤۡمِنُونَ
وَٱلۡمُؤۡمِنَٰتُ بِأَنفُسِهِمۡ خَيۡرٗا وَقَالُواْ هَٰذَآ إِفۡكٞ مُّبِينٞ ١٢ لَّوۡلَا
جَآءُو عَلَيۡهِ بِأَرۡبَعَةِ شُهَدَآءَۚ فَإِذۡ لَمۡ يَأۡتُواْ بِٱلشُّهَدَآءِ فَأُوْلَٰٓئِكَ
عِندَ ٱللَّهِ هُمُ ٱلۡكَٰذِبُونَ ١٣ وَلَوۡلَا فَضۡلُ ٱللَّهِ عَلَيۡكُمۡ وَرَحۡمَتُهُۥ
فِي ٱلدُّنۡيَا وَٱلۡأٓخِرَةِ لَمَسَّكُمۡ فِي مَآ أَفَضۡتُمۡ فِيهِ عَذَابٌ عَظِيمٌ ١٤
إِذۡ تَلَقَّوۡنَهُۥ بِأَلۡسِنَتِكُمۡ وَتَقُولُونَ بِأَفۡوَاهِكُم مَّا لَيۡسَ لَكُم بِهِۦ عِلۡمٞ
وَتَحۡسَبُونَهُۥ هَيِّنٗا وَهُوَ عِندَ ٱللَّهِ عَظِيمٞ ١٥ وَلَوۡلَآ إِذۡ سَمِعۡتُمُوهُ
قُلۡتُم مَّا يَكُونُ لَنَآ أَن نَّتَكَلَّمَ بِهَٰذَا سُبۡحَٰنَكَ هَٰذَا بُهۡتَٰنٌ عَظِيمٞ
١٦ يَعِظُكُمُ ٱللَّهُ أَن تَعُودُواْ لِمِثۡلِهِۦٓ أَبَدًا إِن كُنتُم مُّؤۡمِنِينَ ١٧
وَيُبَيِّنُ ٱللَّهُ لَكُمُ ٱلۡأٓيَٰتِۚ وَٱللَّهُ عَلِيمٌ حَكِيمٌ ١٨ إِنَّ ٱلَّذِينَ
يُحِبُّونَ أَن تَشِيعَ ٱلۡفَٰحِشَةُ فِي ٱلَّذِينَ ءَامَنُواْ لَهُمۡ عَذَابٌ أَلِيمٞ
فِي ٱلدُّنۡيَا وَٱلۡأٓخِرَةِۚ وَٱللَّهُ يَعۡلَمُ وَأَنتُمۡ لَا تَعۡلَمُونَ ١٩ وَلَوۡلَا
فَضۡلُ ٱللَّهِ عَلَيۡكُمۡ وَرَحۡمَتُهُۥ وَأَنَّ ٱللَّهَ رَءُوفٞ رَّحِيمٞ ٢٠

الحِزْبُ ٣٦

۞ يَٰٓأَيُّهَا ٱلَّذِينَ ءَامَنُواْ لَا تَتَّبِعُواْ خُطُوَٰتِ ٱلشَّيۡطَٰنِۚ وَمَن يَتَّبِعۡ
خُطُوَٰتِ ٱلشَّيۡطَٰنِ فَإِنَّهُۥ يَأۡمُرُ بِٱلۡفَحۡشَآءِ وَٱلۡمُنكَرِۚ وَلَوۡلَا
فَضۡلُ ٱللَّهِ عَلَيۡكُمۡ وَرَحۡمَتُهُۥ مَا زَكَىٰ مِنكُم مِّنۡ أَحَدٍ أَبَدٗا وَلَٰكِنَّ
ٱللَّهَ يُزَكِّي مَن يَشَآءُۗ وَٱللَّهُ سَمِيعٌ عَلِيمٞ ٢١ وَلَا يَأۡتَلِ أُوْلُواْ ٱلۡفَضۡلِ
مِنكُمۡ وَٱلسَّعَةِ أَن يُؤۡتُوٓاْ أُوْلِي ٱلۡقُرۡبَىٰ وَٱلۡمَسَٰكِينَ وَٱلۡمُهَٰجِرِينَ
فِي سَبِيلِ ٱللَّهِۖ وَلۡيَعۡفُواْ وَلۡيَصۡفَحُوٓاْۗ أَلَا تُحِبُّونَ أَن يَغۡفِرَ ٱللَّهُ
لَكُمۡۚ وَٱللَّهُ غَفُورٞ رَّحِيمٌ ٢٢ إِنَّ ٱلَّذِينَ يَرۡمُونَ ٱلۡمُحۡصَنَٰتِ
ٱلۡغَٰفِلَٰتِ ٱلۡمُؤۡمِنَٰتِ لُعِنُواْ فِي ٱلدُّنۡيَا وَٱلۡأٓخِرَةِ وَلَهُمۡ عَذَابٌ
عَظِيمٞ ٢٣ يَوۡمَ تَشۡهَدُ عَلَيۡهِمۡ أَلۡسِنَتُهُمۡ وَأَيۡدِيهِمۡ وَأَرۡجُلُهُم بِمَا
كَانُواْ يَعۡمَلُونَ ٢٤ يَوۡمَئِذٖ يُوَفِّيهِمُ ٱللَّهُ دِينَهُمُ ٱلۡحَقَّ وَيَعۡلَمُونَ أَنَّ
ٱللَّهَ هُوَ ٱلۡحَقُّ ٱلۡمُبِينُ ٢٥ ٱلۡخَبِيثَٰتُ لِلۡخَبِيثِينَ وَٱلۡخَبِيثُونَ
لِلۡخَبِيثَٰتِۖ وَٱلطَّيِّبَٰتُ لِلطَّيِّبِينَ وَٱلطَّيِّبُونَ لِلطَّيِّبَٰتِۚ
أُوْلَٰٓئِكَ مُبَرَّءُونَ مِمَّا يَقُولُونَۖ لَهُم مَّغۡفِرَةٞ وَرِزۡقٞ كَرِيمٞ ٢٦ يَٰٓأَيُّهَا
ٱلَّذِينَ ءَامَنُواْ لَا تَدۡخُلُواْ بُيُوتًا غَيۡرَ بُيُوتِكُمۡ حَتَّىٰ تَسۡتَأۡنِسُواْ
وَتُسَلِّمُواْ عَلَىٰٓ أَهۡلِهَاۚ ذَٰلِكُمۡ خَيۡرٞ لَّكُمۡ لَعَلَّكُمۡ تَذَكَّرُونَ ٢٧

فَإِن لَّمْ تَجِدُوا۟ فِيهَآ أَحَدًا فَلَا تَدْخُلُوهَا حَتَّىٰ يُؤْذَنَ لَكُمْ ۖ
وَإِن قِيلَ لَكُمُ ٱرْجِعُوا۟ فَٱرْجِعُوا۟ ۖ هُوَ أَزْكَىٰ لَكُمْ ۚ وَٱللَّهُ بِمَا
تَعْمَلُونَ عَلِيمٌ ٢٨ لَّيْسَ عَلَيْكُمْ جُنَاحٌ أَن تَدْخُلُوا۟ بُيُوتًا
غَيْرَ مَسْكُونَةٍ فِيهَا مَتَٰعٌ لَّكُمْ ۚ وَٱللَّهُ يَعْلَمُ مَا تُبْدُونَ وَمَا
تَكْتُمُونَ ٢٩ قُل لِّلْمُؤْمِنِينَ يَغُضُّوا۟ مِنْ أَبْصَٰرِهِمْ وَيَحْفَظُوا۟
فُرُوجَهُمْ ۚ ذَٰلِكَ أَزْكَىٰ لَهُمْ ۗ إِنَّ ٱللَّهَ خَبِيرٌۢ بِمَا يَصْنَعُونَ ٣٠
وَقُل لِّلْمُؤْمِنَٰتِ يَغْضُضْنَ مِنْ أَبْصَٰرِهِنَّ وَيَحْفَظْنَ
فُرُوجَهُنَّ وَلَا يُبْدِينَ زِينَتَهُنَّ إِلَّا مَا ظَهَرَ مِنْهَا ۖ وَلْيَضْرِبْنَ
بِخُمُرِهِنَّ عَلَىٰ جُيُوبِهِنَّ ۖ وَلَا يُبْدِينَ زِينَتَهُنَّ إِلَّا لِبُعُولَتِهِنَّ
أَوْ ءَابَآئِهِنَّ أَوْ ءَابَآءِ بُعُولَتِهِنَّ أَوْ أَبْنَآئِهِنَّ أَوْ أَبْنَآءِ بُعُولَتِهِنَّ
أَوْ إِخْوَٰنِهِنَّ أَوْ بَنِىٓ إِخْوَٰنِهِنَّ أَوْ بَنِىٓ أَخَوَٰتِهِنَّ أَوْ نِسَآئِهِنَّ
أَوْ مَا مَلَكَتْ أَيْمَٰنُهُنَّ أَوِ ٱلتَّٰبِعِينَ غَيْرِ أُو۟لِى ٱلْإِرْبَةِ مِنَ
ٱلرِّجَالِ أَوِ ٱلطِّفْلِ ٱلَّذِينَ لَمْ يَظْهَرُوا۟ عَلَىٰ عَوْرَٰتِ ٱلنِّسَآءِ ۖ
وَلَا يَضْرِبْنَ بِأَرْجُلِهِنَّ لِيُعْلَمَ مَا يُخْفِينَ مِن زِينَتِهِنَّ ۚ وَتُوبُوٓا۟
إِلَى ٱللَّهِ جَمِيعًا أَيُّهَ ٱلْمُؤْمِنُونَ لَعَلَّكُمْ تُفْلِحُونَ ٣١

وَأَنكِحُوا۟ ٱلْأَيَٰمَىٰ مِنكُمْ وَٱلصَّٰلِحِينَ مِنْ عِبَادِكُمْ وَإِمَآئِكُمْ ۚ إِن
يَكُونُوا۟ فُقَرَآءَ يُغْنِهِمُ ٱللَّهُ مِن فَضْلِهِۦ ۗ وَٱللَّهُ وَٰسِعٌ عَلِيمٌ ﴿٣٢﴾
وَلْيَسْتَعْفِفِ ٱلَّذِينَ لَا يَجِدُونَ نِكَاحًا حَتَّىٰ يُغْنِيَهُمُ ٱللَّهُ مِن فَضْلِهِۦ ۗ
وَٱلَّذِينَ يَبْتَغُونَ ٱلْكِتَٰبَ مِمَّا مَلَكَتْ أَيْمَٰنُكُمْ فَكَاتِبُوهُمْ إِنْ
عَلِمْتُمْ فِيهِمْ خَيْرًا ۖ وَءَاتُوهُم مِّن مَّالِ ٱللَّهِ ٱلَّذِىٓ ءَاتَىٰكُمْ ۚ وَلَا تُكْرِهُوا۟
فَتَيَٰتِكُمْ عَلَى ٱلْبِغَآءِ إِنْ أَرَدْنَ تَحَصُّنًا لِّتَبْتَغُوا۟ عَرَضَ ٱلْحَيَوٰةِ
ٱلدُّنْيَا ۚ وَمَن يُكْرِههُّنَّ فَإِنَّ ٱللَّهَ مِنۢ بَعْدِ إِكْرَٰهِهِنَّ غَفُورٌ رَّحِيمٌ
﴿٣٣﴾ وَلَقَدْ أَنزَلْنَآ إِلَيْكُمْ ءَايَٰتٍ مُّبَيِّنَٰتٍ وَمَثَلًا مِّنَ ٱلَّذِينَ خَلَوْا۟
مِن قَبْلِكُمْ وَمَوْعِظَةً لِّلْمُتَّقِينَ ﴿٣٤﴾ ۞ ٱللَّهُ نُورُ ٱلسَّمَٰوَٰتِ وَٱلْأَرْضِ ۚ
مَثَلُ نُورِهِۦ كَمِشْكَوٰةٍ فِيهَا مِصْبَاحٌ ۖ ٱلْمِصْبَاحُ فِى زُجَاجَةٍ ۖ
ٱلزُّجَاجَةُ كَأَنَّهَا كَوْكَبٌ دُرِّىٌّ يُوقَدُ مِن شَجَرَةٍ مُّبَٰرَكَةٍ زَيْتُونَةٍ
لَّا شَرْقِيَّةٍ وَلَا غَرْبِيَّةٍ يَكَادُ زَيْتُهَا يُضِىٓءُ وَلَوْ لَمْ تَمْسَسْهُ نَارٌ ۚ
نُّورٌ عَلَىٰ نُورٍ ۗ يَهْدِى ٱللَّهُ لِنُورِهِۦ مَن يَشَآءُ ۚ وَيَضْرِبُ ٱللَّهُ ٱلْأَمْثَٰلَ
لِلنَّاسِ ۗ وَٱللَّهُ بِكُلِّ شَىْءٍ عَلِيمٌ ﴿٣٥﴾ فِى بُيُوتٍ أَذِنَ ٱللَّهُ أَن تُرْفَعَ
وَيُذْكَرَ فِيهَا ٱسْمُهُۥ يُسَبِّحُ لَهُۥ فِيهَا بِٱلْغُدُوِّ وَٱلْءَاصَالِ ﴿٣٦﴾

ربع الحزب ٣٦

رِجَالٞ لَّا تُلۡهِيهِمۡ تِجَٰرَةٞ وَلَا بَيۡعٌ عَن ذِكۡرِ ٱللَّهِ وَإِقَامِ ٱلصَّلَوٰةِ
وَإِيتَآءِ ٱلزَّكَوٰةِ يَخَافُونَ يَوۡمٗا تَتَقَلَّبُ فِيهِ ٱلۡقُلُوبُ وَٱلۡأَبۡصَٰرُ ٣٧
لِيَجۡزِيَهُمُ ٱللَّهُ أَحۡسَنَ مَا عَمِلُواْ وَيَزِيدَهُم مِّن فَضۡلِهِۦۗ وَٱللَّهُ
يَرۡزُقُ مَن يَشَآءُ بِغَيۡرِ حِسَابٖ ٣٨ وَٱلَّذِينَ كَفَرُوٓاْ أَعۡمَٰلُهُمۡ كَسَرَابِۭ
بِقِيعَةٖ يَحۡسَبُهُ ٱلظَّمۡـَٔانُ مَآءً حَتَّىٰٓ إِذَا جَآءَهُۥ لَمۡ يَجِدۡهُ شَيۡـٔٗا
وَوَجَدَ ٱللَّهَ عِندَهُۥ فَوَفَّىٰهُ حِسَابَهُۥۗ وَٱللَّهُ سَرِيعُ ٱلۡحِسَابِ ٣٩
أَوۡ كَظُلُمَٰتٖ فِي بَحۡرٖ لُّجِّيّٖ يَغۡشَىٰهُ مَوۡجٞ مِّن فَوۡقِهِۦ مَوۡجٞ مِّن فَوۡقِهِۦ
سَحَابٞۚ ظُلُمَٰتُۢ بَعۡضُهَا فَوۡقَ بَعۡضٍ إِذَآ أَخۡرَجَ يَدَهُۥ لَمۡ يَكَدۡ
يَرَىٰهَاۗ وَمَن لَّمۡ يَجۡعَلِ ٱللَّهُ لَهُۥ نُورٗا فَمَا لَهُۥ مِن نُّورٍ ٤٠ أَلَمۡ تَرَ أَنَّ
ٱللَّهَ يُسَبِّحُ لَهُۥ مَن فِي ٱلسَّمَٰوَٰتِ وَٱلۡأَرۡضِ وَٱلطَّيۡرُ صَٰٓفَّٰتٖۖ كُلّٞ
قَدۡ عَلِمَ صَلَاتَهُۥ وَتَسۡبِيحَهُۥۗ وَٱللَّهُ عَلِيمُۢ بِمَا يَفۡعَلُونَ ٤١ وَلِلَّهِ مُلۡكُ
ٱلسَّمَٰوَٰتِ وَٱلۡأَرۡضِۖ وَإِلَى ٱللَّهِ ٱلۡمَصِيرُ ٤٢ أَلَمۡ تَرَ أَنَّ ٱللَّهَ يُزۡجِي
سَحَابٗا ثُمَّ يُؤَلِّفُ بَيۡنَهُۥ ثُمَّ يَجۡعَلُهُۥ رُكَامٗا فَتَرَى ٱلۡوَدۡقَ يَخۡرُجُ مِنۡ
خِلَٰلِهِۦ وَيُنَزِّلُ مِنَ ٱلسَّمَآءِ مِن جِبَالٖ فِيهَا مِنۢ بَرَدٖ فَيُصِيبُ بِهِۦ مَن يَشَآءُ
وَيَصۡرِفُهُۥ عَن مَّن يَشَآءُۖ يَكَادُ سَنَا بَرۡقِهِۦ يَذۡهَبُ بِٱلۡأَبۡصَٰرِ ٤٣

يُقَلِّبُ ٱللَّهُ ٱلَّيۡلَ وَٱلنَّهَارَۚ إِنَّ فِي ذَٰلِكَ لَعِبۡرَةٗ لِّأُوْلِي ٱلۡأَبۡصَٰرِ ٤٤
وَٱللَّهُ خَلَقَ كُلَّ دَآبَّةٖ مِّن مَّآءٖۖ فَمِنۡهُم مَّن يَمۡشِي عَلَىٰ بَطۡنِهِۦ وَمِنۡهُم مَّن
يَمۡشِي عَلَىٰ رِجۡلَيۡنِ وَمِنۡهُم مَّن يَمۡشِي عَلَىٰٓ أَرۡبَعٖۚ يَخۡلُقُ ٱللَّهُ مَا يَشَآءُۚ
إِنَّ ٱللَّهَ عَلَىٰ كُلِّ شَيۡءٖ قَدِيرٞ ٤٥ لَّقَدۡ أَنزَلۡنَآ ءَايَٰتٖ مُّبَيِّنَٰتٖۚ
وَٱللَّهُ يَهۡدِي مَن يَشَآءُ إِلَىٰ صِرَٰطٖ مُّسۡتَقِيمٖ ٤٦ وَيَقُولُونَ
ءَامَنَّا بِٱللَّهِ وَبِٱلرَّسُولِ وَأَطَعۡنَا ثُمَّ يَتَوَلَّىٰ فَرِيقٞ مِّنۡهُم مِّنۢ بَعۡدِ
ذَٰلِكَۚ وَمَآ أُوْلَٰٓئِكَ بِٱلۡمُؤۡمِنِينَ ٤٧ وَإِذَا دُعُوٓاْ إِلَى ٱللَّهِ وَرَسُولِهِۦ
لِيَحۡكُمَ بَيۡنَهُمۡ إِذَا فَرِيقٞ مِّنۡهُم مُّعۡرِضُونَ ٤٨ وَإِن يَكُن لَّهُمُ ٱلۡحَقُّ
يَأۡتُوٓاْ إِلَيۡهِ مُذۡعِنِينَ ٤٩ أَفِي قُلُوبِهِم مَّرَضٌ أَمِ ٱرۡتَابُوٓاْ أَمۡ يَخَافُونَ
أَن يَحِيفَ ٱللَّهُ عَلَيۡهِمۡ وَرَسُولُهُۥۚ بَلۡ أُوْلَٰٓئِكَ هُمُ ٱلظَّٰلِمُونَ ٥٠ إِنَّمَا
كَانَ قَوۡلَ ٱلۡمُؤۡمِنِينَ إِذَا دُعُوٓاْ إِلَى ٱللَّهِ وَرَسُولِهِۦ لِيَحۡكُمَ بَيۡنَهُمۡ أَن
يَقُولُواْ سَمِعۡنَا وَأَطَعۡنَاۚ وَأُوْلَٰٓئِكَ هُمُ ٱلۡمُفۡلِحُونَ ٥١ وَمَن
يُطِعِ ٱللَّهَ وَرَسُولَهُۥ وَيَخۡشَ ٱللَّهَ وَيَتَّقۡهِ فَأُوْلَٰٓئِكَ هُمُ ٱلۡفَآئِزُونَ
٥٢ ۞ وَأَقۡسَمُواْ بِٱللَّهِ جَهۡدَ أَيۡمَٰنِهِمۡ لَئِنۡ أَمَرۡتَهُمۡ لَيَخۡرُجُنَّۖ قُل نصف الحزب ٣٦
لَّا تُقۡسِمُواْۖ طَاعَةٞ مَّعۡرُوفَةٌۚ إِنَّ ٱللَّهَ خَبِيرُۢ بِمَا تَعۡمَلُونَ ٥٣

قُلۡ أَطِيعُواْ ٱللَّهَ وَأَطِيعُواْ ٱلرَّسُولَۖ فَإِن تَوَلَّوۡاْ فَإِنَّمَا عَلَيۡهِ مَا حُمِّلَ
وَعَلَيۡكُم مَّا حُمِّلۡتُمۡۖ وَإِن تُطِيعُوهُ تَهۡتَدُواْۚ وَمَا عَلَى ٱلرَّسُولِ
إِلَّا ٱلۡبَلَٰغُ ٱلۡمُبِينُ ٥٤ وَعَدَ ٱللَّهُ ٱلَّذِينَ ءَامَنُواْ مِنكُمۡ وَعَمِلُواْ
ٱلصَّٰلِحَٰتِ لَيَسۡتَخۡلِفَنَّهُمۡ فِي ٱلۡأَرۡضِ كَمَا ٱسۡتَخۡلَفَ
ٱلَّذِينَ مِن قَبۡلِهِمۡ وَلَيُمَكِّنَنَّ لَهُمۡ دِينَهُمُ ٱلَّذِي ٱرۡتَضَىٰ
لَهُمۡ وَلَيُبَدِّلَنَّهُم مِّنۢ بَعۡدِ خَوۡفِهِمۡ أَمۡنٗاۚ يَعۡبُدُونَنِي لَا يُشۡرِكُونَ
بِي شَيۡـٔٗاۚ وَمَن كَفَرَ بَعۡدَ ذَٰلِكَ فَأُوْلَٰٓئِكَ هُمُ ٱلۡفَٰسِقُونَ ٥٥
وَأَقِيمُواْ ٱلصَّلَوٰةَ وَءَاتُواْ ٱلزَّكَوٰةَ وَأَطِيعُواْ ٱلرَّسُولَ لَعَلَّكُمۡ
تُرۡحَمُونَ ٥٦ لَا تَحۡسَبَنَّ ٱلَّذِينَ كَفَرُواْ مُعۡجِزِينَ فِي ٱلۡأَرۡضِۚ
وَمَأۡوَىٰهُمُ ٱلنَّارُۖ وَلَبِئۡسَ ٱلۡمَصِيرُ ٥٧ يَٰٓأَيُّهَا ٱلَّذِينَ ءَامَنُواْ
لِيَسۡتَـٔۡذِنكُمُ ٱلَّذِينَ مَلَكَتۡ أَيۡمَٰنُكُمۡ وَٱلَّذِينَ لَمۡ يَبۡلُغُواْ ٱلۡحُلُمَ مِنكُمۡ
ثَلَٰثَ مَرَّٰتٖۚ مِّن قَبۡلِ صَلَوٰةِ ٱلۡفَجۡرِ وَحِينَ تَضَعُونَ ثِيَابَكُم مِّنَ
ٱلظَّهِيرَةِ وَمِنۢ بَعۡدِ صَلَوٰةِ ٱلۡعِشَآءِۚ ثَلَٰثُ عَوۡرَٰتٖ لَّكُمۡۚ لَيۡسَ عَلَيۡكُمۡ
وَلَا عَلَيۡهِمۡ جُنَاحُۢ بَعۡدَهُنَّۚ طَوَّٰفُونَ عَلَيۡكُم بَعۡضُكُمۡ عَلَىٰ بَعۡضٖۚ
كَذَٰلِكَ يُبَيِّنُ ٱللَّهُ لَكُمُ ٱلۡأٓيَٰتِۗ وَٱللَّهُ عَلِيمٌ حَكِيمٞ ٥٨

وَإِذَا بَلَغَ ٱلْأَطْفَٰلُ مِنكُمُ ٱلْحُلُمَ فَلْيَسْتَـْٔذِنُوا۟ كَمَا
ٱسْتَـْٔذَنَ ٱلَّذِينَ مِن قَبْلِهِمْ ۚ كَذَٰلِكَ يُبَيِّنُ ٱللَّهُ لَكُمْ
ءَايَٰتِهِۦ ۗ وَٱللَّهُ عَلِيمٌ حَكِيمٌ ﴿٥٩﴾ وَٱلْقَوَٰعِدُ مِنَ ٱلنِّسَآءِ
ٱلَّٰتِى لَا يَرْجُونَ نِكَاحًا فَلَيْسَ عَلَيْهِنَّ جُنَاحٌ أَن يَضَعْنَ
ثِيَابَهُنَّ غَيْرَ مُتَبَرِّجَٰتٍۭ بِزِينَةٍ ۖ وَأَن يَسْتَعْفِفْنَ خَيْرٌ
لَّهُنَّ ۗ وَٱللَّهُ سَمِيعٌ عَلِيمٌ ﴿٦٠﴾ لَّيْسَ عَلَى ٱلْأَعْمَىٰ حَرَجٌ وَلَا
عَلَى ٱلْأَعْرَجِ حَرَجٌ وَلَا عَلَى ٱلْمَرِيضِ حَرَجٌ وَلَا عَلَىٰٓ أَنفُسِكُمْ
أَن تَأْكُلُوا۟ مِنۢ بُيُوتِكُمْ أَوْ بُيُوتِ ءَابَآئِكُمْ أَوْ بُيُوتِ
أُمَّهَٰتِكُمْ أَوْ بُيُوتِ إِخْوَٰنِكُمْ أَوْ بُيُوتِ أَخَوَٰتِكُمْ
أَوْ بُيُوتِ أَعْمَٰمِكُمْ أَوْ بُيُوتِ عَمَّٰتِكُمْ أَوْ بُيُوتِ
أَخْوَٰلِكُمْ أَوْ بُيُوتِ خَٰلَٰتِكُمْ أَوْ مَا مَلَكْتُم
مَّفَاتِحَهُۥٓ أَوْ صَدِيقِكُمْ ۚ لَيْسَ عَلَيْكُمْ جُنَاحٌ أَن
تَأْكُلُوا۟ جَمِيعًا أَوْ أَشْتَاتًا ۚ فَإِذَا دَخَلْتُم بُيُوتًا فَسَلِّمُوا۟
عَلَىٰٓ أَنفُسِكُمْ تَحِيَّةً مِّنْ عِندِ ٱللَّهِ مُبَٰرَكَةً طَيِّبَةً ۚ كَذَٰلِكَ
يُبَيِّنُ ٱللَّهُ لَكُمُ ٱلْءَايَٰتِ لَعَلَّكُمْ تَعْقِلُونَ ﴿٦١﴾

إِنَّمَا ٱلۡمُؤۡمِنُونَ ٱلَّذِينَ ءَامَنُواْ بِٱللَّهِ وَرَسُولِهِۦ وَإِذَا كَانُواْ مَعَهُۥ
عَلَىٰٓ أَمۡرٖ جَامِعٖ لَّمۡ يَذۡهَبُواْ حَتَّىٰ يَسۡتَـٔۡذِنُوهُۚ إِنَّ ٱلَّذِينَ يَسۡتَـٔۡذِنُونَكَ
أُوْلَٰٓئِكَ ٱلَّذِينَ يُؤۡمِنُونَ بِٱللَّهِ وَرَسُولِهِۦۚ فَإِذَا ٱسۡتَـٔۡذَنُوكَ
لِبَعۡضِ شَأۡنِهِمۡ فَأۡذَن لِّمَن شِئۡتَ مِنۡهُمۡ وَٱسۡتَغۡفِرۡ لَهُمُ
ٱللَّهَۚ إِنَّ ٱللَّهَ غَفُورٞ رَّحِيمٞ ٦٢ لَّا تَجۡعَلُواْ دُعَآءَ ٱلرَّسُولِ
بَيۡنَكُمۡ كَدُعَآءِ بَعۡضِكُم بَعۡضٗاۚ قَدۡ يَعۡلَمُ ٱللَّهُ ٱلَّذِينَ
يَتَسَلَّلُونَ مِنكُمۡ لِوَاذٗاۚ فَلۡيَحۡذَرِ ٱلَّذِينَ يُخَالِفُونَ عَنۡ
أَمۡرِهِۦٓ أَن تُصِيبَهُمۡ فِتۡنَةٌ أَوۡ يُصِيبَهُمۡ عَذَابٌ أَلِيمٌ ٦٣ أَلَآ إِنَّ
لِلَّهِ مَا فِي ٱلسَّمَٰوَٰتِ وَٱلۡأَرۡضِۖ قَدۡ يَعۡلَمُ مَآ أَنتُمۡ عَلَيۡهِ وَيَوۡمَ
يُرۡجَعُونَ إِلَيۡهِ فَيُنَبِّئُهُم بِمَا عَمِلُواْۗ وَٱللَّهُ بِكُلِّ شَيۡءٍ عَلِيمُۢ ٦٤

سُورَةُ الفُرۡقَانِ

بِسۡمِ ٱللَّهِ ٱلرَّحۡمَٰنِ ٱلرَّحِيمِ

ثلاثة أرباع الحزب ٣٦

تَبَارَكَ ٱلَّذِي نَزَّلَ ٱلۡفُرۡقَانَ عَلَىٰ عَبۡدِهِۦ لِيَكُونَ لِلۡعَٰلَمِينَ نَذِيرًا
١ ٱلَّذِي لَهُۥ مُلۡكُ ٱلسَّمَٰوَٰتِ وَٱلۡأَرۡضِ وَلَمۡ يَتَّخِذۡ وَلَدٗا وَلَمۡ يَكُن
لَّهُۥ شَرِيكٞ فِي ٱلۡمُلۡكِ وَخَلَقَ كُلَّ شَيۡءٖ فَقَدَّرَهُۥ تَقۡدِيرٗا ٢

وَٱتَّخَذُواْ مِن دُونِهِۦٓ ءَالِهَةً لَّا يَخۡلُقُونَ شَيۡـٔٗا وَهُمۡ يُخۡلَقُونَ
وَلَا يَمۡلِكُونَ لِأَنفُسِهِمۡ ضَرّٗا وَلَا نَفۡعٗا وَلَا يَمۡلِكُونَ مَوۡتٗا
وَلَا حَيَوٰةٗ وَلَا نُشُورٗا ٣ وَقَالَ ٱلَّذِينَ كَفَرُوٓاْ إِنۡ هَٰذَآ إِلَّآ
إِفۡكٌ ٱفۡتَرَىٰهُ وَأَعَانَهُۥ عَلَيۡهِ قَوۡمٌ ءَاخَرُونَۖ فَقَدۡ جَآءُو ظُلۡمٗا
وَزُورٗا ٤ وَقَالُوٓاْ أَسَٰطِيرُ ٱلۡأَوَّلِينَ ٱكۡتَتَبَهَا فَهِيَ تُمۡلَىٰ
عَلَيۡهِ بُكۡرَةٗ وَأَصِيلٗا ٥ قُلۡ أَنزَلَهُ ٱلَّذِي يَعۡلَمُ ٱلسِّرَّ
فِي ٱلسَّمَٰوَٰتِ وَٱلۡأَرۡضِۚ إِنَّهُۥ كَانَ غَفُورٗا رَّحِيمٗا ٦
وَقَالُواْ مَالِ هَٰذَا ٱلرَّسُولِ يَأۡكُلُ ٱلطَّعَامَ وَيَمۡشِي فِي
ٱلۡأَسۡوَاقِ لَوۡلَآ أُنزِلَ إِلَيۡهِ مَلَكٞ فَيَكُونَ مَعَهُۥ نَذِيرًا ٧
أَوۡ يُلۡقَىٰٓ إِلَيۡهِ كَنزٌ أَوۡ تَكُونُ لَهُۥ جَنَّةٞ يَأۡكُلُ مِنۡهَاۚ وَقَالَ
ٱلظَّٰلِمُونَ إِن تَتَّبِعُونَ إِلَّا رَجُلٗا مَّسۡحُورًا ٨ ٱنظُرۡ
كَيۡفَ ضَرَبُواْ لَكَ ٱلۡأَمۡثَٰلَ فَضَلُّواْ فَلَا يَسۡتَطِيعُونَ
سَبِيلٗا ٩ تَبَارَكَ ٱلَّذِيٓ إِن شَآءَ جَعَلَ لَكَ خَيۡرٗا مِّن ذَٰلِكَ
جَنَّٰتٖ تَجۡرِي مِن تَحۡتِهَا ٱلۡأَنۡهَٰرُ وَيَجۡعَل لَّكَ قُصُورَۢا ١٠ بَلۡ
كَذَّبُواْ بِٱلسَّاعَةِۖ وَأَعۡتَدۡنَا لِمَن كَذَّبَ بِٱلسَّاعَةِ سَعِيرًا ١١

إِذَا رَأَتۡهُم مِّن مَّكَانِۭ بَعِيدٖ سَمِعُواْ لَهَا تَغَيُّظٗا وَزَفِيرٗا ١٢
وَإِذَآ أُلۡقُواْ مِنۡهَا مَكَانٗا ضَيِّقٗا مُّقَرَّنِينَ دَعَوۡاْ هُنَالِكَ ثُبُورٗا
١٣ لَّا تَدۡعُواْ ٱلۡيَوۡمَ ثُبُورٗا وَٰحِدٗا وَٱدۡعُواْ ثُبُورٗا كَثِيرٗا ١٤
قُلۡ أَذَٰلِكَ خَيۡرٌ أَمۡ جَنَّةُ ٱلۡخُلۡدِ ٱلَّتِي وُعِدَ ٱلۡمُتَّقُونَۚ كَانَتۡ
لَهُمۡ جَزَآءٗ وَمَصِيرٗا ١٥ لَّهُمۡ فِيهَا مَا يَشَآءُونَ خَٰلِدِينَۚ
كَانَ عَلَىٰ رَبِّكَ وَعۡدٗا مَّسۡـُٔولٗا ١٦ وَيَوۡمَ يَحۡشُرُهُمۡ وَمَا
يَعۡبُدُونَ مِن دُونِ ٱللَّهِ فَيَقُولُ ءَأَنتُمۡ أَضۡلَلۡتُمۡ عِبَادِي
هَٰٓؤُلَآءِ أَمۡ هُمۡ ضَلُّواْ ٱلسَّبِيلَ ١٧ قَالُواْ سُبۡحَٰنَكَ مَا كَانَ
يَنۢبَغِي لَنَآ أَن نَّتَّخِذَ مِن دُونِكَ مِنۡ أَوۡلِيَآءَ وَلَٰكِن مَّتَّعۡتَهُمۡ
وَءَابَآءَهُمۡ حَتَّىٰ نَسُواْ ٱلذِّكۡرَ وَكَانُواْ قَوۡمَۢا بُورٗا ١٨
فَقَدۡ كَذَّبُوكُم بِمَا تَقُولُونَ فَمَا تَسۡتَطِيعُونَ صَرۡفٗا
وَلَا نَصۡرٗاۚ وَمَن يَظۡلِم مِّنكُمۡ نُذِقۡهُ عَذَابٗا كَبِيرٗا ١٩
وَمَآ أَرۡسَلۡنَا قَبۡلَكَ مِنَ ٱلۡمُرۡسَلِينَ إِلَّآ إِنَّهُمۡ لَيَأۡكُلُونَ
ٱلطَّعَامَ وَيَمۡشُونَ فِي ٱلۡأَسۡوَاقِۗ وَجَعَلۡنَا بَعۡضَكُمۡ
لِبَعۡضٖ فِتۡنَةً أَتَصۡبِرُونَۗ وَكَانَ رَبُّكَ بَصِيرٗا ٢٠

۞ وَقَالَ ٱلَّذِينَ لَا يَرۡجُونَ لِقَآءَنَا لَوۡلَآ أُنزِلَ عَلَيۡنَا ٱلۡمَلَٰٓئِكَةُ
أَوۡ نَرَىٰ رَبَّنَاۗ لَقَدِ ٱسۡتَكۡبَرُواْ فِيٓ أَنفُسِهِمۡ وَعَتَوۡ عُتُوّٗا كَبِيرٗا
﴿٢١﴾ يَوۡمَ يَرَوۡنَ ٱلۡمَلَٰٓئِكَةَ لَا بُشۡرَىٰ يَوۡمَئِذٖ لِّلۡمُجۡرِمِينَ وَيَقُولُونَ
حِجۡرٗا مَّحۡجُورٗا ﴿٢٢﴾ وَقَدِمۡنَآ إِلَىٰ مَا عَمِلُواْ مِنۡ عَمَلٖ فَجَعَلۡنَٰهُ
هَبَآءٗ مَّنثُورًا ﴿٢٣﴾ أَصۡحَٰبُ ٱلۡجَنَّةِ يَوۡمَئِذٍ خَيۡرٞ مُّسۡتَقَرّٗا
وَأَحۡسَنُ مَقِيلٗا ﴿٢٤﴾ وَيَوۡمَ تَشَقَّقُ ٱلسَّمَآءُ بِٱلۡغَمَٰمِ وَنُزِّلَ ٱلۡمَلَٰٓئِكَةُ
تَنزِيلًا ﴿٢٥﴾ ٱلۡمُلۡكُ يَوۡمَئِذٍ ٱلۡحَقُّ لِلرَّحۡمَٰنِۚ وَكَانَ يَوۡمًا عَلَى
ٱلۡكَٰفِرِينَ عَسِيرٗا ﴿٢٦﴾ وَيَوۡمَ يَعَضُّ ٱلظَّالِمُ عَلَىٰ يَدَيۡهِ يَقُولُ
يَٰلَيۡتَنِي ٱتَّخَذۡتُ مَعَ ٱلرَّسُولِ سَبِيلٗا ﴿٢٧﴾ يَٰوَيۡلَتَىٰ لَيۡتَنِي لَمۡ
أَتَّخِذۡ فُلَانًا خَلِيلٗا ﴿٢٨﴾ لَّقَدۡ أَضَلَّنِي عَنِ ٱلذِّكۡرِ بَعۡدَ إِذۡ جَآءَنِيۗ
وَكَانَ ٱلشَّيۡطَٰنُ لِلۡإِنسَٰنِ خَذُولٗا ﴿٢٩﴾ وَقَالَ ٱلرَّسُولُ يَٰرَبِّ
إِنَّ قَوۡمِي ٱتَّخَذُواْ هَٰذَا ٱلۡقُرۡءَانَ مَهۡجُورٗا ﴿٣٠﴾ وَكَذَٰلِكَ
جَعَلۡنَا لِكُلِّ نَبِيٍّ عَدُوّٗا مِّنَ ٱلۡمُجۡرِمِينَۗ وَكَفَىٰ بِرَبِّكَ هَادِيٗا
وَنَصِيرٗا ﴿٣١﴾ وَقَالَ ٱلَّذِينَ كَفَرُواْ لَوۡلَا نُزِّلَ عَلَيۡهِ ٱلۡقُرۡءَانُ جُمۡلَةٗ
وَٰحِدَةٗۚ كَذَٰلِكَ لِنُثَبِّتَ بِهِۦ فُؤَادَكَۖ وَرَتَّلۡنَٰهُ تَرۡتِيلٗا ﴿٣٢﴾

وَلَا يَأْتُونَكَ بِمَثَلٍ إِلَّا جِئْنَٰكَ بِٱلْحَقِّ وَأَحْسَنَ تَفْسِيرًا
﴿٣٣﴾ ٱلَّذِينَ يُحْشَرُونَ عَلَىٰ وُجُوهِهِمْ إِلَىٰ جَهَنَّمَ أُوْلَٰٓئِكَ
شَرٌّ مَّكَانًا وَأَضَلُّ سَبِيلًا ﴿٣٤﴾ وَلَقَدْ ءَاتَيْنَا مُوسَى ٱلْكِتَٰبَ
وَجَعَلْنَا مَعَهُۥٓ أَخَاهُ هَٰرُونَ وَزِيرًا ﴿٣٥﴾ فَقُلْنَا ٱذْهَبَآ
إِلَى ٱلْقَوْمِ ٱلَّذِينَ كَذَّبُوا۟ بِـَٔايَٰتِنَا فَدَمَّرْنَٰهُمْ تَدْمِيرًا ﴿٣٦﴾
وَقَوْمَ نُوحٍ لَّمَّا كَذَّبُوا۟ ٱلرُّسُلَ أَغْرَقْنَٰهُمْ وَجَعَلْنَٰهُمْ لِلنَّاسِ
ءَايَةً ۖ وَأَعْتَدْنَا لِلظَّٰلِمِينَ عَذَابًا أَلِيمًا ﴿٣٧﴾ وَعَادًا وَثَمُودَا۟
وَأَصْحَٰبَ ٱلرَّسِّ وَقُرُونًۢا بَيْنَ ذَٰلِكَ كَثِيرًا ﴿٣٨﴾ وَكُلًّا
ضَرَبْنَا لَهُ ٱلْأَمْثَٰلَ ۖ وَكُلًّا تَبَّرْنَا تَتْبِيرًا ﴿٣٩﴾ وَلَقَدْ أَتَوْا۟ عَلَى
ٱلْقَرْيَةِ ٱلَّتِىٓ أُمْطِرَتْ مَطَرَ ٱلسَّوْءِ ۚ أَفَلَمْ يَكُونُوا۟ يَرَوْنَهَا ۚ
بَلْ كَانُوا۟ لَا يَرْجُونَ نُشُورًا ﴿٤٠﴾ وَإِذَا رَأَوْكَ إِن يَتَّخِذُونَكَ
إِلَّا هُزُوًا أَهَٰذَا ٱلَّذِى بَعَثَ ٱللَّهُ رَسُولًا ﴿٤١﴾ إِن كَادَ
لَيُضِلُّنَا عَنْ ءَالِهَتِنَا لَوْلَآ أَن صَبَرْنَا عَلَيْهَا ۚ وَسَوْفَ
يَعْلَمُونَ حِينَ يَرَوْنَ ٱلْعَذَابَ مَنْ أَضَلُّ سَبِيلًا ﴿٤٢﴾ أَرَءَيْتَ
مَنِ ٱتَّخَذَ إِلَٰهَهُۥ هَوَىٰهُ أَفَأَنتَ تَكُونُ عَلَيْهِ وَكِيلًا ﴿٤٣﴾

أَمۡ تَحۡسَبُ أَنَّ أَكۡثَرَهُمۡ يَسۡمَعُونَ أَوۡ يَعۡقِلُونَۚ إِنۡ هُمۡ إِلَّا
كَٱلۡأَنۡعَٰمِ بَلۡ هُمۡ أَضَلُّ سَبِيلًا ﴿٤٤﴾ أَلَمۡ تَرَ إِلَىٰ رَبِّكَ كَيۡفَ مَدَّ
ٱلظِّلَّ وَلَوۡ شَآءَ لَجَعَلَهُۥ سَاكِنٗا ثُمَّ جَعَلۡنَا ٱلشَّمۡسَ عَلَيۡهِ دَلِيلٗا
﴿٤٥﴾ ثُمَّ قَبَضۡنَٰهُ إِلَيۡنَا قَبۡضٗا يَسِيرٗا ﴿٤٦﴾ وَهُوَ ٱلَّذِي جَعَلَ لَكُمُ
ٱلَّيۡلَ لِبَاسٗا وَٱلنَّوۡمَ سُبَاتٗا وَجَعَلَ ٱلنَّهَارَ نُشُورٗا ﴿٤٧﴾ وَهُوَ
ٱلَّذِيٓ أَرۡسَلَ ٱلرِّيَٰحَ بُشۡرَۢا بَيۡنَ يَدَيۡ رَحۡمَتِهِۦۚ وَأَنزَلۡنَا مِنَ
ٱلسَّمَآءِ مَآءٗ طَهُورٗا ﴿٤٨﴾ لِّنُحۡـِۧيَ بِهِۦ بَلۡدَةٗ مَّيۡتٗا وَنُسۡقِيَهُۥ
مِمَّا خَلَقۡنَآ أَنۡعَٰمٗا وَأَنَاسِيَّ كَثِيرٗا ﴿٤٩﴾ وَلَقَدۡ صَرَّفۡنَٰهُ بَيۡنَهُمۡ
لِيَذَّكَّرُواْ فَأَبَىٰٓ أَكۡثَرُ ٱلنَّاسِ إِلَّا كُفُورٗا ﴿٥٠﴾ وَلَوۡ شِئۡنَا
لَبَعَثۡنَا فِي كُلِّ قَرۡيَةٖ نَّذِيرٗا ﴿٥١﴾ فَلَا تُطِعِ ٱلۡكَٰفِرِينَ وَجَٰهِدۡهُم
بِهِۦ جِهَادٗا كَبِيرٗا ﴿٥٢﴾ ۞ وَهُوَ ٱلَّذِي مَرَجَ ٱلۡبَحۡرَيۡنِ هَٰذَا
عَذۡبٞ فُرَاتٞ وَهَٰذَا مِلۡحٌ أُجَاجٞ وَجَعَلَ بَيۡنَهُمَا بَرۡزَخٗا
وَحِجۡرٗا مَّحۡجُورٗا ﴿٥٣﴾ وَهُوَ ٱلَّذِي خَلَقَ مِنَ ٱلۡمَآءِ بَشَرٗا فَجَعَلَهُۥ
نَسَبٗا وَصِهۡرٗاۗ وَكَانَ رَبُّكَ قَدِيرٗا ﴿٥٤﴾ وَيَعۡبُدُونَ مِن دُونِ ٱللَّهِ
مَا لَا يَنفَعُهُمۡ وَلَا يَضُرُّهُمۡۗ وَكَانَ ٱلۡكَافِرُ عَلَىٰ رَبِّهِۦ ظَهِيرٗا ﴿٥٥﴾

ربع الحزب ٣٧

وَمَآ أَرۡسَلۡنَٰكَ إِلَّا مُبَشِّرٗا وَنَذِيرٗا ٥٦ قُلۡ مَآ أَسۡـَٔلُكُمۡ عَلَيۡهِ
مِنۡ أَجۡرٍ إِلَّا مَن شَآءَ أَن يَتَّخِذَ إِلَىٰ رَبِّهِۦ سَبِيلٗا ٥٧ وَتَوَكَّلۡ
عَلَى ٱلۡحَيِّ ٱلَّذِي لَا يَمُوتُ وَسَبِّحۡ بِحَمۡدِهِۦۚ وَكَفَىٰ بِهِۦ
بِذُنُوبِ عِبَادِهِۦ خَبِيرًا ٥٨ ٱلَّذِي خَلَقَ ٱلسَّمَٰوَٰتِ وَٱلۡأَرۡضَ
وَمَا بَيۡنَهُمَا فِي سِتَّةِ أَيَّامٖ ثُمَّ ٱسۡتَوَىٰ عَلَى ٱلۡعَرۡشِۖ ٱلرَّحۡمَٰنُ
فَسۡـَٔلۡ بِهِۦ خَبِيرٗا ٥٩ وَإِذَا قِيلَ لَهُمُ ٱسۡجُدُواْۤ لِلرَّحۡمَٰنِ قَالُواْ
وَمَا ٱلرَّحۡمَٰنُ أَنَسۡجُدُ لِمَا تَأۡمُرُنَا وَزَادَهُمۡ نُفُورٗا۩ ٦٠ تَبَارَكَ
ٱلَّذِي جَعَلَ فِي ٱلسَّمَآءِ بُرُوجٗا وَجَعَلَ فِيهَا سِرَٰجٗا وَقَمَرٗا
مُّنِيرٗا ٦١ وَهُوَ ٱلَّذِي جَعَلَ ٱلَّيۡلَ وَٱلنَّهَارَ خِلۡفَةٗ لِّمَنۡ أَرَادَ
أَن يَذَّكَّرَ أَوۡ أَرَادَ شُكُورٗا ٦٢ وَعِبَادُ ٱلرَّحۡمَٰنِ ٱلَّذِينَ يَمۡشُونَ
عَلَى ٱلۡأَرۡضِ هَوۡنٗا وَإِذَا خَاطَبَهُمُ ٱلۡجَٰهِلُونَ قَالُواْ سَلَٰمٗا
٦٣ وَٱلَّذِينَ يَبِيتُونَ لِرَبِّهِمۡ سُجَّدٗا وَقِيَٰمٗا ٦٤ وَٱلَّذِينَ
يَقُولُونَ رَبَّنَا ٱصۡرِفۡ عَنَّا عَذَابَ جَهَنَّمَۖ إِنَّ عَذَابَهَا كَانَ
غَرَامًا ٦٥ إِنَّهَا سَآءَتۡ مُسۡتَقَرّٗا وَمُقَامٗا ٦٦ وَٱلَّذِينَ إِذَآ
أَنفَقُواْ لَمۡ يُسۡرِفُواْ وَلَمۡ يَقۡتُرُواْ وَكَانَ بَيۡنَ ذَٰلِكَ قَوَامٗا ٦٧

سَجۡدَة

وَٱلَّذِينَ لَا يَدْعُونَ مَعَ ٱللَّهِ إِلَٰهًا ءَاخَرَ وَلَا يَقْتُلُونَ ٱلنَّفْسَ
ٱلَّتِي حَرَّمَ ٱللَّهُ إِلَّا بِٱلْحَقِّ وَلَا يَزْنُونَ ۚ وَمَن يَفْعَلْ ذَٰلِكَ
يَلْقَ أَثَامًا ﴿٦٨﴾ يُضَٰعَفْ لَهُ ٱلْعَذَابُ يَوْمَ ٱلْقِيَٰمَةِ وَيَخْلُدْ
فِيهِۦ مُهَانًا ﴿٦٩﴾ إِلَّا مَن تَابَ وَءَامَنَ وَعَمِلَ عَمَلًا صَٰلِحًا
فَأُو۟لَٰٓئِكَ يُبَدِّلُ ٱللَّهُ سَيِّـَٔاتِهِمْ حَسَنَٰتٍ ۗ وَكَانَ ٱللَّهُ
غَفُورًا رَّحِيمًا ﴿٧٠﴾ وَمَن تَابَ وَعَمِلَ صَٰلِحًا فَإِنَّهُۥ يَتُوبُ
إِلَى ٱللَّهِ مَتَابًا ﴿٧١﴾ وَٱلَّذِينَ لَا يَشْهَدُونَ ٱلزُّورَ وَإِذَا مَرُّوا۟
بِٱللَّغْوِ مَرُّوا۟ كِرَامًا ﴿٧٢﴾ وَٱلَّذِينَ إِذَا ذُكِّرُوا۟ بِـَٔايَٰتِ
رَبِّهِمْ لَمْ يَخِرُّوا۟ عَلَيْهَا صُمًّا وَعُمْيَانًا ﴿٧٣﴾ وَٱلَّذِينَ يَقُولُونَ
رَبَّنَا هَبْ لَنَا مِنْ أَزْوَٰجِنَا وَذُرِّيَّٰتِنَا قُرَّةَ أَعْيُنٍ وَٱجْعَلْنَا
لِلْمُتَّقِينَ إِمَامًا ﴿٧٤﴾ أُو۟لَٰٓئِكَ يُجْزَوْنَ ٱلْغُرْفَةَ بِمَا صَبَرُوا۟
وَيُلَقَّوْنَ فِيهَا تَحِيَّةً وَسَلَٰمًا ﴿٧٥﴾ خَٰلِدِينَ فِيهَا ۚ
حَسُنَتْ مُسْتَقَرًّا وَمُقَامًا ﴿٧٦﴾ قُلْ مَا يَعْبَؤُا۟ بِكُمْ رَبِّي
لَوْلَا دُعَآؤُكُمْ ۖ فَقَدْ كَذَّبْتُمْ فَسَوْفَ يَكُونُ لِزَامًۢا ﴿٧٧﴾

سُورَةُ الشُّعَرَاءِ

بِسۡمِ ٱللَّهِ ٱلرَّحۡمَٰنِ ٱلرَّحِيمِ

طسٓمٓ ١ تِلۡكَ ءَايَٰتُ ٱلۡكِتَٰبِ ٱلۡمُبِينِ ٢ لَعَلَّكَ بَٰخِعٞ نَّفۡسَكَ أَلَّا
يَكُونُواْ مُؤۡمِنِينَ ٣ إِن نَّشَأۡ نُنَزِّلۡ عَلَيۡهِم مِّنَ ٱلسَّمَآءِ ءَايَةٗ فَظَلَّتۡ
أَعۡنَٰقُهُمۡ لَهَا خَٰضِعِينَ ٤ وَمَا يَأۡتِيهِم مِّن ذِكۡرٖ مِّنَ ٱلرَّحۡمَٰنِ مُحۡدَثٍ
إِلَّا كَانُواْ عَنۡهُ مُعۡرِضِينَ ٥ فَقَدۡ كَذَّبُواْ فَسَيَأۡتِيهِمۡ أَنۢبَٰٓؤُاْ مَا كَانُواْ
بِهِۦ يَسۡتَهۡزِءُونَ ٦ أَوَلَمۡ يَرَوۡاْ إِلَى ٱلۡأَرۡضِ كَمۡ أَنۢبَتۡنَا فِيهَا مِن كُلِّ زَوۡجٖ
كَرِيمٍ ٧ إِنَّ فِي ذَٰلِكَ لَأٓيَةٗۖ وَمَا كَانَ أَكۡثَرُهُم مُّؤۡمِنِينَ ٨ وَإِنَّ
رَبَّكَ لَهُوَ ٱلۡعَزِيزُ ٱلرَّحِيمُ ٩ وَإِذۡ نَادَىٰ رَبُّكَ مُوسَىٰٓ أَنِ ٱئۡتِ ٱلۡقَوۡمَ
ٱلظَّٰلِمِينَ ١٠ قَوۡمَ فِرۡعَوۡنَۚ أَلَا يَتَّقُونَ ١١ قَالَ رَبِّ إِنِّيٓ أَخَافُ
أَن يُكَذِّبُونِ ١٢ وَيَضِيقُ صَدۡرِي وَلَا يَنطَلِقُ لِسَانِي فَأَرۡسِلۡ
إِلَىٰ هَٰرُونَ ١٣ وَلَهُمۡ عَلَيَّ ذَنۢبٞ فَأَخَافُ أَن يَقۡتُلُونِ ١٤ قَالَ
كَلَّاۖ فَٱذۡهَبَا بِـَٔايَٰتِنَآۖ إِنَّا مَعَكُم مُّسۡتَمِعُونَ ١٥ فَأۡتِيَا فِرۡعَوۡنَ
فَقُولَآ إِنَّا رَسُولُ رَبِّ ٱلۡعَٰلَمِينَ ١٦ أَنۡ أَرۡسِلۡ مَعَنَا بَنِيٓ إِسۡرَٰٓءِيلَ
١٧ قَالَ أَلَمۡ نُرَبِّكَ فِينَا وَلِيدٗا وَلَبِثۡتَ فِينَا مِنۡ عُمُرِكَ سِنِينَ
١٨ وَفَعَلۡتَ فَعۡلَتَكَ ٱلَّتِي فَعَلۡتَ وَأَنتَ مِنَ ٱلۡكَٰفِرِينَ ١٩

قَالَ فَعَلْتُهَآ إِذًا وَأَنَا۠ مِنَ ٱلضَّآلِّينَ ٢٠ فَفَرَرْتُ مِنكُمْ لَمَّا خِفْتُكُمْ
فَوَهَبَ لِى رَبِّى حُكْمًا وَجَعَلَنِى مِنَ ٱلْمُرْسَلِينَ ٢١ وَتِلْكَ نِعْمَةٌ
تَمُنُّهَا عَلَىَّ أَنْ عَبَّدتَّ بَنِىٓ إِسْرَٰٓءِيلَ ٢٢ قَالَ فِرْعَوْنُ وَمَا رَبُّ ٱلْعَٰلَمِينَ
٢٣ قَالَ رَبُّ ٱلسَّمَٰوَٰتِ وَٱلْأَرْضِ وَمَا بَيْنَهُمَآ ۖ إِن كُنتُم مُّوقِنِينَ
٢٤ قَالَ لِمَنْ حَوْلَهُۥٓ أَلَا تَسْتَمِعُونَ ٢٥ قَالَ رَبُّكُمْ وَرَبُّ ءَابَآئِكُمُ
ٱلْأَوَّلِينَ ٢٦ قَالَ إِنَّ رَسُولَكُمُ ٱلَّذِىٓ أُرْسِلَ إِلَيْكُمْ لَمَجْنُونٌ
٢٧ قَالَ رَبُّ ٱلْمَشْرِقِ وَٱلْمَغْرِبِ وَمَا بَيْنَهُمَآ ۖ إِن كُنتُمْ تَعْقِلُونَ
٢٨ قَالَ لَئِنِ ٱتَّخَذْتَ إِلَٰهًا غَيْرِى لَأَجْعَلَنَّكَ مِنَ ٱلْمَسْجُونِينَ
٢٩ قَالَ أَوَلَوْ جِئْتُكَ بِشَىْءٍ مُّبِينٍ ٣٠ قَالَ فَأْتِ بِهِۦٓ إِن كُنتَ
مِنَ ٱلصَّٰدِقِينَ ٣١ فَأَلْقَىٰ عَصَاهُ فَإِذَا هِىَ ثُعْبَانٌ مُّبِينٌ ٣٢
وَنَزَعَ يَدَهُۥ فَإِذَا هِىَ بَيْضَآءُ لِلنَّٰظِرِينَ ٣٣ قَالَ لِلْمَلَإِ حَوْلَهُۥٓ
إِنَّ هَٰذَا لَسَٰحِرٌ عَلِيمٌ ٣٤ يُرِيدُ أَن يُخْرِجَكُم مِّنْ أَرْضِكُم
بِسِحْرِهِۦ فَمَاذَا تَأْمُرُونَ ٣٥ قَالُوٓا۟ أَرْجِهْ وَأَخَاهُ وَٱبْعَثْ فِى ٱلْمَدَآئِنِ
حَٰشِرِينَ ٣٦ يَأْتُوكَ بِكُلِّ سَحَّارٍ عَلِيمٍ ٣٧ فَجُمِعَ ٱلسَّحَرَةُ
لِمِيقَٰتِ يَوْمٍ مَّعْلُومٍ ٣٨ وَقِيلَ لِلنَّاسِ هَلْ أَنتُم مُّجْتَمِعُونَ ٣٩

لَعَلَّنَا نَتَّبِعُ ٱلسَّحَرَةَ إِن كَانُوا۟ هُمُ ٱلْغَٰلِبِينَ ﴿٤٠﴾ فَلَمَّا جَآءَ ٱلسَّحَرَةُ
قَالُوا۟ لِفِرْعَوْنَ أَئِنَّ لَنَا لَأَجْرًا إِن كُنَّا نَحْنُ ٱلْغَٰلِبِينَ ﴿٤١﴾ قَالَ نَعَمْ
وَإِنَّكُمْ إِذًا لَّمِنَ ٱلْمُقَرَّبِينَ ﴿٤٢﴾ قَالَ لَهُم مُّوسَىٰٓ أَلْقُوا۟ مَآ أَنتُم مُّلْقُونَ
﴿٤٣﴾ فَأَلْقَوْا۟ حِبَالَهُمْ وَعِصِيَّهُمْ وَقَالُوا۟ بِعِزَّةِ فِرْعَوْنَ إِنَّا لَنَحْنُ
ٱلْغَٰلِبُونَ ﴿٤٤﴾ فَأَلْقَىٰ مُوسَىٰ عَصَاهُ فَإِذَا هِىَ تَلْقَفُ مَا يَأْفِكُونَ
﴿٤٥﴾ فَأُلْقِىَ ٱلسَّحَرَةُ سَٰجِدِينَ ﴿٤٦﴾ قَالُوٓا۟ ءَامَنَّا بِرَبِّ ٱلْعَٰلَمِينَ ﴿٤٧﴾
رَبِّ مُوسَىٰ وَهَٰرُونَ ﴿٤٨﴾ قَالَ ءَامَنتُمْ لَهُۥ قَبْلَ أَنْ ءَاذَنَ لَكُمْ ۖ إِنَّهُۥ
لَكَبِيرُكُمُ ٱلَّذِى عَلَّمَكُمُ ٱلسِّحْرَ فَلَسَوْفَ تَعْلَمُونَ ۚ لَأُقَطِّعَنَّ أَيْدِيَكُمْ
وَأَرْجُلَكُم مِّنْ خِلَٰفٍ وَلَأُصَلِّبَنَّكُمْ أَجْمَعِينَ ﴿٤٩﴾ قَالُوا۟ لَا ضَيْرَ ۖ إِنَّآ
إِلَىٰ رَبِّنَا مُنقَلِبُونَ ﴿٥٠﴾ إِنَّا نَطْمَعُ أَن يَغْفِرَ لَنَا رَبُّنَا خَطَٰيَٰنَآ أَن كُنَّآ
أَوَّلَ ٱلْمُؤْمِنِينَ ﴿٥١﴾ ۞ وَأَوْحَيْنَآ إِلَىٰ مُوسَىٰٓ أَنْ أَسْرِ بِعِبَادِىٓ إِنَّكُم
مُّتَّبَعُونَ ﴿٥٢﴾ فَأَرْسَلَ فِرْعَوْنُ فِى ٱلْمَدَآئِنِ حَٰشِرِينَ ﴿٥٣﴾ إِنَّ هَٰٓؤُلَآءِ
لَشِرْذِمَةٌ قَلِيلُونَ ﴿٥٤﴾ وَإِنَّهُمْ لَنَا لَغَآئِظُونَ ﴿٥٥﴾ وَإِنَّا لَجَمِيعٌ حَٰذِرُونَ
﴿٥٦﴾ فَأَخْرَجْنَٰهُم مِّن جَنَّٰتٍ وَعُيُونٍ ﴿٥٧﴾ وَكُنُوزٍ وَمَقَامٍ كَرِيمٍ ﴿٥٨﴾
كَذَٰلِكَ وَأَوْرَثْنَٰهَا بَنِىٓ إِسْرَٰٓءِيلَ ﴿٥٩﴾ فَأَتْبَعُوهُم مُّشْرِقِينَ ﴿٦٠﴾

ثلاثة أرباع الحزب ٣٧

فَلَمَّا تَرَٰٓءَا ٱلۡجَمۡعَانِ قَالَ أَصۡحَٰبُ مُوسَىٰٓ إِنَّا لَمُدۡرَكُونَ ٦١
قَالَ كَلَّآۖ إِنَّ مَعِيَ رَبِّي سَيَهۡدِينِ ٦٢ فَأَوۡحَيۡنَآ إِلَىٰ مُوسَىٰٓ أَنِ
ٱضۡرِب بِّعَصَاكَ ٱلۡبَحۡرَۖ فَٱنفَلَقَ فَكَانَ كُلُّ فِرۡقٖ كَٱلطَّوۡدِ ٱلۡعَظِيمِ
٦٣ وَأَزۡلَفۡنَا ثَمَّ ٱلۡأٓخَرِينَ ٦٤ وَأَنجَيۡنَا مُوسَىٰ وَمَن مَّعَهُۥٓ أَجۡمَعِينَ
٦٥ ثُمَّ أَغۡرَقۡنَا ٱلۡأٓخَرِينَ ٦٦ إِنَّ فِي ذَٰلِكَ لَأٓيَةٗۖ وَمَا كَانَ
أَكۡثَرُهُم مُّؤۡمِنِينَ ٦٧ وَإِنَّ رَبَّكَ لَهُوَ ٱلۡعَزِيزُ ٱلرَّحِيمُ ٦٨
وَٱتۡلُ عَلَيۡهِمۡ نَبَأَ إِبۡرَٰهِيمَ ٦٩ إِذۡ قَالَ لِأَبِيهِ وَقَوۡمِهِۦ مَا تَعۡبُدُونَ
٧٠ قَالُواْ نَعۡبُدُ أَصۡنَامٗا فَنَظَلُّ لَهَا عَٰكِفِينَ ٧١ قَالَ هَلۡ
يَسۡمَعُونَكُمۡ إِذۡ تَدۡعُونَ ٧٢ أَوۡ يَنفَعُونَكُمۡ أَوۡ يَضُرُّونَ ٧٣ قَالُواْ
بَلۡ وَجَدۡنَآ ءَابَآءَنَا كَذَٰلِكَ يَفۡعَلُونَ ٧٤ قَالَ أَفَرَءَيۡتُم مَّا كُنتُمۡ
تَعۡبُدُونَ ٧٥ أَنتُمۡ وَءَابَآؤُكُمُ ٱلۡأَقۡدَمُونَ ٧٦ فَإِنَّهُمۡ عَدُوّٞ لِّيٓ
إِلَّا رَبَّ ٱلۡعَٰلَمِينَ ٧٧ ٱلَّذِي خَلَقَنِي فَهُوَ يَهۡدِينِ ٧٨ وَٱلَّذِي هُوَ
يُطۡعِمُنِي وَيَسۡقِينِ ٧٩ وَإِذَا مَرِضۡتُ فَهُوَ يَشۡفِينِ ٨٠ وَٱلَّذِي
يُمِيتُنِي ثُمَّ يُحۡيِينِ ٨١ وَٱلَّذِيٓ أَطۡمَعُ أَن يَغۡفِرَ لِي خَطِيٓـَٔتِي
يَوۡمَ ٱلدِّينِ ٨٢ رَبِّ هَبۡ لِي حُكۡمٗا وَأَلۡحِقۡنِي بِٱلصَّٰلِحِينَ ٨٣

وَٱجۡعَل لِّي لِسَانَ صِدۡقٖ فِي ٱلۡأٓخِرِينَ ٨٤ وَٱجۡعَلۡنِي مِن وَرَثَةِ جَنَّةِ
ٱلنَّعِيمِ ٨٥ وَٱغۡفِرۡ لِأَبِيٓ إِنَّهُۥ كَانَ مِنَ ٱلضَّآلِّينَ ٨٦ وَلَا تُخۡزِنِي يَوۡمَ
يُبۡعَثُونَ ٨٧ يَوۡمَ لَا يَنفَعُ مَالٞ وَلَا بَنُونَ ٨٨ إِلَّا مَنۡ أَتَى ٱللَّهَ بِقَلۡبٖ
سَلِيمٖ ٨٩ وَأُزۡلِفَتِ ٱلۡجَنَّةُ لِلۡمُتَّقِينَ ٩٠ وَبُرِّزَتِ ٱلۡجَحِيمُ لِلۡغَاوِينَ
٩١ وَقِيلَ لَهُمۡ أَيۡنَ مَا كُنتُمۡ تَعۡبُدُونَ ٩٢ مِن دُونِ ٱللَّهِ هَلۡ يَنصُرُونَكُمۡ
أَوۡ يَنتَصِرُونَ ٩٣ فَكُبۡكِبُواْ فِيهَا هُمۡ وَٱلۡغَاوُۥنَ ٩٤ وَجُنُودُ إِبۡلِيسَ
أَجۡمَعُونَ ٩٥ قَالُواْ وَهُمۡ فِيهَا يَخۡتَصِمُونَ ٩٦ تَٱللَّهِ إِن كُنَّا لَفِي
ضَلَٰلٖ مُّبِينٍ ٩٧ إِذۡ نُسَوِّيكُم بِرَبِّ ٱلۡعَٰلَمِينَ ٩٨ وَمَآ أَضَلَّنَآ إِلَّا
ٱلۡمُجۡرِمُونَ ٩٩ فَمَا لَنَا مِن شَٰفِعِينَ ١٠٠ وَلَا صَدِيقٍ حَمِيمٖ ١٠١ فَلَوۡ
أَنَّ لَنَا كَرَّةٗ فَنَكُونَ مِنَ ٱلۡمُؤۡمِنِينَ ١٠٢ إِنَّ فِي ذَٰلِكَ لَأٓيَةٗۖ وَمَا كَانَ
أَكۡثَرُهُم مُّؤۡمِنِينَ ١٠٣ وَإِنَّ رَبَّكَ لَهُوَ ٱلۡعَزِيزُ ٱلرَّحِيمُ ١٠٤ كَذَّبَتۡ
قَوۡمُ نُوحٍ ٱلۡمُرۡسَلِينَ ١٠٥ إِذۡ قَالَ لَهُمۡ أَخُوهُمۡ نُوحٌ أَلَا تَتَّقُونَ ١٠٦
إِنِّي لَكُمۡ رَسُولٌ أَمِينٞ ١٠٧ فَٱتَّقُواْ ٱللَّهَ وَأَطِيعُونِ ١٠٨ وَمَآ أَسۡـَٔلُكُمۡ
عَلَيۡهِ مِنۡ أَجۡرٍۖ إِنۡ أَجۡرِيَ إِلَّا عَلَىٰ رَبِّ ٱلۡعَٰلَمِينَ ١٠٩ فَٱتَّقُواْ ٱللَّهَ
وَأَطِيعُونِ ١١٠ ۞ قَالُوٓاْ أَنُؤۡمِنُ لَكَ وَٱتَّبَعَكَ ٱلۡأَرۡذَلُونَ ١١١

قَالَ وَمَا عِلۡمِي بِمَا كَانُواْ يَعۡمَلُونَ ١١٢ إِنۡ حِسَابُهُمۡ إِلَّا عَلَىٰ رَبِّيۖ
لَوۡ تَشۡعُرُونَ ١١٣ وَمَآ أَنَا۠ بِطَارِدِ ٱلۡمُؤۡمِنِينَ ١١٤ إِنۡ أَنَا۠ إِلَّا نَذِيرٞ مُّبِينٞ
١١٥ قَالُواْ لَئِن لَّمۡ تَنتَهِ يَٰنُوحُ لَتَكُونَنَّ مِنَ ٱلۡمَرۡجُومِينَ ١١٦ قَالَ
رَبِّ إِنَّ قَوۡمِي كَذَّبُونِ ١١٧ فَٱفۡتَحۡ بَيۡنِي وَبَيۡنَهُمۡ فَتۡحٗا وَنَجِّنِي وَمَن
مَّعِيَ مِنَ ٱلۡمُؤۡمِنِينَ ١١٨ فَأَنجَيۡنَٰهُ وَمَن مَّعَهُۥ فِي ٱلۡفُلۡكِ ٱلۡمَشۡحُونِ
١١٩ ثُمَّ أَغۡرَقۡنَا بَعۡدُ ٱلۡبَاقِينَ ١٢٠ إِنَّ فِي ذَٰلِكَ لَأٓيَةٗۖ وَمَا كَانَ
أَكۡثَرُهُم مُّؤۡمِنِينَ ١٢١ وَإِنَّ رَبَّكَ لَهُوَ ٱلۡعَزِيزُ ٱلرَّحِيمُ ١٢٢ كَذَّبَتۡ
عَادٌ ٱلۡمُرۡسَلِينَ ١٢٣ إِذۡ قَالَ لَهُمۡ أَخُوهُمۡ هُودٌ أَلَا تَتَّقُونَ ١٢٤ إِنِّي لَكُمۡ
رَسُولٌ أَمِينٞ ١٢٥ فَٱتَّقُواْ ٱللَّهَ وَأَطِيعُونِ ١٢٦ وَمَآ أَسۡـَٔلُكُمۡ عَلَيۡهِ
مِنۡ أَجۡرٍۖ إِنۡ أَجۡرِيَ إِلَّا عَلَىٰ رَبِّ ٱلۡعَٰلَمِينَ ١٢٧ أَتَبۡنُونَ بِكُلِّ رِيعٍ
ءَايَةٗ تَعۡبَثُونَ ١٢٨ وَتَتَّخِذُونَ مَصَانِعَ لَعَلَّكُمۡ تَخۡلُدُونَ ١٢٩
وَإِذَا بَطَشۡتُم بَطَشۡتُمۡ جَبَّارِينَ ١٣٠ فَٱتَّقُواْ ٱللَّهَ وَأَطِيعُونِ ١٣١
وَٱتَّقُواْ ٱلَّذِيٓ أَمَدَّكُم بِمَا تَعۡلَمُونَ ١٣٢ أَمَدَّكُم بِأَنۡعَٰمٖ وَبَنِينَ
١٣٣ وَجَنَّٰتٖ وَعُيُونٍ ١٣٤ إِنِّيٓ أَخَافُ عَلَيۡكُمۡ عَذَابَ يَوۡمٍ عَظِيمٖ
١٣٥ قَالُواْ سَوَآءٌ عَلَيۡنَآ أَوَعَظۡتَ أَمۡ لَمۡ تَكُن مِّنَ ٱلۡوَٰعِظِينَ ١٣٦

إِنۡ هَٰذَآ إِلَّا خُلُقُ ٱلۡأَوَّلِينَ ١٣٧ وَمَا نَحۡنُ بِمُعَذَّبِينَ ١٣٨ فَكَذَّبُوهُ
فَأَهۡلَكۡنَٰهُمۡۚ إِنَّ فِي ذَٰلِكَ لَأٓيَةٗۖ وَمَا كَانَ أَكۡثَرُهُم مُّؤۡمِنِينَ ١٣٩
وَإِنَّ رَبَّكَ لَهُوَ ٱلۡعَزِيزُ ٱلرَّحِيمُ ١٤٠ كَذَّبَتۡ ثَمُودُ ٱلۡمُرۡسَلِينَ ١٤١ إِذۡ
قَالَ لَهُمۡ أَخُوهُمۡ صَٰلِحٌ أَلَا تَتَّقُونَ ١٤٢ إِنِّي لَكُمۡ رَسُولٌ أَمِينٞ ١٤٣
فَٱتَّقُواْ ٱللَّهَ وَأَطِيعُونِ ١٤٤ وَمَآ أَسۡـَٔلُكُمۡ عَلَيۡهِ مِنۡ أَجۡرٍۖ إِنۡ أَجۡرِيَ
إِلَّا عَلَىٰ رَبِّ ٱلۡعَٰلَمِينَ ١٤٥ أَتُتۡرَكُونَ فِي مَا هَٰهُنَآ ءَامِنِينَ ١٤٦
فِي جَنَّٰتٖ وَعُيُونٖ ١٤٧ وَزُرُوعٖ وَنَخۡلٖ طَلۡعُهَا هَضِيمٞ ١٤٨
وَتَنۡحِتُونَ مِنَ ٱلۡجِبَالِ بُيُوتٗا فَٰرِهِينَ ١٤٩ فَٱتَّقُواْ ٱللَّهَ وَأَطِيعُونِ
١٥٠ وَلَا تُطِيعُوٓاْ أَمۡرَ ٱلۡمُسۡرِفِينَ ١٥١ ٱلَّذِينَ يُفۡسِدُونَ فِي ٱلۡأَرۡضِ
وَلَا يُصۡلِحُونَ ١٥٢ قَالُوٓاْ إِنَّمَآ أَنتَ مِنَ ٱلۡمُسَحَّرِينَ ١٥٣ مَآ أَنتَ
إِلَّا بَشَرٞ مِّثۡلُنَا فَأۡتِ بِـَٔايَةٍ إِن كُنتَ مِنَ ٱلصَّٰدِقِينَ ١٥٤ قَالَ
هَٰذِهِۦ نَاقَةٞ لَّهَا شِرۡبٞ وَلَكُمۡ شِرۡبُ يَوۡمٖ مَّعۡلُومٖ ١٥٥ وَلَا تَمَسُّوهَا
بِسُوٓءٖ فَيَأۡخُذَكُمۡ عَذَابُ يَوۡمٍ عَظِيمٖ ١٥٦ فَعَقَرُوهَا فَأَصۡبَحُواْ
نَٰدِمِينَ ١٥٧ فَأَخَذَهُمُ ٱلۡعَذَابُۚ إِنَّ فِي ذَٰلِكَ لَأٓيَةٗۖ وَمَا كَانَ
أَكۡثَرُهُم مُّؤۡمِنِينَ ١٥٨ وَإِنَّ رَبَّكَ لَهُوَ ٱلۡعَزِيزُ ٱلرَّحِيمُ ١٥٩

كَذَّبَتۡ قَوۡمُ لُوطٍ ٱلۡمُرۡسَلِينَ ١٦٠ إِذۡ قَالَ لَهُمۡ أَخُوهُمۡ لُوطٌ أَلَا تَتَّقُونَ
١٦١ إِنِّي لَكُمۡ رَسُولٌ أَمِينٞ ١٦٢ فَٱتَّقُواْ ٱللَّهَ وَأَطِيعُونِ ١٦٣ وَمَآ
أَسۡـَٔلُكُمۡ عَلَيۡهِ مِنۡ أَجۡرٍۖ إِنۡ أَجۡرِيَ إِلَّا عَلَىٰ رَبِّ ٱلۡعَٰلَمِينَ ١٦٤
أَتَأۡتُونَ ٱلذُّكۡرَانَ مِنَ ٱلۡعَٰلَمِينَ ١٦٥ وَتَذَرُونَ مَا خَلَقَ لَكُمۡ رَبُّكُم
مِّنۡ أَزۡوَٰجِكُمۚ بَلۡ أَنتُمۡ قَوۡمٌ عَادُونَ ١٦٦ قَالُواْ لَئِن لَّمۡ تَنتَهِ يَٰلُوطُ
لَتَكُونَنَّ مِنَ ٱلۡمُخۡرَجِينَ ١٦٧ قَالَ إِنِّي لِعَمَلِكُم مِّنَ ٱلۡقَالِينَ ١٦٨
رَبِّ نَجِّنِي وَأَهۡلِي مِمَّا يَعۡمَلُونَ ١٦٩ فَنَجَّيۡنَٰهُ وَأَهۡلَهُۥٓ أَجۡمَعِينَ ١٧٠
إِلَّا عَجُوزٗا فِي ٱلۡغَٰبِرِينَ ١٧١ ثُمَّ دَمَّرۡنَا ٱلۡأٓخَرِينَ ١٧٢ وَأَمۡطَرۡنَا عَلَيۡهِم
مَّطَرٗاۖ فَسَآءَ مَطَرُ ٱلۡمُنذَرِينَ ١٧٣ إِنَّ فِي ذَٰلِكَ لَأٓيَةٗۖ وَمَا كَانَ أَكۡثَرُهُم
مُّؤۡمِنِينَ ١٧٤ وَإِنَّ رَبَّكَ لَهُوَ ٱلۡعَزِيزُ ٱلرَّحِيمُ ١٧٥ كَذَّبَ أَصۡحَٰبُ
لۡـَٔيۡكَةِ ٱلۡمُرۡسَلِينَ ١٧٦ إِذۡ قَالَ لَهُمۡ شُعَيۡبٌ أَلَا تَتَّقُونَ ١٧٧ إِنِّي لَكُمۡ
رَسُولٌ أَمِينٞ ١٧٨ فَٱتَّقُواْ ٱللَّهَ وَأَطِيعُونِ ١٧٩ وَمَآ أَسۡـَٔلُكُمۡ عَلَيۡهِ
مِنۡ أَجۡرٍۖ إِنۡ أَجۡرِيَ إِلَّا عَلَىٰ رَبِّ ٱلۡعَٰلَمِينَ ١٨٠ ۞ أَوۡفُواْ ٱلۡكَيۡلَ وَلَا
تَكُونُواْ مِنَ ٱلۡمُخۡسِرِينَ ١٨١ وَزِنُواْ بِٱلۡقِسۡطَاسِ ٱلۡمُسۡتَقِيمِ ١٨٢
وَلَا تَبۡخَسُواْ ٱلنَّاسَ أَشۡيَآءَهُمۡ وَلَا تَعۡثَوۡاْ فِي ٱلۡأَرۡضِ مُفۡسِدِينَ ١٨٣

ربع الحزب ٣٨

وَٱتَّقُوا۟ ٱلَّذِى خَلَقَكُمْ وَٱلْجِبِلَّةَ ٱلْأَوَّلِينَ ﴿١٨٤﴾ قَالُوٓا۟ إِنَّمَآ أَنتَ مِنَ
ٱلْمُسَحَّرِينَ ﴿١٨٥﴾ وَمَآ أَنتَ إِلَّا بَشَرٌ مِّثْلُنَا وَإِن نَّظُنُّكَ لَمِنَ
ٱلْكَٰذِبِينَ ﴿١٨٦﴾ فَأَسْقِطْ عَلَيْنَا كِسَفًا مِّنَ ٱلسَّمَآءِ إِن كُنتَ
مِنَ ٱلصَّٰدِقِينَ ﴿١٨٧﴾ قَالَ رَبِّىٓ أَعْلَمُ بِمَا تَعْمَلُونَ ﴿١٨٨﴾ فَكَذَّبُوهُ
فَأَخَذَهُمْ عَذَابُ يَوْمِ ٱلظُّلَّةِ ۚ إِنَّهُۥ كَانَ عَذَابَ يَوْمٍ عَظِيمٍ ﴿١٨٩﴾
إِنَّ فِى ذَٰلِكَ لَءَايَةً ۖ وَمَا كَانَ أَكْثَرُهُم مُّؤْمِنِينَ ﴿١٩٠﴾ وَإِنَّ رَبَّكَ
لَهُوَ ٱلْعَزِيزُ ٱلرَّحِيمُ ﴿١٩١﴾ وَإِنَّهُۥ لَتَنزِيلُ رَبِّ ٱلْعَٰلَمِينَ ﴿١٩٢﴾ نَزَلَ بِهِ
ٱلرُّوحُ ٱلْأَمِينُ ﴿١٩٣﴾ عَلَىٰ قَلْبِكَ لِتَكُونَ مِنَ ٱلْمُنذِرِينَ ﴿١٩٤﴾ بِلِسَانٍ
عَرَبِىٍّ مُّبِينٍ ﴿١٩٥﴾ وَإِنَّهُۥ لَفِى زُبُرِ ٱلْأَوَّلِينَ ﴿١٩٦﴾ أَوَلَمْ يَكُن لَّهُمْ ءَايَةً
أَن يَعْلَمَهُۥ عُلَمَٰٓؤُا۟ بَنِىٓ إِسْرَٰٓءِيلَ ﴿١٩٧﴾ وَلَوْ نَزَّلْنَٰهُ عَلَىٰ بَعْضِ ٱلْأَعْجَمِينَ
﴿١٩٨﴾ فَقَرَأَهُۥ عَلَيْهِم مَّا كَانُوا۟ بِهِۦ مُؤْمِنِينَ ﴿١٩٩﴾ كَذَٰلِكَ سَلَكْنَٰهُ
فِى قُلُوبِ ٱلْمُجْرِمِينَ ﴿٢٠٠﴾ لَا يُؤْمِنُونَ بِهِۦ حَتَّىٰ يَرَوُا۟ ٱلْعَذَابَ
ٱلْأَلِيمَ ﴿٢٠١﴾ فَيَأْتِيَهُم بَغْتَةً وَهُمْ لَا يَشْعُرُونَ ﴿٢٠٢﴾ فَيَقُولُوا۟
هَلْ نَحْنُ مُنظَرُونَ ﴿٢٠٣﴾ أَفَبِعَذَابِنَا يَسْتَعْجِلُونَ ﴿٢٠٤﴾ أَفَرَءَيْتَ
إِن مَّتَّعْنَٰهُمْ سِنِينَ ﴿٢٠٥﴾ ثُمَّ جَآءَهُم مَّا كَانُوا۟ يُوعَدُونَ ﴿٢٠٦﴾

مَآ أَغۡنَىٰ عَنۡهُم مَّا كَانُواْ يُمَتَّعُونَ ٢٠٧ وَمَآ أَهۡلَكۡنَا مِن قَرۡيَةٍ إِلَّا
لَهَا مُنذِرُونَ ٢٠٨ ذِكۡرَىٰ وَمَا كُنَّا ظَٰلِمِينَ ٢٠٩ وَمَا تَنَزَّلَتۡ بِهِ
ٱلشَّيَٰطِينُ ٢١٠ وَمَا يَنۢبَغِي لَهُمۡ وَمَا يَسۡتَطِيعُونَ ٢١١ إِنَّهُمۡ عَنِ
ٱلسَّمۡعِ لَمَعۡزُولُونَ ٢١٢ فَلَا تَدۡعُ مَعَ ٱللَّهِ إِلَٰهًا ءَاخَرَ فَتَكُونَ
مِنَ ٱلۡمُعَذَّبِينَ ٢١٣ وَأَنذِرۡ عَشِيرَتَكَ ٱلۡأَقۡرَبِينَ ٢١٤ وَٱخۡفِضۡ
جَنَاحَكَ لِمَنِ ٱتَّبَعَكَ مِنَ ٱلۡمُؤۡمِنِينَ ٢١٥ فَإِنۡ عَصَوۡكَ فَقُلۡ إِنِّي
بَرِيٓءٞ مِّمَّا تَعۡمَلُونَ ٢١٦ وَتَوَكَّلۡ عَلَى ٱلۡعَزِيزِ ٱلرَّحِيمِ ٢١٧ ٱلَّذِي
يَرَىٰكَ حِينَ تَقُومُ ٢١٨ وَتَقَلُّبَكَ فِي ٱلسَّٰجِدِينَ ٢١٩ إِنَّهُۥ هُوَ ٱلسَّمِيعُ
ٱلۡعَلِيمُ ٢٢٠ هَلۡ أُنَبِّئُكُمۡ عَلَىٰ مَن تَنَزَّلُ ٱلشَّيَٰطِينُ ٢٢١ تَنَزَّلُ عَلَىٰ
كُلِّ أَفَّاكٍ أَثِيمٖ ٢٢٢ يُلۡقُونَ ٱلسَّمۡعَ وَأَكۡثَرُهُمۡ كَٰذِبُونَ ٢٢٣
وَٱلشُّعَرَآءُ يَتَّبِعُهُمُ ٱلۡغَاوُۥنَ ٢٢٤ أَلَمۡ تَرَ أَنَّهُمۡ فِي كُلِّ وَادٖ
يَهِيمُونَ ٢٢٥ وَأَنَّهُمۡ يَقُولُونَ مَا لَا يَفۡعَلُونَ ٢٢٦ إِلَّا ٱلَّذِينَ
ءَامَنُواْ وَعَمِلُواْ ٱلصَّٰلِحَٰتِ وَذَكَرُواْ ٱللَّهَ كَثِيرٗا وَٱنتَصَرُواْ مِنۢ
بَعۡدِ مَا ظُلِمُواْۗ وَسَيَعۡلَمُ ٱلَّذِينَ ظَلَمُوٓاْ أَيَّ مُنقَلَبٖ يَنقَلِبُونَ ٢٢٧

سُورَةُ ٱلنَّمۡلِ

بِسۡمِ ٱللَّهِ ٱلرَّحۡمَٰنِ ٱلرَّحِيمِ

طسٓۚ تِلۡكَ ءَايَٰتُ ٱلۡقُرۡءَانِ وَكِتَابٖ مُّبِينٍ ١ هُدٗى وَبُشۡرَىٰ
لِلۡمُؤۡمِنِينَ ٢ ٱلَّذِينَ يُقِيمُونَ ٱلصَّلَوٰةَ وَيُؤۡتُونَ ٱلزَّكَوٰةَ وَهُم
بِٱلۡأٓخِرَةِ هُمۡ يُوقِنُونَ ٣ إِنَّ ٱلَّذِينَ لَا يُؤۡمِنُونَ بِٱلۡأٓخِرَةِ زَيَّنَّا لَهُمۡ
أَعۡمَٰلَهُمۡ فَهُمۡ يَعۡمَهُونَ ٤ أُوْلَٰٓئِكَ ٱلَّذِينَ لَهُمۡ سُوٓءُ ٱلۡعَذَابِ
وَهُمۡ فِي ٱلۡأٓخِرَةِ هُمُ ٱلۡأَخۡسَرُونَ ٥ وَإِنَّكَ لَتُلَقَّى ٱلۡقُرۡءَانَ مِن
لَّدُنۡ حَكِيمٍ عَلِيمٍ ٦ إِذۡ قَالَ مُوسَىٰ لِأَهۡلِهِۦٓ إِنِّيٓ ءَانَسۡتُ نَارٗا سَـَٔاتِيكُم
مِّنۡهَا بِخَبَرٍ أَوۡ ءَاتِيكُم بِشِهَابٖ قَبَسٖ لَّعَلَّكُمۡ تَصۡطَلُونَ ٧ فَلَمَّا جَآءَهَا
نُودِيَ أَنۢ بُورِكَ مَن فِي ٱلنَّارِ وَمَنۡ حَوۡلَهَا وَسُبۡحَٰنَ ٱللَّهِ رَبِّ
ٱلۡعَٰلَمِينَ ٨ يَٰمُوسَىٰٓ إِنَّهُۥٓ أَنَا ٱللَّهُ ٱلۡعَزِيزُ ٱلۡحَكِيمُ ٩ وَأَلۡقِ عَصَاكَۚ
فَلَمَّا رَءَاهَا تَهۡتَزُّ كَأَنَّهَا جَآنّٞ وَلَّىٰ مُدۡبِرٗا وَلَمۡ يُعَقِّبۡۚ يَٰمُوسَىٰ لَا تَخَفۡ
إِنِّي لَا يَخَافُ لَدَيَّ ٱلۡمُرۡسَلُونَ ١٠ إِلَّا مَن ظَلَمَ ثُمَّ بَدَّلَ حُسۡنَۢا بَعۡدَ
سُوٓءٖ فَإِنِّي غَفُورٞ رَّحِيمٞ ١١ وَأَدۡخِلۡ يَدَكَ فِي جَيۡبِكَ تَخۡرُجۡ بَيۡضَآءَ مِنۡ
غَيۡرِ سُوٓءٖۖ فِي تِسۡعِ ءَايَٰتٍ إِلَىٰ فِرۡعَوۡنَ وَقَوۡمِهِۦٓۚ إِنَّهُمۡ كَانُواْ قَوۡمٗا فَٰسِقِينَ
١٢ فَلَمَّا جَآءَتۡهُمۡ ءَايَٰتُنَا مُبۡصِرَةٗ قَالُواْ هَٰذَا سِحۡرٞ مُّبِينٞ ١٣

وَجَحَدُواْ بِهَا وَٱسْتَيْقَنَتْهَآ أَنفُسُهُمْ ظُلْمًا وَعُلُوًّا ۚ فَٱنظُرْ كَيْفَ
كَانَ عَـٰقِبَةُ ٱلْمُفْسِدِينَ ﴿١٤﴾ وَلَقَدْ ءَاتَيْنَا دَاوُۥدَ وَسُلَيْمَـٰنَ عِلْمًا ۖ
وَقَالَا ٱلْحَمْدُ لِلَّهِ ٱلَّذِى فَضَّلَنَا عَلَىٰ كَثِيرٍ مِّنْ عِبَادِهِ ٱلْمُؤْمِنِينَ
﴿١٥﴾ وَوَرِثَ سُلَيْمَـٰنُ دَاوُۥدَ ۖ وَقَالَ يَـٰٓأَيُّهَا ٱلنَّاسُ عُلِّمْنَا مَنطِقَ
ٱلطَّيْرِ وَأُوتِينَا مِن كُلِّ شَىْءٍ ۖ إِنَّ هَـٰذَا لَهُوَ ٱلْفَضْلُ ٱلْمُبِينُ ﴿١٦﴾
وَحُشِرَ لِسُلَيْمَـٰنَ جُنُودُهُۥ مِنَ ٱلْجِنِّ وَٱلْإِنسِ وَٱلطَّيْرِ فَهُمْ
يُوزَعُونَ ﴿١٧﴾ حَتَّىٰٓ إِذَآ أَتَوْاْ عَلَىٰ وَادِ ٱلنَّمْلِ قَالَتْ نَمْلَةٌ يَـٰٓأَيُّهَا
ٱلنَّمْلُ ٱدْخُلُواْ مَسَـٰكِنَكُمْ لَا يَحْطِمَنَّكُمْ سُلَيْمَـٰنُ وَجُنُودُهُۥ وَهُمْ
لَا يَشْعُرُونَ ﴿١٨﴾ فَتَبَسَّمَ ضَاحِكًا مِّن قَوْلِهَا وَقَالَ رَبِّ أَوْزِعْنِىٓ
أَنْ أَشْكُرَ نِعْمَتَكَ ٱلَّتِىٓ أَنْعَمْتَ عَلَىَّ وَعَلَىٰ وَٰلِدَىَّ وَأَنْ أَعْمَلَ
صَـٰلِحًا تَرْضَىٰهُ وَأَدْخِلْنِى بِرَحْمَتِكَ فِى عِبَادِكَ ٱلصَّـٰلِحِينَ
﴿١٩﴾ وَتَفَقَّدَ ٱلطَّيْرَ فَقَالَ مَا لِىَ لَآ أَرَى ٱلْهُدْهُدَ أَمْ كَانَ
مِنَ ٱلْغَآئِبِينَ ﴿٢٠﴾ لَأُعَذِّبَنَّهُۥ عَذَابًا شَدِيدًا أَوْ لَأَا۟ذْبَحَنَّهُۥٓ
أَوْ لَيَأْتِيَنِّى بِسُلْطَـٰنٍ مُّبِينٍ ﴿٢١﴾ فَمَكَثَ غَيْرَ بَعِيدٍ فَقَالَ
أَحَطتُ بِمَا لَمْ تُحِطْ بِهِۦ وَجِئْتُكَ مِن سَبَإٍۭ بِنَبَإٍ يَقِينٍ ﴿٢٢﴾

إِنِّي وَجَدتُّ ٱمۡرَأَةٗ تَمۡلِكُهُمۡ وَأُوتِيَتۡ مِن كُلِّ شَيۡءٖ وَلَهَا
عَرۡشٌ عَظِيمٞ ﴿٢٣﴾ وَجَدتُّهَا وَقَوۡمَهَا يَسۡجُدُونَ لِلشَّمۡسِ
مِن دُونِ ٱللَّهِ وَزَيَّنَ لَهُمُ ٱلشَّيۡطَٰنُ أَعۡمَٰلَهُمۡ فَصَدَّهُمۡ عَنِ ٱلسَّبِيلِ
فَهُمۡ لَا يَهۡتَدُونَ ﴿٢٤﴾ أَلَّا يَسۡجُدُواْۤ لِلَّهِ ٱلَّذِي يُخۡرِجُ ٱلۡخَبۡءَ فِي
ٱلسَّمَٰوَٰتِ وَٱلۡأَرۡضِ وَيَعۡلَمُ مَا تُخۡفُونَ وَمَا تُعۡلِنُونَ ﴿٢٥﴾ ٱللَّهُ
لَآ إِلَٰهَ إِلَّا هُوَ رَبُّ ٱلۡعَرۡشِ ٱلۡعَظِيمِ۩ ﴿٢٦﴾ ۞قَالَ سَنَنظُرُ
أَصَدَقۡتَ أَمۡ كُنتَ مِنَ ٱلۡكَٰذِبِينَ ﴿٢٧﴾ ٱذۡهَب بِّكِتَٰبِي هَٰذَا
فَأَلۡقِهۡ إِلَيۡهِمۡ ثُمَّ تَوَلَّ عَنۡهُمۡ فَٱنظُرۡ مَاذَا يَرۡجِعُونَ ﴿٢٨﴾ قَالَتۡ يَٰٓأَيُّهَا
ٱلۡمَلَؤُاْ إِنِّيٓ أُلۡقِيَ إِلَيَّ كِتَٰبٞ كَرِيمٌ ﴿٢٩﴾ إِنَّهُۥ مِن سُلَيۡمَٰنَ وَإِنَّهُۥ
بِسۡمِ ٱللَّهِ ٱلرَّحۡمَٰنِ ٱلرَّحِيمِ ﴿٣٠﴾ أَلَّا تَعۡلُواْ عَلَيَّ وَأۡتُونِي مُسۡلِمِينَ ﴿٣١﴾
قَالَتۡ يَٰٓأَيُّهَا ٱلۡمَلَؤُاْ أَفۡتُونِي فِيٓ أَمۡرِي مَا كُنتُ قَاطِعَةً أَمۡرًا حَتَّىٰ
تَشۡهَدُونِ ﴿٣٢﴾ قَالُواْ نَحۡنُ أُوْلُواْ قُوَّةٖ وَأُوْلُواْ بَأۡسٖ شَدِيدٖ وَٱلۡأَمۡرُ
إِلَيۡكِ فَٱنظُرِي مَاذَا تَأۡمُرِينَ ﴿٣٣﴾ قَالَتۡ إِنَّ ٱلۡمُلُوكَ إِذَا دَخَلُواْ قَرۡيَةً
أَفۡسَدُوهَا وَجَعَلُوٓاْ أَعِزَّةَ أَهۡلِهَآ أَذِلَّةٗۚ وَكَذَٰلِكَ يَفۡعَلُونَ ﴿٣٤﴾
وَإِنِّي مُرۡسِلَةٌ إِلَيۡهِم بِهَدِيَّةٖ فَنَاظِرَةُۢ بِمَ يَرۡجِعُ ٱلۡمُرۡسَلُونَ ﴿٣٥﴾

سجدة
ثلاثة أرباع الحزب
٣٨

فَلَمَّا جَآءَ سُلَيۡمَٰنَ قَالَ أَتُمِدُّونَنِ بِمَالٖ فَمَآ ءَاتَىٰنِۦَ ٱللَّهُ خَيۡرٞ مِّمَّآ
ءَاتَىٰكُمۚ بَلۡ أَنتُم بِهَدِيَّتِكُمۡ تَفۡرَحُونَ ٣٦ ٱرۡجِعۡ إِلَيۡهِمۡ فَلَنَأۡتِيَنَّهُم
بِجُنُودٖ لَّا قِبَلَ لَهُم بِهَا وَلَنُخۡرِجَنَّهُم مِّنۡهَآ أَذِلَّةٗ وَهُمۡ صَٰغِرُونَ ٣٧
قَالَ يَٰٓأَيُّهَا ٱلۡمَلَؤُاْ أَيُّكُمۡ يَأۡتِينِي بِعَرۡشِهَا قَبۡلَ أَن يَأۡتُونِي مُسۡلِمِينَ
٣٨ قَالَ عِفۡرِيتٞ مِّنَ ٱلۡجِنِّ أَنَا۠ ءَاتِيكَ بِهِۦ قَبۡلَ أَن تَقُومَ مِن مَّقَامِكَۖ
وَإِنِّي عَلَيۡهِ لَقَوِيٌّ أَمِينٞ ٣٩ قَالَ ٱلَّذِي عِندَهُۥ عِلۡمٞ مِّنَ ٱلۡكِتَٰبِ أَنَا۠
ءَاتِيكَ بِهِۦ قَبۡلَ أَن يَرۡتَدَّ إِلَيۡكَ طَرۡفُكَۚ فَلَمَّا رَءَاهُ مُسۡتَقِرًّا عِندَهُۥ
قَالَ هَٰذَا مِن فَضۡلِ رَبِّي لِيَبۡلُوَنِيٓ ءَأَشۡكُرُ أَمۡ أَكۡفُرُۖ وَمَن شَكَرَ فَإِنَّمَا
يَشۡكُرُ لِنَفۡسِهِۦۖ وَمَن كَفَرَ فَإِنَّ رَبِّي غَنِيّٞ كَرِيمٞ ٤٠ قَالَ نَكِّرُواْ لَهَا
عَرۡشَهَا نَنظُرۡ أَتَهۡتَدِيٓ أَمۡ تَكُونُ مِنَ ٱلَّذِينَ لَا يَهۡتَدُونَ ٤١ فَلَمَّا
جَآءَتۡ قِيلَ أَهَٰكَذَا عَرۡشُكِۖ قَالَتۡ كَأَنَّهُۥ هُوَۚ وَأُوتِينَا ٱلۡعِلۡمَ مِن قَبۡلِهَا
وَكُنَّا مُسۡلِمِينَ ٤٢ وَصَدَّهَا مَا كَانَت تَّعۡبُدُ مِن دُونِ ٱللَّهِۖ إِنَّهَا كَانَتۡ مِن
قَوۡمٖ كَٰفِرِينَ ٤٣ قِيلَ لَهَا ٱدۡخُلِي ٱلصَّرۡحَۖ فَلَمَّا رَأَتۡهُ حَسِبَتۡهُ لُجَّةٗ
وَكَشَفَتۡ عَن سَاقَيۡهَاۚ قَالَ إِنَّهُۥ صَرۡحٞ مُّمَرَّدٞ مِّن قَوَارِيرَۗ قَالَتۡ رَبِّ
إِنِّي ظَلَمۡتُ نَفۡسِي وَأَسۡلَمۡتُ مَعَ سُلَيۡمَٰنَ لِلَّهِ رَبِّ ٱلۡعَٰلَمِينَ ٤٤

وَلَقَدۡ أَرۡسَلۡنَآ إِلَىٰ ثَمُودَ أَخَاهُمۡ صَٰلِحًا أَنِ ٱعۡبُدُواْ ٱللَّهَ
فَإِذَا هُمۡ فَرِيقَانِ يَخۡتَصِمُونَ ٤٥ قَالَ يَٰقَوۡمِ لِمَ تَسۡتَعۡجِلُونَ
بِٱلسَّيِّئَةِ قَبۡلَ ٱلۡحَسَنَةِۖ لَوۡلَا تَسۡتَغۡفِرُونَ ٱللَّهَ لَعَلَّكُمۡ
تُرۡحَمُونَ ٤٦ قَالُواْ ٱطَّيَّرۡنَا بِكَ وَبِمَن مَّعَكَۚ قَالَ طَٰٓئِرُكُمۡ
عِندَ ٱللَّهِۖ بَلۡ أَنتُمۡ قَوۡمٞ تُفۡتَنُونَ ٤٧ وَكَانَ فِي ٱلۡمَدِينَةِ
تِسۡعَةُ رَهۡطٖ يُفۡسِدُونَ فِي ٱلۡأَرۡضِ وَلَا يُصۡلِحُونَ ٤٨
قَالُواْ تَقَاسَمُواْ بِٱللَّهِ لَنُبَيِّتَنَّهُۥ وَأَهۡلَهُۥ ثُمَّ لَنَقُولَنَّ لِوَلِيِّهِۦ
مَا شَهِدۡنَا مَهۡلِكَ أَهۡلِهِۦ وَإِنَّا لَصَٰدِقُونَ ٤٩ وَمَكَرُواْ
مَكۡرٗا وَمَكَرۡنَا مَكۡرٗا وَهُمۡ لَا يَشۡعُرُونَ ٥٠ فَٱنظُرۡ
كَيۡفَ كَانَ عَٰقِبَةُ مَكۡرِهِمۡ أَنَّا دَمَّرۡنَٰهُمۡ وَقَوۡمَهُمۡ
أَجۡمَعِينَ ٥١ فَتِلۡكَ بُيُوتُهُمۡ خَاوِيَةَۢ بِمَا ظَلَمُوٓاْۚ إِنَّ
فِي ذَٰلِكَ لَأٓيَةٗ لِّقَوۡمٖ يَعۡلَمُونَ ٥٢ وَأَنجَيۡنَا ٱلَّذِينَ ءَامَنُواْ
وَكَانُواْ يَتَّقُونَ ٥٣ وَلُوطًا إِذۡ قَالَ لِقَوۡمِهِۦٓ أَتَأۡتُونَ
ٱلۡفَٰحِشَةَ وَأَنتُمۡ تُبۡصِرُونَ ٥٤ أَئِنَّكُمۡ لَتَأۡتُونَ ٱلرِّجَالَ
شَهۡوَةٗ مِّن دُونِ ٱلنِّسَآءِۚ بَلۡ أَنتُمۡ قَوۡمٞ تَجۡهَلُونَ ٥٥

۞ فَمَا كَانَ جَوَابَ قَوْمِهِۦٓ إِلَّآ أَن قَالُوٓاْ أَخْرِجُوٓاْ ءَالَ
لُوطٍ مِّن قَرْيَتِكُمْۖ إِنَّهُمْ أُنَاسٌ يَتَطَهَّرُونَ ﴿٥٦﴾ فَأَنجَيْنَٰهُ
وَأَهْلَهُۥٓ إِلَّا ٱمْرَأَتَهُۥ قَدَّرْنَٰهَا مِنَ ٱلْغَٰبِرِينَ ﴿٥٧﴾ وَأَمْطَرْنَا
عَلَيْهِم مَّطَرًاۖ فَسَآءَ مَطَرُ ٱلْمُنذَرِينَ ﴿٥٨﴾ قُلِ ٱلْحَمْدُ لِلَّهِ
وَسَلَٰمٌ عَلَىٰ عِبَادِهِ ٱلَّذِينَ ٱصْطَفَىٰٓۗ ءَآللَّهُ خَيْرٌ أَمَّا يُشْرِكُونَ
﴿٥٩﴾ أَمَّنْ خَلَقَ ٱلسَّمَٰوَٰتِ وَٱلْأَرْضَ وَأَنزَلَ لَكُم مِّنَ ٱلسَّمَآءِ
مَآءً فَأَنۢبَتْنَا بِهِۦ حَدَآئِقَ ذَاتَ بَهْجَةٍ مَّا كَانَ لَكُمْ أَن
تُنۢبِتُواْ شَجَرَهَآۗ أَءِلَٰهٌ مَّعَ ٱللَّهِۚ بَلْ هُمْ قَوْمٌ يَعْدِلُونَ ﴿٦٠﴾
أَمَّن جَعَلَ ٱلْأَرْضَ قَرَارًا وَجَعَلَ خِلَٰلَهَآ أَنْهَٰرًا وَجَعَلَ
لَهَا رَوَٰسِىَ وَجَعَلَ بَيْنَ ٱلْبَحْرَيْنِ حَاجِزًاۗ أَءِلَٰهٌ مَّعَ ٱللَّهِۚ
بَلْ أَكْثَرُهُمْ لَا يَعْلَمُونَ ﴿٦١﴾ أَمَّن يُجِيبُ ٱلْمُضْطَرَّ إِذَا
دَعَاهُ وَيَكْشِفُ ٱلسُّوٓءَ وَيَجْعَلُكُمْ خُلَفَآءَ ٱلْأَرْضِۗ
أَءِلَٰهٌ مَّعَ ٱللَّهِۚ قَلِيلًا مَّا تَذَكَّرُونَ ﴿٦٢﴾ أَمَّن يَهْدِيكُمْ فِى
ظُلُمَٰتِ ٱلْبَرِّ وَٱلْبَحْرِ وَمَن يُرْسِلُ ٱلرِّيَٰحَ بُشْرًۢا بَيْنَ يَدَىْ
رَحْمَتِهِۦٓۗ أَءِلَٰهٌ مَّعَ ٱللَّهِۚ تَعَٰلَى ٱللَّهُ عَمَّا يُشْرِكُونَ ﴿٦٣﴾

أَمَّن يَبۡدَؤُاْ ٱلۡخَلۡقَ ثُمَّ يُعِيدُهُۥ وَمَن يَرۡزُقُكُم مِّنَ ٱلسَّمَآءِ وَٱلۡأَرۡضِۗ
أَءِلَٰهٞ مَّعَ ٱللَّهِۚ قُلۡ هَاتُواْ بُرۡهَٰنَكُمۡ إِن كُنتُمۡ صَٰدِقِينَ ٦٤ قُل
لَّا يَعۡلَمُ مَن فِي ٱلسَّمَٰوَٰتِ وَٱلۡأَرۡضِ ٱلۡغَيۡبَ إِلَّا ٱللَّهُۚ وَمَا يَشۡعُرُونَ
أَيَّانَ يُبۡعَثُونَ ٦٥ بَلِ ٱدَّٰرَكَ عِلۡمُهُمۡ فِي ٱلۡأٓخِرَةِۚ بَلۡ هُمۡ فِي
شَكّٖ مِّنۡهَاۖ بَلۡ هُم مِّنۡهَا عَمُونَ ٦٦ وَقَالَ ٱلَّذِينَ كَفَرُوٓاْ أَءِذَا
كُنَّا تُرَٰبٗا وَءَابَآؤُنَآ أَئِنَّا لَمُخۡرَجُونَ ٦٧ لَقَدۡ وُعِدۡنَا هَٰذَا
نَحۡنُ وَءَابَآؤُنَا مِن قَبۡلُ إِنۡ هَٰذَآ إِلَّآ أَسَٰطِيرُ ٱلۡأَوَّلِينَ ٦٨
قُلۡ سِيرُواْ فِي ٱلۡأَرۡضِ فَٱنظُرُواْ كَيۡفَ كَانَ عَٰقِبَةُ ٱلۡمُجۡرِمِينَ
٦٩ وَلَا تَحۡزَنۡ عَلَيۡهِمۡ وَلَا تَكُن فِي ضَيۡقٖ مِّمَّا يَمۡكُرُونَ ٧٠
وَيَقُولُونَ مَتَىٰ هَٰذَا ٱلۡوَعۡدُ إِن كُنتُمۡ صَٰدِقِينَ ٧١ قُلۡ عَسَىٰٓ
أَن يَكُونَ رَدِفَ لَكُم بَعۡضُ ٱلَّذِي تَسۡتَعۡجِلُونَ ٧٢ وَإِنَّ رَبَّكَ
لَذُو فَضۡلٍ عَلَى ٱلنَّاسِ وَلَٰكِنَّ أَكۡثَرَهُمۡ لَا يَشۡكُرُونَ ٧٣ وَإِنَّ
رَبَّكَ لَيَعۡلَمُ مَا تُكِنُّ صُدُورُهُمۡ وَمَا يُعۡلِنُونَ ٧٤ وَمَا مِنۡ غَآئِبَةٖ
فِي ٱلسَّمَآءِ وَٱلۡأَرۡضِ إِلَّا فِي كِتَٰبٖ مُّبِينٍ ٧٥ إِنَّ هَٰذَا ٱلۡقُرۡءَانَ
يَقُصُّ عَلَىٰ بَنِيٓ إِسۡرَٰٓءِيلَ أَكۡثَرَ ٱلَّذِي هُمۡ فِيهِ يَخۡتَلِفُونَ ٧٦

وَإِنَّهُۥ لَهُدًى وَرَحْمَةٌ لِّلْمُؤْمِنِينَ ﴿٧٧﴾ إِنَّ رَبَّكَ يَقْضِى بَيْنَهُم
بِحُكْمِهِۦ ۚ وَهُوَ ٱلْعَزِيزُ ٱلْعَلِيمُ ﴿٧٨﴾ فَتَوَكَّلْ عَلَى ٱللَّهِ ۖ إِنَّكَ عَلَى
ٱلْحَقِّ ٱلْمُبِينِ ﴿٧٩﴾ إِنَّكَ لَا تُسْمِعُ ٱلْمَوْتَىٰ وَلَا تُسْمِعُ ٱلصُّمَّ ٱلدُّعَآءَ
إِذَا وَلَّوْا۟ مُدْبِرِينَ ﴿٨٠﴾ وَمَآ أَنتَ بِهَٰدِى ٱلْعُمْىِ عَن ضَلَٰلَتِهِمْ ۖ إِن
تُسْمِعُ إِلَّا مَن يُؤْمِنُ بِـَٔايَٰتِنَا فَهُم مُّسْلِمُونَ ﴿٨١﴾ ۞ وَإِذَا وَقَعَ
ٱلْقَوْلُ عَلَيْهِمْ أَخْرَجْنَا لَهُمْ دَآبَّةً مِّنَ ٱلْأَرْضِ تُكَلِّمُهُمْ أَنَّ
ٱلنَّاسَ كَانُوا۟ بِـَٔايَٰتِنَا لَا يُوقِنُونَ ﴿٨٢﴾ وَيَوْمَ نَحْشُرُ مِن كُلِّ أُمَّةٍ
فَوْجًا مِّمَّن يُكَذِّبُ بِـَٔايَٰتِنَا فَهُمْ يُوزَعُونَ ﴿٨٣﴾ حَتَّىٰٓ إِذَا جَآءُو قَالَ
أَكَذَّبْتُم بِـَٔايَٰتِى وَلَمْ تُحِيطُوا۟ بِهَا عِلْمًا أَمَّاذَا كُنتُمْ تَعْمَلُونَ
﴿٨٤﴾ وَوَقَعَ ٱلْقَوْلُ عَلَيْهِم بِمَا ظَلَمُوا۟ فَهُمْ لَا يَنطِقُونَ ﴿٨٥﴾ أَلَمْ
يَرَوْا۟ أَنَّا جَعَلْنَا ٱلَّيْلَ لِيَسْكُنُوا۟ فِيهِ وَٱلنَّهَارَ مُبْصِرًا ۚ إِنَّ فِى
ذَٰلِكَ لَـَٔايَٰتٍ لِّقَوْمٍ يُؤْمِنُونَ ﴿٨٦﴾ وَيَوْمَ يُنفَخُ فِى ٱلصُّورِ فَفَزِعَ مَن
فِى ٱلسَّمَٰوَٰتِ وَمَن فِى ٱلْأَرْضِ إِلَّا مَن شَآءَ ٱللَّهُ ۚ وَكُلٌّ أَتَوْهُ
دَٰخِرِينَ ﴿٨٧﴾ وَتَرَى ٱلْجِبَالَ تَحْسَبُهَا جَامِدَةً وَهِىَ تَمُرُّ مَرَّ ٱلسَّحَابِ ۚ
صُنْعَ ٱللَّهِ ٱلَّذِىٓ أَتْقَنَ كُلَّ شَىْءٍ ۚ إِنَّهُۥ خَبِيرٌۢ بِمَا تَفْعَلُونَ ﴿٨٨﴾

ربع الحزب ٣٩

مَن جَآءَ بِٱلۡحَسَنَةِ فَلَهُۥ خَيۡرٞ مِّنۡهَا وَهُم مِّن فَزَعٖ يَوۡمَئِذٍ ءَامِنُونَ ٨٩
وَمَن جَآءَ بِٱلسَّيِّئَةِ فَكُبَّتۡ وُجُوهُهُمۡ فِي ٱلنَّارِ هَلۡ تُجۡزَوۡنَ إِلَّا
مَا كُنتُمۡ تَعۡمَلُونَ ٩٠ إِنَّمَآ أُمِرۡتُ أَنۡ أَعۡبُدَ رَبَّ هَٰذِهِ ٱلۡبَلۡدَةِ
ٱلَّذِي حَرَّمَهَا وَلَهُۥ كُلُّ شَيۡءٖۖ وَأُمِرۡتُ أَنۡ أَكُونَ مِنَ ٱلۡمُسۡلِمِينَ
٩١ وَأَنۡ أَتۡلُوَاْ ٱلۡقُرۡءَانَۖ فَمَنِ ٱهۡتَدَىٰ فَإِنَّمَا يَهۡتَدِي لِنَفۡسِهِۦۖ
وَمَن ضَلَّ فَقُلۡ إِنَّمَآ أَنَا۠ مِنَ ٱلۡمُنذِرِينَ ٩٢ وَقُلِ ٱلۡحَمۡدُ لِلَّهِ
سَيُرِيكُمۡ ءَايَٰتِهِۦ فَتَعۡرِفُونَهَاۚ وَمَا رَبُّكَ بِغَٰفِلٍ عَمَّا تَعۡمَلُونَ ٩٣

سُورَةُ ٱلۡقَصَصِ

بِسۡمِ ٱللَّهِ ٱلرَّحۡمَٰنِ ٱلرَّحِيمِ

طسٓمٓ ١ تِلۡكَ ءَايَٰتُ ٱلۡكِتَٰبِ ٱلۡمُبِينِ ٢ نَتۡلُواْ عَلَيۡكَ
مِن نَّبَإِ مُوسَىٰ وَفِرۡعَوۡنَ بِٱلۡحَقِّ لِقَوۡمٖ يُؤۡمِنُونَ ٣ إِنَّ
فِرۡعَوۡنَ عَلَا فِي ٱلۡأَرۡضِ وَجَعَلَ أَهۡلَهَا شِيَعٗا يَسۡتَضۡعِفُ
طَآئِفَةٗ مِّنۡهُمۡ يُذَبِّحُ أَبۡنَآءَهُمۡ وَيَسۡتَحۡيِۦ نِسَآءَهُمۡۚ إِنَّهُۥ كَانَ
مِنَ ٱلۡمُفۡسِدِينَ ٤ وَنُرِيدُ أَن نَّمُنَّ عَلَى ٱلَّذِينَ ٱسۡتُضۡعِفُواْ
فِي ٱلۡأَرۡضِ وَنَجۡعَلَهُمۡ أَئِمَّةٗ وَنَجۡعَلَهُمُ ٱلۡوَٰرِثِينَ ٥

وَنُمَكِّنَ لَهُمْ فِي ٱلْأَرْضِ وَنُرِيَ فِرْعَوْنَ وَهَٰمَٰنَ وَجُنُودَهُمَا
مِنْهُم مَّا كَانُوا۟ يَحْذَرُونَ ﴿٦﴾ وَأَوْحَيْنَآ إِلَىٰٓ أُمِّ مُوسَىٰٓ
أَنْ أَرْضِعِيهِ ۖ فَإِذَا خِفْتِ عَلَيْهِ فَأَلْقِيهِ فِي ٱلْيَمِّ وَلَا تَخَافِي
وَلَا تَحْزَنِيٓ ۖ إِنَّا رَآدُّوهُ إِلَيْكِ وَجَاعِلُوهُ مِنَ ٱلْمُرْسَلِينَ ﴿٧﴾
فَٱلْتَقَطَهُۥٓ ءَالُ فِرْعَوْنَ لِيَكُونَ لَهُمْ عَدُوًّا وَحَزَنًا ۗ إِنَّ
فِرْعَوْنَ وَهَٰمَٰنَ وَجُنُودَهُمَا كَانُوا۟ خَٰطِـِٔينَ ﴿٨﴾
وَقَالَتِ ٱمْرَأَتُ فِرْعَوْنَ قُرَّتُ عَيْنٍ لِّي وَلَكَ ۖ لَا تَقْتُلُوهُ
عَسَىٰٓ أَن يَنفَعَنَآ أَوْ نَتَّخِذَهُۥ وَلَدًا وَهُمْ لَا يَشْعُرُونَ ﴿٩﴾
وَأَصْبَحَ فُؤَادُ أُمِّ مُوسَىٰ فَٰرِغًا ۖ إِن كَادَتْ لَتُبْدِي بِهِۦ لَوْلَآ
أَن رَّبَطْنَا عَلَىٰ قَلْبِهَا لِتَكُونَ مِنَ ٱلْمُؤْمِنِينَ ﴿١٠﴾ وَقَالَتْ
لِأُخْتِهِۦ قُصِّيهِ ۖ فَبَصُرَتْ بِهِۦ عَن جُنُبٍ وَهُمْ لَا يَشْعُرُونَ
نصف الحزب ٣٩ ﴿١١﴾ ۞ وَحَرَّمْنَا عَلَيْهِ ٱلْمَرَاضِعَ مِن قَبْلُ فَقَالَتْ هَلْ أَدُلُّكُمْ
عَلَىٰٓ أَهْلِ بَيْتٍ يَكْفُلُونَهُۥ لَكُمْ وَهُمْ لَهُۥ نَٰصِحُونَ
﴿١٢﴾ فَرَدَدْنَٰهُ إِلَىٰٓ أُمِّهِۦ كَيْ تَقَرَّ عَيْنُهَا وَلَا تَحْزَنَ وَلِتَعْلَمَ
أَنَّ وَعْدَ ٱللَّهِ حَقٌّ وَلَٰكِنَّ أَكْثَرَهُمْ لَا يَعْلَمُونَ ﴿١٣﴾

وَلَمَّا بَلَغَ أَشُدَّهُۥ وَٱسْتَوَىٰٓ ءَاتَيْنَٰهُ حُكْمًا وَعِلْمًا ۚ وَكَذَٰلِكَ نَجْزِى
ٱلْمُحْسِنِينَ ﴿١٤﴾ وَدَخَلَ ٱلْمَدِينَةَ عَلَىٰ حِينِ غَفْلَةٍ مِّنْ أَهْلِهَا
فَوَجَدَ فِيهَا رَجُلَيْنِ يَقْتَتِلَانِ هَٰذَا مِن شِيعَتِهِۦ وَهَٰذَا مِنْ عَدُوِّهِۦ ۖ
فَٱسْتَغَٰثَهُ ٱلَّذِى مِن شِيعَتِهِۦ عَلَى ٱلَّذِى مِنْ عَدُوِّهِۦ فَوَكَزَهُۥ
مُوسَىٰ فَقَضَىٰ عَلَيْهِ ۖ قَالَ هَٰذَا مِنْ عَمَلِ ٱلشَّيْطَٰنِ ۖ إِنَّهُۥ عَدُوٌّ مُّضِلٌّ
مُّبِينٌ ﴿١٥﴾ قَالَ رَبِّ إِنِّى ظَلَمْتُ نَفْسِى فَٱغْفِرْ لِى فَغَفَرَ لَهُۥٓ ۚ إِنَّهُۥ
هُوَ ٱلْغَفُورُ ٱلرَّحِيمُ ﴿١٦﴾ قَالَ رَبِّ بِمَآ أَنْعَمْتَ عَلَىَّ فَلَنْ أَكُونَ
ظَهِيرًا لِّلْمُجْرِمِينَ ﴿١٧﴾ فَأَصْبَحَ فِى ٱلْمَدِينَةِ خَآئِفًا يَتَرَقَّبُ فَإِذَا
ٱلَّذِى ٱسْتَنصَرَهُۥ بِٱلْأَمْسِ يَسْتَصْرِخُهُۥ ۚ قَالَ لَهُۥ مُوسَىٰٓ إِنَّكَ لَغَوِىٌّ
مُّبِينٌ ﴿١٨﴾ فَلَمَّآ أَنْ أَرَادَ أَن يَبْطِشَ بِٱلَّذِى هُوَ عَدُوٌّ لَّهُمَا قَالَ
يَٰمُوسَىٰٓ أَتُرِيدُ أَن تَقْتُلَنِى كَمَا قَتَلْتَ نَفْسًۢا بِٱلْأَمْسِ ۖ إِن تُرِيدُ
إِلَّآ أَن تَكُونَ جَبَّارًا فِى ٱلْأَرْضِ وَمَا تُرِيدُ أَن تَكُونَ مِنَ ٱلْمُصْلِحِينَ
﴿١٩﴾ وَجَآءَ رَجُلٌ مِّنْ أَقْصَا ٱلْمَدِينَةِ يَسْعَىٰ قَالَ يَٰمُوسَىٰٓ إِنَّ ٱلْمَلَأَ
يَأْتَمِرُونَ بِكَ لِيَقْتُلُوكَ فَٱخْرُجْ إِنِّى لَكَ مِنَ ٱلنَّٰصِحِينَ ﴿٢٠﴾
فَخَرَجَ مِنْهَا خَآئِفًا يَتَرَقَّبُ ۖ قَالَ رَبِّ نَجِّنِى مِنَ ٱلْقَوْمِ ٱلظَّٰلِمِينَ ﴿٢١﴾

وَلَمَّا تَوَجَّهَ تِلۡقَآءَ مَدۡيَنَ قَالَ عَسَىٰ رَبِّيٓ أَن يَهۡدِيَنِي سَوَآءَ
ٱلسَّبِيلِ ﴿٢٢﴾ وَلَمَّا وَرَدَ مَآءَ مَدۡيَنَ وَجَدَ عَلَيۡهِ أُمَّةٗ مِّنَ
ٱلنَّاسِ يَسۡقُونَ وَوَجَدَ مِن دُونِهِمُ ٱمۡرَأَتَيۡنِ تَذُودَانِۖ قَالَ
مَا خَطۡبُكُمَاۖ قَالَتَا لَا نَسۡقِي حَتَّىٰ يُصۡدِرَ ٱلرِّعَآءُۖ وَأَبُونَا
شَيۡخٞ كَبِيرٞ ﴿٢٣﴾ فَسَقَىٰ لَهُمَا ثُمَّ تَوَلَّىٰٓ إِلَى ٱلظِّلِّ فَقَالَ
رَبِّ إِنِّي لِمَآ أَنزَلۡتَ إِلَيَّ مِنۡ خَيۡرٖ فَقِيرٞ ﴿٢٤﴾ فَجَآءَتۡهُ إِحۡدَىٰهُمَا
تَمۡشِي عَلَى ٱسۡتِحۡيَآءٖ قَالَتۡ إِنَّ أَبِي يَدۡعُوكَ لِيَجۡزِيَكَ
أَجۡرَ مَا سَقَيۡتَ لَنَاۚ فَلَمَّا جَآءَهُۥ وَقَصَّ عَلَيۡهِ ٱلۡقَصَصَ قَالَ
لَا تَخَفۡۖ نَجَوۡتَ مِنَ ٱلۡقَوۡمِ ٱلظَّٰلِمِينَ ﴿٢٥﴾ قَالَتۡ إِحۡدَىٰهُمَا
يَٰٓأَبَتِ ٱسۡتَـٔۡجِرۡهُۖ إِنَّ خَيۡرَ مَنِ ٱسۡتَـٔۡجَرۡتَ ٱلۡقَوِيُّ ٱلۡأَمِينُ
﴿٢٦﴾ قَالَ إِنِّيٓ أُرِيدُ أَنۡ أُنكِحَكَ إِحۡدَى ٱبۡنَتَيَّ هَٰتَيۡنِ عَلَىٰٓ أَن
تَأۡجُرَنِي ثَمَٰنِيَ حِجَجٖۖ فَإِنۡ أَتۡمَمۡتَ عَشۡرٗا فَمِنۡ عِندِكَۖ
وَمَآ أُرِيدُ أَنۡ أَشُقَّ عَلَيۡكَۚ سَتَجِدُنِيٓ إِن شَآءَ ٱللَّهُ مِنَ
ٱلصَّٰلِحِينَ ﴿٢٧﴾ قَالَ ذَٰلِكَ بَيۡنِي وَبَيۡنَكَۖ أَيَّمَا ٱلۡأَجَلَيۡنِ
قَضَيۡتُ فَلَا عُدۡوَٰنَ عَلَيَّۖ وَٱللَّهُ عَلَىٰ مَا نَقُولُ وَكِيلٞ ﴿٢٨﴾

۞ فَلَمَّا قَضَىٰ مُوسَى ٱلْأَجَلَ وَسَارَ بِأَهْلِهِۦٓ ءَانَسَ مِن جَانِبِ
ٱلطُّورِ نَارًاۖ قَالَ لِأَهْلِهِ ٱمْكُثُوٓا۟ إِنِّىٓ ءَانَسْتُ نَارًا لَّعَلِّىٓ ءَاتِيكُم
مِّنْهَا بِخَبَرٍ أَوْ جَذْوَةٍ مِّنَ ٱلنَّارِ لَعَلَّكُمْ تَصْطَلُونَ
٢٩ فَلَمَّآ أَتَىٰهَا نُودِىَ مِن شَٰطِئِ ٱلْوَادِ ٱلْأَيْمَنِ فِى ٱلْبُقْعَةِ
ٱلْمُبَٰرَكَةِ مِنَ ٱلشَّجَرَةِ أَن يَٰمُوسَىٰٓ إِنِّىٓ أَنَا ٱللَّهُ رَبُّ
ٱلْعَٰلَمِينَ ٣٠ وَأَنْ أَلْقِ عَصَاكَۖ فَلَمَّا رَءَاهَا تَهْتَزُّ كَأَنَّهَا
جَآنٌّ وَلَّىٰ مُدْبِرًا وَلَمْ يُعَقِّبْۚ يَٰمُوسَىٰٓ أَقْبِلْ وَلَا تَخَفْۖ
إِنَّكَ مِنَ ٱلْءَامِنِينَ ٣١ ٱسْلُكْ يَدَكَ فِى جَيْبِكَ تَخْرُجْ
بَيْضَآءَ مِنْ غَيْرِ سُوٓءٍ وَٱضْمُمْ إِلَيْكَ جَنَاحَكَ مِنَ ٱلرَّهْبِۖ
فَذَٰنِكَ بُرْهَٰنَانِ مِن رَّبِّكَ إِلَىٰ فِرْعَوْنَ وَمَلَإِي۟هِۦٓۚ إِنَّهُمْ
كَانُوا۟ قَوْمًا فَٰسِقِينَ ٣٢ قَالَ رَبِّ إِنِّى قَتَلْتُ مِنْهُمْ نَفْسًا
فَأَخَافُ أَن يَقْتُلُونِ ٣٣ وَأَخِى هَٰرُونُ هُوَ أَفْصَحُ مِنِّى لِسَانًا
فَأَرْسِلْهُ مَعِىَ رِدْءًا يُصَدِّقُنِىٓۖ إِنِّىٓ أَخَافُ أَن يُكَذِّبُونِ ٣٤
قَالَ سَنَشُدُّ عَضُدَكَ بِأَخِيكَ وَنَجْعَلُ لَكُمَا سُلْطَٰنًا فَلَا
يَصِلُونَ إِلَيْكُمَاۚ بِـَٔايَٰتِنَآ أَنتُمَا وَمَنِ ٱتَّبَعَكُمَا ٱلْغَٰلِبُونَ ٣٥

فَلَمَّا جَآءَهُم مُّوسَىٰ بِـَٔايَٰتِنَا بَيِّنَٰتٖ قَالُواْ مَا هَٰذَآ إِلَّا سِحۡرٞ
مُّفۡتَرٗى وَمَا سَمِعۡنَا بِهَٰذَا فِيٓ ءَابَآئِنَا ٱلۡأَوَّلِينَ ٣٦
وَقَالَ مُوسَىٰ رَبِّيٓ أَعۡلَمُ بِمَن جَآءَ بِٱلۡهُدَىٰ مِنۡ عِندِهِۦ وَمَن
تَكُونُ لَهُۥ عَٰقِبَةُ ٱلدَّارِۚ إِنَّهُۥ لَا يُفۡلِحُ ٱلظَّٰلِمُونَ ٣٧
وَقَالَ فِرۡعَوۡنُ يَٰٓأَيُّهَا ٱلۡمَلَأُ مَا عَلِمۡتُ لَكُم مِّنۡ إِلَٰهٍ
غَيۡرِي فَأَوۡقِدۡ لِي يَٰهَٰمَٰنُ عَلَى ٱلطِّينِ فَٱجۡعَل لِّي صَرۡحٗا لَّعَلِّيٓ
أَطَّلِعُ إِلَىٰٓ إِلَٰهِ مُوسَىٰ وَإِنِّي لَأَظُنُّهُۥ مِنَ ٱلۡكَٰذِبِينَ ٣٨
وَٱسۡتَكۡبَرَ هُوَ وَجُنُودُهُۥ فِي ٱلۡأَرۡضِ بِغَيۡرِ ٱلۡحَقِّ وَظَنُّوٓاْ
أَنَّهُمۡ إِلَيۡنَا لَا يُرۡجَعُونَ ٣٩ فَأَخَذۡنَٰهُ وَجُنُودَهُۥ فَنَبَذۡنَٰهُمۡ
فِي ٱلۡيَمِّۖ فَٱنظُرۡ كَيۡفَ كَانَ عَٰقِبَةُ ٱلظَّٰلِمِينَ ٤٠
وَجَعَلۡنَٰهُمۡ أَئِمَّةٗ يَدۡعُونَ إِلَى ٱلنَّارِۖ وَيَوۡمَ ٱلۡقِيَٰمَةِ
لَا يُنصَرُونَ ٤١ وَأَتۡبَعۡنَٰهُمۡ فِي هَٰذِهِ ٱلدُّنۡيَا لَعۡنَةٗۖ
وَيَوۡمَ ٱلۡقِيَٰمَةِ هُم مِّنَ ٱلۡمَقۡبُوحِينَ ٤٢ وَلَقَدۡ ءَاتَيۡنَا
مُوسَى ٱلۡكِتَٰبَ مِنۢ بَعۡدِ مَآ أَهۡلَكۡنَا ٱلۡقُرُونَ ٱلۡأُولَىٰ
بَصَآئِرَ لِلنَّاسِ وَهُدٗى وَرَحۡمَةٗ لَّعَلَّهُمۡ يَتَذَكَّرُونَ ٤٣

وَمَا كُنتَ بِجَانِبِ ٱلۡغَرۡبِيِّ إِذۡ قَضَيۡنَآ إِلَىٰ مُوسَى ٱلۡأَمۡرَ وَمَا كُنتَ
مِنَ ٱلشَّٰهِدِينَ ﴿٤٤﴾ وَلَٰكِنَّآ أَنشَأۡنَا قُرُونٗا فَتَطَاوَلَ عَلَيۡهِمُ
ٱلۡعُمُرُۚ وَمَا كُنتَ ثَاوِيٗا فِيٓ أَهۡلِ مَدۡيَنَ تَتۡلُواْ عَلَيۡهِمۡ
ءَايَٰتِنَا وَلَٰكِنَّا كُنَّا مُرۡسِلِينَ ﴿٤٥﴾ وَمَا كُنتَ بِجَانِبِ
ٱلطُّورِ إِذۡ نَادَيۡنَا وَلَٰكِن رَّحۡمَةٗ مِّن رَّبِّكَ لِتُنذِرَ قَوۡمٗا
مَّآ أَتَىٰهُم مِّن نَّذِيرٖ مِّن قَبۡلِكَ لَعَلَّهُمۡ يَتَذَكَّرُونَ ﴿٤٦﴾
وَلَوۡلَآ أَن تُصِيبَهُم مُّصِيبَةُۢ بِمَا قَدَّمَتۡ أَيۡدِيهِمۡ فَيَقُولُواْ
رَبَّنَا لَوۡلَآ أَرۡسَلۡتَ إِلَيۡنَا رَسُولٗا فَنَتَّبِعَ ءَايَٰتِكَ وَنَكُونَ
مِنَ ٱلۡمُؤۡمِنِينَ ﴿٤٧﴾ فَلَمَّا جَآءَهُمُ ٱلۡحَقُّ مِنۡ عِندِنَا قَالُواْ
لَوۡلَآ أُوتِيَ مِثۡلَ مَآ أُوتِيَ مُوسَىٰٓۚ أَوَلَمۡ يَكۡفُرُواْ بِمَآ أُوتِيَ
مُوسَىٰ مِن قَبۡلُۖ قَالُواْ سِحۡرَانِ تَظَٰهَرَا وَقَالُوٓاْ إِنَّا بِكُلّٖ كَٰفِرُونَ
﴿٤٨﴾ قُلۡ فَأۡتُواْ بِكِتَٰبٖ مِّنۡ عِندِ ٱللَّهِ هُوَ أَهۡدَىٰ مِنۡهُمَآ أَتَّبِعۡهُ
إِن كُنتُمۡ صَٰدِقِينَ ﴿٤٩﴾ فَإِن لَّمۡ يَسۡتَجِيبُواْ لَكَ فَٱعۡلَمۡ
أَنَّمَا يَتَّبِعُونَ أَهۡوَآءَهُمۡۚ وَمَنۡ أَضَلُّ مِمَّنِ ٱتَّبَعَ هَوَىٰهُ بِغَيۡرِ
هُدٗى مِّنَ ٱللَّهِۚ إِنَّ ٱللَّهَ لَا يَهۡدِي ٱلۡقَوۡمَ ٱلظَّٰلِمِينَ ﴿٥٠﴾

۞ وَلَقَدْ وَصَّلْنَا لَهُمُ ٱلْقَوْلَ لَعَلَّهُمْ يَتَذَكَّرُونَ ٥١ ٱلَّذِينَ
ءَاتَيْنَٰهُمُ ٱلْكِتَٰبَ مِن قَبْلِهِۦ هُم بِهِۦ يُؤْمِنُونَ ٥٢ وَإِذَا يُتْلَىٰ
عَلَيْهِمْ قَالُوٓا۟ ءَامَنَّا بِهِۦٓ إِنَّهُ ٱلْحَقُّ مِن رَّبِّنَآ إِنَّا كُنَّا مِن قَبْلِهِۦ
مُسْلِمِينَ ٥٣ أُو۟لَٰٓئِكَ يُؤْتَوْنَ أَجْرَهُم مَّرَّتَيْنِ بِمَا صَبَرُوا۟ وَيَدْرَءُونَ
بِٱلْحَسَنَةِ ٱلسَّيِّئَةَ وَمِمَّا رَزَقْنَٰهُمْ يُنفِقُونَ ٥٤ وَإِذَا سَمِعُوا۟
ٱللَّغْوَ أَعْرَضُوا۟ عَنْهُ وَقَالُوا۟ لَنَآ أَعْمَٰلُنَا وَلَكُمْ أَعْمَٰلُكُمْ سَلَٰمٌ
عَلَيْكُمْ لَا نَبْتَغِى ٱلْجَٰهِلِينَ ٥٥ إِنَّكَ لَا تَهْدِى مَنْ أَحْبَبْتَ
وَلَٰكِنَّ ٱللَّهَ يَهْدِى مَن يَشَآءُ ۚ وَهُوَ أَعْلَمُ بِٱلْمُهْتَدِينَ ٥٦
وَقَالُوٓا۟ إِن نَّتَّبِعِ ٱلْهُدَىٰ مَعَكَ نُتَخَطَّفْ مِنْ أَرْضِنَآ ۚ أَوَلَمْ
نُمَكِّن لَّهُمْ حَرَمًا ءَامِنًا يُجْبَىٰٓ إِلَيْهِ ثَمَرَٰتُ كُلِّ شَىْءٍ رِّزْقًا
مِّن لَّدُنَّا وَلَٰكِنَّ أَكْثَرَهُمْ لَا يَعْلَمُونَ ٥٧ وَكَمْ أَهْلَكْنَا مِن
قَرْيَةٍۭ بَطِرَتْ مَعِيشَتَهَا ۖ فَتِلْكَ مَسَٰكِنُهُمْ لَمْ تُسْكَن مِّنۢ
بَعْدِهِمْ إِلَّا قَلِيلًا ۖ وَكُنَّا نَحْنُ ٱلْوَٰرِثِينَ ٥٨ وَمَا كَانَ رَبُّكَ
مُهْلِكَ ٱلْقُرَىٰ حَتَّىٰ يَبْعَثَ فِىٓ أُمِّهَا رَسُولًا يَتْلُوا۟ عَلَيْهِمْ
ءَايَٰتِنَا ۚ وَمَا كُنَّا مُهْلِكِى ٱلْقُرَىٰٓ إِلَّا وَأَهْلُهَا ظَٰلِمُونَ ٥٩

وَمَآ أُوتِيتُم مِّن شَيۡءٖ فَمَتَٰعُ ٱلۡحَيَوٰةِ ٱلدُّنۡيَا وَزِينَتُهَاۚ وَمَا عِندَ
ٱللَّهِ خَيۡرٞ وَأَبۡقَىٰٓۚ أَفَلَا تَعۡقِلُونَ ٦٠ أَفَمَن وَعَدۡنَٰهُ وَعۡدًا حَسَنٗا
فَهُوَ لَٰقِيهِ كَمَن مَّتَّعۡنَٰهُ مَتَٰعَ ٱلۡحَيَوٰةِ ٱلدُّنۡيَا ثُمَّ هُوَ يَوۡمَ ٱلۡقِيَٰمَةِ
مِنَ ٱلۡمُحۡضَرِينَ ٦١ وَيَوۡمَ يُنَادِيهِمۡ فَيَقُولُ أَيۡنَ شُرَكَآءِيَ
ٱلَّذِينَ كُنتُمۡ تَزۡعُمُونَ ٦٢ قَالَ ٱلَّذِينَ حَقَّ عَلَيۡهِمُ ٱلۡقَوۡلُ رَبَّنَا
هَٰٓؤُلَآءِ ٱلَّذِينَ أَغۡوَيۡنَآ أَغۡوَيۡنَٰهُمۡ كَمَا غَوَيۡنَاۖ تَبَرَّأۡنَآ إِلَيۡكَۖ
مَا كَانُوٓاْ إِيَّانَا يَعۡبُدُونَ ٦٣ وَقِيلَ ٱدۡعُواْ شُرَكَآءَكُمۡ فَدَعَوۡهُمۡ
فَلَمۡ يَسۡتَجِيبُواْ لَهُمۡ وَرَأَوُاْ ٱلۡعَذَابَۚ لَوۡ أَنَّهُمۡ كَانُواْ يَهۡتَدُونَ
٦٤ وَيَوۡمَ يُنَادِيهِمۡ فَيَقُولُ مَاذَآ أَجَبۡتُمُ ٱلۡمُرۡسَلِينَ ٦٥
فَعَمِيَتۡ عَلَيۡهِمُ ٱلۡأَنۢبَآءُ يَوۡمَئِذٖ فَهُمۡ لَا يَتَسَآءَلُونَ ٦٦ فَأَمَّا
مَن تَابَ وَءَامَنَ وَعَمِلَ صَٰلِحٗا فَعَسَىٰٓ أَن يَكُونَ مِنَ ٱلۡمُفۡلِحِينَ
٦٧ وَرَبُّكَ يَخۡلُقُ مَا يَشَآءُ وَيَخۡتَارُۗ مَا كَانَ لَهُمُ ٱلۡخِيَرَةُۚ سُبۡحَٰنَ
ٱللَّهِ وَتَعَٰلَىٰ عَمَّا يُشۡرِكُونَ ٦٨ وَرَبُّكَ يَعۡلَمُ مَا تُكِنُّ
صُدُورُهُمۡ وَمَا يُعۡلِنُونَ ٦٩ وَهُوَ ٱللَّهُ لَآ إِلَٰهَ إِلَّا هُوَۖ لَهُ
ٱلۡحَمۡدُ فِي ٱلۡأُولَىٰ وَٱلۡأٓخِرَةِۖ وَلَهُ ٱلۡحُكۡمُ وَإِلَيۡهِ تُرۡجَعُونَ ٧٠

قُلْ أَرَءَيْتُمْ إِن جَعَلَ ٱللَّهُ عَلَيْكُمُ ٱلَّيْلَ سَرْمَدًا إِلَىٰ يَوْمِ
ٱلْقِيَٰمَةِ مَنْ إِلَٰهٌ غَيْرُ ٱللَّهِ يَأْتِيكُم بِضِيَآءٍ ۖ أَفَلَا تَسْمَعُونَ
﴿٧١﴾ قُلْ أَرَءَيْتُمْ إِن جَعَلَ ٱللَّهُ عَلَيْكُمُ ٱلنَّهَارَ سَرْمَدًا إِلَىٰ
يَوْمِ ٱلْقِيَٰمَةِ مَنْ إِلَٰهٌ غَيْرُ ٱللَّهِ يَأْتِيكُم بِلَيْلٍ تَسْكُنُونَ
فِيهِ ۖ أَفَلَا تُبْصِرُونَ ﴿٧٢﴾ وَمِن رَّحْمَتِهِۦ جَعَلَ لَكُمُ ٱلَّيْلَ
وَٱلنَّهَارَ لِتَسْكُنُوا۟ فِيهِ وَلِتَبْتَغُوا۟ مِن فَضْلِهِۦ وَلَعَلَّكُمْ
تَشْكُرُونَ ﴿٧٣﴾ وَيَوْمَ يُنَادِيهِمْ فَيَقُولُ أَيْنَ شُرَكَآءِىَ ٱلَّذِينَ
كُنتُمْ تَزْعُمُونَ ﴿٧٤﴾ وَنَزَعْنَا مِن كُلِّ أُمَّةٍ شَهِيدًا فَقُلْنَا
هَاتُوا۟ بُرْهَٰنَكُمْ فَعَلِمُوٓا۟ أَنَّ ٱلْحَقَّ لِلَّهِ وَضَلَّ عَنْهُم
مَّا كَانُوا۟ يَفْتَرُونَ ﴿٧٥﴾ ۞ إِنَّ قَٰرُونَ كَانَ مِن قَوْمِ مُوسَىٰ
فَبَغَىٰ عَلَيْهِمْ ۖ وَءَاتَيْنَٰهُ مِنَ ٱلْكُنُوزِ مَآ إِنَّ مَفَاتِحَهُۥ لَتَنُوٓأُ
بِٱلْعُصْبَةِ أُو۟لِى ٱلْقُوَّةِ إِذْ قَالَ لَهُۥ قَوْمُهُۥ لَا تَفْرَحْ ۖ إِنَّ ٱللَّهَ
لَا يُحِبُّ ٱلْفَرِحِينَ ﴿٧٦﴾ وَٱبْتَغِ فِيمَآ ءَاتَىٰكَ ٱللَّهُ ٱلدَّارَ ٱلْءَاخِرَةَ ۖ
وَلَا تَنسَ نَصِيبَكَ مِنَ ٱلدُّنْيَا ۖ وَأَحْسِن كَمَآ أَحْسَنَ ٱللَّهُ إِلَيْكَ ۖ
وَلَا تَبْغِ ٱلْفَسَادَ فِى ٱلْأَرْضِ ۖ إِنَّ ٱللَّهَ لَا يُحِبُّ ٱلْمُفْسِدِينَ ﴿٧٧﴾

ربع الحزب ٤٠

قَالَ إِنَّمَآ أُوتِيتُهُۥ عَلَىٰ عِلۡمٍ عِندِيٓۚ أَوَلَمۡ يَعۡلَمۡ أَنَّ ٱللَّهَ قَدۡ أَهۡلَكَ
مِن قَبۡلِهِۦ مِنَ ٱلۡقُرُونِ مَنۡ هُوَ أَشَدُّ مِنۡهُ قُوَّةٗ وَأَكۡثَرُ جَمۡعٗاۚ
وَلَا يُسۡـَٔلُ عَن ذُنُوبِهِمُ ٱلۡمُجۡرِمُونَ ٧٨ فَخَرَجَ عَلَىٰ قَوۡمِهِۦ
فِي زِينَتِهِۦۖ قَالَ ٱلَّذِينَ يُرِيدُونَ ٱلۡحَيَوٰةَ ٱلدُّنۡيَا يَٰلَيۡتَ لَنَا
مِثۡلَ مَآ أُوتِيَ قَٰرُونُ إِنَّهُۥ لَذُو حَظٍّ عَظِيمٖ ٧٩ وَقَالَ ٱلَّذِينَ
أُوتُواْ ٱلۡعِلۡمَ وَيۡلَكُمۡ ثَوَابُ ٱللَّهِ خَيۡرٞ لِّمَنۡ ءَامَنَ وَعَمِلَ
صَٰلِحٗاۚ وَلَا يُلَقَّىٰهَآ إِلَّا ٱلصَّٰبِرُونَ ٨٠ فَخَسَفۡنَا بِهِۦ
وَبِدَارِهِ ٱلۡأَرۡضَ فَمَا كَانَ لَهُۥ مِن فِئَةٖ يَنصُرُونَهُۥ مِن دُونِ
ٱللَّهِ وَمَا كَانَ مِنَ ٱلۡمُنتَصِرِينَ ٨١ وَأَصۡبَحَ ٱلَّذِينَ تَمَنَّوۡاْ
مَكَانَهُۥ بِٱلۡأَمۡسِ يَقُولُونَ وَيۡكَأَنَّ ٱللَّهَ يَبۡسُطُ ٱلرِّزۡقَ لِمَن
يَشَآءُ مِنۡ عِبَادِهِۦ وَيَقۡدِرُۖ لَوۡلَآ أَن مَّنَّ ٱللَّهُ عَلَيۡنَا لَخَسَفَ بِنَاۖ
وَيۡكَأَنَّهُۥ لَا يُفۡلِحُ ٱلۡكَٰفِرُونَ ٨٢ تِلۡكَ ٱلدَّارُ ٱلۡأٓخِرَةُ نَجۡعَلُهَا
لِلَّذِينَ لَا يُرِيدُونَ عُلُوّٗا فِي ٱلۡأَرۡضِ وَلَا فَسَادٗاۚ وَٱلۡعَٰقِبَةُ لِلۡمُتَّقِينَ
٨٣ مَن جَآءَ بِٱلۡحَسَنَةِ فَلَهُۥ خَيۡرٞ مِّنۡهَاۖ وَمَن جَآءَ بِٱلسَّيِّئَةِ فَلَا
يُجۡزَى ٱلَّذِينَ عَمِلُواْ ٱلسَّيِّـَٔاتِ إِلَّا مَا كَانُواْ يَعۡمَلُونَ ٨٤

إِنَّ ٱلَّذِى فَرَضَ عَلَيْكَ ٱلْقُرْءَانَ لَرَآدُّكَ إِلَىٰ مَعَادٍۚ قُل رَّبِّىٓ
أَعْلَمُ مَن جَآءَ بِٱلْهُدَىٰ وَمَنْ هُوَ فِى ضَلَٰلٍ مُّبِينٍ ﴿٨٥﴾ وَمَا كُنتَ
تَرْجُوٓاْ أَن يُلْقَىٰٓ إِلَيْكَ ٱلْكِتَٰبُ إِلَّا رَحْمَةً مِّن رَّبِّكَۖ فَلَا
تَكُونَنَّ ظَهِيرًا لِّلْكَٰفِرِينَ ﴿٨٦﴾ وَلَا يَصُدُّنَّكَ عَنْ ءَايَٰتِ
ٱللَّهِ بَعْدَ إِذْ أُنزِلَتْ إِلَيْكَۖ وَٱدْعُ إِلَىٰ رَبِّكَۖ وَلَا تَكُونَنَّ مِنَ
ٱلْمُشْرِكِينَ ﴿٨٧﴾ وَلَا تَدْعُ مَعَ ٱللَّهِ إِلَٰهًا ءَاخَرَۘ لَآ إِلَٰهَ إِلَّا هُوَۚ
كُلُّ شَىْءٍ هَالِكٌ إِلَّا وَجْهَهُۥۚ لَهُ ٱلْحُكْمُ وَإِلَيْهِ تُرْجَعُونَ ﴿٨٨﴾

سُورَةُ العَنكَبُوت

بِسْمِ ٱللَّهِ ٱلرَّحْمَٰنِ ٱلرَّحِيمِ

الٓمٓ ﴿١﴾ أَحَسِبَ ٱلنَّاسُ أَن يُتْرَكُوٓاْ أَن يَقُولُوٓاْ ءَامَنَّا وَهُمْ
لَا يُفْتَنُونَ ﴿٢﴾ وَلَقَدْ فَتَنَّا ٱلَّذِينَ مِن قَبْلِهِمْۖ فَلَيَعْلَمَنَّ ٱللَّهُ ٱلَّذِينَ
صَدَقُواْ وَلَيَعْلَمَنَّ ٱلْكَٰذِبِينَ ﴿٣﴾ أَمْ حَسِبَ ٱلَّذِينَ يَعْمَلُونَ
ٱلسَّيِّـَٔاتِ أَن يَسْبِقُونَاۚ سَآءَ مَا يَحْكُمُونَ ﴿٤﴾ مَن كَانَ يَرْجُواْ
لِقَآءَ ٱللَّهِ فَإِنَّ أَجَلَ ٱللَّهِ لَءَاتٍۚ وَهُوَ ٱلسَّمِيعُ ٱلْعَلِيمُ ﴿٥﴾ وَمَن
جَٰهَدَ فَإِنَّمَا يُجَٰهِدُ لِنَفْسِهِۦٓۚ إِنَّ ٱللَّهَ لَغَنِىٌّ عَنِ ٱلْعَٰلَمِينَ ﴿٦﴾

نصف الحزب ٤٠

وَٱلَّذِينَ ءَامَنُوا۟ وَعَمِلُوا۟ ٱلصَّٰلِحَٰتِ لَنُكَفِّرَنَّ عَنْهُمْ سَيِّـَٔاتِهِمْ
وَلَنَجْزِيَنَّهُمْ أَحْسَنَ ٱلَّذِى كَانُوا۟ يَعْمَلُونَ ٧ وَوَصَّيْنَا ٱلْإِنسَٰنَ
بِوَٰلِدَيْهِ حُسْنًا ۖ وَإِن جَٰهَدَاكَ لِتُشْرِكَ بِى مَا لَيْسَ لَكَ بِهِۦ عِلْمٌ
فَلَا تُطِعْهُمَآ ۚ إِلَىَّ مَرْجِعُكُمْ فَأُنَبِّئُكُم بِمَا كُنتُمْ تَعْمَلُونَ ٨
وَٱلَّذِينَ ءَامَنُوا۟ وَعَمِلُوا۟ ٱلصَّٰلِحَٰتِ لَنُدْخِلَنَّهُمْ فِى ٱلصَّٰلِحِينَ
٩ وَمِنَ ٱلنَّاسِ مَن يَقُولُ ءَامَنَّا بِٱللَّهِ فَإِذَآ أُوذِىَ فِى ٱللَّهِ جَعَلَ
فِتْنَةَ ٱلنَّاسِ كَعَذَابِ ٱللَّهِ ۖ وَلَئِن جَآءَ نَصْرٌ مِّن رَّبِّكَ لَيَقُولُنَّ
إِنَّا كُنَّا مَعَكُمْ ۚ أَوَلَيْسَ ٱللَّهُ بِأَعْلَمَ بِمَا فِى صُدُورِ ٱلْعَٰلَمِينَ
١٠ وَلَيَعْلَمَنَّ ٱللَّهُ ٱلَّذِينَ ءَامَنُوا۟ وَلَيَعْلَمَنَّ ٱلْمُنَٰفِقِينَ
١١ وَقَالَ ٱلَّذِينَ كَفَرُوا۟ لِلَّذِينَ ءَامَنُوا۟ ٱتَّبِعُوا۟ سَبِيلَنَا
وَلْنَحْمِلْ خَطَٰيَٰكُمْ وَمَا هُم بِحَٰمِلِينَ مِنْ خَطَٰيَٰهُم مِّن
شَىْءٍ ۖ إِنَّهُمْ لَكَٰذِبُونَ ١٢ وَلَيَحْمِلُنَّ أَثْقَالَهُمْ وَأَثْقَالًا مَّعَ
أَثْقَالِهِمْ ۖ وَلَيُسْـَٔلُنَّ يَوْمَ ٱلْقِيَٰمَةِ عَمَّا كَانُوا۟ يَفْتَرُونَ
١٣ وَلَقَدْ أَرْسَلْنَا نُوحًا إِلَىٰ قَوْمِهِۦ فَلَبِثَ فِيهِمْ أَلْفَ سَنَةٍ
إِلَّا خَمْسِينَ عَامًا فَأَخَذَهُمُ ٱلطُّوفَانُ وَهُمْ ظَٰلِمُونَ ١٤

فَأَنجَيْنَٰهُ وَأَصْحَٰبَ ٱلسَّفِينَةِ وَجَعَلْنَٰهَآ ءَايَةً لِّلْعَٰلَمِينَ
١٥ وَإِبْرَٰهِيمَ إِذْ قَالَ لِقَوْمِهِ ٱعْبُدُوا۟ ٱللَّهَ وَٱتَّقُوهُ ذَٰلِكُمْ
خَيْرٌ لَّكُمْ إِن كُنتُمْ تَعْلَمُونَ ١٦ إِنَّمَا تَعْبُدُونَ مِن
دُونِ ٱللَّهِ أَوْثَٰنًا وَتَخْلُقُونَ إِفْكًا ۚ إِنَّ ٱلَّذِينَ تَعْبُدُونَ مِن
دُونِ ٱللَّهِ لَا يَمْلِكُونَ لَكُمْ رِزْقًا فَٱبْتَغُوا۟ عِندَ ٱللَّهِ ٱلرِّزْقَ
وَٱعْبُدُوهُ وَٱشْكُرُوا۟ لَهُۥٓ ۖ إِلَيْهِ تُرْجَعُونَ ١٧ وَإِن تُكَذِّبُوا۟
فَقَدْ كَذَّبَ أُمَمٌ مِّن قَبْلِكُمْ ۖ وَمَا عَلَى ٱلرَّسُولِ إِلَّا ٱلْبَلَٰغُ
ٱلْمُبِينُ ١٨ أَوَلَمْ يَرَوْا۟ كَيْفَ يُبْدِئُ ٱللَّهُ ٱلْخَلْقَ ثُمَّ
يُعِيدُهُۥٓ ۚ إِنَّ ذَٰلِكَ عَلَى ٱللَّهِ يَسِيرٌ ١٩ قُلْ سِيرُوا۟ فِى ٱلْأَرْضِ
فَٱنظُرُوا۟ كَيْفَ بَدَأَ ٱلْخَلْقَ ۚ ثُمَّ ٱللَّهُ يُنشِئُ ٱلنَّشْأَةَ ٱلْءَاخِرَةَ ۚ
إِنَّ ٱللَّهَ عَلَىٰ كُلِّ شَىْءٍ قَدِيرٌ ٢٠ يُعَذِّبُ مَن يَشَآءُ وَيَرْحَمُ
مَن يَشَآءُ ۖ وَإِلَيْهِ تُقْلَبُونَ ٢١ وَمَآ أَنتُم بِمُعْجِزِينَ فِى
ٱلْأَرْضِ وَلَا فِى ٱلسَّمَآءِ ۖ وَمَا لَكُم مِّن دُونِ ٱللَّهِ مِن
وَلِىٍّ وَلَا نَصِيرٍ ٢٢ وَٱلَّذِينَ كَفَرُوا۟ بِـَٔايَٰتِ ٱللَّهِ وَلِقَآئِهِۦٓ
أُو۟لَٰٓئِكَ يَئِسُوا۟ مِن رَّحْمَتِى وَأُو۟لَٰٓئِكَ لَهُمْ عَذَابٌ أَلِيمٌ ٢٣

فَمَا كَانَ جَوَابَ قَوْمِهِۦٓ إِلَّآ أَن قَالُوا۟ ٱقْتُلُوهُ أَوْ حَرِّقُوهُ
فَأَنجَىٰهُ ٱللَّهُ مِنَ ٱلنَّارِ ۚ إِنَّ فِى ذَٰلِكَ لَـَٔايَـٰتٍ لِّقَوْمٍ يُؤْمِنُونَ
﴿٢٤﴾ وَقَالَ إِنَّمَا ٱتَّخَذْتُم مِّن دُونِ ٱللَّهِ أَوْثَـٰنًا مَّوَدَّةَ بَيْنِكُمْ
فِى ٱلْحَيَوٰةِ ٱلدُّنْيَا ۖ ثُمَّ يَوْمَ ٱلْقِيَـٰمَةِ يَكْفُرُ بَعْضُكُم
بِبَعْضٍ وَيَلْعَنُ بَعْضُكُم بَعْضًا وَمَأْوَىٰكُمُ ٱلنَّارُ
وَمَا لَكُم مِّن نَّـٰصِرِينَ ﴿٢٥﴾ ۞ فَـَٔامَنَ لَهُۥ لُوطٌ ۘ وَقَالَ
إِنِّى مُهَاجِرٌ إِلَىٰ رَبِّىٓ ۖ إِنَّهُۥ هُوَ ٱلْعَزِيزُ ٱلْحَكِيمُ ﴿٢٦﴾
وَوَهَبْنَا لَهُۥٓ إِسْحَـٰقَ وَيَعْقُوبَ وَجَعَلْنَا فِى ذُرِّيَّتِهِ
ٱلنُّبُوَّةَ وَٱلْكِتَـٰبَ وَءَاتَيْنَـٰهُ أَجْرَهُۥ فِى ٱلدُّنْيَا ۖ وَإِنَّهُۥ
فِى ٱلْـَٔاخِرَةِ لَمِنَ ٱلصَّـٰلِحِينَ ﴿٢٧﴾ وَلُوطًا إِذْ قَالَ لِقَوْمِهِۦٓ
إِنَّكُمْ لَتَأْتُونَ ٱلْفَـٰحِشَةَ مَا سَبَقَكُم بِهَا مِنْ أَحَدٍ
مِّنَ ٱلْعَـٰلَمِينَ ﴿٢٨﴾ أَئِنَّكُمْ لَتَأْتُونَ ٱلرِّجَالَ وَتَقْطَعُونَ
ٱلسَّبِيلَ وَتَأْتُونَ فِى نَادِيكُمُ ٱلْمُنكَرَ ۖ فَمَا كَانَ جَوَابَ
قَوْمِهِۦٓ إِلَّآ أَن قَالُوا۟ ٱئْتِنَا بِعَذَابِ ٱللَّهِ إِن كُنتَ مِنَ
ٱلصَّـٰدِقِينَ ﴿٢٩﴾ قَالَ رَبِّ ٱنصُرْنِى عَلَى ٱلْقَوْمِ ٱلْمُفْسِدِينَ ﴿٣٠﴾

ثلاثة أرباع الحزب ٤٠

وَلَمَّا جَآءَتۡ رُسُلُنَآ إِبۡرَٰهِيمَ بِٱلۡبُشۡرَىٰ قَالُوٓاْ إِنَّا مُهۡلِكُوٓاْ
أَهۡلِ هَٰذِهِ ٱلۡقَرۡيَةِۖ إِنَّ أَهۡلَهَا كَانُواْ ظَٰلِمِينَ ٣١
قَالَ إِنَّ فِيهَا لُوطٗاۚ قَالُواْ نَحۡنُ أَعۡلَمُ بِمَن فِيهَاۖ لَنُنَجِّيَنَّهُۥ
وَأَهۡلَهُۥٓ إِلَّا ٱمۡرَأَتَهُۥ كَانَتۡ مِنَ ٱلۡغَٰبِرِينَ ٣٢ وَلَمَّآ
أَن جَآءَتۡ رُسُلُنَا لُوطٗا سِيٓءَ بِهِمۡ وَضَاقَ بِهِمۡ ذَرۡعٗاۖ
وَقَالُواْ لَا تَخَفۡ وَلَا تَحۡزَنۡ إِنَّا مُنَجُّوكَ وَأَهۡلَكَ إِلَّا
ٱمۡرَأَتَكَ كَانَتۡ مِنَ ٱلۡغَٰبِرِينَ ٣٣ إِنَّا مُنزِلُونَ عَلَىٰٓ أَهۡلِ
هَٰذِهِ ٱلۡقَرۡيَةِ رِجۡزٗا مِّنَ ٱلسَّمَآءِ بِمَا كَانُواْ يَفۡسُقُونَ
٣٤ وَلَقَد تَّرَكۡنَا مِنۡهَآ ءَايَةَۢ بَيِّنَةٗ لِّقَوۡمٖ يَعۡقِلُونَ
٣٥ وَإِلَىٰ مَدۡيَنَ أَخَاهُمۡ شُعَيۡبٗا فَقَالَ يَٰقَوۡمِ ٱعۡبُدُواْ ٱللَّهَ
وَٱرۡجُواْ ٱلۡيَوۡمَ ٱلۡأٓخِرَ وَلَا تَعۡثَوۡاْ فِي ٱلۡأَرۡضِ مُفۡسِدِينَ
٣٦ فَكَذَّبُوهُ فَأَخَذَتۡهُمُ ٱلرَّجۡفَةُ فَأَصۡبَحُواْ فِي دَارِهِمۡ
جَٰثِمِينَ ٣٧ وَعَادٗا وَثَمُودَاْ وَقَد تَّبَيَّنَ لَكُم
مِّن مَّسَٰكِنِهِمۡۖ وَزَيَّنَ لَهُمُ ٱلشَّيۡطَٰنُ أَعۡمَٰلَهُمۡ
فَصَدَّهُمۡ عَنِ ٱلسَّبِيلِ وَكَانُواْ مُسۡتَبۡصِرِينَ ٣٨

وَقَٰرُونَ وَفِرۡعَوۡنَ وَهَٰمَٰنَۖ وَلَقَدۡ جَآءَهُم مُّوسَىٰ بِٱلۡبَيِّنَٰتِ
فَٱسۡتَكۡبَرُواْ فِي ٱلۡأَرۡضِ وَمَا كَانُواْ سَٰبِقِينَ ٣٩
فَكُلًّا أَخَذۡنَا بِذَنۢبِهِۦۖ فَمِنۡهُم مَّنۡ أَرۡسَلۡنَا عَلَيۡهِ حَاصِبٗا
وَمِنۡهُم مَّنۡ أَخَذَتۡهُ ٱلصَّيۡحَةُ وَمِنۡهُم مَّنۡ خَسَفۡنَا بِهِ
ٱلۡأَرۡضَ وَمِنۡهُم مَّنۡ أَغۡرَقۡنَاۚ وَمَا كَانَ ٱللَّهُ لِيَظۡلِمَهُمۡ
وَلَٰكِن كَانُوٓاْ أَنفُسَهُمۡ يَظۡلِمُونَ ٤٠ مَثَلُ ٱلَّذِينَ
ٱتَّخَذُواْ مِن دُونِ ٱللَّهِ أَوۡلِيَآءَ كَمَثَلِ ٱلۡعَنكَبُوتِ
ٱتَّخَذَتۡ بَيۡتٗاۖ وَإِنَّ أَوۡهَنَ ٱلۡبُيُوتِ لَبَيۡتُ ٱلۡعَنكَبُوتِۚ
لَوۡ كَانُواْ يَعۡلَمُونَ ٤١ إِنَّ ٱللَّهَ يَعۡلَمُ مَا يَدۡعُونَ مِن
دُونِهِۦ مِن شَيۡءٖۚ وَهُوَ ٱلۡعَزِيزُ ٱلۡحَكِيمُ ٤٢ وَتِلۡكَ
ٱلۡأَمۡثَٰلُ نَضۡرِبُهَا لِلنَّاسِۖ وَمَا يَعۡقِلُهَآ إِلَّا ٱلۡعَٰلِمُونَ
٤٣ خَلَقَ ٱللَّهُ ٱلسَّمَٰوَٰتِ وَٱلۡأَرۡضَ بِٱلۡحَقِّۚ إِنَّ فِي ذَٰلِكَ
لَأٓيَةٗ لِّلۡمُؤۡمِنِينَ ٤٤ ٱتۡلُ مَآ أُوحِيَ إِلَيۡكَ مِنَ ٱلۡكِتَٰبِ
وَأَقِمِ ٱلصَّلَوٰةَۖ إِنَّ ٱلصَّلَوٰةَ تَنۡهَىٰ عَنِ ٱلۡفَحۡشَآءِ
وَٱلۡمُنكَرِۗ وَلَذِكۡرُ ٱللَّهِ أَكۡبَرُۗ وَٱللَّهُ يَعۡلَمُ مَا تَصۡنَعُونَ ٤٥

۞ وَلَا تُجَٰدِلُوٓاْ أَهۡلَ ٱلۡكِتَٰبِ إِلَّا بِٱلَّتِي هِيَ أَحۡسَنُ إِلَّا
ٱلَّذِينَ ظَلَمُواْ مِنۡهُمۡۖ وَقُولُوٓاْ ءَامَنَّا بِٱلَّذِيٓ أُنزِلَ إِلَيۡنَا وَأُنزِلَ
إِلَيۡكُمۡ وَإِلَٰهُنَا وَإِلَٰهُكُمۡ وَٰحِدٞ وَنَحۡنُ لَهُۥ مُسۡلِمُونَ
﴿٤٦﴾ وَكَذَٰلِكَ أَنزَلۡنَآ إِلَيۡكَ ٱلۡكِتَٰبَۚ فَٱلَّذِينَ ءَاتَيۡنَٰهُمُ
ٱلۡكِتَٰبَ يُؤۡمِنُونَ بِهِۦۖ وَمِنۡ هَٰٓؤُلَآءِ مَن يُؤۡمِنُ بِهِۦۚ وَمَا
يَجۡحَدُ بِـَٔايَٰتِنَآ إِلَّا ٱلۡكَٰفِرُونَ ﴿٤٧﴾ وَمَا كُنتَ تَتۡلُواْ مِن
قَبۡلِهِۦ مِن كِتَٰبٖ وَلَا تَخُطُّهُۥ بِيَمِينِكَۖ إِذٗا لَّٱرۡتَابَ
ٱلۡمُبۡطِلُونَ ﴿٤٨﴾ بَلۡ هُوَ ءَايَٰتُۢ بَيِّنَٰتٞ فِي صُدُورِ ٱلَّذِينَ
أُوتُواْ ٱلۡعِلۡمَۚ وَمَا يَجۡحَدُ بِـَٔايَٰتِنَآ إِلَّا ٱلظَّٰلِمُونَ ﴿٤٩﴾ وَقَالُواْ
لَوۡلَآ أُنزِلَ عَلَيۡهِ ءَايَٰتٞ مِّن رَّبِّهِۦۚ قُلۡ إِنَّمَا ٱلۡأٓيَٰتُ عِندَ ٱللَّهِ
وَإِنَّمَآ أَنَا۠ نَذِيرٞ مُّبِينٌ ﴿٥٠﴾ أَوَلَمۡ يَكۡفِهِمۡ أَنَّآ أَنزَلۡنَا عَلَيۡكَ
ٱلۡكِتَٰبَ يُتۡلَىٰ عَلَيۡهِمۡۚ إِنَّ فِي ذَٰلِكَ لَرَحۡمَةٗ وَذِكۡرَىٰ
لِقَوۡمٖ يُؤۡمِنُونَ ﴿٥١﴾ قُلۡ كَفَىٰ بِٱللَّهِ بَيۡنِي وَبَيۡنَكُمۡ
شَهِيدٗاۖ يَعۡلَمُ مَا فِي ٱلسَّمَٰوَٰتِ وَٱلۡأَرۡضِۗ وَٱلَّذِينَ ءَامَنُواْ
بِٱلۡبَٰطِلِ وَكَفَرُواْ بِٱللَّهِ أُوْلَٰٓئِكَ هُمُ ٱلۡخَٰسِرُونَ ﴿٥٢﴾

وَيَسْتَعْجِلُونَكَ بِٱلْعَذَابِ وَلَوْلَآ أَجَلٌ مُّسَمًّى لَّجَآءَهُمُ ٱلْعَذَابُ ۚ
وَلَيَأْتِيَنَّهُم بَغْتَةً وَهُمْ لَا يَشْعُرُونَ ٥٣ يَسْتَعْجِلُونَكَ بِٱلْعَذَابِ
وَإِنَّ جَهَنَّمَ لَمُحِيطَةٌۢ بِٱلْكَٰفِرِينَ ٥٤ يَوْمَ يَغْشَىٰهُمُ ٱلْعَذَابُ
مِن فَوْقِهِمْ وَمِن تَحْتِ أَرْجُلِهِمْ وَيَقُولُ ذُوقُوا۟ مَا كُنتُمْ تَعْمَلُونَ
٥٥ يَٰعِبَادِىَ ٱلَّذِينَ ءَامَنُوٓا۟ إِنَّ أَرْضِى وَٰسِعَةٌ فَإِيَّٰىَ فَٱعْبُدُونِ
٥٦ كُلُّ نَفْسٍ ذَآئِقَةُ ٱلْمَوْتِ ۖ ثُمَّ إِلَيْنَا تُرْجَعُونَ ٥٧ وَٱلَّذِينَ
ءَامَنُوا۟ وَعَمِلُوا۟ ٱلصَّٰلِحَٰتِ لَنُبَوِّئَنَّهُم مِّنَ ٱلْجَنَّةِ غُرَفًا تَجْرِى
مِن تَحْتِهَا ٱلْأَنْهَٰرُ خَٰلِدِينَ فِيهَا ۚ نِعْمَ أَجْرُ ٱلْعَٰمِلِينَ ٥٨ ٱلَّذِينَ
صَبَرُوا۟ وَعَلَىٰ رَبِّهِمْ يَتَوَكَّلُونَ ٥٩ وَكَأَيِّن مِّن دَآبَّةٍ لَّا تَحْمِلُ
رِزْقَهَا ٱللَّهُ يَرْزُقُهَا وَإِيَّاكُمْ ۚ وَهُوَ ٱلسَّمِيعُ ٱلْعَلِيمُ ٦٠ وَلَئِن
سَأَلْتَهُم مَّنْ خَلَقَ ٱلسَّمَٰوَٰتِ وَٱلْأَرْضَ وَسَخَّرَ ٱلشَّمْسَ وَٱلْقَمَرَ
لَيَقُولُنَّ ٱللَّهُ ۖ فَأَنَّىٰ يُؤْفَكُونَ ٦١ ٱللَّهُ يَبْسُطُ ٱلرِّزْقَ لِمَن يَشَآءُ مِنْ
عِبَادِهِۦ وَيَقْدِرُ لَهُۥٓ ۚ إِنَّ ٱللَّهَ بِكُلِّ شَىْءٍ عَلِيمٌ ٦٢ وَلَئِن سَأَلْتَهُم
مَّن نَّزَّلَ مِنَ ٱلسَّمَآءِ مَآءً فَأَحْيَا بِهِ ٱلْأَرْضَ مِنۢ بَعْدِ مَوْتِهَا
لَيَقُولُنَّ ٱللَّهُ ۚ قُلِ ٱلْحَمْدُ لِلَّهِ ۚ بَلْ أَكْثَرُهُمْ لَا يَعْقِلُونَ ٦٣

وَمَا هَٰذِهِ ٱلۡحَيَوٰةُ ٱلدُّنۡيَآ إِلَّا لَهۡوٞ وَلَعِبٞۚ وَإِنَّ ٱلدَّارَ ٱلۡأٓخِرَةَ لَهِيَ
ٱلۡحَيَوَانُۚ لَوۡ كَانُواْ يَعۡلَمُونَ ٦٤ فَإِذَا رَكِبُواْ فِي ٱلۡفُلۡكِ دَعَوُاْ ٱللَّهَ
مُخۡلِصِينَ لَهُ ٱلدِّينَ فَلَمَّا نَجَّىٰهُمۡ إِلَى ٱلۡبَرِّ إِذَا هُمۡ يُشۡرِكُونَ ٦٥
لِيَكۡفُرُواْ بِمَآ ءَاتَيۡنَٰهُمۡ وَلِيَتَمَتَّعُواْۚ فَسَوۡفَ يَعۡلَمُونَ ٦٦
أَوَلَمۡ يَرَوۡاْ أَنَّا جَعَلۡنَا حَرَمًا ءَامِنٗا وَيُتَخَطَّفُ ٱلنَّاسُ مِنۡ
حَوۡلِهِمۡۚ أَفَبِٱلۡبَٰطِلِ يُؤۡمِنُونَ وَبِنِعۡمَةِ ٱللَّهِ يَكۡفُرُونَ ٦٧
وَمَنۡ أَظۡلَمُ مِمَّنِ ٱفۡتَرَىٰ عَلَى ٱللَّهِ كَذِبًا أَوۡ كَذَّبَ بِٱلۡحَقِّ لَمَّا جَآءَهُۥٓۚ
أَلَيۡسَ فِي جَهَنَّمَ مَثۡوٗى لِّلۡكَٰفِرِينَ ٦٨ وَٱلَّذِينَ جَٰهَدُواْ
فِينَا لَنَهۡدِيَنَّهُمۡ سُبُلَنَاۚ وَإِنَّ ٱللَّهَ لَمَعَ ٱلۡمُحۡسِنِينَ ٦٩

سُورَةُ الرُّومِ

بِسۡمِ ٱللَّهِ ٱلرَّحۡمَٰنِ ٱلرَّحِيمِ

الٓمٓ ١ غُلِبَتِ ٱلرُّومُ ٢ فِيٓ أَدۡنَى ٱلۡأَرۡضِ وَهُم مِّنۢ
بَعۡدِ غَلَبِهِمۡ سَيَغۡلِبُونَ ٣ فِي بِضۡعِ سِنِينَۗ لِلَّهِ ٱلۡأَمۡرُ
مِن قَبۡلُ وَمِنۢ بَعۡدُۚ وَيَوۡمَئِذٖ يَفۡرَحُ ٱلۡمُؤۡمِنُونَ ٤
بِنَصۡرِ ٱللَّهِۚ يَنصُرُ مَن يَشَآءُۖ وَهُوَ ٱلۡعَزِيزُ ٱلرَّحِيمُ ٥

ربع الحزب ٤١

وَعۡدَ ٱللَّهِۖ لَا يُخۡلِفُ ٱللَّهُ وَعۡدَهُۥ وَلَٰكِنَّ أَكۡثَرَ ٱلنَّاسِ لَا يَعۡلَمُونَ
٦ يَعۡلَمُونَ ظَٰهِرٗا مِّنَ ٱلۡحَيَوٰةِ ٱلدُّنۡيَا وَهُمۡ عَنِ ٱلۡأٓخِرَةِ هُمۡ
غَٰفِلُونَ ٧ أَوَلَمۡ يَتَفَكَّرُواْ فِيٓ أَنفُسِهِمۗ مَّا خَلَقَ ٱللَّهُ ٱلسَّمَٰوَٰتِ
وَٱلۡأَرۡضَ وَمَا بَيۡنَهُمَآ إِلَّا بِٱلۡحَقِّ وَأَجَلٖ مُّسَمّٗىۗ وَإِنَّ كَثِيرٗا
مِّنَ ٱلنَّاسِ بِلِقَآيِٕ رَبِّهِمۡ لَكَٰفِرُونَ ٨ أَوَلَمۡ يَسِيرُواْ فِي
ٱلۡأَرۡضِ فَيَنظُرُواْ كَيۡفَ كَانَ عَٰقِبَةُ ٱلَّذِينَ مِن قَبۡلِهِمۡۚ كَانُوٓاْ
أَشَدَّ مِنۡهُمۡ قُوَّةٗ وَأَثَارُواْ ٱلۡأَرۡضَ وَعَمَرُوهَآ أَكۡثَرَ مِمَّا
عَمَرُوهَا وَجَآءَتۡهُمۡ رُسُلُهُم بِٱلۡبَيِّنَٰتِۖ فَمَا كَانَ ٱللَّهُ
لِيَظۡلِمَهُمۡ وَلَٰكِن كَانُوٓاْ أَنفُسَهُمۡ يَظۡلِمُونَ ٩ ثُمَّ كَانَ
عَٰقِبَةَ ٱلَّذِينَ أَسَٰٓـُٔواْ ٱلسُّوٓأَىٰٓ أَن كَذَّبُواْ بِـَٔايَٰتِ ٱللَّهِ وَكَانُواْ
بِهَا يَسۡتَهۡزِءُونَ ١٠ ٱللَّهُ يَبۡدَؤُاْ ٱلۡخَلۡقَ ثُمَّ يُعِيدُهُۥ ثُمَّ إِلَيۡهِ تُرۡجَعُونَ
١١ وَيَوۡمَ تَقُومُ ٱلسَّاعَةُ يُبۡلِسُ ٱلۡمُجۡرِمُونَ ١٢ وَلَمۡ يَكُن لَّهُم مِّن
شُرَكَآئِهِمۡ شُفَعَٰٓؤُاْ وَكَانُواْ بِشُرَكَآئِهِمۡ كَٰفِرِينَ
١٣ وَيَوۡمَ تَقُومُ ٱلسَّاعَةُ يَوۡمَئِذٖ يَتَفَرَّقُونَ ١٤ فَأَمَّا ٱلَّذِينَ
ءَامَنُواْ وَعَمِلُواْ ٱلصَّٰلِحَٰتِ فَهُمۡ فِي رَوۡضَةٖ يُحۡبَرُونَ ١٥

وَأَمَّا ٱلَّذِينَ كَفَرُواْ وَكَذَّبُواْ بِـَٔايَٰتِنَا وَلِقَآيِٕ ٱلۡأٓخِرَةِ
فَأُوْلَٰٓئِكَ فِي ٱلۡعَذَابِ مُحۡضَرُونَ ١٦ فَسُبۡحَٰنَ ٱللَّهِ حِينَ تُمۡسُونَ
وَحِينَ تُصۡبِحُونَ ١٧ وَلَهُ ٱلۡحَمۡدُ فِي ٱلسَّمَٰوَٰتِ وَٱلۡأَرۡضِ
وَعَشِيّٗا وَحِينَ تُظۡهِرُونَ ١٨ يُخۡرِجُ ٱلۡحَيَّ مِنَ ٱلۡمَيِّتِ وَيُخۡرِجُ
ٱلۡمَيِّتَ مِنَ ٱلۡحَيِّ وَيُحۡيِ ٱلۡأَرۡضَ بَعۡدَ مَوۡتِهَاۚ وَكَذَٰلِكَ تُخۡرَجُونَ
١٩ وَمِنۡ ءَايَٰتِهِۦٓ أَنۡ خَلَقَكُم مِّن تُرَابٖ ثُمَّ إِذَآ أَنتُم بَشَرٞ
تَنتَشِرُونَ ٢٠ وَمِنۡ ءَايَٰتِهِۦٓ أَنۡ خَلَقَ لَكُم مِّنۡ أَنفُسِكُمۡ
أَزۡوَٰجٗا لِّتَسۡكُنُوٓاْ إِلَيۡهَا وَجَعَلَ بَيۡنَكُم مَّوَدَّةٗ وَرَحۡمَةًۚ
إِنَّ فِي ذَٰلِكَ لَأٓيَٰتٖ لِّقَوۡمٖ يَتَفَكَّرُونَ ٢١ وَمِنۡ ءَايَٰتِهِۦ
خَلۡقُ ٱلسَّمَٰوَٰتِ وَٱلۡأَرۡضِ وَٱخۡتِلَٰفُ أَلۡسِنَتِكُمۡ وَأَلۡوَٰنِكُمۡۚ
إِنَّ فِي ذَٰلِكَ لَأٓيَٰتٖ لِّلۡعَٰلِمِينَ ٢٢ وَمِنۡ ءَايَٰتِهِۦ مَنَامُكُم
بِٱلَّيۡلِ وَٱلنَّهَارِ وَٱبۡتِغَآؤُكُم مِّن فَضۡلِهِۦٓۚ إِنَّ فِي ذَٰلِكَ
لَأٓيَٰتٖ لِّقَوۡمٖ يَسۡمَعُونَ ٢٣ وَمِنۡ ءَايَٰتِهِۦ يُرِيكُمُ ٱلۡبَرۡقَ
خَوۡفٗا وَطَمَعٗا وَيُنَزِّلُ مِنَ ٱلسَّمَآءِ مَآءٗ فَيُحۡيِۦ بِهِ ٱلۡأَرۡضَ
بَعۡدَ مَوۡتِهَآۚ إِنَّ فِي ذَٰلِكَ لَأٓيَٰتٖ لِّقَوۡمٖ يَعۡقِلُونَ ٢٤

وَمِنۡ ءَايَٰتِهِۦٓ أَن تَقُومَ ٱلسَّمَآءُ وَٱلۡأَرۡضُ بِأَمۡرِهِۦۚ ثُمَّ إِذَا دَعَاكُمۡ
دَعۡوَةٗ مِّنَ ٱلۡأَرۡضِ إِذَآ أَنتُمۡ تَخۡرُجُونَ ٢٥ وَلَهُۥ مَن فِي ٱلسَّمَٰوَٰتِ
وَٱلۡأَرۡضِۖ كُلّٞ لَّهُۥ قَٰنِتُونَ ٢٦ وَهُوَ ٱلَّذِي يَبۡدَؤُاْ ٱلۡخَلۡقَ ثُمَّ
يُعِيدُهُۥ وَهُوَ أَهۡوَنُ عَلَيۡهِۚ وَلَهُ ٱلۡمَثَلُ ٱلۡأَعۡلَىٰ فِي ٱلسَّمَٰوَٰتِ
وَٱلۡأَرۡضِۚ وَهُوَ ٱلۡعَزِيزُ ٱلۡحَكِيمُ ٢٧ ضَرَبَ لَكُم مَّثَلٗا
مِّنۡ أَنفُسِكُمۡۖ هَل لَّكُم مِّن مَّا مَلَكَتۡ أَيۡمَٰنُكُم مِّن
شُرَكَآءَ فِي مَا رَزَقۡنَٰكُمۡ فَأَنتُمۡ فِيهِ سَوَآءٞ تَخَافُونَهُمۡ
كَخِيفَتِكُمۡ أَنفُسَكُمۡۚ كَذَٰلِكَ نُفَصِّلُ ٱلۡأٓيَٰتِ لِقَوۡمٖ
يَعۡقِلُونَ ٢٨ بَلِ ٱتَّبَعَ ٱلَّذِينَ ظَلَمُوٓاْ أَهۡوَآءَهُم بِغَيۡرِ عِلۡمٖۖ
فَمَن يَهۡدِي مَنۡ أَضَلَّ ٱللَّهُۖ وَمَا لَهُم مِّن نَّٰصِرِينَ ٢٩ فَأَقِمۡ
وَجۡهَكَ لِلدِّينِ حَنِيفٗاۚ فِطۡرَتَ ٱللَّهِ ٱلَّتِي فَطَرَ ٱلنَّاسَ عَلَيۡهَاۚ
لَا تَبۡدِيلَ لِخَلۡقِ ٱللَّهِۚ ذَٰلِكَ ٱلدِّينُ ٱلۡقَيِّمُ وَلَٰكِنَّ أَكۡثَرَ
ٱلنَّاسِ لَا يَعۡلَمُونَ ٣٠ ۞ مُنِيبِينَ إِلَيۡهِ وَٱتَّقُوهُ وَأَقِيمُواْ نصف الحزب ٤١
ٱلصَّلَوٰةَ وَلَا تَكُونُواْ مِنَ ٱلۡمُشۡرِكِينَ ٣١ مِنَ ٱلَّذِينَ فَرَّقُواْ
دِينَهُمۡ وَكَانُواْ شِيَعٗاۖ كُلُّ حِزۡبِۭ بِمَا لَدَيۡهِمۡ فَرِحُونَ ٣٢

وَإِذَا مَسَّ ٱلنَّاسَ ضُرّٞ دَعَوۡاْ رَبَّهُم مُّنِيبِينَ إِلَيۡهِ ثُمَّ إِذَآ أَذَاقَهُم
مِّنۡهُ رَحۡمَةً إِذَا فَرِيقٞ مِّنۡهُم بِرَبِّهِمۡ يُشۡرِكُونَ ٣٣ لِيَكۡفُرُواْ بِمَآ
ءَاتَيۡنَٰهُمۡۚ فَتَمَتَّعُواْ فَسَوۡفَ تَعۡلَمُونَ ٣٤ أَمۡ أَنزَلۡنَا عَلَيۡهِمۡ
سُلۡطَٰنٗا فَهُوَ يَتَكَلَّمُ بِمَا كَانُواْ بِهِۦ يُشۡرِكُونَ ٣٥ وَإِذَآ أَذَقۡنَا
ٱلنَّاسَ رَحۡمَةٗ فَرِحُواْ بِهَاۖ وَإِن تُصِبۡهُمۡ سَيِّئَةُۢ بِمَا قَدَّمَتۡ أَيۡدِيهِمۡ
إِذَا هُمۡ يَقۡنَطُونَ ٣٦ أَوَلَمۡ يَرَوۡاْ أَنَّ ٱللَّهَ يَبۡسُطُ ٱلرِّزۡقَ لِمَن يَشَآءُ
وَيَقۡدِرُۚ إِنَّ فِي ذَٰلِكَ لَأٓيَٰتٖ لِّقَوۡمٖ يُؤۡمِنُونَ ٣٧ فَـَٔاتِ ذَا ٱلۡقُرۡبَىٰ
حَقَّهُۥ وَٱلۡمِسۡكِينَ وَٱبۡنَ ٱلسَّبِيلِۚ ذَٰلِكَ خَيۡرٞ لِّلَّذِينَ يُرِيدُونَ
وَجۡهَ ٱللَّهِۖ وَأُوْلَٰٓئِكَ هُمُ ٱلۡمُفۡلِحُونَ ٣٨ وَمَآ ءَاتَيۡتُم مِّن رِّبٗا
لِّيَرۡبُوَاْ فِيٓ أَمۡوَٰلِ ٱلنَّاسِ فَلَا يَرۡبُواْ عِندَ ٱللَّهِۖ وَمَآ ءَاتَيۡتُم مِّن
زَكَوٰةٖ تُرِيدُونَ وَجۡهَ ٱللَّهِ فَأُوْلَٰٓئِكَ هُمُ ٱلۡمُضۡعِفُونَ ٣٩
ٱللَّهُ ٱلَّذِي خَلَقَكُمۡ ثُمَّ رَزَقَكُمۡ ثُمَّ يُمِيتُكُمۡ ثُمَّ يُحۡيِيكُمۡۖ هَلۡ مِن
شُرَكَآئِكُم مَّن يَفۡعَلُ مِن ذَٰلِكُم مِّن شَيۡءٖۚ سُبۡحَٰنَهُۥ وَتَعَٰلَىٰ
عَمَّا يُشۡرِكُونَ ٤٠ ظَهَرَ ٱلۡفَسَادُ فِي ٱلۡبَرِّ وَٱلۡبَحۡرِ بِمَا كَسَبَتۡ
أَيۡدِي ٱلنَّاسِ لِيُذِيقَهُم بَعۡضَ ٱلَّذِي عَمِلُواْ لَعَلَّهُمۡ يَرۡجِعُونَ ٤١

قُلْ سِيرُوا۟ فِى ٱلْأَرْضِ فَٱنظُرُوا۟ كَيْفَ كَانَ عَٰقِبَةُ ٱلَّذِينَ مِن قَبْلُ ۚ
كَانَ أَكْثَرُهُم مُّشْرِكِينَ ﴿٤٢﴾ فَأَقِمْ وَجْهَكَ لِلدِّينِ ٱلْقَيِّمِ مِن
قَبْلِ أَن يَأْتِىَ يَوْمٌ لَّا مَرَدَّ لَهُۥ مِنَ ٱللَّهِ ۖ يَوْمَئِذٍ يَصَّدَّعُونَ ﴿٤٣﴾ مَن
كَفَرَ فَعَلَيْهِ كُفْرُهُۥ ۖ وَمَنْ عَمِلَ صَٰلِحًا فَلِأَنفُسِهِمْ يَمْهَدُونَ ﴿٤٤﴾
لِيَجْزِىَ ٱلَّذِينَ ءَامَنُوا۟ وَعَمِلُوا۟ ٱلصَّٰلِحَٰتِ مِن فَضْلِهِۦٓ ۚ إِنَّهُۥ لَا يُحِبُّ
ٱلْكَٰفِرِينَ ﴿٤٥﴾ وَمِنْ ءَايَٰتِهِۦٓ أَن يُرْسِلَ ٱلرِّيَاحَ مُبَشِّرَٰتٍ وَلِيُذِيقَكُم
مِّن رَّحْمَتِهِۦ وَلِتَجْرِىَ ٱلْفُلْكُ بِأَمْرِهِۦ وَلِتَبْتَغُوا۟ مِن فَضْلِهِۦ وَلَعَلَّكُمْ
تَشْكُرُونَ ﴿٤٦﴾ وَلَقَدْ أَرْسَلْنَا مِن قَبْلِكَ رُسُلًا إِلَىٰ قَوْمِهِمْ فَجَآءُوهُم
بِٱلْبَيِّنَٰتِ فَٱنتَقَمْنَا مِنَ ٱلَّذِينَ أَجْرَمُوا۟ ۖ وَكَانَ حَقًّا عَلَيْنَا نَصْرُ
ٱلْمُؤْمِنِينَ ﴿٤٧﴾ ٱللَّهُ ٱلَّذِى يُرْسِلُ ٱلرِّيَٰحَ فَتُثِيرُ سَحَابًا فَيَبْسُطُهُۥ
فِى ٱلسَّمَآءِ كَيْفَ يَشَآءُ وَيَجْعَلُهُۥ كِسَفًا فَتَرَى ٱلْوَدْقَ يَخْرُجُ مِنْ
خِلَٰلِهِۦ ۖ فَإِذَآ أَصَابَ بِهِۦ مَن يَشَآءُ مِنْ عِبَادِهِۦٓ إِذَا هُمْ يَسْتَبْشِرُونَ
﴿٤٨﴾ وَإِن كَانُوا۟ مِن قَبْلِ أَن يُنَزَّلَ عَلَيْهِم مِّن قَبْلِهِۦ لَمُبْلِسِينَ
﴿٤٩﴾ فَٱنظُرْ إِلَىٰٓ ءَاثَٰرِ رَحْمَتِ ٱللَّهِ كَيْفَ يُحْىِ ٱلْأَرْضَ بَعْدَ مَوْتِهَآ ۚ
إِنَّ ذَٰلِكَ لَمُحْىِ ٱلْمَوْتَىٰ ۖ وَهُوَ عَلَىٰ كُلِّ شَىْءٍ قَدِيرٌ ﴿٥٠﴾

وَلَئِنۡ أَرۡسَلۡنَا رِيحٗا فَرَأَوۡهُ مُصۡفَرّٗا لَّظَلُّواْ مِنۢ بَعۡدِهِۦ يَكۡفُرُونَ
٥١ فَإِنَّكَ لَا تُسۡمِعُ ٱلۡمَوۡتَىٰ وَلَا تُسۡمِعُ ٱلصُّمَّ ٱلدُّعَآءَ إِذَا وَلَّوۡاْ
مُدۡبِرِينَ ٥٢ وَمَآ أَنتَ بِهَٰدِ ٱلۡعُمۡيِ عَن ضَلَٰلَتِهِمۡۖ إِن تُسۡمِعُ إِلَّا
مَن يُؤۡمِنُ بِـَٔايَٰتِنَا فَهُم مُّسۡلِمُونَ ٥٣ ۞ ٱللَّهُ ٱلَّذِي خَلَقَكُم
مِّن ضَعۡفٖ ثُمَّ جَعَلَ مِنۢ بَعۡدِ ضَعۡفٖ قُوَّةٗ ثُمَّ جَعَلَ مِنۢ بَعۡدِ
قُوَّةٖ ضَعۡفٗا وَشَيۡبَةٗۚ يَخۡلُقُ مَا يَشَآءُۚ وَهُوَ ٱلۡعَلِيمُ ٱلۡقَدِيرُ
٥٤ وَيَوۡمَ تَقُومُ ٱلسَّاعَةُ يُقۡسِمُ ٱلۡمُجۡرِمُونَ مَا لَبِثُواْ غَيۡرَ
سَاعَةٖۚ كَذَٰلِكَ كَانُواْ يُؤۡفَكُونَ ٥٥ وَقَالَ ٱلَّذِينَ أُوتُواْ
ٱلۡعِلۡمَ وَٱلۡإِيمَٰنَ لَقَدۡ لَبِثۡتُمۡ فِي كِتَٰبِ ٱللَّهِ إِلَىٰ يَوۡمِ ٱلۡبَعۡثِۖ
فَهَٰذَا يَوۡمُ ٱلۡبَعۡثِ وَلَٰكِنَّكُمۡ كُنتُمۡ لَا تَعۡلَمُونَ ٥٦ فَيَوۡمَئِذٖ
لَّا يَنفَعُ ٱلَّذِينَ ظَلَمُواْ مَعۡذِرَتُهُمۡ وَلَا هُمۡ يُسۡتَعۡتَبُونَ
٥٧ وَلَقَدۡ ضَرَبۡنَا لِلنَّاسِ فِي هَٰذَا ٱلۡقُرۡءَانِ مِن كُلِّ مَثَلٖۚ
وَلَئِن جِئۡتَهُم بِـَٔايَةٖ لَّيَقُولَنَّ ٱلَّذِينَ كَفَرُوٓاْ إِنۡ أَنتُمۡ إِلَّا
مُبۡطِلُونَ ٥٨ كَذَٰلِكَ يَطۡبَعُ ٱللَّهُ عَلَىٰ قُلُوبِ ٱلَّذِينَ لَا يَعۡلَمُونَ
٥٩ فَٱصۡبِرۡ إِنَّ وَعۡدَ ٱللَّهِ حَقّٞۖ وَلَا يَسۡتَخِفَّنَّكَ ٱلَّذِينَ لَا يُوقِنُونَ ٦٠

ثلاثة أرباع الحزب ٤١

سُورَةُ لُقْمَانَ

بِسْمِ ٱللَّهِ ٱلرَّحْمَٰنِ ٱلرَّحِيمِ

الٓمٓ ﴿١﴾ تِلْكَ ءَايَٰتُ ٱلْكِتَٰبِ ٱلْحَكِيمِ ﴿٢﴾ هُدًى وَرَحْمَةً
لِّلْمُحْسِنِينَ ﴿٣﴾ ٱلَّذِينَ يُقِيمُونَ ٱلصَّلَوٰةَ وَيُؤْتُونَ ٱلزَّكَوٰةَ وَهُم
بِٱلْءَاخِرَةِ هُمْ يُوقِنُونَ ﴿٤﴾ أُو۟لَٰٓئِكَ عَلَىٰ هُدًى مِّن رَّبِّهِمْ ۖ وَأُو۟لَٰٓئِكَ
هُمُ ٱلْمُفْلِحُونَ ﴿٥﴾ وَمِنَ ٱلنَّاسِ مَن يَشْتَرِى لَهْوَ ٱلْحَدِيثِ
لِيُضِلَّ عَن سَبِيلِ ٱللَّهِ بِغَيْرِ عِلْمٍ وَيَتَّخِذَهَا هُزُوًا ۚ أُو۟لَٰٓئِكَ لَهُمْ
عَذَابٌ مُّهِينٌ ﴿٦﴾ وَإِذَا تُتْلَىٰ عَلَيْهِ ءَايَٰتُنَا وَلَّىٰ مُسْتَكْبِرًا
كَأَن لَّمْ يَسْمَعْهَا كَأَنَّ فِىٓ أُذُنَيْهِ وَقْرًا ۖ فَبَشِّرْهُ بِعَذَابٍ أَلِيمٍ ﴿٧﴾
إِنَّ ٱلَّذِينَ ءَامَنُوا۟ وَعَمِلُوا۟ ٱلصَّٰلِحَٰتِ لَهُمْ جَنَّٰتُ ٱلنَّعِيمِ ﴿٨﴾
خَٰلِدِينَ فِيهَا ۖ وَعْدَ ٱللَّهِ حَقًّا ۚ وَهُوَ ٱلْعَزِيزُ ٱلْحَكِيمُ ﴿٩﴾ خَلَقَ
ٱلسَّمَٰوَٰتِ بِغَيْرِ عَمَدٍ تَرَوْنَهَا ۖ وَأَلْقَىٰ فِى ٱلْأَرْضِ رَوَٰسِىَ أَن تَمِيدَ
بِكُمْ وَبَثَّ فِيهَا مِن كُلِّ دَآبَّةٍ ۚ وَأَنزَلْنَا مِنَ ٱلسَّمَآءِ مَآءً فَأَنۢبَتْنَا
فِيهَا مِن كُلِّ زَوْجٍ كَرِيمٍ ﴿١٠﴾ هَٰذَا خَلْقُ ٱللَّهِ فَأَرُونِى مَاذَا
خَلَقَ ٱلَّذِينَ مِن دُونِهِۦ ۚ بَلِ ٱلظَّٰلِمُونَ فِى ضَلَٰلٍ مُّبِينٍ ﴿١١﴾

وَلَقَدْ ءَاتَيْنَا لُقْمَٰنَ ٱلْحِكْمَةَ أَنِ ٱشْكُرْ لِلَّهِ ۚ وَمَن يَشْكُرْ فَإِنَّمَا
يَشْكُرُ لِنَفْسِهِۦ ۖ وَمَن كَفَرَ فَإِنَّ ٱللَّهَ غَنِىٌّ حَمِيدٌ ﴿١٢﴾ وَإِذْ قَالَ
لُقْمَٰنُ لِٱبْنِهِۦ وَهُوَ يَعِظُهُۥ يَٰبُنَىَّ لَا تُشْرِكْ بِٱللَّهِ ۖ إِنَّ ٱلشِّرْكَ
لَظُلْمٌ عَظِيمٌ ﴿١٣﴾ وَوَصَّيْنَا ٱلْإِنسَٰنَ بِوَٰلِدَيْهِ حَمَلَتْهُ أُمُّهُۥ
وَهْنًا عَلَىٰ وَهْنٍ وَفِصَٰلُهُۥ فِى عَامَيْنِ أَنِ ٱشْكُرْ لِى وَلِوَٰلِدَيْكَ
إِلَىَّ ٱلْمَصِيرُ ﴿١٤﴾ وَإِن جَٰهَدَاكَ عَلَىٰٓ أَن تُشْرِكَ بِى مَا لَيْسَ
لَكَ بِهِۦ عِلْمٌ فَلَا تُطِعْهُمَا ۖ وَصَاحِبْهُمَا فِى ٱلدُّنْيَا مَعْرُوفًا ۖ
وَٱتَّبِعْ سَبِيلَ مَنْ أَنَابَ إِلَىَّ ۚ ثُمَّ إِلَىَّ مَرْجِعُكُمْ فَأُنَبِّئُكُم
بِمَا كُنتُمْ تَعْمَلُونَ ﴿١٥﴾ يَٰبُنَىَّ إِنَّهَآ إِن تَكُ مِثْقَالَ حَبَّةٍ مِّنْ
خَرْدَلٍ فَتَكُن فِى صَخْرَةٍ أَوْ فِى ٱلسَّمَٰوَٰتِ أَوْ فِى ٱلْأَرْضِ يَأْتِ
بِهَا ٱللَّهُ ۚ إِنَّ ٱللَّهَ لَطِيفٌ خَبِيرٌ ﴿١٦﴾ يَٰبُنَىَّ أَقِمِ ٱلصَّلَوٰةَ وَأْمُرْ
بِٱلْمَعْرُوفِ وَٱنْهَ عَنِ ٱلْمُنكَرِ وَٱصْبِرْ عَلَىٰ مَآ أَصَابَكَ ۖ إِنَّ ذَٰلِكَ
مِنْ عَزْمِ ٱلْأُمُورِ ﴿١٧﴾ وَلَا تُصَعِّرْ خَدَّكَ لِلنَّاسِ وَلَا تَمْشِ فِى ٱلْأَرْضِ
مَرَحًا ۖ إِنَّ ٱللَّهَ لَا يُحِبُّ كُلَّ مُخْتَالٍ فَخُورٍ ﴿١٨﴾ وَٱقْصِدْ فِى مَشْيِكَ
وَٱغْضُضْ مِن صَوْتِكَ ۚ إِنَّ أَنكَرَ ٱلْأَصْوَٰتِ لَصَوْتُ ٱلْحَمِيرِ ﴿١٩﴾

أَلَمۡ تَرَوۡاْ أَنَّ ٱللَّهَ سَخَّرَ لَكُم مَّا فِي ٱلسَّمَٰوَٰتِ وَمَا فِي ٱلۡأَرۡضِ وَأَسۡبَغَ
عَلَيۡكُمۡ نِعَمَهُۥ ظَٰهِرَةٗ وَبَاطِنَةٗۗ وَمِنَ ٱلنَّاسِ مَن يُجَٰدِلُ فِي ٱللَّهِ
بِغَيۡرِ عِلۡمٖ وَلَا هُدٗى وَلَا كِتَٰبٖ مُّنِيرٖ ٢٠ وَإِذَا قِيلَ لَهُمُ ٱتَّبِعُواْ
مَآ أَنزَلَ ٱللَّهُ قَالُواْ بَلۡ نَتَّبِعُ مَا وَجَدۡنَا عَلَيۡهِ ءَابَآءَنَآۚ أَوَلَوۡ كَانَ
ٱلشَّيۡطَٰنُ يَدۡعُوهُمۡ إِلَىٰ عَذَابِ ٱلسَّعِيرِ ٢١ ۞ وَمَن يُسۡلِمۡ
وَجۡهَهُۥٓ إِلَى ٱللَّهِ وَهُوَ مُحۡسِنٞ فَقَدِ ٱسۡتَمۡسَكَ بِٱلۡعُرۡوَةِ ٱلۡوُثۡقَىٰۗ
وَإِلَى ٱللَّهِ عَٰقِبَةُ ٱلۡأُمُورِ ٢٢ وَمَن كَفَرَ فَلَا يَحۡزُنكَ كُفۡرُهُۥٓۚ
إِلَيۡنَا مَرۡجِعُهُمۡ فَنُنَبِّئُهُم بِمَا عَمِلُوٓاْۚ إِنَّ ٱللَّهَ عَلِيمُۢ بِذَاتِ ٱلصُّدُورِ
٢٣ نُمَتِّعُهُمۡ قَلِيلٗا ثُمَّ نَضۡطَرُّهُمۡ إِلَىٰ عَذَابٍ غَلِيظٖ ٢٤
وَلَئِن سَأَلۡتَهُم مَّنۡ خَلَقَ ٱلسَّمَٰوَٰتِ وَٱلۡأَرۡضَ لَيَقُولُنَّ ٱللَّهُۚ قُلِ
ٱلۡحَمۡدُ لِلَّهِۚ بَلۡ أَكۡثَرُهُمۡ لَا يَعۡلَمُونَ ٢٥ لِلَّهِ مَا فِي ٱلسَّمَٰوَٰتِ
وَٱلۡأَرۡضِۚ إِنَّ ٱللَّهَ هُوَ ٱلۡغَنِيُّ ٱلۡحَمِيدُ ٢٦ وَلَوۡ أَنَّمَا فِي ٱلۡأَرۡضِ
مِن شَجَرَةٍ أَقۡلَٰمٞ وَٱلۡبَحۡرُ يَمُدُّهُۥ مِنۢ بَعۡدِهِۦ سَبۡعَةُ أَبۡحُرٖ
مَّا نَفِدَتۡ كَلِمَٰتُ ٱللَّهِۚ إِنَّ ٱللَّهَ عَزِيزٌ حَكِيمٞ ٢٧ مَّا خَلۡقُكُمۡ
وَلَا بَعۡثُكُمۡ إِلَّا كَنَفۡسٖ وَٰحِدَةٍۚ إِنَّ ٱللَّهَ سَمِيعُۢ بَصِيرٌ ٢٨

ٱلۡحِزۡبُ ٤٢

أَلَمۡ تَرَ أَنَّ ٱللَّهَ يُولِجُ ٱلَّيۡلَ فِي ٱلنَّهَارِ وَيُولِجُ ٱلنَّهَارَ فِي ٱلَّيۡلِ
وَسَخَّرَ ٱلشَّمۡسَ وَٱلۡقَمَرَۖ كُلّٞ يَجۡرِيٓ إِلَىٰٓ أَجَلٖ مُّسَمّٗى وَأَنَّ ٱللَّهَ
بِمَا تَعۡمَلُونَ خَبِيرٞ ٢٩ ذَٰلِكَ بِأَنَّ ٱللَّهَ هُوَ ٱلۡحَقُّ وَأَنَّ مَا يَدۡعُونَ
مِن دُونِهِ ٱلۡبَٰطِلُ وَأَنَّ ٱللَّهَ هُوَ ٱلۡعَلِيُّ ٱلۡكَبِيرُ ٣٠ أَلَمۡ تَرَ أَنَّ
ٱلۡفُلۡكَ تَجۡرِي فِي ٱلۡبَحۡرِ بِنِعۡمَتِ ٱللَّهِ لِيُرِيَكُم مِّنۡ ءَايَٰتِهِۦٓۚ إِنَّ
فِي ذَٰلِكَ لَأٓيَٰتٖ لِّكُلِّ صَبَّارٖ شَكُورٖ ٣١ وَإِذَا غَشِيَهُم مَّوۡجٞ
كَٱلظُّلَلِ دَعَوُاْ ٱللَّهَ مُخۡلِصِينَ لَهُ ٱلدِّينَ فَلَمَّا نَجَّىٰهُمۡ إِلَى ٱلۡبَرِّ
فَمِنۡهُم مُّقۡتَصِدٞۚ وَمَا يَجۡحَدُ بِـَٔايَٰتِنَآ إِلَّا كُلُّ خَتَّارٖ كَفُورٖ
٣٢ يَٰٓأَيُّهَا ٱلنَّاسُ ٱتَّقُواْ رَبَّكُمۡ وَٱخۡشَوۡاْ يَوۡمٗا لَّا يَجۡزِي وَالِدٌ
عَن وَلَدِهِۦ وَلَا مَوۡلُودٌ هُوَ جَازٍ عَن وَالِدِهِۦ شَيۡـًٔاۚ إِنَّ وَعۡدَ ٱللَّهِ
حَقّٞۖ فَلَا تَغُرَّنَّكُمُ ٱلۡحَيَوٰةُ ٱلدُّنۡيَا وَلَا يَغُرَّنَّكُم بِٱللَّهِ
ٱلۡغَرُورُ ٣٣ إِنَّ ٱللَّهَ عِندَهُۥ عِلۡمُ ٱلسَّاعَةِ وَيُنَزِّلُ ٱلۡغَيۡثَ
وَيَعۡلَمُ مَا فِي ٱلۡأَرۡحَامِۖ وَمَا تَدۡرِي نَفۡسٞ مَّاذَا تَكۡسِبُ غَدٗاۖ
وَمَا تَدۡرِي نَفۡسُۢ بِأَيِّ أَرۡضٖ تَمُوتُۚ إِنَّ ٱللَّهَ عَلِيمٌ خَبِيرُۢ ٣٤

سُورَةُ ٱلسَّجۡدَةِ

بِسۡمِ ٱللَّهِ ٱلرَّحۡمَٰنِ ٱلرَّحِيمِ

الٓمٓ ﴿١﴾ تَنزِيلُ ٱلۡكِتَٰبِ لَا رَيۡبَ فِيهِ مِن رَّبِّ ٱلۡعَٰلَمِينَ
﴿٢﴾ أَمۡ يَقُولُونَ ٱفۡتَرَىٰهُۚ بَلۡ هُوَ ٱلۡحَقُّ مِن رَّبِّكَ لِتُنذِرَ قَوۡمٗا
مَّآ أَتَىٰهُم مِّن نَّذِيرٖ مِّن قَبۡلِكَ لَعَلَّهُمۡ يَهۡتَدُونَ ﴿٣﴾ ٱللَّهُ
ٱلَّذِي خَلَقَ ٱلسَّمَٰوَٰتِ وَٱلۡأَرۡضَ وَمَا بَيۡنَهُمَا فِي سِتَّةِ أَيَّامٖ
ثُمَّ ٱسۡتَوَىٰ عَلَى ٱلۡعَرۡشِۖ مَا لَكُم مِّن دُونِهِۦ مِن وَلِيّٖ وَلَا شَفِيعٍۚ
أَفَلَا تَتَذَكَّرُونَ ﴿٤﴾ يُدَبِّرُ ٱلۡأَمۡرَ مِنَ ٱلسَّمَآءِ إِلَى ٱلۡأَرۡضِ ثُمَّ يَعۡرُجُ
إِلَيۡهِ فِي يَوۡمٖ كَانَ مِقۡدَارُهُۥٓ أَلۡفَ سَنَةٖ مِّمَّا تَعُدُّونَ ﴿٥﴾ ذَٰلِكَ
عَٰلِمُ ٱلۡغَيۡبِ وَٱلشَّهَٰدَةِ ٱلۡعَزِيزُ ٱلرَّحِيمُ ﴿٦﴾ ٱلَّذِيٓ أَحۡسَنَ
كُلَّ شَيۡءٍ خَلَقَهُۥۖ وَبَدَأَ خَلۡقَ ٱلۡإِنسَٰنِ مِن طِينٖ ﴿٧﴾ ثُمَّ جَعَلَ
نَسۡلَهُۥ مِن سُلَٰلَةٖ مِّن مَّآءٖ مَّهِينٖ ﴿٨﴾ ثُمَّ سَوَّىٰهُ وَنَفَخَ فِيهِ مِن
رُّوحِهِۦۖ وَجَعَلَ لَكُمُ ٱلسَّمۡعَ وَٱلۡأَبۡصَٰرَ وَٱلۡأَفۡـِٔدَةَۚ قَلِيلٗا
مَّا تَشۡكُرُونَ ﴿٩﴾ وَقَالُوٓاْ أَءِذَا ضَلَلۡنَا فِي ٱلۡأَرۡضِ أَءِنَّا لَفِي
خَلۡقٖ جَدِيدِۢۚ بَلۡ هُم بِلِقَآءِ رَبِّهِمۡ كَٰفِرُونَ ﴿١٠﴾ ۞ قُلۡ يَتَوَفَّىٰكُم
مَّلَكُ ٱلۡمَوۡتِ ٱلَّذِي وُكِّلَ بِكُمۡ ثُمَّ إِلَىٰ رَبِّكُمۡ تُرۡجَعُونَ ﴿١١﴾

ربع الحزب ٤٢

وَلَوْ تَرَىٰٓ إِذِ ٱلْمُجْرِمُونَ نَاكِسُوا۟ رُءُوسِهِمْ عِندَ رَبِّهِمْ
رَبَّنَآ أَبْصَرْنَا وَسَمِعْنَا فَٱرْجِعْنَا نَعْمَلْ صَٰلِحًا إِنَّا مُوقِنُونَ
﴿١٢﴾ وَلَوْ شِئْنَا لَءَاتَيْنَا كُلَّ نَفْسٍ هُدَىٰهَا وَلَٰكِنْ حَقَّ
ٱلْقَوْلُ مِنِّى لَأَمْلَأَنَّ جَهَنَّمَ مِنَ ٱلْجِنَّةِ وَٱلنَّاسِ أَجْمَعِينَ
﴿١٣﴾ فَذُوقُوا۟ بِمَا نَسِيتُمْ لِقَآءَ يَوْمِكُمْ هَٰذَآ إِنَّا نَسِينَٰكُمْ ۖ
وَذُوقُوا۟ عَذَابَ ٱلْخُلْدِ بِمَا كُنتُمْ تَعْمَلُونَ ﴿١٤﴾ إِنَّمَا يُؤْمِنُ
بِـَٔايَٰتِنَا ٱلَّذِينَ إِذَا ذُكِّرُوا۟ بِهَا خَرُّوا۟ سُجَّدًا وَسَبَّحُوا۟ بِحَمْدِ
رَبِّهِمْ وَهُمْ لَا يَسْتَكْبِرُونَ ۩ ﴿١٥﴾ تَتَجَافَىٰ جُنُوبُهُمْ
سَجْدَة
عَنِ ٱلْمَضَاجِعِ يَدْعُونَ رَبَّهُمْ خَوْفًا وَطَمَعًا وَمِمَّا رَزَقْنَٰهُمْ
يُنفِقُونَ ﴿١٦﴾ فَلَا تَعْلَمُ نَفْسٌ مَّآ أُخْفِىَ لَهُم مِّن قُرَّةِ أَعْيُنٍ
جَزَآءًۢ بِمَا كَانُوا۟ يَعْمَلُونَ ﴿١٧﴾ أَفَمَن كَانَ مُؤْمِنًا كَمَن كَانَ فَاسِقًا ۚ
لَّا يَسْتَوُۥنَ ﴿١٨﴾ أَمَّا ٱلَّذِينَ ءَامَنُوا۟ وَعَمِلُوا۟ ٱلصَّٰلِحَٰتِ فَلَهُمْ
جَنَّٰتُ ٱلْمَأْوَىٰ نُزُلًۢا بِمَا كَانُوا۟ يَعْمَلُونَ ﴿١٩﴾ وَأَمَّا ٱلَّذِينَ فَسَقُوا۟
فَمَأْوَىٰهُمُ ٱلنَّارُ ۖ كُلَّمَآ أَرَادُوٓا۟ أَن يَخْرُجُوا۟ مِنْهَآ أُعِيدُوا۟ فِيهَا
وَقِيلَ لَهُمْ ذُوقُوا۟ عَذَابَ ٱلنَّارِ ٱلَّذِى كُنتُم بِهِۦ تُكَذِّبُونَ ﴿٢٠﴾

وَلَنُذِيقَنَّهُم مِّنَ ٱلۡعَذَابِ ٱلۡأَدۡنَىٰ دُونَ ٱلۡعَذَابِ ٱلۡأَكۡبَرِ
لَعَلَّهُمۡ يَرۡجِعُونَ ٢١ وَمَنۡ أَظۡلَمُ مِمَّن ذُكِّرَ بِـَٔايَٰتِ رَبِّهِۦ ثُمَّ
أَعۡرَضَ عَنۡهَآۚ إِنَّا مِنَ ٱلۡمُجۡرِمِينَ مُنتَقِمُونَ ٢٢ وَلَقَدۡ ءَاتَيۡنَا
مُوسَى ٱلۡكِتَٰبَ فَلَا تَكُن فِي مِرۡيَةٖ مِّن لِّقَآئِهِۦۖ وَجَعَلۡنَٰهُ
هُدٗى لِّبَنِيٓ إِسۡرَٰٓءِيلَ ٢٣ وَجَعَلۡنَا مِنۡهُمۡ أَئِمَّةٗ يَهۡدُونَ بِأَمۡرِنَا
لَمَّا صَبَرُواْۖ وَكَانُواْ بِـَٔايَٰتِنَا يُوقِنُونَ ٢٤ إِنَّ رَبَّكَ هُوَ
يَفۡصِلُ بَيۡنَهُمۡ يَوۡمَ ٱلۡقِيَٰمَةِ فِيمَا كَانُواْ فِيهِ يَخۡتَلِفُونَ
٢٥ أَوَلَمۡ يَهۡدِ لَهُمۡ كَمۡ أَهۡلَكۡنَا مِن قَبۡلِهِم مِّنَ ٱلۡقُرُونِ
يَمۡشُونَ فِي مَسَٰكِنِهِمۡۚ إِنَّ فِي ذَٰلِكَ لَأٓيَٰتٍۚ أَفَلَا يَسۡمَعُونَ
٢٦ أَوَلَمۡ يَرَوۡاْ أَنَّا نَسُوقُ ٱلۡمَآءَ إِلَى ٱلۡأَرۡضِ ٱلۡجُرُزِ فَنُخۡرِجُ
بِهِۦ زَرۡعٗا تَأۡكُلُ مِنۡهُ أَنۡعَٰمُهُمۡ وَأَنفُسُهُمۡۚ أَفَلَا يُبۡصِرُونَ
٢٧ وَيَقُولُونَ مَتَىٰ هَٰذَا ٱلۡفَتۡحُ إِن كُنتُمۡ صَٰدِقِينَ ٢٨
قُلۡ يَوۡمَ ٱلۡفَتۡحِ لَا يَنفَعُ ٱلَّذِينَ كَفَرُوٓاْ إِيمَٰنُهُمۡ وَلَا هُمۡ
يُنظَرُونَ ٢٩ فَأَعۡرِضۡ عَنۡهُمۡ وَٱنتَظِرۡ إِنَّهُم مُّنتَظِرُونَ ٣٠

سُورَةُ الأَحۡزَابِ

بِسۡمِ ٱللَّهِ ٱلرَّحۡمَٰنِ ٱلرَّحِيمِ

نصف الحزب ٤٢

يَٰٓأَيُّهَا ٱلنَّبِيُّ ٱتَّقِ ٱللَّهَ وَلَا تُطِعِ ٱلۡكَٰفِرِينَ وَٱلۡمُنَٰفِقِينَۚ إِنَّ
ٱللَّهَ كَانَ عَلِيمًا حَكِيمٗا ١ وَٱتَّبِعۡ مَا يُوحَىٰٓ إِلَيۡكَ
مِن رَّبِّكَۚ إِنَّ ٱللَّهَ كَانَ بِمَا تَعۡمَلُونَ خَبِيرٗا ٢ وَتَوَكَّلۡ
عَلَى ٱللَّهِۚ وَكَفَىٰ بِٱللَّهِ وَكِيلٗا ٣ مَّا جَعَلَ ٱللَّهُ لِرَجُلٖ مِّن
قَلۡبَيۡنِ فِي جَوۡفِهِۦۚ وَمَا جَعَلَ أَزۡوَٰجَكُمُ ٱلَّٰٓـِٔي تُظَٰهِرُونَ
مِنۡهُنَّ أُمَّهَٰتِكُمۡۚ وَمَا جَعَلَ أَدۡعِيَآءَكُمۡ أَبۡنَآءَكُمۡۚ ذَٰلِكُمۡ قَوۡلُكُم
بِأَفۡوَٰهِكُمۡۖ وَٱللَّهُ يَقُولُ ٱلۡحَقَّ وَهُوَ يَهۡدِي ٱلسَّبِيلَ ٤
ٱدۡعُوهُمۡ لِأٓبَآئِهِمۡ هُوَ أَقۡسَطُ عِندَ ٱللَّهِۚ فَإِن لَّمۡ تَعۡلَمُوٓاْ ءَابَآءَهُمۡ
فَإِخۡوَٰنُكُمۡ فِي ٱلدِّينِ وَمَوَٰلِيكُمۡۚ وَلَيۡسَ عَلَيۡكُمۡ جُنَاحٞ فِيمَآ
أَخۡطَأۡتُم بِهِۦ وَلَٰكِن مَّا تَعَمَّدَتۡ قُلُوبُكُمۡۚ وَكَانَ ٱللَّهُ
غَفُورٗا رَّحِيمًا ٥ ٱلنَّبِيُّ أَوۡلَىٰ بِٱلۡمُؤۡمِنِينَ مِنۡ أَنفُسِهِمۡۖ
وَأَزۡوَٰجُهُۥٓ أُمَّهَٰتُهُمۡۗ وَأُوْلُواْ ٱلۡأَرۡحَامِ بَعۡضُهُمۡ أَوۡلَىٰ بِبَعۡضٖ
فِي كِتَٰبِ ٱللَّهِ مِنَ ٱلۡمُؤۡمِنِينَ وَٱلۡمُهَٰجِرِينَ إِلَّآ أَن تَفۡعَلُوٓاْ إِلَىٰٓ
أَوۡلِيَآئِكُم مَّعۡرُوفٗاۚ كَانَ ذَٰلِكَ فِي ٱلۡكِتَٰبِ مَسۡطُورٗا ٦

وَإِذۡ أَخَذۡنَا مِنَ ٱلنَّبِيِّـۧنَ مِيثَٰقَهُمۡ وَمِنكَ وَمِن نُّوحٖ وَإِبۡرَٰهِيمَ
وَمُوسَىٰ وَعِيسَى ٱبۡنِ مَرۡيَمَۖ وَأَخَذۡنَا مِنۡهُم مِّيثَٰقًا غَلِيظٗا ٧
لِّيَسۡـَٔلَ ٱلصَّٰدِقِينَ عَن صِدۡقِهِمۡۚ وَأَعَدَّ لِلۡكَٰفِرِينَ عَذَابًا أَلِيمٗا
٨ يَٰٓأَيُّهَا ٱلَّذِينَ ءَامَنُواْ ٱذۡكُرُواْ نِعۡمَةَ ٱللَّهِ عَلَيۡكُمۡ إِذۡ جَآءَتۡكُمۡ
جُنُودٞ فَأَرۡسَلۡنَا عَلَيۡهِمۡ رِيحٗا وَجُنُودٗا لَّمۡ تَرَوۡهَاۚ وَكَانَ ٱللَّهُ
بِمَا تَعۡمَلُونَ بَصِيرًا ٩ إِذۡ جَآءُوكُم مِّن فَوۡقِكُمۡ وَمِنۡ أَسۡفَلَ
مِنكُمۡ وَإِذۡ زَاغَتِ ٱلۡأَبۡصَٰرُ وَبَلَغَتِ ٱلۡقُلُوبُ ٱلۡحَنَاجِرَ
وَتَظُنُّونَ بِٱللَّهِ ٱلظُّنُونَا۠ ١٠ هُنَالِكَ ٱبۡتُلِيَ ٱلۡمُؤۡمِنُونَ وَزُلۡزِلُواْ
زِلۡزَالٗا شَدِيدٗا ١١ وَإِذۡ يَقُولُ ٱلۡمُنَٰفِقُونَ وَٱلَّذِينَ فِي قُلُوبِهِم
مَّرَضٞ مَّا وَعَدَنَا ٱللَّهُ وَرَسُولُهُۥٓ إِلَّا غُرُورٗا ١٢ وَإِذۡ قَالَت طَّآئِفَةٞ
مِّنۡهُمۡ يَٰٓأَهۡلَ يَثۡرِبَ لَا مُقَامَ لَكُمۡ فَٱرۡجِعُواْۚ وَيَسۡتَـٔۡذِنُ فَرِيقٞ
مِّنۡهُمُ ٱلنَّبِيَّ يَقُولُونَ إِنَّ بُيُوتَنَا عَوۡرَةٞ وَمَا هِيَ بِعَوۡرَةٍۖ إِن يُرِيدُونَ
إِلَّا فِرَارٗا ١٣ وَلَوۡ دُخِلَتۡ عَلَيۡهِم مِّنۡ أَقۡطَارِهَا ثُمَّ سُئِلُواْ ٱلۡفِتۡنَةَ
لَأٓتَوۡهَا وَمَا تَلَبَّثُواْ بِهَآ إِلَّا يَسِيرٗا ١٤ وَلَقَدۡ كَانُواْ عَٰهَدُواْ
ٱللَّهَ مِن قَبۡلُ لَا يُوَلُّونَ ٱلۡأَدۡبَٰرَۚ وَكَانَ عَهۡدُ ٱللَّهِ مَسۡـُٔولٗا ١٥

ثلاثة أرباع الحزب ٤٢

قُل لَّن يَنفَعَكُمُ ٱلۡفِرَارُ إِن فَرَرۡتُم مِّنَ ٱلۡمَوۡتِ أَوِ ٱلۡقَتۡلِ وَإِذٗا
لَّا تُمَتَّعُونَ إِلَّا قَلِيلٗا ١٦ قُلۡ مَن ذَا ٱلَّذِي يَعۡصِمُكُم مِّنَ ٱللَّهِ
إِنۡ أَرَادَ بِكُمۡ سُوٓءًا أَوۡ أَرَادَ بِكُمۡ رَحۡمَةٗۚ وَلَا يَجِدُونَ لَهُم مِّن دُونِ
ٱللَّهِ وَلِيّٗا وَلَا نَصِيرٗا ١٧ ۞ قَدۡ يَعۡلَمُ ٱللَّهُ ٱلۡمُعَوِّقِينَ مِنكُمۡ وَٱلۡقَآئِلِينَ
لِإِخۡوَٰنِهِمۡ هَلُمَّ إِلَيۡنَاۖ وَلَا يَأۡتُونَ ٱلۡبَأۡسَ إِلَّا قَلِيلًا ١٨ أَشِحَّةً
عَلَيۡكُمۡۖ فَإِذَا جَآءَ ٱلۡخَوۡفُ رَأَيۡتَهُمۡ يَنظُرُونَ إِلَيۡكَ تَدُورُ أَعۡيُنُهُمۡ
كَٱلَّذِي يُغۡشَىٰ عَلَيۡهِ مِنَ ٱلۡمَوۡتِۖ فَإِذَا ذَهَبَ ٱلۡخَوۡفُ سَلَقُوكُم
بِأَلۡسِنَةٍ حِدَادٍ أَشِحَّةً عَلَى ٱلۡخَيۡرِۚ أُوْلَٰٓئِكَ لَمۡ يُؤۡمِنُواْ فَأَحۡبَطَ
ٱللَّهُ أَعۡمَٰلَهُمۡۚ وَكَانَ ذَٰلِكَ عَلَى ٱللَّهِ يَسِيرٗا ١٩ يَحۡسَبُونَ
ٱلۡأَحۡزَابَ لَمۡ يَذۡهَبُواْۖ وَإِن يَأۡتِ ٱلۡأَحۡزَابُ يَوَدُّواْ لَوۡ أَنَّهُم
بَادُونَ فِي ٱلۡأَعۡرَابِ يَسۡـَٔلُونَ عَنۡ أَنۢبَآئِكُمۡۖ وَلَوۡ كَانُواْ فِيكُم
مَّا قَٰتَلُوٓاْ إِلَّا قَلِيلٗا ٢٠ لَّقَدۡ كَانَ لَكُمۡ فِي رَسُولِ ٱللَّهِ أُسۡوَةٌ حَسَنَةٞ
لِّمَن كَانَ يَرۡجُواْ ٱللَّهَ وَٱلۡيَوۡمَ ٱلۡأٓخِرَ وَذَكَرَ ٱللَّهَ كَثِيرٗا ٢١
وَلَمَّا رَءَا ٱلۡمُؤۡمِنُونَ ٱلۡأَحۡزَابَ قَالُواْ هَٰذَا مَا وَعَدَنَا ٱللَّهُ وَرَسُولُهُۥ
وَصَدَقَ ٱللَّهُ وَرَسُولُهُۥۚ وَمَا زَادَهُمۡ إِلَّآ إِيمَٰنٗا وَتَسۡلِيمٗا ٢٢

مِّنَ ٱلۡمُؤۡمِنِينَ رِجَالٞ صَدَقُواْ مَا عَٰهَدُواْ ٱللَّهَ عَلَيۡهِۖ فَمِنۡهُم مَّن
قَضَىٰ نَحۡبَهُۥ وَمِنۡهُم مَّن يَنتَظِرُۖ وَمَا بَدَّلُواْ تَبۡدِيلٗا ﴿٢٣﴾ لِّيَجۡزِيَ
ٱللَّهُ ٱلصَّٰدِقِينَ بِصِدۡقِهِمۡ وَيُعَذِّبَ ٱلۡمُنَٰفِقِينَ إِن شَآءَ أَوۡ
يَتُوبَ عَلَيۡهِمۡۚ إِنَّ ٱللَّهَ كَانَ غَفُورٗا رَّحِيمٗا ﴿٢٤﴾ وَرَدَّ ٱللَّهُ ٱلَّذِينَ
كَفَرُواْ بِغَيۡظِهِمۡ لَمۡ يَنَالُواْ خَيۡرٗاۚ وَكَفَى ٱللَّهُ ٱلۡمُؤۡمِنِينَ
ٱلۡقِتَالَۚ وَكَانَ ٱللَّهُ قَوِيًّا عَزِيزٗا ﴿٢٥﴾ وَأَنزَلَ ٱلَّذِينَ ظَٰهَرُوهُم مِّنۡ
أَهۡلِ ٱلۡكِتَٰبِ مِن صَيَاصِيهِمۡ وَقَذَفَ فِي قُلُوبِهِمُ ٱلرُّعۡبَ
فَرِيقٗا تَقۡتُلُونَ وَتَأۡسِرُونَ فَرِيقٗا ﴿٢٦﴾ وَأَوۡرَثَكُمۡ أَرۡضَهُمۡ
وَدِيَٰرَهُمۡ وَأَمۡوَٰلَهُمۡ وَأَرۡضٗا لَّمۡ تَطَـُٔوهَاۚ وَكَانَ ٱللَّهُ عَلَىٰ كُلِّ
شَيۡءٖ قَدِيرٗا ﴿٢٧﴾ يَٰٓأَيُّهَا ٱلنَّبِيُّ قُل لِّأَزۡوَٰجِكَ إِن كُنتُنَّ تُرِدۡنَ
ٱلۡحَيَوٰةَ ٱلدُّنۡيَا وَزِينَتَهَا فَتَعَالَيۡنَ أُمَتِّعۡكُنَّ وَأُسَرِّحۡكُنَّ
سَرَاحٗا جَمِيلٗا ﴿٢٨﴾ وَإِن كُنتُنَّ تُرِدۡنَ ٱللَّهَ وَرَسُولَهُۥ وَٱلدَّارَ
ٱلۡأٓخِرَةَ فَإِنَّ ٱللَّهَ أَعَدَّ لِلۡمُحۡسِنَٰتِ مِنكُنَّ أَجۡرًا عَظِيمٗا ﴿٢٩﴾
يَٰنِسَآءَ ٱلنَّبِيِّ مَن يَأۡتِ مِنكُنَّ بِفَٰحِشَةٖ مُّبَيِّنَةٖ يُضَٰعَفۡ
لَهَا ٱلۡعَذَابُ ضِعۡفَيۡنِۚ وَكَانَ ذَٰلِكَ عَلَى ٱللَّهِ يَسِيرٗا ﴿٣٠﴾

۞ وَمَن يَقْنُتْ مِنكُنَّ لِلَّهِ وَرَسُولِهِۦ وَتَعْمَلْ صَٰلِحًا نُّؤْتِهَآ
أَجْرَهَا مَرَّتَيْنِ وَأَعْتَدْنَا لَهَا رِزْقًا كَرِيمًا ﴿٣١﴾ يَٰنِسَآءَ ٱلنَّبِىِّ
لَسْتُنَّ كَأَحَدٍ مِّنَ ٱلنِّسَآءِ إِنِ ٱتَّقَيْتُنَّ فَلَا تَخْضَعْنَ بِٱلْقَوْلِ
فَيَطْمَعَ ٱلَّذِى فِى قَلْبِهِۦ مَرَضٌ وَقُلْنَ قَوْلًا مَّعْرُوفًا ﴿٣٢﴾ وَقَرْنَ
فِى بُيُوتِكُنَّ وَلَا تَبَرَّجْنَ تَبَرُّجَ ٱلْجَٰهِلِيَّةِ ٱلْأُولَىٰ وَأَقِمْنَ
ٱلصَّلَوٰةَ وَءَاتِينَ ٱلزَّكَوٰةَ وَأَطِعْنَ ٱللَّهَ وَرَسُولَهُۥٓ إِنَّمَا
يُرِيدُ ٱللَّهُ لِيُذْهِبَ عَنكُمُ ٱلرِّجْسَ أَهْلَ ٱلْبَيْتِ وَيُطَهِّرَكُمْ
تَطْهِيرًا ﴿٣٣﴾ وَٱذْكُرْنَ مَا يُتْلَىٰ فِى بُيُوتِكُنَّ مِنْ
ءَايَٰتِ ٱللَّهِ وَٱلْحِكْمَةِ إِنَّ ٱللَّهَ كَانَ لَطِيفًا خَبِيرًا ﴿٣٤﴾
إِنَّ ٱلْمُسْلِمِينَ وَٱلْمُسْلِمَٰتِ وَٱلْمُؤْمِنِينَ وَٱلْمُؤْمِنَٰتِ
وَٱلْقَٰنِتِينَ وَٱلْقَٰنِتَٰتِ وَٱلصَّٰدِقِينَ وَٱلصَّٰدِقَٰتِ وَٱلصَّٰبِرِينَ
وَٱلصَّٰبِرَٰتِ وَٱلْخَٰشِعِينَ وَٱلْخَٰشِعَٰتِ وَٱلْمُتَصَدِّقِينَ
وَٱلْمُتَصَدِّقَٰتِ وَٱلصَّٰٓئِمِينَ وَٱلصَّٰٓئِمَٰتِ وَٱلْحَٰفِظِينَ
فُرُوجَهُمْ وَٱلْحَٰفِظَٰتِ وَٱلذَّٰكِرِينَ ٱللَّهَ كَثِيرًا
وَٱلذَّٰكِرَٰتِ أَعَدَّ ٱللَّهُ لَهُم مَّغْفِرَةً وَأَجْرًا عَظِيمًا ﴿٣٥﴾

وَمَا كَانَ لِمُؤْمِنٍ وَلَا مُؤْمِنَةٍ إِذَا قَضَى ٱللَّهُ وَرَسُولُهُۥٓ أَمْرًا أَن يَكُونَ
لَهُمُ ٱلْخِيَرَةُ مِنْ أَمْرِهِمْ ۗ وَمَن يَعْصِ ٱللَّهَ وَرَسُولَهُۥ فَقَدْ ضَلَّ ضَلَٰلًا
مُّبِينًا ﴿٣٦﴾ وَإِذْ تَقُولُ لِلَّذِىٓ أَنْعَمَ ٱللَّهُ عَلَيْهِ وَأَنْعَمْتَ عَلَيْهِ
أَمْسِكْ عَلَيْكَ زَوْجَكَ وَٱتَّقِ ٱللَّهَ وَتُخْفِى فِى نَفْسِكَ مَا ٱللَّهُ
مُبْدِيهِ وَتَخْشَى ٱلنَّاسَ وَٱللَّهُ أَحَقُّ أَن تَخْشَىٰهُ ۖ فَلَمَّا قَضَىٰ زَيْدٌ
مِّنْهَا وَطَرًا زَوَّجْنَٰكَهَا لِكَىْ لَا يَكُونَ عَلَى ٱلْمُؤْمِنِينَ حَرَجٌ فِىٓ
أَزْوَٰجِ أَدْعِيَآئِهِمْ إِذَا قَضَوْا۟ مِنْهُنَّ وَطَرًا ۚ وَكَانَ أَمْرُ ٱللَّهِ مَفْعُولًا
﴿٣٧﴾ مَّا كَانَ عَلَى ٱلنَّبِىِّ مِنْ حَرَجٍ فِيمَا فَرَضَ ٱللَّهُ لَهُۥ ۖ سُنَّةَ ٱللَّهِ فِى
ٱلَّذِينَ خَلَوْا۟ مِن قَبْلُ ۚ وَكَانَ أَمْرُ ٱللَّهِ قَدَرًا مَّقْدُورًا ﴿٣٨﴾ ٱلَّذِينَ
يُبَلِّغُونَ رِسَٰلَٰتِ ٱللَّهِ وَيَخْشَوْنَهُۥ وَلَا يَخْشَوْنَ أَحَدًا إِلَّا ٱللَّهَ ۗ وَكَفَىٰ
بِٱللَّهِ حَسِيبًا ﴿٣٩﴾ مَّا كَانَ مُحَمَّدٌ أَبَآ أَحَدٍ مِّن رِّجَالِكُمْ وَلَٰكِن
رَّسُولَ ٱللَّهِ وَخَاتَمَ ٱلنَّبِيِّۦنَ ۗ وَكَانَ ٱللَّهُ بِكُلِّ شَىْءٍ عَلِيمًا ﴿٤٠﴾
يَٰٓأَيُّهَا ٱلَّذِينَ ءَامَنُوا۟ ٱذْكُرُوا۟ ٱللَّهَ ذِكْرًا كَثِيرًا ﴿٤١﴾ وَسَبِّحُوهُ
بُكْرَةً وَأَصِيلًا ﴿٤٢﴾ هُوَ ٱلَّذِى يُصَلِّى عَلَيْكُمْ وَمَلَٰٓئِكَتُهُۥ
لِيُخْرِجَكُم مِّنَ ٱلظُّلُمَٰتِ إِلَى ٱلنُّورِ ۚ وَكَانَ بِٱلْمُؤْمِنِينَ رَحِيمًا ﴿٤٣﴾

تَحِيَّتُهُمۡ يَوۡمَ يَلۡقَوۡنَهُۥ سَلَٰمٞۚ وَأَعَدَّ لَهُمۡ أَجۡرٗا كَرِيمٗا ﴿٤٤﴾ يَٰٓأَيُّهَا
ٱلنَّبِيُّ إِنَّآ أَرۡسَلۡنَٰكَ شَٰهِدٗا وَمُبَشِّرٗا وَنَذِيرٗا ﴿٤٥﴾ وَدَاعِيًا
إِلَى ٱللَّهِ بِإِذۡنِهِۦ وَسِرَاجٗا مُّنِيرٗا ﴿٤٦﴾ وَبَشِّرِ ٱلۡمُؤۡمِنِينَ بِأَنَّ لَهُم
مِّنَ ٱللَّهِ فَضۡلٗا كَبِيرٗا ﴿٤٧﴾ وَلَا تُطِعِ ٱلۡكَٰفِرِينَ وَٱلۡمُنَٰفِقِينَ
وَدَعۡ أَذَىٰهُمۡ وَتَوَكَّلۡ عَلَى ٱللَّهِۚ وَكَفَىٰ بِٱللَّهِ وَكِيلٗا ﴿٤٨﴾
يَٰٓأَيُّهَا ٱلَّذِينَ ءَامَنُوٓاْ إِذَا نَكَحۡتُمُ ٱلۡمُؤۡمِنَٰتِ ثُمَّ طَلَّقۡتُمُوهُنَّ
مِن قَبۡلِ أَن تَمَسُّوهُنَّ فَمَا لَكُمۡ عَلَيۡهِنَّ مِنۡ عِدَّةٖ تَعۡتَدُّونَهَاۖ
فَمَتِّعُوهُنَّ وَسَرِّحُوهُنَّ سَرَاحٗا جَمِيلٗا ﴿٤٩﴾ يَٰٓأَيُّهَا ٱلنَّبِيُّ
إِنَّآ أَحۡلَلۡنَا لَكَ أَزۡوَٰجَكَ ٱلَّٰتِيٓ ءَاتَيۡتَ أُجُورَهُنَّ وَمَا مَلَكَتۡ
يَمِينُكَ مِمَّآ أَفَآءَ ٱللَّهُ عَلَيۡكَ وَبَنَاتِ عَمِّكَ وَبَنَاتِ عَمَّٰتِكَ
وَبَنَاتِ خَالِكَ وَبَنَاتِ خَٰلَٰتِكَ ٱلَّٰتِي هَاجَرۡنَ مَعَكَ وَٱمۡرَأَةٗ
مُّؤۡمِنَةً إِن وَهَبَتۡ نَفۡسَهَا لِلنَّبِيِّ إِنۡ أَرَادَ ٱلنَّبِيُّ أَن يَسۡتَنكِحَهَا
خَالِصَةٗ لَّكَ مِن دُونِ ٱلۡمُؤۡمِنِينَۗ قَدۡ عَلِمۡنَا مَا فَرَضۡنَا
عَلَيۡهِمۡ فِيٓ أَزۡوَٰجِهِمۡ وَمَا مَلَكَتۡ أَيۡمَٰنُهُمۡ لِكَيۡلَا
يَكُونَ عَلَيۡكَ حَرَجٞۗ وَكَانَ ٱللَّهُ غَفُورٗا رَّحِيمٗا ﴿٥٠﴾

۞ تُرۡجِي مَن تَشَآءُ مِنۡهُنَّ وَتُـٔۡوِيٓ إِلَيۡكَ مَن تَشَآءُۖ وَمَنِ ٱبۡتَغَيۡتَ
مِمَّنۡ عَزَلۡتَ فَلَا جُنَاحَ عَلَيۡكَۚ ذَٰلِكَ أَدۡنَىٰٓ أَن تَقَرَّ أَعۡيُنُهُنَّ
وَلَا يَحۡزَنَّ وَيَرۡضَيۡنَ بِمَآ ءَاتَيۡتَهُنَّ كُلُّهُنَّۚ وَٱللَّهُ يَعۡلَمُ
مَا فِي قُلُوبِكُمۡۚ وَكَانَ ٱللَّهُ عَلِيمًا حَلِيمٗا ٥١ لَّا يَحِلُّ لَكَ
ٱلنِّسَآءُ مِنۢ بَعۡدُ وَلَآ أَن تَبَدَّلَ بِهِنَّ مِنۡ أَزۡوَٰجٖ وَلَوۡ أَعۡجَبَكَ
حُسۡنُهُنَّ إِلَّا مَا مَلَكَتۡ يَمِينُكَۗ وَكَانَ ٱللَّهُ عَلَىٰ كُلِّ
شَيۡءٖ رَّقِيبٗا ٥٢ يَٰٓأَيُّهَا ٱلَّذِينَ ءَامَنُواْ لَا تَدۡخُلُواْ بُيُوتَ ٱلنَّبِيِّ
إِلَّآ أَن يُؤۡذَنَ لَكُمۡ إِلَىٰ طَعَامٍ غَيۡرَ نَٰظِرِينَ إِنَىٰهُ وَلَٰكِنۡ
إِذَا دُعِيتُمۡ فَٱدۡخُلُواْ فَإِذَا طَعِمۡتُمۡ فَٱنتَشِرُواْ وَلَا مُسۡتَـٔۡنِسِينَ
لِحَدِيثٍۚ إِنَّ ذَٰلِكُمۡ كَانَ يُؤۡذِي ٱلنَّبِيَّ فَيَسۡتَحۡيِۦ مِنكُمۡۖ
وَٱللَّهُ لَا يَسۡتَحۡيِۦ مِنَ ٱلۡحَقِّۚ وَإِذَا سَأَلۡتُمُوهُنَّ مَتَٰعٗا فَسۡـَٔلُوهُنَّ
مِن وَرَآءِ حِجَابٖۚ ذَٰلِكُمۡ أَطۡهَرُ لِقُلُوبِكُمۡ وَقُلُوبِهِنَّۚ
وَمَا كَانَ لَكُمۡ أَن تُؤۡذُواْ رَسُولَ ٱللَّهِ وَلَآ أَن تَنكِحُوٓاْ أَزۡوَٰجَهُۥ
مِنۢ بَعۡدِهِۦٓ أَبَدًاۚ إِنَّ ذَٰلِكُمۡ كَانَ عِندَ ٱللَّهِ عَظِيمًا ٥٣
إِن تُبۡدُواْ شَيۡـًٔا أَوۡ تُخۡفُوهُ فَإِنَّ ٱللَّهَ كَانَ بِكُلِّ شَيۡءٍ عَلِيمٗا ٥٤

لَّا جُنَاحَ عَلَيْهِنَّ فِيٓ ءَابَآئِهِنَّ وَلَآ أَبْنَآئِهِنَّ وَلَآ إِخْوَٰنِهِنَّ وَلَا
أَبْنَآءِ إِخْوَٰنِهِنَّ وَلَآ أَبْنَآءِ أَخَوَٰتِهِنَّ وَلَا نِسَآئِهِنَّ وَلَا مَا مَلَكَتْ
أَيْمَٰنُهُنَّۗ وَٱتَّقِينَ ٱللَّهَۚ إِنَّ ٱللَّهَ كَانَ عَلَىٰ كُلِّ شَيْءٖ شَهِيدًا
﴿٥٥﴾ إِنَّ ٱللَّهَ وَمَلَٰٓئِكَتَهُۥ يُصَلُّونَ عَلَى ٱلنَّبِيِّۚ يَٰٓأَيُّهَا ٱلَّذِينَ
ءَامَنُواْ صَلُّواْ عَلَيْهِ وَسَلِّمُواْ تَسْلِيمًا ﴿٥٦﴾ إِنَّ ٱلَّذِينَ يُؤْذُونَ
ٱللَّهَ وَرَسُولَهُۥ لَعَنَهُمُ ٱللَّهُ فِي ٱلدُّنْيَا وَٱلْأٓخِرَةِ وَأَعَدَّ لَهُمْ عَذَابًا
مُّهِينًا ﴿٥٧﴾ وَٱلَّذِينَ يُؤْذُونَ ٱلْمُؤْمِنِينَ وَٱلْمُؤْمِنَٰتِ بِغَيْرِ
مَا ٱكْتَسَبُواْ فَقَدِ ٱحْتَمَلُواْ بُهْتَٰنًا وَإِثْمًا مُّبِينًا ﴿٥٨﴾
يَٰٓأَيُّهَا ٱلنَّبِيُّ قُل لِّأَزْوَٰجِكَ وَبَنَاتِكَ وَنِسَآءِ ٱلْمُؤْمِنِينَ
يُدْنِينَ عَلَيْهِنَّ مِن جَلَٰبِيبِهِنَّۚ ذَٰلِكَ أَدْنَىٰٓ أَن يُعْرَفْنَ فَلَا
يُؤْذَيْنَۗ وَكَانَ ٱللَّهُ غَفُورًا رَّحِيمًا ﴿٥٩﴾ ۞ لَّئِن لَّمْ يَنتَهِ ٱلْمُنَٰفِقُونَ
وَٱلَّذِينَ فِي قُلُوبِهِم مَّرَضٌ وَٱلْمُرْجِفُونَ فِي ٱلْمَدِينَةِ
لَنُغْرِيَنَّكَ بِهِمْ ثُمَّ لَا يُجَاوِرُونَكَ فِيهَآ إِلَّا قَلِيلًا ﴿٦٠﴾ مَّلْعُونِينَۖ
أَيْنَمَا ثُقِفُوٓاْ أُخِذُواْ وَقُتِّلُواْ تَقْتِيلًا ﴿٦١﴾ سُنَّةَ ٱللَّهِ فِي
ٱلَّذِينَ خَلَوْاْ مِن قَبْلُۖ وَلَن تَجِدَ لِسُنَّةِ ٱللَّهِ تَبْدِيلًا ﴿٦٢﴾

نصف الحزب ٤٣

يَسْـَٔلُكَ ٱلنَّاسُ عَنِ ٱلسَّاعَةِۖ قُلْ إِنَّمَا عِلْمُهَا عِندَ ٱللَّهِۚ وَمَا يُدْرِيكَ
لَعَلَّ ٱلسَّاعَةَ تَكُونُ قَرِيبًا ٦٣ إِنَّ ٱللَّهَ لَعَنَ ٱلْكَٰفِرِينَ وَأَعَدَّ
لَهُمْ سَعِيرًا ٦٤ خَٰلِدِينَ فِيهَآ أَبَدًاۖ لَّا يَجِدُونَ وَلِيًّا وَلَا نَصِيرًا
٦٥ يَوْمَ تُقَلَّبُ وُجُوهُهُمْ فِى ٱلنَّارِ يَقُولُونَ يَٰلَيْتَنَآ أَطَعْنَا ٱللَّهَ
وَأَطَعْنَا ٱلرَّسُولَا۠ ٦٦ وَقَالُوا۟ رَبَّنَآ إِنَّآ أَطَعْنَا سَادَتَنَا وَكُبَرَآءَنَا
فَأَضَلُّونَا ٱلسَّبِيلَا۠ ٦٧ رَبَّنَآ ءَاتِهِمْ ضِعْفَيْنِ مِنَ ٱلْعَذَابِ
وَٱلْعَنْهُمْ لَعْنًا كَبِيرًا ٦٨ يَٰٓأَيُّهَا ٱلَّذِينَ ءَامَنُوا۟ لَا تَكُونُوا۟ كَٱلَّذِينَ
ءَاذَوْا۟ مُوسَىٰ فَبَرَّأَهُ ٱللَّهُ مِمَّا قَالُوا۟ۚ وَكَانَ عِندَ ٱللَّهِ وَجِيهًا ٦٩
يَٰٓأَيُّهَا ٱلَّذِينَ ءَامَنُوا۟ ٱتَّقُوا۟ ٱللَّهَ وَقُولُوا۟ قَوْلًا سَدِيدًا ٧٠ يُصْلِحْ
لَكُمْ أَعْمَٰلَكُمْ وَيَغْفِرْ لَكُمْ ذُنُوبَكُمْۗ وَمَن يُطِعِ ٱللَّهَ وَرَسُولَهُۥ
فَقَدْ فَازَ فَوْزًا عَظِيمًا ٧١ إِنَّا عَرَضْنَا ٱلْأَمَانَةَ عَلَى ٱلسَّمَٰوَٰتِ
وَٱلْأَرْضِ وَٱلْجِبَالِ فَأَبَيْنَ أَن يَحْمِلْنَهَا وَأَشْفَقْنَ مِنْهَا وَحَمَلَهَا
ٱلْإِنسَٰنُۖ إِنَّهُۥ كَانَ ظَلُومًا جَهُولًا ٧٢ لِّيُعَذِّبَ ٱللَّهُ ٱلْمُنَٰفِقِينَ
وَٱلْمُنَٰفِقَٰتِ وَٱلْمُشْرِكِينَ وَٱلْمُشْرِكَٰتِ وَيَتُوبَ ٱللَّهُ
عَلَى ٱلْمُؤْمِنِينَ وَٱلْمُؤْمِنَٰتِۗ وَكَانَ ٱللَّهُ غَفُورًا رَّحِيمًۢا ٧٣

سورة سبإ

بِسْمِ ٱللَّهِ ٱلرَّحْمَٰنِ ٱلرَّحِيمِ

ٱلْحَمْدُ لِلَّهِ ٱلَّذِى لَهُۥ مَا فِى ٱلسَّمَٰوَٰتِ وَمَا فِى ٱلْأَرْضِ وَلَهُ ٱلْحَمْدُ
فِى ٱلْءَاخِرَةِ ۚ وَهُوَ ٱلْحَكِيمُ ٱلْخَبِيرُ ﴿١﴾ يَعْلَمُ مَا يَلِجُ فِى ٱلْأَرْضِ وَمَا
يَخْرُجُ مِنْهَا وَمَا يَنزِلُ مِنَ ٱلسَّمَآءِ وَمَا يَعْرُجُ فِيهَا ۚ وَهُوَ
ٱلرَّحِيمُ ٱلْغَفُورُ ﴿٢﴾ وَقَالَ ٱلَّذِينَ كَفَرُوا۟ لَا تَأْتِينَا ٱلسَّاعَةُ ۖ
قُلْ بَلَىٰ وَرَبِّى لَتَأْتِيَنَّكُمْ عَٰلِمِ ٱلْغَيْبِ ۖ لَا يَعْزُبُ عَنْهُ مِثْقَالُ
ذَرَّةٍ فِى ٱلسَّمَٰوَٰتِ وَلَا فِى ٱلْأَرْضِ وَلَآ أَصْغَرُ مِن ذَٰلِكَ
وَلَآ أَكْبَرُ إِلَّا فِى كِتَٰبٍ مُّبِينٍ ﴿٣﴾ لِّيَجْزِىَ ٱلَّذِينَ
ءَامَنُوا۟ وَعَمِلُوا۟ ٱلصَّٰلِحَٰتِ ۚ أُو۟لَٰٓئِكَ لَهُم مَّغْفِرَةٌ وَرِزْقٌ
كَرِيمٌ ﴿٤﴾ وَٱلَّذِينَ سَعَوْ فِىٓ ءَايَٰتِنَا مُعَٰجِزِينَ أُو۟لَٰٓئِكَ
لَهُمْ عَذَابٌ مِّن رِّجْزٍ أَلِيمٌ ﴿٥﴾ وَيَرَى ٱلَّذِينَ أُوتُوا۟ ٱلْعِلْمَ
ٱلَّذِىٓ أُنزِلَ إِلَيْكَ مِن رَّبِّكَ هُوَ ٱلْحَقَّ وَيَهْدِىٓ إِلَىٰ صِرَٰطِ
ٱلْعَزِيزِ ٱلْحَمِيدِ ﴿٦﴾ وَقَالَ ٱلَّذِينَ كَفَرُوا۟ هَلْ نَدُلُّكُمْ عَلَىٰ رَجُلٍ
يُنَبِّئُكُمْ إِذَا مُزِّقْتُمْ كُلَّ مُمَزَّقٍ إِنَّكُمْ لَفِى خَلْقٍ جَدِيدٍ ﴿٧﴾

أَفۡتَرَىٰ عَلَى ٱللَّهِ كَذِبًا أَم بِهِۦ جِنَّةُۢۗ بَلِ ٱلَّذِينَ لَا يُؤۡمِنُونَ بِٱلۡأٓخِرَةِ
فِي ٱلۡعَذَابِ وَٱلضَّلَٰلِ ٱلۡبَعِيدِ ٨ أَفَلَمۡ يَرَوۡاْ إِلَىٰ مَا بَيۡنَ أَيۡدِيهِمۡ
وَمَا خَلۡفَهُم مِّنَ ٱلسَّمَآءِ وَٱلۡأَرۡضِۚ إِن نَّشَأۡ نَخۡسِفۡ بِهِمُ ٱلۡأَرۡضَ
أَوۡ نُسۡقِطۡ عَلَيۡهِمۡ كِسَفٗا مِّنَ ٱلسَّمَآءِۚ إِنَّ فِي ذَٰلِكَ لَأٓيَةٗ
لِّكُلِّ عَبۡدٖ مُّنِيبٖ ٩ ۞ وَلَقَدۡ ءَاتَيۡنَا دَاوُۥدَ مِنَّا فَضۡلٗاۖ
يَٰجِبَالُ أَوِّبِي مَعَهُۥ وَٱلطَّيۡرَۖ وَأَلَنَّا لَهُ ٱلۡحَدِيدَ ١٠ أَنِ ٱعۡمَلۡ
سَٰبِغَٰتٖ وَقَدِّرۡ فِي ٱلسَّرۡدِۖ وَٱعۡمَلُواْ صَٰلِحًاۖ إِنِّي بِمَا تَعۡمَلُونَ
بَصِيرٞ ١١ وَلِسُلَيۡمَٰنَ ٱلرِّيحَ غُدُوُّهَا شَهۡرٞ وَرَوَاحُهَا شَهۡرٞۖ
وَأَسَلۡنَا لَهُۥ عَيۡنَ ٱلۡقِطۡرِۖ وَمِنَ ٱلۡجِنِّ مَن يَعۡمَلُ بَيۡنَ يَدَيۡهِ بِإِذۡنِ
رَبِّهِۦۖ وَمَن يَزِغۡ مِنۡهُمۡ عَنۡ أَمۡرِنَا نُذِقۡهُ مِنۡ عَذَابِ ٱلسَّعِيرِ ١٢
يَعۡمَلُونَ لَهُۥ مَا يَشَآءُ مِن مَّحَٰرِيبَ وَتَمَٰثِيلَ وَجِفَانٖ كَٱلۡجَوَابِ
وَقُدُورٖ رَّاسِيَٰتٍۚ ٱعۡمَلُوٓاْ ءَالَ دَاوُۥدَ شُكۡرٗاۚ وَقَلِيلٞ مِّنۡ عِبَادِيَ
ٱلشَّكُورُ ١٣ فَلَمَّا قَضَيۡنَا عَلَيۡهِ ٱلۡمَوۡتَ مَا دَلَّهُمۡ عَلَىٰ مَوۡتِهِۦٓ
إِلَّا دَآبَّةُ ٱلۡأَرۡضِ تَأۡكُلُ مِنسَأَتَهُۥۖ فَلَمَّا خَرَّ تَبَيَّنَتِ ٱلۡجِنُّ
أَن لَّوۡ كَانُواْ يَعۡلَمُونَ ٱلۡغَيۡبَ مَا لَبِثُواْ فِي ٱلۡعَذَابِ ٱلۡمُهِينِ ١٤

ثلاثة أرباع الحزب ٤٣

لَقَدْ كَانَ لِسَبَإٍ فِى مَسْكَنِهِمْ ءَايَةٌ ۖ جَنَّتَانِ عَن يَمِينٍ وَشِمَالٍ ۖ
كُلُوا۟ مِن رِّزْقِ رَبِّكُمْ وَٱشْكُرُوا۟ لَهُۥ ۚ بَلْدَةٌ طَيِّبَةٌ وَرَبٌّ غَفُورٌ
﴿١٥﴾ فَأَعْرَضُوا۟ فَأَرْسَلْنَا عَلَيْهِمْ سَيْلَ ٱلْعَرِمِ وَبَدَّلْنَٰهُم بِجَنَّتَيْهِمْ
جَنَّتَيْنِ ذَوَاتَىْ أُكُلٍ خَمْطٍ وَأَثْلٍ وَشَىْءٍ مِّن سِدْرٍ قَلِيلٍ
﴿١٦﴾ ذَٰلِكَ جَزَيْنَٰهُم بِمَا كَفَرُوا۟ ۖ وَهَلْ نُجَٰزِىٓ إِلَّا ٱلْكَفُورَ ﴿١٧﴾
وَجَعَلْنَا بَيْنَهُمْ وَبَيْنَ ٱلْقُرَى ٱلَّتِى بَٰرَكْنَا فِيهَا قُرًى ظَٰهِرَةً
وَقَدَّرْنَا فِيهَا ٱلسَّيْرَ ۖ سِيرُوا۟ فِيهَا لَيَالِىَ وَأَيَّامًا ءَامِنِينَ ﴿١٨﴾
فَقَالُوا۟ رَبَّنَا بَٰعِدْ بَيْنَ أَسْفَارِنَا وَظَلَمُوٓا۟ أَنفُسَهُمْ فَجَعَلْنَٰهُمْ
أَحَادِيثَ وَمَزَّقْنَٰهُمْ كُلَّ مُمَزَّقٍ ۚ إِنَّ فِى ذَٰلِكَ لَءَايَٰتٍ لِّكُلِّ صَبَّارٍ
شَكُورٍ ﴿١٩﴾ وَلَقَدْ صَدَّقَ عَلَيْهِمْ إِبْلِيسُ ظَنَّهُۥ فَٱتَّبَعُوهُ إِلَّا
فَرِيقًا مِّنَ ٱلْمُؤْمِنِينَ ﴿٢٠﴾ وَمَا كَانَ لَهُۥ عَلَيْهِم مِّن سُلْطَٰنٍ
إِلَّا لِنَعْلَمَ مَن يُؤْمِنُ بِٱلْءَاخِرَةِ مِمَّنْ هُوَ مِنْهَا فِى شَكٍّ ۗ
وَرَبُّكَ عَلَىٰ كُلِّ شَىْءٍ حَفِيظٌ ﴿٢١﴾ قُلِ ٱدْعُوا۟ ٱلَّذِينَ زَعَمْتُم مِّن
دُونِ ٱللَّهِ ۖ لَا يَمْلِكُونَ مِثْقَالَ ذَرَّةٍ فِى ٱلسَّمَٰوَٰتِ وَلَا فِى
ٱلْأَرْضِ وَمَا لَهُمْ فِيهِمَا مِن شِرْكٍ وَمَا لَهُۥ مِنْهُم مِّن ظَهِيرٍ ﴿٢٢﴾

وَلَا تَنفَعُ ٱلشَّفَٰعَةُ عِندَهُۥٓ إِلَّا لِمَنۡ أَذِنَ لَهُۥۚ حَتَّىٰٓ إِذَا فُزِّعَ عَن
قُلُوبِهِمۡ قَالُواْ مَاذَا قَالَ رَبُّكُمۡۖ قَالُواْ ٱلۡحَقَّۖ وَهُوَ ٱلۡعَلِيُّ ٱلۡكَبِيرُ
٢٣ ۞قُلۡ مَن يَرۡزُقُكُم مِّنَ ٱلسَّمَٰوَٰتِ وَٱلۡأَرۡضِۖ قُلِ ٱللَّهُۖ
وَإِنَّآ أَوۡ إِيَّاكُمۡ لَعَلَىٰ هُدًى أَوۡ فِي ضَلَٰلٖ مُّبِينٖ ٢٤ قُل
لَّا تُسۡـَٔلُونَ عَمَّآ أَجۡرَمۡنَا وَلَا نُسۡـَٔلُ عَمَّا تَعۡمَلُونَ ٢٥ قُلۡ
يَجۡمَعُ بَيۡنَنَا رَبُّنَا ثُمَّ يَفۡتَحُ بَيۡنَنَا بِٱلۡحَقِّ وَهُوَ ٱلۡفَتَّاحُ ٱلۡعَلِيمُ
٢٦ قُلۡ أَرُونِيَ ٱلَّذِينَ أَلۡحَقۡتُم بِهِۦ شُرَكَآءَۖ كَلَّاۚ بَلۡ هُوَ ٱللَّهُ
ٱلۡعَزِيزُ ٱلۡحَكِيمُ ٢٧ وَمَآ أَرۡسَلۡنَٰكَ إِلَّا كَآفَّةٗ لِّلنَّاسِ
بَشِيرٗا وَنَذِيرٗا وَلَٰكِنَّ أَكۡثَرَ ٱلنَّاسِ لَا يَعۡلَمُونَ ٢٨
وَيَقُولُونَ مَتَىٰ هَٰذَا ٱلۡوَعۡدُ إِن كُنتُمۡ صَٰدِقِينَ ٢٩
قُل لَّكُم مِّيعَادُ يَوۡمٖ لَّا تَسۡتَـٔۡخِرُونَ عَنۡهُ سَاعَةٗ وَلَا تَسۡتَقۡدِمُونَ
٣٠ وَقَالَ ٱلَّذِينَ كَفَرُواْ لَن نُّؤۡمِنَ بِهَٰذَا ٱلۡقُرۡءَانِ وَلَا
بِٱلَّذِي بَيۡنَ يَدَيۡهِۗ وَلَوۡ تَرَىٰٓ إِذِ ٱلظَّٰلِمُونَ مَوۡقُوفُونَ عِندَ
رَبِّهِمۡ يَرۡجِعُ بَعۡضُهُمۡ إِلَىٰ بَعۡضٍ ٱلۡقَوۡلَ يَقُولُ ٱلَّذِينَ
ٱسۡتُضۡعِفُواْ لِلَّذِينَ ٱسۡتَكۡبَرُواْ لَوۡلَآ أَنتُمۡ لَكُنَّا مُؤۡمِنِينَ ٣١

قَالَ ٱلَّذِينَ ٱسۡتَكۡبَرُواْ لِلَّذِينَ ٱسۡتُضۡعِفُوٓاْ أَنَحۡنُ صَدَدۡنَٰكُمۡ
عَنِ ٱلۡهُدَىٰ بَعۡدَ إِذۡ جَآءَكُمۖ بَلۡ كُنتُم مُّجۡرِمِينَ ٣٢ وَقَالَ ٱلَّذِينَ
ٱسۡتُضۡعِفُواْ لِلَّذِينَ ٱسۡتَكۡبَرُواْ بَلۡ مَكۡرُ ٱلَّيۡلِ وَٱلنَّهَارِ إِذۡ
تَأۡمُرُونَنَآ أَن نَّكۡفُرَ بِٱللَّهِ وَنَجۡعَلَ لَهُۥٓ أَندَادٗاۚ وَأَسَرُّواْ ٱلنَّدَامَةَ
لَمَّا رَأَوُاْ ٱلۡعَذَابَۚ وَجَعَلۡنَا ٱلۡأَغۡلَٰلَ فِيٓ أَعۡنَاقِ ٱلَّذِينَ كَفَرُواْۖ
هَلۡ يُجۡزَوۡنَ إِلَّا مَا كَانُواْ يَعۡمَلُونَ ٣٣ وَمَآ أَرۡسَلۡنَا فِي قَرۡيَةٖ
مِّن نَّذِيرٍ إِلَّا قَالَ مُتۡرَفُوهَآ إِنَّا بِمَآ أُرۡسِلۡتُم بِهِۦ كَٰفِرُونَ ٣٤
وَقَالُواْ نَحۡنُ أَكۡثَرُ أَمۡوَٰلٗا وَأَوۡلَٰدٗا وَمَا نَحۡنُ بِمُعَذَّبِينَ ٣٥
قُلۡ إِنَّ رَبِّي يَبۡسُطُ ٱلرِّزۡقَ لِمَن يَشَآءُ وَيَقۡدِرُ وَلَٰكِنَّ أَكۡثَرَ
ٱلنَّاسِ لَا يَعۡلَمُونَ ٣٦ وَمَآ أَمۡوَٰلُكُمۡ وَلَآ أَوۡلَٰدُكُم بِٱلَّتِي تُقَرِّبُكُمۡ
عِندَنَا زُلۡفَىٰٓ إِلَّا مَنۡ ءَامَنَ وَعَمِلَ صَٰلِحٗا فَأُوْلَٰٓئِكَ لَهُمۡ جَزَآءُ
ٱلضِّعۡفِ بِمَا عَمِلُواْ وَهُمۡ فِي ٱلۡغُرُفَٰتِ ءَامِنُونَ ٣٧ وَٱلَّذِينَ
يَسۡعَوۡنَ فِيٓ ءَايَٰتِنَا مُعَٰجِزِينَ أُوْلَٰٓئِكَ فِي ٱلۡعَذَابِ مُحۡضَرُونَ ٣٨
قُلۡ إِنَّ رَبِّي يَبۡسُطُ ٱلرِّزۡقَ لِمَن يَشَآءُ مِنۡ عِبَادِهِۦ وَيَقۡدِرُ لَهُۥۚ
وَمَآ أَنفَقۡتُم مِّن شَيۡءٖ فَهُوَ يُخۡلِفُهُۥۖ وَهُوَ خَيۡرُ ٱلرَّٰزِقِينَ ٣٩

وَيَوۡمَ يَحۡشُرُهُمۡ جَمِيعٗا ثُمَّ يَقُولُ لِلۡمَلَٰٓئِكَةِ أَهَٰٓؤُلَآءِ إِيَّاكُمۡ كَانُواْ
يَعۡبُدُونَ ٤٠ قَالُواْ سُبۡحَٰنَكَ أَنتَ وَلِيُّنَا مِن دُونِهِمۖ بَلۡ كَانُواْ
يَعۡبُدُونَ ٱلۡجِنَّۖ أَكۡثَرُهُم بِهِم مُّؤۡمِنُونَ ٤١ فَٱلۡيَوۡمَ لَا يَمۡلِكُ
بَعۡضُكُمۡ لِبَعۡضٖ نَّفۡعٗا وَلَا ضَرّٗا وَنَقُولُ لِلَّذِينَ ظَلَمُواْ ذُوقُواْ عَذَابَ
ٱلنَّارِ ٱلَّتِي كُنتُم بِهَا تُكَذِّبُونَ ٤٢ وَإِذَا تُتۡلَىٰ عَلَيۡهِمۡ ءَايَٰتُنَا بَيِّنَٰتٖ
قَالُواْ مَا هَٰذَآ إِلَّا رَجُلٞ يُرِيدُ أَن يَصُدَّكُمۡ عَمَّا كَانَ يَعۡبُدُ ءَابَآؤُكُمۡ
وَقَالُواْ مَا هَٰذَآ إِلَّآ إِفۡكٞ مُّفۡتَرٗىۚ وَقَالَ ٱلَّذِينَ كَفَرُواْ لِلۡحَقِّ لَمَّا
جَآءَهُمۡ إِنۡ هَٰذَآ إِلَّا سِحۡرٞ مُّبِينٞ ٤٣ وَمَآ ءَاتَيۡنَٰهُم مِّن كُتُبٖ
يَدۡرُسُونَهَاۖ وَمَآ أَرۡسَلۡنَآ إِلَيۡهِمۡ قَبۡلَكَ مِن نَّذِيرٖ ٤٤ وَكَذَّبَ
ٱلَّذِينَ مِن قَبۡلِهِمۡ وَمَا بَلَغُواْ مِعۡشَارَ مَآ ءَاتَيۡنَٰهُمۡ فَكَذَّبُواْ
رُسُلِيۖ فَكَيۡفَ كَانَ نَكِيرِ ٤٥ ۞ قُلۡ إِنَّمَآ أَعِظُكُم بِوَٰحِدَةٍۖ أَن
تَقُومُواْ لِلَّهِ مَثۡنَىٰ وَفُرَٰدَىٰ ثُمَّ تَتَفَكَّرُواْۚ مَا بِصَاحِبِكُم مِّن
جِنَّةٍۚ إِنۡ هُوَ إِلَّا نَذِيرٞ لَّكُم بَيۡنَ يَدَيۡ عَذَابٖ شَدِيدٖ ٤٦ قُلۡ
مَا سَأَلۡتُكُم مِّنۡ أَجۡرٖ فَهُوَ لَكُمۡۖ إِنۡ أَجۡرِيَ إِلَّا عَلَى ٱللَّهِۖ وَهُوَ عَلَىٰ
كُلِّ شَيۡءٖ شَهِيدٞ ٤٧ قُلۡ إِنَّ رَبِّي يَقۡذِفُ بِٱلۡحَقِّ عَلَّٰمُ ٱلۡغُيُوبِ ٤٨

ربع الحزب ٤٤

قُلۡ جَآءَ ٱلۡحَقُّ وَمَا يُبۡدِئُ ٱلۡبَٰطِلُ وَمَا يُعِيدُ ٤٩ قُلۡ إِن ضَلَلۡتُ
فَإِنَّمَآ أَضِلُّ عَلَىٰ نَفۡسِيۖ وَإِنِ ٱهۡتَدَيۡتُ فَبِمَا يُوحِيٓ إِلَيَّ رَبِّيٓۚ إِنَّهُۥ
سَمِيعٞ قَرِيبٞ ٥٠ وَلَوۡ تَرَىٰٓ إِذۡ فَزِعُواْ فَلَا فَوۡتَ وَأُخِذُواْ مِن
مَّكَانٖ قَرِيبٖ ٥١ وَقَالُوٓاْ ءَامَنَّا بِهِۦ وَأَنَّىٰ لَهُمُ ٱلتَّنَاوُشُ مِن
مَّكَانِۭ بَعِيدٖ ٥٢ وَقَدۡ كَفَرُواْ بِهِۦ مِن قَبۡلُۖ وَيَقۡذِفُونَ
بِٱلۡغَيۡبِ مِن مَّكَانِۭ بَعِيدٖ ٥٣ وَحِيلَ بَيۡنَهُمۡ وَبَيۡنَ مَا يَشۡتَهُونَ
كَمَا فُعِلَ بِأَشۡيَاعِهِم مِّن قَبۡلُۚ إِنَّهُمۡ كَانُواْ فِي شَكّٖ مُّرِيبِۭ ٥٤

سُورَةُ فَاطِرٍ

بِسۡمِ ٱللَّهِ ٱلرَّحۡمَٰنِ ٱلرَّحِيمِ

ٱلۡحَمۡدُ لِلَّهِ فَاطِرِ ٱلسَّمَٰوَٰتِ وَٱلۡأَرۡضِ جَاعِلِ ٱلۡمَلَٰٓئِكَةِ رُسُلًا أُوْلِيٓ
أَجۡنِحَةٖ مَّثۡنَىٰ وَثُلَٰثَ وَرُبَٰعَۚ يَزِيدُ فِي ٱلۡخَلۡقِ مَا يَشَآءُۚ إِنَّ ٱللَّهَ عَلَىٰ
كُلِّ شَيۡءٖ قَدِيرٞ ١ مَّا يَفۡتَحِ ٱللَّهُ لِلنَّاسِ مِن رَّحۡمَةٖ فَلَا مُمۡسِكَ لَهَاۖ
وَمَا يُمۡسِكۡ فَلَا مُرۡسِلَ لَهُۥ مِنۢ بَعۡدِهِۦۚ وَهُوَ ٱلۡعَزِيزُ ٱلۡحَكِيمُ ٢
يَٰٓأَيُّهَا ٱلنَّاسُ ٱذۡكُرُواْ نِعۡمَتَ ٱللَّهِ عَلَيۡكُمۡۚ هَلۡ مِنۡ خَٰلِقٍ غَيۡرُ ٱللَّهِ
يَرۡزُقُكُم مِّنَ ٱلسَّمَآءِ وَٱلۡأَرۡضِۚ لَآ إِلَٰهَ إِلَّا هُوَۖ فَأَنَّىٰ تُؤۡفَكُونَ ٣

وَإِن يُكَذِّبُوكَ فَقَدْ كُذِّبَتْ رُسُلٌ مِّن قَبْلِكَ ۚ وَإِلَى ٱللَّهِ تُرْجَعُ ٱلْأُمُورُ
٤ يَٰٓأَيُّهَا ٱلنَّاسُ إِنَّ وَعْدَ ٱللَّهِ حَقٌّ ۖ فَلَا تَغُرَّنَّكُمُ ٱلْحَيَوٰةُ ٱلدُّنْيَا
وَلَا يَغُرَّنَّكُم بِٱللَّهِ ٱلْغَرُورُ ٥ إِنَّ ٱلشَّيْطَٰنَ لَكُمْ عَدُوٌّ فَٱتَّخِذُوهُ
عَدُوًّا ۚ إِنَّمَا يَدْعُوا۟ حِزْبَهُۥ لِيَكُونُوا۟ مِنْ أَصْحَٰبِ ٱلسَّعِيرِ ٦ ٱلَّذِينَ
كَفَرُوا۟ لَهُمْ عَذَابٌ شَدِيدٌ ۖ وَٱلَّذِينَ ءَامَنُوا۟ وَعَمِلُوا۟ ٱلصَّٰلِحَٰتِ لَهُم
مَّغْفِرَةٌ وَأَجْرٌ كَبِيرٌ ٧ أَفَمَن زُيِّنَ لَهُۥ سُوٓءُ عَمَلِهِۦ فَرَءَاهُ حَسَنًا ۖ فَإِنَّ
ٱللَّهَ يُضِلُّ مَن يَشَآءُ وَيَهْدِى مَن يَشَآءُ ۖ فَلَا تَذْهَبْ نَفْسُكَ عَلَيْهِمْ
حَسَرَٰتٍ ۚ إِنَّ ٱللَّهَ عَلِيمٌۢ بِمَا يَصْنَعُونَ ٨ وَٱللَّهُ ٱلَّذِىٓ أَرْسَلَ
ٱلرِّيَٰحَ فَتُثِيرُ سَحَابًا فَسُقْنَٰهُ إِلَىٰ بَلَدٍ مَّيِّتٍ فَأَحْيَيْنَا بِهِ ٱلْأَرْضَ
بَعْدَ مَوْتِهَا ۚ كَذَٰلِكَ ٱلنُّشُورُ ٩ مَن كَانَ يُرِيدُ ٱلْعِزَّةَ فَلِلَّهِ ٱلْعِزَّةُ جَمِيعًا ۚ
إِلَيْهِ يَصْعَدُ ٱلْكَلِمُ ٱلطَّيِّبُ وَٱلْعَمَلُ ٱلصَّٰلِحُ يَرْفَعُهُۥ ۚ وَٱلَّذِينَ
يَمْكُرُونَ ٱلسَّيِّـَٔاتِ لَهُمْ عَذَابٌ شَدِيدٌ ۖ وَمَكْرُ أُو۟لَٰٓئِكَ هُوَ يَبُورُ
١٠ وَٱللَّهُ خَلَقَكُم مِّن تُرَابٍ ثُمَّ مِن نُّطْفَةٍ ثُمَّ جَعَلَكُمْ أَزْوَٰجًا ۚ
وَمَا تَحْمِلُ مِنْ أُنثَىٰ وَلَا تَضَعُ إِلَّا بِعِلْمِهِۦ ۚ وَمَا يُعَمَّرُ مِن مُّعَمَّرٍ
وَلَا يُنقَصُ مِنْ عُمُرِهِۦٓ إِلَّا فِى كِتَٰبٍ ۚ إِنَّ ذَٰلِكَ عَلَى ٱللَّهِ يَسِيرٌ ١١

وَمَا يَسۡتَوِي ٱلۡبَحۡرَانِ هَٰذَا عَذۡبٞ فُرَاتٞ سَآئِغٞ شَرَابُهُۥ وَهَٰذَا
مِلۡحٌ أُجَاجٞۖ وَمِن كُلّٖ تَأۡكُلُونَ لَحۡمٗا طَرِيّٗا وَتَسۡتَخۡرِجُونَ
حِلۡيَةٗ تَلۡبَسُونَهَاۖ وَتَرَى ٱلۡفُلۡكَ فِيهِ مَوَاخِرَ لِتَبۡتَغُواْ مِن فَضۡلِهِۦ
وَلَعَلَّكُمۡ تَشۡكُرُونَ ١٢ يُولِجُ ٱلَّيۡلَ فِي ٱلنَّهَارِ وَيُولِجُ
ٱلنَّهَارَ فِي ٱلَّيۡلِ وَسَخَّرَ ٱلشَّمۡسَ وَٱلۡقَمَرَۖ كُلّٞ يَجۡرِي
لِأَجَلٖ مُّسَمّٗىۚ ذَٰلِكُمُ ٱللَّهُ رَبُّكُمۡ لَهُ ٱلۡمُلۡكُۚ وَٱلَّذِينَ
تَدۡعُونَ مِن دُونِهِۦ مَا يَمۡلِكُونَ مِن قِطۡمِيرٍ ١٣ إِن
تَدۡعُوهُمۡ لَا يَسۡمَعُواْ دُعَآءَكُمۡ وَلَوۡ سَمِعُواْ مَا ٱسۡتَجَابُواْ لَكُمۡۖ
وَيَوۡمَ ٱلۡقِيَٰمَةِ يَكۡفُرُونَ بِشِرۡكِكُمۡۚ وَلَا يُنَبِّئُكَ مِثۡلُ خَبِيرٖ
نصف الحزب ٤٤
١٤ ۞ يَٰٓأَيُّهَا ٱلنَّاسُ أَنتُمُ ٱلۡفُقَرَآءُ إِلَى ٱللَّهِۖ وَٱللَّهُ هُوَ ٱلۡغَنِيُّ
ٱلۡحَمِيدُ ١٥ إِن يَشَأۡ يُذۡهِبۡكُمۡ وَيَأۡتِ بِخَلۡقٖ جَدِيدٖ ١٦
وَمَا ذَٰلِكَ عَلَى ٱللَّهِ بِعَزِيزٖ ١٧ وَلَا تَزِرُ وَازِرَةٞ وِزۡرَ أُخۡرَىٰۚ وَإِن
تَدۡعُ مُثۡقَلَةٌ إِلَىٰ حِمۡلِهَا لَا يُحۡمَلۡ مِنۡهُ شَيۡءٞ وَلَوۡ كَانَ ذَا قُرۡبَىٰٓۗ
إِنَّمَا تُنذِرُ ٱلَّذِينَ يَخۡشَوۡنَ رَبَّهُم بِٱلۡغَيۡبِ وَأَقَامُواْ ٱلصَّلَوٰةَۚ
وَمَن تَزَكَّىٰ فَإِنَّمَا يَتَزَكَّىٰ لِنَفۡسِهِۦۚ وَإِلَى ٱللَّهِ ٱلۡمَصِيرُ ١٨

وَمَا يَسْتَوِي ٱلْأَعْمَىٰ وَٱلْبَصِيرُ ﴿١٩﴾ وَلَا ٱلظُّلُمَٰتُ وَلَا ٱلنُّورُ
﴿٢٠﴾ وَلَا ٱلظِّلُّ وَلَا ٱلْحَرُورُ ﴿٢١﴾ وَمَا يَسْتَوِي ٱلْأَحْيَآءُ وَلَا
ٱلْأَمْوَٰتُۚ إِنَّ ٱللَّهَ يُسْمِعُ مَن يَشَآءُۖ وَمَآ أَنتَ بِمُسْمِعٖ مَّن فِي
ٱلْقُبُورِ ﴿٢٢﴾ إِنْ أَنتَ إِلَّا نَذِيرٌ ﴿٢٣﴾ إِنَّآ أَرْسَلْنَٰكَ بِٱلْحَقِّ بَشِيرٗا
وَنَذِيرٗاۚ وَإِن مِّنْ أُمَّةٍ إِلَّا خَلَا فِيهَا نَذِيرٞ ﴿٢٤﴾ وَإِن يُكَذِّبُوكَ
فَقَدْ كَذَّبَ ٱلَّذِينَ مِن قَبْلِهِمْ جَآءَتْهُمْ رُسُلُهُم بِٱلْبَيِّنَٰتِ
وَبِٱلزُّبُرِ وَبِٱلْكِتَٰبِ ٱلْمُنِيرِ ﴿٢٥﴾ ثُمَّ أَخَذْتُ ٱلَّذِينَ كَفَرُواْۖ
فَكَيْفَ كَانَ نَكِيرِ ﴿٢٦﴾ أَلَمْ تَرَ أَنَّ ٱللَّهَ أَنزَلَ مِنَ ٱلسَّمَآءِ
مَآءٗ فَأَخْرَجْنَا بِهِۦ ثَمَرَٰتٖ مُّخْتَلِفًا أَلْوَٰنُهَاۚ وَمِنَ ٱلْجِبَالِ
جُدَدُۢ بِيضٞ وَحُمْرٞ مُّخْتَلِفٌ أَلْوَٰنُهَا وَغَرَابِيبُ سُودٞ ﴿٢٧﴾
وَمِنَ ٱلنَّاسِ وَٱلدَّوَآبِّ وَٱلْأَنْعَٰمِ مُخْتَلِفٌ أَلْوَٰنُهُۥ كَذَٰلِكَۗ
إِنَّمَا يَخْشَى ٱللَّهَ مِنْ عِبَادِهِ ٱلْعُلَمَٰٓؤُاْۗ إِنَّ ٱللَّهَ عَزِيزٌ غَفُورٌ ﴿٢٨﴾
إِنَّ ٱلَّذِينَ يَتْلُونَ كِتَٰبَ ٱللَّهِ وَأَقَامُواْ ٱلصَّلَوٰةَ وَأَنفَقُواْ مِمَّا
رَزَقْنَٰهُمْ سِرّٗا وَعَلَانِيَةٗ يَرْجُونَ تِجَٰرَةٗ لَّن تَبُورَ ﴿٢٩﴾ لِيُوَفِّيَهُمْ
أُجُورَهُمْ وَيَزِيدَهُم مِّن فَضْلِهِۦٓۚ إِنَّهُۥ غَفُورٞ شَكُورٞ ﴿٣٠﴾

وَٱلَّذِيٓ أَوۡحَيۡنَآ إِلَيۡكَ مِنَ ٱلۡكِتَٰبِ هُوَ ٱلۡحَقُّ مُصَدِّقٗا لِّمَا بَيۡنَ
يَدَيۡهِۗ إِنَّ ٱللَّهَ بِعِبَادِهِۦ لَخَبِيرُۢ بَصِيرٞ ٣١ ثُمَّ أَوۡرَثۡنَا ٱلۡكِتَٰبَ
ٱلَّذِينَ ٱصۡطَفَيۡنَا مِنۡ عِبَادِنَاۖ فَمِنۡهُمۡ ظَالِمٞ لِّنَفۡسِهِۦ وَمِنۡهُم
مُّقۡتَصِدٞ وَمِنۡهُمۡ سَابِقُۢ بِٱلۡخَيۡرَٰتِ بِإِذۡنِ ٱللَّهِۚ ذَٰلِكَ هُوَ
ٱلۡفَضۡلُ ٱلۡكَبِيرُ ٣٢ جَنَّٰتُ عَدۡنٖ يَدۡخُلُونَهَا يُحَلَّوۡنَ
فِيهَا مِنۡ أَسَاوِرَ مِن ذَهَبٖ وَلُؤۡلُؤٗاۖ وَلِبَاسُهُمۡ فِيهَا حَرِيرٞ ٣٣
وَقَالُواْ ٱلۡحَمۡدُ لِلَّهِ ٱلَّذِيٓ أَذۡهَبَ عَنَّا ٱلۡحَزَنَۖ إِنَّ رَبَّنَا لَغَفُورٞ
شَكُورٌ ٣٤ ٱلَّذِيٓ أَحَلَّنَا دَارَ ٱلۡمُقَامَةِ مِن فَضۡلِهِۦ لَا يَمَسُّنَا
فِيهَا نَصَبٞ وَلَا يَمَسُّنَا فِيهَا لُغُوبٞ ٣٥ وَٱلَّذِينَ كَفَرُواْ لَهُمۡ
نَارُ جَهَنَّمَ لَا يُقۡضَىٰ عَلَيۡهِمۡ فَيَمُوتُواْ وَلَا يُخَفَّفُ عَنۡهُم مِّنۡ
عَذَابِهَاۚ كَذَٰلِكَ نَجۡزِي كُلَّ كَفُورٖ ٣٦ وَهُمۡ يَصۡطَرِخُونَ
فِيهَا رَبَّنَآ أَخۡرِجۡنَا نَعۡمَلۡ صَٰلِحًا غَيۡرَ ٱلَّذِي كُنَّا نَعۡمَلُۚ
أَوَلَمۡ نُعَمِّرۡكُم مَّا يَتَذَكَّرُ فِيهِ مَن تَذَكَّرَ وَجَآءَكُمُ ٱلنَّذِيرُۖ
فَذُوقُواْ فَمَا لِلظَّٰلِمِينَ مِن نَّصِيرٍ ٣٧ إِنَّ ٱللَّهَ عَٰلِمُ
غَيۡبِ ٱلسَّمَٰوَٰتِ وَٱلۡأَرۡضِۚ إِنَّهُۥ عَلِيمُۢ بِذَاتِ ٱلصُّدُورِ ٣٨

هُوَ ٱلَّذِي جَعَلَكُمۡ خَلَٰٓئِفَ فِي ٱلۡأَرۡضِۚ فَمَن كَفَرَ فَعَلَيۡهِ كُفۡرُهُۥۖ وَلَا
يَزِيدُ ٱلۡكَٰفِرِينَ كُفۡرُهُمۡ عِندَ رَبِّهِمۡ إِلَّا مَقۡتٗاۖ وَلَا يَزِيدُ ٱلۡكَٰفِرِينَ
كُفۡرُهُمۡ إِلَّا خَسَارٗا ٣٩ قُلۡ أَرَءَيۡتُمۡ شُرَكَآءَكُمُ ٱلَّذِينَ تَدۡعُونَ مِن
دُونِ ٱللَّهِ أَرُونِي مَاذَا خَلَقُواْ مِنَ ٱلۡأَرۡضِ أَمۡ لَهُمۡ شِرۡكٞ فِي ٱلسَّمَٰوَٰتِ
أَمۡ ءَاتَيۡنَٰهُمۡ كِتَٰبٗا فَهُمۡ عَلَىٰ بَيِّنَتٖ مِّنۡهُۚ بَلۡ إِن يَعِدُ ٱلظَّٰلِمُونَ
بَعۡضُهُم بَعۡضًا إِلَّا غُرُورًا ٤٠ ۞ إِنَّ ٱللَّهَ يُمۡسِكُ ٱلسَّمَٰوَٰتِ
وَٱلۡأَرۡضَ أَن تَزُولَاۚ وَلَئِن زَالَتَآ إِنۡ أَمۡسَكَهُمَا مِنۡ أَحَدٖ مِّنۢ بَعۡدِهِۦٓۚ
إِنَّهُۥ كَانَ حَلِيمًا غَفُورٗا ٤١ وَأَقۡسَمُواْ بِٱللَّهِ جَهۡدَ أَيۡمَٰنِهِمۡ لَئِن جَآءَهُمۡ
نَذِيرٞ لَّيَكُونُنَّ أَهۡدَىٰ مِنۡ إِحۡدَى ٱلۡأُمَمِۖ فَلَمَّا جَآءَهُمۡ نَذِيرٞ
مَّا زَادَهُمۡ إِلَّا نُفُورًا ٤٢ ٱسۡتِكۡبَارٗا فِي ٱلۡأَرۡضِ وَمَكۡرَ ٱلسَّيِّيِٕۚ
وَلَا يَحِيقُ ٱلۡمَكۡرُ ٱلسَّيِّئُ إِلَّا بِأَهۡلِهِۦۚ فَهَلۡ يَنظُرُونَ إِلَّا سُنَّتَ
ٱلۡأَوَّلِينَۚ فَلَن تَجِدَ لِسُنَّتِ ٱللَّهِ تَبۡدِيلٗاۖ وَلَن تَجِدَ لِسُنَّتِ ٱللَّهِ تَحۡوِيلًا
٤٣ أَوَلَمۡ يَسِيرُواْ فِي ٱلۡأَرۡضِ فَيَنظُرُواْ كَيۡفَ كَانَ عَٰقِبَةُ ٱلَّذِينَ مِن
قَبۡلِهِمۡ وَكَانُوٓاْ أَشَدَّ مِنۡهُمۡ قُوَّةٗۚ وَمَا كَانَ ٱللَّهُ لِيُعۡجِزَهُۥ مِن شَيۡءٖ
فِي ٱلسَّمَٰوَٰتِ وَلَا فِي ٱلۡأَرۡضِۚ إِنَّهُۥ كَانَ عَلِيمٗا قَدِيرٗا ٤٤

ثلاثة أرباع الحزب ٤٤

وَلَوْ يُؤَاخِذُ ٱللَّهُ ٱلنَّاسَ بِمَا كَسَبُوا۟ مَا تَرَكَ عَلَىٰ ظَهْرِهَا
مِن دَآبَّةٍ وَلَٰكِن يُؤَخِّرُهُمْ إِلَىٰٓ أَجَلٍ مُّسَمًّى ۖ فَإِذَا
جَآءَ أَجَلُهُمْ فَإِنَّ ٱللَّهَ كَانَ بِعِبَادِهِۦ بَصِيرًۢا ﴿٤٥﴾

سُورَةُ يسٓ

بِسْمِ ٱللَّهِ ٱلرَّحْمَٰنِ ٱلرَّحِيمِ

يسٓ ﴿١﴾ وَٱلْقُرْءَانِ ٱلْحَكِيمِ ﴿٢﴾ إِنَّكَ لَمِنَ ٱلْمُرْسَلِينَ ﴿٣﴾ عَلَىٰ
صِرَٰطٍ مُّسْتَقِيمٍ ﴿٤﴾ تَنزِيلَ ٱلْعَزِيزِ ٱلرَّحِيمِ ﴿٥﴾ لِتُنذِرَ قَوْمًا
مَّآ أُنذِرَ ءَابَآؤُهُمْ فَهُمْ غَٰفِلُونَ ﴿٦﴾ لَقَدْ حَقَّ ٱلْقَوْلُ عَلَىٰٓ أَكْثَرِهِمْ
فَهُمْ لَا يُؤْمِنُونَ ﴿٧﴾ إِنَّا جَعَلْنَا فِىٓ أَعْنَٰقِهِمْ أَغْلَٰلًا فَهِىَ إِلَى
ٱلْأَذْقَانِ فَهُم مُّقْمَحُونَ ﴿٨﴾ وَجَعَلْنَا مِنۢ بَيْنِ أَيْدِيهِمْ سَدًّا
وَمِنْ خَلْفِهِمْ سَدًّا فَأَغْشَيْنَٰهُمْ فَهُمْ لَا يُبْصِرُونَ ﴿٩﴾ وَسَوَآءٌ
عَلَيْهِمْ ءَأَنذَرْتَهُمْ أَمْ لَمْ تُنذِرْهُمْ لَا يُؤْمِنُونَ ﴿١٠﴾ إِنَّمَا تُنذِرُ
مَنِ ٱتَّبَعَ ٱلذِّكْرَ وَخَشِىَ ٱلرَّحْمَٰنَ بِٱلْغَيْبِ ۖ فَبَشِّرْهُ بِمَغْفِرَةٍ
وَأَجْرٍ كَرِيمٍ ﴿١١﴾ إِنَّا نَحْنُ نُحْىِ ٱلْمَوْتَىٰ وَنَكْتُبُ مَا قَدَّمُوا۟
وَءَاثَٰرَهُمْ ۚ وَكُلَّ شَىْءٍ أَحْصَيْنَٰهُ فِىٓ إِمَامٍ مُّبِينٍ ﴿١٢﴾

وَٱضْرِبْ لَهُم مَّثَلًا أَصْحَٰبَ ٱلْقَرْيَةِ إِذْ جَآءَهَا ٱلْمُرْسَلُونَ
﴿١٣﴾ إِذْ أَرْسَلْنَآ إِلَيْهِمُ ٱثْنَيْنِ فَكَذَّبُوهُمَا فَعَزَّزْنَا بِثَالِثٍ فَقَالُوٓا۟
إِنَّآ إِلَيْكُم مُّرْسَلُونَ ﴿١٤﴾ قَالُوا۟ مَآ أَنتُمْ إِلَّا بَشَرٌ مِّثْلُنَا
وَمَآ أَنزَلَ ٱلرَّحْمَٰنُ مِن شَىْءٍ إِنْ أَنتُمْ إِلَّا تَكْذِبُونَ ﴿١٥﴾ قَالُوا۟
رَبُّنَا يَعْلَمُ إِنَّآ إِلَيْكُمْ لَمُرْسَلُونَ ﴿١٦﴾ وَمَا عَلَيْنَآ إِلَّا ٱلْبَلَٰغُ
ٱلْمُبِينُ ﴿١٧﴾ قَالُوٓا۟ إِنَّا تَطَيَّرْنَا بِكُمْ ۖ لَئِن لَّمْ تَنتَهُوا۟ لَنَرْجُمَنَّكُمْ
وَلَيَمَسَّنَّكُم مِّنَّا عَذَابٌ أَلِيمٌ ﴿١٨﴾ قَالُوا۟ طَٰٓئِرُكُم مَّعَكُمْ ۚ أَئِن
ذُكِّرْتُم ۚ بَلْ أَنتُمْ قَوْمٌ مُّسْرِفُونَ ﴿١٩﴾ وَجَآءَ مِنْ أَقْصَا ٱلْمَدِينَةِ
رَجُلٌ يَسْعَىٰ قَالَ يَٰقَوْمِ ٱتَّبِعُوا۟ ٱلْمُرْسَلِينَ ﴿٢٠﴾ ٱتَّبِعُوا۟
مَن لَّا يَسْـَٔلُكُمْ أَجْرًا وَهُم مُّهْتَدُونَ ﴿٢١﴾ وَمَا لِىَ لَآ أَعْبُدُ
ٱلَّذِى فَطَرَنِى وَإِلَيْهِ تُرْجَعُونَ ﴿٢٢﴾ ءَأَتَّخِذُ مِن دُونِهِۦٓ ءَالِهَةً
إِن يُرِدْنِ ٱلرَّحْمَٰنُ بِضُرٍّ لَّا تُغْنِ عَنِّى شَفَٰعَتُهُمْ شَيْـًٔا
وَلَا يُنقِذُونِ ﴿٢٣﴾ إِنِّىٓ إِذًا لَّفِى ضَلَٰلٍ مُّبِينٍ ﴿٢٤﴾ إِنِّىٓ ءَامَنتُ
بِرَبِّكُمْ فَٱسْمَعُونِ ﴿٢٥﴾ قِيلَ ٱدْخُلِ ٱلْجَنَّةَ ۖ قَالَ يَٰلَيْتَ قَوْمِى
يَعْلَمُونَ ﴿٢٦﴾ بِمَا غَفَرَ لِى رَبِّى وَجَعَلَنِى مِنَ ٱلْمُكْرَمِينَ ﴿٢٧﴾

۞ وَمَآ أَنزَلْنَا عَلَىٰ قَوْمِهِۦ مِنۢ بَعْدِهِۦ مِن جُندٍ مِّنَ ٱلسَّمَآءِ وَمَا
كُنَّا مُنزِلِينَ ﴿٢٨﴾ إِن كَانَتْ إِلَّا صَيْحَةً وَٰحِدَةً فَإِذَا هُمْ خَٰمِدُونَ
﴿٢٩﴾ يَٰحَسْرَةً عَلَى ٱلْعِبَادِ ۚ مَا يَأْتِيهِم مِّن رَّسُولٍ إِلَّا كَانُوا۟ بِهِۦ
يَسْتَهْزِءُونَ ﴿٣٠﴾ أَلَمْ يَرَوْا۟ كَمْ أَهْلَكْنَا قَبْلَهُم مِّنَ ٱلْقُرُونِ
أَنَّهُمْ إِلَيْهِمْ لَا يَرْجِعُونَ ﴿٣١﴾ وَإِن كُلٌّ لَّمَّا جَمِيعٌ لَّدَيْنَا مُحْضَرُونَ
﴿٣٢﴾ وَءَايَةٌ لَّهُمُ ٱلْأَرْضُ ٱلْمَيْتَةُ أَحْيَيْنَٰهَا وَأَخْرَجْنَا مِنْهَا حَبًّا
فَمِنْهُ يَأْكُلُونَ ﴿٣٣﴾ وَجَعَلْنَا فِيهَا جَنَّٰتٍ مِّن نَّخِيلٍ
وَأَعْنَٰبٍ وَفَجَّرْنَا فِيهَا مِنَ ٱلْعُيُونِ ﴿٣٤﴾ لِيَأْكُلُوا۟ مِن ثَمَرِهِۦ
وَمَا عَمِلَتْهُ أَيْدِيهِمْ ۖ أَفَلَا يَشْكُرُونَ ﴿٣٥﴾ سُبْحَٰنَ ٱلَّذِى
خَلَقَ ٱلْأَزْوَٰجَ كُلَّهَا مِمَّا تُنۢبِتُ ٱلْأَرْضُ وَمِنْ أَنفُسِهِمْ
وَمِمَّا لَا يَعْلَمُونَ ﴿٣٦﴾ وَءَايَةٌ لَّهُمُ ٱلَّيْلُ نَسْلَخُ مِنْهُ ٱلنَّهَارَ
فَإِذَا هُم مُّظْلِمُونَ ﴿٣٧﴾ وَٱلشَّمْسُ تَجْرِى لِمُسْتَقَرٍّ لَّهَا ۚ
ذَٰلِكَ تَقْدِيرُ ٱلْعَزِيزِ ٱلْعَلِيمِ ﴿٣٨﴾ وَٱلْقَمَرَ قَدَّرْنَٰهُ مَنَازِلَ حَتَّىٰ
عَادَ كَٱلْعُرْجُونِ ٱلْقَدِيمِ ﴿٣٩﴾ لَا ٱلشَّمْسُ يَنۢبَغِى لَهَآ أَن تُدْرِكَ
ٱلْقَمَرَ وَلَا ٱلَّيْلُ سَابِقُ ٱلنَّهَارِ ۚ وَكُلٌّ فِى فَلَكٍ يَسْبَحُونَ ﴿٤٠﴾

وَءَايَةٞ لَّهُمۡ أَنَّا حَمَلۡنَا ذُرِّيَّتَهُمۡ فِي ٱلۡفُلۡكِ ٱلۡمَشۡحُونِ ﴿٤١﴾ وَخَلَقۡنَا
لَهُم مِّن مِّثۡلِهِۦ مَا يَرۡكَبُونَ ﴿٤٢﴾ وَإِن نَّشَأۡ نُغۡرِقۡهُمۡ فَلَا صَرِيخَ لَهُمۡ
وَلَا هُمۡ يُنقَذُونَ ﴿٤٣﴾ إِلَّا رَحۡمَةٗ مِّنَّا وَمَتَٰعًا إِلَىٰ حِينٖ ﴿٤٤﴾ وَإِذَا
قِيلَ لَهُمُ ٱتَّقُواْ مَا بَيۡنَ أَيۡدِيكُمۡ وَمَا خَلۡفَكُمۡ لَعَلَّكُمۡ تُرۡحَمُونَ
﴿٤٥﴾ وَمَا تَأۡتِيهِم مِّنۡ ءَايَةٖ مِّنۡ ءَايَٰتِ رَبِّهِمۡ إِلَّا كَانُواْ عَنۡهَا
مُعۡرِضِينَ ﴿٤٦﴾ وَإِذَا قِيلَ لَهُمۡ أَنفِقُواْ مِمَّا رَزَقَكُمُ ٱللَّهُ قَالَ ٱلَّذِينَ
كَفَرُواْ لِلَّذِينَ ءَامَنُوٓاْ أَنُطۡعِمُ مَن لَّوۡ يَشَآءُ ٱللَّهُ أَطۡعَمَهُۥٓ إِنۡ
أَنتُمۡ إِلَّا فِي ضَلَٰلٖ مُّبِينٖ ﴿٤٧﴾ وَيَقُولُونَ مَتَىٰ هَٰذَا ٱلۡوَعۡدُ إِن كُنتُمۡ
صَٰدِقِينَ ﴿٤٨﴾ مَا يَنظُرُونَ إِلَّا صَيۡحَةٗ وَٰحِدَةٗ تَأۡخُذُهُمۡ وَهُمۡ
يَخِصِّمُونَ ﴿٤٩﴾ فَلَا يَسۡتَطِيعُونَ تَوۡصِيَةٗ وَلَآ إِلَىٰٓ أَهۡلِهِمۡ
يَرۡجِعُونَ ﴿٥٠﴾ وَنُفِخَ فِي ٱلصُّورِ فَإِذَا هُم مِّنَ ٱلۡأَجۡدَاثِ إِلَىٰ رَبِّهِمۡ
يَنسِلُونَ ﴿٥١﴾ قَالُواْ يَٰوَيۡلَنَا مَنۢ بَعَثَنَا مِن مَّرۡقَدِنَاۜۗ هَٰذَا مَا وَعَدَ
ٱلرَّحۡمَٰنُ وَصَدَقَ ٱلۡمُرۡسَلُونَ ﴿٥٢﴾ إِن كَانَتۡ إِلَّا صَيۡحَةٗ
وَٰحِدَةٗ فَإِذَا هُمۡ جَمِيعٞ لَّدَيۡنَا مُحۡضَرُونَ ﴿٥٣﴾ فَٱلۡيَوۡمَ لَا تُظۡلَمُ
نَفۡسٞ شَيۡـٔٗا وَلَا تُجۡزَوۡنَ إِلَّا مَا كُنتُمۡ تَعۡمَلُونَ ﴿٥٤﴾

سكتة لطيفة على الألف

إِنَّ أَصۡحَٰبَ ٱلۡجَنَّةِ ٱلۡيَوۡمَ فِي شُغُلٖ فَٰكِهُونَ ٥٥ هُمۡ وَأَزۡوَٰجُهُمۡ
فِي ظِلَٰلٍ عَلَى ٱلۡأَرَآئِكِ مُتَّكِـُٔونَ ٥٦ لَهُمۡ فِيهَا فَٰكِهَةٞ
وَلَهُم مَّا يَدَّعُونَ ٥٧ سَلَٰمٞ قَوۡلٗا مِّن رَّبّٖ رَّحِيمٖ ٥٨ وَٱمۡتَٰزُواْ
ٱلۡيَوۡمَ أَيُّهَا ٱلۡمُجۡرِمُونَ ٥٩ ۞ أَلَمۡ أَعۡهَدۡ إِلَيۡكُمۡ يَٰبَنِيٓ ءَادَمَ
أَن لَّا تَعۡبُدُواْ ٱلشَّيۡطَٰنَۖ إِنَّهُۥ لَكُمۡ عَدُوّٞ مُّبِينٞ ٦٠ وَأَنِ
ٱعۡبُدُونِيۚ هَٰذَا صِرَٰطٞ مُّسۡتَقِيمٞ ٦١ وَلَقَدۡ أَضَلَّ مِنكُمۡ
جِبِلّٗا كَثِيرًاۖ أَفَلَمۡ تَكُونُواْ تَعۡقِلُونَ ٦٢ هَٰذِهِۦ جَهَنَّمُ ٱلَّتِي
كُنتُمۡ تُوعَدُونَ ٦٣ ٱصۡلَوۡهَا ٱلۡيَوۡمَ بِمَا كُنتُمۡ تَكۡفُرُونَ ٦٤
ٱلۡيَوۡمَ نَخۡتِمُ عَلَىٰٓ أَفۡوَٰهِهِمۡ وَتُكَلِّمُنَآ أَيۡدِيهِمۡ وَتَشۡهَدُ أَرۡجُلُهُم
بِمَا كَانُواْ يَكۡسِبُونَ ٦٥ وَلَوۡ نَشَآءُ لَطَمَسۡنَا عَلَىٰٓ أَعۡيُنِهِمۡ
فَٱسۡتَبَقُواْ ٱلصِّرَٰطَ فَأَنَّىٰ يُبۡصِرُونَ ٦٦ وَلَوۡ نَشَآءُ لَمَسَخۡنَٰهُمۡ
عَلَىٰ مَكَانَتِهِمۡ فَمَا ٱسۡتَطَٰعُواْ مُضِيّٗا وَلَا يَرۡجِعُونَ
٦٧ وَمَن نُّعَمِّرۡهُ نُنَكِّسۡهُ فِي ٱلۡخَلۡقِۚ أَفَلَا يَعۡقِلُونَ ٦٨
وَمَا عَلَّمۡنَٰهُ ٱلشِّعۡرَ وَمَا يَنۢبَغِي لَهُۥٓۚ إِنۡ هُوَ إِلَّا ذِكۡرٞ وَقُرۡءَانٞ مُّبِينٞ
٦٩ لِّيُنذِرَ مَن كَانَ حَيّٗا وَيَحِقَّ ٱلۡقَوۡلُ عَلَى ٱلۡكَٰفِرِينَ ٧٠

ربع الحزب
٤٥

أَوَلَمْ يَرَوْا۟ أَنَّا خَلَقْنَا لَهُم مِّمَّا عَمِلَتْ أَيْدِينَآ أَنْعَٰمًا فَهُمْ لَهَا
مَٰلِكُونَ ﴿٧١﴾ وَذَلَّلْنَٰهَا لَهُمْ فَمِنْهَا رَكُوبُهُمْ وَمِنْهَا يَأْكُلُونَ
﴿٧٢﴾ وَلَهُمْ فِيهَا مَنَٰفِعُ وَمَشَارِبُ ۖ أَفَلَا يَشْكُرُونَ ﴿٧٣﴾ وَٱتَّخَذُوا۟
مِن دُونِ ٱللَّهِ ءَالِهَةً لَّعَلَّهُمْ يُنصَرُونَ ﴿٧٤﴾ لَا يَسْتَطِيعُونَ
نَصْرَهُمْ وَهُمْ لَهُمْ جُندٌ مُّحْضَرُونَ ﴿٧٥﴾ فَلَا يَحْزُنكَ قَوْلُهُمْ ۘ
إِنَّا نَعْلَمُ مَا يُسِرُّونَ وَمَا يُعْلِنُونَ ﴿٧٦﴾ أَوَلَمْ يَرَ ٱلْإِنسَٰنُ أَنَّا
خَلَقْنَٰهُ مِن نُّطْفَةٍ فَإِذَا هُوَ خَصِيمٌ مُّبِينٌ ﴿٧٧﴾ وَضَرَبَ لَنَا
مَثَلًا وَنَسِىَ خَلْقَهُۥ ۖ قَالَ مَن يُحْىِ ٱلْعِظَٰمَ وَهِىَ رَمِيمٌ ﴿٧٨﴾
قُلْ يُحْيِيهَا ٱلَّذِىٓ أَنشَأَهَآ أَوَّلَ مَرَّةٍ ۖ وَهُوَ بِكُلِّ خَلْقٍ عَلِيمٌ
﴿٧٩﴾ ٱلَّذِى جَعَلَ لَكُم مِّنَ ٱلشَّجَرِ ٱلْأَخْضَرِ نَارًا فَإِذَآ أَنتُم
مِّنْهُ تُوقِدُونَ ﴿٨٠﴾ أَوَلَيْسَ ٱلَّذِى خَلَقَ ٱلسَّمَٰوَٰتِ وَٱلْأَرْضَ
بِقَٰدِرٍ عَلَىٰٓ أَن يَخْلُقَ مِثْلَهُم ۚ بَلَىٰ وَهُوَ ٱلْخَلَّٰقُ ٱلْعَلِيمُ ﴿٨١﴾
إِنَّمَآ أَمْرُهُۥٓ إِذَآ أَرَادَ شَيْـًٔا أَن يَقُولَ لَهُۥ كُن فَيَكُونُ ﴿٨٢﴾
فَسُبْحَٰنَ ٱلَّذِى بِيَدِهِۦ مَلَكُوتُ كُلِّ شَىْءٍ وَإِلَيْهِ تُرْجَعُونَ ﴿٨٣﴾

سُورَةُ الصَّافَّاتِ

بِسۡمِ ٱللَّهِ ٱلرَّحۡمَٰنِ ٱلرَّحِيمِ

وَٱلصَّٰٓفَّٰتِ صَفّٗا ١ فَٱلزَّٰجِرَٰتِ زَجۡرٗا ٢ فَٱلتَّٰلِيَٰتِ ذِكۡرًا ٣ إِنَّ
إِلَٰهَكُمۡ لَوَٰحِدٞ ٤ رَّبُّ ٱلسَّمَٰوَٰتِ وَٱلۡأَرۡضِ وَمَا بَيۡنَهُمَا وَرَبُّ
ٱلۡمَشَٰرِقِ ٥ إِنَّا زَيَّنَّا ٱلسَّمَآءَ ٱلدُّنۡيَا بِزِينَةٍ ٱلۡكَوَاكِبِ ٦ وَحِفۡظٗا
مِّن كُلِّ شَيۡطَٰنٖ مَّارِدٖ ٧ لَّا يَسَّمَّعُونَ إِلَى ٱلۡمَلَإِ ٱلۡأَعۡلَىٰ وَيُقۡذَفُونَ
مِن كُلِّ جَانِبٖ ٨ دُحُورٗاۖ وَلَهُمۡ عَذَابٞ وَاصِبٌ ٩ إِلَّا مَنۡ خَطِفَ
ٱلۡخَطۡفَةَ فَأَتۡبَعَهُۥ شِهَابٞ ثَاقِبٞ ١٠ فَٱسۡتَفۡتِهِمۡ أَهُمۡ أَشَدُّ خَلۡقًا أَم
مَّنۡ خَلَقۡنَآۚ إِنَّا خَلَقۡنَٰهُم مِّن طِينٖ لَّازِبِۭ ١١ بَلۡ عَجِبۡتَ وَيَسۡخَرُونَ
١٢ وَإِذَا ذُكِّرُواْ لَا يَذۡكُرُونَ ١٣ وَإِذَا رَأَوۡاْ ءَايَةٗ يَسۡتَسۡخِرُونَ ١٤
وَقَالُوٓاْ إِنۡ هَٰذَآ إِلَّا سِحۡرٞ مُّبِينٌ ١٥ أَءِذَا مِتۡنَا وَكُنَّا تُرَابٗا وَعِظَٰمًا
أَءِنَّا لَمَبۡعُوثُونَ ١٦ أَوَءَابَآؤُنَا ٱلۡأَوَّلُونَ ١٧ قُلۡ نَعَمۡ وَأَنتُمۡ دَٰخِرُونَ
١٨ فَإِنَّمَا هِيَ زَجۡرَةٞ وَٰحِدَةٞ فَإِذَا هُمۡ يَنظُرُونَ ١٩ وَقَالُواْ يَٰوَيۡلَنَا
هَٰذَا يَوۡمُ ٱلدِّينِ ٢٠ هَٰذَا يَوۡمُ ٱلۡفَصۡلِ ٱلَّذِي كُنتُم بِهِۦ تُكَذِّبُونَ ٢١
۞ ٱحۡشُرُواْ ٱلَّذِينَ ظَلَمُواْ وَأَزۡوَٰجَهُمۡ وَمَا كَانُواْ يَعۡبُدُونَ ٢٢ مِن دُونِ
ٱللَّهِ فَٱهۡدُوهُمۡ إِلَىٰ صِرَٰطِ ٱلۡجَحِيمِ ٢٣ وَقِفُوهُمۡۖ إِنَّهُم مَّسۡـُٔولُونَ ٢٤

نصف الحزب ٤٥

مَا لَكُمْ لَا تَنَاصَرُونَ ٢٥ بَلْ هُمُ ٱلْيَوْمَ مُسْتَسْلِمُونَ ٢٦ وَأَقْبَلَ بَعْضُهُمْ
عَلَىٰ بَعْضٍ يَتَسَآءَلُونَ ٢٧ قَالُوٓا۟ إِنَّكُمْ كُنتُمْ تَأْتُونَنَا عَنِ ٱلْيَمِينِ ٢٨
قَالُوا۟ بَل لَّمْ تَكُونُوا۟ مُؤْمِنِينَ ٢٩ وَمَا كَانَ لَنَا عَلَيْكُم مِّن سُلْطَـٰنٍۭ
بَلْ كُنتُمْ قَوْمًا طَـٰغِينَ ٣٠ فَحَقَّ عَلَيْنَا قَوْلُ رَبِّنَآ ۖ إِنَّا لَذَآئِقُونَ ٣١
فَأَغْوَيْنَـٰكُمْ إِنَّا كُنَّا غَـٰوِينَ ٣٢ فَإِنَّهُمْ يَوْمَئِذٍ فِى ٱلْعَذَابِ مُشْتَرِكُونَ
٣٣ إِنَّا كَذَٰلِكَ نَفْعَلُ بِٱلْمُجْرِمِينَ ٣٤ إِنَّهُمْ كَانُوٓا۟ إِذَا قِيلَ لَهُمْ
لَآ إِلَـٰهَ إِلَّا ٱللَّهُ يَسْتَكْبِرُونَ ٣٥ وَيَقُولُونَ أَئِنَّا لَتَارِكُوٓا۟ ءَالِهَتِنَا
لِشَاعِرٍ مَّجْنُونٍۭ ٣٦ بَلْ جَآءَ بِٱلْحَقِّ وَصَدَّقَ ٱلْمُرْسَلِينَ ٣٧ إِنَّكُمْ
لَذَآئِقُوا۟ ٱلْعَذَابِ ٱلْأَلِيمِ ٣٨ وَمَا تُجْزَوْنَ إِلَّا مَا كُنتُمْ تَعْمَلُونَ
٣٩ إِلَّا عِبَادَ ٱللَّهِ ٱلْمُخْلَصِينَ ٤٠ أُو۟لَـٰٓئِكَ لَهُمْ رِزْقٌ مَّعْلُومٌ ٤١
فَوَٰكِهُ ۖ وَهُم مُّكْرَمُونَ ٤٢ فِى جَنَّـٰتِ ٱلنَّعِيمِ ٤٣ عَلَىٰ سُرُرٍ مُّتَقَـٰبِلِينَ
٤٤ يُطَافُ عَلَيْهِم بِكَأْسٍ مِّن مَّعِينٍۭ ٤٥ بَيْضَآءَ لَذَّةٍ لِّلشَّـٰرِبِينَ
٤٦ لَا فِيهَا غَوْلٌ وَلَا هُمْ عَنْهَا يُنزَفُونَ ٤٧ وَعِندَهُمْ قَـٰصِرَٰتُ
ٱلطَّرْفِ عِينٌ ٤٨ كَأَنَّهُنَّ بَيْضٌ مَّكْنُونٌ ٤٩ فَأَقْبَلَ بَعْضُهُمْ عَلَىٰ
بَعْضٍ يَتَسَآءَلُونَ ٥٠ قَالَ قَآئِلٌ مِّنْهُمْ إِنِّى كَانَ لِى قَرِينٌ ٥١

يَقُولُ أَءِنَّكَ لَمِنَ ٱلْمُصَدِّقِينَ ﴿٥٢﴾ أَءِذَا مِتْنَا وَكُنَّا تُرَابًا وَعِظَٰمًا أَءِنَّا
لَمَدِينُونَ ﴿٥٣﴾ قَالَ هَلْ أَنتُم مُّطَّلِعُونَ ﴿٥٤﴾ فَٱطَّلَعَ فَرَءَاهُ فِى سَوَآءِ
ٱلْجَحِيمِ ﴿٥٥﴾ قَالَ تَٱللَّهِ إِن كِدتَّ لَتُرْدِينِ ﴿٥٦﴾ وَلَوْلَا نِعْمَةُ رَبِّى
لَكُنتُ مِنَ ٱلْمُحْضَرِينَ ﴿٥٧﴾ أَفَمَا نَحْنُ بِمَيِّتِينَ ﴿٥٨﴾ إِلَّا مَوْتَتَنَا
ٱلْأُولَىٰ وَمَا نَحْنُ بِمُعَذَّبِينَ ﴿٥٩﴾ إِنَّ هَٰذَا لَهُوَ ٱلْفَوْزُ ٱلْعَظِيمُ ﴿٦٠﴾
لِمِثْلِ هَٰذَا فَلْيَعْمَلِ ٱلْعَٰمِلُونَ ﴿٦١﴾ أَذَٰلِكَ خَيْرٌ نُّزُلًا أَمْ شَجَرَةُ
ٱلزَّقُّومِ ﴿٦٢﴾ إِنَّا جَعَلْنَٰهَا فِتْنَةً لِّلظَّٰلِمِينَ ﴿٦٣﴾ إِنَّهَا شَجَرَةٌ
تَخْرُجُ فِىٓ أَصْلِ ٱلْجَحِيمِ ﴿٦٤﴾ طَلْعُهَا كَأَنَّهُۥ رُءُوسُ ٱلشَّيَٰطِينِ
﴿٦٥﴾ فَإِنَّهُمْ لَءَاكِلُونَ مِنْهَا فَمَالِـُٔونَ مِنْهَا ٱلْبُطُونَ ﴿٦٦﴾ ثُمَّ إِنَّ لَهُمْ
عَلَيْهَا لَشَوْبًا مِّنْ حَمِيمٍ ﴿٦٧﴾ ثُمَّ إِنَّ مَرْجِعَهُمْ لَإِلَى ٱلْجَحِيمِ ﴿٦٨﴾
إِنَّهُمْ أَلْفَوْا۟ ءَابَآءَهُمْ ضَآلِّينَ ﴿٦٩﴾ فَهُمْ عَلَىٰٓ ءَاثَٰرِهِمْ يُهْرَعُونَ ﴿٧٠﴾
وَلَقَدْ ضَلَّ قَبْلَهُمْ أَكْثَرُ ٱلْأَوَّلِينَ ﴿٧١﴾ وَلَقَدْ أَرْسَلْنَا فِيهِم
مُّنذِرِينَ ﴿٧٢﴾ فَٱنظُرْ كَيْفَ كَانَ عَٰقِبَةُ ٱلْمُنذَرِينَ ﴿٧٣﴾
إِلَّا عِبَادَ ٱللَّهِ ٱلْمُخْلَصِينَ ﴿٧٤﴾ وَلَقَدْ نَادَىٰنَا نُوحٌ فَلَنِعْمَ
ٱلْمُجِيبُونَ ﴿٧٥﴾ وَنَجَّيْنَٰهُ وَأَهْلَهُۥ مِنَ ٱلْكَرْبِ ٱلْعَظِيمِ ﴿٧٦﴾

ثلاثة أرباع الحزب ٤٥

وَجَعَلْنَا ذُرِّيَّتَهُۥ هُمُ ٱلْبَاقِينَ ﴿٧٧﴾ وَتَرَكْنَا عَلَيْهِ فِى ٱلْءَاخِرِينَ ﴿٧٨﴾ سَلَٰمٌ
عَلَىٰ نُوحٍ فِى ٱلْعَٰلَمِينَ ﴿٧٩﴾ إِنَّا كَذَٰلِكَ نَجْزِى ٱلْمُحْسِنِينَ ﴿٨٠﴾ إِنَّهُۥ
مِنْ عِبَادِنَا ٱلْمُؤْمِنِينَ ﴿٨١﴾ ثُمَّ أَغْرَقْنَا ٱلْءَاخَرِينَ ﴿٨٢﴾ ۞ وَإِنَّ مِن
شِيعَتِهِۦ لَإِبْرَٰهِيمَ ﴿٨٣﴾ إِذْ جَآءَ رَبَّهُۥ بِقَلْبٍ سَلِيمٍ ﴿٨٤﴾ إِذْ قَالَ
لِأَبِيهِ وَقَوْمِهِۦ مَاذَا تَعْبُدُونَ ﴿٨٥﴾ أَئِفْكًا ءَالِهَةً دُونَ ٱللَّهِ تُرِيدُونَ
﴿٨٦﴾ فَمَا ظَنُّكُم بِرَبِّ ٱلْعَٰلَمِينَ ﴿٨٧﴾ فَنَظَرَ نَظْرَةً فِى ٱلنُّجُومِ ﴿٨٨﴾
فَقَالَ إِنِّى سَقِيمٌ ﴿٨٩﴾ فَتَوَلَّوْا۟ عَنْهُ مُدْبِرِينَ ﴿٩٠﴾ فَرَاغَ إِلَىٰٓ ءَالِهَتِهِمْ
فَقَالَ أَلَا تَأْكُلُونَ ﴿٩١﴾ مَا لَكُمْ لَا تَنطِقُونَ ﴿٩٢﴾ فَرَاغَ عَلَيْهِمْ ضَرْبًۢا
بِٱلْيَمِينِ ﴿٩٣﴾ فَأَقْبَلُوٓا۟ إِلَيْهِ يَزِفُّونَ ﴿٩٤﴾ قَالَ أَتَعْبُدُونَ مَا تَنْحِتُونَ
﴿٩٥﴾ وَٱللَّهُ خَلَقَكُمْ وَمَا تَعْمَلُونَ ﴿٩٦﴾ قَالُوا۟ ٱبْنُوا۟ لَهُۥ بُنْيَٰنًا فَأَلْقُوهُ
فِى ٱلْجَحِيمِ ﴿٩٧﴾ فَأَرَادُوا۟ بِهِۦ كَيْدًا فَجَعَلْنَٰهُمُ ٱلْأَسْفَلِينَ ﴿٩٨﴾
وَقَالَ إِنِّى ذَاهِبٌ إِلَىٰ رَبِّى سَيَهْدِينِ ﴿٩٩﴾ رَبِّ هَبْ لِى مِنَ ٱلصَّٰلِحِينَ
﴿١٠٠﴾ فَبَشَّرْنَٰهُ بِغُلَٰمٍ حَلِيمٍ ﴿١٠١﴾ فَلَمَّا بَلَغَ مَعَهُ ٱلسَّعْىَ قَالَ يَٰبُنَىَّ
إِنِّىٓ أَرَىٰ فِى ٱلْمَنَامِ أَنِّىٓ أَذْبَحُكَ فَٱنظُرْ مَاذَا تَرَىٰ ۚ قَالَ يَٰٓأَبَتِ
ٱفْعَلْ مَا تُؤْمَرُ ۖ سَتَجِدُنِىٓ إِن شَآءَ ٱللَّهُ مِنَ ٱلصَّٰبِرِينَ ﴿١٠٢﴾

فَلَمَّآ أَسۡلَمَا وَتَلَّهُۥ لِلۡجَبِينِ ﴿١٠٣﴾ وَنَٰدَيۡنَٰهُ أَن يَٰٓإِبۡرَٰهِيمُ ﴿١٠٤﴾
قَدۡ صَدَّقۡتَ ٱلرُّءۡيَآۚ إِنَّا كَذَٰلِكَ نَجۡزِي ٱلۡمُحۡسِنِينَ ﴿١٠٥﴾ إِنَّ
هَٰذَا لَهُوَ ٱلۡبَلَٰٓؤُاْ ٱلۡمُبِينُ ﴿١٠٦﴾ وَفَدَيۡنَٰهُ بِذِبۡحٍ عَظِيمٖ ﴿١٠٧﴾ وَتَرَكۡنَا
عَلَيۡهِ فِي ٱلۡأٓخِرِينَ ﴿١٠٨﴾ سَلَٰمٌ عَلَىٰٓ إِبۡرَٰهِيمَ ﴿١٠٩﴾ كَذَٰلِكَ نَجۡزِي
ٱلۡمُحۡسِنِينَ ﴿١١٠﴾ إِنَّهُۥ مِنۡ عِبَادِنَا ٱلۡمُؤۡمِنِينَ ﴿١١١﴾ وَبَشَّرۡنَٰهُ
بِإِسۡحَٰقَ نَبِيّٗا مِّنَ ٱلصَّٰلِحِينَ ﴿١١٢﴾ وَبَٰرَكۡنَا عَلَيۡهِ وَعَلَىٰٓ إِسۡحَٰقَۚ
وَمِن ذُرِّيَّتِهِمَا مُحۡسِنٞ وَظَالِمٞ لِّنَفۡسِهِۦ مُبِينٞ ﴿١١٣﴾ وَلَقَدۡ مَنَنَّا
عَلَىٰ مُوسَىٰ وَهَٰرُونَ ﴿١١٤﴾ وَنَجَّيۡنَٰهُمَا وَقَوۡمَهُمَا مِنَ ٱلۡكَرۡبِ
ٱلۡعَظِيمِ ﴿١١٥﴾ وَنَصَرۡنَٰهُمۡ فَكَانُواْ هُمُ ٱلۡغَٰلِبِينَ ﴿١١٦﴾ وَءَاتَيۡنَٰهُمَا
ٱلۡكِتَٰبَ ٱلۡمُسۡتَبِينَ ﴿١١٧﴾ وَهَدَيۡنَٰهُمَا ٱلصِّرَٰطَ ٱلۡمُسۡتَقِيمَ
﴿١١٨﴾ وَتَرَكۡنَا عَلَيۡهِمَا فِي ٱلۡأٓخِرِينَ ﴿١١٩﴾ سَلَٰمٌ عَلَىٰ مُوسَىٰ
وَهَٰرُونَ ﴿١٢٠﴾ إِنَّا كَذَٰلِكَ نَجۡزِي ٱلۡمُحۡسِنِينَ ﴿١٢١﴾ إِنَّهُمَا
مِنۡ عِبَادِنَا ٱلۡمُؤۡمِنِينَ ﴿١٢٢﴾ وَإِنَّ إِلۡيَاسَ لَمِنَ ٱلۡمُرۡسَلِينَ ﴿١٢٣﴾
إِذۡ قَالَ لِقَوۡمِهِۦٓ أَلَا تَتَّقُونَ ﴿١٢٤﴾ أَتَدۡعُونَ بَعۡلٗا وَتَذَرُونَ أَحۡسَنَ
ٱلۡخَٰلِقِينَ ﴿١٢٥﴾ ٱللَّهَ رَبَّكُمۡ وَرَبَّ ءَابَآئِكُمُ ٱلۡأَوَّلِينَ ﴿١٢٦﴾

فَكَذَّبُوهُ فَإِنَّهُمْ لَمُحْضَرُونَ ﴿١٢٧﴾ إِلَّا عِبَادَ ٱللَّهِ ٱلْمُخْلَصِينَ ﴿١٢٨﴾
وَتَرَكْنَا عَلَيْهِ فِى ٱلْـَٔاخِرِينَ ﴿١٢٩﴾ سَلَٰمٌ عَلَىٰٓ إِلْ يَاسِينَ ﴿١٣٠﴾ إِنَّا
كَذَٰلِكَ نَجْزِى ٱلْمُحْسِنِينَ ﴿١٣١﴾ إِنَّهُۥ مِنْ عِبَادِنَا ٱلْمُؤْمِنِينَ
﴿١٣٢﴾ وَإِنَّ لُوطًا لَّمِنَ ٱلْمُرْسَلِينَ ﴿١٣٣﴾ إِذْ نَجَّيْنَٰهُ وَأَهْلَهُۥٓ أَجْمَعِينَ
﴿١٣٤﴾ إِلَّا عَجُوزًا فِى ٱلْغَٰبِرِينَ ﴿١٣٥﴾ ثُمَّ دَمَّرْنَا ٱلْـَٔاخَرِينَ ﴿١٣٦﴾ وَإِنَّكُمْ
لَتَمُرُّونَ عَلَيْهِم مُّصْبِحِينَ ﴿١٣٧﴾ وَبِٱلَّيْلِ ۗ أَفَلَا تَعْقِلُونَ ﴿١٣٨﴾ وَإِنَّ
يُونُسَ لَمِنَ ٱلْمُرْسَلِينَ ﴿١٣٩﴾ إِذْ أَبَقَ إِلَى ٱلْفُلْكِ ٱلْمَشْحُونِ ﴿١٤٠﴾
فَسَاهَمَ فَكَانَ مِنَ ٱلْمُدْحَضِينَ ﴿١٤١﴾ فَٱلْتَقَمَهُ ٱلْحُوتُ وَهُوَ مُلِيمٌ
﴿١٤٢﴾ فَلَوْلَآ أَنَّهُۥ كَانَ مِنَ ٱلْمُسَبِّحِينَ ﴿١٤٣﴾ لَلَبِثَ فِى بَطْنِهِۦٓ إِلَىٰ يَوْمِ
يُبْعَثُونَ ﴿١٤٤﴾ ۞ فَنَبَذْنَٰهُ بِٱلْعَرَآءِ وَهُوَ سَقِيمٌ ﴿١٤٥﴾ وَأَنۢبَتْنَا
عَلَيْهِ شَجَرَةً مِّن يَقْطِينٍ ﴿١٤٦﴾ وَأَرْسَلْنَٰهُ إِلَىٰ مِاْئَةِ أَلْفٍ أَوْ
يَزِيدُونَ ﴿١٤٧﴾ فَـَٔامَنُوا۟ فَمَتَّعْنَٰهُمْ إِلَىٰ حِينٍ ﴿١٤٨﴾ فَٱسْتَفْتِهِمْ
أَلِرَبِّكَ ٱلْبَنَاتُ وَلَهُمُ ٱلْبَنُونَ ﴿١٤٩﴾ أَمْ خَلَقْنَا ٱلْمَلَٰٓئِكَةَ إِنَٰثًا
وَهُمْ شَٰهِدُونَ ﴿١٥٠﴾ أَلَآ إِنَّهُم مِّنْ إِفْكِهِمْ لَيَقُولُونَ ﴿١٥١﴾ وَلَدَ
ٱللَّهُ وَإِنَّهُمْ لَكَٰذِبُونَ ﴿١٥٢﴾ أَصْطَفَى ٱلْبَنَاتِ عَلَى ٱلْبَنِينَ ﴿١٥٣﴾

الحِزْبُ ٤٦

مَا لَكُمْ كَيْفَ تَحْكُمُونَ ١٥٤ أَفَلَا تَذَكَّرُونَ ١٥٥ أَمْ لَكُمْ سُلْطَٰنٌ مُّبِينٌ ١٥٦
فَأْتُوا۟ بِكِتَٰبِكُمْ إِن كُنتُمْ صَٰدِقِينَ ١٥٧ وَجَعَلُوا۟ بَيْنَهُۥ وَبَيْنَ ٱلْجِنَّةِ
نَسَبًا ۚ وَلَقَدْ عَلِمَتِ ٱلْجِنَّةُ إِنَّهُمْ لَمُحْضَرُونَ ١٥٨ سُبْحَٰنَ ٱللَّهِ عَمَّا
يَصِفُونَ ١٥٩ إِلَّا عِبَادَ ٱللَّهِ ٱلْمُخْلَصِينَ ١٦٠ فَإِنَّكُمْ وَمَا تَعْبُدُونَ ١٦١
مَآ أَنتُمْ عَلَيْهِ بِفَٰتِنِينَ ١٦٢ إِلَّا مَنْ هُوَ صَالِ ٱلْجَحِيمِ ١٦٣ وَمَا مِنَّآ إِلَّا
لَهُۥ مَقَامٌ مَّعْلُومٌ ١٦٤ وَإِنَّا لَنَحْنُ ٱلصَّآفُّونَ ١٦٥ وَإِنَّا لَنَحْنُ ٱلْمُسَبِّحُونَ
١٦٦ وَإِن كَانُوا۟ لَيَقُولُونَ ١٦٧ لَوْ أَنَّ عِندَنَا ذِكْرًا مِّنَ ٱلْأَوَّلِينَ ١٦٨ لَكُنَّا
عِبَادَ ٱللَّهِ ٱلْمُخْلَصِينَ ١٦٩ فَكَفَرُوا۟ بِهِۦ ۖ فَسَوْفَ يَعْلَمُونَ ١٧٠ وَلَقَدْ
سَبَقَتْ كَلِمَتُنَا لِعِبَادِنَا ٱلْمُرْسَلِينَ ١٧١ إِنَّهُمْ لَهُمُ ٱلْمَنصُورُونَ ١٧٢
وَإِنَّ جُندَنَا لَهُمُ ٱلْغَٰلِبُونَ ١٧٣ فَتَوَلَّ عَنْهُمْ حَتَّىٰ حِينٍ ١٧٤ وَأَبْصِرْهُمْ
فَسَوْفَ يُبْصِرُونَ ١٧٥ أَفَبِعَذَابِنَا يَسْتَعْجِلُونَ ١٧٦ فَإِذَا نَزَلَ بِسَاحَتِهِمْ
فَسَآءَ صَبَاحُ ٱلْمُنذَرِينَ ١٧٧ وَتَوَلَّ عَنْهُمْ حَتَّىٰ حِينٍ ١٧٨ وَأَبْصِرْ
فَسَوْفَ يُبْصِرُونَ ١٧٩ سُبْحَٰنَ رَبِّكَ رَبِّ ٱلْعِزَّةِ عَمَّا يَصِفُونَ
١٨٠ وَسَلَٰمٌ عَلَى ٱلْمُرْسَلِينَ ١٨١ وَٱلْحَمْدُ لِلَّهِ رَبِّ ٱلْعَٰلَمِينَ ١٨٢

سُورَةُ صٓ

بِسْمِ ٱللَّهِ ٱلرَّحْمَٰنِ ٱلرَّحِيمِ

صٓ ۚ وَٱلْقُرْءَانِ ذِى ٱلذِّكْرِ ١ بَلِ ٱلَّذِينَ كَفَرُوا۟ فِى عِزَّةٍ وَشِقَاقٍ ٢
كَمْ أَهْلَكْنَا مِن قَبْلِهِم مِّن قَرْنٍ فَنَادَوا۟ وَّلَاتَ حِينَ مَنَاصٍ ٣ وَعَجِبُوٓا۟
أَن جَآءَهُم مُّنذِرٌ مِّنْهُمْ ۖ وَقَالَ ٱلْكَٰفِرُونَ هَٰذَا سَٰحِرٌ كَذَّابٌ ٤
أَجَعَلَ ٱلْءَالِهَةَ إِلَٰهًا وَٰحِدًا ۖ إِنَّ هَٰذَا لَشَىْءٌ عُجَابٌ ٥ وَٱنطَلَقَ ٱلْمَلَأُ
مِنْهُمْ أَنِ ٱمْشُوا۟ وَٱصْبِرُوا۟ عَلَىٰٓ ءَالِهَتِكُمْ ۖ إِنَّ هَٰذَا لَشَىْءٌ يُرَادُ ٦
مَا سَمِعْنَا بِهَٰذَا فِى ٱلْمِلَّةِ ٱلْءَاخِرَةِ إِنْ هَٰذَآ إِلَّا ٱخْتِلَٰقٌ ٧ أَءُنزِلَ
عَلَيْهِ ٱلذِّكْرُ مِنۢ بَيْنِنَا ۚ بَلْ هُمْ فِى شَكٍّ مِّن ذِكْرِى ۖ بَل لَّمَّا يَذُوقُوا۟ عَذَابِ
٨ أَمْ عِندَهُمْ خَزَآئِنُ رَحْمَةِ رَبِّكَ ٱلْعَزِيزِ ٱلْوَهَّابِ ٩ أَمْ لَهُم مُّلْكُ
ٱلسَّمَٰوَٰتِ وَٱلْأَرْضِ وَمَا بَيْنَهُمَا ۖ فَلْيَرْتَقُوا۟ فِى ٱلْأَسْبَٰبِ ١٠ جُندٌ
مَّا هُنَالِكَ مَهْزُومٌ مِّنَ ٱلْأَحْزَابِ ١١ كَذَّبَتْ قَبْلَهُمْ قَوْمُ نُوحٍ
وَعَادٌ وَفِرْعَوْنُ ذُو ٱلْأَوْتَادِ ١٢ وَثَمُودُ وَقَوْمُ لُوطٍ وَأَصْحَٰبُ
لْـَٔيْكَةِ ۚ أُو۟لَٰٓئِكَ ٱلْأَحْزَابُ ١٣ إِن كُلٌّ إِلَّا كَذَّبَ ٱلرُّسُلَ
فَحَقَّ عِقَابِ ١٤ وَمَا يَنظُرُ هَٰٓؤُلَآءِ إِلَّا صَيْحَةً وَٰحِدَةً مَّا لَهَا
مِن فَوَاقٍ ١٥ وَقَالُوا۟ رَبَّنَا عَجِّل لَّنَا قِطَّنَا قَبْلَ يَوْمِ ٱلْحِسَابِ ١٦

ٱصْبِرْ عَلَىٰ مَا يَقُولُونَ وَٱذْكُرْ عَبْدَنَا دَاوُۥدَ ذَا ٱلْأَيْدِ ۖ إِنَّهُۥٓ أَوَّابٌ ﴿١٧﴾ إِنَّا
سَخَّرْنَا ٱلْجِبَالَ مَعَهُۥ يُسَبِّحْنَ بِٱلْعَشِىِّ وَٱلْإِشْرَاقِ ﴿١٨﴾ وَٱلطَّيْرَ
مَحْشُورَةً ۖ كُلٌّ لَّهُۥٓ أَوَّابٌ ﴿١٩﴾ وَشَدَدْنَا مُلْكَهُۥ وَءَاتَيْنَٰهُ ٱلْحِكْمَةَ
وَفَصْلَ ٱلْخِطَابِ ﴿٢٠﴾ ۞ وَهَلْ أَتَىٰكَ نَبَؤُا۟ ٱلْخَصْمِ إِذْ تَسَوَّرُوا۟ ربع الحزب ٤٦
ٱلْمِحْرَابَ ﴿٢١﴾ إِذْ دَخَلُوا۟ عَلَىٰ دَاوُۥدَ فَفَزِعَ مِنْهُمْ ۖ قَالُوا۟ لَا تَخَفْ ۖ
خَصْمَانِ بَغَىٰ بَعْضُنَا عَلَىٰ بَعْضٍ فَٱحْكُم بَيْنَنَا بِٱلْحَقِّ وَلَا تُشْطِطْ
وَٱهْدِنَآ إِلَىٰ سَوَآءِ ٱلصِّرَٰطِ ﴿٢٢﴾ إِنَّ هَٰذَآ أَخِى لَهُۥ تِسْعٌ وَتِسْعُونَ نَعْجَةً
وَلِىَ نَعْجَةٌ وَٰحِدَةٌ فَقَالَ أَكْفِلْنِيهَا وَعَزَّنِى فِى ٱلْخِطَابِ ﴿٢٣﴾ قَالَ
لَقَدْ ظَلَمَكَ بِسُؤَالِ نَعْجَتِكَ إِلَىٰ نِعَاجِهِۦ ۖ وَإِنَّ كَثِيرًا مِّنَ ٱلْخُلَطَآءِ لَيَبْغِى
بَعْضُهُمْ عَلَىٰ بَعْضٍ إِلَّا ٱلَّذِينَ ءَامَنُوا۟ وَعَمِلُوا۟ ٱلصَّٰلِحَٰتِ وَقَلِيلٌ
مَّا هُمْ ۗ وَظَنَّ دَاوُۥدُ أَنَّمَا فَتَنَّٰهُ فَٱسْتَغْفَرَ رَبَّهُۥ وَخَرَّ رَاكِعًا وَأَنَابَ ۩ سجدة
﴿٢٤﴾ فَغَفَرْنَا لَهُۥ ذَٰلِكَ ۖ وَإِنَّ لَهُۥ عِندَنَا لَزُلْفَىٰ وَحُسْنَ مَـَٔابٍ ﴿٢٥﴾
يَٰدَاوُۥدُ إِنَّا جَعَلْنَٰكَ خَلِيفَةً فِى ٱلْأَرْضِ فَٱحْكُم بَيْنَ ٱلنَّاسِ بِٱلْحَقِّ
وَلَا تَتَّبِعِ ٱلْهَوَىٰ فَيُضِلَّكَ عَن سَبِيلِ ٱللَّهِ ۚ إِنَّ ٱلَّذِينَ يَضِلُّونَ
عَن سَبِيلِ ٱللَّهِ لَهُمْ عَذَابٌ شَدِيدٌۢ بِمَا نَسُوا۟ يَوْمَ ٱلْحِسَابِ ﴿٢٦﴾

وَمَا خَلَقۡنَا ٱلسَّمَآءَ وَٱلۡأَرۡضَ وَمَا بَيۡنَهُمَا بَٰطِلٗاۚ ذَٰلِكَ ظَنُّ ٱلَّذِينَ
كَفَرُواْۚ فَوَيۡلٞ لِّلَّذِينَ كَفَرُواْ مِنَ ٱلنَّارِ ٢٧ أَمۡ نَجۡعَلُ ٱلَّذِينَ ءَامَنُواْ وَعَمِلُواْ
ٱلصَّٰلِحَٰتِ كَٱلۡمُفۡسِدِينَ فِي ٱلۡأَرۡضِ أَمۡ نَجۡعَلُ ٱلۡمُتَّقِينَ كَٱلۡفُجَّارِ
٢٨ كِتَٰبٌ أَنزَلۡنَٰهُ إِلَيۡكَ مُبَٰرَكٞ لِّيَدَّبَّرُوٓاْ ءَايَٰتِهِۦ وَلِيَتَذَكَّرَ أُوْلُواْ
ٱلۡأَلۡبَٰبِ ٢٩ وَوَهَبۡنَا لِدَاوُۥدَ سُلَيۡمَٰنَۚ نِعۡمَ ٱلۡعَبۡدُ إِنَّهُۥٓ أَوَّابٌ
٣٠ إِذۡ عُرِضَ عَلَيۡهِ بِٱلۡعَشِيِّ ٱلصَّٰفِنَٰتُ ٱلۡجِيَادُ ٣١ فَقَالَ إِنِّيٓ أَحۡبَبۡتُ
حُبَّ ٱلۡخَيۡرِ عَن ذِكۡرِ رَبِّي حَتَّىٰ تَوَارَتۡ بِٱلۡحِجَابِ ٣٢ رُدُّوهَا عَلَيَّۖ
فَطَفِقَ مَسۡحَۢا بِٱلسُّوقِ وَٱلۡأَعۡنَاقِ ٣٣ وَلَقَدۡ فَتَنَّا سُلَيۡمَٰنَ
وَأَلۡقَيۡنَا عَلَىٰ كُرۡسِيِّهِۦ جَسَدٗا ثُمَّ أَنَابَ ٣٤ قَالَ رَبِّ ٱغۡفِرۡ لِي وَهَبۡ
لِي مُلۡكٗا لَّا يَنۢبَغِي لِأَحَدٖ مِّنۢ بَعۡدِيٓۖ إِنَّكَ أَنتَ ٱلۡوَهَّابُ ٣٥
فَسَخَّرۡنَا لَهُ ٱلرِّيحَ تَجۡرِي بِأَمۡرِهِۦ رُخَآءً حَيۡثُ أَصَابَ ٣٦ وَٱلشَّيَٰطِينَ
كُلَّ بَنَّآءٖ وَغَوَّاصٖ ٣٧ وَءَاخَرِينَ مُقَرَّنِينَ فِي ٱلۡأَصۡفَادِ ٣٨ هَٰذَا
عَطَآؤُنَا فَٱمۡنُنۡ أَوۡ أَمۡسِكۡ بِغَيۡرِ حِسَابٖ ٣٩ وَإِنَّ لَهُۥ عِندَنَا لَزُلۡفَىٰ وَحُسۡنَ
مَـَٔابٖ ٤٠ وَٱذۡكُرۡ عَبۡدَنَآ أَيُّوبَ إِذۡ نَادَىٰ رَبَّهُۥٓ أَنِّي مَسَّنِيَ ٱلشَّيۡطَٰنُ
بِنُصۡبٖ وَعَذَابٍ ٤١ ٱرۡكُضۡ بِرِجۡلِكَۖ هَٰذَا مُغۡتَسَلُۢ بَارِدٞ وَشَرَابٞ ٤٢

نصف الحزب ٤٦

وَوَهَبْنَا لَهُۥٓ أَهْلَهُۥ وَمِثْلَهُم مَّعَهُمْ رَحْمَةً مِّنَّا وَذِكْرَىٰ لِأُولِى ٱلْأَلْبَٰبِ
﴿٤٣﴾ وَخُذْ بِيَدِكَ ضِغْثًا فَٱضْرِب بِّهِۦ وَلَا تَحْنَثْ ۗ إِنَّا وَجَدْنَٰهُ صَابِرًا ۚ نِّعْمَ
ٱلْعَبْدُ ۖ إِنَّهُۥٓ أَوَّابٌ ﴿٤٤﴾ وَٱذْكُرْ عِبَٰدَنَآ إِبْرَٰهِيمَ وَإِسْحَٰقَ وَيَعْقُوبَ أُولِى
ٱلْأَيْدِى وَٱلْأَبْصَٰرِ ﴿٤٥﴾ إِنَّآ أَخْلَصْنَٰهُم بِخَالِصَةٍ ذِكْرَى ٱلدَّارِ ﴿٤٦﴾
وَإِنَّهُمْ عِندَنَا لَمِنَ ٱلْمُصْطَفَيْنَ ٱلْأَخْيَارِ ﴿٤٧﴾ وَٱذْكُرْ إِسْمَٰعِيلَ
وَٱلْيَسَعَ وَذَا ٱلْكِفْلِ ۖ وَكُلٌّ مِّنَ ٱلْأَخْيَارِ ﴿٤٨﴾ هَٰذَا ذِكْرٌ ۚ وَإِنَّ لِلْمُتَّقِينَ
لَحُسْنَ مَـَٔابٍ ﴿٤٩﴾ جَنَّٰتِ عَدْنٍ مُّفَتَّحَةً لَّهُمُ ٱلْأَبْوَٰبُ ﴿٥٠﴾ مُتَّكِـِٔينَ
فِيهَا يَدْعُونَ فِيهَا بِفَٰكِهَةٍ كَثِيرَةٍ وَشَرَابٍ ﴿٥١﴾ ۞ وَعِندَهُمْ قَٰصِرَٰتُ
ٱلطَّرْفِ أَتْرَابٌ ﴿٥٢﴾ هَٰذَا مَا تُوعَدُونَ لِيَوْمِ ٱلْحِسَابِ ﴿٥٣﴾ إِنَّ هَٰذَا
لَرِزْقُنَا مَا لَهُۥ مِن نَّفَادٍ ﴿٥٤﴾ هَٰذَا ۚ وَإِنَّ لِلطَّٰغِينَ لَشَرَّ مَـَٔابٍ
﴿٥٥﴾ جَهَنَّمَ يَصْلَوْنَهَا فَبِئْسَ ٱلْمِهَادُ ﴿٥٦﴾ هَٰذَا فَلْيَذُوقُوهُ حَمِيمٌ
وَغَسَّاقٌ ﴿٥٧﴾ وَءَاخَرُ مِن شَكْلِهِۦٓ أَزْوَٰجٌ ﴿٥٨﴾ هَٰذَا فَوْجٌ
مُّقْتَحِمٌ مَّعَكُمْ ۖ لَا مَرْحَبًۢا بِهِمْ ۚ إِنَّهُمْ صَالُوا۟ ٱلنَّارِ ﴿٥٩﴾ قَالُوا۟
بَلْ أَنتُمْ لَا مَرْحَبًۢا بِكُمْ ۖ أَنتُمْ قَدَّمْتُمُوهُ لَنَا ۖ فَبِئْسَ ٱلْقَرَارُ ﴿٦٠﴾
قَالُوا۟ رَبَّنَا مَن قَدَّمَ لَنَا هَٰذَا فَزِدْهُ عَذَابًا ضِعْفًا فِى ٱلنَّارِ ﴿٦١﴾

وَقَالُوا۟ مَا لَنَا لَا نَرَىٰ رِجَالًا كُنَّا نَعُدُّهُم مِّنَ ٱلْأَشْرَارِ ﴿٦٢﴾ أَتَّخَذْنَـٰهُمْ
سِخْرِيًّا أَمْ زَاغَتْ عَنْهُمُ ٱلْأَبْصَـٰرُ ﴿٦٣﴾ إِنَّ ذَٰلِكَ لَحَقٌّ تَخَاصُمُ أَهْلِ
ٱلنَّارِ ﴿٦٤﴾ قُلْ إِنَّمَآ أَنَا۠ مُنذِرٌ ۖ وَمَا مِنْ إِلَـٰهٍ إِلَّا ٱللَّهُ ٱلْوَٰحِدُ ٱلْقَهَّارُ ﴿٦٥﴾
رَبُّ ٱلسَّمَـٰوَٰتِ وَٱلْأَرْضِ وَمَا بَيْنَهُمَا ٱلْعَزِيزُ ٱلْغَفَّـٰرُ ﴿٦٦﴾ قُلْ هُوَ نَبَؤٌا۟
عَظِيمٌ ﴿٦٧﴾ أَنتُمْ عَنْهُ مُعْرِضُونَ ﴿٦٨﴾ مَا كَانَ لِىَ مِنْ عِلْمٍۭ بِٱلْمَلَإِ ٱلْأَعْلَىٰٓ
إِذْ يَخْتَصِمُونَ ﴿٦٩﴾ إِن يُوحَىٰٓ إِلَىَّ إِلَّآ أَنَّمَآ أَنَا۠ نَذِيرٌ مُّبِينٌ ﴿٧٠﴾ إِذْ قَالَ
رَبُّكَ لِلْمَلَـٰٓئِكَةِ إِنِّى خَـٰلِقٌۢ بَشَرًا مِّن طِينٍ ﴿٧١﴾ فَإِذَا سَوَّيْتُهُۥ وَنَفَخْتُ
فِيهِ مِن رُّوحِى فَقَعُوا۟ لَهُۥ سَـٰجِدِينَ ﴿٧٢﴾ فَسَجَدَ ٱلْمَلَـٰٓئِكَةُ كُلُّهُمْ
أَجْمَعُونَ ﴿٧٣﴾ إِلَّآ إِبْلِيسَ ٱسْتَكْبَرَ وَكَانَ مِنَ ٱلْكَـٰفِرِينَ ﴿٧٤﴾ قَالَ
يَـٰٓإِبْلِيسُ مَا مَنَعَكَ أَن تَسْجُدَ لِمَا خَلَقْتُ بِيَدَىَّ ۖ أَسْتَكْبَرْتَ أَمْ كُنتَ
مِنَ ٱلْعَالِينَ ﴿٧٥﴾ قَالَ أَنَا۠ خَيْرٌ مِّنْهُ ۖ خَلَقْتَنِى مِن نَّارٍ وَخَلَقْتَهُۥ مِن طِينٍ
﴿٧٦﴾ قَالَ فَٱخْرُجْ مِنْهَا فَإِنَّكَ رَجِيمٌ ﴿٧٧﴾ وَإِنَّ عَلَيْكَ لَعْنَتِىٓ إِلَىٰ يَوْمِ ٱلدِّينِ
﴿٧٨﴾ قَالَ رَبِّ فَأَنظِرْنِىٓ إِلَىٰ يَوْمِ يُبْعَثُونَ ﴿٧٩﴾ قَالَ فَإِنَّكَ مِنَ
ٱلْمُنظَرِينَ ﴿٨٠﴾ إِلَىٰ يَوْمِ ٱلْوَقْتِ ٱلْمَعْلُومِ ﴿٨١﴾ قَالَ فَبِعِزَّتِكَ
لَأُغْوِيَنَّهُمْ أَجْمَعِينَ ﴿٨٢﴾ إِلَّا عِبَادَكَ مِنْهُمُ ٱلْمُخْلَصِينَ ﴿٨٣﴾

قَالَ فَٱلْحَقُّ وَٱلْحَقَّ أَقُولُ ﴿٨٤﴾ لَأَمْلَأَنَّ جَهَنَّمَ مِنكَ وَمِمَّن تَبِعَكَ مِنْهُمْ
أَجْمَعِينَ ﴿٨٥﴾ قُلْ مَآ أَسْـَٔلُكُمْ عَلَيْهِ مِنْ أَجْرٍ وَمَآ أَنَا۠ مِنَ ٱلْمُتَكَلِّفِينَ
﴿٨٦﴾ إِنْ هُوَ إِلَّا ذِكْرٌ لِّلْعَٰلَمِينَ ﴿٨٧﴾ وَلَتَعْلَمُنَّ نَبَأَهُۥ بَعْدَ حِينٍۭ ﴿٨٨﴾

سُورَةُ الزُّمَرِ

بِسْمِ ٱللَّهِ ٱلرَّحْمَٰنِ ٱلرَّحِيمِ

تَنزِيلُ ٱلْكِتَٰبِ مِنَ ٱللَّهِ ٱلْعَزِيزِ ٱلْحَكِيمِ ﴿١﴾ إِنَّآ أَنزَلْنَآ إِلَيْكَ
ٱلْكِتَٰبَ بِٱلْحَقِّ فَٱعْبُدِ ٱللَّهَ مُخْلِصًا لَّهُ ٱلدِّينَ ﴿٢﴾ أَلَا
لِلَّهِ ٱلدِّينُ ٱلْخَالِصُ ۚ وَٱلَّذِينَ ٱتَّخَذُوا۟ مِن دُونِهِۦٓ أَوْلِيَآءَ
مَا نَعْبُدُهُمْ إِلَّا لِيُقَرِّبُونَآ إِلَى ٱللَّهِ زُلْفَىٰٓ إِنَّ ٱللَّهَ يَحْكُمُ
بَيْنَهُمْ فِى مَا هُمْ فِيهِ يَخْتَلِفُونَ ۗ إِنَّ ٱللَّهَ لَا يَهْدِى مَنْ هُوَ
كَٰذِبٌ كَفَّارٌ ﴿٣﴾ لَّوْ أَرَادَ ٱللَّهُ أَن يَتَّخِذَ وَلَدًا لَّٱصْطَفَىٰ
مِمَّا يَخْلُقُ مَا يَشَآءُ ۚ سُبْحَٰنَهُۥ ۖ هُوَ ٱللَّهُ ٱلْوَٰحِدُ ٱلْقَهَّارُ
﴿٤﴾ خَلَقَ ٱلسَّمَٰوَٰتِ وَٱلْأَرْضَ بِٱلْحَقِّ ۖ يُكَوِّرُ ٱلَّيْلَ عَلَى
ٱلنَّهَارِ وَيُكَوِّرُ ٱلنَّهَارَ عَلَى ٱلَّيْلِ ۖ وَسَخَّرَ ٱلشَّمْسَ وَٱلْقَمَرَ ۖ
كُلٌّ يَجْرِى لِأَجَلٍ مُّسَمًّى ۗ أَلَا هُوَ ٱلْعَزِيزُ ٱلْغَفَّٰرُ ﴿٥﴾

خَلَقَكُم مِّن نَّفۡسٖ وَٰحِدَةٖ ثُمَّ جَعَلَ مِنۡهَا زَوۡجَهَا وَأَنزَلَ لَكُم
مِّنَ ٱلۡأَنۡعَٰمِ ثَمَٰنِيَةَ أَزۡوَٰجٖۚ يَخۡلُقُكُمۡ فِي بُطُونِ أُمَّهَٰتِكُمۡ
خَلۡقٗا مِّنۢ بَعۡدِ خَلۡقٖ فِي ظُلُمَٰتٖ ثَلَٰثٖۚ ذَٰلِكُمُ ٱللَّهُ رَبُّكُمۡ لَهُ
ٱلۡمُلۡكُۖ لَآ إِلَٰهَ إِلَّا هُوَۖ فَأَنَّىٰ تُصۡرَفُونَ ٦ إِن تَكۡفُرُواْ فَإِنَّ
ٱللَّهَ غَنِيٌّ عَنكُمۡۖ وَلَا يَرۡضَىٰ لِعِبَادِهِ ٱلۡكُفۡرَۖ وَإِن تَشۡكُرُواْ يَرۡضَهُ
لَكُمۡۗ وَلَا تَزِرُ وَازِرَةٞ وِزۡرَ أُخۡرَىٰۚ ثُمَّ إِلَىٰ رَبِّكُم مَّرۡجِعُكُمۡ
فَيُنَبِّئُكُم بِمَا كُنتُمۡ تَعۡمَلُونَۚ إِنَّهُۥ عَلِيمُۢ بِذَاتِ ٱلصُّدُورِ ٧
۞ وَإِذَا مَسَّ ٱلۡإِنسَٰنَ ضُرّٞ دَعَا رَبَّهُۥ مُنِيبًا إِلَيۡهِ ثُمَّ إِذَا خَوَّلَهُۥ نِعۡمَةٗ
مِّنۡهُ نَسِيَ مَا كَانَ يَدۡعُوٓاْ إِلَيۡهِ مِن قَبۡلُ وَجَعَلَ لِلَّهِ أَندَادٗا لِّيُضِلَّ
عَن سَبِيلِهِۦۚ قُلۡ تَمَتَّعۡ بِكُفۡرِكَ قَلِيلًا إِنَّكَ مِنۡ أَصۡحَٰبِ ٱلنَّارِ
٨ أَمَّنۡ هُوَ قَٰنِتٌ ءَانَآءَ ٱلَّيۡلِ سَاجِدٗا وَقَآئِمٗا يَحۡذَرُ ٱلۡأٓخِرَةَ
وَيَرۡجُواْ رَحۡمَةَ رَبِّهِۦۗ قُلۡ هَلۡ يَسۡتَوِي ٱلَّذِينَ يَعۡلَمُونَ وَٱلَّذِينَ
لَا يَعۡلَمُونَۗ إِنَّمَا يَتَذَكَّرُ أُوْلُواْ ٱلۡأَلۡبَٰبِ ٩ قُلۡ يَٰعِبَادِ ٱلَّذِينَ
ءَامَنُواْ ٱتَّقُواْ رَبَّكُمۡۚ لِلَّذِينَ أَحۡسَنُواْ فِي هَٰذِهِ ٱلدُّنۡيَا حَسَنَةٞۗ
وَأَرۡضُ ٱللَّهِ وَٰسِعَةٌۗ إِنَّمَا يُوَفَّى ٱلصَّٰبِرُونَ أَجۡرَهُم بِغَيۡرِ حِسَابٖ ١٠

ثلاثة أرباع الحزب ٤٦

قُلۡ إِنِّيٓ أُمِرۡتُ أَنۡ أَعۡبُدَ ٱللَّهَ مُخۡلِصٗا لَّهُ ٱلدِّينَ ١١ وَأُمِرۡتُ لِأَنۡ أَكُونَ
أَوَّلَ ٱلۡمُسۡلِمِينَ ١٢ قُلۡ إِنِّيٓ أَخَافُ إِنۡ عَصَيۡتُ رَبِّي عَذَابَ يَوۡمٍ عَظِيمٖ
١٣ قُلِ ٱللَّهَ أَعۡبُدُ مُخۡلِصٗا لَّهُۥ دِينِي ١٤ فَٱعۡبُدُواْ مَا شِئۡتُم مِّن دُونِهِۦۗ
قُلۡ إِنَّ ٱلۡخَٰسِرِينَ ٱلَّذِينَ خَسِرُوٓاْ أَنفُسَهُمۡ وَأَهۡلِيهِمۡ يَوۡمَ ٱلۡقِيَٰمَةِۗ
أَلَا ذَٰلِكَ هُوَ ٱلۡخُسۡرَانُ ٱلۡمُبِينُ ١٥ لَهُم مِّن فَوۡقِهِمۡ ظُلَلٞ مِّنَ ٱلنَّارِ
وَمِن تَحۡتِهِمۡ ظُلَلٞۚ ذَٰلِكَ يُخَوِّفُ ٱللَّهُ بِهِۦ عِبَادَهُۥۚ يَٰعِبَادِ فَٱتَّقُونِ ١٦
وَٱلَّذِينَ ٱجۡتَنَبُواْ ٱلطَّٰغُوتَ أَن يَعۡبُدُوهَا وَأَنَابُوٓاْ إِلَى ٱللَّهِ لَهُمُ ٱلۡبُشۡرَىٰۚ
فَبَشِّرۡ عِبَادِ ١٧ ٱلَّذِينَ يَسۡتَمِعُونَ ٱلۡقَوۡلَ فَيَتَّبِعُونَ أَحۡسَنَهُۥٓۚ
أُوْلَٰٓئِكَ ٱلَّذِينَ هَدَىٰهُمُ ٱللَّهُۖ وَأُوْلَٰٓئِكَ هُمۡ أُوْلُواْ ٱلۡأَلۡبَٰبِ ١٨
أَفَمَنۡ حَقَّ عَلَيۡهِ كَلِمَةُ ٱلۡعَذَابِ أَفَأَنتَ تُنقِذُ مَن فِي ٱلنَّارِ ١٩
لَٰكِنِ ٱلَّذِينَ ٱتَّقَوۡاْ رَبَّهُمۡ لَهُمۡ غُرَفٞ مِّن فَوۡقِهَا غُرَفٞ مَّبۡنِيَّةٞ تَجۡرِي
مِن تَحۡتِهَا ٱلۡأَنۡهَٰرُۖ وَعۡدَ ٱللَّهِ لَا يُخۡلِفُ ٱللَّهُ ٱلۡمِيعَادَ ٢٠ أَلَمۡ تَرَ
أَنَّ ٱللَّهَ أَنزَلَ مِنَ ٱلسَّمَآءِ مَآءٗ فَسَلَكَهُۥ يَنَٰبِيعَ فِي ٱلۡأَرۡضِ ثُمَّ
يُخۡرِجُ بِهِۦ زَرۡعٗا مُّخۡتَلِفًا أَلۡوَٰنُهُۥ ثُمَّ يَهِيجُ فَتَرَىٰهُ مُصۡفَرّٗا ثُمَّ
يَجۡعَلُهُۥ حُطَٰمًاۚ إِنَّ فِي ذَٰلِكَ لَذِكۡرَىٰ لِأُوْلِي ٱلۡأَلۡبَٰبِ ٢١

أَفَمَن شَرَحَ ٱللَّهُ صَدْرَهُۥ لِلْإِسْلَٰمِ فَهُوَ عَلَىٰ نُورٍ مِّن رَّبِّهِۦۚ فَوَيْلٌ
لِّلْقَٰسِيَةِ قُلُوبُهُم مِّن ذِكْرِ ٱللَّهِۚ أُوْلَٰٓئِكَ فِى ضَلَٰلٍ مُّبِينٍ ﴿٢٢﴾
ٱللَّهُ نَزَّلَ أَحْسَنَ ٱلْحَدِيثِ كِتَٰبًا مُّتَشَٰبِهًا مَّثَانِىَ تَقْشَعِرُّ مِنْهُ
جُلُودُ ٱلَّذِينَ يَخْشَوْنَ رَبَّهُمْ ثُمَّ تَلِينُ جُلُودُهُمْ وَقُلُوبُهُمْ
إِلَىٰ ذِكْرِ ٱللَّهِۚ ذَٰلِكَ هُدَى ٱللَّهِ يَهْدِى بِهِۦ مَن يَشَآءُۚ وَمَن
يُضْلِلِ ٱللَّهُ فَمَا لَهُۥ مِنْ هَادٍ ﴿٢٣﴾ أَفَمَن يَتَّقِى بِوَجْهِهِۦ سُوٓءَ
ٱلْعَذَابِ يَوْمَ ٱلْقِيَٰمَةِۚ وَقِيلَ لِلظَّٰلِمِينَ ذُوقُواْ مَا كُنتُمْ تَكْسِبُونَ
﴿٢٤﴾ كَذَّبَ ٱلَّذِينَ مِن قَبْلِهِمْ فَأَتَىٰهُمُ ٱلْعَذَابُ مِنْ حَيْثُ
لَا يَشْعُرُونَ ﴿٢٥﴾ فَأَذَاقَهُمُ ٱللَّهُ ٱلْخِزْىَ فِى ٱلْحَيَوٰةِ ٱلدُّنْيَاۖ وَلَعَذَابُ
ٱلْءَاخِرَةِ أَكْبَرُۚ لَوْ كَانُواْ يَعْلَمُونَ ﴿٢٦﴾ وَلَقَدْ ضَرَبْنَا لِلنَّاسِ فِى
هَٰذَا ٱلْقُرْءَانِ مِن كُلِّ مَثَلٍ لَّعَلَّهُمْ يَتَذَكَّرُونَ ﴿٢٧﴾ قُرْءَانًا عَرَبِيًّا
غَيْرَ ذِى عِوَجٍ لَّعَلَّهُمْ يَتَّقُونَ ﴿٢٨﴾ ضَرَبَ ٱللَّهُ مَثَلًا رَّجُلًا فِيهِ
شُرَكَآءُ مُتَشَٰكِسُونَ وَرَجُلًا سَلَمًا لِّرَجُلٍ هَلْ يَسْتَوِيَانِ مَثَلًاۚ
ٱلْحَمْدُ لِلَّهِۚ بَلْ أَكْثَرُهُمْ لَا يَعْلَمُونَ ﴿٢٩﴾ إِنَّكَ مَيِّتٌ وَإِنَّهُم
مَّيِّتُونَ ﴿٣٠﴾ ثُمَّ إِنَّكُمْ يَوْمَ ٱلْقِيَٰمَةِ عِندَ رَبِّكُمْ تَخْتَصِمُونَ ﴿٣١﴾

۞ فَمَنْ أَظْلَمُ مِمَّن كَذَبَ عَلَى ٱللَّهِ وَكَذَّبَ بِٱلصِّدْقِ
إِذْ جَآءَهُۥٓ ۚ أَلَيْسَ فِى جَهَنَّمَ مَثْوًى لِّلْكَٰفِرِينَ ﴿٣٢﴾ وَٱلَّذِى
جَآءَ بِٱلصِّدْقِ وَصَدَّقَ بِهِۦٓ ۙ أُو۟لَٰٓئِكَ هُمُ ٱلْمُتَّقُونَ ﴿٣٣﴾
لَهُم مَّا يَشَآءُونَ عِندَ رَبِّهِمْ ۚ ذَٰلِكَ جَزَآءُ ٱلْمُحْسِنِينَ ﴿٣٤﴾
لِيُكَفِّرَ ٱللَّهُ عَنْهُمْ أَسْوَأَ ٱلَّذِى عَمِلُوا۟ وَيَجْزِيَهُمْ أَجْرَهُم
بِأَحْسَنِ ٱلَّذِى كَانُوا۟ يَعْمَلُونَ ﴿٣٥﴾ أَلَيْسَ ٱللَّهُ بِكَافٍ
عَبْدَهُۥ ۖ وَيُخَوِّفُونَكَ بِٱلَّذِينَ مِن دُونِهِۦ ۚ وَمَن يُضْلِلِ ٱللَّهُ
فَمَا لَهُۥ مِنْ هَادٍ ﴿٣٦﴾ وَمَن يَهْدِ ٱللَّهُ فَمَا لَهُۥ مِن مُّضِلٍّ ۗ
أَلَيْسَ ٱللَّهُ بِعَزِيزٍ ذِى ٱنتِقَامٍ ﴿٣٧﴾ وَلَئِن سَأَلْتَهُم مَّنْ خَلَقَ
ٱلسَّمَٰوَٰتِ وَٱلْأَرْضَ لَيَقُولُنَّ ٱللَّهُ ۚ قُلْ أَفَرَءَيْتُم مَّا تَدْعُونَ
مِن دُونِ ٱللَّهِ إِنْ أَرَادَنِىَ ٱللَّهُ بِضُرٍّ هَلْ هُنَّ كَٰشِفَٰتُ
ضُرِّهِۦٓ أَوْ أَرَادَنِى بِرَحْمَةٍ هَلْ هُنَّ مُمْسِكَٰتُ رَحْمَتِهِۦ ۚ
قُلْ حَسْبِىَ ٱللَّهُ ۖ عَلَيْهِ يَتَوَكَّلُ ٱلْمُتَوَكِّلُونَ ﴿٣٨﴾ قُلْ يَٰقَوْمِ
ٱعْمَلُوا۟ عَلَىٰ مَكَانَتِكُمْ إِنِّى عَٰمِلٌ ۖ فَسَوْفَ تَعْلَمُونَ ﴿٣٩﴾
مَن يَأْتِيهِ عَذَابٌ يُخْزِيهِ وَيَحِلُّ عَلَيْهِ عَذَابٌ مُّقِيمٌ ﴿٤٠﴾

إِنَّآ أَنزَلۡنَا عَلَيۡكَ ٱلۡكِتَٰبَ لِلنَّاسِ بِٱلۡحَقِّۖ فَمَنِ ٱهۡتَدَىٰ
فَلِنَفۡسِهِۦۖ وَمَن ضَلَّ فَإِنَّمَا يَضِلُّ عَلَيۡهَاۖ وَمَآ أَنتَ عَلَيۡهِم
بِوَكِيلٍ ٤١ ٱللَّهُ يَتَوَفَّى ٱلۡأَنفُسَ حِينَ مَوۡتِهَا وَٱلَّتِي
لَمۡ تَمُتۡ فِي مَنَامِهَاۖ فَيُمۡسِكُ ٱلَّتِي قَضَىٰ عَلَيۡهَا ٱلۡمَوۡتَ
وَيُرۡسِلُ ٱلۡأُخۡرَىٰٓ إِلَىٰٓ أَجَلٖ مُّسَمًّىۚ إِنَّ فِي ذَٰلِكَ لَأٓيَٰتٖ لِّقَوۡمٖ
يَتَفَكَّرُونَ ٤٢ أَمِ ٱتَّخَذُواْ مِن دُونِ ٱللَّهِ شُفَعَآءَۚ قُلۡ
أَوَلَوۡ كَانُواْ لَا يَمۡلِكُونَ شَيۡـٔٗا وَلَا يَعۡقِلُونَ ٤٣ قُل
لِّلَّهِ ٱلشَّفَٰعَةُ جَمِيعٗاۖ لَّهُۥ مُلۡكُ ٱلسَّمَٰوَٰتِ وَٱلۡأَرۡضِۖ ثُمَّ
إِلَيۡهِ تُرۡجَعُونَ ٤٤ وَإِذَا ذُكِرَ ٱللَّهُ وَحۡدَهُ ٱشۡمَأَزَّتۡ
قُلُوبُ ٱلَّذِينَ لَا يُؤۡمِنُونَ بِٱلۡأٓخِرَةِۖ وَإِذَا ذُكِرَ ٱلَّذِينَ مِن
دُونِهِۦٓ إِذَا هُمۡ يَسۡتَبۡشِرُونَ ٤٥ قُلِ ٱللَّهُمَّ فَاطِرَ ٱلسَّمَٰوَٰتِ
وَٱلۡأَرۡضِ عَٰلِمَ ٱلۡغَيۡبِ وَٱلشَّهَٰدَةِ أَنتَ تَحۡكُمُ بَيۡنَ عِبَادِكَ
فِي مَا كَانُواْ فِيهِ يَخۡتَلِفُونَ ٤٦ وَلَوۡ أَنَّ لِلَّذِينَ ظَلَمُواْ مَا فِي
ٱلۡأَرۡضِ جَمِيعٗا وَمِثۡلَهُۥ مَعَهُۥ لَٱفۡتَدَوۡاْ بِهِۦ مِن سُوٓءِ ٱلۡعَذَابِ
يَوۡمَ ٱلۡقِيَٰمَةِۚ وَبَدَا لَهُم مِّنَ ٱللَّهِ مَا لَمۡ يَكُونُواْ يَحۡتَسِبُونَ ٤٧

وَبَدَا لَهُمْ سَيِّـَٔاتُ مَا كَسَبُوا۟ وَحَاقَ بِهِم مَّا كَانُوا۟ بِهِۦ
يَسْتَهْزِءُونَ ﴿٤٨﴾ فَإِذَا مَسَّ ٱلْإِنسَـٰنَ ضُرٌّ دَعَانَا ثُمَّ إِذَا خَوَّلْنَـٰهُ
نِعْمَةً مِّنَّا قَالَ إِنَّمَآ أُوتِيتُهُۥ عَلَىٰ عِلْمٍۭ ۚ بَلْ هِىَ فِتْنَةٌ وَلَـٰكِنَّ
أَكْثَرَهُمْ لَا يَعْلَمُونَ ﴿٤٩﴾ قَدْ قَالَهَا ٱلَّذِينَ مِن قَبْلِهِمْ فَمَآ
أَغْنَىٰ عَنْهُم مَّا كَانُوا۟ يَكْسِبُونَ ﴿٥٠﴾ فَأَصَابَهُمْ سَيِّـَٔاتُ
مَا كَسَبُوا۟ ۚ وَٱلَّذِينَ ظَلَمُوا۟ مِنْ هَـٰٓؤُلَآءِ سَيُصِيبُهُمْ سَيِّـَٔاتُ
مَا كَسَبُوا۟ وَمَا هُم بِمُعْجِزِينَ ﴿٥١﴾ أَوَلَمْ يَعْلَمُوٓا۟ أَنَّ ٱللَّهَ يَبْسُطُ
ٱلرِّزْقَ لِمَن يَشَآءُ وَيَقْدِرُ ۚ إِنَّ فِى ذَٰلِكَ لَـَٔايَـٰتٍ لِّقَوْمٍ يُؤْمِنُونَ
﴿٥٢﴾ ۞ قُلْ يَـٰعِبَادِىَ ٱلَّذِينَ أَسْرَفُوا۟ عَلَىٰٓ أَنفُسِهِمْ لَا تَقْنَطُوا۟
مِن رَّحْمَةِ ٱللَّهِ ۚ إِنَّ ٱللَّهَ يَغْفِرُ ٱلذُّنُوبَ جَمِيعًا ۚ إِنَّهُۥ هُوَ
ٱلْغَفُورُ ٱلرَّحِيمُ ﴿٥٣﴾ وَأَنِيبُوٓا۟ إِلَىٰ رَبِّكُمْ وَأَسْلِمُوا۟ لَهُۥ مِن
قَبْلِ أَن يَأْتِيَكُمُ ٱلْعَذَابُ ثُمَّ لَا تُنصَرُونَ ﴿٥٤﴾ وَٱتَّبِعُوٓا۟ أَحْسَنَ
مَآ أُنزِلَ إِلَيْكُم مِّن رَّبِّكُم مِّن قَبْلِ أَن يَأْتِيَكُمُ ٱلْعَذَابُ
بَغْتَةً وَأَنتُمْ لَا تَشْعُرُونَ ﴿٥٥﴾ أَن تَقُولَ نَفْسٌ يَـٰحَسْرَتَىٰ
عَلَىٰ مَا فَرَّطتُ فِى جَنۢبِ ٱللَّهِ وَإِن كُنتُ لَمِنَ ٱلسَّـٰخِرِينَ ﴿٥٦﴾

ربع الحزب ٤٧

أَوۡ تَقُولَ لَوۡ أَنَّ ٱللَّهَ هَدَىٰنِي لَكُنتُ مِنَ ٱلۡمُتَّقِينَ ٥٧ أَوۡ تَقُولَ
حِينَ تَرَى ٱلۡعَذَابَ لَوۡ أَنَّ لِي كَرَّةٗ فَأَكُونَ مِنَ ٱلۡمُحۡسِنِينَ
٥٨ بَلَىٰ قَدۡ جَآءَتۡكَ ءَايَٰتِي فَكَذَّبۡتَ بِهَا وَٱسۡتَكۡبَرۡتَ وَكُنتَ
مِنَ ٱلۡكَٰفِرِينَ ٥٩ وَيَوۡمَ ٱلۡقِيَٰمَةِ تَرَى ٱلَّذِينَ كَذَبُواْ عَلَى
ٱللَّهِ وُجُوهُهُم مُّسۡوَدَّةٌۚ أَلَيۡسَ فِي جَهَنَّمَ مَثۡوٗى لِّلۡمُتَكَبِّرِينَ
٦٠ وَيُنَجِّي ٱللَّهُ ٱلَّذِينَ ٱتَّقَوۡاْ بِمَفَازَتِهِمۡ لَا يَمَسُّهُمُ ٱلسُّوٓءُ
وَلَا هُمۡ يَحۡزَنُونَ ٦١ ٱللَّهُ خَٰلِقُ كُلِّ شَيۡءٖۖ وَهُوَ عَلَىٰ كُلِّ
شَيۡءٖ وَكِيلٞ ٦٢ لَّهُۥ مَقَالِيدُ ٱلسَّمَٰوَٰتِ وَٱلۡأَرۡضِۗ وَٱلَّذِينَ
كَفَرُواْ بِـَٔايَٰتِ ٱللَّهِ أُوْلَٰٓئِكَ هُمُ ٱلۡخَٰسِرُونَ ٦٣ قُلۡ
أَفَغَيۡرَ ٱللَّهِ تَأۡمُرُوٓنِّيٓ أَعۡبُدُ أَيُّهَا ٱلۡجَٰهِلُونَ ٦٤ وَلَقَدۡ
أُوحِيَ إِلَيۡكَ وَإِلَى ٱلَّذِينَ مِن قَبۡلِكَ لَئِنۡ أَشۡرَكۡتَ
لَيَحۡبَطَنَّ عَمَلُكَ وَلَتَكُونَنَّ مِنَ ٱلۡخَٰسِرِينَ ٦٥ بَلِ
ٱللَّهَ فَٱعۡبُدۡ وَكُن مِّنَ ٱلشَّٰكِرِينَ ٦٦ وَمَا قَدَرُواْ ٱللَّهَ حَقَّ
قَدۡرِهِۦ وَٱلۡأَرۡضُ جَمِيعٗا قَبۡضَتُهُۥ يَوۡمَ ٱلۡقِيَٰمَةِ وَٱلسَّمَٰوَٰتُ
مَطۡوِيَّٰتُۢ بِيَمِينِهِۦۚ سُبۡحَٰنَهُۥ وَتَعَٰلَىٰ عَمَّا يُشۡرِكُونَ ٦٧

وَنُفِخَ فِي ٱلصُّورِ فَصَعِقَ مَن فِي ٱلسَّمَٰوَٰتِ وَمَن فِي ٱلۡأَرۡضِ
إِلَّا مَن شَآءَ ٱللَّهُۖ ثُمَّ نُفِخَ فِيهِ أُخۡرَىٰ فَإِذَا هُمۡ قِيَامٞ يَنظُرُونَ
﴿٦٨﴾ وَأَشۡرَقَتِ ٱلۡأَرۡضُ بِنُورِ رَبِّهَا وَوُضِعَ ٱلۡكِتَٰبُ وَجِاْيٓءَ
بِٱلنَّبِيِّـۧنَ وَٱلشُّهَدَآءِ وَقُضِيَ بَيۡنَهُم بِٱلۡحَقِّ وَهُمۡ لَا يُظۡلَمُونَ
﴿٦٩﴾ وَوُفِّيَتۡ كُلُّ نَفۡسٖ مَّا عَمِلَتۡ وَهُوَ أَعۡلَمُ بِمَا يَفۡعَلُونَ ﴿٧٠﴾
وَسِيقَ ٱلَّذِينَ كَفَرُوٓاْ إِلَىٰ جَهَنَّمَ زُمَرًاۖ حَتَّىٰٓ إِذَا جَآءُوهَا
فُتِحَتۡ أَبۡوَٰبُهَا وَقَالَ لَهُمۡ خَزَنَتُهَآ أَلَمۡ يَأۡتِكُمۡ رُسُلٞ مِّنكُمۡ
يَتۡلُونَ عَلَيۡكُمۡ ءَايَٰتِ رَبِّكُمۡ وَيُنذِرُونَكُمۡ لِقَآءَ يَوۡمِكُمۡ
هَٰذَاۚ قَالُواْ بَلَىٰ وَلَٰكِنۡ حَقَّتۡ كَلِمَةُ ٱلۡعَذَابِ عَلَى ٱلۡكَٰفِرِينَ
﴿٧١﴾ قِيلَ ٱدۡخُلُوٓاْ أَبۡوَٰبَ جَهَنَّمَ خَٰلِدِينَ فِيهَاۖ فَبِئۡسَ مَثۡوَى
ٱلۡمُتَكَبِّرِينَ ﴿٧٢﴾ وَسِيقَ ٱلَّذِينَ ٱتَّقَوۡاْ رَبَّهُمۡ إِلَى ٱلۡجَنَّةِ
زُمَرًاۖ حَتَّىٰٓ إِذَا جَآءُوهَا وَفُتِحَتۡ أَبۡوَٰبُهَا وَقَالَ لَهُمۡ خَزَنَتُهَا
سَلَٰمٌ عَلَيۡكُمۡ طِبۡتُمۡ فَٱدۡخُلُوهَا خَٰلِدِينَ ﴿٧٣﴾ وَقَالُواْ
ٱلۡحَمۡدُ لِلَّهِ ٱلَّذِي صَدَقَنَا وَعۡدَهُۥ وَأَوۡرَثَنَا ٱلۡأَرۡضَ
نَتَبَوَّأُ مِنَ ٱلۡجَنَّةِ حَيۡثُ نَشَآءُۖ فَنِعۡمَ أَجۡرُ ٱلۡعَٰمِلِينَ ﴿٧٤﴾

وَتَرَى ٱلْمَلَٰٓئِكَةَ حَآفِّينَ مِنْ حَوْلِ ٱلْعَرْشِ يُسَبِّحُونَ بِحَمْدِ
رَبِّهِمْ ۖ وَقُضِىَ بَيْنَهُم بِٱلْحَقِّ ۚ وَقِيلَ ٱلْحَمْدُ لِلَّهِ رَبِّ ٱلْعَٰلَمِينَ ٧٥

سُورَةُ غَافِرٍ

بِسْمِ ٱللَّهِ ٱلرَّحْمَٰنِ ٱلرَّحِيمِ

نصف الحزب ٤٧

حمٓ ١ تَنزِيلُ ٱلْكِتَٰبِ مِنَ ٱللَّهِ ٱلْعَزِيزِ ٱلْعَلِيمِ ٢ غَافِرِ ٱلذَّنۢبِ
وَقَابِلِ ٱلتَّوْبِ شَدِيدِ ٱلْعِقَابِ ذِى ٱلطَّوْلِ ۖ لَآ إِلَٰهَ إِلَّا هُوَ ۖ إِلَيْهِ
ٱلْمَصِيرُ ٣ مَا يُجَٰدِلُ فِىٓ ءَايَٰتِ ٱللَّهِ إِلَّا ٱلَّذِينَ كَفَرُوا۟ فَلَا يَغْرُرْكَ
تَقَلُّبُهُمْ فِى ٱلْبِلَٰدِ ٤ كَذَّبَتْ قَبْلَهُمْ قَوْمُ نُوحٍ وَٱلْأَحْزَابُ
مِنۢ بَعْدِهِمْ ۖ وَهَمَّتْ كُلُّ أُمَّةٍۭ بِرَسُولِهِمْ لِيَأْخُذُوهُ ۖ
وَجَٰدَلُوا۟ بِٱلْبَٰطِلِ لِيُدْحِضُوا۟ بِهِ ٱلْحَقَّ فَأَخَذْتُهُمْ ۖ فَكَيْفَ
كَانَ عِقَابِ ٥ وَكَذَٰلِكَ حَقَّتْ كَلِمَتُ رَبِّكَ عَلَى ٱلَّذِينَ
كَفَرُوٓا۟ أَنَّهُمْ أَصْحَٰبُ ٱلنَّارِ ٦ ٱلَّذِينَ يَحْمِلُونَ ٱلْعَرْشَ
وَمَنْ حَوْلَهُۥ يُسَبِّحُونَ بِحَمْدِ رَبِّهِمْ وَيُؤْمِنُونَ بِهِۦ وَيَسْتَغْفِرُونَ
لِلَّذِينَ ءَامَنُوا۟ ۖ رَبَّنَا وَسِعْتَ كُلَّ شَىْءٍ رَّحْمَةً وَعِلْمًا فَٱغْفِرْ
لِلَّذِينَ تَابُوا۟ وَٱتَّبَعُوا۟ سَبِيلَكَ وَقِهِمْ عَذَابَ ٱلْجَحِيمِ ٧

رَبَّنَا وَأَدْخِلْهُمْ جَنَّٰتِ عَدْنٍ ٱلَّتِى وَعَدتَّهُمْ وَمَن صَلَحَ
مِنْ ءَابَآئِهِمْ وَأَزْوَٰجِهِمْ وَذُرِّيَّٰتِهِمْ ۚ إِنَّكَ أَنتَ ٱلْعَزِيزُ
ٱلْحَكِيمُ ﴿٨﴾ وَقِهِمُ ٱلسَّيِّـَٔاتِ ۚ وَمَن تَقِ ٱلسَّيِّـَٔاتِ
يَوْمَئِذٍ فَقَدْ رَحِمْتَهُۥ ۚ وَذَٰلِكَ هُوَ ٱلْفَوْزُ ٱلْعَظِيمُ ﴿٩﴾ إِنَّ
ٱلَّذِينَ كَفَرُوا۟ يُنَادَوْنَ لَمَقْتُ ٱللَّهِ أَكْبَرُ مِن مَّقْتِكُمْ
أَنفُسَكُمْ إِذْ تُدْعَوْنَ إِلَى ٱلْإِيمَٰنِ فَتَكْفُرُونَ ﴿١٠﴾ قَالُوا۟ رَبَّنَآ
أَمَتَّنَا ٱثْنَتَيْنِ وَأَحْيَيْتَنَا ٱثْنَتَيْنِ فَٱعْتَرَفْنَا بِذُنُوبِنَا فَهَلْ
إِلَىٰ خُرُوجٍ مِّن سَبِيلٍ ﴿١١﴾ ذَٰلِكُم بِأَنَّهُۥٓ إِذَا دُعِىَ ٱللَّهُ
وَحْدَهُۥ كَفَرْتُمْ ۖ وَإِن يُشْرَكْ بِهِۦ تُؤْمِنُوا۟ ۚ فَٱلْحُكْمُ لِلَّهِ
ٱلْعَلِىِّ ٱلْكَبِيرِ ﴿١٢﴾ هُوَ ٱلَّذِى يُرِيكُمْ ءَايَٰتِهِۦ وَيُنَزِّلُ لَكُم مِّنَ
ٱلسَّمَآءِ رِزْقًا ۚ وَمَا يَتَذَكَّرُ إِلَّا مَن يُنِيبُ ﴿١٣﴾ فَٱدْعُوا۟ ٱللَّهَ
مُخْلِصِينَ لَهُ ٱلدِّينَ وَلَوْ كَرِهَ ٱلْكَٰفِرُونَ ﴿١٤﴾ رَفِيعُ
ٱلدَّرَجَٰتِ ذُو ٱلْعَرْشِ يُلْقِى ٱلرُّوحَ مِنْ أَمْرِهِۦ عَلَىٰ مَن يَشَآءُ
مِنْ عِبَادِهِۦ لِيُنذِرَ يَوْمَ ٱلتَّلَاقِ ﴿١٥﴾ يَوْمَ هُم بَٰرِزُونَ ۖ لَا يَخْفَىٰ
عَلَى ٱللَّهِ مِنْهُمْ شَىْءٌ ۚ لِّمَنِ ٱلْمُلْكُ ٱلْيَوْمَ ۖ لِلَّهِ ٱلْوَٰحِدِ ٱلْقَهَّارِ ﴿١٦﴾

ٱلۡيَوۡمَ تُجۡزَىٰ كُلُّ نَفۡسِۭ بِمَا كَسَبَتۡۚ لَا ظُلۡمَ ٱلۡيَوۡمَۚ إِنَّ
ٱللَّهَ سَرِيعُ ٱلۡحِسَابِ ﴿١٧﴾ وَأَنذِرۡهُمۡ يَوۡمَ ٱلۡأٓزِفَةِ إِذِ ٱلۡقُلُوبُ
لَدَى ٱلۡحَنَاجِرِ كَٰظِمِينَۚ مَا لِلظَّٰلِمِينَ مِنۡ حَمِيمٖ وَلَا شَفِيعٖ
يُطَاعُ ﴿١٨﴾ يَعۡلَمُ خَآئِنَةَ ٱلۡأَعۡيُنِ وَمَا تُخۡفِي ٱلصُّدُورُ ﴿١٩﴾ وَٱللَّهُ
يَقۡضِي بِٱلۡحَقِّۖ وَٱلَّذِينَ يَدۡعُونَ مِن دُونِهِۦ لَا يَقۡضُونَ
بِشَيۡءٍۗ إِنَّ ٱللَّهَ هُوَ ٱلسَّمِيعُ ٱلۡبَصِيرُ ﴿٢٠﴾ ۞ أَوَلَمۡ يَسِيرُواْ فِي
ٱلۡأَرۡضِ فَيَنظُرُواْ كَيۡفَ كَانَ عَٰقِبَةُ ٱلَّذِينَ كَانُواْ مِن قَبۡلِهِمۡۚ
كَانُواْ هُمۡ أَشَدَّ مِنۡهُمۡ قُوَّةٗ وَءَاثَارٗا فِي ٱلۡأَرۡضِ فَأَخَذَهُمُ ٱللَّهُ
بِذُنُوبِهِمۡ وَمَا كَانَ لَهُم مِّنَ ٱللَّهِ مِن وَاقٖ ﴿٢١﴾ ذَٰلِكَ بِأَنَّهُمۡ
كَانَت تَّأۡتِيهِمۡ رُسُلُهُم بِٱلۡبَيِّنَٰتِ فَكَفَرُواْ فَأَخَذَهُمُ ٱللَّهُۚ
إِنَّهُۥ قَوِيّٞ شَدِيدُ ٱلۡعِقَابِ ﴿٢٢﴾ وَلَقَدۡ أَرۡسَلۡنَا مُوسَىٰ بِـَٔايَٰتِنَا
وَسُلۡطَٰنٖ مُّبِينٍ ﴿٢٣﴾ إِلَىٰ فِرۡعَوۡنَ وَهَٰمَٰنَ وَقَٰرُونَ
فَقَالُواْ سَٰحِرٞ كَذَّابٞ ﴿٢٤﴾ فَلَمَّا جَآءَهُم بِٱلۡحَقِّ مِنۡ
عِندِنَا قَالُواْ ٱقۡتُلُوٓاْ أَبۡنَآءَ ٱلَّذِينَ ءَامَنُواْ مَعَهُۥ وَٱسۡتَحۡيُواْ
نِسَآءَهُمۡۚ وَمَا كَيۡدُ ٱلۡكَٰفِرِينَ إِلَّا فِي ضَلَٰلٖ ﴿٢٥﴾

ثلاثة أرباع الحزب ٤٧

وَقَالَ فِرۡعَوۡنُ ذَرُونِيٓ أَقۡتُلۡ مُوسَىٰ وَلۡيَدۡعُ رَبَّهُۥٓۖ إِنِّيٓ أَخَافُ
أَن يُبَدِّلَ دِينَكُمۡ أَوۡ أَن يُظۡهِرَ فِي ٱلۡأَرۡضِ ٱلۡفَسَادَ ٢٦
وَقَالَ مُوسَىٰٓ إِنِّي عُذۡتُ بِرَبِّي وَرَبِّكُم مِّن كُلِّ مُتَكَبِّرٖ لَّا يُؤۡمِنُ
بِيَوۡمِ ٱلۡحِسَابِ ٢٧ وَقَالَ رَجُلٞ مُّؤۡمِنٞ مِّنۡ ءَالِ فِرۡعَوۡنَ
يَكۡتُمُ إِيمَٰنَهُۥٓ أَتَقۡتُلُونَ رَجُلًا أَن يَقُولَ رَبِّيَ ٱللَّهُ وَقَدۡ
جَآءَكُم بِٱلۡبَيِّنَٰتِ مِن رَّبِّكُمۡۖ وَإِن يَكُ كَٰذِبٗا فَعَلَيۡهِ
كَذِبُهُۥۖ وَإِن يَكُ صَادِقٗا يُصِبۡكُم بَعۡضُ ٱلَّذِي يَعِدُكُمۡۖ
إِنَّ ٱللَّهَ لَا يَهۡدِي مَنۡ هُوَ مُسۡرِفٞ كَذَّابٞ ٢٨ يَٰقَوۡمِ لَكُمُ
ٱلۡمُلۡكُ ٱلۡيَوۡمَ ظَٰهِرِينَ فِي ٱلۡأَرۡضِ فَمَن يَنصُرُنَا مِنۢ بَأۡسِ ٱللَّهِ
إِن جَآءَنَاۚ قَالَ فِرۡعَوۡنُ مَآ أُرِيكُمۡ إِلَّا مَآ أَرَىٰ وَمَآ أَهۡدِيكُمۡ
إِلَّا سَبِيلَ ٱلرَّشَادِ ٢٩ وَقَالَ ٱلَّذِيٓ ءَامَنَ يَٰقَوۡمِ إِنِّيٓ أَخَافُ
عَلَيۡكُم مِّثۡلَ يَوۡمِ ٱلۡأَحۡزَابِ ٣٠ مِثۡلَ دَأۡبِ قَوۡمِ نُوحٖ وَعَادٖ
وَثَمُودَ وَٱلَّذِينَ مِنۢ بَعۡدِهِمۡۚ وَمَا ٱللَّهُ يُرِيدُ ظُلۡمٗا لِّلۡعِبَادِ ٣١
وَيَٰقَوۡمِ إِنِّيٓ أَخَافُ عَلَيۡكُمۡ يَوۡمَ ٱلتَّنَادِ ٣٢ يَوۡمَ تُوَلُّونَ مُدۡبِرِينَ
مَا لَكُم مِّنَ ٱللَّهِ مِنۡ عَاصِمٖۗ وَمَن يُضۡلِلِ ٱللَّهُ فَمَا لَهُۥ مِنۡ هَادٖ ٣٣

وَلَقَدۡ جَآءَكُمۡ يُوسُفُ مِن قَبۡلُ بِٱلۡبَيِّنَٰتِ فَمَا زِلۡتُمۡ فِي
شَكّٖ مِّمَّا جَآءَكُم بِهِۦۖ حَتَّىٰٓ إِذَا هَلَكَ قُلۡتُمۡ لَن يَبۡعَثَ ٱللَّهُ
مِنۢ بَعۡدِهِۦ رَسُولٗاۚ كَذَٰلِكَ يُضِلُّ ٱللَّهُ مَنۡ هُوَ مُسۡرِفٞ
مُّرۡتَابٌ ٣٤ ٱلَّذِينَ يُجَٰدِلُونَ فِيٓ ءَايَٰتِ ٱللَّهِ بِغَيۡرِ سُلۡطَٰنٍ
أَتَىٰهُمۡۖ كَبُرَ مَقۡتًا عِندَ ٱللَّهِ وَعِندَ ٱلَّذِينَ ءَامَنُواْۚ كَذَٰلِكَ
يَطۡبَعُ ٱللَّهُ عَلَىٰ كُلِّ قَلۡبِ مُتَكَبِّرٖ جَبَّارٖ ٣٥ وَقَالَ فِرۡعَوۡنُ
يَٰهَٰمَٰنُ ٱبۡنِ لِي صَرۡحٗا لَّعَلِّيٓ أَبۡلُغُ ٱلۡأَسۡبَٰبَ ٣٦ أَسۡبَٰبَ
ٱلسَّمَٰوَٰتِ فَأَطَّلِعَ إِلَىٰٓ إِلَٰهِ مُوسَىٰ وَإِنِّي لَأَظُنُّهُۥ كَٰذِبٗاۚ
وَكَذَٰلِكَ زُيِّنَ لِفِرۡعَوۡنَ سُوٓءُ عَمَلِهِۦ وَصُدَّ عَنِ ٱلسَّبِيلِۚ
وَمَا كَيۡدُ فِرۡعَوۡنَ إِلَّا فِي تَبَابٖ ٣٧ وَقَالَ ٱلَّذِيٓ ءَامَنَ
يَٰقَوۡمِ ٱتَّبِعُونِ أَهۡدِكُمۡ سَبِيلَ ٱلرَّشَادِ ٣٨ يَٰقَوۡمِ
إِنَّمَا هَٰذِهِ ٱلۡحَيَوٰةُ ٱلدُّنۡيَا مَتَٰعٞ وَإِنَّ ٱلۡأٓخِرَةَ هِيَ
دَارُ ٱلۡقَرَارِ ٣٩ مَنۡ عَمِلَ سَيِّئَةٗ فَلَا يُجۡزَىٰٓ إِلَّا مِثۡلَهَاۖ
وَمَنۡ عَمِلَ صَٰلِحٗا مِّن ذَكَرٍ أَوۡ أُنثَىٰ وَهُوَ مُؤۡمِنٞ فَأُوْلَٰٓئِكَ
يَدۡخُلُونَ ٱلۡجَنَّةَ يُرۡزَقُونَ فِيهَا بِغَيۡرِ حِسَابٖ ٤٠

۞ وَيَٰقَوۡمِ مَا لِيٓ أَدۡعُوكُمۡ إِلَى ٱلنَّجَوٰةِ وَتَدۡعُونَنِيٓ إِلَى ٱلنَّارِ
﴿٤١﴾ تَدۡعُونَنِي لِأَكۡفُرَ بِٱللَّهِ وَأُشۡرِكَ بِهِۦ مَا لَيۡسَ لِي بِهِۦ
عِلۡمٞ وَأَنَا۠ أَدۡعُوكُمۡ إِلَى ٱلۡعَزِيزِ ٱلۡغَفَّٰرِ ﴿٤٢﴾ لَا جَرَمَ أَنَّمَا
تَدۡعُونَنِيٓ إِلَيۡهِ لَيۡسَ لَهُۥ دَعۡوَةٞ فِي ٱلدُّنۡيَا وَلَا فِي ٱلۡأٓخِرَةِ
وَأَنَّ مَرَدَّنَآ إِلَى ٱللَّهِ وَأَنَّ ٱلۡمُسۡرِفِينَ هُمۡ أَصۡحَٰبُ ٱلنَّارِ
﴿٤٣﴾ فَسَتَذۡكُرُونَ مَآ أَقُولُ لَكُمۡۚ وَأُفَوِّضُ أَمۡرِيٓ إِلَى ٱللَّهِۚ
إِنَّ ٱللَّهَ بَصِيرُۢ بِٱلۡعِبَادِ ﴿٤٤﴾ فَوَقَىٰهُ ٱللَّهُ سَيِّـَٔاتِ مَا مَكَرُواْۖ
وَحَاقَ بِـَٔالِ فِرۡعَوۡنَ سُوٓءُ ٱلۡعَذَابِ ﴿٤٥﴾ ٱلنَّارُ يُعۡرَضُونَ
عَلَيۡهَا غُدُوّٗا وَعَشِيّٗاۚ وَيَوۡمَ تَقُومُ ٱلسَّاعَةُ أَدۡخِلُوٓاْ ءَالَ
فِرۡعَوۡنَ أَشَدَّ ٱلۡعَذَابِ ﴿٤٦﴾ وَإِذۡ يَتَحَآجُّونَ فِي ٱلنَّارِ
فَيَقُولُ ٱلضُّعَفَٰٓؤُاْ لِلَّذِينَ ٱسۡتَكۡبَرُوٓاْ إِنَّا كُنَّا لَكُمۡ
تَبَعٗا فَهَلۡ أَنتُم مُّغۡنُونَ عَنَّا نَصِيبٗا مِّنَ ٱلنَّارِ ﴿٤٧﴾ قَالَ
ٱلَّذِينَ ٱسۡتَكۡبَرُوٓاْ إِنَّا كُلّٞ فِيهَآ إِنَّ ٱللَّهَ قَدۡ حَكَمَ
بَيۡنَ ٱلۡعِبَادِ ﴿٤٨﴾ وَقَالَ ٱلَّذِينَ فِي ٱلنَّارِ لِخَزَنَةِ جَهَنَّمَ
ٱدۡعُواْ رَبَّكُمۡ يُخَفِّفۡ عَنَّا يَوۡمٗا مِّنَ ٱلۡعَذَابِ ﴿٤٩﴾

قَالُوٓا۟ أَوَلَمْ تَكُ تَأْتِيكُمْ رُسُلُكُم بِٱلْبَيِّنَٰتِ ۖ قَالُوا۟ بَلَىٰ ۚ
قَالُوا۟ فَٱدْعُوا۟ ۗ وَمَا دُعَٰٓؤُا۟ ٱلْكَٰفِرِينَ إِلَّا فِى ضَلَٰلٍ ٥٠
إِنَّا لَنَنصُرُ رُسُلَنَا وَٱلَّذِينَ ءَامَنُوا۟ فِى ٱلْحَيَوٰةِ ٱلدُّنْيَا
وَيَوْمَ يَقُومُ ٱلْأَشْهَٰدُ ٥١ يَوْمَ لَا يَنفَعُ ٱلظَّٰلِمِينَ مَعْذِرَتُهُمْ ۖ
وَلَهُمُ ٱللَّعْنَةُ وَلَهُمْ سُوٓءُ ٱلدَّارِ ٥٢ وَلَقَدْ ءَاتَيْنَا مُوسَى
ٱلْهُدَىٰ وَأَوْرَثْنَا بَنِىٓ إِسْرَٰٓءِيلَ ٱلْكِتَٰبَ ٥٣ هُدًى
وَذِكْرَىٰ لِأُو۟لِى ٱلْأَلْبَٰبِ ٥٤ فَٱصْبِرْ إِنَّ وَعْدَ ٱللَّهِ
حَقٌّ وَٱسْتَغْفِرْ لِذَنۢبِكَ وَسَبِّحْ بِحَمْدِ رَبِّكَ بِٱلْعَشِىِّ
وَٱلْإِبْكَٰرِ ٥٥ إِنَّ ٱلَّذِينَ يُجَٰدِلُونَ فِىٓ ءَايَٰتِ ٱللَّهِ
بِغَيْرِ سُلْطَٰنٍ أَتَىٰهُمْ ۙ إِن فِى صُدُورِهِمْ إِلَّا كِبْرٌ
مَّا هُم بِبَٰلِغِيهِ ۚ فَٱسْتَعِذْ بِٱللَّهِ ۖ إِنَّهُۥ هُوَ ٱلسَّمِيعُ
ٱلْبَصِيرُ ٥٦ لَخَلْقُ ٱلسَّمَٰوَٰتِ وَٱلْأَرْضِ أَكْبَرُ مِنْ
خَلْقِ ٱلنَّاسِ وَلَٰكِنَّ أَكْثَرَ ٱلنَّاسِ لَا يَعْلَمُونَ ٥٧
وَمَا يَسْتَوِى ٱلْأَعْمَىٰ وَٱلْبَصِيرُ وَٱلَّذِينَ ءَامَنُوا۟ وَعَمِلُوا۟
ٱلصَّٰلِحَٰتِ وَلَا ٱلْمُسِىٓءُ ۚ قَلِيلًا مَّا تَتَذَكَّرُونَ ٥٨

إِنَّ ٱلسَّاعَةَ لَأٓتِيَةٞ لَّا رَيۡبَ فِيهَا وَلَٰكِنَّ أَكۡثَرَ ٱلنَّاسِ
لَا يُؤۡمِنُونَ ٥٩ وَقَالَ رَبُّكُمُ ٱدۡعُونِيٓ أَسۡتَجِبۡ لَكُمۡۚ
إِنَّ ٱلَّذِينَ يَسۡتَكۡبِرُونَ عَنۡ عِبَادَتِي سَيَدۡخُلُونَ جَهَنَّمَ
دَاخِرِينَ ٦٠ ٱللَّهُ ٱلَّذِي جَعَلَ لَكُمُ ٱلَّيۡلَ لِتَسۡكُنُواْ
فِيهِ وَٱلنَّهَارَ مُبۡصِرًاۚ إِنَّ ٱللَّهَ لَذُو فَضۡلٍ عَلَى ٱلنَّاسِ وَلَٰكِنَّ
أَكۡثَرَ ٱلنَّاسِ لَا يَشۡكُرُونَ ٦١ ذَٰلِكُمُ ٱللَّهُ رَبُّكُمۡ
خَٰلِقُ كُلِّ شَيۡءٖ لَّآ إِلَٰهَ إِلَّا هُوَۖ فَأَنَّىٰ تُؤۡفَكُونَ ٦٢
كَذَٰلِكَ يُؤۡفَكُ ٱلَّذِينَ كَانُواْ بِـَٔايَٰتِ ٱللَّهِ يَجۡحَدُونَ ٦٣
ٱللَّهُ ٱلَّذِي جَعَلَ لَكُمُ ٱلۡأَرۡضَ قَرَارٗا وَٱلسَّمَآءَ بِنَآءٗ
وَصَوَّرَكُمۡ فَأَحۡسَنَ صُوَرَكُمۡ وَرَزَقَكُم مِّنَ
ٱلطَّيِّبَٰتِۚ ذَٰلِكُمُ ٱللَّهُ رَبُّكُمۡۖ فَتَبَارَكَ ٱللَّهُ رَبُّ
ٱلۡعَٰلَمِينَ ٦٤ هُوَ ٱلۡحَيُّ لَآ إِلَٰهَ إِلَّا هُوَ فَٱدۡعُوهُ مُخۡلِصِينَ
لَهُ ٱلدِّينَۗ ٱلۡحَمۡدُ لِلَّهِ رَبِّ ٱلۡعَٰلَمِينَ ٦٥ ۞ قُلۡ إِنِّي
نُهِيتُ أَنۡ أَعۡبُدَ ٱلَّذِينَ تَدۡعُونَ مِن دُونِ ٱللَّهِ لَمَّا جَآءَنِيَ
ٱلۡبَيِّنَٰتُ مِن رَّبِّي وَأُمِرۡتُ أَنۡ أُسۡلِمَ لِرَبِّ ٱلۡعَٰلَمِينَ ٦٦

ربع الحزب
٤٨

هُوَ ٱلَّذِي خَلَقَكُم مِّن تُرَابٖ ثُمَّ مِن نُّطۡفَةٖ ثُمَّ مِنۡ عَلَقَةٖ ثُمَّ
يُخۡرِجُكُمۡ طِفۡلٗا ثُمَّ لِتَبۡلُغُوٓاْ أَشُدَّكُمۡ ثُمَّ لِتَكُونُواْ شُيُوخٗاۚ
وَمِنكُم مَّن يُتَوَفَّىٰ مِن قَبۡلُۖ وَلِتَبۡلُغُوٓاْ أَجَلٗا مُّسَمّٗى وَلَعَلَّكُمۡ
تَعۡقِلُونَ ٦٧ هُوَ ٱلَّذِي يُحۡيِۦ وَيُمِيتُۖ فَإِذَا قَضَىٰٓ أَمۡرٗا فَإِنَّمَا
يَقُولُ لَهُۥ كُن فَيَكُونُ ٦٨ أَلَمۡ تَرَ إِلَى ٱلَّذِينَ يُجَٰدِلُونَ
فِيٓ ءَايَٰتِ ٱللَّهِ أَنَّىٰ يُصۡرَفُونَ ٦٩ ٱلَّذِينَ كَذَّبُواْ بِٱلۡكِتَٰبِ
وَبِمَآ أَرۡسَلۡنَا بِهِۦ رُسُلَنَاۖ فَسَوۡفَ يَعۡلَمُونَ ٧٠ إِذِ ٱلۡأَغۡلَٰلُ
فِيٓ أَعۡنَٰقِهِمۡ وَٱلسَّلَٰسِلُ يُسۡحَبُونَ ٧١ فِي ٱلۡحَمِيمِ
ثُمَّ فِي ٱلنَّارِ يُسۡجَرُونَ ٧٢ ثُمَّ قِيلَ لَهُمۡ أَيۡنَ مَا كُنتُمۡ
تُشۡرِكُونَ ٧٣ مِن دُونِ ٱللَّهِۖ قَالُواْ ضَلُّواْ عَنَّا بَل لَّمۡ نَكُن
نَّدۡعُواْ مِن قَبۡلُ شَيۡـٔٗاۚ كَذَٰلِكَ يُضِلُّ ٱللَّهُ ٱلۡكَٰفِرِينَ ٧٤
ذَٰلِكُم بِمَا كُنتُمۡ تَفۡرَحُونَ فِي ٱلۡأَرۡضِ بِغَيۡرِ ٱلۡحَقِّ وَبِمَا كُنتُمۡ
تَمۡرَحُونَ ٧٥ ٱدۡخُلُوٓاْ أَبۡوَٰبَ جَهَنَّمَ خَٰلِدِينَ فِيهَاۖ فَبِئۡسَ مَثۡوَى
ٱلۡمُتَكَبِّرِينَ ٧٦ فَٱصۡبِرۡ إِنَّ وَعۡدَ ٱللَّهِ حَقّٞۚ فَإِمَّا نُرِيَنَّكَ
بَعۡضَ ٱلَّذِي نَعِدُهُمۡ أَوۡ نَتَوَفَّيَنَّكَ فَإِلَيۡنَا يُرۡجَعُونَ ٧٧

وَلَقَدۡ أَرۡسَلۡنَا رُسُلٗا مِّن قَبۡلِكَ مِنۡهُم مَّن قَصَصۡنَا عَلَيۡكَ
وَمِنۡهُم مَّن لَّمۡ نَقۡصُصۡ عَلَيۡكَۗ وَمَا كَانَ لِرَسُولٍ أَن يَأۡتِيَ
بِـَٔايَةٍ إِلَّا بِإِذۡنِ ٱللَّهِۚ فَإِذَا جَآءَ أَمۡرُ ٱللَّهِ قُضِيَ بِٱلۡحَقِّ وَخَسِرَ
هُنَالِكَ ٱلۡمُبۡطِلُونَ ﴿٧٨﴾ ٱللَّهُ ٱلَّذِي جَعَلَ لَكُمُ ٱلۡأَنۡعَٰمَ
لِتَرۡكَبُواْ مِنۡهَا وَمِنۡهَا تَأۡكُلُونَ ﴿٧٩﴾ وَلَكُمۡ فِيهَا مَنَٰفِعُ
وَلِتَبۡلُغُواْ عَلَيۡهَا حَاجَةٗ فِي صُدُورِكُمۡ وَعَلَيۡهَا وَعَلَى
ٱلۡفُلۡكِ تُحۡمَلُونَ ﴿٨٠﴾ وَيُرِيكُمۡ ءَايَٰتِهِۦ فَأَيَّ ءَايَٰتِ ٱللَّهِ
تُنكِرُونَ ﴿٨١﴾ أَفَلَمۡ يَسِيرُواْ فِي ٱلۡأَرۡضِ فَيَنظُرُواْ كَيۡفَ
كَانَ عَٰقِبَةُ ٱلَّذِينَ مِن قَبۡلِهِمۡۚ كَانُوٓاْ أَكۡثَرَ مِنۡهُمۡ وَأَشَدَّ
قُوَّةٗ وَءَاثَارٗا فِي ٱلۡأَرۡضِ فَمَآ أَغۡنَىٰ عَنۡهُم مَّا كَانُواْ يَكۡسِبُونَ
﴿٨٢﴾ فَلَمَّا جَآءَتۡهُمۡ رُسُلُهُم بِٱلۡبَيِّنَٰتِ فَرِحُواْ بِمَا عِندَهُم مِّنَ
ٱلۡعِلۡمِ وَحَاقَ بِهِم مَّا كَانُواْ بِهِۦ يَسۡتَهۡزِءُونَ ﴿٨٣﴾ فَلَمَّا رَأَوۡاْ
بَأۡسَنَا قَالُوٓاْ ءَامَنَّا بِٱللَّهِ وَحۡدَهُۥ وَكَفَرۡنَا بِمَا كُنَّا بِهِۦ
مُشۡرِكِينَ ﴿٨٤﴾ فَلَمۡ يَكُ يَنفَعُهُمۡ إِيمَٰنُهُمۡ لَمَّا رَأَوۡاْ بَأۡسَنَاۖ سُنَّتَ
ٱللَّهِ ٱلَّتِي قَدۡ خَلَتۡ فِي عِبَادِهِۦۖ وَخَسِرَ هُنَالِكَ ٱلۡكَٰفِرُونَ ﴿٨٥﴾

سُورَةُ فُصِّلَتْ

بِسۡمِ ٱللَّهِ ٱلرَّحۡمَٰنِ ٱلرَّحِيمِ

حمٓ ١ تَنزِيلٞ مِّنَ ٱلرَّحۡمَٰنِ ٱلرَّحِيمِ ٢ كِتَٰبٞ فُصِّلَتۡ ءَايَٰتُهُۥ
قُرۡءَانًا عَرَبِيّٗا لِّقَوۡمٖ يَعۡلَمُونَ ٣ بَشِيرٗا وَنَذِيرٗا فَأَعۡرَضَ أَكۡثَرُهُمۡ
فَهُمۡ لَا يَسۡمَعُونَ ٤ وَقَالُواْ قُلُوبُنَا فِيٓ أَكِنَّةٖ مِّمَّا تَدۡعُونَآ إِلَيۡهِ
وَفِيٓ ءَاذَانِنَا وَقۡرٞ وَمِنۢ بَيۡنِنَا وَبَيۡنِكَ حِجَابٞ فَٱعۡمَلۡ إِنَّنَا عَٰمِلُونَ
٥ قُلۡ إِنَّمَآ أَنَا۠ بَشَرٞ مِّثۡلُكُمۡ يُوحَىٰٓ إِلَيَّ أَنَّمَآ إِلَٰهُكُمۡ إِلَٰهٞ وَٰحِدٞ
فَٱسۡتَقِيمُوٓاْ إِلَيۡهِ وَٱسۡتَغۡفِرُوهُۗ وَوَيۡلٞ لِّلۡمُشۡرِكِينَ ٦ ٱلَّذِينَ
لَا يُؤۡتُونَ ٱلزَّكَوٰةَ وَهُم بِٱلۡأٓخِرَةِ هُمۡ كَٰفِرُونَ ٧ إِنَّ ٱلَّذِينَ
ءَامَنُواْ وَعَمِلُواْ ٱلصَّٰلِحَٰتِ لَهُمۡ أَجۡرٌ غَيۡرُ مَمۡنُونٖ ٨ ۞ قُلۡ أَئِنَّكُمۡ
لَتَكۡفُرُونَ بِٱلَّذِي خَلَقَ ٱلۡأَرۡضَ فِي يَوۡمَيۡنِ وَتَجۡعَلُونَ لَهُۥٓ أَندَادٗاۚ
ذَٰلِكَ رَبُّ ٱلۡعَٰلَمِينَ ٩ وَجَعَلَ فِيهَا رَوَٰسِيَ مِن فَوۡقِهَا
وَبَٰرَكَ فِيهَا وَقَدَّرَ فِيهَآ أَقۡوَٰتَهَا فِيٓ أَرۡبَعَةِ أَيَّامٖ سَوَآءٗ
لِّلسَّآئِلِينَ ١٠ ثُمَّ ٱسۡتَوَىٰٓ إِلَى ٱلسَّمَآءِ وَهِيَ دُخَانٞ فَقَالَ
لَهَا وَلِلۡأَرۡضِ ٱئۡتِيَا طَوۡعًا أَوۡ كَرۡهٗا قَالَتَآ أَتَيۡنَا طَآئِعِينَ ١١

نصف الحزب ٤٨

فَقَضَىٰهُنَّ سَبْعَ سَمَٰوَاتٍ فِي يَوْمَيْنِ وَأَوْحَىٰ فِي كُلِّ سَمَآءٍ أَمْرَهَا
وَزَيَّنَّا ٱلسَّمَآءَ ٱلدُّنْيَا بِمَصَٰبِيحَ وَحِفْظًا ذَٰلِكَ تَقْدِيرُ ٱلْعَزِيزِ
ٱلْعَلِيمِ ﴿١٢﴾ فَإِنْ أَعْرَضُوا۟ فَقُلْ أَنذَرْتُكُمْ صَٰعِقَةً مِّثْلَ صَٰعِقَةِ
عَادٍ وَثَمُودَ ﴿١٣﴾ إِذْ جَآءَتْهُمُ ٱلرُّسُلُ مِنۢ بَيْنِ أَيْدِيهِمْ وَمِنْ
خَلْفِهِمْ أَلَّا تَعْبُدُوٓا۟ إِلَّا ٱللَّهَ ۖ قَالُوا۟ لَوْ شَآءَ رَبُّنَا لَأَنزَلَ مَلَٰٓئِكَةً
فَإِنَّا بِمَآ أُرْسِلْتُم بِهِۦ كَٰفِرُونَ ﴿١٤﴾ فَأَمَّا عَادٌ فَٱسْتَكْبَرُوا۟ فِي
ٱلْأَرْضِ بِغَيْرِ ٱلْحَقِّ وَقَالُوا۟ مَنْ أَشَدُّ مِنَّا قُوَّةً ۖ أَوَلَمْ يَرَوْا۟ أَنَّ ٱللَّهَ
ٱلَّذِي خَلَقَهُمْ هُوَ أَشَدُّ مِنْهُمْ قُوَّةً ۖ وَكَانُوا۟ بِـَٔايَٰتِنَا يَجْحَدُونَ
﴿١٥﴾ فَأَرْسَلْنَا عَلَيْهِمْ رِيحًا صَرْصَرًا فِيٓ أَيَّامٍ نَّحِسَاتٍ لِّنُذِيقَهُمْ
عَذَابَ ٱلْخِزْيِ فِي ٱلْحَيَوٰةِ ٱلدُّنْيَا ۖ وَلَعَذَابُ ٱلْـَٔاخِرَةِ أَخْزَىٰ ۖ وَهُمْ
لَا يُنصَرُونَ ﴿١٦﴾ وَأَمَّا ثَمُودُ فَهَدَيْنَٰهُمْ فَٱسْتَحَبُّوا۟ ٱلْعَمَىٰ عَلَى
ٱلْهُدَىٰ فَأَخَذَتْهُمْ صَٰعِقَةُ ٱلْعَذَابِ ٱلْهُونِ بِمَا كَانُوا۟ يَكْسِبُونَ
﴿١٧﴾ وَنَجَّيْنَا ٱلَّذِينَ ءَامَنُوا۟ وَكَانُوا۟ يَتَّقُونَ ﴿١٨﴾ وَيَوْمَ يُحْشَرُ أَعْدَآءُ ٱللَّهِ
إِلَى ٱلنَّارِ فَهُمْ يُوزَعُونَ ﴿١٩﴾ حَتَّىٰٓ إِذَا مَا جَآءُوهَا شَهِدَ عَلَيْهِمْ
سَمْعُهُمْ وَأَبْصَٰرُهُمْ وَجُلُودُهُم بِمَا كَانُوا۟ يَعْمَلُونَ ﴿٢٠﴾

وَقَالُوا۟ لِجُلُودِهِمْ لِمَ شَهِدتُّمْ عَلَيْنَا ۖ قَالُوٓا۟ أَنطَقَنَا ٱللَّهُ ٱلَّذِىٓ
أَنطَقَ كُلَّ شَىْءٍ وَهُوَ خَلَقَكُمْ أَوَّلَ مَرَّةٍ وَإِلَيْهِ تُرْجَعُونَ ﴿٢١﴾
وَمَا كُنتُمْ تَسْتَتِرُونَ أَن يَشْهَدَ عَلَيْكُمْ سَمْعُكُمْ وَلَآ أَبْصَـٰرُكُمْ
وَلَا جُلُودُكُمْ وَلَـٰكِن ظَنَنتُمْ أَنَّ ٱللَّهَ لَا يَعْلَمُ كَثِيرًا مِّمَّا تَعْمَلُونَ
﴿٢٢﴾ وَذَٰلِكُمْ ظَنُّكُمُ ٱلَّذِى ظَنَنتُم بِرَبِّكُمْ أَرْدَىٰكُمْ فَأَصْبَحْتُم
مِّنَ ٱلْخَـٰسِرِينَ ﴿٢٣﴾ فَإِن يَصْبِرُوا۟ فَٱلنَّارُ مَثْوًى لَّهُمْ ۖ وَإِن يَسْتَعْتِبُوا۟
فَمَا هُم مِّنَ ٱلْمُعْتَبِينَ ﴿٢٤﴾ ۞ وَقَيَّضْنَا لَهُمْ قُرَنَآءَ فَزَيَّنُوا۟ لَهُم
مَّا بَيْنَ أَيْدِيهِمْ وَمَا خَلْفَهُمْ وَحَقَّ عَلَيْهِمُ ٱلْقَوْلُ فِىٓ أُمَمٍ قَدْ
خَلَتْ مِن قَبْلِهِم مِّنَ ٱلْجِنِّ وَٱلْإِنسِ ۖ إِنَّهُمْ كَانُوا۟ خَـٰسِرِينَ ﴿٢٥﴾
وَقَالَ ٱلَّذِينَ كَفَرُوا۟ لَا تَسْمَعُوا۟ لِهَـٰذَا ٱلْقُرْءَانِ وَٱلْغَوْا۟ فِيهِ
لَعَلَّكُمْ تَغْلِبُونَ ﴿٢٦﴾ فَلَنُذِيقَنَّ ٱلَّذِينَ كَفَرُوا۟ عَذَابًا شَدِيدًا
وَلَنَجْزِيَنَّهُمْ أَسْوَأَ ٱلَّذِى كَانُوا۟ يَعْمَلُونَ ﴿٢٧﴾ ذَٰلِكَ جَزَآءُ أَعْدَآءِ ٱللَّهِ
ٱلنَّارُ ۖ لَهُمْ فِيهَا دَارُ ٱلْخُلْدِ ۖ جَزَآءًۢ بِمَا كَانُوا۟ بِـَٔايَـٰتِنَا يَجْحَدُونَ
﴿٢٨﴾ وَقَالَ ٱلَّذِينَ كَفَرُوا۟ رَبَّنَآ أَرِنَا ٱلَّذَيْنِ أَضَلَّانَا مِنَ ٱلْجِنِّ
وَٱلْإِنسِ نَجْعَلْهُمَا تَحْتَ أَقْدَامِنَا لِيَكُونَا مِنَ ٱلْأَسْفَلِينَ ﴿٢٩﴾

ثلاثة أرباع الحزب ٤٨

إِنَّ ٱلَّذِينَ قَالُواْ رَبُّنَا ٱللَّهُ ثُمَّ ٱسۡتَقَٰمُواْ تَتَنَزَّلُ عَلَيۡهِمُ
ٱلۡمَلَٰٓئِكَةُ أَلَّا تَخَافُواْ وَلَا تَحۡزَنُواْ وَأَبۡشِرُواْ بِٱلۡجَنَّةِ
ٱلَّتِي كُنتُمۡ تُوعَدُونَ ٣٠ نَحۡنُ أَوۡلِيَآؤُكُمۡ فِي ٱلۡحَيَوٰةِ ٱلدُّنۡيَا
وَفِي ٱلۡأٓخِرَةِۖ وَلَكُمۡ فِيهَا مَا تَشۡتَهِيٓ أَنفُسُكُمۡ وَلَكُمۡ
فِيهَا مَا تَدَّعُونَ ٣١ نُزُلٗا مِّنۡ غَفُورٖ رَّحِيمٖ ٣٢ وَمَنۡ أَحۡسَنُ
قَوۡلٗا مِّمَّن دَعَآ إِلَى ٱللَّهِ وَعَمِلَ صَٰلِحٗا وَقَالَ إِنَّنِي مِنَ
ٱلۡمُسۡلِمِينَ ٣٣ وَلَا تَسۡتَوِي ٱلۡحَسَنَةُ وَلَا ٱلسَّيِّئَةُۚ ٱدۡفَعۡ
بِٱلَّتِي هِيَ أَحۡسَنُ فَإِذَا ٱلَّذِي بَيۡنَكَ وَبَيۡنَهُۥ عَدَٰوَةٞ كَأَنَّهُۥ
وَلِيٌّ حَمِيمٞ ٣٤ وَمَا يُلَقَّىٰهَآ إِلَّا ٱلَّذِينَ صَبَرُواْ وَمَا يُلَقَّىٰهَآ
إِلَّا ذُو حَظٍّ عَظِيمٖ ٣٥ وَإِمَّا يَنزَغَنَّكَ مِنَ ٱلشَّيۡطَٰنِ نَزۡغٞ
فَٱسۡتَعِذۡ بِٱللَّهِۖ إِنَّهُۥ هُوَ ٱلسَّمِيعُ ٱلۡعَلِيمُ ٣٦ وَمِنۡ ءَايَٰتِهِ
ٱلَّيۡلُ وَٱلنَّهَارُ وَٱلشَّمۡسُ وَٱلۡقَمَرُۚ لَا تَسۡجُدُواْ لِلشَّمۡسِ
وَلَا لِلۡقَمَرِ وَٱسۡجُدُواْۤ لِلَّهِۤ ٱلَّذِي خَلَقَهُنَّ إِن كُنتُمۡ
إِيَّاهُ تَعۡبُدُونَ ٣٧ فَإِنِ ٱسۡتَكۡبَرُواْ فَٱلَّذِينَ عِندَ
رَبِّكَ يُسَبِّحُونَ لَهُۥ بِٱلَّيۡلِ وَٱلنَّهَارِ وَهُمۡ لَا يَسۡـَٔمُونَ ۩ ٣٨

سَجۡدَة

وَمِنْ ءَايَٰتِهِۦٓ أَنَّكَ تَرَى ٱلْأَرْضَ خَٰشِعَةً فَإِذَآ أَنزَلْنَا عَلَيْهَا ٱلْمَآءَ
ٱهْتَزَّتْ وَرَبَتْ ۚ إِنَّ ٱلَّذِىٓ أَحْيَاهَا لَمُحْىِ ٱلْمَوْتَىٰٓ ۚ إِنَّهُۥ عَلَىٰ كُلِّ شَىْءٍ
قَدِيرٌ ٣٩ إِنَّ ٱلَّذِينَ يُلْحِدُونَ فِىٓ ءَايَٰتِنَا لَا يَخْفَوْنَ عَلَيْنَآ ۗ أَفَمَن
يُلْقَىٰ فِى ٱلنَّارِ خَيْرٌ أَم مَّن يَأْتِىٓ ءَامِنًا يَوْمَ ٱلْقِيَٰمَةِ ۚ ٱعْمَلُوا۟ مَا شِئْتُمْ ۖ
إِنَّهُۥ بِمَا تَعْمَلُونَ بَصِيرٌ ٤٠ إِنَّ ٱلَّذِينَ كَفَرُوا۟ بِٱلذِّكْرِ لَمَّا جَآءَهُمْ ۖ
وَإِنَّهُۥ لَكِتَٰبٌ عَزِيزٌ ٤١ لَّا يَأْتِيهِ ٱلْبَٰطِلُ مِنۢ بَيْنِ يَدَيْهِ وَلَا مِنْ
خَلْفِهِۦ ۖ تَنزِيلٌ مِّنْ حَكِيمٍ حَمِيدٍ ٤٢ مَّا يُقَالُ لَكَ إِلَّا مَا قَدْ قِيلَ
لِلرُّسُلِ مِن قَبْلِكَ ۚ إِنَّ رَبَّكَ لَذُو مَغْفِرَةٍ وَذُو عِقَابٍ أَلِيمٍ
٤٣ وَلَوْ جَعَلْنَٰهُ قُرْءَانًا أَعْجَمِيًّا لَّقَالُوا۟ لَوْلَا فُصِّلَتْ ءَايَٰتُهُۥٓ ۖ
ءَا۬عْجَمِىٌّ وَعَرَبِىٌّ ۗ قُلْ هُوَ لِلَّذِينَ ءَامَنُوا۟ هُدًى وَشِفَآءٌ ۖ وَٱلَّذِينَ
لَا يُؤْمِنُونَ فِىٓ ءَاذَانِهِمْ وَقْرٌ وَهُوَ عَلَيْهِمْ عَمًى ۚ أُو۟لَٰٓئِكَ
يُنَادَوْنَ مِن مَّكَانٍۭ بَعِيدٍ ٤٤ وَلَقَدْ ءَاتَيْنَا مُوسَى ٱلْكِتَٰبَ
فَٱخْتُلِفَ فِيهِ ۗ وَلَوْلَا كَلِمَةٌ سَبَقَتْ مِن رَّبِّكَ لَقُضِىَ
بَيْنَهُمْ ۚ وَإِنَّهُمْ لَفِى شَكٍّ مِّنْهُ مُرِيبٍ ٤٥ مَّنْ عَمِلَ صَٰلِحًا
فَلِنَفْسِهِۦ ۖ وَمَنْ أَسَآءَ فَعَلَيْهَا ۗ وَمَا رَبُّكَ بِظَلَّٰمٍ لِّلْعَبِيدِ ٤٦

۞ إِلَيۡهِ يُرَدُّ عِلۡمُ ٱلسَّاعَةِۚ وَمَا تَخۡرُجُ مِن ثَمَرَٰتٖ مِّنۡ أَكۡمَامِهَا
وَمَا تَحۡمِلُ مِنۡ أُنثَىٰ وَلَا تَضَعُ إِلَّا بِعِلۡمِهِۦۚ وَيَوۡمَ يُنَادِيهِمۡ أَيۡنَ
شُرَكَآءِي قَالُوٓاْ ءَاذَنَّٰكَ مَا مِنَّا مِن شَهِيدٖ ٤٧ وَضَلَّ عَنۡهُم
مَّا كَانُواْ يَدۡعُونَ مِن قَبۡلُۖ وَظَنُّواْ مَا لَهُم مِّن مَّحِيصٖ ٤٨
لَّا يَسۡـَٔمُ ٱلۡإِنسَٰنُ مِن دُعَآءِ ٱلۡخَيۡرِ وَإِن مَّسَّهُ ٱلشَّرُّ فَيَـُٔوسٞ
قَنُوطٞ ٤٩ وَلَئِنۡ أَذَقۡنَٰهُ رَحۡمَةٗ مِّنَّا مِنۢ بَعۡدِ ضَرَّآءَ مَسَّتۡهُ
لَيَقُولَنَّ هَٰذَا لِي وَمَآ أَظُنُّ ٱلسَّاعَةَ قَآئِمَةٗ وَلَئِن رُّجِعۡتُ إِلَىٰ
رَبِّيٓ إِنَّ لِي عِندَهُۥ لَلۡحُسۡنَىٰۚ فَلَنُنَبِّئَنَّ ٱلَّذِينَ كَفَرُواْ بِمَا عَمِلُواْ
وَلَنُذِيقَنَّهُم مِّنۡ عَذَابٍ غَلِيظٖ ٥٠ وَإِذَآ أَنۡعَمۡنَا عَلَى ٱلۡإِنسَٰنِ
أَعۡرَضَ وَنَـَٔا بِجَانِبِهِۦ وَإِذَا مَسَّهُ ٱلشَّرُّ فَذُو دُعَآءٍ عَرِيضٖ
٥١ قُلۡ أَرَءَيۡتُمۡ إِن كَانَ مِنۡ عِندِ ٱللَّهِ ثُمَّ كَفَرۡتُم بِهِۦ
مَنۡ أَضَلُّ مِمَّنۡ هُوَ فِي شِقَاقِۢ بَعِيدٖ ٥٢ سَنُرِيهِمۡ ءَايَٰتِنَا
فِي ٱلۡأٓفَاقِ وَفِيٓ أَنفُسِهِمۡ حَتَّىٰ يَتَبَيَّنَ لَهُمۡ أَنَّهُ ٱلۡحَقُّۗ
أَوَلَمۡ يَكۡفِ بِرَبِّكَ أَنَّهُۥ عَلَىٰ كُلِّ شَيۡءٖ شَهِيدٌ ٥٣ أَلَآ إِنَّهُمۡ
فِي مِرۡيَةٖ مِّن لِّقَآءِ رَبِّهِمۡۗ أَلَآ إِنَّهُۥ بِكُلِّ شَيۡءٖ مُّحِيطُۢ ٥٤

سُورَةُ الشُّورَىٰ

بِسْمِ اللَّهِ الرَّحْمَٰنِ الرَّحِيمِ

حمٓ ﴿١﴾ عٓسٓقٓ ﴿٢﴾ كَذَٰلِكَ يُوحِىٓ إِلَيْكَ وَإِلَى ٱلَّذِينَ مِن قَبْلِكَ
ٱللَّهُ ٱلْعَزِيزُ ٱلْحَكِيمُ ﴿٣﴾ لَهُۥ مَا فِى ٱلسَّمَٰوَٰتِ وَمَا فِى ٱلْأَرْضِ ۖ
وَهُوَ ٱلْعَلِىُّ ٱلْعَظِيمُ ﴿٤﴾ تَكَادُ ٱلسَّمَٰوَٰتُ يَتَفَطَّرْنَ مِن فَوْقِهِنَّ ۚ
وَٱلْمَلَٰٓئِكَةُ يُسَبِّحُونَ بِحَمْدِ رَبِّهِمْ وَيَسْتَغْفِرُونَ لِمَن فِى
ٱلْأَرْضِ ۗ أَلَآ إِنَّ ٱللَّهَ هُوَ ٱلْغَفُورُ ٱلرَّحِيمُ ﴿٥﴾ وَٱلَّذِينَ ٱتَّخَذُوا۟
مِن دُونِهِۦٓ أَوْلِيَآءَ ٱللَّهُ حَفِيظٌ عَلَيْهِمْ وَمَآ أَنتَ عَلَيْهِم بِوَكِيلٍ
﴿٦﴾ وَكَذَٰلِكَ أَوْحَيْنَآ إِلَيْكَ قُرْءَانًا عَرَبِيًّا لِّتُنذِرَ أُمَّ ٱلْقُرَىٰ وَمَنْ
حَوْلَهَا وَتُنذِرَ يَوْمَ ٱلْجَمْعِ لَا رَيْبَ فِيهِ ۚ فَرِيقٌ فِى ٱلْجَنَّةِ وَفَرِيقٌ فِى
ٱلسَّعِيرِ ﴿٧﴾ وَلَوْ شَآءَ ٱللَّهُ لَجَعَلَهُمْ أُمَّةً وَٰحِدَةً وَلَٰكِن يُدْخِلُ مَن
يَشَآءُ فِى رَحْمَتِهِۦ ۚ وَٱلظَّٰلِمُونَ مَا لَهُم مِّن وَلِىٍّ وَلَا نَصِيرٍ ﴿٨﴾ أَمِ
ٱتَّخَذُوا۟ مِن دُونِهِۦٓ أَوْلِيَآءَ ۖ فَٱللَّهُ هُوَ ٱلْوَلِىُّ وَهُوَ يُحْىِ ٱلْمَوْتَىٰ وَهُوَ
عَلَىٰ كُلِّ شَىْءٍ قَدِيرٌ ﴿٩﴾ وَمَا ٱخْتَلَفْتُمْ فِيهِ مِن شَىْءٍ فَحُكْمُهُۥٓ
إِلَى ٱللَّهِ ۚ ذَٰلِكُمُ ٱللَّهُ رَبِّى عَلَيْهِ تَوَكَّلْتُ وَإِلَيْهِ أُنِيبُ ﴿١٠﴾

ربع الحزب ٤٩

فَاطِرُ ٱلسَّمَٰوَٰتِ وَٱلۡأَرۡضِۚ جَعَلَ لَكُم مِّنۡ أَنفُسِكُمۡ أَزۡوَٰجٗا
وَمِنَ ٱلۡأَنۡعَٰمِ أَزۡوَٰجٗا يَذۡرَؤُكُمۡ فِيهِۚ لَيۡسَ كَمِثۡلِهِۦ شَيۡءٞۖ وَهُوَ
ٱلسَّمِيعُ ٱلۡبَصِيرُ ١١ لَهُۥ مَقَالِيدُ ٱلسَّمَٰوَٰتِ وَٱلۡأَرۡضِۖ يَبۡسُطُ
ٱلرِّزۡقَ لِمَن يَشَآءُ وَيَقۡدِرُۚ إِنَّهُۥ بِكُلِّ شَيۡءٍ عَلِيمٞ ١٢ ۞ شَرَعَ
لَكُم مِّنَ ٱلدِّينِ مَا وَصَّىٰ بِهِۦ نُوحٗا وَٱلَّذِيٓ أَوۡحَيۡنَآ إِلَيۡكَ وَمَا
وَصَّيۡنَا بِهِۦٓ إِبۡرَٰهِيمَ وَمُوسَىٰ وَعِيسَىٰٓۖ أَنۡ أَقِيمُواْ ٱلدِّينَ
وَلَا تَتَفَرَّقُواْ فِيهِۚ كَبُرَ عَلَى ٱلۡمُشۡرِكِينَ مَا تَدۡعُوهُمۡ إِلَيۡهِۚ ٱللَّهُ
يَجۡتَبِيٓ إِلَيۡهِ مَن يَشَآءُ وَيَهۡدِيٓ إِلَيۡهِ مَن يُنِيبُ ١٣ وَمَا تَفَرَّقُوٓاْ
إِلَّا مِنۢ بَعۡدِ مَا جَآءَهُمُ ٱلۡعِلۡمُ بَغۡيَۢا بَيۡنَهُمۡۚ وَلَوۡلَا كَلِمَةٞ سَبَقَتۡ
مِن رَّبِّكَ إِلَىٰٓ أَجَلٖ مُّسَمّٗى لَّقُضِيَ بَيۡنَهُمۡۚ وَإِنَّ ٱلَّذِينَ أُورِثُواْ
ٱلۡكِتَٰبَ مِنۢ بَعۡدِهِمۡ لَفِي شَكّٖ مِّنۡهُ مُرِيبٖ ١٤ فَلِذَٰلِكَ
فَٱدۡعُۖ وَٱسۡتَقِمۡ كَمَآ أُمِرۡتَۖ وَلَا تَتَّبِعۡ أَهۡوَآءَهُمۡۖ وَقُلۡ
ءَامَنتُ بِمَآ أَنزَلَ ٱللَّهُ مِن كِتَٰبٖۖ وَأُمِرۡتُ لِأَعۡدِلَ بَيۡنَكُمُۖ
ٱللَّهُ رَبُّنَا وَرَبُّكُمۡۖ لَنَآ أَعۡمَٰلُنَا وَلَكُمۡ أَعۡمَٰلُكُمۡۖ لَا حُجَّةَ
بَيۡنَنَا وَبَيۡنَكُمُۖ ٱللَّهُ يَجۡمَعُ بَيۡنَنَاۖ وَإِلَيۡهِ ٱلۡمَصِيرُ ١٥

وَٱلَّذِينَ يُحَآجُّونَ فِي ٱللَّهِ مِنۢ بَعۡدِ مَا ٱسۡتُجِيبَ لَهُۥ حُجَّتُهُمۡ
دَاحِضَةٌ عِندَ رَبِّهِمۡ وَعَلَيۡهِمۡ غَضَبٞ وَلَهُمۡ عَذَابٞ شَدِيدٌ
١٦ ٱللَّهُ ٱلَّذِيٓ أَنزَلَ ٱلۡكِتَٰبَ بِٱلۡحَقِّ وَٱلۡمِيزَانَۗ وَمَا يُدۡرِيكَ
لَعَلَّ ٱلسَّاعَةَ قَرِيبٞ ١٧ يَسۡتَعۡجِلُ بِهَا ٱلَّذِينَ لَا يُؤۡمِنُونَ
بِهَاۖ وَٱلَّذِينَ ءَامَنُواْ مُشۡفِقُونَ مِنۡهَا وَيَعۡلَمُونَ أَنَّهَا ٱلۡحَقُّۗ
أَلَآ إِنَّ ٱلَّذِينَ يُمَارُونَ فِي ٱلسَّاعَةِ لَفِي ضَلَٰلِۭ بَعِيدٍ ١٨
ٱللَّهُ لَطِيفُۢ بِعِبَادِهِۦ يَرۡزُقُ مَن يَشَآءُۖ وَهُوَ ٱلۡقَوِيُّ ٱلۡعَزِيزُ
١٩ مَن كَانَ يُرِيدُ حَرۡثَ ٱلۡأٓخِرَةِ نَزِدۡ لَهُۥ فِي حَرۡثِهِۦۖ وَمَن
كَانَ يُرِيدُ حَرۡثَ ٱلدُّنۡيَا نُؤۡتِهِۦ مِنۡهَا وَمَا لَهُۥ فِي ٱلۡأٓخِرَةِ
مِن نَّصِيبٍ ٢٠ أَمۡ لَهُمۡ شُرَكَٰٓؤُاْ شَرَعُواْ لَهُم مِّنَ ٱلدِّينِ
مَا لَمۡ يَأۡذَنۢ بِهِ ٱللَّهُۚ وَلَوۡلَا كَلِمَةُ ٱلۡفَصۡلِ لَقُضِيَ بَيۡنَهُمۡۗ
وَإِنَّ ٱلظَّٰلِمِينَ لَهُمۡ عَذَابٌ أَلِيمٞ ٢١ تَرَى ٱلظَّٰلِمِينَ
مُشۡفِقِينَ مِمَّا كَسَبُواْ وَهُوَ وَاقِعُۢ بِهِمۡۗ وَٱلَّذِينَ
ءَامَنُواْ وَعَمِلُواْ ٱلصَّٰلِحَٰتِ فِي رَوۡضَاتِ ٱلۡجَنَّاتِۖ لَهُم
مَّا يَشَآءُونَ عِندَ رَبِّهِمۡۚ ذَٰلِكَ هُوَ ٱلۡفَضۡلُ ٱلۡكَبِيرُ ٢٢

ذَٰلِكَ ٱلَّذِى يُبَشِّرُ ٱللَّهُ عِبَادَهُ ٱلَّذِينَ ءَامَنُوا۟ وَعَمِلُوا۟ ٱلصَّٰلِحَٰتِ ۗ
قُل لَّآ أَسْـَٔلُكُمْ عَلَيْهِ أَجْرًا إِلَّا ٱلْمَوَدَّةَ فِى ٱلْقُرْبَىٰ ۗ وَمَن يَقْتَرِفْ
حَسَنَةً نَّزِدْ لَهُۥ فِيهَا حُسْنًا ۚ إِنَّ ٱللَّهَ غَفُورٌ شَكُورٌ ﴿٢٣﴾ أَمْ يَقُولُونَ
ٱفْتَرَىٰ عَلَى ٱللَّهِ كَذِبًا ۖ فَإِن يَشَإِ ٱللَّهُ يَخْتِمْ عَلَىٰ قَلْبِكَ ۗ وَيَمْحُ ٱللَّهُ
ٱلْبَٰطِلَ وَيُحِقُّ ٱلْحَقَّ بِكَلِمَٰتِهِۦٓ ۚ إِنَّهُۥ عَلِيمٌۢ بِذَاتِ ٱلصُّدُورِ ﴿٢٤﴾
وَهُوَ ٱلَّذِى يَقْبَلُ ٱلتَّوْبَةَ عَنْ عِبَادِهِۦ وَيَعْفُوا۟ عَنِ ٱلسَّيِّـَٔاتِ
وَيَعْلَمُ مَا تَفْعَلُونَ ﴿٢٥﴾ وَيَسْتَجِيبُ ٱلَّذِينَ ءَامَنُوا۟ وَعَمِلُوا۟
ٱلصَّٰلِحَٰتِ وَيَزِيدُهُم مِّن فَضْلِهِۦ ۚ وَٱلْكَٰفِرُونَ لَهُمْ عَذَابٌ
شَدِيدٌ ﴿٢٦﴾ ۞ وَلَوْ بَسَطَ ٱللَّهُ ٱلرِّزْقَ لِعِبَادِهِۦ لَبَغَوْا۟ فِى ٱلْأَرْضِ
وَلَٰكِن يُنَزِّلُ بِقَدَرٍ مَّا يَشَآءُ ۚ إِنَّهُۥ بِعِبَادِهِۦ خَبِيرٌۢ بَصِيرٌ ﴿٢٧﴾ وَهُوَ
ٱلَّذِى يُنَزِّلُ ٱلْغَيْثَ مِنۢ بَعْدِ مَا قَنَطُوا۟ وَيَنشُرُ رَحْمَتَهُۥ ۚ وَهُوَ ٱلْوَلِىُّ ٱلْحَمِيدُ
﴿١٨﴾ وَمِنْ ءَايَٰتِهِۦ خَلْقُ ٱلسَّمَٰوَٰتِ وَٱلْأَرْضِ وَمَا بَثَّ فِيهِمَا مِن دَآبَّةٍ ۚ
وَهُوَ عَلَىٰ جَمْعِهِمْ إِذَا يَشَآءُ قَدِيرٌ ﴿٢٩﴾ وَمَآ أَصَٰبَكُم مِّن مُّصِيبَةٍ فَبِمَا
كَسَبَتْ أَيْدِيكُمْ وَيَعْفُوا۟ عَن كَثِيرٍ ﴿٣٠﴾ وَمَآ أَنتُم بِمُعْجِزِينَ
فِى ٱلْأَرْضِ ۖ وَمَا لَكُم مِّن دُونِ ٱللَّهِ مِن وَلِىٍّ وَلَا نَصِيرٍ ﴿٣١﴾

نصف الحزب ٤٩

وَمِنْ ءَايَٰتِهِ ٱلْجَوَارِ فِى ٱلْبَحْرِ كَٱلْأَعْلَٰمِ ﴿٣٢﴾ إِن يَشَأْ يُسْكِنِ ٱلرِّيحَ
فَيَظْلَلْنَ رَوَاكِدَ عَلَىٰ ظَهْرِهِۦٓ ۚ إِنَّ فِى ذَٰلِكَ لَءَايَٰتٍ لِّكُلِّ صَبَّارٍ شَكُورٍ
﴿٣٣﴾ أَوْ يُوبِقْهُنَّ بِمَا كَسَبُوا۟ وَيَعْفُ عَن كَثِيرٍ ﴿٣٤﴾ وَيَعْلَمَ ٱلَّذِينَ
يُجَٰدِلُونَ فِىٓ ءَايَٰتِنَا مَا لَهُم مِّن مَّحِيصٍ ﴿٣٥﴾ فَمَآ أُوتِيتُم مِّن شَىْءٍ فَمَتَٰعُ
ٱلْحَيَوٰةِ ٱلدُّنْيَا ۖ وَمَا عِندَ ٱللَّهِ خَيْرٌ وَأَبْقَىٰ لِلَّذِينَ ءَامَنُوا۟ وَعَلَىٰ رَبِّهِمْ
يَتَوَكَّلُونَ ﴿٣٦﴾ وَٱلَّذِينَ يَجْتَنِبُونَ كَبَٰٓئِرَ ٱلْإِثْمِ وَٱلْفَوَٰحِشَ وَإِذَا مَا
غَضِبُوا۟ هُمْ يَغْفِرُونَ ﴿٣٧﴾ وَٱلَّذِينَ ٱسْتَجَابُوا۟ لِرَبِّهِمْ وَأَقَامُوا۟ ٱلصَّلَوٰةَ
وَأَمْرُهُمْ شُورَىٰ بَيْنَهُمْ وَمِمَّا رَزَقْنَٰهُمْ يُنفِقُونَ ﴿٣٨﴾ وَٱلَّذِينَ إِذَآ أَصَابَهُمُ
ٱلْبَغْىُ هُمْ يَنتَصِرُونَ ﴿٣٩﴾ وَجَزَٰٓؤُا۟ سَيِّئَةٍ سَيِّئَةٌ مِّثْلُهَا ۖ فَمَنْ عَفَا
وَأَصْلَحَ فَأَجْرُهُۥ عَلَى ٱللَّهِ ۚ إِنَّهُۥ لَا يُحِبُّ ٱلظَّٰلِمِينَ ﴿٤٠﴾ وَلَمَنِ ٱنتَصَرَ
بَعْدَ ظُلْمِهِۦ فَأُو۟لَٰٓئِكَ مَا عَلَيْهِم مِّن سَبِيلٍ ﴿٤١﴾ إِنَّمَا ٱلسَّبِيلُ عَلَى
ٱلَّذِينَ يَظْلِمُونَ ٱلنَّاسَ وَيَبْغُونَ فِى ٱلْأَرْضِ بِغَيْرِ ٱلْحَقِّ ۚ أُو۟لَٰٓئِكَ
لَهُمْ عَذَابٌ أَلِيمٌ ﴿٤٢﴾ وَلَمَن صَبَرَ وَغَفَرَ إِنَّ ذَٰلِكَ لَمِنْ عَزْمِ
ٱلْأُمُورِ ﴿٤٣﴾ وَمَن يُضْلِلِ ٱللَّهُ فَمَا لَهُۥ مِن وَلِىٍّ مِّنۢ بَعْدِهِۦ ۗ وَتَرَى
ٱلظَّٰلِمِينَ لَمَّا رَأَوُا۟ ٱلْعَذَابَ يَقُولُونَ هَلْ إِلَىٰ مَرَدٍّ مِّن سَبِيلٍ ﴿٤٤﴾

وَتَرَىٰهُمۡ يُعۡرَضُونَ عَلَيۡهَا خَٰشِعِينَ مِنَ ٱلذُّلِّ يَنظُرُونَ
مِن طَرۡفٍ خَفِيّٖۗ وَقَالَ ٱلَّذِينَ ءَامَنُوٓاْ إِنَّ ٱلۡخَٰسِرِينَ ٱلَّذِينَ
خَسِرُوٓاْ أَنفُسَهُمۡ وَأَهۡلِيهِمۡ يَوۡمَ ٱلۡقِيَٰمَةِۗ أَلَآ إِنَّ ٱلظَّٰلِمِينَ
فِي عَذَابٖ مُّقِيمٖ ٤٥ وَمَا كَانَ لَهُم مِّنۡ أَوۡلِيَآءَ يَنصُرُونَهُم
مِّن دُونِ ٱللَّهِۗ وَمَن يُضۡلِلِ ٱللَّهُ فَمَا لَهُۥ مِن سَبِيلٍ ٤٦ ٱسۡتَجِيبُواْ
لِرَبِّكُم مِّن قَبۡلِ أَن يَأۡتِيَ يَوۡمٞ لَّا مَرَدَّ لَهُۥ مِنَ ٱللَّهِۚ مَا لَكُم
مِّن مَّلۡجَإٖ يَوۡمَئِذٖ وَمَا لَكُم مِّن نَّكِيرٖ ٤٧ فَإِنۡ أَعۡرَضُواْ
فَمَآ أَرۡسَلۡنَٰكَ عَلَيۡهِمۡ حَفِيظًاۖ إِنۡ عَلَيۡكَ إِلَّا ٱلۡبَلَٰغُۗ وَإِنَّآ إِذَآ
أَذَقۡنَا ٱلۡإِنسَٰنَ مِنَّا رَحۡمَةٗ فَرِحَ بِهَاۖ وَإِن تُصِبۡهُمۡ سَيِّئَةُۢ
بِمَا قَدَّمَتۡ أَيۡدِيهِمۡ فَإِنَّ ٱلۡإِنسَٰنَ كَفُورٞ ٤٨ لِّلَّهِ مُلۡكُ
ٱلسَّمَٰوَٰتِ وَٱلۡأَرۡضِۚ يَخۡلُقُ مَا يَشَآءُۚ يَهَبُ لِمَن يَشَآءُ إِنَٰثٗا
وَيَهَبُ لِمَن يَشَآءُ ٱلذُّكُورَ ٤٩ أَوۡ يُزَوِّجُهُمۡ ذُكۡرَانٗا وَإِنَٰثٗاۖ
وَيَجۡعَلُ مَن يَشَآءُ عَقِيمًاۚ إِنَّهُۥ عَلِيمٞ قَدِيرٞ ٥٠ ۞وَمَا كَانَ
لِبَشَرٍ أَن يُكَلِّمَهُ ٱللَّهُ إِلَّا وَحۡيًا أَوۡ مِن وَرَآيِٕ حِجَابٍ أَوۡ يُرۡسِلَ
رَسُولٗا فَيُوحِيَ بِإِذۡنِهِۦ مَا يَشَآءُۚ إِنَّهُۥ عَلِيٌّ حَكِيمٞ ٥١

ثلاثة أرباع الحزب ٤٩

وَكَذَٰلِكَ أَوْحَيْنَآ إِلَيْكَ رُوحًا مِّنْ أَمْرِنَا مَا كُنتَ تَدْرِى مَا ٱلْكِتَٰبُ
وَلَا ٱلْإِيمَٰنُ وَلَٰكِن جَعَلْنَٰهُ نُورًا نَّهْدِى بِهِۦ مَن نَّشَآءُ مِنْ عِبَادِنَا ۚ
وَإِنَّكَ لَتَهْدِىٓ إِلَىٰ صِرَٰطٍ مُّسْتَقِيمٍ ﴿٥٢﴾ صِرَٰطِ ٱللَّهِ ٱلَّذِى لَهُۥ
مَا فِى ٱلسَّمَٰوَٰتِ وَمَا فِى ٱلْأَرْضِ ۗ أَلَآ إِلَى ٱللَّهِ تَصِيرُ ٱلْأُمُورُ ﴿٥٣﴾

سُورَةُ الزُّخْرُفِ

بِسْمِ ٱللَّهِ ٱلرَّحْمَٰنِ ٱلرَّحِيمِ

حمٓ ﴿١﴾ وَٱلْكِتَٰبِ ٱلْمُبِينِ ﴿٢﴾ إِنَّا جَعَلْنَٰهُ قُرْءَٰنًا عَرَبِيًّا
لَّعَلَّكُمْ تَعْقِلُونَ ﴿٣﴾ وَإِنَّهُۥ فِىٓ أُمِّ ٱلْكِتَٰبِ لَدَيْنَا
لَعَلِىٌّ حَكِيمٌ ﴿٤﴾ أَفَنَضْرِبُ عَنكُمُ ٱلذِّكْرَ صَفْحًا
أَن كُنتُمْ قَوْمًا مُّسْرِفِينَ ﴿٥﴾ وَكَمْ أَرْسَلْنَا مِن نَّبِىٍّ فِى
ٱلْأَوَّلِينَ ﴿٦﴾ وَمَا يَأْتِيهِم مِّن نَّبِىٍّ إِلَّا كَانُوا۟ بِهِۦ يَسْتَهْزِءُونَ
﴿٧﴾ فَأَهْلَكْنَآ أَشَدَّ مِنْهُم بَطْشًا وَمَضَىٰ مَثَلُ ٱلْأَوَّلِينَ
﴿٨﴾ وَلَئِن سَأَلْتَهُم مَّنْ خَلَقَ ٱلسَّمَٰوَٰتِ وَٱلْأَرْضَ لَيَقُولُنَّ
خَلَقَهُنَّ ٱلْعَزِيزُ ٱلْعَلِيمُ ﴿٩﴾ ٱلَّذِى جَعَلَ لَكُمُ ٱلْأَرْضَ
مَهْدًا وَجَعَلَ لَكُمْ فِيهَا سُبُلًا لَّعَلَّكُمْ تَهْتَدُونَ ﴿١٠﴾

وَالَّذِي نَزَّلَ مِنَ السَّمَاءِ مَاءً بِقَدَرٍ فَأَنشَرْنَا بِهِ بَلْدَةً مَيْتًا
كَذَٰلِكَ تُخْرَجُونَ ﴿١١﴾ وَالَّذِي خَلَقَ الْأَزْوَاجَ كُلَّهَا وَجَعَلَ
لَكُم مِّنَ الْفُلْكِ وَالْأَنْعَامِ مَا تَرْكَبُونَ ﴿١٢﴾ لِتَسْتَوُوا عَلَىٰ ظُهُورِهِ
ثُمَّ تَذْكُرُوا نِعْمَةَ رَبِّكُمْ إِذَا اسْتَوَيْتُمْ عَلَيْهِ وَتَقُولُوا سُبْحَانَ
الَّذِي سَخَّرَ لَنَا هَٰذَا وَمَا كُنَّا لَهُ مُقْرِنِينَ ﴿١٣﴾ وَإِنَّا إِلَىٰ رَبِّنَا
لَمُنقَلِبُونَ ﴿١٤﴾ وَجَعَلُوا لَهُ مِنْ عِبَادِهِ جُزْءًا إِنَّ الْإِنسَانَ
لَكَفُورٌ مُّبِينٌ ﴿١٥﴾ أَمِ اتَّخَذَ مِمَّا يَخْلُقُ بَنَاتٍ وَأَصْفَاكُم
بِالْبَنِينَ ﴿١٦﴾ وَإِذَا بُشِّرَ أَحَدُهُم بِمَا ضَرَبَ لِلرَّحْمَٰنِ مَثَلًا
ظَلَّ وَجْهُهُ مُسْوَدًّا وَهُوَ كَظِيمٌ ﴿١٧﴾ أَوَمَن يُنَشَّأُ فِي
الْحِلْيَةِ وَهُوَ فِي الْخِصَامِ غَيْرُ مُبِينٍ ﴿١٨﴾ وَجَعَلُوا الْمَلَائِكَةَ
الَّذِينَ هُمْ عِبَادُ الرَّحْمَٰنِ إِنَاثًا أَشَهِدُوا خَلْقَهُمْ سَتُكْتَبُ
شَهَادَتُهُمْ وَيُسْأَلُونَ ﴿١٩﴾ وَقَالُوا لَوْ شَاءَ الرَّحْمَٰنُ مَا عَبَدْنَاهُم
مَّا لَهُم بِذَٰلِكَ مِنْ عِلْمٍ إِنْ هُمْ إِلَّا يَخْرُصُونَ ﴿٢٠﴾ أَمْ آتَيْنَاهُمْ
كِتَابًا مِّن قَبْلِهِ فَهُم بِهِ مُسْتَمْسِكُونَ ﴿٢١﴾ بَلْ قَالُوا إِنَّا
وَجَدْنَا آبَاءَنَا عَلَىٰ أُمَّةٍ وَإِنَّا عَلَىٰ آثَارِهِم مُّهْتَدُونَ ﴿٢٢﴾

الحِزۡبُ ٥٠

وَكَذَٰلِكَ مَآ أَرۡسَلۡنَا مِن قَبۡلِكَ فِي قَرۡيَةٖ مِّن نَّذِيرٍ إِلَّا قَالَ مُتۡرَفُوهَآ
إِنَّا وَجَدۡنَآ ءَابَآءَنَا عَلَىٰٓ أُمَّةٖ وَإِنَّا عَلَىٰٓ ءَاثَٰرِهِم مُّقۡتَدُونَ ٢٣
۞ قَٰلَ أَوَلَوۡ جِئۡتُكُم بِأَهۡدَىٰ مِمَّا وَجَدتُّمۡ عَلَيۡهِ ءَابَآءَكُمۡۖ
قَالُوٓاْ إِنَّا بِمَآ أُرۡسِلۡتُم بِهِۦ كَٰفِرُونَ ٢٤ فَٱنتَقَمۡنَا مِنۡهُمۡۖ فَٱنظُرۡ
كَيۡفَ كَانَ عَٰقِبَةُ ٱلۡمُكَذِّبِينَ ٢٥ وَإِذۡ قَالَ إِبۡرَٰهِيمُ لِأَبِيهِ وَقَوۡمِهِۦٓ
إِنَّنِي بَرَآءٞ مِّمَّا تَعۡبُدُونَ ٢٦ إِلَّا ٱلَّذِي فَطَرَنِي فَإِنَّهُۥ سَيَهۡدِينِ
٢٧ وَجَعَلَهَا كَلِمَةَۢ بَاقِيَةٗ فِي عَقِبِهِۦ لَعَلَّهُمۡ يَرۡجِعُونَ ٢٨ بَلۡ
مَتَّعۡتُ هَٰٓؤُلَآءِ وَءَابَآءَهُمۡ حَتَّىٰ جَآءَهُمُ ٱلۡحَقُّ وَرَسُولٞ مُّبِينٞ ٢٩
وَلَمَّا جَآءَهُمُ ٱلۡحَقُّ قَالُواْ هَٰذَا سِحۡرٞ وَإِنَّا بِهِۦ كَٰفِرُونَ ٣٠ وَقَالُواْ
لَوۡلَا نُزِّلَ هَٰذَا ٱلۡقُرۡءَانُ عَلَىٰ رَجُلٖ مِّنَ ٱلۡقَرۡيَتَيۡنِ عَظِيمٍ ٣١ أَهُمۡ
يَقۡسِمُونَ رَحۡمَتَ رَبِّكَۚ نَحۡنُ قَسَمۡنَا بَيۡنَهُم مَّعِيشَتَهُمۡ فِي ٱلۡحَيَوٰةِ
ٱلدُّنۡيَاۚ وَرَفَعۡنَا بَعۡضَهُمۡ فَوۡقَ بَعۡضٖ دَرَجَٰتٖ لِّيَتَّخِذَ بَعۡضُهُم
بَعۡضٗا سُخۡرِيّٗاۗ وَرَحۡمَتُ رَبِّكَ خَيۡرٞ مِّمَّا يَجۡمَعُونَ ٣٢ وَلَوۡلَآ
أَن يَكُونَ ٱلنَّاسُ أُمَّةٗ وَٰحِدَةٗ لَّجَعَلۡنَا لِمَن يَكۡفُرُ بِٱلرَّحۡمَٰنِ
لِبُيُوتِهِمۡ سُقُفٗا مِّن فِضَّةٖ وَمَعَارِجَ عَلَيۡهَا يَظۡهَرُونَ ٣٣

وَلِبُيُوتِهِمْ أَبْوَٰبًا وَسُرُرًا عَلَيْهَا يَتَّكِـُٔونَ ﴿٣٤﴾ وَزُخْرُفًا ۚ وَإِن
كُلُّ ذَٰلِكَ لَمَّا مَتَٰعُ ٱلْحَيَوٰةِ ٱلدُّنْيَا ۚ وَٱلْءَاخِرَةُ عِندَ رَبِّكَ
لِلْمُتَّقِينَ ﴿٣٥﴾ وَمَن يَعْشُ عَن ذِكْرِ ٱلرَّحْمَٰنِ نُقَيِّضْ لَهُۥ شَيْطَٰنًا
فَهُوَ لَهُۥ قَرِينٌ ﴿٣٦﴾ وَإِنَّهُمْ لَيَصُدُّونَهُمْ عَنِ ٱلسَّبِيلِ وَيَحْسَبُونَ
أَنَّهُم مُّهْتَدُونَ ﴿٣٧﴾ حَتَّىٰٓ إِذَا جَآءَنَا قَالَ يَٰلَيْتَ بَيْنِى وَبَيْنَكَ
بُعْدَ ٱلْمَشْرِقَيْنِ فَبِئْسَ ٱلْقَرِينُ ﴿٣٨﴾ وَلَن يَنفَعَكُمُ ٱلْيَوْمَ
إِذ ظَّلَمْتُمْ أَنَّكُمْ فِى ٱلْعَذَابِ مُشْتَرِكُونَ ﴿٣٩﴾ أَفَأَنتَ تُسْمِعُ
ٱلصُّمَّ أَوْ تَهْدِى ٱلْعُمْىَ وَمَن كَانَ فِى ضَلَٰلٍ مُّبِينٍ ﴿٤٠﴾ فَإِمَّا
نَذْهَبَنَّ بِكَ فَإِنَّا مِنْهُم مُّنتَقِمُونَ ﴿٤١﴾ أَوْ نُرِيَنَّكَ ٱلَّذِى
وَعَدْنَٰهُمْ فَإِنَّا عَلَيْهِم مُّقْتَدِرُونَ ﴿٤٢﴾ فَٱسْتَمْسِكْ بِٱلَّذِىٓ أُوحِىَ
إِلَيْكَ ۖ إِنَّكَ عَلَىٰ صِرَٰطٍ مُّسْتَقِيمٍ ﴿٤٣﴾ وَإِنَّهُۥ لَذِكْرٌ لَّكَ وَلِقَوْمِكَ ۖ
وَسَوْفَ تُسْـَٔلُونَ ﴿٤٤﴾ وَسْـَٔلْ مَنْ أَرْسَلْنَا مِن قَبْلِكَ مِن رُّسُلِنَآ
أَجَعَلْنَا مِن دُونِ ٱلرَّحْمَٰنِ ءَالِهَةً يُعْبَدُونَ ﴿٤٥﴾ وَلَقَدْ أَرْسَلْنَا
مُوسَىٰ بِـَٔايَٰتِنَآ إِلَىٰ فِرْعَوْنَ وَمَلَإِي۟هِۦ فَقَالَ إِنِّى رَسُولُ رَبِّ
ٱلْعَٰلَمِينَ ﴿٤٦﴾ فَلَمَّا جَآءَهُم بِـَٔايَٰتِنَآ إِذَا هُم مِّنْهَا يَضْحَكُونَ ﴿٤٧﴾

وَمَا نُرِيهِم مِّنْ ءَايَةٍ إِلَّا هِىَ أَكْبَرُ مِنْ أُخْتِهَا ۖ وَأَخَذْنَٰهُم
بِٱلْعَذَابِ لَعَلَّهُمْ يَرْجِعُونَ ﴿٤٨﴾ وَقَالُوا۟ يَٰٓأَيُّهَ ٱلسَّاحِرُ ٱدْعُ لَنَا
رَبَّكَ بِمَا عَهِدَ عِندَكَ إِنَّنَا لَمُهْتَدُونَ ﴿٤٩﴾ فَلَمَّا كَشَفْنَا
عَنْهُمُ ٱلْعَذَابَ إِذَا هُمْ يَنكُثُونَ ﴿٥٠﴾ وَنَادَىٰ فِرْعَوْنُ فِى قَوْمِهِۦ
قَالَ يَٰقَوْمِ أَلَيْسَ لِى مُلْكُ مِصْرَ وَهَٰذِهِ ٱلْأَنْهَٰرُ تَجْرِى مِن
تَحْتِىٓ ۖ أَفَلَا تُبْصِرُونَ ﴿٥١﴾ أَمْ أَنَا۠ خَيْرٌ مِّنْ هَٰذَا ٱلَّذِى هُوَ مَهِينٌ
وَلَا يَكَادُ يُبِينُ ﴿٥٢﴾ فَلَوْلَآ أُلْقِىَ عَلَيْهِ أَسْوِرَةٌ مِّن ذَهَبٍ أَوْ جَآءَ
مَعَهُ ٱلْمَلَٰٓئِكَةُ مُقْتَرِنِينَ ﴿٥٣﴾ فَٱسْتَخَفَّ قَوْمَهُۥ
فَأَطَاعُوهُ ۚ إِنَّهُمْ كَانُوا۟ قَوْمًا فَٰسِقِينَ ﴿٥٤﴾ فَلَمَّآ ءَاسَفُونَا
ٱنتَقَمْنَا مِنْهُمْ فَأَغْرَقْنَٰهُمْ أَجْمَعِينَ ﴿٥٥﴾ فَجَعَلْنَٰهُمْ
سَلَفًا وَمَثَلًا لِّلْـَٔاخِرِينَ ﴿٥٦﴾ ۞ وَلَمَّا ضُرِبَ ٱبْنُ مَرْيَمَ مَثَلًا
إِذَا قَوْمُكَ مِنْهُ يَصِدُّونَ ﴿٥٧﴾ وَقَالُوٓا۟ ءَأَٰلِهَتُنَا خَيْرٌ أَمْ
هُوَ ۚ مَا ضَرَبُوهُ لَكَ إِلَّا جَدَلًۢا ۚ بَلْ هُمْ قَوْمٌ خَصِمُونَ ﴿٥٨﴾ إِنْ هُوَ
إِلَّا عَبْدٌ أَنْعَمْنَا عَلَيْهِ وَجَعَلْنَٰهُ مَثَلًا لِّبَنِىٓ إِسْرَٰٓءِيلَ ﴿٥٩﴾
وَلَوْ نَشَآءُ لَجَعَلْنَا مِنكُم مَّلَٰٓئِكَةً فِى ٱلْأَرْضِ يَخْلُفُونَ ﴿٦٠﴾

ربع الحزب ٥٠

وَإِنَّهُۥ لَعِلۡمٞ لِّلسَّاعَةِ فَلَا تَمۡتَرُنَّ بِهَا وَٱتَّبِعُونِۚ هَٰذَا صِرَٰطٞ
مُّسۡتَقِيمٞ ٦١ وَلَا يَصُدَّنَّكُمُ ٱلشَّيۡطَٰنُۖ إِنَّهُۥ لَكُمۡ عَدُوّٞ مُّبِينٞ
٦٢ وَلَمَّا جَآءَ عِيسَىٰ بِٱلۡبَيِّنَٰتِ قَالَ قَدۡ جِئۡتُكُم بِٱلۡحِكۡمَةِ
وَلِأُبَيِّنَ لَكُم بَعۡضَ ٱلَّذِي تَخۡتَلِفُونَ فِيهِۖ فَٱتَّقُواْ ٱللَّهَ وَأَطِيعُونِ
٦٣ إِنَّ ٱللَّهَ هُوَ رَبِّي وَرَبُّكُمۡ فَٱعۡبُدُوهُۚ هَٰذَا صِرَٰطٞ مُّسۡتَقِيمٞ
٦٤ فَٱخۡتَلَفَ ٱلۡأَحۡزَابُ مِنۢ بَيۡنِهِمۡۖ فَوَيۡلٞ لِّلَّذِينَ ظَلَمُواْ
مِنۡ عَذَابِ يَوۡمٍ أَلِيمٍ ٦٥ هَلۡ يَنظُرُونَ إِلَّا ٱلسَّاعَةَ أَن
تَأۡتِيَهُم بَغۡتَةٗ وَهُمۡ لَا يَشۡعُرُونَ ٦٦ ٱلۡأَخِلَّآءُ يَوۡمَئِذِۭ
بَعۡضُهُمۡ لِبَعۡضٍ عَدُوٌّ إِلَّا ٱلۡمُتَّقِينَ ٦٧ يَٰعِبَادِ لَا خَوۡفٌ
عَلَيۡكُمُ ٱلۡيَوۡمَ وَلَآ أَنتُمۡ تَحۡزَنُونَ ٦٨ ٱلَّذِينَ ءَامَنُواْ بِـَٔايَٰتِنَا
وَكَانُواْ مُسۡلِمِينَ ٦٩ ٱدۡخُلُواْ ٱلۡجَنَّةَ أَنتُمۡ وَأَزۡوَٰجُكُمۡ
تُحۡبَرُونَ ٧٠ يُطَافُ عَلَيۡهِم بِصِحَافٖ مِّن ذَهَبٖ وَأَكۡوَابٖۖ
وَفِيهَا مَا تَشۡتَهِيهِ ٱلۡأَنفُسُ وَتَلَذُّ ٱلۡأَعۡيُنُۖ وَأَنتُمۡ فِيهَا
خَٰلِدُونَ ٧١ وَتِلۡكَ ٱلۡجَنَّةُ ٱلَّتِيٓ أُورِثۡتُمُوهَا بِمَا كُنتُمۡ
تَعۡمَلُونَ ٧٢ لَكُمۡ فِيهَا فَٰكِهَةٞ كَثِيرَةٞ مِّنۡهَا تَأۡكُلُونَ ٧٣

إِنَّ ٱلْمُجْرِمِينَ فِى عَذَابِ جَهَنَّمَ خَٰلِدُونَ ﴿٧٤﴾ لَا يُفَتَّرُ عَنْهُمْ وَهُمْ
فِيهِ مُبْلِسُونَ ﴿٧٥﴾ وَمَا ظَلَمْنَٰهُمْ وَلَٰكِن كَانُوا۟ هُمُ ٱلظَّٰلِمِينَ ﴿٧٦﴾
وَنَادَوْا۟ يَٰمَٰلِكُ لِيَقْضِ عَلَيْنَا رَبُّكَ ۖ قَالَ إِنَّكُم مَّٰكِثُونَ ﴿٧٧﴾ لَقَدْ
جِئْنَٰكُم بِٱلْحَقِّ وَلَٰكِنَّ أَكْثَرَكُمْ لِلْحَقِّ كَٰرِهُونَ ﴿٧٨﴾ أَمْ أَبْرَمُوٓا۟ أَمْرًا
فَإِنَّا مُبْرِمُونَ ﴿٧٩﴾ أَمْ يَحْسَبُونَ أَنَّا لَا نَسْمَعُ سِرَّهُمْ وَنَجْوَىٰهُم ۚ بَلَىٰ
وَرُسُلُنَا لَدَيْهِمْ يَكْتُبُونَ ﴿٨٠﴾ قُلْ إِن كَانَ لِلرَّحْمَٰنِ وَلَدٌ فَأَنَا۠ أَوَّلُ
ٱلْعَٰبِدِينَ ﴿٨١﴾ سُبْحَٰنَ رَبِّ ٱلسَّمَٰوَٰتِ وَٱلْأَرْضِ رَبِّ ٱلْعَرْشِ
عَمَّا يَصِفُونَ ﴿٨٢﴾ فَذَرْهُمْ يَخُوضُوا۟ وَيَلْعَبُوا۟ حَتَّىٰ يُلَٰقُوا۟ يَوْمَهُمُ
ٱلَّذِى يُوعَدُونَ ﴿٨٣﴾ وَهُوَ ٱلَّذِى فِى ٱلسَّمَآءِ إِلَٰهٌ وَفِى ٱلْأَرْضِ
إِلَٰهٌ ۚ وَهُوَ ٱلْحَكِيمُ ٱلْعَلِيمُ ﴿٨٤﴾ وَتَبَارَكَ ٱلَّذِى لَهُۥ مُلْكُ ٱلسَّمَٰوَٰتِ
وَٱلْأَرْضِ وَمَا بَيْنَهُمَا وَعِندَهُۥ عِلْمُ ٱلسَّاعَةِ وَإِلَيْهِ تُرْجَعُونَ
﴿٨٥﴾ وَلَا يَمْلِكُ ٱلَّذِينَ يَدْعُونَ مِن دُونِهِ ٱلشَّفَٰعَةَ إِلَّا
مَن شَهِدَ بِٱلْحَقِّ وَهُمْ يَعْلَمُونَ ﴿٨٦﴾ وَلَئِن سَأَلْتَهُم مَّنْ خَلَقَهُمْ
لَيَقُولُنَّ ٱللَّهُ ۖ فَأَنَّىٰ يُؤْفَكُونَ ﴿٨٧﴾ وَقِيلِهِۦ يَٰرَبِّ إِنَّ هَٰٓؤُلَآءِ قَوْمٌ
لَّا يُؤْمِنُونَ ﴿٨٨﴾ فَٱصْفَحْ عَنْهُمْ وَقُلْ سَلَٰمٌ ۚ فَسَوْفَ يَعْلَمُونَ ﴿٨٩﴾

سُورَةُ الدُّخَانِ

بِسۡمِ ٱللَّهِ ٱلرَّحۡمَٰنِ ٱلرَّحِيمِ

حمٓ ١ وَٱلۡكِتَٰبِ ٱلۡمُبِينِ ٢ إِنَّآ أَنزَلۡنَٰهُ فِي لَيۡلَةٖ مُّبَٰرَكَةٍۚ
إِنَّا كُنَّا مُنذِرِينَ ٣ فِيهَا يُفۡرَقُ كُلُّ أَمۡرٍ حَكِيمٍ ٤ أَمۡرٗا
مِّنۡ عِندِنَآۚ إِنَّا كُنَّا مُرۡسِلِينَ ٥ رَحۡمَةٗ مِّن رَّبِّكَۚ إِنَّهُۥ هُوَ
ٱلسَّمِيعُ ٱلۡعَلِيمُ ٦ رَبِّ ٱلسَّمَٰوَٰتِ وَٱلۡأَرۡضِ وَمَا بَيۡنَهُمَآۖ
إِن كُنتُم مُّوقِنِينَ ٧ لَآ إِلَٰهَ إِلَّا هُوَ يُحۡيِۦ وَيُمِيتُۖ رَبُّكُمۡ
وَرَبُّ ءَابَآئِكُمُ ٱلۡأَوَّلِينَ ٨ بَلۡ هُمۡ فِي شَكّٖ يَلۡعَبُونَ ٩
فَٱرۡتَقِبۡ يَوۡمَ تَأۡتِي ٱلسَّمَآءُ بِدُخَانٖ مُّبِينٖ ١٠ يَغۡشَى ٱلنَّاسَۖ
هَٰذَا عَذَابٌ أَلِيمٞ ١١ رَّبَّنَا ٱكۡشِفۡ عَنَّا ٱلۡعَذَابَ إِنَّا مُؤۡمِنُونَ
١٢ أَنَّىٰ لَهُمُ ٱلذِّكۡرَىٰ وَقَدۡ جَآءَهُمۡ رَسُولٞ مُّبِينٞ ١٣ ثُمَّ
تَوَلَّوۡاْ عَنۡهُ وَقَالُواْ مُعَلَّمٞ مَّجۡنُونٌ ١٤ إِنَّا كَاشِفُواْ ٱلۡعَذَابِ قَلِيلًاۚ
إِنَّكُمۡ عَآئِدُونَ ١٥ يَوۡمَ نَبۡطِشُ ٱلۡبَطۡشَةَ ٱلۡكُبۡرَىٰٓ إِنَّا مُنتَقِمُونَ
١٦ ۞ وَلَقَدۡ فَتَنَّا قَبۡلَهُمۡ قَوۡمَ فِرۡعَوۡنَ وَجَآءَهُمۡ رَسُولٞ كَرِيمٌ
١٧ أَنۡ أَدُّوٓاْ إِلَيَّ عِبَادَ ٱللَّهِۖ إِنِّي لَكُمۡ رَسُولٌ أَمِينٞ ١٨

نصف الحزب ٥٠

وَأَن لَّا تَعۡلُواْ عَلَى ٱللَّهِۖ إِنِّيٓ ءَاتِيكُم بِسُلۡطَٰنٖ مُّبِينٖ ١٩ وَإِنِّي عُذۡتُ
بِرَبِّي وَرَبِّكُمۡ أَن تَرۡجُمُونِ ٢٠ وَإِن لَّمۡ تُؤۡمِنُواْ لِي فَٱعۡتَزِلُونِ ٢١
فَدَعَا رَبَّهُۥٓ أَنَّ هَٰٓؤُلَآءِ قَوۡمٞ مُّجۡرِمُونَ ٢٢ فَأَسۡرِ بِعِبَادِي لَيۡلًا إِنَّكُم
مُّتَّبَعُونَ ٢٣ وَٱتۡرُكِ ٱلۡبَحۡرَ رَهۡوًاۖ إِنَّهُمۡ جُندٞ مُّغۡرَقُونَ ٢٤ كَمۡ
تَرَكُواْ مِن جَنَّٰتٖ وَعُيُونٖ ٢٥ وَزُرُوعٖ وَمَقَامٖ كَرِيمٖ ٢٦ وَنَعۡمَةٖ
كَانُواْ فِيهَا فَٰكِهِينَ ٢٧ كَذَٰلِكَۖ وَأَوۡرَثۡنَٰهَا قَوۡمًا ءَاخَرِينَ ٢٨ فَمَا
بَكَتۡ عَلَيۡهِمُ ٱلسَّمَآءُ وَٱلۡأَرۡضُ وَمَا كَانُواْ مُنظَرِينَ ٢٩ وَلَقَدۡ
نَجَّيۡنَا بَنِيٓ إِسۡرَٰٓءِيلَ مِنَ ٱلۡعَذَابِ ٱلۡمُهِينِ ٣٠ مِن فِرۡعَوۡنَۚ إِنَّهُۥ
كَانَ عَالِيٗا مِّنَ ٱلۡمُسۡرِفِينَ ٣١ وَلَقَدِ ٱخۡتَرۡنَٰهُمۡ عَلَىٰ عِلۡمٍ عَلَى
ٱلۡعَٰلَمِينَ ٣٢ وَءَاتَيۡنَٰهُم مِّنَ ٱلۡأٓيَٰتِ مَا فِيهِ بَلَٰٓؤٞاْ مُّبِينٌ ٣٣
إِنَّ هَٰٓؤُلَآءِ لَيَقُولُونَ ٣٤ إِنۡ هِيَ إِلَّا مَوۡتَتُنَا ٱلۡأُولَىٰ وَمَا نَحۡنُ
بِمُنشَرِينَ ٣٥ فَأۡتُواْ بِـَٔابَآئِنَآ إِن كُنتُمۡ صَٰدِقِينَ ٣٦ أَهُمۡ
خَيۡرٌ أَمۡ قَوۡمُ تُبَّعٖ وَٱلَّذِينَ مِن قَبۡلِهِمۡۚ أَهۡلَكۡنَٰهُمۡۖ إِنَّهُمۡ كَانُواْ
مُجۡرِمِينَ ٣٧ وَمَا خَلَقۡنَا ٱلسَّمَٰوَٰتِ وَٱلۡأَرۡضَ وَمَا بَيۡنَهُمَا لَٰعِبِينَ
٣٨ مَا خَلَقۡنَٰهُمَآ إِلَّا بِٱلۡحَقِّ وَلَٰكِنَّ أَكۡثَرَهُمۡ لَا يَعۡلَمُونَ ٣٩

إِنَّ يَوۡمَ ٱلۡفَصۡلِ مِيقَٰتُهُمۡ أَجۡمَعِينَ ﴿٤٠﴾ يَوۡمَ لَا يُغۡنِي مَوۡلًى
عَن مَّوۡلًى شَيۡـٔٗا وَلَا هُمۡ يُنصَرُونَ ﴿٤١﴾ إِلَّا مَن رَّحِمَ ٱللَّهُۚ
إِنَّهُۥ هُوَ ٱلۡعَزِيزُ ٱلرَّحِيمُ ﴿٤٢﴾ إِنَّ شَجَرَتَ ٱلزَّقُّومِ ﴿٤٣﴾ طَعَامُ
ٱلۡأَثِيمِ ﴿٤٤﴾ كَٱلۡمُهۡلِ يَغۡلِي فِي ٱلۡبُطُونِ ﴿٤٥﴾ كَغَلۡيِ
ٱلۡحَمِيمِ ﴿٤٦﴾ خُذُوهُ فَٱعۡتِلُوهُ إِلَىٰ سَوَآءِ ٱلۡجَحِيمِ ﴿٤٧﴾ ثُمَّ
صُبُّواْ فَوۡقَ رَأۡسِهِۦ مِنۡ عَذَابِ ٱلۡحَمِيمِ ﴿٤٨﴾ ذُقۡ إِنَّكَ
أَنتَ ٱلۡعَزِيزُ ٱلۡكَرِيمُ ﴿٤٩﴾ إِنَّ هَٰذَا مَا كُنتُم بِهِۦ تَمۡتَرُونَ
﴿٥٠﴾ إِنَّ ٱلۡمُتَّقِينَ فِي مَقَامٍ أَمِينٖ ﴿٥١﴾ فِي جَنَّٰتٖ وَعُيُونٖ
﴿٥٢﴾ يَلۡبَسُونَ مِن سُندُسٖ وَإِسۡتَبۡرَقٖ مُّتَقَٰبِلِينَ ﴿٥٣﴾
كَذَٰلِكَ وَزَوَّجۡنَٰهُم بِحُورٍ عِينٖ ﴿٥٤﴾ يَدۡعُونَ فِيهَا بِكُلِّ
فَٰكِهَةٍ ءَامِنِينَ ﴿٥٥﴾ لَا يَذُوقُونَ فِيهَا ٱلۡمَوۡتَ إِلَّا
ٱلۡمَوۡتَةَ ٱلۡأُولَىٰۖ وَوَقَىٰهُمۡ عَذَابَ ٱلۡجَحِيمِ ﴿٥٦﴾ فَضۡلٗا مِّن
رَّبِّكَۚ ذَٰلِكَ هُوَ ٱلۡفَوۡزُ ٱلۡعَظِيمُ ﴿٥٧﴾ فَإِنَّمَا يَسَّرۡنَٰهُ بِلِسَانِكَ
لَعَلَّهُمۡ يَتَذَكَّرُونَ ﴿٥٨﴾ فَٱرۡتَقِبۡ إِنَّهُم مُّرۡتَقِبُونَ ﴿٥٩﴾

سُورَةُ الجَاثِيَةِ

بِسْمِ ٱللَّهِ ٱلرَّحْمَٰنِ ٱلرَّحِيمِ

حمٓ ١ تَنزِيلُ ٱلْكِتَٰبِ مِنَ ٱللَّهِ ٱلْعَزِيزِ ٱلْحَكِيمِ ٢ إِنَّ فِى ٱلسَّمَٰوَٰتِ
وَٱلْأَرْضِ لَءَايَٰتٍ لِّلْمُؤْمِنِينَ ٣ وَفِى خَلْقِكُمْ وَمَا يَبُثُّ مِن دَآبَّةٍ ءَايَٰتٌ
لِّقَوْمٍ يُوقِنُونَ ٤ وَٱخْتِلَٰفِ ٱلَّيْلِ وَٱلنَّهَارِ وَمَآ أَنزَلَ ٱللَّهُ مِنَ ٱلسَّمَآءِ
مِن رِّزْقٍ فَأَحْيَا بِهِ ٱلْأَرْضَ بَعْدَ مَوْتِهَا وَتَصْرِيفِ ٱلرِّيَٰحِ ءَايَٰتٌ لِّقَوْمٍ
يَعْقِلُونَ ٥ تِلْكَ ءَايَٰتُ ٱللَّهِ نَتْلُوهَا عَلَيْكَ بِٱلْحَقِّ ۖ فَبِأَىِّ حَدِيثٍۭ بَعْدَ
ٱللَّهِ وَءَايَٰتِهِۦ يُؤْمِنُونَ ٦ وَيْلٌ لِّكُلِّ أَفَّاكٍ أَثِيمٍ ٧ يَسْمَعُ ءَايَٰتِ
ٱللَّهِ تُتْلَىٰ عَلَيْهِ ثُمَّ يُصِرُّ مُسْتَكْبِرًا كَأَن لَّمْ يَسْمَعْهَا ۖ فَبَشِّرْهُ بِعَذَابٍ أَلِيمٍ
٨ وَإِذَا عَلِمَ مِنْ ءَايَٰتِنَا شَيْـًٔا ٱتَّخَذَهَا هُزُوًا ۚ أُو۟لَٰٓئِكَ لَهُمْ عَذَابٌ
مُّهِينٌ ٩ مِّن وَرَآئِهِمْ جَهَنَّمُ ۖ وَلَا يُغْنِى عَنْهُم مَّا كَسَبُوا۟ شَيْـًٔا
وَلَا مَا ٱتَّخَذُوا۟ مِن دُونِ ٱللَّهِ أَوْلِيَآءَ ۖ وَلَهُمْ عَذَابٌ عَظِيمٌ ١٠ هَٰذَا
هُدًى ۖ وَٱلَّذِينَ كَفَرُوا۟ بِـَٔايَٰتِ رَبِّهِمْ لَهُمْ عَذَابٌ مِّن رِّجْزٍ أَلِيمٌ ١١
۞ ٱللَّهُ ٱلَّذِى سَخَّرَ لَكُمُ ٱلْبَحْرَ لِتَجْرِىَ ٱلْفُلْكُ فِيهِ بِأَمْرِهِۦ وَلِتَبْتَغُوا۟ ثلاثة أرباع الحزب ٥٠
مِن فَضْلِهِۦ وَلَعَلَّكُمْ تَشْكُرُونَ ١٢ وَسَخَّرَ لَكُم مَّا فِى ٱلسَّمَٰوَٰتِ وَمَا فِى
ٱلْأَرْضِ جَمِيعًا مِّنْهُ ۚ إِنَّ فِى ذَٰلِكَ لَءَايَٰتٍ لِّقَوْمٍ يَتَفَكَّرُونَ ١٣

قُل لِّلَّذِينَ ءَامَنُوا۟ يَغْفِرُوا۟ لِلَّذِينَ لَا يَرْجُونَ أَيَّامَ ٱللَّهِ لِيَجْزِىَ
قَوْمًۢا بِمَا كَانُوا۟ يَكْسِبُونَ ﴿١٤﴾ مَنْ عَمِلَ صَٰلِحًا فَلِنَفْسِهِۦ ۖ
وَمَنْ أَسَآءَ فَعَلَيْهَا ۖ ثُمَّ إِلَىٰ رَبِّكُمْ تُرْجَعُونَ ﴿١٥﴾ وَلَقَدْ ءَاتَيْنَا
بَنِىٓ إِسْرَٰٓءِيلَ ٱلْكِتَٰبَ وَٱلْحُكْمَ وَٱلنُّبُوَّةَ وَرَزَقْنَٰهُم مِّنَ ٱلطَّيِّبَٰتِ
وَفَضَّلْنَٰهُمْ عَلَى ٱلْعَٰلَمِينَ ﴿١٦﴾ وَءَاتَيْنَٰهُم بَيِّنَٰتٍ مِّنَ ٱلْأَمْرِ ۖ
فَمَا ٱخْتَلَفُوٓا۟ إِلَّا مِنۢ بَعْدِ مَا جَآءَهُمُ ٱلْعِلْمُ بَغْيًۢا بَيْنَهُمْ ۚ إِنَّ رَبَّكَ
يَقْضِى بَيْنَهُمْ يَوْمَ ٱلْقِيَٰمَةِ فِيمَا كَانُوا۟ فِيهِ يَخْتَلِفُونَ
﴿١٧﴾ ثُمَّ جَعَلْنَٰكَ عَلَىٰ شَرِيعَةٍ مِّنَ ٱلْأَمْرِ فَٱتَّبِعْهَا وَلَا تَتَّبِعْ
أَهْوَآءَ ٱلَّذِينَ لَا يَعْلَمُونَ ﴿١٨﴾ إِنَّهُمْ لَن يُغْنُوا۟ عَنكَ مِنَ ٱللَّهِ
شَيْـًٔا ۚ وَإِنَّ ٱلظَّٰلِمِينَ بَعْضُهُمْ أَوْلِيَآءُ بَعْضٍ ۖ وَٱللَّهُ وَلِىُّ ٱلْمُتَّقِينَ
﴿١٩﴾ هَٰذَا بَصَٰٓئِرُ لِلنَّاسِ وَهُدًى وَرَحْمَةٌ لِّقَوْمٍ يُوقِنُونَ ﴿٢٠﴾
أَمْ حَسِبَ ٱلَّذِينَ ٱجْتَرَحُوا۟ ٱلسَّيِّـَٔاتِ أَن نَّجْعَلَهُمْ كَٱلَّذِينَ
ءَامَنُوا۟ وَعَمِلُوا۟ ٱلصَّٰلِحَٰتِ سَوَآءً مَّحْيَاهُمْ وَمَمَاتُهُمْ ۚ سَآءَ
مَا يَحْكُمُونَ ﴿٢١﴾ وَخَلَقَ ٱللَّهُ ٱلسَّمَٰوَٰتِ وَٱلْأَرْضَ بِٱلْحَقِّ
وَلِتُجْزَىٰ كُلُّ نَفْسٍۭ بِمَا كَسَبَتْ وَهُمْ لَا يُظْلَمُونَ ﴿٢٢﴾

أَفَرَءَيۡتَ مَنِ ٱتَّخَذَ إِلَٰهَهُۥ هَوَىٰهُ وَأَضَلَّهُ ٱللَّهُ عَلَىٰ عِلۡمٖ وَخَتَمَ عَلَىٰ سَمۡعِهِۦ
وَقَلۡبِهِۦ وَجَعَلَ عَلَىٰ بَصَرِهِۦ غِشَٰوَةٗ فَمَن يَهۡدِيهِ مِنۢ بَعۡدِ ٱللَّهِۚ أَفَلَا
تَذَكَّرُونَ ٢٣ وَقَالُواْ مَا هِيَ إِلَّا حَيَاتُنَا ٱلدُّنۡيَا نَمُوتُ وَنَحۡيَا وَمَا يُهۡلِكُنَآ
إِلَّا ٱلدَّهۡرُۚ وَمَا لَهُم بِذَٰلِكَ مِنۡ عِلۡمٍۖ إِنۡ هُمۡ إِلَّا يَظُنُّونَ ٢٤ وَإِذَا تُتۡلَىٰ
عَلَيۡهِمۡ ءَايَٰتُنَا بَيِّنَٰتٖ مَّا كَانَ حُجَّتَهُمۡ إِلَّآ أَن قَالُواْ ٱئۡتُواْ بِـَٔابَآئِنَآ إِن
كُنتُمۡ صَٰدِقِينَ ٢٥ قُلِ ٱللَّهُ يُحۡيِيكُمۡ ثُمَّ يُمِيتُكُمۡ ثُمَّ يَجۡمَعُكُمۡ إِلَىٰ
يَوۡمِ ٱلۡقِيَٰمَةِ لَا رَيۡبَ فِيهِ وَلَٰكِنَّ أَكۡثَرَ ٱلنَّاسِ لَا يَعۡلَمُونَ ٢٦ وَلِلَّهِ مُلۡكُ
ٱلسَّمَٰوَٰتِ وَٱلۡأَرۡضِۚ وَيَوۡمَ تَقُومُ ٱلسَّاعَةُ يَوۡمَئِذٖ يَخۡسَرُ ٱلۡمُبۡطِلُونَ ٢٧
وَتَرَىٰ كُلَّ أُمَّةٖ جَاثِيَةٗۚ كُلُّ أُمَّةٖ تُدۡعَىٰٓ إِلَىٰ كِتَٰبِهَا ٱلۡيَوۡمَ تُجۡزَوۡنَ مَا كُنتُمۡ
تَعۡمَلُونَ ٢٨ هَٰذَا كِتَٰبُنَا يَنطِقُ عَلَيۡكُم بِٱلۡحَقِّۚ إِنَّا كُنَّا نَسۡتَنسِخُ
مَا كُنتُمۡ تَعۡمَلُونَ ٢٩ فَأَمَّا ٱلَّذِينَ ءَامَنُواْ وَعَمِلُواْ ٱلصَّٰلِحَٰتِ
فَيُدۡخِلُهُمۡ رَبُّهُمۡ فِي رَحۡمَتِهِۦۚ ذَٰلِكَ هُوَ ٱلۡفَوۡزُ ٱلۡمُبِينُ ٣٠ وَأَمَّا
ٱلَّذِينَ كَفَرُوٓاْ أَفَلَمۡ تَكُنۡ ءَايَٰتِي تُتۡلَىٰ عَلَيۡكُمۡ فَٱسۡتَكۡبَرۡتُمۡ وَكُنتُمۡ قَوۡمٗا
مُّجۡرِمِينَ ٣١ وَإِذَا قِيلَ إِنَّ وَعۡدَ ٱللَّهِ حَقّٞ وَٱلسَّاعَةُ لَا رَيۡبَ فِيهَا
قُلۡتُم مَّا نَدۡرِي مَا ٱلسَّاعَةُ إِن نَّظُنُّ إِلَّا ظَنّٗا وَمَا نَحۡنُ بِمُسۡتَيۡقِنِينَ ٣٢

وَبَدَا لَهُمْ سَيِّـَٔاتُ مَا عَمِلُوا۟ وَحَاقَ بِهِم مَّا كَانُوا۟ بِهِۦ يَسْتَهْزِءُونَ
٣٣ وَقِيلَ ٱلْيَوْمَ نَنسَىٰكُمْ كَمَا نَسِيتُمْ لِقَآءَ يَوْمِكُمْ هَٰذَا وَمَأْوَىٰكُمُ ٱلنَّارُ
وَمَا لَكُم مِّن نَّٰصِرِينَ ٣٤ ذَٰلِكُم بِأَنَّكُمُ ٱتَّخَذْتُمْ ءَايَٰتِ ٱللَّهِ هُزُوًا
وَغَرَّتْكُمُ ٱلْحَيَوٰةُ ٱلدُّنْيَا ۚ فَٱلْيَوْمَ لَا يُخْرَجُونَ مِنْهَا وَلَا هُمْ يُسْتَعْتَبُونَ
٣٥ فَلِلَّهِ ٱلْحَمْدُ رَبِّ ٱلسَّمَٰوَٰتِ وَرَبِّ ٱلْأَرْضِ رَبِّ ٱلْعَٰلَمِينَ ٣٦
وَلَهُ ٱلْكِبْرِيَآءُ فِى ٱلسَّمَٰوَٰتِ وَٱلْأَرْضِ ۖ وَهُوَ ٱلْعَزِيزُ ٱلْحَكِيمُ ٣٧

سُورَةُ الأَحْقَافِ

بِسْمِ ٱللَّهِ ٱلرَّحْمَٰنِ ٱلرَّحِيمِ

حمٓ ١ تَنزِيلُ ٱلْكِتَٰبِ مِنَ ٱللَّهِ ٱلْعَزِيزِ ٱلْحَكِيمِ ٢ مَا خَلَقْنَا
ٱلسَّمَٰوَٰتِ وَٱلْأَرْضَ وَمَا بَيْنَهُمَآ إِلَّا بِٱلْحَقِّ وَأَجَلٍ مُّسَمًّى ۚ وَٱلَّذِينَ
كَفَرُوا۟ عَمَّآ أُنذِرُوا۟ مُعْرِضُونَ ٣ قُلْ أَرَءَيْتُم مَّا تَدْعُونَ مِن
دُونِ ٱللَّهِ أَرُونِى مَاذَا خَلَقُوا۟ مِنَ ٱلْأَرْضِ أَمْ لَهُمْ شِرْكٌ فِى
ٱلسَّمَٰوَٰتِ ۖ ٱئْتُونِى بِكِتَٰبٍ مِّن قَبْلِ هَٰذَآ أَوْ أَثَٰرَةٍ مِّنْ عِلْمٍ إِن كُنتُمْ
صَٰدِقِينَ ٤ وَمَنْ أَضَلُّ مِمَّن يَدْعُوا۟ مِن دُونِ ٱللَّهِ مَن
لَّا يَسْتَجِيبُ لَهُۥٓ إِلَىٰ يَوْمِ ٱلْقِيَٰمَةِ وَهُمْ عَن دُعَآئِهِمْ غَٰفِلُونَ ٥

الجزء ٢٦ الحزب ٥١

وَإِذَا حُشِرَ ٱلنَّاسُ كَانُوا۟ لَهُمْ أَعْدَآءً وَكَانُوا۟ بِعِبَادَتِهِمْ كَٰفِرِينَ ٦ وَإِذَا
تُتْلَىٰ عَلَيْهِمْ ءَايَٰتُنَا بَيِّنَٰتٍ قَالَ ٱلَّذِينَ كَفَرُوا۟ لِلْحَقِّ لَمَّا جَآءَهُمْ هَٰذَا
سِحْرٌ مُّبِينٌ ٧ أَمْ يَقُولُونَ ٱفْتَرَىٰهُ ۖ قُلْ إِنِ ٱفْتَرَيْتُهُۥ فَلَا تَمْلِكُونَ
لِى مِنَ ٱللَّهِ شَيْـًٔا ۖ هُوَ أَعْلَمُ بِمَا تُفِيضُونَ فِيهِ ۚ كَفَىٰ بِهِۦ شَهِيدًۢا بَيْنِى
وَبَيْنَكُمْ ۖ وَهُوَ ٱلْغَفُورُ ٱلرَّحِيمُ ٨ قُلْ مَا كُنتُ بِدْعًا مِّنَ ٱلرُّسُلِ
وَمَآ أَدْرِى مَا يُفْعَلُ بِى وَلَا بِكُمْ ۖ إِنْ أَتَّبِعُ إِلَّا مَا يُوحَىٰٓ إِلَىَّ وَمَآ أَنَا۠
إِلَّا نَذِيرٌ مُّبِينٌ ٩ قُلْ أَرَءَيْتُمْ إِن كَانَ مِنْ عِندِ ٱللَّهِ وَكَفَرْتُم بِهِۦ
وَشَهِدَ شَاهِدٌ مِّنۢ بَنِىٓ إِسْرَٰٓءِيلَ عَلَىٰ مِثْلِهِۦ فَـَٔامَنَ وَٱسْتَكْبَرْتُمْ ۖ
إِنَّ ٱللَّهَ لَا يَهْدِى ٱلْقَوْمَ ٱلظَّٰلِمِينَ ١٠ وَقَالَ ٱلَّذِينَ كَفَرُوا۟
لِلَّذِينَ ءَامَنُوا۟ لَوْ كَانَ خَيْرًا مَّا سَبَقُونَآ إِلَيْهِ ۚ وَإِذْ لَمْ يَهْتَدُوا۟ بِهِۦ
فَسَيَقُولُونَ هَٰذَآ إِفْكٌ قَدِيمٌ ١١ وَمِن قَبْلِهِۦ كِتَٰبُ مُوسَىٰٓ
إِمَامًا وَرَحْمَةً ۚ وَهَٰذَا كِتَٰبٌ مُّصَدِّقٌ لِّسَانًا عَرَبِيًّا لِّيُنذِرَ
ٱلَّذِينَ ظَلَمُوا۟ وَبُشْرَىٰ لِلْمُحْسِنِينَ ١٢ إِنَّ ٱلَّذِينَ قَالُوا۟ رَبُّنَا
ٱللَّهُ ثُمَّ ٱسْتَقَٰمُوا۟ فَلَا خَوْفٌ عَلَيْهِمْ وَلَا هُمْ يَحْزَنُونَ ١٣
أُو۟لَٰٓئِكَ أَصْحَٰبُ ٱلْجَنَّةِ خَٰلِدِينَ فِيهَا جَزَآءًۢ بِمَا كَانُوا۟ يَعْمَلُونَ ١٤

وَوَصَّيۡنَا ٱلۡإِنسَٰنَ بِوَٰلِدَيۡهِ إِحۡسَٰنًاۖ حَمَلَتۡهُ أُمُّهُۥ كُرۡهٗا وَوَضَعَتۡهُ
كُرۡهٗاۖ وَحَمۡلُهُۥ وَفِصَٰلُهُۥ ثَلَٰثُونَ شَهۡرًاۚ حَتَّىٰٓ إِذَا بَلَغَ أَشُدَّهُۥ وَبَلَغَ
أَرۡبَعِينَ سَنَةٗ قَالَ رَبِّ أَوۡزِعۡنِيٓ أَنۡ أَشۡكُرَ نِعۡمَتَكَ ٱلَّتِيٓ أَنۡعَمۡتَ
عَلَيَّ وَعَلَىٰ وَٰلِدَيَّ وَأَنۡ أَعۡمَلَ صَٰلِحٗا تَرۡضَىٰهُ وَأَصۡلِحۡ لِي فِي ذُرِّيَّتِيٓۖ
إِنِّي تُبۡتُ إِلَيۡكَ وَإِنِّي مِنَ ٱلۡمُسۡلِمِينَ ١٥ أُوْلَٰٓئِكَ ٱلَّذِينَ نَتَقَبَّلُ
عَنۡهُمۡ أَحۡسَنَ مَا عَمِلُواْ وَنَتَجَاوَزُ عَن سَيِّـَٔاتِهِمۡ فِيٓ أَصۡحَٰبِ
ٱلۡجَنَّةِۖ وَعۡدَ ٱلصِّدۡقِ ٱلَّذِي كَانُواْ يُوعَدُونَ ١٦ وَٱلَّذِي قَالَ
لِوَٰلِدَيۡهِ أُفّٖ لَّكُمَآ أَتَعِدَانِنِيٓ أَنۡ أُخۡرَجَ وَقَدۡ خَلَتِ ٱلۡقُرُونُ مِن
قَبۡلِي وَهُمَا يَسۡتَغِيثَانِ ٱللَّهَ وَيۡلَكَ ءَامِنۡ إِنَّ وَعۡدَ ٱللَّهِ حَقّٞ فَيَقُولُ
مَا هَٰذَآ إِلَّآ أَسَٰطِيرُ ٱلۡأَوَّلِينَ ١٧ أُوْلَٰٓئِكَ ٱلَّذِينَ حَقَّ عَلَيۡهِمُ ٱلۡقَوۡلُ
فِيٓ أُمَمٖ قَدۡ خَلَتۡ مِن قَبۡلِهِم مِّنَ ٱلۡجِنِّ وَٱلۡإِنسِۖ إِنَّهُمۡ كَانُواْ خَٰسِرِينَ
١٨ وَلِكُلّٖ دَرَجَٰتٞ مِّمَّا عَمِلُواْۖ وَلِيُوَفِّيَهُمۡ أَعۡمَٰلَهُمۡ وَهُمۡ لَا يُظۡلَمُونَ
١٩ وَيَوۡمَ يُعۡرَضُ ٱلَّذِينَ كَفَرُواْ عَلَى ٱلنَّارِ أَذۡهَبۡتُمۡ طَيِّبَٰتِكُمۡ فِي حَيَاتِكُمُ
ٱلدُّنۡيَا وَٱسۡتَمۡتَعۡتُم بِهَا فَٱلۡيَوۡمَ تُجۡزَوۡنَ عَذَابَ ٱلۡهُونِ بِمَا كُنتُمۡ
تَسۡتَكۡبِرُونَ فِي ٱلۡأَرۡضِ بِغَيۡرِ ٱلۡحَقِّ وَبِمَا كُنتُمۡ تَفۡسُقُونَ ٢٠

ربع الحزب ٥١

۞ وَٱذۡكُرۡ أَخَا عَادٍ إِذۡ أَنذَرَ قَوۡمَهُۥ بِٱلۡأَحۡقَافِ وَقَدۡ خَلَتِ ٱلنُّذُرُ
مِنۢ بَيۡنِ يَدَيۡهِ وَمِنۡ خَلۡفِهِۦٓ أَلَّا تَعۡبُدُوٓاْ إِلَّا ٱللَّهَ إِنِّيٓ أَخَافُ عَلَيۡكُمۡ
عَذَابَ يَوۡمٍ عَظِيمٖ ٢١ قَالُوٓاْ أَجِئۡتَنَا لِتَأۡفِكَنَا عَنۡ ءَالِهَتِنَا فَأۡتِنَا
بِمَا تَعِدُنَآ إِن كُنتَ مِنَ ٱلصَّٰدِقِينَ ٢٢ قَالَ إِنَّمَا ٱلۡعِلۡمُ عِندَ ٱللَّهِ
وَأُبَلِّغُكُم مَّآ أُرۡسِلۡتُ بِهِۦ وَلَٰكِنِّيٓ أَرَىٰكُمۡ قَوۡمٗا تَجۡهَلُونَ ٢٣ فَلَمَّا
رَأَوۡهُ عَارِضٗا مُّسۡتَقۡبِلَ أَوۡدِيَتِهِمۡ قَالُواْ هَٰذَا عَارِضٞ مُّمۡطِرُنَاۚ
بَلۡ هُوَ مَا ٱسۡتَعۡجَلۡتُم بِهِۦۖ رِيحٞ فِيهَا عَذَابٌ أَلِيمٞ ٢٤ تُدَمِّرُ كُلَّ
شَيۡءِۭ بِأَمۡرِ رَبِّهَا فَأَصۡبَحُواْ لَا يُرَىٰٓ إِلَّا مَسَٰكِنُهُمۡۚ كَذَٰلِكَ نَجۡزِي
ٱلۡقَوۡمَ ٱلۡمُجۡرِمِينَ ٢٥ وَلَقَدۡ مَكَّنَّٰهُمۡ فِيمَآ إِن مَّكَّنَّٰكُمۡ فِيهِ
وَجَعَلۡنَا لَهُمۡ سَمۡعٗا وَأَبۡصَٰرٗا وَأَفۡـِٔدَةٗ فَمَآ أَغۡنَىٰ عَنۡهُمۡ سَمۡعُهُمۡ
وَلَآ أَبۡصَٰرُهُمۡ وَلَآ أَفۡـِٔدَتُهُم مِّن شَيۡءٍ إِذۡ كَانُواْ يَجۡحَدُونَ بِـَٔايَٰتِ
ٱللَّهِ وَحَاقَ بِهِم مَّا كَانُواْ بِهِۦ يَسۡتَهۡزِءُونَ ٢٦ وَلَقَدۡ أَهۡلَكۡنَا
مَا حَوۡلَكُم مِّنَ ٱلۡقُرَىٰ وَصَرَّفۡنَا ٱلۡأٓيَٰتِ لَعَلَّهُمۡ يَرۡجِعُونَ ٢٧
فَلَوۡلَا نَصَرَهُمُ ٱلَّذِينَ ٱتَّخَذُواْ مِن دُونِ ٱللَّهِ قُرۡبَانًا ءَالِهَةَۢۖ
بَلۡ ضَلُّواْ عَنۡهُمۡۚ وَذَٰلِكَ إِفۡكُهُمۡ وَمَا كَانُواْ يَفۡتَرُونَ ٢٨

وَإِذْ صَرَفْنَآ إِلَيْكَ نَفَرًا مِّنَ ٱلْجِنِّ يَسْتَمِعُونَ ٱلْقُرْءَانَ فَلَمَّا
حَضَرُوهُ قَالُوٓا۟ أَنصِتُوا۟ ۖ فَلَمَّا قُضِىَ وَلَّوْا۟ إِلَىٰ قَوْمِهِم مُّنذِرِينَ
﴿٢٩﴾ قَالُوا۟ يَٰقَوْمَنَآ إِنَّا سَمِعْنَا كِتَٰبًا أُنزِلَ مِنۢ بَعْدِ مُوسَىٰ
مُصَدِّقًا لِّمَا بَيْنَ يَدَيْهِ يَهْدِىٓ إِلَى ٱلْحَقِّ وَإِلَىٰ طَرِيقٍ مُّسْتَقِيمٍ
﴿٣٠﴾ يَٰقَوْمَنَآ أَجِيبُوا۟ دَاعِىَ ٱللَّهِ وَءَامِنُوا۟ بِهِۦ يَغْفِرْ لَكُم مِّن
ذُنُوبِكُمْ وَيُجِرْكُم مِّنْ عَذَابٍ أَلِيمٍ ﴿٣١﴾ وَمَن لَّا يُجِبْ دَاعِىَ ٱللَّهِ
فَلَيْسَ بِمُعْجِزٍ فِى ٱلْأَرْضِ وَلَيْسَ لَهُۥ مِن دُونِهِۦٓ أَوْلِيَآءُ ۚ أُو۟لَٰٓئِكَ
فِى ضَلَٰلٍ مُّبِينٍ ﴿٣٢﴾ أَوَلَمْ يَرَوْا۟ أَنَّ ٱللَّهَ ٱلَّذِى خَلَقَ ٱلسَّمَٰوَٰتِ
وَٱلْأَرْضَ وَلَمْ يَعْىَ بِخَلْقِهِنَّ بِقَٰدِرٍ عَلَىٰٓ أَن يُحْۦِىَ ٱلْمَوْتَىٰ ۚ بَلَىٰٓ
إِنَّهُۥ عَلَىٰ كُلِّ شَىْءٍ قَدِيرٌ ﴿٣٣﴾ وَيَوْمَ يُعْرَضُ ٱلَّذِينَ كَفَرُوا۟ عَلَى ٱلنَّارِ
أَلَيْسَ هَٰذَا بِٱلْحَقِّ ۖ قَالُوا۟ بَلَىٰ وَرَبِّنَا ۚ قَالَ فَذُوقُوا۟ ٱلْعَذَابَ بِمَا
كُنتُمْ تَكْفُرُونَ ﴿٣٤﴾ فَٱصْبِرْ كَمَا صَبَرَ أُو۟لُوا۟ ٱلْعَزْمِ مِنَ ٱلرُّسُلِ
وَلَا تَسْتَعْجِل لَّهُمْ ۚ كَأَنَّهُمْ يَوْمَ يَرَوْنَ مَا يُوعَدُونَ لَمْ يَلْبَثُوٓا۟ إِلَّا
سَاعَةً مِّن نَّهَارٍۭ ۚ بَلَٰغٌ ۚ فَهَلْ يُهْلَكُ إِلَّا ٱلْقَوْمُ ٱلْفَٰسِقُونَ ﴿٣٥﴾

سُورَةُ مُحَمَّدٍ

بِسْمِ ٱللَّهِ ٱلرَّحْمَٰنِ ٱلرَّحِيمِ

ٱلَّذِينَ كَفَرُوا۟ وَصَدُّوا۟ عَن سَبِيلِ ٱللَّهِ أَضَلَّ أَعْمَٰلَهُمْ ١ وَٱلَّذِينَ
ءَامَنُوا۟ وَعَمِلُوا۟ ٱلصَّٰلِحَٰتِ وَءَامَنُوا۟ بِمَا نُزِّلَ عَلَىٰ مُحَمَّدٍ وَهُوَ ٱلْحَقُّ مِن
رَّبِّهِمْ كَفَّرَ عَنْهُمْ سَيِّـَٔاتِهِمْ وَأَصْلَحَ بَالَهُمْ ٢ ذَٰلِكَ بِأَنَّ ٱلَّذِينَ كَفَرُوا۟
ٱتَّبَعُوا۟ ٱلْبَٰطِلَ وَأَنَّ ٱلَّذِينَ ءَامَنُوا۟ ٱتَّبَعُوا۟ ٱلْحَقَّ مِن رَّبِّهِمْ ۚ كَذَٰلِكَ يَضْرِبُ
ٱللَّهُ لِلنَّاسِ أَمْثَٰلَهُمْ ٣ فَإِذَا لَقِيتُمُ ٱلَّذِينَ كَفَرُوا۟ فَضَرْبَ ٱلرِّقَابِ حَتَّىٰٓ
إِذَآ أَثْخَنتُمُوهُمْ فَشُدُّوا۟ ٱلْوَثَاقَ فَإِمَّا مَنًّۢا بَعْدُ وَإِمَّا فِدَآءً حَتَّىٰ تَضَعَ ٱلْحَرْبُ
أَوْزَارَهَا ۚ ذَٰلِكَ ۖ وَلَوْ يَشَآءُ ٱللَّهُ لَٱنتَصَرَ مِنْهُمْ وَلَٰكِن لِّيَبْلُوَا۟ بَعْضَكُم
بِبَعْضٍ ۗ وَٱلَّذِينَ قُتِلُوا۟ فِى سَبِيلِ ٱللَّهِ فَلَن يُضِلَّ أَعْمَٰلَهُمْ ٤ سَيَهْدِيهِمْ
وَيُصْلِحُ بَالَهُمْ ٥ وَيُدْخِلُهُمُ ٱلْجَنَّةَ عَرَّفَهَا لَهُمْ ٦ يَٰٓأَيُّهَا ٱلَّذِينَ
ءَامَنُوٓا۟ إِن تَنصُرُوا۟ ٱللَّهَ يَنصُرْكُمْ وَيُثَبِّتْ أَقْدَامَكُمْ ٧ وَٱلَّذِينَ كَفَرُوا۟
فَتَعْسًا لَّهُمْ وَأَضَلَّ أَعْمَٰلَهُمْ ٨ ذَٰلِكَ بِأَنَّهُمْ كَرِهُوا۟ مَآ أَنزَلَ ٱللَّهُ
فَأَحْبَطَ أَعْمَٰلَهُمْ ٩ ۞ أَفَلَمْ يَسِيرُوا۟ فِى ٱلْأَرْضِ فَيَنظُرُوا۟ كَيْفَ كَانَ
عَٰقِبَةُ ٱلَّذِينَ مِن قَبْلِهِمْ ۖ دَمَّرَ ٱللَّهُ عَلَيْهِمْ ۖ وَلِلْكَٰفِرِينَ أَمْثَٰلُهَا ١٠ ذَٰلِكَ
بِأَنَّ ٱللَّهَ مَوْلَى ٱلَّذِينَ ءَامَنُوا۟ وَأَنَّ ٱلْكَٰفِرِينَ لَا مَوْلَىٰ لَهُمْ ١١

نصف الحزب ٥١

إِنَّ ٱللَّهَ يُدۡخِلُ ٱلَّذِينَ ءَامَنُواْ وَعَمِلُواْ ٱلصَّٰلِحَٰتِ جَنَّٰتٖ تَجۡرِي مِن
تَحۡتِهَا ٱلۡأَنۡهَٰرُۖ وَٱلَّذِينَ كَفَرُواْ يَتَمَتَّعُونَ وَيَأۡكُلُونَ كَمَا تَأۡكُلُ ٱلۡأَنۡعَٰمُ
وَٱلنَّارُ مَثۡوٗى لَّهُمۡ ١٢ وَكَأَيِّن مِّن قَرۡيَةٍ هِيَ أَشَدُّ قُوَّةٗ مِّن قَرۡيَتِكَ
ٱلَّتِيٓ أَخۡرَجَتۡكَ أَهۡلَكۡنَٰهُمۡ فَلَا نَاصِرَ لَهُمۡ ١٣ أَفَمَن كَانَ عَلَىٰ بَيِّنَةٖ مِّن
رَّبِّهِۦ كَمَن زُيِّنَ لَهُۥ سُوٓءُ عَمَلِهِۦ وَٱتَّبَعُوٓاْ أَهۡوَآءَهُم ١٤ مَّثَلُ ٱلۡجَنَّةِ ٱلَّتِي
وُعِدَ ٱلۡمُتَّقُونَۖ فِيهَآ أَنۡهَٰرٞ مِّن مَّآءٍ غَيۡرِ ءَاسِنٖ وَأَنۡهَٰرٞ مِّن لَّبَنٖ لَّمۡ يَتَغَيَّرۡ
طَعۡمُهُۥ وَأَنۡهَٰرٞ مِّنۡ خَمۡرٖ لَّذَّةٖ لِّلشَّٰرِبِينَ وَأَنۡهَٰرٞ مِّنۡ عَسَلٖ مُّصَفّٗىۖ وَلَهُمۡ
فِيهَا مِن كُلِّ ٱلثَّمَرَٰتِ وَمَغۡفِرَةٞ مِّن رَّبِّهِمۡۖ كَمَنۡ هُوَ خَٰلِدٞ فِي ٱلنَّارِ وَسُقُواْ
مَآءً حَمِيمٗا فَقَطَّعَ أَمۡعَآءَهُمۡ ١٥ وَمِنۡهُم مَّن يَسۡتَمِعُ إِلَيۡكَ حَتَّىٰٓ إِذَا
خَرَجُواْ مِنۡ عِندِكَ قَالُواْ لِلَّذِينَ أُوتُواْ ٱلۡعِلۡمَ مَاذَا قَالَ ءَانِفًاۚ أُوْلَٰٓئِكَ
ٱلَّذِينَ طَبَعَ ٱللَّهُ عَلَىٰ قُلُوبِهِمۡ وَٱتَّبَعُوٓاْ أَهۡوَآءَهُمۡ ١٦ وَٱلَّذِينَ ٱهۡتَدَوۡاْ
زَادَهُمۡ هُدٗى وَءَاتَىٰهُمۡ تَقۡوَىٰهُمۡ ١٧ فَهَلۡ يَنظُرُونَ إِلَّا ٱلسَّاعَةَ
أَن تَأۡتِيَهُم بَغۡتَةٗۖ فَقَدۡ جَآءَ أَشۡرَاطُهَاۚ فَأَنَّىٰ لَهُمۡ إِذَا جَآءَتۡهُمۡ
ذِكۡرَىٰهُمۡ ١٨ فَٱعۡلَمۡ أَنَّهُۥ لَآ إِلَٰهَ إِلَّا ٱللَّهُ وَٱسۡتَغۡفِرۡ لِذَنۢبِكَ
وَلِلۡمُؤۡمِنِينَ وَٱلۡمُؤۡمِنَٰتِۗ وَٱللَّهُ يَعۡلَمُ مُتَقَلَّبَكُمۡ وَمَثۡوَىٰكُمۡ ١٩

وَيَقُولُ ٱلَّذِينَ ءَامَنُواْ لَوۡلَا نُزِّلَتۡ سُورَةٞۖ فَإِذَآ أُنزِلَتۡ سُورَةٞ
مُّحۡكَمَةٞ وَذُكِرَ فِيهَا ٱلۡقِتَالُ رَأَيۡتَ ٱلَّذِينَ فِي قُلُوبِهِم مَّرَضٞ
يَنظُرُونَ إِلَيۡكَ نَظَرَ ٱلۡمَغۡشِيِّ عَلَيۡهِ مِنَ ٱلۡمَوۡتِۖ فَأَوۡلَىٰ لَهُمۡ
٢٠ طَاعَةٞ وَقَوۡلٞ مَّعۡرُوفٞۚ فَإِذَا عَزَمَ ٱلۡأَمۡرُ فَلَوۡ صَدَقُواْ ٱللَّهَ
لَكَانَ خَيۡرٗا لَّهُمۡ ٢١ فَهَلۡ عَسَيۡتُمۡ إِن تَوَلَّيۡتُمۡ أَن تُفۡسِدُواْ
فِي ٱلۡأَرۡضِ وَتُقَطِّعُوٓاْ أَرۡحَامَكُمۡ ٢٢ أُوْلَٰٓئِكَ ٱلَّذِينَ لَعَنَهُمُ
ٱللَّهُ فَأَصَمَّهُمۡ وَأَعۡمَىٰٓ أَبۡصَٰرَهُمۡ ٢٣ أَفَلَا يَتَدَبَّرُونَ ٱلۡقُرۡءَانَ
أَمۡ عَلَىٰ قُلُوبٍ أَقۡفَالُهَآ ٢٤ إِنَّ ٱلَّذِينَ ٱرۡتَدُّواْ عَلَىٰٓ أَدۡبَٰرِهِم
مِّنۢ بَعۡدِ مَا تَبَيَّنَ لَهُمُ ٱلۡهُدَى ٱلشَّيۡطَٰنُ سَوَّلَ لَهُمۡ وَأَمۡلَىٰ
لَهُمۡ ٢٥ ذَٰلِكَ بِأَنَّهُمۡ قَالُواْ لِلَّذِينَ كَرِهُواْ مَا نَزَّلَ ٱللَّهُ
سَنُطِيعُكُمۡ فِي بَعۡضِ ٱلۡأَمۡرِۖ وَٱللَّهُ يَعۡلَمُ إِسۡرَارَهُمۡ ٢٦
فَكَيۡفَ إِذَا تَوَفَّتۡهُمُ ٱلۡمَلَٰٓئِكَةُ يَضۡرِبُونَ وُجُوهَهُمۡ
وَأَدۡبَٰرَهُمۡ ٢٧ ذَٰلِكَ بِأَنَّهُمُ ٱتَّبَعُواْ مَآ أَسۡخَطَ ٱللَّهَ
وَكَرِهُواْ رِضۡوَٰنَهُۥ فَأَحۡبَطَ أَعۡمَٰلَهُمۡ ٢٨ أَمۡ حَسِبَ
ٱلَّذِينَ فِي قُلُوبِهِم مَّرَضٌ أَن لَّن يُخۡرِجَ ٱللَّهُ أَضۡغَٰنَهُمۡ ٢٩

وَلَوۡ نَشَآءُ لَأَرَيۡنَٰكَهُمۡ فَلَعَرَفۡتَهُم بِسِيمَٰهُمۡۚ وَلَتَعۡرِفَنَّهُمۡ فِي
لَحۡنِ ٱلۡقَوۡلِۚ وَٱللَّهُ يَعۡلَمُ أَعۡمَٰلَكُمۡ ٣٠ وَلَنَبۡلُوَنَّكُمۡ حَتَّىٰ نَعۡلَمَ
ٱلۡمُجَٰهِدِينَ مِنكُمۡ وَٱلصَّٰبِرِينَ وَنَبۡلُوَاْ أَخۡبَارَكُمۡ ٣١ إِنَّ ٱلَّذِينَ
كَفَرُواْ وَصَدُّواْ عَن سَبِيلِ ٱللَّهِ وَشَآقُّواْ ٱلرَّسُولَ مِنۢ بَعۡدِ
مَا تَبَيَّنَ لَهُمُ ٱلۡهُدَىٰ لَن يَضُرُّواْ ٱللَّهَ شَيۡـٔٗا وَسَيُحۡبِطُ أَعۡمَٰلَهُمۡ
٣٢ ۞ يَٰٓأَيُّهَا ٱلَّذِينَ ءَامَنُوٓاْ أَطِيعُواْ ٱللَّهَ وَأَطِيعُواْ ٱلرَّسُولَ
وَلَا تُبۡطِلُوٓاْ أَعۡمَٰلَكُمۡ ٣٣ إِنَّ ٱلَّذِينَ كَفَرُواْ وَصَدُّواْ عَن سَبِيلِ
ٱللَّهِ ثُمَّ مَاتُواْ وَهُمۡ كُفَّارٞ فَلَن يَغۡفِرَ ٱللَّهُ لَهُمۡ ٣٤ فَلَا تَهِنُواْ
وَتَدۡعُوٓاْ إِلَى ٱلسَّلۡمِ وَأَنتُمُ ٱلۡأَعۡلَوۡنَ وَٱللَّهُ مَعَكُمۡ وَلَن يَتِرَكُمۡ
أَعۡمَٰلَكُمۡ ٣٥ إِنَّمَا ٱلۡحَيَوٰةُ ٱلدُّنۡيَا لَعِبٞ وَلَهۡوٞۚ وَإِن تُؤۡمِنُواْ وَتَتَّقُواْ
يُؤۡتِكُمۡ أُجُورَكُمۡ وَلَا يَسۡـَٔلۡكُمۡ أَمۡوَٰلَكُمۡ ٣٦ إِن يَسۡـَٔلۡكُمُوهَا
فَيُحۡفِكُمۡ تَبۡخَلُواْ وَيُخۡرِجۡ أَضۡغَٰنَكُمۡ ٣٧ هَٰٓأَنتُمۡ هَٰٓؤُلَآءِ
تُدۡعَوۡنَ لِتُنفِقُواْ فِي سَبِيلِ ٱللَّهِ فَمِنكُم مَّن يَبۡخَلُۖ وَمَن يَبۡخَلۡ
فَإِنَّمَا يَبۡخَلُ عَن نَّفۡسِهِۦۚ وَٱللَّهُ ٱلۡغَنِيُّ وَأَنتُمُ ٱلۡفُقَرَآءُۚ وَإِن
تَتَوَلَّوۡاْ يَسۡتَبۡدِلۡ قَوۡمًا غَيۡرَكُمۡ ثُمَّ لَا يَكُونُوٓاْ أَمۡثَٰلَكُم ٣٨

ثلاثة أرباع الحزب ٥١

سُورَةُ الفَتْحِ

بِسْمِ ٱللَّهِ ٱلرَّحْمَٰنِ ٱلرَّحِيمِ

إِنَّا فَتَحْنَا لَكَ فَتْحًا مُّبِينًا ١ لِّيَغْفِرَ لَكَ ٱللَّهُ مَا تَقَدَّمَ مِن ذَنۢبِكَ
وَمَا تَأَخَّرَ وَيُتِمَّ نِعْمَتَهُۥ عَلَيْكَ وَيَهْدِيَكَ صِرَٰطًا مُّسْتَقِيمًا ٢
وَيَنصُرَكَ ٱللَّهُ نَصْرًا عَزِيزًا ٣ هُوَ ٱلَّذِىٓ أَنزَلَ ٱلسَّكِينَةَ فِى قُلُوبِ
ٱلْمُؤْمِنِينَ لِيَزْدَادُوٓا۟ إِيمَٰنًا مَّعَ إِيمَٰنِهِمْ ۗ وَلِلَّهِ جُنُودُ ٱلسَّمَٰوَٰتِ
وَٱلْأَرْضِ ۚ وَكَانَ ٱللَّهُ عَلِيمًا حَكِيمًا ٤ لِّيُدْخِلَ ٱلْمُؤْمِنِينَ وَٱلْمُؤْمِنَٰتِ
جَنَّٰتٍ تَجْرِى مِن تَحْتِهَا ٱلْأَنْهَٰرُ خَٰلِدِينَ فِيهَا وَيُكَفِّرَ عَنْهُمْ
سَيِّـَٔاتِهِمْ ۚ وَكَانَ ذَٰلِكَ عِندَ ٱللَّهِ فَوْزًا عَظِيمًا ٥ وَيُعَذِّبَ
ٱلْمُنَٰفِقِينَ وَٱلْمُنَٰفِقَٰتِ وَٱلْمُشْرِكِينَ وَٱلْمُشْرِكَٰتِ ٱلظَّآنِّينَ
بِٱللَّهِ ظَنَّ ٱلسَّوْءِ ۚ عَلَيْهِمْ دَآئِرَةُ ٱلسَّوْءِ ۖ وَغَضِبَ ٱللَّهُ عَلَيْهِمْ
وَلَعَنَهُمْ وَأَعَدَّ لَهُمْ جَهَنَّمَ ۖ وَسَآءَتْ مَصِيرًا ٦ وَلِلَّهِ جُنُودُ
ٱلسَّمَٰوَٰتِ وَٱلْأَرْضِ ۚ وَكَانَ ٱللَّهُ عَزِيزًا حَكِيمًا ٧ إِنَّآ
أَرْسَلْنَٰكَ شَٰهِدًا وَمُبَشِّرًا وَنَذِيرًا ٨ لِّتُؤْمِنُوا۟ بِٱللَّهِ وَرَسُولِهِۦ
وَتُعَزِّرُوهُ وَتُوَقِّرُوهُ وَتُسَبِّحُوهُ بُكْرَةً وَأَصِيلًا ٩

إِنَّ ٱلَّذِينَ يُبَايِعُونَكَ إِنَّمَا يُبَايِعُونَ ٱللَّهَ يَدُ ٱللَّهِ فَوْقَ
أَيْدِيهِمْ ۚ فَمَن نَّكَثَ فَإِنَّمَا يَنكُثُ عَلَىٰ نَفْسِهِۦ ۖ وَمَنْ أَوْفَىٰ
بِمَا عَٰهَدَ عَلَيْهُ ٱللَّهَ فَسَيُؤْتِيهِ أَجْرًا عَظِيمًا ﴿١٠﴾ سَيَقُولُ
لَكَ ٱلْمُخَلَّفُونَ مِنَ ٱلْأَعْرَابِ شَغَلَتْنَآ أَمْوَٰلُنَا وَأَهْلُونَا
فَٱسْتَغْفِرْ لَنَا ۚ يَقُولُونَ بِأَلْسِنَتِهِم مَّا لَيْسَ فِى قُلُوبِهِمْ ۚ قُلْ
فَمَن يَمْلِكُ لَكُم مِّنَ ٱللَّهِ شَيْـًٔا إِنْ أَرَادَ بِكُمْ ضَرًّا أَوْ أَرَادَ بِكُمْ
نَفْعًۢا ۚ بَلْ كَانَ ٱللَّهُ بِمَا تَعْمَلُونَ خَبِيرًۢا ﴿١١﴾ بَلْ ظَنَنتُمْ أَن لَّن
يَنقَلِبَ ٱلرَّسُولُ وَٱلْمُؤْمِنُونَ إِلَىٰٓ أَهْلِيهِمْ أَبَدًا وَزُيِّنَ ذَٰلِكَ فِى
قُلُوبِكُمْ وَظَنَنتُمْ ظَنَّ ٱلسَّوْءِ وَكُنتُمْ قَوْمًۢا بُورًا ﴿١٢﴾ وَمَن لَّمْ يُؤْمِنۢ
بِٱللَّهِ وَرَسُولِهِۦ فَإِنَّآ أَعْتَدْنَا لِلْكَٰفِرِينَ سَعِيرًا ﴿١٣﴾ وَلِلَّهِ مُلْكُ
ٱلسَّمَٰوَٰتِ وَٱلْأَرْضِ ۚ يَغْفِرُ لِمَن يَشَآءُ وَيُعَذِّبُ مَن يَشَآءُ ۚ
وَكَانَ ٱللَّهُ غَفُورًا رَّحِيمًا ﴿١٤﴾ سَيَقُولُ ٱلْمُخَلَّفُونَ إِذَا
ٱنطَلَقْتُمْ إِلَىٰ مَغَانِمَ لِتَأْخُذُوهَا ذَرُونَا نَتَّبِعْكُمْ ۖ يُرِيدُونَ
أَن يُبَدِّلُوا۟ كَلَٰمَ ٱللَّهِ ۚ قُل لَّن تَتَّبِعُونَا كَذَٰلِكُمْ قَالَ ٱللَّهُ مِن قَبْلُ ۖ
فَسَيَقُولُونَ بَلْ تَحْسُدُونَنَا ۚ بَلْ كَانُوا۟ لَا يَفْقَهُونَ إِلَّا قَلِيلًا ﴿١٥﴾

قُل لِّلْمُخَلَّفِينَ مِنَ ٱلْأَعْرَابِ سَتُدْعَوْنَ إِلَىٰ قَوْمٍ أُو۟لِى بَأْسٍ شَدِيدٍ
تُقَٰتِلُونَهُمْ أَوْ يُسْلِمُونَ ۖ فَإِن تُطِيعُوا۟ يُؤْتِكُمُ ٱللَّهُ أَجْرًا حَسَنًا ۖ
وَإِن تَتَوَلَّوْا۟ كَمَا تَوَلَّيْتُم مِّن قَبْلُ يُعَذِّبْكُمْ عَذَابًا أَلِيمًا ﴿١٦﴾ لَّيْسَ
عَلَى ٱلْأَعْمَىٰ حَرَجٌ وَلَا عَلَى ٱلْأَعْرَجِ حَرَجٌ وَلَا عَلَى ٱلْمَرِيضِ حَرَجٌ ۗ
وَمَن يُطِعِ ٱللَّهَ وَرَسُولَهُۥ يُدْخِلْهُ جَنَّٰتٍ تَجْرِى مِن تَحْتِهَا
ٱلْأَنْهَٰرُ ۖ وَمَن يَتَوَلَّ يُعَذِّبْهُ عَذَابًا أَلِيمًا ﴿١٧﴾ ۞ لَّقَدْ رَضِىَ ٱللَّهُ
عَنِ ٱلْمُؤْمِنِينَ إِذْ يُبَايِعُونَكَ تَحْتَ ٱلشَّجَرَةِ فَعَلِمَ مَا فِى
قُلُوبِهِمْ فَأَنزَلَ ٱلسَّكِينَةَ عَلَيْهِمْ وَأَثَٰبَهُمْ فَتْحًا قَرِيبًا ﴿١٨﴾ وَمَغَانِمَ
كَثِيرَةً يَأْخُذُونَهَا ۗ وَكَانَ ٱللَّهُ عَزِيزًا حَكِيمًا ﴿١٩﴾ وَعَدَكُمُ ٱللَّهُ
مَغَانِمَ كَثِيرَةً تَأْخُذُونَهَا فَعَجَّلَ لَكُمْ هَٰذِهِۦ وَكَفَّ أَيْدِىَ
ٱلنَّاسِ عَنكُمْ وَلِتَكُونَ ءَايَةً لِّلْمُؤْمِنِينَ وَيَهْدِيَكُمْ صِرَٰطًا
مُّسْتَقِيمًا ﴿٢٠﴾ وَأُخْرَىٰ لَمْ تَقْدِرُوا۟ عَلَيْهَا قَدْ أَحَاطَ ٱللَّهُ بِهَا ۚ
وَكَانَ ٱللَّهُ عَلَىٰ كُلِّ شَىْءٍ قَدِيرًا ﴿٢١﴾ وَلَوْ قَٰتَلَكُمُ ٱلَّذِينَ
كَفَرُوا۟ لَوَلَّوُا۟ ٱلْأَدْبَٰرَ ثُمَّ لَا يَجِدُونَ وَلِيًّا وَلَا نَصِيرًا ﴿٢٢﴾ سُنَّةَ
ٱللَّهِ ٱلَّتِى قَدْ خَلَتْ مِن قَبْلُ ۖ وَلَن تَجِدَ لِسُنَّةِ ٱللَّهِ تَبْدِيلًا ﴿٢٣﴾

الحِزْبُ ٥٢

وَهُوَ ٱلَّذِى كَفَّ أَيۡدِيَهُمۡ عَنكُمۡ وَأَيۡدِيَكُمۡ عَنۡهُم بِبَطۡنِ مَكَّةَ مِنۢ
بَعۡدِ أَنۡ أَظۡفَرَكُمۡ عَلَيۡهِمۡۚ وَكَانَ ٱللَّهُ بِمَا تَعۡمَلُونَ بَصِيرًا ٢٤
هُمُ ٱلَّذِينَ كَفَرُواْ وَصَدُّوكُمۡ عَنِ ٱلۡمَسۡجِدِ ٱلۡحَرَامِ
وَٱلۡهَدۡىَ مَعۡكُوفًا أَن يَبۡلُغَ مَحِلَّهُۥۚ وَلَوۡلَا رِجَالٌ مُّؤۡمِنُونَ وَنِسَآءٌ
مُّؤۡمِنَٰتٌ لَّمۡ تَعۡلَمُوهُمۡ أَن تَطَـُٔوهُمۡ فَتُصِيبَكُم مِّنۡهُم مَّعَرَّةُۢ
بِغَيۡرِ عِلۡمٍۖ لِّيُدۡخِلَ ٱللَّهُ فِى رَحۡمَتِهِۦ مَن يَشَآءُۚ لَوۡ تَزَيَّلُواْ لَعَذَّبۡنَا
ٱلَّذِينَ كَفَرُواْ مِنۡهُمۡ عَذَابًا أَلِيمًا ٢٥ إِذۡ جَعَلَ ٱلَّذِينَ كَفَرُواْ
فِى قُلُوبِهِمُ ٱلۡحَمِيَّةَ حَمِيَّةَ ٱلۡجَٰهِلِيَّةِ فَأَنزَلَ ٱللَّهُ سَكِينَتَهُۥ
عَلَىٰ رَسُولِهِۦ وَعَلَى ٱلۡمُؤۡمِنِينَ وَأَلۡزَمَهُمۡ كَلِمَةَ ٱلتَّقۡوَىٰ
وَكَانُوٓاْ أَحَقَّ بِهَا وَأَهۡلَهَاۚ وَكَانَ ٱللَّهُ بِكُلِّ شَىۡءٍ عَلِيمًا ٢٦
لَّقَدۡ صَدَقَ ٱللَّهُ رَسُولَهُ ٱلرُّءۡيَا بِٱلۡحَقِّۖ لَتَدۡخُلُنَّ ٱلۡمَسۡجِدَ
ٱلۡحَرَامَ إِن شَآءَ ٱللَّهُ ءَامِنِينَ مُحَلِّقِينَ رُءُوسَكُمۡ وَمُقَصِّرِينَ
لَا تَخَافُونَۖ فَعَلِمَ مَا لَمۡ تَعۡلَمُواْ فَجَعَلَ مِن دُونِ ذَٰلِكَ
فَتۡحًا قَرِيبًا ٢٧ هُوَ ٱلَّذِىٓ أَرۡسَلَ رَسُولَهُۥ بِٱلۡهُدَىٰ وَدِينِ
ٱلۡحَقِّ لِيُظۡهِرَهُۥ عَلَى ٱلدِّينِ كُلِّهِۦۚ وَكَفَىٰ بِٱللَّهِ شَهِيدًا ٢٨

مُّحَمَّدٞ رَّسُولُ ٱللَّهِۚ وَٱلَّذِينَ مَعَهُۥٓ أَشِدَّآءُ عَلَى ٱلۡكُفَّارِ رُحَمَآءُ بَيۡنَهُمۡۖ
تَرَىٰهُمۡ رُكَّعٗا سُجَّدٗا يَبۡتَغُونَ فَضۡلٗا مِّنَ ٱللَّهِ وَرِضۡوَٰنٗاۖ سِيمَاهُمۡ
فِي وُجُوهِهِم مِّنۡ أَثَرِ ٱلسُّجُودِۚ ذَٰلِكَ مَثَلُهُمۡ فِي ٱلتَّوۡرَىٰةِۚ وَمَثَلُهُمۡ فِي
ٱلۡإِنجِيلِ كَزَرۡعٍ أَخۡرَجَ شَطۡـَٔهُۥ فَـَٔازَرَهُۥ فَٱسۡتَغۡلَظَ فَٱسۡتَوَىٰ
عَلَىٰ سُوقِهِۦ يُعۡجِبُ ٱلزُّرَّاعَ لِيَغِيظَ بِهِمُ ٱلۡكُفَّارَۗ وَعَدَ ٱللَّهُ ٱلَّذِينَ
ءَامَنُواْ وَعَمِلُواْ ٱلصَّٰلِحَٰتِ مِنۡهُم مَّغۡفِرَةٗ وَأَجۡرًا عَظِيمَۢا ٢٩

سُورَةُ الحُجُرَاتِ

بِسۡمِ ٱللَّهِ ٱلرَّحۡمَٰنِ ٱلرَّحِيمِ

ربع الحزب ٥٢

يَٰٓأَيُّهَا ٱلَّذِينَ ءَامَنُواْ لَا تُقَدِّمُواْ بَيۡنَ يَدَيِ ٱللَّهِ وَرَسُولِهِۦۖ وَٱتَّقُواْ
ٱللَّهَۚ إِنَّ ٱللَّهَ سَمِيعٌ عَلِيمٞ ١ يَٰٓأَيُّهَا ٱلَّذِينَ ءَامَنُواْ لَا تَرۡفَعُوٓاْ
أَصۡوَٰتَكُمۡ فَوۡقَ صَوۡتِ ٱلنَّبِيِّ وَلَا تَجۡهَرُواْ لَهُۥ بِٱلۡقَوۡلِ كَجَهۡرِ بَعۡضِكُمۡ
لِبَعۡضٍ أَن تَحۡبَطَ أَعۡمَٰلُكُمۡ وَأَنتُمۡ لَا تَشۡعُرُونَ ٢ إِنَّ ٱلَّذِينَ
يَغُضُّونَ أَصۡوَٰتَهُمۡ عِندَ رَسُولِ ٱللَّهِ أُوْلَٰٓئِكَ ٱلَّذِينَ ٱمۡتَحَنَ
ٱللَّهُ قُلُوبَهُمۡ لِلتَّقۡوَىٰۚ لَهُم مَّغۡفِرَةٞ وَأَجۡرٌ عَظِيمٌ ٣ إِنَّ ٱلَّذِينَ
يُنَادُونَكَ مِن وَرَآءِ ٱلۡحُجُرَٰتِ أَكۡثَرُهُمۡ لَا يَعۡقِلُونَ ٤

وَلَوْ أَنَّهُمْ صَبَرُوا۟ حَتَّىٰ تَخْرُجَ إِلَيْهِمْ لَكَانَ خَيْرًا لَّهُمْ ۚ وَٱللَّهُ غَفُورٌ
رَّحِيمٌ ٥ يَـٰٓأَيُّهَا ٱلَّذِينَ ءَامَنُوٓا۟ إِن جَآءَكُمْ فَاسِقٌۢ بِنَبَإٍ فَتَبَيَّنُوٓا۟ أَن
تُصِيبُوا۟ قَوْمًۢا بِجَهَـٰلَةٍ فَتُصْبِحُوا۟ عَلَىٰ مَا فَعَلْتُمْ نَـٰدِمِينَ ٦
وَٱعْلَمُوٓا۟ أَنَّ فِيكُمْ رَسُولَ ٱللَّهِ ۚ لَوْ يُطِيعُكُمْ فِى كَثِيرٍ مِّنَ ٱلْأَمْرِ لَعَنِتُّمْ
وَلَـٰكِنَّ ٱللَّهَ حَبَّبَ إِلَيْكُمُ ٱلْإِيمَـٰنَ وَزَيَّنَهُۥ فِى قُلُوبِكُمْ وَكَرَّهَ
إِلَيْكُمُ ٱلْكُفْرَ وَٱلْفُسُوقَ وَٱلْعِصْيَانَ ۚ أُو۟لَـٰٓئِكَ هُمُ ٱلرَّٰشِدُونَ ٧
فَضْلًا مِّنَ ٱللَّهِ وَنِعْمَةً ۚ وَٱللَّهُ عَلِيمٌ حَكِيمٌ ٨ وَإِن طَآئِفَتَانِ
مِنَ ٱلْمُؤْمِنِينَ ٱقْتَتَلُوا۟ فَأَصْلِحُوا۟ بَيْنَهُمَا ۖ فَإِنۢ بَغَتْ إِحْدَىٰهُمَا
عَلَى ٱلْأُخْرَىٰ فَقَـٰتِلُوا۟ ٱلَّتِى تَبْغِى حَتَّىٰ تَفِىٓءَ إِلَىٰٓ أَمْرِ ٱللَّهِ ۚ فَإِن فَآءَتْ
فَأَصْلِحُوا۟ بَيْنَهُمَا بِٱلْعَدْلِ وَأَقْسِطُوٓا۟ ۖ إِنَّ ٱللَّهَ يُحِبُّ ٱلْمُقْسِطِينَ
٩ إِنَّمَا ٱلْمُؤْمِنُونَ إِخْوَةٌ فَأَصْلِحُوا۟ بَيْنَ أَخَوَيْكُمْ ۚ وَٱتَّقُوا۟ ٱللَّهَ
لَعَلَّكُمْ تُرْحَمُونَ ١٠ يَـٰٓأَيُّهَا ٱلَّذِينَ ءَامَنُوا۟ لَا يَسْخَرْ قَوْمٌ مِّن قَوْمٍ
عَسَىٰٓ أَن يَكُونُوا۟ خَيْرًا مِّنْهُمْ وَلَا نِسَآءٌ مِّن نِّسَآءٍ عَسَىٰٓ أَن يَكُنَّ خَيْرًا
مِّنْهُنَّ ۖ وَلَا تَلْمِزُوٓا۟ أَنفُسَكُمْ وَلَا تَنَابَزُوا۟ بِٱلْأَلْقَـٰبِ ۖ بِئْسَ ٱلِٱسْمُ
ٱلْفُسُوقُ بَعْدَ ٱلْإِيمَـٰنِ ۚ وَمَن لَّمْ يَتُبْ فَأُو۟لَـٰٓئِكَ هُمُ ٱلظَّـٰلِمُونَ ١١

يَٰٓأَيُّهَا ٱلَّذِينَ ءَامَنُواْ ٱجۡتَنِبُواْ كَثِيرٗا مِّنَ ٱلظَّنِّ إِنَّ بَعۡضَ ٱلظَّنِّ
إِثۡمٞۖ وَلَا تَجَسَّسُواْ وَلَا يَغۡتَب بَّعۡضُكُم بَعۡضًاۚ أَيُحِبُّ أَحَدُكُمۡ أَن
يَأۡكُلَ لَحۡمَ أَخِيهِ مَيۡتٗا فَكَرِهۡتُمُوهُۚ وَٱتَّقُواْ ٱللَّهَۚ إِنَّ ٱللَّهَ
تَوَّابٞ رَّحِيمٞ ١٢ يَٰٓأَيُّهَا ٱلنَّاسُ إِنَّا خَلَقۡنَٰكُم مِّن ذَكَرٖ وَأُنثَىٰ وَجَعَلۡنَٰكُمۡ
شُعُوبٗا وَقَبَآئِلَ لِتَعَارَفُوٓاْۚ إِنَّ أَكۡرَمَكُمۡ عِندَ ٱللَّهِ أَتۡقَىٰكُمۡۚ إِنَّ ٱللَّهَ
نصف الحزب ٥٢ عَلِيمٌ خَبِيرٞ ١٣ ۞قَالَتِ ٱلۡأَعۡرَابُ ءَامَنَّاۖ قُل لَّمۡ تُؤۡمِنُواْ وَلَٰكِن
قُولُوٓاْ أَسۡلَمۡنَا وَلَمَّا يَدۡخُلِ ٱلۡإِيمَٰنُ فِي قُلُوبِكُمۡۖ وَإِن تُطِيعُواْ ٱللَّهَ
وَرَسُولَهُۥ لَا يَلِتۡكُم مِّنۡ أَعۡمَٰلِكُمۡ شَيۡـًٔاۚ إِنَّ ٱللَّهَ غَفُورٞ رَّحِيمٌ ١٤
إِنَّمَا ٱلۡمُؤۡمِنُونَ ٱلَّذِينَ ءَامَنُواْ بِٱللَّهِ وَرَسُولِهِۦ ثُمَّ لَمۡ يَرۡتَابُواْ
وَجَٰهَدُواْ بِأَمۡوَٰلِهِمۡ وَأَنفُسِهِمۡ فِي سَبِيلِ ٱللَّهِۚ أُوْلَٰٓئِكَ هُمُ
ٱلصَّٰدِقُونَ ١٥ قُلۡ أَتُعَلِّمُونَ ٱللَّهَ بِدِينِكُمۡ وَٱللَّهُ يَعۡلَمُ مَا فِي
ٱلسَّمَٰوَٰتِ وَمَا فِي ٱلۡأَرۡضِۚ وَٱللَّهُ بِكُلِّ شَيۡءٍ عَلِيمٞ ١٦ يَمُنُّونَ
عَلَيۡكَ أَنۡ أَسۡلَمُواْۖ قُل لَّا تَمُنُّواْ عَلَيَّ إِسۡلَٰمَكُمۖ بَلِ ٱللَّهُ يَمُنُّ
عَلَيۡكُمۡ أَنۡ هَدَىٰكُمۡ لِلۡإِيمَٰنِ إِن كُنتُمۡ صَٰدِقِينَ ١٧ إِنَّ ٱللَّهَ يَعۡلَمُ
غَيۡبَ ٱلسَّمَٰوَٰتِ وَٱلۡأَرۡضِۚ وَٱللَّهُ بَصِيرُۢ بِمَا تَعۡمَلُونَ ١٨

سُورَةُ قٓ

بِسۡمِ ٱللَّهِ ٱلرَّحۡمَٰنِ ٱلرَّحِيمِ

قٓۚ وَٱلۡقُرۡءَانِ ٱلۡمَجِيدِ ١ بَلۡ عَجِبُوٓاْ أَن جَآءَهُم مُّنذِرٞ مِّنۡهُمۡ
فَقَالَ ٱلۡكَٰفِرُونَ هَٰذَا شَيۡءٌ عَجِيبٌ ٢ أَءِذَا مِتۡنَا وَكُنَّا تُرَابٗاۖ ذَٰلِكَ
رَجۡعُۢ بَعِيدٞ ٣ قَدۡ عَلِمۡنَا مَا تَنقُصُ ٱلۡأَرۡضُ مِنۡهُمۡۖ وَعِندَنَا كِتَٰبٌ
حَفِيظُۢ ٤ بَلۡ كَذَّبُواْ بِٱلۡحَقِّ لَمَّا جَآءَهُمۡ فَهُمۡ فِيٓ أَمۡرٖ مَّرِيجٍ ٥
أَفَلَمۡ يَنظُرُوٓاْ إِلَى ٱلسَّمَآءِ فَوۡقَهُمۡ كَيۡفَ بَنَيۡنَٰهَا وَزَيَّنَّٰهَا
وَمَا لَهَا مِن فُرُوجٖ ٦ وَٱلۡأَرۡضَ مَدَدۡنَٰهَا وَأَلۡقَيۡنَا فِيهَا رَوَٰسِيَ
وَأَنۢبَتۡنَا فِيهَا مِن كُلِّ زَوۡجِۭ بَهِيجٖ ٧ تَبۡصِرَةٗ وَذِكۡرَىٰ لِكُلِّ عَبۡدٖ
مُّنِيبٖ ٨ وَنَزَّلۡنَا مِنَ ٱلسَّمَآءِ مَآءٗ مُّبَٰرَكٗا فَأَنۢبَتۡنَا بِهِۦ جَنَّٰتٖ
وَحَبَّ ٱلۡحَصِيدِ ٩ وَٱلنَّخۡلَ بَاسِقَٰتٖ لَّهَا طَلۡعٞ نَّضِيدٞ ١٠ رِّزۡقٗا
لِّلۡعِبَادِۖ وَأَحۡيَيۡنَا بِهِۦ بَلۡدَةٗ مَّيۡتٗاۚ كَذَٰلِكَ ٱلۡخُرُوجُ ١١ كَذَّبَتۡ قَبۡلَهُمۡ
قَوۡمُ نُوحٖ وَأَصۡحَٰبُ ٱلرَّسِّ وَثَمُودُ ١٢ وَعَادٞ وَفِرۡعَوۡنُ وَإِخۡوَٰنُ
لُوطٖ ١٣ وَأَصۡحَٰبُ ٱلۡأَيۡكَةِ وَقَوۡمُ تُبَّعٖۚ كُلّٞ كَذَّبَ ٱلرُّسُلَ فَحَقَّ وَعِيدِ
١٤ أَفَعَيِينَا بِٱلۡخَلۡقِ ٱلۡأَوَّلِۚ بَلۡ هُمۡ فِي لَبۡسٖ مِّنۡ خَلۡقٖ جَدِيدٖ ١٥

وَلَقَدۡ خَلَقۡنَا ٱلۡإِنسَٰنَ وَنَعۡلَمُ مَا تُوَسۡوِسُ بِهِۦ نَفۡسُهُۥۖ وَنَحۡنُ أَقۡرَبُ إِلَيۡهِ
مِنۡ حَبۡلِ ٱلۡوَرِيدِ ١٦ إِذۡ يَتَلَقَّى ٱلۡمُتَلَقِّيَانِ عَنِ ٱلۡيَمِينِ وَعَنِ ٱلشِّمَالِ
قَعِيدٞ ١٧ مَّا يَلۡفِظُ مِن قَوۡلٍ إِلَّا لَدَيۡهِ رَقِيبٌ عَتِيدٞ ١٨ وَجَآءَتۡ سَكۡرَةُ
ٱلۡمَوۡتِ بِٱلۡحَقِّۖ ذَٰلِكَ مَا كُنتَ مِنۡهُ تَحِيدُ ١٩ وَنُفِخَ فِي ٱلصُّورِۚ ذَٰلِكَ
يَوۡمُ ٱلۡوَعِيدِ ٢٠ وَجَآءَتۡ كُلُّ نَفۡسٖ مَّعَهَا سَآئِقٞ وَشَهِيدٞ ٢١ لَّقَدۡ
كُنتَ فِي غَفۡلَةٖ مِّنۡ هَٰذَا فَكَشَفۡنَا عَنكَ غِطَآءَكَ فَبَصَرُكَ ٱلۡيَوۡمَ حَدِيدٞ
٢٢ وَقَالَ قَرِينُهُۥ هَٰذَا مَا لَدَيَّ عَتِيدٌ ٢٣ أَلۡقِيَا فِي جَهَنَّمَ كُلَّ كَفَّارٍ
عَنِيدٖ ٢٤ مَّنَّاعٖ لِّلۡخَيۡرِ مُعۡتَدٖ مُّرِيبٍ ٢٥ ٱلَّذِي جَعَلَ مَعَ ٱللَّهِ إِلَٰهًا
ءَاخَرَ فَأَلۡقِيَاهُ فِي ٱلۡعَذَابِ ٱلشَّدِيدِ ٢٦ ۞ قَالَ قَرِينُهُۥ رَبَّنَا مَآ أَطۡغَيۡتُهُۥ
وَلَٰكِن كَانَ فِي ضَلَٰلِۭ بَعِيدٖ ٢٧ قَالَ لَا تَخۡتَصِمُواْ لَدَيَّ وَقَدۡ قَدَّمۡتُ
إِلَيۡكُم بِٱلۡوَعِيدِ ٢٨ مَا يُبَدَّلُ ٱلۡقَوۡلُ لَدَيَّ وَمَآ أَنَا۠ بِظَلَّٰمٖ لِّلۡعَبِيدِ ٢٩
يَوۡمَ نَقُولُ لِجَهَنَّمَ هَلِ ٱمۡتَلَأۡتِ وَتَقُولُ هَلۡ مِن مَّزِيدٖ ٣٠ وَأُزۡلِفَتِ
ٱلۡجَنَّةُ لِلۡمُتَّقِينَ غَيۡرَ بَعِيدٍ ٣١ هَٰذَا مَا تُوعَدُونَ لِكُلِّ أَوَّابٍ حَفِيظٖ
٣٢ مَّنۡ خَشِيَ ٱلرَّحۡمَٰنَ بِٱلۡغَيۡبِ وَجَآءَ بِقَلۡبٖ مُّنِيبٍ ٣٣ ٱدۡخُلُوهَا
بِسَلَٰمٖۖ ذَٰلِكَ يَوۡمُ ٱلۡخُلُودِ ٣٤ لَهُم مَّا يَشَآءُونَ فِيهَا وَلَدَيۡنَا مَزِيدٞ ٣٥

ثلاثة أرباع الحزب ٥٢

وَكَمۡ أَهۡلَكۡنَا قَبۡلَهُم مِّن قَرۡنٍ هُمۡ أَشَدُّ مِنۡهُم بَطۡشٗا فَنَقَّبُواْ
فِي ٱلۡبِلَٰدِ هَلۡ مِن مَّحِيصٍ ٣٦ إِنَّ فِي ذَٰلِكَ لَذِكۡرَىٰ لِمَن
كَانَ لَهُۥ قَلۡبٌ أَوۡ أَلۡقَى ٱلسَّمۡعَ وَهُوَ شَهِيدٞ ٣٧ وَلَقَدۡ خَلَقۡنَا
ٱلسَّمَٰوَٰتِ وَٱلۡأَرۡضَ وَمَا بَيۡنَهُمَا فِي سِتَّةِ أَيَّامٖ وَمَا مَسَّنَا
مِن لُّغُوبٖ ٣٨ فَٱصۡبِرۡ عَلَىٰ مَا يَقُولُونَ وَسَبِّحۡ بِحَمۡدِ رَبِّكَ
قَبۡلَ طُلُوعِ ٱلشَّمۡسِ وَقَبۡلَ ٱلۡغُرُوبِ ٣٩ وَمِنَ ٱلَّيۡلِ فَسَبِّحۡهُ
وَأَدۡبَٰرَ ٱلسُّجُودِ ٤٠ وَٱسۡتَمِعۡ يَوۡمَ يُنَادِ ٱلۡمُنَادِ مِن مَّكَانٖ قَرِيبٖ
٤١ يَوۡمَ يَسۡمَعُونَ ٱلصَّيۡحَةَ بِٱلۡحَقِّۚ ذَٰلِكَ يَوۡمُ ٱلۡخُرُوجِ ٤٢ إِنَّا
نَحۡنُ نُحۡيِۦ وَنُمِيتُ وَإِلَيۡنَا ٱلۡمَصِيرُ ٤٣ يَوۡمَ تَشَقَّقُ ٱلۡأَرۡضُ
عَنۡهُمۡ سِرَاعٗاۚ ذَٰلِكَ حَشۡرٌ عَلَيۡنَا يَسِيرٞ ٤٤ نَّحۡنُ أَعۡلَمُ بِمَا يَقُولُونَۖ
وَمَآ أَنتَ عَلَيۡهِم بِجَبَّارٖۖ فَذَكِّرۡ بِٱلۡقُرۡءَانِ مَن يَخَافُ وَعِيدِ ٤٥

سُورَةُ الذَّارِيَاتِ

بِسۡمِ ٱللَّهِ ٱلرَّحۡمَٰنِ ٱلرَّحِيمِ

وَٱلذَّٰرِيَٰتِ ذَرۡوٗا ١ فَٱلۡحَٰمِلَٰتِ وِقۡرٗا ٢ فَٱلۡجَٰرِيَٰتِ يُسۡرٗا ٣
فَٱلۡمُقَسِّمَٰتِ أَمۡرًا ٤ إِنَّمَا تُوعَدُونَ لَصَادِقٞ ٥ وَإِنَّ ٱلدِّينَ لَوَٰقِعٞ ٦

وَٱلسَّمَآءِ ذَاتِ ٱلۡحُبُكِ ٧ إِنَّكُمۡ لَفِي قَوۡلٖ مُّخۡتَلِفٖ ٨ يُؤۡفَكُ عَنۡهُ مَنۡ
أُفِكَ ٩ قُتِلَ ٱلۡخَرَّٰصُونَ ١٠ ٱلَّذِينَ هُمۡ فِي غَمۡرَةٖ سَاهُونَ ١١ يَسۡـَٔلُونَ
أَيَّانَ يَوۡمُ ٱلدِّينِ ١٢ يَوۡمَ هُمۡ عَلَى ٱلنَّارِ يُفۡتَنُونَ ١٣ ذُوقُواْ فِتۡنَتَكُمۡ
هَٰذَا ٱلَّذِي كُنتُم بِهِۦ تَسۡتَعۡجِلُونَ ١٤ إِنَّ ٱلۡمُتَّقِينَ فِي جَنَّٰتٖ وَعُيُونٍ
١٥ ءَاخِذِينَ مَآ ءَاتَىٰهُمۡ رَبُّهُمۡۚ إِنَّهُمۡ كَانُواْ قَبۡلَ ذَٰلِكَ مُحۡسِنِينَ ١٦
كَانُواْ قَلِيلٗا مِّنَ ٱلَّيۡلِ مَا يَهۡجَعُونَ ١٧ وَبِٱلۡأَسۡحَارِ هُمۡ يَسۡتَغۡفِرُونَ ١٨
وَفِيٓ أَمۡوَٰلِهِمۡ حَقّٞ لِّلسَّآئِلِ وَٱلۡمَحۡرُومِ ١٩ وَفِي ٱلۡأَرۡضِ ءَايَٰتٞ
لِّلۡمُوقِنِينَ ٢٠ وَفِيٓ أَنفُسِكُمۡۚ أَفَلَا تُبۡصِرُونَ ٢١ وَفِي ٱلسَّمَآءِ رِزۡقُكُمۡ
وَمَا تُوعَدُونَ ٢٢ فَوَرَبِّ ٱلسَّمَآءِ وَٱلۡأَرۡضِ إِنَّهُۥ لَحَقّٞ مِّثۡلَ مَآ أَنَّكُمۡ
تَنطِقُونَ ٢٣ هَلۡ أَتَىٰكَ حَدِيثُ ضَيۡفِ إِبۡرَٰهِيمَ ٱلۡمُكۡرَمِينَ ٢٤ إِذۡ
دَخَلُواْ عَلَيۡهِ فَقَالُواْ سَلَٰمٗاۖ قَالَ سَلَٰمٞ قَوۡمٞ مُّنكَرُونَ ٢٥ فَرَاغَ إِلَىٰٓ
أَهۡلِهِۦ فَجَآءَ بِعِجۡلٖ سَمِينٖ ٢٦ فَقَرَّبَهُۥٓ إِلَيۡهِمۡ قَالَ أَلَا تَأۡكُلُونَ
٢٧ فَأَوۡجَسَ مِنۡهُمۡ خِيفَةٗۖ قَالُواْ لَا تَخَفۡۖ وَبَشَّرُوهُ بِغُلَٰمٍ عَلِيمٖ ٢٨
فَأَقۡبَلَتِ ٱمۡرَأَتُهُۥ فِي صَرَّةٖ فَصَكَّتۡ وَجۡهَهَا وَقَالَتۡ عَجُوزٌ عَقِيمٞ
٢٩ قَالُواْ كَذَٰلِكِ قَالَ رَبُّكِۖ إِنَّهُۥ هُوَ ٱلۡحَكِيمُ ٱلۡعَلِيمُ ٣٠

۞ قَالَ فَمَا خَطْبُكُمْ أَيُّهَا ٱلْمُرْسَلُونَ ﴿٣١﴾ قَالُوٓا۟ إِنَّآ أُرْسِلْنَآ إِلَىٰ قَوْمٍ
مُّجْرِمِينَ ﴿٣٢﴾ لِنُرْسِلَ عَلَيْهِمْ حِجَارَةً مِّن طِينٍ ﴿٣٣﴾ مُّسَوَّمَةً عِندَ رَبِّكَ
لِلْمُسْرِفِينَ ﴿٣٤﴾ فَأَخْرَجْنَا مَن كَانَ فِيهَا مِنَ ٱلْمُؤْمِنِينَ ﴿٣٥﴾ فَمَا وَجَدْنَا
فِيهَا غَيْرَ بَيْتٍ مِّنَ ٱلْمُسْلِمِينَ ﴿٣٦﴾ وَتَرَكْنَا فِيهَآ ءَايَةً لِّلَّذِينَ يَخَافُونَ
ٱلْعَذَابَ ٱلْأَلِيمَ ﴿٣٧﴾ وَفِى مُوسَىٰٓ إِذْ أَرْسَلْنَٰهُ إِلَىٰ فِرْعَوْنَ بِسُلْطَٰنٍ
مُّبِينٍ ﴿٣٨﴾ فَتَوَلَّىٰ بِرُكْنِهِۦ وَقَالَ سَٰحِرٌ أَوْ مَجْنُونٌ ﴿٣٩﴾ فَأَخَذْنَٰهُ وَجُنُودَهُۥ
فَنَبَذْنَٰهُمْ فِى ٱلْيَمِّ وَهُوَ مُلِيمٌ ﴿٤٠﴾ وَفِى عَادٍ إِذْ أَرْسَلْنَا عَلَيْهِمُ ٱلرِّيحَ
ٱلْعَقِيمَ ﴿٤١﴾ مَا تَذَرُ مِن شَىْءٍ أَتَتْ عَلَيْهِ إِلَّا جَعَلَتْهُ كَٱلرَّمِيمِ ﴿٤٢﴾
وَفِى ثَمُودَ إِذْ قِيلَ لَهُمْ تَمَتَّعُوا۟ حَتَّىٰ حِينٍ ﴿٤٣﴾ فَعَتَوْا۟ عَنْ أَمْرِ رَبِّهِمْ
فَأَخَذَتْهُمُ ٱلصَّٰعِقَةُ وَهُمْ يَنظُرُونَ ﴿٤٤﴾ فَمَا ٱسْتَطَٰعُوا۟ مِن قِيَامٍ
وَمَا كَانُوا۟ مُنتَصِرِينَ ﴿٤٥﴾ وَقَوْمَ نُوحٍ مِّن قَبْلُ ۖ إِنَّهُمْ كَانُوا۟ قَوْمًا
فَٰسِقِينَ ﴿٤٦﴾ وَٱلسَّمَآءَ بَنَيْنَٰهَا بِأَيْي۟دٍ وَإِنَّا لَمُوسِعُونَ ﴿٤٧﴾ وَٱلْأَرْضَ
فَرَشْنَٰهَا فَنِعْمَ ٱلْمَٰهِدُونَ ﴿٤٨﴾ وَمِن كُلِّ شَىْءٍ خَلَقْنَا زَوْجَيْنِ
لَعَلَّكُمْ تَذَكَّرُونَ ﴿٤٩﴾ فَفِرُّوٓا۟ إِلَى ٱللَّهِ ۖ إِنِّى لَكُم مِّنْهُ نَذِيرٌ مُّبِينٌ ﴿٥٠﴾
وَلَا تَجْعَلُوا۟ مَعَ ٱللَّهِ إِلَٰهًا ءَاخَرَ ۖ إِنِّى لَكُم مِّنْهُ نَذِيرٌ مُّبِينٌ ﴿٥١﴾

كَذَٰلِكَ مَآ أَتَى ٱلَّذِينَ مِن قَبۡلِهِم مِّن رَّسُولٍ إِلَّا قَالُواْ سَاحِرٌ أَوۡ مَجۡنُونٌ
٥٢ أَتَوَاصَوۡاْ بِهِۦۚ بَلۡ هُمۡ قَوۡمٞ طَاغُونَ ٥٣ فَتَوَلَّ عَنۡهُمۡ فَمَآ أَنتَ
بِمَلُومٖ ٥٤ وَذَكِّرۡ فَإِنَّ ٱلذِّكۡرَىٰ تَنفَعُ ٱلۡمُؤۡمِنِينَ ٥٥ وَمَا خَلَقۡتُ
ٱلۡجِنَّ وَٱلۡإِنسَ إِلَّا لِيَعۡبُدُونِ ٥٦ مَآ أُرِيدُ مِنۡهُم مِّن رِّزۡقٖ وَمَآ أُرِيدُ
أَن يُطۡعِمُونِ ٥٧ إِنَّ ٱللَّهَ هُوَ ٱلرَّزَّاقُ ذُو ٱلۡقُوَّةِ ٱلۡمَتِينُ ٥٨
فَإِنَّ لِلَّذِينَ ظَلَمُواْ ذَنُوبٗا مِّثۡلَ ذَنُوبِ أَصۡحَٰبِهِمۡ فَلَا يَسۡتَعۡجِلُونِ
٥٩ فَوَيۡلٞ لِّلَّذِينَ كَفَرُواْ مِن يَوۡمِهِمُ ٱلَّذِي يُوعَدُونَ ٦٠

سُورَةُ ٱلطُّورِ

بِسۡمِ ٱللَّهِ ٱلرَّحۡمَٰنِ ٱلرَّحِيمِ

وَٱلطُّورِ ١ وَكِتَٰبٖ مَّسۡطُورٖ ٢ فِي رَقّٖ مَّنشُورٖ ٣ وَٱلۡبَيۡتِ
ٱلۡمَعۡمُورِ ٤ وَٱلسَّقۡفِ ٱلۡمَرۡفُوعِ ٥ وَٱلۡبَحۡرِ ٱلۡمَسۡجُورِ ٦ إِنَّ
عَذَابَ رَبِّكَ لَوَٰقِعٞ ٧ مَّا لَهُۥ مِن دَافِعٖ ٨ يَوۡمَ تَمُورُ ٱلسَّمَآءُ
مَوۡرٗا ٩ وَتَسِيرُ ٱلۡجِبَالُ سَيۡرٗا ١٠ فَوَيۡلٞ يَوۡمَئِذٖ لِّلۡمُكَذِّبِينَ
١١ ٱلَّذِينَ هُمۡ فِي خَوۡضٖ يَلۡعَبُونَ ١٢ يَوۡمَ يُدَعُّونَ إِلَىٰ نَارِ
جَهَنَّمَ دَعًّا ١٣ هَٰذِهِ ٱلنَّارُ ٱلَّتِي كُنتُم بِهَا تُكَذِّبُونَ ١٤

أَفَسِحۡرٌ هَٰذَآ أَمۡ أَنتُمۡ لَا تُبۡصِرُونَ ﴿١٥﴾ ٱصۡلَوۡهَا فَٱصۡبِرُوٓاْ
أَوۡ لَا تَصۡبِرُواْ سَوَآءٌ عَلَيۡكُمۡۖ إِنَّمَا تُجۡزَوۡنَ مَا كُنتُمۡ تَعۡمَلُونَ ﴿١٦﴾
إِنَّ ٱلۡمُتَّقِينَ فِي جَنَّٰتٖ وَنَعِيمٖ ﴿١٧﴾ فَٰكِهِينَ بِمَآ ءَاتَىٰهُمۡ رَبُّهُمۡ
وَوَقَىٰهُمۡ رَبُّهُمۡ عَذَابَ ٱلۡجَحِيمِ ﴿١٨﴾ كُلُواْ وَٱشۡرَبُواْ هَنِيٓـَٔۢا بِمَا
كُنتُمۡ تَعۡمَلُونَ ﴿١٩﴾ مُتَّكِـِٔينَ عَلَىٰ سُرُرٖ مَّصۡفُوفَةٖۖ وَزَوَّجۡنَٰهُم
بِحُورٍ عِينٖ ﴿٢٠﴾ وَٱلَّذِينَ ءَامَنُواْ وَٱتَّبَعَتۡهُمۡ ذُرِّيَّتُهُم بِإِيمَٰنٍ أَلۡحَقۡنَا
بِهِمۡ ذُرِّيَّتَهُمۡ وَمَآ أَلَتۡنَٰهُم مِّنۡ عَمَلِهِم مِّن شَيۡءٖۚ كُلُّ ٱمۡرِيِٕۭ بِمَا
كَسَبَ رَهِينٞ ﴿٢١﴾ وَأَمۡدَدۡنَٰهُم بِفَٰكِهَةٖ وَلَحۡمٖ مِّمَّا يَشۡتَهُونَ ﴿٢٢﴾
يَتَنَٰزَعُونَ فِيهَا كَأۡسٗا لَّا لَغۡوٞ فِيهَا وَلَا تَأۡثِيمٞ ﴿٢٣﴾ ۞ وَيَطُوفُ عَلَيۡهِمۡ
غِلۡمَانٞ لَّهُمۡ كَأَنَّهُمۡ لُؤۡلُؤٞ مَّكۡنُونٞ ﴿٢٤﴾ وَأَقۡبَلَ بَعۡضُهُمۡ عَلَىٰ
بَعۡضٖ يَتَسَآءَلُونَ ﴿٢٥﴾ قَالُوٓاْ إِنَّا كُنَّا قَبۡلُ فِيٓ أَهۡلِنَا مُشۡفِقِينَ
﴿٢٦﴾ فَمَنَّ ٱللَّهُ عَلَيۡنَا وَوَقَىٰنَا عَذَابَ ٱلسَّمُومِ ﴿٢٧﴾ إِنَّا كُنَّا
مِن قَبۡلُ نَدۡعُوهُۖ إِنَّهُۥ هُوَ ٱلۡبَرُّ ٱلرَّحِيمُ ﴿٢٨﴾ فَذَكِّرۡ فَمَآ أَنتَ بِنِعۡمَتِ
رَبِّكَ بِكَاهِنٖ وَلَا مَجۡنُونٍ ﴿٢٩﴾ أَمۡ يَقُولُونَ شَاعِرٞ نَّتَرَبَّصُ بِهِۦ رَيۡبَ
ٱلۡمَنُونِ ﴿٣٠﴾ قُلۡ تَرَبَّصُواْ فَإِنِّي مَعَكُم مِّنَ ٱلۡمُتَرَبِّصِينَ ﴿٣١﴾

ربع الحزب ٥٣

أَمۡ تَأۡمُرُهُمۡ أَحۡلَٰمُهُم بِهَٰذَآۚ أَمۡ هُمۡ قَوۡمٞ طَاغُونَ ٣٢ أَمۡ يَقُولُونَ تَقَوَّلَهُۥۚ
بَل لَّا يُؤۡمِنُونَ ٣٣ فَلۡيَأۡتُواْ بِحَدِيثٖ مِّثۡلِهِۦٓ إِن كَانُواْ صَٰدِقِينَ
٣٤ أَمۡ خُلِقُواْ مِنۡ غَيۡرِ شَيۡءٍ أَمۡ هُمُ ٱلۡخَٰلِقُونَ ٣٥ أَمۡ خَلَقُواْ
ٱلسَّمَٰوَٰتِ وَٱلۡأَرۡضَۚ بَل لَّا يُوقِنُونَ ٣٦ أَمۡ عِندَهُمۡ خَزَآئِنُ رَبِّكَ
أَمۡ هُمُ ٱلۡمُصَيۡطِرُونَ ٣٧ أَمۡ لَهُمۡ سُلَّمٞ يَسۡتَمِعُونَ فِيهِۖ فَلۡيَأۡتِ
مُسۡتَمِعُهُم بِسُلۡطَٰنٖ مُّبِينٍ ٣٨ أَمۡ لَهُ ٱلۡبَنَٰتُ وَلَكُمُ ٱلۡبَنُونَ ٣٩
أَمۡ تَسۡـَٔلُهُمۡ أَجۡرٗا فَهُم مِّن مَّغۡرَمٖ مُّثۡقَلُونَ ٤٠ أَمۡ عِندَهُمُ ٱلۡغَيۡبُ
فَهُمۡ يَكۡتُبُونَ ٤١ أَمۡ يُرِيدُونَ كَيۡدٗاۖ فَٱلَّذِينَ كَفَرُواْ هُمُ ٱلۡمَكِيدُونَ ٤٢
أَمۡ لَهُمۡ إِلَٰهٌ غَيۡرُ ٱللَّهِۚ سُبۡحَٰنَ ٱللَّهِ عَمَّا يُشۡرِكُونَ ٤٣ وَإِن يَرَوۡاْ كِسۡفٗا
مِّنَ ٱلسَّمَآءِ سَاقِطٗا يَقُولُواْ سَحَابٞ مَّرۡكُومٞ ٤٤ فَذَرۡهُمۡ حَتَّىٰ يُلَٰقُواْ
يَوۡمَهُمُ ٱلَّذِي فِيهِ يُصۡعَقُونَ ٤٥ يَوۡمَ لَا يُغۡنِي عَنۡهُمۡ كَيۡدُهُمۡ شَيۡـٔٗا
وَلَا هُمۡ يُنصَرُونَ ٤٦ وَإِنَّ لِلَّذِينَ ظَلَمُواْ عَذَابٗا دُونَ ذَٰلِكَ وَلَٰكِنَّ
أَكۡثَرَهُمۡ لَا يَعۡلَمُونَ ٤٧ وَٱصۡبِرۡ لِحُكۡمِ رَبِّكَ فَإِنَّكَ بِأَعۡيُنِنَاۖ وَسَبِّحۡ
بِحَمۡدِ رَبِّكَ حِينَ تَقُومُ ٤٨ وَمِنَ ٱلَّيۡلِ فَسَبِّحۡهُ وَإِدۡبَٰرَ ٱلنُّجُومِ ٤٩

سُورَةُ النَّجۡمِ

بِسْمِ ٱللَّهِ ٱلرَّحْمَٰنِ ٱلرَّحِيمِ

وَٱلنَّجْمِ إِذَا هَوَىٰ ١ مَا ضَلَّ صَاحِبُكُمْ وَمَا غَوَىٰ ٢ وَمَا يَنطِقُ عَنِ
ٱلْهَوَىٰٓ ٣ إِنْ هُوَ إِلَّا وَحْىٌ يُوحَىٰ ٤ عَلَّمَهُۥ شَدِيدُ ٱلْقُوَىٰ ٥
ذُو مِرَّةٍ فَٱسْتَوَىٰ ٦ وَهُوَ بِٱلْأُفُقِ ٱلْأَعْلَىٰ ٧ ثُمَّ دَنَا فَتَدَلَّىٰ ٨
فَكَانَ قَابَ قَوْسَيْنِ أَوْ أَدْنَىٰ ٩ فَأَوْحَىٰٓ إِلَىٰ عَبْدِهِۦ مَآ أَوْحَىٰ ١٠
مَا كَذَبَ ٱلْفُؤَادُ مَا رَأَىٰٓ ١١ أَفَتُمَٰرُونَهُۥ عَلَىٰ مَا يَرَىٰ ١٢ وَلَقَدْ رَءَاهُ
نَزْلَةً أُخْرَىٰ ١٣ عِندَ سِدْرَةِ ٱلْمُنتَهَىٰ ١٤ عِندَهَا جَنَّةُ ٱلْمَأْوَىٰٓ ١٥
إِذْ يَغْشَى ٱلسِّدْرَةَ مَا يَغْشَىٰ ١٦ مَا زَاغَ ٱلْبَصَرُ وَمَا طَغَىٰ ١٧ لَقَدْ رَأَىٰ
مِنْ ءَايَٰتِ رَبِّهِ ٱلْكُبْرَىٰٓ ١٨ أَفَرَءَيْتُمُ ٱللَّٰتَ وَٱلْعُزَّىٰ ١٩ وَمَنَوٰةَ
ٱلثَّالِثَةَ ٱلْأُخْرَىٰٓ ٢٠ أَلَكُمُ ٱلذَّكَرُ وَلَهُ ٱلْأُنثَىٰ ٢١ تِلْكَ إِذًا قِسْمَةٌ
ضِيزَىٰٓ ٢٢ إِنْ هِىَ إِلَّآ أَسْمَآءٌ سَمَّيْتُمُوهَآ أَنتُمْ وَءَابَآؤُكُم مَّآ أَنزَلَ
ٱللَّهُ بِهَا مِن سُلْطَٰنٍ ۚ إِن يَتَّبِعُونَ إِلَّا ٱلظَّنَّ وَمَا تَهْوَى ٱلْأَنفُسُ ۖ
وَلَقَدْ جَآءَهُم مِّن رَّبِّهِمُ ٱلْهُدَىٰٓ ٢٣ أَمْ لِلْإِنسَٰنِ مَا تَمَنَّىٰ ٢٤ فَلِلَّهِ
ٱلْءَاخِرَةُ وَٱلْأُولَىٰ ٢٥ ۞ وَكَم مِّن مَّلَكٍ فِى ٱلسَّمَٰوَٰتِ لَا تُغْنِى
شَفَٰعَتُهُمْ شَيْـًٔا إِلَّا مِنۢ بَعْدِ أَن يَأْذَنَ ٱللَّهُ لِمَن يَشَآءُ وَيَرْضَىٰٓ ٢٦

نصف الحزب ٥٣

إِنَّ ٱلَّذِينَ لَا يُؤْمِنُونَ بِٱلْـَٔاخِرَةِ لَيُسَمُّونَ ٱلْمَلَـٰٓئِكَةَ تَسْمِيَةَ ٱلْأُنثَىٰ ٢٧
وَمَا لَهُم بِهِۦ مِنْ عِلْمٍ ۖ إِن يَتَّبِعُونَ إِلَّا ٱلظَّنَّ ۖ وَإِنَّ ٱلظَّنَّ لَا يُغْنِى مِنَ
ٱلْحَقِّ شَيْـًٔا ٢٨ فَأَعْرِضْ عَن مَّن تَوَلَّىٰ عَن ذِكْرِنَا وَلَمْ يُرِدْ إِلَّا ٱلْحَيَوٰةَ
ٱلدُّنْيَا ٢٩ ذَٰلِكَ مَبْلَغُهُم مِّنَ ٱلْعِلْمِ ۚ إِنَّ رَبَّكَ هُوَ أَعْلَمُ بِمَن ضَلَّ عَن
سَبِيلِهِۦ وَهُوَ أَعْلَمُ بِمَنِ ٱهْتَدَىٰ ٣٠ وَلِلَّهِ مَا فِى ٱلسَّمَـٰوَٰتِ وَمَا فِى
ٱلْأَرْضِ لِيَجْزِىَ ٱلَّذِينَ أَسَـٰٓـُٔوا۟ بِمَا عَمِلُوا۟ وَيَجْزِىَ ٱلَّذِينَ أَحْسَنُوا۟
بِٱلْحُسْنَى ٣١ ٱلَّذِينَ يَجْتَنِبُونَ كَبَـٰٓئِرَ ٱلْإِثْمِ وَٱلْفَوَٰحِشَ إِلَّا ٱللَّمَمَ ۚ
إِنَّ رَبَّكَ وَٰسِعُ ٱلْمَغْفِرَةِ ۚ هُوَ أَعْلَمُ بِكُمْ إِذْ أَنشَأَكُم مِّنَ ٱلْأَرْضِ
وَإِذْ أَنتُمْ أَجِنَّةٌ فِى بُطُونِ أُمَّهَـٰتِكُمْ ۖ فَلَا تُزَكُّوٓا۟ أَنفُسَكُمْ ۖ هُوَ أَعْلَمُ
بِمَنِ ٱتَّقَىٰٓ ٣٢ أَفَرَءَيْتَ ٱلَّذِى تَوَلَّىٰ ٣٣ وَأَعْطَىٰ قَلِيلًا وَأَكْدَىٰٓ
٣٤ أَعِندَهُۥ عِلْمُ ٱلْغَيْبِ فَهُوَ يَرَىٰٓ ٣٥ أَمْ لَمْ يُنَبَّأْ بِمَا فِى صُحُفِ
مُوسَىٰ ٣٦ وَإِبْرَٰهِيمَ ٱلَّذِى وَفَّىٰٓ ٣٧ أَلَّا تَزِرُ وَازِرَةٌ وِزْرَ أُخْرَىٰ
٣٨ وَأَن لَّيْسَ لِلْإِنسَـٰنِ إِلَّا مَا سَعَىٰ ٣٩ وَأَنَّ سَعْيَهُۥ سَوْفَ يُرَىٰ
٤٠ ثُمَّ يُجْزَىٰهُ ٱلْجَزَآءَ ٱلْأَوْفَىٰ ٤١ وَأَنَّ إِلَىٰ رَبِّكَ ٱلْمُنتَهَىٰ ٤٢
وَأَنَّهُۥ هُوَ أَضْحَكَ وَأَبْكَىٰ ٤٣ وَأَنَّهُۥ هُوَ أَمَاتَ وَأَحْيَا ٤٤

وَأَنَّهُۥ خَلَقَ ٱلزَّوۡجَيۡنِ ٱلذَّكَرَ وَٱلۡأُنثَىٰ ٤٥ مِن نُّطۡفَةٍ إِذَا تُمۡنَىٰ
٤٦ وَأَنَّ عَلَيۡهِ ٱلنَّشۡأَةَ ٱلۡأُخۡرَىٰ ٤٧ وَأَنَّهُۥ هُوَ أَغۡنَىٰ وَأَقۡنَىٰ ٤٨ وَأَنَّهُۥ
هُوَ رَبُّ ٱلشِّعۡرَىٰ ٤٩ وَأَنَّهُۥٓ أَهۡلَكَ عَادًا ٱلۡأُولَىٰ ٥٠ وَثَمُودَاْ فَمَآ
أَبۡقَىٰ ٥١ وَقَوۡمَ نُوحٖ مِّن قَبۡلُۖ إِنَّهُمۡ كَانُواْ هُمۡ أَظۡلَمَ وَأَطۡغَىٰ
٥٢ وَٱلۡمُؤۡتَفِكَةَ أَهۡوَىٰ ٥٣ فَغَشَّىٰهَا مَا غَشَّىٰ ٥٤ فَبِأَيِّ ءَالَآءِ
رَبِّكَ تَتَمَارَىٰ ٥٥ هَٰذَا نَذِيرٞ مِّنَ ٱلنُّذُرِ ٱلۡأُولَىٰٓ ٥٦ أَزِفَتِ ٱلۡأٓزِفَةُ
٥٧ لَيۡسَ لَهَا مِن دُونِ ٱللَّهِ كَاشِفَةٌ ٥٨ أَفَمِنۡ هَٰذَا ٱلۡحَدِيثِ
تَعۡجَبُونَ ٥٩ وَتَضۡحَكُونَ وَلَا تَبۡكُونَ ٦٠ وَأَنتُمۡ سَٰمِدُونَ
٦١ فَٱسۡجُدُواْۤ لِلَّهِۤ وَٱعۡبُدُواْ۩ ٦٢

سجدة

سُورَةُ القَمَرِ

بِسۡمِ ٱللَّهِ ٱلرَّحۡمَٰنِ ٱلرَّحِيمِ

ٱقۡتَرَبَتِ ٱلسَّاعَةُ وَٱنشَقَّ ٱلۡقَمَرُ ١ وَإِن يَرَوۡاْ ءَايَةٗ يُعۡرِضُواْ وَيَقُولُواْ
سِحۡرٞ مُّسۡتَمِرّٞ ٢ وَكَذَّبُواْ وَٱتَّبَعُوٓاْ أَهۡوَآءَهُمۡۚ وَكُلُّ أَمۡرٖ مُّسۡتَقِرّٞ ٣
وَلَقَدۡ جَآءَهُم مِّنَ ٱلۡأَنۢبَآءِ مَا فِيهِ مُزۡدَجَرٌ ٤ حِكۡمَةُۢ بَٰلِغَةٞۖ فَمَا تُغۡنِ
ٱلنُّذُرُ ٥ فَتَوَلَّ عَنۡهُمۡۘ يَوۡمَ يَدۡعُ ٱلدَّاعِ إِلَىٰ شَيۡءٖ نُّكُرٍ ٦

ثلاثة أرباع
الحزب
٥٣

خُشَّعًا أَبۡصَٰرُهُمۡ يَخۡرُجُونَ مِنَ ٱلۡأَجۡدَاثِ كَأَنَّهُمۡ جَرَادٞ مُّنتَشِرٞ ٧
مُّهۡطِعِينَ إِلَى ٱلدَّاعِۖ يَقُولُ ٱلۡكَٰفِرُونَ هَٰذَا يَوۡمٌ عَسِرٞ ٨ ۞ كَذَّبَتۡ
قَبۡلَهُمۡ قَوۡمُ نُوحٖ فَكَذَّبُواْ عَبۡدَنَا وَقَالُواْ مَجۡنُونٞ وَٱزۡدُجِرَ ٩ فَدَعَا
رَبَّهُۥٓ أَنِّي مَغۡلُوبٞ فَٱنتَصِرۡ ١٠ فَفَتَحۡنَآ أَبۡوَٰبَ ٱلسَّمَآءِ بِمَآءٖ مُّنۡهَمِرٖ
١١ وَفَجَّرۡنَا ٱلۡأَرۡضَ عُيُونٗا فَٱلۡتَقَى ٱلۡمَآءُ عَلَىٰٓ أَمۡرٖ قَدۡ قُدِرَ ١٢
وَحَمَلۡنَٰهُ عَلَىٰ ذَاتِ أَلۡوَٰحٖ وَدُسُرٖ ١٣ تَجۡرِي بِأَعۡيُنِنَا جَزَآءٗ لِّمَن كَانَ
كُفِرَ ١٤ وَلَقَد تَّرَكۡنَٰهَآ ءَايَةٗ فَهَلۡ مِن مُّدَّكِرٖ ١٥ فَكَيۡفَ كَانَ
عَذَابِي وَنُذُرِ ١٦ وَلَقَدۡ يَسَّرۡنَا ٱلۡقُرۡءَانَ لِلذِّكۡرِ فَهَلۡ مِن مُّدَّكِرٖ ١٧
كَذَّبَتۡ عَادٞ فَكَيۡفَ كَانَ عَذَابِي وَنُذُرِ ١٨ إِنَّآ أَرۡسَلۡنَا عَلَيۡهِمۡ رِيحٗا
صَرۡصَرٗا فِي يَوۡمِ نَحۡسٖ مُّسۡتَمِرّٖ ١٩ تَنزِعُ ٱلنَّاسَ كَأَنَّهُمۡ أَعۡجَازُ نَخۡلٖ
مُّنقَعِرٖ ٢٠ فَكَيۡفَ كَانَ عَذَابِي وَنُذُرِ ٢١ وَلَقَدۡ يَسَّرۡنَا ٱلۡقُرۡءَانَ
لِلذِّكۡرِ فَهَلۡ مِن مُّدَّكِرٖ ٢٢ كَذَّبَتۡ ثَمُودُ بِٱلنُّذُرِ ٢٣ فَقَالُوٓاْ أَبَشَرٗا
مِّنَّا وَٰحِدٗا نَّتَّبِعُهُۥٓ إِنَّآ إِذٗا لَّفِي ضَلَٰلٖ وَسُعُرٍ ٢٤ أَءُلۡقِيَ ٱلذِّكۡرُ عَلَيۡهِ
مِنۢ بَيۡنِنَا بَلۡ هُوَ كَذَّابٌ أَشِرٞ ٢٥ سَيَعۡلَمُونَ غَدٗا مَّنِ ٱلۡكَذَّابُ ٱلۡأَشِرُ
٢٦ إِنَّا مُرۡسِلُواْ ٱلنَّاقَةِ فِتۡنَةٗ لَّهُمۡ فَٱرۡتَقِبۡهُمۡ وَٱصۡطَبِرۡ ٢٧

وَنَبِّئْهُمْ أَنَّ ٱلْمَآءَ قِسْمَةٌۢ بَيْنَهُمْ ۖ كُلُّ شِرْبٍ مُّحْتَضَرٌ ﴿٢٨﴾ فَنَادَوْا۟ صَاحِبَهُمْ
فَتَعَاطَىٰ فَعَقَرَ ﴿٢٩﴾ فَكَيْفَ كَانَ عَذَابِى وَنُذُرِ ﴿٣٠﴾ إِنَّآ أَرْسَلْنَا عَلَيْهِمْ
صَيْحَةً وَٰحِدَةً فَكَانُوا۟ كَهَشِيمِ ٱلْمُحْتَظِرِ ﴿٣١﴾ وَلَقَدْ يَسَّرْنَا ٱلْقُرْءَانَ
لِلذِّكْرِ فَهَلْ مِن مُّدَّكِرٍ ﴿٣٢﴾ كَذَّبَتْ قَوْمُ لُوطٍۭ بِٱلنُّذُرِ ﴿٣٣﴾ إِنَّآ أَرْسَلْنَا
عَلَيْهِمْ حَاصِبًا إِلَّآ ءَالَ لُوطٍ ۖ نَّجَّيْنَٰهُم بِسَحَرٍ ﴿٣٤﴾ نِّعْمَةً مِّنْ عِندِنَا ۚ
كَذَٰلِكَ نَجْزِى مَن شَكَرَ ﴿٣٥﴾ وَلَقَدْ أَنذَرَهُم بَطْشَتَنَا فَتَمَارَوْا۟ بِٱلنُّذُرِ
﴿٣٦﴾ وَلَقَدْ رَٰوَدُوهُ عَن ضَيْفِهِۦ فَطَمَسْنَآ أَعْيُنَهُمْ فَذُوقُوا۟ عَذَابِى
وَنُذُرِ ﴿٣٧﴾ وَلَقَدْ صَبَّحَهُم بُكْرَةً عَذَابٌ مُّسْتَقِرٌّ ﴿٣٨﴾ فَذُوقُوا۟
عَذَابِى وَنُذُرِ ﴿٣٩﴾ وَلَقَدْ يَسَّرْنَا ٱلْقُرْءَانَ لِلذِّكْرِ فَهَلْ مِن مُّدَّكِرٍ ﴿٤٠﴾
وَلَقَدْ جَآءَ ءَالَ فِرْعَوْنَ ٱلنُّذُرُ ﴿٤١﴾ كَذَّبُوا۟ بِـَٔايَٰتِنَا كُلِّهَا فَأَخَذْنَٰهُمْ
أَخْذَ عَزِيزٍ مُّقْتَدِرٍ ﴿٤٢﴾ أَكُفَّارُكُمْ خَيْرٌ مِّنْ أُو۟لَٰٓئِكُمْ أَمْ لَكُم بَرَآءَةٌ
فِى ٱلزُّبُرِ ﴿٤٣﴾ أَمْ يَقُولُونَ نَحْنُ جَمِيعٌ مُّنتَصِرٌ ﴿٤٤﴾ سَيُهْزَمُ ٱلْجَمْعُ
وَيُوَلُّونَ ٱلدُّبُرَ ﴿٤٥﴾ بَلِ ٱلسَّاعَةُ مَوْعِدُهُمْ وَٱلسَّاعَةُ أَدْهَىٰ وَأَمَرُّ ﴿٤٦﴾
إِنَّ ٱلْمُجْرِمِينَ فِى ضَلَٰلٍ وَسُعُرٍ ﴿٤٧﴾ يَوْمَ يُسْحَبُونَ فِى ٱلنَّارِ عَلَىٰ
وُجُوهِهِمْ ذُوقُوا۟ مَسَّ سَقَرَ ﴿٤٨﴾ إِنَّا كُلَّ شَىْءٍ خَلَقْنَٰهُ بِقَدَرٍ ﴿٤٩﴾

وَمَآ أَمۡرُنَآ إِلَّا وَٰحِدَةٞ كَلَمۡحِۭ بِٱلۡبَصَرِ ٥٠ وَلَقَدۡ أَهۡلَكۡنَآ
أَشۡيَاعَكُمۡ فَهَلۡ مِن مُّدَّكِرٖ ٥١ وَكُلُّ شَيۡءٖ فَعَلُوهُ فِي ٱلزُّبُرِ
٥٢ وَكُلُّ صَغِيرٖ وَكَبِيرٖ مُّسۡتَطَرٌ ٥٣ إِنَّ ٱلۡمُتَّقِينَ
فِي جَنَّٰتٖ وَنَهَرٖ ٥٤ فِي مَقۡعَدِ صِدۡقٍ عِندَ مَلِيكٖ مُّقۡتَدِرِۭ ٥٥

سُورَةُ الرَّحۡمَٰن

بِسۡمِ ٱللَّهِ ٱلرَّحۡمَٰنِ ٱلرَّحِيمِ

الحزب ٥٤

ٱلرَّحۡمَٰنُ ١ عَلَّمَ ٱلۡقُرۡءَانَ ٢ خَلَقَ ٱلۡإِنسَٰنَ ٣ عَلَّمَهُ ٱلۡبَيَانَ ٤
ٱلشَّمۡسُ وَٱلۡقَمَرُ بِحُسۡبَانٖ ٥ وَٱلنَّجۡمُ وَٱلشَّجَرُ يَسۡجُدَانِ ٦
وَٱلسَّمَآءَ رَفَعَهَا وَوَضَعَ ٱلۡمِيزَانَ ٧ أَلَّا تَطۡغَوۡاْ فِي ٱلۡمِيزَانِ ٨
وَأَقِيمُواْ ٱلۡوَزۡنَ بِٱلۡقِسۡطِ وَلَا تُخۡسِرُواْ ٱلۡمِيزَانَ ٩ وَٱلۡأَرۡضَ
وَضَعَهَا لِلۡأَنَامِ ١٠ فِيهَا فَٰكِهَةٞ وَٱلنَّخۡلُ ذَاتُ ٱلۡأَكۡمَامِ ١١
وَٱلۡحَبُّ ذُو ٱلۡعَصۡفِ وَٱلرَّيۡحَانُ ١٢ فَبِأَيِّ ءَالَآءِ رَبِّكُمَا تُكَذِّبَانِ
١٣ خَلَقَ ٱلۡإِنسَٰنَ مِن صَلۡصَٰلٖ كَٱلۡفَخَّارِ ١٤ وَخَلَقَ ٱلۡجَآنَّ مِن
مَّارِجٖ مِّن نَّارٖ ١٥ فَبِأَيِّ ءَالَآءِ رَبِّكُمَا تُكَذِّبَانِ ١٦ رَبُّ
ٱلۡمَشۡرِقَيۡنِ وَرَبُّ ٱلۡمَغۡرِبَيۡنِ ١٧ فَبِأَيِّ ءَالَآءِ رَبِّكُمَا تُكَذِّبَانِ ١٨

مَرَجَ ٱلْبَحْرَيْنِ يَلْتَقِيَانِ ١٩ بَيْنَهُمَا بَرْزَخٌ لَّا يَبْغِيَانِ ٢٠ فَبِأَيِّ ءَالَآءِ
رَبِّكُمَا تُكَذِّبَانِ ٢١ يَخْرُجُ مِنْهُمَا ٱللُّؤْلُؤُ وَٱلْمَرْجَانُ ٢٢ فَبِأَيِّ ءَالَآءِ
رَبِّكُمَا تُكَذِّبَانِ ٢٣ وَلَهُ ٱلْجَوَارِ ٱلْمُنشَـَٔاتُ فِى ٱلْبَحْرِ كَٱلْأَعْلَـٰمِ ٢٤
فَبِأَيِّ ءَالَآءِ رَبِّكُمَا تُكَذِّبَانِ ٢٥ كُلُّ مَنْ عَلَيْهَا فَانٍ ٢٦ وَيَبْقَىٰ وَجْهُ
رَبِّكَ ذُو ٱلْجَلَـٰلِ وَٱلْإِكْرَامِ ٢٧ فَبِأَيِّ ءَالَآءِ رَبِّكُمَا تُكَذِّبَانِ ٢٨
يَسْـَٔلُهُۥ مَن فِى ٱلسَّمَـٰوَٰتِ وَٱلْأَرْضِ ۚ كُلَّ يَوْمٍ هُوَ فِى شَأْنٍ ٢٩ فَبِأَيِّ
ءَالَآءِ رَبِّكُمَا تُكَذِّبَانِ ٣٠ سَنَفْرُغُ لَكُمْ أَيُّهَ ٱلثَّقَلَانِ ٣١ فَبِأَيِّ
ءَالَآءِ رَبِّكُمَا تُكَذِّبَانِ ٣٢ يَـٰمَعْشَرَ ٱلْجِنِّ وَٱلْإِنسِ إِنِ ٱسْتَطَعْتُمْ
أَن تَنفُذُوا۟ مِنْ أَقْطَارِ ٱلسَّمَـٰوَٰتِ وَٱلْأَرْضِ فَٱنفُذُوا۟ ۚ لَا تَنفُذُونَ
إِلَّا بِسُلْطَـٰنٍ ٣٣ فَبِأَيِّ ءَالَآءِ رَبِّكُمَا تُكَذِّبَانِ ٣٤ يُرْسَلُ عَلَيْكُمَا
شُوَاظٌ مِّن نَّارٍ وَنُحَاسٌ فَلَا تَنتَصِرَانِ ٣٥ فَبِأَيِّ ءَالَآءِ رَبِّكُمَا
تُكَذِّبَانِ ٣٦ فَإِذَا ٱنشَقَّتِ ٱلسَّمَآءُ فَكَانَتْ وَرْدَةً كَٱلدِّهَانِ
٣٧ فَبِأَيِّ ءَالَآءِ رَبِّكُمَا تُكَذِّبَانِ ٣٨ فَيَوْمَئِذٍ لَّا يُسْـَٔلُ عَن
ذَنۢبِهِۦٓ إِنسٌ وَلَا جَآنٌّ ٣٩ فَبِأَيِّ ءَالَآءِ رَبِّكُمَا تُكَذِّبَانِ ٤٠
يُعْرَفُ ٱلْمُجْرِمُونَ بِسِيمَـٰهُمْ فَيُؤْخَذُ بِٱلنَّوَٰصِى وَٱلْأَقْدَامِ ٤١

فَبِأَيِّ ءَالَآءِ رَبِّكُمَا تُكَذِّبَانِ ﴿٤٢﴾ هَٰذِهِۦ جَهَنَّمُ ٱلَّتِي يُكَذِّبُ بِهَا
ٱلْمُجْرِمُونَ ﴿٤٣﴾ يَطُوفُونَ بَيْنَهَا وَبَيْنَ حَمِيمٍ ءَانٍ ﴿٤٤﴾ فَبِأَيِّ ءَالَآءِ
رَبِّكُمَا تُكَذِّبَانِ ﴿٤٥﴾ وَلِمَنْ خَافَ مَقَامَ رَبِّهِۦ جَنَّتَانِ ﴿٤٦﴾ فَبِأَيِّ
ءَالَآءِ رَبِّكُمَا تُكَذِّبَانِ ﴿٤٧﴾ ذَوَاتَآ أَفْنَانٍ ﴿٤٨﴾ فَبِأَيِّ ءَالَآءِ رَبِّكُمَا
تُكَذِّبَانِ ﴿٤٩﴾ فِيهِمَا عَيْنَانِ تَجْرِيَانِ ﴿٥٠﴾ فَبِأَيِّ ءَالَآءِ رَبِّكُمَا تُكَذِّبَانِ
﴿٥١﴾ فِيهِمَا مِن كُلِّ فَٰكِهَةٍ زَوْجَانِ ﴿٥٢﴾ فَبِأَيِّ ءَالَآءِ رَبِّكُمَا تُكَذِّبَانِ
﴿٥٣﴾ مُتَّكِـِٔينَ عَلَىٰ فُرُشٍۭ بَطَآئِنُهَا مِنْ إِسْتَبْرَقٍ ۚ وَجَنَى ٱلْجَنَّتَيْنِ دَانٍ
﴿٥٤﴾ فَبِأَيِّ ءَالَآءِ رَبِّكُمَا تُكَذِّبَانِ ﴿٥٥﴾ فِيهِنَّ قَٰصِرَٰتُ ٱلطَّرْفِ
لَمْ يَطْمِثْهُنَّ إِنسٌ قَبْلَهُمْ وَلَا جَآنٌّ ﴿٥٦﴾ فَبِأَيِّ ءَالَآءِ رَبِّكُمَا تُكَذِّبَانِ
﴿٥٧﴾ كَأَنَّهُنَّ ٱلْيَاقُوتُ وَٱلْمَرْجَانُ ﴿٥٨﴾ فَبِأَيِّ ءَالَآءِ رَبِّكُمَا تُكَذِّبَانِ
﴿٥٩﴾ هَلْ جَزَآءُ ٱلْإِحْسَٰنِ إِلَّا ٱلْإِحْسَٰنُ ﴿٦٠﴾ فَبِأَيِّ ءَالَآءِ رَبِّكُمَا
تُكَذِّبَانِ ﴿٦١﴾ وَمِن دُونِهِمَا جَنَّتَانِ ﴿٦٢﴾ فَبِأَيِّ ءَالَآءِ رَبِّكُمَا
تُكَذِّبَانِ ﴿٦٣﴾ مُدْهَآمَّتَانِ ﴿٦٤﴾ فَبِأَيِّ ءَالَآءِ رَبِّكُمَا تُكَذِّبَانِ
﴿٦٥﴾ فِيهِمَا عَيْنَانِ نَضَّاخَتَانِ ﴿٦٦﴾ فَبِأَيِّ ءَالَآءِ رَبِّكُمَا تُكَذِّبَانِ ﴿٦٧﴾
فِيهِمَا فَٰكِهَةٌ وَنَخْلٌ وَرُمَّانٌ ﴿٦٨﴾ فَبِأَيِّ ءَالَآءِ رَبِّكُمَا تُكَذِّبَانِ ﴿٦٩﴾

فِيهِنَّ خَيۡرَٰتٌ حِسَانٞ ٧٠ فَبِأَيِّ ءَالَآءِ رَبِّكُمَا تُكَذِّبَانِ
٧١ حُورٞ مَّقۡصُورَٰتٞ فِي ٱلۡخِيَامِ ٧٢ فَبِأَيِّ ءَالَآءِ رَبِّكُمَا
تُكَذِّبَانِ ٧٣ لَمۡ يَطۡمِثۡهُنَّ إِنسٞ قَبۡلَهُمۡ وَلَا جَآنّٞ ٧٤ فَبِأَيِّ
ءَالَآءِ رَبِّكُمَا تُكَذِّبَانِ ٧٥ مُتَّكِـِٔينَ عَلَىٰ رَفۡرَفٍ خُضۡرٖ
وَعَبۡقَرِيٍّ حِسَانٖ ٧٦ فَبِأَيِّ ءَالَآءِ رَبِّكُمَا تُكَذِّبَانِ ٧٧
تَبَٰرَكَ ٱسۡمُ رَبِّكَ ذِي ٱلۡجَلَٰلِ وَٱلۡإِكۡرَامِ ٧٨

سُورَةُ الوَاقِعَةِ

بِسۡمِ ٱللَّهِ ٱلرَّحۡمَٰنِ ٱلرَّحِيمِ

ربع الحزب ٥٤

إِذَا وَقَعَتِ ٱلۡوَاقِعَةُ ١ لَيۡسَ لِوَقۡعَتِهَا كَاذِبَةٌ ٢ خَافِضَةٞ رَّافِعَةٌ
٣ إِذَا رُجَّتِ ٱلۡأَرۡضُ رَجّٗا ٤ وَبُسَّتِ ٱلۡجِبَالُ بَسّٗا ٥ فَكَانَتۡ
هَبَآءٗ مُّنۢبَثّٗا ٦ وَكُنتُمۡ أَزۡوَٰجٗا ثَلَٰثَةٗ ٧ فَأَصۡحَٰبُ ٱلۡمَيۡمَنَةِ
مَآ أَصۡحَٰبُ ٱلۡمَيۡمَنَةِ ٨ وَأَصۡحَٰبُ ٱلۡمَشۡـَٔمَةِ مَآ أَصۡحَٰبُ
ٱلۡمَشۡـَٔمَةِ ٩ وَٱلسَّٰبِقُونَ ٱلسَّٰبِقُونَ ١٠ أُوْلَٰٓئِكَ ٱلۡمُقَرَّبُونَ ١١
فِي جَنَّٰتِ ٱلنَّعِيمِ ١٢ ثُلَّةٞ مِّنَ ٱلۡأَوَّلِينَ ١٣ وَقَلِيلٞ مِّنَ ٱلۡأٓخِرِينَ
١٤ عَلَىٰ سُرُرٖ مَّوۡضُونَةٖ ١٥ مُّتَّكِـِٔينَ عَلَيۡهَا مُتَقَٰبِلِينَ ١٦

يَطُوفُ عَلَيۡهِمۡ وِلۡدَٰنٞ مُّخَلَّدُونَ ١٧ بِأَكۡوَابٖ وَأَبَارِيقَ وَكَأۡسٖ مِّن مَّعِينٖ
١٨ لَّا يُصَدَّعُونَ عَنۡهَا وَلَا يُنزِفُونَ ١٩ وَفَٰكِهَةٖ مِّمَّا يَتَخَيَّرُونَ
٢٠ وَلَحۡمِ طَيۡرٖ مِّمَّا يَشۡتَهُونَ ٢١ وَحُورٌ عِينٞ ٢٢ كَأَمۡثَٰلِ ٱللُّؤۡلُوِٕ
ٱلۡمَكۡنُونِ ٢٣ جَزَآءَۢ بِمَا كَانُواْ يَعۡمَلُونَ ٢٤ لَا يَسۡمَعُونَ فِيهَا لَغۡوٗا
وَلَا تَأۡثِيمًا ٢٥ إِلَّا قِيلٗا سَلَٰمٗا سَلَٰمٗا ٢٦ وَأَصۡحَٰبُ ٱلۡيَمِينِ مَآ أَصۡحَٰبُ
ٱلۡيَمِينِ ٢٧ فِي سِدۡرٖ مَّخۡضُودٖ ٢٨ وَطَلۡحٖ مَّنضُودٖ ٢٩ وَظِلّٖ مَّمۡدُودٖ
٣٠ وَمَآءٖ مَّسۡكُوبٖ ٣١ وَفَٰكِهَةٖ كَثِيرَةٖ ٣٢ لَّا مَقۡطُوعَةٖ وَلَا مَمۡنُوعَةٖ
٣٣ وَفُرُشٖ مَّرۡفُوعَةٍ ٣٤ إِنَّآ أَنشَأۡنَٰهُنَّ إِنشَآءٗ ٣٥ فَجَعَلۡنَٰهُنَّ أَبۡكَارًا
٣٦ عُرُبًا أَتۡرَابٗا ٣٧ لِّأَصۡحَٰبِ ٱلۡيَمِينِ ٣٨ ثُلَّةٞ مِّنَ ٱلۡأَوَّلِينَ ٣٩
وَثُلَّةٞ مِّنَ ٱلۡأٓخِرِينَ ٤٠ وَأَصۡحَٰبُ ٱلشِّمَالِ مَآ أَصۡحَٰبُ ٱلشِّمَالِ
٤١ فِي سَمُومٖ وَحَمِيمٖ ٤٢ وَظِلّٖ مِّن يَحۡمُومٖ ٤٣ لَّا بَارِدٖ
وَلَا كَرِيمٍ ٤٤ إِنَّهُمۡ كَانُواْ قَبۡلَ ذَٰلِكَ مُتۡرَفِينَ ٤٥ وَكَانُواْ
يُصِرُّونَ عَلَى ٱلۡحِنثِ ٱلۡعَظِيمِ ٤٦ وَكَانُواْ يَقُولُونَ أَئِذَا مِتۡنَا وَكُنَّا
تُرَابٗا وَعِظَٰمًا أَءِنَّا لَمَبۡعُوثُونَ ٤٧ أَوَءَابَآؤُنَا ٱلۡأَوَّلُونَ ٤٨ قُلۡ إِنَّ
ٱلۡأَوَّلِينَ وَٱلۡأٓخِرِينَ ٤٩ لَمَجۡمُوعُونَ إِلَىٰ مِيقَٰتِ يَوۡمٖ مَّعۡلُومٖ ٥٠

ثُمَّ إِنَّكُمْ أَيُّهَا ٱلضَّآلُّونَ ٱلْمُكَذِّبُونَ ﴿٥١﴾ لَءَاكِلُونَ مِن شَجَرٍ مِّن زَقُّومٍ ﴿٥٢﴾
فَمَالِـُٔونَ مِنْهَا ٱلْبُطُونَ ﴿٥٣﴾ فَشَٰرِبُونَ عَلَيْهِ مِنَ ٱلْحَمِيمِ ﴿٥٤﴾ فَشَٰرِبُونَ
شُرْبَ ٱلْهِيمِ ﴿٥٥﴾ هَٰذَا نُزُلُهُمْ يَوْمَ ٱلدِّينِ ﴿٥٦﴾ نَحْنُ خَلَقْنَٰكُمْ فَلَوْلَا
تُصَدِّقُونَ ﴿٥٧﴾ أَفَرَءَيْتُم مَّا تُمْنُونَ ﴿٥٨﴾ ءَأَنتُمْ تَخْلُقُونَهُۥٓ أَمْ نَحْنُ
ٱلْخَٰلِقُونَ ﴿٥٩﴾ نَحْنُ قَدَّرْنَا بَيْنَكُمُ ٱلْمَوْتَ وَمَا نَحْنُ بِمَسْبُوقِينَ ﴿٦٠﴾
عَلَىٰٓ أَن نُّبَدِّلَ أَمْثَٰلَكُمْ وَنُنشِئَكُمْ فِى مَا لَا تَعْلَمُونَ ﴿٦١﴾ وَلَقَدْ
عَلِمْتُمُ ٱلنَّشْأَةَ ٱلْأُولَىٰ فَلَوْلَا تَذَكَّرُونَ ﴿٦٢﴾ أَفَرَءَيْتُم مَّا تَحْرُثُونَ
﴿٦٣﴾ ءَأَنتُمْ تَزْرَعُونَهُۥٓ أَمْ نَحْنُ ٱلزَّٰرِعُونَ ﴿٦٤﴾ لَوْ نَشَآءُ لَجَعَلْنَٰهُ
حُطَٰمًا فَظَلْتُمْ تَفَكَّهُونَ ﴿٦٥﴾ إِنَّا لَمُغْرَمُونَ ﴿٦٦﴾ بَلْ نَحْنُ
مَحْرُومُونَ ﴿٦٧﴾ أَفَرَءَيْتُمُ ٱلْمَآءَ ٱلَّذِى تَشْرَبُونَ ﴿٦٨﴾ ءَأَنتُمْ أَنزَلْتُمُوهُ
مِنَ ٱلْمُزْنِ أَمْ نَحْنُ ٱلْمُنزِلُونَ ﴿٦٩﴾ لَوْ نَشَآءُ جَعَلْنَٰهُ أُجَاجًا فَلَوْلَا
تَشْكُرُونَ ﴿٧٠﴾ أَفَرَءَيْتُمُ ٱلنَّارَ ٱلَّتِى تُورُونَ ﴿٧١﴾ ءَأَنتُمْ أَنشَأْتُمْ
شَجَرَتَهَآ أَمْ نَحْنُ ٱلْمُنشِـُٔونَ ﴿٧٢﴾ نَحْنُ جَعَلْنَٰهَا تَذْكِرَةً وَمَتَٰعًا
لِّلْمُقْوِينَ ﴿٧٣﴾ فَسَبِّحْ بِٱسْمِ رَبِّكَ ٱلْعَظِيمِ ﴿٧٤﴾ ۞ فَلَآ أُقْسِمُ
بِمَوَٰقِعِ ٱلنُّجُومِ ﴿٧٥﴾ وَإِنَّهُۥ لَقَسَمٌ لَّوْ تَعْلَمُونَ عَظِيمٌ ﴿٧٦﴾

نصف الحزب ٥٤

إِنَّهُۥ لَقُرۡءَانٞ كَرِيمٞ ٧٧ فِي كِتَٰبٖ مَّكۡنُونٖ ٧٨ لَّا يَمَسُّهُۥٓ إِلَّا
ٱلۡمُطَهَّرُونَ ٧٩ تَنزِيلٞ مِّن رَّبِّ ٱلۡعَٰلَمِينَ ٨٠ أَفَبِهَٰذَا ٱلۡحَدِيثِ
أَنتُم مُّدۡهِنُونَ ٨١ وَتَجۡعَلُونَ رِزۡقَكُمۡ أَنَّكُمۡ تُكَذِّبُونَ ٨٢ فَلَوۡلَآ
إِذَا بَلَغَتِ ٱلۡحُلۡقُومَ ٨٣ وَأَنتُمۡ حِينَئِذٖ تَنظُرُونَ ٨٤ وَنَحۡنُ أَقۡرَبُ
إِلَيۡهِ مِنكُمۡ وَلَٰكِن لَّا تُبۡصِرُونَ ٨٥ فَلَوۡلَآ إِن كُنتُمۡ غَيۡرَ مَدِينِينَ
٨٦ تَرۡجِعُونَهَآ إِن كُنتُمۡ صَٰدِقِينَ ٨٧ فَأَمَّآ إِن كَانَ مِنَ ٱلۡمُقَرَّبِينَ
٨٨ فَرَوۡحٞ وَرَيۡحَانٞ وَجَنَّتُ نَعِيمٖ ٨٩ وَأَمَّآ إِن كَانَ مِنۡ أَصۡحَٰبِ
ٱلۡيَمِينِ ٩٠ فَسَلَٰمٞ لَّكَ مِنۡ أَصۡحَٰبِ ٱلۡيَمِينِ ٩١ وَأَمَّآ إِن كَانَ مِنَ
ٱلۡمُكَذِّبِينَ ٱلضَّآلِّينَ ٩٢ فَنُزُلٞ مِّنۡ حَمِيمٖ ٩٣ وَتَصۡلِيَةُ جَحِيمٍ
٩٤ إِنَّ هَٰذَا لَهُوَ حَقُّ ٱلۡيَقِينِ ٩٥ فَسَبِّحۡ بِٱسۡمِ رَبِّكَ ٱلۡعَظِيمِ ٩٦

سُورَةُ الحَدِيدِ

بِسۡمِ ٱللَّهِ ٱلرَّحۡمَٰنِ ٱلرَّحِيمِ

سَبَّحَ لِلَّهِ مَا فِي ٱلسَّمَٰوَٰتِ وَٱلۡأَرۡضِۖ وَهُوَ ٱلۡعَزِيزُ ٱلۡحَكِيمُ ١ لَهُۥ مُلۡكُ
ٱلسَّمَٰوَٰتِ وَٱلۡأَرۡضِۖ يُحۡيِۦ وَيُمِيتُۖ وَهُوَ عَلَىٰ كُلِّ شَيۡءٖ قَدِيرٌ ٢ هُوَ
ٱلۡأَوَّلُ وَٱلۡأٓخِرُ وَٱلظَّٰهِرُ وَٱلۡبَاطِنُۖ وَهُوَ بِكُلِّ شَيۡءٍ عَلِيمٌ ٣

هُوَ ٱلَّذِي خَلَقَ ٱلسَّمَٰوَٰتِ وَٱلۡأَرۡضَ فِي سِتَّةِ أَيَّامٖ ثُمَّ ٱسۡتَوَىٰ
عَلَى ٱلۡعَرۡشِۖ يَعۡلَمُ مَا يَلِجُ فِي ٱلۡأَرۡضِ وَمَا يَخۡرُجُ مِنۡهَا وَمَا يَنزِلُ مِنَ
ٱلسَّمَآءِ وَمَا يَعۡرُجُ فِيهَاۖ وَهُوَ مَعَكُمۡ أَيۡنَ مَا كُنتُمۡۚ وَٱللَّهُ بِمَا تَعۡمَلُونَ
بَصِيرٞ ٤ لَّهُۥ مُلۡكُ ٱلسَّمَٰوَٰتِ وَٱلۡأَرۡضِۚ وَإِلَى ٱللَّهِ تُرۡجَعُ ٱلۡأُمُورُ
٥ يُولِجُ ٱلَّيۡلَ فِي ٱلنَّهَارِ وَيُولِجُ ٱلنَّهَارَ فِي ٱلَّيۡلِۚ وَهُوَ عَلِيمُۢ بِذَاتِ
ٱلصُّدُورِ ٦ ءَامِنُواْ بِٱللَّهِ وَرَسُولِهِۦ وَأَنفِقُواْ مِمَّا جَعَلَكُم
مُّسۡتَخۡلَفِينَ فِيهِۖ فَٱلَّذِينَ ءَامَنُواْ مِنكُمۡ وَأَنفَقُواْ لَهُمۡ أَجۡرٞ كَبِيرٞ ٧
وَمَا لَكُمۡ لَا تُؤۡمِنُونَ بِٱللَّهِ وَٱلرَّسُولُ يَدۡعُوكُمۡ لِتُؤۡمِنُواْ بِرَبِّكُمۡ وَقَدۡ
أَخَذَ مِيثَٰقَكُمۡ إِن كُنتُم مُّؤۡمِنِينَ ٨ هُوَ ٱلَّذِي يُنَزِّلُ عَلَىٰ عَبۡدِهِۦٓ
ءَايَٰتِۭ بَيِّنَٰتٖ لِّيُخۡرِجَكُم مِّنَ ٱلظُّلُمَٰتِ إِلَى ٱلنُّورِۚ وَإِنَّ ٱللَّهَ بِكُمۡ
لَرَءُوفٞ رَّحِيمٞ ٩ وَمَا لَكُمۡ أَلَّا تُنفِقُواْ فِي سَبِيلِ ٱللَّهِ وَلِلَّهِ مِيرَٰثُ
ٱلسَّمَٰوَٰتِ وَٱلۡأَرۡضِۚ لَا يَسۡتَوِي مِنكُم مَّنۡ أَنفَقَ مِن قَبۡلِ ٱلۡفَتۡحِ
وَقَٰتَلَۚ أُوْلَٰٓئِكَ أَعۡظَمُ دَرَجَةٗ مِّنَ ٱلَّذِينَ أَنفَقُواْ مِنۢ بَعۡدُ وَقَٰتَلُواْۚ
وَكُلّٗا وَعَدَ ٱللَّهُ ٱلۡحُسۡنَىٰۚ وَٱللَّهُ بِمَا تَعۡمَلُونَ خَبِيرٞ ١٠ مَّن ذَا
ٱلَّذِي يُقۡرِضُ ٱللَّهَ قَرۡضًا حَسَنٗا فَيُضَٰعِفَهُۥ لَهُۥ وَلَهُۥٓ أَجۡرٞ كَرِيمٞ ١١

يَوْمَ تَرَى ٱلْمُؤْمِنِينَ وَٱلْمُؤْمِنَٰتِ يَسْعَىٰ نُورُهُم بَيْنَ أَيْدِيهِمْ
وَبِأَيْمَٰنِهِم بُشْرَىٰكُمُ ٱلْيَوْمَ جَنَّٰتٌ تَجْرِى مِن تَحْتِهَا ٱلْأَنْهَٰرُ خَٰلِدِينَ
فِيهَا ۚ ذَٰلِكَ هُوَ ٱلْفَوْزُ ٱلْعَظِيمُ ﴿١٢﴾ يَوْمَ يَقُولُ ٱلْمُنَٰفِقُونَ وَٱلْمُنَٰفِقَٰتُ
لِلَّذِينَ ءَامَنُوا۟ ٱنظُرُونَا نَقْتَبِسْ مِن نُّورِكُمْ قِيلَ ٱرْجِعُوا۟ وَرَآءَكُمْ
فَٱلْتَمِسُوا۟ نُورًا ۖ فَضُرِبَ بَيْنَهُم بِسُورٍ لَّهُۥ بَابٌۢ بَاطِنُهُۥ فِيهِ ٱلرَّحْمَةُ
وَظَٰهِرُهُۥ مِن قِبَلِهِ ٱلْعَذَابُ ﴿١٣﴾ يُنَادُونَهُمْ أَلَمْ نَكُن مَّعَكُمْ ۖ قَالُوا۟ بَلَىٰ
وَلَٰكِنَّكُمْ فَتَنتُمْ أَنفُسَكُمْ وَتَرَبَّصْتُمْ وَٱرْتَبْتُمْ وَغَرَّتْكُمُ ٱلْأَمَانِىُّ
حَتَّىٰ جَآءَ أَمْرُ ٱللَّهِ وَغَرَّكُم بِٱللَّهِ ٱلْغَرُورُ ﴿١٤﴾ فَٱلْيَوْمَ لَا يُؤْخَذُ مِنكُمْ
فِدْيَةٌ وَلَا مِنَ ٱلَّذِينَ كَفَرُوا۟ ۚ مَأْوَىٰكُمُ ٱلنَّارُ ۖ هِىَ مَوْلَىٰكُمْ ۖ
وَبِئْسَ ٱلْمَصِيرُ ﴿١٥﴾ ۞ أَلَمْ يَأْنِ لِلَّذِينَ ءَامَنُوٓا۟ أَن تَخْشَعَ
قُلُوبُهُمْ لِذِكْرِ ٱللَّهِ وَمَا نَزَلَ مِنَ ٱلْحَقِّ وَلَا يَكُونُوا۟ كَٱلَّذِينَ
أُوتُوا۟ ٱلْكِتَٰبَ مِن قَبْلُ فَطَالَ عَلَيْهِمُ ٱلْأَمَدُ فَقَسَتْ قُلُوبُهُمْ ۖ وَكَثِيرٌ
مِّنْهُمْ فَٰسِقُونَ ﴿١٦﴾ ٱعْلَمُوٓا۟ أَنَّ ٱللَّهَ يُحْىِ ٱلْأَرْضَ بَعْدَ مَوْتِهَا ۚ قَدْ بَيَّنَّا
لَكُمُ ٱلْءَايَٰتِ لَعَلَّكُمْ تَعْقِلُونَ ﴿١٧﴾ إِنَّ ٱلْمُصَّدِّقِينَ وَٱلْمُصَّدِّقَٰتِ
وَأَقْرَضُوا۟ ٱللَّهَ قَرْضًا حَسَنًا يُضَٰعَفُ لَهُمْ وَلَهُمْ أَجْرٌ كَرِيمٌ ﴿١٨﴾

ثلاثة أرباع الحزب
٥٤

وَٱلَّذِينَ ءَامَنُوا۟ بِٱللَّهِ وَرُسُلِهِۦٓ أُو۟لَٰٓئِكَ هُمُ ٱلصِّدِّيقُونَ ۖ وَٱلشُّهَدَآءُ
عِندَ رَبِّهِمْ لَهُمْ أَجْرُهُمْ وَنُورُهُمْ ۖ وَٱلَّذِينَ كَفَرُوا۟ وَكَذَّبُوا۟
بِـَٔايَٰتِنَآ أُو۟لَٰٓئِكَ أَصْحَٰبُ ٱلْجَحِيمِ ﴿١٩﴾ ٱعْلَمُوٓا۟ أَنَّمَا ٱلْحَيَوٰةُ
ٱلدُّنْيَا لَعِبٌ وَلَهْوٌ وَزِينَةٌ وَتَفَاخُرٌۢ بَيْنَكُمْ وَتَكَاثُرٌ فِى ٱلْأَمْوَٰلِ
وَٱلْأَوْلَٰدِ ۖ كَمَثَلِ غَيْثٍ أَعْجَبَ ٱلْكُفَّارَ نَبَاتُهُۥ ثُمَّ يَهِيجُ فَتَرَىٰهُ
مُصْفَرًّا ثُمَّ يَكُونُ حُطَٰمًا ۖ وَفِى ٱلْـَٔاخِرَةِ عَذَابٌ شَدِيدٌ وَمَغْفِرَةٌ
مِّنَ ٱللَّهِ وَرِضْوَٰنٌ ۚ وَمَا ٱلْحَيَوٰةُ ٱلدُّنْيَآ إِلَّا مَتَٰعُ ٱلْغُرُورِ ﴿٢٠﴾
سَابِقُوٓا۟ إِلَىٰ مَغْفِرَةٍ مِّن رَّبِّكُمْ وَجَنَّةٍ عَرْضُهَا كَعَرْضِ ٱلسَّمَآءِ
وَٱلْأَرْضِ أُعِدَّتْ لِلَّذِينَ ءَامَنُوا۟ بِٱللَّهِ وَرُسُلِهِۦ ۚ ذَٰلِكَ فَضْلُ
ٱللَّهِ يُؤْتِيهِ مَن يَشَآءُ ۚ وَٱللَّهُ ذُو ٱلْفَضْلِ ٱلْعَظِيمِ ﴿٢١﴾ مَآ أَصَابَ
مِن مُّصِيبَةٍ فِى ٱلْأَرْضِ وَلَا فِىٓ أَنفُسِكُمْ إِلَّا فِى كِتَٰبٍ مِّن
قَبْلِ أَن نَّبْرَأَهَآ ۚ إِنَّ ذَٰلِكَ عَلَى ٱللَّهِ يَسِيرٌ ﴿٢٢﴾ لِّكَيْلَا
تَأْسَوْا۟ عَلَىٰ مَا فَاتَكُمْ وَلَا تَفْرَحُوا۟ بِمَآ ءَاتَىٰكُمْ ۗ وَٱللَّهُ
لَا يُحِبُّ كُلَّ مُخْتَالٍ فَخُورٍ ﴿٢٣﴾ ٱلَّذِينَ يَبْخَلُونَ وَيَأْمُرُونَ
ٱلنَّاسَ بِٱلْبُخْلِ ۗ وَمَن يَتَوَلَّ فَإِنَّ ٱللَّهَ هُوَ ٱلْغَنِىُّ ٱلْحَمِيدُ ﴿٢٤﴾

لَقَدْ أَرْسَلْنَا رُسُلَنَا بِالْبَيِّنَاتِ وَأَنزَلْنَا مَعَهُمُ الْكِتَابَ
وَالْمِيزَانَ لِيَقُومَ النَّاسُ بِالْقِسْطِ ۖ وَأَنزَلْنَا الْحَدِيدَ فِيهِ
بَأْسٌ شَدِيدٌ وَمَنَافِعُ لِلنَّاسِ وَلِيَعْلَمَ اللَّهُ مَن يَنصُرُهُ وَرُسُلَهُ
بِالْغَيْبِ ۚ إِنَّ اللَّهَ قَوِيٌّ عَزِيزٌ ﴿٢٥﴾ وَلَقَدْ أَرْسَلْنَا نُوحًا وَإِبْرَاهِيمَ
وَجَعَلْنَا فِي ذُرِّيَّتِهِمَا النُّبُوَّةَ وَالْكِتَابَ ۖ فَمِنْهُم مُّهْتَدٍ ۖ
وَكَثِيرٌ مِّنْهُمْ فَاسِقُونَ ﴿٢٦﴾ ثُمَّ قَفَّيْنَا عَلَىٰ آثَارِهِم
بِرُسُلِنَا وَقَفَّيْنَا بِعِيسَى ابْنِ مَرْيَمَ وَآتَيْنَاهُ الْإِنجِيلَ ۖ وَجَعَلْنَا
فِي قُلُوبِ الَّذِينَ اتَّبَعُوهُ رَأْفَةً وَرَحْمَةً ۚ وَرَهْبَانِيَّةً
ابْتَدَعُوهَا مَا كَتَبْنَاهَا عَلَيْهِمْ إِلَّا ابْتِغَاءَ رِضْوَانِ اللَّهِ
فَمَا رَعَوْهَا حَقَّ رِعَايَتِهَا ۖ فَآتَيْنَا الَّذِينَ آمَنُوا مِنْهُمْ أَجْرَهُمْ ۖ
وَكَثِيرٌ مِّنْهُمْ فَاسِقُونَ ﴿٢٧﴾ يَا أَيُّهَا الَّذِينَ آمَنُوا اتَّقُوا اللَّهَ
وَآمِنُوا بِرَسُولِهِ يُؤْتِكُمْ كِفْلَيْنِ مِن رَّحْمَتِهِ وَيَجْعَل لَّكُمْ نُورًا
تَمْشُونَ بِهِ وَيَغْفِرْ لَكُمْ ۚ وَاللَّهُ غَفُورٌ رَّحِيمٌ ﴿٢٨﴾ لِّئَلَّا يَعْلَمَ
أَهْلُ الْكِتَابِ أَلَّا يَقْدِرُونَ عَلَىٰ شَيْءٍ مِّن فَضْلِ اللَّهِ ۙ وَأَنَّ
الْفَضْلَ بِيَدِ اللَّهِ يُؤْتِيهِ مَن يَشَاءُ ۚ وَاللَّهُ ذُو الْفَضْلِ الْعَظِيمِ ﴿٢٩﴾

سُورَةُ ٱلْمُجَادَلَةِ

بِسْمِ ٱللَّهِ ٱلرَّحْمَٰنِ ٱلرَّحِيمِ

قَدْ سَمِعَ ٱللَّهُ قَوْلَ ٱلَّتِى تُجَٰدِلُكَ فِى زَوْجِهَا وَتَشْتَكِىٓ إِلَى ٱللَّهِ
وَٱللَّهُ يَسْمَعُ تَحَاوُرَكُمَآ ۚ إِنَّ ٱللَّهَ سَمِيعٌۢ بَصِيرٌ ﴿١﴾ ٱلَّذِينَ يُظَٰهِرُونَ
مِنكُم مِّن نِّسَآئِهِم مَّا هُنَّ أُمَّهَٰتِهِمْ ۖ إِنْ أُمَّهَٰتُهُمْ إِلَّا ٱلَّٰٓـِٔى
وَلَدْنَهُمْ ۚ وَإِنَّهُمْ لَيَقُولُونَ مُنكَرًا مِّنَ ٱلْقَوْلِ وَزُورًا ۚ وَإِنَّ
ٱللَّهَ لَعَفُوٌّ غَفُورٌ ﴿٢﴾ وَٱلَّذِينَ يُظَٰهِرُونَ مِن نِّسَآئِهِمْ ثُمَّ يَعُودُونَ
لِمَا قَالُوا۟ فَتَحْرِيرُ رَقَبَةٍ مِّن قَبْلِ أَن يَتَمَآسَّا ۚ ذَٰلِكُمْ تُوعَظُونَ
بِهِۦ ۚ وَٱللَّهُ بِمَا تَعْمَلُونَ خَبِيرٌ ﴿٣﴾ فَمَن لَّمْ يَجِدْ فَصِيَامُ شَهْرَيْنِ
مُتَتَابِعَيْنِ مِن قَبْلِ أَن يَتَمَآسَّا ۖ فَمَن لَّمْ يَسْتَطِعْ فَإِطْعَامُ سِتِّينَ
مِسْكِينًا ۚ ذَٰلِكَ لِتُؤْمِنُوا۟ بِٱللَّهِ وَرَسُولِهِۦ ۚ وَتِلْكَ حُدُودُ ٱللَّهِ ۗ
وَلِلْكَٰفِرِينَ عَذَابٌ أَلِيمٌ ﴿٤﴾ إِنَّ ٱلَّذِينَ يُحَآدُّونَ ٱللَّهَ وَرَسُولَهُۥ
كُبِتُوا۟ كَمَا كُبِتَ ٱلَّذِينَ مِن قَبْلِهِمْ ۚ وَقَدْ أَنزَلْنَآ ءَايَٰتٍۭ بَيِّنَٰتٍ ۚ
وَلِلْكَٰفِرِينَ عَذَابٌ مُّهِينٌ ﴿٥﴾ يَوْمَ يَبْعَثُهُمُ ٱللَّهُ جَمِيعًا فَيُنَبِّئُهُم
بِمَا عَمِلُوٓا۟ ۚ أَحْصَىٰهُ ٱللَّهُ وَنَسُوهُ ۚ وَٱللَّهُ عَلَىٰ كُلِّ شَىْءٍ شَهِيدٌ ﴿٦﴾

أَلَمْ تَرَ أَنَّ ٱللَّهَ يَعْلَمُ مَا فِى ٱلسَّمَٰوَٰتِ وَمَا فِى ٱلْأَرْضِ ۖ مَا يَكُونُ مِن
نَّجْوَىٰ ثَلَٰثَةٍ إِلَّا هُوَ رَابِعُهُمْ وَلَا خَمْسَةٍ إِلَّا هُوَ سَادِسُهُمْ وَلَآ أَدْنَىٰ
مِن ذَٰلِكَ وَلَآ أَكْثَرَ إِلَّا هُوَ مَعَهُمْ أَيْنَ مَا كَانُوا۟ ۖ ثُمَّ يُنَبِّئُهُم بِمَا
عَمِلُوا۟ يَوْمَ ٱلْقِيَٰمَةِ ۚ إِنَّ ٱللَّهَ بِكُلِّ شَىْءٍ عَلِيمٌ ﴿٧﴾ أَلَمْ تَرَ إِلَى ٱلَّذِينَ
نُهُوا۟ عَنِ ٱلنَّجْوَىٰ ثُمَّ يَعُودُونَ لِمَا نُهُوا۟ عَنْهُ وَيَتَنَٰجَوْنَ بِٱلْإِثْمِ
وَٱلْعُدْوَٰنِ وَمَعْصِيَتِ ٱلرَّسُولِ ۖ وَإِذَا جَآءُوكَ حَيَّوْكَ بِمَا لَمْ يُحَيِّكَ
بِهِ ٱللَّهُ وَيَقُولُونَ فِىٓ أَنفُسِهِمْ لَوْلَا يُعَذِّبُنَا ٱللَّهُ بِمَا نَقُولُ ۚ حَسْبُهُمْ
جَهَنَّمُ يَصْلَوْنَهَا ۖ فَبِئْسَ ٱلْمَصِيرُ ﴿٨﴾ يَٰٓأَيُّهَا ٱلَّذِينَ ءَامَنُوٓا۟ إِذَا
تَنَٰجَيْتُمْ فَلَا تَتَنَٰجَوْا۟ بِٱلْإِثْمِ وَٱلْعُدْوَٰنِ وَمَعْصِيَتِ ٱلرَّسُولِ
وَتَنَٰجَوْا۟ بِٱلْبِرِّ وَٱلتَّقْوَىٰ ۖ وَٱتَّقُوا۟ ٱللَّهَ ٱلَّذِىٓ إِلَيْهِ تُحْشَرُونَ ﴿٩﴾ إِنَّمَا
ٱلنَّجْوَىٰ مِنَ ٱلشَّيْطَٰنِ لِيَحْزُنَ ٱلَّذِينَ ءَامَنُوا۟ وَلَيْسَ بِضَآرِّهِمْ
شَيْـًٔا إِلَّا بِإِذْنِ ٱللَّهِ ۚ وَعَلَى ٱللَّهِ فَلْيَتَوَكَّلِ ٱلْمُؤْمِنُونَ ﴿١٠﴾ يَٰٓأَيُّهَا
ٱلَّذِينَ ءَامَنُوٓا۟ إِذَا قِيلَ لَكُمْ تَفَسَّحُوا۟ فِى ٱلْمَجَٰلِسِ فَٱفْسَحُوا۟ يَفْسَحِ
ٱللَّهُ لَكُمْ ۖ وَإِذَا قِيلَ ٱنشُزُوا۟ فَٱنشُزُوا۟ يَرْفَعِ ٱللَّهُ ٱلَّذِينَ ءَامَنُوا۟ مِنكُمْ
وَٱلَّذِينَ أُوتُوا۟ ٱلْعِلْمَ دَرَجَٰتٍ ۚ وَٱللَّهُ بِمَا تَعْمَلُونَ خَبِيرٌ ﴿١١﴾

ربع الحزب ٥٥

يَٰٓأَيُّهَا ٱلَّذِينَ ءَامَنُوٓاْ إِذَا نَٰجَيۡتُمُ ٱلرَّسُولَ فَقَدِّمُواْ بَيۡنَ يَدَيۡ نَجۡوَىٰكُمۡ
صَدَقَةٗۚ ذَٰلِكَ خَيۡرٞ لَّكُمۡ وَأَطۡهَرُۚ فَإِن لَّمۡ تَجِدُواْ فَإِنَّ ٱللَّهَ غَفُورٞ رَّحِيمٌ
١٢ ءَأَشۡفَقۡتُمۡ أَن تُقَدِّمُواْ بَيۡنَ يَدَيۡ نَجۡوَىٰكُمۡ صَدَقَٰتٖۚ فَإِذۡ لَمۡ تَفۡعَلُواْ
وَتَابَ ٱللَّهُ عَلَيۡكُمۡ فَأَقِيمُواْ ٱلصَّلَوٰةَ وَءَاتُواْ ٱلزَّكَوٰةَ وَأَطِيعُواْ ٱللَّهَ
وَرَسُولَهُۥۚ وَٱللَّهُ خَبِيرُۢ بِمَا تَعۡمَلُونَ ١٣ ۞ أَلَمۡ تَرَ إِلَى ٱلَّذِينَ تَوَلَّوۡاْ
قَوۡمًا غَضِبَ ٱللَّهُ عَلَيۡهِم مَّا هُم مِّنكُمۡ وَلَا مِنۡهُمۡ وَيَحۡلِفُونَ عَلَى ٱلۡكَذِبِ
وَهُمۡ يَعۡلَمُونَ ١٤ أَعَدَّ ٱللَّهُ لَهُمۡ عَذَابٗا شَدِيدًاۖ إِنَّهُمۡ سَآءَ مَا كَانُواْ
يَعۡمَلُونَ ١٥ ٱتَّخَذُوٓاْ أَيۡمَٰنَهُمۡ جُنَّةٗ فَصَدُّواْ عَن سَبِيلِ ٱللَّهِ فَلَهُمۡ
عَذَابٞ مُّهِينٞ ١٦ لَّن تُغۡنِيَ عَنۡهُمۡ أَمۡوَٰلُهُمۡ وَلَآ أَوۡلَٰدُهُم مِّنَ ٱللَّهِ
شَيۡـًٔاۚ أُوْلَٰٓئِكَ أَصۡحَٰبُ ٱلنَّارِۖ هُمۡ فِيهَا خَٰلِدُونَ ١٧ يَوۡمَ يَبۡعَثُهُمُ
ٱللَّهُ جَمِيعٗا فَيَحۡلِفُونَ لَهُۥ كَمَا يَحۡلِفُونَ لَكُمۡ وَيَحۡسَبُونَ أَنَّهُمۡ
عَلَىٰ شَيۡءٍۚ أَلَآ إِنَّهُمۡ هُمُ ٱلۡكَٰذِبُونَ ١٨ ٱسۡتَحۡوَذَ عَلَيۡهِمُ ٱلشَّيۡطَٰنُ
فَأَنسَىٰهُمۡ ذِكۡرَ ٱللَّهِۚ أُوْلَٰٓئِكَ حِزۡبُ ٱلشَّيۡطَٰنِۚ أَلَآ إِنَّ حِزۡبَ ٱلشَّيۡطَٰنِ
هُمُ ٱلۡخَٰسِرُونَ ١٩ إِنَّ ٱلَّذِينَ يُحَآدُّونَ ٱللَّهَ وَرَسُولَهُۥٓ أُوْلَٰٓئِكَ فِي ٱلۡأَذَلِّينَ
٢٠ كَتَبَ ٱللَّهُ لَأَغۡلِبَنَّ أَنَا۠ وَرُسُلِيٓۚ إِنَّ ٱللَّهَ قَوِيٌّ عَزِيزٞ ٢١

لَّا تَجِدُ قَوْمًا يُؤْمِنُونَ بِٱللَّهِ وَٱلْيَوْمِ ٱلْـَٔاخِرِ يُوَآدُّونَ مَنْ حَآدَّ
ٱللَّهَ وَرَسُولَهُۥ وَلَوْ كَانُوٓا۟ ءَابَآءَهُمْ أَوْ أَبْنَآءَهُمْ أَوْ إِخْوَٰنَهُمْ
أَوْ عَشِيرَتَهُمْ ۚ أُو۟لَـٰٓئِكَ كَتَبَ فِى قُلُوبِهِمُ ٱلْإِيمَـٰنَ وَأَيَّدَهُم
بِرُوحٍ مِّنْهُ ۖ وَيُدْخِلُهُمْ جَنَّـٰتٍ تَجْرِى مِن تَحْتِهَا ٱلْأَنْهَـٰرُ
خَـٰلِدِينَ فِيهَا ۚ رَضِىَ ٱللَّهُ عَنْهُمْ وَرَضُوا۟ عَنْهُ ۚ أُو۟لَـٰٓئِكَ حِزْبُ
ٱللَّهِ ۚ أَلَآ إِنَّ حِزْبَ ٱللَّهِ هُمُ ٱلْمُفْلِحُونَ ﴿٢٢﴾

سُورَةُ الْحَشْرِ

بِسْمِ ٱللَّهِ ٱلرَّحْمَـٰنِ ٱلرَّحِيمِ

سَبَّحَ لِلَّهِ مَا فِى ٱلسَّمَـٰوَٰتِ وَمَا فِى ٱلْأَرْضِ ۖ وَهُوَ ٱلْعَزِيزُ ٱلْحَكِيمُ
﴿١﴾ هُوَ ٱلَّذِىٓ أَخْرَجَ ٱلَّذِينَ كَفَرُوا۟ مِنْ أَهْلِ ٱلْكِتَـٰبِ مِن دِيَـٰرِهِمْ
لِأَوَّلِ ٱلْحَشْرِ ۚ مَا ظَنَنتُمْ أَن يَخْرُجُوا۟ ۖ وَظَنُّوٓا۟ أَنَّهُم مَّانِعَتُهُمْ
حُصُونُهُم مِّنَ ٱللَّهِ فَأَتَىٰهُمُ ٱللَّهُ مِنْ حَيْثُ لَمْ يَحْتَسِبُوا۟ ۖ وَقَذَفَ
فِى قُلُوبِهِمُ ٱلرُّعْبَ ۚ يُخْرِبُونَ بُيُوتَهُم بِأَيْدِيهِمْ وَأَيْدِى ٱلْمُؤْمِنِينَ
فَٱعْتَبِرُوا۟ يَـٰٓأُو۟لِى ٱلْأَبْصَـٰرِ ﴿٢﴾ وَلَوْلَآ أَن كَتَبَ ٱللَّهُ عَلَيْهِمُ
ٱلْجَلَآءَ لَعَذَّبَهُمْ فِى ٱلدُّنْيَا ۖ وَلَهُمْ فِى ٱلْـَٔاخِرَةِ عَذَابُ ٱلنَّارِ ﴿٣﴾

ذَٰلِكَ بِأَنَّهُمْ شَآقُّوا۟ ٱللَّهَ وَرَسُولَهُۥ ۖ وَمَن يُشَآقِّ ٱللَّهَ فَإِنَّ ٱللَّهَ شَدِيدُ
ٱلْعِقَابِ ﴿٤﴾ مَا قَطَعْتُم مِّن لِّينَةٍ أَوْ تَرَكْتُمُوهَا قَآئِمَةً عَلَىٰٓ
أُصُولِهَا فَبِإِذْنِ ٱللَّهِ وَلِيُخْزِىَ ٱلْفَٰسِقِينَ ﴿٥﴾ وَمَآ أَفَآءَ ٱللَّهُ
عَلَىٰ رَسُولِهِۦ مِنْهُمْ فَمَآ أَوْجَفْتُمْ عَلَيْهِ مِنْ خَيْلٍ وَلَا رِكَابٍ
وَلَٰكِنَّ ٱللَّهَ يُسَلِّطُ رُسُلَهُۥ عَلَىٰ مَن يَشَآءُ ۚ وَٱللَّهُ عَلَىٰ كُلِّ شَىْءٍ
قَدِيرٌ ﴿٦﴾ مَّآ أَفَآءَ ٱللَّهُ عَلَىٰ رَسُولِهِۦ مِنْ أَهْلِ ٱلْقُرَىٰ فَلِلَّهِ وَلِلرَّسُولِ
وَلِذِى ٱلْقُرْبَىٰ وَٱلْيَتَٰمَىٰ وَٱلْمَسَٰكِينِ وَٱبْنِ ٱلسَّبِيلِ كَىْ لَا يَكُونَ
دُولَةًۢ بَيْنَ ٱلْأَغْنِيَآءِ مِنكُمْ ۚ وَمَآ ءَاتَىٰكُمُ ٱلرَّسُولُ فَخُذُوهُ
وَمَا نَهَىٰكُمْ عَنْهُ فَٱنتَهُوا۟ ۚ وَٱتَّقُوا۟ ٱللَّهَ ۖ إِنَّ ٱللَّهَ شَدِيدُ ٱلْعِقَابِ
﴿٧﴾ لِلْفُقَرَآءِ ٱلْمُهَٰجِرِينَ ٱلَّذِينَ أُخْرِجُوا۟ مِن دِيَٰرِهِمْ وَأَمْوَٰلِهِمْ
يَبْتَغُونَ فَضْلًا مِّنَ ٱللَّهِ وَرِضْوَٰنًا وَيَنصُرُونَ ٱللَّهَ وَرَسُولَهُۥٓ ۚ
أُو۟لَٰٓئِكَ هُمُ ٱلصَّٰدِقُونَ ﴿٨﴾ وَٱلَّذِينَ تَبَوَّءُو ٱلدَّارَ وَٱلْإِيمَٰنَ مِن
قَبْلِهِمْ يُحِبُّونَ مَنْ هَاجَرَ إِلَيْهِمْ وَلَا يَجِدُونَ فِى صُدُورِهِمْ
حَاجَةً مِّمَّآ أُوتُوا۟ وَيُؤْثِرُونَ عَلَىٰٓ أَنفُسِهِمْ وَلَوْ كَانَ بِهِمْ خَصَاصَةٌ ۚ
وَمَن يُوقَ شُحَّ نَفْسِهِۦ فَأُو۟لَٰٓئِكَ هُمُ ٱلْمُفْلِحُونَ ﴿٩﴾

نصف الحزب ٥٥

وَٱلَّذِينَ جَآءُو مِنۢ بَعۡدِهِمۡ يَقُولُونَ رَبَّنَا ٱغۡفِرۡ لَنَا وَلِإِخۡوَٰنِنَا
ٱلَّذِينَ سَبَقُونَا بِٱلۡإِيمَٰنِ وَلَا تَجۡعَلۡ فِي قُلُوبِنَا غِلّٗا لِّلَّذِينَ
ءَامَنُواْ رَبَّنَآ إِنَّكَ رَءُوفٞ رَّحِيمٌ ١٠ ۞ أَلَمۡ تَرَ إِلَى ٱلَّذِينَ
نَافَقُواْ يَقُولُونَ لِإِخۡوَٰنِهِمُ ٱلَّذِينَ كَفَرُواْ مِنۡ أَهۡلِ ٱلۡكِتَٰبِ
لَئِنۡ أُخۡرِجۡتُمۡ لَنَخۡرُجَنَّ مَعَكُمۡ وَلَا نُطِيعُ فِيكُمۡ أَحَدًا أَبَدٗا
وَإِن قُوتِلۡتُمۡ لَنَنصُرَنَّكُمۡ وَٱللَّهُ يَشۡهَدُ إِنَّهُمۡ لَكَٰذِبُونَ
١١ لَئِنۡ أُخۡرِجُواْ لَا يَخۡرُجُونَ مَعَهُمۡ وَلَئِن قُوتِلُواْ لَا يَنصُرُونَهُمۡ
وَلَئِن نَّصَرُوهُمۡ لَيُوَلُّنَّ ٱلۡأَدۡبَٰرَ ثُمَّ لَا يُنصَرُونَ ١٢ لَأَنتُمۡ
أَشَدُّ رَهۡبَةٗ فِي صُدُورِهِم مِّنَ ٱللَّهِۚ ذَٰلِكَ بِأَنَّهُمۡ قَوۡمٞ
لَّا يَفۡقَهُونَ ١٣ لَا يُقَٰتِلُونَكُمۡ جَمِيعًا إِلَّا فِي قُرٗى مُّحَصَّنَةٍ
أَوۡ مِن وَرَآءِ جُدُرِۭۚ بَأۡسُهُم بَيۡنَهُمۡ شَدِيدٞۚ تَحۡسَبُهُمۡ جَمِيعٗا
وَقُلُوبُهُمۡ شَتَّىٰۚ ذَٰلِكَ بِأَنَّهُمۡ قَوۡمٞ لَّا يَعۡقِلُونَ ١٤ كَمَثَلِ
ٱلَّذِينَ مِن قَبۡلِهِمۡ قَرِيبٗاۖ ذَاقُواْ وَبَالَ أَمۡرِهِمۡ وَلَهُمۡ عَذَابٌ
أَلِيمٞ ١٥ كَمَثَلِ ٱلشَّيۡطَٰنِ إِذۡ قَالَ لِلۡإِنسَٰنِ ٱكۡفُرۡ فَلَمَّا
كَفَرَ قَالَ إِنِّي بَرِيٓءٞ مِّنكَ إِنِّيٓ أَخَافُ ٱللَّهَ رَبَّ ٱلۡعَٰلَمِينَ ١٦

فَكَانَ عَٰقِبَتَهُمَآ أَنَّهُمَا فِي ٱلنَّارِ خَٰلِدَيۡنِ فِيهَاۚ وَذَٰلِكَ جَزَٰٓؤُاْ
ٱلظَّٰلِمِينَ ١٧ يَٰٓأَيُّهَا ٱلَّذِينَ ءَامَنُواْ ٱتَّقُواْ ٱللَّهَ وَلۡتَنظُرۡ نَفۡسٞ
مَّا قَدَّمَتۡ لِغَدٖۖ وَٱتَّقُواْ ٱللَّهَۚ إِنَّ ٱللَّهَ خَبِيرُۢ بِمَا تَعۡمَلُونَ ١٨
وَلَا تَكُونُواْ كَٱلَّذِينَ نَسُواْ ٱللَّهَ فَأَنسَىٰهُمۡ أَنفُسَهُمۡۚ أُوْلَٰٓئِكَ
هُمُ ٱلۡفَٰسِقُونَ ١٩ لَا يَسۡتَوِيٓ أَصۡحَٰبُ ٱلنَّارِ وَأَصۡحَٰبُ
ٱلۡجَنَّةِۚ أَصۡحَٰبُ ٱلۡجَنَّةِ هُمُ ٱلۡفَآئِزُونَ ٢٠ لَوۡ أَنزَلۡنَا هَٰذَا
ٱلۡقُرۡءَانَ عَلَىٰ جَبَلٖ لَّرَأَيۡتَهُۥ خَٰشِعٗا مُّتَصَدِّعٗا مِّنۡ خَشۡيَةِ
ٱللَّهِۚ وَتِلۡكَ ٱلۡأَمۡثَٰلُ نَضۡرِبُهَا لِلنَّاسِ لَعَلَّهُمۡ يَتَفَكَّرُونَ
٢١ هُوَ ٱللَّهُ ٱلَّذِي لَآ إِلَٰهَ إِلَّا هُوَۖ عَٰلِمُ ٱلۡغَيۡبِ وَٱلشَّهَٰدَةِۖ
هُوَ ٱلرَّحۡمَٰنُ ٱلرَّحِيمُ ٢٢ هُوَ ٱللَّهُ ٱلَّذِي لَآ إِلَٰهَ إِلَّا هُوَ ٱلۡمَلِكُ
ٱلۡقُدُّوسُ ٱلسَّلَٰمُ ٱلۡمُؤۡمِنُ ٱلۡمُهَيۡمِنُ ٱلۡعَزِيزُ ٱلۡجَبَّارُ
ٱلۡمُتَكَبِّرُۚ سُبۡحَٰنَ ٱللَّهِ عَمَّا يُشۡرِكُونَ ٢٣ هُوَ ٱللَّهُ
ٱلۡخَٰلِقُ ٱلۡبَارِئُ ٱلۡمُصَوِّرُۖ لَهُ ٱلۡأَسۡمَآءُ ٱلۡحُسۡنَىٰۚ يُسَبِّحُ
لَهُۥ مَا فِي ٱلسَّمَٰوَٰتِ وَٱلۡأَرۡضِۖ وَهُوَ ٱلۡعَزِيزُ ٱلۡحَكِيمُ ٢٤

سُورَةُ المُمۡتَحنَة

بِسْمِ ٱللَّهِ ٱلرَّحْمَٰنِ ٱلرَّحِيمِ

يَٰٓأَيُّهَا ٱلَّذِينَ ءَامَنُوا۟ لَا تَتَّخِذُوا۟ عَدُوِّى وَعَدُوَّكُمْ أَوْلِيَآءَ تُلْقُونَ
إِلَيْهِم بِٱلْمَوَدَّةِ وَقَدْ كَفَرُوا۟ بِمَا جَآءَكُم مِّنَ ٱلْحَقِّ يُخْرِجُونَ ٱلرَّسُولَ
وَإِيَّاكُمْ أَن تُؤْمِنُوا۟ بِٱللَّهِ رَبِّكُمْ إِن كُنتُمْ خَرَجْتُمْ جِهَٰدًا فِى سَبِيلِى
وَٱبْتِغَآءَ مَرْضَاتِى ۚ تُسِرُّونَ إِلَيْهِم بِٱلْمَوَدَّةِ وَأَنَا۠ أَعْلَمُ بِمَآ أَخْفَيْتُمْ
وَمَآ أَعْلَنتُمْ ۚ وَمَن يَفْعَلْهُ مِنكُمْ فَقَدْ ضَلَّ سَوَآءَ ٱلسَّبِيلِ ﴿١﴾ إِن
يَثْقَفُوكُمْ يَكُونُوا۟ لَكُمْ أَعْدَآءً وَيَبْسُطُوٓا۟ إِلَيْكُمْ أَيْدِيَهُمْ وَأَلْسِنَتَهُم
بِٱلسُّوٓءِ وَوَدُّوا۟ لَوْ تَكْفُرُونَ ﴿٢﴾ لَن تَنفَعَكُمْ أَرْحَامُكُمْ وَلَآ أَوْلَٰدُكُمْ ۚ
يَوْمَ ٱلْقِيَٰمَةِ يَفْصِلُ بَيْنَكُمْ ۚ وَٱللَّهُ بِمَا تَعْمَلُونَ بَصِيرٌ ﴿٣﴾ قَدْ كَانَتْ
لَكُمْ أُسْوَةٌ حَسَنَةٌ فِىٓ إِبْرَٰهِيمَ وَٱلَّذِينَ مَعَهُۥٓ إِذْ قَالُوا۟ لِقَوْمِهِمْ إِنَّا
بُرَءَٰٓؤُا۟ مِنكُمْ وَمِمَّا تَعْبُدُونَ مِن دُونِ ٱللَّهِ كَفَرْنَا بِكُمْ وَبَدَا بَيْنَنَا
وَبَيْنَكُمُ ٱلْعَدَٰوَةُ وَٱلْبَغْضَآءُ أَبَدًا حَتَّىٰ تُؤْمِنُوا۟ بِٱللَّهِ وَحْدَهُۥٓ إِلَّا قَوْلَ
إِبْرَٰهِيمَ لِأَبِيهِ لَأَسْتَغْفِرَنَّ لَكَ وَمَآ أَمْلِكُ لَكَ مِنَ ٱللَّهِ مِن شَىْءٍ ۖ
رَّبَّنَا عَلَيْكَ تَوَكَّلْنَا وَإِلَيْكَ أَنَبْنَا وَإِلَيْكَ ٱلْمَصِيرُ ﴿٤﴾ رَبَّنَا لَا تَجْعَلْنَا
فِتْنَةً لِّلَّذِينَ كَفَرُوا۟ وَٱغْفِرْ لَنَا رَبَّنَآ ۖ إِنَّكَ أَنتَ ٱلْعَزِيزُ ٱلْحَكِيمُ ﴿٥﴾

ثلاثة أرباع الحزب ٥٥

لَقَدْ كَانَ لَكُمْ فِيهِمْ أُسْوَةٌ حَسَنَةٌ لِّمَن كَانَ يَرْجُوا۟ ٱللَّهَ وَٱلْيَوْمَ ٱلْـَٔاخِرَ
وَمَن يَتَوَلَّ فَإِنَّ ٱللَّهَ هُوَ ٱلْغَنِىُّ ٱلْحَمِيدُ ٦ ۞ عَسَى ٱللَّهُ أَن يَجْعَلَ بَيْنَكُمْ
وَبَيْنَ ٱلَّذِينَ عَادَيْتُم مِّنْهُم مَّوَدَّةً وَٱللَّهُ قَدِيرٌ وَٱللَّهُ غَفُورٌ رَّحِيمٌ
٧ لَّا يَنْهَىٰكُمُ ٱللَّهُ عَنِ ٱلَّذِينَ لَمْ يُقَـٰتِلُوكُمْ فِى ٱلدِّينِ وَلَمْ يُخْرِجُوكُم
مِّن دِيَـٰرِكُمْ أَن تَبَرُّوهُمْ وَتُقْسِطُوٓا۟ إِلَيْهِمْ إِنَّ ٱللَّهَ يُحِبُّ ٱلْمُقْسِطِينَ
٨ إِنَّمَا يَنْهَىٰكُمُ ٱللَّهُ عَنِ ٱلَّذِينَ قَـٰتَلُوكُمْ فِى ٱلدِّينِ وَأَخْرَجُوكُم مِّن
دِيَـٰرِكُمْ وَظَـٰهَرُوا۟ عَلَىٰٓ إِخْرَاجِكُمْ أَن تَوَلَّوْهُمْ وَمَن يَتَوَلَّهُمْ فَأُو۟لَـٰٓئِكَ
هُمُ ٱلظَّـٰلِمُونَ ٩ يَـٰٓأَيُّهَا ٱلَّذِينَ ءَامَنُوٓا۟ إِذَا جَآءَكُمُ ٱلْمُؤْمِنَـٰتُ مُهَـٰجِرَٰتٍ
فَٱمْتَحِنُوهُنَّ ٱللَّهُ أَعْلَمُ بِإِيمَـٰنِهِنَّ فَإِنْ عَلِمْتُمُوهُنَّ مُؤْمِنَـٰتٍ فَلَا
تَرْجِعُوهُنَّ إِلَى ٱلْكُفَّارِ لَا هُنَّ حِلٌّ لَّهُمْ وَلَا هُمْ يَحِلُّونَ لَهُنَّ وَءَاتُوهُم
مَّآ أَنفَقُوا۟ وَلَا جُنَاحَ عَلَيْكُمْ أَن تَنكِحُوهُنَّ إِذَآ ءَاتَيْتُمُوهُنَّ أُجُورَهُنَّ
وَلَا تُمْسِكُوا۟ بِعِصَمِ ٱلْكَوَافِرِ وَسْـَٔلُوا۟ مَآ أَنفَقْتُمْ وَلْيَسْـَٔلُوا۟ مَآ أَنفَقُوا۟
ذَٰلِكُمْ حُكْمُ ٱللَّهِ يَحْكُمُ بَيْنَكُمْ وَٱللَّهُ عَلِيمٌ حَكِيمٌ ١٠ وَإِن فَاتَكُمْ
شَىْءٌ مِّنْ أَزْوَٰجِكُمْ إِلَى ٱلْكُفَّارِ فَعَاقَبْتُمْ فَـَٔاتُوا۟ ٱلَّذِينَ ذَهَبَتْ
أَزْوَٰجُهُم مِّثْلَ مَآ أَنفَقُوا۟ وَٱتَّقُوا۟ ٱللَّهَ ٱلَّذِىٓ أَنتُم بِهِۦ مُؤْمِنُونَ ١١

يَٰٓأَيُّهَا ٱلنَّبِيُّ إِذَا جَآءَكَ ٱلْمُؤْمِنَٰتُ يُبَايِعْنَكَ عَلَىٰٓ أَن لَّا يُشْرِكْنَ بِٱللَّهِ
شَيْـًٔا وَلَا يَسْرِقْنَ وَلَا يَزْنِينَ وَلَا يَقْتُلْنَ أَوْلَٰدَهُنَّ وَلَا يَأْتِينَ
بِبُهْتَٰنٍ يَفْتَرِينَهُۥ بَيْنَ أَيْدِيهِنَّ وَأَرْجُلِهِنَّ وَلَا يَعْصِينَكَ فِى
مَعْرُوفٍ فَبَايِعْهُنَّ وَٱسْتَغْفِرْ لَهُنَّ ٱللَّهَ ۖ إِنَّ ٱللَّهَ غَفُورٌ رَّحِيمٌ
١٢ يَٰٓأَيُّهَا ٱلَّذِينَ ءَامَنُوا۟ لَا تَتَوَلَّوْا۟ قَوْمًا غَضِبَ ٱللَّهُ عَلَيْهِمْ قَدْ
يَئِسُوا۟ مِنَ ٱلْـَٔاخِرَةِ كَمَا يَئِسَ ٱلْكُفَّارُ مِنْ أَصْحَٰبِ ٱلْقُبُورِ ١٣

سُورَةُ الصَّفِّ

بِسْمِ ٱللَّهِ ٱلرَّحْمَٰنِ ٱلرَّحِيمِ

سَبَّحَ لِلَّهِ مَا فِى ٱلسَّمَٰوَٰتِ وَمَا فِى ٱلْأَرْضِ ۖ وَهُوَ ٱلْعَزِيزُ ٱلْحَكِيمُ
١ يَٰٓأَيُّهَا ٱلَّذِينَ ءَامَنُوا۟ لِمَ تَقُولُونَ مَا لَا تَفْعَلُونَ ٢
كَبُرَ مَقْتًا عِندَ ٱللَّهِ أَن تَقُولُوا۟ مَا لَا تَفْعَلُونَ ٣ إِنَّ
ٱللَّهَ يُحِبُّ ٱلَّذِينَ يُقَٰتِلُونَ فِى سَبِيلِهِۦ صَفًّا كَأَنَّهُم
بُنْيَٰنٌ مَّرْصُوصٌ ٤ وَإِذْ قَالَ مُوسَىٰ لِقَوْمِهِۦ يَٰقَوْمِ لِمَ
تُؤْذُونَنِى وَقَد تَّعْلَمُونَ أَنِّى رَسُولُ ٱللَّهِ إِلَيْكُمْ ۖ فَلَمَّا زَاغُوٓا۟
أَزَاغَ ٱللَّهُ قُلُوبَهُمْ ۚ وَٱللَّهُ لَا يَهْدِى ٱلْقَوْمَ ٱلْفَٰسِقِينَ ٥

وَإِذۡ قَالَ عِيسَى ٱبۡنُ مَرۡيَمَ يَٰبَنِيٓ إِسۡرَٰٓءِيلَ إِنِّي رَسُولُ ٱللَّهِ إِلَيۡكُم مُّصَدِّقٗا لِّمَا
بَيۡنَ يَدَيَّ مِنَ ٱلتَّوۡرَىٰةِ وَمُبَشِّرَۢا بِرَسُولٖ يَأۡتِي مِنۢ بَعۡدِي ٱسۡمُهُۥٓ أَحۡمَدُۖ فَلَمَّا
جَآءَهُم بِٱلۡبَيِّنَٰتِ قَالُواْ هَٰذَا سِحۡرٞ مُّبِينٞ ٦ وَمَنۡ أَظۡلَمُ مِمَّنِ ٱفۡتَرَىٰ عَلَى
ٱللَّهِ ٱلۡكَذِبَ وَهُوَ يُدۡعَىٰٓ إِلَى ٱلۡإِسۡلَٰمِۚ وَٱللَّهُ لَا يَهۡدِي ٱلۡقَوۡمَ ٱلظَّٰلِمِينَ
٧ يُرِيدُونَ لِيُطۡفِـُٔواْ نُورَ ٱللَّهِ بِأَفۡوَٰهِهِمۡ وَٱللَّهُ مُتِمُّ نُورِهِۦ وَلَوۡ كَرِهَ
ٱلۡكَٰفِرُونَ ٨ هُوَ ٱلَّذِيٓ أَرۡسَلَ رَسُولَهُۥ بِٱلۡهُدَىٰ وَدِينِ ٱلۡحَقِّ لِيُظۡهِرَهُۥ
عَلَى ٱلدِّينِ كُلِّهِۦ وَلَوۡ كَرِهَ ٱلۡمُشۡرِكُونَ ٩ يَٰٓأَيُّهَا ٱلَّذِينَ ءَامَنُواْ هَلۡ أَدُلُّكُمۡ عَلَىٰ
تِجَٰرَةٖ تُنجِيكُم مِّنۡ عَذَابٍ أَلِيمٖ ١٠ تُؤۡمِنُونَ بِٱللَّهِ وَرَسُولِهِۦ وَتُجَٰهِدُونَ
فِي سَبِيلِ ٱللَّهِ بِأَمۡوَٰلِكُمۡ وَأَنفُسِكُمۡۚ ذَٰلِكُمۡ خَيۡرٞ لَّكُمۡ إِن كُنتُمۡ تَعۡلَمُونَ ١١
يَغۡفِرۡ لَكُمۡ ذُنُوبَكُمۡ وَيُدۡخِلۡكُمۡ جَنَّٰتٖ تَجۡرِي مِن تَحۡتِهَا ٱلۡأَنۡهَٰرُ وَمَسَٰكِنَ
طَيِّبَةٗ فِي جَنَّٰتِ عَدۡنٖۚ ذَٰلِكَ ٱلۡفَوۡزُ ٱلۡعَظِيمُ ١٢ وَأُخۡرَىٰ تُحِبُّونَهَاۖ نَصۡرٞ
مِّنَ ٱللَّهِ وَفَتۡحٞ قَرِيبٞۗ وَبَشِّرِ ٱلۡمُؤۡمِنِينَ ١٣ يَٰٓأَيُّهَا ٱلَّذِينَ ءَامَنُواْ كُونُوٓاْ
أَنصَارَ ٱللَّهِ كَمَا قَالَ عِيسَى ٱبۡنُ مَرۡيَمَ لِلۡحَوَارِيِّـۧنَ مَنۡ أَنصَارِيٓ إِلَى ٱللَّهِۖ
قَالَ ٱلۡحَوَارِيُّونَ نَحۡنُ أَنصَارُ ٱللَّهِۖ فَـَٔامَنَت طَّآئِفَةٞ مِّنۢ بَنِيٓ إِسۡرَٰٓءِيلَ
وَكَفَرَت طَّآئِفَةٞۖ فَأَيَّدۡنَا ٱلَّذِينَ ءَامَنُواْ عَلَىٰ عَدُوِّهِمۡ فَأَصۡبَحُواْ ظَٰهِرِينَ ١٤

الحِزْبُ ٥٦

سُورَةُ الجُمُعَةِ

بِسْمِ ٱللَّهِ ٱلرَّحْمَٰنِ ٱلرَّحِيمِ

يُسَبِّحُ لِلَّهِ مَا فِى ٱلسَّمَٰوَٰتِ وَمَا فِى ٱلْأَرْضِ ٱلْمَلِكِ ٱلْقُدُّوسِ ٱلْعَزِيزِ
ٱلْحَكِيمِ ۝١ هُوَ ٱلَّذِى بَعَثَ فِى ٱلْأُمِّيِّـۧنَ رَسُولًا مِّنْهُمْ يَتْلُوا۟ عَلَيْهِمْ
ءَايَٰتِهِۦ وَيُزَكِّيهِمْ وَيُعَلِّمُهُمُ ٱلْكِتَٰبَ وَٱلْحِكْمَةَ وَإِن كَانُوا۟
مِن قَبْلُ لَفِى ضَلَٰلٍ مُّبِينٍ ۝٢ وَءَاخَرِينَ مِنْهُمْ لَمَّا يَلْحَقُوا۟ بِهِمْ
وَهُوَ ٱلْعَزِيزُ ٱلْحَكِيمُ ۝٣ ذَٰلِكَ فَضْلُ ٱللَّهِ يُؤْتِيهِ مَن يَشَآءُ وَٱللَّهُ
ذُو ٱلْفَضْلِ ٱلْعَظِيمِ ۝٤ مَثَلُ ٱلَّذِينَ حُمِّلُوا۟ ٱلتَّوْرَىٰةَ ثُمَّ لَمْ
يَحْمِلُوهَا كَمَثَلِ ٱلْحِمَارِ يَحْمِلُ أَسْفَارًۢا بِئْسَ مَثَلُ ٱلْقَوْمِ
ٱلَّذِينَ كَذَّبُوا۟ بِـَٔايَٰتِ ٱللَّهِ وَٱللَّهُ لَا يَهْدِى ٱلْقَوْمَ ٱلظَّٰلِمِينَ
۝٥ قُلْ يَٰٓأَيُّهَا ٱلَّذِينَ هَادُوٓا۟ إِن زَعَمْتُمْ أَنَّكُمْ أَوْلِيَآءُ لِلَّهِ مِن
دُونِ ٱلنَّاسِ فَتَمَنَّوُا۟ ٱلْمَوْتَ إِن كُنتُمْ صَٰدِقِينَ ۝٦ وَلَا يَتَمَنَّوْنَهُۥٓ
أَبَدًۢا بِمَا قَدَّمَتْ أَيْدِيهِمْ وَٱللَّهُ عَلِيمٌۢ بِٱلظَّٰلِمِينَ ۝٧ قُلْ
إِنَّ ٱلْمَوْتَ ٱلَّذِى تَفِرُّونَ مِنْهُ فَإِنَّهُۥ مُلَٰقِيكُمْ ثُمَّ تُرَدُّونَ
إِلَىٰ عَٰلِمِ ٱلْغَيْبِ وَٱلشَّهَٰدَةِ فَيُنَبِّئُكُم بِمَا كُنتُمْ تَعْمَلُونَ ۝٨

يَٰٓأَيُّهَا ٱلَّذِينَ ءَامَنُوٓاْ إِذَا نُودِيَ لِلصَّلَوٰةِ مِن يَوۡمِ ٱلۡجُمُعَةِ فَٱسۡعَوۡاْ
إِلَىٰ ذِكۡرِ ٱللَّهِ وَذَرُواْ ٱلۡبَيۡعَۚ ذَٰلِكُمۡ خَيۡرٞ لَّكُمۡ إِن كُنتُمۡ تَعۡلَمُونَ
٩ فَإِذَا قُضِيَتِ ٱلصَّلَوٰةُ فَٱنتَشِرُواْ فِي ٱلۡأَرۡضِ وَٱبۡتَغُواْ
مِن فَضۡلِ ٱللَّهِ وَٱذۡكُرُواْ ٱللَّهَ كَثِيرٗا لَّعَلَّكُمۡ تُفۡلِحُونَ ١٠
وَإِذَا رَأَوۡاْ تِجَٰرَةً أَوۡ لَهۡوًا ٱنفَضُّوٓاْ إِلَيۡهَا وَتَرَكُوكَ قَآئِمٗاۚ قُلۡ مَا عِندَ
ٱللَّهِ خَيۡرٞ مِّنَ ٱللَّهۡوِ وَمِنَ ٱلتِّجَٰرَةِۚ وَٱللَّهُ خَيۡرُ ٱلرَّٰزِقِينَ ١١

سُورَةُ ٱلْمُنَافِقُونَ

بِسۡمِ ٱللَّهِ ٱلرَّحۡمَٰنِ ٱلرَّحِيمِ

إِذَا جَآءَكَ ٱلۡمُنَٰفِقُونَ قَالُواْ نَشۡهَدُ إِنَّكَ لَرَسُولُ ٱللَّهِۗ وَٱللَّهُ يَعۡلَمُ إِنَّكَ
لَرَسُولُهُۥ وَٱللَّهُ يَشۡهَدُ إِنَّ ٱلۡمُنَٰفِقِينَ لَكَٰذِبُونَ ١ ٱتَّخَذُوٓاْ
أَيۡمَٰنَهُمۡ جُنَّةٗ فَصَدُّواْ عَن سَبِيلِ ٱللَّهِۚ إِنَّهُمۡ سَآءَ مَا كَانُواْ
يَعۡمَلُونَ ٢ ذَٰلِكَ بِأَنَّهُمۡ ءَامَنُواْ ثُمَّ كَفَرُواْ فَطُبِعَ عَلَىٰ قُلُوبِهِمۡ فَهُمۡ
لَا يَفۡقَهُونَ ٣ ۞ وَإِذَا رَأَيۡتَهُمۡ تُعۡجِبُكَ أَجۡسَامُهُمۡۖ وَإِن يَقُولُواْ
تَسۡمَعۡ لِقَوۡلِهِمۡۖ كَأَنَّهُمۡ خُشُبٞ مُّسَنَّدَةٞۖ يَحۡسَبُونَ كُلَّ صَيۡحَةٍ
عَلَيۡهِمۡۚ هُمُ ٱلۡعَدُوُّ فَٱحۡذَرۡهُمۡۚ قَٰتَلَهُمُ ٱللَّهُۖ أَنَّىٰ يُؤۡفَكُونَ ٤

ربع الحزب ٥٦

وَإِذَا قِيلَ لَهُمْ تَعَالَوْا۟ يَسْتَغْفِرْ لَكُمْ رَسُولُ ٱللَّهِ لَوَّوْا۟ رُءُوسَهُمْ
وَرَأَيْتَهُمْ يَصُدُّونَ وَهُم مُّسْتَكْبِرُونَ ﴿٥﴾ سَوَآءٌ عَلَيْهِمْ
أَسْتَغْفَرْتَ لَهُمْ أَمْ لَمْ تَسْتَغْفِرْ لَهُمْ لَن يَغْفِرَ ٱللَّهُ لَهُمْ ۚ
إِنَّ ٱللَّهَ لَا يَهْدِى ٱلْقَوْمَ ٱلْفَٰسِقِينَ ﴿٦﴾ هُمُ ٱلَّذِينَ يَقُولُونَ
لَا تُنفِقُوا۟ عَلَىٰ مَنْ عِندَ رَسُولِ ٱللَّهِ حَتَّىٰ يَنفَضُّوا۟ ۗ وَلِلَّهِ
خَزَآئِنُ ٱلسَّمَٰوَٰتِ وَٱلْأَرْضِ وَلَٰكِنَّ ٱلْمُنَٰفِقِينَ لَا يَفْقَهُونَ
﴿٧﴾ يَقُولُونَ لَئِن رَّجَعْنَآ إِلَى ٱلْمَدِينَةِ لَيُخْرِجَنَّ ٱلْأَعَزُّ
مِنْهَا ٱلْأَذَلَّ ۚ وَلِلَّهِ ٱلْعِزَّةُ وَلِرَسُولِهِۦ وَلِلْمُؤْمِنِينَ وَلَٰكِنَّ
ٱلْمُنَٰفِقِينَ لَا يَعْلَمُونَ ﴿٨﴾ يَٰٓأَيُّهَا ٱلَّذِينَ ءَامَنُوا۟ لَا تُلْهِكُمْ
أَمْوَٰلُكُمْ وَلَآ أَوْلَٰدُكُمْ عَن ذِكْرِ ٱللَّهِ ۚ وَمَن يَفْعَلْ
ذَٰلِكَ فَأُو۟لَٰٓئِكَ هُمُ ٱلْخَٰسِرُونَ ﴿٩﴾ وَأَنفِقُوا۟ مِن مَّا رَزَقْنَٰكُم
مِّن قَبْلِ أَن يَأْتِىَ أَحَدَكُمُ ٱلْمَوْتُ فَيَقُولَ رَبِّ لَوْلَآ أَخَّرْتَنِىٓ
إِلَىٰٓ أَجَلٍ قَرِيبٍ فَأَصَّدَّقَ وَأَكُن مِّنَ ٱلصَّٰلِحِينَ ﴿١٠﴾ وَلَن
يُؤَخِّرَ ٱللَّهُ نَفْسًا إِذَا جَآءَ أَجَلُهَا ۚ وَٱللَّهُ خَبِيرٌۢ بِمَا تَعْمَلُونَ ﴿١١﴾

سُورَةُ التَّغَابُنِ

بِسْمِ اللَّهِ الرَّحْمَٰنِ الرَّحِيمِ

يُسَبِّحُ لِلَّهِ مَا فِي السَّمَاوَاتِ وَمَا فِي الْأَرْضِ لَهُ الْمُلْكُ وَلَهُ الْحَمْدُ
وَهُوَ عَلَىٰ كُلِّ شَيْءٍ قَدِيرٌ ١ هُوَ الَّذِي خَلَقَكُمْ فَمِنكُمْ كَافِرٌ وَمِنكُم
مُّؤْمِنٌ وَاللَّهُ بِمَا تَعْمَلُونَ بَصِيرٌ ٢ خَلَقَ السَّمَاوَاتِ وَالْأَرْضَ
بِالْحَقِّ وَصَوَّرَكُمْ فَأَحْسَنَ صُوَرَكُمْ وَإِلَيْهِ الْمَصِيرُ ٣ يَعْلَمُ
مَا فِي السَّمَاوَاتِ وَالْأَرْضِ وَيَعْلَمُ مَا تُسِرُّونَ وَمَا تُعْلِنُونَ وَاللَّهُ
عَلِيمٌ بِذَاتِ الصُّدُورِ ٤ أَلَمْ يَأْتِكُمْ نَبَأُ الَّذِينَ كَفَرُوا مِن قَبْلُ
فَذَاقُوا وَبَالَ أَمْرِهِمْ وَلَهُمْ عَذَابٌ أَلِيمٌ ٥ ذَٰلِكَ بِأَنَّهُ كَانَت تَّأْتِيهِمْ
رُسُلُهُم بِالْبَيِّنَاتِ فَقَالُوا أَبَشَرٌ يَهْدُونَنَا فَكَفَرُوا وَتَوَلَّوا وَّاسْتَغْنَى
اللَّهُ وَاللَّهُ غَنِيٌّ حَمِيدٌ ٦ زَعَمَ الَّذِينَ كَفَرُوا أَن لَّن يُبْعَثُوا قُلْ بَلَىٰ
وَرَبِّي لَتُبْعَثُنَّ ثُمَّ لَتُنَبَّؤُنَّ بِمَا عَمِلْتُمْ وَذَٰلِكَ عَلَى اللَّهِ يَسِيرٌ ٧
فَآمِنُوا بِاللَّهِ وَرَسُولِهِ وَالنُّورِ الَّذِي أَنزَلْنَا وَاللَّهُ بِمَا تَعْمَلُونَ خَبِيرٌ
٨ يَوْمَ يَجْمَعُكُمْ لِيَوْمِ الْجَمْعِ ذَٰلِكَ يَوْمُ التَّغَابُنِ وَمَن يُؤْمِن بِاللَّهِ
وَيَعْمَلْ صَالِحًا يُكَفِّرْ عَنْهُ سَيِّئَاتِهِ وَيُدْخِلْهُ جَنَّاتٍ تَجْرِي مِن
تَحْتِهَا الْأَنْهَارُ خَالِدِينَ فِيهَا أَبَدًا ذَٰلِكَ الْفَوْزُ الْعَظِيمُ ٩

وَٱلَّذِينَ كَفَرُوا۟ وَكَذَّبُوا۟ بِـَٔايَٰتِنَآ أُو۟لَٰٓئِكَ أَصْحَٰبُ ٱلنَّارِ
خَٰلِدِينَ فِيهَا ۖ وَبِئْسَ ٱلْمَصِيرُ ١٠ مَآ أَصَابَ مِن مُّصِيبَةٍ
إِلَّا بِإِذْنِ ٱللَّهِ ۗ وَمَن يُؤْمِنۢ بِٱللَّهِ يَهْدِ قَلْبَهُۥ ۚ وَٱللَّهُ بِكُلِّ
شَىْءٍ عَلِيمٌ ١١ وَأَطِيعُوا۟ ٱللَّهَ وَأَطِيعُوا۟ ٱلرَّسُولَ ۚ فَإِن
تَوَلَّيْتُمْ فَإِنَّمَا عَلَىٰ رَسُولِنَا ٱلْبَلَٰغُ ٱلْمُبِينُ ١٢ ٱللَّهُ لَآ إِلَٰهَ
إِلَّا هُوَ ۚ وَعَلَى ٱللَّهِ فَلْيَتَوَكَّلِ ٱلْمُؤْمِنُونَ ١٣ يَٰٓأَيُّهَا
ٱلَّذِينَ ءَامَنُوٓا۟ إِنَّ مِنْ أَزْوَٰجِكُمْ وَأَوْلَٰدِكُمْ عَدُوًّا
لَّكُمْ فَٱحْذَرُوهُمْ ۚ وَإِن تَعْفُوا۟ وَتَصْفَحُوا۟ وَتَغْفِرُوا۟
فَإِنَّ ٱللَّهَ غَفُورٌ رَّحِيمٌ ١٤ إِنَّمَآ أَمْوَٰلُكُمْ وَأَوْلَٰدُكُمْ
فِتْنَةٌ ۚ وَٱللَّهُ عِندَهُۥٓ أَجْرٌ عَظِيمٌ ١٥ فَٱتَّقُوا۟ ٱللَّهَ مَا ٱسْتَطَعْتُمْ
وَٱسْمَعُوا۟ وَأَطِيعُوا۟ وَأَنفِقُوا۟ خَيْرًا لِّأَنفُسِكُمْ ۗ وَمَن يُوقَ
شُحَّ نَفْسِهِۦ فَأُو۟لَٰٓئِكَ هُمُ ٱلْمُفْلِحُونَ ١٦ إِن تُقْرِضُوا۟
ٱللَّهَ قَرْضًا حَسَنًا يُضَٰعِفْهُ لَكُمْ وَيَغْفِرْ لَكُمْ ۚ وَٱللَّهُ شَكُورٌ
حَلِيمٌ ١٧ عَٰلِمُ ٱلْغَيْبِ وَٱلشَّهَٰدَةِ ٱلْعَزِيزُ ٱلْحَكِيمُ ١٨

سُورَةُ الطَّلَاقِ

نصف الحزب ٥٦

بِسْمِ ٱللَّهِ ٱلرَّحْمَٰنِ ٱلرَّحِيمِ

يَٰٓأَيُّهَا ٱلنَّبِيُّ إِذَا طَلَّقْتُمُ ٱلنِّسَآءَ فَطَلِّقُوهُنَّ لِعِدَّتِهِنَّ وَأَحْصُوا۟ ٱلْعِدَّةَ ۖ
وَٱتَّقُوا۟ ٱللَّهَ رَبَّكُمْ ۖ لَا تُخْرِجُوهُنَّ مِنۢ بُيُوتِهِنَّ وَلَا يَخْرُجْنَ إِلَّآ أَن
يَأْتِينَ بِفَٰحِشَةٍ مُّبَيِّنَةٍ ۚ وَتِلْكَ حُدُودُ ٱللَّهِ ۚ وَمَن يَتَعَدَّ حُدُودَ ٱللَّهِ
فَقَدْ ظَلَمَ نَفْسَهُۥ ۚ لَا تَدْرِى لَعَلَّ ٱللَّهَ يُحْدِثُ بَعْدَ ذَٰلِكَ أَمْرًا ١
فَإِذَا بَلَغْنَ أَجَلَهُنَّ فَأَمْسِكُوهُنَّ بِمَعْرُوفٍ أَوْ فَارِقُوهُنَّ بِمَعْرُوفٍ
وَأَشْهِدُوا۟ ذَوَىْ عَدْلٍ مِّنكُمْ وَأَقِيمُوا۟ ٱلشَّهَٰدَةَ لِلَّهِ ۚ ذَٰلِكُمْ يُوعَظُ
بِهِۦ مَن كَانَ يُؤْمِنُ بِٱللَّهِ وَٱلْيَوْمِ ٱلْءَاخِرِ ۚ وَمَن يَتَّقِ ٱللَّهَ يَجْعَل لَّهُۥ
مَخْرَجًا ٢ وَيَرْزُقْهُ مِنْ حَيْثُ لَا يَحْتَسِبُ ۚ وَمَن يَتَوَكَّلْ عَلَى ٱللَّهِ
فَهُوَ حَسْبُهُۥٓ ۚ إِنَّ ٱللَّهَ بَٰلِغُ أَمْرِهِۦ ۚ قَدْ جَعَلَ ٱللَّهُ لِكُلِّ شَىْءٍ
قَدْرًا ٣ وَٱلَّٰٓـِٔى يَئِسْنَ مِنَ ٱلْمَحِيضِ مِن نِّسَآئِكُمْ إِنِ
ٱرْتَبْتُمْ فَعِدَّتُهُنَّ ثَلَٰثَةُ أَشْهُرٍ وَٱلَّٰٓـِٔى لَمْ يَحِضْنَ ۚ وَأُو۟لَٰتُ
ٱلْأَحْمَالِ أَجَلُهُنَّ أَن يَضَعْنَ حَمْلَهُنَّ ۚ وَمَن يَتَّقِ ٱللَّهَ
يَجْعَل لَّهُۥ مِنْ أَمْرِهِۦ يُسْرًا ٤ ذَٰلِكَ أَمْرُ ٱللَّهِ أَنزَلَهُۥٓ إِلَيْكُمْ ۚ
وَمَن يَتَّقِ ٱللَّهَ يُكَفِّرْ عَنْهُ سَيِّـَٔاتِهِۦ وَيُعْظِمْ لَهُۥٓ أَجْرًا ٥

أَسْكِنُوهُنَّ مِنْ حَيْثُ سَكَنتُم مِّن وُجْدِكُمْ وَلَا تُضَآرُّوهُنَّ لِتُضَيِّقُوا۟
عَلَيْهِنَّ ۚ وَإِن كُنَّ أُو۟لَـٰتِ حَمْلٍ فَأَنفِقُوا۟ عَلَيْهِنَّ حَتَّىٰ يَضَعْنَ حَمْلَهُنَّ ۚ فَإِنْ
أَرْضَعْنَ لَكُمْ فَـَٔاتُوهُنَّ أُجُورَهُنَّ ۖ وَأْتَمِرُوا۟ بَيْنَكُم بِمَعْرُوفٍ ۖ وَإِن
تَعَاسَرْتُمْ فَسَتُرْضِعُ لَهُۥٓ أُخْرَىٰ ﴿٦﴾ لِيُنفِقْ ذُو سَعَةٍ مِّن سَعَتِهِۦ ۖ وَمَن
قُدِرَ عَلَيْهِ رِزْقُهُۥ فَلْيُنفِقْ مِمَّآ ءَاتَىٰهُ ٱللَّهُ ۚ لَا يُكَلِّفُ ٱللَّهُ نَفْسًا إِلَّا
مَآ ءَاتَىٰهَا ۚ سَيَجْعَلُ ٱللَّهُ بَعْدَ عُسْرٍ يُسْرًا ﴿٧﴾ وَكَأَيِّن مِّن قَرْيَةٍ عَتَتْ
عَنْ أَمْرِ رَبِّهَا وَرُسُلِهِۦ فَحَاسَبْنَـٰهَا حِسَابًا شَدِيدًا وَعَذَّبْنَـٰهَا عَذَابًا
نُّكْرًا ﴿٨﴾ فَذَاقَتْ وَبَالَ أَمْرِهَا وَكَانَ عَـٰقِبَةُ أَمْرِهَا خُسْرًا ﴿٩﴾ أَعَدَّ ٱللَّهُ
لَهُمْ عَذَابًا شَدِيدًا ۖ فَٱتَّقُوا۟ ٱللَّهَ يَـٰٓأُو۟لِى ٱلْأَلْبَـٰبِ ٱلَّذِينَ ءَامَنُوا۟ ۚ قَدْ أَنزَلَ
ٱللَّهُ إِلَيْكُمْ ذِكْرًا ﴿١٠﴾ رَّسُولًا يَتْلُوا۟ عَلَيْكُمْ ءَايَـٰتِ ٱللَّهِ مُبَيِّنَـٰتٍ لِّيُخْرِجَ
ٱلَّذِينَ ءَامَنُوا۟ وَعَمِلُوا۟ ٱلصَّـٰلِحَـٰتِ مِنَ ٱلظُّلُمَـٰتِ إِلَى ٱلنُّورِ ۚ وَمَن يُؤْمِنۢ
بِٱللَّهِ وَيَعْمَلْ صَـٰلِحًا يُدْخِلْهُ جَنَّـٰتٍ تَجْرِى مِن تَحْتِهَا ٱلْأَنْهَـٰرُ خَـٰلِدِينَ
فِيهَآ أَبَدًا ۖ قَدْ أَحْسَنَ ٱللَّهُ لَهُۥ رِزْقًا ﴿١١﴾ ٱللَّهُ ٱلَّذِى خَلَقَ سَبْعَ سَمَـٰوَٰتٍ
وَمِنَ ٱلْأَرْضِ مِثْلَهُنَّ يَتَنَزَّلُ ٱلْأَمْرُ بَيْنَهُنَّ لِتَعْلَمُوٓا۟ أَنَّ ٱللَّهَ عَلَىٰ
كُلِّ شَىْءٍ قَدِيرٌ وَأَنَّ ٱللَّهَ قَدْ أَحَاطَ بِكُلِّ شَىْءٍ عِلْمًۢا ﴿١٢﴾

ثلاثة أرباع الحزب ٥٦

سُورَةُ التَّحۡرِيمِ

بِسۡمِ ٱللَّهِ ٱلرَّحۡمَٰنِ ٱلرَّحِيمِ

يَٰٓأَيُّهَا ٱلنَّبِيُّ لِمَ تُحَرِّمُ مَآ أَحَلَّ ٱللَّهُ لَكَۖ تَبۡتَغِي مَرۡضَاتَ أَزۡوَٰجِكَۚ وَٱللَّهُ
غَفُورٞ رَّحِيمٞ ١ قَدۡ فَرَضَ ٱللَّهُ لَكُمۡ تَحِلَّةَ أَيۡمَٰنِكُمۡۚ وَٱللَّهُ مَوۡلَىٰكُمۡۖ وَهُوَ
ٱلۡعَلِيمُ ٱلۡحَكِيمُ ٢ وَإِذۡ أَسَرَّ ٱلنَّبِيُّ إِلَىٰ بَعۡضِ أَزۡوَٰجِهِۦ حَدِيثٗا فَلَمَّا
نَبَّأَتۡ بِهِۦ وَأَظۡهَرَهُ ٱللَّهُ عَلَيۡهِ عَرَّفَ بَعۡضَهُۥ وَأَعۡرَضَ عَنۢ بَعۡضٖۖ فَلَمَّا
نَبَّأَهَا بِهِۦ قَالَتۡ مَنۡ أَنۢبَأَكَ هَٰذَاۖ قَالَ نَبَّأَنِيَ ٱلۡعَلِيمُ ٱلۡخَبِيرُ ٣ إِن
تَتُوبَآ إِلَى ٱللَّهِ فَقَدۡ صَغَتۡ قُلُوبُكُمَاۖ وَإِن تَظَٰهَرَا عَلَيۡهِ فَإِنَّ ٱللَّهَ
هُوَ مَوۡلَىٰهُ وَجِبۡرِيلُ وَصَٰلِحُ ٱلۡمُؤۡمِنِينَۖ وَٱلۡمَلَٰٓئِكَةُ بَعۡدَ ذَٰلِكَ
ظَهِيرٌ ٤ عَسَىٰ رَبُّهُۥٓ إِن طَلَّقَكُنَّ أَن يُبۡدِلَهُۥٓ أَزۡوَٰجًا خَيۡرٗا مِّنكُنَّ
مُسۡلِمَٰتٖ مُّؤۡمِنَٰتٖ قَٰنِتَٰتٖ تَٰٓئِبَٰتٍ عَٰبِدَٰتٖ سَٰٓئِحَٰتٖ ثَيِّبَٰتٖ
وَأَبۡكَارٗا ٥ يَٰٓأَيُّهَا ٱلَّذِينَ ءَامَنُواْ قُوٓاْ أَنفُسَكُمۡ وَأَهۡلِيكُمۡ نَارٗا
وَقُودُهَا ٱلنَّاسُ وَٱلۡحِجَارَةُ عَلَيۡهَا مَلَٰٓئِكَةٌ غِلَاظٞ شِدَادٞ
لَّا يَعۡصُونَ ٱللَّهَ مَآ أَمَرَهُمۡ وَيَفۡعَلُونَ مَا يُؤۡمَرُونَ ٦ يَٰٓأَيُّهَا ٱلَّذِينَ
كَفَرُواْ لَا تَعۡتَذِرُواْ ٱلۡيَوۡمَۖ إِنَّمَا تُجۡزَوۡنَ مَا كُنتُمۡ تَعۡمَلُونَ ٧

يَٰٓأَيُّهَا ٱلَّذِينَ ءَامَنُواْ تُوبُوٓاْ إِلَى ٱللَّهِ تَوۡبَةٗ نَّصُوحًا عَسَىٰ رَبُّكُمۡ
أَن يُكَفِّرَ عَنكُمۡ سَيِّـَٔاتِكُمۡ وَيُدۡخِلَكُمۡ جَنَّٰتٖ تَجۡرِي
مِن تَحۡتِهَا ٱلۡأَنۡهَٰرُ يَوۡمَ لَا يُخۡزِي ٱللَّهُ ٱلنَّبِيَّ وَٱلَّذِينَ ءَامَنُواْ
مَعَهُۥۖ نُورُهُمۡ يَسۡعَىٰ بَيۡنَ أَيۡدِيهِمۡ وَبِأَيۡمَٰنِهِمۡ يَقُولُونَ رَبَّنَآ
أَتۡمِمۡ لَنَا نُورَنَا وَٱغۡفِرۡ لَنَآۖ إِنَّكَ عَلَىٰ كُلِّ شَيۡءٖ قَدِيرٞ ٨
يَٰٓأَيُّهَا ٱلنَّبِيُّ جَٰهِدِ ٱلۡكُفَّارَ وَٱلۡمُنَٰفِقِينَ وَٱغۡلُظۡ عَلَيۡهِمۡۚ
وَمَأۡوَىٰهُمۡ جَهَنَّمُۖ وَبِئۡسَ ٱلۡمَصِيرُ ٩ ضَرَبَ ٱللَّهُ مَثَلٗا
لِّلَّذِينَ كَفَرُواْ ٱمۡرَأَتَ نُوحٖ وَٱمۡرَأَتَ لُوطٖۖ كَانَتَا تَحۡتَ
عَبۡدَيۡنِ مِنۡ عِبَادِنَا صَٰلِحَيۡنِ فَخَانَتَاهُمَا فَلَمۡ يُغۡنِيَا عَنۡهُمَا
مِنَ ٱللَّهِ شَيۡـٔٗا وَقِيلَ ٱدۡخُلَا ٱلنَّارَ مَعَ ٱلدَّٰخِلِينَ ١٠
وَضَرَبَ ٱللَّهُ مَثَلٗا لِّلَّذِينَ ءَامَنُواْ ٱمۡرَأَتَ فِرۡعَوۡنَ إِذۡ
قَالَتۡ رَبِّ ٱبۡنِ لِي عِندَكَ بَيۡتٗا فِي ٱلۡجَنَّةِ وَنَجِّنِي مِن فِرۡعَوۡنَ
وَعَمَلِهِۦ وَنَجِّنِي مِنَ ٱلۡقَوۡمِ ٱلظَّٰلِمِينَ ١١ وَمَرۡيَمَ ٱبۡنَتَ
عِمۡرَٰنَ ٱلَّتِيٓ أَحۡصَنَتۡ فَرۡجَهَا فَنَفَخۡنَا فِيهِ مِن رُّوحِنَا
وَصَدَّقَتۡ بِكَلِمَٰتِ رَبِّهَا وَكُتُبِهِۦ وَكَانَتۡ مِنَ ٱلۡقَٰنِتِينَ ١٢

سُورَةُ المُلْكِ

بِسْمِ اللَّهِ الرَّحْمَٰنِ الرَّحِيمِ

تَبَارَكَ الَّذِي بِيَدِهِ الْمُلْكُ وَهُوَ عَلَىٰ كُلِّ شَيْءٍ قَدِيرٌ ﴿١﴾ الَّذِي خَلَقَ
الْمَوْتَ وَالْحَيَاةَ لِيَبْلُوَكُمْ أَيُّكُمْ أَحْسَنُ عَمَلًا ۚ وَهُوَ الْعَزِيزُ الْغَفُورُ
﴿٢﴾ الَّذِي خَلَقَ سَبْعَ سَمَاوَاتٍ طِبَاقًا ۖ مَّا تَرَىٰ فِي خَلْقِ الرَّحْمَٰنِ مِن
تَفَاوُتٍ ۖ فَارْجِعِ الْبَصَرَ هَلْ تَرَىٰ مِن فُطُورٍ ﴿٣﴾ ثُمَّ ارْجِعِ الْبَصَرَ كَرَّتَيْنِ
يَنقَلِبْ إِلَيْكَ الْبَصَرُ خَاسِئًا وَهُوَ حَسِيرٌ ﴿٤﴾ وَلَقَدْ زَيَّنَّا السَّمَاءَ
الدُّنْيَا بِمَصَابِيحَ وَجَعَلْنَاهَا رُجُومًا لِّلشَّيَاطِينِ ۖ وَأَعْتَدْنَا لَهُمْ عَذَابَ
السَّعِيرِ ﴿٥﴾ وَلِلَّذِينَ كَفَرُوا بِرَبِّهِمْ عَذَابُ جَهَنَّمَ ۖ وَبِئْسَ الْمَصِيرُ
﴿٦﴾ إِذَا أُلْقُوا فِيهَا سَمِعُوا لَهَا شَهِيقًا وَهِيَ تَفُورُ ﴿٧﴾ تَكَادُ تَمَيَّزُ
مِنَ الْغَيْظِ ۖ كُلَّمَا أُلْقِيَ فِيهَا فَوْجٌ سَأَلَهُمْ خَزَنَتُهَا أَلَمْ يَأْتِكُمْ نَذِيرٌ ﴿٨﴾
قَالُوا بَلَىٰ قَدْ جَاءَنَا نَذِيرٌ فَكَذَّبْنَا وَقُلْنَا مَا نَزَّلَ اللَّهُ مِن شَيْءٍ إِنْ أَنتُمْ
إِلَّا فِي ضَلَالٍ كَبِيرٍ ﴿٩﴾ وَقَالُوا لَوْ كُنَّا نَسْمَعُ أَوْ نَعْقِلُ مَا كُنَّا فِي أَصْحَابِ
السَّعِيرِ ﴿١٠﴾ فَاعْتَرَفُوا بِذَنبِهِمْ فَسُحْقًا لِّأَصْحَابِ السَّعِيرِ ﴿١١﴾ إِنَّ
الَّذِينَ يَخْشَوْنَ رَبَّهُم بِالْغَيْبِ لَهُم مَّغْفِرَةٌ وَأَجْرٌ كَبِيرٌ ﴿١٢﴾

وَأَسِرُّوا۟ قَوْلَكُمْ أَوِ ٱجْهَرُوا۟ بِهِۦٓ ۖ إِنَّهُۥ عَلِيمٌۢ بِذَاتِ ٱلصُّدُورِ ﴿١٣﴾ أَلَا
يَعْلَمُ مَنْ خَلَقَ وَهُوَ ٱللَّطِيفُ ٱلْخَبِيرُ ﴿١٤﴾ هُوَ ٱلَّذِى جَعَلَ لَكُمُ ٱلْأَرْضَ
ذَلُولًا فَٱمْشُوا۟ فِى مَنَاكِبِهَا وَكُلُوا۟ مِن رِّزْقِهِۦ ۖ وَإِلَيْهِ ٱلنُّشُورُ ﴿١٥﴾
ءَأَمِنتُم مَّن فِى ٱلسَّمَآءِ أَن يَخْسِفَ بِكُمُ ٱلْأَرْضَ فَإِذَا هِىَ تَمُورُ ﴿١٦﴾
أَمْ أَمِنتُم مَّن فِى ٱلسَّمَآءِ أَن يُرْسِلَ عَلَيْكُمْ حَاصِبًا ۖ فَسَتَعْلَمُونَ
كَيْفَ نَذِيرِ ﴿١٧﴾ وَلَقَدْ كَذَّبَ ٱلَّذِينَ مِن قَبْلِهِمْ فَكَيْفَ كَانَ نَكِيرِ ﴿١٨﴾
أَوَلَمْ يَرَوْا۟ إِلَى ٱلطَّيْرِ فَوْقَهُمْ صَٰٓفَّٰتٍ وَيَقْبِضْنَ ۚ مَا يُمْسِكُهُنَّ إِلَّا
ٱلرَّحْمَٰنُ ۚ إِنَّهُۥ بِكُلِّ شَىْءٍۭ بَصِيرٌ ﴿١٩﴾ أَمَّنْ هَٰذَا ٱلَّذِى هُوَ جُندٌ لَّكُمْ
يَنصُرُكُم مِّن دُونِ ٱلرَّحْمَٰنِ ۚ إِنِ ٱلْكَٰفِرُونَ إِلَّا فِى غُرُورٍ ﴿٢٠﴾ أَمَّنْ هَٰذَا
ٱلَّذِى يَرْزُقُكُمْ إِنْ أَمْسَكَ رِزْقَهُۥ ۚ بَل لَّجُّوا۟ فِى عُتُوٍّ وَنُفُورٍ ﴿٢١﴾ أَفَمَن
يَمْشِى مُكِبًّا عَلَىٰ وَجْهِهِۦٓ أَهْدَىٰٓ أَمَّن يَمْشِى سَوِيًّا عَلَىٰ صِرَٰطٍ
مُّسْتَقِيمٍ ﴿٢٢﴾ قُلْ هُوَ ٱلَّذِىٓ أَنشَأَكُمْ وَجَعَلَ لَكُمُ ٱلسَّمْعَ وَٱلْأَبْصَٰرَ
وَٱلْأَفْـِٔدَةَ ۖ قَلِيلًا مَّا تَشْكُرُونَ ﴿٢٣﴾ قُلْ هُوَ ٱلَّذِى ذَرَأَكُمْ فِى
ٱلْأَرْضِ وَإِلَيْهِ تُحْشَرُونَ ﴿٢٤﴾ وَيَقُولُونَ مَتَىٰ هَٰذَا ٱلْوَعْدُ إِن كُنتُمْ
صَٰدِقِينَ ﴿٢٥﴾ قُلْ إِنَّمَا ٱلْعِلْمُ عِندَ ٱللَّهِ وَإِنَّمَآ أَنَا۠ نَذِيرٌ مُّبِينٌ ﴿٢٦﴾

فَلَمَّا رَأَوۡهُ زُلۡفَةٗ سِيٓـَٔتۡ وُجُوهُ ٱلَّذِينَ كَفَرُواْ وَقِيلَ هَٰذَا ٱلَّذِي كُنتُم
بِهِۦ تَدَّعُونَ ٢٧ قُلۡ أَرَءَيۡتُمۡ إِنۡ أَهۡلَكَنِيَ ٱللَّهُ وَمَن مَّعِيَ أَوۡ رَحِمَنَا
فَمَن يُجِيرُ ٱلۡكَٰفِرِينَ مِنۡ عَذَابٍ أَلِيمٖ ٢٨ قُلۡ هُوَ ٱلرَّحۡمَٰنُ
ءَامَنَّا بِهِۦ وَعَلَيۡهِ تَوَكَّلۡنَاۖ فَسَتَعۡلَمُونَ مَنۡ هُوَ فِي ضَلَٰلٖ مُّبِينٖ
٢٩ قُلۡ أَرَءَيۡتُمۡ إِنۡ أَصۡبَحَ مَآؤُكُمۡ غَوۡرٗا فَمَن يَأۡتِيكُم بِمَآءٖ مَّعِينِۭ ٣٠

سُورَةُ القَلَمِ

بِسۡمِ ٱللَّهِ ٱلرَّحۡمَٰنِ ٱلرَّحِيمِ

رُبع الحزب ٥٧

نٓۚ وَٱلۡقَلَمِ وَمَا يَسۡطُرُونَ ١ مَآ أَنتَ بِنِعۡمَةِ رَبِّكَ بِمَجۡنُونٖ ٢ وَإِنَّ
لَكَ لَأَجۡرًا غَيۡرَ مَمۡنُونٖ ٣ وَإِنَّكَ لَعَلَىٰ خُلُقٍ عَظِيمٖ ٤ فَسَتُبۡصِرُ
وَيُبۡصِرُونَ ٥ بِأَييِّكُمُ ٱلۡمَفۡتُونُ ٦ إِنَّ رَبَّكَ هُوَ أَعۡلَمُ بِمَن ضَلَّ
عَن سَبِيلِهِۦ وَهُوَ أَعۡلَمُ بِٱلۡمُهۡتَدِينَ ٧ فَلَا تُطِعِ ٱلۡمُكَذِّبِينَ
٨ وَدُّواْ لَوۡ تُدۡهِنُ فَيُدۡهِنُونَ ٩ وَلَا تُطِعۡ كُلَّ حَلَّافٖ مَّهِينٍ
١٠ هَمَّازٖ مَّشَّآءِۭ بِنَمِيمٖ ١١ مَّنَّاعٖ لِّلۡخَيۡرِ مُعۡتَدٍ أَثِيمٍ ١٢
عُتُلِّۭ بَعۡدَ ذَٰلِكَ زَنِيمٍ ١٣ أَن كَانَ ذَا مَالٖ وَبَنِينَ ١٤ إِذَا تُتۡلَىٰ عَلَيۡهِ
ءَايَٰتُنَا قَالَ أَسَٰطِيرُ ٱلۡأَوَّلِينَ ١٥ سَنَسِمُهُۥ عَلَى ٱلۡخُرۡطُومِ ١٦

إِنَّا بَلَوۡنَٰهُمۡ كَمَا بَلَوۡنَآ أَصۡحَٰبَ ٱلۡجَنَّةِ إِذۡ أَقۡسَمُواْ لَيَصۡرِمُنَّهَا مُصۡبِحِينَ ١٧ وَلَا
يَسۡتَثۡنُونَ ١٨ فَطَافَ عَلَيۡهَا طَآئِفٞ مِّن رَّبِّكَ وَهُمۡ نَآئِمُونَ ١٩ فَأَصۡبَحَتۡ
كَٱلصَّرِيمِ ٢٠ فَتَنَادَوۡاْ مُصۡبِحِينَ ٢١ أَنِ ٱغۡدُواْ عَلَىٰ حَرۡثِكُمۡ إِن كُنتُمۡ
صَٰرِمِينَ ٢٢ فَٱنطَلَقُواْ وَهُمۡ يَتَخَٰفَتُونَ ٢٣ أَن لَّا يَدۡخُلَنَّهَا ٱلۡيَوۡمَ عَلَيۡكُم
مِّسۡكِينٞ ٢٤ وَغَدَوۡاْ عَلَىٰ حَرۡدٖ قَٰدِرِينَ ٢٥ فَلَمَّا رَأَوۡهَا قَالُوٓاْ إِنَّا لَضَآلُّونَ
٢٦ بَلۡ نَحۡنُ مَحۡرُومُونَ ٢٧ قَالَ أَوۡسَطُهُمۡ أَلَمۡ أَقُل لَّكُمۡ لَوۡلَا تُسَبِّحُونَ
٢٨ قَالُواْ سُبۡحَٰنَ رَبِّنَآ إِنَّا كُنَّا ظَٰلِمِينَ ٢٩ فَأَقۡبَلَ بَعۡضُهُمۡ عَلَىٰ بَعۡضٖ
يَتَلَٰوَمُونَ ٣٠ قَالُواْ يَٰوَيۡلَنَآ إِنَّا كُنَّا طَٰغِينَ ٣١ عَسَىٰ رَبُّنَآ أَن يُبۡدِلَنَا
خَيۡرٗا مِّنۡهَآ إِنَّآ إِلَىٰ رَبِّنَا رَٰغِبُونَ ٣٢ كَذَٰلِكَ ٱلۡعَذَابُۖ وَلَعَذَابُ ٱلۡأٓخِرَةِ
أَكۡبَرُۚ لَوۡ كَانُواْ يَعۡلَمُونَ ٣٣ إِنَّ لِلۡمُتَّقِينَ عِندَ رَبِّهِمۡ جَنَّٰتِ ٱلنَّعِيمِ ٣٤
أَفَنَجۡعَلُ ٱلۡمُسۡلِمِينَ كَٱلۡمُجۡرِمِينَ ٣٥ مَا لَكُمۡ كَيۡفَ تَحۡكُمُونَ ٣٦ أَمۡ لَكُمۡ
كِتَٰبٞ فِيهِ تَدۡرُسُونَ ٣٧ إِنَّ لَكُمۡ فِيهِ لَمَا تَخَيَّرُونَ ٣٨ أَمۡ لَكُمۡ أَيۡمَٰنٌ عَلَيۡنَا
بَٰلِغَةٌ إِلَىٰ يَوۡمِ ٱلۡقِيَٰمَةِ إِنَّ لَكُمۡ لَمَا تَحۡكُمُونَ ٣٩ سَلۡهُمۡ أَيُّهُم بِذَٰلِكَ
زَعِيمٌ ٤٠ أَمۡ لَهُمۡ شُرَكَآءُ فَلۡيَأۡتُواْ بِشُرَكَآئِهِمۡ إِن كَانُواْ صَٰدِقِينَ ٤١ يَوۡمَ
يُكۡشَفُ عَن سَاقٖ وَيُدۡعَوۡنَ إِلَى ٱلسُّجُودِ فَلَا يَسۡتَطِيعُونَ ٤٢

خَٰشِعَةً أَبْصَٰرُهُمْ تَرْهَقُهُمْ ذِلَّةٌ وَقَدْ كَانُوا۟ يُدْعَوْنَ إِلَى ٱلسُّجُودِ وَهُمْ
سَٰلِمُونَ ﴿٤٣﴾ فَذَرْنِى وَمَن يُكَذِّبُ بِهَٰذَا ٱلْحَدِيثِ سَنَسْتَدْرِجُهُم
مِّنْ حَيْثُ لَا يَعْلَمُونَ ﴿٤٤﴾ وَأُمْلِى لَهُمْ إِنَّ كَيْدِى مَتِينٌ ﴿٤٥﴾ أَمْ تَسْـَٔلُهُمْ
أَجْرًا فَهُم مِّن مَّغْرَمٍ مُّثْقَلُونَ ﴿٤٦﴾ أَمْ عِندَهُمُ ٱلْغَيْبُ فَهُمْ يَكْتُبُونَ
﴿٤٧﴾ فَٱصْبِرْ لِحُكْمِ رَبِّكَ وَلَا تَكُن كَصَاحِبِ ٱلْحُوتِ إِذْ نَادَىٰ
وَهُوَ مَكْظُومٌ ﴿٤٨﴾ لَّوْلَآ أَن تَدَٰرَكَهُۥ نِعْمَةٌ مِّن رَّبِّهِۦ لَنُبِذَ بِٱلْعَرَآءِ
وَهُوَ مَذْمُومٌ ﴿٤٩﴾ فَٱجْتَبَٰهُ رَبُّهُۥ فَجَعَلَهُۥ مِنَ ٱلصَّٰلِحِينَ
﴿٥٠﴾ وَإِن يَكَادُ ٱلَّذِينَ كَفَرُوا۟ لَيُزْلِقُونَكَ بِأَبْصَٰرِهِمْ لَمَّا سَمِعُوا۟
ٱلذِّكْرَ وَيَقُولُونَ إِنَّهُۥ لَمَجْنُونٌ ﴿٥١﴾ وَمَا هُوَ إِلَّا ذِكْرٌ لِّلْعَٰلَمِينَ ﴿٥٢﴾

سُورَةُ الحَاقَّةِ

بِسْمِ ٱللَّهِ ٱلرَّحْمَٰنِ ٱلرَّحِيمِ

ٱلْحَآقَّةُ ﴿١﴾ مَا ٱلْحَآقَّةُ ﴿٢﴾ وَمَآ أَدْرَىٰكَ مَا ٱلْحَآقَّةُ ﴿٣﴾ كَذَّبَتْ ثَمُودُ وَعَادٌۢ
بِٱلْقَارِعَةِ ﴿٤﴾ فَأَمَّا ثَمُودُ فَأُهْلِكُوا۟ بِٱلطَّاغِيَةِ ﴿٥﴾ وَأَمَّا عَادٌ فَأُهْلِكُوا۟ بِرِيحٍ
صَرْصَرٍ عَاتِيَةٍ ﴿٦﴾ سَخَّرَهَا عَلَيْهِمْ سَبْعَ لَيَالٍ وَثَمَٰنِيَةَ أَيَّامٍ حُسُومًا فَتَرَى
ٱلْقَوْمَ فِيهَا صَرْعَىٰ كَأَنَّهُمْ أَعْجَازُ نَخْلٍ خَاوِيَةٍ ﴿٧﴾ فَهَلْ تَرَىٰ لَهُم مِّنۢ بَاقِيَةٍ ﴿٨﴾

نصف الحزب ٥٧

وَجَآءَ فِرۡعَوۡنُ وَمَن قَبۡلَهُۥ وَٱلۡمُؤۡتَفِكَٰتُ بِٱلۡخَاطِئَةِ ٩ فَعَصَوۡاْ رَسُولَ
رَبِّهِمۡ فَأَخَذَهُمۡ أَخۡذَةٗ رَّابِيَةً ١٠ إِنَّا لَمَّا طَغَا ٱلۡمَآءُ حَمَلۡنَٰكُمۡ فِي ٱلۡجَارِيَةِ
١١ لِنَجۡعَلَهَا لَكُمۡ تَذۡكِرَةٗ وَتَعِيَهَآ أُذُنٞ وَٰعِيَةٞ ١٢ فَإِذَا نُفِخَ فِي ٱلصُّورِ
نَفۡخَةٞ وَٰحِدَةٞ ١٣ وَحُمِلَتِ ٱلۡأَرۡضُ وَٱلۡجِبَالُ فَدُكَّتَا دَكَّةٗ وَٰحِدَةٗ ١٤
فَيَوۡمَئِذٖ وَقَعَتِ ٱلۡوَاقِعَةُ ١٥ وَٱنشَقَّتِ ٱلسَّمَآءُ فَهِيَ يَوۡمَئِذٖ وَاهِيَةٞ
١٦ وَٱلۡمَلَكُ عَلَىٰٓ أَرۡجَآئِهَاۚ وَيَحۡمِلُ عَرۡشَ رَبِّكَ فَوۡقَهُمۡ يَوۡمَئِذٖ ثَمَٰنِيَةٞ
١٧ يَوۡمَئِذٖ تُعۡرَضُونَ لَا تَخۡفَىٰ مِنكُمۡ خَافِيَةٞ ١٨ فَأَمَّا مَنۡ أُوتِيَ كِتَٰبَهُۥ
بِيَمِينِهِۦ فَيَقُولُ هَآؤُمُ ٱقۡرَءُواْ كِتَٰبِيَهۡ ١٩ إِنِّي ظَنَنتُ أَنِّي مُلَٰقٍ حِسَابِيَهۡ
٢٠ فَهُوَ فِي عِيشَةٖ رَّاضِيَةٖ ٢١ فِي جَنَّةٍ عَالِيَةٖ ٢٢ قُطُوفُهَا دَانِيَةٞ ٢٣
كُلُواْ وَٱشۡرَبُواْ هَنِيٓـَٔۢا بِمَآ أَسۡلَفۡتُمۡ فِي ٱلۡأَيَّامِ ٱلۡخَالِيَةِ ٢٤ وَأَمَّا مَنۡ أُوتِيَ
كِتَٰبَهُۥ بِشِمَالِهِۦ فَيَقُولُ يَٰلَيۡتَنِي لَمۡ أُوتَ كِتَٰبِيَهۡ ٢٥ وَلَمۡ أَدۡرِ مَا حِسَابِيَهۡ
٢٦ يَٰلَيۡتَهَا كَانَتِ ٱلۡقَاضِيَةَ ٢٧ مَآ أَغۡنَىٰ عَنِّي مَالِيَهۡۜ ٢٨ هَلَكَ عَنِّي سُلۡطَٰنِيَهۡ
٢٩ خُذُوهُ فَغُلُّوهُ ٣٠ ثُمَّ ٱلۡجَحِيمَ صَلُّوهُ ٣١ ثُمَّ فِي سِلۡسِلَةٖ ذَرۡعُهَا
سَبۡعُونَ ذِرَاعٗا فَٱسۡلُكُوهُ ٣٢ إِنَّهُۥ كَانَ لَا يُؤۡمِنُ بِٱللَّهِ ٱلۡعَظِيمِ ٣٣
وَلَا يَحُضُّ عَلَىٰ طَعَامِ ٱلۡمِسۡكِينِ ٣٤ فَلَيۡسَ لَهُ ٱلۡيَوۡمَ هَٰهُنَا حَمِيمٞ ٣٥

سكتة لطيفة
م
هاء ماليه

وَلَا طَعَامٌ إِلَّا مِنْ غِسْلِينٍ ﴿٣٦﴾ لَّا يَأْكُلُهُۥٓ إِلَّا ٱلْخَٰطِـُٔونَ ﴿٣٧﴾ فَلَآ أُقْسِمُ
بِمَا تُبْصِرُونَ ﴿٣٨﴾ وَمَا لَا تُبْصِرُونَ ﴿٣٩﴾ إِنَّهُۥ لَقَوْلُ رَسُولٍ كَرِيمٍ ﴿٤٠﴾ وَمَا هُوَ
بِقَوْلِ شَاعِرٍ ۚ قَلِيلًا مَّا تُؤْمِنُونَ ﴿٤١﴾ وَلَا بِقَوْلِ كَاهِنٍ ۚ قَلِيلًا مَّا تَذَكَّرُونَ
﴿٤٢﴾ تَنزِيلٌ مِّن رَّبِّ ٱلْعَٰلَمِينَ ﴿٤٣﴾ وَلَوْ تَقَوَّلَ عَلَيْنَا بَعْضَ ٱلْأَقَاوِيلِ ﴿٤٤﴾
لَأَخَذْنَا مِنْهُ بِٱلْيَمِينِ ﴿٤٥﴾ ثُمَّ لَقَطَعْنَا مِنْهُ ٱلْوَتِينَ ﴿٤٦﴾ فَمَا مِنكُم
مِّنْ أَحَدٍ عَنْهُ حَٰجِزِينَ ﴿٤٧﴾ وَإِنَّهُۥ لَتَذْكِرَةٌ لِّلْمُتَّقِينَ ﴿٤٨﴾ وَإِنَّا
لَنَعْلَمُ أَنَّ مِنكُم مُّكَذِّبِينَ ﴿٤٩﴾ وَإِنَّهُۥ لَحَسْرَةٌ عَلَى ٱلْكَٰفِرِينَ
﴿٥٠﴾ وَإِنَّهُۥ لَحَقُّ ٱلْيَقِينِ ﴿٥١﴾ فَسَبِّحْ بِٱسْمِ رَبِّكَ ٱلْعَظِيمِ ﴿٥٢﴾

سُورَةُ المَعَارِجِ

بِسْمِ ٱللَّهِ ٱلرَّحْمَٰنِ ٱلرَّحِيمِ

سَأَلَ سَآئِلٌۢ بِعَذَابٍ وَاقِعٍ ﴿١﴾ لِّلْكَٰفِرِينَ لَيْسَ لَهُۥ دَافِعٌ ﴿٢﴾
مِّنَ ٱللَّهِ ذِى ٱلْمَعَارِجِ ﴿٣﴾ تَعْرُجُ ٱلْمَلَٰٓئِكَةُ وَٱلرُّوحُ إِلَيْهِ
فِى يَوْمٍ كَانَ مِقْدَارُهُۥ خَمْسِينَ أَلْفَ سَنَةٍ ﴿٤﴾ فَٱصْبِرْ صَبْرًا جَمِيلًا
﴿٥﴾ إِنَّهُمْ يَرَوْنَهُۥ بَعِيدًا ﴿٦﴾ وَنَرَىٰهُ قَرِيبًا ﴿٧﴾ يَوْمَ تَكُونُ ٱلسَّمَآءُ
كَٱلْمُهْلِ ﴿٨﴾ وَتَكُونُ ٱلْجِبَالُ كَٱلْعِهْنِ ﴿٩﴾ وَلَا يَسْـَٔلُ حَمِيمٌ حَمِيمًا ﴿١٠﴾

يُبَصَّرُونَهُمْ يَوَدُّ الْمُجْرِمُ لَوْ يَفْتَدِي مِنْ عَذَابِ يَوْمِئِذٍ بِبَنِيهِ ﴿١١﴾
وَصَاحِبَتِهِ وَأَخِيهِ ﴿١٢﴾ وَفَصِيلَتِهِ الَّتِي تُؤْوِيهِ ﴿١٣﴾ وَمَن فِي الْأَرْضِ جَمِيعًا
ثُمَّ يُنجِيهِ ﴿١٤﴾ كَلَّا ۖ إِنَّهَا لَظَىٰ ﴿١٥﴾ نَزَّاعَةً لِّلشَّوَىٰ ﴿١٦﴾ تَدْعُو مَنْ أَدْبَرَ
وَتَوَلَّىٰ ﴿١٧﴾ وَجَمَعَ فَأَوْعَىٰ ﴿١٨﴾ ۞ إِنَّ الْإِنسَانَ خُلِقَ هَلُوعًا ﴿١٩﴾ إِذَا مَسَّهُ الشَّرُّ
جَزُوعًا ﴿٢٠﴾ وَإِذَا مَسَّهُ الْخَيْرُ مَنُوعًا ﴿٢١﴾ إِلَّا الْمُصَلِّينَ ﴿٢٢﴾ الَّذِينَ هُمْ
عَلَىٰ صَلَاتِهِمْ دَائِمُونَ ﴿٢٣﴾ وَالَّذِينَ فِي أَمْوَالِهِمْ حَقٌّ مَّعْلُومٌ ﴿٢٤﴾ لِّلسَّائِلِ
وَالْمَحْرُومِ ﴿٢٥﴾ وَالَّذِينَ يُصَدِّقُونَ بِيَوْمِ الدِّينِ ﴿٢٦﴾ وَالَّذِينَ هُم مِّنْ عَذَابِ
رَبِّهِم مُّشْفِقُونَ ﴿٢٧﴾ إِنَّ عَذَابَ رَبِّهِمْ غَيْرُ مَأْمُونٍ ﴿٢٨﴾ وَالَّذِينَ هُمْ
لِفُرُوجِهِمْ حَافِظُونَ ﴿٢٩﴾ إِلَّا عَلَىٰ أَزْوَاجِهِمْ أَوْ مَا مَلَكَتْ أَيْمَانُهُمْ
فَإِنَّهُمْ غَيْرُ مَلُومِينَ ﴿٣٠﴾ فَمَنِ ابْتَغَىٰ وَرَاءَ ذَٰلِكَ فَأُولَٰئِكَ هُمُ الْعَادُونَ ﴿٣١﴾
وَالَّذِينَ هُمْ لِأَمَانَاتِهِمْ وَعَهْدِهِمْ رَاعُونَ ﴿٣٢﴾ وَالَّذِينَ هُم بِشَهَادَاتِهِمْ قَائِمُونَ
﴿٣٣﴾ وَالَّذِينَ هُمْ عَلَىٰ صَلَاتِهِمْ يُحَافِظُونَ ﴿٣٤﴾ أُولَٰئِكَ فِي جَنَّاتٍ مُّكْرَمُونَ ﴿٣٥﴾
فَمَالِ الَّذِينَ كَفَرُوا قِبَلَكَ مُهْطِعِينَ ﴿٣٦﴾ عَنِ الْيَمِينِ وَعَنِ الشِّمَالِ
عِزِينَ ﴿٣٧﴾ أَيَطْمَعُ كُلُّ امْرِئٍ مِّنْهُمْ أَن يُدْخَلَ جَنَّةَ نَعِيمٍ ﴿٣٨﴾ كَلَّا ۖ إِنَّا خَلَقْنَاهُم
مِّمَّا يَعْلَمُونَ ﴿٣٩﴾ فَلَا أُقْسِمُ بِرَبِّ الْمَشَارِقِ وَالْمَغَارِبِ إِنَّا لَقَادِرُونَ ﴿٤٠﴾

ثلاثة أرباع الحزب ٥٧

عَلَىٰٓ أَن نُّبَدِّلَ خَيۡرٗا مِّنۡهُمۡ وَمَا نَحۡنُ بِمَسۡبُوقِينَ ٤١ فَذَرۡهُمۡ
يَخُوضُواْ وَيَلۡعَبُواْ حَتَّىٰ يُلَٰقُواْ يَوۡمَهُمُ ٱلَّذِي يُوعَدُونَ ٤٢ يَوۡمَ
يَخۡرُجُونَ مِنَ ٱلۡأَجۡدَاثِ سِرَاعٗا كَأَنَّهُمۡ إِلَىٰ نُصُبٖ يُوفِضُونَ ٤٣
خَٰشِعَةً أَبۡصَٰرُهُمۡ تَرۡهَقُهُمۡ ذِلَّةٞۚ ذَٰلِكَ ٱلۡيَوۡمُ ٱلَّذِي كَانُواْ يُوعَدُونَ ٤٤

سُورَةُ نُوحٍ

بِسۡمِ ٱللَّهِ ٱلرَّحۡمَٰنِ ٱلرَّحِيمِ

إِنَّآ أَرۡسَلۡنَا نُوحًا إِلَىٰ قَوۡمِهِۦٓ أَنۡ أَنذِرۡ قَوۡمَكَ مِن قَبۡلِ أَن يَأۡتِيَهُمۡ
عَذَابٌ أَلِيمٞ ١ قَالَ يَٰقَوۡمِ إِنِّي لَكُمۡ نَذِيرٞ مُّبِينٌ ٢ أَنِ ٱعۡبُدُواْ
ٱللَّهَ وَٱتَّقُوهُ وَأَطِيعُونِ ٣ يَغۡفِرۡ لَكُم مِّن ذُنُوبِكُمۡ وَيُؤَخِّرۡكُمۡ
إِلَىٰٓ أَجَلٖ مُّسَمًّىۚ إِنَّ أَجَلَ ٱللَّهِ إِذَا جَآءَ لَا يُؤَخَّرُۚ لَوۡ كُنتُمۡ تَعۡلَمُونَ ٤
قَالَ رَبِّ إِنِّي دَعَوۡتُ قَوۡمِي لَيۡلٗا وَنَهَارٗا ٥ فَلَمۡ يَزِدۡهُمۡ دُعَآءِيٓ إِلَّا
فِرَارٗا ٦ وَإِنِّي كُلَّمَا دَعَوۡتُهُمۡ لِتَغۡفِرَ لَهُمۡ جَعَلُوٓاْ أَصَٰبِعَهُمۡ فِيٓ
ءَاذَانِهِمۡ وَٱسۡتَغۡشَوۡاْ ثِيَابَهُمۡ وَأَصَرُّواْ وَٱسۡتَكۡبَرُواْ ٱسۡتِكۡبَارٗا
٧ ثُمَّ إِنِّي دَعَوۡتُهُمۡ جِهَارٗا ٨ ثُمَّ إِنِّيٓ أَعۡلَنتُ لَهُمۡ وَأَسۡرَرۡتُ
لَهُمۡ إِسۡرَارٗا ٩ فَقُلۡتُ ٱسۡتَغۡفِرُواْ رَبَّكُمۡ إِنَّهُۥ كَانَ غَفَّارٗا ١٠

يُرۡسِلِ ٱلسَّمَآءَ عَلَيۡكُم مِّدۡرَارٗا ١١ وَيُمۡدِدۡكُم بِأَمۡوَٰلٖ وَبَنِينَ وَيَجۡعَل
لَّكُمۡ جَنَّٰتٖ وَيَجۡعَل لَّكُمۡ أَنۡهَٰرٗا ١٢ مَّا لَكُمۡ لَا تَرۡجُونَ لِلَّهِ وَقَارٗا ١٣
وَقَدۡ خَلَقَكُمۡ أَطۡوَارًا ١٤ أَلَمۡ تَرَوۡاْ كَيۡفَ خَلَقَ ٱللَّهُ سَبۡعَ سَمَٰوَٰتٖ
طِبَاقٗا ١٥ وَجَعَلَ ٱلۡقَمَرَ فِيهِنَّ نُورٗا وَجَعَلَ ٱلشَّمۡسَ سِرَاجٗا ١٦
وَٱللَّهُ أَنۢبَتَكُم مِّنَ ٱلۡأَرۡضِ نَبَاتٗا ١٧ ثُمَّ يُعِيدُكُمۡ فِيهَا وَيُخۡرِجُكُمۡ
إِخۡرَاجٗا ١٨ وَٱللَّهُ جَعَلَ لَكُمُ ٱلۡأَرۡضَ بِسَاطٗا ١٩ لِّتَسۡلُكُواْ مِنۡهَا
سُبُلٗا فِجَاجٗا ٢٠ قَالَ نُوحٞ رَّبِّ إِنَّهُمۡ عَصَوۡنِي وَٱتَّبَعُواْ مَن لَّمۡ يَزِدۡهُ
مَالُهُۥ وَوَلَدُهُۥٓ إِلَّا خَسَارٗا ٢١ وَمَكَرُواْ مَكۡرٗا كُبَّارٗا ٢٢ وَقَالُواْ
لَا تَذَرُنَّ ءَالِهَتَكُمۡ وَلَا تَذَرُنَّ وَدّٗا وَلَا سُوَاعٗا وَلَا يَغُوثَ وَيَعُوقَ
وَنَسۡرٗا ٢٣ وَقَدۡ أَضَلُّواْ كَثِيرٗاۖ وَلَا تَزِدِ ٱلظَّٰلِمِينَ إِلَّا ضَلَٰلٗا ٢٤
مِّمَّا خَطِيٓـَٰٔتِهِمۡ أُغۡرِقُواْ فَأُدۡخِلُواْ نَارٗا فَلَمۡ يَجِدُواْ لَهُم مِّن دُونِ
ٱللَّهِ أَنصَارٗا ٢٥ وَقَالَ نُوحٞ رَّبِّ لَا تَذَرۡ عَلَى ٱلۡأَرۡضِ مِنَ ٱلۡكَٰفِرِينَ
دَيَّارًا ٢٦ إِنَّكَ إِن تَذَرۡهُمۡ يُضِلُّواْ عِبَادَكَ وَلَا يَلِدُوٓاْ إِلَّا فَاجِرٗا
كَفَّارٗا ٢٧ رَّبِّ ٱغۡفِرۡ لِي وَلِوَٰلِدَيَّ وَلِمَن دَخَلَ بَيۡتِيَ مُؤۡمِنٗا
وَلِلۡمُؤۡمِنِينَ وَٱلۡمُؤۡمِنَٰتِۖ وَلَا تَزِدِ ٱلظَّٰلِمِينَ إِلَّا تَبَارَۢا ٢٨

الحزب ٥٨

سورة الجن

بِسْمِ ٱللَّهِ ٱلرَّحْمَٰنِ ٱلرَّحِيمِ

قُلْ أُوحِىَ إِلَىَّ أَنَّهُ ٱسْتَمَعَ نَفَرٌ مِّنَ ٱلْجِنِّ فَقَالُوٓا۟ إِنَّا سَمِعْنَا قُرْءَانًا
عَجَبًا ﴿١﴾ يَهْدِىٓ إِلَى ٱلرُّشْدِ فَـَٔامَنَّا بِهِۦ ۖ وَلَن نُّشْرِكَ بِرَبِّنَآ أَحَدًا ﴿٢﴾
وَأَنَّهُۥ تَعَٰلَىٰ جَدُّ رَبِّنَا مَا ٱتَّخَذَ صَٰحِبَةً وَلَا وَلَدًا ﴿٣﴾ وَأَنَّهُۥ كَانَ
يَقُولُ سَفِيهُنَا عَلَى ٱللَّهِ شَطَطًا ﴿٤﴾ وَأَنَّا ظَنَنَّآ أَن لَّن تَقُولَ ٱلْإِنسُ
وَٱلْجِنُّ عَلَى ٱللَّهِ كَذِبًا ﴿٥﴾ وَأَنَّهُۥ كَانَ رِجَالٌ مِّنَ ٱلْإِنسِ يَعُوذُونَ بِرِجَالٍ
مِّنَ ٱلْجِنِّ فَزَادُوهُمْ رَهَقًا ﴿٦﴾ وَأَنَّهُمْ ظَنُّوا۟ كَمَا ظَنَنتُمْ أَن لَّن يَبْعَثَ
ٱللَّهُ أَحَدًا ﴿٧﴾ وَأَنَّا لَمَسْنَا ٱلسَّمَآءَ فَوَجَدْنَٰهَا مُلِئَتْ حَرَسًا
شَدِيدًا وَشُهُبًا ﴿٨﴾ وَأَنَّا كُنَّا نَقْعُدُ مِنْهَا مَقَٰعِدَ لِلسَّمْعِ ۖ فَمَن
يَسْتَمِعِ ٱلْـَٔانَ يَجِدْ لَهُۥ شِهَابًا رَّصَدًا ﴿٩﴾ وَأَنَّا لَا نَدْرِىٓ أَشَرٌّ أُرِيدَ
بِمَن فِى ٱلْأَرْضِ أَمْ أَرَادَ بِهِمْ رَبُّهُمْ رَشَدًا ﴿١٠﴾ وَأَنَّا مِنَّا ٱلصَّٰلِحُونَ
وَمِنَّا دُونَ ذَٰلِكَ ۖ كُنَّا طَرَآئِقَ قِدَدًا ﴿١١﴾ وَأَنَّا ظَنَنَّآ أَن لَّن نُّعْجِزَ
ٱللَّهَ فِى ٱلْأَرْضِ وَلَن نُّعْجِزَهُۥ هَرَبًا ﴿١٢﴾ وَأَنَّا لَمَّا سَمِعْنَا ٱلْهُدَىٰٓ
ءَامَنَّا بِهِۦ ۖ فَمَن يُؤْمِنۢ بِرَبِّهِۦ فَلَا يَخَافُ بَخْسًا وَلَا رَهَقًا ﴿١٣﴾

وَأَنَّا مِنَّا ٱلْمُسْلِمُونَ وَمِنَّا ٱلْقَـٰسِطُونَ ۖ فَمَنْ أَسْلَمَ فَأُو۟لَـٰٓئِكَ
تَحَرَّوْا۟ رَشَدًا ﴿١٤﴾ وَأَمَّا ٱلْقَـٰسِطُونَ فَكَانُوا۟ لِجَهَنَّمَ حَطَبًا ﴿١٥﴾
وَأَلَّوِ ٱسْتَقَـٰمُوا۟ عَلَى ٱلطَّرِيقَةِ لَأَسْقَيْنَـٰهُم مَّآءً غَدَقًا ﴿١٦﴾ لِّنَفْتِنَهُمْ
فِيهِ ۚ وَمَن يُعْرِضْ عَن ذِكْرِ رَبِّهِۦ يَسْلُكْهُ عَذَابًا صَعَدًا ﴿١٧﴾ وَأَنَّ
ٱلْمَسَـٰجِدَ لِلَّهِ فَلَا تَدْعُوا۟ مَعَ ٱللَّهِ أَحَدًا ﴿١٨﴾ وَأَنَّهُۥ لَمَّا قَامَ عَبْدُ ٱللَّهِ
يَدْعُوهُ كَادُوا۟ يَكُونُونَ عَلَيْهِ لِبَدًا ﴿١٩﴾ قُلْ إِنَّمَآ أَدْعُوا۟ رَبِّى وَلَآ أُشْرِكُ
بِهِۦٓ أَحَدًا ﴿٢٠﴾ قُلْ إِنِّى لَآ أَمْلِكُ لَكُمْ ضَرًّا وَلَا رَشَدًا ﴿٢١﴾ قُلْ إِنِّى
لَن يُجِيرَنِى مِنَ ٱللَّهِ أَحَدٌ وَلَنْ أَجِدَ مِن دُونِهِۦ مُلْتَحَدًا ﴿٢٢﴾ إِلَّا بَلَـٰغًا
مِّنَ ٱللَّهِ وَرِسَـٰلَـٰتِهِۦ ۚ وَمَن يَعْصِ ٱللَّهَ وَرَسُولَهُۥ فَإِنَّ لَهُۥ نَارَ جَهَنَّمَ
خَـٰلِدِينَ فِيهَآ أَبَدًا ﴿٢٣﴾ حَتَّىٰٓ إِذَا رَأَوْا۟ مَا يُوعَدُونَ فَسَيَعْلَمُونَ
مَنْ أَضْعَفُ نَاصِرًا وَأَقَلُّ عَدَدًا ﴿٢٤﴾ قُلْ إِنْ أَدْرِىٓ أَقَرِيبٌ مَّا تُوعَدُونَ
أَمْ يَجْعَلُ لَهُۥ رَبِّىٓ أَمَدًا ﴿٢٥﴾ عَـٰلِمُ ٱلْغَيْبِ فَلَا يُظْهِرُ عَلَىٰ غَيْبِهِۦٓ
أَحَدًا ﴿٢٦﴾ إِلَّا مَنِ ٱرْتَضَىٰ مِن رَّسُولٍ فَإِنَّهُۥ يَسْلُكُ مِنۢ بَيْنِ
يَدَيْهِ وَمِنْ خَلْفِهِۦ رَصَدًا ﴿٢٧﴾ لِّيَعْلَمَ أَن قَدْ أَبْلَغُوا۟ رِسَـٰلَـٰتِ
رَبِّهِمْ وَأَحَاطَ بِمَا لَدَيْهِمْ وَأَحْصَىٰ كُلَّ شَىْءٍ عَدَدًۢا ﴿٢٨﴾

سُورَةُ المُزَّمِّلِ

بِسۡمِ ٱللَّهِ ٱلرَّحۡمَٰنِ ٱلرَّحِيمِ

يَٰٓأَيُّهَا ٱلۡمُزَّمِّلُ ١ قُمِ ٱلَّيۡلَ إِلَّا قَلِيلٗا ٢ نِّصۡفَهُۥٓ أَوِ ٱنقُصۡ مِنۡهُ قَلِيلًا
٣ أَوۡ زِدۡ عَلَيۡهِ وَرَتِّلِ ٱلۡقُرۡءَانَ تَرۡتِيلًا ٤ إِنَّا سَنُلۡقِي عَلَيۡكَ قَوۡلٗا
ثَقِيلًا ٥ إِنَّ نَاشِئَةَ ٱلَّيۡلِ هِيَ أَشَدُّ وَطۡـٔٗا وَأَقۡوَمُ قِيلًا ٦ إِنَّ لَكَ فِي
ٱلنَّهَارِ سَبۡحٗا طَوِيلٗا ٧ وَٱذۡكُرِ ٱسۡمَ رَبِّكَ وَتَبَتَّلۡ إِلَيۡهِ تَبۡتِيلٗا ٨
رَّبُّ ٱلۡمَشۡرِقِ وَٱلۡمَغۡرِبِ لَآ إِلَٰهَ إِلَّا هُوَ فَٱتَّخِذۡهُ وَكِيلٗا ٩ وَٱصۡبِرۡ
عَلَىٰ مَا يَقُولُونَ وَٱهۡجُرۡهُمۡ هَجۡرٗا جَمِيلٗا ١٠ وَذَرۡنِي وَٱلۡمُكَذِّبِينَ
أُوْلِي ٱلنَّعۡمَةِ وَمَهِّلۡهُمۡ قَلِيلًا ١١ إِنَّ لَدَيۡنَآ أَنكَالٗا وَجَحِيمٗا ١٢
وَطَعَامٗا ذَا غُصَّةٖ وَعَذَابًا أَلِيمٗا ١٣ يَوۡمَ تَرۡجُفُ ٱلۡأَرۡضُ وَٱلۡجِبَالُ
وَكَانَتِ ٱلۡجِبَالُ كَثِيبٗا مَّهِيلًا ١٤ إِنَّآ أَرۡسَلۡنَآ إِلَيۡكُمۡ رَسُولٗا شَٰهِدًا
عَلَيۡكُمۡ كَمَآ أَرۡسَلۡنَآ إِلَىٰ فِرۡعَوۡنَ رَسُولٗا ١٥ فَعَصَىٰ فِرۡعَوۡنُ ٱلرَّسُولَ
فَأَخَذۡنَٰهُ أَخۡذٗا وَبِيلٗا ١٦ فَكَيۡفَ تَتَّقُونَ إِن كَفَرۡتُمۡ يَوۡمٗا
يَجۡعَلُ ٱلۡوِلۡدَٰنَ شِيبًا ١٧ ٱلسَّمَآءُ مُنفَطِرُۢ بِهِۦۚ كَانَ وَعۡدُهُۥ مَفۡعُولًا
١٨ إِنَّ هَٰذِهِۦ تَذۡكِرَةٞۖ فَمَن شَآءَ ٱتَّخَذَ إِلَىٰ رَبِّهِۦ سَبِيلًا ١٩

ربع الحزب ٥٨

۞ إِنَّ رَبَّكَ يَعۡلَمُ أَنَّكَ تَقُومُ أَدۡنَىٰ مِن ثُلُثَيِ ٱلَّيۡلِ وَنِصۡفَهُۥ وَثُلُثَهُۥ وَطَآئِفَةٞ
مِّنَ ٱلَّذِينَ مَعَكَۚ وَٱللَّهُ يُقَدِّرُ ٱلَّيۡلَ وَٱلنَّهَارَۚ عَلِمَ أَن لَّن تُحۡصُوهُ فَتَابَ
عَلَيۡكُمۡۖ فَٱقۡرَءُواْ مَا تَيَسَّرَ مِنَ ٱلۡقُرۡءَانِۚ عَلِمَ أَن سَيَكُونُ مِنكُم مَّرۡضَىٰ
وَءَاخَرُونَ يَضۡرِبُونَ فِي ٱلۡأَرۡضِ يَبۡتَغُونَ مِن فَضۡلِ ٱللَّهِ وَءَاخَرُونَ
يُقَٰتِلُونَ فِي سَبِيلِ ٱللَّهِۖ فَٱقۡرَءُواْ مَا تَيَسَّرَ مِنۡهُۚ وَأَقِيمُواْ ٱلصَّلَوٰةَ وَءَاتُواْ
ٱلزَّكَوٰةَ وَأَقۡرِضُواْ ٱللَّهَ قَرۡضًا حَسَنٗاۚ وَمَا تُقَدِّمُواْ لِأَنفُسِكُم مِّنۡ خَيۡرٖ تَجِدُوهُ
عِندَ ٱللَّهِ هُوَ خَيۡرٗا وَأَعۡظَمَ أَجۡرٗاۚ وَٱسۡتَغۡفِرُواْ ٱللَّهَۖ إِنَّ ٱللَّهَ غَفُورٞ رَّحِيمُۢ ٢٠

سورة المدثر

بِسۡمِ ٱللَّهِ ٱلرَّحۡمَٰنِ ٱلرَّحِيمِ

يَٰٓأَيُّهَا ٱلۡمُدَّثِّرُ ١ قُمۡ فَأَنذِرۡ ٢ وَرَبَّكَ فَكَبِّرۡ ٣ وَثِيَابَكَ فَطَهِّرۡ ٤
وَٱلرُّجۡزَ فَٱهۡجُرۡ ٥ وَلَا تَمۡنُن تَسۡتَكۡثِرُ ٦ وَلِرَبِّكَ فَٱصۡبِرۡ ٧ فَإِذَا نُقِرَ
فِي ٱلنَّاقُورِ ٨ فَذَٰلِكَ يَوۡمَئِذٖ يَوۡمٌ عَسِيرٌ ٩ عَلَى ٱلۡكَٰفِرِينَ غَيۡرُ يَسِيرٖ ١٠
ذَرۡنِي وَمَنۡ خَلَقۡتُ وَحِيدٗا ١١ وَجَعَلۡتُ لَهُۥ مَالٗا مَّمۡدُودٗا ١٢ وَبَنِينَ
شُهُودٗا ١٣ وَمَهَّدتُّ لَهُۥ تَمۡهِيدٗا ١٤ ثُمَّ يَطۡمَعُ أَنۡ أَزِيدَ ١٥ كَلَّآۖ إِنَّهُۥ
كَانَ لِأٓيَٰتِنَا عَنِيدٗا ١٦ سَأُرۡهِقُهُۥ صَعُودًا ١٧ إِنَّهُۥ فَكَّرَ وَقَدَّرَ ١٨

فَقُتِلَ كَيۡفَ قَدَّرَ ١٩ ثُمَّ قُتِلَ كَيۡفَ قَدَّرَ ٢٠ ثُمَّ نَظَرَ ٢١ ثُمَّ عَبَسَ وَبَسَرَ
٢٢ ثُمَّ أَدۡبَرَ وَٱسۡتَكۡبَرَ ٢٣ فَقَالَ إِنۡ هَٰذَآ إِلَّا سِحۡرٞ يُؤۡثَرُ ٢٤ إِنۡ هَٰذَآ
إِلَّا قَوۡلُ ٱلۡبَشَرِ ٢٥ سَأُصۡلِيهِ سَقَرَ ٢٦ وَمَآ أَدۡرَىٰكَ مَا سَقَرُ ٢٧
لَا تُبۡقِي وَلَا تَذَرُ ٢٨ لَوَّاحَةٞ لِّلۡبَشَرِ ٢٩ عَلَيۡهَا تِسۡعَةَ عَشَرَ ٣٠ وَمَا جَعَلۡنَآ
أَصۡحَٰبَ ٱلنَّارِ إِلَّا مَلَٰٓئِكَةٗۖ وَمَا جَعَلۡنَا عِدَّتَهُمۡ إِلَّا فِتۡنَةٗ لِّلَّذِينَ كَفَرُواْ
لِيَسۡتَيۡقِنَ ٱلَّذِينَ أُوتُواْ ٱلۡكِتَٰبَ وَيَزۡدَادَ ٱلَّذِينَ ءَامَنُوٓاْ إِيمَٰنٗا وَلَا يَرۡتَابَ
ٱلَّذِينَ أُوتُواْ ٱلۡكِتَٰبَ وَٱلۡمُؤۡمِنُونَ وَلِيَقُولَ ٱلَّذِينَ فِي قُلُوبِهِم مَّرَضٞ
وَٱلۡكَٰفِرُونَ مَاذَآ أَرَادَ ٱللَّهُ بِهَٰذَا مَثَلٗاۚ كَذَٰلِكَ يُضِلُّ ٱللَّهُ مَن يَشَآءُ
وَيَهۡدِي مَن يَشَآءُۚ وَمَا يَعۡلَمُ جُنُودَ رَبِّكَ إِلَّا هُوَۚ وَمَا هِيَ إِلَّا ذِكۡرَىٰ
لِلۡبَشَرِ ٣١ كَلَّا وَٱلۡقَمَرِ ٣٢ وَٱلَّيۡلِ إِذۡ أَدۡبَرَ ٣٣ وَٱلصُّبۡحِ إِذَآ أَسۡفَرَ ٣٤ إِنَّهَا
لَإِحۡدَى ٱلۡكُبَرِ ٣٥ نَذِيرٗا لِّلۡبَشَرِ ٣٦ لِمَن شَآءَ مِنكُمۡ أَن يَتَقَدَّمَ أَوۡ يَتَأَخَّرَ
٣٧ كُلُّ نَفۡسِۭ بِمَا كَسَبَتۡ رَهِينَةٌ ٣٨ إِلَّآ أَصۡحَٰبَ ٱلۡيَمِينِ ٣٩ فِي جَنَّٰتٖ
يَتَسَآءَلُونَ ٤٠ عَنِ ٱلۡمُجۡرِمِينَ ٤١ مَا سَلَكَكُمۡ فِي سَقَرَ ٤٢ قَالُواْ لَمۡ نَكُ
مِنَ ٱلۡمُصَلِّينَ ٤٣ وَلَمۡ نَكُ نُطۡعِمُ ٱلۡمِسۡكِينَ ٤٤ وَكُنَّا نَخُوضُ مَعَ
ٱلۡخَآئِضِينَ ٤٥ وَكُنَّا نُكَذِّبُ بِيَوۡمِ ٱلدِّينِ ٤٦ حَتَّىٰٓ أَتَىٰنَا ٱلۡيَقِينُ ٤٧

فَمَا تَنفَعُهُمۡ شَفَٰعَةُ ٱلشَّٰفِعِينَ ﴿٤٨﴾ فَمَا لَهُمۡ عَنِ ٱلتَّذۡكِرَةِ مُعۡرِضِينَ
﴿٤٩﴾ كَأَنَّهُمۡ حُمُرٞ مُّسۡتَنفِرَةٞ ﴿٥٠﴾ فَرَّتۡ مِن قَسۡوَرَةِۭ ﴿٥١﴾ بَلۡ يُرِيدُ
كُلُّ ٱمۡرِيٕٖ مِّنۡهُمۡ أَن يُؤۡتَىٰ صُحُفٗا مُّنَشَّرَةٗ ﴿٥٢﴾ كَلَّاۖ بَل لَّا يَخَافُونَ
ٱلۡأٓخِرَةَ ﴿٥٣﴾ كَلَّآ إِنَّهُۥ تَذۡكِرَةٞ ﴿٥٤﴾ فَمَن شَآءَ ذَكَرَهُۥ ﴿٥٥﴾ وَمَا يَذۡكُرُونَ
إِلَّآ أَن يَشَآءَ ٱللَّهُۚ هُوَ أَهۡلُ ٱلتَّقۡوَىٰ وَأَهۡلُ ٱلۡمَغۡفِرَةِ ﴿٥٦﴾

سُورَةُ القِيَامَةِ

نصف الحزب ٥٨

بِسۡمِ ٱللَّهِ ٱلرَّحۡمَٰنِ ٱلرَّحِيمِ

لَآ أُقۡسِمُ بِيَوۡمِ ٱلۡقِيَٰمَةِ ﴿١﴾ وَلَآ أُقۡسِمُ بِٱلنَّفۡسِ ٱللَّوَّامَةِ ﴿٢﴾ أَيَحۡسَبُ
ٱلۡإِنسَٰنُ أَلَّن نَّجۡمَعَ عِظَامَهُۥ ﴿٣﴾ بَلَىٰ قَٰدِرِينَ عَلَىٰٓ أَن نُّسَوِّيَ بَنَانَهُۥ ﴿٤﴾ بَلۡ
يُرِيدُ ٱلۡإِنسَٰنُ لِيَفۡجُرَ أَمَامَهُۥ ﴿٥﴾ يَسۡـَٔلُ أَيَّانَ يَوۡمُ ٱلۡقِيَٰمَةِ ﴿٦﴾ فَإِذَا بَرِقَ
ٱلۡبَصَرُ ﴿٧﴾ وَخَسَفَ ٱلۡقَمَرُ ﴿٨﴾ وَجُمِعَ ٱلشَّمۡسُ وَٱلۡقَمَرُ ﴿٩﴾ يَقُولُ ٱلۡإِنسَٰنُ
يَوۡمَئِذٍ أَيۡنَ ٱلۡمَفَرُّ ﴿١٠﴾ كَلَّا لَا وَزَرَ ﴿١١﴾ إِلَىٰ رَبِّكَ يَوۡمَئِذٍ ٱلۡمُسۡتَقَرُّ ﴿١٢﴾ يُنَبَّؤُاْ
ٱلۡإِنسَٰنُ يَوۡمَئِذِۭ بِمَا قَدَّمَ وَأَخَّرَ ﴿١٣﴾ بَلِ ٱلۡإِنسَٰنُ عَلَىٰ نَفۡسِهِۦ بَصِيرَةٞ ﴿١٤﴾
وَلَوۡ أَلۡقَىٰ مَعَاذِيرَهُۥ ﴿١٥﴾ لَا تُحَرِّكۡ بِهِۦ لِسَانَكَ لِتَعۡجَلَ بِهِۦٓ ﴿١٦﴾ إِنَّ عَلَيۡنَا
جَمۡعَهُۥ وَقُرۡءَانَهُۥ ﴿١٧﴾ فَإِذَا قَرَأۡنَٰهُ فَٱتَّبِعۡ قُرۡءَانَهُۥ ﴿١٨﴾ ثُمَّ إِنَّ عَلَيۡنَا بَيَانَهُۥ ﴿١٩﴾

سكتة لطيفة على النون

كَلَّا بَلْ تُحِبُّونَ ٱلْعَاجِلَةَ ٢٠ وَتَذَرُونَ ٱلْـَٔاخِرَةَ ٢١ وُجُوهٌ يَوْمَئِذٍ نَّاضِرَةٌ
٢٢ إِلَىٰ رَبِّهَا نَاظِرَةٌ ٢٣ وَوُجُوهٌ يَوْمَئِذٍۭ بَاسِرَةٌ ٢٤ تَظُنُّ أَن يُفْعَلَ بِهَا
فَاقِرَةٌ ٢٥ كَلَّآ إِذَا بَلَغَتِ ٱلتَّرَاقِىَ ٢٦ وَقِيلَ مَنْۜ رَاقٍ ٢٧ وَظَنَّ أَنَّهُ ٱلْفِرَاقُ
٢٨ وَٱلْتَفَّتِ ٱلسَّاقُ بِٱلسَّاقِ ٢٩ إِلَىٰ رَبِّكَ يَوْمَئِذٍ ٱلْمَسَاقُ ٣٠ فَلَا
صَدَّقَ وَلَا صَلَّىٰ ٣١ وَلَٰكِن كَذَّبَ وَتَوَلَّىٰ ٣٢ ثُمَّ ذَهَبَ إِلَىٰٓ أَهْلِهِۦ يَتَمَطَّىٰٓ
٣٣ أَوْلَىٰ لَكَ فَأَوْلَىٰ ٣٤ ثُمَّ أَوْلَىٰ لَكَ فَأَوْلَىٰٓ ٣٥ أَيَحْسَبُ ٱلْإِنسَٰنُ
أَن يُتْرَكَ سُدًى ٣٦ أَلَمْ يَكُ نُطْفَةً مِّن مَّنِىٍّ يُمْنَىٰ ٣٧ ثُمَّ كَانَ
عَلَقَةً فَخَلَقَ فَسَوَّىٰ ٣٨ فَجَعَلَ مِنْهُ ٱلزَّوْجَيْنِ ٱلذَّكَرَ
وَٱلْأُنثَىٰٓ ٣٩ أَلَيْسَ ذَٰلِكَ بِقَٰدِرٍ عَلَىٰٓ أَن يُحْـِۧىَ ٱلْمَوْتَىٰ ٤٠

سُورَةُ الإِنسَانِ

بِسْمِ ٱللَّهِ ٱلرَّحْمَٰنِ ٱلرَّحِيمِ

هَلْ أَتَىٰ عَلَى ٱلْإِنسَٰنِ حِينٌ مِّنَ ٱلدَّهْرِ لَمْ يَكُن شَيْـًٔا مَّذْكُورًا ١ إِنَّا خَلَقْنَا
ٱلْإِنسَٰنَ مِن نُّطْفَةٍ أَمْشَاجٍ نَّبْتَلِيهِ فَجَعَلْنَٰهُ سَمِيعًۢا بَصِيرًا ٢ إِنَّا
هَدَيْنَٰهُ ٱلسَّبِيلَ إِمَّا شَاكِرًا وَإِمَّا كَفُورًا ٣ إِنَّآ أَعْتَدْنَا لِلْكَٰفِرِينَ سَلَٰسِلَا۟
وَأَغْلَٰلًا وَسَعِيرًا ٤ إِنَّ ٱلْأَبْرَارَ يَشْرَبُونَ مِن كَأْسٍ كَانَ مِزَاجُهَا كَافُورًا ٥

عَيۡنٗا يَشۡرَبُ بِهَا عِبَادُ ٱللَّهِ يُفَجِّرُونَهَا تَفۡجِيرٗا ٦ يُوفُونَ بِٱلنَّذۡرِ وَيَخَافُونَ
يَوۡمٗا كَانَ شَرُّهُۥ مُسۡتَطِيرٗا ٧ وَيُطۡعِمُونَ ٱلطَّعَامَ عَلَىٰ حُبِّهِۦ مِسۡكِينٗا
وَيَتِيمٗا وَأَسِيرًا ٨ إِنَّمَا نُطۡعِمُكُمۡ لِوَجۡهِ ٱللَّهِ لَا نُرِيدُ مِنكُمۡ جَزَآءٗ وَلَا شُكُورًا
٩ إِنَّا نَخَافُ مِن رَّبِّنَا يَوۡمًا عَبُوسٗا قَمۡطَرِيرٗا ١٠ فَوَقَىٰهُمُ ٱللَّهُ شَرَّ ذَٰلِكَ
ٱلۡيَوۡمِ وَلَقَّىٰهُمۡ نَضۡرَةٗ وَسُرُورٗا ١١ وَجَزَىٰهُم بِمَا صَبَرُواْ جَنَّةٗ وَحَرِيرٗا ١٢
مُّتَّكِـِٔينَ فِيهَا عَلَى ٱلۡأَرَآئِكِۖ لَا يَرَوۡنَ فِيهَا شَمۡسٗا وَلَا زَمۡهَرِيرٗا ١٣
وَدَانِيَةً عَلَيۡهِمۡ ظِلَٰلُهَا وَذُلِّلَتۡ قُطُوفُهَا تَذۡلِيلٗا ١٤ وَيُطَافُ عَلَيۡهِم بِـَٔانِيَةٖ
مِّن فِضَّةٖ وَأَكۡوَابٖ كَانَتۡ قَوَارِيرَا۠ ١٥ قَوَارِيرَاْ مِن فِضَّةٖ قَدَّرُوهَا تَقۡدِيرٗا ١٦
وَيُسۡقَوۡنَ فِيهَا كَأۡسٗا كَانَ مِزَاجُهَا زَنجَبِيلًا ١٧ عَيۡنٗا فِيهَا تُسَمَّىٰ سَلۡسَبِيلٗا
١٨ ۞ وَيَطُوفُ عَلَيۡهِمۡ وِلۡدَٰنٞ مُّخَلَّدُونَ إِذَا رَأَيۡتَهُمۡ حَسِبۡتَهُمۡ لُؤۡلُؤٗا مَّنثُورٗا
١٩ وَإِذَا رَأَيۡتَ ثَمَّ رَأَيۡتَ نَعِيمٗا وَمُلۡكٗا كَبِيرًا ٢٠ عَٰلِيَهُمۡ ثِيَابُ سُندُسٍ
خُضۡرٞ وَإِسۡتَبۡرَقٞۖ وَحُلُّوٓاْ أَسَاوِرَ مِن فِضَّةٖ وَسَقَىٰهُمۡ رَبُّهُمۡ شَرَابٗا
طَهُورًا ٢١ إِنَّ هَٰذَا كَانَ لَكُمۡ جَزَآءٗ وَكَانَ سَعۡيُكُم مَّشۡكُورًا ٢٢ إِنَّا
نَحۡنُ نَزَّلۡنَا عَلَيۡكَ ٱلۡقُرۡءَانَ تَنزِيلٗا ٢٣ فَٱصۡبِرۡ لِحُكۡمِ رَبِّكَ وَلَا تُطِعۡ
مِنۡهُمۡ ءَاثِمًا أَوۡ كَفُورٗا ٢٤ وَٱذۡكُرِ ٱسۡمَ رَبِّكَ بُكۡرَةٗ وَأَصِيلٗا ٢٥

ثلاثة أرباع الحزب ٥٨

وَمِنَ ٱلَّيۡلِ فَٱسۡجُدۡ لَهُۥ وَسَبِّحۡهُ لَيۡلٗا طَوِيلًا ٢٦ إِنَّ هَٰٓؤُلَآءِ
يُحِبُّونَ ٱلۡعَاجِلَةَ وَيَذَرُونَ وَرَآءَهُمۡ يَوۡمٗا ثَقِيلٗا ٢٧ نَّحۡنُ خَلَقۡنَٰهُمۡ
وَشَدَدۡنَآ أَسۡرَهُمۡۖ وَإِذَا شِئۡنَا بَدَّلۡنَآ أَمۡثَٰلَهُمۡ تَبۡدِيلًا ٢٨ إِنَّ
هَٰذِهِۦ تَذۡكِرَةٞۖ فَمَن شَآءَ ٱتَّخَذَ إِلَىٰ رَبِّهِۦ سَبِيلٗا ٢٩ وَمَا تَشَآءُونَ
إِلَّآ أَن يَشَآءَ ٱللَّهُۚ إِنَّ ٱللَّهَ كَانَ عَلِيمًا حَكِيمٗا ٣٠ يُدۡخِلُ
مَن يَشَآءُ فِي رَحۡمَتِهِۦۚ وَٱلظَّٰلِمِينَ أَعَدَّ لَهُمۡ عَذَابًا أَلِيمَۢا ٣١

سُورَةُ المُرْسَلَاتِ

بِسۡمِ ٱللَّهِ ٱلرَّحۡمَٰنِ ٱلرَّحِيمِ

وَٱلۡمُرۡسَلَٰتِ عُرۡفٗا ١ فَٱلۡعَٰصِفَٰتِ عَصۡفٗا ٢ وَٱلنَّٰشِرَٰتِ نَشۡرٗا ٣
فَٱلۡفَٰرِقَٰتِ فَرۡقٗا ٤ فَٱلۡمُلۡقِيَٰتِ ذِكۡرًا ٥ عُذۡرًا أَوۡ نُذۡرًا ٦ إِنَّمَا
تُوعَدُونَ لَوَٰقِعٞ ٧ فَإِذَا ٱلنُّجُومُ طُمِسَتۡ ٨ وَإِذَا ٱلسَّمَآءُ فُرِجَتۡ
٩ وَإِذَا ٱلۡجِبَالُ نُسِفَتۡ ١٠ وَإِذَا ٱلرُّسُلُ أُقِّتَتۡ ١١ لِأَيِّ يَوۡمٍ أُجِّلَتۡ
١٢ لِيَوۡمِ ٱلۡفَصۡلِ ١٣ وَمَآ أَدۡرَىٰكَ مَا يَوۡمُ ٱلۡفَصۡلِ ١٤ وَيۡلٞ يَوۡمَئِذٖ
لِّلۡمُكَذِّبِينَ ١٥ أَلَمۡ نُهۡلِكِ ٱلۡأَوَّلِينَ ١٦ ثُمَّ نُتۡبِعُهُمُ ٱلۡأٓخِرِينَ
١٧ كَذَٰلِكَ نَفۡعَلُ بِٱلۡمُجۡرِمِينَ ١٨ وَيۡلٞ يَوۡمَئِذٖ لِّلۡمُكَذِّبِينَ ١٩

أَلَمۡ نَخۡلُقكُّم مِّن مَّآءٖ مَّهِينٖ ٢٠ فَجَعَلۡنَٰهُ فِي قَرَارٖ مَّكِينٍ ٢١ إِلَىٰ قَدَرٖ
مَّعۡلُومٖ ٢٢ فَقَدَرۡنَا فَنِعۡمَ ٱلۡقَٰدِرُونَ ٢٣ وَيۡلٞ يَوۡمَئِذٖ لِّلۡمُكَذِّبِينَ ٢٤
أَلَمۡ نَجۡعَلِ ٱلۡأَرۡضَ كِفَاتًا ٢٥ أَحۡيَآءٗ وَأَمۡوَٰتٗا ٢٦ وَجَعَلۡنَا فِيهَا رَوَٰسِيَ
شَٰمِخَٰتٖ وَأَسۡقَيۡنَٰكُم مَّآءٗ فُرَاتٗا ٢٧ وَيۡلٞ يَوۡمَئِذٖ لِّلۡمُكَذِّبِينَ ٢٨
ٱنطَلِقُوٓاْ إِلَىٰ مَا كُنتُم بِهِۦ تُكَذِّبُونَ ٢٩ ٱنطَلِقُوٓاْ إِلَىٰ ظِلّٖ ذِي ثَلَٰثِ
شُعَبٖ ٣٠ لَّا ظَلِيلٖ وَلَا يُغۡنِي مِنَ ٱللَّهَبِ ٣١ إِنَّهَا تَرۡمِي بِشَرَرٖ
كَٱلۡقَصۡرِ ٣٢ كَأَنَّهُۥ جِمَٰلَتٞ صُفۡرٞ ٣٣ وَيۡلٞ يَوۡمَئِذٖ لِّلۡمُكَذِّبِينَ ٣٤
هَٰذَا يَوۡمُ لَا يَنطِقُونَ ٣٥ وَلَا يُؤۡذَنُ لَهُمۡ فَيَعۡتَذِرُونَ ٣٦ وَيۡلٞ يَوۡمَئِذٖ
لِّلۡمُكَذِّبِينَ ٣٧ هَٰذَا يَوۡمُ ٱلۡفَصۡلِۖ جَمَعۡنَٰكُمۡ وَٱلۡأَوَّلِينَ ٣٨ فَإِن كَانَ
لَكُمۡ كَيۡدٞ فَكِيدُونِ ٣٩ وَيۡلٞ يَوۡمَئِذٖ لِّلۡمُكَذِّبِينَ ٤٠ إِنَّ ٱلۡمُتَّقِينَ
فِي ظِلَٰلٖ وَعُيُونٖ ٤١ وَفَوَٰكِهَ مِمَّا يَشۡتَهُونَ ٤٢ كُلُواْ وَٱشۡرَبُواْ هَنِيٓـَٔۢا
بِمَا كُنتُمۡ تَعۡمَلُونَ ٤٣ إِنَّا كَذَٰلِكَ نَجۡزِي ٱلۡمُحۡسِنِينَ ٤٤ وَيۡلٞ
يَوۡمَئِذٖ لِّلۡمُكَذِّبِينَ ٤٥ كُلُواْ وَتَمَتَّعُواْ قَلِيلًا إِنَّكُم مُّجۡرِمُونَ ٤٦ وَيۡلٞ
يَوۡمَئِذٖ لِّلۡمُكَذِّبِينَ ٤٧ وَإِذَا قِيلَ لَهُمُ ٱرۡكَعُواْ لَا يَرۡكَعُونَ ٤٨
وَيۡلٞ يَوۡمَئِذٖ لِّلۡمُكَذِّبِينَ ٤٩ فَبِأَيِّ حَدِيثِۭ بَعۡدَهُۥ يُؤۡمِنُونَ ٥٠

الجزء ٣٠
الحزب ٥٩

سُورَةُ النَّبَإِ

بِسْمِ اللَّهِ الرَّحْمَٰنِ الرَّحِيمِ

عَمَّ يَتَسَاءَلُونَ ١ عَنِ النَّبَإِ الْعَظِيمِ ٢ الَّذِي هُمْ فِيهِ مُخْتَلِفُونَ ٣
كَلَّا سَيَعْلَمُونَ ٤ ثُمَّ كَلَّا سَيَعْلَمُونَ ٥ أَلَمْ نَجْعَلِ الْأَرْضَ مِهَادًا ٦
وَالْجِبَالَ أَوْتَادًا ٧ وَخَلَقْنَاكُمْ أَزْوَاجًا ٨ وَجَعَلْنَا نَوْمَكُمْ سُبَاتًا
٩ وَجَعَلْنَا اللَّيْلَ لِبَاسًا ١٠ وَجَعَلْنَا النَّهَارَ مَعَاشًا ١١ وَبَنَيْنَا
فَوْقَكُمْ سَبْعًا شِدَادًا ١٢ وَجَعَلْنَا سِرَاجًا وَهَّاجًا ١٣ وَأَنزَلْنَا مِنَ
الْمُعْصِرَاتِ مَاءً ثَجَّاجًا ١٤ لِّنُخْرِجَ بِهِ حَبًّا وَنَبَاتًا ١٥ وَجَنَّاتٍ
أَلْفَافًا ١٦ إِنَّ يَوْمَ الْفَصْلِ كَانَ مِيقَاتًا ١٧ يَوْمَ يُنفَخُ فِي الصُّورِ
فَتَأْتُونَ أَفْوَاجًا ١٨ وَفُتِحَتِ السَّمَاءُ فَكَانَتْ أَبْوَابًا ١٩ وَسُيِّرَتِ
الْجِبَالُ فَكَانَتْ سَرَابًا ٢٠ إِنَّ جَهَنَّمَ كَانَتْ مِرْصَادًا ٢١ لِّلطَّاغِينَ
مَآبًا ٢٢ لَّابِثِينَ فِيهَا أَحْقَابًا ٢٣ لَّا يَذُوقُونَ فِيهَا بَرْدًا وَلَا شَرَابًا
٢٤ إِلَّا حَمِيمًا وَغَسَّاقًا ٢٥ جَزَاءً وِفَاقًا ٢٦ إِنَّهُمْ كَانُوا
لَا يَرْجُونَ حِسَابًا ٢٧ وَكَذَّبُوا بِآيَاتِنَا كِذَّابًا ٢٨ وَكُلَّ شَيْءٍ
أَحْصَيْنَاهُ كِتَابًا ٢٩ فَذُوقُوا فَلَن نَّزِيدَكُمْ إِلَّا عَذَابًا ٣٠

إِنَّ لِلْمُتَّقِينَ مَفَازًا ٣١ حَدَآئِقَ وَأَعْنَٰبًا ٣٢ وَكَوَاعِبَ أَتْرَابًا ٣٣ وَكَأْسًا
دِهَاقًا ٣٤ لَّا يَسْمَعُونَ فِيهَا لَغْوًا وَلَا كِذَّٰبًا ٣٥ جَزَآءً مِّن رَّبِّكَ عَطَآءً
حِسَابًا ٣٦ رَّبِّ ٱلسَّمَٰوَٰتِ وَٱلْأَرْضِ وَمَا بَيْنَهُمَا ٱلرَّحْمَٰنِ لَا يَمْلِكُونَ
مِنْهُ خِطَابًا ٣٧ يَوْمَ يَقُومُ ٱلرُّوحُ وَٱلْمَلَٰٓئِكَةُ صَفًّا لَّا يَتَكَلَّمُونَ
إِلَّا مَنْ أَذِنَ لَهُ ٱلرَّحْمَٰنُ وَقَالَ صَوَابًا ٣٨ ذَٰلِكَ ٱلْيَوْمُ ٱلْحَقُّ فَمَن
شَآءَ ٱتَّخَذَ إِلَىٰ رَبِّهِۦ مَـَٔابًا ٣٩ إِنَّآ أَنذَرْنَٰكُمْ عَذَابًا قَرِيبًا يَوْمَ يَنظُرُ
ٱلْمَرْءُ مَا قَدَّمَتْ يَدَاهُ وَيَقُولُ ٱلْكَافِرُ يَٰلَيْتَنِى كُنتُ تُرَٰبًۢا ٤٠

سُورَةُ النَّازِعَاتِ

بِسْمِ ٱللَّهِ ٱلرَّحْمَٰنِ ٱلرَّحِيمِ

وَٱلنَّٰزِعَٰتِ غَرْقًا ١ وَٱلنَّٰشِطَٰتِ نَشْطًا ٢ وَٱلسَّٰبِحَٰتِ سَبْحًا ٣
فَٱلسَّٰبِقَٰتِ سَبْقًا ٤ فَٱلْمُدَبِّرَٰتِ أَمْرًا ٥ يَوْمَ تَرْجُفُ ٱلرَّاجِفَةُ ٦
تَتْبَعُهَا ٱلرَّادِفَةُ ٧ قُلُوبٌ يَوْمَئِذٍ وَاجِفَةٌ ٨ أَبْصَٰرُهَا خَٰشِعَةٌ ٩
يَقُولُونَ أَءِنَّا لَمَرْدُودُونَ فِى ٱلْحَافِرَةِ ١٠ أَءِذَا كُنَّا عِظَٰمًا نَّخِرَةً ١١ قَالُوا۟
تِلْكَ إِذًا كَرَّةٌ خَاسِرَةٌ ١٢ فَإِنَّمَا هِىَ زَجْرَةٌ وَٰحِدَةٌ ١٣ فَإِذَا هُم بِٱلسَّاهِرَةِ
١٤ هَلْ أَتَىٰكَ حَدِيثُ مُوسَىٰٓ ١٥ إِذْ نَادَىٰهُ رَبُّهُۥ بِٱلْوَادِ ٱلْمُقَدَّسِ طُوًى ١٦

ٱذۡهَبۡ إِلَىٰ فِرۡعَوۡنَ إِنَّهُۥ طَغَىٰ ﴿١٧﴾ فَقُلۡ هَل لَّكَ إِلَىٰٓ أَن تَزَكَّىٰ ﴿١٨﴾ وَأَهۡدِيَكَ
إِلَىٰ رَبِّكَ فَتَخۡشَىٰ ﴿١٩﴾ فَأَرَىٰهُ ٱلۡأٓيَةَ ٱلۡكُبۡرَىٰ ﴿٢٠﴾ فَكَذَّبَ وَعَصَىٰ ﴿٢١﴾ ثُمَّ
أَدۡبَرَ يَسۡعَىٰ ﴿٢٢﴾ فَحَشَرَ فَنَادَىٰ ﴿٢٣﴾ فَقَالَ أَنَا۠ رَبُّكُمُ ٱلۡأَعۡلَىٰ ﴿٢٤﴾ فَأَخَذَهُ
ٱللَّهُ نَكَالَ ٱلۡأٓخِرَةِ وَٱلۡأُولَىٰٓ ﴿٢٥﴾ إِنَّ فِي ذَٰلِكَ لَعِبۡرَةٗ لِّمَن يَخۡشَىٰٓ ﴿٢٦﴾
ءَأَنتُمۡ أَشَدُّ خَلۡقًا أَمِ ٱلسَّمَآءُۚ بَنَىٰهَا ﴿٢٧﴾ رَفَعَ سَمۡكَهَا فَسَوَّىٰهَا ﴿٢٨﴾
وَأَغۡطَشَ لَيۡلَهَا وَأَخۡرَجَ ضُحَىٰهَا ﴿٢٩﴾ وَٱلۡأَرۡضَ بَعۡدَ ذَٰلِكَ دَحَىٰهَآ ﴿٣٠﴾
أَخۡرَجَ مِنۡهَا مَآءَهَا وَمَرۡعَىٰهَا ﴿٣١﴾ وَٱلۡجِبَالَ أَرۡسَىٰهَا ﴿٣٢﴾ مَتَٰعٗا لَّكُمۡ
وَلِأَنۡعَٰمِكُمۡ ﴿٣٣﴾ فَإِذَا جَآءَتِ ٱلطَّآمَّةُ ٱلۡكُبۡرَىٰ ﴿٣٤﴾ يَوۡمَ يَتَذَكَّرُ ٱلۡإِنسَٰنُ
مَا سَعَىٰ ﴿٣٥﴾ وَبُرِّزَتِ ٱلۡجَحِيمُ لِمَن يَرَىٰ ﴿٣٦﴾ فَأَمَّا مَن طَغَىٰ ﴿٣٧﴾ وَءَاثَرَ
ٱلۡحَيَوٰةَ ٱلدُّنۡيَا ﴿٣٨﴾ فَإِنَّ ٱلۡجَحِيمَ هِيَ ٱلۡمَأۡوَىٰ ﴿٣٩﴾ وَأَمَّا مَنۡ خَافَ
مَقَامَ رَبِّهِۦ وَنَهَى ٱلنَّفۡسَ عَنِ ٱلۡهَوَىٰ ﴿٤٠﴾ فَإِنَّ ٱلۡجَنَّةَ هِيَ ٱلۡمَأۡوَىٰ
﴿٤١﴾ يَسۡـَٔلُونَكَ عَنِ ٱلسَّاعَةِ أَيَّانَ مُرۡسَىٰهَا ﴿٤٢﴾ فِيمَ أَنتَ مِن
ذِكۡرَىٰهَآ ﴿٤٣﴾ إِلَىٰ رَبِّكَ مُنتَهَىٰهَآ ﴿٤٤﴾ إِنَّمَآ أَنتَ مُنذِرُ مَن يَخۡشَىٰهَا
﴿٤٥﴾ كَأَنَّهُمۡ يَوۡمَ يَرَوۡنَهَا لَمۡ يَلۡبَثُوٓاْ إِلَّا عَشِيَّةً أَوۡ ضُحَىٰهَا ﴿٤٦﴾

سُورَةُ عَبَسَ

رُبع الحزب ٥٩

بِسۡمِ ٱللَّهِ ٱلرَّحۡمَٰنِ ٱلرَّحِيمِ

عَبَسَ وَتَوَلَّىٰٓ ١ أَن جَآءَهُ ٱلۡأَعۡمَىٰ ٢ وَمَا يُدۡرِيكَ لَعَلَّهُۥ يَزَّكَّىٰٓ ٣
أَوۡ يَذَّكَّرُ فَتَنفَعَهُ ٱلذِّكۡرَىٰٓ ٤ أَمَّا مَنِ ٱسۡتَغۡنَىٰ ٥ فَأَنتَ لَهُۥ تَصَدَّىٰ
٦ وَمَا عَلَيۡكَ أَلَّا يَزَّكَّىٰ ٧ وَأَمَّا مَن جَآءَكَ يَسۡعَىٰ ٨ وَهُوَ يَخۡشَىٰ ٩
فَأَنتَ عَنۡهُ تَلَهَّىٰ ١٠ كَلَّآ إِنَّهَا تَذۡكِرَةٞ ١١ فَمَن شَآءَ ذَكَرَهُۥ ١٢ فِي صُحُفٖ
مُّكَرَّمَةٖ ١٣ مَّرۡفُوعَةٖ مُّطَهَّرَةِۭ ١٤ بِأَيۡدِي سَفَرَةٖ ١٥ كِرَامِۭ بَرَرَةٖ ١٦
قُتِلَ ٱلۡإِنسَٰنُ مَآ أَكۡفَرَهُۥ ١٧ مِنۡ أَيِّ شَيۡءٍ خَلَقَهُۥ ١٨ مِن نُّطۡفَةٍ
خَلَقَهُۥ فَقَدَّرَهُۥ ١٩ ثُمَّ ٱلسَّبِيلَ يَسَّرَهُۥ ٢٠ ثُمَّ أَمَاتَهُۥ فَأَقۡبَرَهُۥ ٢١ ثُمَّ إِذَا
شَآءَ أَنشَرَهُۥ ٢٢ كَلَّا لَمَّا يَقۡضِ مَآ أَمَرَهُۥ ٢٣ فَلۡيَنظُرِ ٱلۡإِنسَٰنُ إِلَىٰ طَعَامِهِۦٓ
٢٤ أَنَّا صَبَبۡنَا ٱلۡمَآءَ صَبّٗا ٢٥ ثُمَّ شَقَقۡنَا ٱلۡأَرۡضَ شَقّٗا ٢٦ فَأَنۢبَتۡنَا فِيهَا
حَبّٗا ٢٧ وَعِنَبٗا وَقَضۡبٗا ٢٨ وَزَيۡتُونٗا وَنَخۡلٗا ٢٩ وَحَدَآئِقَ غُلۡبٗا ٣٠ وَفَٰكِهَةٗ
وَأَبّٗا ٣١ مَّتَٰعٗا لَّكُمۡ وَلِأَنۡعَٰمِكُمۡ ٣٢ فَإِذَا جَآءَتِ ٱلصَّآخَّةُ ٣٣ يَوۡمَ يَفِرُّ
ٱلۡمَرۡءُ مِنۡ أَخِيهِ ٣٤ وَأُمِّهِۦ وَأَبِيهِ ٣٥ وَصَٰحِبَتِهِۦ وَبَنِيهِ ٣٦ لِكُلِّ
ٱمۡرِيٕٖ مِّنۡهُمۡ يَوۡمَئِذٖ شَأۡنٞ يُغۡنِيهِ ٣٧ وُجُوهٞ يَوۡمَئِذٖ مُّسۡفِرَةٞ
٣٨ ضَاحِكَةٞ مُّسۡتَبۡشِرَةٞ ٣٩ وَوُجُوهٞ يَوۡمَئِذٍ عَلَيۡهَا غَبَرَةٞ ٤٠

تَرۡهَقُهَا قَتَرَةٌ ﴿٤١﴾ أُوْلَٰٓئِكَ هُمُ ٱلۡكَفَرَةُ ٱلۡفَجَرَةُ ﴿٤٢﴾

سُورَةُ التَّكۡوِيرِ

بِسۡمِ ٱللَّهِ ٱلرَّحۡمَٰنِ ٱلرَّحِيمِ

إِذَا ٱلشَّمۡسُ كُوِّرَتۡ ﴿١﴾ وَإِذَا ٱلنُّجُومُ ٱنكَدَرَتۡ ﴿٢﴾ وَإِذَا ٱلۡجِبَالُ
سُيِّرَتۡ ﴿٣﴾ وَإِذَا ٱلۡعِشَارُ عُطِّلَتۡ ﴿٤﴾ وَإِذَا ٱلۡوُحُوشُ حُشِرَتۡ
﴿٥﴾ وَإِذَا ٱلۡبِحَارُ سُجِّرَتۡ ﴿٦﴾ وَإِذَا ٱلنُّفُوسُ زُوِّجَتۡ ﴿٧﴾ وَإِذَا
ٱلۡمَوۡءُۥدَةُ سُئِلَتۡ ﴿٨﴾ بِأَيِّ ذَنۢبٖ قُتِلَتۡ ﴿٩﴾ وَإِذَا ٱلصُّحُفُ نُشِرَتۡ
﴿١٠﴾ وَإِذَا ٱلسَّمَآءُ كُشِطَتۡ ﴿١١﴾ وَإِذَا ٱلۡجَحِيمُ سُعِّرَتۡ ﴿١٢﴾ وَإِذَا ٱلۡجَنَّةُ
أُزۡلِفَتۡ ﴿١٣﴾ عَلِمَتۡ نَفۡسٞ مَّآ أَحۡضَرَتۡ ﴿١٤﴾ فَلَآ أُقۡسِمُ بِٱلۡخُنَّسِ ﴿١٥﴾
ٱلۡجَوَارِ ٱلۡكُنَّسِ ﴿١٦﴾ وَٱلَّيۡلِ إِذَا عَسۡعَسَ ﴿١٧﴾ وَٱلصُّبۡحِ إِذَا تَنَفَّسَ ﴿١٨﴾
إِنَّهُۥ لَقَوۡلُ رَسُولٖ كَرِيمٖ ﴿١٩﴾ ذِي قُوَّةٍ عِندَ ذِي ٱلۡعَرۡشِ مَكِينٖ ﴿٢٠﴾ مُّطَاعٖ
ثَمَّ أَمِينٖ ﴿٢١﴾ وَمَا صَاحِبُكُم بِمَجۡنُونٖ ﴿٢٢﴾ وَلَقَدۡ رَءَاهُ بِٱلۡأُفُقِ ٱلۡمُبِينِ
﴿٢٣﴾ وَمَا هُوَ عَلَى ٱلۡغَيۡبِ بِضَنِينٖ ﴿٢٤﴾ وَمَا هُوَ بِقَوۡلِ شَيۡطَٰنٖ رَّجِيمٖ ﴿٢٥﴾
فَأَيۡنَ تَذۡهَبُونَ ﴿٢٦﴾ إِنۡ هُوَ إِلَّا ذِكۡرٞ لِّلۡعَٰلَمِينَ ﴿٢٧﴾ لِمَن شَآءَ مِنكُمۡ أَن
يَسۡتَقِيمَ ﴿٢٨﴾ وَمَا تَشَآءُونَ إِلَّآ أَن يَشَآءَ ٱللَّهُ رَبُّ ٱلۡعَٰلَمِينَ ﴿٢٩﴾

نصف الحزب ٥٩

سُورَةُ الانفِطَارِ

بِسۡمِ ٱللَّهِ ٱلرَّحۡمَٰنِ ٱلرَّحِيمِ

إِذَا ٱلسَّمَآءُ ٱنفَطَرَتۡ ١ وَإِذَا ٱلۡكَوَاكِبُ ٱنتَثَرَتۡ ٢ وَإِذَا ٱلۡبِحَارُ
فُجِّرَتۡ ٣ وَإِذَا ٱلۡقُبُورُ بُعۡثِرَتۡ ٤ عَلِمَتۡ نَفۡسٞ مَّا قَدَّمَتۡ
وَأَخَّرَتۡ ٥ يَٰٓأَيُّهَا ٱلۡإِنسَٰنُ مَا غَرَّكَ بِرَبِّكَ ٱلۡكَرِيمِ ٦ ٱلَّذِي
خَلَقَكَ فَسَوَّىٰكَ فَعَدَلَكَ ٧ فِيٓ أَيِّ صُورَةٖ مَّا شَآءَ رَكَّبَكَ ٨
كَلَّا بَلۡ تُكَذِّبُونَ بِٱلدِّينِ ٩ وَإِنَّ عَلَيۡكُمۡ لَحَٰفِظِينَ ١٠ كِرَامٗا
كَٰتِبِينَ ١١ يَعۡلَمُونَ مَا تَفۡعَلُونَ ١٢ إِنَّ ٱلۡأَبۡرَارَ لَفِي نَعِيمٖ ١٣ وَإِنَّ
ٱلۡفُجَّارَ لَفِي جَحِيمٖ ١٤ يَصۡلَوۡنَهَا يَوۡمَ ٱلدِّينِ ١٥ وَمَا هُمۡ عَنۡهَا بِغَآئِبِينَ
١٦ وَمَآ أَدۡرَىٰكَ مَا يَوۡمُ ٱلدِّينِ ١٧ ثُمَّ مَآ أَدۡرَىٰكَ مَا يَوۡمُ ٱلدِّينِ
١٨ يَوۡمَ لَا تَمۡلِكُ نَفۡسٞ لِّنَفۡسٖ شَيۡـٔٗاۖ وَٱلۡأَمۡرُ يَوۡمَئِذٖ لِّلَّهِ ١٩

سُورَةُ المُطَفِّفِينَ

بِسۡمِ ٱللَّهِ ٱلرَّحۡمَٰنِ ٱلرَّحِيمِ

وَيۡلٞ لِّلۡمُطَفِّفِينَ ١ ٱلَّذِينَ إِذَا ٱكۡتَالُواْ عَلَى ٱلنَّاسِ يَسۡتَوۡفُونَ ٢
وَإِذَا كَالُوهُمۡ أَو وَّزَنُوهُمۡ يُخۡسِرُونَ ٣ أَلَا يَظُنُّ أُوْلَٰٓئِكَ أَنَّهُم مَّبۡعُوثُونَ ٤

لِيَوۡمٍ عَظِيمٖ ٥ يَوۡمَ يَقُومُ ٱلنَّاسُ لِرَبِّ ٱلۡعَٰلَمِينَ ٦ كَلَّآ إِنَّ كِتَٰبَ
ٱلۡفُجَّارِ لَفِي سِجِّينٖ ٧ وَمَآ أَدۡرَىٰكَ مَا سِجِّينٞ ٨ كِتَٰبٞ مَّرۡقُومٞ ٩
وَيۡلٞ يَوۡمَئِذٖ لِّلۡمُكَذِّبِينَ ١٠ ٱلَّذِينَ يُكَذِّبُونَ بِيَوۡمِ ٱلدِّينِ ١١ وَمَا يُكَذِّبُ
بِهِۦٓ إِلَّا كُلُّ مُعۡتَدٍ أَثِيمٍ ١٢ إِذَا تُتۡلَىٰ عَلَيۡهِ ءَايَٰتُنَا قَالَ أَسَٰطِيرُ ٱلۡأَوَّلِينَ
١٣ كَلَّاۖ بَلۡۜ رَانَ عَلَىٰ قُلُوبِهِم مَّا كَانُواْ يَكۡسِبُونَ ١٤ كَلَّآ إِنَّهُمۡ عَن رَّبِّهِمۡ
يَوۡمَئِذٖ لَّمَحۡجُوبُونَ ١٥ ثُمَّ إِنَّهُمۡ لَصَالُواْ ٱلۡجَحِيمِ ١٦ ثُمَّ يُقَالُ هَٰذَا
ٱلَّذِي كُنتُم بِهِۦ تُكَذِّبُونَ ١٧ كَلَّآ إِنَّ كِتَٰبَ ٱلۡأَبۡرَارِ لَفِي عِلِّيِّينَ ١٨
وَمَآ أَدۡرَىٰكَ مَا عِلِّيُّونَ ١٩ كِتَٰبٞ مَّرۡقُومٞ ٢٠ يَشۡهَدُهُ ٱلۡمُقَرَّبُونَ ٢١
إِنَّ ٱلۡأَبۡرَارَ لَفِي نَعِيمٍ ٢٢ عَلَى ٱلۡأَرَآئِكِ يَنظُرُونَ ٢٣ تَعۡرِفُ فِي
وُجُوهِهِمۡ نَضۡرَةَ ٱلنَّعِيمِ ٢٤ يُسۡقَوۡنَ مِن رَّحِيقٖ مَّخۡتُومٍ ٢٥ خِتَٰمُهُۥ
مِسۡكٞۚ وَفِي ذَٰلِكَ فَلۡيَتَنَافَسِ ٱلۡمُتَنَٰفِسُونَ ٢٦ وَمِزَاجُهُۥ مِن
تَسۡنِيمٍ ٢٧ عَيۡنٗا يَشۡرَبُ بِهَا ٱلۡمُقَرَّبُونَ ٢٨ إِنَّ ٱلَّذِينَ أَجۡرَمُواْ كَانُواْ
مِنَ ٱلَّذِينَ ءَامَنُواْ يَضۡحَكُونَ ٢٩ وَإِذَا مَرُّواْ بِهِمۡ يَتَغَامَزُونَ ٣٠
وَإِذَا ٱنقَلَبُوٓاْ إِلَىٰٓ أَهۡلِهِمُ ٱنقَلَبُواْ فَكِهِينَ ٣١ وَإِذَا رَأَوۡهُمۡ قَالُوٓاْ
إِنَّ هَٰٓؤُلَآءِ لَضَآلُّونَ ٣٢ وَمَآ أُرۡسِلُواْ عَلَيۡهِمۡ حَٰفِظِينَ ٣٣

سكتة لطيفة على اللام

فَٱلْيَوْمَ ٱلَّذِينَ ءَامَنُوا۟ مِنَ ٱلْكُفَّارِ يَضْحَكُونَ ﴿٣٤﴾ عَلَى
ٱلْأَرَآئِكِ يَنظُرُونَ ﴿٣٥﴾ هَلْ ثُوِّبَ ٱلْكُفَّارُ مَا كَانُوا۟ يَفْعَلُونَ ﴿٣٦﴾

سُورَةُ الانشِقَاقِ

بِسْمِ ٱللَّهِ ٱلرَّحْمَٰنِ ٱلرَّحِيمِ

إِذَا ٱلسَّمَآءُ ٱنشَقَّتْ ﴿١﴾ وَأَذِنَتْ لِرَبِّهَا وَحُقَّتْ ﴿٢﴾ وَإِذَا ٱلْأَرْضُ مُدَّتْ
﴿٣﴾ وَأَلْقَتْ مَا فِيهَا وَتَخَلَّتْ ﴿٤﴾ وَأَذِنَتْ لِرَبِّهَا وَحُقَّتْ ﴿٥﴾ يَٰٓأَيُّهَا
ٱلْإِنسَٰنُ إِنَّكَ كَادِحٌ إِلَىٰ رَبِّكَ كَدْحًا فَمُلَٰقِيهِ ﴿٦﴾ فَأَمَّا مَنْ أُوتِىَ
كِتَٰبَهُۥ بِيَمِينِهِۦ ﴿٧﴾ فَسَوْفَ يُحَاسَبُ حِسَابًا يَسِيرًا ﴿٨﴾ وَيَنقَلِبُ
إِلَىٰٓ أَهْلِهِۦ مَسْرُورًا ﴿٩﴾ وَأَمَّا مَنْ أُوتِىَ كِتَٰبَهُۥ وَرَآءَ ظَهْرِهِۦ ﴿١٠﴾ فَسَوْفَ
يَدْعُوا۟ ثُبُورًا ﴿١١﴾ وَيَصْلَىٰ سَعِيرًا ﴿١٢﴾ إِنَّهُۥ كَانَ فِىٓ أَهْلِهِۦ مَسْرُورًا ﴿١٣﴾
إِنَّهُۥ ظَنَّ أَن لَّن يَحُورَ ﴿١٤﴾ بَلَىٰٓ إِنَّ رَبَّهُۥ كَانَ بِهِۦ بَصِيرًا ﴿١٥﴾ فَلَآ أُقْسِمُ
بِٱلشَّفَقِ ﴿١٦﴾ وَٱلَّيْلِ وَمَا وَسَقَ ﴿١٧﴾ وَٱلْقَمَرِ إِذَا ٱتَّسَقَ ﴿١٨﴾
لَتَرْكَبُنَّ طَبَقًا عَن طَبَقٍ ﴿١٩﴾ فَمَا لَهُمْ لَا يُؤْمِنُونَ ﴿٢٠﴾ وَإِذَا قُرِئَ
عَلَيْهِمُ ٱلْقُرْءَانُ لَا يَسْجُدُونَ ۩ ﴿٢١﴾ بَلِ ٱلَّذِينَ كَفَرُوا۟ يُكَذِّبُونَ
﴿٢٢﴾ وَٱللَّهُ أَعْلَمُ بِمَا يُوعُونَ ﴿٢٣﴾ فَبَشِّرْهُم بِعَذَابٍ أَلِيمٍ ﴿٢٤﴾

ثلاثة أرباع الحزب ٥٩

سجدة

إِلَّا ٱلَّذِينَ ءَامَنُواْ وَعَمِلُواْ ٱلصَّٰلِحَٰتِ لَهُمۡ أَجۡرٌ غَيۡرُ مَمۡنُونِۭ ٢٥

سُورَةُ البُرُوجِ

بِسۡمِ ٱللَّهِ ٱلرَّحۡمَٰنِ ٱلرَّحِيمِ

وَٱلسَّمَآءِ ذَاتِ ٱلۡبُرُوجِ ١ وَٱلۡيَوۡمِ ٱلۡمَوۡعُودِ ٢ وَشَاهِدٖ وَمَشۡهُودٖ
٣ قُتِلَ أَصۡحَٰبُ ٱلۡأُخۡدُودِ ٤ ٱلنَّارِ ذَاتِ ٱلۡوَقُودِ ٥ إِذۡ هُمۡ عَلَيۡهَا
قُعُودٞ ٦ وَهُمۡ عَلَىٰ مَا يَفۡعَلُونَ بِٱلۡمُؤۡمِنِينَ شُهُودٞ ٧ وَمَا نَقَمُواْ
مِنۡهُمۡ إِلَّآ أَن يُؤۡمِنُواْ بِٱللَّهِ ٱلۡعَزِيزِ ٱلۡحَمِيدِ ٨ ٱلَّذِي لَهُۥ مُلۡكُ
ٱلسَّمَٰوَٰتِ وَٱلۡأَرۡضِۚ وَٱللَّهُ عَلَىٰ كُلِّ شَيۡءٖ شَهِيدٌ ٩ إِنَّ ٱلَّذِينَ
فَتَنُواْ ٱلۡمُؤۡمِنِينَ وَٱلۡمُؤۡمِنَٰتِ ثُمَّ لَمۡ يَتُوبُواْ فَلَهُمۡ عَذَابُ جَهَنَّمَ وَلَهُمۡ
عَذَابُ ٱلۡحَرِيقِ ١٠ إِنَّ ٱلَّذِينَ ءَامَنُواْ وَعَمِلُواْ ٱلصَّٰلِحَٰتِ لَهُمۡ
جَنَّٰتٞ تَجۡرِي مِن تَحۡتِهَا ٱلۡأَنۡهَٰرُۚ ذَٰلِكَ ٱلۡفَوۡزُ ٱلۡكَبِيرُ ١١ إِنَّ بَطۡشَ
رَبِّكَ لَشَدِيدٌ ١٢ إِنَّهُۥ هُوَ يُبۡدِئُ وَيُعِيدُ ١٣ وَهُوَ ٱلۡغَفُورُ ٱلۡوَدُودُ ١٤
ذُو ٱلۡعَرۡشِ ٱلۡمَجِيدُ ١٥ فَعَّالٞ لِّمَا يُرِيدُ ١٦ هَلۡ أَتَىٰكَ حَدِيثُ ٱلۡجُنُودِ
١٧ فِرۡعَوۡنَ وَثَمُودَ ١٨ بَلِ ٱلَّذِينَ كَفَرُواْ فِي تَكۡذِيبٖ ١٩ وَٱللَّهُ مِن
وَرَآئِهِم مُّحِيطُۢ ٢٠ بَلۡ هُوَ قُرۡءَانٞ مَّجِيدٞ ٢١ فِي لَوۡحٖ مَّحۡفُوظِۭ ٢٢

سُورَةُ الطَّارِقِ

بِسْمِ اللَّهِ الرَّحْمَٰنِ الرَّحِيمِ

وَالسَّمَاءِ وَالطَّارِقِ ١ وَمَا أَدْرَاكَ مَا الطَّارِقُ ٢ النَّجْمُ الثَّاقِبُ
٣ إِن كُلُّ نَفْسٍ لَّمَّا عَلَيْهَا حَافِظٌ ٤ فَلْيَنظُرِ الْإِنسَانُ مِمَّ خُلِقَ ٥
خُلِقَ مِن مَّاءٍ دَافِقٍ ٦ يَخْرُجُ مِن بَيْنِ الصُّلْبِ وَالتَّرَائِبِ ٧ إِنَّهُ عَلَىٰ
رَجْعِهِ لَقَادِرٌ ٨ يَوْمَ تُبْلَى السَّرَائِرُ ٩ فَمَا لَهُ مِن قُوَّةٍ وَلَا نَاصِرٍ
١٠ وَالسَّمَاءِ ذَاتِ الرَّجْعِ ١١ وَالْأَرْضِ ذَاتِ الصَّدْعِ ١٢ إِنَّهُ
لَقَوْلٌ فَصْلٌ ١٣ وَمَا هُوَ بِالْهَزْلِ ١٤ إِنَّهُمْ يَكِيدُونَ كَيْدًا ١٥
وَأَكِيدُ كَيْدًا ١٦ فَمَهِّلِ الْكَافِرِينَ أَمْهِلْهُمْ رُوَيْدًا ١٧

سُورَةُ الأَعلَىٰ

بِسْمِ اللَّهِ الرَّحْمَٰنِ الرَّحِيمِ

سَبِّحِ اسْمَ رَبِّكَ الْأَعْلَى ١ الَّذِي خَلَقَ فَسَوَّىٰ ٢ وَالَّذِي قَدَّرَ فَهَدَىٰ
٣ وَالَّذِي أَخْرَجَ الْمَرْعَىٰ ٤ فَجَعَلَهُ غُثَاءً أَحْوَىٰ ٥ سَنُقْرِئُكَ
فَلَا تَنسَىٰ ٦ إِلَّا مَا شَاءَ اللَّهُ إِنَّهُ يَعْلَمُ الْجَهْرَ وَمَا يَخْفَىٰ ٧ وَنُيَسِّرُكَ
لِلْيُسْرَىٰ ٨ فَذَكِّرْ إِن نَّفَعَتِ الذِّكْرَىٰ ٩ سَيَذَّكَّرُ مَن يَخْشَىٰ ١٠

الحِزبُ ٦٠

وَيَتَجَنَّبُهَا ٱلْأَشْقَى ﴿١١﴾ ٱلَّذِى يَصْلَى ٱلنَّارَ ٱلْكُبْرَىٰ ﴿١٢﴾ ثُمَّ لَا يَمُوتُ
فِيهَا وَلَا يَحْيَىٰ ﴿١٣﴾ قَدْ أَفْلَحَ مَن تَزَكَّىٰ ﴿١٤﴾ وَذَكَرَ ٱسْمَ رَبِّهِۦ فَصَلَّىٰ ﴿١٥﴾
بَلْ تُؤْثِرُونَ ٱلْحَيَوٰةَ ٱلدُّنْيَا ﴿١٦﴾ وَٱلْءَاخِرَةُ خَيْرٌ وَأَبْقَىٰٓ ﴿١٧﴾ إِنَّ
هَٰذَا لَفِى ٱلصُّحُفِ ٱلْأُولَىٰ ﴿١٨﴾ صُحُفِ إِبْرَٰهِيمَ وَمُوسَىٰ ﴿١٩﴾

سُورَةُ الغَاشِيَةِ

بِسْمِ ٱللَّهِ ٱلرَّحْمَٰنِ ٱلرَّحِيمِ

هَلْ أَتَىٰكَ حَدِيثُ ٱلْغَٰشِيَةِ ﴿١﴾ وُجُوهٌ يَوْمَئِذٍ خَٰشِعَةٌ ﴿٢﴾ عَامِلَةٌ
نَّاصِبَةٌ ﴿٣﴾ تَصْلَىٰ نَارًا حَامِيَةً ﴿٤﴾ تُسْقَىٰ مِنْ عَيْنٍ ءَانِيَةٍ ﴿٥﴾ لَّيْسَ
لَهُمْ طَعَامٌ إِلَّا مِن ضَرِيعٍ ﴿٦﴾ لَّا يُسْمِنُ وَلَا يُغْنِى مِن جُوعٍ ﴿٧﴾ وُجُوهٌ
يَوْمَئِذٍ نَّاعِمَةٌ ﴿٨﴾ لِّسَعْيِهَا رَاضِيَةٌ ﴿٩﴾ فِى جَنَّةٍ عَالِيَةٍ ﴿١٠﴾ لَّا تَسْمَعُ
فِيهَا لَٰغِيَةً ﴿١١﴾ فِيهَا عَيْنٌ جَارِيَةٌ ﴿١٢﴾ فِيهَا سُرُرٌ مَّرْفُوعَةٌ ﴿١٣﴾ وَأَكْوَابٌ
مَّوْضُوعَةٌ ﴿١٤﴾ وَنَمَارِقُ مَصْفُوفَةٌ ﴿١٥﴾ وَزَرَابِىُّ مَبْثُوثَةٌ ﴿١٦﴾ أَفَلَا يَنظُرُونَ
إِلَى ٱلْإِبِلِ كَيْفَ خُلِقَتْ ﴿١٧﴾ وَإِلَى ٱلسَّمَآءِ كَيْفَ رُفِعَتْ ﴿١٨﴾ وَإِلَى
ٱلْجِبَالِ كَيْفَ نُصِبَتْ ﴿١٩﴾ وَإِلَى ٱلْأَرْضِ كَيْفَ سُطِحَتْ ﴿٢٠﴾
فَذَكِّرْ إِنَّمَآ أَنتَ مُذَكِّرٌ ﴿٢١﴾ لَّسْتَ عَلَيْهِم بِمُصَيْطِرٍ ﴿٢٢﴾

إِلَّا مَن تَوَلَّىٰ وَكَفَرَ ﴿٢٣﴾ فَيُعَذِّبُهُ ٱللَّهُ ٱلْعَذَابَ ٱلْأَكْبَرَ ﴿٢٤﴾
إِنَّ إِلَيْنَآ إِيَابَهُمْ ﴿٢٥﴾ ثُمَّ إِنَّ عَلَيْنَا حِسَابَهُم ﴿٢٦﴾

سُورَةُ الفَجْرِ

بِسْمِ ٱللَّهِ ٱلرَّحْمَٰنِ ٱلرَّحِيمِ

وَٱلْفَجْرِ ﴿١﴾ وَلَيَالٍ عَشْرٍ ﴿٢﴾ وَٱلشَّفْعِ وَٱلْوَتْرِ ﴿٣﴾ وَٱلَّيْلِ إِذَا يَسْرِ ﴿٤﴾
هَلْ فِى ذَٰلِكَ قَسَمٌ لِّذِى حِجْرٍ ﴿٥﴾ أَلَمْ تَرَ كَيْفَ فَعَلَ رَبُّكَ بِعَادٍ ﴿٦﴾
إِرَمَ ذَاتِ ٱلْعِمَادِ ﴿٧﴾ ٱلَّتِى لَمْ يُخْلَقْ مِثْلُهَا فِى ٱلْبِلَٰدِ ﴿٨﴾ وَثَمُودَ ٱلَّذِينَ
جَابُوا۟ ٱلصَّخْرَ بِٱلْوَادِ ﴿٩﴾ وَفِرْعَوْنَ ذِى ٱلْأَوْتَادِ ﴿١٠﴾ ٱلَّذِينَ طَغَوْا۟ فِى
ٱلْبِلَٰدِ ﴿١١﴾ فَأَكْثَرُوا۟ فِيهَا ٱلْفَسَادَ ﴿١٢﴾ فَصَبَّ عَلَيْهِمْ رَبُّكَ سَوْطَ
عَذَابٍ ﴿١٣﴾ إِنَّ رَبَّكَ لَبِٱلْمِرْصَادِ ﴿١٤﴾ فَأَمَّا ٱلْإِنسَٰنُ إِذَا مَا ٱبْتَلَىٰهُ
رَبُّهُۥ فَأَكْرَمَهُۥ وَنَعَّمَهُۥ فَيَقُولُ رَبِّىٓ أَكْرَمَنِ ﴿١٥﴾ وَأَمَّآ إِذَا مَا ٱبْتَلَىٰهُ
فَقَدَرَ عَلَيْهِ رِزْقَهُۥ فَيَقُولُ رَبِّىٓ أَهَٰنَنِ ﴿١٦﴾ كَلَّا ۖ بَل لَّا تُكْرِمُونَ
ٱلْيَتِيمَ ﴿١٧﴾ وَلَا تَحَٰٓضُّونَ عَلَىٰ طَعَامِ ٱلْمِسْكِينِ ﴿١٨﴾ وَتَأْكُلُونَ
ٱلتُّرَاثَ أَكْلًا لَّمًّا ﴿١٩﴾ وَتُحِبُّونَ ٱلْمَالَ حُبًّا جَمًّا ﴿٢٠﴾ كَلَّآ إِذَا
دُكَّتِ ٱلْأَرْضُ دَكًّا دَكًّا ﴿٢١﴾ وَجَآءَ رَبُّكَ وَٱلْمَلَكُ صَفًّا صَفًّا ﴿٢٢﴾

وَجِاْيٓءَ يَوْمَئِذِۭ بِجَهَنَّمَۚ يَوْمَئِذٖ يَتَذَكَّرُ ٱلْإِنسَٰنُ وَأَنَّىٰ
لَهُ ٱلذِّكْرَىٰ ٢٣ يَقُولُ يَٰلَيْتَنِي قَدَّمْتُ لِحَيَاتِي ٢٤ فَيَوْمَئِذٖ
لَّا يُعَذِّبُ عَذَابَهُۥٓ أَحَدٞ ٢٥ وَلَا يُوثِقُ وَثَاقَهُۥٓ أَحَدٞ ٢٦ يَٰٓأَيَّتُهَا
ٱلنَّفْسُ ٱلْمُطْمَئِنَّةُ ٢٧ ٱرْجِعِيٓ إِلَىٰ رَبِّكِ رَاضِيَةٗ مَّرْضِيَّةٗ ٢٨
فَٱدْخُلِي فِي عِبَٰدِي ٢٩ وَٱدْخُلِي جَنَّتِي ٣٠

سُورَةُ البَلَدِ

بِسْمِ ٱللَّهِ ٱلرَّحْمَٰنِ ٱلرَّحِيمِ

ربع الحزب ٦٠

لَآ أُقْسِمُ بِهَٰذَا ٱلْبَلَدِ ١ وَأَنتَ حِلُّۢ بِهَٰذَا ٱلْبَلَدِ ٢ وَوَالِدٖ وَمَا وَلَدَ
٣ لَقَدْ خَلَقْنَا ٱلْإِنسَٰنَ فِي كَبَدٍ ٤ أَيَحْسَبُ أَن لَّن يَقْدِرَ عَلَيْهِ
أَحَدٞ ٥ يَقُولُ أَهْلَكْتُ مَالٗا لُّبَدًا ٦ أَيَحْسَبُ أَن لَّمْ يَرَهُۥٓ أَحَدٌ
٧ أَلَمْ نَجْعَل لَّهُۥ عَيْنَيْنِ ٨ وَلِسَانٗا وَشَفَتَيْنِ ٩ وَهَدَيْنَٰهُ
ٱلنَّجْدَيْنِ ١٠ فَلَا ٱقْتَحَمَ ٱلْعَقَبَةَ ١١ وَمَآ أَدْرَىٰكَ مَا ٱلْعَقَبَةُ ١٢
فَكُّ رَقَبَةٍ ١٣ أَوْ إِطْعَٰمٞ فِي يَوْمٖ ذِي مَسْغَبَةٖ ١٤ يَتِيمٗا ذَا مَقْرَبَةٍ
١٥ أَوْ مِسْكِينٗا ذَا مَتْرَبَةٖ ١٦ ثُمَّ كَانَ مِنَ ٱلَّذِينَ ءَامَنُواْ وَتَوَاصَوْاْ
بِٱلصَّبْرِ وَتَوَاصَوْاْ بِٱلْمَرْحَمَةِ ١٧ أُوْلَٰٓئِكَ أَصْحَٰبُ ٱلْمَيْمَنَةِ ١٨

وَٱلَّذِينَ كَفَرُواْ بِـَٔايَٰتِنَا هُمۡ أَصۡحَٰبُ ٱلۡمَشۡـَٔمَةِ ١٩ عَلَيۡهِمۡ نَارٞ مُّؤۡصَدَةُۢ ٢٠

سُورَةُ الشَّمْسِ

بِسۡمِ ٱللَّهِ ٱلرَّحۡمَٰنِ ٱلرَّحِيمِ

وَٱلشَّمۡسِ وَضُحَىٰهَا ١ وَٱلۡقَمَرِ إِذَا تَلَىٰهَا ٢ وَٱلنَّهَارِ إِذَا جَلَّىٰهَا
٣ وَٱلَّيۡلِ إِذَا يَغۡشَىٰهَا ٤ وَٱلسَّمَآءِ وَمَا بَنَىٰهَا ٥ وَٱلۡأَرۡضِ
وَمَا طَحَىٰهَا ٦ وَنَفۡسٖ وَمَا سَوَّىٰهَا ٧ فَأَلۡهَمَهَا فُجُورَهَا
وَتَقۡوَىٰهَا ٨ قَدۡ أَفۡلَحَ مَن زَكَّىٰهَا ٩ وَقَدۡ خَابَ مَن دَسَّىٰهَا
١٠ كَذَّبَتۡ ثَمُودُ بِطَغۡوَىٰهَآ ١١ إِذِ ٱنۢبَعَثَ أَشۡقَىٰهَا ١٢ فَقَالَ لَهُمۡ
رَسُولُ ٱللَّهِ نَاقَةَ ٱللَّهِ وَسُقۡيَٰهَا ١٣ فَكَذَّبُوهُ فَعَقَرُوهَا فَدَمۡدَمَ
عَلَيۡهِمۡ رَبُّهُم بِذَنۢبِهِمۡ فَسَوَّىٰهَا ١٤ وَلَا يَخَافُ عُقۡبَٰهَا ١٥

سُورَةُ اللَّيْلِ

بِسۡمِ ٱللَّهِ ٱلرَّحۡمَٰنِ ٱلرَّحِيمِ

وَٱلَّيۡلِ إِذَا يَغۡشَىٰ ١ وَٱلنَّهَارِ إِذَا تَجَلَّىٰ ٢ وَمَا خَلَقَ ٱلذَّكَرَ وَٱلۡأُنثَىٰٓ ٣
إِنَّ سَعۡيَكُمۡ لَشَتَّىٰ ٤ فَأَمَّا مَنۡ أَعۡطَىٰ وَٱتَّقَىٰ ٥ وَصَدَّقَ بِٱلۡحُسۡنَىٰ ٦
فَسَنُيَسِّرُهُۥ لِلۡيُسۡرَىٰ ٧ وَأَمَّا مَنۢ بَخِلَ وَٱسۡتَغۡنَىٰ ٨ وَكَذَّبَ بِٱلۡحُسۡنَىٰ ٩

فَسَنُيَسِّرُهُۥ لِلْعُسْرَىٰ ﴿١٠﴾ وَمَا يُغْنِى عَنْهُ مَالُهُۥٓ إِذَا تَرَدَّىٰٓ ﴿١١﴾ إِنَّ عَلَيْنَا
لَلْهُدَىٰ ﴿١٢﴾ وَإِنَّ لَنَا لَلْءَاخِرَةَ وَٱلْأُولَىٰ ﴿١٣﴾ فَأَنذَرْتُكُمْ نَارًا تَلَظَّىٰ ﴿١٤﴾
لَا يَصْلَىٰهَآ إِلَّا ٱلْأَشْقَى ﴿١٥﴾ ٱلَّذِى كَذَّبَ وَتَوَلَّىٰ ﴿١٦﴾ وَسَيُجَنَّبُهَا
ٱلْأَتْقَى ﴿١٧﴾ ٱلَّذِى يُؤْتِى مَالَهُۥ يَتَزَكَّىٰ ﴿١٨﴾ وَمَا لِأَحَدٍ عِندَهُۥ مِن نِّعْمَةٍ
تُجْزَىٰٓ ﴿١٩﴾ إِلَّا ٱبْتِغَآءَ وَجْهِ رَبِّهِ ٱلْأَعْلَىٰ ﴿٢٠﴾ وَلَسَوْفَ يَرْضَىٰ ﴿٢١﴾

سُورَةُ الضُّحَىٰ

بِسْمِ ٱللَّهِ ٱلرَّحْمَـٰنِ ٱلرَّحِيمِ

وَٱلضُّحَىٰ ﴿١﴾ وَٱلَّيْلِ إِذَا سَجَىٰ ﴿٢﴾ مَا وَدَّعَكَ رَبُّكَ وَمَا قَلَىٰ ﴿٣﴾
وَلَلْءَاخِرَةُ خَيْرٌ لَّكَ مِنَ ٱلْأُولَىٰ ﴿٤﴾ وَلَسَوْفَ يُعْطِيكَ رَبُّكَ
فَتَرْضَىٰٓ ﴿٥﴾ أَلَمْ يَجِدْكَ يَتِيمًا فَـَٔاوَىٰ ﴿٦﴾ وَوَجَدَكَ ضَآلًّا فَهَدَىٰ
﴿٧﴾ وَوَجَدَكَ عَآئِلًا فَأَغْنَىٰ ﴿٨﴾ فَأَمَّا ٱلْيَتِيمَ فَلَا تَقْهَرْ ﴿٩﴾
وَأَمَّا ٱلسَّآئِلَ فَلَا تَنْهَرْ ﴿١٠﴾ وَأَمَّا بِنِعْمَةِ رَبِّكَ فَحَدِّثْ ﴿١١﴾

سُورَةُ الشَّرْحِ

بِسْمِ ٱللَّهِ ٱلرَّحْمَـٰنِ ٱلرَّحِيمِ

أَلَمْ نَشْرَحْ لَكَ صَدْرَكَ ﴿١﴾ وَوَضَعْنَا عَنكَ وِزْرَكَ ﴿٢﴾

نصف الحزب ٦٠

ٱلَّذِىٓ أَنقَضَ ظَهْرَكَ ٣ وَرَفَعْنَا لَكَ ذِكْرَكَ ٤ فَإِنَّ مَعَ ٱلْعُسْرِ يُسْرًا ٥
إِنَّ مَعَ ٱلْعُسْرِ يُسْرًا ٦ فَإِذَا فَرَغْتَ فَٱنصَبْ ٧ وَإِلَىٰ رَبِّكَ فَٱرْغَب ٨

سُورَةُ التِّينِ

بِسْمِ ٱللَّهِ ٱلرَّحْمَٰنِ ٱلرَّحِيمِ

وَٱلتِّينِ وَٱلزَّيْتُونِ ١ وَطُورِ سِينِينَ ٢ وَهَٰذَا ٱلْبَلَدِ ٱلْأَمِينِ ٣
لَقَدْ خَلَقْنَا ٱلْإِنسَٰنَ فِىٓ أَحْسَنِ تَقْوِيمٍ ٤ ثُمَّ رَدَدْنَٰهُ أَسْفَلَ سَٰفِلِينَ
٥ إِلَّا ٱلَّذِينَ ءَامَنُوا۟ وَعَمِلُوا۟ ٱلصَّٰلِحَٰتِ فَلَهُمْ أَجْرٌ غَيْرُ مَمْنُونٍ ٦
فَمَا يُكَذِّبُكَ بَعْدُ بِٱلدِّينِ ٧ أَلَيْسَ ٱللَّهُ بِأَحْكَمِ ٱلْحَٰكِمِينَ ٨

سُورَةُ العَلَقِ

بِسْمِ ٱللَّهِ ٱلرَّحْمَٰنِ ٱلرَّحِيمِ

ٱقْرَأْ بِٱسْمِ رَبِّكَ ٱلَّذِى خَلَقَ ١ خَلَقَ ٱلْإِنسَٰنَ مِنْ عَلَقٍ ٢ ٱقْرَأْ
وَرَبُّكَ ٱلْأَكْرَمُ ٣ ٱلَّذِى عَلَّمَ بِٱلْقَلَمِ ٤ عَلَّمَ ٱلْإِنسَٰنَ
مَا لَمْ يَعْلَمْ ٥ كَلَّآ إِنَّ ٱلْإِنسَٰنَ لَيَطْغَىٰٓ ٦ أَن رَّءَاهُ ٱسْتَغْنَىٰٓ
٧ إِنَّ إِلَىٰ رَبِّكَ ٱلرُّجْعَىٰٓ ٨ أَرَءَيْتَ ٱلَّذِى يَنْهَىٰ ٩ عَبْدًا
إِذَا صَلَّىٰٓ ١٠ أَرَءَيْتَ إِن كَانَ عَلَى ٱلْهُدَىٰٓ ١١ أَوْ أَمَرَ بِٱلتَّقْوَىٰٓ ١٢

أَرَءَيْتَ إِن كَذَّبَ وَتَوَلَّىٰٓ ﴿١٣﴾ أَلَمْ يَعْلَم بِأَنَّ ٱللَّهَ يَرَىٰ ﴿١٤﴾ كَلَّا لَئِن لَّمْ يَنتَهِ
لَنَسْفَعًۢا بِٱلنَّاصِيَةِ ﴿١٥﴾ نَاصِيَةٍ كَٰذِبَةٍ خَاطِئَةٍ ﴿١٦﴾ فَلْيَدْعُ نَادِيَهُۥ ﴿١٧﴾
سَنَدْعُ ٱلزَّبَانِيَةَ ﴿١٨﴾ كَلَّا لَا تُطِعْهُ وَٱسْجُدْ وَٱقْتَرِب ۩ ﴿١٩﴾ سجدة

سُورَةُ القَدْرِ

بِسْمِ ٱللَّهِ ٱلرَّحْمَٰنِ ٱلرَّحِيمِ

إِنَّآ أَنزَلْنَٰهُ فِى لَيْلَةِ ٱلْقَدْرِ ﴿١﴾ وَمَآ أَدْرَىٰكَ مَا لَيْلَةُ ٱلْقَدْرِ ﴿٢﴾
لَيْلَةُ ٱلْقَدْرِ خَيْرٌ مِّنْ أَلْفِ شَهْرٍ ﴿٣﴾ تَنَزَّلُ ٱلْمَلَٰٓئِكَةُ وَٱلرُّوحُ فِيهَا
بِإِذْنِ رَبِّهِم مِّن كُلِّ أَمْرٍ ﴿٤﴾ سَلَٰمٌ هِىَ حَتَّىٰ مَطْلَعِ ٱلْفَجْرِ ﴿٥﴾

سُورَةُ البَيِّنَةِ

بِسْمِ ٱللَّهِ ٱلرَّحْمَٰنِ ٱلرَّحِيمِ

لَمْ يَكُنِ ٱلَّذِينَ كَفَرُوا۟ مِنْ أَهْلِ ٱلْكِتَٰبِ وَٱلْمُشْرِكِينَ مُنفَكِّينَ حَتَّىٰ
تَأْتِيَهُمُ ٱلْبَيِّنَةُ ﴿١﴾ رَسُولٌ مِّنَ ٱللَّهِ يَتْلُوا۟ صُحُفًا مُّطَهَّرَةً ﴿٢﴾ فِيهَا كُتُبٌ
قَيِّمَةٌ ﴿٣﴾ وَمَا تَفَرَّقَ ٱلَّذِينَ أُوتُوا۟ ٱلْكِتَٰبَ إِلَّا مِنۢ بَعْدِ مَا جَآءَتْهُمُ
ٱلْبَيِّنَةُ ﴿٤﴾ وَمَآ أُمِرُوٓا۟ إِلَّا لِيَعْبُدُوا۟ ٱللَّهَ مُخْلِصِينَ لَهُ ٱلدِّينَ
حُنَفَآءَ وَيُقِيمُوا۟ ٱلصَّلَوٰةَ وَيُؤْتُوا۟ ٱلزَّكَوٰةَ ۚ وَذَٰلِكَ دِينُ ٱلْقَيِّمَةِ ﴿٥﴾

إِنَّ ٱلَّذِينَ كَفَرُواْ مِنْ أَهْلِ ٱلْكِتَٰبِ وَٱلْمُشْرِكِينَ فِي نَارِ جَهَنَّمَ
خَٰلِدِينَ فِيهَآۚ أُوْلَٰٓئِكَ هُمْ شَرُّ ٱلْبَرِيَّةِ ٦ إِنَّ ٱلَّذِينَ ءَامَنُواْ
وَعَمِلُواْ ٱلصَّٰلِحَٰتِ أُوْلَٰٓئِكَ هُمْ خَيْرُ ٱلْبَرِيَّةِ ٧ جَزَآؤُهُمْ
عِندَ رَبِّهِمْ جَنَّٰتُ عَدْنٖ تَجْرِي مِن تَحْتِهَا ٱلْأَنْهَٰرُ خَٰلِدِينَ
فِيهَآ أَبَدٗاۖ رَّضِيَ ٱللَّهُ عَنْهُمْ وَرَضُواْ عَنْهُۚ ذَٰلِكَ لِمَنْ خَشِيَ رَبَّهُۥ ٨

سُورَةُ الزَّلْزَلَةِ

بِسْمِ ٱللَّهِ ٱلرَّحْمَٰنِ ٱلرَّحِيمِ

إِذَا زُلْزِلَتِ ٱلْأَرْضُ زِلْزَالَهَا ١ وَأَخْرَجَتِ ٱلْأَرْضُ أَثْقَالَهَا ٢ وَقَالَ
ٱلْإِنسَٰنُ مَا لَهَا ٣ يَوْمَئِذٖ تُحَدِّثُ أَخْبَارَهَا ٤ بِأَنَّ رَبَّكَ أَوْحَىٰ لَهَا
٥ يَوْمَئِذٖ يَصْدُرُ ٱلنَّاسُ أَشْتَاتٗا لِّيُرَوْاْ أَعْمَٰلَهُمْ ٦ فَمَن يَعْمَلْ
مِثْقَالَ ذَرَّةٍ خَيْرٗا يَرَهُۥ ٧ وَمَن يَعْمَلْ مِثْقَالَ ذَرَّةٖ شَرّٗا يَرَهُۥ ٨

سُورَةُ العَادِيَاتِ

بِسْمِ ٱللَّهِ ٱلرَّحْمَٰنِ ٱلرَّحِيمِ

وَٱلْعَٰدِيَٰتِ ضَبْحٗا ١ فَٱلْمُورِيَٰتِ قَدْحٗا ٢ فَٱلْمُغِيرَٰتِ
صُبْحٗا ٣ فَأَثَرْنَ بِهِۦ نَقْعٗا ٤ فَوَسَطْنَ بِهِۦ جَمْعًا ٥

ثلاثة أرباع الحزب ٦٠

إِنَّ ٱلۡإِنسَٰنَ لِرَبِّهِۦ لَكَنُودٞ ٦ وَإِنَّهُۥ عَلَىٰ ذَٰلِكَ لَشَهِيدٞ ٧ وَإِنَّهُۥ لِحُبِّ
ٱلۡخَيۡرِ لَشَدِيدٌ ٨ ۞ أَفَلَا يَعۡلَمُ إِذَا بُعۡثِرَ مَا فِي ٱلۡقُبُورِ ٩
وَحُصِّلَ مَا فِي ٱلصُّدُورِ ١٠ إِنَّ رَبَّهُم بِهِمۡ يَوۡمَئِذٖ لَّخَبِيرُۢ ١١

سُورَةُ القَارِعَةِ

بِسۡمِ ٱللَّهِ ٱلرَّحۡمَٰنِ ٱلرَّحِيمِ

ٱلۡقَارِعَةُ ١ مَا ٱلۡقَارِعَةُ ٢ وَمَآ أَدۡرَىٰكَ مَا ٱلۡقَارِعَةُ ٣ يَوۡمَ
يَكُونُ ٱلنَّاسُ كَٱلۡفَرَاشِ ٱلۡمَبۡثُوثِ ٤ وَتَكُونُ ٱلۡجِبَالُ
كَٱلۡعِهۡنِ ٱلۡمَنفُوشِ ٥ فَأَمَّا مَن ثَقُلَتۡ مَوَٰزِينُهُۥ ٦ فَهُوَ فِي
عِيشَةٖ رَّاضِيَةٖ ٧ وَأَمَّا مَنۡ خَفَّتۡ مَوَٰزِينُهُۥ ٨ فَأُمُّهُۥ هَاوِيَةٞ
٩ وَمَآ أَدۡرَىٰكَ مَا هِيَهۡ ١٠ نَارٌ حَامِيَةُۢ ١١

سُورَةُ التَّكَاثُرِ

بِسۡمِ ٱللَّهِ ٱلرَّحۡمَٰنِ ٱلرَّحِيمِ

أَلۡهَىٰكُمُ ٱلتَّكَاثُرُ ١ حَتَّىٰ زُرۡتُمُ ٱلۡمَقَابِرَ ٢ كَلَّا سَوۡفَ تَعۡلَمُونَ ٣ ثُمَّ
كَلَّا سَوۡفَ تَعۡلَمُونَ ٤ كَلَّا لَوۡ تَعۡلَمُونَ عِلۡمَ ٱلۡيَقِينِ ٥ لَتَرَوُنَّ ٱلۡجَحِيمَ ٦
ثُمَّ لَتَرَوُنَّهَا عَيۡنَ ٱلۡيَقِينِ ٧ ثُمَّ لَتُسۡـَٔلُنَّ يَوۡمَئِذٍ عَنِ ٱلنَّعِيمِ ٨

سُورَةُ العَصۡرِ

بِسۡمِ ٱللَّهِ ٱلرَّحۡمَٰنِ ٱلرَّحِيمِ

وَٱلۡعَصۡرِ ١ إِنَّ ٱلۡإِنسَٰنَ لَفِي خُسۡرٍ ٢ إِلَّا ٱلَّذِينَ ءَامَنُواْ
وَعَمِلُواْ ٱلصَّٰلِحَٰتِ وَتَوَاصَوۡاْ بِٱلۡحَقِّ وَتَوَاصَوۡاْ بِٱلصَّبۡرِ ٣

سُورَةُ الهُمَزَةِ

بِسۡمِ ٱللَّهِ ٱلرَّحۡمَٰنِ ٱلرَّحِيمِ

وَيۡلٞ لِّكُلِّ هُمَزَةٖ لُّمَزَةٍ ١ ٱلَّذِي جَمَعَ مَالٗا وَعَدَّدَهُۥ ٢
يَحۡسَبُ أَنَّ مَالَهُۥٓ أَخۡلَدَهُۥ ٣ كَلَّاۖ لَيُنۢبَذَنَّ فِي ٱلۡحُطَمَةِ ٤
وَمَآ أَدۡرَىٰكَ مَا ٱلۡحُطَمَةُ ٥ نَارُ ٱللَّهِ ٱلۡمُوقَدَةُ ٦ ٱلَّتِي تَطَّلِعُ
عَلَى ٱلۡأَفۡـِٔدَةِ ٧ إِنَّهَا عَلَيۡهِم مُّؤۡصَدَةٞ ٨ فِي عَمَدٖ مُّمَدَّدَةِۭ ٩

سُورَةُ الفِيلِ

بِسۡمِ ٱللَّهِ ٱلرَّحۡمَٰنِ ٱلرَّحِيمِ

أَلَمۡ تَرَ كَيۡفَ فَعَلَ رَبُّكَ بِأَصۡحَٰبِ ٱلۡفِيلِ ١ أَلَمۡ يَجۡعَلۡ
كَيۡدَهُمۡ فِي تَضۡلِيلٖ ٢ وَأَرۡسَلَ عَلَيۡهِمۡ طَيۡرًا أَبَابِيلَ ٣
تَرۡمِيهِم بِحِجَارَةٖ مِّن سِجِّيلٖ ٤ فَجَعَلَهُمۡ كَعَصۡفٖ مَّأۡكُولِۭ ٥

سُورَةُ قُرَيْشٍ

بِسْمِ ٱللَّهِ ٱلرَّحْمَٰنِ ٱلرَّحِيمِ

لِإِيلَٰفِ قُرَيْشٍ ١ إِۦلَٰفِهِمْ رِحْلَةَ ٱلشِّتَآءِ وَٱلصَّيْفِ
٢ فَلْيَعْبُدُوا۟ رَبَّ هَٰذَا ٱلْبَيْتِ ٣ ٱلَّذِىٓ أَطْعَمَهُم
مِّن جُوعٍ وَءَامَنَهُم مِّنْ خَوْفٍۭ ٤

سُورَةُ المَاعُونِ

بِسْمِ ٱللَّهِ ٱلرَّحْمَٰنِ ٱلرَّحِيمِ

أَرَءَيْتَ ٱلَّذِى يُكَذِّبُ بِٱلدِّينِ ١ فَذَٰلِكَ ٱلَّذِى يَدُعُّ
ٱلْيَتِيمَ ٢ وَلَا يَحُضُّ عَلَىٰ طَعَامِ ٱلْمِسْكِينِ ٣ فَوَيْلٌ
لِّلْمُصَلِّينَ ٤ ٱلَّذِينَ هُمْ عَن صَلَاتِهِمْ سَاهُونَ
٥ ٱلَّذِينَ هُمْ يُرَآءُونَ ٦ وَيَمْنَعُونَ ٱلْمَاعُونَ ٧

سُورَةُ الكَوْثَرِ

بِسْمِ ٱللَّهِ ٱلرَّحْمَٰنِ ٱلرَّحِيمِ

إِنَّآ أَعْطَيْنَٰكَ ٱلْكَوْثَرَ ١ فَصَلِّ لِرَبِّكَ وَٱنْحَرْ ٢
إِنَّ شَانِئَكَ هُوَ ٱلْأَبْتَرُ ٣

سُورَةُ الكَافِرُونَ

بِسْمِ ٱللَّهِ ٱلرَّحْمَٰنِ ٱلرَّحِيمِ

قُلْ يَٰٓأَيُّهَا ٱلْكَٰفِرُونَ ﴿١﴾ لَآ أَعْبُدُ مَا تَعْبُدُونَ ﴿٢﴾
وَلَآ أَنتُمْ عَٰبِدُونَ مَآ أَعْبُدُ ﴿٣﴾ وَلَآ أَنَا۠ عَابِدٌ مَّا عَبَدتُّمْ ﴿٤﴾
وَلَآ أَنتُمْ عَٰبِدُونَ مَآ أَعْبُدُ ﴿٥﴾ لَكُمْ دِينُكُمْ وَلِىَ دِينِ ﴿٦﴾

سُورَةُ النَّصرِ

بِسْمِ ٱللَّهِ ٱلرَّحْمَٰنِ ٱلرَّحِيمِ

إِذَا جَآءَ نَصْرُ ٱللَّهِ وَٱلْفَتْحُ ﴿١﴾ وَرَأَيْتَ ٱلنَّاسَ
يَدْخُلُونَ فِى دِينِ ٱللَّهِ أَفْوَاجًا ﴿٢﴾ فَسَبِّحْ بِحَمْدِ رَبِّكَ
وَٱسْتَغْفِرْهُ إِنَّهُۥ كَانَ تَوَّابًۢا ﴿٣﴾

سُورَةُ المَسَدِ

بِسْمِ ٱللَّهِ ٱلرَّحْمَٰنِ ٱلرَّحِيمِ

تَبَّتْ يَدَآ أَبِى لَهَبٍ وَتَبَّ ﴿١﴾ مَآ أَغْنَىٰ عَنْهُ مَالُهُۥ وَمَا كَسَبَ ﴿٢﴾
سَيَصْلَىٰ نَارًا ذَاتَ لَهَبٍ ﴿٣﴾ وَٱمْرَأَتُهُۥ حَمَّالَةَ ٱلْحَطَبِ ﴿٤﴾
فِى جِيدِهَا حَبْلٌ مِّن مَّسَدٍۭ ﴿٥﴾

سُورَةُ الإِخْلَاصِ

بِسْمِ ٱللَّهِ ٱلرَّحْمَٰنِ ٱلرَّحِيمِ

قُلْ هُوَ ٱللَّهُ أَحَدٌ ﴿١﴾ ٱللَّهُ ٱلصَّمَدُ ﴿٢﴾ لَمْ يَلِدْ وَلَمْ يُولَدْ ﴿٣﴾
وَلَمْ يَكُن لَّهُۥ كُفُوًا أَحَدٌۢ ﴿٤﴾

سُورَةُ الفَلَقِ

بِسْمِ ٱللَّهِ ٱلرَّحْمَٰنِ ٱلرَّحِيمِ

قُلْ أَعُوذُ بِرَبِّ ٱلْفَلَقِ ﴿١﴾ مِن شَرِّ مَا خَلَقَ ﴿٢﴾ وَمِن شَرِّ
غَاسِقٍ إِذَا وَقَبَ ﴿٣﴾ وَمِن شَرِّ ٱلنَّفَّٰثَٰتِ فِى ٱلْعُقَدِ ﴿٤﴾
وَمِن شَرِّ حَاسِدٍ إِذَا حَسَدَ ﴿٥﴾

سُورَةُ النَّاسِ

بِسْمِ ٱللَّهِ ٱلرَّحْمَٰنِ ٱلرَّحِيمِ

قُلْ أَعُوذُ بِرَبِّ ٱلنَّاسِ ﴿١﴾ مَلِكِ ٱلنَّاسِ ﴿٢﴾ إِلَٰهِ
ٱلنَّاسِ ﴿٣﴾ مِن شَرِّ ٱلْوَسْوَاسِ ٱلْخَنَّاسِ ﴿٤﴾ ٱلَّذِى
يُوَسْوِسُ فِى صُدُورِ ٱلنَّاسِ ﴿٥﴾
مِنَ ٱلْجِنَّةِ وَٱلنَّاسِ ﴿٦﴾

بِسْمِ اللَّهِ الرَّحْمَٰنِ الرَّحِيمِ

رِوَايَةُ هَٰذَا الْمُصْحَفِ

وَمُصْطَلَحَاتُ رَسْمِهِ وَضَبْطِهِ وَعَدِّ آيِهِ

كُتِبَ هَٰذَا الْمُصْحَفُ الْكَرِيمُ ، وَضُبِطَ عَلَىٰ مَا يُوَافِقُ رِوَايَةَ حَفْصِ بْنِ سُلَيْمَانَ بْنِ الْمُغِيرَةِ الْأَسَدِيِّ الْكُوفِيِّ لِقِرَاءَةِ عَاصِمِ بْنِ أَبِي النَّجُودِ الْكُوفِيِّ التَّابِعِيِّ عَنْ أَبِي عَبْدِ الرَّحْمَٰنِ عَبْدِ اللَّهِ ابْنِ حَبِيبٍ السُّلَمِيِّ عَنْ عُثْمَانَ بْنِ عَفَّانَ ، وَعَلِيِّ بْنِ أَبِي طَالِبٍ ، وَزَيْدِ بْنِ ثَابِتٍ ، وَأُبَيِّ ابْنِ كَعْبٍ عَنِ النَّبِيِّ صَلَّى اللَّهُ عَلَيْهِ وَسَلَّمَ .

وَأُخِذَ هِجَاؤُهُ مِمَّا رَوَاهُ عُلَمَاءُ الرَّسْمِ عَنِ الْمَصَاحِفِ الَّتِي بَعَثَ بِهَا الْخَلِيفَةُ الرَّاشِدُ عُثْمَانُ بْنُ عَفَّانَ « رَضِيَ اللَّهُ عَنْهُ » إِلَىٰ مَكَّةَ ، وَالْبَصْرَةِ ، وَالْكُوفَةِ ، وَالشَّامِ ، وَالْمُصْحَفِ الَّذِي جَعَلَهُ لِأَهْلِ الْمَدِينَةِ ، وَالْمُصْحَفِ الَّذِي اخْتَصَّ بِهِ نَفْسَهُ ، وَعَنِ الْمَصَاحِفِ الْمُنْتَسَخَةِ مِنْهَا ، وَقَدْ رُوعِيَ فِي ذَٰلِكَ مَا نَقَلَهُ الشَّيْخَانِ : أَبُو عَمْرٍو الدَّانِيُّ ، وَأَبُو دَاوُدَ سُلَيْمَانُ بْنُ نَجَاحٍ مَعَ تَرْجِيحِ الثَّانِي عِنْدَ الِاخْتِلَافِ غَالِبًا . وَقَدْ يُؤْخَذُ بِقَوْلِ غَيْرِهِمَا .

هَٰذَا ، وَكُلُّ حَرْفٍ مِنْ حُرُوفِ هَٰذَا الْمُصْحَفِ مُوَافِقٌ لِنَظِيرِهِ فِي الْمَصَاحِفِ الْعُثْمَانِيَّةِ السَّابِقِ ذِكْرُهَا .

وَأُخِذَتْ طَرِيقَةُ ضَبْطِهِ مِمَّا قَرَّرَهُ عُلَمَاءُ الضَّبْطِ عَلَىٰ حَسَبِ مَا وَرَدَ فِي كِتَابِ « الطِّرَازِ عَلَىٰ ضَبْطِ الْخَرَّازِ » لِلْإِمَامِ التَّنَسِيِّ ، وَغَيْرِهِ مِنَ الْكُتُبِ ، مَعَ الْأَخْذِ بِعَلَامَاتِ

الخليل بن أحمد، وأتباعه من المشارقة غالبًا بدلًا من علامات الأندلسيين والمغاربة.

واتُّبعت في عدِّ آياته طريقةُ الكوفيين عن أبي عبد الرحمن عبد الله بن حبيب السُّلَمي عن علي بن أبي طالب «رضي الله عنه» وعددُ آي القرآن على طريقتهم «٦٢٣٦» آية.

وقد اعتُمد في عدِّ الآي على ما ورد في كتاب «البيان» للإمام أبي عمرو الدَّاني و«ناظمة الزُّهر» للإمام الشاطبي، وشرحيها للعلامة أبي عيد رضوان المخللاتي والشيخ عبد الفتاح القاضي، و«تحقيق البيان» للشيخ محمد المتولي وما ورد في غيرها من الكتب المدوَّنة في علم الفواصل.

وأُخذ بيانُ أجزائه الثلاثين، وأحزابه الستين، وأنصافها وأرباعها من كتاب «غيث النفع» للعلامة الصفاقسي، وغيره من الكتب.

وأُخذ بيانُ مكيِّه، ومدنيِّه في الجدول الملحق بآخر المصحف من كتب التفسير والقراءات.

ولم يُذكر المكيّ، والمدنيّ بين دفّتي المُصحف أول كل سورة اتباعًا لإجماع السلف على تجريد المُصحف مما سوى القرآن الكريم، حيث نُقل الأمر بتجريد المُصحف مما سوى القرآن عن ابن عمر، وابن مسعود، والنخعي، وابن سيرين: كما في «المحكم» للداني، و«كتاب المصاحف» لابن أبي داود وغيرهما، ولأنّ بعض السور مختلف في مكيّتها ومدنيّتها، كما لم تُذكر الآيات المُستثناة من المكيّ والمدنيّ، لأنّ الراجح أنّ ما نزل قبل الهجرة، أو في طريق الهجرة فهو مكيّ، وإن نزل بغير مكة، وأنّ ما نزل بعد الهجرة فهو مدنيّ وإن نزل بمكة، ولأنّ المسألة فيها خلاف محله كتب التفسير وعلوم القرآن الكريم.

وَأُخِذَ بَيَانُ وُقُوفِهِ مِمَّا قَرَّرَتْهُ اللَّجْنَةُ الْمُشْرِفَةُ عَلَىٰ مُرَاجَعَةِ هٰذَا الْمُصْحَفِ عَلَىٰ حَسَبِ مَا اقْتَضَتْهُ الْمَعَانِي مُسْتَرْشِدَةً فِي ذٰلِكَ بِأَقْوَالِ الْمُفَسِّرِينَ وَعُلَمَاءِ الْوَقْفِ وَالِابْتِدَاءِ: كَالدَّانِي فِي كِتَابِهِ «الْمُكْتَفَىٰ فِي الْوَقْفِ وَالِابْتِدَا» وَأَبِي جَعْفَرٍ النَّحَّاسِ فِي كِتَابِهِ «الْقَطْعِ وَالِائْتِنَافِ» وَمَا طُبِعَ مِنَ الْمَصَاحِفِ سَابِقًا.

وَأُخِذَ بَيَانُ السَّجَدَاتِ، وَمَوَاضِعِهَا مِنْ كُتُبِ الْحَدِيثِ وَالْفِقْهِ عَلَىٰ خِلَافٍ فِي خَمْسٍ مِنْهَا بَيْنَ الْأَئِمَّةِ الْأَرْبَعَةِ، وَلَمْ تَتَعَرَّضِ اللَّجْنَةُ لِذِكْرِ غَيْرِهِمْ وِفَاقًا أَوْ خِلَافًا، وَهِيَ السَّجْدَةُ الثَّانِيَةُ بِسُورَةِ الْحَجِّ، وَالسَّجَدَاتُ الْوَارِدَةُ فِي السُّوَرِ الْآتِيَةِ: صٓ، وَالنَّجْمِ، وَالِانْشِقَاقِ، وَالْعَلَقِ.

وَأُخِذَ بَيَانُ مَوَاضِعِ السَّكَتَاتِ عِنْدَ حَفْصٍ مِنَ «الشَّاطِبِيَّةِ» وَشُرُوحِهَا وَتُعْرَفُ كَيْفِيَّتُهَا بِالتَّلَقِّي مِنْ أَفْوَاهِ الشُّيُوخِ.

اصْطِلَاحَاتُ الضَّبْطِ

وَضْعُ دَائِرَةٍ خَالِيَةِ الْوَسَطِ هٰكَذَا «ۜ» فَوْقَ أَحَدِ أَحْرُفِ الْعِلَّةِ الثَّلَاثَةِ الْمَزِيدَةِ رَسْمًا يَدُلُّ عَلَىٰ زِيَادَةِ ذٰلِكَ الْحَرْفِ، فَلَا يُنْطَقُ بِهِ فِي الْوَصْلِ وَلَا فِي الْوَقْفِ نَحْوُ: (ءَامَنُوا۟) (يَتْلُوا۟ صُحُفًا) (لَأَا۟ذْبَحَنَّهُۥٓ) (أُو۟لَـٰٓئِكَ) (مِن نَّبَإِی۟ ٱلْمُرْسَلِينَ) (بَنَيْنَـٰهَا بِأَيْي۟دٍ).

وَوَضْعُ دَائِرَةٍ قَائِمَةٍ مُسْتَطِيلَةٍ خَالِيَةِ الْوَسَطِ هٰكَذَا «۠» فَوْقَ أَلِفٍ بَعْدَهَا مُتَحَرِّكٌ يَدُلُّ عَلَىٰ زِيَادَتِهَا وَصْلًا لَا وَقْفًا نَحْوُ: (أَنَا۠ خَيْرٌ مِّنْهُ) (لَّـٰكِنَّا۠ هُوَ ٱللَّهُ رَبِّى) وَأُهْمِلَتِ الْأَلِفُ الَّتِي بَعْدَهَا سَاكِنٌ نَحْوُ: (أَنَا ٱلنَّذِيرُ) مِنْ وَضْعِ الْعَلَامَةِ السَّابِقَةِ

فوقها ، وإن كان حكمها مثل التي بعدها متحرك في أنها تسقط وصلًا ، وتثبت وقفًا لعدم توهم ثبوتها وصلًا .

ووضع رأس خاء صغيرة بدون نقطة هكذا « ح » فوق أي حرف يدل على سكون ذلك الحرف وعلى أنه مظهر بحيث يقرعه اللسان نحو : (مِنْ خَيْرٍ) (أَوَعَظْتَ) (قَدْ سَمِعَ) (نَضِجَتْ جُلُودُهُم) (وَإِذْ صَرَفْنَآ) .

وتعرية الحرف من علامة السكون مع تشديد الحرف التالي تدل على إدغام الأول في الثاني إدغامًا كاملًا بحيث يذهب معه ذات المدغم وصفته ، فالتشديد يدل على الإدغام ، والتعرية تدل على كماله ، نحو : (مِّن لِّينَةٍ) ، (مِّن رَّبِّكَ) (مِن نُّورٍ) (مِّن مَّآءٍ) (أُجِيبَت دَّعْوَتُكُمَا) (عَصَواْ وَّكَانُواْ) (وَقَالَت طَّآئِفَةٌ) (بَل رَّفَعَهُ ٱللَّهُ إِلَيْهِ) وكذا قوله تعالى : (أَلَمْ نَخْلُقكُّم) .

وتعريته مع عدم تشديد التالي تدل على إدغام الأول في الثاني إدغامًا ناقصًا بحيث يذهب معه ذات المدغم مع بقاء صفته نحو : (مَن يَقُولُ) (مِن وَالٍ) ، (فَرَّطتُمْ) (بَسَطتَ) (أَحَطتُ) ، أو تدل على إخفاء الأول عند الثاني ، فلا هو مظهر حتى يقرعه اللسان ، ولا هو مدغم حتى يقلب من جنس تاليه سواء أكان هذا الإخفاء حقيقيًا نحو : (مِن تَحْتِهَا) أم شفويًا نحو : (جَآءَهُم بِٱلْحَقِّ) على ما جرى عليه أكثر أهل الأداء من إخفاء الميم عند الباء .

وتركيب الحركتين «حركة الحرف والحركة الدالة على التنوين» سواء أكانتا ضمتين ، أم فتحتين ، أم كسرتين هكذا (ٌ ً ٍ) يدل على إظهار التنوين نحو : (حَرِيصٌ عَلَيْكُم) (حَلِيمًا غَفُورًا) (وَلِكُلِّ قَوْمٍ هَادٍ) .

وَتَتَابُعُهما هكذا: (ـُـُ ـَـَ ـِـِ) مع تَشْدِيدِ التَّالي يدُلُّ على الإدْغامِ الكامِلِ نحو: (لَرَءُوفٌ رَّحِيمٌ) (مُبْصِرَةً لِّتَبْتَغُوا) (يَوْمَئِذٍ نَّاعِمَةٌ).

وَتَتَابُعُهما مع عدمِ تَشْدِيدِ التَّالي يدُلُّ على الإدْغامِ النَّاقِصِ نحو: (رَحِيمٌ وَدُودٌ) (وَأَنْهَارًا وَسُبُلًا) (فِي جَنَّاتٍ وَعُيُونٍ) أو على الإخْفَاءِ نحو: (شِهَابٌ ثَاقِبٌ) (سِرَاعًا ذَٰلِكَ) (عَلَىٰ كُلِّ شَيْءٍ قَدِيرٌ).

فتركيبُ الحركتين بمنزلةِ وضعِ السُّكُونِ على الحرفِ، وتتابُعُهما بمنزلةِ تعريتِهِ عنه.

ووَضْعُ ميمٍ صغيرةٍ هكذا: « م » بدلَ الحركةِ الثانيةِ من المُنوَّنِ، أو فوقَ النُّونِ السَّاكِنةِ بدلَ السُّكونِ، مع عدمِ تَشْدِيدِ الباءِ التَّاليةِ يدُلُّ على قلبِ التَّنْوينِ أو النُّونِ السَّاكِنةِ مِيمًا نحو: (عَلِيمٌۢ بِذَاتِ الصُّدُورِ) (جَزَاءًۢ بِمَا كَانُوا) (كِرَامٍۭ بَرَرَةٍ) (أَنۢبِئْهُم) (وَمِنۢ بَعْدُ).

والحروفُ الصَّغيرةُ تدُلُّ على أعيانِ الحروفِ المتروكةِ في خطِّ المصاحفِ العُثْمانيةِ مع وُجُوبِ النُّطْقِ بها نحو: (ذَٰلِكَ الْكِتَابُ) (دَاوُۥدَ)، (يَلْوُۥنَ أَلْسِنَتَهُم) (يُحْيِۦ وَيُمِيتُ) (إِنَّ رَبَّهُۥ كَانَ بِهِۦ بَصِيرًا) (إِنَّ وَلِـِّۧيَ اللَّهُ) (إِۦلَٰفِهِمْ) (وَكَذَٰلِكَ نُـۨجِي الْمُؤْمِنِينَ).

وكان عُلَماءُ الضَّبْطِ يُلْحِقُونَ هذه الأَحْرُفَ حمراءَ بقدرِ حُروفِ الكِتابةِ الأَصْليةِ ولكن تعذَّرَ ذلك في المطابعِ أوَّلَ ظُهورِها، فاكتُفِيَ بتصغيرِها للدلالةِ على المقصودِ للفرقِ بين الحرفِ المُلْحَقِ والحرفِ الأصْلِيِّ.

والآنَ إلحاقُ هذه الأحرفِ بالحُمْرةِ مُتيسِّرٌ، ولو ضُبِطَت المصاحفُ بالحُمْرةِ والصُّفْرةِ والخُضْرةِ وفقَ التَّفْصيلِ المعروفِ في علمِ الضَّبْطِ لكان

لِذٰلِكَ سَلَفٌ صَحِيحٌ مَقْبُولٌ، فَيَبْقَى الضَّبْطُ بِاللَّوْنِ الأَسْوَدِ لِأَنَّ المُسْلِمِينَ اعْتَادُوا عَلَيْهِ.

وَإِذَا كَانَ الحَرْفُ المَتْرُوكُ لَهُ بَدَلٌ فِي الكِتَابَةِ الأَصْلِيَّةِ عُوِّلَ فِي النُّطْقِ عَلَى الحَرْفِ المُلْحَقِ لَا عَلَى البَدَلِ نَحْوُ: (ٱلصَّلَوٰةَ) (كَمِشْكَوٰةٍ) (ٱلرِّبَوٰاْ) (وَإِذِ ٱسْتَسْقَىٰ مُوسَىٰ لِقَوْمِهِۦ).

وَوَضْعُ السِّينِ فَوْقَ الصَّادِ فِي قَوْلِهِ تَعَالَى: (وَٱللَّهُ يَقْبِضُ وَيَبْصُۜطُ) (فِي ٱلْخَلْقِ بَصْۜطَةً) يَدُلُّ عَلَى قِرَاءَتِهَا بِالسِّينِ لَا بِالصَّادِ لِحَفْصٍ مِنْ طَرِيقِ الشَّاطِبِيَّةِ.

فَإِنْ وُضِعَتِ السِّينُ تَحْتَ الصَّادِ دَلَّ عَلَى أَنَّ النُّطْقَ بِالصَّادِ أَشْهَرُ، وَذٰلِكَ فِي كَلِمَةِ (ٱلْمُصَۣيْطِرُونَ). أَمَّا كَلِمَةُ (بِمُصَيْطِرٍ) بِسُورَةِ الغَاشِيَةِ فَبِالصَّادِ فَقَطْ لِحَفْصٍ أَيْضًا مِنْ طَرِيقِ الشَّاطِبِيَّةِ.

وَوَضْعُ هٰذِهِ العَلَامَةِ «ٓ» فَوْقَ الحَرْفِ يَدُلُّ عَلَى لُزُومِ مَدِّهِ مَدًّا زَائِدًا عَلَى المَدِّ الطَّبِيعِيِّ الأَصْلِيِّ: (الٓمٓ) (ٱلطَّآمَّةُ) (قُرُوٓءٍ) (سِيٓءَ بِهِمْ) (شُفَعَٰٓؤُاْ) (وَمَا يَعْلَمُ تَأْوِيلَهُۥٓ إِلَّا ٱللَّهُ) (إِنَّ ٱللَّهَ لَا يَسْتَحْيِۦٓ أَن يَضْرِبَ مَثَلًا مَّا) (بِمَآ أُنزِلَ) عَلَى تَفْصِيلٍ يُعْلَمُ مِنْ فَنِّ التَّجْوِيدِ.

وَلَا تُسْتَعْمَلُ هٰذِهِ العَلَامَةُ لِلدَّلَالَةِ عَلَى أَلِفٍ مَحْذُوفَةٍ بَعْدَ أَلِفٍ مَكْتُوبَةٍ مِثْلَ: (آمَنُواْ) كَمَا وُضِعَ غَلَطًا فِي بَعْضِ المَصَاحِفِ، بَلْ تُكْتَبُ (ءَامَنُواْ) بِهَمْزَةٍ وَأَلِفٍ بَعْدَهَا.

وَوَضْعُ نُقْطَةٍ كَبِيرَةٍ مَطْمُوسَةِ الوَسَطِ هٰكَذَا «•» تَحْتَ الحَرْفِ بَدَلًا مِنَ الفَتْحَةِ يَدُلُّ عَلَى الإِمَالَةِ وَهِيَ المُسَمَّاةُ بِالإِمَالَةِ الكُبْرَى، وَذٰلِكَ فِي كَلِمَةِ (مَجْرِ۪ىٰهَا) بِسُورَةِ هُودٍ.

وَوَضْعُ النُّقْطَةِ المَذْكُورَةِ فَوْقَ آخِرِ المِيمِ قُبَيْلَ النُّونِ المُشَدَّدَةِ مِنْ

قولهِ تعالى (مَالَكَ لَا تَأۡمَ۫نَّا) يدُلّ على الإشمام ، وهُوضَمُّ الشَّفتَيْنِ كمَن يُرِيدُ النُّطقَ بالضَّمَّةِ إشَارَةً إلى أنّ الحركَةَ المحذُوفةَ ضَمّةٌ ، مِن غيْر أن يظهَر لِذلِكَ أثَرٌ فى النُّطق .

فهٰذِهِ الكلِمَة مُكوَّنَةٌ مِن فعلٍ مُضَارِعٍ مرفوعٍ آخِرُه نُونٌ مضمُومَة ، لِأنّ (لَا) نافِيَة . ومِنْ مفعُولٍ بهِ أوّلُه نُونٌ فأَصلُهَا (تَأْمَنُنَا) بِنُونَيْن ، وقد أجْمَعَ كُتَّابُ المَصَاحِفِ على رَسْمِهَا بنُونٍ واحِدَةٍ ، وفيهَا لِلقُرَّاءِ العشَرَة مَاعدَا أبَا جعْفرٍ وَجْهَانِ :

أحَدُهُمَا : الإشْمَام - وقد تقدّمَ - والإشْمَامُ هُنَا مُقارنٌ لِسُكُونِ الحَرْفِ المُدْغَم .

وثانِيهمَا : الإخْفَاءُ ، والمرادُ بهِ النُّطقُ بِثُلُثَي الحَرَكَةِ المَضْمُومَةِ ، وعلى هٰذا يذْهَبُ مِنَ النُّونِ الأُولىٰ عندَ النُّطقِ بها ثُلُثُ حَرَكتِهَا ، ويُعرَفُ ذٰلِك كلّهُ بِالتَّلقِّي ، والإخْفَاءُ مُقدّمٌ فِي الأدَاءِ .

وقد ضُبِطَتْ هٰذِهِ الكَلِمَةُ ضَبْطًا صالِحًا لِكُلٍّ مِنَ الوجْهَيْنِ السَّابِقَيْن .

ووَضْعُ النُّقطَةِ السَّالِفَةِ الذِّكر بدُونِ الحَرَكةِ مَكَانَ الهَمْزَةِ يَدُلّ على تَسْهِيلِ الهَمْزَةِ بيْنَ بيْن ، وهُوهُنَا النُّطقُ بالهَمْزَةِ بيْنَها وبيْنَ الألِفِ . وذٰلِكَ فى كلِمَةِ (ءَا۬عْجَمِيٌّ) بِسُورَةِ فُصِّلَتْ .

ووَضْعُ رَأْسِ صادٍ صَغِيرَةٍ هٰكذا « ص » فوقَ ألِفِ الوَصْلِ (وتُسمّىٰ أيضًا هَمْزَةَ الوَصْلِ) يدُلّ على سُقُوطِهَا وصْلًا .

والدَّائِرَةُ المُحَلَّاةُ الّتِي فِي جوْفِهَا رَقْمٌ تدُلّ بِهيْئَتِهَا على انتِهاءِ الآيَةِ ، وبِرَقْمِهَا

عَلَى عَدَدِ تِلْكَ الآيَةِ فِي السُّورَةِ نَحْوُ: ﴿إِنَّآ أَعۡطَيۡنَٰكَ ٱلۡكَوۡثَرَ ١ فَصَلِّ لِرَبِّكَ وَٱنۡحَرۡ ٢ إِنَّ شَانِئَكَ هُوَ ٱلۡأَبۡتَرُ ٣﴾ وَلَا يَجُوزُ وَضْعُهَا قَبْلَ الآيَةِ أَلْبَتَّةَ. فَلِذَٰلِكَ لَا تُوجَدُ فِي أَوَائِلِ السُّوَرِ وَتُوجَدُ فِي أَوَاخِرِهَا.

وَتَدُلُّ هَٰذِهِ العَلَامَةُ « ۞ » عَلَى بِدَايَةِ الأَجْزَاءِ وَالأَحْزَابِ وَأَنْصَافِهَا وَأَرْبَاعِهَا.

وَوَضْعُ خَطٍّ أُفُقِيٍّ فَوْقَ كَلِمَةٍ يَدُلُّ عَلَى مُوجِبِ السَّجْدَةِ.

وَوَضْعُ هَٰذِهِ العَلَامَةِ « ۩ » بَعْدَ كَلِمَةٍ يَدُلُّ عَلَى مَوْضِعِ السَّجْدَةِ نَحْوُ: ﴿وَلِلَّهِ يَسۡجُدُ مَا فِي ٱلسَّمَٰوَٰتِ وَمَا فِي ٱلۡأَرۡضِ مِن دَآبَّةٖ وَٱلۡمَلَٰٓئِكَةُ وَهُمۡ لَا يَسۡتَكۡبِرُونَ ٤٩ يَخَافُونَ رَبَّهُم مِّن فَوۡقِهِمۡ وَيَفۡعَلُونَ مَا يُؤۡمَرُونَ ۩ ٥٠﴾

وَوَضْعُ حَرْفِ السِّينِ فَوْقَ الحَرْفِ الأَخِيرِ فِي بَعْضِ الكَلِمَاتِ يَدُلُّ عَلَى السَّكْتِ فِي حَالِ وَصْلِهِ بِمَا بَعْدَهُ سَكْتَةً يَسِيرَةً مِنْ غَيْرِ تَنَفُّسٍ.

وَوَرَدَ عَنْ حَفْصٍ عَنْ عَاصِمٍ السَّكْتُ بِلَا خِلَافٍ مِنْ طَرِيقِ الشَّاطِبِيَّةِ عَلَى أَلِفِ (عِوَجَاۜ) بِسُورَةِ الكَهْفِ. وَأَلِفِ (مَّرۡقَدِنَاۜ) بِسُورَةِ يسٓ. وَنُونِ (مَنۡۜ رَاقٖ) بِسُورَةِ القِيَامَةِ. وَلَامِ (بَلۡۜ رَانَ) بِسُورَةِ المُطَفِّفِينَ.

وَيَجُوزُ لَهُ فِي هَاءِ (مَالِيَهۡۜ) بِسُورَةِ الحَاقَّةِ وَجْهَانِ:

أَحَدُهُمَا: إِظْهَارُهَا مَعَ السَّكْتِ، وَثَانِيهِمَا: إِدْغَامُهَا فِي الهَاءِ الَّتِي بَعْدَهَا فِي لَفْظِ (هَلَكَ) إِدْغَامًا كَامِلًا، وَذَٰلِكَ بِتَجْرِيدِ الهَاءِ الأُولَى مِنَ السُّكُونِ مَعَ وَضْعِ عَلَامَةِ التَّشْدِيدِ عَلَى الهَاءِ الثَّانِيَةِ.

وَقَدْ ضُبِطَ هَٰذَا المَوْضِعُ عَلَى وَجْهِ الإِظْهَارِ مَعَ السَّكْتِ، لِأَنَّهُ هُوَ الَّذِي عَلَيْهِ أَكْثَرُ أَهْلِ الأَدَاءِ، وَذَٰلِكَ بِوَضْعِ عَلَامَةِ السُّكُونِ عَلَى الهَاءِ الأُولَى مَعَ تَجْرِيدِ

الهاء الثانية من علامة التشديد، للدلالة على الإظهار .

ووضع حرف السين على هاء (ماليهْ) للدلالة على السكت عليها سكتة يسيرة بدون تنفس لأن الإظهار لا يتحقق وصلًا إلا بالسكت .

وإلحاق واو صغيرة بعد هاء ضمير المفرد الغائب إذا كانت مضمومة يدل على صلة هذه الهاء بواو لفظية في حال الوصل ، وإلحاق ياء صغيرة مردودة إلى خلف بعد هاء الضمير المذكور إذا كانت مكسورة يدل على صلتها بياء لفظية في حال الوصل أيضًا .

وتكون هذه الصلة بنوعيها من قبيل المد الطبيعي إذا لم يكن بعدها همز فتمد بمقدار حركتين نحو قوله تعالى : (إِنَّ رَبَّهُۥ كَانَ بِهِۦ بَصِيرًا) .

وتكون من قبيل المد المنفصل إذا كان بعدها همز ، فتوضع عليها علامة المد وتمد بمقدار أربع حركات أو خمس نحو قوله تعالى : (وَأَمْرُهُۥٓ إِلَى ٱللَّهِ) وقوله جل وعلا : (وَٱلَّذِينَ يَصِلُونَ مَآ أَمَرَ ٱللَّهُ بِهِۦٓ أَن يُوصَلَ) .

والقاعدة : أن حفصًا عن عاصم يصل كل هاء ضمير للمفرد الغائب بواو لفظية إذا كانت مضمومة ، وياء لفظية إذا كانت مكسورة بشرط أن يتحرك ما قبل هذه الهاء وما بعدها ، وتلك الصلة بنوعيها إنما تكون في حال الوصل . وقد استثني لحفص من هذه القاعدة ما يأتي :

(١) ـ الهاء من لفظ (يَرْضَهُ) في سورة الزمر فإن حفصًا ضمها بدون صلة .

(٢) ـ الهاء من لفظ (أَرْجِهْ) في سورتي الأعراف والشعراء فإنه سكنها .

(٣) ـ الهاء من لفظ (فَأَلْقِهْ) في سورة النمل ، فإنه سكنها أيضًا .

وَإِذَا سَكَنَ مَاقَبْلَ هَاءِ الضَّمِيرِ الْمَذْكُورَةِ ، وَتَحَرَّكَ مَابَعْدَهَا فَإِنَّهُ لَا يَصِلُهَا إِلَّا فِى لَفْظِ (فِيهِۦ) فِى قَوْلِهِ تَعَالَى :(وَيَخْلُدْ فِيهِۦ مُهَانًا) فِى سُورَةِ الْفُرْقَانِ .

أَمَّا إِذَا سَكَنَ مَابَعْدَ هَٰذِهِ الْهَاءِ سَوَاءٌ أَكَانَ مَاقَبْلَهَا مُتَحَرِّكًا أَمْ سَاكِنًا فَإِنَّ الْهَاءَ لَا تُوصَلُ مُطْلَقًا ، لِئَلَّا يَجْتَمِعَ سَاكِنَانِ . نَحْوُ قَوْلِهِ تَعَالَى : (لَهُ ٱلْمُلْكُ) (وَءَاتَيْنَـٰهُ ٱلْإِنجِيلَ) (فَأَنزَلْنَا بِهِ ٱلْمَآءَ) (إِلَيْهِ ٱلْمَصِيرُ) .

تَنبِيهَاتٌ :

(١) - إِذَا دَخَلَتْ هَمْزَةُ الاسْتِفْهَامِ عَلَى هَمْزَةِ الْوَصْلِ الدَّاخِلَةِ عَلَى لَامِ التَّعْرِيفِ جَازَ لِحَفْصٍ فِى هَمْزَةِ الْوَصْلِ وَجْهَانِ :

أَحَدُهُمَا : إِبْدَالُهَا أَلِفًا مَعَ الْمَدِّ الْمُشْبَعِ « أَىْ بِمِقْدَارِ سِتِّ حَرَكَاتٍ ».

وَثَانِيهِمَا : تَسْهِيلُهَا بَيْنَ بَيْنَ « أَىْ بَيْنَهَا وَبَيْنَ الأَلِفِ » مَعَ الْقَصْرِ وَالْمُرَادُ بِهِ عَدَمُ الْمَدِّ أَصْلًا .

وَالْوَجْهُ الأَوَّلُ مُقَدَّمٌ فِى الأَدَاءِ وَجَرَى عَلَيْهِ الضَّبْطُ .

وَقَدْ وَرَدَ ذَٰلِكَ فِى ثَلَاثِ كَلِمَاتٍ فِى سِتَّةِ مَوَاضِعَ مِنَ الْقُرْآنِ الْكَرِيمِ :

(١) ـ (ءَآلذَّكَرَيْنِ) فِى مَوْضِعَيْهِ بِسُورَةِ الأَنْعَامِ .

(٢) ـ (ءَآلْـَٔـٰنَ) فِى مَوْضِعَيْهِ بِسُورَةِ يُونُسَ .

(٣) ـ (ءَآللَّهُ) فِى قَوْلِهِ تَعَالَى : (قُلْ ءَآللَّهُ أَذِنَ لَكُمْ) سُورَةِ يُونُسَ .

وَفِى قَوْلِهِ جَلَّ وَعَلَا :(ءَآللَّهُ خَيْرٌ أَمَّا يُشْرِكُونَ) بِسُورَةِ النَّمْلِ .

كَمَا يَجُوزُ الإِبْدَالُ وَالتَّسْهِيلُ لِبَقِيَّةِ الْقُرَّاءِ فِى هَٰذِهِ الْمَوَاضِعِ ، وَاخْتَصَّ أَبُو عَمْرٍو

وَأَبُو جَعْفَر بِهَٰذَيْنِ الوَجْهَيْنِ فِي قَوْلِهِ تَعَالَى: (مَا جِئْتُم بِهِ ٱلسِّحْرُ) بِسُورَةِ يُونُس. عَلَى تَفْصِيلٍ فِي كُتُبِ القِرَاءَاتِ.

(ب) - فِي سُورَةِ الرُّومِ وَرَدَتْ كَلِمَةُ (ضَعْفٍ) مَجْرُورَةً فِي مَوْضِعَيْنِ وَمَنْصُوبَةً فِي مَوْضِعٍ وَاحِدٍ.

وَذَٰلِكَ فِي قَوْلِهِ تَعَالَى: (ٱللَّهُ ٱلَّذِي خَلَقَكُم مِّن ضَعْفٍ ثُمَّ جَعَلَ مِنۢ بَعْدِ ضَعْفٍ قُوَّةً ثُمَّ جَعَلَ مِنۢ بَعْدِ قُوَّةٍ ضَعْفًا وَشَيْبَةً).

وَيَجُوزُ لِحَفْصٍ فِي هَٰذِهِ المَوَاضِعِ الثَّلَاثَةِ وَجْهَانِ:

أَحَدُهُمَا: فَتْحُ الضَّادِ. وَثَانِيهِمَا: ضَمُّهَا

وَالوَجْهَانِ مَقْرُوءٌ بِهِمَا، وَالفَتْحُ مُقَدَّمٌ فِي الأَدَاءِ.

(ج) - فِي كَلِمَةِ (ءَاتَىٰنِۦَ) فِي سُورَةِ النَّمْلِ وَجْهَانِ وَقْفًا:

أَحَدُهُمَا: إِثْبَاتُ اليَاءِ سَاكِنَةً. وَثَانِيهِمَا: حَذْفُهَا مَعَ الوَقْفِ عَلَى النُّونِ سَاكِنَةً أَمَّا فِي حَالِ الوَصْلِ فَتَثْبُتُ اليَاءُ مَفْتُوحَةً.

(د) - وَفِي كَلِمَةِ (سَلَٰسِلَا۟) فِي سُورَةِ الإِنسَانِ وَجْهَانِ وَقْفًا:

أَحَدُهُمَا: إِثْبَاتُ الأَلِفِ الأَخِيرَةِ. وَثَانِيهِمَا: حَذْفُهَا مَعَ الوَقْفِ عَلَى اللَّامِ سَاكِنَةً. أَمَّا فِي حَالِ الوَصْلِ فَتُحْذَفُ الأَلِفُ.

وَهَٰذِهِ الأَوْجُهُ الَّتِي تَقَدَّمَتْ لِحَفْصٍ ذَكَرَهَا الإِمَامُ الشَّاطِبِيُّ فِي نَظْمِهِ المُسَمَّى: «حِرْزُ الأَمَانِي وَوَجْهُ التَّهَانِي» الشَّاطِبِيَّة.

هَذَا، وَالمَوَاضِعُ الَّتِي تَخْتَلِفُ فِيهَا الطُّرُقُ ضُبِطَتْ لِحَفْصٍ بِمَا يُوَافِقُ طَرِيقَ الشَّاطِبِيَّة.

عَلَامَاتُ الْوَقْفِ

م عَلَامَةُ الوَقْفِ اللَّازِم نَحْوُ: (إِنَّمَا يَسْتَجِيبُ الَّذِينَ يَسْمَعُونَ وَالْمَوْتَىٰ يَبْعَثُهُمُ اللَّهُ).

ج عَلَامَةُ الوَقْفِ الجَائِزِ جَوَازًا مُسْتَوِيَ الطَّرَفَيْنِ. نَحْوُ: (نَحْنُ نَقُصُّ عَلَيْكَ نَبَأَهُم بِالْحَقِّ إِنَّهُمْ فِتْيَةٌ ءَامَنُوا بِرَبِّهِمْ).

صلى عَلَامَةُ الوَقْفِ الجَائِزِ مَعَ كَوْنِ الوَصْلِ أَوْلَىٰ. نَحْوُ: (وَإِن يَمْسَسْكَ اللَّهُ بِضُرٍّ فَلَا كَاشِفَ لَهُ إِلَّا هُوَ وَإِن يَمْسَسْكَ بِخَيْرٍ فَهُوَ عَلَىٰ كُلِّ شَيْءٍ قَدِيرٌ).

قلى عَلَامَةُ الوَقْفِ الجَائِزِ مَعَ كَوْنِ الوَقْفِ أَوْلَىٰ. نَحْوُ: (قُل رَّبِّي أَعْلَمُ بِعِدَّتِهِم مَّا يَعْلَمُهُمْ إِلَّا قَلِيلٌ فَلَا تُمَارِ فِيهِمْ).

∴ ∴ عَلَامَةُ تَعَانُقِ الوَقْفِ بِحَيْثُ إِذَا وُقِفَ عَلَىٰ أَحَدِ المَوْضِعَيْنِ لَا يَصِحُّ الوَقْفُ عَلَىٰ الآخَرِ. نَحْوُ: (ذَٰلِكَ الْكِتَابُ لَا رَيْبَ فِيهِ هُدًى لِّلْمُتَّقِينَ).

بسم الله الرحمن الرحيم

الحمد لله رب العالمين ، والصلاة والسلام على أشرف المرسلين ، نبينا محمد وعلى آله وصحبه أجمعين.

أما بعد :

فانطلاقا من حرص خادم الحرمين الشريفين الملك فهد بن عبد العزيز آل سعود -حفظه الله- على أمور المسلمين في مشارق الأرض ومغاربها ، واهتمامه -سدد الله خطاه- بشؤونهم ، وتحقيق آمالهم ، وتلبية رغباتهم في إصدار طبعات من القرآن الكريم بالروايات التي يقرأ بها المسلمون.

فقد درس مجمع الملك فهد لطباعة المصحف الشريف بالمدينة المنورة كتابة مصحف برواية حفص عن الإمام عاصم الكوفي ورأى الحاجة إلى ذلك ، وتمت كتابته في المجمع وراجعته اللجنة العلمية ، ودققته على أمات كتب القراءات والرسم والضبط وعد الآي والتفسير ، والوقوف .

وكانت اللجنة برئاسة الشيخ علي بن عبد الرحمن الحذيفي ، وعضوية المشايخ : عبد الرافع بن رضوان علي ، ومحمود عبد الخالق جادو ، وعبد الرزاق بن علي إبراهيم موسى ، وعبد الحكيم بن عبد السلام خاطر ، ومحمد الإغاثة ولد الشيخ ، ومحمد عبد الرحمن ولد أطول عمر ومحمد تميم بن مصطفى الزعبي ، ومحمد عبد الله زين العابدين ولد محمد الإغاثة .

وبعد اطلاع الهيئة العليا للمجمع على قرار اللجنة العلمية وافقت على طباعته في جلستها المنعقدة في ٢٦/١/١٤٢٠هـ برئاسة معالي وزير الشؤون الإسلامية والأوقاف والدعوة والإرشاد والمشرف العام على المجمع وذلك بالقرار ذي الرقم ٥ / ١٤٢٠

والمجمع وقد تمت كتابة هذا المصحف الكريم ومراجعته والإذن بطباعته ، وتم طبعه يحمد الله ويشكره على التوفيق ، ويسأل الله سبحانه أن ينفع به المسلمين ، وأن يجزي خادم الحرمين الشريفين على نشر كتاب الله تعالى الجزاء الأوفى في دنياه وأخراه .

والحمد لله رب العالمين .

مجمع الملك فهد لطباعة المصحف الشريف
بالمدينة المنورة

إنَّ وزارة الشؤون الإسلامية والأوقاف والدعوة والإرشاد

في المملكة العربية السعودية

المشرفة على مجمع الملك فهد

لطباعة المصحف الشريف في المدينة المنورة

إذ يسرها أن يصدر المجمع هذه الطبعة من القرآن الكريم

تسأل الله أن ينفع به عموم المسلمين

وأن يجزي

خادم الحرمين الشريفين الملك عبدالله بن عبدالعزيز آل سعود

أحسن الجزاء على جهوده العظيمة في نشر كتاب الله الكريم

والله ولي التوفيق

فهرس بأسماء السور وبيان المكي والمدني منها

السورة	رقمها	الصفحة	البيان	السورة	رقمها	الصفحة	البيان
الفاتحة	١	١	مكية	العنكبوت	٢٩	٣٩٦	مكية
البقرة	٢	٢	مدنية	الروم	٣٠	٤٠٤	مكية
آل عمران	٣	٥٠	مدنية	لقمان	٣١	٤١١	مكية
النساء	٤	٧٧	مدنية	السجدة	٣٢	٤١٥	مكية
المائدة	٥	١٠٦	مدنية	الأحزاب	٣٣	٤١٨	مدنية
الأنعام	٦	١٢٨	مكية	سبإ	٣٤	٤٢٨	مكية
الأعراف	٧	١٥١	مكية	فاطر	٣٥	٤٣٤	مكية
الأنفال	٨	١٧٧	مدنية	يس	٣٦	٤٤٠	مكية
التوبة	٩	١٨٧	مدنية	الصافات	٣٧	٤٤٦	مكية
يونس	١٠	٢٠٨	مكية	ص	٣٨	٤٥٣	مكية
هود	١١	٢٢١	مكية	الزمر	٣٩	٤٥٨	مكية
يوسف	١٢	٢٣٥	مكية	غافر	٤٠	٤٦٧	مكية
الرعد	١٣	٢٤٩	مدنية	فصلت	٤١	٤٧٧	مكية
إبراهيم	١٤	٢٥٥	مكية	الشورى	٤٢	٤٨٣	مكية
الحجر	١٥	٢٦٢	مكية	الزخرف	٤٣	٤٨٩	مكية
النحل	١٦	٢٦٧	مكية	الدخان	٤٤	٤٩٦	مكية
الإسراء	١٧	٢٨٢	مكية	الجاثية	٤٥	٤٩٩	مكية
الكهف	١٨	٢٩٣	مكية	الأحقاف	٤٦	٥٠٢	مكية
مريم	١٩	٣٠٥	مكية	محمد	٤٧	٥٠٧	مدنية
طه	٢٠	٣١٢	مكية	الفتح	٤٨	٥١١	مدنية
الأنبياء	٢١	٣٢٢	مكية	الحجرات	٤٩	٥١٥	مدنية
الحج	٢٢	٣٣٢	مدنية	ق	٥٠	٥١٨	مكية
المؤمنون	٢٣	٣٤٢	مكية	الذاريات	٥١	٥٢٠	مكية
النور	٢٤	٣٥٠	مدنية	الطور	٥٢	٥٢٣	مكية
الفرقان	٢٥	٣٥٩	مكية	النجم	٥٣	٥٢٦	مكية
الشعراء	٢٦	٣٦٧	مكية	القمر	٥٤	٥٢٨	مكية
النمل	٢٧	٣٧٧	مكية	الرحمن	٥٥	٥٣١	مدنية
القصص	٢٨	٣٨٥	مكية	الواقعة	٥٦	٥٣٤	مكية

بعون الله وتوفيقه
تم طبع هذا المصحف الشريف
في مجمع الملك فهد لطباعة المصحف الشريف
بالمدينة المنورة بإشراف وزارة الشؤون الإسلامية
والأوقاف والدعوة والإرشاد في المملكة
العربية السعودية عام ١٤٢٩هـ وقد كتبه
الخطاط عثمان طه

(٣٠٠٠ ج ٤٥ حم) (٧) (١٤)

القرآن الكريم

El-farouq.org